Hermeneutische Untersuchungen zur Theologie

69

Hanna Nouri Josua

Ibrahim, der Gottesfreund

Idee und Problem
einer Abrahamischen Ökumene

Mohr Siebeck

Hanna Nouri Josua, geboren 1956; Studium der Geschichte des Islam an der American University of Beirut; 1996 Licentiat und 2005 Promotion an der Ev. Theol. Faculteit Leuven/Belgien; Gründer und Geschäftsführer der Evangelischen Ausländerseelsorge e.V. und Pfarrer der Arabischen Evangelischen Gemeinde Stuttgart und ihrer Tochtergemeinden in Süddeutschland.

ISBN 978-3-16-150145-6
ISSN 0440-7180 (Hermeneutische Untersuchungen zur Theologie)

Die Deutsche Nationalbibliothek verzeichnet diese Publikation in der Deutschen Nationalbibliographie; detaillierte bibliographische Daten sind im Internet über *http://dnb.dnb.de* abrufbar.

Das Buch wurde von Martin Fischer in Tübingen aus der Minion gesetzt, von Gulde Druck in Tübingen auf alterungsbeständiges Werkdruckpapier gedruckt und von der Buchbinderei Spinner in Ottersweier gebunden.

Dank

Diesem Buch liegt die Dissertation des Autors zugrunde, die 2005 an der Evangelischen Theologischen Faculteit in Leuven unter dem Titel: „Ibrahim, Khalil Allah – Eine Anfrage an die abrahamische Ökumene“ angenommen wurde. Maßgebliche wissenschaftliche Neuerscheinungen der vergangenen zehn Jahre im deutschsprachigen Raum wurden gesichtet und in das vorliegende Buch eingearbeitet. Viele davon weisen in dieselbe Richtung wie der hier vorgestellte Ansatz, der disparate Forschungen zur Koranhermeneutik bündelt. Ferner wurden einige Kapitel völlig neu bearbeitet.

Besonders danken möchte ich Prof. Klaus Fiedler (Malawi) und Prof. Ursula Spuler-Stegemann (Marburg), die die Dissertation betreuten, sowie Dr. Friedmann Eißler (Berlin) für unentwegte Ermutigung und regen Austausch.

Mein größter Dank gilt jedoch meiner Ehefrau Heidi Josua, die diese Forschungsarbeit mit Zeit, Kraft und Wachsamkeit kritisch begleitete sowie die Schaubilder und Formalia samt Register erledigte, da die besonderen Schriftzeichen der Transliteration durch die elektronischen Hilfsmittel für den erblindeten Autor nicht in Punktschrift wiedergegeben werden können. Meinen Kindern bin ich ebenfalls dankbar, dass sie mir Literatur für die Forschung auf unterschiedliche Weisen zugänglich machten.

Des Weiteren gilt mein ausdrücklicher Dank der Evangelischen Ausländerseelsorge e.V., die das Forschungsprojekt ideell und finanziell unterstützte, sowie der Evangelischen Landeskirche in Württemberg für einen Druckkostenzuschuss.

Weissach im Tal, den 12. April 2016 Pfr. Dr. Hanna Josua

Prolog

Drei leblose Körper lagen auf einer Straße in Beirut, es war die Zeit des libanesischen Bürgerkriegs in den siebziger Jahren. Alle drei trugen denselben Vornamen: Ibrahim – die arabische Version von „Abraham". Im Tode gleich, waren sie im Leben doch ganz unterschiedlich gewesen und hatten einer durch die Hand des anderen den Tod gefunden: Der eine Ibrahim war ein Sunnit, der andere ein Schiit und der dritte ein Christ. Ein Rettungswagen kam, um die Gefallenen zu bergen, und es entstand ein Streit. Die christlichen Sanitäter weigerten sich, die beiden muslimischen Ibrahime mitzunehmen, sie wollten sie einfach im Staub und in ihrem Blut liegenlassen. Als dies meinem Vater zu Ohren kam, sagte er entsetzt: „Alle Menschen stammen von einem Schöpfer und werden einst vor dem einen Richter stehen, ungeachtet ihrer ethnischen und religiösen Zugehörigkeit. Wenn wir sterben – wie wird dann wohl mit uns umgegangen werden?"

Diese Worte meines Vaters, der kein Theologe war, haben mein Leben zutiefst geprägt. Er erwies denselben hohen Respekt jedem Menschen, auch jedem Toten, unabhängig von seiner Gesinnung. In mir als jungem und manchmal durchaus hitzköpfigem Studenten haben seine Worte eine neue Haltung gegenüber andersglaubenden Menschen geschaffen, eine Horizonterweiterung meines Denkens und eine damals noch unbewusste Öffnung für die Abrahamsthematik.

Dabei ist mir Abraham schon rein geographisch sehr nah. Meine Vorfahren stammen aus dem Tur Abdin im Südosten der Türkei, nicht weit entfernt von Urfa und Harran. Ob ich auch ein leiblicher Nachkomme Abrahams bin, ist nicht sicher. Sicher ist jedoch, dass die schwindende 2.000-jährige christliche Präsenz in der Region, aus der ich stamme, existentielle Fragen aufwirft. Was hier in Deutschland Randnotizen im Geschichtsunterricht sind, ist für uns gelebte Geschichte, die Spuren, ja, unauslöschliche Narben in der eigenen Familie und im eigenen Leben hinterlassen hat. Als es meinem Großvater im Jahr 1915 nach dem Genozid an Armeniern und anderen christlichen Bevölkerungsgruppen in der Türkei gelang, als einer der wenigen Überlebenden aus unserem Dorf im Tur Abdin in den Libanon zu fliehen, bedeutete das zunächst Rettung. Doch auch dort brachen zwei Bürgerkriege aus, 1958 und 1973, und mit ihnen die bangen Fragen: Wieso sind es ausgerechnet Angehörige der Schwesterreligion? Wieso können die Nachkommen Abrahams nicht friedlich miteinander leben?

Diese Fragen haben zunächst mit der konfessionellen Struktur der libanesischen Bevölkerung zu tun. Sie haben aber auch einen sehr unmittelbaren biographischen Bezug: Obwohl meine Familie aus dem Urchristentum stammt, haben wir auch muslimische Verwandte. Während des Genozids in der Südosttürkei vor hundert Jahren nahmen manche kurdische Nachbarn Mädchen und junge Frauen aus unserer Familie bei sich auf, um sie zu retten; andere Kurden jedoch raubten Mädchen als Kriegsbeute und machten sie zu Haussklavinnen und Nebenfrauen. Deren Nachkommen sind nun alle muslimisch, und auch sie leben heute verstreut in vielen Ländern. Gerade im Libanon war das Miteinander trotz dieser Vergangenheit von Akzeptanz und Freundlichkeit geprägt: die einen respektierten das Christentum als Religion ihrer Mütter oder Großmütter, die anderen lernten in erster Linie den Menschen zu sehen. Doch dann brach der Bürgerkrieg an den religiösen Bruchstellen des Libanon aus.

Die politische Frage bewog mich, mich der Geschichte und Politikwissenschaft zuzuwenden, und die theologische Frage brachte mich zur Theologie und Islamkunde.

Und die Ibrahime auf den Straßen Beiruts sind mir nach wie vor Ansporn, mich mit allen Kräften für den Frieden unter den Menschen und den Religionen einzusetzen.

Inhaltsverzeichnis

Prolog V

Einleitung 1

Teil 1

1. Die Idee einer „Abrahamischen Ökumene“ 13

1.1 Entstehung der Idee: Von Jesus zu Abraham 13
1.2 Forschungsgeschichte und gegenwärtiger Stand der Forschung 20
1.3 Zum Begriff „Abrahamische Ökumene“ 27
1.4 Theologische Konzeptionen der Abrahams-Ökumene 30
1.4.1 Theologische Abrahamrezeption der frühen Kirchen im Kontext des entstehenden Islam: Johannes Damascenus 30
1.4.2 Die Abrahams-Ökumene – Beiträge aus dem römisch-katholischen Kontext 36
1.4.2.1 Louis Massignon, der Wegbereiter (1883–1962) 36
1.4.2.2 Vaticanum II – Neue Verhältnisbestimmung zum Islam 39
1.4.2.3 Karl-Josef Kuschel – Theologische Grundlegung und Systematisierung 46
1.4.3 Die Abrahams-Ökumene – Beiträge aus dem evangelischen Kontext 53
1.4.3.1 Verlautbarungen im Raum der EKD – Überlegungen zu abrahamisch begründeter interreligiöser Praxis 53
1.4.3.2 Martin Bauschke – An Abraham gespiegelter Dialog 57
1.4.4 Kritische Rückfragen zur Abrahams-Ökumene – Ulrike Bechmann, Friedmann Eißler, Eberhard Troeger, Catherina Wenzel 60
1.4.5 Die Abrahams-Ökumene im christlich-islamischen Dialog im Nahen Osten, am Beispiel des MECC 64
1.5 Themenkreise der Abrahams-Ökumene 73
1.5.1 Der „Glaube Abrahams“ 73
1.5.1.1 Dogmatisch einigend im Monotheismus 73
1.5.1.2 Glaube, der „die Götzen entzaubert“ 74
1.5.1.3 Glaube als Vertrauen und Bewährung 75

1.5.1.4 Universale Heilsmöglichkeit für alle Menschen 75
1.5.1.5 Glaube als ethischer Wert 76
1.5.2 Abrahams Aufbruch ins Unbekannte; Abraham als Wanderer und Fremder 77
1.5.3 Die eine Abrahamsfamilie – Geschwisterlichkeit unter den Religionen . 78
1.5.4 Die Gastfreundschaft Abrahams 79
1.5.5 Rettung und Segen 80
1.5.6 „Abrahamische Spiritualität“ 81
1.5.7 Kinder Abrahams als „Freunde Gottes“ und untereinander 82
1.5.8 Abrahams Friedenspotential 82
1.6 Fazit 83

Teil II

2. Methodologie: Quellen und Hermeneutik 89

2.1 Erschließung der islamischen Quellen zu Ibrāhīm 89
2.1.1 Die Ibrāhīmtexte des Korans 90
2.1.2 Die Ibrāhīmtexte der islamischen Tradition – *Ḥadīṯ* 91
2.1.3 Ibrāhīm in der islamischen Geschichtsschreibung und den populären Prophetengeschichten 93
2.1.4 Ibrāhīm in den Korankommentaren 99
2.2 Der hermeneutische Ansatz der rezipientenorientierten Interdependenz .. 107
2.2.1 Voraussetzungen aus der islamischen Theologie 109
2.2.1.1 Die Berücksichtigung der Chronologie der Suren 109
2.2.1.2 Die „Gründe der Herabsendung“ (*asbāb an-nuzūl*) 119
2.2.1.3 „Das Abrogierende und das Abrogierte“ (*an-nāsiḫ wa-l-mansūḫ*) ... 122
2.2.1.4 Zeitgenössische Ansätze der Koranhermeneutik 125
2.2.2 Die Rezipientenorientierung: Verkündigung als Interaktion 129
2.2.2.1 Verkündigung in einem historischen Kontext 133
2.2.2.2 Diskurs mit den Hörern 134
2.2.2.3 Diskurs mit den früheren Schriften 137
2.2.3 Die Prophetenvita in ihrer chronologisch-biographischen Interdependenz 143
2.2.3.1 Vor der Berufung 570(?)–610: Die Jahre des Suchens 145
2.2.3.2 1. mekkanische Periode 610/11–615/16: *ṣuḥuf* und Söhne 152
2.2.3.3 2. mekkanische Periode 616–619: Kampf gegen Polytheisten und Entdeckung der Propheten 160
2.2.3.4 3. mekkanische Periode 619–622: Ablösung von Mekka 168
2.2.3.5 Die medinische Zeit 622–632: neue *umma*, neues Mekka 172
2.3 Fazit 185

Teil III

3. Der Prophet und die Propheten 189

3.1 Die Ibrāhīm-vita 189
3.2 Ibrāhīm als Vorläufer- und Brudergestalt Muḥammads 195
3.2.1 Ibrāhīm und Muḥammad – Parallelität der Propheten 196
3.2.2 Die körperliche Ähnlichkeit Muḥammads mit Ibrāhīm 198
3.2.3 Ibrāhīm und Muḥammad als Quelle und Adressaten von Segen 203
3.3 „... zu festigen das Herz des Propheten" 205
3.3.1 Propheten und Prophetenverständnis 205
Exkurs 1: *Allāh wa-rasūluhū* (Gott und sein Gesandter) 214
3.3.2 Die Funktion der Prophetenerzählungen: *exempla* statt *historia* 216

4. Muḥammad und die Ibrāhīmerzählung in der Begegnung mit den Polytheisten 227

4.1 Das altarabische Heidentum 228
4.1.1 Ibrāhīm im altarabischen heidnischen Kaʿba-Kult 232
4.2 Das Hanifentum als Gegenbewegung zum Polytheismus 234
4.3 Das koranische Anliegen: Die Einsheit Gottes – wider die Götzen 238
4.4 Die „früheren Blätter" – *ṣuḥuf Ibrāhīm* 240
4.4.1 Vorrang des Jenseitigen 244
4.4.2 Kein stellvertretendes Tragen der Traglast 246
4.5 Strafe und Lohn 251
4.5.1 Strafe für die Ungläubigen im Diesseits und Jenseits 253
4.5.1.1 Sodom – Strafgericht im Diesseits 253
4.5.1.2 Ewige Strafe im Jenseits 259
4.5.2 Lohn der Propheten im Ausharren gegen die Polytheisten 260
4.5.2.1 Die Rettung des *Lūṭ* 260
4.5.2.2 Prophetisches Beglaubigungswunder: Die Rettung Ibrāhīms aus dem Feuerofen 262
4.5.2.3 Ankündigung des Sohnes an Ibrāhīm 266
4.5.3 Lohn des rechtschaffenen Propheten: Rettung des gebundenen Sohnes Ibrāhīms 273
4.5.3.1 Die beiden Söhne Ibrāhīms 275
4.5.3.2 „O mein Vater, tu, was dir befohlen ist!" – Die Bindungserzählung . 285
4.5.3.3 Die Bindung als Ätiologie islamischen Selbstverständnisses 301
4.5.3.4 Die Frage der Identität des Sohnes 302
4.5.3.5 Westliche Rezeptionen der islamischen Bindungserzählung 312
4.5.3.6 Fazit 314
4.5.4 Auserwählung und Rechtleitung der Propheten 315
4.5.5 Ewiger Lohn der Gläubigen 318
Exkurs 2: „Strafe und Lohn" innerhalb der dualistischen Weltsicht des Korans 319

4.6 Aspekte des Prophetenamtes Ibrāhīms 320
4.6.1 Ibrāhīms natürliche Gotteserkenntnis 320
4.6.2 Das Reden Gottes mit Ibrāhīm 332
4.6.2.1 Das Reden Gottes im Traumgesicht 333
4.6.2.2 Engel als Überbringer der Botschaft Gottes 335
4.6.3 Ibrāhīm, der Warner und Rufer 335
4.6.4 Ibrāhīms Gottesbeweis vor Nimrūd 336
4.6.4.1 Ibrāhīms Diskussion mit Nimrūd 336
4.6.4.2 Nimrūd in der Tradition: Der Gegenspieler Gottes 342
4.6.5 Verbaler Konflikt mit Vater und Zeitgenossen: Appell an die *ratio* 343
4.6.5.1 Die Machtlosigkeit der Himmelskörper 352
4.6.5.2 Die Machtlosigkeit des von Menschenhand Geschaffenen 352
Exkurs 3: Der Vater Ibrāhīms 353
4.6.6 Aktiv gegen die Götzen: Der Bildersturm 355
4.6.7 Die Säuberung des „Hauses" 357
4.6.7.1 Ibrāhīms Gebet um Sicherheit der Kaʿba 358
4.6.7.2 Befehl zur Säuberung der Kaʿba 364
4.6.7.3 Die Reinigung der Kaʿba 366
4.7 Trennung von den Götzendienern – die *hiǧra* 368
4.8 Umgang mit den Polytheisten: Von *hiǧra* über Ikonoklasmus zur Feindschaft 371
4.8.1 Feindschaft mit den Götzendienern 372
4.8.2 Verbot der Fürsprache für die *mušrikīn* – Götzendiener 372
4.8.2.1 Keine Fürbitte für das Volk Lūṭs 372
4.8.2.2 Fürbitte für den heidnischen Vater 374
4.8.2.3 Verbot der Fürsprache für Ungläubige 376
4.9 Fazit 380

5. Muḥammad und die Ibrāhīmerzählung in der Begegnung mit den Juden 385

5.1 Das Judentum Arabiens 385
5.1.1 Die Juden Medinas 389
5.1.2 Juden im Leben Muḥammads 391
5.1.2.1 Anhänger Muḥammads jüdischer Herkunft 391
5.1.2.2 Jüdische Ehefrauen Muḥammads 392
5.1.3 Außerkoranische jüdisch-christliche Spuren Abrahams 393
5.2 Ibrāhīm und die neue Topographie Mekkas 394
5.2.1 Die Errichtung des „Hauses" durch Ibrāhīm 394
5.2.1.1 Das „Haus" – ein „Versammlungsort für die Menschen" 396
5.2.1.2 Das „erste Haus für die Menschen" 413
Exkurs 4: *millat Ibrāhīm* 414
5.2.1.3 Der schwarze Stein in der Kaʿba 419
5.2.1.4 Ibrāhīm und Muḥammad – die Achse im Heiligtum 422

5.2.2 „Das Haus“ in Konkurrenz zum Heiligtum von Jerusalem 424
5.3 Hinkehr zu Mekka, Abkehr von Jerusalem – die neue *qibla* 424
5.3.1 Die ursprüngliche Jerusalem-*qibla* 425
5.3.2 Die Änderung der *qibla* 428
5.3.3 Die *qibla* Ibrāhīms 439
5.3.4 Die *qibla* als theologische Abgrenzung von Juden und Christen 442
5.3.5 Die *qibla* als Ausdruck islamischer Eigenständigkeit 444
5.4 „*aslim – aslamtu*“: Die Islamisierung des Patriarchen 447
5.4.1 Ibrāhīm als erster *muslim* 447
5.4.2 Ibrāhīms Söhne und Nachkommen als *muslimūn* 451
5.5 Der Umgang mit den Juden 454
5.5.1 Vertrag mit den Juden: Die Gemeindeordnung von Medina 456
5.5.2 Theologische Enteignung der Juden 458
5.5.3 Banū Qainuqāʿ und Banū n-Naḍīr: Vertreibung 459
5.5.4 Banū Quraiẓa und Ḫaibar: Physische Auslöschung und fortwährende Bedrohung 462
5.5.5 Und trotzdem: jüdisch-muslimische Symbiose und Miteinander 465
5.6 Aber: Jerusalem als bleibender Anspruch 469

6. Muḥammad und die Ibrāhīmerzählung in der Begegnung mit den Christen 473

6.1 Das Christentum Arabiens 473
6.1.1 Christen in Mekka und Medina 483
6.1.2 Religiöse Prägung der christlichen Gruppen 486
Exkurs 5: *naṣāra* 488
6.1.3 Übersetzung der Bibel ins Arabische 490
6.1.4 Christen im Leben Muhammads 493
6.1.4.1 Der syrische Einsiedler Baḥīra 493
6.1.4.2 Waraqa b. Nawfal b. Asad 494
6.1.4.3 Abessinien als Asylort der Anhänger Muḥammads 498
6.1.4.4 Christliche Frauen um Muḥammad 499
6.1.5 Spuren christlicher Abrahamrezeption im Koran 501
6.2 Ruf zur Rückkehr in die *millat Ibrāhīm* – Das „beste, kürzeste und vollkommenste Argument“ 503
Exkurs 6: *ḥanīf* 510
6.3 Gottes „Färbung“ – *ṣibġa* 511
6.4 Dialog mit den *ahl al-kitāb*, den Juden und Christen in medinischer Zeit .. 518
6.4.1 Werben um Einheit unter den Glaubenden 519
6.4.2 Ruf zur Rückkehr zu dem einen Gott 521
6.4.2.1 Streit nur „auf beste Weise“ 522
Exkurs 7: ǧ-d-l, *ǧadal/ǧidāl*, III. *ǧādala*, VI. *taǧādala* 525
6.4.2.2 Warnung vor Spaltern und Ruf zum Hanifentum 529
6.4.2.3 Vom „Wort des Ausgleichs“ 533

6.4.3 Die Enteignung der Schriftbesitzer ... 541
6.4.3.1 Die Relativierung der früheren Schriften ... 541
6.4.3.2 Ibrāhīm – weder Jude noch Christ ... 543
Exkurs 8: Zählen Christen zu den *mušrikīn*? ... 549
6.5 Der Umgang mit den Christen ... 551

7. Die Islamisierung Ibrāhīms – Ibrāhīmisierung des Islam ... 559

7.1 Die Religion Ibrāhīms als „schöpfungsmäßige Anlage“ ... 560
7.2 Ibrāhīm als Urheber islamischer Grundlagen ... 561
7.2.1 Ibrāhīm und das islamische Bekenntnis ... 561
7.2.2 Ibrāhīm als Stifter islamischer Riten, Feste und Traditionen ... 562
7.2.2.1 Stifter von (Pflicht- oder Ritual-)Gebet (*ṣalāt*) ... 563
7.2.2.2 Stifter der Almosensteuer (*zakāt*) ... 564
7.2.2.3 Stifter der Wallfahrt (*ḥağğ*) ... 564
7.2.2.4 Stifter des Opferfestes (*ʿīd al-aḍḥā*) ... 567
7.2.2.5 Stifter der Tradition der Beschneidung ... 567
7.2.3 Ibrāhīm prägt die Grundbegriffe des Islam ... 568
7.2.4 Ibrāhīm als Begründer der neuen *umma* ... 571
7.3 Ibrāhīm – *ḫalīl Allāh* ... 574
Der Gottesfreund ... 578
7.4 Das Prophetenamt Ibrāhīms und Muḥammads ... 582
7.4.1 Ibrāhīm als Beter ... 584
7.4.2 Ibrāhīm und Muḥammad in der Prophetensukzession ... 585
7.4.3 Muḥammad als Abū Ibrāhīm ... 589
7.4.4 Ibrāhīm und Muḥammad als paradigmatische Muslime ... 589
7.4.5 Die eschatologische Fürsprache (*šafāʿa*) Ibrāhīms ... 590
7.5 Muḥammad als eschatologische Überbietung Ibrāhīms ... 592

Teil IV

8. Ibrāhīmische Anfragen und Perspektiven ... 597

8.1 Anfragen an die Abrahams-Ökumene ... 597
8.1.1 Der Glaube Abrahams / Ibrāhīms ... 599
8.1.1.1 Abraham als dogmatisch einigend im Monotheismus ... 599
8.1.1.2 Abrahams Glaubenseifer gegen die Götzen ... 600
8.1.1.3 Glaube als Vertrauen und Bewährung ... 602
8.1.1.4 Gegenseitige Bewahrung der Religionen ... 603
8.1.1.5 Glaube als ethischer Wert ... 604
8.1.2 Abrahams / Ibrāhīms Aufbruch ins Unbekannte ... 606
8.1.3 Abraham / Ibrāhīm als „Familienvater“ für Juden, Christen und Muslime ... 608

8.1.4 Abrahams / Ibrāhīms Gastfreundschaft ... 609
8.1.5 Abrahams / Ibrāhīms Rettung und Segen ... 611
8.1.6 Abrahamische / Ibrāhīmische Spiritualität ... 613
8.1.7 Abraham / Ibrāhīm als Gottesfreund ... 614
8.1.8 Ibrāhīm / Abraham als Streitschlichter und Friedenspotential ... 616
8.2 Die Abrahams-Ökumene im Licht der rezipientenorientierten Interdependenz ... 618
8.3 Nachruf auf die „Abrahamische Ökumene" und Ausblick ... 622

Anhang

Ibrāhīmtexte: Chronologisches Verzeichnis ... 631
Synopsen der Ibrāhīmtexte ... 634
Bibliographie ... 646
Stellenregister (Bibel und Koran) ... 675
Namenregister ... xxx
Sachregister ... xxx

Verzeichnis der Schaubilder

Schaubild 1: Chronologie der Suren (nach Nöldeke) ... 116
Schaubild 2: Modell der rezipientenorientierten Interdependenz ... 132
Schaubild 3: Chronologie der Ibrāhīmtexte ... 146
Schaubild 4: Struktur von Sura 2 ... 177
Schaubild 5: Die Ibrāhīm-Vita in islamischen Quellentexten ... 190
Schaubild 6: Propheten des Korans ... 207
Schaubild 7: Koranische Nennungen der Söhne Ibrāhīms ... 276
Schaubild 8: Namenskombinationen Ibrāhīm – Isḥāq – Ismāʿīl – Yaʿqūb ... 277
Schaubild 9: Stammbaum der Propheten mit Isḥāq-Ismāʿīl-Linie ... 283
Schaubild 10: Übersicht über die Präferenzen für den zu opfernden Sohn ... 310
Schaubild 11: Ibrāhīm-Muḥammad-Achse im *ḥaram* von Mekka ... 423
Abbildung 12: Buchmalerei: Kaʿba als Oktagon ... 427
Schaubild 13: Christliche Stämme Arabiens, Landkarte ... 476
Schaubild 14: Christliche Stämme Arabiens, Liste ... 477
Schaubild 15: Sukzession der Propheten und Religionen ... 587
Abbildung 16: Ikone: Schoß Abrahams (Deir as-Suryān) ... 612
Abbildung 17: Ikone: Schoß Abrahams (Deir Mār Mūsā) ... 612

Verzeichnis der Exkurse

Exkurs 1: *Allāh wa-rasūluhū* (Gott und sein Gesandter) ... 214
Exkurs 2: „Strafe und Lohn" innerhalb der dualistischen Weltsicht des Korans 319
Exkurs 3: Der Vater Ibrāhīms ... 353

Exkurs 4: *millat Ibrāhīm* 414
Exkurs 5: *naṣāra* 488
Exkurs 6: *ḥanīf* 510
Exkurs 7: ǧ-d-l, *ǧadal / ǧidāl*, III. *ǧādala*, VI. *taǧādala* 525
Exkurs 8: Zählen Christen zu den *mušrikīn*? 549

Register

Stellenregister 675
Koran 675
Hebräische Bibel 680
Apokryphen und Pseudepigraphen 681
Neues Testament 681
Rabbinische Literatur 682

Namen- und Sachregister 683

Einleitung

Der Name Abraham steht für die Hoffnung gelingender Begegnung der drei monotheistischen Religionen, ja, des Friedens zwischen den Religionen. Abraham ist nach wie vor eine zentrale Identifikationsfigur in vielen Ansätzen des interreligiösen Dialogs zwischen Judentum, Christentum und Islam. Auch Vereinigungen und Institutionen, die sich um den Frieden im Nahen Osten und um Verständigung zwischen den drei großen monotheistischen Religionen bemühen, führen oft Abraham im Namen ihrer Organisationen, Signets oder Häuser.

Zwar richten sich die Blicke vorrangig auf das „religiös gesehen (...) abrahamische Europa“[1] mit seiner jüdisch-christlich-islamischen Geschichte und Prägung, doch gibt es auch in anderen Ländern Abrahamsinitiativen. So lädt ein „Wanderpfad Abrahams“ im Nahen Osten Touristen aus aller Welt ein, auf Abrahams Spuren zu reisen, bisher in Jordanien, den Palästinensergebieten und der Türkei.[2]

Wie aber ist eine intendierte Ökumene unter Abrahams Kindern zu beurteilen? Ein theologischer Durchbruch, der eine solide Basis für eine theologisch begründete und realisierbare, weil allen Anhängern dieser Religionen einsichtige Politik bietet und religiösen Fanatikern endlich den Wind aus den Segeln nimmt? Oder ist sie nur ein Slogan, eine Modeerscheinung, gebraucht – und bald wieder verbraucht? Was bedeutet Abraham in der kirchlichen Dialoglandschaft? Was trägt er bei zur Begegnung der Religionen? Leistet er einen wesentlichen Beitrag zur Gemeinschaft der drei monotheistischen Religionen, die sich allesamt auf ihn als ihren Vater berufen? Ist er der gemeinsame Urquell, der erhoffte „common link“? Oder ist, weil jeder ihn für sich alleine beansprucht, Abraham der Grund für „Bruderzwist im Hause Abrahams“, wie Karl-Josef Kuschel formuliert?

An Abraham scheiden sich die Geister. Sowohl die Erfahrung der Praxis in Gesprächen mit Muslimen, als auch die theologische Arbeit an den religiösen Texten fördert zwei ernüchternde Erkenntnisse zutage: zum einen, dass in Abraham sowohl Einigendes als gleichzeitig auch Unterscheidendes oder gar Trennendes vorhanden ist,[3] zum anderen, dass der jeweilige Anspruch auf eine legitime,

---

[1] www.interkultureller-rat.de/Themen/AbrForum/AbrForumTeams.shtml (6.9.2004). Zum Sprachgebrauch „abrahamisch“ – „abrahamitisch“ s. u.

[2] „Masar Ibrahim al-Chalil“.

[3] Vgl. *Bertold Klappert*, Abraham eint und unterscheidet. Begründungen und Perspektiven eines nötigen ‚Trialogs‘ zwischen Juden, Christen und Muslimen, in: Weth (Hrsg.), Bekenntnis

auf Abraham zurückreichende Kindschaft in Geschichte und Gegenwart unter den monotheistischen Religionen weniger zu Geschwisterliebe als zu „Streit im Hause Abraham“[4] geführt haben.

Diese Ambivalenz besteht bereits seit den Tagen Muḥammads, der mitten in seinen Diskussionen mit Juden und Christen als Schriftbesitzern, den „Leuten des Buches“, ihnen die Frage stellt:

„O ihr Leute des Buches, warum streitet ihr über Abraham?“ (Sura 3,65)

Diese Frage wurde von vielen Theologen aufgenommen, am pointiertesten in dem bereits in zahlreiche Sprachen übersetzten Standardwerk von Karl-Josef Kuschel „Streit um Abraham“ (1. Auflage 1994) sowie in dem großen Werk zum Trialog „Juden – Christen – Muslime“ (2007). Auf der Grundlage des Glaubens an den einen Gott und unter Rückbesinnung auf den einen Glaubensvater, der vor jeder institutionalisierten Religion durch Glauben gerecht wurde,[5] sei der Streit der drei monotheistischen Religionen mit genügend Rationalität, Spiritualität und Versöhnungswillen beizulegen. Jeder der Beteiligten müsse nur seine je eigene Vereinnahmung Abrahams aufgeben, auf die „Judaisierung“, „Verkirchlichung“ und „Islamisierung“ Abrahams verzichten.[6]

Folgt man den Aussagen des Korans, wonach „diejenigen unter den Menschen, die am ehesten Abraham beanspruchen dürfen“, „dieser Prophet“ und die in seiner Weise an Abraham Glaubenden sind (3,68), dann stellt sich die Frage, was dies im Verhältnis zu Juden und Christen bedeutet. Wenn es um eine theologische Begründung einer Abrahamischen Ökumene geht, ist es, um nicht der Wunschvorstellung einer Integrationsfigur aufzusitzen, unerlässlich, das islamische Bild von Abraham aus dem Blickwinkel zu betrachten, aus dem Muslime ihn sehen. Welchem Abraham folgen Muslime, wenn sie für sich beanspruchen: „*Wir* folgen der Glaubensrichtung Abrahams“ (2,135)?

Das „gegen den anderen gerichtete Miteinander“[7] der monotheistischen Religionen wurde in der 2. Hälfte des 20. Jahrhunderts fragwürdig. So geht es vielerorts nicht mehr primär um Fragen der Lehre, sondern um die humanitären Probleme der Menschheit – eine Verlagerung von dogmatischen Auseinandersetzungen hin zum Ethischen und Sozialen. Nach der Empfehlung des

---

zu dem einen Gott? Christen und Muslime zwischen Mission und Dialog, Neukirchen-Vluyn 2000.

[4] *Karl-Josef Kuschel*, Eins in Abraham? Zur theologischen Grundlegung einer Friedenskultur zwischen Judentum, Christentum und Islam, in: *Zeitschrift für Kulturaustausch* 43 (1993), S. 85–97.

[5] Gen 15,6; Rö 4.

[6] *Karl-Josef Kuschel*, Streit um Abraham. Was Juden, Christen und Muslime trennt – und was sie eint, München 1994, S. 90.161.202 (Neuausgabe: Düsseldorf 2001).

[7] *Wolf D. Ahmed Aries*, Erfahrungen mit dem Dialog, in: Hagemann / Khoury / Wanzura (Hrsg.), Auf dem Weg zum Dialog. FS für Muhammad Salim Abdullah zum 65. Geburtstag, Altenberge 1996, 11–25, hier: S. 15.

II. Vaticanums gilt es, „das Vergangene beiseite zu lassen, sich aufrichtig um gegenseitiges Verstehen zu bemühen und gemeinsam einzutreten für Schutz und Förderung der sozialen Gerechtigkeit, der sittlichen Güter und nicht zuletzt des Friedens und der Freiheit für alle Menschen.“[8] Auch muslimischerseits wird die Vermittlung ethisch-moralischer Grundwerte und das Aufzeigen alternativer Lebens- und Denkmodelle als vorrangige Aufgabe der Vertreter der Religionen und Kulturen bezeichnet.

Gefordert wird darum ein „dialogue of action“[9], ein gemeinsames Handeln aller an Gott glaubenden Menschen. So stellte der Islamische Weltkongress bereits 1972 fest: „Christen und Moslems sind gemeinsam aufgerufen, die antireligiösen Kräfte dieser Welt abzuwehren, zumal sie sich im Glauben an den Einen Gott finden. Anstatt im Konkurrenzdenken zu verharren, sollten Christen und Moslems auf gegenseitige Bekehrungsversuche verzichten und sich stattdessen gemeinsam der Verkündigung ihrer Glaubenswahrheiten und -erfahrungen unter den Atheisten und Materialisten widmen. Im Interesse der ganzen Menschheit ist es notwendig, dass sich Christen und Moslems näherkommen.“[10] Diese Haltung wurde in zahlreichen weiteren Verlautbarungen bekräftigt,[11] denn der Islamische Weltkongreß „begrüßt jeden Schritt, der geeignet ist, das Gewebe der Missverständnisse, das Christen und Moslems voneinander trennt, zu zerreißen. Wir sollten davon abkommen, uns gegenseitig zu bekämpfen und zu verunglimpfen und uns stattdessen daran machen, den Atheisten und jenen, die den Glauben an geistige und moralische Werte verloren haben, Gott zu bezeugen. Dieses Bemühen sollte der zentrale Punkt unserer gemeinsamen Gespräche sein: dass wir unsere Hände vereinigen zur Rettung der Menschheit vom reinen Materialismus und von der Unmoral.“[12]

---

[8] Nostra aetate, Nr. 3 (zit. nach: *Karl Rahner / Herbert Vorgrimler*, Kleines Konzilskompendium. Alle Konstitutionen, Dekrete und Erklärungen des Zweiten Vaticanums in der bischöflich beauftragten Übersetzung, 2., erg. Aufl., Freiburg 1966).

[9] *Andreas Bsteh / Adel Theodor Khoury*, Eine wissenschaftliche Konsultation in Teheran (15.–17. Januar 1995), in: Hagemann (Hrsg.), Auf dem Weg zum Dialog, Altenberge 1996, 79–102, hier: S. 91.

[10] *Muhammad Salim Abdullah*, Christlich-islamischer Ökumenismus aus der Sicht des Islams, in: Christen und Moslems in Deutschland, S. 67.

[11] Die Meinung des Islamischen Weltkongresses repräsentiert jedoch nicht die Gesamtheit der Muslime, so wie auch aufgrund des Fehlens einer verbindlichen Lehrautorität im Islam an keiner Stelle von einer verbindlichen Lehrmeinung gesprochen werden kann. Gegenteilige Stimmen werden dokumentiert in: *Adel Theodor Khoury / Ludwig Hagemann*, Christentum und Christen im Denken zeitgenössischer Muslime, Altenberge 1986. – *Ludwig Hagemann*, Auf Distanz zu Christen? Stellungnahmen und Analysen zeitgenössischer Muslime, in: Hagemann / Reiner (Hrsg.), Dialog in der Sackgasse? Christen und Muslime zwischen Annäherung und Abschottung, Altenberge 1998, 71–91. Hagemann bilanziert, dass sich bis heute die Mehrheit der Muslime „gegen eine Kontaktaufnahme mit Christen ausspricht, es sei denn, um sie zum Islam zu bekehren, doch werden auch Stimmen laut, (…) die für eine Öffnung zum Dialog plädieren.“ (S. 90 f.)

[12] *M. S. Abdullah*, Christlich-islamischer Ökumenismus, S. 68.

1. Zielsetzung

Ziel der vorliegenden Arbeit ist es zu untersuchen, ob und inwieweit islamische Abrahamrezeptionen in Koran und Tradition von der westlich-europäisch geprägten Konzeption einer „Abrahamischen Ökumene“ wahrgenommen und berücksichtigt werden und ob und welche Begründungen für einen solchen Ökumenegedanken den islamischen Quellen zu entnehmen ist. Es handelt sich um einen Klärungsdiskurs, der für einen ehrlichen, authentischen und das Selbstverständnis des jeweils Anderen achtenden Dialogs unabdingbar ist. Obwohl zur Abrahamischen Ökumene auch das Judentum gehört, werden dessen Positionen hier nicht behandelt, da es sich nicht um eine religionsvergleichende Arbeit handelt, sondern um eine Arbeit, die die christlich-islamische Begegnung fokussiert.

Um das zu erreichen, wird beabsichtigt – und das ist der Schwerpunkt der Arbeit –, das Abrahamverständnis aus islamischer Perspektive ausführlich darzustellen. Einleitend werden aus der Perspektive der christlichen Theologie die bisherigen Entwürfe der „Abrahamischen Ökumene“ zusammengefasst. Dann folgt die Darstellung der islamischen Sicht aus ihrem Selbstverständnis heraus, in ihrer inneren Differenziertheit und in ihrer Ausrichtung auf die beiden anderen Dialogpartner. Abschließend werden die Abrahamsthemen an den Ergebnissen dieser Untersuchungen gespiegelt und die Konsequenzen für eine monotheistische Ökumene gezogen.

Die gegenwärtige akademische Diskussion um die interreligiöse Bedeutung Abrahams wurde bisher überwiegend aus westlicher Perspektive geführt, und zwar sowohl von christlicher, als auch von muslimischer Seite durch Menschen, die im westlichen Kontext leben und lehren. In der europäischen Diskussion finden diejenigen Christen und Theologen, die im Orient in einer islamischen Mehrheitsgesellschaft leben, kaum Gehör, obwohl sich diese wesentlich näher an den Kernpunkten der Auseinandersetzung befinden – und sie vor allem auf ihren praktischen Wert im Zusammenleben hin erproben können. Sie sind es, die ebenfalls befragt werden müssen, ob ihre Stimme und ihre Erfahrung gegebenenfalls als Korrektiv für die europäisch-westliche Debatte dienen können. Auch muss die islamische Abraham-Theologie in ihrem ganzen Spektrum berücksichtigt werden, um aufgrund der maßgeblichen autoritativen Quellen die islamische Abrahamrezeption darzustellen. Dabei ist die innere Differenziertheit islamischer Stimmen, auch derer, die hierzulande verstummt oder zum Schweigen gebracht sind, aufzuzeigen. In der Praxis hat sich immer wieder gezeigt, dass manche muslimischen Gesprächspartner in Deutschland den Reichtum ihrer eigenen Theologiegeschichte – gerade auch mit den selbstkritischen und kreativen Ansätzen – kaum noch, bzw. noch kaum kennen.

Während die islamischen Dialogpartner in Europa weitgehend in und aus der Minderheitensituation im Westen schreiben, wird in dieser Arbeit die islamische Theologie der islamischen Welt zugrundegelegt, denn die Mehrheit der hier lebenden Muslime ist wesentlich stärker als allgemein angenommen auf die Situation in der Heimat rückbezogen, und zwar sowohl politisch als auch theologisch-religiös.[13] Ein weiteres Argument für die Heranziehung der Theologie der islamischen Welt gründet in der wachsenden Globalisierung auf allen Ebenen, einschließlich der der religiösen Beziehungen. So kann es keinen authentischen Dialog mit Muslimen mehr geben, der sich, aus welchen Gründen auch immer – nur auf die Stimmen einiger westlich denkender islamischer Gelehrten und Wissenschaftler stützt und ohne Berücksichtigung der maßgeblichen arabisch-islamischen Stimmen erfolgt. Natürlich bleibt die Perspektive eines christlichen Autors letztlich eine Außenperspektive, doch der in Teil III vorgenommene Gang durch die islamische Rezeptionsgeschichte wird die innere Differenziertheit muslimischer Stimmen aufzeigen. Außerdem spricht der Koran an vielen Stellen explizit zu den von ihm so titulierten *ahl al-kitāb* (Leuten der Schrift), so dass die dergestalt Angesprochenen – unabhängig von jeglichem wissenschaftlichen Interesse – durchaus ihre im Koran selbst verankerte religiöse Berechtigung, ja sogar Pflicht haben, sich damit auseinanderzusetzen – und darauf zu antworten.[14]

2. Thesen dieser Untersuchung

In dieser Arbeit werden folgende Thesen vertreten:

– Bereits innerhalb des Korans zeichnet sich eine Entwicklung ab, die zwar an Abraham anknüpft und die Erzählung seiner *vita* in abgerundeter Weise rezipiert und in die koranische Verkündigung miteinbezieht, zunehmend aber die Gestalt Abrahams als vor-jüdische und vor-christliche Glaubensfigur exklusiv für den nach-jüdischen und nach-christlichen Islam beansprucht, sie zum zentralen islamischen Bezugspunkt und zur Basis der elementarsten islamischen Lehren macht. Dies manifestiert sich in zahlreichen Aspekten von Dogmatik und Pflichtenlehre: Abraham ist der erste, der die Eins-heit Gottes (*tauḥīd*) in einer polytheistischen Umgebung erkennt und durchsetzt; durch seinen Gehorsam und seine Unterwerfung unter Gott (*islām*) wird er der erste Gläubige der nun nach ihm benannten Religion (*millat Ibrāhīm*); er wird Erbauer der zentralen islamischen Kultstätte Kaʿba und Begründer des islamischen Kults mit den Hauptpflichten des Gebets und der Wallfahrt; als Folge davon wird die Gebetsrichtung und die zentrale Opferstätte von Jerusalem nach Mekka und Umgebung versetzt;

[13] Das Recht der großen islamischen Organisationen in Deutschland zur Gestaltfindung ist hier nicht zu erörtern, es ist jedoch im Hinblick auf die Themenstellung zu relativieren. Einzelne muslimische Theologen wie Mouhanad Khorchide sowie das Muslimische Forum Deutschland grenzen sich dagegen bewusst ab und entwickeln neue Ansätze.

[14] Darauf verweist zu Recht *Joachim Gnilka*, Bibel und Koran. Was sie verbindet, was sie trennt, Freiburg 2004, S. 12.

außerdem wird – damit ist er erster und paradigmatischer Muslim[15] und zugleich Prototyp für Muḥammad. In der islamischen Tradition wird diese im Koran erkennbare Umdeutung fortgesetzt und weiter gestaltet.

– Diese theologische Legitimation des Islam in der Gestalt Abrahams bedeutet zum einen offenbarungsgeschichtliche Kontinuität in der Anknüpfung an Judentum und Christentum, zugleich aber auch zunehmende Distanzierung von beiden, und mündet notwendigerweise in eine theologische Ablösung und Verselbständigung. So erwächst aus der abrahamisch begründeten Front gegen die Polytheisten in Mekka auch eine religiös-politische anti-jüdische und anti-christliche Haltung in Medina. Umso mehr sind die Anteile jüdischen und christlichen Gedankengutes in der islamischen Theologie trotz unterschiedlicher Akzentuierung und Intention als Potential für christlich-islamische Konvivenz wie auch für eine gelingende Begegnung zwischen den Dialogpartnern zu nutzen.

– Während „Freund Gottes“ (*ḫalīl Allāh*), der Ehrentitel Abrahams, Nähe Gottes und eine direkte Beziehung assoziiert, bleibt im Koran die absolute Transzendenz Gottes (*tanzīh*) gewahrt (*ṣamadanīyat Allāh*). Deshalb wird der Begriff der Offenbarung koranisch nicht im Sinne des sich selbst offenbarenden Gottes verwendet, sondern als Herabsendung des Korans auf Muḥammad (*tanzīl*). Hingegen verweist der Titel „Freund Gottes“ in der christlichen Theologie über die Zuwendung Gottes im Alten Testament hinaus auf die christologische Neuqualifizierung des Gott-Mensch-Verhältnisses.

3. Aufbau und Methode

Zu Teil I (Kap. 1): Die Idee der Abrahams-Ökumene

Ausgehend von der gegenwärtigen Diskussion in der westlichen christlichen Theologie wird der Terminus „Abrahamische Ökumene“ definiert und die Idee in ihrer geschichtlichen Entwicklung und ihrer Theologie dargestellt. Dabei geht es nicht um eine umfassende Darstellung, sondern um das exemplarische Aufzeigen der hier entwickelten Thesen als christlichem Ausgangspunkt und als Grundlage für Teil III, den Hauptteil. Dabei werden exemplarisch einige einschlägige Dokumente von katholischer, evangelischer und von ökumenischer Seite dargestellt, die eine entsprechende Wirkungsgeschichte entfaltet haben. Neben den offiziellen Verlautbarungen der Kirchen kommen für die „Abrahamische Ökumene“ repräsentative Autoren anhand ihrer Veröffentlichungen zu Wort.

---

[15] Nach islamischem Verständnis sind alle Propheten „Muslime“, auch die alt- und neutestamentlichen; dies meint zunächst ihre Gottergebenheit, wird aber heute im Sinne ihrer Religionszugehörigkeit zum Islam verstanden.

Anschließend wird untersucht, aus welcher Perspektive sich christliche arabische Theologen der Abrahamischen Ökumene nähern, ob sie Zugang und Position der westlichen abrahamischen Ökumene teilen oder ob sie in einem mehrheitlich islamischen Kontext einen gesonderten Zugang zu Abraham entwickelt haben. Dass für christliche Theologen aus dem Nahen Osten Abraham als „Orientale" von weit höherem Stellenwert ist und eine viel existentiellere Bedeutung hat, da sie ihm genealogisch, geographisch und kulturell viel näher stehen, liegt auf der Hand. Gerade das Miteinander und/oder Gegeneinander von Christentum und Islam verlangt die Entwicklung besonderer Ansätze, Positionen und Themenstellungen. Für sie ist die Frage der Abrahamskindschaft nicht Theorie, sondern muss tagtäglich praktiziert werden in einem ganz besonders gelagerten Dialog des Lebens – vor dem Hintergrund des Nahostkonflikts und den Folgewirkungen des sogenannten „Arabischen Frühlings".

Zu Teil II (Kap. 2): Methodologie und Hermeneutik

Als hermeneutischer Schlüssel wird die Methode der rezipientenorientierten Interdependenz entwickelt. Dazu ist es nötig, bereits vorhandene methodische Instrumente der islamischen Theologie zusammenzuführen: Chronologie der Suren, Gründe der Herabsendung und Abrogation. Im Zentrum steht ein Verständnis der koranischen Offenbarung als lebendiger Verkündigung, die die Diskurse mit den unterschiedlichen Rezipienten dieser Verkündigung zum Gegenstand hat. Dazu kommen der Diskurs mit den vorislamischen Schriften und die koranische Auslegungsweise der vorislamischen Stoffe in Form einer alternativen Interpretation, die sich stark auf nachbiblisches Schrifttum – rabbinische Literatur, apokryphe Evangelien, Apokalypsen – bezieht. Ein leitender Gedanke ist die Einbettung der koranischen Verkündigung in die Biographie des Verkündigers Muḥammad. Daher werden die koranischen Abrahamtexte chronologisch angeordnet und mit ihrem vermutlichen Entstehungskontext im Leben Muḥammads nach der traditionell islamischen Darstellung in der Prophetenbiographie (Sīra) in Verbindung gebracht sowie die Interdependenz der parallelen Erzählstränge Muḥammad und Abraham aufgezeigt.

Zu Teil III (Kap. 3–7): Exegetischer Teil – Darstellung der Abrahamthemen im Islam

Dieser Teil bietet die materiale Durchführung der Methode der rezipientenorientierten Interdependenz an allen koranischen Abrahamtexten. Dabei folgt der Gesamtaufbau den Rezipientengruppen.

Der eigentlichen Exegese vorgeschaltet wird ein tabellarischer Gesamtüberblick über die islamische Darstellung der Vita Abrahams im Koran und in den Traditionen. Es folgt ein grundsätzlicher Abschnitt über das koranische Prophetenverständnis, das in Hadithmaterial zur Parallelität von Muḥammad und Abraham mündet.

In manchen Bereichen krankt der Dialog daran, dass die christlichen Gesprächspartner auf Sekundärliteratur und Übersetzungen angewiesen sind, wobei die klassischen islamischen Kommentare nicht in europäischen Sprachen vorliegen. Darum werden sämtliche koranischen Abrahamtexte neu übersetzt und alle einschlägigen Hadithtexte zum größten Teil erstmalig in einer eigenen Übersetzung vorgelegt.

Die Exegese in den Kapiteln 4 bis 7 folgt den vier Hörergruppen Polytheisten, Juden, Christen und Muslime. Dazu werden bei jeder Gruppe die Schwerpunktthemen bestimmt, ausgewählt und unter Heranziehung der Primärquellen Koran, Hadith, Sīra und der wichtigsten islamischen Kommentatoren bis in die Gegenwart einer Exegese unterzogen, um das Selbstverständnis des Islams zum Thema Abraham zu erörtern – gerade auch in divergierenden Meinungen. So wird schließlich das Spektrum islamischer Interpretation, von orthodoxen, „fundamentalistischen" – oder besser gesagt: skripturalistischen – Positionen, sowie deren innerislamische Hinterfragung etwa durch die Muʿtazila, bis hin zu zeitgenössischen Positionen dargestellt.[16] Innerhalb der erwähnten vier Adressatengruppen folgen die Texte nicht der formalen Reihenfolge der Suren im Koran, auch nicht der thematischen anhand der Vita Abrahams, sondern der Chronologie der Verkündigung. Dadurch wird die theologische Entwicklung der Abrahams-Themenkreise innerhalb des Korans herausgearbeitet. Synopsen der öfter behandelten Sujets, ebenfalls chronologisch angeordnet, zeigen wiederum innerhalb dieser Themen die Entwicklung in ihrer Mikro-Struktur auf (Anhang „Synopsen der Ibrāhīmtrexte").

Dieses methodische Vorgehen überwindet die Schwäche der bislang favorisierten starren Einteilung in „zwei Abrahame", einen mekkanischen und einen medinischen – mit der *hiǧra* als „Wendepunkt". Hier vermag die chronologische Exegese aufzuzeigen, dass bereits in Mekka eine Entwicklung Muḥammads – und damit auch Abrahams – einsetzt.

Die Gewichtung liegt dabei weniger auf der westlichen islamwissenschaftlichen Sekundärliteratur,[17] vielmehr kommen islamisches Selbstverständnis und

[16] In der Folge wird auch deutlich werden, dass die nach nunmehr einem halben Jahrhundert islamischer Präsenz in Deutschland vorliegenden theologischen Arbeiten von Muslimen sich in ihrer Mehrheit noch an der klassischen Exegese orientieren, anstatt nach neuen Wegen zu suchen – die in der islamischen Geschichte doch immer wieder vorhanden waren.

[17] Hier liegt das entscheidende Manko der Arbeiten von *Hans Küng* (Der Islam, München 2004), *Karl-Josef Kuschel* (Streit um Abraham, München 1994 bis Düsseldorf 2006) und *Martin Bauschke* (Der Spiegel des Propheten, Frankfurt am Main 2008; dasselbe gilt für seine Dissertation zur koranischen Christologie: *ders.*, Jesus – Stein des Anstoßes. Die Christologie des Korans

islamische Selbsteinschätzung zur Sprache und werden Originaltöne vermittelt, wie islamische Dialogpartner sie aus den koranischen Texten hören, gerade auch auf dem Hintergrund der außerkoranischen Interpretationshilfen wie der „Gründe der Herabsendung“ (*asbāb an-nuzūl*), der Sīra, des Hadith und der immer noch maßgeblichen frühen Korankommentatoren. Eine zusammenhängende Exegese aller koranischen Abrahamtexte und ihrer Weiterführung in der islamischen Auslegungsgeschichte ist bislang noch nicht vorhanden. Damit ist noch keine Rezeptionsgeschichte Abrahams in der 1400-jährigen islamischen Theologiegeschichte geschrieben, sondern es kann nur angerissen werden, wie vielfältig und oft äußerst kreativ die islamischen Antworten selbst im Laufe der Geschichte waren. Gegenwärtig sind einzelne islamische Theologen in Deutschland dabei, den eigenen Reichtum und die früher immer wieder vorhandene Weite wiederzuentdecken.

In Exkursen wird die Methode der rezipientenorientierten Interdependenz an Schlüsselbegriffen der islamischen Theologie im Kontext Abrahams exemplarisch durchgeführt. Auf die lexikalische Klärung folgt eine chronologisch-interdependente Klärung, die die theologische Entwicklung des jeweiligen Begriffes aufzeigt.

In Schaubildern und Tabellen werden die Ergebnisse der Exegese übersichtlich dargestellt und in ihrer Systematisierung veranschaulicht, etwa die islamische Prophetensukzession und die islamische Sicht der monotheistischen Religionen.

In seiner Gesamtsicht zeigt Teil III die Dynamik der Loslösungs- und Verselbständigungsprozesse Muḥammads und damit des entstehenden Islam, die an der Gestalt Abrahams deutlich werden und sich zugleich in ihr manifestieren.

Zu Teil IV (Kap. 8): Kritische Untersuchung der westlichen Abrahamsthemen

Teil IV spiegelt die Abrahamsthemen an den Ergebnissen der Untersuchungen und bewertet das Konzept der Abrahamischen Ökumene. Hierfür werden die Ergebnisse aus Teil III verglichen mit Teil I. Es wird untersucht, ob sich im islamischen Bereich und in der Abrahamischen Ökumene dieselbe Sicht der Gestalt Abrahams findet, ob die verhandelten essentiellen Themen identisch sind, welche der islamischen Themen in die Diskussion der abrahamischen Ökumene aufgenommen und welche ausgeblendet werden. Ob und inwieweit die angestrebte Ökumene dem in der Exegese und der islamischen Theologiegeschichte sichtbar gewordenen Selbstverständnis des Islam standhält und ihm gerecht wird, wird hier ermittelt.

---

und die deutschsprachige Theologie, Köln 2000), dass sie auf die – notgedrungen – subjektive Vorauswahl der Sekundärliteratur aufbauen, die die arabischen Quellen erst in bescheidenem Umfang erschlossen hat.

4. Abgrenzungen

Die vorliegende Arbeit beabsichtigt nicht, das alttestamentliche und neutestamentliche Abrahambild zu behandeln.[18] Darum findet auch die jüdische und christliche Abrahamrezeption und Wirkungsgeschichte nur insoweit Beachtung, als sich die islamische Tradition auf sie bezieht, was vor allem für die frühjüdische Literatur gilt. In diesem Zusammenhang wird auf die sog. *Isrā'īliyāt* – die Stoffe jüdischen Ursprungs – und damit auf die Frage nach der Bezugnahme der islamischen Texte auf frühjüdische Traditionen, auf die „quellenphänomenologischen Vergleichspunkte" (Wilhelm Rudolph) und ihre theologische Bedeutung einzugehen sein.

Da „der Islam" kein monolithisches Dogmengebäude ist, keine für alle Muslime verbindliche oberste Lehrautorität kennt und darüber hinaus in die historisch bedingten sunnitischen und schiitischen Denominationen mit ihren verschiedenen Rechtsschulen aufgesplittert ist, stellt sich die Frage, welche islamische Ausrichtung dieser Untersuchung zugrundegelegt wird. Da die in Deutschland lebenden muslimischen Gesprächspartner mehrheitlich dem sunnitischen Islam angehören, der weltweit, sowie auch in der westlichen Diaspora etwa 80–90 % beträgt, wird der Schwerpunkt dieser Arbeit auf der sunnitischen Prägung des Islam liegen. Schiitische Positionen werden dargestellt, sofern sie in nennenswerter Weise am Dialog beteiligt sind. So wäre etwa auch zu untersuchen, ob und inwieweit Gruppen, die nicht dem orthodoxen Islam zuzuordnen sind, wie Sufis, Aleviten oder die Aḥmadīya im Dialog Gehör finden. Ausschlaggebend ist ihre themenrelevante Positionierung in Deutschland, d. h. die konkrete Dialogsituation.

Obwohl in dieser Arbeit Religion nicht nur in ihren dogmatischen Quellen, sondern auch in ihrer Wirkung auf die Gläubigen darzustellen ist, werden in den islamischen Zitaten die üblichen Eulogien[19] nur in Bezug auf Gott verwandt, auch wenn dies den Eindruck der religiösen Literatur geringfügig einschränkt. Dieser doxologische Zugang von Muslimen zu allen Propheten sowie den Zeitgenossen und frühesten Nachfolgern Muḥammads muss hier der flüssigeren Lesbarkeit zum Opfer fallen und bedeutet keineswegs eine Geringachtung.

Die Untersuchung theologischer Literatur in orientalischen Sprachen wird auf die arabischsprachige Literatur eingegrenzt. Sunnitische Zentren und Ver-

---

[18] Als Überblick seien hier lediglich genannt: *Horst Seebaß*, Genesis II. Vätergeschichte I, Neukirchen 1997; *Erhard Blum*, Die Komposition der Vätergeschichte, Neukirchen 1984; *ders.*, Studien zur Komposition des Pentateuch, Berlin 1990; *Anselm C. Hagedorn* (Hrsg.), Die Erzväter in der biblischen Tradition. FS für Matthias Köckert, Berlin 2009.

[19] Eulogie zum Namen Muḥammads: *ṣalla-llāhu ʿalaihi wa-sallam* (Gott segne ihn und spende ihm Heil); zum Namen der Propheten: *ʿalaihi s-salām* (Friede auf ihm); zu Namen der Prophetengefährten, der *ṣaḥāba: raḍiya 'llāhu ʿanhu* (Möge Gott mit ihm zufrieden sein).

bände in Deutschland sind nach wie vor, jedoch in unterschiedlicher Intensität, auf religiöse Autoritäten in Ägypten (al-Azhar) und Saudi-Arabien bezogen.[20]

Geschichte, Ansätze und Problemstellungen des Dialogs mit dem Islam werden nur streiflichtartig und gerafft dargestellt, soweit es als Hinführung zum Verständnis der speziellen Situation der Abrahamsthematik notwendig ist.

5. Technisches

Arabische Termini werden in deutscher Transkription nach den in der Islamwissenschaft in Deutschland üblichen Regeln der Deutschen Morgenländischen Gesellschaft wiedergegeben. Diese ist durchaus auch einem fachfremden Leser verständlich, da lediglich Längungen und emphatische Laute besonders gekennzeichnet sind. In vielen theologischen und populären Werken wird zwar aus Gründen der Lesbarkeit eine Mischung aus eingedeutschten Begriffen neben englischer und wissenschaftlicher Umschrift benutzt; die dadurch entstandenen Schreibweisen verstärken jedoch die Unsicherheit gegenüber islamischen Termini. Eine Ausnahme bilden Wörter, die Eingang in die deutsche Orthografie gefunden haben (wie „Koran" statt „*Qur'ān*" oder der geographische Eigenname „Mekka", der so gängig ist, dass „*Makkah*" befremdlich wirkt). Die Aufnahme eines arabischen Begriffs im Duden kann hier nicht Maßstab sein, zudem sind angesichts der Zunahme muslimischer Terminologie in deutschen Nachschlagewerken einige Veränderungen zu erwarten.[21]

Die koranische Verszählung folgt der offiziellen Kairiner Koranausgabe der im sunnitischen Islam autoritativen Azhar-Universität von 1924, die die sogenannte kufische Verszählung[22] allgemein durchgesetzt hat. Wenn aus einem früheren wissenschaftlichen Werk zitiert wird, dem die ältere Flügel'sche Koranausgabe von 1834 zugrunde liegt, wird dies entsprechend vermerkt und die aktuelle Versangabe beigefügt. Islamische Theologen zitieren Koranverse im Allgemeinen

---

[20] Vgl. die bereits erwähnte Koranübersetzung mit -kommentar des SKD-Bavaria-Verlags München, die die Autorisierung durch die Azhar-Universität Kairo ihrer Einleitung voranstellt. – Die Übersetzung des damaligen Vorsitzenden des Zentralrats der Muslime in Deutschland, Nadeem Elyas, von 2002 wurde nicht nur vom saudischen Ministerium für Islamische Angelegenheiten, Stiftungen, Daʿwa und Rechtweisung initiiert und kontrolliert, sondern auch in Saudi-Arabien gedruckt und wird ausdrücklich als „Geschenk des Dieners der beiden Heiligen Stätten, König Fahd ibn ʿAbd al-ʿAzīz Āl Suʿūd" weitergegeben.

[21] Um klar zwischen christlichen und islamischen Inhalten zu unterscheiden und Fehlinterpretationen zu vermeiden, gehen immer mehr Muslime dazu über, die originalen arabischen Termini zu verwenden (z. B. *ṣalāt* statt „Gebet"). So zu beobachten in Koranübersetzungen etwa von Amir Zaidan, Murad Hofmann, Ahmad von Denffer.

[22] So genannt nach der Lesart des Korans in der Stadt Kufa im Südirak, eines der sieben Zentren der frühen islamischen Theologie.

nach dem Surennamen und nicht nach der Nummerierung; für nichtmuslimische Leser ist diese Zitierweise jedoch kaum praktikabel.[23]

Als Koranübersetzung wird eine eigene Übersetzung aller Ibrāhīmtexte verwendet. Abweichungen in den oft vielschichtigen oder unklaren Stellen sind in den Fußnoten aufgeführt.

Wenn aus fremdsprachiger – ausgenommen die englischsprachige – Literatur in deutscher Übersetzung zitiert wird, handelt es sich, soweit nicht anders vermerkt, um eigene Übersetzungen.

Zu den Eigenheiten der alphabetischen Ordnung in arabischer Zitierweise siehe die Erläuterungen in der Bibliographie.

[23] Eine Ausnahme davon bildet *Jane Dammen McAuliffe*, Qur'ānic Christians: An anlysis of classical and modern exegesis (Cambridge 1991), die zwar nach Surennamen zitiert, die Surennummer aber danach in Klammern hinzufügt.

1. Die Idee einer „Abrahamischen Ökumene"

1.1 Entstehung der Idee: Von Jesus zu Abraham

„Am leichtesten ist der Dialog, den man nicht führt."[1] Erkennt man jedoch die Notwendigkeit des Dialogs in der religiös-weltanschaulich pluralen Gesellschaft an, stellt sich sofort die Frage nach der Methodik. Ein Gespräch zwischen ungleichen Partnern, gleich ob sich die Unterschiede auf Herkunft oder Einstellung begründen, kann auf verschiedene Weise angegangen und geführt werden: Entweder man stellt das Einigende oder das Trennende in den Mittelpunkt. War die christlich-islamische Begegnung über die Jahrhunderte hinweg überwiegend von der Konfrontation – sowohl verbal als auch nonverbal – geprägt gewesen, so strebte man in den letzten Jahrzehnten danach, thematische Gemeinsamkeiten und das gemeinsame Bemühen um Frieden in den Vordergrund zu stellen. Dies führte jedoch nicht selten dazu, dass Unterschiede als störend empfunden und darum ausgeblendet wurden.[2]

Diesen Einseitigkeiten gegenüber steht die Forderung des britischen Bischofs Kenneth Cragg, eines langjährigen Praktikers in der christlich-islamischen Begegnung, nach einem realistischen und aufrichtigen Mittelweg: „To share what could honestly be shared."[3]

Doch welche sind die Themen, die „ehrlich geteilt" werden können, an denen jeder in gleicher Weise teilhaben kann und die auf die Tagesordnung kommen, wenn die Phase des gegenseitigen Kennenlernens abgeschlossen ist? Es war nur logisch, dass man sich zunächst einem Thema zuwandte, das sowohl für das

---

[1] So der Titel eines Konferenzberichtes von *Volker Perthes* in: *inamo* 37 / 2004, S. 3.

[2] Kritiker pflegen dies „Schmusekurs" zu nennen und erheben den Vorwurf der Blauäugigkeit, s. *Ursula Spuler-Stegemann* (Hrsg.), Feindbild Christentum im Islam. Eine Bestandsaufnahme, Freiburg 2004. Auf diesen Vorwurf bei der Auswahl der islamischen Dialogpartner erwiderte Maria Jepsen, Bischöfin der Evangelisch-Lutherischen Kirche Nordelbiens: „Lieber blauäugig als blind." Siehe dazu: *Johannes Kandel*, ‚Lieber blauäugig als blind'? Anmerkungen zum Dialog mit dem Islam, in: *Materialdienst der EZW* 5/2003, 176–183. – Als Erwiderung darauf *Ulrich Dehn*, Wie ist unser Dialog mit Muslimen? Anmerkungen zu Johannes Kandel, in: *Materialdienst der EZW* 6/2003, 228–231.

[3] *Kenneth Cragg*, The Event of the Qur'ān. Islam in Its Scripture, Oxford 1994, S. 8.

Christentum wie auch den Islam – wenn auch in unterschiedlichem Maße – von zentraler Bedeutung ist: die Gestalt Jesu[4].

Es sind hier drei verschiedene Phasen des Umgangs mit dem Thema zu benennen: Zu Beginn des 20. Jahrhunderts bis in die siebziger Jahre gab es grundlegende Arbeiten zum Jesusbild des Koran und der islamischen Tradition. Danach fand dieses Thema in der Dialogpraxis Eingang in die gegenseitigen Grußadressen,[5] in denen schließlich auch die Mutter Jesu ihren gebührenden

[4] Literatur (chronologisch):
1912: *Samuel Zwemer*, The Moslem Christ, London-Edinburgh; 1932: *Louis Massignon*, Le Christ dans les Evangiles, selon Ghazali, in: *Révue des Etudes Islamiques,* 6 (153–168), Paris; 1939: *G.F. Gerock*, Versuch einer Darstellung der Christologie des Korans, Hamburg; 1959: *Michel Hayek*, Le Christ de l'Islam, Paris; 1960: *Henri Michaud*, Jésus selon le Coran, Neuchatel; 1965: *Geoffrey Parrinder*, Jesus in the Qur'an, London; 1969: *Donald Roland Richards*, A study of the Quranic References to ʿĪsā in the light of Tafsīr and Ḥadīṯ, Hartford; 1971: *Heikki Räisänen*, Das koranische Jesusbild. Ein Beitrag zur Theologie des Korans, Helsinki; 1975: *Olaf Schumann*. Der Christus der Muslime. Christologische Aspekte in der arabisch-islamischen Literatur, Gütersloh; 1978: *Claus Schedl*, Muhammad und Jesus. Die christologisch relevanten Texte des Koran, Wien; 1985: *Kenneth Cragg*, Jesus and the Muslim, London; 1989: *Günther Risse*, „Gott ist Christus, der Sohn der Maria.“ Studie zum Christusbild im Koran, Bonn; 1991: *Neal Robinson*, Christ in Islam and Christianity: The Representation of Jesus in the Qur'an and the Classical Muslim Commentaries, Basingstoke; 1999: *Oddbjorn Leirvik*, Images of Jesus Christ in Islam: Introduction, Survey of Research, Issues of Dialogue, Uppsala; 1999: *Robert Berkey / Sarah A. Edwards*, Christiology in Dialogue, Pilgrim Press; 2000: *Martin Bauschke*, Jesus – Stein des Anstoßes. Die Christologie des Korans und die deutschsprachige Theologie, Köln; 2001: *ders.*, Jesus im Koran, Köln; 2012: *ders.*, Der Sohn Marias. Jesus im Koran, Darmstadt. – Weitere Literatur bei *M. Bauschke*, Jesus – Stein des Anstoßes, S. 395–400. Von *Don Wismer* stammt eine Bibliographie: The Islamic Jesus: An Annotated Bibliography of Sources in English and French, New York, allerdings bereits von 1977.
Islamischerseits wurden v.a. in der islamischen Welt kritische Stimmen gegen diese Bemühungen laut (zit. in *L. Hagemann*, Auf Distanz zu Christen, in: Hagemann (Hrsg.), Christentum contra Islam: eine Geschichte gescheiterter Beziehungen, Darmstadt 1999, S. 82). Im Westen begnügt sich die islamische Literatur meist damit, ihr eigenes, christologisch „gereinigtes“ Jesusbild darzustellen, das streng Gottessohnschaft und Sühnetod ablehnt, mit mehr oder weniger direkten apologetischen Bezügen. Dabei finden sich Verweise auf die historisch-kritische, entmythologisierende christliche Theologie, die endlich die Vergöttlichung Jesu und die Inkarnation als bloße Theorie und Irrweg der dogmatischen Entwicklung begreife und die koranische Sicht von der Verfälschung der ursprünglichen Lehre Jesu bestätige, dies jedoch dem Kirchenvolk vorenthalte (s. dazu v.a. den deutschen Konvertiten und früheren deutschen Botschafter in Algerien und Marokko, *Murad W. Hofmann*, Der Islam im 3. Jahrtausend. Eine Religion im Aufbruch, Kreuzlingen 2000, S. 171–189, der als Kronzeugen Rudolf Bultmann, John Hick und Gerd Lüdemann anführt und neben Adolf Schlatter stellt.).

[5] *Kardinal Francis Arinze*, Botschaft zum Ende des Ramadan ʿId al-Fitr 1420 A.H./2000 A.D. – Es wäre interessant, den jeweiligen Dialogansatz in den Grußbotschaften der verschiedenen Kirchen näher zu untersuchen: So verwendet der Päpstliche Rat für den Interreligiösen Dialog als Vertreter des Vatikan vorwiegend theologische Themen in Anlehnung an die Veröffentlichungen des II. Vaticanums, wobei häufig Gemeinsamkeiten in islamischer Terminologie hervorgehoben und Unterschiede nicht verschwiegen, aber eher am Rande erwähnt werden; die Deutsche Bischofskonferenz bezieht die aktuelle gesellschaftliche Lage mit ein, und die EKD thematisiert überwiegend die Jahreslosung, eingebettet in die politische und gesellschaftliche Lage.

Platz fand.[6] In der Unbeliebtheitsskala ganz oben rangiert das Thema „Trinität". Obwohl als eine der zentralsten christlichen Glaubensaussagen im Credo verankert[7], wurde dieses Thema bisher meist umgangen, da es islamischerseits mit den größten Vorurteilen und Verurteilungen besetzt ist[8]: Der Islam interpretiert die christliche Trinität als Tritheismus,[9] was dem zentralen Dogma des *tauḥīd* (Einsheit Gottes) entgegensteht und den Tatbestand des *širk* (Beigesellung anderer Götter neben Gott) als einzig unvergebbare Sünde erfüllt. Gerade dieses Kontroversthema zeigt die Herausforderung für Christen, das trinitarische Reden von Gott verständlich zu formulieren. Es wäre notwendig, sich wieder der Dogmengeschichte zuzuwenden und den Weg der „Sprachfindung und -formulierung" nachzuvollziehen, da auch die christliche Theologie sich erst über einen längeren Zeitraum hinweg und durch mannigfache Klärungsprozesse an diese Formel herangetastet hat. Aufgrund der Belastungen aus der Geschichte braucht auch das interreligiöse Gespräch diesen Weg, um zum „sachlichen Kern" vorstoßen zu können.[10]

In den letzten Jahren wird in sehr unterschiedlicher und oft erfreulich differenzierter Weise wieder an der Jesus-Frage im Dialog gearbeitet. Dabei wirkt die Hoffnung Annemarie Schimmels, über das Jesus- und Marienbild des Sufismus zu einem „besseren gegenseitigen Verständnis" kommen zu können, eher freundlich-naiv als hilfreich, zumal hier theologische Fragestellungen aus-

---

[6] Schließlich hatte bereits das II. Vaticanum in Art. 3 der „Erklärung über das Verhältnis der Kirche zu den nichtchristlichen Religionen" die islamische Variante der Marienverehrung hervorgehoben: „.. und sie (= die Muslime) ehren seine jungfräuliche Mutter Maria, die sie bisweilen auch in Frömmigkeit anrufen." Hagemann nennt die Erwähnung Mariens als eine der vier Hauptgemeinsamkeiten zwischen Christentum und Islam (Hagemann / Reiner (Hrsg.), Dialog in der Sackgasse? Christen und Muslime zwischen Annäherung und Abschottung, Altenberge 1998, S. 26). So trägt Sura 19, die die koranische „Weihnachtsgeschichte" enthält, den Namen „Maryam".

Literatur zum islamischen Marienbild: *Jean Abd al-Jalil*, Marie et l'Islam, Paris 1950; *Nilo Geagea*, Mary of the Koran: A meeting point between Christianity and Islam, New York 1984; *L. Hagemann / E. Pulsfort*, Maria, die Mutter Jesu, in Bibel und Koran, Altenberge 1992. – Beispiel einer dialogischen Behandlung der Marienthematik: „Was bedeutet mir die Jungfrau Maria in meinem Leben? Ein Christ und ein Muslim antworten." in: *Al-Fadschr* 96 (1999), 48–51.

[7] „Das Mysterium der heiligsten Dreifaltigkeit ist das zentrale Geheimnis des christlichen Glaubens und Lebens." Katechismus der Katholischen Kirche, 1993, zit. in: *Oliver Lellek*, Streitpunkt Dreifaltigkeit. Über die Notwendigkeit verständlicher offenbarungstheologischer Übersetzungen, in: Hagemann et al. (Hrsg.), Auf dem Weg zum Dialog, Altenberge 1996, 163–193, hier: S. 164.

[8] An keiner anderen Stelle des Koran findet sich eine so heftige theologische Polemik, v. a. nicht gegen die Christen, die weit positiver als die Juden dargestellt werden: 4,48 im Zusammenhang mit 4,171; 5,72.73.116; 10,68; 17,111; 112.

[9] Über das Zustandekommen dieses Missverständnisses gibt es unterschiedliche Thesen, deren Diskussion hier den Rahmen sprengen würde.

[10] *Friedrich Beisser*, Die christliche Trinitätslehre angesichts der Herausforderung durch den Islam, in: Rittner (Hrsg.), Glauben Christen und Muslime an denselben Gott? Hannover 1995, 46–63.

geblendet werden[11]. Denn nach wie vor ist im christlich-islamischen Diskurs noch nicht beantwortet, ob eine Christologie, in der Jesus mehr ist als eine große historische Persönlichkeit und ein großer Prophet, überhaupt in den Dialog eingebracht werden solle.[12] Gegen die pluralistischen Religionstheologen, die die traditionelle Christologie als Störfaktor und Endstation im Dialog weitgehend ignorieren bzw. ausblenden und sich stattdessen für eine „pluralistische Christologie“ aussprechen, innerhalb derer Jesus so einzigartig ist, wie jeder Mensch auf seine besondere Weise schöpfungsmäßig einzigartig ist (anthropologische Einzigartigkeit), hat sich Karl-Josef Kuschel ausgesprochen. In seinem Aufsatz „Christologie – unfähig zum interreligiösen Dialog? Zum Problem der Einzigartigkeit Christi im Gespräch mit den Weltreligionen“[13] wendet er sich gegen John Hick[14], der den Sinn der Inkarnation in Frage stellte und eine Fundamentalkritik an der traditionellen Christologie entwarf, nach der diese das christliche Überlegenheitsdenken über andere Religionen begründe und deshalb den Dialog mit den nichtchristlichen Religionen im Kern verunmöglicht habe. Ebenso könnten und müssten nach Kuschel die christologischen Aussagen des Neuen Testaments „im Rahmen einer kontextuellen Exegese in nichtabsolutistischer und nicht superioristischer Weise interpretiert werden: als Glaubenszeugnisse“, womit er sich gegen John Hicks und Paul Knitters pluralistische Christologie wendet (S. 150). Es stellt sich jedoch die Frage, ob die christologischen Aussagen des Neuen Testaments tatsächlich zu „Glaubenszeugnissen“, und damit zu subjektiven Aussagen, relativiert und damit degradiert werden können[15]. Die Alternative, nur „das koranische Christuszeugnis zur Basis des muslimisch-christlichen Dialogs, und zwar von christlicher wie von muslimischer Seite“[16] zu machen, ist minimalistisch und wird dem Selbstverständnis des christlichen Dialogpartners nicht gerecht. Ebenso wenig hilfreich ist der Vorschlag Martin

---

[11] *Annemarie Schimmel*, Jesus und Maria in der islamischen Mystik, München 1996, Vorwort S. 7.

[12] Selbst das II. Vaticanum nennt die zentralen christologischen Unterschiede nicht direkt beim Namen. Lediglich in einem Nebensatz wird die islamische Sicht erwähnt, die Jesus auf einen – hoch geehrten – Propheten reduziert. Dafür wird in *Lumen gentium* die Frage, ob Muhammad aus christlicher Sicht als Prophet betrachtet werden kann – was immerhin die zweite Hälfte des Islamischen Glaubensbekenntnisses, der *šahāda,* ausmacht – mit Schweigen übergangen, um keine Aussage über die Gültigkeit seines Prophetenamtes machen zu müssen. Dies wird von Muslimen als zentraler Mangel am II. Vaticanum gewertet. Vgl. auch die Methodik von *Martin Bauschke* in seinen beiden Büchern zum Jesus-Bild des Korans.

[13] In: *Karl-Josef Kuschel* (Hrsg.), Christentum und nichtchristliche Religionen. Theologische Modelle im 20. Jahrhundert, Darmstadt 1994, 135–154.

[14] *John Hick*, The Myth of God Incarnate, 1977; *ders.*, The Myth of Christian Uniqueness, 1987.

[15] S. dazu auch: Berkey / Edwards (Hrsg.), Christiology in Dialogue, 1999.

[16] Kommentiertes Vorlesungsverzeichnis des Instituts für Ökumenische Forschung, Universität Tübingen, WS 00/01 zum Seminar „Jesus im Koran. Neuere westliche und islamische Deutungen im Kontext des islamisch-christlichen Dialogs.“ S. auch *Martin Bauschke,* Jesus – Stein des Anstoßes. Die Christologie des Koran und die deutschsprachige Theologie, Köln u. a. 2000.

Bauschkes einer „externen Christologie" als „zwischen Christen und Muslimen konsensfähig"[17], die das Bekenntnis „wahrer Mensch und wahrer Gott" um seine zweite Hälfte reduziert.[18] Das gleiche gilt von seinem mit einem Reformjuden und einer deutschen Konvertitin zum Islam vorgelegten „abrahamischen Gebetbuch", das bewusst auf „trinitarisch strukturierte Gebete" verzichtet und in dem der Name Jesu vergeblich gesucht wird.[19] Wie Joseph Hajjar zu Recht betont, gehört jedoch das „zentrale Geheimnis der Person Christi, Erlöser und Sohn Gottes" zu den drei Hauptpunkten der „doktrinären Nicht-reduzierbarkeit des Christentums"[20].

So konnte die Diskussion um Jesus aufgrund der für die christlichen Kirchen unaufgebbaren Vorgaben durch die biblisch-altkirchliche Christologie nicht zu einer wirklichen Gemeinsamkeit führen. Joachim Gnilka konstatiert zu Recht, dass im Koran die negativen Aussagen über Jesus weitaus größeren Raum einnähmen als die positiven und der Koran in der Jesusfrage „keinen Kompromiss" zulasse.[21] Die scheinbar gemeinsamen Fakten und Stationen des Lebens Jesu erweisen sich in ihrer christologischen und soteriologischen Dimension als nicht verhandelbar und nicht kompatibel.[22] Trotz aller Bemühungen ist es daher in den

---

[17] *M. Bauschke*, Jesus – Stein des Anstoßes, S. 403 ff.; *ders.*, Jesus im Koran, S. 146.

[18] Nicht im *terminus*, jedoch in der Sache kommentiert *M. W. Hofmann* diesen christlichen „Korrekturprozeß": „(...) dass die Christologie in der christlichen Welt in eine tiefe Krise geraten ist (...) In letzter Konsequenz öffnet die in Gang gekommene Entmythologisierung von Jesus das Tor zu einer Versöhnung des Christentums mit allen nicht-christlichen Religionen, insbesondere mit dem Islam. Die Perspektiven dieses Korrekturprozesses sind atemberaubend. Denn wenn sich die Auffassung verfestigt, dass Jesus ‚nur' Prophet Gottes war (...) Es geht nicht um Rechthaberei, wenn die Muslime mit Genugtuung feststellen, dass die Christenheit dabei ist, die koranische Christologie als die richtige zu entdecken. Dann hätte der Islam seine Mission als Reformation des Christentums endlich erfüllt (...) Dann hätte es sich gelohnt, dass die Muslime 1400 Mondjahre lang eisern an ihrer Christologie festgehalten haben." (Der Islam im 3. Jahrtausend: Eine Religion im Aufbruch, Kreuzlingen 2000, S. 178 f.). Diese koranische Christologie sei damit „die orthodoxeste aller Christologien, nämlich die der ursprünglichen Judenchristen" (S. 163). – Gegen eine solche theologische Selbstverstümmelung wenden sich zu Recht *K.-J. Kuschel* im oben zitierten Aufsatz, als auch *Joseph Hajjar*, Arabische Christen und Muslime im Dialog, in: *CIBEDO* 2/1989, S. 33–52. – Eine fundamentale Kritik an Bauschke bei *Friedmann Eissler*, Gibt es eine abrahamische Ökumene?, S. 282 f.

[19] *Martin Bauschke / Walter Homolka / Rabeya Müller*, Gemeinsam vor Gott. Gebete aus Judentum, Christentum und Islam, Gütersloh 2004, S. 8.

[20] *J. Hajjar*, Arabische Christen und Muslime im Dialog, S. 44.

[21] *Joachim Gnilka*, Die Nazarener und der Koran. Eine Spurensuche, Freiburg 2007, S. 117.119.

[22] Murad Wilfried Hofmann weist darauf hin, dass selbst „muslimische Modernisten und Kultur-Muslime", vom libyschen Staatschef Gaddafi bis zu Bassam Tibi, eisern am koranischen Jesusbild festhielten (Der Islam im 3. Jahrtausend, S. 166 f.). – Siehe dazu auch: *Jutta Sperber*, Dialog mit dem Islam, Göttingen 1999, v. a. im 2. Teil. – Bereits im ersten überlieferten christlich-islamischen Dialog zwischen dem jakobitischen Patriarchen Johannes I. und dem Emir ʿAmr b. al-ʿĀṣ im Jahre 18 A. H. / 638 A. D. waren die trinitarischen und christologischen Themen muslimischerseits die Hauptprobleme (*N. A. Newman*, The Early Christian-Muslim Dialogue. A Collection of Documents from the First Three Islamic Centuries, Hatfield 1993, S. 17).

vergangenen Jahren still geworden um das christlich-islamische Gespräch über die Christologie, ja, manche haben diesen Weg für gescheitert erklärt.[23]

Auf der Suche nach Friedenspotential

Parallel zur Diskussion um die Christologie wuchs die Einsicht, dass die dogmatischen Auseinandersetzungen zwischen den Religionen Kräfte banden, die für konkrete Friedensarbeit genutzt werden sollten („Dogma trennt, Handeln vereint“). An die Stelle der immer exklusiven und darum andere ausschließenden Wahrheitsfrage tritt die Frage nach den der gesamten Menschheit, allen Religionen gemeinsamen Werten.[24] Daraus erwuchs, initiiert und forciert durch Hans Küng die Idee des Weltethos[25] einer neuen Weltgesellschaft als „realistische Friedensvision für die Zukunft“. Die Friedenssehnsucht formuliert Küng in einem von Juden, Christen und Muslimen gemeinsam zu sprechenden Gebet:

> „Vergib uns Kindern Abrahams unsere Kriege, unsere Feindschaften, unsere Missetaten gegeneinander. Erlöse uns aus aller Not und schenke uns den Frieden.“[26]

Die Idee des Weltethos knüpft an eine Idee an, die mit Louis Massignon (1883–1962) ihren Anfang genommen und maßgeblich das II. Vaticanum geprägt hatte, wie im folgenden gezeigt werden wird.

Auf der Suche nach Geschwisterlichkeit

Am Anfang dieses Ansatzes stand nicht die theologische Reflexion, sondern eine persönliche und somit subjektive Erfahrung Louis Massignons – und dies sollte

[23] Allerdings gilt dies nur, wenn mit dem Dialog die Hoffnung auf innere Annäherung verknüpft war. Es wird noch davon die Rede sein, dass ein Dialog, der sich zum Ergebnis unaufgebbarer dogmatischer Gegensätze bekennt, in der Tat ein gelungener Dialog sein kann. Vgl. *Werner Neuer*, Interreligiöser Dialog als Notwendigkeit, Chance und Gefahr, in: Pechmann / Reppenhagen (Hrsg.), Zeugnis im Dialog der Religionen und der Postmoderne, Neukirchen-Vluyn 1999, 156–181.

[24] Dem „Gerede von Weltethos und Globalisierung“ hält *Tilman Nagel* entgegen, dass es keine Wertediskussion ohne die Wahrheitsfrage geben kann und illustriert dies am Beispiel des Weimarer Religionsdisputs mit dem iranischen Staatspräsidenten Chatami. (Islam. Die Heilsbotschaft des Korans und ihre Konsequenzen, Westhofen 2001, S. 21)

[25] Zum weltweit bekannten Schlagwort wurde der Slogan „Kein Frieden unter den Nationen ohne Frieden unter den Religionen. Kein Frieden unter den Religionen ohne Dialog zwischen den Religionen.“ siehe dazu: *Hans Küng*, Projekt Weltethos, 1993; *Hans Küng / Karl-Josef Kuschel*, Erklärung zum Weltethos. Die Deklaration des Parlaments der Weltreligionen, München 1993. – Von islamischer Seite stellt *Murad W. Hofmann* (Der Islam im 3. Jahrtausend, S. 185 f.) fest, das Projekt Weltethos finde unter Muslimen kaum Resonanz, da es über „lauter schöne Platitüden“ nicht hinauskomme und nur noch das anbiete, was nach dem Verschwinden der Religionen übrigbleibe.

[26] *Hans Küng*, Das Judentum, München 1991, S. 702.

die Bewegung bis heute prägen. In lebensbedrohlicher Situation erlebte Massignon Muslime im Irak als Geschwister und den Islam als Mittler zur eigenen christlichen Identitätsfindung. Die Außenperspektive schärfte ihm den Blick auf das Eigene und führte ihn zurück zum für ihn Wesentlichen. Die sehr persönlichen, mystischen Erfahrungen Massignons („product of meditation, not of rationalization“[27]), die in eine theologische Reflexion einfließen und die Aussagen des II. Vaticanums zu den Muslimen beeinflussen sollten, sowie die Ausweglosigkeit der christologischen Diskussion, öffnen den Weg für die Abrahamsdiskussion. Der Ernüchterung und Enttäuschung einer Globalisierung, die sich auf Güter- und Technologieaustausch beschränkt, die Menschen dieser Erde zu Produzenten und Konsumenten degradiert und eben nicht zur Weltgemeinschaft zusammenschließt, wird das Idealbild einer durch Religiosität verbundenen abrahamischen Familie entgegengestellt, „(...) dass wir, deine Kinder auf Erden, uns alle vereinen mögen in einer einzigen Bruder- und Schwesternschaft.“[28]

Für Hans Küng liegt das Einigende des „großen religiösen Stromsystems nahöstlichen Ursprungs“, „aller drei großen Religionen semitischen Ursprungs“ in ihrem gemeinsamen Stammvater Abraham.[29] Joachim Gnilka sieht in der Berufung auf den gemeinsamen Vater Abraham und die auf ihn folgende unterschiedliche Heilsgeschichte – bedingt durch die beiden Mütter Sara und Hagar – einen Weg, sowohl Christentum und Islam, als auch Judentum und Islam einander näher zu bringen.[30] Sehr verhalten optimistisch äußert sich der im christlich-islamischen Gespräch hochverdiente libanesische Priester und Professor für Religionswissenschaft Adel Theodor Khoury, der seine profunde Islamkenntnis in einem 12-bändigen Korankommentar bündelte, in den er die islamische Auslegungsgeschichte einarbeitete. Nach der Darlegung des durch Abraham Trennenden bringt er seine Hoffnung zum Ausdruck, Abraham „könnte ... der Beweggrund und der Garant für einen ernsthaften Dialog und eine fruchtbare Kooperation der ganzen Menschheit werden.“[31] „Alle gutwilligen Menschen ..., die gegenüber dem Glauben offen sind und bereit sind, sich für das Gute einzusetzen“, könnten in ihm „einen gemeinsamen Vater finden“.

Allerdings: Der Bezug auf Abraham ist keineswegs neu. Denselben Weg hatte bereits Muḥammad in Medina beschritten, als seine Diskussion[32] mit der christ-

---

[27] *Sydney Griffith*, Sharing the faith of Abraham: the ‚Credo‘ of Louis Massignon, in: *Islam and Christian-Muslim Relations*, Bd. 8/2 (1997), 193–210, hier: S. 206.

[28] *Bauschke / Homolka / Müller*, Gemeinsam vor Gott, S. 113.

[29] *H. Küng*, Das Judentum, S. 28.33 f.

[30] Gleichzeitig stellt er fest, dass sich in Abraham die Wege auch trennen durch die beiden Verheißungslinien über Isaak und Ismael – wobei er nicht realisiert, dass der Islam zwar eine genealogische Linie, aber keine Verheißungslinie kennt. (*J. Gnilka*, Bibel und Koran – Was sie verbindet, was sie trennt, S. 183–85) Als zweiten Aspekt der Annäherung nennt er aufgrund von Parallelen in Koran und Psalmen den Glauben an den Schöpfer.

[31] *Adel Theodor Khoury*, Abraham – ein Segen für die Völker nach der jüdischen, christlichen und islamischen Tradition, in: *Bibel und Kirche* 1/2004, 9–17, hier: S. 16 f.

[32] Die Diskussion findet sich in 3,42–71.

lichen Delegation aus Naǧrān über Maria und Jesus in eine Sackgasse geriet, woraufhin Muḥammad die Christen zu „einem Wort des Ausgleichs zwischen uns und euch“ (3,64) aufrief und mit ihnen die Diskussion über Abraham begann, die er zuvor hauptsächlich mit den Juden Medinas geführt hatte. Der Weg des heutigen christlich-islamischen Dialogs wiederholt somit die Themenverschiebung von Jesus zu Abraham, wie er bereits vor 1.400 Jahren geführt wurde. Man darf gespannt sein, ob sich auch das Ergebnis wiederholen wird.

1.2 Forschungsgeschichte und gegenwärtiger Stand der Forschung

Seit Beginn der islamischen Theologie ist Abraham Gegenstand der islamischen Forschung. Abraham, der schon rein quantitativ einen großen Raum im Koran einnimmt – immerhin findet er in 314 Versen, verteilt auf 25 Suren von den frühen Jahren der Verkündigungstätigkeit Muḥammads bis zur letzten Sura seines Lebens, Erwähnung –, wird selbstverständlich in allen Kommentaren *(tafasīr)* zum Koran behandelt; ebenso in den Prophetenkapiteln der Ḥadīṯ-Sammlungen und in den populären Nacherzählungen der Prophetengeschichten *(qiṣaṣ al-anbiyā')*. Die Beschäftigung mit Abraham war für die islamische Theologie also zu jeder Zeit obligatorisch.

Noch vor der christlich-theologischen Besinnung auf Abraham als gemeinsamen Vater des Glaubens hatte sich bereits die westliche Islamwissenschaft[33], von der im eigentlichen Sinne seit dem Ende des 18. Jahrhunderts die Rede ist, mit dem islamischen Abraham beschäftigt, zwar nicht im Hinblick auf das – zu jener Zeit noch gar nicht aufgenommene – christlich-islamische Gespräch, aber mit islamkundlichen Einzelfragen, ohne die die theologische Arbeit nicht denkbar gewesen wäre.

In seiner Dissertation „Het Mekkaansche Feest“ (Leiden 1880) wies *C. Snouck Hurgronje* erstmals eine theologische Entwicklung innerhalb der Abraham-Thematik von der mekkanischen zur medinischen Periode nach,[34] indem er von zwei verschiedenen Abrahambildern sprach: in der mekkanischen Zeit habe Ibrāhīm nur eine vage Rolle gespielt als Gesandter Gottes an ein ungenanntes Volk, und Muḥammad habe noch keine Verbindung zwischen ihm und sich selbst angenommen. Hätte es bei den Mekkanern bereits eine Abrahamtradition gegeben, so hätte Muḥammad sie sicherlich in seinem Kampf gegen den Polytheismus

[33] Überblick in: *Rudi Paret*, Art. Ibrāhīm, in: EI², Bd. III, Leiden 1971, 980–981. Eine kritische Evaluation der orientalistischen Ibrāhīmrezeption: *Willem A. Bijlefeld*, Controversies around the Qur'anic Ibrāhīm narrative and its ‚orientalist' interpretations, in: *The Muslim World* LXXII (1982), 81–94.

[34] Auf der Grundlage der in *Theodor Nöldekes* Geschichte des Qorāns (in der ersten Fassung 1860 in Göttingen veröffentlicht) erstmals dargelegten und weitgehend bis heute maßgeblichen Chronologie der koranischen Texte (2. Aufl., Bd. 1 und 2 bearb. von Friedrich Schwally, 1890; Bd. 3 von G. Bergsträßer und O. Pretzl, 1938. Nachdruck in einem Band, Hildesheim 1981).

genutzt. Erst in der medinischen Zeit und in der Auseinandersetzung mit den jüdischen Stämmen dort habe sich das „islamische“ Profil Abrahams geformt[35]: Abraham als erster Muslim, Stammvater der Araber, Erbauer des islamischen Heiligtums, Begründer der Wallfahrtsriten und über Ismael Vorfahre und Vorläufer Muḥammads – bei diesen Elementen habe er sich weder auf biblische noch auf altarabische Traditionen stützen können, sie seien großenteils Muḥammads eigene Erfindung aus Gründen politischer Berechnung. Dies bedeutet jedoch nicht weniger, als sämtliche mekkanischen Erwähnungen Ibrāhīms mit Anklängen an Ismael und die Kaʿba zu Produkten der medinischen Zeit zu deklarieren, die nachträglich in mekkanische Suren eingefügt wurden – ein erheblicher Eingriff in das koranische Textverständnis.

In islamischen Kreisen bekannt und heftig kritisiert wurde Snouck Hugronjes These durch eine arabische Übersetzung von *A. J. Wensincks* Artikel „Ibrāhīm“, die in der ersten Auflage der Encyclopaedia of Islam erschien und in der Snouck Hurgronjes These aufgenommen und weitergeführt war.[36] Widerspruch kam jedoch auch von Nichtmuslimen: 1952 von *Edmund Beck*[37] und v. a. 1958 von dem arabischstämmigen Massignon-Schüler und maronitischen Priester *Youakim Moubarac* mit „Abraham dans le Coran. L'histoire d'Abraham dans le Coran et la naissance de l'Islam“[38]; nach Moubarac war sich Muḥammad bereits in Mekka seiner abrahamischen Abstammung über Ismael gewiss, das medinische Abrahambild sei kein Bruch mit dem mekkanischen, sondern dessen logische Fortführung. Die Kritik am allzu schematischen Vorgehen Snouck Hurgronjes, der zu medinischen Einschüben deklarierte, was nicht in sein System passte, war nicht unbegründet. Beck und *Rudi Paret* stimmen darin überein, dass sich die strikte Trennung zwischen mekkanischem und medinischem Abrahambild durch die Hiğra-Linie nicht aufrechterhalten lässt, aber doch von einer theologischen Entwicklung gesprochen werden kann – im Gegensatz zur muslimischen Interpretation.

Unüberbrückbar ist der Meinungsunterschied zwischen westlicher und islamischer Perspektive auch in Bezug auf die Einordnung der koranischen Abrahamerzählung, die gläubige Muslime als historische Tatsache werten, während

---

[35] Vgl. dazu die Einschätzung von *J. W. Hirschberg*, Jüdische und christliche Lehren im vor- und frühislamischen Arabien. Ein Beitrag zur Entstehungsgeschichte des Islams, Krakow 1939, S. 59.

[36] Der blinde Ägypter *Taha Hussein*, der als erster Araber an der Sorbonne promovierte, musste Snouck Hurgronjes Thesen, die er in seiner Dissertation 1926 aufgenommen hatte, auf arabischen Druck hin widerrufen; und Wensinck selbst wurde aufgrund seines EI-Artikels nicht wie vorgesehen in die neu gegründete Arabische Akademie Kairo aufgenommen (*Neal Robinson*, Massignon, Vatican II and Islam as an Abrahamic Religion, in: *Islam and Christian-Muslim Relations* 2 (1991), 182–205, hier: S. 189).

[37] *Edmund Beck*, Die Gestalt des Abraham am Wendepunkt der Entwicklung Muhammads. Analyse von Sure 2,118–135, in: *Le Muséon* 55 (1952), 73–94.

[38] Paris 1958.

die westliche Islamwissenschaft sie als religiöse Legende betrachtet und geeignet, den islamischen Anspruch als Urreligion zu stützen.

In neuerer Zeit ist es in der Islamwissenschaft eher ruhig geworden um Abraham. Nur noch einzelne Artikel beschäftigen sich mit der Thematik; v. a. *Reuven Firestone,* der seit 1990 exegetisch forscht und publiziert.[39]

In der Religionswissenschaft und im christlich-islamischen Religionsvergleich spielte Abraham zunächst eine Rolle in der Diskussion um die Übernahme jüdischer – dann auch christlicher – Traditionen in den Koran. Dies geschah zunächst eher in einer Auflistung aller Belegstellen, was sich jedoch rasch als Sammelfleißarbeit erschöpft und suggeriert, der Koran sei wenig mehr als ein – womöglich primitives – Surrogat der Bibel, eine „Blütenlese biblischer und nachbiblischer Traditionen“[40] und der Islam im besten Fall eine Form arabischen Juden-, Judenchristen- oder Christentums mit dem Koran als einer gescheiterten Nachahmung der Bibel. Damit verstellt diese Vorgehensweise den Blick auf die ganz eigene, eigenständige und in ihrer Intention originäre und von der Bibel deutlich zu unterscheidende Ausrichtung des Korans. Darin läßt sich eine gezielte Auswahl und Neudeutung des biblischen kanonischen und außerkanonischen Materials erkennen, so dass *Johann Fück* von einer „Originalität des arabischen Propheten“ spricht;[41] ähnlich *Alexander Goerlach*, der den Koran nicht als „theologische Weiterführung der Schriften des Alten und Neuen Testaments“, sondern als „Neuschöpfung, die auf der Textbasis der Bibel aufbaut“, sieht.[42] Daher darf sich die Frage der Abhängigkeit und Übernahme nicht auf eine Aufzählung von Einzelbelegen und Formalia beschränken. Dies würde aufgrund der inhärenten Polemik ein Problem darstellen. Vielmehr muß jede Beschäftigung mit den islamischen Texten auf die originär islamische Intention der jeweiligen Gesamtkomposition abzielen. Anzumerken bleibt, dass viele gläubige Muslime, die den

[39] *Reuven Firestone*, Journeys in Holy Lands. Evolution of the Abraham-Ishmael-Legends in Islamic Exegesis, o. O. 1990; *ders.*, The problem of Sarah's identity in Islamic exegetical tradition, in: *The Muslim World* LXXX, No. 2 (1990), 65–71; *ders.*, Difficulties in keeping a beautiful wife: The legend of Abraham and Sarah in Jewish and Islamic tradition, in: *Journal of Jewish Studies* 42 (1991), 196–214; *ders.*, Abraham's Association with the Meccan Sanctuary and the Pilgrimage in the pre-Islamic and Early Islamic Period, in: *Le Muséon* 104 (1991), 359–387; *ders.*, Abraham's journey to Mecca in Islamic exegesis: a form-critical study of a tradition, in: *Studia Islamica* LXXVI (1992), 5–24; *ders.*, Abraham, The First Jew or the First Muslim? Text, Tradition and ‚Truth‘ in Interreligious Dialogue, in: *Shalom / Salaam*, A Resorce for Jewish-Muslim Dialogue, New York 1993, 37–51; *ders.*, Merit, Mimesis, and Martyrdom: Aspects of Shiʿite meta-historical exegesis on Abraham's sacrifice in light of Jewish, Christian, and Sunni Muslim tradition, in: *Journal of the American Academy of Religion* 66/1 (1998), 93–115. Außer Firestone siehe v. a. *Willem A. Bijlefeld*, Controversies around the Qur'anic Ibrāhīm narrative and its ‚Orientalist‘ interpretations, in: *The Muslim World* LXXII/2 (1982), 81–94.

[40] *Angelika Neuwirth*, Ist der Koran vom Himmel gefallen? in: Welt und Umwelt der Bibel 1/2012, 11–17, S. 14.

[41] *Johann Fück*, Die Originalität des arabischen Propheten, in: *ZDMG* 90 (1936), 509–25.

[42] *Alexander Goerlach*, Das Recht ersetzt den Herrn. Über die Differenzen zwischen den monotheistischen Religionen, in: *F. A. Z.* vom 4.12.2004, S. 38.

Koran als von allen irdischen Einflüssen unberührtes Wort Gottes verstehen, schon die bloße Erwähnung der biblischen Parallelen als Sakrileg betrachten.[43]

Als erste in der Reihe der vergleichenden Arbeiten ist die Preisschrift des damals erst 21 Jahre alten späteren Rabbiners *Abraham Geiger* „Was hat Mohammed aus dem Judenthume aufgenommen?"[44] zu nennen. Geiger versuchte den Nachweis zu erbringen, dass vieles im Koran – Begriffe, Gedanken, Ansichten, Dogmen und Erzählungen – jüdischer Herkunft sei; sein Werk, das den Koran als „Ideen-Steinbruch"[45] erscheinen ließ, ist zum Grundstein aller späteren Arbeiten zu diesem Thema geworden, die daraufhin auch die christlichen Quellen untersuchten.[46] Mit seinem grundlegenden Buch „Die biblischen Erzählungen im Qoran" wies *Heinrich Speyer*[47], vermutlich 1931, systematisch beinahe Vers für Vers die biblischen und außerkanonischen Quellen bzw. Bezugspunkte sämtlicher koranischer Prophetenerzählungen nach.[48] *J. W. Hirschberg* untersuchte in „Jüdische und christliche Lehren im vor- und frühislamischen Arabien – Ein Beitrag zur Entstehungsgeschichte des Islams"[49] nicht den Koran, sondern die vor- und außerislamische Poesie auf ihre biblischen Inhalte hin. Fündig wurde er in den Gedichten eines sog. „Gottsuchers", der ein Zeitgenosse Muḥammads war. Ausschließlich christliche Spuren im Koran untersuchte dann 1951 *Josef Henninger*[50].

---

[43] So kritisiert die *Elyas/Bubenheim*-Übersetzung in ihrem Vorwort die Khoury-Übersetzung, weil sie in den Fußnoten biblische Parallelen angibt („seiner [Khourys] Meinung nach dem Qur'ān entsprechende Stellen in der Bibel" – man beachte die Reihenfolge!), die den Eindruck erweckten, als seien diese biblischen Belege „die Grundlage zur Erklärung des Qur'āns, oder dass die Bibel die ursprüngliche Quelle des Qur'āns darstellt." (Der edle Qur'ān und die Übersetzung seiner Bedeutungen in die deutsche Sprache. Mekka 1423/2002, S. xiii)

[44] *Abraham Geiger*, Was hat Mohammed aus dem Judenthume aufgenommen? 2. rev. Aufl., Leipzig 1902, unveränd. photomechan. Nachdruck, Osnabrück 1971.

[45] *A. Neuwirth*, Ist der Koran vom Himmel gefallen?, S. 14.

[46] *Friedrich Niewöhner*, Muhammads Sendung. Abraham Geiger entdeckt das Allgemeinmenschliche am Koran, in: F. A. Z. vom 3.3.2004, S. N3. – Auf Geiger folgen mit derselben Intention: *Gustav Weil*, Biblische Legenden der Muselmänner. Aus arabischen Quellen zusammengetragen und mit jüdischen Sagen verglichen, Frankfurt am Main 1845; *Hartwig Hirschfeld* mit drei Arbeiten: Jüdische Elemente im Koran, Berlin 1878; Beiträge zur Erklärung des Koran, Leipzig 1886; Researches into the Composition and Exegesis of the Koran, London 1901. – Nicht nur das Judentum, sondern aus ihrer christlichen Warte aus auch das Christentum berücksichtigten: *Adolf Schlatter*, Die Entwicklung des jüdischen Christentums zum Islam, in: *EMM* (1918); *Wilhelm Rudolph*, Die Abhängigkeit des Qorans von Judentum und Christentum, Stuttgart 1922 (übersetzt ins Arabische, 2. Aufl. 1974, Beirut); *Richard Bell*, The Origin of Islam in its Christian Environment, o. O. 1926.

[47] Gräfenhainichen o. J. (1931? Datum des Vorworts), Nachdruck Hildesheim 1961.

[48] Mit dem Augenmerk auf die jüdischen Vorlagen arbeiteten auch: *D. Sidersky*, Les origines des légendes musulmanes dans le Coran et dans les Vies des Prophètes, Paris 1933; *Charles Cutler Torrey*, The Jewish foundation of Islam, New York 1933; *E. I. J. Rosenthal*, Judaism and Islam, London / New York 1961; *Abraham Katsh*, Judaism and the Koran, New York 1980; *ders.*, Judaism in Islam. Biblical and Talmudic Backgrounds of the Koran and its Commentaries, 3. Aufl., New York 1980.

[49] Krakow 1939.

[50] *Josef Henninger*, Spuren christlicher Glaubenswahrheiten im Koran, Schöneck 1951; *ders.*,

Erst in der zweiten Hälfte des 20. Jahrhunderts wurden die Prophetengeschichten und mit ihnen Abraham als selbständige Thematik zunächst im frankophonen Raum behandelt, und zwar von arabischstämmigen Islamwissenschaftlern. Hier dürfte der bereits erwähnte Massignon-Schüler *Youakim Moubarac* das Bindeglied zwischen Islam- und Religionswissenschaft bilden; indem er Massignons sehr persönlich gehaltene Gedanken systematisierte, schlug er die Brücke zwischen beiden Disziplinen und legte 1958 mit seiner systematischen Untersuchung „Abraham dans le Coran. L'histoire d'Abraham dans le Coran et la naissance de l'Islam“[51] zugleich ein Fundament für den Gedanken einer Abrahamischen Ökumene. Ein weiterer Massignon-Schüler, der maronitische Gelehrte *Michel Hayek* ergänzte 1964 Moubaracs Studien durch sein Massignon gewidmetes Buch „Le mystère d'Ismaël“[52]. Erst 1978 begannen auch in Deutschland – ebenfalls durch einen frankophonen arabischstämmigen Theologen – die Prophetenstudien: *Raif Georges Khoury*, „Les légendes prophétiques dans l'Islam. Depuis le Ier jusqu'au IIIe siècle de l'Hégire.“[53] Einen guten Überblick bietet *Ludwig Hagemanns* „Propheten – Zeugen des Glaubens. Koranische und biblische Deutungen“.[54] Im englischsprachigen Raum schuf *Brannon M. Wheeler* 2002 mit „Prophets in the Quran. An Introduction to the Quran and Muslim Exegesis“[55] eine thematische Zusammenstellung der relevanten Koranstellen und v. a. Übersetzungen aus der Tradition. *Roberto Tottoli*, „Biblical prophets in the Qur'ān and Muslim literature“[56], gibt eine Übersicht nicht nur über die koranischen Prophetengestalten, sondern vor allem über die Genres islamischer Prophetenerzählungen und ihre Rezeption in der Theologiegeschichte bis hin zu den neuen Ansätzen im Zuge des islamischen Reformismus. Über eine bloße Darstellung der Propheten geht der katholische Professor for religious studies *John Kaltner* hinaus, der in seinem Buch mit dem programmatischen Titel „Ishmael instructs Isaac“[57] gerade die unterschiedlichen Aussagen von Bibel und Koran herausarbeitet, die er als Ismael- bzw. Isaakperspektive derselben biblischen „family story“ versteht. Indem er die Texte als miteinander kooperierend anstatt konkurrierend versteht, kommt er zu der Schlußfolgerung: „they lay the foundation for a family reconciliation“ (19).[58]

Zur christlichen Interpretation des Korans, in: *Neue Zeitschrift für Missionswissenschaft* XXX, 208–217.

[51] Paris 1958.

[52] Paris 1964.

[53] Wiesbaden 1978.

[54] Propheten – Zeugen des Glaubens. Koranische und biblische Deutungen, 2. Aufl., Altenberge 1993.

[55] London 2002.

[56] Richmond 2002.

[57] An introduction to the Qur'an for Bible Readers, Collegeville 1999.

[58] „When the texts cooperate in this way, the two sides of the family are brought closer together since the offspring of Isaac experience how much Ishmael's descendants can teach them about the family's history.“ (23) Indem er Unterschiede allein aus der unterschiedlichen

Die aus der islamwissenschaftlichen Abrahamsforschung gewonnenen Ergebnisse wurden dann zunehmend im Bereich der Ökumene und des Dialogs für das Konzept einer abrahamischen Ökumene fruchtbar. Im deutschsprachigen Bereich findet sich die erste theologische Grundlegung einer abrahamischen Ökumene im Eingangskapitel zu *Hans Küngs* opulentem Werk „Das Judentum"[59], das bereits den Islam im Blick hat und wiederum zur „Initialzündung"[60] für *Karl-Josef Kuschels* bedeutendes Standardwerk „Streit um Abraham" wurde.[61] Dabei handelt es sich jedoch weniger um ein exegetisches Werk, als vielmehr um die Grundlegung einer Theologie der Abrahamischen Ökumene, die in „Juden – Christen – Muslime" ausführlich skizziert wird.

In der Folge erschienen weitere eigenständige Aufsätze mit teils interessanten Fragestellungen, etwa von Bertold Klappert[62], Catherina Wenzel[63], Karl-Wolfgang Tröger[64], Adel Theodor Khoury[65], Frank Crüsemann[66], Manfred Görg[67], Bernd Schröder[68], Matthias Morgenstern[69] und Friedmann Eißler[70]. Dabei wur-

---

Erzählperspektive erklärt, vernachlässigt er jedoch die religiösen Spezifika der Texte, die doch wesentlich tiefer reichen.

[59] *H. Küng*, Das Judentum; im Stile einer Weltgeschichte (25–27). Siehe das Einleitungskapitel zu „Ursprung" „Abraham – der Stammvater dreier Weltreligionen"; S. 25–43.

[60] So *Karl-Josef Kuschel*, Abrahams Vermächtnis. Gemeinsam die Götzen entzaubern. Juden, Christen und Muslime auf dem Weg zur dreifachen Ökumene, in: *Publik-Forum* 4/1999.

[61] *Karl-Josef Kuschel*, Streit um Abraham. Was Juden, Christen und Muslime trennt – und was sie eint, 5. Aufl., Düsseldorf 2006; *ders.*, Juden – Christen – Muslime. Herkunft und Zukunft, Düsseldorf 2007.

[62] *Bertold Klappert*, Abraham eint und unterscheidet. Begründungen und Perspektiven eines nötigen ‚Trialogs' zwischen Juden, Christen und Muslimen, in: Weth (Hrsg.), Bekenntnis zu dem einen Gott? Christen und Muslime zwischen Mission und Dialog, Neukirchen-Vluyn 2000.

[63] *Catherina Wenzel*, Abraham – Ibrahim. Ähnlichkeit statt Verwandtschaft, in: *Evangelische Theologie* 62 (2002), 362–384. Danach ebenfalls mit interessanten Schlussfolgerungen: „Und als Ibrāhīm und Ismāʿīl die Fundamente des Hauses (der Kaʿba) legten …" (Sure 2,127). Abrahamsrezeption und Legitimität im Koran, in: *ZRGG* 54,3 (2002), 193–209.

[64] *Karl-Wolfgang Tröger*, Mohammed und Abraham. Der Prozeß der Ablösung des frühen Islam vom Judentum und seine Vorgeschichte, in: *Kairos* 22 (1980), 188–200.

[65] *Adel Theodor Khoury*, Abraham – ein Segen für die Völker nach der jüdischen, christlichen und islamischen Tradition, in: *Bibel und Kirche* 59/2004, 9–17.

[66] *Frank Crüsemann*, Abraham trennt! Abraham vereint? Gütersloh 2002, 332–406.

[67] *Manfred Görg*, Abraham als Ausgangspunkt für eine ‚abrahamitische Ökumene'? in: Renz / Leimgruber (Hrsg.), Lernprozess Christen und Muslime. Gesellschaftliche Kontexte – Theologische Grundlagen – Begegnungsfeld, Münster, 2002, 142–150.

[68] *Bernd Schröder*, Abrahamische Ökumene? Modelle der theologischen Zuordnung von christlich-jüdischem und christlich-islamischem Dialog, in: *ZThK* 105 (2008), 456–487, hier: S. 467–476.

[69] *Matthias Morgenstern*, Sackgasse Abraham. Sieben Thesen gegen den „abrahamischen Dialog", in: *Evangelium und Kirche* 1/2006.

[70] *Friedmann Eißler*, Gibt es eine abrahamische Ökumene? in: Pechmann / Kamlah (Hrsg.), So weit die Worte tragen. Wie tragfähig ist der Dialog zwischen Christen, Juden und Muslimen?, Gießen 2005, 261–287; *ders.*, Abraham im Islam, in: Böttrich / Ego / Eißler (Hrsg.), Abraham in Judentum, Christentum und Islam, Göttingen 2009, 116–188; *ders.*, Gott, Gottesbilder, interreligiöse Ökumene im Namen Abrahams. Wider die Konfessionalisierung der Religionen

den auch stärker differenzierende und kritische Stimmen laut, die die religionstheologische Instrumentalisierung Abrahams thematisierten.

Wenn man vom spezifischen Inhalt absieht, so sind unter methodischen Gesichtspunkten einige religionswissenschaftliche Arbeiten zu biblischen Prophetengestalten im Islam von Interesse: 1986 untersuchte *Karl Prenner*, Schüler des Grazer Alttestamentlers und Orientalisten Schedl, die mekkanischen Mose-Erzählungen strukturanalytisch und theologiegeschichtlich mit Hilfe der von Schedl entwickelten logotechnischen Struktur, die er mittels Leit- oder Motivwörtern fortführt.[71] Er weist nach, wie Muḥammad zum Zweck seiner eigenen – islamischen – kerygmatischen Aussage, die ihn zum „koranischen Musa“, zum „Spiegelbild seiner eigenen Sendung und seines eigenen Wirkens als Apostel des arabischen Volkes“ werden lässt, analog zu einem „Midrashisten“ biblische Ereignisse weiterentwickelte oder verkürzte. *Cornelia Schöck*, die über „Adam im Islam“ arbeitete,[72] geht themenbezogen vor und zeichnet die theologische Fortentwicklung des Adam-Bildes in der nachkoranischen Literatur (Hadith- und *qiṣaṣ al-anbiyā'*-Werke) nach. Die Rezeptionsgeschichte alttestamentlicher Prophetengestalten in der rabbinischen Exegese untersucht *Gabrielle Oberhänsli-Widmer.*[73] Sie zeigt nicht nur die Techniken und Mechanismen auf, sondern spürt auch den Interessen nach, die hinter der Umdeutung der Propheten in Symbolfiguren stehen mochten.

Gemessen an der relativ geringen Zahl der wissenschaftlichen Arbeiten erstaunt es, dass die „Abrahamische Ökumene“ derart populär wurde. Die bisher einzigen größeren exegetischen Untersuchungen sind, wie aufgeführt, der Islamwissenschaft vorbehalten. Es fällt auf, dass selbst die populär gewordenen Abrahambücher von Kuschel[74] und Bauschke[75] nicht islamwissenschaftlich exegetisch vorgehen, sondern, da es kaum Übersetzungen der arabischen Quellen zu Abraham gibt, sich auf europäische Sekundärliteratur stützen. Wenn diese noch selektiv zitiert wird, kann sie leicht den Prämissen und Wünschen der gegenwärtigen ökumenischen Strömung einverleibt werden.[76] Dabei bleibt zum einen die islamische Wirkungsgeschichte entweder auf der Strecke, oder sie wird

---

im Zeichen einer „abrahamischen Ökumene“, in: Thema Abraham, *Glaube und Lernen* 28/1 (2013), 49–67.

[71] *Karl Prenner*, Muhammad und Musa. Strukturanalytische und theologiegeschichtliche Untersuchungen zu den mekkanischen Musa-Perikopen des Qur'ān, Altenberge 1986.

[72] *Cornelia Schöck*, Adam im Islam. Ein Beitrag zur Ideengeschichte der Sunna, Berlin 1993.

[73] *Gabrielle Oberhänsli-Widmer*, Biblische Figuren in der rabbinischen Literatur. Gleichnisse und Bilder zu Adam, Noah und Abraham im Midrasch Bereschit Rabba, Bern u. a. 1998.

[74] Martin Bauschke fand sich in „Jesus – Stein des Anstoßes“ in einer komfortableren Position, da die Übersetzungen zum koranischen Jesus wesentlich zahlreicher sind.

[75] *Martin Bauschke*, Der Spiegel des Propheten. Abraham im Koran und im Islam, Frankfurt am Main 2008; in überarbeiteter Version: Der Freund Gottes. Abraham im Islam, Darmstadt 2014.

[76] Ausnahmen bilden die später ausführlicher besprochenen Ulrike Bechmann und Friedmann Eißler. Von muslimischer Seite sei erwähnt: *Harry Harun Behr*, Die Abrahamkonstruk-

als reversibler Irrweg bagatellisiert – ähnlich der verhängnisvollen Illusion islamistischer Gruppen, die glauben, die medinische Zeit Muḥammads und die der vier „rechtgeleiteten“ Kalifen wieder herstellen zu können.

Zum anderen überrascht es, dass Kinder Abrahams des Westens so gut wie nie die Frage stellen, wie eigentlich die Kinder Abrahams des Ostens diesen Streit um ihren gemeinsamen Vater sehen. Ist es nun nicht an der Zeit, die Frage auch einmal dort zu stellen, wo sie hergekommen ist: im Nahen Osten?

1.3 Zum Begriff „Abrahamische Ökumene“

Es ist hier nicht der Ort, den vielschichtigen Begriff der Ökumene in all seinen Bedeutungsmöglichkeiten zu definieren oder die Geschichte der ökumenischen Bewegung auch nur zu streifen, vielmehr geht es um den speziellen Fall einer „Abrahamischen“ Ökumene – die zwar einige Popularität genießt, für die es aber nicht einmal einen eindeutig feststehenden, in den allgemeinen Gebrauch übergegangenen Namen gibt; auch eine Darstellung der Geschichte der Abrahamischen Ökumene ist noch ein Desiderat. In diesem Rahmen können nur einige Grundzüge aufgezeigt werden. Vorab ist zu betonen, dass ein christliches Einheitsverständnis, das „auf Gemeinsamkeit in Bekenntnis, Praxis und Gemeinschaftsstruktur“ zielt, hier nicht gemeint sein kann, da die theologischen Unterschiede zwischen Judentum, Christentum und Islam in keiner Weise zu vergleichen sind mit den Unterschieden zwischen den verschiedenen christlichen Kirchen. So verbietet es sich *per se*, etwa von „Abraham-Konfessionen“ sprechen zu wollen.[77]

Unabhängig davon, dass der Begriff „Ökumene“ im Allgemeinen nur innerchristlich für die Gemeinschaft und Beziehung verschiedener christlicher Denominationen gebraucht wird, nimmt diese Arbeit den Terminus auf, ohne damit eine Aussage über dessen Berechtigung zu machen.

Abraham, die zentrale Gestalt der biblischen Frühgeschichte, einer „Ur-Erzählung der Menschheitsgeschichte“, ist für Judentum, Christentum und Islam eine Figur von zentraler theologischer Bedeutung: Landläufig gilt Abraham für Judentum und Islam als leiblicher Vater, für das Christentum darüber hinaus als geistlicher Vater. Vater deshalb, weil er jeglicher institutionalisierten Religion vorausging und vor jeglicher konstituierten Religion geglaubt hat, und dieser Glaube ihm zur Gerechtigkeit gerechnet wurde[78] – bevor der Wille Gottes schriftlich, in Büchern, fixiert wurde, vor Tora, Evangelium und Koran[79]. Und

---

tion im Koran, in: Behr / Krochmalnik / Schröder (Hrsg.), Der andere Abraham, Berlin 2011, 109–145.

[77] So auch *K.-J. Kuschel*, Streit um Abraham, S. 240.

[78] Gen 15,6; Rö 3,4.9–12.

[79] Sura 3,65–67.

so hofft man, in Abraham die Urgestalt eines Glaubens zu finden, den man im Zuge von Religionswerdungen und Dogmatisierungen meint, verloren zu haben. Indem jede institutionalisierende theologische Entwicklung nach rückwärts übersprungen wird, glaubt man das Urgestein der Begegnung von Gott und Mensch wieder zu finden, jene Ur-Beziehung, die so tief war, dass beide sich in einem Bund aneinander banden. Hier hofft man jenen undogmatisierten, unverfälschten Glauben zu finden, diese reine, allein Gott zugewandte Herzenshaltung, von Gott mit dem Prädikat der „Freundschaft“[80] geadelt, die nicht trennt und spaltet, sondern eint und endlich Frieden schafft.

Diese Einheit der sich auf Abraham berufenden Religionen wird meist als „Abrahamische Ökumene“ oder „Ökumene der Kinder Abrahams“[81] bezeichnet. Darüber hinaus werden noch zahlreiche Variationen verwandt: drei abrahamische Glaubensgemeinschaften[82], drei abrahamitische Brüder[83], Kinder Abrahams[84], eine Familie[85], Familie Abrahams[86]; desgleichen redet man vom „abrahamischen Erbe“[87]. Anstelle einer Ökumene spricht Murad Wilfried Hofmann in Anlehnung an Sura 42,14 zutreffender von einem „abrahamischen Verbund aller Monotheisten untereinander“[88], der neben der ontologischen Einheit der gesamten Schöpfung eines der Fundamente der Einheit aller Menschen sei, und zwar als Einheit in Vielfalt.

In Deutschland am gebräuchlichsten sind „abrahamische“ oder „abrahamitische Ökumene“[89]. Gegen das Adjektiv „abrahamitisch“ hat bereits Kuschel[90] überzeugend argumentiert, da es in der Sache mißverständlich: „abraham-artig“ oder „abraham-ähnlich“ bedeutet. Noch deutlicher und angemessener bringt der Begriff „Abrahams-Ökumene“ zum Ausdruck, dass diese Ökumene sich auf Abraham begründet und seinem Leitbild folgen will. Da es um den „Glauben wie Abraham“ geht, sollte er als Personennamen erhalten bleiben. Im Englischen

[80] Abraham als Freund Gottes in Sura 4,125; 2. Chron 20,7; Jes 41,8; Jak 2,23.

[81] *K.-J. Kuschel* in: http://cig-stuttgart.de/Abrahamische Oekumene.pdf (15.7.2004); Abrahams Vermächtnis. Gemeinsam die Götzen entzaubern, in: *Publik-Forum* 4/1999.

[82] *W.A. Aries*, Erfahrungen mit dem Dialog, S. 14.

[83] A.a.O.

[84] So nannte der verstorbene jordanische König Hussein alle Einwohner des Nahen Ostens, Juden, Christen und Muslime. Zit. in: *Francesca Ciriaci*, Die Kinder Abrahams in Jordanien, *Reformierte Presse* vom 12.2.1999; ebenso *Hossein Fatimi* in seinem Grußwort zum Abrahams-Friedensfest, Filderstadt, 28.10.2000 (persönliche Notizen).

[85] Papst Johannes Paul II.

[86] *ʿAlī Rāḍī Abū Zarīq*, Adyān Āl Ibrāhīm, in: www.riifs.org.

[87] Thema einer Konferenz des Middle East Council of Churches, MECC, 9.–12.7.1998 in Beirut.

[88] *M. W. Hofmann*, Der Islam im 3. Jahrtausend, S. 251.

[89] im Englischen: „Abrahamic Ecumenicity, Ecumenism, Ecumene“.

[90] *K.-J. Kuschel*, Streit um Abraham, S. 309, Endnote 4. Das von ihm favorisierte „abrahamisch“ meint „sachlich präzise abraham-entsprechend, abraham-verpflichtet“.

spricht man von „Abrahamic Ecumenism" und im Arabischen von *al-waḥdawīya al-ibrāhīmīya*[91].

Nun bedingt die gemeinsame Abstammung keineswegs eine besondere Eintracht. Als einen „echten Familienstreit", der als solcher „bekanntlich besonders leidenschaftlich geführt wird", zeichnet Kuschel[92] das Verhältnis zueinander. Streitpunkt ist das Erbe Abrahams, von dem jeder glaubt, „es am besten und reinsten bewahrt zu haben", der jeweils „legitime Nachfahre Abrahams" zu sein, d. h. „ein Streit um die richtige Abrahamskindschaft" und das Erbe „des mit Abraham geschlossenen Gottesbundes, der Zusagen und des Segens".[93]

Folgerichtig konstituierten sich die drei Religionen „im Aufbruch aus des Vaters Haus" und entwickelten sich von Anfang an „als Bewegung vom anderen fort".[94] Vor einer leichtfertigen Entdeckung von Gemeinsamkeiten sollte nach Kuschel das Erschrecken stehen darüber, „wie weit die Kinder Abrahams das Erbe ihres gemeinsamen Stammvaters ruiniert haben"[95]. So müsse es eine der ersten Aufgaben einer Abrahams-Ökumene sein, die „Trauergeschichte zwischen Juden, Christen und Muslimen aufzuarbeiten, eine Geschichte von Blut, Tränen und Gewalt"[96].

Im Übrigen ist es gar nicht so einfach, die Kinder Abrahams eindeutig zuzuordnen. Schon rein sachlich kann die Linie zwischen leiblicher und geistlicher Kindschaft gar nicht gezogen werden, wenn man nicht in unerlaubter Weise oberflächlich und volkstümlich reden will: Juden und Nachkommen der ersten Judenchristen, arabische Muslime und Christen der saudischen Halbinsel, Jordaniens, Palästinas, Libanons und Teilen Syriens betrachten sich als die leiblichen Nachkommen Abrahams – über Isaak und Ismael. Als geistliche Nachkommen bezeichnen sich alle nichtarabischen Christen und zugleich alle Muslime, sowie arabisierte Christen und Muslime. Konvertiten, in welcher Richtung auch immer und ob freiwillig oder gezwungenermaßen, verkomplizieren die Situation zusätzlich.

Wenn also von leiblichen und geistlichen Kindern gesprochen wird, so kann von historischer Genealogie kaum die Rede sein; es handelt sich hier um eine religiöse Genealogie.

Interessant ist auch ein Aspekt der Namengebung: In allen drei abrahamischen Religionen werden Prophetennamen gerne verwendet; zu den am häufigsten

---

[91] Der arabische Terminus stammt aus dem politischen Bereich und bezeichnet den Einheitsgedanken, speziell während der politischen Einheit Syriens und Ägyptens in den Jahren 1958–61.

[92] *K.-J. Kuschel*, Eins in Abraham?, S. 85.

[93] *Adel Theodor Khoury*, Abraham – ein Segen für die Völker, S. 9.

[94] *W. D. A. Aries*, Erfahrungen mit dem Dialog, S. 12.

[95] *K.-J. Kuschel*, Abrahams Vermächtnis, Publik-Forum 4/1999.

[96] A. a. O.

vergebenen Vornamen zählt Abraham bzw. Ibrāhīm.[97] Im Gegensatz zu eindeutig islamischen Namen wie Muḥammad mit seinen Varianten desselben Wortstamms oder anderen bedeutenden Muslimen lässt sich bei Ibrāhīm die Religionszugehörigkeit nicht erkennen. Für eine christliche Minderheit in mehrheitlich islamischer Umgebung kann dieser abrahamisch ökumenische Name eine Hilfe sein, um nicht gleich als Angehöriger dieser Minderheit aufzufallen und eventuell diskriminiert zu werden.

1.4 Theologische Konzeptionen der Abrahams-Ökumene

1.4.1 Theologische Abrahamrezeption der frühen Kirchen im Kontext des entstehenden Islam: Johannes Damascenus[98]

Bevor die gegenwärtige Abrahams-Ökumene beleuchtet wird, gilt es zu fragen, welche Rolle Abraham für die frühe Kirche spielte angesichts der religiösen Bewegung, die Muḥammad mit seiner Verkündigung auslöste.

Einerseits breitete sich der Islam zunächst überwiegend auf dem Territorium der Christen des Orients aus und beherrschte hundert Jahre nach dem Tod Muḥammads Gebiete von Andalusien bis zum Indus; dies betraf zwar die Herrschaftsform, nicht jedoch die Mehrheit der Bevölkerung. Christlicherseits wurde Muḥammads erstmals von Thomas dem Presbyter (ca. 640) erwähnt, als er über den arabischen Einfall in den Tur Abdin (636) berichtete.[99] Dennoch dauerte es geraume Zeit, bis der Islam als eigenständige Religion erkannt wurde. Vielmehr wurde sein Prophet als „König der Araber" und seine Religion zunächst eher als politische Kraft und militärische Bedrohung wahrgenommen sowie als Strafgericht Gottes an der sündigen Christenheit gedeutet. Ebenfalls war spätestens seit Ende des 7. Jahrhunderts bekannt, dass die Araber ihn als Propheten und Gesandten Gottes betrachteten. Entsprechend den theologischen und politischen Konstellationen des 7. und 8. Jahrhunderts war jedoch die Einschätzung seiner Person keineswegs einheitlich. Zwar herrschte die Auffassung vor, er sei ein falscher Prophet und ein Vorläufer des Antichrist; der Islam wurde bestenfalls als jüdisch-christliche Sekte mit arianischen oder monophysitischen Elementen

---

[97] In Europa und den USA ist Abraham als christlicher Vorname zwar möglich, wird jedoch überwiegend von Juden verwandt. Im Judentum ist es bis heute Praxis, einem Proselyten den Beinamen „Ben Avraham avinu", bzw. „Bat Sara" zu geben.

[98] Früheste Zeugnisse theologischer Auseinandersetzung mit dem Islam bei: *Friedrich Bilabel* und *Adolf Grohmann*, Griechische, koptische und arabische Texte zur Religion und religiösen Literatur in Ägyptens Spätzeit, Heidelberg 1934, S. 9ff, 26ff.; *N. A. Newman* (Hrsg.), The early Christian-Muslim dialogue. A collection of documents from the first three Islamic centuries (632–900 A. D.) Translations with commentary, Hatfield 1993.

[99] *Robert Hoyland*, The earliest Christian writings on Muḥammad: An appraisal, in: Motzky (Hrsg.), The biography of Muḥammad, Leiden 2000, 276–297, hier: S. 277.282.

empfunden, ansonsten als eine gegen das Christentum gerichtete, jüdisch inspirierte Häresie oder als alttestamentliche Religiosität der „Leute der Wüste", die vom Polytheismus zur „Religion Abrahams" gewechselt waren.[100] Religiöse und politische Komponenten vermischten sich: Während die Melkiten, die orthodoxen byzantinischen Christen, eine negative Sicht in Bezug auf den Islam hatten, sahen die auf dem Konzil von Chalcedon 451 für häretisch erklärten Monophysiten und Nestorianer die Muslime als Befreiung von byzantinischer Unterdrückung; ja, der syrische Patriarch Miḫā'īl as-Suryānī (gest. 1199) schrieb: „The God of vengeance ... brought forth from the south the sons of Ismail (the Arabs) so that through them we may be saved from the hands of the Orthodox."[101]

Paradigmatisch in Bezug auf die Abrahamsterminologie dieser Zeit ist Johannes Damascenus / Yuḥannā ad-Dimašqī[102] (645/655–750 n. Chr.), Sohn des Finanzministers Manṣūr b. Sarǧūn[103] am Hof des Kalifen ʿAbd al-Malik. Damaskus war nur drei Jahre nach dem Tode Muḥammads, wenige Jahre vor Johannes' Geburt, von den Muslimen belagert und erobert worden, wobei Johannes' Vater Manṣūr, ein Anhänger Chalcedons, eine Rolle spielte. Er handelte nach dem Abzug der byzantinischen Verteidiger die Übergabe der ausgehungerten Stadt aus oder öffnete, nach anderer Lesart, dem muslimischen Heerführer Ḫālid b. al-Walīd, die Stadttore von Damaskus. Die persönliche Enttäuschung über das ungerechte Verhalten des byzantinischen Herrschers mag dabei eine große Rolle gespielt haben.[104] Johannes war Anfang des 8. Jahrhunderts am Umayyadenhof

---

[100] *D. Sahas*, John of Damascus. The Heresy of the Ishmaelites, Leiden 1972, S. 26; *Gerrit Reinink*, The Lamb on the Tree: Syriac Exegesis and Anti-Islamic apologetics, in: Noort / Tigchelaar (Hrsg.), The Sacrifice of Isaac. The Aqedah (Genesis 22) and its Interpretations, Leiden 2002, 109–124, hier: S. 123.

[101] Tā'rīḫ Miḫā'īl as-Suryānī al-Kabīr, zit. in: *Elias Khalifeh al-Hachem*, The Rise of Eastern Churches and their Heritage: The Maronites, in: MECC, Christianity, A History in the Middle East, Beirut 2005, 271–292, hier: S. 273. – Siehe auch: *Stefan Schreiner*, Die „Häresie der Ismaeliten". Der Islam als politisches und theologisches Problem der Christen und die Anfänge christlich-antiislamischer Polemik; in: Schmid / Renz / Sperber (Hrsg.), Identität durch Differenz? Regensburg 2009, 119–132, hier: S. 124f; *J. S. Trimingham*, „Byzantines and [Christian] Arabs never understood each other." (Christianity among Arabs in Pre-Islamic Times, London 1979, S. 184)

[102] *Carl Güterbock*, Der Islam im Lichte der byzantinischen Polemik, Berlin 1912, S. 10–16; *Daniel J. Sahas*, John of Damascus on Islam: the ‚Heresy of the Ishmaelites', Leiden 1972; *Barbara Huber*, VIP's – Very important persons der christlich-islamischen Begegnung: Johannes von Damaskus, in: *CIBEDO* 2/1990, 37–41; *Irfan Shahid*, The rise of Eastern churches and their heritage: The Arab Christian traditions, S. 231 f. – Sehr kritisch gegen Johannes: *John E. Merill*, Of the Tractate of John of Damascus on Islam, in: *MW* 41 (1951), 88–97. – Eine Serie deutsch-arabischer Übersetzungen seiner Schriften: *Johannes von Damaskus*. Glaubensgespräch zwischen Christen und Muslimen. Hrsg. von Said Karoui, Monastir und Heidelberg 2003.

[103] Manche nennen den Großvater Manṣūr und den Vater Ibn Manṣūr; alle drei Generationen hatten hohe Positionen bei Hofe inne. (*D. Sahas*, John of Damascus, S. 26)

[104] *Daniel Sahas*, S. 17–19; *Patriarch Ignatius IV Hazim*, Christianity in the Umayyad Era, in: MECC, Christianity, 471–493, hier: S. 474.

von Damaskus Minister und Kanzler[105] des jeweiligen Kalifen, im damaligen Zentrum der islamischen Welt. Zwar schrieb er, wie zu seiner Zeit im Bereich der Kirche und der Gebildeten üblich, in Griechisch – selbst die Umayyaden hatten mangels eigener Erfahrung auf diesem Gebiet Griechisch als Verwaltungssprache mitsamt den Beamten übernommen –, doch ist seine Herkunft eindeutig arabisch, vermutlich aus einem der beiden nordarabischen Stämme Kalb oder Taġlib. Im Anathema des Konzils von Hiereia 754 wird ausdrücklich sein „sarazenisches Denken“ erwähnt, vermutlich wegen seiner Familie, die nicht nur zwei Patriarchen von Jerusalem hervorbrachte, sondern ihre hohen Staatsämter auch unter den „Söhnen der Hagar“ beibehielt und ihre unrühmliche Rolle beim Fall von Damaskus. Gezwungen durch die politischen Veränderungen, die zunehmende Repressionen mit sich brachten,[106] zog er sich um 724 zu einem kontemplativen Leben in das Kloster Mār Sāba zwischen Jerusalem und dem Toten Meer zurück, um künftig als Gelehrter, Theologe, Dichter und Musiker tätig zu sein. Wegen seines umfangreichen literarischen Werkes erhielt er den Beinamen Χρυσορρόας, „der Gold Verströmende“. Seine Verwendung der Philosophie in der theologischen Argumentation beeinflusste die frühe islamische Theologie (*ʿilm al-kalām*), etwa in der Frage der Willensfreiheit oder der Frage nach Erschaffenheit oder Unerschaffenheit des Wortes Gottes (*ḫalq al-Qurʾān*).

In Johannes' griechisch-sprachigem Hauptwerk Πηγὴ γνώσεως erscheint im Teil „De haeresibus“[107] der Islam als 100. bzw. 101. – christliche – Irrlehre,[108]

---

[105] In der Frühzeit des Islam konvertierten v.a. Angehörige aus den niederen Schichten der jeweiligen autochthonen vorislamischen Bevölkerung. Wen die Araber wirklich brauchten, dem ließen sie seine Überzeugung; Fachkräfte der Verwaltung, Ärzte, Astrologen sind noch lange – in Ägypten über Jahrhunderte hinweg – Christen, Juden, Zoroastrier und selbst Manichäer geblieben. Da Nichtmuslime für den „Schutz“ durch die muslimischen Heere zur Zahlung der *ǧizya* (Kopfsteuer) verpflichtet waren, brachten größere Konversionsbewegungen die Obrigkeit in fiskalische Schwierigkeiten, so dass zeitweise – in der mittleren und späten Umayyadenzeit und teilweise in Andalusien – ein Konversionsverbot erlassen wurde. Das große Reservoir, aus dem in den ersten Jahrzehnten des Islams die Konvertiten kamen, waren die Kriegsgefangenen. Sie gerieten in Sklaverei und konnten nur als Muslime erwarten, von ihrem Herrn freigelassen zu werden. Freilassung eines Sklaven war nicht ein Akt der Humanität der Eroberer, sondern entweder Sühne für ein persönliches Vergehen oder ein religiöses Verdienst. (*Josef van Ess*, Theologie und Gesellschaft im 2. und 3. Jahrhundert Hidschra. Eine Geschichte des religiösen Denkens im frühen Islam, Bd. I, Berlin 1991, S. 39; *Tilman Nagel*, Die Heilsbotschaft des Korans, S. 105.)

[106] Der Kalif ʿUmar II. (717–720) hatte im Jahre 719 verfügt, Christen und Juden nicht mehr zu hohen Staatsämtern zuzulassen, es denn, sie konvertierten zum Islam. Johannes konnte sich halten, da seine Familie diese Position seit Generationen innehatte, doch wurde die Haltung Christen gegenüber zunehmend intoleranter.

[107] Griechischer Text mit englischer Übersetzung und Kommentar in: *D. Sahas*, John of Damascus, 132–141. In Διάλεξις Σαρακηνοῦ καὶ Χριστιανοῦ, kritische Textedition von *Bonifatius Kotter*, Opera polemica, liber de haeresibus (Berlin / New York 1981), setzt er sich im Stile der beliebten Frage-Antwort-Literatur mit einem fiktiven „sarazenischen“ Gegner auseinander.

[108] Josef van Ess weist darauf hin, dass jeder Außenbeobachter ein fremdes Phänomen notgedrungen in seinen eigenen Kategorien und Termini beschreibt. (in: *R. Hoyland*, Earliest Christian writings in Muḥammad, S. 289)

den er gleich zu Anfang als „deceptive superstition of the Ishmaelites, the forerunner of the Antichrist", der auf Hagars Sohn Ismael zurückgeht, abtut.[109] Als arabischer Christ betont er durch den Rückgriff auf den gemeinsamen genealogischen Ursprung in Abraham einerseits die ethnische Verbundenheit mit den arabischen Muslimen,[110] andererseits macht seine durchweg negativ besetzte Terminologie deutlich, dass gerade diese Verwandtschaft bereits das Trennende beinhaltet. Dabei waren die Bezeichnungen für Muslime zunächst, wie auch in späterer Zeit „Mauren, Türken, Tataren", weder Namen mit religiöser Konnotation, noch die islamische Eigensicht als „*Muslime* – Gott Hingegebene", sondern verwiesen zunächst ausschließlich auf ihre stammesmäßige oder ethnische Zuordnung.[111] Ab dem 2. Jahrhundert n. Chr. hatten die Römer die Bezeichnung „Sarazenen" für die „zeltenden Araber", also die Wüstenbewohner im Osten des Reiches verwendet.[112] Dies war keine neutrale ethnische Zuordnung, sondern negativ besetzt: Menschen, die am Rande der zivilisierten Gesellschaft leben und von bewaffneten Überfällen auf Dörfer und Städte leben. Die Byzantiner nahmen den Begriff auf und verwendeten ihn für diejenigen, die Klöster angriffen und Mönche ermordeten. In der syrischen Literatur der Umayyadenzeit erhielt der Begriff zusätzlich eine religiöse Komponente, und in der Kreuzfahrerzeit stand er für den Ausdruck des Konfliktes zwischen Islam und Christentum.

Ferner wurde es üblich, die Muslime zur Unterscheidung von den heidnischen und christlichen Arabern als „Ismaeliten"[113] zu bezeichnen. Nach der paulinischen Typologie in Gal 4,21–31 ist mit den Ismaeliten die Linie der zweitrangigen Nachkommen Abrahams gemeint. Versehen mit dem Zusatz „Vorläufer des Antichrist" (wobei mit diesem *terminus* ebenso Nestorius, Kaiser Leo III. und der Patriarch von Konstantinopel belegt werden) sind geistliche „Verführer" gemeint. Nach Johannes ist Ismael der Sohn, der außerhalb des Abraham-Isaak-Segens steht und stattdessen die bloße Verheißung zahlreicher Nachkommenschaft erhalten habe, was auch Vögeln und Fischen zugesagt würde. Weitere Bezeichnungen für Muslime waren zu jener Zeit „Hagarener"[114] – Nachkommen der Leibeigenen, der zweitrangigen Frau –, und „Sarazenen"[115] – ein vom Grie-

[109] *D. Sahas*, John of Damascus, S. 133.

[110] *D. Sahas*, a. a. O., S. 4–13.29–31; *C. Güterbock*, Der Islam im Lichte der byzantinischen Polemik, S. 12.

[111] *S. Schreiner*, Die „Häresie der Ismaeliten", S. 133.

[112] *Andreas Goetze*, Religion fällt nicht vom Himmel. Die ersten Jahrhunderte des Islams, 2. Aufl., Darmstadt 2012, S. 54; *Gerrit Reinink*, The Lamb on the Tree, Leiden 2002, S. 112.

[113] *D. Sahas*, a. a. O., S. 68 f.133. – Zur protobeduinischen Konföderation Ismael in Nordarabien siehe: *Ernst Axel Knauf*, Ismael. Untersuchungen zur Geschichte Palästinas und Nordarabiens im 1. Jahrtausend v. Chr., Wiesbaden 1989, S. 49.

[114] Dieser *terminus* ist noch bis ins 12./13. Jahrhundert nachzuweisen, u. a. bei *Nicetas Acominatus*, Thesaurus Orthodoxae fidei.

[115] Die vermutete Herleitung des griechischen Σαρακηνός vom arabischen *šarqiyūn* (aus dem Osten) ist nicht unbedingt zwingend; erstmals erwähnt bei Ptolemäus als Bewohner einer Stadt

chischen abgeleiteter Name, der entweder „die von Sara Hinausgeworfenen“[116] meint oder „die von Sara leer Ausgegangenen“;[117] mit letzterem wird Bezug genommen auf einen angeblichen Dialog Hagars mit dem Engel.

Johannes Damascenus verdächtigt Muḥammad der Konversion zum Arianismus.[118] Im Rahmen seiner Apologetik bleibt er durchweg auf der Ismael-Linie und behandelt die theologischen Verschiedenheiten von Islam und Christentum, wobei für ihn die Christologie mit Inkarnation und göttlicher Natur Christi im Mittelpunkt seiner Kritik am Islam stehen. Die gemeinsame abrahamische Abstammung bildet für ihn keine Grundlage für eine theologische Übereinstimmung.[119] Vielmehr ist Muḥammad für ihn ein falscher Prophet und Vorläufer des Antichristen, wie Johannes der Täufer Prophet und Vorläufer des Christus war.[120]

Dass die Muslime auch die Gründung der Kaʿba auf Abraham zurückführen, bezeichnet Johannes als töricht und fragt sie seinerseits, wieso sie die Christen wegen ihrer Verehrung des Kreuzes tadelten, wo sie doch in gleicher Weise die Kaʿba verehrten, die er als ein der Aphrodite geweihtes Heiligtum sieht.[121]

---

im Nordsinai und als arabischer Stamm im Nordwesten der Arabischen Halbinsel. Während der Kreuzfahrerzeit wurde der Terminus auf alle Muslime, auch nichtarabischer Herkunft, ausgeweitet. Neuerdings wurde auch die Herkunft von *sarrāǧīn* vorgeschlagen, dem Namen eines sabäischen Volksstammes, der mit den Arabern nach Nordafrika übersiedelte und von dort aus ins maurische Andalus gelangte. („Ursprünglich ein sabäischer Name“, Leserbrief von Hans-Gert Braun, F. A. Z. vom 7.10.2009.) Diese Ableitung kann natürlich nicht für Johannes Damascenus gelten.

[116] Nach Darstellung Neal Robinsons leitet Johannes „Sarazenen“ von dem überlieferten Ausspruch Hagars bei ihrer Verstoßung durch Sara ab („Σάρρα κενὴν με ἐπέλυσεν“).

[117] „Σάρρᾳ κενοὶ“, *D. Sahas*, S. 70 f.; dies steht im Widerspruch zu Gen 21,10 und 14. – Im europäischen Mittelalter soll der Name von „*a Sara geniti*“, der Legitimitätsbehauptung, Nachkommen der Sara zu sein, abgeleitet worden sein. (*Neal Robinson*, S. 184).

[118] Dies entsprach der allgemeinen syrischen wie auch armenischen Haltung den Muslimen gegenüber, die als jüdisch-christliche Sekte mit arianischen oder monophysitischen Elementen empfunden wurde (*D. Sahas*, S. 26), oder als alttestamentliche Religiosität der „Leute der Wüste“, die vom Polytheismus zur „Religion Abrahams“ gewechselt waren (*G. Reinink*, S. 123).

[119] Die teilweise heftige Kritik, die Johannes heute erfährt, enthält den Vorwurf, er habe eine verdrehte Vorstellung vom Islam gehabt, ja er habe sein Wissen vom Hörensagen; so habe er etwa den Ruf „Allāhu akbar“ mit „Allāh wa-kubrā (sic)“ (God and the Great Lady), gemeint die Göttin ʿUzza / Aphrodite, verwechselt. (*Robinson*, Massignon, Vatican II and Islam, S. 201). Angesichts der Tatsache, dass Johannes als Spielgefährte des Kalifensohnes Yazīd I. aufwuchs, eine gediegene Bildung u. a. aus den „Büchern der Sarazenen“ genoss und dann eine so hohe und vertrauensvolle Stellung am Kalifenhof innehatte, kann diese Einschätzung nicht geteilt werden. Sein Referieren des koranischen Jesusbildes verrät genaueste Kenntnis des Korans (s. *Sahas*, S. 78.133). Auch weist sein Streitgespräch „Disputatio Saraceni et Christiani“ (*Sahas*, S. 100–122.143–159) ein hohes Maß an Detailwissen selbst unterschiedlicher Denkschulen des Islam auf. Sein Ton dem Islam gegenüber ist, gemessen an der mittelalterlichen apologetischen Literatur, eher fair und sachlich.

[120] *D. Sahas*, John of Damascus, S. 132 f.

[121] De haeresibus, zit. in *D. Sahas*, S. 89. 137.

Abraham ist zentrale Argumentationsgestalt in einem weiteren apologetischen Werk aus der selben Zeit, dem Disput zwischen dem Kalifensohn Maslama b. ʿAbd al-Malik (gest. 738) und einem syrischen Mönch, vermutlich Abraham vom Kloster Bet Hale bei Ḥīrā'.[122] Ausgangspunkt war die Frage der Muslime, warum die Christen weder die abrahamische Beschneidung noch das abrahamische Opfer praktizierten.[123] Darauf antwortete der Christ in typologischer Auslegung von Genesis 22 und dem Hinweis, die Beschneidung sei ersetzt durch die Taufe und das Opfer durch den Opfertod Jesu. Wie die christliche Auslegung der Aqedah zur Widerlegung des Judentums benutzt worden war, so wurde sie nun gegenüber Muslimen verwendet, um zu zeigen, dass die Religion Abrahams in Christus erfüllt sei.

Auch die Ikonographie jener Zeit, die in eschatologischer Schau die geretteten Seelen in Abrahams Schoß darstellt, die von dem Erzvater mit den Früchten des Paradieses versorgt werden, meint keine Muslime. Auf den Ikonen in Syrien (Kloster Mār Mūsā al-Ḥabašī) und Ägypten (Kloster Dair as-Suryān, Antoniuskloster) sitzen in Abrahams Schoß die Kinder Isaaks, nicht Ismaels.[124]

In diesem Zusammenhang wäre die Abschwörformel zu nennen, die die *Saraceni ad Christianam fidem accedentes*, die muslimischen Konvertiten zum Christentum, ab dem 9. oder beginnenden 10. Jahrhundert[125] zu sprechen hatten und deren Wortlaut teils wörtlich an das Traktat *De Haeresibus* angelehnt ist. Zu den Anathemata gehörte das Lossagen von den im Koran „verdrehten" alttestamentlichen Erzählungen einschließlich der Abrahamgeschichte, des Baus der Kaʿba durch Ibrāhīm und Ismāʿīl und der Kaʿba selbst.[126] Christliche Rechtgläubigkeit und Identität erfolgte also *per negationem*, durch die Abgrenzung gegenüber der „Häresie der Ismaeliten".

Diese wenigen Hinweise aus der frühesten Zeit christlich-islamischer Begegnung und Apologetik mögen an dieser Stelle genügen. Abraham war von Anbeginn keine Christentum und Islam verbindende Gestalt, im Gegenteil: Bis in die Terminologie hinein wurde das Trennende herausgestellt. Dies sollte auch in den folgenden Jahrhunderten so bleiben – bis zu Louis Massignon.

---

[122] In zwei bislang nicht edierten Handschriften in Diyarbakir und Mardin. Zu dem Werk siehe: *Gerrit J. Reinink*, The Lamb on the Tree, S. 109–124.

[123] Nach Reinink seien dies die Hauptbestandteile des frühen Islam als „Religion Abrahams" gewesen. (S. 124).

[124] *Christoph Baumer*, Frühes Christentum zwischen Euphrat und Jangste, Stuttgart 2005, S. 150; *Gawdat Gabra*, The Churches of Egypt. From the Journey of the Holy Family to the Present Day, Cairo 2007, S. 77.215. (S. Abb. 16 und 17).

[125] *D. Sahas*, John of Damascus, S. 124–126; *S. Schreiner*, Die „Häresie der Ismaeliten", S. 136.

[126] *N. Robinson*, Massignon, S. 185. – Die Forderung des Abschwörens stellen orthodoxe Kirchen in Deutschland noch heute an Konvertiten, zusätzlich verlangen sie eine Verfluchung des Islams und Muhammads.

1.4.2 Die Abrahams-Ökumene – Beiträge aus dem römisch-katholischen Kontext

1.4.2.1 Louis Massignon, der Wegbereiter (1883–1962)[127]

In der westlichen christlichen Welt ist die Idee einer Abrahamischen Ökumene eher jung. Entstanden ist sie jedoch nicht als Arbeitsergebnis am Schreibtisch von Dogmatikern, sondern aufgrund von existentiellen Erfahrungen des französischen Orientalisten[128] und Mystikers Louis Massignon, der durch „a new and positive Christian understanding of Islam, a contribution which has been universally regarded as constituting a Copernican revolution in the Christian world's centuries-old attitude towards the Muslims and their religion.“[129] der wohl führende katholische Islamwissenschaftler seiner Zeit[130] werden sollte

1883 in der Nähe von Paris geboren, erlebte er 1908 auf der Rückreise von einer archäologischen Unternehmung im Osmanischen Reich auf dem Tigris seine Lebenswende: Da er brisante Fotoaufnahmen bei sich hatte, wurde er von der Polizei verhaftet, und ihm drohte die Todesstrafe. Nach Fluchtversuch und Malariaerkrankung, im Angesicht des Scheiterns und des Todes, wurde er durch die Intervention arabischer Freunde gerettet, und so hatte der Agnostiker Massignon am 3. Mai 1908 ein intensives mystisch-spirituelles Erlebnis, „an inter-religious moment of grace“[131], das er später „visitation de l'Etranger“ nannte und das ihn sein bisheriges Leben als verfehlt erkennen ließ und ihn wieder zum römisch-katholischen Glauben zurückbrachte. Die Erfahrung der Hingabe seiner streng islamischen Gastfamilie, ihr Gebet um Heilung und ihre Gastfreundschaft wurden für ihn zum Katalysator für seine ganz persönliche Identitätsfindung als katholischer Christ und um wieder zum Christentum zurückzufinden „par le témoignage de Dieu qu' implique la foi musulmane.“[132] Diese existentielle Erfahrung wurde für Massignon zur Grundkonstanten seines Denkens und Handelns. So ist es nur folgerichtig, dass er besonderen Zugang

---

[127] Zu Louis Massignon siehe: *Daniel Massignon*, Le voyage en Mésopotamie et la conversion de Louis Massignon en 1908, in: *Islamochristiana* 14 (1988), 127–199; *Mary Louise Gude*, Louis Massignon: the crucible of compassion, Notre Dame 1996; *Herbert Mason* (Hrsg.), Testimonies and reflections: essays of Louis Massignon, Notre Dame 1989; *Jean-François Six*, Abenteurer der Liebe Gottes: 80 unveröffentlichte Briefe von Charles de Foucauld an Louis Massignon, Würzburg 1998.

[128] Massignons Engagement beschränkte sich nicht auf den akademischen Bereich, er war ab dem 1. Weltkrieg als französischer Diplomat in verschiedenen islamischen Ländern tätig und seit der Algerienkrise in seinen späteren Jahren Professor für muslimische Soziologie am Collège de France (1926–1954).

[129] *Joseph Farrugia*, Vatican II and the Muslims. The Church's Consideration of Islam in Vatican II and ist Resonance in Subsequent Christian-Muslim Relations, Gozo 1987, S. 10.

[130] A. a. O.

[131] *S. Griffith*, Sharing the faith of Abraham: the ‚Credo‘ of Louis Massignon, S. 194.

[132] *R. Caspar*, La vision de l'Islam chez L.Massignon et son influence sur l'Eglise, zit. in: *F. Eißler*, Gibt es eine abrahamische Ökumene? S. 264.

zur islamischen Mystik fand und 1921 über den 922 in Bagdad hingerichteten Mystiker Ḥusain b. Manṣūr al-Ḥallāǧ promovierte.[133] Sich selbst als „standing at the crossroads" sehend, suchte er nach Wegen, katholische Christen zu einer positiven Sicht dessen zu führen, was Gott durch die Lehre Muḥammads in der Welt wirken wolle. Seine frühen Arbeiten hatten das Ziel, die Muslime, die er wie Johannes Damascenus „Hagarener", „Ismaeliten" oder die „Söhne der Leibeigenen" nennt, zum christlichen Glauben zu rufen, „to put them on the road towards that integral civilization which is the church".[134] Dabei wurde für ihn Abraham zum Brennpunkt der religiösen Annäherung zwischen Juden, Christen und Muslimen; die Abstammung der Araber von Abraham über die Ismael-Linie stellte er nie in Frage, sondern brachte über diese quasi-biblische Genealogie Muḥammad in direkte Verbindung mit Abraham. Massignon verehrte Abraham, ließ sich von ihm inspirieren, ja, identifizierte sich zunehmend selbst mit ihm in einer „life-shaping dedication": 1927 reiste er auf seinen Spuren nach Mesopotamien und ins Heilige Land, begann das Angelusgebet mit den „Trois prières d'Abraham"[135] zu füllen, widmete sein Leben St. Abraham und nahm als Franziskaner den religiösen Namen „Abraham" an.[136] In der ihm eigenen typologischen Sprache drückte er seinen Glauben an „den Gott Abrahams, den der Muslime, der Maria in ihrem Magnificat" aus, den einen einzigen Herrn, zu dem auch Muḥammad rief. Der Koran war für ihn eine „gekürzte, arabische Ausgabe der Bibel" auf dem Niveau der Nachkommen Ismaels, und er stand für ihn im gleichen Verhältnis zur Bibel wie Ismael zu Isaak. Zugleich sei der Islam eine permanente Anfrage an die Christen, denen er eine einfachere Weise gottgemäßen Lebens vor Augen halte. So wurde der Islam, „the faith of Abraham revived with Muhammad", zum großen Mysterium des göttlichen Willens, der Anspruch der in die Wüste Ausgestoßenen gegenüber Juden und Christen, zur „angelic lance which has stigmatized Christianity"[137].

Weil der Islam abrahamischen Ursprungs sei, werde er überleben, und als Abrahamssöhne hätten Muslime Anteil an der doppelten Abrahamsverheißung: des Messias und des Heiligen Landes.[138] Den Segensanspruch des Islam leitete Massignon davon ab, dass Ismaels Exil erst nach seiner Beschneidung statt-

---

[133] *Louis Massignon*, La passion de Husayn Ibn Mansur Hallaj: martyr mystique de l'islam exécuté à Bagdad le 26 mars 922, Paris 1975. Englische Version: The passion of al-Hallaj: mystic and martyr of Islam, Princeton 1982.

[134] *S. Griffith*, Sharing the faith, S. 197; ebenso: „They [d.h. die Algerier unter französischer Kolonialherrschaft] will never become true Frenchmen unless we persuade them to become Christians."

[135] Angelehnt an die Gebete Abrahams in Mamre für Sodom (Gen 18,22–33), in Beersheba für Ismael (Gen 17,18–21) und auf Moria für Isaak (Gen 22,1–19).

[136] Maxime Rodinson, der auch erwähnt, dass Massignon sich nach Abrahams Vorbild beschneiden ließ, hält dessen Identifikation für einen persönlichen Komplex, der von seinen außergewöhnlichen Lebensumständen herrühre. S. *N. Robinson*, Massignon, S. 199).

[137] *S. Griffith*, Sharing the faith, S. 199.

[138] Diese Aussage stammt aus dem Jahr 1938, vor der Gründung des Staates Israel.

fand und er nach Gen 17,18–20 den Segen Gottes als Antwort auf das Gebet Abrahams bekommen habe. Muḥammad habe seine *hiǧra* (Emigration) nach Medina in Analogie zur Vertreibung Hagars durch Sara gesehen, was durch dieselbe Wortwurzel nahegelegt werde. Erst in Medina habe Muḥammad die Verbindung zu Abraham gesucht und Abrahams Segen und Erbe für die Araber alleine beansprucht; dies leitete er von der *taṣliya*, dem Segenswunsch über Muḥammad wie über die Familie Ibrāhīms beim fünfmaligen Ritualgebet (*ṣalāt*) ab. Allerdings: Da Muḥammad bei seiner Nacht- und Himmelsreise[139] es nicht wagte, auch für Sünder Fürsprache einzulegen, habe er sich selbst vom Verständnis wahren göttlichen Lebens ausgeschlossen. Darum sei der Islam zwar ein authentischer Glaube und der Heilige Geist in ihm wirksam, jedoch müsse er durch das Christentum vollendet werden. Erst der wiederkommende Christus werde den Riß zwischen den drei abrahamischen Religionen heilen.

Neben dem Segen über Ismael wurde *badalīya* (Ersatz, Austausch; Ersatzgeld; Stellvertretung)[140] zum zweiten Leitwort Massignons. Muslime erwarteten von uns Christen, dass wir ihnen unseren Glauben authentisch und in seiner ganzen Fülle vorlebten, was wir bislang versäumt hätten. Schon daran würde deutlich, dass für ihn die Letztgültigkeit des Christentums nie in Frage stand. Doch dürfe die grundsätzliche theologische Überlegenheit niemals triumphalistisch oder gar arrogant, beherrschend und unterdrückend werden. Im Gegenteil, wie Christus sich bei der Inkarnation aller Herrlichkeit entblößt hat, so gehe es um die Manifestation eben dieses Christus inmitten des Islam und um die Möglichkeit und Notwendigkeit der hingebenden Liebe gegenüber Muslimen, um sie „nach Hause zu lieben“, ihr „repatriement in die Arme Gottes“ durch stellvertretende, vermittelnde christliche Liebe und fürbittendes Gebet. Für Massignon gab es keinen Zweifel, dass der große Strom der Offenbarung von Abraham über Isaak und dessen Nachkommen zu Christus ging. Obwohl vom Erbe ausgeschlossen, würden die Araber in ihrem Urahn, dem Abrahamssohn Ismael, von Gott gesegnet. Im Islam nun würden die Araber „dieses göttlichen Segens bewusst, an den wir glauben müssen, weil er in der Bibel gelehrt wird.“[141] 1934 gründete Massignon zusammen mit der syrischstämmigen Ägypterin Mary Kahil die *Badalīya*-Gruppe in Ägypten,[142] um den „von uns getrennten Söhnen Abrahams die Möglichkeit zu eröffnen, Jesus, den Sohn der Maria, der durch den Geist

[139] Vgl. 17,1; 53,9–17; sowie die entsprechende Hadithe dazu.

[140] Stehender Ausdruck: *badalan ʿanhu* (stellvertretend für ihn). *badalīya* wird auch von islamischen Sufis für fortgeschrittene Mystiker im Range von Heiligen benutzt, deren Gebete und Kasteiungen zugunsten anderer Gott annimmt (*N. Robinson*, Massignon, Vatican II and Islam, S. 191). Es wird jedoch deutlich, dass Massignon sein Eintreten nicht als sufischen Abwehrzauber versteht, sondern als demütige Selbsthingabe für die Seelen von Muslimen. – Mit genuin christlich-soteriologischer Konnotation des stellvertretenden Opfers Jesu dagegen: *baḏalīya* (vgl. Röm 8,32; Joh 10,11).

[141] *R. Arnaldez*, zit. in: F. Eißler, Gibt es eine abrahamische Ökumene? S. 265.

[142] 1959 erließ al-Azhar eine Fatwa gegen Massignons Gruppe in Kairo und warnte vor deren

gezeugt wurde (…) wiederzuentdecken."[143] Sie hatten ein Gelübde abgelegt, die Muslime zu lieben und das Leben für sie zu geben. Sie wollten Muslime zu Jesus „hinlieben" und möglichst viele Seelen für die „unsichtbare Kirche" gewinnen. Arabisch sprechende Christen, Araber und Nichtaraber, die sich stellvertretend für die Muslime, die noch nicht zur vollen Wahrheit über Christus durchgedrungen seien, geben sich im Gebet in mystischer Substitution Gott hin. Mit seiner Überzeugung, dass nur semitische Sprachen die Sprachen der göttlichen Offenbarung waren, und in seinem Wunsch, Gott auf Arabisch anzubeten, wurde er 1950 Priester der melkitischen Kirche, um die Liturgie in Arabisch zelebrieren und den Leitsatz der *badalīya* noch mehr verkörpern zu können.

Von weitreichender Bedeutung wurde die Freundschaft Massignons zu Msgr. Giovanni Battista Montini, der ebenfalls Mitglied der *badalīya* war.[144] Als Montini im Juni 1963, also ein Jahr nach Massignons Tod, unter dem Namen Paul VI. die Nachfolge von Papst Johannes XXIII. antrat, erhielt Massignons „abrahamische Ökumene" ein eigenes Gewicht in den Konzilstexten. Im europäischen Kontext kam unabhängig davon Karl Rahners Konzeption des „anonymen Christentums" auf und ergänzte Massignons Ansatz. Dessen Anliegen, Juden, Christen und Muslime als „the three branches of a single monotheist revelation"[145] zu sehen, kollidierte jedoch in den Konzilstexten mit der einzigartigen Originalität der biblischen Offenbarung, die als unaufgebbar betrachtet wurde. Dennoch wären die dogmatische Konstitution über die Kirche *Lumen gentium* und die Erklärung über das Verhältnis der Kirche zu den nichtchristlichen Religionen *Nostra Aetate*, die eine Wende in der katholischen Theologie markieren, ohne Massignon nicht denkbar gewesen.[146]

1.4.2.2 Vaticanum II – Neue Verhältnisbestimmung zum Islam[147]

Das II. Vaticanische Konzil (1962–65) wollte in erster Linie ein pastorales, seelsorgerliches „Konzil der Sorge der Kirche um die Menschen selbst"[148] sein, ohne

„missionarischen Aktivitäten, getarnt als Islamwissenschaft und höhere Bildung" (*S. Griffith*, S. 206).

[143] Zit. in *Barbara Huber*, VIP der christlich-islamischen Begegnung: Mary Kahil (1889–1979), in: *CIBEDO* 1/1993, 17–21.

[144] So Massignons Sohn Daniel (*N. Robinson*, „Massignon, Vatican II and Islam", S. 194).

[145] *J. Farrugia*, Vatican II and the Muslims, S. 54.

[146] *K.-J. Kuschel* wertet die „trois prières d'Abraham" gar als „Gründungsurkunde" einer christlichen Theologie der abrahamischen Ökumene. (Abschlußrede beim Abrahamfest in Filderstadt am 29.10.2000).

[147] *N. Robinson*, Massignon, S. 182–205; *G. C. Anawati*, Exkurs zum Konzilstext über die Muslim, in: *LThK*, Das Zweite Vatikanische Konzil, II, Freiburg 1967, 485–487; *J. Farrugia*, Vatican II and the Muslims.

[148] *Rahner, Karl / Herbert Vorgrimler*, Kleines Konzilskompendium. Alle Konstitutionen, Dekrete und Erklärungen des Zweiten Vaticanums in der bischöflich beauftragten Übersetzung, 2. erg. Aufl., Freiburg 1966, S. 26.

jedoch auf dogmatische Aussagen zu verzichten. Es hatte sich nicht nur das grundsätzliche Selbstverständnis der Kirche und das innere Leben der Kirche zur Aufgabe gemacht, sondern genauso die Sendung der Kirche nach außen. Als „auf das Gottesvolk auf verschiedene Weise hingeordnet“,[149] nämlich in konzentrischen Kreisen, in deren Mittelpunkt die römisch-katholische Kirche steht, behandelte es das Verhältnis zur nichtkatholischen Christenheit[150] („Dekret über den Ökumenismus“ und „Dekret über die katholischen Ostkirchen“), das Verhältnis zu den Nichtchristen, womit im ersten Entwurf zunächst vor allem die Juden gemeint waren („Erklärung über das Verhältnis der Kirche zu den nichtchristlichen Religionen“, „Dekret über die Missionstätigkeit der Kirche“), sowie das Verhältnis zur nichtreligiösen, „profanen“ Weltsituation und zum gegenwärtigen weltanschaulichen Pluralismus („Die pastorale Konstitution über die Kirche in der Welt von heute“, „Erklärung über die Religionsfreiheit“).

Hinter der Erklärung über das Verhältnis der Kirche zu den nichtchristlichen Religionen *Nostra Aetate* (NA) steht die Theologie über Gottes universalen Heilswillen. NA 2 stellt fest, dass die anderen Religionen „nicht selten einen Strahl jener Wahrheit erkennen lassen, die alle Menschen erleuchtet“; an anderer Stelle werden in ihnen „Saatkörner des Wortes“ anerkannt, sowie „Reichtümer, die der freigebige Gott unter den Völkern verteilt hat.“ Auch im Missionsdekret *Ad gentes* ist die Rede von „Wahrheit und Gnade“, die sich bei den „Heiden ... durch eine Art von verborgener Gegenwart Gottes findet“.[151] So können auch diejenigen, die jenseits der sichtbaren und offiziellen Grenzen der Christenheit stehen, in einem neuen Licht gesehen werden, nämlich umfasst von Gottes Heilsordnung und Heilswillen.[152] Durch die Gegenwart der göttlichen Gnade in ihnen anerkennt die dogmatische Konstitution über die Kirche *Lumen gentium 16*,[153] auch sie erst nach hitzigen Debatten zustande gekommen, denn folgerichtig grundsätzlich eine Heilsmöglichkeit auch für Nichtchristen:

---

[149] Lumen gentium 16 (*Rahner/Vorgrimler*, Kleines Konzilskompendium, S. 141).

[150] „Die durch die Taufe der Ehre des Christennamens teilhaftig sind, den vollen Glauben aber nicht bekennen oder die Einheit der Gemeinschaft unter dem Nachfolger Petri nicht wahren.“ Lumen gentium 15 (*Rahner/Vorgrimler*, S. 140).

[151] Ad gentes 9. *Rahner/Vorgrimler*, S. 618.

[152] Gegen die daraus folgende Vorstellung, die an Karl Rahner „anonyme Christen“ anknüpft, jeder Mensch „ohne Ausnahme“, sei „durch Christus erlöst worden“ und mit jedem Menschen sei „Christus in gewisser Weise verbunden, selbst wenn der Mensch das nicht weiß“ (Enzyklika Redemptor Hominis, 1979) wehren sich Muslime jedoch zu Recht und empfinden dies als „offenbar rückwirkende theologische Vereinnahmung bzw. Umarmung“. Aber Muslime würden sich dafür „revanchieren“, indem sie auf koranischer Grundlage Jesus wie alle Propheten „nicht nur für einen ‚anonymen‘, sondern für einen Muslim im ursprünglichen Sinne des Wortes halten.“ (*M. W. Hofmann*, Der Islam im 3. Jahrtausend, S. 180).

[153] Zu beiden Konzilstexten siehe die Wertung von *K.-J. Kuschel*, Streit um Abraham, S. 261–63, der in ihnen die theologischen Grundlagen einer abrahamischen Ökumene sieht; die formalen Analogien führt er S. 264 auf.

Wer nämlich das Evangelium Christi und seiner Kirche ohne Schuld nicht kennt, Gott aber aus ehrlichem Herzen sucht, seinen im Anruf des Gewissens erkannten Willen unter dem Einfluß der Gnade zu erfüllen trachtet, kann das ewige Heil erlangen.[154]

So sind Nichtchristen im Teilbesitz von Gnade, Wahrheit und Heiligkeit, auch wenn diese noch von negativen Elementen durchsetzt sind. Daher sind die Anhänger anderer Religionen in je unterschiedlicher Weise auf die Kirche, das allumfassende Heilssakrament, das zum Heil notwendig ist, hingeordnet. Sie antworten immer dann positiv auf Gottes Einladung und können das Heil in Jesus Christus erlangen, wenn sie in ehrlicher Weise das als das Gute Erkannte in die Tat umsetzen und so dem Spruch ihres Gewissens folgen; das gilt also auch für den Fall, dass Jesus Christus nicht als Erlöser erkannt und anerkannt wird, sofern dieses Nichterkennen „ohne Schuld“ zustande gekommen ist.

Neudefinition in der Einschätzung des Islam. Nach dem Religionenmodell der konzentrischen Kreise mit dem Christentum in Gestalt der katholischen Kirche in der Mitte, finden sich die anderen Religionen entsprechend ihrer Nähe bzw. Distanz zugeordnet. Dem Christentum am nächsten steht das Judentum, im nächsten Kreis der Islam, oder, wie das Vaticanum es ausdrückt: die Muslime, da es vermeidet, von Religionen zu sprechen und stattdessen deren Anhänger erwähnt. Diese neue, „bemerkenswert eirenische“[155] Einschätzung des Islam, nach dessen Jahrhunderte vorherrschenden Einstufung als Häresie bis hin zur antichristlichen Macht, nun als Gottesglaube in Kontinuität zur biblischen Tradition und „an essentially positive stance vis-à-vis the Muslims“,[156] ist zweifellos eine „historisch beispiellose“[157] Erkenntnis, „a major watershed in the traditional attitude of the Catholic Church towards the adherents of the Islamic religion“,[158] denn nun wird die Präsenz von religiösen Wahrheiten im Islam anerkannt.
Die Texte, die sich explizit mit dem Islam befassen, greifen nur die islamischen Glaubensinhalte und -praktiken heraus, für die eine zustimmende Haltung christlicherseits angenommen werden könne; sie handeln von dem monotheistischen Glauben an den einen Schöpfer, ihr Bestreben, sich Gottes verborgenen Ratschlüssen zu unterwerfen, „so wie Abraham sich Gott unterworfen hat“, die Verehrung Jesu und seiner Mutter Maria, die eschatologischen Erwartungen, sowie religiöse Praktiken wie Gebet, Fasten, Almosen und ethische Richtlinien. Als theologische Hauptaussage und Prämisse kann die Feststellung gesehen werden, dass Muslime „mit uns den einen Gott anbeten“,[159] wobei aber gleichzeitig ein-

---

154 *Rahner / Vorgrimler*, Kleines Konzilskompendium, S. 141.
155 *N. Robinson*, Massignon, Vatican II and Islam, S. 182.
156 *J. Farrugia*, Vatican II and the Muslims, S. 68.
157 *K.-J. Kuschel*, Abrahams Vermächtnis, Publik-Forum 4/1999.
158 *J. Farrugia*, Vatican II and the Muslims, S. 33.
159 Lumen gentium 16. Der Konzilstext bezieht sich dabei auf einen Brief von Papst Gregor VII. an an-Nāsir, den König von Mauretanien, in dem er feststellt, „we believe and we confess

deutig im Bewusstsein ist, dass ihr Verständnis von Monotheismus ein anderes ist als das christliche von dem Einen Gott in der Trinität.[160] Die Texte lassen einen äußerst sensiblen, seelsorgerlichen Umgang mit Muslimen erkennen: so werden nicht nur Themen, sondern auch *termini* vermieden, die für Muslime anstößig oder ganz einfach anders gefüllt sind. Statt dessen werden Begriffe aus dem koranischen Kontext verwendet – was nicht immer ganz unproblematisch ist. Die Mahnung, alte Feindschaften hinter sich zu lassen und gemeinsam nach vorne zu blicken, eröffnet Wege für theologische Begegnungen und praktische Zusammenarbeit.

Die Rolle Abrahams im II. Vaticanum.[161] Gott ist ein Gott, „der zu den Menschen gesprochen hat“.[162] Mit dieser Formulierung ist geschickt die Frage der Offenbarung Gottes an Muḥammad umgangen[163] – es war nicht Aufgabe des Konzils, die Authentizität der koranischen Offenbarungen zu beurteilen – und lediglich die Tatsache angesprochen, dass Gott zu Menschen gesprochen hat – wobei offen bleibt, zu welchen und auf welche Weise. Gottes Reden erging an die Propheten – und im Koran ist dies in besonderer Weise von Ibrāhīm, dem Freund Gottes, bezeugt. Im ersten Entwurf war noch die Rede von den Muslimen als „Söhnen Ismaels“, die Abraham als ihren Vater anerkennen und dadurch ebenfalls an den Gott Abrahams glaubten, darin der Offenbarung an die Patriarchen nicht völlig fremd.[164] Fast die Hälfte der zahlreichen Verbesserungsvorschläge betraf die Formulierung „Söhne Ismaels“ und die Ebenbürtigkeit der Offenbarung, was dann in der Endfassung stark abgemildert wurde:

---

the one, true God and it is He whom we praise and venerate every day ... although it is in a different manner.“ (zitiert in: *J. Farrugia*, S. 37)

[160] Sehr deutlich stellt dies *R. Caspar* fest: „The focal point and the nature itself of the faith in God within Islam and within Christianity are radically different. While Islam professes that God is unique and his unity excludes all multiplicity, that He is transcendent and his transcendence excludes ... all union between Him and the creature, Christianity is all adherence to Christ, the Incarnated Word, who has revealed to us the Father and shared with us his divine life. This radical difference, in so far as it bears on that which is essential to the faith, finds its way into all the doctrinal and practical aspects of the two religions. The Council has not intended to deny this difference.“ Dagegen sei der Monotheismus des Islam „univocal and mathematical“. (*J. Farrugia*, S. 34).

[161] *J. Farrugia*, Vatican II and the Muslims, S. 41–44.

[162] Nostra aetate 3 (nach Rahner / Vorgrimler).

[163] Diese Frage ist Thema der „Dogmatischen Konstitution über die göttliche Offenbarung“. Auch bei Verwendung gleicher Termini bleibt für die Kommentatoren des Konzilstextes klar, dass „the Islamic understanding of God as Revealer can by no means be said to be identical with that of the Christian tradition.“ (*J. Farrugia*, S. 40) Das konziliare Schweigen über das Prophetentum Muḥammads sollte auf islamischer Seite folgerichtig der gravierendste Einwand werden, ist doch die göttliche Botschaft im Islam untrennbar verbunden mit dem Botschafter, der sie überbringt, wie es die *šahāda* (das islamische Glaubensbekenntnis) kurz und präzise zum Ausdruck bringt; so u. a. *W. M. Hofmann*, Der Islam im 3. Jahrtausend, S. 168 f.

[164] *N. Robinson*, Massignon, Vatican II and Islam, S. 195.

Der Heilswille umfaßt aber auch die, welche den Schöpfer anerkennen, unter ihnen besonders die Muslim (sic), die sich zum Glauben Abrahams bekennen und mit uns den einen Gott anbeten, den barmherzigen, der die Menschen am Jüngsten Tag richten wird. (Lumen gentium 16)

Mit Hochachtung betrachtet die Kirche auch die Muslim … Sie mühen sich, auch seinen verborgenen Ratschlüssen sich mit ganzer Seele zu unterwerfen, so wie Abraham sich Gott unterworfen hat, auf den der islamische Glaube sich gerne beruft. (Nostra aetate 3)

Über Abraham, d. h. aus der gemeinsamen Abrahamswurzel kann der Islam als Gottesglaube neu definiert werden, als eine Religion in der Kontinuität zur biblischen Tradition. Mit dieser neuen Perspektive nimmt der Konzilstext die Eigenwahrnehmung des Islam auf, sich als *dīn Ibrāhīm* zu sehen, als einen Glauben, der bereits vor der Konstitution beider Religionen existierte, stellt sie jedoch zugleich in den eigenen Horizont (katholischer) Inklusivität. Zeigt sich in der Anerkennung des islamischen Anspruchs auf Abraham eine bemerkenswerte Souveränität nach den Jahrhunderten der apologetischen Zurückweisung und Feindschaft, so ist damit gleichwohl keine Anerkennung der koranischen Polemik verbunden, der zufolge Ibrāhīm weder Jude noch Christ, sondern ein *ḥanīf muslim* (Sura 3,67) war, der von sich sagt, er und sein Sohn Ismael hätten sich „Gott unterworfen" und seien – in koranischer Sprache – Muslime geworden (Sura 2,131–33). Wo durch die Rückbindung an Abraham gerade die katholische Sicht der Linie der „Abrahamglaubenden" ermöglicht und gestützt wird, setzt die muslimische Eigensicht eine andere Nuance: Wie aus der Exegese der einschlägigen Koranstellen zu ersehen sein wird, reiht sich der Islam eben nicht ein in die Linie der Abrahamglaubenden, sozusagen als Dritter im Abrahamsbunde – dies traf nur auf die mekkanische und frühe medinische Zeit zu –, sondern dreht die Perspektive einfach um, indem bereits Ibrāhīm als Muslim und somit als der Erste im Bunde definiert wird.

In einer früheren Fassung ging der Text von *Lumen gentium* nach Ansicht mancher Konzilsväter zu stark auf den islamischen Anspruch einer Abrahamskindschaft ein (*… sunt filii Ismael, qui, Abraham patrem agnoscentes, in Deum quoquae Abrahe credunt*) und stellte eine zu pauschale Formulierung dar, die ohne die nötige exegetische Differenzierung auch die Teilhabe an der den Patriarchen zuteilgewordenen Offenbarung einschlösse. Dies wurde dann dahingehend modifiziert, dass rein deskriptiv die Selbstaussagen des Koran übernommen wurden, die den Monotheismus der Muslime bekräftigen „on the image of the faith of Abraham".

Allerdings sind damit zugleich zwei Probleme aufgeworfen: die theologische crux der Definition und der Bestimmung des Verhältnisses von biblischem und koranischem Abraham, sowie die genealogische der – fleischlichen[165] – Abra-

---

[165] „postérité charnelle d'Abraham" (*Michel Hayek*, zitiert in: Faruggia, S. 43). *Farrugia* nennt das ein „ethnological problem".

hamskindschaft. Ob es tatsächlich klug war, diese kontroversen Themen offen zu lassen, wie Michel Hayek meint, mag im Sinne eines Gesprächsangebotes an die Muslime offen bleiben. In den Begleittexten, etwa von Georges Anawati,[166] wird hingegen unmissverständlich festgestellt, dass der Nachweis einer historischen Abrahamskindschaft der Muslime über Ismael noch gar nicht geführt wurde, teils wird sie auch kategorisch ausgeschlossen (R. Caspar). Die Fragen der historischen und religiösen Verbindung zwischen Abraham, der biblischen Offenbarung und der des Islam und insbesondere die Rolle Ismaels sind zwar angesprochen, bedürfen jedoch angesichts der sehr vorsichtigen Formulierung, eine Folge der überaus kontroversen Diskussion unter den Konzilsvätern, noch der Klärung. Eine etwaige Offenbarungsanerkennung ist insofern zwiespältig, als von einer authentischen Offenbarung an Muḥammad im Konzilstext nicht gesprochen wird,[167] man sich aber zugleich durch die Übernahme koranischer Termini wie *millat Ibrāhīm* und *ḥanīf muslim* die koranische Argumentation zu eigen macht – und damit den Muslimen gegenüber den Eindruck erweckt, diesen islamischen Eigenanspruch zu unterstützen.

In Artikel 4 der Deklaration *Nostra aetate*, der sich dem Verhältnis von altem und neuem Bundesvolk widmet, wird dann die geistliche Abrahamskindschaft der Kirche betont:

> Die Kirche Christi (...) bekennt, dass alle Christgläubigen als Söhne Abrahams dem Glauben nach in der Berufung dieses Patriarchen eingeschlossen sind.

Im Gegensatz zur Rezeption des koranischen Ibrāhīm als „father in faith“ und „type and model of a heroic submission, with an active and confident faith, in the paradoxical will of God who asked him for the sacrifice of the son of the promise“,[168] geben sich spätere Texte vorsichtiger. In der Enzyklika *Redemptor hominis*[169] ist in der Folge noch distanzierter die Rede von Muslimen, „deren Glaube auch auf Abraham Bezug nimmt“.

Schwerer wiegt jedoch die Definition des Glaubens Abrahams, der sich Gott mit ganzer Seele „unterworfen hat“[170] – eine exakte Übersetzung des Wortes „Islam“, auch wenn es erst nach und nach zum *terminus technicus* der neuen Religion geworden ist. Auch hier weisen erst die Begleittexte auf die Unterschiede zwischen biblischer und koranischer Unterwerfung unter Gott hin, bringen jedoch den tiefen Respekt vor der Ernsthaftigkeit der religiösen Haltung der Muslime zum Ausdruck. In diesem Sinne betrachtet das Konzil Abraham als Va-

---

[166] Exkurs vom Konzilstext, in LThK 13 (1967), 485–487.

[167] Die Handreichung der EKD „Zusammenleben mit Muslimen in Deutschland“ (Gütersloh 2000) weist auf die Schwäche dieses Ansatzes hin, „der dort theologisch schweigen muss, wo sich keine Konvergenzen nahelegen.“ (S. 31).

[168] *R. Caspar*, zitiert in: Joseph Farrugia, Vatican II and the Muslims, S. 44.

[169] Verlautbarungen des Apostolischen Stuhls 6: Enzyklika „Redemptor hominis“, hrsg. vom *Sekretariat der Deutschen Bischofskonferenz*, Bonn 1979.

[170] Dazu *J. Farrugia*, Vatican II and the Muslims, S. 52–58.

ter aller Glaubenden, der auch den verborgenen Willen Gottes (*ġaib*) anerkennt und sich ihm beugt. In der vorsichtigen, werbenden Sprache des Konzils, die ein wohlwollendes und einfühlsames Bild des Islam zeichnet, ergibt sich somit „a Christian vision of the Muslim which has been described as cause at once for regret and satisfaction for the Christian Islamologist."[171]

Neubestimmung von Mission und Dialog. Der Erklärung *Nostra Aetate* wurde vorgeworfen, sie stelle das Verhältnis zu den nichtchristlichen Religionen zu einseitig positiv dar. Sie darf jedoch nicht isoliert gesehen werden, sondern muss zusammen etwa mit dem Missionsdekret *Ad gentes* interpretiert werden. So wird das Gute und Wahre in den Religionen positiv gewürdigt in dem Sinne, dass die Mission an dieses vorhandene religiöse und geistige Erbe anknüpfen, es werbend aufnehmen und durch die Verkündigung des Evangeliums zur Erfüllung bringen kann.[172] Zugleich wird die Missionspflicht der Kirche unmissverständlich unterstrichen – jedoch im Gegensatz zu vergangenen Zeiten, in denen römisch-katholischer Absolutheitsanspruch unnachgiebige dogmatische Intoleranz bedeutete, in positiv werbender Weise. Nun fällt alles Nichtchristliche nicht automatisch unter das Verdikt des Unglaubens, sondern des noch unvollkommenen und durch die christliche Verkündigung zu vervollkommnenden Glaubens. Es bleibt jedoch kein Zweifel daran, dass „die pilgernde Kirche (…) ihrem Wesen nach ‚missionarisch' (d. h. als Gesandte unterwegs)" ist, da sie selbst „ihren Ursprung aus der Sendung des Sohnes und der Sendung des Heiligen Geistes herleitet".[173] Die Missionstätigkeit der Kirche ist „nichts anderes und nichts weniger als Kundgabe oder Epiphanie und Erfüllung des Planes Gottes in der Welt und ihrer Geschichte, in der Gott durch die Mission die Heilsgeschichte sichtbar vollzieht."[174] 1984 und 1991 wurden die Aussagen des Konzils zum Dialog aufgrund der vorliegenden Erfahrungen präzisiert. Viele empfanden die Pflicht der Kirche zur Verkündigung des Evangeliums als im Widerspruch stehend zum interreligiösen Dialog. Nun wurde erklärt, unter „Dialog" verstehe man „alle positiven und konstruktiven interreligiösen Beziehungen mit Personen und Gemeinschaften anderen Glaubens, um sich gegenseitig zu verstehen und einander zu bereichern",[175] im Gehorsam gegenüber der Wahrheit des eigenen Glaubens und im Respekt vor der Freiheit, was auch die gegenseitige Zeugnisgabe und die Entdeckung der jeweils anderen religiösen Überzeugung beinhalte. Interreligiöser Dialog gehöre wie das Lebenszeugnis, Verkündigung, Katechese, Kontemplation und

---

[171] *J. Farrugia*, Vatican II and the Muslims, S. 58.

[172] *Walther von Loewenich*, Der moderne Katholizismus vor und nach dem Konzil, Witten 1970, S. 356.

[173] Ad gentes 3; Rahner / Vorgrimler, S. 608.

[174] A. a. O.

[175] Päpstlicher Rat für den Interreligiösen Dialog / Kongregation für die Evangelisierung der Völker, Dialog und Verkündigung. Überlegungen zum Interreligiösen Dialog und zur Verkündigung des Evangeliums Jesu Christi, 1991.

soziale Dienste zu den wesentlichen Elementen des Evangelisierungsauftrages und der Mission der katholischen Kirche. Grundlage, Zentrum und Höhepunkt ist und bleibt die Verkündigung, die Weitergabe der Botschaft des Evangeliums. „Interreligiöser Dialog und Verkündigung finden sich zwar nicht auf derselben Ebene, sind aber doch beide authentische Elemente des kirchlichen Evangelisierungsauftrags.“[176] Wie die Kirche ihren Missionsauftrag erfüllt, ob in Dialog oder Verkündigung, hänge von den jeweiligen örtlichen Gegebenheiten ab.

1.4.2.3 Karl-Josef Kuschel – Theologische Grundlegung und Systematisierung

Karl-Josef Kuschel[177] legte das „abrahamische Wurzelwerk“[178] frei und „entwickelte erstmals umfassend eine Theologie der ‚abrahamischen‘ Ökumene“. Mit seinem bahnbrechenden Buch „Streit um Abraham“[179] hat er den abrahamischen Gedanken nicht nur der theologischen Fachwelt nahegebracht, sondern – was ungleich bedeutsamer und wirkungsvoller ist – ihn in weite Kreise getragen und populär gemacht. Seine Gedanken fanden durch zahlreiche Übersetzungen von „Streit um Abraham“ weite Verbreitung, allerdings bislang nur im westlichen Ausland. Was hier mit Abraham begonnen wurde, wurde in „Juden – Christen – Muslime“[180], einem Grundriss einer christlichen Theologie der Religionen im Gespräch mit Judentum und Islam auch an weiterem biblischem Material durchgeführt, um verschiedene Themenbereiche – die Christologie ausdrücklich eingeschlossen – auf ihre Möglichkeiten im Dialog der Religionen hin auszuloten. Angesichts der inhaltlichen Bedeutung für alle drei Religionen verwundert es, dass die längst überfällige Übersetzung in eine orientalische Sprache noch aussteht.[181]

---

[176] Dialog und Verkündigung, 77, zit. in *Werner Wanzura*, Auf den Spuren des Heiligen Geistes. Die Arbeit des Referats für interreligiösen Dialog im Erzbistum Köln, in: Hagemann u. a., Auf dem Weg zum Dialog, Altenberge 1996, 26–40, hier S. 32.

[177] Karl-Josef Kuschel lehrte Theologie der Kultur und des interreligiösen Dialogs an der Katholisch-Theologischen Fakultät; nachdem er seit 1995 Vizepräsident der Stiftung Weltethos war, ist er seit 2009 in deren wissenschaftlichem Beirat.

[178] *K.-J. Kuschel*, Abschlußrede beim Abrahamsfest Filderstadt am 29.10.2000.

[179] *K.-J. Kuschel*, Streit um Abraham. Was Juden, Christen und Muslime trennt – und was sie eint, München 1994. – Hier jeweils zitiert in der 5. Aufl., Düsseldorf 2001. Die Formulierung „Streit um Abraham“ verwandte der Verfasser bereits in seinem Eingangssatz zu einer exegetischen Untersuchung zum Neuen Testament im Juni 1986 (unveröffentlichte Hausarbeit am Seminar für Theologie, Jugend- und Gemeindepädagogik Unterweissach).

[180] *K.-J. Kuschel*, Juden – Christen – Muslime. Herkunft und Zukunft, Düsseldorf 2007.

[181] In der arabischen Presse findet sich überraschenderweise keinerlei Echo auf „Streit um Abraham“. Lediglich über ein Theaterstück eines Gymnasiums in Hannover nach Lessings „Nathan der Weise“, das auf Kuschels Buch „Vom Streit zum Wettstreit der Religionen – Lessing und die Herausforderung des Islam“ basiert, in dem jüdische und muslimische Jugendliche aus Israel mitwirken und ihre Passagen in hebräisch und arabisch sprechen (www.phil.uni-sb.de/projekte/impri-matur/2002/imp020802.html), wurde in der renommierten Tageszeitung *Aš-šarq al-ausaṭ* vom 15.12.2000 berichtet (www.aawsat.com/details.asp?section=258&issue=80

Kuschel hatte Dialogerfahrungen überwiegend mit jüdischen Gesprächspartnern gesammelt und seit 1989 an Trialogen teilgenommen. Bereits von muslimischen Dialogpartnern auf die Bedeutung Abrahams für den Islam aufmerksam gemacht, begegnete ihm bei seiner wissenschaftlichen Begleitung von Hans Küngs „Das Judentum“[182] 1991 „eine erste theologische Grundlegung abrahamischer Ökumene“.[183] Ausgangspunkt ist die über das II. Vaticanum hinausgehende Prämisse, dass es für Judentum, Christentum und Islam keinen Wahrheits- und Heilsexklusivismus geben kann, sondern dass diese Glaubensgemeinschaften „von Gott einen je eigenen Weg zugewiesen bekommen haben“.[184] Darum entspreche die Abrahamische Ökumene „nicht in erster Linie menschlichen Strategien, Friedensprogrammen oder gutem sozialem Willen, sondern Gottes Absicht mit der Menschheit.“[185]

In seinem Abrahambuch geht Kuschel methodisch so vor, dass er die Abrahamtexte des Alten Testaments exegetisch untersucht und ihre Weiterführung bei den Rabbinen in einem „Prozeß zunehmender Vergesetzlichung Abrahams“ zur „jüdischen Legitimationsfigur“ aufzeigt. Abraham bleibt nicht der „vormosaische, vorgesetzliche Nichtjude“, der souveräne Stammvater, sondern wird zum Ebenbild eines gesetzestreuen Rabbiners, wird judaisiert und halachisiert und somit als Eigentum des Judentums vereinnahmt. Danach befragt Kuschel die einzelnen neutestamentlichen Tradenten, mit dem Ergebnis, dass die Motivation der neuen Juden- wie auch Heidenchristen gewesen sei, „die Kontinuität zwischen jüdischer und judenchristlicher Tradition im Zeichen Abrahams“ zu beweisen und das eigene Glaubensverständnis von Abraham her zu rechtfertigen: Vollendung des Erbarmens Gottes mit den Vätern und Gedenken des Bundes mit Abraham. Damit tritt nicht neu, sondern erneut zutage, wie Gott schon an Abraham gehandelt hatte. Da die frühen Christen keine Trennung vom Judentum im Sinn gehabt hätten, war ihre „Existenz als wahre Juden außerhalb der Synagoge“ zu rechtfertigen. Bei Matthäus gelang das, indem er die Freiheit Gottes herausstellte, Menschen außerhalb jeder völkischen und damit gesetzlichen Legitimation zu wahren Abrahamskindern zu machen. Damit ist diese Kindschaft nicht abstammungsgemäß gegeben, sondern jeweils neu zu erringen durch den wahren Glauben, der aus Buße und Umkehr kommt. So wird mit Hilfe Abrahams die „universale Inklusivität aller nichtjüdischen Heidenvölker“ begründet. Bei Paulus dann wird Abraham in der Abwehr und theo-

---

53&article=17580, 31.5.2011). In diesem Artikel wird Kuschel offensichtlich mit Hans Küng verwechselt, da der Artikel berichtet, er sei von der katholischen Kirche wegen seiner moderaten Haltung anderen Religionen gegenüber *maġḍūb ʿalaihī wa-maḍrūb* (dem Zorn verfallen und angefeindet).

[182] *H. Küng*, Das Judentum, S. 25–43. Obwohl in den Hauptlinien korrekt, weist Küngs islamische Ibrāhīm-Darstellung in den Details gravierende inhaltliche Fehler auf.

[183] *K.-J. Kuschel*, Streit um Abraham, S. 307.

[184] A. a. O., S. 248.

[185] A. a. O., S. 268.

logischen Relativierung der Heilsbedeutung der Halacha für Heidenchristen zur „entscheidenden theologischen Bezugsfigur“. Der dem vorgesetzlichen Abraham verheißene Segen beziehe sich nur auf den einen nachgesetzlichen Nachkommen – Christus. Paulus, „in ausgesprochener Kampfesstimmung“, bediene sich der Abrahamgeschichte, „um seine eigenen theologischen Interessen im Legitimationskampf mit dem jüdischen Establishment (...) durchzusetzen“ und schrecke dabei vor Veränderungen im Wortlaut des Alten Testaments und Verdrehung der Analogien nicht zurück. Erst im Römerbrief lege Paulus den polemischen Ton ab und begründe mit Abraham die Struktur des Glaubensaktes in Christus, der keinen neuen oder anderen Glauben stifte, sondern den Glauben wieder sichtbar mache, den Abraham vorgelebt hat. In Christus könnten Heiden in den wahren Gottesglauben integriert werden. In der christlichen Tradition, die Kuschel mit Johannes beginnen lässt, steht Abraham für die Exklusion der Juden aus dem wahren, nun gänzlich christlichen Glauben, der im 2. Jahrhundert mit Justin ein kirchlicher Glaube wird. Auf die verengende Judaisierung Abrahams folgte nun ein „Prozeß der Entjudaisierung“, Enterbung des jüdischen Volkes, das Kuschel zufolge dem christlichen Antijudaismus den Boden bereitete.

Für den Islam geht Kuschel von der Situation Muḥammads aus, der, als er sich in die biblische Prophetensukzession und den Islam in die bisherige Offenbarungsgeschichte einreihen wollte, sich offenbarungsgeschichtlich gesehen im selben Rechtfertigungs- und Legitimationszwang wie vor ihm die frühe Christenheit befand. Dabei geht er von einem „Abraham-Bewußtsein“[186] Muḥammads aus, das auf eine genealogische Abraham-Ismael-Tradition seines Stammes Quraiš habe zurückgreifen können. Den Zugang sucht Kuschel folglich über den „rätselhaften Abraham-Sohn“ Ismael, den die christliche Theologie nicht nur vernachlässigt, sondern in ihrer Christozentrik oftmals völlig ignoriere. Er plädiert dafür, diesen Sohn, über den die Bibel merkwürdig ambivalent zwischen Verstoßung und Segen berichtet, neu zu bedenken, denn im Gegensatz zu den Söhnen der Ketura[187], die mit Geschenken abgefunden geographisch von Isaak getrennt werden, wird er hervorgehoben, steht unter Gottes eigenem Schutz und Segen. In fünf „Fixpunkten“ arbeitet Kuschel die entscheidenden Abraham-Themen heraus, den strengen Monotheismus, verbunden mit dem Ikonoklasmus,[188] die Rettung des Gottesfürchtigen und das Warnen vor dem Strafgericht bis zur „Wiederentdeckung und Wiedererweckung der Religion Abrahams“. Er konstatiert, dass Muḥammad die Grundlagen für „eine spätere, von Judentum und Christentum unterschiedene religiöse Identität“ bereits am Ende der mekkanischen Zeit legt.

---

[186] A. a. O., S. 178.

[187] Gen 25,1–5.

[188] Dieser gilt nicht für den schiitischen Islam. Siehe dazu: *Mehr Ali Newid*, Der schiitische Islam in Bildern, München 2006.

Zu widersprechen ist Kuschel freilich, wenn er die „Islamisierung des Nichtmuslimen Abraham" völlig der islamischen Tradition zuschreibt, während der Koran Abraham niemals exklusiv für die Muslime beanspruche, es lediglich „monopolisierende, exklusivierende Tendenzen"[189] gebe. Dem steht Sura 3,66–68 entgegen, deren Inhalt über eine „sachliche Abraham-Priorität der Muslime" hinausgeht. Da Muḥammad auf die religiöse Abraham-Kindschaft setzt, braucht er die Kindschaft von Juden und Christen aufgrund der Isaaks-Linie nicht zu bestreiten.

Angesichts der „Situation der Nichtbeziehung, der Abgrenzung, des Exklusivität, der Absolutheitsansprüche" jeder einzelnen der drei abrahamischen Religionen, die Abraham gerade nicht als *common link*, sondern zur Abgrenzung voneinander benutzen, fragt Kuschel, ob „man sinnvollerweise von einer abrahamischen Ökumene überhaupt reden" könne oder ob nicht gerade Abraham zeige, „dass die drei Religionen sich unendlich weit voneinander entfernt haben und nicht daran denken, aufeinander zuzugehen?"[190] Und so zeigt er Perspektiven für ein trialogisches Gespräch auf: nicht die simple Formel der Rückkehr zum einfachen, ursprünglichen Glauben Abrahams,[191] kein Überspringen der eigenen theologischen Glaubensgeschichte im „schwärmerischen Zurück zu Abraham"[192] – dies ist für ihn „theologisch illegitim". Vielmehr müsse der Blick auf Abraham ein Blick nach vorne sein, was eine „stets neue kritische Relecture"[193] der je eigenen Traditionen bedinge, um das Vermächtnis Abrahams als dynamische Glaubensbewegung und -suche fruchtbar zu machen. Der Weg dahin führe zum Abraham der Genesis, der durch die Forschung seines idealisierenden Überbaus entledigt wurde; jene „einfache Vätergestalt Abrahams" aus den ältesten Schichten der Traditionen der Genesis sei jenseits der Differenzen der sekundären Deutungen.[194] Für Christen bedeutet dies, dass sie sich auf die Deutung Abrahams in den frühen Schriften des Neuen Testaments zurückbesinnen und „nie mehr verleugnen, dass sie über Jesus Christus ein für allemal in die Abrahamtradition und somit in die Geschichte des auserwählten Volkes mit seinem Gott eingebunden sind." Das schließe alle judenfeindlichen Interpretationen aus, da Gott sein Volk „trotz Ablehnung Jesu als des Messias nicht verstoßen" habe. Da es aber nicht auf die Abstammung oder Zugehörigkeit zu einer religiösen Institution oder Tradition ankomme, sondern auf den Glauben, das unbedingte Vertrauen auf Gott, sollte nach Kuschel auch Muslimen dieser Weg des Glaubens zugestanden werden. Dabei müssten notwendigerweise die „Religionssysteme" relativiert werden, seien doch „Tora, Evangelium und Koran (...) Konkretionen

[189] *K.-J. Kuschel*, Streit um Abraham, S. 202 f.
[190] A. a. O., S. 212.
[191] Dies zu leisten gibt der Islam vor mit der Idee der *millat Ibrāhīm* und dem *dīn Ibrāhīm*!
[192] A. a. O., S. 241 f.
[193] A. a. O., S. 249; „Eins in Abraham?", 94.
[194] Hier folgt Kuschel *Claus Westermann*, Genesis 12–50, Darmstadt 1992, S. 45.

des Glaubens Abrahams, Wiederbelebungsversuche,“ die lediglich den Glauben Abrahams „für den Alltag des Menschen zum Leuchten bringen“ wollten.[195]

Kuschels Erwähnung der pakistanisch-stämmigen Theologin und islamisch-feministischen Gelehrten Riffat Hassan,[196] die gemäß dem koranischen Wortlaut unbeschränkten Zugang zur Kaʿba, dem „Haus für alle Menschen“ fordert,[197] um die innere Pluralität „des“ Islam aufzuzeigen, ist notwendig und legitim. Leider wurde dabei versäumt, sie als im Westen lebende und lehrende Einzelstimme zu kennzeichnen.[198] Dies gilt insbesondere für die Passagen über das Nebeneinander von Tora, Evangelium und Koran, das zwar vielfach beschworen, aber eben doch kein gleichberechtigtes ist. Dabei wischt Kuschel problematische Aussagen keineswegs beiseite, vielmehr ringt er im Wissen, dass die tolerante Sicht keineswegs von allen Muslimen geteilt wird, um die „Spannungen“ zwischen verschiedenen koranischen Aussagen und erwähnt zumindest die aggressiven apologetisch-polemischen Stimmen v. a. aus der arabischen Welt. Doch ohne den philologischen Zugang zur arabischsprachigen islamischen Primärliteratur kann es keine Koranexegese aus der islamischen Binnenperspektive geben. Dadurch wird in der notgedrungenen Übernahme westlicher Sekundärliteratur eine westlich-christliche Perspektive und Wahrnehmung unausweichlich. Fatal wird dies vor allem dann, wenn phänomenologische Analogien auch inhaltlich unkritisch gleichgesetzt werden, wie „Hanif“ und „Muslim“ mit „Gerechtfertigter“.[199] Bereits eine schlichte Exegese würde dem abhelfen.

Im Gespräch mit Muslimen geht es Kuschel um das rechte, respektvolle Miteinander, die Sorge füreinander:

> Für eine abrahamische Ökumene eintreten heißt nicht, die trennenden Differenzen zwischen Judentum, Christentum und Islam zu überspielen oder einzuebnen, sondern im richtigen Geist gesprächsfähig zu machen.[200]

Zu hinterfragen wäre jedoch, wenn Kuschel betont, die Abrahamische Ökumene entspreche „nicht in erster Linie menschlichen Strategien, Friedensprogrammen oder gutem sozialem Willen, sondern Gottes Absicht mit der Menschheit“.[201]

---

[195] *K.-J. Kuschel*, Streit um Abraham, S. 248.

[196] geb. 1943 in Lahore.

[197] A. a. O., S. 195.323.

[198] Weder in islamischen Staaten noch in der westlichen Diaspora existiert eine etablierte reform-islamische Strömung, die eine kritische Hermeneutik des Korans betreibt; es sind lediglich einzelne Intellektuelle.

[199] *K.-J. Kuschel*, Streit um Abraham, S. 248. Unkritisch zitiert Kuschel die Aussage des Ägypters Hamdy Mahmoud Azzam, Juden und Christen seien „dieselben Rechte wie für Moslems“ garantiert, und sie sollten „ebenbürtige Bürger eines solchen Staates“ sein (272). Eine ähnliche Aussage wird von dem Soziologen *Fuad Kandil* zitiert: Abrahams Vermächtnis. Gemeinsam die Götzen entzaubern, in: *Publik-Forum* 4/1999. In „Eins in Abraham?“ wird S. 92 jüdisch-christlich für den Koran vom Isaak-Opfer ausgegangen, auch taucht Ismael keineswegs erst in der medinischen Phase auf (93), sondern bereits in Sura 19 aus der 2. mekkanischen Periode.

[200] *K.-J. Kuschel*, Streit um Abraham, S. 273.

[201] A. a. O., S. 268.

Die religionsgeschichtliche Verwandtschaft der Abrahamischen Religionen steht außer Frage. Der ökumenisch vorbildhafte Abraham Kuschels aber, der neben dem Altar für seinen Gott die Kultstätten für andere Götter stehen – und für Kuschel damit gelten – lässt, also keinen Gottesexklusivismus vertritt,[202] verlässt damit nicht nur den Boden des jüdisch-christlichen Monotheismus, sondern steht auch dem Kern des koranischen und islamischen Gottesverständnisses diametral entgegen, das im *tauḥīd* – dem Bekenntnis zur Ein-heit, Einzig-keit Gottes seinen Ausdruck findet. Spätestens an dieser Stelle wird es heutigen Muslimen unmöglich werden, diesen Abraham als Ibrāhīm wiederzuerkennen. Eine der Voraussetzungen Kuschels im Unterwegssein zur abrahamischen Ökumene, dass nämlich Abraham früher als der Islam war,[203] wird koranisch und islamisch genau umgekehrt gesehen: der Islam ist die *fiṭra* – die schöpfungsmäßige Ur-Religion, und diese war vor Abraham.[204]

Von daher ist es vielleicht doch nicht so verwunderlich, dass Kuschels Buch zwar in zahlreiche europäische Sprachen übersetzt, aber – soweit dem Autor bekannt – in der islamischen Welt offensichtlich gar nicht wahrgenommen wurde, weder positiv noch negativ. Auch in islamischen Publikationen innerhalb Deutschlands findet sich keine Rezeption.

Kuschels Werk zum Trialog „Juden – Christen – Muslime" bietet den ersten großen Wurf einer konsequent trialogischen Lektüre der Heiligen Schriften der abrahamischen Religionen Judentum, Christentum und Islam, eine erste umfassende Erkundung einer Theologie des Trialogs aus den Ur-Kunden unter breiter Berücksichtigung ihrer vielfältigen Wirkungsgeschichte(n). Kuschel will „vom Konfrontations- zum Beziehungsdenken" im Bewusstsein der Teilhabe an der *einen* Menschheit anleiten. Juden, Christen und Muslime sollen ihre Identität als Angehörige einer eigenen prophetisch orientierten Glaubens- und Weggemeinschaft vor und zu dem einen Gott als einander ergänzende Vielfalt verstehen.[205] Anhand der großen biblischen Gestalten Adam, Noah, Mose, Jesus, Maria und Abraham wird das „vernetzte Denken" dargestellt, das der Vernetztheit der Religionen und Kulturen Rechnung tragen soll, indem es zur theologischen Anerkennung des je Anderen durchdringt. Die eigene Identität soll nicht durch Abgrenzung, sondern in Relationalität zum Anderen gewonnen wer-

[202] „Er folgt seinem Gott und läßt andere Götter gelten." (ebd. S. 278 und 281, in Aufnahme seiner alttestamentlichen Interpretation S. 39 f.). Das ist schwer nachvollziehbar: Hätte Abraham die anderen Götter tatsächlich voll gelten lassen, wäre es unnötig gewesen, neue Altäre zu bauen. Doch bereits bei Abraham beginnt die Alternative Gott oder die Götter, die Abraham, der Fremdling im Lande, noch auf seine Art beantwortet, die die Propheten Israels aber weiterführen und eine eindeutige Antwort finden. – In einem früheren Aufsatz findet sich noch die gegenteilige Aussage: Eins in Abraham? S. 95.

[203] Streit um Abraham, S. 304; Eins in Abraham? S. 95.

[204] Dieses Problem wurde schon im II. Vaticanum nicht gelöst.

[205] Juden – Christen – Muslime, S. 110. 443. 540–541; vgl. zum Folgenden auch die Rezension von *Friedmann Eißler* in: ThLZ 134/4 (2009), Sp. 414–418.

den, dessen Existenz vor Gott aus der Perspektive der jeweils eigenen legitimen Glaubenszeugnisse heraus mitbedacht wird. Dabei sollen die Unterschiede nicht nivelliert oder gar negiert werden, vielmehr ist im Sinne der *Dignity of Difference* (Jonathan Sacks) das jeweilige Selbstverständnis gerade möglichst adäquat zu erfassen und in das Beziehungsdenken einzubeziehen. Kuschel ordnet und erzählt den „Urstoff“ der Glaubensgeschichte(n) auf der Basis bibelwissenschaftlicher Erkenntnisse und bietet jeweils ausführliche „Spiegelungen im Koran“. Die einschlägigen Korantexte werden dazu nicht nur umfassend dargeboten, sondern in enger Verschränkung mit Parallelen, intertextuellen Bezügen und Divergenzen und vor allem in chronologischer Reihenfolge interpretiert. Ferner arbeitet er das spezifisch Jüdische und das spezifisch Christliche heraus, um schließlich die Ergebnisse aufeinander zu beziehen und nach Konsequenzen für den praktischen Dialog zu fragen.

Methodisch setzt der Autor die Asymmetrie der Heiligen Schriften voraus, allerdings in der Form, dass er den Koran als Ausgangspunkt wählt, in dem sich das „Ende eines Glaubensprozesses“ zeige, „der mit Abraham begann, durch Mose und Jesus neu ausgerichtet und durch Mohammed zu einem Abschluss gebracht ist“[206]. Darüber hinaus soll der Koran als Maßstab dafür angesehen werden, wann „ein trilateraler Konsens gegeben“ ist. Damit klingt eine grundlegende Weichenstellung an, die islamisch kaum anders zu formulieren wäre. Es zeigt sich allerdings gerade etwa beim Thema Abraham, dass sich eine solche Konsensbildung auf formelhafte Wendungen beschränken muss, die von der inhaltlichen Substanz der jeweiligen Traditionen mehr oder weniger absehen. So kann etwa eine Aussage wie „Abraham ist bereit, seinen Sohn zu opfern“ nur dann als ein trilateraler Konsens festgestellt werden, wenn die Art des Befehls, die Identität des Sohnes, die Art des vorgesehenen Opfers, die Bezogenheit auf die Israelverheißung usw. nicht weiter konkret in Betracht gezogen werden. Ähnlich verhält es sich mit Formulierungen wie „abrahamische Hingabe“, das „Wissen um das Risiko des Gottvertrauens“, das „Loslassen“ oder das „Aufbrechen aus dem Alten“. Würde man sich über die Bedeutungen in jeweils konkreten Traditionszusammenhängen Rechenschaft ablegen, stieße man selbstverständlich auf durchaus kontroverse Inhalte. Dadurch stellt sich wiederum die Frage nach der methodischen Ansatz eines „trilateralen Konsenses“.

Die „islamisierende“ Kontextualisierung geht bei Kuschel einher mit pointierter Christentumskritik, die sich in einer Tendenz zur Selbstzurücknahme und Selbstkritik äußert, sobald es um christliche Inhalte geht. Wird das Judentum unter dem Vorzeichen der Bundesgeschichte gesehen, so der Islam aufgrund des Segens Ismaels und Hagars unter dem Vorzeichen der Segensgeschichte.[207] Der

[206] A. a. O., S. 110.
[207] A. a. O., S. 617.

Islam sei Zeichen des geschichtlichen Wirkens „von Gottes Geist, der auch der Geist Jesu Christi ist".[208]

Die religionstheologische Option der Komplementarität, die Kuschel voraussetzt, entspricht der im Westen geläufigen Rezeption des bekannten buddhistischen Elefantengleichnisses. Sie wird nicht problematisiert. Seinem Anspruch, neben den Gemeinsamkeiten die Differenzen und Divergenzen ernst zu nehmen, kann der Autor daher nur ansatzweise gerecht werden. Dies gilt insbesondere im Hinblick auf den Islam. Die literaturwissenschaftlich intertextuelle Lektüre der Korantexte gleichsam mit westlicher Brille, die muslimischerseits allenfalls liberale reformerische Interpretationen einbezieht, jedoch die gesamte islamische Auslegungstradition (die eben jene Divergenzen bis heute bestimmt) als „Selbstimmunisierung" einer „traditionalistischen muslimischen Koranologie" beiseite schiebt (91) und ignoriert, scheint eher das Gespräch mit einem idealen Islam oder dem schmalen Segment einer europäisierten Dialogelite zu führen als mit den Glaubens- und Lebensäußerungen, die die islamische Welt geformt haben und bis heute prägen.[209]

1.4.3 Die Abrahams-Ökumene – Beiträge aus dem evangelischen Kontext

1.4.3.1 Verlautbarungen im Raum der EKD – Überlegungen zu abrahamisch begründeter interreligiöser Praxis

Die EKD meldete sich mit etlichen kirchlichen Verlautbarungen zu Wort, in denen das Verhältnis zum Islam, mehr jedoch die praktische Begegnung mit Muslimen, bedacht wird, etwa 1997 mit der *Migrationsdenkschrift „... und der Fremdling, der in deinen Toren ist"*[210] (EKD gemeinsam mit der Deutschen Bischofskonferenz und der Arbeitsgemeinschaft Christlicher Kirchen ACK). Die Passagen, die Muslime betreffen, werden mit dem Hinweis auf die „gemeinsame abrahamitische Tradition" eingeleitet:

[208] A. a. O., S. 619.

[209] Weitere Aufsätze K.-J. Kuschels zum Thema: Abrahamische Ökumene. Zur weltpolitischen Notwendigkeit eines Miteinander von Christen, Juden und Muslimen, in: Faulhaber / Stillfried (Hrsg.), Wenn Gott verloren geht. Die Zukunft des Glaubens in der säkularisierten Gesellschaft, Freiburg 1998, 177–195; Abrahamische Ökumene? Zum Problem einer Theologie des Anderen bei Juden, Christen und Muslimen, in: *ZMR* 85 (2001), 258–278; Euro-Islam: Herausforderung oder Chance? in: *Concilium* 2/2004, 176–185.

[210] „... und der Fremdling, der in deinen Toren ist". Gemeinsames Wort der Kirchen zu den Herausforderungen durch Migration und Flucht, Nr. 12 in der Reihe: Gemeinsame Texte, herausgegeben vom Kirchenamt der EKD und dem Sekretariat der deutschen Bischofskonferenz in Zusammenarbeit mit der Arbeitsgemeinschaft christlicher Kirchen in Deutschland, Bonn u. a. 1997.

Mit Juden und Christen stehen sie in einer gemeinsamen abrahamitischen Tradition. Aufgrund dieser fundamentalen Gemeinsamkeit im monotheistischen Gottesglauben sollte das Verhältnis zwischen den Mitgliedern dieser Religionen in besonderer Weise von gegenseitiger Achtung und Toleranz geprägt sein.[211]

Im Jahr 2000 erschien die Handreichung des Kirchenamtes der EKD *„Zusammenleben mit Muslimen in Deutschland. Gestaltung der christlichen Begegnung mit Muslimen“*,[212] die zu einem gelingenden Miteinander ermutigen will. Sie stellt fest, dass es zum Wesen der Kirche gehöre, als von Gott gesandt über ihre Grenzen hinauszugehen, denn das Zeugnis des Glaubens „bildet das Nervenzentrum allen missionarischen Handelns der Kirche“ (36). Verwundern muss die Aussage, dass sich Christen in ihrem Bekenntnis zum dreieinen Gott durchaus das muslimische Bekenntnis „Es gibt keinen Gott außer Gott“ zu eigen machen könnten (25). Wenn dann auch noch davon gesprochen wird, alle Betenden, Muslime eingeschlossen, wendeten sich „im Grund und in Wahrheit an denselben einen Gott, den dreieinen“ (45), dürften sich Muslime damit wohl kaum angemessen dargestellt sehen. Die Handreichung kritisiert das II. Vaticanum, das im Hinblick auf den Islam da „theologisch schweigen muss, wo sich keine Konvergenzen nahe legen“ (31). In Bezug auf Abraham warnt sie davor, sich der Thematik mit westlich-christlichen Fragestellungen zu nähern, Einzelaspekte herauszugreifen und so den Gesamtzusammenhang, das „unteilbare Ineinander verschiedenster Elemente“, die sich nur aus dem Ganzen und von innen her klären, zu zerstören. Denn jeder religiöse Begriff und Name „schwingt und klingt im Klangkörper des Islam anders als in dem des Christentums und ruft beim muslimischen Gläubigen eine andere Resonanz hervor als bei uns.“ (34).

Gelegentlich wird in dem Text auf die „gemeinsame abrahamitische Tradition“ verwiesen. Hierbei besteht die Gefahr, das im gemeinsamen Ursprung (aus der eigenen Perspektive) Verbindende so stark ins Zentrum zu rücken, dass das Spezifische an Wert verliert und unscharf wird. Der Respekt vor der Würde und Integrität einer Religion gebiete es, sich ihr als Ganzes zu stellen und nicht einzelne, der eigenen Religion nahestehende Aspekte herauszufiltern und sich in einer Art Vereinnahmungsstrategie anzugleichen (32). Dort, wo wirklich gehört werde, geschehe Ent-Täuschung, könne es sein, „dass sich dort, wo von zunächst Ähnlichem ausgegangen wird, Differenzen vertiefen können und das je Eigene neu deutlich wird.“ (33). Doch gelte es, die Differenzen verstehen zu lernen und den Respekt vor der anderen Religion zu vertiefen.

Die umstrittene Handreichung des Rates der EKD *„Klarheit und gute Nachbarschaft“* vom November 2006 verstand sich als Fortschreibung der Schrift

---

[211] „… und der Fremdling, der in deinen Toren ist“, S. 80, § 204.

[212] Zusammenleben mit Muslimen in Deutschland. Gestaltung der christlichen Begegnung mit Muslimen. Eine Handreichung des Rates der EKD (hrsg. vom Kirchenamt der EKD), Gütersloh 2000.

aus dem Jahr 2000, die „weiterhin ihre Gültigkeit und ihren Wert" behalte.[213] Sie hat für kontroverse Auseinandersetzungen gesorgt, die im christlich-islamischen Dialog nachhaltige Spuren hinterlassen haben. Neben diversen kritischen Verlautbarungen muslimischer Verbände und Einrichtungen wurde vom Abrahamischen Forum in Deutschland eine weithin polemische Gegenschrift initiiert, die 2007 unter dem Titel „Evangelisch aus fundamentalem Grund" veröffentlicht wurde.[214] In dieser Debatte spielte Abraham keine Rolle. Sowohl die EKD-Handreichung als auch die Reaktionen darauf kommen praktisch ohne Bezug auf den Patriarchen aus. Allerdings ist die in „Klarheit und gute Nachbarschaft" gegenüber dem Text von 2000 deutlich kritischere Bewertung einer abrahamischen Ökumene unverkennbar. So ist zu den „Chancen und Grenzen des Glaubens an den ‚einen Gott' (1.2) unter anderem der häufig kritisierte Satz zu lesen, der indirekt auf den Gedanken der abrahamischen Ökumene Bezug nimmt: „Die Feststellung des ‚Glaubens an den einen Gott' trägt nicht sehr weit."[215] Innerhalb des Themas „Gemeinsame Gebet und religiöse Feiern?" (5.2) ist die Handreichung skeptisch gegenüber der Annahme einer Grundlage für ein gemeinsames Gebet. Hier wird Abraham nun erwähnt, jedoch nicht ohne umgehend auf eine grundlegende Differenz im Verständnis Abrahams in Christentum und Islam hinzuweisen:

> Da Christen und Muslime – jedoch auch Juden – an den Gott glauben, der zu Abraham als Stammvater gesprochen hat, scheint die Grundlage für ein gemeinsames Gebet gegeben. Trotz dieser Gemeinsamkeit besteht jedoch ein grundlegender Unterschied darin, dass Christen glauben, dass sich der Gott Abrahams in Jesus Christus als seinem Sohn geoffenbart hat. Die Heilsbedeutsamkeit von Jesu Tod und der Glaube an den dreieinigen Gott sind christliche Glaubensüberzeugungen, denen Muslime bei aller Wertschätzung Jesu als Prophet nicht folgen, die sie vielmehr ausdrücklich ablehnen. Ein gemeinsames Gebet in dem Sinne, dass Christen und Muslime ein Gebet gleichen Wortlautes zusammen sprechen, ist nach christlichem Verständnis nicht möglich, da sich das christliche Gebet an den Einen Gott richtet, der sich in Jesus Christus offenbart hat und durch den Heiligen Geist wirkt.[216]

Die theologische Reflexion zum Verhältnis von Christen und Muslimen vor dem Hintergrund der „weithin vergessene[n] grundlegende[n] Bedeutung der Verheißungen Gottes an Abraham für Glaube und Kirche" wird weitergeführt durch eine Arbeitshilfe der rheinischen Landessynode aus dem Jahr 2009.

---

[213] Klarheit und gute Nachbarschaft. Eine Handreichung des Rates der EKD, hrsg. vom Kirchenamt der Evangelischen Kirche in Deutschland, EKD-Texte 86, Hannover 2006, S. 8.11 f.

[214] *Jürgen Micksch* (Hrsg.), Evangelisch aus fundamentalem Grund. Wie sich die EKD gegen den Islam profiliert, Interkulturelle Beiträge 23, Frankfurt am Main 2007.

[215] Klarheit und gute Nachbarschaft, S. 18. Der Satz ist freilich in seinem Kontext, insbesondere der theologischen Reflexion auf die Glaubensgewissheit und einen differenzierenden Religionsbegriff, zu interpretieren, was häufig nicht beachtet wurde.

[216] Klarheit und gute Nachbarschaft, S. 114–115.

Schon ihr Titel „*Abraham und der Glaube an den einen Gott*“[217] zeigt an, dass in die Diskussionen im Gefolge der Handreichung „Klarheit und gute Nachbarschaft“ – neben einem trinitätstheologischen -ein „abrahamischer“ Impuls gegeben werden soll.[218]

Die knapp gefasste, theologisch argumentierende Arbeitshilfe vermeidet den Begriff der „abrahamischen Ökumene“. Inhaltlich greift sie jedoch zentrale Inhalte dieses Konzepts auf, der Text geht mit explizitem Rekurs auf das II. Vaticanum unübersehbar von einer gemeinsamen Abrahamskindschaft aus.[219] Die Differenzen der jeweiligen Religionen in Bezug auf Abraham werden nicht ignoriert, sondern als Momente der Unterscheidung wahrgenommen. „Exklusive Beanspruchungen“ jedoch ließen sich weder durch die Schriften des Alten und Neuen Testaments noch durch den Koran begründen.[220] Der gemeinsame Bezugspunkt über die Unterschiede hinweg wird in den theologisch zentralen Begriffen des „Bundes“ und der „Verheißung“ gesucht. Jenseits der „unterschiedlichen Seiten“ des Abrahambildes in den beiden Religionen wird in Abraham eine gemeinsame „Wurzel“ und „Segensquelle“ gesehen. Er bleibe erkennbar „als derselbe ‚Freund Gottes‘“, wie Abraham nach 2. Chr 20,7; Jes 41,8; Jak 2,23 und Sura 4,125 genannt wird.[221] Die Segensverheißungen an Sara und Hagar wie auch an Isaak und Ismael werden parallelisiert. Die Arbeitshilfe tritt von diesen Voraussetzungen her dafür ein, den Islam in die Verheißungs- und Segensgeschichte Abrahams für alle Völker einzuzeichnen, so dass er von Gen 12,3 her in den „Gnadenbund Gottes mit Israel und ‚allen Geschlechtern auf Erden‘“ eingeschlossen ist. Der Blick auf die Verheißungen für die ganze Menschheit umschließt auch Muslime. In dieser Hinsicht ist deshalb nach Ansicht der Autoren die Perspektive des rheinischen Synodalbeschlusses „Zur Erneuerung des Verhältnisses von Christen und Juden“ vom Januar 1980 mit Blick auf die Muslime zum Trialog zu erweitern.[222] Die Evangelische Kirche im Rheinland präsentiert sich erneut als Vorreiterin im interreligiösen Dialog.

[217] Abraham und der Glaube an den einen Gott. Zum Gespräch zwischen Christen und Muslimen, Arbeitshilfe des Ständigen Theologischen Ausschusses, des Ausschusses Christen und Juden, des Ausschusses für Gottesdienst und Kirchenmusik und des Arbeitskreises Christen und Muslime, hrsg. von der Evangelischen Kirche im Rheinland, 2009.

[218] „… ohne im eigentlichen Sinne eine Stellungnahme zur Handreichung sein zu wollen“, wie es in der Einleitung der Arbeitshilfe S. 9 heißt. S. zu der Arbeitshilfe auch *Friedmann Eißler*, Gott, Gottesbilder, interreligiöse Ökumene im Namen Abrahams. Wider die Konfessionalisierung der Religionen im Zeichen einer „abrahamischen Ökumene“, in: *Glaube und Lernen* 28/1 (2013), 49–67.

[219] *EKiR*, Abraham und der Glaube an den einen Gott, S. 25. Auch der Begriff Trialog wird vermieden. S. zum Ganzen auch *Friedmann Eißler*, Gott, Gottesbilder, interreligiöse Ökumene im Namen Abrahams, S. 49–67.

[220] A. a. O., S. 32.

[221] A. a. O., S. 32.

[222] A. a. O., S. 26. Auch der Begriff Trialog wird vermieden: „Ein solcher Blick auf die Verheißung, die die Menschheitsgeschichte übergreift, und den Gnadenbund zugunsten aller Völker muss auch den Blick auf die islamische Gemeinschaft mit einschließen.“

1.4.3.2 Martin Bauschke – An Abraham gespiegelter Dialog

Vor seinem eigentlichen Abrahambuch legte Martin Bauschke zunächst ein *„Abrahamisches" Gebetbuch*[223] vor, da zum gemeinsamen Handeln auch das gemeinsame Beten kommen müsse. Darin haben je ein Vertreter dieser drei Religionen eine gemeinsame Sammlung von Gebetstexten für multireligiöses, interreligiöses und „abrahamisches" Beten – für Gebete mit den „abrahamischen Geschwistern" – zusammengestellt und damit „spirituelles Neuland" (9) betreten. Wer sich unter einem abrahamischen Gebetbuch jedoch Gebete vorstellt, die die Abrahamsthemen aufnehmen oder sich an die zahlreich überlieferten Gebete Abrahams in Bibel und Koran zumindest anlehnen, hat sich getäuscht, denn Abraham selbst kommt nicht vor. Die Gebete sind in Vermeidung von Formulierungen, die für den jeweils anderen anstößig wirken könnten, auf allgemeine Bezeichnungen Gottes, die wohl als gemeinsamer Nenner gelten sollen, reduziert, sowie auf allgemeine menschliche Bedürfnisse, Not- und Gefahrsituationen, Schulanfang, Krankheit und Leid zugeschnitten. In einer Vermengung juristischer und theologischer Argumente wird die kritische Frage nach der theologischen Berechtigung dieses abrahamischen Betens als unzulässig deklariert, da es in der Souveränität jedes einzelnen liege, wie er sich an Gott wende, dies sei ein Grundrecht seiner positiven Religionsfreiheit (17 mit Anm. 13). Die jüdischen Gebete verfügen in dieser Zusammenstellung am meisten über theologischen Tiefgang; für die Psalmen wird durch das Symbol Menorah ihre jüdische Herkunft angegeben; bei einem Einzelsymbol „können die Angehörigen der jeweils anderen beiden Religionen mitbeten, sofern sie das möchten" (7). Die christlichen Gebete klammern nicht nur alle trinitarischen Anklänge,[224] sondern sogar den Namen Jesu aus. Wie aber soll man als Christ beten können, wenn man den Namen „Christus" vor anderen gar nicht mehr nennen kann, Christus

---

[223] *Martin Bauschke / Walter Homolka / Rabeya Müller*, Gemeinsam vor Gott. Gebete aus Judentum, Christentum und Islam, Gütersloh 2004; Rezension dazu von Friedmann Eißler in: *Judaica* 61 (2005), 87–89. – Martin Bauschke, auch Verfasser einer Studie über die Person Jesu im Koran, „Jesus – Stein des Anstoßes", Leiter des Berliner Büros der Stiftung Weltethos, Rabbiner Walter Homolka Rektor des Abraham-Geiger-Kollegs an der Universität Potsdam; Rabeya Müller, Konvertitin, die sich selbst als „liberale, europäische Muslimin" bezeichnet, war Leiterin des Instituts für Internationale Pädagogik und Didaktik in Köln.

[224] Zur Frage, ob trinitarische oder christologische Formulierungen im Beisein von Muslimen noch integraler Bestandteil eines christlichen Gebets sein dürfen, siehe: *Evang. Kirche im Rheinland* (Hrsg.), Christen und Muslime nebeneinander vor dem einen Gott. Zur Frage gemeinsamen Betens. Düsseldorf 1998. – Siehe ebenso die deutliche Mahnung in der EKD-Handreichung „Zusammenleben mit Muslimen": „Das Bekenntnis zum dreieinen Gott hängt untrennbar zusammen mit der Erkenntnis, dass Gott zum Menschen kommt, um diesen zu erlösen. Wenn der Islam die Trinitätslehre ablehnt und in ihr die Einheit Gottes gefährdet sieht, so hängt das untrennbar mit seiner Überzeugung zusammen, dass der Mensch keiner Erlösung und daher keines besonderen Kommens Gottes zum Menschen bedarf." (S. 34).

gar nicht mehr angerufen wird?[225] Ist das der Preis für ein gemeinsames Gebet, das „thematisch und textlich die Glaubensdoktrinen der Andersgläubigen nicht verletzt“[226]? Man wird wohl in dieser Form des Gebets die theologische Konsequenz – oder besser: Bankrotterklärung – der „externen Christologie“ sehen müssen.[227]

Das eigentliche Abraham-Buch folgte dann 2008 mit *„Der Spiegel des Propheten. Abraham im Koran und im Islam“*[228] mit dem hoch gesteckten Eigenanspruch, „erstmals eine Gesamtschau aller koranischen Geschichten von Abraham sowie der reflektierenden Zeugnisse über ihn“ (11) – womit die aus Ḥadīṯ und Qiṣaṣ gewachsene legendarische Tradition gemeint ist – zu bieten. Bauschke beabsichtigt, eine historisch-kritische Koranauslegung anzuwenden (11), die er jedoch nicht näher definiert; dazu zählt er die „chronologische Betrachtungsweise der Entstehung bzw. Offenbarung der Suren“ (12; 218).[229] Diese wird in zwölf Erzählkreisen auch grob durchgehalten, was ein entscheidender Schlüssel zum Verständnis der koranischen Ibrahimerzählung ist, aber freilich kein Novum. Dadurch kann er eine Entwicklung innerhalb der öfter erzählten Geschichten sichtbar machen. Inwiefern Abraham jedoch nun „Der Spiegel des Propheten“ gewesen sei, wird nicht immer deutlich, da die chronologische Hermeneutik nicht konsequent angewandt wird. Ein inhaltliches Manko ist die verwendete Koranübersetzung, die manchmal Textverschiebungen bedingt.[230] Schwerer wiegen jedoch unangemessene Relativierungen, etwa zum Genozid des 3. jüdischen Stammes von Medina (105; 233), die geradezu ärgerliche Unterstellung, die Jesus zum Urheber einer „antisemitischen Wirkungsgeschichte“ (225) macht, sowie die fast schon penetrant eurozentrische Perspektive, die vor allem in den unverhältnismäßig hervorgehobenen Frauenerzählungen zum Vorschein kommt. Wie brauchbar letztlich die modernen interpretierenden und aktualisierenden, häufig spekulierenden Nacherzählungen und Neuformulierungen für die Religionspädagogik sind, mag dahingestellt bleiben. Sie sind hinreißend erzählt, geben aber letztlich die Textgrundlage zugunsten einer idealisierenden Abrahamdeutung auf; die rein historische Verwandtschaft wird ohne theologische

---

[225] Gott wird nur an zwei Stellen „Vater“ genannt, eine davon ist ein Zitat, ein Gebet Bonhoeffers.

[226] *Esnaf Begic*, Der Koran in der Praxis. Ein Leitfaden für das Leben der Muslime, in: *Welt und Umwelt der Bibel* 1/2012, 37–41, S. 40.

[227] Von verschiedenen Seiten wurde – mit unterschiedlicher Begründung – Kritik an dem Gebetbuch geübt, so etwa durch den damaligen EKD-Ratsvorsitzenden Wolfgang Huber, der die Frage nach der Ehrlichkeit im Dialog stellt und wie man sich als Christ zu Gott bekennen solle, ohne sich an Jesus Christus, seinen Sohn, zu halten.

[228] Frankfurt am Main. Siehe dazu auch die Rezension von *Friedmann Eißler* in: *Materialdienst der EZW* 71/10 (2008), 397–399.

[229] Hierbei erwähnt er nicht, welcher chronologischen Reihung er folgt, vermutlich Nöldeke.

[230] Bauschke verwendet *al-Muntakhab*, Kairo 1999 (S. 219). Darin wird etwa 15,71 in das Gegenteil verkehrt (S. 31); der Schlüsselbegriff *ṣibġa* (baptisma) wird zu „Rechtleitung“ (S. 121); vgl. Kap. 6.3: Gottes „Färbung“ – *ṣibġa*.

Begründung zur Grundlage einer monotheistisch-ökumenischen Gemeinschaft. Somit ist die Spiegelungsfläche von Bauschkes koranischem Abraham weniger die Umwelt Muḥammads, als vielmehr seine eigene Gegenwart. Letztlich bringt auch er einen wiederum neuen Abraham hervor, nämlich eine Projektionsfläche seiner eigenen Theologie und seines eigenen Dialogkonzepts.

Schließlich untersuchte Bauschke im Jahr 2010 in einem Aufsatz[231] die Rolle des Erzvaters Abrahams im interreligiösen Dialog und seine Wirkung, die er als völlig offen beschreibt, je nachdem, was die Beteiligten aus ihm machten. Da es „sehr verschiedene Bilder des Erzvaters" gebe, könne man nicht von *dem* jüdischen, *dem* christlichen oder *dem* islamischen Ibrahim sprechen (9), vielmehr lasse sich nur fassen, was Abraham „zu bestimmten Zeiten für bestimmte Gruppen theologisch *bedeutet*." (9) Mithin sei er für jeden „die ideale Projektions- und Identifikationsfigur", sowie „Legitimationsgestalt" selbst gegensätzlicher Interessen, „deren Autorität das Anliegen der jeweiligen Gruppe sicherstellen sollte." (10) So könnten sich auch islamistische Attentäter auf die Opferbereitschaft Ismaels beziehen (16f.), könne die Berufung auf den Erzvater zu Krieg oder zu Dialog führen. Wenn Bauschke in Bezug auf die Aqedah selbst festlegt, welche Taten zu Gott passen und welche nicht (14), macht er sich damit selbst zum Richter und definiert Gott aus seiner eigenen Weltsicht heraus. Völlig richtig ist die Erkenntnis, dass es letztlich nicht Abraham sei, der zum Fluch oder Segen werde, sondern wir Menschen (18). Doch wieder verflüchtigt sich Bauschke in idealisierende Abstrakta, wenn er die Angehörigen der abrahamischen Religionen als „Nomaden des Glaubens" deklariert, die sich „nähren … in fremden Gefilden – als Christen beispielsweise in der Christologie des Korans" (20).

2014 gab Bauschke, ähnlich dem Vorgehen bei seiner Studie über Jesus im Islam, eine Neufassung seines Abrahambuches heraus mit dem Titel *„Der Freund Gottes. Abraham im Islam"*[232]. Hierfür gilt inhaltlich in weiten Teilen das bereits oben Gesagte, etwa dass „der Prophet aus Mekka … sich gleichsam ‚seinen Abraham erschaffen'" habe (2). Auch in dieser überarbeiteten Fassung wird das Versprechen der historisch-kritischen Koranauslegung (4 und 9) weder begründet noch durchgeführt. Dadurch erhält v.a. die Aqedah-Erzählung eine nicht im Koran angelegte Kontextualisierung, die u.a. zu tierethischen Überlegungen führt (58–92). Trotz chronologischer Anordnung der Texte werden das Gottesbild in Koran und islamischer Tradition als Gegensatz gesehen statt als bereits im Koran angelegte Entwicklung (160f.). Die zwischenzeitlich erschienene Literatur (VII) wurde zumindest nicht für dieses methodische Vorgehen gesichtet. Auch sonst haben neuere wissenschaftliche Erkenntnisse etwa zur Präsenz von Christen in

---

[231] *Martin Bauschke*, „Ist der Erzvater ein Segen oder ein Fluch für die Völker? Zur Rolle Abrahams im interreligiösen Dialog", in: Eißler (Hrsg.), Im Dialog mit Abraham, *EZW-Texte* 209, Berlin 2010, 9–22.

[232] Darmstadt 2014.

Arabien und arabischen Bibelübersetzungen keinen Eingang gefunden.[233] Neu ist die Aufnahme arabischer Termini, die den Eindruck von Authentizität erwecken, bei teils fehlerhafter Transkription jedoch eher peinlich wirken. Die Problematik und Ambivalenz Abrahams (5) als „Patron des sog. Trialogs der drei monotheistischen Religionen“ (VIII) wird gegenüber der früheren Version ausgeweitet.

Als Gesamtsumme bleibt bei Bauschke vom Anspruch historisch-kritischer Koranauslegung und chronologischer Hermeneutik doch letztlich nur ein reduktionistischer Wahrheitsbegriff und viel in die Erzväterzeit gespiegelte eigene Weltdeutung – dazu wäre Abraham wohl nicht nötig gewesen.

1.4.4 Kritische Rückfragen zur Abrahams-Ökumene – Ulrike Bechmann, Friedmann Eißler, Eberhard Troeger, Catherina Wenzel

In ihrer Habilitationsschrift[234] untersucht die katholische Theologin und Islamwissenschaftlerin *Ulrike Bechmann* ausgehend von der Fragestellung, ob Abraham eine Basis des Dialogs der „abrahamitischen Religionen“ sein kann, den Topos „Abraham“ aus biblisch-exegetischer, religionshistorischer und islamwissenschaftlicher Seite auf seine Trag- und Reichweite. Im Ergebnis erweist sich „Abraham“ als eine Chiffre, die in Judentum, Christentum und Islam auf in wesentlichen Punkten unterschiedliche Traditionen und Beziehungsstrukturen verweist. „Abraham“ greife als Begründung eines notwendigen interreligiösen Dialogs zu kurz bzw. gehe darin zu weit. Das Gemeinsamkeits-Konzept erweise sich „als brüchig“[235]. Bechmann kritisiert die „Ideologie der Gemeinsamkeit als Bedingung für die Anerkennung der Anderen“.[236] Vielmehr gehöre zu den zentralen Aufgaben des Dialogs, angesichts des je eigenen Wahrheitsanspruchs mit den vorhandenen Differenzen und der Fremdheit so umzugehen, dass die „Anderen“ in ihrem Dasein und Wohlergehen absolute und unbedingte Anerkennung erfahren. Eine solche schätzende und schützende Haltung könne nur aus der Mitte der eigenen Frömmigkeit, Theologie und Offenbarung heraus entwickelt werden.

---

[233] Bauschke setzt arabische Übersetzungen erst im 9. Jahrhundert an (7).

[234] Kurzfassung der Habilitationsschrift: Abraham – Beschwörungsformel oder Präzisierungsquelle? Bibeltheologische und religionswissenschaftliche Untersuchungen zum Abrahamparadigma im interreligiösen Dialog, in: R. Zimmer-Winkel (Hrsg.), Viele Väter Abraham, Berlin 2006, 33–50; *dies.*, Die vielen Väter Abraham. Chancen und Grenzen einer dialogorientierten Abrahamsrezeption, in: Kügler (Hrsg.), Impuls oder Hindernis? Mit dem Alten Testament in multireligiöser Gesellschaft. Beiträge des Internationalen Bibel-Symposions Bayreuth 27.–29.9.2002, Münster 2004, 125–150; *dies.*, Abraham als Vater der Ökumene? Interview zur aktuellen Diskussion mit Ulrike Bechmann, in: *Welt und Umwelt der Bibel* 30 (2003), 44–47.

[235] *Ulrike Bechmann*, Dankesrede, in: Viele Väter Abraham. Verleihung des Augsburger Wissenschaftspreises für Interkulturelle Studien 2006 an Ulrike Bechmann, Berlin 2006, S. 28.

[236] A. a. O., S. 29.

Für *Friedmann Eißler*[237] ist der interreligiöse Dialog als „Grundoperation im Zusammenleben von Menschen verschiedenen Glaubens“ unabdingbar.[238] Dabei geht er von der Unverfügbarkeit existentiell überzeugender und von daher bindender Glaubenserfahrungen aus. Wie immer die Offenbarungen der drei Religionen Judentum, Christentum und Islam aufeinander zu beziehen sind, so handelt es sich zunächst um drei voneinander unterschiedene „Veranlassungen“ von Gott zu reden.[239] Diese sind nicht einfach austauschbar. Im interreligiösen Dialog ist daher kein allgemeiner Religionsbegriff vorauszusetzen. Vielmehr muss die je unverwechselbare konkrete Gestalt der religiösen Lehre und Praxis als der kritische Maßstab für das betrachtet werden, was in der jeweiligen Religion als Wahrheit gelten kann. Einzelaussagen einer Religion dürfen daher, so Eißler, nicht isoliert betrachtet werden, weil sie aus ihrer Stellung im Gesamtsystem erschlossen werden müssen. Äußerlich gleiche Termini können nicht automatisch als gleichbedeutend gelten, da es sich auch um analoge oder gar homonyme Konzepte handeln könnte.[240]

Es ist also zu fragen und von den Quellen her zu klären, wie sich die Begriffe jeweils *füllen*, was sie im Gesamtkontext der jeweiligen Religion *bedeuten*. Dabei zeigt sich, dass die Unterschiede so tiefgreifend sind, dass die Behauptung weitreichender Gemeinsamkeiten entweder nur Hülle ohne Inhalt ist oder aber im Namen der gemeinsamen Symbolfigur einer eigenen, neuen Konstruktion jenseits dessen bedarf, was in der jeweiligen Glaubensgemeinschaft in Geltung steht. Eißler kritisiert von daher die Harmonisierungsbestrebungen der Abrahams-Ökumene, die eine gemeinsame Gottesverehrung, einen gemeinsamen

---

[237] *Friedmann Eißler*, Gibt es eine abrahamische Ökumene? in: Pechmann / Kamlah (Hrsg.), So weit die Worte tragen. Wie tragfähig ist der Dialog zwischen Christen, Juden und Muslimen?, Gießen 2005, 261–287; *ders.*, Gemeinsam beten? Eine Anfrage an das interreligiöse Gebet unter dem Vorzeichen abrahamischer Ökumene, in: Schmid / Renz / Sperber (Hrsg.), „Im Namen Gottes ...“ Theologie und Praxis des Gebets in Christentum und Islam, Theologisches Forum Christentum-Islam, Regensburg 2006, 216–226; *ders.*, Vom Dialog zum Trialog? Der christlich-muslimische Dialog im Angesicht des Judentums, in: *Materialdienst der EZW* 72/7 (2009), 243–256; *ders.*, Abraham im Islam, in: Böttrich / Ego / Eißler, Abraham in Judentum, Christentum und Islam, Göttingen 2009, 116–188; *ders.*, Stichwort: Abrahamische Ökumene, in: *Materialdienst der EZW* 73/2 (2010), 72–76; Gott, Gottesbilder, interreligiöse Ökumene im Namen Abrahams. Wider die Konfessionalisierung der Religionen im Zeichen einer „abrahamischen Ökumene“, in: *Glaube und Lernen* 28/1 (2013), 49–67. Eißler ist Wissenschaftlicher Referent der Evangelischen Zentralstelle für Weltanschauungsfragen in Berlin.

[238] Gibt es eine abrahamische Ökumene?, S. 1.

[239] So unter Bezugnahme auf *Michael Weinrich*, Glauben Christen und Muslime an denselben Gott?, in: *Evangelische Theologie* 64/4 (2007), 246–263, hier: S. 249 f. Dort weiter: „Es gehört zum Wesen dieser verschiedenen Veranlassungen, von der Wirklichkeit Gottes zu reden, dass sie als solche nicht zur Disposition stehen.“

[240] Eine eindrucksvolle Demonstration unterschiedlicher Wahrnehmung von geschichtlichen *termini* aufgrund unterschiedlicher Geschichtserfahrung von Christen und Muslimen bei: *Wolf D. Ahmed Aries*, Konflikt der Gedächtnisse. Der abrahamische Dialog aus muslimischer Sicht, in: *Jahrbuch für Religionswissenschaft und Theologie der Religionen* 6/1998, 40–53.

islam (klein geschrieben im Sinne der „Hingabe an Gott"[241]), postuliert, während die fundamental widerstreitenden Aussagen zwischen den Religionen auf der Seite menschlicher Rezeption und Konstruktion verortet werden. Eine solche abstrakte, nämlich einen theoretischen Gottesbegriff abstrahierende Gottesverehrung sei weder christlich noch muslimisch zu nennen.

Das Einheitspostulat der übergeordneten Harmonisierung ist nach Eißler gerade nicht Ausdruck von Toleranz, sondern eines durchaus autoritären Zugriffs auf die anderen Religionen, wie er unter Verweis auf das bekannte Gleichnis vom Elefanten und den Blinden zeigt, das gegen seine ursprüngliche Bedeutung als Veranschaulichung interreligiöser Toleranz populär geworden ist.[242] Die Einbindung der anderen Religionen in das eigene System, indem sie gleichsam als Teilwahrheiten und Wege zu demselben Absoluten gedeutet werden, steht geradezu im Widerspruch zu der damit verbundenen Toleranzbehauptung. Es gilt demnach laut Eißler, entgegen dem Reduktionismus und dem Eurozentrismus der Abrahams-Ökumene die faktische Konkurrenzsituation der religiösen Wahrheitsansprüche ernst zu nehmen. Dies sei Voraussetzung für Toleranz und einen gelingenden Umgang mit den Differenzen, die es nicht zu abstrahieren, sondern auszuhalten gelte.

Hilfreich in der Diskussion sind Eißlers erkenntnistheoretische und religionstheologische Überlegungen, die die Spannung, ja, Konkurrenz zwischen authentischen Binnenperspektiven mit ihrem je eigenen Wahrheitsanspruch nicht nur als Gegebenheit *im*, sondern Bedingung der Möglichkeit *für* einen Dialog aufzeigen. Diese zu harmonisieren oder so weit zu reduzieren, dass eine gemeinsame Grundsubstanz im interreligiösen Gespräch behauptet werden kann, zeigt Eißler als Irrweg auf. Vielmehr müssten in echter Toleranz „die Dialogbedingungen so arrangiert werden, dass die Konkurrenz, das Wetteifern nicht zum Aufeinanderprallen und zur Gewalt führt, sondern in Respekt und Interesse am Anderen ausgetragen wird."[243] An Stelle einer Abrahams-Ökumene, die – auf das „genetische Argument (am Anfang steht doch Abraham!)" fixiert – eine „wohlgemeinte Fiktion" bleiben müsse und nur „zu dem Preis der Aufgabe der geschichtlich gewordenen Traditionen" zu haben sei, setzt er nun nicht starren Dogmatismus, was in der Tat ein Rückschritt wäre, sondern in Befreiung von diesem die konkrete Begegnung in *diakonia, apologia* und *martyria*, die frei ist sowohl von „imperialem Gestus" als auch „interpretatorischer Vereinnahmung des Anderen" oder der Reduzierung eigener Inhalte. Getragen von der „Autorität der Bitte" des Gekreuzigten (E. Jüngel) geschieht ein Dialog, der sich nicht

---

[241] So *H. Küng*, Der Islam, S. 114, vgl. S. 760.

[242] Buddhistischer Pali-Kanon, Udana VI,4; vgl. dazu *Gebhard Löhr*, Das indische Gleichnis vom Elephanten und den Blinden und seine verschiedenen Deutungen. Zum Problem interreligiöser Toleranz und des interreligiösen Dialogs, in: *ZfMR* 79 (1995), 290–304.

[243] Gibt es eine abrahamische Ökumene? S. 14.

notwendigerweise auf Abraham berufen muss, „in Dienst, Verantwortung und bezeugender Hingabe".[244]

In einer Arbeitshilfe der Deutschen Evangelischen Allianz[245] beschreibt der frühere Leiter der Evangeliumsgemeinschaft Mittlerer Osten (EMO) und Pfarrer in Ägypten *Eberhard Troeger* im islamischen Abrahamverständnis eine „Kampfansage an den in der Bibel bezeugten Gott der Väter und den Vater Jesu Christi". Er erkennt an, dass durch den Rückgriff auf Abraham, der dazu diene, „den kleinsten gemeinsamen Nenner für alle an Gott gläubigen Menschen zu finden", nicht die Unterschiede zwischen den Religionen verwischt, sondern eine gemeinsame Gesprächsbasis und Zusammenarbeit gefunden werden sollen. Dies könne jedoch durch den „islamisierten Abraham" des Koran nicht gelingen, der gerade „keine gemeinsame Plattform für den Gottesglauben von Juden, Christen und Muslimen" sei, sondern „eine Abkehr von dem in der Bibel bezeugten Gott Israels und des Vaters Jesu Christi." Troeger gibt eine Abraham-Darstellung aus biblischer und koranischer Sicht, wobei „gerade nicht die Gemeinsamkeiten des Gottesglaubens, sondern seine Unterschiede deutlich" werden. Er sieht keine Möglichkeit einer Abrahams-Ökumene, sondern wirft Muḥammad vor, den Abraham der Genesis nicht gekannt zu haben, vielmehr habe er „seine eigene Vorstellung von einem wahrhaft Gottgläubigen in Abraham hineinprojiziert."

Eine wiederum anders gelagerte kritische Position nimmt die Religionswissenschaftlerin *Catherina Wenzel* ein in ihrem Aufsatz „Und als Ibrāhīm und Ismāʿīl die Fundamente des Hauses (der Kaʿba) legten … (Sure 2,127). Abrahamsrezeption und Legitimität im Koran."[246] In ihrem chronologischen Ansatz folgt sie Johan Bouman und sieht als Höhepunkt der koranischen Ibrāhīm-Erzählung die ätiologische Kaʿba-Legende, die jedoch an den Beginn der medinischen Zeit zu setzen ist und noch keineswegs das Gesamtbild Muḥammads abschließt, weshalb sie die Texte auch eher selektiv wählt und die Frage der Christen völlig ausblendet. Johan Boumans „Tragödie" im Sinne einer nicht geklärten bzw. nicht gestellten Schuldfrage lässt sie so nicht stehen, sondern fragt, ob es legitim sei, „das Eigene auf ein blutiges Opfer zu gründen" (209), nämlich die Opferung Isaaks, womit sie die jüdischen Stämme Medinas meint. Ihr Aufsatz gipfelt im Vorwurf, Muḥammad habe den jüdischen Vater Abraham geopfert – und danach heilig gesprochen –, um selbst Ibrāhīm zu werden (209).[247]

[244] A. a. O., S. 16.18.

[245] *E. Troeger*, Gemeinsames Zeugnis für Gott durch die abrahamitischen Religionen? Arbeitshilfe der Deutschen Evangelischen Allianz, Heft 14, Stuttgart 2003.

[246] In: *ZRGG* 54,3 (2002), 193–209.

[247] Als weitere kritische Anfrage wäre zu nennen: *Uwe Gräbe*, Abraham – ein hilfreiches Modell jüdisch-christlich-muslimischer Verständigung? in: *Ökumenische Rundschau* 49/2000, 337–345.

1.4.5 Die Abrahams-Ökumene im christlich-islamischen Dialog im Nahen Osten, am Beispiel des MECC

Auffallend ist das Schweigen des Ökumenischen Rates der Kirchen zur Abrahams-Ökumene. Der einzige Text, der sich unter den Publikationen des ÖRK findet, stammt von dem griechisch-orthodoxen Libanesen *Tarek Mitri*[248], der von 1991 bis 2005 dort im Bereich des interreligiösen Dialogs arbeitete. Der Text „The Abrahamic Heritage and Interreligious Dialogue“[249] entstand für eine Abrahamic-Heritage-Conference, die der Middle East Council of Churches (MECC) in Beirut 1998 gemeinsam mit der „Arabischen Arbeitsgruppe für den islamisch-christlichen Dialog“ und mit Muslimen veranstaltete. Diese arabische christliche-islamische Konferenz steht paradigmatisch für Leben und Glauben arabischer Christen in der realen Situation des Miteinanders der beiden Söhne Abrahams im Nahen Osten.[250]

Der MECC[251] ist der höchste Zusammenschluss der einheimischen Kirchen des Nahen Ostens auf Basis des Apostolicums und Nicaenums, um die Zusammenarbeit zu fördern. 1962 entstand der Near East Council of Churches (NECC) als Zusammenschluss der evangelischen Kirchen. Nach langen Verhandlungen mit den orthodoxen Kirchen ging 1974 aus dem NECC der MECC hervor, dem nach und nach auch katholische Kirchen beitraten. Nun sind im MECC die orientalisch-orthodoxen Kirchen (Armenisch-apostolische Kirche, Koptisch-orthodoxe Kirche und Syrisch-orthodoxe Kirchen von Antiochia und dem Osten), die rum-orthodoxen Kirchen, die katholischen Kirchen (Armenisch-katholische Kirche, Chaldäisch-katholische Kirche von Babylon, Koptisch-katholische Kirche von Alexandria, Griechisch-melkitisches katholisches Patriarchat, Lateinisches Patriarchat von Jerusalem, Maronitische Kirche, Syrisch-katholische Kirche) und die evangelischen Kirchen (von Tunesien, Algerien, Ägypten, Sudan, Kuwait, Jordanien, Syrien, Libanon, Zypern, Jerusalem und Iran) vertreten[252] – eine „Fa-

[248] Geb. 1950 in Tripoli / Libanon, ab 2005 in verschiedenen Staatsämtern der libanesischen Regierung, 2012 Sondervertreter der Vereinten Nationen in Libyen.

[249] http://www.wcc-coe.org/wcc/what/interreligious/cd36-05.html (8.8.2014); s. auch: ʿAn al-Ibrāhīmiyyāt al-muʿāṣira wa-iltibāsātihā [Über die modernen Abrahamismen, ihre Mehrdeutigkeit], unveröffentliches Manuskript, Beirut 10. Juli 1997.

[250] Sie fand statt von 9. bis 12.7.1998. Siehe dazu den Bericht in MECC News Report von Peter E. Makari, Vol. 10, 2&3, 1998, unter: www.mecchurches.org/newsreport/vol10 /abrahamicheritage.htm und www.agmcd.org/files/docs/1998abrahamicreport.htm. – Der englische Bericht glättet jedoch die Aussagen der einzelnen – unveröffentlichten – Reden erheblich, so dass sie in einem westlichen Kontext andere Akzente bekommen. Die folgenden Texte wurden von den Autoren persönlich zur Verfügung gestellt.

[251] Zum MECC: *Helmut Claß* (Hrsg.), Christen im Mittleren Osten, Frankfurt am Main o. J., S. 43–49. Ziele und Struktur: http://www. mecchurches.org / about.asp; Geschichte: http://www. mecchurches.org/history.asp. Siehe auch Jahrbuch Mission 2000, 172 ff.

[252] Mit den Freikirchen, die mit westlichen nicht-ökumenischen Kirchen und Missionsgesellschaften verbunden sind, steht der MECC im Dialog.

milie der Familien", durch den äußeren Druck der islamischen Mehrheitsgesellschaften, „an overwhelming burden", zusammengerückt. Diese einheimischen Kirchen sehen mit Stolz auf ihre Geschichte zurück: Abraham, seine Kinder und Enkel durchzogen diese Länder, in denen Propheten, Könige, Priester und Sänger lebten – und die Zeugen der Inkarnation wurden. Durch politisches Wirken im Stillen, qualifizierte Arbeit aufgrund hoher Bildung und ihre Integrität versuchen diese Kirchen positiv und friedenstiftend in ihren Gesellschaften zu wirken.[253]

Als Fortsetzungsveranstaltung zu einer 1996 abgehaltenen Konferenz „Christians and Muslims – Together for Jerusalem", die das Erbe Abrahams „unter besonderer Berücksichtigung der zionistischen Ideologie" behandeln sollte[254], kamen von 9. bis 12.7.1998 rund 40 Christen und Muslime aus Religion und Wissenschaft, sowohl aus Ländern des Nahen Ostens wie auch aus Europa und den USA in der Near East School of Theology zu einer „Abrahamic Heritage Conference" in Beirut zusammen. So vielfältig die Mitgliedskirchen des MECC und die Teilnehmer der Arabischen Arbeitsgruppe waren, so vielfältig zeigen sich auch die Positionen der Teilnehmer und Redner auf dieser Konferenz, die sich durch die „Zugehörigkeit zu Land, Geschichte und Zukunft" und den „Glauben an den einen Gott" verbunden wussten[255] und auf die „Konsolidierung der Einheit im abrahamischen Glauben zwischen den Völkern der großen Glaubensgemeinschaften"[256] hinarbeiten. Während der beiden ersten Tage ging es um Abraham und seine geistliche und genealogische Beziehung zu den Anhängern der drei monotheistischen Religionen, v. a. durch die Exegese der Abrahamtexte aus islamischer und christlicher Sicht. Das Palästina-Problem spielte in diesem Kontext naturgemäß eine dominierende Rolle und bildet – selbst wenn keine palästinensischen Vertreter sprechen – die Folie vieler Äußerungen.[257] Im Fol-

---

[253] Vgl. dazu auch die Einschätzung von *Martin Affolderbach*, der den Dialog in Deutschland mit dem unter umgekehrten Vorzeichen in Bezug auf Mehrheits- und Minderheitsgesellschaft stattfindenden Dialog des MECC vergleicht: „Ist Kritik am christlich-islamischen Dialog berechtigt? Eine Zwischenbilanz." in: Dehn (Hrsg.), Islam in Deutschland – quo vadis?, *EZW-Texte* 180 (2005), 47–62, hier: S. 49f.

[254] So *Riad Jarjour* in seiner Eröffnungsrede zur Konferenz des MECC, 10.7.1998 [unveröffentlichtes Manuskript], eigene Übersetzung aus dem Arabischen.

[255] *R. Jarjour*, Kalimat iftitāḥ (Eröffnungsrede).

[256] *Muḥammad Mahdī Šams ad-Dīn*, At-turāṯ al-ibrāhīmī wa-l-ḥiwār al-islāmī al-yahūdī (Das abrahamische Erbe und der islamisch-jüdische Dialog) [unveröffentlichtes Manuskript, eigene Übersetzung aus dem Arabischen], S. 2

[257] Für die christlich-arabische Seite wurde bewusst kein christlich-palästinensischer Text oder Treffen gewählt, sondern eine breitere Ebene. – Zur besonderen Frage palästinensischer Theologie siehe die umfangreiche Literatur, etwa: *Naim Stifan Ateek*, Recht, nichts als Recht! Entwurf einer palästinensisch-christlichen Theologie, Fribourg 1990 (Rezension in CIBEDO 3/1991, S. 94–95); *Ulrike Bechmann / Mitri Raheb*, Verwurzelt im Heiligen Land. Einführung in das palästinensische Christentum, Frankfurt am Main 1995; *Uwe Graebe*, Kontextuelle palästinensische Theologie. Streitbare und umstrittene Beiträge zum ökumenischen und interreligiösen Gespräch, Erlangen 1999.

genden ist bewusst die Reihenfolge der Beiträge auf der Konferenz beibehalten worden.

Riad Jarjour[258], zu jener Zeit Repräsentant der Evangelischen Synode für Libanon und Syrien und Generalsekretär des MECC, beschrieb in der Eröffnungsrede das Ziel: eine gemeinsame Quelle der drei Religionen zu suchen, um eine tragfähige Brücke zwischen ihnen bauen zu können. Schließlich sei das die „Kinder der Offenbarungsreligionen“ Einigende größer als das Spaltende. Alle Gläubigen als Sachwalter Gottes auf Erden und sein Ebenbild seien aufgerufen zur Gestaltung einer besseren Welt mit Menschlichkeit, Gerechtigkeit und Frieden. Angesichts des unrechtmäßigen „zionistischen Monopols“ über das Erbe Abrahams und der Behauptung mancher Araber, alleinige Erben Ibrāhīms zu sein, sei eine gründliche Untersuchung des Begriffes „Abrahamismus“ und der Ziele der Kinder des einen Erzvaters nötig.

Muḥammad as-Sammāk[259] von der arabischen islamisch-christlichen Arbeitsgruppe erläuterte deren Ziele: Man habe erkannt, dass zur Förderung von Demokratie und Menschenrechten gemeinsame Anstrengungen aller Araber, Christen und Muslime, nötig seien. Mit Hilfe des ÖRK sei es möglich geworden, die eigene Position durchzusetzen gegen ein Papier über christlich-islamische Gegenseitigkeit der Konferenz Europäischer Kirchen. Die Arbeitsgruppe erbringe den Beweis, dass die arabischen Länder „religiös und konfessionell pluralistische Gesellschaften“ seien. Das Konferenzthema sei ausgewählt worden, „um die Gemeinsamkeiten hervorzuheben, die Brücken des Vertrauens, des Respekts, der Liebe und des gegenseitigen Verzeihens“ – die Werte, auf denen das Zusammenleben gründe.

Das Oberhaupt des Höchsten Islamischen Schiitischen Rates im Libanon *Muḥammad Mahdī Šams ad-Dīn*[260] sprach von den gemeinsamen Glaubenswurzeln und der Glaubenseinheit der abrahamischen Religionen. Er verwies darauf, dass die größte Gefahr für den Abrahamismus nicht der Atheismus sei – dieser habe sich als kraftlos erwiesen und sei zusammengebrochen –, sondern zum einen „die Zionisierung des Judentums und der Versuch der Judaisierung des Christentums nach zionistischen Prinzipien“ (1). Das Christentum beschwor er, sich nicht von westlichen Orientalisten beeinflussen zu lassen, die die Beziehung des Islams zu Abraham historisch-kritisch in Frage stellten (2). Orientalismus und v. a. der Zionismus, den er vom Judentum trennt, wollten die Rückkehr der Menschheit zu Abraham, dem „Vater aller“, und zur „früheren Reinheit“ verhindern. Auf der Basis von Monotheismus, Glaube an die universale Prophetie und den Jüngsten Tag könnten sich alle an Abraham Glaubenden treffen, und es sei sein Wunsch, „mit Muslimen und Christen eine einheitliche

---

258 MECC News Report, S. 1. – *R. Jarjour*, Kalimat iftitāḥ.

259 *Muḥammad as-Sammāk*, [unveröffentlichtes Redemanuskript], 1998.

260 *Muḥammad Mahdī Šams ad-Dīn*, Al-muḥāḍara al-ūlā (Der 1. Vortrag) [unveröffentlichtes Redemanuskript], 1998.

Gesellschaft zu konsolidieren, nicht nur bloße Koexistenz." (3) Das wichtigste sei, Politik und Glauben zu trennen, damit der Glaube nicht für politische Zwecke missbraucht würde; daher verurteilte er scharf den Zionismus, der den großen Machtzentren seinen Willen aufzuzwingen versuche und zudem die Erwählung Gottes exklusiv für sich reklamiere, wo doch Gottes Erwählung keineswegs an eine bestimmte Rasse „gefesselt" sei. Man brauche keine westliche Nachhilfe, um eine funktionierende pluralistische Gesellschaft wie im Libanonaufzubauen. Das abrahamische Erbe könne „auch in den Herzen der anderen Brüder" entdeckt werden.

In einer Analyse der abrahamischen Texte in den drei Religionen betonte der gebürtige Libanese *Mahmoud Ayoub,*[261] Professor für Islamic Studies in Philadelphia, die Rolle Abrahams als Vorbild im Glauben. Der Abrahamsbund sei „mit allen Nachkommen Abrahams", mit Ismael und Isaak, sowie den nachfolgenden Kindern Abrahams geschlossen. Wer wie die modernen Zionisten Gottes Bund auf ein Volk beschränke, interpretiere die heiligen Schriften rassistisch und reduziere Gottes Gnade auf materialistisches Landgeschacher.

Die Professorin für Altes Testament *Françoise Smythe*[262] bekräftigte Abrahams Vorbildfunktion in Bezug auf Treue, Glauben und Gehorsam. Die Verheißung Gottes könne man nicht „besitzen". In der christlichen Ära habe die abrahamische Tradition unterschiedliche Aufgaben erfüllt: als Paradigma für aufrichtiges Verhalten und Selbstaufopferung, durch unterschiedliche Deutung der Verheißung entweder als religiöse Legitimierung für bewaffneten Widerstand gegen die Römer oder als gewaltlose geistliche Symbolik, sowie die bleibende Frage nach dem wahren Israel.

Albert de Pury,[263] Professor für Altes Testament in Genf, exegesierte die biblischen Texte, die Abraham als „father *of* faith" und „father *in* faith" zeigen (1), ihn von Anfang an nie als exklusiven Vorfahren nur der Israeliten zeigten, sondern als Ahnen einer ganzen Reihe von Völkern in eine „inter-tribal, intercommunitarian and ecumenical" (11) Perspektive stellen. De Pury unterscheidet zwischen dem *historischen* Abraham, der jedoch völlig außerhalb der Reichweite der Wissenschaftler sei (2), und dem *wahren* Abraham, „the one that comes to life in the stories which each generation had woven around him ... each one adding his own issues and questions to the growing story." (3) „The *true* Abraham accompanies us through time." Mit der Behauptung, die Natur Israels sei weder genealogisch noch ethnisch, sondern „vocational" (9f.) in dem Sinne, dass nur derjenige Israelit sei, der die Stimme YHWEs durch Mose höre, bringt er die auf Abstammung beruhende Abrahamskindschaft Israels ins Wanken. Das Judentum habe sich jedoch für das genealogische Modell entschieden. Die bib-

[261] MECC News Report 2&3 1998, S. 2

[262] *Françoise Smythe,* [unveröffentlichtes Redemanuskript] 1998.

[263] *Albert de Pury,* Abraham, what kind of an ancestor is he? A new look at Biblical traditions [unveröffentlichtes Manuskript], 1998.

lische Abrahamerzählung kreise um die Frage, welcher der beiden ersten Söhne der legitime Erbe sei, weshalb man nicht von Abraham sprechen könne, ohne die Isaak-Ismael-Frage zu erörtern. Der Unterschied zwischen den Nachkommen Abrahams bestehe darin, dass nur den Nachkommen Israels durch Mose YHWE als Name Gottes offenbart wurde, jedoch in einer Weise, die andere Nationen nicht ausschließt (15). De Pury zufolge teilt die Priesterschrift die Menschheit in drei Kreise: die Nachkommen Noahs, die Gott nur unter dem Appellativ Elohim kennen, die Abrahams mit den zwölf Stämmen Israels und zwölf Stämmen Ismaels mit dem Gottesnamen El Shadday, dem Bund der Beschneidung und der Landverheißung, und die Israels, d. h. die Juden mit dem Gottesnamen YHWE, dem Tempel und den Reinheitsgeboten (15). Die Anwesenheit Ismaels bei der Beerdigung seines Vaters deute darauf hin, dass er „perfectly legitimate“ sei und das Grab Abrahams „a shared holy place, a shared tradition and a shared territory“ (19). So wird Abraham

> unequivocally the ‚Father of reconciliation‘, the figure of a plural people of God, often divided but always invited to reconciliation without forsaking the particular legacy that each one of them has received. (20)

Nur Juden und Christen identifizierten zudem den Islam als Erbe Ismaels, eine Sicht, die der Islam nicht teile, da er die Abrahamskindschaft durch Glauben und nicht durch biologische Abstammung proklamiere. Die christliche Rezeption von Galater 4 sei denn auch verhängnisvoll, was zur Titulierung der Muslime als Ismaeliten, Hagarener und Sarazenen führe.

Der frühere syrische Minister für religiöse Stiftungen, *Muḥammad al-Ḫaṭīb,*[264] präsentierte Ibrāhīm aus islamischer Perspektive: als Prophetenmodell ethischer Vollkommenheit, als Mann des Friedens und der Versöhnung. Im friedlichen und harmonischen Zusammenleben erweise sich die Wahrheit seiner Botschaft des Monotheismus.

Ähnlich argumentierte *Muḥammad Saʿīd Ramaḍān al-Būṭī,*[265] seinerzeit Direktor der Abteilung Religion und Religionen an der Universität Damaskus und Imam der Umayyadenmoschee, in einem leidenschaftlichen Plädoyer für den Dialog als „heiliges Bemühen zu Zusammenarbeit mit dem Ziel, die Wahrheit zu erkennen und zu erreichen“, nämlich Gott. Grundlage für die Einheit der *adyān as-samāwīya* (himmlischen Religionen) sei der Bund Gottes mit Abraham, der Monotheismus. Selbst für das *bait Allāh al-ḥarām* (geheiligtes Haus Gottes) dürfe es keine Zugangsbeschränkung geben. Die Nachkommen des historischen Abraham hätten sich in viele Richtungen ausgebreitet und in viele Religionen

[264] MECC News Report, *Peter E. Makari*, 1998, unter: www.mecchurches.org/news-report/vol10/abrahamicheritage.htm.

[265] *Muḥammad Saʿīd Ramaḍān al-Būṭī*, Kalimat faḍīla (Ansprache) [unveröffentlichtes Redemanuskript], 1998. – Der als regimetreu geltende Theologe fiel 2013 einem Bombenanschlag in Damaskus zum Opfer.

aufgespalten, daher könne sein Erbe nicht auf ein einziges Volk beschränkt bleiben. Das Land gehöre Gott und allen Nachkommen Abrahams, und der Glaube Abrahams sei „a non-discriminatory, moderate, and inclusive religion".

Eine ganz andere Interpretation eröffnete sich mit dem ersten christlichen Beitrag der Konferenz durch den griechisch-orthodoxen Metropoliten *George Khodr,*[266] der seit vielen Jahren im ÖRK aktiv ist und die orientalische Mystik ins Spiel brachte. Er rückte ab von jeglicher politischer Debatte um irdisches Land, denn „Christus ist das Land der Verheißung, und Abraham erbte Christus", so dass es kein heiliges Land gebe außer in Christus (1). Von daher würden fleischliche Abstammungen nichtig, seitdem der Weg des Glaubens ausschließlich im Geist gegangen werde. Er machte deutlich, dass die Versöhnung und der Bund Gottes mit Abraham niemals von unserer Versöhnung mit Gott durch Christus getrennt werden könne. Alle lebten nun in einer *millat Ibrāhīm*, aber in einer Gemeinschaft nur in Bezug auf den Glauben Abrahams, der ein Abbild des kommenden Christus war (3). Zu dieser Millat, zum abrahamischen Erbe gehören alle, die durch den Geist „mit Gott reden, wie der Freund mit seinem Freunde spricht" (4). Gott, der Abraham nach Johannes Chrysostomos noch Größeres gab als Gerechtigkeit, nämlich die Glückseligkeit durch das Schauen der Herrlichkeit Gottes, „irrt nun in den Seelen umher und wandert aus wie Abraham zu den Herzen, denen er es gegeben hat, dass sie zu ihm auswandern" (4).[267]

Auch der Priester *Fr. Michel Hayek,*[268] als Repräsentant der libanesischen Maroniten, geht über historische und wissenschaftliche Fragestellungen hinaus, von denen manche nicht zu beantworten seien. Vielmehr repräsentiere Abraham die Verheißung der Erlösung, bleibend wichtig sei sein Glaube, ein „Glaube der Hoffnung".

Der letzte Konferenztag war aktuellen Fragen gewidmet, und in den Referaten[269] war eine tiefe Beunruhigung durch den Zionismus zu spüren, von dem sich sowohl Christen als auch Muslime bedroht fühlen. Dieses Gefühl trat besonders stark in den „Eight Points of Consensus" zutage, die als Abschlusserklärung einstimmig angenommen und schließlich als Presseerklärung herausgegeben wurden. Sie spiegeln hauptsächlich die politische Debatte wider, berücksichtigen jedoch nicht die Vielfalt der Exegese, gerade auch der orthodoxen mystischen Interpretation.

---

[266] *Georges Khodr*, Ibrāhīm – naẓra urṯūḏuksīya (Abraham aus orthodoxer Sicht), Vortrag bei der Abrahamic Heritage Conference des MECC am 10.7.1998 [unveröffentlichtes Manuskript], 1998; Übersetzung Heidi Josua, „Ibrahim – nazra urthudhuksiya", in: FS für Stefan Schreiner, Tübingen 2007.

[267] So weit der schriftliche Text des Redemanuskripts. Nach dem MECC-Bericht hat Khodr das Palästinaproblem zur rein weltlichen und politischen Angelegenheit erklärt. Es sei der „abrahamische Traum", wenn Juden und Araber in einem Land zusammen leben könnten.

[268] MECC News Report, S. 4. *M. Hayek* ist Autor von: Le Mystère d'Ismaël, Paris 1964.

[269] Mit Themen wie „Christian Zionism" (*Ekram Lamie*, damals Leiter des Evang. Theologischen Seminars Cairo), „What U. S. Christians don't know about Israel" (*Grace Halsell*).

Da der Vortrag eines muslimischen Teilnehmers der MECC-Konferenz für die islamische Haltung zum Christentum mit seiner – unterstellten – Verstrickung mit dem Zionismus aufschlussreich ist, sei er hier ausführlicher dargestellt: *Yūsuf al-Ḥasan*, Direktor des „Center for Developmental and Strategic Studies“ in aš-Šāriqa / UAE mit „Zionistische Strömungen im Christentum“.[270]

In den christlich-fundamentalistischen Bewegungen der USA meint al-Ḥasan christlichen Zionismus vorzufinden, der sich buchstäblicher Auslegung des Alten Testaments und in der Gleichsetzung des modernen Staates Israel mit dem Israel des Alten Testamentes zeige, und die Staatsgründung Israels würde als Bestätigung alttestamentlicher Prophetie und Zeichen für die Wiederkunft des Messias aufgefasst. Im Westen, vor allem in den USA, werde die Geschichte des Nahen Ostens fast ausschließlich mit der Geschichte der Juden gleichgesetzt und der arabisch-israelische Konflikt nur aus dem prophetischen Kontext gedeutet (3). Überhaupt würden Juden in den USA nicht nur die säkularen Medien und Finanzen, sondern auch die Kirchenpolitik kontrollieren. Dadurch hätte auch das Christentum die Lehren Jesu, wie Liebe, Gerechtigkeit, Pazifismus, Vergebung und Feindesliebe, aufgegeben zugunsten einer Legitimierung der israelischen „Apartheids- und Siedlungspolitik“. Im Gefolge der großen Entdeckungen des 16. Jahrhunderts und des Endzeitgedankens sei die Idee des Zionismus aus der Vorstellung entstanden, dass Juden unfähig zur Integration in ihre Gastländer seien. So sollte es „die Rückkehr eines Volkes ohne Land zu einem Land ohne Volk“ geben. An die Versammelten des ersten Zionistischen Weltkongresses 1894 in Basel erging damals der Aufruf: „Wacht auf, ihr Kinder Abrahams, denn Gott selbst ruft euch, in euer Heimatland zurückzukehren.“ (8) In der Folge unterstützten christliche Führungskräfte die zionistische Idee finanziell und politisch. Bereits die imperialistische Besetzung Lateinamerikas und Südafrikas, sowie die dabei stattfindenden „rassischen Säuberungen von ihren jeweiligen Ureinwohnern“ seien von den erobernden Christen religiös aus dem Alten Testament begründet worden. In diesem Imperialismus zeige sich eine „Verunstaltung der wahren Religion“ (11). Dadurch sei Jesus „von einem Propheten des Friedens und der Liebe zu einem gewalttätigen Terroristen, einem militärischen Jesus, geworden, der die Juden befreien“ solle. Abrahams Landverheißung von Gott sei von christlicher Seite so gedeutet worden, „dass er den Bund als Genehmigung von Gott nahm, um zu stehlen, zu besetzen und zu töten, und sie ignorierten, dass mit der Gabe der Gehorsam an den Geber verbunden ist, und dass Ibrahim nicht einmal eine Höhle geschenkweise an sich nehmen wollte, um seine Frau Sara dort zu begraben. Vielmehr bestand er darauf, das Land zu kaufen und den fälligen Preis zu bezahlen.“ (12) Schließlich vergleicht al-Ḥasan die Methode der

[270] *Yūsuf al-Ḥasan*, al-ittiğāhāt al-masīḥīya al-mutahawwida [unveröffentlichtes Manuskript], Juli 1998.

alttestamentlichen Landnahme, die Vertreibung der indianischen Ureinwohner Amerikas und die moderne israelische Landnahme (14).

Im Gegensatz zur protestantischen buchstäblichen Exegese hielt die katholische Kirche (19), nach al-Ḥasan, lange an der allegorischen Auslegung des Alten Testaments fest und unterschied zwischen dem alten Volk Israel und den neuzeitlichen Juden und war folglich gegen eine Emigration der Juden nach Palästina. Doch im II. Vatikanischen Konzil wurde der jüdische Ursprung und Kontext des Christentums festgelegt, Papst Johannes XXIII. entschuldigte sich für die Rolle der Katholischen Kirche im Antisemitismus und versicherte den Juden, nicht schuld am Blut des Messias zu sein. Im Zuge der „Strategie der historischen Versöhnung zwischen der katholischen Kirche und dem Judentum" mit ihren praktischen religiösen und völkerrechtlichen Auswirkungen, öffne der Vatikan „die Tür zu einer neuen politischen Dimension zur Absegnung des jüdischen rassistischen Kampfes gegen die muslimischen und christlichen Rechte in Palästina" (21). Allein positiv sieht al-Ḥasan die arabisch-christliche Seite des islamisch-christlichen Dialogs, der die Wahrheit enthülle und die wahren Opfer zeige, denn die früher Gepeinigten seien längst selbst zu Peinigern geworden, die die Taten ihrer eigenen früheren Peiniger wiederholten (22).

Al-Ḥasan schließt mit dem Grundriß eines Arbeitsplans, der zusätzlich zu einer Reformation westlicher Schulbücher den Austausch und gegenseitige Besuchsprogramme christlicher Führungskräfte Amerikas und des Nahen Ostens, wie einen Beobachterstatus der Azhar-Universität Kairo und des Islamischen Weltkongresses beim ÖRK vorsieht. Er sagt voraus, dass „das Land Christi im nächsten Jahrtausend ohne jegliche Christen sein" werde. In seinem Beitrag nimmt al-Ḥasan die arabischen Christen vom Zionismusvorwurf aus und macht sie zu gemeinsamen Opfern israelischer „Apartheidpolitik" – auch eine Form abrahamischer Bruderschaft.

Tarek Mitri, zur Zeit der Konferenz im ÖRK zuständig für interreligiöse Beziehungen und Dialog, unterscheidet wie de Pury zwischen dem nicht rekonstruierbaren „historical Abraham" und dem „true Abraham", der in den Gläubigen der Gegenwart lebe.[271] Der Rückgriff auf ein allen gemeinsames abrahamisches Erbe sei zwar das Hauptkennzeichen des modernen interreligiösen Dialogs, doch dürfe man nicht vorschnell bei oberflächlichen Phrasen stehen bleiben, die gar den eigentlichen Dialog überdecken könnten:

> A number of questions regarding the claim to Abraham deserve a more careful scrutiny. Otherwise, a superficial "Abrahamist" discourse overshadows a genuine dialogue, an encounter of commitments, first and foremost. Abrahamism is equivocal. It can lend itself to a misuse, political and theological which defeats its own purpose.

[271] *Tarek Mitri*, The Abrahamic heritage and interreligious dialogue: Ambiguities and promises, unter: www.wcc-coe.org/wcc/what/interreligious/cd36-05.html (5.3.2015).

Er weist darauf hin, dass bereits die US-Präsidenten Carter und Clinton ihre Friedenbemühungen im Nahen Osten als „Abrahamic reconciliation“ verstanden hätten. Aus seiner Sicht als nahöstlicher Christ muss er daher ein vernichtendes Urteil über Dialog im Namen Abrahams fällen:

Today, belonging to Abraham ornaments, in many cases, the invitation to what remains an uneven and politically instrumental interreligious dialogue.

Die verengte westlich-christliche Sicht des Nahostkonflikts als Bruderzwist der Abrahamssöhne legitimiere mit Hilfe religiöser Symbole die Unterdrückung der Palästinenser als Ismaelsnachkommen. Darum verstünden westliche Christen das abrahamische Erbe „not inclusive, inter-communal or ecumenical, but an object of an unequal distributive sharing.“ So sei es nur eine logische Folge, Ismael „in die Wüste schicken“ zu wollen. Dem stellt Mitri den inklusiven Charakter der biblischen Texte (Sirach 44,19–22; Rö 4,16 ff.) entgegen, die nicht die Gegensätze der Söhne, sondern den ewigen Bund mit Abraham in den Mittelpunkt stellen. Solange es ein „abrahamisches Privileg“ in Gestalt christlicher Überlegenheit über das Judentum als auch eine ungleiche Verteilung des Erbes des Söhne gebe, werde der Dialog schwierig bleiben. Nur ein „Wetteifern in guten Taten“, wozu der Koran aufruft, und ein Nacheifern des je eigenen Abrahamvorbildes könne die Basis für einen Dialog „under the tent of Abraham“ sein.

Auszüge aus dem 8-Punkte-Programm der MECC-Konferenz:[272]

1. Abrahamic faith is pure monotheistic faith, the inheritance of all monotheists, forging between them and Abraham (upon him peace) a spiritual link stronger than the bloodline link to which international Zionism clings and of which it claims unique possession.

2. The faith-bond of the physical and spiritual descendants of Abraham does not imply a preference of one group over the other. It does not give one people or religious group the right to discriminate against any others nor to exclusively possess that over which they have no legal claim on the basis of international law ...

3. An integrative reading of Jewish and Christian traditions represented in the texts of both the Old and the New Testaments of the Bible cannot be used to justify Abrahamic exclusivity nor Zionist propaganda claiming monopoly and proprietary rights.

5. [Es wird gewarnt vor] ... tripartite discussions between Muslims, Christians and Jews ... which have a clear political agenda and serve the Zionist enemy at the expense of Muslims and Christians.

6. ... the participants ... are particularly sensitive to the penchant of western politicians to escalate that which will serve to revive a sense of enmity between the West and the Arab East, both Christian and Muslim. This circumstance engenders ethical and social changes which threaten the basic values of western Christian society, which ... will have an impact

[272] Fassung des MECC News Report, S. 6. Da diese Fassung Grundlage für die Presseerklärung ist, wird hier nicht die Übersetzung aus der arabischen Originalfassung zitiert, die auf der Konferenz verabschiedet wurde; die englische Presseerklärung wurde mit weniger Schärfe als das arabische Original formuliert.

upon our Arab societies through conscious or sub-conscious efforts to imitate a western lifestyle.

7. No matter what the official Arab political position on these issues might be, the participants ... concur that world Zionism has no right to seize the land of Palestine, establish a Hebrew state on it, expel its people, or judaize Jerusalem. The intellectual, gross roots and religious position is called to remain committed to the Arab Palestinian right in Palestine and most especially in Jerusalem, a city holy to the faithful of all religions and the capital of the state of Palestine.

1.5 Themenkreise der Abrahams-Ökumene

Im Folgenden werden die in der westlichen Theologie im Kontext Abrahams angesprochenen und ihm zugeschriebenen Themen aufgelistet, die eine thematische Übersicht über den Abraham-Komplex darstellen. Dieser westlichen Sicht werden im Zuge der Exegese der koranischen Ibrāhīm-Texte in den Kapiteln 4–7 dann in Kapitel 8 die islamischen Themen gegenübergestellt.

1.5.1 Der „Glaube Abrahams"[273]

1.5.1.1 Dogmatisch einigend im Monotheismus

Wenn von Abraham als dem Urvater des Glaubens gesprochen wird, so bedeutet das nicht Glaube „‚an Abraham', sondern an den Gott, den er (...) bezeugt."[274] Der Glaube Abrahams ist das „gemeinsame Band christlicher, jüdischer und muslimischer Überzeugung"[275] im gemeinsamen Bekenntnis zu dem einen und einzigen Gott[276] – Schöpfer der Welt, Lenker der Geschichte, Richter der Taten der Menschen und Offenbarer durch die Propheten – „ein Monotheismus, der frei ist von Ungewißheiten und Zweideutigkeiten"[277]. Dergestalt „in der Annahme des abrahamitischen Glaubens verbunden",[278] möchte man sich in einer

[273] Trotz Gen 15,6 kann noch nicht von einem „Glauben Abrahams" gesprochen werden, da der Glaubensbegriff erst durch Protojesaja eingeführt und von dort in den Pentateuch und damit in Gen 15 eingedrungen ist. Zur Diskussion s. *H. Wildberger*, Art. אמן: THAT I, ^{2}1975, 177–209; *Thomas Pola*, Die ursprüngliche Priesterschrift. Beobachtungen zur Literarkritik und Traditionsgeschichte von P^g, Neukirchen-Vluyn 1995, S. 96.162.164.

[274] *K.-J. Kuschel*, Abrahamische Ökumene, S. 11.

[275] Bericht über ein Forum „Vom Zusammenleben verschiedener Religionen" in Frankfurt am Main am 26.8.89, in: *CIBEDO* 2/1990, S. 53.

[276] *Papst Johannes Paul II.*, 1979 vor der katholischen Gemeinde in Ankara, zit. in: Hagemann, Christentum und Islam, S. 109.

[277] So *Kardinal Sergio Pignedoli* in seiner Eröffnungsrede mit dem Titel: „Die katholische Kirche, das jüdische Glaubensbekenntnis und das muslimische Glaubensbekenntnis: Trialog der drei abrahamitischen Glaubensbekenntnisse" in: Faruqi, Trialog, S. 12.

[278] *Kardinal Sergio Pignedoli*, in: Faruqi, Trialog, S. 11.

Atmosphäre des Verstehens und der Freundschaft begegnen. Nach C. S. Lewis findet Begegnung im geistlichen Bereich nicht in den Grenzbereichen, also den unterschiedlichen, aber sekundären Fragen statt, sondern im Zentrum, dem „corner-stone of our religious encounter“, im „Abrahamic faith in the One God“.[279] Man geht also in den drei abrahamischen Religionen von Gott als dem schlechthinnigen Absolutum aus, zu dem man sich in der Anrufung wendet. Unabhängig davon, wie jener *en detail* in den jeweiligen Schriften charakterisiert wird, rufen sie faktisch dasselbe Wesen an, dieselbe Instanz, von der sie glauben, aber nicht wissen, wie sie sich offenbart hat. Ob die Charakterisierungen Gottes durch die Offenbarungsbezeugungen der abrahamischen Religionen korrekt, falsch oder alternativ zueinander sind, sei zunächst dahingestellt. Noch viel weniger kann bestimmt werden, wie Gott auf die unterschiedlichen Arten des Zuwendens an ihn reagiert. Fakt ist, dass alle drei Religionen eben jenes höchste Wesen – die absolute Wahrheit –, den Gott Abrahams, suchen, anrufen und verehren.

Karl-Josef Kuschel sieht zudem im lebendigen, von Abraham her gewonnenen Glauben in Judentum und Islam und in der Religionsgeschichte nach Christus das Wirken des Geistes Gottes bzw. Christi, da der Geist des erhöhten Gekreuzigten seither mit dem Geist Gottes gleichzusetzen sei.[280]

1.5.1.2 Glaube, der „die Götzen entzaubert“

Der Kampf für den einen Gott bedingt den verbalen und aktiven Kampf wider die Götter der Väter;[281] daher wird Abraham zur „archetypischen Figur dieser Absage an Idolatrie“[282] und der an den einen Gott Glaubende wird notwendigerweise zum Ikonoklast.[283]

Auch Kuschel nimmt diesen Topos auf. Für ihn gilt es, mit Abraham als „Kronzeuge(n) wider die Götzen“, der kein „erstarrtes Glaubensdenkmal aus uralten Zeiten“ ist, sondern für den „Araberapostel Mohammed (...) lebendige Legitimationsfigur im prophetischen Kampf um den wahren Glauben“,[284] den Glauben an den einen Gott zu bewahren gegen jede Art modernen Götzendienstes.[285] Kuschel identifiziert Idolatrie in der heutigen Zeit als „Vergötzung

---

[279] „... that the geography of the spiritual world is different from that of the physical world: in the physical world contact between countries is at the frontiers, in the spiritual world contact is at the centre.“ zit. durch *Kardinal Sergio Pignedoli* in: Faruqi, Trialogue, S. 3.

[280] *K.-J. Kuschel*, Juden – Christen – Muslime, S. 618 f.

[281] Vgl. Jos 24,2.

[282] *K.-J. Kuschel*, Streit um Abraham, S. 184.

[283] Sura 37,83–98; 26,69–104; 29,69–82; 19,41–50; 43,26–29; 21,51–57(–71).

[284] *K.-J. Kuschel*, Streit um Abraham, S. 183.

[285] Bericht über ein Forum „Vom Zusammenleben verschiedener Religionen“ in Frankfurt am Main am 26.8.89 in: *CIBEDO* 2/1990, S. 53.

irdischer Dinge“ und findet sie transformiert in Fremdenhass, Nationalismus, Diskriminierung etc. wieder.[286]

1.5.1.3 Glaube als Vertrauen und Bewährung

Nach Kuschel ist Abraham im Koran „der Gott vertrauende Mensch“[287] schlechthin. Denn: „Glauben ist für Mohammed nicht wie für Paulus Rechtfertigung des Gottlosen, sondern – wie für die jüdische Tradition (…) – Durchstehen einer Prüfung Gottes, *bewährtes Gottvertrauen*, Treue in der Befolgung von Gottes Willen“.[288] Gemäß dem Galaterbrief werde Glaube definiert als unbedingtes Vertrauen auf Gott, das insofern wiederum in Gegensatz zum jüdischen Glaubensverständnis tritt, als dieses auf der Einhaltung des jüdischen Ritualgesetzes, der Halacha, besteht.[289]

1.5.1.4 Universale Heilsmöglichkeit für alle Menschen

Kuschel vergleicht die koranische Abrahamskindschaft mit der christlichen, die ebenfalls kein genealogisch verengtes Heil nur für die leiblichen Abrahamnachkommen kennt. Abraham wird zum *imām* (Führer) aller Gerechten und Gläubigen, ohne rassische Unterschiede.[290] Sowohl im Pentateuch (Gen 17,4f) als auch im Koran (2,124) werde deutlich, dass sich der Segen respektive die Wegleitung Abrahams auf alle Völker der Erde beziehe.[291] Dies habe dann auch Konsequenzen für den physischen Schutz anderer Völker. Auch auf die freie Ausübung anderer Religionen dehne sich diese Verantwortung aus.

Dies bedeute dann auch ein Eintreten für die Bewahrung anderer Religionen. Die abrahamischen Religionen seien verpflichtet, für den Schutz und gegen die Diskriminierung zumindest ihrer „Geschwister im Geiste Abrahams“ ein-

---

[286] *K.-J. Kuschel*, Abrahamische Ökumene, S. 24. Es muss gefragt werden, ob er sich ausschließlich auf die Verehrung irdischer, menschlicher „Fabrikationen“ bezieht oder auch die Verehrung anderer Götter anderer Religionen mit einbezieht. Abrahams Ablehnung bezog sich sicher primär auf letztere.

[287] *K.-J. Kuschel*, Streit um Abraham, S. 184. Die hier als Beleg zitierte Passage aus *Tilman Nagel*, Geschichte der islamischen Theologie, gibt diese Deutung jedoch nicht her, es sei denn, man geht von einem rein jüdisch-christlichen Denkansatz aus.

[288] *K.-J. Kuschel*, Streit um Abraham, S. 196. Diese Prüfung, die Bindung des Sohnes, sieht Kuschel jedoch als Höhepunkt der koranischen Abraham-Theologie – eine jüdisch-christliche Perspektive, die außer acht läßt, dass Sura 37, zu Beginn der 2. mekkanischen Periode, die erste vollständige Abrahamerzählung des Korans ist und, entgegen Muḥammads Gepflogenheiten, später nie wieder thematisiert wird. – Vgl. Gen 22.

[289] *K.-J. Kuschel*, Eins in Abraham? S. 88/89. – Unter derselben Überschrift „Abraham – Urbild des Glaubens“ steht auch ein Unterrichtsprojekt, das islamische Schüler mit einbezieht (*Dorothea Kolb*, Abraham – Urbild des Glaubens, Projektskizze in: *forum religion* 3/96).

[290] *K.-J. Kuschel*, Streit um Abraham, S. 199.

[291] *K.-J. Kuschel*, Abrahamische Ökumene, S. 17.

zutreten, so Kuschel.[292] Er sträubt sich gegen die Disqualifizierung der anderen als „Ungläubige“, erweitert die Aufzählung dann auch um „Abgefallene, Überholte oder Defizitäre“,[293] was eher einer politisch-korrekten, pluralistischen Zustimmung als einer aus den religiösen Schriften legitimierten Bewertung gleichkommt, wie sich im Laufe der Arbeit zeigen wird.

Da Abraham nach Gen 12,1–4a.6–8 ein Fremder und damit ein Außenseiter gewesen sei, fordert Kuschel, analog dazu den je anderen, auch den Dissidenten in der eigenen Tradition in seiner vollen Menschenwürde zu respektieren.[294] In ihm könne man „dem Fremden begegnen“.[295] Abraham, der auch theologisch nicht ausgrenzte, sondern seinem Gott folgte und daneben andere Altäre und Götter gelten ließ, stehe auch gegen die Ausgrenzung nicht-abrahamischer Religionen.[296] Damit wäre jedoch in letzter Konsequenz der Duldung des Polytheismus durch Abraham das Wort geredet – ein problematischer Gedanke, den nicht nur Muslime vehement ablehnen.

Auch lehnt Kuschel die Missionierung von anderen Abrahams-Religionen ab und bescheinigt den unter ihnen Missionierenden „Profil- und Identitätsprobleme“.[297] Ob dies dem Selbstverständnis der drei Religionen entsprechen kann, muss geprüft werden.

1.5.1.5 Glaube als ethischer Wert

Der Glaube Abrahams kann auch unter ethischen Gesichtspunkten gesehen werden: „Der Glaube an Gott, den die geistlichen Nachkommen Abrahams, Christen, Muslime und Juden, bezeugen, wenn er ernsthaft erlebt wird und das Leben durchdringt, ist eine sichere Grundlage für Würde, Brüderlichkeit und Freiheit des Menschen und ein Prinzip der Redlichkeit für moralisches Verhalten und das Leben in der Gesellschaft.“[298] Als Werte, die Abraham und seine Familie vorgelebt haben, werden „lebendiger Glaube und Zuversicht“, „Friedfertigkeit, Gastfreundschaft, Courage, Menschlichkeit, (…) Mut zum Aufbruch“[299] genannt.

---

[292] *Ebd.*, S. 17 f.

[293] *Ebd.*, S. 19.

[294] *K.-J. Kuschel*, Streit um Abraham, S. 280.

[295] *H. Futterlieb*, Du bist Abraham, S. 5.

[296] „Der Abraham der Genesis fordert bei aller Entschiedenheit des Bekenntnisses zu seinem Gott nicht die aggressive Abgrenzung oder gar Vernichtung anderer Glaubensformen. Abrahamische Ökumene kann deshalb unmöglich konzipiert werden als monotheistisches Bollwerk gegen nichtabrahamische Religionen, als seien diese von vornherein Ausdruck verwerflichen Aberglaubens.“ *K.-J. Kuschel*, Streit um Abraham, S. 281.

[297] *Ebd.*, S. 19. Falls diese nicht direkt in kausalem Zusammenhang eingefügte Feststellung tatsächlich so gemeint ist, wäre diese nicht nur theologisch fragwürdig, sondern auch anmaßend.

[298] Stimme eines nicht namentlich genannten Muslims, zit. in *L. Hagemann*, Christentum und Islam, S. 111.

[299] http://www.cig-stuttgart.de/HausAbraham_Historie.pdf; Projekt ‚Haus Abraham‘, Einladungsprospekt zum 2.6.2002.

Martin Bauschke zufolge verbindet sich mit dem Namen Abraham „die Offenheit für Fremde und andere Werte“[300], wobei er die „anderen Werte“ nicht definiert und daher im Unbestimmten lässt.

Eine Voraussetzung für Glauben und Vertrauen ist Abrahams Hören, das plastisch beschrieben wird als „in sich gekehrt ist er ganz Ohr: der Stimme zugewendet.“ Es gehe um „hinhören – wahrnehmen – nicht blind gehorchen.“[301]

Tatsächlich kann ein solcher Verhaltenskodex das Zusammenleben, vor allem an Orten mit heterogener Zusammensetzung von Religionen und im Umgang mit Minderheiten – wie auch Kuschel anmerkt[302] – deutlich friedfertiger und harmonischer gestalten. Zugespitzt ausgedrückt lässt sich aus Abraham in etwa ein Abbild des deutschen Grundgesetzes mit darüber hinausgehender Freundlichkeit gegenüber dem Nächsten ableiten. Diese ethische Komponente tritt zu der theologischen.

1.5.2 Abrahams Aufbruch ins Unbekannte; Abraham als Wanderer und Fremder

Abrahams Aufbruch aus seiner Heimat in ein ihm unbekanntes Land[303] wird interpretiert als Aufbruch aus gesicherten Verhältnissen in einen neuen Lebensabschnitt oder eine unbekannte Aufgabe,[304] aber auch als Weg der Identitätsfindung (Stichwort: „Ich suche meinen Weg“[305]).

Ebenso kann er verstanden werden als Aufbruch zu Gott hin. In diesem Sinne steht er für Menschen, die nicht starr „festhalten an Vergangenheiten und ererbten Besitztümern“, sondern „die seit Abraham immer wieder aufgebrochen sind, um den wahren Gott zu suchen und zu finden.“[306] Sich an Abraham, dem Wanderer, zu orientieren, heiße „unterwegs sein zu dem je größeren, unbegreiflichen Gott, offen sein für die Anforderungen eines Lebens vor Gott, offen sein für Gottes unberechenbare Anwesenheit auch bei den jeweils anderen.“[307]

Dieser Aufbruch Abrahams kann durchaus auch ganz wörtlich verstanden werden. Sogenannte „biblische Wanderungen“ folgen den durch archäologische Studien gewonnenen Erkenntnissen und nehmen sich Abraham als Vorbild und

---

300 *Kuschel / Micksch*, Abrahamische Ökumene, S. 103.

301 *H. Futterlieb*, Du bist Abraham, S. 4.

302 *K.-J. Kuschel*, Abrahamische Ökumene, S. 25.

303 Gen 12,1–4a.

304 *Hartmut Futterlieb*, Du bist Abraham, in: *forum religion* 3/96, S. 3.

305 *Hans Härterich*, Aufbrechen – wandern – segnen. Abraham – ein Thema nicht nur für den Religionsunterricht, in: *forum religion* 3/96, 8–21, S. 8 f.

306 Ansprache von *Papst Johannes Paul II.* vor Ausländern anlässlich seines Pastoralbesuchs 1980 in Mainz, zit. in Hagemann, Christentum und Islam, S. 108.

307 *K.-J. Kuschel*, Streit um Abraham, S. 286.

Metapher, so etwa für einen neu eingerichteten Pilgerpfad auf Abrahams Spuren, der durch die Türkei, Jordanien und Israel führt.[308]

1.5.3 Die eine Abrahamsfamilie – Geschwisterlichkeit unter den Religionen

Judentum, Christentum und Islam gelten als „monotheistische, prophetische und abrahamische Religionen. Denn sie bekennen sich zu dem *einen* Gott, wissen die Botschaft dieses Gottes durch immer neue *Propheten* vermittelt und verehren in *Abraham* den ‚Urvater‘ ihres Glaubens.“[309] Dies macht sie geistig zu einer Familie.

Innerhalb der einen Menschheitsfamilie, die sich definiert durch ihr Geschaffensein durch den einen Gott, bedeutet ökumenisches Bewusstsein „umfassendes Wissen übereinander, Achtung voreinander, Verantwortung füreinander und Kooperation miteinander“,[310] was in besonderer Weise für die monotheistischen Religionen eben durch die Berufung auf Abraham und die Verehrung des Gottes Abrahams gilt, die als „im Geiste des Urvaters und der Urmütter“ denkend nicht mehr allein um „das Wohl der Synagoge, der Kirche oder der Umma“ besorgt sind, sondern echte Geschwisterlichkeit zu praktizieren versuchen. Juden, Christen und Muslime müssten sich alle miteinander begreifen „als ‚Hanife‘ (sic) wie Abraham: als Gott-Sucher, Gott-Vertrauende, Gott-Beschenkte“.[311] Kurz nach dem II. Vaticanum waren noch leise Zweifel an der historischen Abstammung der Muslime von Ismael angemeldet worden,[312] doch inzwischen hat man die islamische Rezeption ihrer Genealogie – unter Vermischung von historischer und theologischer Ebene – übernommen. Aus dem Gedenken an die „friedenstiftende, versöhnende Besinnung auf den gemeinsamen ‚Vater‘ des Glaubens“ bezieht die Abrahams-Ökumene ihre Kraft als Gegenbewegung zu Selbstisolation, Enterbungstheologien und gegen den andern gerichteter Militanz.[313] Der von Samuel Huntington in seinem „Clash of civilizations“ beschriebenen Konfliktgefahr, die in der Unterschiedlichkeit der Religionen liege, setzt die Herbert-Quandt-Stiftung seit 1996 in einem Trialogprojekt pragmatisch „das Verständigungspotenzial der drei abrahamischen Weltreligionen und Kulturen“ entgegen.[314] Auch die Freunde der „Fraternité d’Abraham“ betrachten sich als Kinder Abrahams: „Millionen Gläubige vereint in der Erinnerung an ein und denselben Menschen, Vater ihrer Völker, Vorbild im Glauben an den einzigen Gott.“[315]

[308] www.abrahampath.org/flash/index.html (10.5.2010)
[309] Kuschel / Micksch, S. 11.
[310] *K.-J. Kuschel*, Streit um Abraham, S. 220.251
[311] *K.-J. Kuschel*, Streit um Abraham, S. 305; Eins in Abraham? S. 95.
[312] Vgl. *R. Caspar*, Exkurs zum Konzilstext über die Muslim, S. 486 f.
[313] *K.-J. Kuschel*, Streit um Abraham, S. 216 f.
[314] www.h-quandt-stiftung.de/root/index.php?lang=de&page_id=32 (25.4.2005).
[315] Manifest der Fraternité d’Abraham, zit. in: Kuschel, Streit um Abraham, S. 274 f.

Kuschel ist dabei aber so realistisch, nicht nur die idealisierende Seite der Familienmetapher zu sehen, sondern auch zu bedenken, dass zu jeder Familie Rivalität und Streit gehören[316] und dass sich Harmonie angesichts spezifischer Unterschiede und jeweiliger Wahrheitsansprüche nicht automatisch einstellt.[317]

Die gemeinsame Abstammung von Abraham, die verwandtschaftliche Verbundenheit, wird hauptsächlich beschworen in den Krisengebieten des Nahen Ostens inmitten christlich-muslimischer Spannungen.[318] „Kinder Abrahams" nannte denn sowohl der inzwischen verstorbene jordanische König Hussein[319] wie auch der ehemalige ägyptische Präsident Anwar as-Sadat[320] alle Einwohner des Nahen Ostens, ob Juden, Christen oder Muslime. Dies begründet sich vor allem in den Stammeseltern Abraham, Sara, Isaak, Hagar und Ismael. Auch wenn sich der ewige Bund (Gen 17,7.19) auf Isaak und seine Nachkommen erstrecke – womit dieser ein Alleinstellungsmerkmal hat –, wird doch auch Ismael gesegnet und bringt zwölf Stämme hervor, während Gen 17 viel Mühe darauf verwende, die „Gemeinsamkeiten untereinander und vor Gott festzuhalten."[321] Kuschel plädiert dafür, diesen gemeinsamen Ursprung ernstzunehmen und im „Bewusstsein der Zusammengehörigkeit" auch Verantwortlichkeit und Solidarität füreinander zu übernehmen.[322]

1.5.4 Die Gastfreundschaft Abrahams[323]

Durch Abrahams Gastfreundschaft den drei unbekannten und ungenannten Männern gegenüber wird er, der selbst Fremdling und Gast in einem fremden Land ist, zum „Symbol der Gastfreundschaft".[324]

---

316 *K.-J. Kuschel*, Eins in Abraham?, S. 85; Streit um Abraham, S. 251. Gerade unter Geschwistern werde erfahrungsgemäß am erbittertsten gestritten.

317 Kuschel / Micksch, S. 12.

318 So *Papst Johannes Paul II.* auf seiner Jubeljahrpilgerreise, am 20.3.2000 bei seiner Ankunft in Amman / Jordanien.

319 Zit. in: *Francesca Ciriaci*, Die Kinder Abrahams in Jordanien, Reformierte Presse, 12.2. 1999.

320 In seinem nächtlichen Gespräch auf dem Nil mit Helmut Schmidt; zit. in: *K.-J. Kuschel*, Streit um Abraham, S. 291. In Wirklichkeit jedoch stärkte gerade der Friedensnobelpreisträger Sadat die Muslimbruderschaft in Ägypten, die sich dadurch ermutigt fühlte, so dass ausgerechnet unter Sadat eine Verfolgungswelle über die Christen hereinbrach. Den koptischen Papst Shenouda III. schickte er per Dekret ins Hausarrest im Kloster Anba Bshoy im Wadi Natroun und ließ zahlreiche Bischöfe und Priester verhaften. Die Ermordung Sadats durch die Muslimbrüder verstanden die Kopten als Gottesgericht.

321 *Reinhard Feldmeier / Hermann Spieckermann*, Der Gott der Lebendigen. Eine biblische Gotteslehre, Tübingen 2011.

322 *K.-J. Kuschel*, Juden – Christen – Muslime, S. 609.

323 *Hanna Hirschberger*, Abraham – eine Erfolgsstory?, in: *forum religion* 3/96, S. 2; *L. Hagemann*, Christentum und Islam, S. 109 f.

324 Siehe das Abrahamitische Symposium Tübingen am 10.12.2009 zum Thema „Abraham als Symbol der Gastfreundschaft und der Migration. Zuerst Gast, dann Migrant – wann Bürger?"

Dem „Vatikanischen Sekretariat für Nichtchristen“ zufolge könne abrahamische Gastfreundschaft[325] als „spirituelle Gastfreundschaft“ auch beim gemeinsamen Gebet zum Ausdruck gebracht werden,[326] v. a. im Gebet um Frieden und Versöhnung. Dabei müsse jedoch klar sein, dass das Gebet nicht Ort theologischer Kontroversen sein könne, diese müssten im Vorfeld geklärt werden, ebenso dürfe es weder Religionsvermischung noch Aneignung fremder theologischer Inhalte geben.

In einer mehrheitlich islamischen Umgebung, während seines Pakistanbesuchs 1981, verwies Papst Johannes Paul II. auf „eine der besonders hervorgetretenen Eigenschaften Abrahams – mit dessen Glauben Christen, Moslems und Juden in gleichem Eifer ihren eigenen Glauben verbinden –: (...) seine große Gastfreundlichkeit.“[327]

Diese Gastfreundschaft soll auf dem bereits erwähnten „Abraham Path“ erlebt werden,[328] Pilger sollen zu Gast sein in der Region, durch die Abrahams Weg führte, und dort ihren Respekt vor der „human family“ zum Ausdruck bringen.

Begrüßenswert ist der Gedanke, dass der „je Andere (...) einen Ort bei mir [hat]: aus welcher Kultur oder Religion auch immer“,[329] worin sich abermals die Achtung vor dem *imago Dei* in jedem Menschen widerspiegelt wie auch die Annahme jeder Person, seien es Prostituierte, Zöllner oder Aussätzige, durch Christus.

Was das für die Haltung zur und Weitergabe der eigenen religiösen Überzeugung zu bedeuten hat, muss indes noch überprüft werden.

1.5.5 Rettung und Segen

Abraham steht sowohl für seine eigene Rettung durch Gott als auch für die Rettung Ismaels.[330]

Dazu kommt der Segen Gottes für den Erzvater, der sich in Prüfung bewährt hat und für treu und gehorsam befunden wurde, [331] sowie sein Zuspruch, das Sich-von-Gott-gehalten-und-getragen-Wissen.[332]

---

[325] Vgl. Gen 18,1–8.

[326] Zit. in: *K.-J. Kuschel*, Streit um Abraham, S. 300 f., siehe das ganze Kapitel S. 298–304. Auf das „abrahamische Gebetbuch“ von Bauschke, Homolka und Müller wurde bereits verwiesen.

[327] Zit. in: *L. Hagemann*, Christentum und Islam, S. 109f

[328] www.abrahampath.org/flash/index.html (10.5.2010)

[329] *K.-J. Kuschel*, Abrahamische Ökumene, S. 19.

[330] *Ebd.*, S. 5.

[331] *K.-J. Kuschel*, Streit um Abraham, S. 185.

[332] *H. Härterich*, Aufbrechen – wandern – segnen, S. 8–10; *Jürgen Micksch*, Abrahamische und Interreligiöse Teams, in: www.interkultureller-rat.de/Themen/AbrForum/abf-broschuere .pdf (7.9.04).

Dem katholischen Alttestamentler Manfred Görg zufolge sei es Segen, dass „in Abrahams Schoß so etwas wie eine Kommunikation zustande kommt, die die Religionen und die Völker miteinander verbinden kann."[333]

1.5.6 „Abrahamische Spiritualität"

Die „Fraternité d'Abraham" will das „gemeinsame spirituelle und kulturelle Erbe Abrahams" pflegen, mit dem Ziel, „die Welt von den Übeln des Hasses, der fanatischen Gewalttaten, des Stolzes auf Rasse und Blut zu befreien, indem ihr die authentischen und göttlichen Quellen eines brüderlichen Humanismus vor Augen geführt werden."[334] Abrahamische Spiritualität werde benötigt, um alle Resignation zu überwinden, für ein radikales Gottvertrauen allen Vergeblichkeiten des Augenblicks zum Trotz, für ein Loslassen dessen, was zu festen Besitzständen zu gehören scheint, damit man „alles Irdische in Synagoge, Kirche und Umma relativieren (kann) zugunsten des je größeren Gottes". Dann werde „abrahamische Spiritualität (...) das stärkste Gegengift gegen einen lähmenden Fatalismus, (...) die beste Arznei gegen den Zynismus."[335]

Auf interreligiösen abrahamischen Feiern des Interkulturellen Rats soll „abrahamische Spiritualität" praktiziert werden; im gemeinsamen Sprechen von Psalmtexten und „durch Lesungen aus den Heiligen Schriften [soll] daran erinnert werden, was für alle drei Religionen grundlegend ist".[336] Allerdings wird nicht konkretisiert, was daran spezifisch „abrahamisch" sei, oder welches der Bezug auf Abraham sein soll. Als spirituell verbindend wird auch die gemeinsame Verehrung der Propheten genannt, wobei leider nicht ausgeführt wird, wie diese auszusehen habe. Nach Angaben der Initiatoren der Abrahamischen Feiern erzielten diese „eine beachtliche und dauerhafte Wirkung. Inzwischen sind abrahamische Veranstaltungen und Projekte eine Selbstverständlichkeit."[337]

Darüber hinaus sollten interreligiöse Komponenten auch in die Lokalpolitik Einzug halten; so sollten Abrahamische Foren „Keimzellen interreligiöser Stadträte" werden.[338]

---

[333] Zit. in: *K.-J. Kuschel*, Streit um Abraham, S. 266.

[334] Aus dem Manifest der Fraternité, zit. in: *K.-J. Kuschel*, Streit um Abraham, S. 275.

[335] *K.-J. Kuschel*, Abrahams Vermächtnis. Gemeinsam die Götzen entzaubern, in: *Publik-Forum* 4/1999.

[336] *J. Micksch*, Abrahamische und Interreligiöse Teams.

[337] A. a. O., S. 9.

[338] *Karl-Josef Kuschel/Jürgen Micksch*, Abrahamische Ökumene. Dialog und Kooperation, Frankfurt am Main 2011, S. 103.

1.5.7 Kinder Abrahams als „Freunde Gottes“ und untereinander[339]

Diese Aussage steht in Analogie zu dem Ehrennamen Abrahams in Bibel (Jes 41,8; 2. Chron 20,7; Jak 2,23) und Koran (4,125). Die Freundschaft, d. h. Nähe zu Gott, äußere sich darin, dass Gott den Menschen als Unterwerfer, Erhalter und Bewahrer der Erde einsetzt,[340] was eine „erschreckende, aber wunderbare Verantwortlichkeit“ sei.

Gerade im Nahen Osten wurden einige Gedichte der Freundschaft dazu geschrieben. Von dem libanesischen Nationaldichter Ǧibrān Ḫalīl Ǧibrān, einem maronitischen Christen, stammen die Verse:

Du bist mein Bruder, und ich liebe Dich.
Ich liebe Dich in Deiner Moschee niedergeworfen …,
denn Du und ich sind Kinder derselben Religion, welche Geist ist,
während die geistlichen Führer nur Finger sind,
die an der Hand der Göttlichkeit kleben.
Du bist mein Bruder, und ich liebe Dich.
Warum also Dich mit mir streiten?[341]

Diese Freundschaft untereinander – unter den christlichen Denominationen, aber auch zwischen Christen und Muslimen –, die in der Freundschaft zu Gott wurzelt, umzusetzen, ist das Ziel der al-Khalil communities. Im syrischen Kloster Deir Mār Mūsā al-Ḥabašī[342], ca. 80 km nördlich von Damaskus gelegen, gründete der italienische Jesuitenpater Paolo Dall'Oglio eine ökumenische Gemeinschaft, die sich für den Dialog zwischen Christen und Muslimen einsetzt. Die mönchischen Prinzipien Gebet (*ṣalāt*) und Arbeit (*ʿamal*) erweiterte Pater Paolo um die arabischen Elemente der Gastfreundschaft (*ḍayāfa*) und des Dialogs (*ḥiwār*).[343]

1.5.8 Abrahams Friedenspotential

Karl-Josef Kuschel führt die Fähigkeit Abrahams zur Schlichtung von Streit an (Gen 13,8 f.; 21,30–33) und stellt dies der aktuellen Situation in Israel-Palästina gegenüber.[344] Das Bewusstmachen derselben Wurzel und Abstammung von Ju-

[339] *Kardinal Sergio Pignedoli* (Trialog 11.21). Allerdings weitet er die Bezeichnung dann auch auf fernöstliche Religionen sowie auf Atheisten aus, weil tief in ihnen eine gewisse Spiritualität schlummere, und relativiert sie dadurch wieder.

[340] In islamischer Begrifflichkeit als *ḫalīfa* (Stellvertreter).

[341] Zit. in *Raif Georges Khoury*, Djabrān Khalīl Djabrān und der Islam, in: Hagemann (Hrsg.), Auf dem Weg zum Dialog, Altenberge 1996, S. 243.

[342] Mūsā al-Ḥabašī, war, wie sein Name schon sagt, ein abessinischer Fürst, der sich vor etwa 1.500 Jahren hier in eine kleine Höhle zurückzog zum asketischen Leben.

[343] *Navid Kermani*, Seine Liebe macht keinen Unterschied, *Der Spiegel 10/2014*, S. 112 f. – Pater Paolo wurde im Juli 2013 von Islamisten entführt und vermutlich ermordet.

[344] *K.-J. Kuschel*, Streit um Abraham, S. 288 f.

den, Christen und Muslimen sollte es nach Anwar as-Sadat ermöglichen, „dass sie zum Frieden miteinander finden.“[345] Er wusste, dass für die Menschen des Nahen Ostens ein Friede aus religiöser Überzeugung und Legitimation die Herzen viel elementarer ergreift als jeder juristisch noch so ausgeklügelte Vertrag.

Dabei ist wichtig festzuhalten, dass das „Ziel einer abrahamischen Ökumene dabei nicht eine Einheitsreligion, sondern Friede unter den Religionen“ ist.[346] Für den Interkulturellen Rat führt Jürgen Micksch die Ziele an: Armut überwinden, Gerechtigkeit schaffen, Einsatz für den Frieden zwischen Menschen, sowie Verhinderung der Instrumentalisierung der Religionen für politische Zwecke, Verhinderung von Kriegen, den Auftrag, die Schöpfung Gottes zu erhalten und zu bewahren, Überwindung von Fremdenfeindlichkeit und Rassismus.[347]

Diese globalen Ziele der Erreichung und Bewahrung des Völkerfriedens werden dort existentiell, wo sie nicht nur als abstrakte Sachthemen verhandelt werden, sondern in den persönlichen Lebensvollzug hineinreichen, ganz besonders im Miteinander derjenigen „Söhne“ Abrahams, die ihr eigenes Erbe jeweils gegen den andern beanspruchen, wie in der Situation des israelisch-palästinensischen Konflikts. Zur politischen Dimension gehört dann auch die Instrumentalisierung Abrahams, deren Anliegen nicht die normative Abrahamgestalt der Genesis, sondern die Legitimierung der eigenen Interessen und Machtvorstellungen, ist.[348] Aus den oben vorgestellten Beiträgen des MECC gehen die jeweils eigenen politischen Ansprüche der beteiligten Gruppen hervor, die sich dabei gerne auf Abraham berufen.

1.6 Fazit

Das Pathos, mit dem noch vor einigen Jahren Thesen einer abrahamischen Ökumene vorgetragen wurden, hat nachgelassen. Die Töne sind leiser geworden, die Abrahambezüge differenzierter. Kaum jemand würde tiefgreifende Unterschiede in Abrede stellen. Nach den Worten Kuschels

> … heißt für eine abrahamische Ökume eintreten nicht, die trennenden Differenzen zwischen Judentum, Christentum und Islam überspielen, heißt nicht leugnen, dass Juden, Christen und Muslime Wahrheitsansprüche gegeneinander vertreten, die nicht auflösbar sind, sondern heißt, diese unvereinbaren Wahrheitsansprüche gegeneinander in richtigem Geist gesprächsfähig machen.[349]

[345] Zit. in: *K.-J. Kuschel*, Streit um Abraham, S. 291.
[346] *K.-J. Kuschel*, Eins in Abraham?, S. 96.
[347] www.interkultureller-rat.de/Themen/Abr_Forum/Abr_Forum_Teams.shtml (6.9.04).
[348] Dazu auch *K.-J. Kuschel*, Streit um Abraham, S. 250; *Andreas Bsteh*, Gesprächserfahrungen der Abrahamiten, in: *Diakonia* 1994, 116–120, hier: S. 117.
[349] *K.-J. Kuschel*, Juden – Christen – Muslime, S. 608.

Mancher Grundgedanke der Abrahams-Ökumene scheint jedoch in das Selbstverständnis vieler Dialoginitiativen eingegangen zu sein. Nachhaltig wirksam ist die Auffassung, Judentum, Christentum und Islam seien drei gleichartige und gleichwertige Zweige einer monotheistischen Offenbarung, sie stünden in einem gemeinsamen „Glaubensprozess“, der „mit Abraham begann, durch Mose und Jesus neu ausgerichtet und durch Mohammed zu einem Abschluss gebracht“ wurde.

Obwohl der Begriff der Abrahamischen Ökumene in aller Munde ist, sind nur relativ wenige theologisch ernsthafte Ansätze zu Abrahamthemen zu finden. Die thematisierten Aspekte beschränken sich überdies auf die Handlungsebene und das menschliche Miteinander.[350] Bei den Gegnern gilt die Abrahams-Ökumene als liberaler Ausverkauf des Christentums, der angeblich zur Förderung der Islamisierung des „christlichen“ Westens beitrage. Bei vielen anderen, Befürwortern wie Gedankenlosen, ist die Rede von Abraham, sogar die Abrahams-Ökumene selbst, zum wohlfeilen Schlagwort und Modethema verkommen, verflacht zu plakativen Phrasen, die westlich gefüllt und eher inflationär gebrauchter, griffiger Slogan als durchdachtes Thema sind. Ja, selbst so unspezifische Aussagen wie „einen Namen haben, ansprechbar sein, wahrgenommen werden“[351] oder Eintreten für Benachteiligte können noch auf Abraham projiziert werden. Man gewinnt den Eindruck, sobald irgendwo Juden, Christen und Muslime in irgendeiner Weise zusammenkommen und aktiv werden, bekomme diese gemeinsame Aktivität das Etikett „abrahamisch“.

In einem rein christlichen Kontext wird auf die paränetischen Bezüge der Abraham-Erzählung rekurriert und v.a. die Themen und Fragestellungen angesprochen, die in einer westlich orientierten Gesellschaft des 20./21. Jahrhunderts relevant sind. Dies gilt auch für christlich-muslimische Projekte in einer christlichen Mehrheitssituation. Dort tritt nun Abraham als inhaltliches Bindeglied zwischen den Religionen in den Vordergrund. Teilweise kann man sich des Eindrucks nicht erwehren, Abraham diene hier als eine Art Beschwörungsformel, nach dem Motto: „Ich habe keine bösen Absichten, denn wir sind doch abrahamische Brüder.“ Der Verweis auf den gemeinsamen Vater stellt eine positive Grundstimmung her und versichert den anderen des eigenen Wohlwollens.

Völlig anders stellt sich die Situation für christlich-arabische Theologen dar: Sie erleben, wie die Nachkommen der Hauptfrau Sara die Nachkommen des eigentlich Erstgeborenen der Nebenfrau Hagar unter Berufung auf ihre größere Legitimität vertreiben. Dass Abraham seine ökumenisch hochgelobte „Friedenslösung“ ausgerechnet durch die Vertreibung der Hagar fand, muss jeden Exegeten vor ein unlösbares Dilemma stellen.

---

[350] Paradigmatisch sei auf das Programm des Abrahamitischen Symposiums Tübingen vom 3.12.2014 verwiesen, das Demokratie, Menschenrechten und Religion im Alltag beinhaltet sowie Demokratie fördernde interreligiöse Jugendprojekte vorstellt.

[351] *H. Härterich*, Aufbrechen – wandern – segnen, S. 8–10.

Besonders schwierig ist die Situation palästinensischer Christen, die unter dem doppelten Rechtfertigungsdruck leben: als Christen in einer muslimischen Umgebung und als Araber in Israel oder von Israel besetzten Gebieten.[352] Angesichts des Über-Lebensdrucks drehen sich die Fragestellungen um das Land und den Lebensraum. Die Beschäftigung mit Abraham mündet für sie in politische Forderungen nach Land und Lebensrecht in Israel, in Forderung nach menschenwürdigem Leben als Gleichberechtigte in islamischem Kontext oder in Spiritualisierung und Zuflucht in mystische Deutungen. Darüber hinaus kann man in der Zwischenzeit nicht mehr übersehen, dass der zahlenmäßige Rückgang der Christen nicht nur im Heiligen Land, sondern auch in anderen Ländern des frühen Christentums nicht mehr mit sozialen und wirtschaftlichen Gründen zu erklären ist, sondern dass mancherorts das blanke Überleben gefährdet ist.

Christlicherseits haben wir erkannt: „Zum Dialog untereinander gibt es keine Alternative, wollen Menschen in ein und derselben Gesellschaft in Frieden miteinander leben und überleben."[353] Gleichzeitig ist dieses Miteinander-im-Gespräch-sein nicht ungefährdet: Nach der Euphorie, die auf die Vorgaben des II. Vaticanums folgten, hat sich auf beiden Seiten Ernüchterung in Bezug auf interreligiöse Möglichkeiten breit gemacht, so dass immer wieder der Ruf nach einer Denkpause[354] hörbar wird. Manche stellen gar schon die bange Frage: „Dialog in der Sackgasse?" Die Verwerfungen der Weltpolitik, die Militanz fundamentalistischer Gruppen, oft aber auch eine gewisse Ergebnislosigkeit bzw. das Nichteintreffen der selbst pognostizierten Ergebnisse, belasten und blockieren immer wieder das Gespräch. Es klingt sehr nach Sisyphusarbeit, wenn Adel Theodor Khoury klagt: „Wir sind kaum aus den Startlöchern herausgekommen, da werden wir unsanft zurückgeworfen."[355] Nun ist es gewiß – zumindest für die Situation in Europa – zu schwarz gemalt, wenn gefragt wird, ob gar „jene unsägliche Zeit" uns wieder eingeholt hat, „da sich Christen und Muslime gegenseitig befehdeten und gegeneinander in den Krieg zogen in der Absicht, ihren für angestammt gehaltenen jeweiligen Herrschaftsbereich mit allen Mitteln auszudehnen."[356]

Darum ist immer wieder zu fragen und zu definieren, welcher Dialog gemeint ist. In einem erstzunehmenden Gespräch sollte es eine Selbstverständlichkeit sein, „die Verletzungen des anderen hörend zu ertragen und die eigenen zu be-

---

[352] Im Jahr 1948 machten Christen 10 % der palästinensischen Bevölkerung aus, 2014 waren es lediglich 2 %; nach Angaben des Lateinischen Patriarchats Jerusalem 180.000 Menschen.

[353] *L. Hagemann* in der Einführung zu: Dialog in der Sackgasse?, S. 13.

[354] Vgl. *Michael Mildenberger*, Denkpause im Dialog. Perspektiven der Begegnung mit anderen Religionen und Ideologien, Frankfurt am Main 1978.

[355] *A. Th. Khoury*, Auf dem Weg zum Dialog, in: Hagemann (Hrsg.), Auf dem Weg zum Dialog, Altenberge 1996, S. 7.

[356] *L. Hagemann*, Dialog in der Sackgasse?, S. 13.

nennen"[357] – das sind Elementarbausteine einer seelsorgerlichen Grundhaltung, die jede Begegnung von Menschen prägen sollte. Über diese Prämissen auf der anthropologischen und psychologischen Ebene hinaus werden auf der theologischen Ebene noch ganz andere Fragestellungen relevant.

Nun gibt es durchaus auch die andere Einschätzung: dass nämlich der Dialog, der sich auf theologische Themen beschränkt, letztlich die interreligiöse Begegnung nicht weitergebracht habe. Wichtig sei daher gerade die Verknüpfung mit den politischen und gesellschaftlichen Erfordernissen und Nöten; hier könnten und müssten die Religionen zusammenarbeiten. Zwar bleibt Religion ohne Bezug zur Praxis eine „abstrakte Theorie, über der gesellschaftlichen Ebene mit ihren konkreten Problemen"[358] schwebend, doch dürfen die – berechtigten – Wünsche der Praxis nicht beginnen, nun ihrerseits die Grundlagen einer Religion in ihrem Sinne zu verändern, darf die gesellschaftliche Wirklichkeit nicht zur normgebenden Autorität werden.

Nun ist die Rede von den drei abrahamischen Religionen weder eine Errungenschaft der Neuzeit noch eine Erfindung der Christen oder gar der Ökumenischen Bewegung. Wenn auch nicht im terminus, so doch in der Sache, spricht bereits der Koran von der *millat Ibrāhīm*, der Religion Abrahams, und fordert durch den Propheten Muḥammad auf: „Folge der Glaubensrichtung Ibrāhīms *(millat Ibrāhīm)*, als Anhänger des reinen Glaubens *(musliman ḥanīfan)*" (16,123), denn Abraham war „weder Jude noch Christ", sondern ein vor-jüdischer und vor-christlicher Glaubender an den einen Gott: „ein gottergebener *Ḥanīf*". Die Idee von den abrahamischen Religionen ist also eine genuin islamische.[359] Über viele Jahrhunderte war die theologische Beziehung zwischen den drei monotheistischen Religionen alles andere als vom Geist abrahamischer ökumenischer Gemeinschaft getragen, sondern vielmehr über weite Strecken eine von Polemik und Apologetik geprägte Auseinandersetzung – auch von Seiten des den vorislamischen Offenbarungsreligionen gegenüber zu Achtung und Anerkennung verpflichteten Islam. Der abrahamische Gedanke führte im Islam jedoch lediglich zu einer Differenzierung zwischen den *religiones licitae*, den „Leuten des Buches" (*ahl al-kitāb*), und den Ungläubigen, Polytheisten, Götzendienern, den „Beigesellern" (*mušrikūn*). Während Polytheisten kein Existenzrecht in einem islamischen Staat zugestanden wurde, konnten die *ahl al-kitāb* als Besitzer einer Offenbarungsschrift und sogenannte Schutzbefohlene oder Vertragsbürger (*Ḏimmis*) dort als Schutzbürger, bisweilen *de facto* als Bürger zweiter Klasse,

[357] *W. D. A. Aries*, Konflikt der Gedächtnisse, S. 11.

[358] *Andreas Bsteh*, Eine wissenschaftliche Konsultation in Teheran, in: Hagemann (Hrsg.), Auf dem Weg zum Dialog, 79–102, hier: S. 81.

[359] Darauf verweisen auch: *Barbara Huber*, VIP's der christlich-islamischen Begegnung: Johannes von Damaskus, in: *CIBEDO* 2/1990. 37; *Stefan Schreiner*, Kommentiertes Vorlesungsverzeichnis SS 2000 zur Vorlesung „Die theologischen Beziehungen zwischen Juden, Christen und Muslimen", www.uni-tuebingen.de/ev-theologie/ (3.5.2000).

leben, mit wechselnden Pflichten und Auflagen, die häufig diskriminierende Züge annahmen.

Diese Entwicklung des abrahamischen Gedankens auf islamischer Seite macht stutzig: Ist dies eine der Engführungen der islamischen Tradition, die aus machtpolitischen und ideologischen Interessen eine bestimmte einseitige Interpretation förderte – und damit reversibel und korrigierbar sein müsste, wenn nur die Quellen wieder neu befragt und in ihrem ursprünglichen Kontext gedeutet würden –, oder ist diese Entwicklung von Anfang an in den Quellen festgelegt – und damit irreversibel?

Eine weitere Frage, die zu stellen ist: Wie sind die islamischen Stimmen einzuordnen, die im hiesigen Dialog zu hören sind? Wie repräsentativ für die Haltung der Muslime, die nicht aus der Minderheitenposition in der Diasporasituation in Europa oder den USA sprechen, sondern als Mehrheit in den islamischen Kernländern leben? Weiter ist, da alle islamischen Äußerungen auf Koran und *sunna* (Lebensweise Muḥammads) begründet sein müssen, zu fragen: Ist das, was hierzulande gemeinhin als „die" islamische Position gilt, tatsächlich durch die islamischen Quellen legitimiert?

Bei aller formalen Übereinstimmung in der Begrifflichkeit muss auch gefragt werden: Ist die inhaltliche Füllung, der theologische Skopus der gleich erscheinenden Aussagen wirklich derselbe?[360] Werden wir der islamischen Position überhaupt gerecht, wenn wir nur Randstimmen – so sehr wir sie auch brauchen – zu Wort kommen lassen, oder bestätigen wir dadurch lediglich ein Wunschbild?

Darum ist im Folgenden, im Hauptteil dieser Arbeit, zu untersuchen, ob und inwieweit die Abrahamrezeptionen in Koran und islamischer Tradition von der westlich-europäisch geprägten Konzeption der geschilderten „Abrahamischen Ökumene" wahrgenommen und berücksichtigt werden. Es ist zu fragen, ob die „westlichen" Themen und Schwerpunkte auch islamischerseits relevant und konstitutiv sind und von Koran und Tradition bestätigt werden, und ob und welche Begründungen für einen solchen Ökumenegedanken den islamischen Quellen zu entnehmen ist. Wie groß ist überhaupt die Schnittmenge zwischen Abra-

[360] Islamischerseits ist die Problematik von Übersetzungen theologischer Termini schon länger ins Blickfeld gerückt: 1988 erschien „Für ein islamisches Deutsch", eine modifizierte Übersetzung von „Toward Islamic English" von *Ismāʿīl Rājī al Fārūqī*, in dem er für die Beibehaltung arabischer Namen und theologischer Begriffe plädiert, da „die Veränderung der islamischen Bedeutungen und ihrer Werte durch Übersetzungen (...) einen Verlust für den Islam, für die Muslime und für den menschlichen Geist" darstellen, da durch sie die ursprüngliche Bedeutung „Veränderung, Verlust oder Auslöschung aus dem Bewußtsein" (14) erfährt. Eindrücklich demonstriert er dies anhand der Übersetzung von *ṣalāt* in „Gebet", wobei das deutsche „Gebet" aber der Bedeutung von *duʿā* entspricht. *Ṣalāt* wird von ihm übersetzt als „Akt des Gottesdienstes im Islam" (47). – Während es in christlichen Theologen- und Orientalistenkreisen inzwischen verpönt ist, für den islamischen Gottesbegriff „Allah" zu benutzen, gehen Muslime teilweise selbst dazu über, nur noch „Allah" zu verwenden, um jeden Anklang – und zugleich Verwechslungsmöglichkeit – an ein christlich-trinitarisches Gottesverständnis zu vermeiden (so in den Koranübersetzungen von Rassoul und Elyas / Bubenheim).

hamischer Ökumene aus „westlicher“ Sicht und islamischer Sicht? Diese Fragen muss die Abrahamische Ökumene zulassen und beantworten, wenn sie sich zu Recht „abrahamisch“ nennen will.

Den Versuch einer Antwort können wir nur geben, wenn wir die islamischen Quellen selbst befragen und möglichst authentisch zu Wort kommen lassen. Diese Exegese der Quellen mündet dann in ihre Rezeptions- und Wirkungsgeschichte bis heute, die keineswegs einheitlich verläuft und zu durchaus gegensätzlichen Ergebnissen kommen kann. So sei denn hier die Forderung Hans Küngs beherzigt: „Kein Dialog zwischen den Religionen ohne Grundlagenforschung in den Religionen.“[361] – und sie sei abgewandelt: „Keine Abrahamische Ökumene ohne Grundlagenforschung zu Abraham!“

---

[361] *H. Küng*, Das Judentum, S. 2 und 21. Inwieweit Küng selbst seine eigene Forderung adäquat umsetzt, muss hier zunächst unbeantwortet bleiben.

2. Methodologie: Quellen und Hermeneutik

2.1 *Erschließung der islamischen Quellen zu Ibrāhīm*

War bislang, ausgehend von der „westlichen“ Perspektive der Abrahams-Ökumene, von „Abraham“ die Rede, so soll nun ein Perspektivwechsel vorgenommen werden. Hauptinteresse dieser Arbeit ist die Analyse des *islamischen* Abrahamverständnisses, wofür die jeweiligen Quellen befragt werden. Dies wird deutlich, indem von jetzt an der arabische Terminus „Ibrāhīm“[1] verwendet wird; das bedeutet zu diesem Zeitpunkt keine Wertung, sondern soll lediglich verdeutlichen, dass es um den Abraham der islamischen Quellen handelt.

Zu diesen Quellen gehört in erster Linie der *Koran* als heilige Schrift; doch würde man den Islam in seiner Vielgestaltigkeit gründlich missverstehen, würde man den Koran als isoliertes religiöses Dokument betrachten und seine „Brechung in nahezu unzählige muslimische Interpretationen“[2] außer Acht lassen, auch wenn diese um den Koran zentrierte Gelehrtenkultur teilweise als „historische Bürde“ betrachtet wird und die Wortführer der großen islamischen Organisationen in Deutschland angeben, sich davon befreien zu wollen und sich nur auf „Koran und Sunna“ zu beziehen. Der um den Koran gewachsene islamische Wissenschaftskanon mag zwar in einzelnen, historisch bedingten Bereichen obsolet geworden sein, im Wesentlichen hat sich jedoch nichts Grundlegendes daran geändert. Er ist die Brille, durch die der Korantext betrachtet wird.[3] Außerdem:

---

[1] Zur etymologischen Herkunft und Form von „Ibrāhīm“ siehe *Arthur Jeffery*, The foreign vocabulary of the Quran, Baroda 1938, S. 44–46, der darauf hinweist, dass diese Form nicht direkt aus dem Hebräischen אַבְרָגָם (Abraham) stammen kann, da sie sonst „Abrahām“ gelesen werden müsste. Allerdings bleibt unklar, aus welchen Quellen sie stammen könnte. Die angeblich „sicherste Lösung“ sei, dass „Ibrāhīm“ entsprechend dem koranischen Prinzip, dass Personennamen, deren Träger in irgendwelchem Zusammenhang stehen, lautlich auf eine Form zu bringen seien, analog zu „Ismāʿīl“ und „Isrāʾīl“ gebildet wurde. Das ist zwar philologisch einleuchtend, wird jedoch fraglich, wenn wir unten feststellen, dass Ibrāhīm in den frühesten Erwähnungen nur im Kontext seiner „Blätter“ erscheint und die Verbindung v. a. zu Ismāʿīl erst aus medinischer Zeit stammt. Wenn es eine sprachliche Angleichung gegeben hat, dann muss sie eben doch vorkoranisch gewesen sein, eventuell aus dem Umfeld der Hanifen.

[2] *Stefan Wild*, Mensch, Prophet und Gott im Koran. Muslimische Exegeten des 20. Jahrhunderts und das Menschenbild der Moderne, Münster 2001, S. 8–9.

[3] So beziehen sich eben diese ihre Eigenständigkeit propagierenden Gruppen in ihrer Koranrezeption nach wie vor auf die klassische islamische Theologie mit den seit Jahrhunderten auto-

To isolate but one segment or era of Islamic reflection, be it the formative Qur'ānic stage, a particular period within the mediaeval development of this tradition of the multi-faceted contemporary situation, risks truncating the richness and diversity of Islam and arbitrarily confining it to some predetermined perspective, whether past or present.[4]

Wo von islamischer Seite der Versuch eines historisch-kritischen Diskurses versucht wird, werden diese Denkanstöße ebenfalls aufgenommen. Allerdings kann der ungeheure Reichtum islamischer Theologie nicht in seiner ganzen Fülle dargestellt werden. In diesem Rahmen kann nur ein kleiner Eindruck davon vermittelt werden.

2.1.1 Die Ibrāhīmtexte des Korans

Dies ist nicht der Ort, über die Schwierigkeiten – um nicht zu sagen: die Unmöglichkeit – einer angemessenen Übersetzung des Korans zu sprechen.[5] Man ist tatsächlich geneigt, ihn als „arabischen Koran" (Sura 12,2; 20,113; 39,28 u. ö.) stehen zu lassen. Die vorliegende eigene Übersetzung[6] aller Ibrāhīmtexte versucht gerade nicht, die Lücken des Textes zu füllen, die Brüche im Gedankenfluss

ritativen Kommentaren. Dies geschieht in den deutschen islamischen Koranübersetzungen entweder durch kürzere oder längere Verweise auf die klassische Exegese; so das fünfbändige Werk mit Auszügen aus den klassischen Kommentaren: Die Bedeutung des Korans, München 1996 und 1997 (verschiedene Übersetzer, ursprünglich aus dem Islamischen Zentrum München, Fatima Grimm, Halima Krausen, Rascha und Ali El-Mahgary, Eva und Omar El Shabassy), im Folgenden genannt SKD, sowie *Ahmad von Denffer*, Der Koran. Die Heilige Schrift des Islam in deutscher Übertragung mit Erläuterungen nach den Kommentaren von Dschalalain, Tabari und anderen hervorragenden klassischen Koranauslegern, (1996) 8., verb. Aufl., München 2001; durch die Legitimierung durch autoritative Instanzen wie al-Azhar, Kairo, und die Muslim World League, Mekka, oder durch die Beauftragung durch dieselben (so etwa Elyas/Bubenheim im Auftrag des „Ministers für Islamische Angelegenheiten, Stiftungen, Da-ʿwa (sic) und Rechtweisung und Generalinspecteurs des König-Fahd-Komplexes"). – Nachdem die SKD-Bavaria-Ausgabe in der Auswahl der verwendeten Kommentatoren sehr selektiv vorgeht und vorzugsweise die geistigen Väter des Islamismus berücksichtigt, bringt der emeritierte katholische Theologieprofessor *Adel Theodor Khoury* in seinem zwölfbändigen Korankommentar einen repräsentativen Querschnitt der islamischen Auslegungsgeschichte (Der Koran. Arabisch-Deutsch: Übersetzung und wissenschaftlicher Kommentar, 12 Bde., Gütersloh 1990–2001).

[4] *Jane Dammen McAuliffe*, The abrogation of Judaism and Christianity in Islam: A Christian perspective, in: *Concilium* 1994/2, 116–123, hier: S. 117.

[5] Man denke nur an *Rudi Parets* Grenzen der Koranforschung, Stuttgart 1950. Dass eine Übersetzung sogar fast schwieriger zu lesen sein kann als der Originaltext, demonstrieren *Ahmad von Denffer* (Der Koran. Die Heilige Schrift des Islam in deutscher Übertragung mit Erläuterungen nach den Kommentaren von Dschalalain, Tabari und anderen hervorragenden klassischen Koranauslegern. 8., verb. Aufl., München 2001) und *Amir Zaidan* (At-Tafsir. Eine philologisch, islamologisch fundierte Erläuterung des Quran-Textes, Offenbach 1421/2000).

[6] Im Vergleich mit den vorliegenden deutschen Koranübersetzungen ergab sich die größte Nähe mit der Übersetzung von *Bubenheim / Elyas* (Der edle Qur'ān und die Übersetzung seiner Bedeutungen in die deutsche Sprache. Übers. von Scheich ʿAbdullāh aṣ-Ṣāmit Frank Bubenheim und Nadeem Elyas, Medina 1422/2002, Neuauflage 2005).

zu überbrücken und das Ungewisse zu enträtseln. In ihr soll vielmehr das unklar bleiben, was auch schon im arabischen Quellentext unklar ist – ein Feld, dessen sich schon bald die islamischen Kommentatoren angenommen haben.

Wichtiger jedoch als die Übersetzung ist die chronologische Anordnung der Texte nach ihrer wahrscheinlichen Entstehung – worin Theodor Nöldekes Ansatz gefolgt werden soll, dessen Relevanz sich im Laufe dieser Arbeit immer wieder bestätigt findet –, um die innere Entwicklung der koranischen Ibrāhīmerzählungen und des Ibrāhīmbildes aufzuzeigen. Auf diesem chronologischen Ansatz, der in seinen Grundzügen schon früh in der islamischen Theologie erwähnt wird,[7] und der Annahme eines „dynamic style"[8] des Korans basiert die Exegese dieser Arbeit.

2.1.2 Die Ibrāhīmtexte der islamischen Tradition – *Ḥadīṯ*

Es ist von der exegetischen Relevanz der klaren Unterscheidung von Korantext und dessen (späterer, traditioneller) Exegese auszugehen.[9] Ein weiterer dokumentarisch-materialer Beitrag ist daher die Einbeziehung von arabischsprachigen, bisher unübersetzten Quellen der außerkoranischen Ibrāhīmtraditionen, die durch Übersetzung und Kommentierung kontextbezogen erstmals zugänglich gemacht werden. Da die frühe koranische Verkündigung die biblischen Erzählstoffe offensichtlich als den Zuhörern bekannt voraussetzt, findet sich in ihr nur das – in den Kontext der gesamtislamischen Verkündigung eingepasste – Kerygma, nicht jedoch der geschichtliche oder der Erzählrahmen. Durch das Heranziehen biblischer außerkanonischer Tradition entwickelte sich die islamische Tradition (*Ḥadīṯ*), die im deutschen Sprachraum bislang nur selektiv übersetzt wurde;[10] erst seit 2008 wurde eine breiter angelegte Gesamtschau zugänglich.[11] In

---

[7] So auch *Subḥī aṣ-Ṣāliḥ*, Mabāḥiṯ fī ʿulūm al-Qurʾān [Studien in den Koranwissenschaften], Istanbul 1385/1958.

[8] Dies ist ein Grundgedanke *John Wansbroughs*, Quranic Studies. Sources and methods of scriptural interpretation, Oxford 1977; ebenso dargestellt in: *Marco Schöller*, Exegetisches Denken und Prophetenbiographie. Eine quellenkritische Analyse der Sira-Überlieferung zu Muhammads Konflikt mit den Juden, Wiesbaden 1998, S. 114 ff.

[9] Vgl. dazu etwa *Brannon Wheeler*, Moses in the Quran and Islamic Exegesis, London 2002, S. 4–6 und passim.

[10] *Sahih al-Buhari*, Nachrichten von Taten und Aussprüchen des Propheten Muhammad, hrsg. von D. Ferchl, Stuttgart 1997; *Muhammad Rassoul*, Sahih Al-Buhariyy. Hadithe, Auszüge, arabisch und deutsch, o. O. 1996; *Adel Theodor Khoury*, So sprach der Prophet. Worte aus der islamischen Überlieferung. Ausgewählt und übersetzt von A. T. Khoury, Gütersloh 1988; Ḥadīṯ für Schüler. An-Nawawyy's vierzig Ḥadīṯe mit Kommentaren. Aus dem Arabischen von *Abdullah As-Samit Frank Bubenheim*, Köln 2001; Ausgewählte Hadith, Aus dem Englischen übersetzt von *Tariq Habib Guddat*, Frankfurt am Main o. J.; *Mirza B. Ahmad*, Vierzig schöne Edelsteine, Frankfurt am Main 1986.

[11] *Adel Theodor Khoury*, Der Hadith. Quelle der islamischen Tradition, 5 Bde., Gütersloh 2008 ff.

der vorliegenden Arbeit werden alle für Ibrāhīm relevanten Ḥadīṯe aus den sechs sunnitischen kanonischen Sammlungen von al-Buḫārī, Muslim b. al-Ḥaǧǧāǧ, Ibn Māǧa, Abū Dāwūd as-Siǧistānī, at-Tirmiḏī und an-Nasāʾī (*al-kutub as-sitta*) zuzüglich der Sammlungen ad-Dārimīs, des Mālik b. Anas (gest. 795) und des *Musnads* von Aḥmad b. Ḥanbal (der weitaus größten Sammlung des 9. Jahrhunderts; gest. 855) vorgelegt.[12]

Die ersten Ḥadīṯwerke sind nicht vor dem Ende des 8. Jahrhunderts, also 150 Jahre nach dem Propheten, anzusetzen,[13] die großen kanonischen Sammlungen stammen aus der Mitte des 9. Jahrhunderts. Durch Nennung aller Tradenten in der Überliefererkette (*isnād*) sollen die Aussagen zurückverfolgt werden bis zu den Augenzeugen, d.h. bis zum Propheten selbst, und die Erwähnung kleinster Abweichungen in der Tradentenkette oder im Text selbst erweckt den Eindruck einer penibel genauen und daher historisch zuverlässigen Überlieferung. Die Gretchenfrage der Islamwissenschaft um die historische Zuverlässigkeit der Ḥadīṯe soll hier vernachlässigt werden, da die Ibrāhīmsüberlieferungen in theologischer Weiterentwicklung und Ausgestaltung substantiell auf den koranischen Texten aufbauen.

Insgesamt ist darauf hinzuweisen, dass die hier vorgelegte Präsentation der zitierten islamischen Quellen ihre Inhalte darstellt und sich mit diesen auseinandersetzt, jedoch weder deren Authentizität noch ihre Historizität zum Gegenstand der Untersuchung macht.

---

[12] Unter Angabe der Varianten. Allerdings kann in dieser Arbeit nicht der der Islamwissenschaft vorbehaltene Beitrag geleistet werden, die Hadithe auf ihre „Echtheit" und ihre Authentizität im Hinblick auf die Überliefererketten (*isnād*) und die diversen Überarbeitungen hin zu untersuchen (vgl. hierzu die Arbeiten von *Ignaz Goldziher*, Muhammedanische Studien, II. Teil, Budapest 1890, und *Joseph Schacht*, The Origins of Muhammadan Jurisprudence, Oxford 1950, die eine sehr kritische Haltung zur Authentizität der Ḥadīṯe einnahmen: Für Goldziher spiegeln die Hadithe die Rivalitäten und Auseinandersetzungen innerhalb der frühen islamischen Gemeinschaft wider, die mit Hilfe fingierter Prophetensprüche ihre je eigene Meinung legitimieren wollten, und Schacht verwarf sowohl den *Ḥadīṯ* als auch die *maġāzī*-Quellen (Berichte über Kriegszüge) als völlig untauglich. Ein Umdenken begann mit W. Montgomery Watt, dem Rudi Paret und Maxime Rodinson folgten. Ohne diese negative Grundhaltung und mit klaren Kriterien für die Beurteilung der Ḥadīṯe: *Josef van Ess*, Anfänge muslimischer Theologie. Zwei antiqadaritische Traktate aus dem ersten Jahrhundert der Hiᵒra, Beirut 1977; *ders.*, Zwischen Ḥadīṯ und Theologie. Studien zum Entstehen prädestinatianischer Überlieferung, Berlin u.a. 1975; für die Echtheit der Tradition plädierend: *John Burton*, An Introduction to the Hadith, Edinburgh 1994; neuere Studien von Harald Motzky und Gregor Schoeler.

[13] *W. Montgomery Watt* klassifiziert die ersten Überlieferungen in drei Kategorien: die „informal transmitters" (bis zum Jahr 100 AH), die „early or unscientific collectors" (100–150 AH), danach die „scientific scholars" (ab 150 AH), in: The condemnation of the Jews of Banū Qurayẓah, *MW* 42 /1952, S. 167.

2.1.3 Ibrāhīm in der islamischen Geschichtsschreibung und den populären Prophetengeschichten

Auch die islamische Geschichtsschreibung hatte von Beginn an „a definite religious tendency“[14], und alle Inhalte wurden dem untergeordnet. So wurde nicht Weltgeschichte geschrieben primär aus historischem Interesse, sondern aus religiösem. Folglich begann sie mit der Schöpfung als Tat Gottes, führte über die Propheten als Künder Gottes, die Völker als Muster für das Schicksal der Gottlosen, bis zum Leben des Gesandten Gottes zu seinen und seiner Nachfolger Kriegs- und Eroberungszüge. Diesem Konzept folgt die erste islamische Universalgeschichte[15] von Ibn Isḥāq (gest. 768), die zum Typus dieses Genres wurde: Erschaffung der Welt und vorislamische Geschichte (*kitāb al-mubtada'*), das Leben Muḥammads (*as-sīra*) und die militärischen Eroberungszüge (*al-maġāzī*); sie ist in gekürzter Form in der Bearbeitung von Ibn Hišām erhalten als *as-sīra an-nabawīya* des Ibn Isḥāq und dient hierzulande als Hauptquelle für das Leben Muḥammads.[16] Zusätzlich wird stellenweise *as-sīra al-Ḥalabīya*

---

[14] *R. Tottoli*, Biblical prophets, S. 129.

[15] Damit folgten die arabischen Historiker griechischen und christlich-syrischen Geschichtsschreibern (etwa Herodot, Thykidides, Xenophon / Julius Africanus, Eusebius von Caesarea, Theodoret).

[16] In dieser Arbeit werden folgende Ausgaben der Sīra benutzt: die arabische Ausgabe in der Edition von *Ṭaha ʿAbd ar-Raʾūf Saʿd* in 6 Bänden, Beirūt Dār al-Ǧīl, 1411/1991 (zitiert als „Sīra“); die deutsche Übersetzung von *Gustav Weil*, bearb. und erg. von Abd al-Masih, 2 Bde., Villach 1992 (zitiert als „Sīra Weil / Abd al-Masih“); die deutsche Übersetzung von *Gernot Rotter* aus dem Jahr 1976, die nur ein Viertel des arabischen Textes umfasst und deren Kürzungen teilweise als willkürlich zu bezeichnen sind, in der Auflage Kandern 1999 (zitiert als „Sīra Rotter“); die Übersetzung von *Alfred Guillaume*, The Life of Muḥammad: A Translation of Ibn Isḥāq's Sīrat Rasūl Allāh, Karachi 1967; *Sīra* = „Biographie, Historie“; determiniert *as-sīra* immer „Biographie Muḥammads“. – Die Sīra wurde verfasst von Muḥammad b. Isḥāq, dem Enkel eines vermutlich christlichen Kriegsgefangenen aus dem Irak, der im Jahre 12 A. H. nach Medina gebracht und nach dem üblichen Brauch freigelassen wurde, als er den Islam annahm und in den Stamm eintrat, in dem auch Muḥammad geboren worden war. Sein Enkel, geboren um 704 im längst politisch bedeutungslos gewordenen Medina, war auf der Suche nach Quellenmaterial so eifrig, dass er den Neid und die Missgunst der Gelehrten Medinas, den „Gralshütern“ des Korans, unter ihnen der bedeutende Traditionsgelehrte Mālik b. Anas, erregte, scheute er sich doch nicht, auch von Juden und Christen Berichte zu übernehmen. So wanderte er in den Irak aus, der mit dem Sieg der Abbasiden und der Gründung Bagdads das politische, religiöse und geistige Zentrum der islamischen Welt geworden war. Gefördert vom Kalifen al-Manṣūr, verfasste Ibn Isḥāq das erste umfassende Geschichtswerk der islamischen Welt in 4 Bänden nach oben beschriebener Konzeption, die für das Genre prägend ist. Ibn Isḥāq starb im Jahr 150/767, sein Werk ist nicht mehr erhalten. Es finden sich nur noch Zitate daraus bei späteren Autoren; die beiden mittleren Teile jedoch, „die Sendung“ Muḥammads und „die Kriegszüge“ (*maġāzī*), wurden durch den ägyptischen Grammatiker und Genealogen Abū Muḥammad ʿAbd al-Malik b. Hišām b. Ayyūb al-Ḥimyarī al-Maʿārifī al-Baṣrī (gest. 218/834), der das Material von einem Schüler Ibn Isḥāqs aus dem Irak erhalten hatte, gekürzt und bearbeitet. Die uns heute vorliegende Sīra ist also ein Teil des Geschichtswerks des Ibn Isḥāq in der Bearbeitung von Ibn Hišām. Entstanden im Kontext der *maġāzī*-Literatur, ist die Sīra denn auch weniger Biographie im historischen Sinn, sondern zeigt v. a. die soziale und politische Leistung Muḥammds auf. – Neuere

aus dem 17. Jahrhundert herangezogen.[17] Es ist inzwischen Konsens, dass diese Geschichtsschreibung über die Anfänge der islamischen Frühgeschichte nicht nur Historie enthält, sondern auch in hohem Maße die Gedankenwelt der ersten beiden islamischen Jahrhunderte widerspiegelt. Da es hier jedoch in erster Linie um die Rezeption in islamischer Theologie geht, werden diese Quellen, mit der gebotenen Vorsicht, zugrunde gelegt. Allerdings wird sich zeigen, dass die Korantexte in so verblüffender Weise mit der tradierten Biografie Muḥammads konform gehen, dass der radikale Skeptizismus von Goldziher, Schacht, Wansbrough, Crone und der Saarbrückener Schule[18] – zumindest in diesem Ausmaß – nicht haltbar scheint.

Als Beispiel für den Umgang islamischer Historiker mit außerkoranischem Quellenmaterial, der viel weniger streng ist als der der Exegeten und Traditionarier, sind Auszüge aus aṭ-Ṭabarīs Annalen[19] übersetzt, in denen die Ibrāhīmgeschichte erstmals geographisch und zeitlich verortet wird.

Wie im Hadith finden sich hier die *Isrāʾīlīyāt*, Überlieferungen aus der islamischen Frühzeit, die auf jüdische Ursprünge zurückgehen. Mit ihrer Hilfe wurde der Koran, der die Prophetenerzählungen meist nur andeutungsweise erzählt (zur Zeit seiner Entstehung waren diese Inhalte offensichtlich weithin Allgemeingut), ergänzt und erzählerisch ausgeschmückt, auch im Sinne der unterhaltsamen religiösen Erziehung und auf diese Weise islamisch inkulturiert. Die Integration biblischer Inhalte und jüdischer Traditionen erfolgt jedoch nicht als Zitate, sondern als Neuinterpretation in einem neuen Kontext. Die anfangs positive Haltung den Inhalten der *ahl al-kitāb* gegenüber sollte sich ändern. So hatte ein früher Qadarit, Abū Bakr Ḥassān b. ʿAṭīya al-Muḥāribī (gest. zwischen 120/738 und 130/748) einen Prophetenspruch tradiert: „Geniert euch nicht, von den Kindern Israel zu überliefern"; er wurde, als die *Isrāʾīlīyāt* zunehmend

---

kritische Arbeiten zur Sīra: *Gregor Schoeler*, Charakter und Authentie der muslimischen Überlieferung über das Leben Mohammeds, Berlin 1996; *Marco Schöller*, Exegetisches Denken und Prophetenbiographie. Eine quellenkritische Analyse der Sira-Überlieferung zu Muhammads Konflikt mit den Juden, Wiesbaden 1998. – Weitere Quellen zum Leben Muḥammads sind al-Wāqidīs *Maġāzī*, Ibn Saʿds *Ṭabaqāt* und aṭ-Ṭabarīs *Taʾrīḫ*.

[17] *ʿAlī b. Burhān ad-Dīn al-Ḥalabī*, as-Sīra al-Ḥalabīya, CD-ROM Maktabat al-Ḥadīṯ aš-šarīf, Version 8 al-ʿArīs, Beirut o. J. Al-Ḥalabī (gest. 841/1635) überarbeitete in seinem dreibändigen Werk die *sīra* des Ibn Sayyid an-Nās (*Tilman Nagel*, Allahs Liebling. Ursprung und Erscheinungsformen des Mohammedglaubens, München 2008, S. 229–38)

[18] *Ignaz Goldziher*, Muhammedanische Studien II, Halle 1889–90; *Joseph Schacht*, The origins of Muhammadan jurisprudence, Oxford 1950; *John Wansbrough*, Quranic Studies, Oxford 1977; *Patricia Crone / Michael Cook*, Hagarism. The making of the Islamic world, Cambridge 1977; *Karl-Heinz Ohlig / Gerd-Rüdiger Puin* (Hrsg.), Die dunklen Anfänge, Berlin 2005, sowie deren Nachfolgewerke.

[19] Aṭ-Ṭabarī (geb. 839 in Amol / Tabaristan, im heutigen Iran, gest. 923 in Bagdad): *Abū Ǧaʿfar Muḥammad b. Ǧarīr aṭ-Ṭabarī*, Taʾrīḫ ar-rusul wa-l-mulūk [Geschichte der Gesandten und der Könige] = Tārīḫ aṭ-Ṭabarī. Bd I, hrsg. von Muḥammad Abū-l-Faḍl Ibrāhīm, 6. Aufl., Kairo 1387/1967. – Englische Übersetzung: The History of al-Ṭabarī (Taʾrīkh al-rusul waʾl-mulūk). Translated and annotated by William M. Brinner, Vol II: Prophets and Patriarchs, New York 1987.

suspekt wurden, als Traditionarier diskreditiert. Damit entledigte man sich aufgrund seiner Unglaubwürdigkeit auch dieses Hadiths.[20]

Als besonders populäres Beispiel einer volkstümlichen Sammlung von *qiṣaṣ* (Prophetengeschichten)[21] dienen die *qiṣaṣ al-anbiyā'* von aṯ-Ṯaʿlabī aus dem 10./11. Jahrhundert. Die frühere Sammlung von Muḥammad b. ʿAbd Allāh al-Kisā'ī ist wesentlich kleiner, vermutlich eher eine Art Handbuch für Erzähler, die das Material beliebig ergänzen und gestalten konnten.[22] Die *qiṣaṣ* sind, wie Tilman Nagel nachgewiesen hat, eine eigenständige Literaturgattung innerhalb der arabischen Literatur,[23] eine narrative, häufig folkloristische, ja „haggadische" Ergänzung und Erweiterung der koranischen Erzählungen, die der Einbindung der islamischen Geschichte in ein umfassendes geschichtliches Gefüge dienen, wobei keineswegs nur die jüdischen Stoffe als eine Art Vorlage dienten, sondern nunmehr die islamische Version wiederum in Wechselbeziehung zur jüdischen Fassung trat.[24]

Nach Muḥammads Tod waren es zunächst die *quṣṣāṣ* (Geschichtenerzähler), die als Augenzeugen und Zeitgenossen der *ṣaḥāba* (Prophetengefährten) die zahlenmäßig ständig anwachsenden Geschichten und Legenden von der Erschaffung der Welt und den Propheten erzählten. Viele von ihnen waren Konvertiten aus Judentum und Christentum, die schon aufgrund ihrer Herkunft und religiösen (Vor-)Bildung als Experten hierin betrachtet wurden.[25] Ihre Funktion

---

[20] Zu dieser Tradition siehe: *M. J. Kister*, Ḥaddithū ʿan banī isrā'īla wa-lā ḥaraja – A Study of an early tradition, in: Kister, Studies in Jāhilīyya and Early Islam, London 1980, 215–239. Siehe auch: *Josef van Ess*, Theologie und Gesellschaft im 2. und 3. Jahrhundert Hidschra. Eine Geschichte des religiösen Denkens im frühen Islam, Bd. I, Berlin 1991, S. 91.

[21] Zur Unterscheidung zwischen den koranischen Prophetenerzählungen und den Prophetengeschichten der Tradition wird hier stets *qiṣaṣ* als Begriff oder als Zusatz verwendet, um die sekundäre Traditionsliteratur und das Genre zu kennzeichnen.

[22] The tales of the prophets of al-Kisā'ī. Translated from the Arabic with notes by Wheeler M. Thackston jr., Boston 1987. Der Autor ist nicht eindeutig bekannt, evtl. 8./9. Jahrhundert. Ziel der Erzählung ist die Exemplifizierung der islamischen Glaubensinhalte und die enge Verknüpfung der biblischen Propheten mit Muḥammad. (*R. Tottoli*, Biblical prophets, S. 152.162. Anhand literarischer Anhaltspunkte sei dieses *qiṣaṣ*-Werk ins 8./9. Jahrhundert zu datieren, es existieren davon jedoch nur Manuskripte aus dem 13. Jh., die inhaltlich so stark differieren, dass sie wie ein Geschichtenrepertoire anmuten.)

[23] *Tilman Nagel*, Die Qiṣaṣ al-anbiyā'. Ein Beitrag zur arabischen Literaturgeschichte, Bonn 1967. Nagel behandelt alle Aspekte dieser Literaturgattung, von ihrer Funktion innerhalb der arabischen Universalgeschichten bis zu den volkstümlichen Legendensammlungen und ihrer Funktion innerhalb der Korankommentare. – Siehe auch: *R. Tottoli*, Biblical prophets, S. 86–96.138–164.

[24] Diese zeigte *Heinrich Schützinger* (Bonn 1961) in seiner Dissertation über „Ursprung und Entwicklung der arabischen Abraham-Nimrod-Legende" auf, nachdem in älteren Arbeiten nur einseitig der jüdische Einfluss auf die islamische Version im Vordergrund der Betrachtung stand. Ähnliche Wechselwirkungen sind durch die Geschichte der jüdisch-christlich-islamischen Koexistenz zu beobachten.

[25] Der erste *qāṣṣ* soll ein Gefährte Muḥammads, Tamīm ad-Dārī (gest. 660), gewesen sein, ein konvertierter Christ aus Hebron.

bestand darin, moralische Belehrung in Beispielgeschichten weiterzugeben,[26] die Erzählungen über die Propheten zu verbreiten und besonders das Leben des Propheten zu vergegenwärtigen. Während der Koran Episoden herausgreift zur Veranschaulichung der Verkündigung, treten in den *qiṣaṣ* die Prophetengestalten selbständig in den Vordergrund und werden biographisch systematisiert. Sie knüpfen sowohl inhaltlich als auch erzähltechnisch an die vorislamischen Stoffe und die Erzählfreude an, doch während sie zur Zeit der *ǧāhilīya* Heldenberichte und Gedichte tradieren, treten mit dem Islam religiöse Themen in den Vordergrund. Narrative Techniken und Präsentationsmethoden werden weitgehend dieselben geblieben sein, während das Ziel nun die Ermutigung der muslimischen Heere durch Nachrichten der frühen Heldentaten waren, sowie die religiöse Unterweisung für Neumuslime in den eroberten Gebieten, denen sie als informative und nicht selten auch unterhaltsame Lehrmeister – bis hin zur Ausschmückung der Geschichten nach dem Geschmack der Zuhörer – die neue Religion vorteilhaft zu präsentieren hatten. Gleichwohl waren die *quṣṣāṣ* nicht nur diejenigen, die die neue Religion mit lebendigen Gestalten real und anschaulich machten, und dabei unübersehbar an Vertrautes anknüpften: Die islamischen Eroberungen im Vorderen Orient und Nordafrika geschahen in weitgehend christlichen Gebieten, in denen nicht nur die biblischen Erzählungen, sondern auch die außerkanonischen frommen Legenden wohl bekannt waren und nur noch islamisch adaptiert werden mussten. Vor allem in der islamischen Frühzeit spielten sie zudem eine enorme politische Rolle, weshalb man ihnen später ihre ausufernde Erzählfreude und Übertreibungen zum Vorwurf machte, was überdies eng mit der Ablehnung der *Isrā'īlīyāt* als wesensfremden Einflüssen jüdischer und christlicher Provenienz einherging. Das Verhältnis zwischen *quṣṣāṣ* und „seriösen" Koranexegeten darf deshalb als durchaus ambivalent bezeichnet werden.

Ihre Funktion ist die des Lehrens und Belehrens in populär-pädagogischer Form frommer Unterhaltung. In ihnen finden wir überbordende Fabulierfreude, die nicht auf rationales Überzeugen, sondern auf emotionale Zustimmung oder Ablehnung zielt, die nicht den Verstand anspricht, sondern das Gefühl. Mit erhobenem moralischem Zeigefinger[27] wird aus der Zeit der *ǧāhilīya* („Zeit der Unwissenheit", womit die vorislamische Zeit gemeint ist) berichtet, wobei man vor Lastern warnen kann, ohne eine islamische Gestalt anzugreifen. Die Frauen Nūḥs und Lūṭs zählten zu den Negativbeispielen, während die Frau des Pharao und Maryam in einem positiven Bild dargestellt wurden und Ibrāhīm ausdrücklich als *imām* (Vorbild) tituliert wird. Das Schicksal der alten Völker sollte der Zuhörerschaft Muḥammads als warnendes Beispiel dienen. In den *qiṣaṣ* werden

[26] So lautet der Untertitel einer zeitgenössischen *qiṣaṣ*-Ausgabe: Die Prophetengeschichten – nützliche Warnungen und Lehren (*'Abd al-Mu'izz ḫaṭṭāb*, Qiṣaṣ al-anbiyā': 'ibar wa-durūs mustafāda, Kairo 1410/1989.)

[27] Vgl. *R. Tottoli*, Biblical prophets, S. 7.

in der Ibrāhīmerzählung religiöse Motive kumuliert, „wundersame" Empfängnis, Kindermord, Geburt in einer Höhle, Totenauferweckung, Speisungswunder sowie zahlreiche Details der jüdischen Tradition.

Da die *qiṣaṣ* nicht kanonisiert sind wie die Hadithe, wurde hier *die* Prophetengeschichte *par excellence* mit dem Titel *ʿarā'is al-maǧālis*[28] (von aṯ-Ṯaʿlabī aus Naisapur (gest. 427/1035)[29] ausgewählt, das neben dem Koran vermutlich am häufigsten gedruckte Buch in arabischen Ländern. Der Anfang seines Werkes geht offensichtlich auf die Universalgeschichte von aṭ-Ṭabarī zurück. Diese *qiṣaṣ* gehören zwar zur exegetischen Disziplin, halten sich aber aufgrund seines Desinteresses an Tradentenketten nicht an die strengen Regeln der Hadithwissenschaft.

Qiṣaṣ werden in jeder Generation neu erzählt, viele davon anonym. Sie repräsentieren den Volksislam mit oft phantastischen Geschichten, die bis in den Bereich der Magie hineinreichen und das Denken der einfachen Menschen prägen. Auf diese Weise werden Dogmatik und Moral auch Analphabeten vermittelt, die damals das Gros der Bevölkerung ausmachten. Gerade das 20. Jahrhundert mit seinem Aufleben sakraler islamischer Literatur erlebte auch eine Renaissance der Prophetengeschichten, die nun kritischer betrachtet wurden und so den Richtlinien von Ibn Kaṯīr folgten, der die Auswüchse der *Isrā'īlīyāt* ablehnte. Muḥammad ʿAbduh und sein Schüler Rašīd Riḍā, die als geistige Väter des Islamismus betrachtet werden, lehnten die *Isrā'īlīyāt* rigoros ab, da der Koran solcher Ergänzungen nicht bedürfe und sie von jüdischen Heuchlern stammten, die nur zum Islam konvertiert seien, um ihn zu infiltrieren und zu schädigen.[30] So entstanden „moderne" *qiṣaṣ*, die sich durch ihre Nüchternheit doch sehr von den früheren Werken unterscheiden. In einer Art Entmythologisierung[31] führte der Weg zurück zum reinen Korantext, der lediglich narrativ aufbereitet und mit logischen Verbindungen angereichert wurde, teils auch mit wissenschaftlichen Fußnoten, die die ewige Gültigkeit der Geschichten unter Beweis stellen sollen. Externe Elemente wurden so weit wie irgend möglich vermieden, die einzig zuverlässigen Quellen werden der Koran und die authentischen Aussagen des Propheten – soweit man diese überhaupt bestimmen kann – im Sinne einer

---

[28] Wörtlich: „Die Bräute der Versammlungen", Tilman Nagel schlägt vor: „Erbauliche, wie Bräute für die Hochzeit geschmückte Predigten"; diese Übersetzung übernimmt Heribert Busse.

[29] *Abū Isḥāq Aḥmad b. Muḥammad b. Ibrāhīm an-Naisābūrī*, genannt *aṯ-Ṯaʿlabī*: Qiṣaṣ al-anbiyā', al-musammā ʿArāʿis al-maǧālis [Prophetengeschichten, genannt „Die Bräute der Versammlungen"], Beirut o. J. – Englische Ausgabe: ʿAra'is al-majalis fi qisas al-anbiya' or „Lives of the prophets", as recounted by Abu Ishaq Ahmad Ibn Muhammad Ibrahim al-Tha'labi. Translated and annotated by William M. Brinner, Leiden u. a. 2002. – Aṯ-Ṯaʿlabī, persisch-stämmiger Philologe, Schriftsteller und Historiker (gest. 427/1035), ist auch Autor eines berühmten Tafsīr: Al-kašf wa-l-bayān ʿan tafsīr al-Qur'ān.

[30] *R. Tottoli*, Biblical prophets, S. 175–77.

[31] *Ibrāhīm Muḥammad al-ʿAlī* will die *qiṣaṣ* „von Mythen und Illusionen reinigen": Al-aḥādīṯ aṣ-ṣaḥīḥa min aḫbār wa-qiṣaṣ al-anbiyā'. Ṣannafahu wa-ḫarraǧa aḥādīṯahū Ibrāhīm Muḥammad al-ʿAlī, Dimašq, Beirut / Ǧidda 1416/1995.

inneren Kohärenz des Koran, die keiner anderen Traditionen bedarf.[32] Zugleich werden die *qiṣaṣ* jedoch auch unter dogmatischen Gesichtspunkten bearbeitet, etwa indem sie der – unkoranischen – Doktrin von der Unfehlbarkeit der Propheten angeglichen werden und alles eliminiert wird, was im Widerspruch zu dieser Unfehlbarkeit steht.

In dem Maße, in dem Muslime nicht mehr nur im arabischsprachigen Raum leben, wurden *qiṣaṣ* übersetzt oder für ein in der Minderheitensituation lebendes muslimisches Publikum neu konzipiert und v. a. für Kinder aufbereitet[33] – damit auch der pädagogischen Intention der *qiṣaṣ* gerecht werdend. Nachdem bereits früh persische und türkische *qiṣaṣ* geschrieben wurden, erschienen sie erst Ende des 20. Jahrhunderts in europäischen Sprachen. Das dem schiitischen Islam zuzurechnende Islamische Zentrum Hamburg, das als eine der ersten islamischen Institutionen in Deutschland seinen Bildungsauftrag erkannte, gab 1982 die „Geschichten der Propheten aus dem Qur'an",[34] zusammengestellt und übersetzt von Halima Krausen, heraus; diese sind von den phantastischen Legenden des Mittelalters befreit und stark moralisierend ausgerichtet. Von dem Pakistani Ali Nadwi stammt eine 1990 in England erschienene Prophetengeschichte, die erkennbar mit moderner, vernunftgemäßer Argumentation arbeitet, die in der westlichen Welt lauernden Gefahren aufgreift und die Propheten als zeitlose Vorbilder islamischer Lebensführung und Standhaftigkeit zeichnet.[35] 1993 folgte in Deutsch die Ibrāhīmerzählung von Muḥammad Rassoul[36] und 2000 eine für den islamischen Unterricht konzipierte und mit methodischen Hinweisen versehene populäre Schrift der deutschen Konvertitin Cäcilia Demir-Schmitt und von Tubanur Yeşilhark als Übersetzung einer türkischen Prophetengeschichte mit spärlichen und eher irreführenden Quellenangaben.[37] Als kleinere Erzähleinheiten finden sich in einem aus dem Türkischen übersetzten Kindergebetbuch „Die Opferung Ismaels"[38] oder „Zamzam. Der wunderbare Brunnen".[39] Zahlreiche fromme Legenden der islamischen Mystik finden sich in dem voluminösen

[32] Eine umfassende Besprechung moderner *qiṣaṣ* in *R. Tottoli*, S. 183–194.

[33] Arabische *qiṣaṣ* für Kinder aufgelistet bei *R. Tottoli*, S. 193. Inzwischen sind zahlreiche weitere Kinderbücher entstanden, manche methodisch aufbereitet mit Fragen und Aufgaben, andere als Comics; ebenso als DVD und in Form interaktiver Spiele.

[34] *Islamisches Zentrum Hamburg*, Geschichten der Propheten aus dem Qur'an, Übersetzung und Überarbeitung von Halima Krausen, Hamburg 1403/1982.

[35] *Sayyed Abul Hasan Ali Nadwi*, Stories of the Prophets, Leicester 1990. Es handelt sich im Wesentlichen um eine Paraphrase des narrativ erweiterten Korantextes, der durch Kursivdruck kenntlich gemacht ist.

[36] *Muḥammad Rassoul* (Hrsg.), Allāhs Friede auf Ibrāhīm, 3. verb. und erw. Aufl. des Titels „Ibrahim (a.s.) im Qur'an", Köln 1993.

[37] *Cäcilia Schmitt / Tubanur Yesilhark*, Abraham – aleyhisselam – der Gesandte Gottes, Stuttgart 2000.

[38] *Asım Uysal / Mürşide Uysal*, Ich erlerne meine Religion. Das Kindergebetsbuch, Istanbul o. J., S. 70 f.

[39] *Soumia Sidi Moussa*, Zamzam. Der wunderbare Brunnen, Köln 1402/1982 – ein Bilderbuch, das völlig ohne Menschendarstellungen auskommt.

Band „Gaben des Lichts – die wundersamen Geschichten der Gesandten Gottes" von Amina Adil, der Ehefrau des Leiters des Naqshbandi-Ordens (1999).[40]

2.1.4 Ibrāhīm in den Korankommentaren[41]

Im exegetischen Teil stützt sich diese Arbeit[42] in erster Linie auf die klassischen arabischen Korankommentare, denn es soll hier vorrangig die Sicht von Muslimen auf ihre eigene Schrift dargestellt werden. Sämtliche Korankommentare schöpfen aus dem Fundus der nachkoranischen Literatur. Gerade so, durch die Brille der islamischen Tradition, sehen die meisten Muslime den Koran. Da die Praxis des Dialogs unsere Grundlage ist, kann die Gedankenwelt der traditionellen Koranauslegung nicht vernachlässigt werden.

Einer der Gründe für eine im besten Falle selektive Wahrnehmung islamischer Theologie in Deutschland ist das Fehlen von Übersetzungen eben dieser autoritativen Kommentare. Die wenigen Teilübersetzungen oder überblickartige Zusammenschau verschiedener Kommentatoren[43] erlaubt zwar einen Einblick in die Denkweise, aufgrund der westlicher Effektivität geschuldeten Straffung muss jedoch zwangläufig der Gesamteindruck verloren gehen.

Jede Religion hat das Recht, zuerst in ihrer Eigenperspektive wahrgenommen zu werden, durch ihre eigenen Anhänger, die in Hingabe und Liebe diesem Buch oft ihr ganzes Leben gewidmet haben. Natürlich darf nicht außer Acht gelassen werden, dass

> Muslim possessiveness of the book has developed attitudes and skills which have in part obscured and impeded its fullest relevance. The history of classical exegesis shows many

[40] *Amina Adil*, Gaben des Lichts – ḥayāt al-anbiyā'. Die wundersamen Geschichten der Gesandten Gottes / Die Lebensgeschichten der Propheten von Adam bis Jesus nach arabischen und türkischen Quellen. Niedergeschrieben und aus dem Türkischen übersetzt von Radhia Shukrullah, Kandern 1999. – Dieses Buch ist zwar vergnüglich zu lesen, der wissenschaftliche Wert lässt aber zu wünschen übrig.

[41] Grundlegend zur Koranauslegung: *Ignaz Goldziher*, Die Richtungen der islamischen Koranauslegung, unveränd. Nachdruck, Leiden 1952.

[42] Für die Abrahamtexte gibt *Norman Calder* einen thematischen Überblick über die klassischen Kommentare: Tafsīr from Ṭabarī to Ibn Kathīr. Problems in the description of a genre, illustrated with reference to the story of Abraham, in: Hawting / Shareef (Hrsg.), Approaches to the Qur'ān, London 1993, 101–140.

[43] Hier ist als erstes *Helmut Gätje*, Koran und Koranexegese, Zürich / Stuttgart 1971 zu nennen, der thematisch vorgeht und innerhalb eines Themenkreises paradigmatisch unterschiedliche Ausleger zu Wort kommen lässt. – Der in den USA lehrende schiitische Libanese *Mahmoud Ayoub* hat das Projekt einer exegetischen Gesamtschau des Korans in Angriff genommen, die leider nur bis Sura 3 vorliegt: The Qur'an and its interpreters, Albany Bd. I 1984, Bd. II 1992. – Der katholische, ebenfalls libanesischstämmige Religionswissenschaftler *Adel Theodor Khoury* schafft in seinem groß angelegten Korankommentar eine brauchbare Balance zwischen innerkoranischen Parallelstellen und den Ergebnissen der islamischen Exegese (Der Koran. Arabisch-Deutsch: Übersetzung und wissenschaftlicher Kommentar, 12 Bde., Gütersloh 1990–2001).

arts and subtleties which, though admirable in their pains, are wanting in perspective and imagination.[44]

Ibn ʿAbbās spricht von vier Schichten der Koraninterpretation (*at-tafsīr ʿalā arbaʿtin auǧuh*)[45]: 1. der philologischen Schicht, d. h. dem Wortsinn entsprechend dem Sprachgebrauch der Araber, so wie sie es direkt verstehen; 2. der logischen Schicht, d. h. was vernunftgemäß ist, was jeder einfach verstehen muss und sich nicht mit angeblichem Unwissen entschuldigen kann; 3. dem Verständnis der religiös Gelehrten und 4. der göttlichen Offenbarung, die nur Gott selbst lehrt, dem eigentlichen *tafsīr*.

Die traditionelle muslimische Koranexegese betrachtet folglich zunächst den intertextuellen Kontext nach dem Grundsatz *scriptura sui interpres*: „*al-qur'ān yufassiru baʿḍahu baʿḍan*" bzw. „*yufassiru l-qur'ān bi-l-qur'ān*" („Der Koran erklärt einen Teil durch einen anderen", bzw. „den Koran mit dem Koran erklären"[46], durch ständiges Heranziehen der Parallelstellen.[47]) Da die einzelnen Suren oft aus sehr unterschiedlichen Textteilen bestehen, müssen Parallelen gefunden, in ihrem jetzigen Kontext erläutert – denn nicht jede Formulierung hat im Koran durchgängig auch dieselbe Bedeutung – und auf ihre Erklärungsmöglichkeiten hin untersucht werden.

In der Praxis ging es in den frühen Kommentaren um die Erklärung schwieriger, mehrdeutiger oder aus dem Gebrauch gekommener Wörter, die namentliche Identifizierung ungenannter Personen und die narrative Ausschmückung der elliptischen koranischen Erzählungen. Wohl kaum jemand würde die Weitschweifigkeit eines Ṭabarī übersetzen oder lesen wollen mit seinen langen Tradentenketten, an deren Ende dann oft nur ein und dieselbe kurze Aussage steht. Eine Seite Text für eine Aussage von wenigen Worten – das ist keinem Leser zuzumuten, illustriert jedoch eine völlig andere Denkweise. Die meisten philologischen Überlegungen zum arabischen Text sind zudem kaum übersetzbar.

In den Kommentaren folgt nach diesen Überlegungen zum Text der außertextuell-situative Kontext mit Hilfe der Offenbarungsanlässe (*asbāb an-nuzūl*),

---

[44] *Kenneth Cragg*, The Event of the Qur'ān. Islam in its scripture, Oxford 1994, S. 20.

[45] Zit. in *Ibn Kaṯīr*, Tafsīr (1983) I, S. 17.

[46] *Abū l-Fidā' Ismāʿīl Ibn Kaṯīr al-Qurašī ad-Dimašqī*, Tafsīr al-Qur'ān al-ʿaẓīm, Beirūt 1403/1983, Bd. III, S. 233 f. und Bd. I, S. 4. Denselben Grundsatz zitieren ar-Rāzī, al-Qurṭubī, al-Ālūsī, aṣ-Ṣuyūṭī, Ibn Taimīya. – Der ägyptische Reformer *Naṣr Ḥāmid Abū Zaid* (1943–2010) wendet sich entschieden gegen dieses Prinzip, da es von einem statischen Verständnis des Korans ausgehe (At-taǧdīd wa-t-taḥrīm wa-t-ta'wīl, S. 150 f.)

[47] Auf diesem Prinzip beruhen *Parets* Kommentar und Konkordanz, sowie *Khourys* großer Korankommentar in 12 Bänden. Paret erläutert die Methode in „Grenzen der Koranforschung", S. 4. Seine Meinung, die frühen Kommentatoren hätten weit verstreute Parallelstellen nicht auffinden und damit auch nicht systematisch auswerten können, weil ihnen eine Konkordanz als technisches Hilfsmittel fehlte, ist insofern schwer nachzuvollziehen, da diese Gelehrten bereits im Kindesalter den gesamten Korantext auswendig konnten. Gerade angesichts dieser Fähigkeiten ist es umso verwunderlicher, dass davon offenbar kaum Gebrauch gemacht wurde.

der ursprünglichen Mitteilungssituation, ihrem „Sitz im Leben", die auf die Wirklichkeitsbezogenheit des koranischen Textes und den auf die Praxis hin gewandten Charakter deuten, auch wenn die *asbāb* keine Historizität im wissenschaftlichen Sinne bieten und des öfteren unterschiedliche *asbāb* angegeben werden.

Über den Rahmen des Korantextes hinaus ist der intertextuelle Kontext des Hadith in seiner Funktion als fundamental normativer Korankommentar wahrzunehmen.[48] Dieser Sachverhalt wird in der westlichen Wahrnehmung meist unterschätzt, doch wurde mit aš-Šāfiʿī (767–820) die Gleichwertigkeit von Koran und Hadith postuliert, die in den Muḥammad zugeschriebenen hermeneutischen Grundsatz mündet: „Die Sunna richtet über den Koran, nicht der Koran über die Sunna" (*as-sunna qāḍiya ʿalā l-qurʾān wa-laisa l-qurʾān bi-qāḍin ʿalā s-sunna*)[49].

Den islamischen Kommentatoren ist stets bewusst, dass dem menschlichen Erkennen durch die bekannten sprachlichen Schwierigkeiten des Korantextes Grenzen gesetzt sind, versuchen aber, jede noch so dunkle Stelle zu erklären, oft auch mit Hilfe spekulativer Methoden. So gilt, dass je schwieriger eine Stelle ist, desto umfangreicher fallen die Erklärungsversuche aus, da jeder Gewährsmann mit seinen Überlegungen zu Wort kommt. Verknappte und bruchstückhafte Ausdrucksweise wird ebenso zu erklären versucht, wie grammatikalische Unvollkommenheiten kurzerhand zu Ausnahmen der ohnehin umfangreichen arabischen Grammatik erklärt werden. Diese Mängel müssen jedoch benannt werden können.

Zugleich zeigen die unterschiedlichen Zugänge und Ergebnisse der muslimischen Exegese die Vielfalt des Denkens, das in manchen Bereichen doch überraschende Ergebnisse aufweist und das Vorurteil eines monolithischen Islams mit festgelegten, ja festgefahrenen Denkmustern eindrucksvoll widerlegt. Abū Zaid beklagt denn auch, dass der zeitgenössische religiöse Diskurs diese Vielfalt weitgehend ausklammert: „Dies ist eine opportunistische ideologische Haltung gegenüber dem Erbe, eine Haltung, die das Rationale und Aufgeklärte bewusst vernachlässigt, um das Traditionelle und Reaktionäre zu betonen."[50]

Würde die westlich-christliche Sichtweise von „dem" einen verbindlichen Islam ausgehen, der *de facto* eine nicht existierende Konstruktion ist, würde sie ihn „aus der Dynamik der Wirklichkeit" (Abū Zaid) ausschließen – und damit die Argumentation der von Abū Zaid angeprangerten Islamisten übernehmen. Diese Diversität islamischen Denkens – wohl wissend, dass die mutigsten und

---

[48] Vgl. auch: *Hans Zirker*, Interdependente Interpretation biblisch-koranischer Motive in: Barth / Elsas (Hrsg.), Hermeneutik in Islam und Christentum. Beiträge zum interreligiösen Dialog, Hamburg 1997, 113–126, hier: S. 115.

[49] Eine Darstellung der frühen exegetischen Methoden in Sīra, Hadith und Fiqh, des „exegetischen Denkens" in: *M. Schöller*, Exegetisches Denken und Prophetenbiographie, S. 79–133.

[50] *Nasr Hamid Abu Zaid*, islam und politik, kritik des religiösen diskurses. Aus dem Arabischen von Chérifa Magdi, Frankfurt am Main 1996, S. 47.

unabhängigsten Denker z. B. der Muʿtazila eben nicht zur sogenannten Orthodoxie beitrugen, sondern verketzert wurden – eröffnet Perspektiven und macht Hoffnung: Neben eine in jahrhundertealten Traditionen erstarrte sunnitische Theologie treten zunehmend Ansätze, die den Koran auf dem Hintergrund einer veränderten Welt kritisch reflektieren.

Dem Leitgedanken folgend, primär die islamische Innensicht des Korans und seines Verständnisses darzustellen, liegt der Schwerpunkt auf den Vertretern der sogenannten „klassischen" sunnitischen Exegese, die nicht nur über viele Jahrhunderte das Denken von Muslimen nachhaltig geprägt haben, sondern es immer noch tun und deren Studium für islamische Theologen gleich welcher Nationalität und Sprache immer noch unabdingbar ist. Zwar wird von Muslimen in Deutschland immer wieder betont, man habe hier die einmalige Chance, sich vom „Ballast" der islamischen Tradition und Geschichte zu befreien, die zu Abweichungen von den authentischen Intentionen Muḥammads führte. Vielmehr könne man sich hier unbefangen dem Korantext nähern und damit die ursprünglichen Aussagen wieder entdecken.[51] Es drängt sich natürlich die Frage auf, ob ein zeitlicher Abstand von 1.400 Jahren und ein europäischer Kontext tatsächlich einen authentischeren Zugang zu den „genuin islamischen Quellen" gewährleisten kann als die frühen Korankommentatoren, deren zeitlicher und kultureller Abstand zu dem koranischen Quellentext bei weitem geringer sind.

Bei aller Wertschätzung authentischer islamischer Stimmen der Frühzeit ist doch nicht zu übersehen, dass die großen Kompendien erst 300 Jahre nach Muḥammad einsetzen. Dies bedeutet selbstverständlich nicht, es habe zuvor keine Kommentare gegeben – im Gegenteil. Die meisten sind jedoch nicht mehr oder nicht mehr vollständig erhalten bzw. lassen sich nur durch ihre Zitierung in späteren Werken wieder rekonstruieren. Für sie gilt dasselbe wie für die Sprache des Koran: Sie geben oftmals eher die Denkweise bzw. die Bedeutung ihrer eigenen Zeit wieder als die zur Zeit Muḥammads und seiner Zuhörer.[52] Nachdem die frühen islamischen Theologen, v. a. Ibn ʿAbbās, außerarabische sprachliche Einflüsse als selbstverständlich voraussetzten – und noch as-Suyūṭī im 16. Jahrhundert identifiziert 25 Sprachen, die ihre Spuren im Koran hinterlassen haben sollen –, wird v. a. seit aš-Šāfiʿī bis heute von Muslimen der außerarabische Einfluss auf die koranische Sprache gewöhnlich beharrlich negiert. *Aṭ-Ṭabarī* be-

---

[51] Dies gilt gerade auch für die islamische Frauenbewegung, die von den Frauenrechten bei Muḥammad ausgeht; vgl. dazu *Fatima Mernissi*, sowie in Deutschland die Vereinigung Huda – Netzwerk für muslimische Frauen e.V., Bonn (www.huda.de) und das Zentrum für islamische Frauenforschung und Frauenförderung ZIF, Köln (www.zif-koeln.de), das sich zur Aufgabe gemacht hat, eine frauenspezifische Hermeneutik zu entwickeln. In http://www.huda.de/frauenthemen/500645940211d7c06.html interpretiert Huda das Reiseverbot für unbegleitete Frauen nicht als Einschränkung der Frau, sondern als Schutzmaßnahme, die früher notwendig gewesen, heute aber obsolet geworden sei. Ihre Vertreterinnen plädieren für den Einsatz der Vernunft und des *iǧtihād*.

[52] Vgl. *A. Jeffery*, The foreign vocabulary of the Qur'ān, S. vii.

hilft sich damit, die fremdsprachigen Ausdrücke als Zufallsübereinstimmungen zwischen dem Arabischen und den umgebenden Sprachen zu erklären. Andere argumentierten, es wäre viel wahrscheinlicher, dass die umgebenden Völker Anleihen beim Arabischen gemacht hätten als umgekehrt. Wenn jedoch bereits im Hadith[53] und den frühen Kommentaren einzelne Wörter erklärt werden müssen,[54] so wird daran deutlich, welche Entwicklungen die arabische Sprache – trotz ihrer dogmatisch verordneten Rückbindung an das Koranarabisch – erlebte. Die zeitliche Lücke wird zu schließen versucht durch eine Kette von Tradenten, die in den Prophetenzirkel hineinreichen müssen, da nach dem Tod Muḥammads und dem Versiegen der Offenbarung und ihrer primären Deutung nur die Prophetengenossen als authentische Mittler des Prophetenwortes galten. Mit dem Problem sich widersprechender Aussprüche und Deutungen wusste die frühe Theologie wesentlich souveräner umzugehen als die heutige: Die Tradenten wurden nach Zuverlässigkeit klassifiziert und Aussprüche, die in Widerspruch zum Koran stehen, eliminiert. Ansonsten aber wurden alle differierenden Meinungen zitiert, teils unter Nennung persönlicher Präferenz, häufig durch den salomonischen Zusatz „Gott aber weiß es am besten". Diese Offenheit der islamischen Frühzeit durch die Vielzahl und Relativität möglicher Interpretationen, von Abū Zaid „Interpretationspluralismus"[55] genannt, lassen sowohl die autoritativen Lehranstalten der islamischen Welt als auch die großen islamischen Verbände im Westen gegenwärtig vermissen. Vielmehr verfallen sie einer fast überall in der islamischen Welt zu beobachtenden Tendenz hin zu einer Rückwendung zur angeblich „wahren" Bedeutung des Korans, die unabhängig vom Subjekt gegeben sei und von diesem lediglich analysiert werden müsse – eine positivistische Betrachtungsweise. Daneben verzeichnen die letzten Jahre an vielen Orten neue Ansätze, die unten im Kontext der Hermeneutik zur Sprache kommen werden.

Die Auswahl der Korankommentatoren orientiert sich an der heutigen Popularität und Verbreitung.[56] So kommt es, dass ein Theologe wie Ibn Kaṯīr vertreten ist, der in der islamwissenschaftlichen Literatur kaum erwähnt wird, im Nahen Osten jedoch einer der am weitesten verbreiteten Kommentatoren ist. Allerdings sind nicht alle Kommentatoren durchgängig vertreten, dies variiert je nach theologischem Gewicht der Texte. Als ungünstig erweist sich das Vorgehen der Aus-

[53] Vgl. *Joseph Schacht*, A re-evaluation of Islamic traditions, in: *JRAS* 1949.

[54] Muslimische Theologen argumentierten für das reine Arabisch des Korans nicht nur mit einschlägigen Koranzitaten (12,2; 39,28; 41,3; 42,7; 43,2; vgl. 16,103; 26,195; 46,12), sondern auch mit dem Hinweis, dass der Koran die finale und perfekte göttliche Offenbarung sei und Gott dafür selbstverständlich die perfekte und beste aller Sprachen gewählt habe. Anzunehmen, dass ausgerechnet in der Sprache der letztgültigen Offenbarung wichtige religiöse *termini* fehlten, die Gott deshalb aus dem Nabatäischen, Persischen oder Syrischen habe borgen müssen, sei geradezu ein Sakrileg. (*A. Jeffery*, S. 7)

[55] *N. H. Abu Zaid*, islam und politik, S. 17.

[56] Ähnliche Auswahl bei *A. Th. Khoury* (Der Koran, erschlossen und kommentiert, S. 32 f.) und *M. Ayoub* (The Qur'an and its Interpretors).

leger, zu den Anfangssuren sehr umfangreich zu schreiben, wohingegen der Umfang der Kommentare zu späteren kontinuierlich abnimmt. Dies erschwert die chronologische Exegese im Sinne einer – wenn auch sehr bescheidenen – islamischen Rezeptionsgeschichte.[57]

Häufige Erwähnung findet *Ibn ʿAbbās* (2 v.hiǧra–85/620–687),[58] der Neffe Muḥammads, der zwei Jahre vor der *hiǧra* geboren wurde und als Vater der Koranexegese schlechthin gilt. Von ihm sind nicht nur viele Hadithe überliefert, sondern auch eine exegetische Belegsammlung, wenn nicht sogar ein eigener Korankommentar, der aus späteren Werken zumindest teilweise erschlossen werden kann.[59] Dazu befragte er neben den *ṣaḥāba* (Gefährten) Muḥammads auch die Juden und Christen seiner Zeit. Sein enormer Einfluss zeigt sich darin, dass die meisten Korangelehrten des ersten Jahrhunderts islamischer Zeitrechnung entweder seine unmittelbaren Schüler waren oder zumindest in mehr oder minder direkter Beziehung zur Schule des Ibn ʿAbbās standen.

Für alle Texte wird *aṭ-Ṭabarī* (224–310/839–923)[60] durchgesehen, der erste eigentliche Kommentator, der mit seinem 30-bändigen Werk ein Kompendium der ersten 300 Jahre Koranexegese vorgelegt hat und als Höhepunkt und zugleich Abschluss der klassischen formativen Periode der traditionellen Koranexegese gilt. Der Wert seiner enormen Sammelleistung liegt darin, dass er zahlreiche Theologen, deren Werke verlorengegangen sind, in ihren unterschiedlichsten, auch gegensätzlichen Meinungen zu Wort kommen lässt, bevor er seine eigene Meinung äußert. Diese fällt meist recht salomonisch aus, indem sie bei Streit um Äußerlichkeiten manche Varianten für möglich hält und zur Kernaussage der betreffenden Stelle in ihrem einfachen *sensus literalis* zurückführt. Seine seitenlangen Paraphrasen des Korantextes und v. a. die streckenweise ermüdende Aufzählung aller Meinungen mit sämtlichen Vertretern bis hin zu kleinsten Varianten in

[57] So findet sich z. B. in den vier Erzählungen mit der Ankündigung des Sohnes Ibrāhīms in den Kommentaren zur zeitlich ersten, ursprünglichsten Version, Sura 51 aus der 1. mekkanischen Periode, am wenigsten Material, dafür am meisten zu Sura 11 aus der 3. mekkanischen Periode.

[58] ʿAbd Allāh Ibn ʿAbbās. Obwohl in seinem persönlichen Verhalten umstritten – teilweise als „gewissenloser Lügner" diffamiert –, wurde er doch ob seiner wissenschaftlichen Tätigkeit und Gelehrsamkeit – die ihm den Beinamen *al-baḥr* (das Meer) eintrug – hoch verehrt. – *Helmut Gätje*, Koran und Koranexegese, Zürich 1971, S. 52.

[59] Hier in der Zusammenstellung von al-ʿArīs. – *J. van Ess*, Theologie und Gesellschaft I, S. 119; V, S. 355.360 f.

[60] *Abū Ǧaʿfar Muḥammad b. Ǧarīr aṭ-Ṭabarī*, Ǧāmiʿ al-bayān ʿan taʾwīl āyi l-Qurʾān [Sammlung der Erklärung über die Verse des Koran], Neuausgabe, hrsg. von Maḥmūd Šākir und Aḥmad Šākir, 30 Teile in 15 Bänden, Kairo ab 1374/1954; alte Ausgabe unter dem bekannteren Titel: Ǧāmiʿ al-bayān fī tafsīr al-Qurʾān. 30 Teile in 10 Bänden, Kairo 1323–1329/1900–1911. – Aṭ-Ṭabarī, geboren in Tabaristan, war bereits im Alter von 7 Jahren *ḥāfiẓ*, d. h. er kannte schon als Kind den Koran auswendig, und wurde zu einem Universalgenie: Koran- und Rechtsgelehrter, Philologe, Lexikograph, Dichter, Historiker. Ray, Bagdad, Basra, Kufa, Ägypten, Syrien waren Stationen seines Lebens, bevor er in Bagdad starb. – *Rudi Paret* hat vorrangig den Ṭabarī-Kommentar für seine Übersetzung durchgearbeitet (Grenzen der Koranforschung, S. 5).

Lesung und Grammatik tragen dadurch fast mehr zur Auslegungsgeschichte bei als zur tatsächlichen Auslegung einer Stelle. Zweifelhafte Tradenten klammert er nicht aus, sondern führt sie an, wenn auf anderem Wege keine Informationen zu bekommen sind. So ist sein Kommentar das Fundament späterer Auslegen und auch heute noch eine wertvolle Fundgrube für die historisch-kritische Forschung der Islamwissenschaft.

Der Kommentar des persisch-arabischen Religionsphilosophen *az-Zamaḫšarī* (467–538/1075–1144),[61] der der letzte große Vertreter der rationalistischen Muʿtaziliten[62] war, stellt bereits im Titel sein theologisches Programm vor, wenn er von *ḥaqāʾiq* (Wahrheiten) im Plural spricht. Damit bezieht er sich positiv auf die „mehrdeutigen" Verse (Sura 3,7), die Anlass zu eigener Interpretation bieten. Da er von dem überlieferten Material nur übernimmt, was er selbst für wichtig hält, ist sein Kommentar stärker als etwa der aṭ-Ṭabarīs auf die Dogmatik ausgerichtet. Aufgrund seiner hohen philologischen Qualitäten durch die lexikographischen und grammatikalischen Erläuterungen – az-Zamaḫšarī schrieb auch zahlreiche Wörterbücher und Werke zu Grammatik und alter Poesie – fand das Werk trotz seiner muʿtazilitischen Lehre weite Verbreitung, auch wenn die sunnitische Orthodoxie seinen dogmatischen Folgerungen ausgewichen oder gar entgegengetreten ist.

Der moderne marokkanische Kommentator al-Ǧābrī meint, man könne auf viele Kommentare verzichten, da sie sich weitgehend wiederholten und zu sehr ihre eigene Ideologie in den Kommentar einfließen ließen. Als unverzichtbar hält er nur die beiden zuvor Genannten, aṭ-Ṭabarī und az-Zamaḫšarī.[63]

Gegen die muʿtazilitische Koranauslegung hat sich der persisch-arabische Dogmatiker, Religionsphilosoph und Universalgelehrte *Faḫr ad-Dīn ar-Rāzī* (543–606/1149–1209)[64] in seinem unvollendeten und von seinen Schülern ergänzten Kommentar gewandt, der seiner Verbreitung und seiner Bedeutung wegen oft nur *at-tafsīr al-kabīr* (der große Kommentar) genannt wird. Er versöhnt Philosophie und religiöse Tradition und gibt als Rationalist viele eigenständige Lösungsvorschläge, manchmal jedoch scheint er den Koran auch als Stichwortgeber für seine philosophischen Exkurse zu nutzen. Die Modernisten des 19. und 20. Jahrhunderts sind von ihm beeinflusst, und seine Wirkung hält bis heute an.

---

[61] *Abū l-Qāsim Maḥmūd b. ʿUmar az-Zamaḫšarī*, Al-kaššāf ʿan ḥaqāʾiq at-tanzīl wa-ʿuyūn al-aqāwīl fī wuǧūh at-taʾwīl, auch unter dem Titel: Al-kaššāf ʿan ḥaqāʾiq (ġawāmiḍ) at-tanzīl [Enthüller der Wahrheiten der Geheimnisse in der Offenbarung], Beirut 1423/2002; *Andrew Lane*, A traditional Muʿtazilite Qurʾan commentary: the Kashshaf of Jar Allah al-Zamakhshari (d. 538/1144), Leiden 2006.

[62] *Lutz Berger*, Islamische Theologie, S. 73/79.

[63] *al-Ǧābrī*, Fahm al-Qurʾān al-ḥakīm, Teil 1, 4. Aufl., Beirut 2012, S. 11.

[64] *Faḫr ad-Dīn Abū ʿAbd Allāh Muḥammad b. ʿUmar b. al-Ḥusain*, Mafātīḥ al-ġaib [Die Schlüssel zum Verborgenen], 11 Bde., Beirut 1415/1995.

Der aus Cordoba stammende fromme und asketische Andalusier *al-Qurṭubī* (gest. 671/1273)[65] bringt in seinem Kommentar neben Rechtsbestimmungen viele philologische Erläuterungen und Schriftbelege in oft dichterischer Sprache. Als Gelehrter aus dem Andalus des „Goldenen Zeitalters" der *convivencia* trägt er jedoch erstaunlich wenig zur konkreten Verhältnisbestimmung und zum Zusammenleben bei; sein Interesse fokussiert vielmehr die Riten des Islam.

Stark abhängig von az-Zamaḫšarī, dessen muʿtazilitisches Gedankengut er eliminiert, und ar-Rāzī, dessen Beweisführung er übernimmt, ist der persische Richter *al-Baiḍāwī* (Anfang 7. Jh. - 685 oder 716 oder 791/Anfang 13. Jh. - 1282 oder 1286),[66] der weniger um Originalität bemüht ist, als in treffsicherer Auswahl des Materials die *opinio communis* der Sunniten darstellt und dessen Werk somit zum „besten Kommentar der Sunniten" und als eine Art Katechismus für Muslime zum beliebten Schulbuch wurde.

Nicht berücksichtigt werden Korankommentare aus der islamischen Mystik, der Sufis.[67]

Von den Modernisten ist der Ägypter *Muḥammad ʿAbduh* (1849–1905) vertreten, dessen Kommentar zunächst in Gestalt von Vorlesungen an der Azhar und im Rahmen von Rechtsgutachten, dann einzeln in der Zeitschrift al-Manār[68] veröffentlicht und später mit dessen Billigung durch seinen Schüler Muḥammad Rašīd Riḍā (1865–1935) zusammengestellt, literarisch abgerundet und fortgesetzt wurde.[69]

Die Reihe der Kommentatoren wird abgeschlossen mit dem bislang einzigen islamischen Korankommentar in deutscher Sprache, „Die Bedeutung des Korans",[70] einem Gemeinschaftswerk, das seinen Ursprung im Islamischen Zentrum München nahm[71] und in dessen Publikation „Al-Islam" seit 1983 sukzes-

[65] *Abū ʿAbd Allāh Muḥammad b. Aḥmad b. Abī Bakr b. Farağ al-Anṣārī al-Ḫazrağī al-Andalusī*, Al-ğāmiʿ li-aḥkām al-Qurʾān [Die umfassende Sammlung der Grundsätze des Korans], 11 Bde., Beirut 1414/1993; in englischer Übersetzung (gekürzt): Tafsir Al Qurtubi: Classical Commentary of the Holy Qur'an, transl. Aisha Bewley and Abdalhaqq Bewley, 2003.

[66] *ʿAbd Allāh b. ʿUmar b. Muḥammad b. ʿAlī aš-Šīrāzī al-Baiḍāwī*, Anwār at-tanzīl wa-asrār at-taʾwīl [Die Lichter der Offenbarung und Geheimnisse der Auslegung]. 4 Teile in 2 Bänden, Kairo o. J.; *C. Brockelmann*, Art. Al-Baiḍāwī, HdI, S. 74–75; *H. Gätje*, S. 57.

[67] Eine Übersicht für die Sufi-Kommentare bei: *Kristin Zahra Sands*, Sufi commentaries on the Qur'an in classical Islam, London 2006.

[68] Rašīd Riḍā gab von 1898 bis zu seinem Tod dieses Sprachrohr des Reformislam als Monatszeitschrift heraus.

[69] Tafsīr al-Qurʾān al-ḥakīm, bekannt als: Tafsīr al-manār, 12 Bde., 2. Aufl., Beirut o. J. (nur die ersten 12 Suren).

[70] 5 Bde., München 1996 und 1997. Nach dem Verlag SKD Bavaria im folgenden abgekürzt als „SKD".

[71] Zu Beginn war noch der Leiter des Islamischen Zentrums München, Ahmad von Denffer, beteiligt, der jedoch 1996 seine eigene Übersetzung vorlegte. Zur inhaltlichen Ausrichtung des IZM siehe *U. Spuler-Stegemann*, Muslime in Deutschland, S. 116.239.263. Im Übersetzerteam waren v. a. deutsche Konvertiten vertreten, so auch Fatima Grimm, die in ihrem Heft „Die Erziehung unserer Kinder" offen das „Erziehungsziel Dschihad" propagiert („Vielmehr sollen

sive abgedruckt und 1997 abgeschlossen wurde. Anstelle einer konstruktiven, auf einen gelingenden Dialog mit der christlichen Mehrheitsgesellschaft zielenden Auslegung finden sich jedoch furchtsame, fast feindselige Abgrenzungen und teilweise schon grotesk zu nennende Fehlinterpretationen jüdischer und christlicher Lehrmeinungen. Dieser Kommentar ist kein eigenständiges Werk, sondern die Zusammenstellung einer Auswahl muslimischer Autoritäten wie u. a. Abū l-Aʿla al-Maudūdī (geb. 1903 in Aurangabad / Indien, gest. 1979 in Buffalo / New York), Gründer der „Jama'at-i Islami", der als konsequentester Denker des fundamentalistischen Islam gilt. Der SKD-Kommentar wurde nicht seiner Qualität wegen herangezogen, sondern weil er für deutschsprachige Muslime lange Zeit der einzig verfügbare war.

Der Vollständigkeit halber ist auch der Kommentar des libanesischstämmigen melkitisch-katholischen Theologen *Adel Theodor Khoury* (geb. 1930), ehemals Professor an der Katholisch-Theologischen Fakultät Münster, aufgeführt,[72] der ebenfalls eine Zusammenschau islamischer Auslegungsgeschichte in der ganzen Breite der Theologie präsentiert.

2.2 Der hermeneutische Ansatz der rezipientenorientierten Interdependenz

Wie jedoch ist ein solch breit gefächerter Stoff zu „greifen", der sich sowohl zeitlich als auch thematisch und quantitativ über die gesamte Wirksamkeit Muḥammads und über den gesamten Koran erstreckt? Der Respekt vor den Glaubensüberzeugungen der Muslime gebietet es, die islamische Wahrnehmung sowie die Berichte über das Leben Muḥammads und seiner Verkündigung ernst zu nehmen. In den letzten Jahrzehnten ging die Skepsis gegenüber den islamischen Quellen zum Leben Muḥammads weit über die wissenschaftlich gebotene Distanz hinaus bis hin zur Infragestellung der Historizität des Propheten überhaupt. Ausgerechnet ein kirchenkritischer katholischer Theologe, der sich seiner Unkenntnis der arabischen Sprache rühmt, verstieg sich zu der Behauptung, Muḥammad habe nie existiert, dieser Name sei vielmehr ein Würdetitel Jesu gewesen.[73] Die Schwierigkeit, aus den vorhandenen Quellen, die als schrift-

---

wir ihnen immer vor Augen führen, was für eine großartige Auszeichnung es für jeden Muslim ist, für die Sache des Islams mit der Waffe in der Hand kämpfen zu können." 2. überarb. Aufl., Garching 2000, S. 20).

[72] *Adel Theodor Khoury*, Der Koran Arabisch-Deutsch. Übersetzung und wissenschaftlicher Kommentar, 12 Bde., Gütersloh 1990–2001.

[73] *Karl-Heinz Ohlig*, Weltreligion Islam, Mainz 2000, S. 12. Seine sich steigernde Argumentation bis dahin, die Entstehung des Islam bei christlichen Häretikern in Afghanisatan zu verorten, siehe: *ders.*, Das syrische und arabische Christentum und der Koran, in: Ohlig / Puin (Hrsg.), Die dunklen Anfänge. Neue Forschungen zur Entstehung und frühen Geschichte des Islam, Berlin 2005, 366–404; Deutschlandradio Kultur: „Dies ist das Buch, an dem kein Zweifel ist. Der Ko-

liche Aufzeichnungen wohl erst mit einem Abstand von bis zu 100 Jahren nach dem Tod Muḥammads einsetzten, überhaupt halbwegs verlässliche Daten und Informationen zum Leben des Propheten zu erschließen, ist bekannt und häufig dargestellt worden.[74] Nicht Misstrauen und Skepsis also sind leitend, sondern die vorliegenden Zeugnisse werden zunächst wahrgenommen und rezipiert – wohl wissend, wie problematisch dies an manchen Stellen aus moderner islamwissenschaftlicher Sicht ist, die sie daher primär als frühislamische Rezeption der Gründungsgeschichte verstehen will.

Doch an die Stelle von unreflektiert wortwörtlich verstandenem Koran und Tradition als auch von misstrauisch auflösender Kritik, die in ihren am weitesten gehenden Spekulationen den Koran als arabisch-christliche Schrift sehen will, die die islamische Frühgeschichte und teils auch die Gründergestalt Muḥammad als unhistorisch betrachtet, soll hier eine holistisch fragende Interpretation treten:

In einem ersten Schritt werden die vermutliche Entstehungssituation und der damalige Kontext wahrgenommen, v.a. im Hinblick auf die Verkündigungssituation.

Danach werden verschiedene Versuche unternommen, die disparaten Koranstellen zu Ibrāhīm zu sortieren; hier bieten sich verschiedene Kriterien der Systematisierung an: nach der chronologischen Entstehungsreihenfolge, nach Themenkreisen oder nach einer möglichen Ibrāhīmvita.

Die unterschiedlichen Zusammenstellungen von Koranstellen werden dann zum einen nach Gesetzmäßigkeiten und einer inneren Dynamik hin untersucht, um eine etwaige Entwicklung darin nachzuzeichnen. Zum anderen werden sie in Beziehung zum vermutlichen Entstehungskontext gesetzt.[75]

In der vorliegenden Arbeit wird der Blick nicht primär rückwärts gerichtet als Fragestellung, wer Muḥammad als Mensch und Propheten beeinflusst habe, was er von welcher religiösen Richtung übernommen und wer seine „Lehrer" gewesen seien,[76] sondern eher nach vorne als Frage, mit wem er in welcher Weise in Kontakt stand und wen *er* beeinflusst hat. Ungleich wichtiger ist der Blick rund-

---

ran – historisch-kritische Auseinandersetzungen" (Diskussion mit Richter-Bernburg, Neuwirth, Bobzin, Heine im August 2006), www.dradio.de/dkultur/sendungen/zeitreisen/529359/. Im Ergebnis ähnliche Ansätze bei *Andreas Goetze*, Religion fällt nicht vom Himmel. Die ersten Jahrhunderte des Islams, Darmstadt 2012, und bei den anonymen Verfassern („Former Muslims") von: The Qur'ān Dilemma, 3 Bde., o. O. USA 2011.

[74] Siehe etwa: *Marco Schöller*, Exegetisches Denken und Prophetenbiographie. Eine quellenkritische Analyse der Sīra-Überlieferung zu Muḥammads Konflikt mit den Juden, Wiesbaden 1998, S. 2–6; *ders.*, Mohammed, S. 14f.

[75] Als erster westlicher Koranwissenschaftler verfolgte *Josef Horovitz* – v. a. anhand der Straflegenden – die Entwicklung islamischer Vorstellungen und des Sprachgebrauchs von ihrem frühesten Auftauchen in mekkanischer Zeit bis zur endgültigen Form in Medina. (Koranische Untersuchungen, Berlin 1926). Für jede einzelne Prophetengeschichte: *Heinrich Speyer*, Die biblischen Erzählungen im Qoran, S. 175–186.

[76] Zu den wechselnden Prioritäten in dieser Frage siehe *Norman Stillman*, The Jews of Arab Lands. A History and Source book, Philadelphia 1979, S. 8.

um: Der gesamtreligiöse und -gesellschaftliche Kontext wird insofern als ausschlaggebendes Deutungsmuster herangezogen, als der Koran als schriftgewordene Verkündigung, als „Mitschrift einer Verkündigung"[77], verstanden wird, als Anrede an eine Zuhörerschaft, deren Vorkenntnisse sie aufgreift und affirmativ oder verwerfend auf sie antwortet. So muss auch die koranische Gestalt Ibrāhīms innerhalb dieses Diskurses mit den Adressaten der Verkündigung untersucht werden, sowie in ihrer theologischen Entwicklung innerhalb des Korans, die in der Begegnung mit den vorhandenen Religionen ebenfalls fortschreitet, indem sie auf sie antwortet und sich zugleich im Gegenüber und auch Gegeneinander verändert. Wir sprechen von rezipientenorienterter Interdependenz.

2.2.1 Voraussetzungen aus der islamischen Theologie

Dies ist nun weder ein völlig „neuer" – im Sinne des islamischen Prinzips der *bidʿa* –, noch ein „westlicher" Ansatz. Vielmehr gab es in der islamischen Theologie schon früh hermeneutische Elemente und Ansätze, die in die Richtung einer dynamischen Lesung des Korans weisen und diese praktizieren.

2.2.1.1 Die Berücksichtigung der Chronologie der Suren

Der heute vorliegende, verbindliche Korantext nach der uthmanischen Lesart in der Kairiner Fassung von 1924 in arabischer Sprache wird gemeinhin als unantastbar betrachtet. Die Frage ist, ob dies nur für den Inhalt oder auch für die Form gilt. Unstrittig ist, dass Muḥammad den Koran nicht geschrieben hat – als *nabī ummī* („ungelehrter" Prophet) wird darauf größter Wert gelegt. Nur durch seine Nicht-Verfasserschaft bleibt nach islamischem Verständnis die göttliche Verfasserschaft gewährleistet. Ebensowenig hat er selbst die Anordnung der Suren festgelegt. Sie wurden von dem Redaktionsausschuss unter Vorsitz des 3. Kalifen, ʿUṯmān b. ʿAffān (reg. 644–656), einem angesehenen Mekkaner und zweifachen Schwiegersohn Muḥammads, nach dem seinerzeit üblichen spätantiken Ordnungsprinzip in absteigender Länge angeordnet. Ausnahme ist Sura 1, *al-Fātiḥa*, die als Einleitung oder übergeordneter Text gilt.

Gegenüber dieser rein formalistischen Anordnung gab es jedoch schon im 1. Jahrhundert AH konkurrierende chronologische Ordnungsversuche. So berichtet Ibn Kaṯīr in seinem *Tafsīr*, ʿAlī b. Abī Ṭālib habe nach dem Tod Muḥammads den Koran in chronologischer Anordnung kompilieren wollen. Doch dieser theologische Ansatz kollidierte offenbar mit simplen Fragen der Loyalität:

Als der Prophet starb, schwor ʿAlī, dass er sein Gewand nicht überwerfen werde außer zum Freitagsgebet, so lange, bis er den Koran in einem muṣḥaf kompiliere, und so tat er auch. Nach

---

[77] *A. Neuwirth*, Frühmekkanische Suren, S. 15.

einigen Tagen ließ Abū Bakr ihm ausrichten: „Verabscheust du etwa meine Herrschaft, Abū l-Ḥasan?" „Bei Gott, nein! (…)", und er erwies ihm den Treuschwur und kehrte zurück."[78]

Einer der ersten Muslime und wichtigsten Gefährten Muḥammads, ʿAbd Allāh b. Masʿūd (gest. 652/3), Statthalter von Kūfā, lehnte den Koran der uthmanischen Redaktion ab mit dem Argument, dass er den Koran viel besser kenne als Zaid b. Ṯābit, Sekretär Muḥammads und Redaktionsmitglied, und lehnte es ab, dessen Version zu rezitieren. Seine eigene Version enthielt nicht die erste Sure, da er sie als Gebet ansah. ʿAlīs Version begann mit Sura 96, Ubayy b. Kaʿbs[79] Version mit Sura 18. Ibn Kaṯīr zufolge sei die heutige Anordnung Ergebnis des *iǧtihād* (Anstrengung zur eigenständigen Urteilsfindung) der *ṣaḥāba* (Gefährten Muḥammads) und die ersten Suren vom Propheten selbst festgelegt. Auch Rābiʿa antwortete auf den Vorwurf, weshalb die Suren 2 und 3 am Anfang stünden, obwohl 82 Suren früher herabgelassen worden seien, man solle nicht nach den Gründen fragen, denn der Prophet selbst habe es so gehandhabt.[80]

Die frühen Koranversionen enthielten zwar dieselben Suren, jedoch in unterschiedlicher Anordnung. Angesichts der chaotischen und nicht ausschließlich theologischen und logischen Gründen folgenden uthmanischen Redaktion und dieser abweichenden Versionen, die nach der Autorisation des uthmanischen Korans allmählich verschwanden und auch vernichtet wurden, kann man einer von ʿUṯmān abweichenden Anordnung nicht die Berechtigung absprechen.

Tatsächlich wurden in der islamischen Frühzeit immer wieder Versuche unternommen, wenn schon nicht die chronologische Reihenfolge, so doch eine relative Reihenfolge der Suren zu bestimmen.[81] Daher ist die chronologische Anordnung keineswegs eine westliche, islamwissenschaftliche Erfindung, sondern wurde im Laufe der Zeit immer wieder von Muslimen selbst praktiziert. Ausschlaggebend dafür sind weder die Koranauslegung noch historische Überlegungen, sondern die Erfordernisse des Rechtssystems, das nachfolgend erläutert werden wird. Jedoch bereits der Traditionarier ʿIkrima (gest. 105/724) hielt eine chronologische Anordnung des gesamten Textes gar nicht mehr für möglich, selbst wenn sich die „Menschen und Dschinnen insgesamt" darum bemühten.[82]

Der persische imamitische Koranexeget al-Faḍl b. al-Ḥasan aṭ-Ṭabarsī (gest. 1153) empfahl in seinem berühmten Kommentar *Maǧmaʿ al-bayān fī tafsīr al-Qur'ān*, chronologisch auszulegen, da dies das Fundament der Wahrheit sei und

---

[78] *Ibn Kaṯīr*, Tafsīr al-Qur'ān al-ʿaẓīm, hrsg. von Sāmī b. Muḥammad Salāmah, 8 Bde., 2. Aufl., o. O. 1420/1999, S. 32.

[79] Ebenfalls Sekretär Muḥammads, aus dem Stamm der Ḫazraǧ in Medina, gest. zwischen 640 und 656; erstellte eine eigene Sammlung von Korantexten.

[80] A. a. O., S. 47.

[81] Siehe dazu die Auflistung in: *Šukrī Aḥmad ḫālid / Nazzāl ʿUmrān Ṣāliḥ*, ʿIlm tā'rīḫ nuzūl āyāt al-Qur'ān al-karīm, Amman o. J., S. 186–189. – Die relative Reihenfolge erwähnt für jede Sure die vorhergehende und die folgende Sure.

[82] *Tilman Nagel*, Medinensische Einschübe in mekkanischen Suren, Göttingen 1995, S. 118.

man so den Fehler vermeiden könne, medinische Fakten auf mekkanische Verse anzuwenden.[83]

Erst Mitte des 20. Jahrhunderts – und damit fast genau 100 Jahre nach Nöldekes bahnbrechender Studie „Geschichte des Qorāns" – wurden diese Versuche in der islamischen Welt wieder aufgenommen. Dabei geht es jedoch nicht, wie etwa bei Richard Bell (1876–1952)[84] oder Régis Blachère (1900–1973)[85], um eine Neuordnung des Korans selbst, sondern lediglich um dessen Auslegung. Auffallend ist, dass die ersten, die nun begannen, den Koran ganz oder in einzelnen Themen chronologisch auszulegen, keine Theologen waren.

Der Korankommentar des Theoretikers der ägyptischen Muslimbruderschaft, Sayyid Quṭb,[86] *Fī ẓilāl al-Qur'ān* (Im Schatten des Koran) entstand 1954 während seiner Haftzeit. Darin erläutert er seine Methode, den Koran nach der traditionellen Anordnung auszulegen und ausdrücklich nicht entsprechend der chronologischen Herabsendung. Allerdings erwähnt er, dass er in einer kürzeren thematischen Studie *Mašāhid al-qiyāma fī l-Qur'ān* (Szenen des Jüngsten Gerichts im Koran) die Verse chronologisch angeordnet hatte. Diese Inkonsequenz begründete er mit dem „Mangel an Gewissheit"[87], der die Chronologie mühsam, wenn nicht gar unmöglich mache.

Der palästinensische politische Aktivist und Historiker Muḥammad ʿIzzat Darwaza (1888–1984)[88] begann erst 1937 während seines Gefängnisaufenthalts in Damaskus, wo er wegen Unterstützung der arabischen Revolte in Palästina inhaftiert war, mit Koranstudien. 1963 veröffentlichte er seine eigene Koranauslegung *at-Tafsīr al-Ḥadīṯ*, die erste Auslegung, die der Chronologie folgt. Weil seine Methode so ungewöhnlich war, musste er zu ihrer Legitimierung eigens eine Fatwa der Muftis von Aleppo und Damaskus einholen.[89] Sein *tafsīr* sollte helfen, den Leser „in die Atmosphäre der Herabsendung hineinzuversetzen". Ferner betonte er die enge Verbindung zwischen dem Korantext, der Biographie Muḥammads und dem historischen Kontext und er wies die parallelen Entwicklungsstadien im Koran und dem Leben des Propheten nach.

---

[83] Siehe *Muḥammad Mǧallī Aḥmad Rabābaʿa*, Tafsīr al-Qur'ān ʿalā tartīb an-nuzūl, in: Maǧallat dirāsat 37/1, Amman 2010, 255–268, hier: S. 262.

[84] *Richard Bell*, The Qur'ān, Translated, with a critical re-arrangement of the Surahs, 2 Bde., Edinburgh 1937/39. Bell ordnet nicht nur die Suren neu an, sondern beachtet zudem noch die möglichen Bruchstellen und Einschübe.

[85] *Régis Blachère*, Le Coran. Traduction nouvelle, 2 Bde., Paris 1949/50.

[86] Sayyid Quṭb, geb. 1906 in Oberägypten, hingerichtet 1966 in Kairo, war zunächst ein eher nationalistisch geprägter Lehrer und Inspektor der säkularen Schulen Ägypten, sowie Journalist. Während eines Studienaufenthalts in den USA brach er, auch als Abwehrreaktion gegen die „verderbte Kultur des Westens", mit seiner Vergangenheit und wandte sich einer neuen Religiosität zu. S. *Lutz Berger*, Islamische Theologie, S. 155–157.

[87] *Sayyid Quṭb*, Fi ẓilāl al-Qur'ān, Bd. III, S. 1429.

[88] Darwaza, geb. 1888 in Nablus, gest. 1984 in Damaskus.

[89] *Gerald R. Hawting / Abdul-Kader A. Shareef*, Apporaches to the Qur'ān, London 1993, S. 240.

Kurz danach, 1965, erschien *Bayān al-maʿānī murattab ḥasab tartīb an-nuzūl* (Erläuterung der ‚Bedeutungen', angeordnet nach der chronologischen Herabsendung), ein sechsbändiger Kommentar des Syrers Šaiḫ ʿAbd al-Qādir b. Mullā Ḥuwaiš (1889–1978), dessen Schüler dann al-Būṭī war. Als Rechtsgelehrter und Vorsitzender des Šarīʿia-Gerichts ging er von dem juristischen Prinzip der Abrogation aus und weitete es auf den gesamten Tafsīr aus. Zudem ging es ihm darum aufzuzeigen, was situationsbedingt und was absolut gültig sei. Anstatt mit Vermutungen und Hypothesen beschwert zu werden, solle der Leser „die Süße der koranischen Worte, die Kürze seiner Satzkonstruktionen, die präzise Bedeutung seiner Terminologie und die Symbolik dahinter schmecken."[90]

Ganz ähnlich verhält es sich bei dem syrischen Rechtsgelehrten ʿAbd ar-Raḥmān Ḥasan Ḥabnakah al-Maidānī (1927–2004), der seinen fünfzehnbändigen Kommentar *Maʿāriǧ at-taffakur wa-ḍaqāʾiq at-tadabbur* mit dem Untertitel *tafsīr tadbīrī l-Qurʾān bi-ḥasab tartīb an-nuzūl* (Geordneter Korankommentar, entsprechung der Herabsendung) versah, in dem er die Korantexte überdies thematisch angeht. Mit der chronologischen Anordnung sollte vermieden werden, dass etwa ein medinischer Vers vor seinem mekkanischen Parallelvers behandelt werde.

Der marokkanische Philosoph Muḥammad ʿĀbid al-Ǧābrī (1936–2010) schrieb, nach einer „Einführung in die Koranwissenschaft", 1964 einen dreibändigen Korankommentar, der die Methode im Untertitel trägt: *Fahm al-Qurʾān al-ḥakīm. At-tafsīr al-wāḍiḥ ḥasab tartīb an-nuzūl* (Den weisen Koran verstehen. Ein deutlicher Kommentar entsprechend der Anordnung der Herabsendung).[91] Mekkanische und medinische Suren werden wie bei Nöldeke durch Stil und Inhalt unterschieden. Seine Untersuchung der Überlieferungen über die Herabsendung solle helfen, den Koran besser zu verstehen. Es ging ihm um den Zugang zum heutigen Leser, der zur ursprünglichen Intention des Textes gelangen soll. So unterschied er auch zwischen dem rezitierten Koran im *taǧwīd* als Hörerlebnis, der das geistliche Verstehen in einem spirituellen Erleben ermöglicht, und dem schriftlich fixierten Koran als literarischem Dokument. Auf viele Kommentare könne man verzichten, da sie sich weitgehend wiederholten. Als unverzichtbar hielt er nur aṭ-Ṭabarī und az-Zamaḫšarī.

Der Damaszener Asʿad Aḥmad ʿAlī vertrat in seinem *Tafsīr al-Qurʾān al-murattab* (1979) einen emanzipatorischen Ansatz. Auch er will der modernen Generation den Koran näherbringen; zudem will er dem Leser die Freiheit gewähren, selbständig mit dem Koran umzugehen und ihn dadurch geistig fördern.[92]

---

[90] *M. M. A. Rabābaʿa*, Tafsīr al-Qurʾān ʿalā tartīb an-nuzūl, S. 261.

[91] Teil 1 und 2, 4. Aufl., Beirut 2012; Teil 3, 3. Aufl., Beirut 2013. Al-Ǧābrī, geb. 1936 in Fakik/Marokko, gest. 2010 in Casablanca; promovierte 1970 in ar-Rabāṭ in Philosophie. Sein Hauptwerk ist „Kritik der arabischen Vernunft".

[92] Siehe: *M. M. A. Rabābaʿa*, Tafsīr al-Qurʾān ʿalā tartīb an-nuzūl, S. 261.

Für Faḍl Ḥasan ʿAbbās (*Itqān al-burhān fī ʿulūm al-Qurʾān*, Amman 1997) bezeugt die Nachzeichnung der Chronologie die Echtheit der historischen Entwicklung.[93]

Muḥammad Ḥussain ʿAlī Ṣaġīr (*Taʾrīḫ al-Qurʾān*, Beirut 1999) betont in der chronologischen Auslegung die Verbindung zu den historischen Ereignissen, die die Entwicklung der islamischen *umma* zu Lebzeiten Muḥammads aufzeige.

Nach Aḥmad ʿAbd al-Ġaffār (*Qaḍāyā fī ʿulūm al-Qurʾān tuʿīna ʿalā fahmihī*, Alexandria 1999) hilft die Kenntnis von der zeitlichen und örtlichen Einordnung die Stufen der islamischen Entwicklung zu erkennen. Auf diese Weise werde die Anrede des Korans an die Menschen in ihrer Wirklichkeit sichtbar und erleichtere so ihre Akzeptanz.

Auch für Muḥammad Raʾfat Saʿīd (*Taʾrīḫ nuzūl al-Qurʾān al-karīm*, al-Manṣūra / Ägypten 2002) nimmt der chronologische Fortgang den Leser in den lebendigen Kontext der 23 Verkündigungsjahre hinein und lässt ihn „im Schatten der *sīra*“ leben.

Bislang wurde die chronologische Methode kaum auf narrative Passagen angewandt. Sayyid Quṭb hatte vorgeschlagen, auch die Prophetengeschichten chronologisch zu untersuchen, etwa um ihre Intention herauszuarbeiten, v. a. bei den mehrfach erzählten Passagen; in diesen Wiederholungen erkannte er eine beabsichtigte Steigerung von knappen Hinweisen, die in den späteren Suren ausgebaut werden.[94] Al-Ǧābrī sah den entscheidenden Vorzug der Methode darin, „dass sich dadurch die enge wechselseitige Beziehung zwischen dem Koran und der Biographie Muḥammads enthüllt“.[95]

Angesichts all dieser Bemühungen um eine chronologische Auslegung hat die Auseinandersetzung darüber auch in der arabischen Welt schon begonnen. Auf einer Konferenz der Scharia-Fakultät der Jordan University 2008 setzte sich Sulaimān Muḥammad ad-Daqqūr kritisch mit den Thesen des Buches von al-Ġābrī, „*Fahm al-Qurʾān al-karīm*“ (Den ehrwürdigen Koran verstehen), auseinander und erläuterte auch die Haltung anderer Gelehrter dazu.[96] Die Auslegung des Korans nach der chronologischen Herabsendung als Methode sei ein modernes Phänomen und erst in der Zeit der Erneuerung der Koranauslegung Anfang des 20. Jahrhunderts entstanden. Sie gehe weit über Worterklärungen und Versdeutungen, sowie die juristischen Fragen – gemeint ist das Prinzip der Abrogation – hinaus, trage aber nicht zu besserem oder gar neuem Verständnis des Korans bei. Die Gelehrten verträten zwei gegensätzliche Positionen

---

93 A. a. O., S. 261 f. Ebenso die folgenden.

94 *Sayyid Quṭb*, at-Tafsīr al-fannī, S. 156, zit. in: *ad-Daqqūr*, Manhaǧ at-taʿāmul maʿ an-naṣṣ al-Qurʾānī ḥasab tartīb an-nuzūl, qirāʾa fī kitāb al-Ǧābrī „Fahm al-Qurʾān al-ḥakīm“ [Methodologischer Umgang mit dem koranischen Text nach der chronologischen Herabsendung. Erörterung des Buches von Al-Ǧābrī „Den ehrwürdigen Koran verstehen“], Vortrag Amman 2008.

95 *al-Ǧābrī*, Fahm al-Qurʾān al-ḥakīm, Bd. I, S. 17 f.

96 *ad-Daqqūr*, Manhaǧ at-taʿāmul.

bezüglich der Zulässigkeit der Methode: Die heute vorliegende Anordnung der Suren sei innerhalb des *tanzīl* (Herablassung) vorgegeben, sei *iǧmāʿ* (Konsens) der *umma* und daher bindend, so dass eine eigene neue Anordnung nicht gestattet sein kann. Andere halten die Anordnung lediglich für das Ergebnis des *iǧtihād* (menschliche Bemühung) der *ṣaḥāba* (Prophetengefährten) und daher für zulässig. Darum sei es möglich, aus methodologischen Gründen davon abzuweichen, etwa um Wortbedeutungen für pädagogische Zwecke zu bestimmen. Sie vermittle dem Leser ein Gespür für die Entfaltung der Suren und die Weisheit der Intention des Korans. Eine Zwischenposition vertrete Sayyid Quṭb, der zwar vom Nutzen der Methode überzeugt sei, sie aber in seinem Kommentar nicht anwendet.

Die überwiegende Mehrheit der islamischen Korangelehrten halte diese Methode jedoch für unerwünscht, da sie im Widerspruch zum Konsens der *umma* bezüglich des Korans steht. Lediglich zur Feststellung der Abrogation im Bereich der Rechtswissenschaft oder in Abhandlungen zur Koranwissenschaft sei sie zulässig. Auch die Geringschätzung früherer Kommentatoren, etwa bei al-Ǧābrī, zugunsten der eigenen Erkenntnisse wird als Anmaßung und Eitelkeit verurteilt.[97]

Diese Kritik wird von Muḥammad Mǧallī Aḥmad Rabābaʿa (geb. 1972 in Ǧdītā / Jordanien), ausgeweitet.[98] Alle *riwāyāt* (Berichte der *ṣaḥaba*) und *āṯār* (Überlieferungen über Muḥammad und die *ṣaḥaba*), die in irgendeiner Form eine andere Reihenfolge der Suren beschreiben, seien, wenn man sie mit den Mitteln der Hadithwissenschaft untersuche, *ḍaʿīf* (schwach) oder *mauḍūʿ* (nichtig), und zwar sowohl im *isnād* (Überliefererkette) als auch im *matn* (Textteil), und daher nicht verlässlich. Gegen diese Einzelberichte stehe der *iǧmāʿ* der *umma* über die Anordnung. Für die Methode müsse man die Suren durcheinander bringen und neu ordnen – eine unzulässige Textmanipulation. Wer dies tue, sei widerspenstig gegen den Propheten, der selbst befahl, neu offenbarte Verse in bestimmte Suren aufzunehmen. Sollten die Heutigen etwa das wissen, was den Gefährten Muḥammads damals entgangen sein soll? Jeder kenne die Vernunft der *ṣaḥāba* und ihre tiefe Einsicht; sie hätten daher Vorrang und müssten gehört werden. Es sei Anmaßung, mehr als sie wissen zu wollen. Zudem gebe es keinen Nutzen von der Chronologie. Auch wenn man ihren guten Willen anerkenne, seien doch die Gefahren größer. Sowohl die Unsicherheit der zeitlichen Einordnung, als auch die Komposition der Suren aus frühen und späteren Elementen und mit Einschüben ließen keine eindeutige Einordnung einer gesamten Sure zu,

[97] Wenn al-Ǧābrī meint, es gebe in der gesamten arabisch-islamischen Literatur keinen Kommentar, der dem Leser zum Verstehen verhelfe, dann erweckt er dadurch den Eindruck, „als ob er der Erste wäre" (zit. in: *ad-Daqqūr*, Manhaǧ).

[98] In seinem Aufsatz *Tafsīr al-Qurʾān ʿalā tartīb an-nuzūl*, in: *Maǧallat dirāsat* 37/1, Amman 2010, 255–268. Rabābaʿa studierte *Falsafa wa-ʿulūm* und ist Dozent für Koranwissenschaften an der Jordan University.

so dass das Fundament dieser Methode reine Spekulation sei. Die Protagonisten differierten in Einzelfragen, von einem Konsens der Gelehrten ganz zu schweigen. Der *iǧmāʿ* der Gelehrten stehe folglich über dem *iǧtihād* eines einzelnen. Statt den ganzen Koran neu anzuordnen, seien nur thematische Studien zulässig.

Unter muslimischen Theologen im Westen sind, im Gegensatz zu den traditionalistisch geprägten Islamverbänden, die sich gegen Kritik an ihren starren dogmatischen Positionen weitgehend abschotten, diese Fragen längst an der Tagesordnung. Für eine chronologische Anordnung der Suren statt der jetzigen rein formalen Anordnung gemäß ihrer Länge plädierte der ägyptischstämmige Koran- und Literaturwissenschaftler Naṣr Ḥāmid Abū Zaid (1943–2010)[99], der versuchte, Konzepte der Muʿtazila wiederzubeleben, ebenso der an der Universität Frankfurt am Main lehrende Ömer Özsoy von der so genannten Neuen Ankara-Schule. Hier und an weiteren Zentren Islamischer Theologie werden neue theologische Ansätze entwickelt und erprobt, die eine Diskursivität demonstrieren, wie sie als kreative Herausforderung an die Islamforschung schon lange Desiderat waren.

Für diese Arbeit folgen wir der chronologischen Ordnung von Nöldekes „Geschichte des Qorāns", die bis heute Standardwerk zur Chronologie ist.[100] Grundlage für die Anordnung der Ibrāhīmtexte an sich und der Koranverse in den thematischen Exkursen ist das folgende Schaubild: Die erste Spalte kennzeichnet die Phase; in der zweiten Spalte ist, soweit bekannt, das entsprechende Jahr vermerkt; in der dritten Spalte sind, ebenfalls soweit bekannt, die mutmaßlichen historischen Ereignisse im Leben Muḥammads eingetragen; in der vierten Spalte sind die Suren in ihrer chronologischen Ordnung aufgelistet (für die 1. mekkanische Periode sind bei Nöldeke die Suren nicht chronologisch, sondern thematisch in Entwicklungsreihen sortiert; Angelika Neuwirth, die Nöldekes stilistische Kriterien mit diskursiven Kriterien im Sinne einer Entwicklung der Botschaft verbindet, hält eine „annähernd genaue chronologische Anordnung" auch dieser Suren für „durchaus rekonstruierbar"[101]). Rechts davon wird die Anzahl der Verse markiert, so dass das Schaubild nicht nur die Fundstellen, sondern auch deren Quantität veranschaulicht; hier können auch Stichworte zum Inhalt eingetragen werden. (Dieses Schaubild kann als Vorlage für jedes koranische Thema verwendet werden.)

---

[99] Siehe: „Der Koran – ein geschichtlicher und kultureller Text", Interview von Muḥammad ʿAlī al-ʿAtasī mit Naṣr Ḥāmid Abū Zaid, Damaskus 2004.

[100] Ursprünglich in Lateinisch geschrieben, 1856 als Dissertation eingereicht, gewann es einen Preis in Paris, erstmals veröffentlicht 1860 in einer erweiterten deutschen Version. Die 2. Auflage in 3 Teilen, davon Teil I und II herausgegeben und überarbeitet von Friedrich Schwally (1909, 1919) und Teil III geschrieben von Gotthelf Bergsträsser und Otto Pretzl (1938). (Nachdruck in einem Band, Hildesheim 1981).

[101] *Angelika Neuwirth*, Der Koran, Bd. 1: Frühmekkanische Suren, Berlin 2011, S. 16. Da nur drei Ibrāhīmtexte in die frühmekkanische Zeit fallen und davon bei Neuwirth lediglich Sura 51 und 53 zeitlich vertauscht sind, wird hier der Einheit halber Nöldekes Reihenfolge beibehalten.

Schaubild 1: Chronologie der Suren (nach Nöldeke)

1. mekkanische Periode 610–616	610		96
			74
		Ruhen der Offenbarung	111
		Ruf zur Umkehr	106
		Bekämpfung der Gegner	108
			104
			107
			102
			105
			92
			90
		Verschiedene Inhalte	94
			93
			97
			86
			91
			80
			68
			87
			95
			103
			85
			73
		Naturkatastrophen / Jüngstes Gericht	101
			99
			82
			81
			53
			84
			100
			79
			77
			78
			88

1. mekkanische Periode 610–616			89	
			75	
			83	
			69	
			51	
			52	
			56	
			70	
			55	
		Beschwörungssuren	112	
			102	
			113	
			114	
			1	
2. mekk. Periode 616–619		Auseinandersetzung mit heidnischen Mekkanern	54	
			37	
			71	
			76	
			44	
			50	
	616	Bekehrung ʿUmars	20	
			26	
			15	
		1.hiǧra nach Abessinien	19	
			38	
			36	
			43	
		Reise nach Ṭāʾif	72	
			67	
			23	
		Tod Abū Ṭālibs	21	
			25	
		Nacht- und Himmelsreise	17	
			27	
	619	Tod Ḫadīǧas	18	

3. mekkanische Periode 619–622			32
			41
			45
			16
			30
			11
			14
		Verhandlungen mit Yaṯrib	12
			40
			28
			39
			29
			31
		Vorbereitungen für hiǧra	42
			10
			34
			35
			7
			46
			6
			13
Medinische Periode 622–632	624	Gemeindeordnung Medina?	2
			98
			64
	3 / 624	Sieg bei Badr (gg Quraiš)	62
	4 / 624	Vertreibung Banū Qainuqāʿ (jüd.)	8
	3 / 625	Niederlage bei Uḥud (gg. Quraiš)	47
		Christl. Delegation Naǧrān?	3
			61
			57
			4

Medinische Periode 622–632	8 / 625	Vertreibung Banū Naḍīr (jüd.)	65	
	1 / 627	Überfall auf Banū Mustaliq	59	
	4 / 627	Grabenschlacht (gg. Quraiš)	33	
	5 / 627	Auslöschung Banū Quraiẓa (jüd.)	63	
		Gemeindeordnung von Medina (?)	24	
			58	
	628	Versuch der Wallfahrt nach Mekka	22	
	3 / 628	Vertrag von Huḏaibīya	48	
	5 / 628	Einnahme der Oase Ḫaibar (jüd.)		
	9 / 629	Feldzug gg. Mu'ta (christl.)	66	
	1 / 630	Einnahme Mekkas	60	
			110	
		Feldzüge gg. Byzantiner	49	
	631	Christl. Delegation Naǧrān?		
	9 / 631	Wallfahrt	9	
	3 / 632	Abschiedswallfahrt	5	
	6 / 632	Tod Muḥammads		

2.2.1.2 Die „Gründe der Herabsendung" (asbāb an-nuzūl)

Eine Beziehung der Korantexte zu ihrem wahrscheinlichen Entstehungskontext stellt die islamische Theologie durch die *asbāb an-nuzūl*, die sog. Herabsendungsanlässe, her, die ein eigenständiger Teilbereich innerhalb der Koranwissenschaften sind. Für islamische Theologen stand es außer Frage, dass das Wissen um den jeweiligen Offenbarungskontext unabdingbar für das bestmögliche Verständnis der Korantexte sei. Darum fanden die Sammlung und Tradierung der *asbāb an-nuzūl* breiten Niederschlag im Hadith und in der Sira sowie in einem Genre, das sich speziell mit dieser Frage auseinandersetzte. Auch in den klassischen Korankommentaren findet sich immer eine lebhafte und oft auch kontroverse breite Diskussion darüber, in welcher konkreten historischen Situation ein Vers oder ein Koranabschnitt „offenbart“, wörtlich „herabgesandt“[102] wurde und wer denn in jedem Einzelfall das angesprochene Publikum sei bzw. wer die zu verhandelnde Frage aufgeworfen habe. Diese Berichte, die den Entstehungsmoment einer „Offenbarung“ näher bestimmen, sind einer der wichtigsten Bestandteile traditioneller Korankommentare. Angeblich wusste schon der Prophetengefährte ʿAbd Allāh b. Masʿūd, der *qāḍī* in Kūfā wurde (gest. 650 AD) um die *asbāb an-nuzūl* für jeden Koranvers.[103] So wird in der *sīra*, der Prophetenbiographie, der Hintergrund für die Offenbarung von Sure 8 dargelegt: Nach der Schlacht von Badr habe Gott die gesamte Sure über die Kriegsbeute (*al-anfāl*) herabgesandt. Am berühmtesten ist wohl die Schilderung der Episode, die zu 4,43, dem Alkoholverbot, geführt haben soll: Nach einem üppigen Festmahl, bei dem sich die *ṣaḥāba* betranken, sollte ʿAlī das Abendgebet vorbeten. Da auch er nicht mehr nüchtern war, rezitierte er Sura 109 (*al-kāfirūn* – die Ungläubigen) falsch, so dass sie den entgegengesetzten Sinn bekam.[104] Daraufhin wurde Sura 4,43 herabgesandt: „Nähert euch nicht betrunken dem Gebet.“

Jedem historischen Ereignis im Leben Muḥammads werden also die Verse zugeordnet, die damit in Zusammenhang stehen. Offensichtlich gab es schon in der ersten Generation Fragen zu koranischen Aussagen, von denen man nach dem Tod Muḥammads nicht mehr wusste, wie sie zu verstehen seien.

Die *asbāb an-nuzūl* antworten auf die Frage nach der richtigen Deutung, indem sie die punktuelle Situation, den historischen Kontext, benennen, d.h. bei mehrdeutigen Versen sollte die Deutung favorisiert werden, wie der Prophet selbst sie verstanden habe.[105]

Dies führte zur Herausbildung und Sammlung der „Gründe der Herabsendung / Anlässe des Herabkommens“. Man ging also schon immer von einer Art dialektischer Beziehung zwischen Text und Adressat aus. Die *asbāb an-nuzūl* gehen davon aus, dass Verkündigung immer 1. in eine konkrete Lebens- und Fragesituation hineinspricht und 2. auf eine konkrete Zuhörerschaft hin gerichtet ist und ihr antwortet. Berichtet wird durch einen Prophetengefährten, der unter Angabe von Zeit, Ort und beteiligter Personen ein Ereignis aus dem Leben des Propheten zitiert, das zur Offenbarung des betreffenden Verses geführt haben

---

[102] *nazala* = herabsenden. Dies meint keine *revelatio* oder *apokalypsis*, sondern die rein formale Herabsendung des Buches. Der christliche Offenbarungsbegriff ist dagegen an die Inkarnationslehre gekoppelt.

[103] *Ibn Kathir*, Tafsir 1999, S. 32.

[104] „Sag: Ihr Ungläubigen! Ich verehre, was ihr verehrt und ihr verehrt, was ich verehre. Und ich verehre, was ihr (bisher immer) verehrt habt und ihr verehrt, was ich verehre. Ihr habt eure Religion, und ich die meine.“ Mit dieser Aussage hätte sich ʿAlī quasi selbst zum Polytheisten gemacht.

[105] So kann etwa der Vers Sura 59,2 vom Wortlaut her auch eschatologisch verstanden werden. Durch den Anlass bekommt er historische und interpretatorische Eindeutigkeit: die eschatologische Deutung wird ausgeschlossen, da er sich auf die Auseinandersetzung Muḥammads mit dem jüdischen Stamm der Banū Naḍīr in Medina beziehe.

soll. Die Zeitspanne von diesem *ṣaḥābī* zum Korankommentator wird wie bei den Hadithen durch eine Überliefererkette überbrückt. Sie kontextualisieren den Korantext wie die Sīra, sind jedoch einzelne Anekdoten und keine geschlossene Erzählung. Die Fülle mündlicher Überlieferung wurde mit der Zeit nach formalen Gesichtspunkten getrennt als Sīra, *ḥadīṯ*- oder *asbāb*-Literatur, die ab dem 10. Jahrhundert bekannt ist.[106]

ʿAbd al-Ġanī al-Qāḍī fasst die traditionelle Bedeutung der *asbāb an-nuzūl* zusammen: Sie zeigten die Weisheit hinter der Herabsendung jeden Koranverses und jeder Pflicht auf und helfen, die Ziele der Verse zu verstehen, um vor Missverständnissen zu bewahren. Die lebendige Einbindung in konkrete Orte und in eine Zeit mit bekannten Personen erleichtere das Verstehen und das Auswendiglernen. So seien sie ein Abbild der Lebensverhältnisse im frühen Islam. Zugleich sagten sie aus, ob ein Gebot partikular nur in einer bestimmten Situation gilt oder allgemeingültig sei.[107]

In der juristischen Koranexegese erfüllen sie die wichtige Funktion der Bestimmung des genauen Rechtsgrundes. Das wirft jedoch die Frage auf, inwieweit die in einem Koranvers gegebene Norm von dem spezifischen überlieferten Kontext ablösbar ist. Die Tendenz ging dahin, die Allgemeingültigkeit der Normen zu betonen, nach dem Grundsatz „Maßgeblich ist der allgemeine Wortlaut, nicht der besondere (Herabsendungs-)Anlass." (*al-ʿibratu bi-ʿumūm al-lafẓi lā bi-ḫuṣūṣ as-sabab*). Der konservative syrische „Inspirator des modernen Islamismus", Ibn Taimīya (1263–1328) verwahrt sich denn auch dagegen, aufgrund der *asbāb an-nuzūl* Aussagen des Korans und der Sunna auf eine historische Person oder Situation zu beschränken. Wenn ein Vers, der einen konkreten Anlass habe, ein Gebot oder Verbot ausspreche, umfasse er „jene Person und den, mit dem es sich analog verhält".[108] Abu Zaid führt ein Beispiel aus Ägypten an, als auf einer Sitzung der Ägyptischen Philosophischen Gesellschaft sogar die Thesen über die *asbāb an-nuzūl* des persischen Gelehrten an-Naisabūrī heftig angegriffen wurden und von dem Redner, der lediglich diese These referierte, Reue gefordert wurde.[109]

In großen *tafsīr*-Werken wie bei aṭ-Ṭabarī werden zu manchen Versen auch eine Vielzahl von *asbāb*-Berichten aufgeführt, außerdem mit differierenden Überlieferungsketten; andere Kommentare nennen zum Teil andere Offenbarungsanlässe. Diese sich widersprechenden Überlieferungen geben Anlass zu Fragen nach ihrer Zuverlässigkeit. Abu Zaid betont die Wichtigkeit der *asbāb*

---

[106] Eines der ersten asbāb-an-nuzūl-Werke stammt von dem Perser *ʿAlī b. Aḥmad al-Wāḥidī* (gest. 1075); das populärste ist das des ägyptischen Koran- und Rechtsgelehrten *Ǧalāl ad-Dīn as-Suyūṭī* (1445–1505), „Lubāb an-nuqūl fī asbāb an-nuzūl" [Das Wesentliche bei der Überlieferung der Gründe der Offenbarung], das bei manchen Koranausgaben am Rand abgedruckt ist.

[107] *ʿAbd al-Ġanī al-Qāḍī*, ʿAbd al-Fattāḥ: Asbāb an-nuzūl ʿan aṣ-ṣaḥāba wa-l-mufassirīn, Kairo 2005/1426, S. 7–10.

[108] *Ibn Taimīya*, al-muqaddima fī-uṣūl at-tafsīr, S. 59.

[109] *N. H. Abu Zaid*, Islam und Politik, S. 158.

an-nuzūl für das historische Bewusstsein des Korans, zeigt aber zugleich deren Grenzen auf.[110] Doch es geht hier nicht darum, die *asbāb an-nuzūl* islamwissenschaftlich oder theologisch zu bewerten, sondern lediglich darum, dass die islamische Theologie in Bezug auf Korantexte sowohl von universaler Gültigkeit als auch von historischer Verortung weiß. Dieser Aspekt wird in unserer Hermeneutik in Bezug auf die Interdependenz mit dem zeitgeschichtlichen Kontext aufgenommen.

2.2.1.3 *„Das Abrogierende und das Abrogierte“* (an-nāsiḫ wa-l-mansūḫ)

Ein dynamisches islamisches Prinzip in Bezug auf die koranische Hermeneutik ist die Lehre vom „Aufhebenden und Aufgehobenen“ (*an-nāsiḫ wal-mansūḫ*), die zu einer Wissenschaft entwickelt wurde. Dieses wird angewandt, da der Koran eben nicht „unisono“ spricht, sondern es miteinander kollidierende Texte und sich widersprechende Aussagen und Normen gibt. „Daß eine Offenbarung durch eine andere aufgehoben wird, ist eine Vorstellung so unerhörter Art, daß sie von Muḥammad nicht gut aus der Luft gegriffen sein kann.“[111] Darum bedarf es eines Verfahrens, das diese Widersprüche entweder harmonisiert oder auflöst. Dies geschieht, indem eine ethische Norm oder juristische Bestimmung des Korans oder der Sunna (*ḥukm*) durch eine andere, zeitlich nachfolgende Bestimmung aufgehoben, also außer Kraft gesetzt und ersetzt wird. Die aufhebende Bestimmung wird als *nāsiḫ* bezeichnet, die aufgehobene als *mansūḫ*[112].

Diese Widersprüche werden im Koran selbst angesprochen, nahmen doch die Gegner Muḥammads sie zum Anlass, ihm eigenes Erdichten zu unterstellen (16,101). Doch die revidierten Bestimmungen erfahren im Koran eine Deutung: Es handele sich dabei nicht um Fehler, sondern um göttliche Weisheit. Gott selbst sei es, der Verse „aufhebt oder der Vergessenheit preisgeben lässt“ (2,106; 87,6f; 13,39); es könne aber auch der Satan „etwas dazwischenwerfen“, was Gott dann seinerseits aufhebe (22,52) und stattdessen „einen besseren“ (Vers) bringe (2,106). Die Abrogation früherer Normen gehe also auf das Handeln Gottes selbst zurück. Nach Ibn Ḥazm wurde bereits in Medina von Abrogation gesprochen: Als die Muslime dort in Sicherheit lebten und eine etablierte Gemeinschaft wuchs, wurde ein Rechtssystem notwendig. Die herabgesandten Gesetze, die zunächst schwer gewesen seien und die Menschen in „Erstaunen und Erschrecken versetzt“ versetzt hätten, seien ihnen dann durch Abrogation erleichtert worden.[113] In der Folge wurde die Lehre entwickelt, dass bei widersprüchlichen

---

[110] A. a. O., S. 157.

[111] *Th. Nöldeke*, GdQ I, S. 52.

[112] n-s-ḫ: vom jüdisch-aramäischen „eine neue Lesart einführen“ oder aramäisch „entfernen“ (*Friedrich Schwally* in: Th. Nöldeke, GdQ II, S. 3)

[113] *Ibn Ḥazm al-Andalusī*, An-nāsiḫ wa-l-mansūḫ fī-l-Qur'ān al-karīm, hrsg. von ʿAbd al-Ġuffār Sulaimān al-Bandarī, Beirut 1986, S. 19.

Bestimmungen jeweils die jüngste die letztgültige ist. Innovation wäre demzufolge als legitim zu betrachten, und veränderte Umstände im Leben der Gemeinschaft erfordern eine schöpferische Erneuerung.

Während viele frühislamische Autoren und selbst Historiker kein großes Interesse an Chronologie zeigten, wurde sie doch in Bezug auf die *aḥkām* (Rechtssprüche) wichtig. Hier gilt das Prinzip: Was zuletzt offenbart wurde, hat die höchste Gültigkeit, frühere Entscheidungen wurden durch spätere abrogiert (*ta'aḫḫur*). Es ist nun Aufgabe der Exegese, die Chronologie festzustellen, um das Ältere und das Jüngere definieren zu können. Die Abfolge der Texte ergibt also ihre Präferenz.

Schon früh wurden Listen über abrogierende und abrogierte Verse zusammengestellt. Diese ersten Werke sind jedoch nur in den späteren Kommentaren, etwa bei aṭ-Ṭabarī fragmentarisch erhalten. Üblicherweise enthalten diese *mansūḫāt*-Listen 225 Verse.

Die gedankliche Erweiterung des *nāsiḫ* lässt in der äußersten Konsequenz den Schluss zu, Gott könne im Prinzip jederzeit seine Meinung ändern. Interessanterweise galt in Andalusien der Glaube an die Abrogation – aus Sorge um eben diese Ausweitung? – als häretisch und war noch im 4. Jahrhundert *hiǧra* ein Verfolgungsgrund.[114] Angesichts der Auffassung, dass Gottes Wort unveränderlich sei (v.a. Sura 18,27), versuchten dann spätere muslimische Gelehrte Widersprüche anders zu lösen. Ibn al-ʿArabī differenzierte in seinem *nāsiḫ wa-mansūḫ* zwischen Versen, die tatsächlich abrogiert sind und anderen, bei denen nur einen Spezifizierung (*taḫṣīṣ*) oder Einschränkung (*istiṯnā'*) durch einen späteren Vers vorliege.

Innerhalb der Abrogation wird die innerkoranische von der nachkoranischen unterschieden.[115] Die innerkoranische unterteilt sich in die Abrogation, die nur die rechtliche Gültigkeit (*ḥukm*) von Koranversen betrifft, deren Text (*tilāwa*) aber weiterhin überliefert wird (*nasḫ al-ḥukm dūna t-tilāwa*, „suppression of the ruling but not of the wording"); diese Abrogation des Koran durch den Koran ist das eigentliche Thema der Abrogationsliteratur.[116] Daneben gibt es die Abrogation, die sowohl die rechtliche Gültigkeit als auch den Text betrifft (*nasḫ al-ḥukm wa-t-tilāwa*, „suppression of both, wording and ruling"). Für die betreffenden Verse ist die Rechtsgültigkeit aufgehoben, und sie werden auch nicht mehr öffentlich rezitiert. Grundlage ist die Aussage, dass Gott den Propheten etwas vergessen lassen oder bereits Offenbartes wieder wegnehmen kann.[117] Die

[114] *J. van Ess*, Theologie und Gesellschaft I, S. 37.

[115] Siehe insbesondere: *John Burton*, The sources of Islamic law. Islamic theories of abrogation, Edinburgh 1990; *ders.*, The Collection of the Qur'ān, Cambridge 1977.

[116] Beispiele sind die Wartezeit und Witwenversorgung (2,240 abrogiert durch 2,234), sowie das Nachtgebet (73,2–6 abrogiert durch 73,20).

[117] 87,6–7; 17,86. Sura 33 soll ursprünglich doppelt so lang gewesen sein; zu dieser Art der Abrogation gehören auch die sogenannten „Satanischen Verse" (53,21–23).

dritte zu nennende Abrogation ist die, die nur den Text betrifft, nicht aber die Rechtsgültigkeit (*nasḫ at-tilāwa dūna l-ḥukm*, „suppression of the wording but not of the ruling").[118]

Die nachkoranische Abrogation wird relevant in den Fällen, in denen sich Koran und Tradition widersprechen. In Bezug auf die Sunna hebt die jüngere Praxis die ältere auf. Wenn die Sunna oder ein Hadith im Gegensatz zum Koran steht, so hebt der Koran diese auf. Nur Hanafiten und einige Zahiriten halten auch eine Abrogation des Korans durch die Sunna für möglich. In diesem Fall muss sie aber durch zahlreiche Überliefererketten gesichert sein. Schwieriger gestaltet es sich im Fall von *iǧmāʿ* und *qiyās*, von denen nur die Muʿtaziliten es für möglich halten, dass sie Koran oder Sunna abrogieren könnten.

Die Änderung der Gebetsrichtung gilt als frühestes Beispiel der Abrogation; sie bezieht sich auf eine geänderte Situation. Wenn Gott einen Befehl gibt, kann er sich nicht durch einen entgegengesetzten Befehl widersprechen, denn Gott kann nicht lügen. Aber in einer geänderten Situation kann er eine Änderung der menschlichen Handlungsweise verfügen.[119]

Das erste, was vom Koran abrogiert wurde, war die Gebetsrichtung. Der Prophet pflegte [in Medina] siebzehn Monate lang in Richtung des Felsens in Jerusalem zu beten, der Gebetsrichtung der Juden, damit sie ihm glauben und nachfolgen und damit auch die Nichtschriftbesitzer unter den Arabern gerufen würden.[120]

Interessant ist die stufenweise Einführung des Weinverbots im Koran, die von der Freigabe (16,67) über ein zeitlich begrenztes Verbot (4,43, nur vor und während des Gebets) bis zu einem uneingeschränkten Verbot (5,90) reicht.

Als nicht abrogierbar gelten die beiden Passagen, die eine koranische Form des Dekalogs enthalten (6,152–154; 17,22–39). Aufgehoben seien jedoch alle Verse, in denen Muḥammad angewiesen wird, Beleidigungen und Verfolgungen geduldig zu ertragen, da sich in Medina seine Verhältnisse geändert hätten. Der Muʿtazilite Wāṣil b. ʿAṭāʾ hat gegen Ende der Umayyadenzeit festgelegt, dass nur Gebote und Verbote, also juristisch relevante Stellen abrogiert werden können, nicht dagegen *aḫbār* (narrative Passagen). Dies wurde seitdem von sunnitischer Seite nie wieder in Frage gestellt, wohl aber von schiitischer.

Brisant wird die Lehre von der Abrogation in Bezug auf den Umgang mit den Nichtmuslimen. Schon früh setzte sich die Auffassung durch, dass zwei Verse aus Sura 9, *āyat as-saif* (Schwertvers 9,5) und *āyat al-qitāl* (Kampfvers 9,29) alle

---

[118] Beispiel hierfür ist der Steinigungsvers (*āyat ar-raǧm*), den ʿUmar für einen Teil des Korans, von Sura 33, gehalten habe: „Ich habe gesehen, wie der Gesandte Gottes steinigen ließ, und wir haben nach ihm gesteinigt. Wenn die Leute mich nicht der Neuerungssucht beschuldigen würden, so hätte ich den Steinigungsvers in den Koran eingetragen. Wir haben ihn aber wirklich rezitiert." (*Th. Nöldeke*, GdQ I, S. 248–250)

[119] Nach SKD I, S. 71 Anm. 290 wurde nur die *qibla* abrogiert, nicht jedoch die Aussage von 2,115, die in 2,142 aufgenommen und verstärkt wird.

[120] *aṭ-Ṭabarī*, Tafsīr II, S. 3; vgl. auch Sīra I/2, S. 137.191.

anderen Verse aufheben, die zu einem friedfertigen Umgang mit Ungläubigen auffordern. Das würde auch den bekannten und v. a. im Dialog oft zitierten Vers 2,256 („Es gibt keinen Zwang in der Religion“) betreffen; ob und inwieweit dies zutrifft, ist umstritten – einige Gelehrte datieren ihn spät, in die Zeit nach der Eroberung Mekkas, und umgehen damit seine Abrogation.[121]

Angesichts der umfangreichen Abrogationslisten stellt sich für moderne Ausleger die Frage, ob es die Möglichkeit einer Abrogation nach Abschluss der Offenbarung geben könnte bei jenen Versen, deren Zeitbedingtheit offensichtlich ist. Und wenn Ibn Ḥazm sagt: „Du sollst wissen, dass in Mekka viel Abrogiertes herabgelassen wurde und in Medina viel Abrogierendes, und von beidem gibt es nichts in *umm al-kitāb* (Mutter des Buches)“[122], so muss man in Bezug auf die *umm al-kitāb* fragen, ob in ihr ebenfalls Abrogiertes zu finden sei, es also eventuell einen faktischen Unterschied zwischen ihr und dem Koran gebe.

Für die Abrahamsökumene sind vier Themenbereiche wichtig, in denen der Grundsatz von *an-nāsiḫ wa-l-mansūḫ* zum Tragen kommt: Die Änderung der Gebetsrichtung;[123] Vergebung und Fürsprache, sprich Toleranz gegenüber Andersdenkenden;[124] Dialog mit den Religionen;[125] Dialog und Umgang mit Juden und Christen.[126]

2.2.1.4 Zeitgenössische Ansätze der Koranhermeneutik

Angesichts der erwähnten dynamischen Elemente – Chronologie der Suren, *asbāb an-nuzūl* und Abrogation – in der islamischen Theologie, die einen lebendigen Entstehungskontext bezeugen und einen ebenso lebendigen hermeneutischen Umgang damit, lassen sich dogmatisch abgeschottete Positionen konservativ orientierter islamischer Theologie schwerlich rechtfertigen. Der immer wieder konstatierte Gegensatz zwischen „wissenschaftlich-ergebnisoffener“ Islamwissenschaft und „islamischer“ Theologie hat sich zwar vielerorts zu einem

---

[121] 126 islamische Gelehrte in einem „Open letter to al-Baghdadi“, in dem sie die Ideologie der Salafisten theologisch widerlegen (http://lettertobaghdadi.com/, 26.9.2014): „It is known that the verse: ‘There is no compulsion in religion’ was revealed after the Conquest of Mecca, hence, no one can claim that it was abrogated.“

[122] *Ibn Ḥazm al-Andalusī,* An-nāsiḫ wa-l-mansūḫ fī-l-Qur'ān al-karīm, S. 19.

[123] 2,115 abrogiert durch 2,144;

[124] 2,256 durch 9,5; 3,102 durch 22,78 und 64,16; 4,93 durch 4,48.116; 25,68; 16,125 durch 16,128; 17,23 durch 17,24 und Sunna (Fürsprache für Polytheisten wird untersagt); 42,15 durch 40,7 und 9,20;

[125] 2,159a durch 2,159b (Fluch über die, die die Schrift den Menschen verheimlichen); 21,98 durch 21,99, dieser wiederum durch 21,101;

[126] 2,62 durch 3,85 (gegen alle Schriftbesitzer); 2,83 durch 9,5 (gegen Juden als Polytheisten); 2,109 durch 9,29 (gegen die Schriftbesitzer, die ungläubig blieben, obwohl sie die Wahrheit erkannten); 3,20 durch 9,5 (gegen Schriftbesitzer und Polytheisten); 5,13 durch 9,29 (gegen die Schriftbesitzer); 6,159 durch die Sunna; 19,59 durch 19,60 (gegen irrende Schriftbesitzer); 21,56 durch Sunna; 29,46 durch 9,29; 53,39 durch 4,11.

immer tieferen Graben gewandelt; zugleich wird leicht übersehen, dass neue theologische Ansätze diesen Gegensatz längst aufgeweicht haben.

Diesen neuen Ansätzen ist gemeinsam, dass sie sich gerade nicht als „revolutionär" verstehen, sondern in vielfältiger Weise an theologische Denkschulen anknüpfen, die den frühen Islam geprägt hatten, dann jedoch verschwanden. Wie schon die rationalistische Muʿtazila im 8. und 9. Jahrhundert argumentieren sie als gläubige Muslime, die davon ausgehen, dass der Koran nicht ewig (*qadīm*), sondern erschaffen (*maḫlūq*) sei. Trotz Protektion durch die herrschenden Abbasiden konnte sich die Muʿtazila jedoch nicht gegen jene breite Strömung durchsetzen, die den Koran wortwörtlich auslegt und an die Nachahmung der Tradition (*taqlīd*) gebunden ist.

> The challenge for Muslim thinkers nowadays is how to reconnect the fragmented Islamic culture of the past, which made the great Islamic civilization between the 9th and the 12th century, and contributed to the modern world's values of freedom, equality and justice. It is not an impossible task to accomplish, if the modern thinkers have the courage to critically rethink tradition. A creative humanistic hermeneutics must be developed given that so many creative and courageous thinkers are already active. These voices have to be heard and the world has to listen.[127]

Konservative ägyptische Islamgelehrte versuchten Naṣr Ḥāmid Abū Zaid in Kairo wegen seiner kritischen Analysen des Korans, den er philologisch und auf dem Hintergrund seiner Entstehungszeit interpretierte und seiner der Muʿtazila nahestehenden Ansichten als Apostaten anzuklagen. Nachdem er daraufhin von seiner Ehefrau 1995 zwangsweise geschieden wurde, emigrierte er in die Niederlande. Abū Zaid erinnert an Ibn ʿArabīs Konzept aus dem 7. Jahrhundert *hiğra*, wonach jede Religion nur eine spezifische Ausformung des Göttlichen ist[128], und fragt, warum es dem Universalgelehrten Ğalāl ad-Dīn as-Suyūṭī im 9. Jahrhundert *hiğra* möglich gewesen war, „öffentlich die Meinung zu äußern, dass der edle Koran nur in seiner Bedeutung auf Muḥammad herabgesandt wurde und dass dieser ihm seine sprachliche Gestalt in arabischer Sprache verlieh", während es heute nicht einmal mehr gestattet sei, diese Ansicht überhaupt zu erwähnen und zu diskutieren.[129] Wenn er an „das Recht auf Vielfalt der unterschiedlichen Ansichten und das Recht des Gläubigen, dass sein Herz und seine Vernunft ihm zum Führer zum wahren Glauben werden" erinnert, so pocht er auf das Recht auf Subjektivität und Diversität. Dabei soll keineswegs die Bedeutung des Korans gemindert werden, denn wissenschaftliche und philologische Errungenschaften

---

[127] *N. Ḥ. Abū Zaid*, From Phobia to Understanding, S. 20.

[128] „Religion, gleich welche, ist von Menschen gemacht, und der Islam bildet keine Ausnahme von diesem Gesetz (…) Darum ist das Physische, das sich zu einem bestimmten Zeitpunkt in der Geschichte konkretisiert und zwar im soziologischen Sinne von Geschichte, ein Spiegel der metaphysischen Offenbarung." *N. Ḥ. Abū Zaid,* At-tağdīd wa-t-taḥrīm wa-t-ta'wīl – baina al-maʿrifa al-ʿilmīya wa-l-ḫauf min at-takfīr, S. 70.

[129] A. a. O., S. 64.

werden dienstbar gemacht, „um den Koran aktuell und lebendig zu machen, damit er eine Rolle im Leben der Gläubigen spielen kann, wie er dies in den ersten Jahrhunderten tat."[130] Wenn er also zu den Anfängen zurück will, dann nicht wie die Salafisten, die die islamische Frühzeit lediglich kopieren, sondern um die irdischen Zusammenhänge und die Bedeutung der Rede Gottes in ihrem ursprünglichen Kontext zu erfassen und in die heutige Zeit zu übertragen – auch zu dem Preis, „das Dogma neu zu formulieren".[131]

Dies ist nun nicht der Ort, um eine erschöpfende Übersicht über neue Ansätze islamischer Hermeneutik zu schreiben; es seien nur einige Namen und Konzepte angerissen. Während zu Abū Zaids Zeit die innovativsten Ansätze islamischen Denkens nicht aus den arabischen Kernländern kamen, sondern aus der „Diaspora", von der Peripherie, so ändert sich dies allmählich. Die Reformer stimmen darin überein, dass jede Erneuerung des Islam beim Koran als Referenztext der islamischen Kultur ansetzen und das statische und unflexible Koranverständnis überwinden muss. Das traditionelle Offenbarungsverständnis hat dazu geführt, dass jede Infragestellung des Textes zugleich als ein Angriff auf Gott selbst angesehen wurde. Daher fordern Avantgardisten wie der 2005 ermordete libanesische Journalist Samīr Qaṣīr (geb. 1960) eine „intellektuelle Selbstbefreiung von den Zwängen des islamisch-arabischen Konservatismus"[132].

Einer der ersten und prägendsten Reformer war der Pakistaner *Fazlur Rahman* (1919–1988), der ein Buch über die Geschichte der islamischen Texthermeneutik schrieb („Islamic Methodology in History") und zu einer historisch-kritischen Auseinandersetzung mit dem islamischen Erbe aufrief („Islam and Modernity: Transformation of an Intellectual Tradition"). Ferner entwickelte er eine Interpretationsmethode, um die Botschaft des Korans in die heutige Zeit zu übertragen, die er „Double Mouvement" nannte. Die erste Bewegung führe zum Koran und seinem Kontext, um ihn in seiner Entstehungszeit zu verstehen und die ihn leitenden Prinzipien zu gewinnen; die zweite Bewegung müsse in die heutige Zeit führen, in der diese Normen im Sinne des Korans zur Geltung gebracht werden müssten. Rahman, der die Diktattheorie ablehnte und dem Propheten eine aktivere Rolle als die Anhänger der Idee vom unerschaffenen Koran gab, sah sich schließlich gezwungen, in die USA zu emigrieren.

Da Rahman oft in der Türkei war und auch in Ankara lehrte, war er maßgeblich beteiligt am Aufbau der sogenannten *Ankara-Schule*. Die Theologen dieser „Schule"[133] arbeiten an weitreichenden Neu-Interpretationen des Islams und bilden zudem an ihrer Fakultät einen Teil des theologischen Nachwuchses in der

---

[130] A. a. O., S. 16 f.

[131] A. a. O., S. 76f

[132] *Angelika Neuwirth*, Ist der Koran vom Himmel gefallen?, S. 17

[133] Siehe dazu den Sammelband mit ausgewählten Texten, hrsg. von *Felix Körner*, Alter Text – neuer Kontext. Koranhermeneutik in der Türkei heute, Freiburg 2006.

Türkei aus.[134] Wenn sie, wie *Ömer Özsoy*, nach Deutschland kommen,[135] bringen sie Fazlur Rahmans Ideen mit.

Der wie Rahman in die USA emigrierte ehemalige Azhar-Theologe *Aḥmad Subḥī Manṣūr* (geb. 1949) gründete eine Bewegung, die die Tradition und mit ihr die Hadithe außer acht lässt und sich nur auf den Koran beruft – daher ihr Name *ahl al-Qur'ān*[136] (Leute des Korans)[137] oder *al-Qur'ānīyūn*. Sie suchen nach einer aktuellen Interpretation des Korans, die die allgemeingültige Botschaft abstrahiert und für das Zusammenleben der Religionen und Kulturen geeignet ist.

Im Jahr 2011 trafen sich international profilierte Reformdenker in Essen zu einer von *Katajun Amirpur*[138] organisierten Tagung zu Ehren von Abū Zaid. Unter dem Titel „Islamic Newthinking" suchten sie den Austausch. Der Koran als Referenztext der islamischen Kultur sei modern und im Sinne der Demokratie und der Menschenrechte interpretierbar; doch Veränderungen könnten nur stattfinden, wenn sie auch koranisch legitimiert seien. In ihrem auf die Tagung folgenden Buch mit dem programmatischen Titel „Den Islam neu denken"[139] stellt sie sechs Vertreter einer neuen Hermeneutik vor, von denen Abū Zaid der einzige Araber ist. Neben Fazlur Rahman und den beiden bedeutenden iranischen Theologen *Abdolkarim Soroush*[140] (geb. 1945) und *Mohammad Shabestari* (geb. 1936) porträtiert Amirpur zwei Frauen: *Amina Wadud*, eine konvertierte Afro-Amerikanerin, die als erste Frau in New York ein Freitagsgebet leitete, und *Asma Barlas* aus Pakistan.

Neben dem bereits erwähnten Vertreter der Ankara-Schule, Ömer Özsoy, lehren in Deutschland weitere innovative Islamtheologen; es seien an dieser Stelle nur genannt Harry Harun Behr,[141] seit 2006 Professor für Islamische Reli-

---

[134] Gleichwohl beurteilt *Lutz Berger* ihre theologische Wirksamkeit eher kritisch, da liberalmodernistische Positionen aus dem eher linken Spektrum in der Türkei als unseriös gelten. Zudem: „Der theologische Modernismus der sog. Schule von Ankara äußert sich mit einer den Massen kaum verständlichen Abstraktheit, und da, wo seine Vertreter in verantwortliche Positionen in der Religionsbehörde kommen, agieren sie ausgesprochen vorsichtig." (Religionsbehörde und Milli Görüş, in: Lohlker (Hrsg.), Hadithstudien – Die Überlieferungen des Propheten im Gespräch, 41–76, hier: S. 41) Die Ankara-Schule wird auch der Neo-Muʿtazila zugeordnet.

[135] Ömer Özsoy, geb. 1963, ist der erste muslimische Theologieprofessor auf einem deutschen Lehrstuhl. Seit 2007 hat er die Professur für Islamische Religionswissenschaft in Frankfurt am Main inne. Özsoy hatte zuvor als Professor für Koranexegese in Ankara gelehrt.

[136] www.ahl-alquran.com/English/main.php (5.3.2015).

[137] Der Name ist bewusst gewählt als Abgrenzung gegen die *ahl as-sunna* (Leute der Sunna des Propheten).

[138] Katajun Amirpur, geb. 1971, ist Professorin für Islamische Studien an der Universität Hamburg.

[139] Den Islam neu denken. Der Dschihad für Demokratie, Freiheit und Frauenrechte, Freiburg 2013.

[140] „Durch seine Betonung von Vernunft, Philosophie und wissenschaftlicher Methodik leistete er einen wichtigen Beitrag zur Säkularisierung des islamischen Denkens." (*Peyman Jafari*, Der andere Iran, Bonn 2010, S. 133)

[141] Behr, geb. 1962, im Alter von 18 Jahren in Indonesien zum Islam konvertiert.

gionslehre an der Universität Erlangen-Nürnberg, der Palästinenser Mouhanad Khorchide[142], seit 2010 Professor für Islamische Religionspädagogik in Münster, und Abdel-Hakim Ourghi in Freiburg. Die Reformer bewegen sich jedoch auch in Deutschland in der Spannung zwischen der Freiheit des Gewissens und der Forschung und den Vorstellungen traditionell ausgerichteter islamischer Verbände. Der *takfīr*-Vorwurf (einen Muslim zum Ungläubigen erklären) kann die Lehre und damit die Ausbildung islamischer Theologen jäh beenden.

2.2.2 Die Rezipientenorientierung: Verkündigung als Interaktion

Das Anliegen, den Koran als lebendige Verkündigung in seinem Kontext zu lesen, wird von Harry Harun Behr beschrieben:

> Manche Aussagen des Korans verraten offenbar mehr über die Menschen jener Zeit als über Gott höchst selbst, auch wenn er der Sprechende oder der Angeredete ist. Wir müssen nur den Mut aufbringen, den Koran als historisches Diskursdokument zu lesen, als ein Buch, in dem historischer Diskurs geronnen ist … Wir müssen den Text besser verstehen, mit Blick auf die Textsituation, die Situation seiner Entstehung, damit wir die ordo nascendi und die ordo legendi nicht immer verwechseln, sondern klipp und klar lernen zu unterscheiden, was in den Bereich des theologischen Wahrheitssatzes und welches in den Bereich des historischen Wirklichkeitssatzes gehört … Je besser wir die Situation verstehen, aus der heraus der Koran entstanden ist – ich sage bewusst entstanden ist –, desto besser wird es heute einer Theologie gelingen, die Situation der Menschen zu verstehen, die mit ihren Anfragen an eine Theologie herantreten.[143]

Anstatt die Korantexte überwiegend als literarische Dokumente zu betrachten, hat sich die islamische Koranexegese das Gefühl für den lebendigen situativen Anrede-Kontext bewahrt, sowohl was die Entstehung der Texte als auch ihre aktuelle Implementierung anbetrifft. Bereits die Sīra erwähnt den Diskurs Muḥammads u. a. mit den Juden Medinas als Anlass seiner Offenbarungen:

---

[142] Khorchide, geb. 1971 in Beirut, ist in Saudi-Arabien aufgewachsen. Zu seinen Forschungsschwerpunkten gehört koranische Hermeneutik. In seinem 2012 erschienenen Buch „Islam ist Barmherzigkeit“ zeichnet er seine Vision einer humanistischen Religion. Er liest den Koran als ein Buch aus dem 7. Jahrhundert und plädiert für eine historisch-kritische Koranexegese. Ende 2013 erstellte der Koordinationsrat der Muslime in Deutschland (KRM) ein Gutachten gegen Khorchide, in dem er ihm das Vertrauen entzog. – Der Vorgänger von Khorchide, der Konvertit und Jurist *Muhammad Sven Kalisch*, war ab 2004 der erste Professor für „Religion des Islam“ in Münster. Da er im Zuge seiner wissenschaftlichen Forschung die historische Existenz Muḥammads und die Grundlagen der Entstehung des Korans in Zweifel zog, beendete der KRM 2008 seine Mitarbeit im Beirat. 2010 hat Kalisch den Islam verlassen, seine Professur wurde umbenannt in „Geistesgeschichte im Vorderen Orient in nachantiker Zeit“. Zu seinen Thesen siehe: *Muhammad Sven Kalisch*, Islamische Theologie ohne historischen Muḥammad – Anmerkungen zu den Herausforderungen der historisch-kritischen Methode für das islamische Denken.

[143] *Harry Harun Behr*, Islamische Theologie und der Paradigmenwechsel im muslimischen Denken, ZRLI 12/6, Erlangen 2012, S. 33 f.

Die Rabbiner der Juden pflegten den Gesandten Gottes zu befragen und brachten ihn in Bedrängnis. Sie brachten ihm zweideutige Fragestellungen vor mit der Absicht, die Wahrheit mit Lüge zu verhüllen. Da wurde der Qur'ān herabgesandt in Bezug auf das, worin sie ihn fragten, außer einigem wenigem über das Erlaubte und Verbotene, das die Muslime [von den Juden] erfragten.[144]

Nach dem Verständnis von Naṣr Ḥāmid Abū Zaid entstand der Koran nicht in einer einseitigen Offenbarung, sondern in einem Dialog zwischen Gott und dem Menschen; er reflekiert also den kommunikativen Prozess einer unaufhörlichen Begegnung zwischen Gott und Mensch.[145] Dieser ist zudem zugeschnitten auf die Zeit und die Umgebung Muḥammads. Daher wandte er moderne Kommunikationstheorien auf den Koran an.

Inspiration was not seldom an actual commentary on a situation or a response to an interrogative latent or articulate in events of the prophetic biography. The Qur'ān could not have been revelatory, had it not been also 'eventful'. As itself a total event within events its study, like its quality, must live in history.[146]

Während die islamische Koranwissenschaft den Kommunikationsweg zwischen Gott, dem (Verkündigungs-)Engel, dem Propheten und den Menschen stets im Blick hat,[147] wird diese Rezipientenorientierung der koranischen Verkündigung – und was wäre Verkündigung und Predigt anderes als Eingehen auf die Hörersituation? – in der westlichen Wahrnehmung des Korans noch nicht genügend, v. a. noch nicht systematisch berücksichtigt.[148]

Nachdem Untersuchungen der inneren Entwicklung des Korans zur Selbstverständlichkeit geworden sind, finden sich zur Rezipientenorientierung erst Ansätze und einzelne Elemente bei Rudi Paret, Hans Zirker, Josef van Ess, Johan Bouman und v. a. bei Angelika Neuwirth. In ihrem Forschungsansatz, erstmals vorgetragen bei der Berliner Konferenz „Historische Sondierungen und methodische Reflexionen zur Korangenese – Wege zur Rekonstruktion des vorkanonischen Koran"[149] im Januar 2004, beschreibt Neuwirth den Koran „als eine

[144] Sīra I/2, S. 46.

[145] *Nasr Hamid Abu Zaid*, Gottes Menschenwort. Für ein humanistisches Verständnis des Koran, Freiburg 2008, S. 137.

[146] *K. Cragg*, The event of the Qur'ān, S. 17.

[147] Vgl. *N. Ḥ. Abū Zaid*, Mafhūm an-naṣṣ. Dirāsa fī 'ulūm al-Qur'ān, 2. Aufl., Beirut 1992, S. 48; siehe ebenso: *Navid Kermani*, Offenbarung als Kommunikation. Das Konzept waḥy in Naṣr Hāmid Abū Zayds Mafhūm an-naṣṣ, Frankfurt am Main 1996, S. 59.

[148] Der zwölfbändige Korankommentar von Khoury geht punktuell darauf ein. *K. Cragg* (The Event of the Qur'ān, S. 14–19) verweist eindrücklich darauf, sieht aber den Schwerpunkt der religiösen Hörerschaft in der paganen vorislamischen Idolatrie.

[149] Beiträge der Konferenz sowie weiterführende Aufsätze und Interviews, u. a. mit Christoph Luxenberg und Nasr Hamid Abu Zaid: *Christoph Burgmer* (Hrsg.), Streit um den Koran. Die Luxenberg-Debatte: Standpunkte und Hintergründe, Berlin 2004. – Eines der Hauptthemen war die Beschäftigung mit den Thesen *Christoph Luxenbergs*, dessen Buch „Die syro-aramäische Lesart des Koran. Ein Beitrag zur Entschlüsselung der Koransprache" (Berlin 2000 und 2004), obwohl damals erst in Deutsch vorliegend, weltweit für Furore gesorgt hatte. Man wollte

Folge von verschiedenen Diskursen (...), die die Interaktion zwischen dem Propheten und seinen Hörern dokumentieren."[150]

Die bislang favorisierte streng literarische Analyse der Texte[151] ist unverzichtbar und fördert wichtige Beobachtungen zu Tage. Es ist jedoch für die Exegese unerlässlich, so weit das heute noch möglich ist, weitere Aspekte der historischen Wirklichkeit zu berücksichtigen und mit einzubeziehen. „Diese Wirklichkeit zum einen und der Kontext der Sprache mit all seinen sozialen Implikationen zum andern bestimmen die Deutung des Textes."[152] So darf die Verkündigung nicht isoliert betrachtet werden, sondern es sind in jedem Falle auch die Rezipienten dieser Verkündigung zu definieren und jeder Text in seiner Zielrichtung auf das jeweilige, manchmal auch wechselnde, Publikum zu sehen. Deutlich wird dies in den über dreihundert *qul* (Sprich!) -Formeln des Korans. Sie nehmen das *iqra'* (Lies! eigentlich: Rezitiere! Trage vor!) auf, das am Anfang der Offenbarungen und der eigentlichen prophetischen Sendung steht[153]: zuerst also das lesende, rezitierende Empfangen von Gott, dem das sprechende Verkündigen als Weitergabe des Empfangenen, als „Nach-Sagen" folgen muss.[154] „Rezipientenorientierung" bedeutet also, dass die ursprüngliche Verkündigungs- und Kommunikationssituation der Texte in ihrer Adressatenbezogenheit berücksichtigt wird.

„Interdependenz" geht über die Rezipientenorientierung insofern hinaus, als Verkündigung nicht nur als eine Aktion in einer einzigen Richtung, sondern als Inter-Aktion, also auch in ihrer Wechselwirkung zwischen den Akteuren berücksichtigt wird. Auslöser der Verkündigung ist das Angesprochensein von Gott, wobei nicht nur der Verkündigungsinhalt selbst als „Herabsendung" gemeint ist, sondern auch die korrektive Intervention Gott im Leben seines Gesandten, wenn er diesem Anweisungen gibt, ihn tadelt oder in seinen Handlungen korrigiert.[155]

---

den Fehler der siebziger Jahre vermeiden, als die Thesen Günter Lülings von der deutschen Islamwissenschaft beharrlich abgelehnt und totgeschwiegen wurden, ohne sich wenigstens mit seinem Ansatz zu beschäftigen.

[150] *Michael Marx*, Eine Berliner Konferenz: ‚Was ist eigentlich der Koran?' in: *inamo* 37 (2004), S. 53–54; siehe auch: *Christian Meier*, Der Streit um die ‚weißen Trauben' in: www.zenithonline.de vom 5.2.2004 (31.12.2004). – Angelika Neuwirth stellte ihren Ansatz 2004 in dem Aufsatz „Zur Archäologie einer Heiligen Schrift. Überlegungen zum Koran vor seiner Kompilation" vor (in: *Burgmer*, Streit um den Koran, 82–97) und führt ihn in ihrem Handkommentar zum Koran durch (Bd. I 2001, Bd. II 2015).

[151] Zu nennen wären hier v. a. *Angelika Neuwirth*, Studien zur Komposition der mekkanischen Suren, 2. Aufl., Berlin 2007; *Claus Schedl*, Muhammad und Jesus. Die christologisch relevanten Texte des Korans neu übersetzt und erklärt, Wien u. a. 1978.

[152] *N. H. Abu Zaid*, Islam und Politik, S. 59.

[153] Sura 96,1; siehe dazu: Sīra Rotter 45 f.

[154] Darauf verweist *Stefan Wild* (Mensch, Prophet und Gott im Koran. Muslimische Exegeten des 20. Jahrhunderts und das Menschenbild der Moderne, Münster 2001, S. 11), der sie mit dem alttestamentlichen „Spruch des Herrn" vergleicht.

[155] So untersagte Gott Muḥammad das Schmähen der mekkanischen Gottheiten (als *sabab an-nuzūl* zu 6,108). Sīra I/2, S. 202 f.

Schaubild 2: Modell der rezipientenorientierten Interdependenz

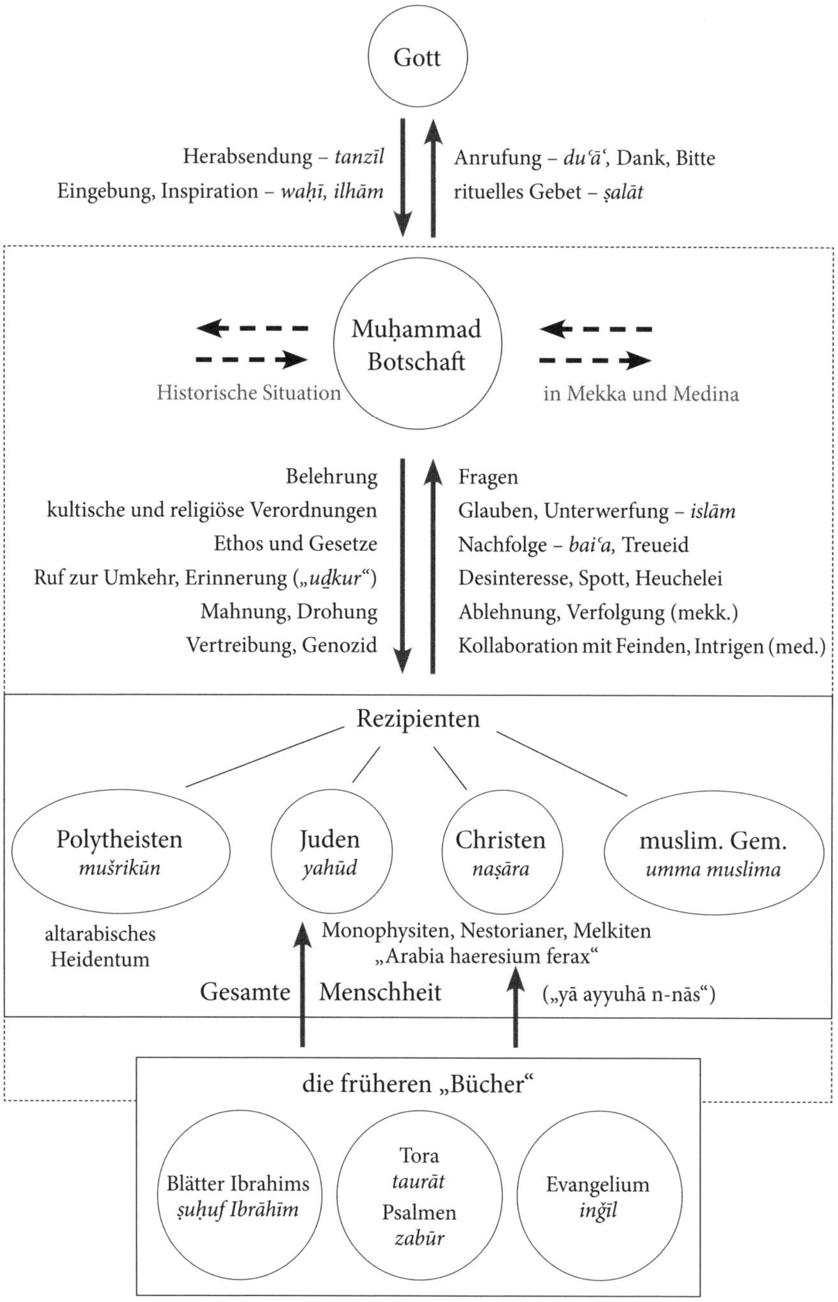
Gott
Herabsendung – tanzīl
Eingebung, Inspiration – waḥī, ilhām
Anrufung – duʿāʾ, Dank, Bitte
rituelles Gebet – ṣalāt
Muḥammad
Botschaft
Historische Situation
in Mekka und Medina
Belehrung
kultische und religiöse Verordnungen
Ethos und Gesetze
Ruf zur Umkehr, Erinnerung („uḏkur")
Mahnung, Drohung
Vertreibung, Genozid
Fragen
Glauben, Unterwerfung – islām
Nachfolge – baiʿa, Treueid
Desinteresse, Spott, Heuchelei
Ablehnung, Verfolgung (mekk.)
Kollaboration mit Feinden, Intrigen (med.)
Rezipienten
Polytheisten
mušrikūn
Juden
yahūd
Christen
naṣāra
muslim. Gem.
umma muslima
altarabisches
Heidentum
Monophysiten, Nestorianer, Melkiten
„Arabia haeresium ferax"
Gesamte
Menschheit
(„yā ayyuhā n-nās")
die früheren „Bücher"
Blätter Ibrahims
ṣuḥuf Ibrāhīm
Tora
taurāt
Psalmen
zabūr
Evangelium
inǧīl

Das Schaubild illustriert das Beziehungs- und Interdependenzgeflecht, das in den folgenden Abschnitten beschrieben wird und in dem die Verkündigung Muḥammads gesehen werden muss. Der Prophet steht in Beziehung zu Gott, von dem er Eingebungen erhält und an den er sich in Anrufung und Gebet wendet. Diese Botschaft gibt er an die Rezipienten weiter, in Form von Ruf zur Umkehr, Belehrung und Mahnung. Die Interaktion bleibt jedoch nicht auf der verbalen Ebene stehen, sondern beinhaltet auch Aktionen. Die Rezipienten wiederum wenden sich an den Propheten und reagieren auf ihn zustimmend oder ablehnend. Die Rezipienten werden entweder kollektiv oder als spezifische Gruppe angesprochen. Dieser Diskurs vollzieht sich in einer historisch gegebenen Rahmensituation in Mekka, Medina und teilweise darüber hinaus. Juden und Christen wiederum sind Schriftbesitzer früherer Bücher; damit spielen diese Bücher indirekt in den Diskurs hinein.

2.2.2.1 Verkündigung in einem historischen Kontext

Der Koran ist zwar ein literarisches Werk, doch sind in ihm die bewegten Vorgänge eines geistigen Kampfes um den rechten Glauben in einer Fülle von gleichsam zu perspektivisch differenzierten Einzelbildern geronnenen Gesprächssituationen eines bestimmten Zeitraums niedergelegt. Ausgangspunkt für eine adäquate Hermeneutik ist daher die simple Feststellung, dass Muḥammad nicht von Anbeginn das Ziel hatte, eine neue Religion zu verkünden und dafür eine Systematik entwickelte, die er dann niederschrieb bzw. -schreiben ließ. Vielmehr wird der Koran primär als Verkündigungstext gesehen und eben nicht als Aufriss systematischer Theologie. Darum werden sowohl der Koran als auch die Sīra – bei aller gebotenen Vorsicht bezüglich deren Historizität, was zu untersuchen jedoch hier nicht die Aufgabe ist – dahingehend ernst genommen, dass sie, wenn auch in unterschiedlichem Maße, den Weg Muḥammads und seine Entwicklung als Verkündiger widerspiegeln.[156] Dieser Aspekt wird in 2.2.3 noch vertieft werden.

Bereits im 14. Jahrhundert verwies der andalusische Rechtsgelehrte Abū Isḥāq aš-Šāṭibī[157] auf die Parallelität von Koran und Sīra und erkannte eine Entwicklung der Verkündigung in verschiedenen Phasen (*marḥala*).[158] Darum betonte Darwaza, dass die chronologische Methode dem Verständnis des Korans diene, denn nur so sei der Leser in der Lage, der Biographie Muḥammads und seiner

[156] Schon *Heinrich Speyer* verwies in der Einleitung zu seinen „Biblischen Erzählungen im Qoran" auf die Notwendigkeit, „einer noch zu schreibenden Geschichte der religiösen Entwicklung Mohammeds" (S. X).

[157] Ibrāhīm b. Mūsā b. Muḥammad aš-Šāṭibī al-Ġarnāṭī, gest. 1388. Einer seiner Namen, al-Laḫmī, weist auf seine Herkunft von den Banū Laḫm hin, einem christlichen arabischen Stamm am unteren Euphrat.

[158] *aš-Šāṭibī*, al-muwāfaqāt fī uṣūl aš-šarīʿa, Beirut 2004 (Englische Ausgabe unter dem Titel: *The Reconciliation of the Fundamentals of Islamic Law*).

Entwicklungsphasen zu folgen, da sie den Leser in den damaligen Kontext und das Umfeld, versetze.[159] Auch für al-Ǧābrī, der die Korankommentare ob ihrer traditionellen Anordnung für unbrauchbar hält, ist die Sīra der Schlüssel, um die Korantexte in der Biographie Muḥammads zu verorten. Darum fordert er, „den Koran durch die Sīra zu lesen und die Sīra durch den Koran."[160] Nur so könne die relative Übereinstimmung zwischen dem chronologischen Ablauf der Herabsendung und dem Verlauf des Rufes Muḥammds an seine Hörer berücksichtigt werden. Er will „die Korantexte an ihren Ort und ihre Zeit binden, damit die Verbindung zu uns gelingen kann: wir in unserer Zeit und der Korantext in seiner immerwährenden Originalität."[161]

So nehmen wir den historischen Kontext mit in den Blick, indem wir die politische und religiöse Situation der arabischen Halbinsel zu Beginn des 7. Jahrhunderts berücksichtigen. Die Redeweise von einem „toten Winkel"[162] der Weltgeschichte ist nur insofern berechtigt, als es eben noch kein einheitliches, wie auch immer geartetes „arabisches Reich" gegeben hat. Die Region lag zwischen den damaligen Großmächten Byzanz im Nordwesten und Persien im Nordosten und so in deren politischen und religiösen Einflussbereich. Diese Situation wird daher im Folgenden zu Beginn jeder Betrachtung einer der unterschiedlichen Zielgruppen aufgenommen werden. V.a. im Kapitel zu den Juden spielen politische und dann auch militärische Aktionen und Reaktionen eine große Rolle, die dann auch theologische Folgen haben sollten.

Dann können wir den Koran so lesen, wie Tilman Nagel es treffend ausdrückt, als „höchst farbige Quelle", durch die wir „mit den Augen jenes Mannes auf die Vorgänge (...) blicken, die in die Herausbildung eines neuartigen Gemeinwesens mit einem eigentümlichen religiös-politischen Charakter münden."[163]

2.2.2.2 Diskurs mit den Hörern

Eine Verkündigungssituation ist nicht nur insofern eine lebendige Situation, als sich Predigt „ereignet" und im Gegensatz zum geschriebenen Text eine Ansprache im direkten Gegenüber, von Angesicht zu Angesicht, ist. Sie impliziert darüber hinaus auch die Reaktion des Publikums, die ihrerseits wieder auf den Verkündiger zurückwirkt und ihn, wenn sich seine bisherige Argumentation nicht als wirksam erwies, zu weiterführender Argumentation veranlasst oder gar zur Änderung seiner Haltung dieser Zielgruppe gegenüber. Was davon seinen

[159] *Darwaza*, at-tafsīr al-ḥadīṯ, Bd. I, S. 12; zit. in: *ad-Daqqūr*, Manhaǧ at-taʿāmul maʿ an-naṣṣ al-Qur'ānī.

[160] *al-Ǧābrī*, Fahm al-Qur'ān al-ḥakīm, Bd. 1, S. 18.

[161] A. a. O., S. 10.

[162] *Rudi Paret*, Mohammed und der Koran. Geschichte und Verkündigung des arabischen Propheten, 8. Aufl., Stuttgart 2001, S. 9.

[163] *Tilman Nagel*, Mohammed. Leben und Legende, München 2008, S. 17.

Niederschlag im Koran gefunden hat, vergleicht Angelika Neuwirth „mit einem zur Hälfte mitgehörten Dialog, (...) mit einem mitgehörten Telefongespräch, bei dem man zwar direkt nur eine Person, nämlich den Sprecher hört, durch das man aber indirekt auch über das soziale Leben des Angesprochenen ausführlich informiert wird."[164] Der Prophet, selbst unsichtbar angesprochen von Gott, befindet sich im irdisch-sichtbaren Bereich in einem Geflecht von Beziehungen.

Die „Akteure" in diesem lebendigen Geflecht sind Gott, der dem Propheten seinen Willen kundtut in Form der Herabsendung (*tanzīl*) und Eingebung (*waḥy*),[165] und der Prophet, der wiederum diesen Willen Gottes an seine Zuhörer weitergibt als Ruf zum Glauben und Mahnung. Im Mittelpunkt steht allein das vorhandene, vorgegebene Wort, das von Gott gesprochen, vom Propheten unverändert weitergeleitet und vom Menschen gehört wird. Man kann somit von einer triangulären Kommunikationssituation reden[166]: Gott, Prophet und Publikum; ein göttliches „Ich" oder „Wir" spricht zu einem prophetischen „Du", das sich seinerseits an ein Hörerkollektiv als „ihr" oder „sie" wendet.[167]

„Interdependenz" im Diskurs mit dem Publikum geht davon aus, dass ein Prophet keine „wandelnde Ansage" ist, die marionettenhaft ein bestimmtes Programm immer und immer wieder abspult, sondern dass er persönlich und in hohem Maße emotional involviert ist, insofern, als er nicht nur von der Anrede Gottes überwältigt ist, sondern gleichermaßen um sein polytheistisches Volk ringt und alles Erdenkliche unternimmt, damit der Ruf des einen und einzigen Gottes Gehör findet. Dieser Aspekt findet sich häufig im Koran, meist in der Zusicherung Gottes, er als Prophet sei nicht verantwortlich für die Reaktion des Publikums, ihm obliege nur die Ausrichtung der Botschaft. In den Anreden Gottes werden dem Propheten daher Anweisungen gegeben, wie er auf Fragen und Einwände seiner Zuhörer antworten solle. Auch findet sich im Koran der Widerhall des Vorwurfs seiner Gegner, Selbsterfundenes sowie „Fabeln der Früheren" aufgeschrieben zu haben (25,4–5) oder ein Dichter und Wahrsager zu sein (69,41.42).

Die Rezipienten der Verkündigung, in Mekka zunächst überwiegend altarabisch-polytheistisch, reagieren darauf zu Beginn mehrheitlich mit Ablehnung, Verweigerung und Spott. Dies wiederum veranlasst den Propheten nicht zu einer anderen Botschaft, aber zu veränderter Argumentation, die in der 2. mekkanischen Periode einen neuen Schwerpunkt setzt: mit der Erinnerung an frühere – und das heißt in erster Linie alttestamentliche – Propheten und ihre Völker

---

[164] *A. Neuwirth*, Zur Archäologie einer Heiligen Schrift, S. 86.

[165] Dies geschieht durchaus in unterschiedlicher Weise, manchmal direkt, über Visionen, Auditionen, Träume, Trancezustände oder indirekt über den Engel Ǧibrīl.

[166] *Kenneth Cragg* (The event of the Qur'ān, S. 19) bezieht die trianguläre Situation auf „meanings, words and people", bzw. „contents, form and audience" oder „meaning, speech and hearing" und vermeidet somit, Gott als Ursprung der Verkündigung explizit zu benennen.

[167] Vgl. *A. Neuwirth*, Zur Archäologie einer heiligen Schrift, S. 86.

und der Androhung desselben Schicksals. In dem Maße, in dem das Publikum mit Glauben reagiert und sich – nach der bloßen Anhängerschaft von Mekka – in Medina als liturgische und juristische Gemeinschaft etabliert sowie Fragen zur regelgerechten Ausübung des neuen Glaubens stellt, treten andere Schwerpunkte in den Vordergrund.

Darum ist von „verschiedenen, einander ablösenden oder überlagernden (…) Diskursen“[168] zwischen Muḥammad und seinem jeweiligen Gegenüber auszugehen: Zunächst, in der 1. mekkanischen Periode, mit dem Ruf zum Glauben im Horizont der Naherwartung des Jüngsten Gerichts, der die Durchsetzung des theozentrischen Weltbilds beinhaltet, als inhaltliche, wenngleich noch nicht dezidiert im Wortlaut „biblische“ Verkündigung; danach, in der 2. mekkanischen Periode auch in den Paradigmen, die „Selbstbefreiung“ aus den altarabischen Vorstellungen hinein in die zeitlich, räumlich und inhaltlich weiter gefasste Welt der biblischen Stoffe als „Aneignung der biblischen Heilsgeschichte als neuer kollektiver Erinnerung“ (Neuwirth). Weshalb Muḥammad als Argument den Polytheisten gegenüber ausgerechnet und überwiegend alttestamentliche Motive wählt, bleibt wohl eine der spannendsten Fragen der Muḥammadforschung.

Dem folgt in Medina die reale Begegnung mit Juden und zunehmend dann auch mit Christen, also den Tradenten eben jener biblischen Stoffe als „konkurrierenden Träger monotheistischen Wissens“, wodurch die biblischen Stoffe nun als islamisches konfessionelles Eigentum reklamiert werden. Die damit einhergehende Relativierung der früheren Schriftbesitzer führt zu einer Enteignung der Identifikationsfigur Ibrāhīm, was Angelika Neuwirth den „abschließenden Diskurs der Abrahamitischen Erneuerung“ als Rückkehr zum mekkanischen Kult nennt.[169] In Medina wird dann immer mehr die sich neu etablierende, rasch anwachsende, islamische Gemeinde angesprochen.

Insgesamt ist nicht nur von einem Verkündigungskontext, sondern auch von einem Gesprächs- und Streitkontext auszugehen sowie von Simulationen zu erwartender Streitgespräche.[170]

Diesen durch die jeweilige Hörergruppe definierten Kreisen, der vierfachen Hörerschaft Muḥammads, folgt der exegetische Teil in seiner Gesamtkonzeption. Das bedeutet, dass für jeden Einzeltext die jeweilige religiöse Adressatengruppe bestimmt und er in die Fragestellung der religiösen Vorstellungswelt dieser Gruppe eingeordnet wird. Das beinhaltet die Klärung, welche Inhalte oder Argumente aus der jeweiligen Gruppe aufgenommen wurden, wie darauf geantwortet wurde – und wie sich die Einstellung zu der jeweiligen Gruppe im Verlauf des Diskurses wandelt.

---

[168] A. a. O., S. 95.
[169] A. a. O., S. 95–97.
[170] *J. van Ess*, Theologie und Gesellschaft, I, S. 48; *A. Neuwirth*, Zur Archäologie einer Heiligen Schrift, S. 86.

Es darf angenommen werden, dass Muḥammad zu Beginn wohl nur seine zeitgenössischen Rezipienten im Blick hatte, dass er sich jedoch in dem Maße, wie sein Prophetenbewusstsein wuchs, auch immer mehr an die künftigen wandte.

Der multireligiöse Kontext sowohl in Mekka als auch in Medina und die dialektische Argumentationsweise des Korans kommen gerade in aktuellen Dialogsituationen, die ebenfalls zumindest bireligiös sind, zum Tragen. Und nicht zuletzt wird dieses Vorgehen gerade in der Ibrāhīm-Thematik notwendig, da schon Muḥammad Ibrāhīm explizit in diesem religiösen Spannungsfeld sieht und ihm darin seinen Platz zuweist:

3,66–68 Abraham war weder Jude noch Christ,
sondern Anhänger des reinen Glaubens [*ḥanīf*],
ein Gottergebener [*muslim*].
Diejenigen unter den Menschen,
die am ehesten Abraham beanspruchen dürfen,
sind die, die ihm gefolgt sind, und dieser Prophet
und diejenigen, die glauben.

Erst in ihrer „konfessionellen Rahmensituation“[171] können die koranischen Aussagen heraustreten aus ihrem im Dialog gar zu oft strapazierten Dasein als willkürlicher und von der eigenen Ideologie abhängiger Zitatenschatz und erhalten ihre ursprüngliche Relevanz zurück. Nur in enger Anbindung an diese Ursprungssituation können sie dann auch im heutigen Dialog Verwendung finden. Daher werden in jedem Kapitel nach einer zumindest einführenden Beschreibung der jeweiligen religiösen Adressatengruppe die Themen entsprechend der inneren Dynamik in Muḥammads Kommunikationsprozess angeordnet und jedes Kapitel mit der Frage beendet, ob und inwiefern bei Muḥammad selbst eine Entwicklung dieser Gruppe gegenüber sichtbar wurde.

Da moderne muslimische Korankommentatoren immer wieder betonen, dass heutige christliche Gesprächspartner keineswegs mit den „häretischen“ Christen der arabischen Halbinsel zur Zeit Muḥammads gleichzusetzen seien, ergibt sich daraus die Notwendigkeit einer Neubewertung gerade auch dieser Stelle.

2.2.2.3 Diskurs mit den früheren Schriften

Der mündliche Diskurs mit den Trägern der früheren Offenbarungsschriften muss zwangsläufig zu einem Diskurs mit eben diesen Schriften ausgeweitet werden:

In its origins and development, Islam was profoundly affected by the presence, the example, and the provocation of the antecedent Semitic religions. Many interior patterns and decisions seem to have turned upon aspirations towards, disappointments from, and

[171] *A. Neuwirth*, Zur Archäologie einer heiligen Schrift, S. 85.

tensions with, the 'other theists'. The consequences are evident both in doctrines and institutions.[172]

Während der Diskurs mit den Menschen ein direkter war, musste er, da die biblischen Schriften noch nicht oder zumindest nicht vollständig in arabischer Übersetzung vorlagen,[173] mit diesen ein indirekter sein. Das wirft zugleich die Frage auf, ob deshalb von einem vollgültigen und theologisch korrekten Diskurs gesprochen werden kann, oder nicht vielmehr von einem verzerrten, durch die Brille der jeweiligen Religionsangehörigen? Nicht zu vergessen, dass wir es auf der Arabischen Halbinsel gerade nicht mit „orthodoxer" Lehre zu tun hatten, sondern, wie im Kapitel zum Christentum Arabiens ausgeführt werden wird, mit mehr oder weniger häretischen Gruppen („Arabia haeresium ferax").

Da der Islam im religiösen Schmelztiegel von altarabischem Polytheismus, Judentum und Christentum entstand, musste er sich von Anfang an in der Auseinandersetzung mit diesen etablierten Denkstrukturen und Glaubensrichtungen – und zwar in Anknüpfung *und* Abgrenzung oder Überbietung – entwickeln und Antworten auf sie formulieren.

Ein Hadith erzählt von einer direkten Begegnung Muḥammads mit einem Toratext, der noch vor den religiösen Disputen mit den Juden Medinas stattfand. Zur Auslegung von Sura 12 aus der Mitte der 3. mekkanischen Periode, als die Verhandlungen und Verträge zwischen Muḥammad und den Medinensern in vollem Gange waren, wird berichtet:

ʿUmar kam zu dem Gesandten Gottes und sagte: „Oh Gesandter Gottes, ich kam bei einem Bruder von den Quraiẓa[174] *vorbei, und er schrieb mir Auszüge aus der Tora auf. Soll ich sie dir zeigen?" Da veränderte sich das Gesicht des Gesandten Gottes. Ich [der Erzähler Ṯābit] sagte zu ʿUmar: „Siehst du denn nicht, wie sich sein Gesicht verändert hat?" Da sagte ʿUmar: „Allāh ist gewiss unser Herr, und der Islam unsere Religion und Muḥammad der Gesandte Gottes." Damit konnte er den Propheten wieder beschwichtigen und erfreuen.*[175]

Auch wenn die angebliche Abscheu Muḥammads diesem Stück Tora gegenüber sicher eine Widerspiegelung der späteren Gefühlslage war – der Koran selbst spricht zu jener Zeit noch voller Hochachtung von den früheren Schriften –, so zeigt das Hadith doch, dass Muḥammad nicht nur aus dem kollektiven religiösen Gedächtnis schöpfte, sondern mit welcher Selbstverständlichkeit auch schriftliche Dokumente erstellt wurden und in Umlauf waren.

Auf die vorausgehenden Schriften nimmt der Koran in zweierlei Weise Bezug: zum einen in Form von „Zitaten" und zum anderen in zahlreichen Anspielungen, die teils kommentiert werden. Bei beiden wird offensichtlich vorausgesetzt, dass

---

[172] *K. Cragg*, The event of the Qur'ān, S. 15.

[173] Ausführlicher dazu in Kap. 6.1.1 und 6.1.3.

[174] Die Banū Quraiẓa waren einer der jüdischen Hauptstämme Medinas. Zu dieser Zeit, um 620/21, wurde er noch „Bruder" genannt; sieben Jahre später sollten alle Männer dieses Stammes einem Genozid zum Opfer fallen (vgl. Kap. 5.5.4).

[175] *Ibn Kaṯīr*, Tafsīr al-Qur'ān al-ʿaẓīm, Auslegung zu Sura 12.

die Hörer sie bereits kennen.[176] Ging es in der ersten Hälfte des 20. Jahrhunderts in den Arbeiten über biblische Entlehnungen im Koran noch um einen Katalog von Übernommenem, so gewann immer mehr die Einsicht an Gewicht, dass jede Neuaufnahme eines religiösen Textes gleichzeitig seine Neu-Interpretation bedeute. Dementsprechend wurde das „Kreativ-Neue“[177], das der Koran aus den älteren Traditionen entwickelte, herausgearbeitet. Während früher der Koran als „gescheiterte Nachahmung der Bibel“[178] voller Anleihen, Kopien, Wiederholungen und Plagiaten gesehen wurde, wird in der neueren Forschung, für die das von Angelika Neuwirth 2007 initiierte Corpus Coranicum-Projekt[179] steht, der Koran in die spätantike Gedanken- und Ideenwelt eingebettet. Demzufolge entspringe er „einer lebendigen Auseinandersetzung mit verschiedensten Traditionen der Spätantike, der Hebräischen Bibel und ihren rabbinischen Kommentaren, der patristischen Literatur und schließlich der pagan-hellenistischen Tradition Arabiens.“[180] Die biblischen Anleihen verleiteten manche zu der Behauptung, der Koran habe die biblische Tradition „in einer reformatorischen Absicht weitergeschrieben“[181] oder reagiere auf seine Vorgängerschriften in der gleichen Weise wie das Neue auf das Alte Testament.[182] Vielmehr werden in der *re-lecture* des Korans häufig zentrale biblische Texte radikal umgeschrieben, so dass man ihre koranische Version als „Gegentexte“ bezeichnen könnte. Wohl am deutlichsten wird das in einem der wichtigsten Texte, dem autoritativen, für den Gemeindegebrauch intendierten Credo in Sura 112, in der in der ersten Hälfte das jüdische Shema Yisrael als konfessionsspezifischer Text transformiert wird in einen universalen Text, und in der zweiten Hälfte das Nicaenum in seiner christologischen Aussage ins Gegenteil verkehrt wird.[183] So wird Sura 112 zum „neuen, gegenüber den Bekenntnistexten der beiden monotheistischen Vorgängerreligionen theologisch berichtigten Glaubensbekenntnis.“

Die koranische Rede von Gott antwortet auf vorhandene Ideen und Fragen der Rezipienten. Gerade in den Selbstaussagen Gottes im Koran finden sich neben

---

[176] *Geneviève Gobillot*, „Wie schon geschrieben steht ...“, in: *Welt und Umwelt der Bibel* 1/2012, S. 19–23.

[177] *A. Neuwirth*, Ist der Koran vom Himmel gefallen? S. 14.

[178] A. a. O., S. 14.

[179] Die online-Datenbank, die eine Textdokumentation aller bekannten Handschriften und mündlichen Überlieferungen in der Tradition, sowie spätantike „Intertexte“ aus der Umwelt des Korans und einen historisch-kritischen Kommentar enthält und sukzessive ergänzt wird, unter http://www.corpuscoranicum.de/.
Die Ziele von Corpus Coranicum unter: http://www.bbaw.de/forschung/Coran

[180] *A. Neuwirth*, Ist der Koran vom Himmel gefallen?, S. 17.

[181] *Hannelies Koloska*, Das Geheimnis der Siebenschläfer, in: Welt und Umwelt der Bibel 1/2012, 25–27; dort ein aufschlußreiches Beispiel für die „Aufnahme und Umgestaltung“ und „Richtungsänderung“ einer ehemals christlichen Märtyrerlegende.

[182] *K.-J. Kuschel*, Juden – Christen – Muslime, S. 88.

[183] www.corpuscoranicum.de/kontexte/index/sure/112/vers/1 (6.7.2014): „eine dogmatische Inversion des Nizäno-Konstantinopolitanums“. Corpus Coranicum hält Sura 112 für medinisch.

den positiven auch die negativen, die sich kontrovers-theologisch gegen im Umfeld vorhandene „falsche" Aussagen über Gott richten und diese widerlegen. So bezieht sich der Koran in intertextueller Verschränkung ständig auf die jüdische und christliche Schrift, wobei durchaus nicht abschließend geklärt ist, in welcher Form diese vorgestellt ist: „It may agree with it, interpret it, revise it, or invalidate it, but it clearly reacts to it."[184]

Der Koran nimmt die beiden biblischen Schriften zunächst positiv auf und bestätigt sie. Aus Sicht der späteren Korankommentatoren bezog sich dies jedoch nur auf ihre angeblich originale Gestalt und nicht auf die zur Zeit Muḥammads existierende. Die Urform nicht nur der Vorgängerschriften, sondern damit auch des Willens Gottes wiederherstellend wird der Koran schließlich zur letztgültigen Vermittlung und Auslegung dieses Willens Gottes und „zum Richter der Textgestalt der jüdischen (und christlichen) Schrift"[185] wie auch deren Anhänger erhoben, denen beiden vorgeworfen wird, die Schrift absichtlich entstellt (4,46) und Teile davon vergessen zu haben (5,13.14). In diesem Sinne einer neuen kritischen Bibelrezeption – und nur in diesem – kann der Koran durchaus als „Nachlaßverwalter der jüdischen und christlichen Tradition"[186] bezeichnet werden. Die früher populäre Auffassung, Muḥammad habe bei Juden und Christen einfach „abgeschrieben" und höchstens arabisch adaptiert, wird muslimischerseits als Infragestellung der koranischen Originalität gewertet und vehement abgelehnt,[187] obwohl der Koran an zahlreichen Stellen positiv von den „vorigen" Offenbarungen spricht und es gerade in frühislamischer Zeit ein reges Interesse an den Schriftreligionen gegeben hat.[188] Es kann hier also nicht um eine reine Auflistung vorislamischer Ideen gehen, sondern um ihren Platz innerhalb der Verkündigung Muḥammads: der Anknüpfung an das für die Zielgruppe Bekannte, bei einsetzender Aneignung und Umformung unter islamischer Prämisse, die „Islamisierung" der vorislamischen Stoffe als ihrer Einverleibung in ein nachbiblisches Gottesverständnis. Die Annahme einer expliziten Verfälschung der göttlichen Offenbarung, die im Laufe der islamischen Theologie zu einer Art Dogma ausgeweitet wurde, entwickelte sich erst nach und nach.[189] So wiederholt die

---

[184] *R. Firestone*, Abraham's association with the Meccan sanctuary and the pilgrimage in the pre-Islamic and early Islamic periods, S. 359.

[185] *St. Wild*, Mensch, Prophet und Gott im Koran, S. 17.

[186] Gegen diesen Eindruck: *K.-W. Tröger*, Mohammed und Abraham, S. 192.

[187] Siehe dazu die Einleitung der Elyas / Bubenheim-Koranübersetzung, in der Nadeem Elyas die Koranübersetzung von Adel Theodor Khoury, deren Wortlaut er übrigens an vielen Stellen übernommen hat, ablehnt mit dem Argument, Khoury habe „in seiner Eigenschaft als christlicher Religionsgelehrter in Fußnoten auf seiner Meinung nach dem Qur'ān entsprechende Stellen in der Bibel hingewiesen, was so den Eindruck erweckt, als seien sie die Grundlage zur Erklärung des Qur'āns, oder dass die Bibel die ursprüngliche Quelle des Qur'āns darstellt." (S. xiii).

[188] *J. W. Hirschberg*, Jüdische und christliche Lehre, S. 1.

[189] Siehe zum Thema den Sammelband von *Timo Güzelmansur* (Hrsg.), Das koranische Motiv der Schriftfälschung (taḥrīf) durch Juden und Christen, Regensburg 2014.

Theologie ein Stück weit Muḥammads eigenes Vorgehen in Bezug auf die Träger der biblischen Erinnerung. In der islamischen Frühzeit galten v. a. Konvertiten aus Judentum und Christentum als Experten für die biblischen Stoffe und deren rechtes Verständnis.

The prevalent opinion among the Muslims was that whatever was found in the sacred texts of the Jews and Christians was acceptable and consonant with Islam, as long as it did not contradict what was said in the Qur'ān (...)

The role of the converts is attested to also by certain traditions in which it is affirmed that Ibn ʿAbbās and other Muslim authorities of the first generation were often involved in disputes with them and that they even sought explanations of the meaning of certain Qur'ānic verses.[190]

Diese Proselyten suchten – und fanden – in ihren Schriften auch Hinweise auf die Sendung Muḥammads. Die bedeutendsten dieser Konvertiten waren Kaʿb al-Aḥbār[191] (= der Rabbiner; gest. 650/656), ein jüdischer Gelehrter aus dem Jemen, der wohl 638 unter dem Kalifen ʿUmar b. al-Ḫaṭṭāb zum Islam übertrat und als ältester und wichtigster Übermittler jüdischer Traditionen gilt, sowie Wahb b. Munabbih (gest. 728/732)[192].

Analog zu Muḥammads distanzierter werdendem Verhältnis zu den Schriften der Juden und Christen wurde auch im Islam die Haltung gegenüber den *Isrā'īlīyāt* immer ambivalenter. Da sie aber im frühen Islam eine wichtige, wenn nicht gar zentrale Rolle gespielt hatten, stellte sie niemand grundsätzlich in Frage. Auch wenn man jüdische Quellen ablehnte, wurden doch die *Isrā'īlīyāt* immer weitergegeben. Eine dezidiert kritische Haltung nahmen erst im Mittelalter Ibn Taimīya und Ibn Kaṯīr ein, die die Überlieferungen einer kritischen Evaluation unterzogen. Ibn Taimīya (661–728/1263–1328)[193], hanbalitischer Sakraljurist aus Damaskus, der ein „Leben zwischen Kerker und Kanzel" führte, kämpfte Zeit seines Lebens gegen alles, was er für Neuerung (*bidʿa*) hielt und schreckte auch

[190] *R. Tottoli*, Biblical prophets, S. 89.93

[191] *I. Wolfensohn*, Kaʿb al-Aḥbār und seine Stellung im Ḥadīṯ und in der islamischen Legendenliteratur, Gelnhausen 1933; *R. Tottoli*, Biblical prophets, S. 90–95; *Brannon M. Wheeler*, Prophets in the Qur'ān, S. 350. – Da Kaʿb sich in den Nachfolgestreitigkeiten nach dem Tode ʿUmars politisch unklug verhalten hatte, wurde er des öfteren als falscher Konvertit verdächtigt, dessen Ziel es nur gewesen sei, den Islam durch die Einschleusung jüdischer Traditionen zu unterminieren. Diese Vorwürfe erlebten in der Moderne mit ihren politischen Auseinandersetzungen neue Nahrung, so dass ein Schüler Rašīd Riḍās Kaʿb „den ersten Zionisten" nannte.

[192] Wahb kam aus einer persischstämmigen jüdischen Familie im Jemen; er verfasste das vermutlich erste *qiṣaṣ*-Buch, das zur Hauptquelle der Sīra wurde.

[193] Taqī ad-Dīn Abū l-ʿAbbās Aḥmad b. ʿAbd al-Ḥalīm b. ʿAbd as-Salām b. ʿAbd Allāh b. Muḥammad b. Taimīya al-Ḥarrānī al-Ḥanbalī. Sein Kampf galt Sektierern, Sufis, Philosophen und den *ahl al-kitāb* (v. a. Christen). Er wurde des Anthropomorphismus beschuldigt und sowohl in Kairo als auch in Damaskus eingekerkert, wo er auch starb. In seiner Zeit, dem Niedergang der islamischen Zivilisation nach dem Mongoleneinbruch und den Spannungen durch die Kreuzzüge, suchte er Zuflucht in der Vergangenheit und gilt so als Vertreter der strikten Orthodoxie und Vorläufer der Wahhabiten.

nicht davor zurück, sogar die Prophetengefährten (*ṣaḥāba*) der Irrtümer zu bezichtigen. Er kritisierte an den *Isrā'īlīyāt* den „wesensfremden" Einfluss jüdischer Traditionen. Konsequenterweise lehnte er auch alle Überlieferungen ab, die auf die jüdischen Konvertiten Kaʿb al-Aḥbār, Wahb b. Munabbih und Muḥammad b. Isḥāq zurückgehen. Sein Schüler Ibn Kaṯīr (700–774/1300–1372)[194] führte diese Haltung fort und ließ sie in seinem Korankommentar und seiner Universalgeschichte Gestalt annehmen, aus der seine *qiṣaṣ al-anbiyā'* entnommen sind: Die dort verwendeten *qiṣaṣ*, die er insgesamt für Fabeln hielt, nahm er erst nach äußerst kritischer Prüfung auf, denn er hielt sie für eine Quelle der Streitigkeiten unter den Koranauslegern und misstraute prinzipiell allem, was jüdischer und christlicher Herkunft war.

Die Ablehnung jüdischer Stoffe war jedoch nur zu Zeiten und in Ländern relevant, in denen Juden und Muslime in Spannungen zueinander standen und lebten, wie etwa zur Zeit der Almohaden in Spanien.[195] Den wichtigsten Ablehnungsgrund stellte zunehmend die jüdische Überwucherung der koranischen Erzählungen dar, die als „Ausschweifungen"[196] bezeichnet wurde von denen, die eine puristische Bewegung zurück zu den Quellen forderten. Die Haltung von Ibn Taimīya und Ibn Kaṯīr fand zunächst wenige Nachahmer, denn bis Anfang des 20. Jahrhunderts wurde im Islam eine größere Nähe zum Judentum empfunden. Dies änderte sich allerdings mit der Errichtung des jüdischen Staates Israel; so wurden ihre Gedanken zu dieser Zeit wieder populär und erlebten eine vorher nie gekannte Verbreitung. Schon allein der Name *Isrā'īlīyāt* erfuhr nun eine politische Konnotation und ihre Verwendung wurde suspekt, so dass es heutzutage Bestrebungen gibt, sie aus allen Hadithen zu eliminieren.

Für die Ibrāhīmthematik ist es bedeutsam, dass in den koranischen Ibrāhīmerzählungen, noch bevor von dem Menschen und Propheten die Rede ist, die *ṣuḥuf Ibrāhīm*, die Blätter Ibrāhīms, erwähnt werden. Damit ist die Priorität des vorgegebenen Wortes und einer Schrift vor jeglicher persönlicher Erzählung gegeben und muss auch für den Gesamtansatz berücksichtigt werden. Wenn in den sechs Pflichten des Glaubens vom Glauben an „die" Schriften die Rede ist,[197] dann sind diese eingeschlossen.

---

[194] al-Quraišī ad-Dimašqī ʿImād ad-Dīn Abī l-Fidā' Ismāʿīl. Auch sein Leben spielte sich überwiegend in Damaskus ab.

[195] Almohaden: von *al-muwaḥḥidūn* (Verkünder der Einheit und Einzigkeit Gottes), die 1146–1248 regierten. Unter ihrer rigiden und intoleranten Herrschaft flohen die sephardischen Juden ins christlich dominierte Nordspanien, die Provence, nach Palästina und Nordafrika, bis sie 1492 endgültig vertrieben wurden. (*Eugen Heinen*, Sephardische Spuren I, Kassel 2001, S. 210)

[196] *ʿAbd al-Muʿizz Ḫaṭṭāb*, Qiṣaṣ al-anbiyā', S. 154.

[197] 2,285; 4,136; 66,12.

2.2.3 Die Prophetenvita in ihrer chronologisch-biographischen Interdependenz

Al-Ǧābrī sah den entscheidenden Vorzug der chronologischen Koranlektüre darin, „dass sich dadurch die enge wechselseitige Beziehung zwischen dem Koran und der Biographie Muḥammads enthüllt, (...) in der völligen Übereinstimmung zwischen dem Verlauf der Herabsendung und der Entwicklung der *daʿwa*."[198]

Darum ist die Exegese in dieser Arbeit zweigleisig angelegt; sie folgt parallel dem inneren Strang der Genese der koranischen Verkündigung und zugleich dem äußeren Strang der Ereignisse im Leben Muḥammads, so weit sie mit einiger Sicherheit verifiziert werden können. Das vorliegende Kapitel geht daher der Biographie Muḥammads nach der Sīra entlang; die Suren mit Ibrāhīmtexten sind darin integriert, um die Bezüge sichtbar zu machen. In diesem Zusammenhang kommen die vorhandene Studien zur Geltung, sowohl die zur angenommenen Offenbarungsreihenfolge der Suren nach Nöldeke, als auch die biographischen Werke, wobei der historische und biographisch-psychologische[199] Entwicklungsprozess in Bezug zueinander gebracht, „synchronisiert"[200] und auf eine eventuell vorhandene Wechselwirkung hin untersucht werden. Diese historische Betrachtungsweise nimmt den Menschen und Propheten Muḥammad in seiner persönlichen Entwicklung ernst, denn es ist ja nicht so, dass mit Beginn der Offenbarungen im Jahre 610 n. Chr. „die" islamische Lehre – die es als Gesamtkonzept im Sinne einer theologisch abgegrenzten und abgeschlossenen Systematik sowieso nie gegeben hat, und in Ermangelung einer autoritativen Lehrinstanz auch nicht geben wird – von einem Augenblick auf den anderen vollständig vorhanden gewesen wäre. Wie Paret schon bemerkte,[201] sind es gerade die kleineren oder größeren Unterschiede in der Darstellung derselben Geschichte, die eine parallele Erzählung interessant und für die Deutung wertvoll machen. Mit ihrer Hilfe können etwa für thematische Analysen Entwicklungslinien verfolgt werden, so dass es häufig auch gelingt, für scheinbar widersprüchliche innerkoranische Aussagen eine Erklärung aus der je unterschiedlichen Entstehungssituation zu finden.[202]

---

[198] *al-Ǧābrī*, Fahm al-Qur'ān al-ḥakīm, Bd. I, S. 17 f.

[199] So bezeichnet *Arent Jan Wensinck* den Koran als „the most important mirror of Muhammad's psychology and the sensitive document which reflects nearly all moods and events in his life." (Muhammad and the Jews of Medina, Berlin 1982, S. 47).

[200] *N. H. Abu Zaid* in: „Der Koran – ein geschichtlicher und kultureller Text". Denselben Ansatz empfiehlt *R. Paret* bereits 1949 in „Grenzen der Koranforschung", S. 7; ebenso *Michael Cook*, Der Koran. Eine kurze Einführung, Stuttgart 2002, S. 161.

[201] *R. Paret*, Grenzen der Koranforschung, S. 13.

[202] Dies hat *Heidi Josua* aufgezeigt in „Menschliche Willensfreiheit und göttliche Vorherbestimmung (*qaḍā wa-qadar*) nach Koran und islamischer Überlieferung" [unveröffentlichtes Manuskript], Tübingen, 2004. Mit Hilfe der chronologischen Exegese kann der offensichtliche Widerspruch zwischen Aussagen zugunsten der Willensfreiheit und der Vorherbestimmung

Da unsere Frageperspektive die Rezeption durch die Muslime ist, denen wir im Dialog begegnen, wird hier als Quelle für das Leben Muḥammads der Koran selbst, vor allem aber die Sīra des Ibn Isḥāq zitiert, die als Dokument islamischer Selbstsicht und Identität zwar keine historisch-kritische Biographie liefert, aber doch ein gewisses chronologisches Gerüst, wohl wissend um die Vorbehalte, mit denen diese Berichte zu lesen sind.[203]

Schon bei der fortlaufenden Lektüre der Ibrāhīm-Erzählungen im Koran fällt auf, wie sehr seine Lebenssituationen und -stationen denen Muḥammads gleichen. Dieser Eindruck verstärkt sich noch bei der chronologischen Lektüre der Ibrāhīm-Texte,[204] die im Folgenden graphisch dargestellt wird. Zwar erzählt der Koran nicht Historie, sondern bezieht sich nur auf sie; sie ist die nicht erwähnte Folie, das Echo, das von ferne gehört werden kann. In der parallelen Lektüre des Lebens Muḥammads und der Ibrāhīmerzählung wird jedoch eine unauflösliche und untrennbare Verwobenheit der beiden Prophetengestalten miteinander und mit den historischen Ereignissen sichtbar, sie aufgreifend und auf sie antwortend.

Eine mögliche Erklärung für diese erstaunliche Parallelität wäre, dass Muḥammad aus der Fülle von Ibrāhīm-Erzählungen, die in seiner Umgebung in Umlauf waren, jeweils diejenigen rezipierte, die seiner eigenen Situation entsprachen, ihm halfen, seine eigenen Erfahrungen sinnvoll zu deuten, und dann wohl auch vorwegnehmend geplantes Handeln zu legitimieren. So sind die Ibrāhīm-Erzählungen also nicht nur unter dem Gesichtspunkt des Gegenübers, der Zuhörerschaft zu sehen, sondern durchaus auch als Vergewisserung und Zusage Gottes an den Propheten selbst zu verstehen.

Bis die Ergebnisse des Akademievorhabens *Corpus Coranicum* vorliegen, orientieren wir uns an der bislang unübertroffenen und nur in Detailfragen

---

aufgelöst und eine stetige Entwicklung hin zu immer stärkerer göttlicher Determination nachgewiesen werden.

[203] In seiner Prophetenbiographie stellt *Hans Jansen* fest, dass die meisten Muhammad-Biographien im Wesentlichen nicht über Umarbeitungen von Ibn Ishaq hinausgehen (Mohammed. Eine Biographie, München 2008, S. 22); als bislang umfassendstes und wissenschaftlichstes Werk darf gelten: *Tilman Nagel*, Mohammed. Leben und Legende, München 2008. *S. Kalisch* nennt es „letztlich eine Paraphrasierung der islamischen Texte unter Auslassung aller übernatürlichen Aspekte und ohne den Versuch, die anangenehmen Punkte in der Biographie des Propheten hinwegzudiskutieren.“ Genau genommen hätten sich Muslime „niemals wirklich für den historischen Muhammad interessiert“, sondern immer ihre eigenen Ideale auf ihn projiziert. (Islamische Theologie ohne historischen Muhammad, S. 19).

[204] Eine chronologische Lesung ohne Verknüpfung mit dem Leben Muḥammads, aber mit Darstellung der theologischen Entwicklung bei: *Heinrich Speyer*, Die biblischen Erzählungen im Qoran, S. 175–186. – Einen Vergleich zumindest in groben Zügen mit dem Leben Muḥammads unternahm *Johan Bouman* in seinem Kapitel „Abraham im Koran“ in: Christen und Muslime. Was sie verbindet und was sie trennt, Gießen 2001, S. 62–73. – Beides realisiert *Martin Bauschke* (Der Spiegel des Propheten), wenn auch mit zuweilen fragwürdigen Themenzusammenstellungen in den Kapiteln.

variierenden Reihenfolge nach Theodor Nöldeke,[205] über die in der Islamkunde weitgehend Konsens herrscht.

Das Schaubild „Chronologie der Ibrāhīm-Texte" ordnet die Hauptereignisse im Leben Muḥammads den Suren in ihrer chronologischen Reihenfolge zu, so dass Vita und Botschaft parallel gelesen werden können. Grau unterlegt sind die Suren, die von Ibrāhīm handeln; die Länge der markierten Felder entspricht der Quantität der Koranverse in der jeweiligen Sure. Die genaue Anzahl der Ibrāhīmverse einer Sure ist am Ende des grauen Balkens in Klammern angegeben. Ferner werden die Hauptthemen genannt, so dass diese Tabelle allein gelesen bereits einen groben entwicklungsmäßigen Überblick für die Themen gibt.

Für die 1. mekkanische Periode ist festzuhalten, dass sich die Suren hier nicht chronologisch ordnen lassen, daher belässt man es gewöhnlich bei der thematischen Anordnung; dass die – vermutlich sehr frühen – Beschwörungssuren in der Anordnung nach Nöldeke erst am Ende dieser Zeit stehen, sagt somit nichts über ihre Entstehungszeit aus. Auch ist Sura 1, die *Fātiḥa*, zeitlich nicht einzuordnen, hier ist vielmehr von einem Redaktionsprozess auszugehen.

2.2.3.1 Vor der Berufung 570(?)–610: Die Jahre des Suchens

Es wird allgemein angenommen, dass Muḥammad im Alter von 40 Jahren berufen wurde. Vermutlich überwiegt bei dieser Zahl die religionswissenschaftlich symbolische Bedeutung. So wird im Koran das Alter von 40 Jahren als Alter der Vollreife genannt und als Zeit der Selbstreflexion beschrieben (46,15). Wie alle anderen Propheten – außer ʿĪsā[206] – soll auch Ibrāhīm nach der Tradition[207] im Alter von 40 Jahren berufen worden sein, vor Nimrod zu erscheinen, womit seine Auseinandersetzung mit dem Polytheismus in seine entscheidende Phase eintrat – dies in Übergehung der koranischen Aussage, wonach dies bereits in seiner

[205] In GdQ, übernommen von Y. Moubarac, S. 91.92. – Einteilung in 3 mekkanische Perioden durch die Gliederung durch die Übergangszeiten der kleinen *hiǧra* nach Abessinien und der Rückkehr Muḥammads aus Ṭā'if zuerst durch *Gustav Weil* 1844 in: Historisch-kritische Einleitung in den Koran; dort auch die anderen frühen Versuche einer Chronologie der Offenbarung durch William Muir, Hubert Grimme und Hartwig Hirschfeld; die Reihenfolge nach Ibn ʿAbbās in: *A. Th. Khoury*, Der Koran, erschlossen und kommentiert, S. 24. Eine Vergleichstabelle der Suren nach Kairo, Th. Nöldeke, Régis Blachère bei: *Günter Risse*, „Gott ist Christus, der Sohn der Maria". Eine Studie zum Christusbild im Koran, Bonn 1989, S. 229–34. – *Richard Bell* (The Qur'ān. Translated, with a critical re-arrangement of the Surahs) geht noch darüber hinaus, zerlegt die Suren in ihre einzelnen Bestandteile und versucht diese nach chronologischen und textgeschichtlichen Gesichtspunkten zu sortieren und in Beziehung zueinander zu setzen. *Al-Ǧābrī* unterteilt in „Fahm al-Qur'ān al-karīm" die mekkanische Zeit in sechs nach Themenkreisen definierten Perioden.

[206] Dem Religionsphilosophen aš-Šahrastānī in seinem Buch über die Religionen *Kitāb al-milal wa-n-niḥal* zufolge erhielt ʿĪsā die Offenbarung als Kind in der Krippe, als er seine Mutter verteidigte (19,27–34) und dann im Alter von 30 Jahren. (*W. M. Watt*, Ash-Shahrastānī's Account of Christian Doctrine, in: *Islamochristiana* 9 (1993), 247–259, hier: S. 250.)

[207] *Al-Kisā'ī*, The Tales of the Prophets of al-Kisā'ī II, S. 141.

Schaubild 3: Chronologie der Ibrāhīmtexte

1. mekkanische Periode 610–616	610		96	
			74	
		Ruhen der Offenbarung	111	
		Ruf zur Umkehr	106	
		Bekämpfung der Gegner	108	
			104	
			107	
			102	
			105	
			92	
			90	
		Verschiedene Inhalte	94	
			93	
			97	
			86	
			91	
			80	
			68	
			87	ṣuḥuf Ibrāhīm (2)
			95	
			103	
			85	
			73	
		Naturkatastrophen / Jüngstes Gericht	101	
			99	
			82	
			81	
			53	ṣuḥuf Ibrāhīm (4)
			84	
			100	
			79	
			77	
			78	

1. mekkanische Periode 610–616			88	
			89	
			75	
			83	
			69	
		(ohne Söhne)	51	Besuch der Engel, Sodom (14)
			52	
			56	
			70	
			55	
		Beschwörungssuren	112	
			102	
			113	
			114	
			1	
2. mekk. Periode 616–619		Auseinandersetzung mit heidnischen Mekkanern	54	
			37	Proph.zyklus; Polytheisten, Ankündigung Sohn, Bindung, Nachkommensch. (22)
			71	
			76	
			44	
			50	
	616	Bekehrung ʿUmars	20	
			26	Proph.zyklus; Polytheisten, Gebet, Fürbitte, Strafgericht (22)
			15	Belohnung Ankündigung Sohn, Strafgericht Sodom (22)
		1.hiğra nach Abessinien	19	Proph.zyklus; Polytheisten, Isḥāq, Ismāʿīl, Nachkommenschaft (22)
			38	Proph.zyklus; Auserwählung Väter (6)
			36	
			43	Proph.zyklus; Ankündigung Muḥammads (5)
		Reise nach Ṭāʾif	72	
			67	
			23	

2. mekk. Periode		Tod Abū Ṭālibs	21	Proph.zyklus; Polytheisten, Isḥāq, Ismāʿīl, Nachkommenschaft (22)
			25	
		Nacht- und Himmelsreise	17	
			27	
	619	Tod Ḫadīǧas	18	
3. mekkanische Periode 619–622			32	
			41	
			45	
			16	ḥanīf, millat Ibrāhīm (6)
			30	
			11	Ankündigung Sohn, Strafgericht Sodom (15)
			14	Gebet für Mekka, Ismāʿīl und Isḥāq, Fürbitte (7)
		Verhandlungen mit Yaṯrib	12	Erwählung Väter, millat Ibrāhīm (5)
			40	
			28	
			39	
			29	Proph.zyklus; Polytheisten, Rettung aus Feuer; Isḥāq, Ankündigung Strafgericht (20)
			31	
		Vorbereitungen für hiǧra	42	Prophetensukzession (3)
			10	
			34	
			35	
			7	
			46	
			6	Polytheisten, ḥanīf, Isḥāq, Ismāʿīl, millat Ibrāhīm (22)
			13	
Medinische Periode	624	Gemeindeordnung Medina?	2	Stiftung d. Kaʿba, Ibrāhīm als muslim, Ismāʿīl und Isḥāq, milla, ḥanīf, Gebetsrichtung (22)
			98	
			64	
	3 / 624	Sieg bei Badr (gg Quraiš)	62	

Medinische Periode 622–632	4 / 624	Vertreibung Banū Qainuqāʿ (jüd.)	8	
	3 / 625	Niederlage bei Uḥud (gg. Quraiš)	47	
		Christl. Delegation Nağrān?	3	tauḥīd, ḥanīf, muslim, dīn Ibrāhīm, Ismāʿīl, milla Kaʿba, Wallfahrt (14)
			61	
			57	Prophetensukzession (4)
			4	Muslim, millat Ibrāhīm, ḥanīf, Freund Gottes, Proph.sukzession (7)
	8 / 625	Vertreibung Banū Naḍīr (jüd.)	65	
	1 / 627	Überfall auf Banū Mustaliq	59	
	4 / 627	Grabenschlacht (gg. Quraiš)	33	Bund der Propheten (2)
	5 / 627	Auslöschung Banū Quraiẓa (jüd.)	63	
		Gemeindeordnung von Medina (?)	24	
			58	
	628	Versuch der Wallfahrt nach Mekka	22	Kaʿba, Wallfahrt, Riten, ḥanīf, muslim, milla, Strafgericht(18)
	3 / 628	Vertrag von Huḏaibīya	48	
	5 / 628	Einnahme der Oase Ḫaibar (jüd.)		
	9 / 629	Feldzug gg. Mu'ta (christl.)	66	
	1 / 630	Einnahme Mekkas	60	Feindschaft mit Polytheisten, Ibrāhīm ohne Fürsprache (4)
			110	
		Feldzüge gg. Byzantiner	49	
	631	Christl. Delegation Nağrān?		
	9 / 631	Wallfahrt	9	Verbot der Fürsprache, Strafe für Heuchler (7)
	3 / 632	Abschiedswallfahrt	5	
	6 / 632	Tod Muḥammads		

Zeit als *fatā* (Jüngling) geschah (21,60). Zwei bedeutende islamische Theologen, der große Versöhner von Mystik und Dogmatik, Abū Ḥāmid al-Ġazālī und Ǧalāl ad-Dīn Rūmī sollen im Alter von 40 Jahren ihre eigenen Lebenswenden erlebt haben.[208]

In der Bibel symbolisiert diese Zahl das vorbereitende Warten, das dem eigentlichen Heilsereignis oder der Tätigkeit vorausgeht: So wanderte das Volk Israel 40 Jahre in der Wüste, verbrachte Mose drei mal 40 Tage auf dem Berg Sinai, bereitete sich Jesus 40 Tage in der Wüste auf seine öffentliche Tätigkeit vor und rüstete 40 Tage nach seiner Auferstehung seine Jünger und damit die Gemeinde auf die Zeit ohne ihn zu. Ausgehend von dem Berufungsalter von 40 Jahren und dem Berufungsjahr 610 kommt das Geburtsjahr Muḥammads durch Rückrechnung zustande: 570 n. Chr.,[209] genannt das „Jahr des Elefanten", in dem die Stadt Mekka auf wundersame Weise vor den anrückenden, zu jener Zeit den Süden der Arabischen Halbinsel beherrschenden Abessiniern unter ihrem bisher stets erfolgreichen christlichen Feldherrn Abraha verschont wurde.[210] Im Sufismus mit seiner Buchstabensymbolik wurde der Buchstabe *mim* mit seinem Zahlenwert 40 zum Inbegriff für Muḥammad.

Wie Muḥammad in diesen ersten 40 Jahren lebte, darüber gehen die Meinungen je nach Standpunkt weit auseinander. Abgesehen von seinen menschlichen und moralischen Qualitäten, beschreiben ihn muslimische Biographen in ihrem Bemühen, sein ganzes Leben hagiographisch zu überhöhen, auch religiös als von seiner paganen Umwelt völlig verschieden. In Ermangelung einer übernatürlichen Geburt beginnt das Wunderbare an Muḥammads Leben bereits pränatal: in der Auslösung seines Vaters, der aufgrund eines Gelübdes des Großvaters dem Herrn der Kaʿba hätte geopfert werden sollen, in dem Licht in den Lenden seines Vaters, das ihn für eine Frau, womöglich eine Tempelprostituierte,[211] begehrenswert machte, und dem übernatürlichen Licht, das seine Mutter während

---

[208] Auf diese Parallele verweist *K. Cragg*, The event of the Qur'ān, S. 164.

[209] Wegen der symbolischen Bedeutung der Zahl 40 ist es durchaus denkbar, dass das Geburtsjahr Muḥammads früher, möglicherweise schon 547, oder später, um 580, anzusetzen ist. Zur Diskussion darüber: *K.-W. Tröger*, Mohammed und Abraham, S. 188.

[210] Abraha versuchte die Christianisierung Süd-Arabiens auszudehnen. Über den Anlass dieses Angriffs existieren unterschiedliche Versionen. Nach verbreitetster Ansicht war er eine Racheaktion für die Besudelung der prächtigen christlichen Kathedrale von Naǧrān, die wie auch die al-Qalīs-Kirche in Ṣanʿā' in Konkurrenz zur synkretistischen Kaʿba standen, durch Männer der Quraiš unmittelbar vor einem christlichen Hochfest. Abraha führte einen in Mekka bisher nie gesehen Elefanten mit. Das Heer der Abessinier wurde während der Belagerung Mekkas durch die Pocken „besiegt"; die Legende spricht von Steinchen abwerfenden Vögeln, die die Angreifer in die Flucht trieben. (*Philip Hitti*, History of the Arabs, S. 64; *M. J. Kister*, Some reports concerning Mecca. From Jāhiliyya to Islam, in: Studies in Jahiliyya and Early Islam, 63–76). Der Sieg über die Abessinier erhöhte das Prestige der Mekkaner unter den arabischen Stämmen, die sich von da an *āl Allāh* (Leute Gottes) nannten.

[211] Pikanterweise handelte es sich dabei um die Schwester des Mönches Waraqa b. Nawfal, Ruqayya, genannt Umm Qital. (*G. Osman*, Pre-Islamic Arab Converts to Christianity, S. 77; Sīra I, S. 291)

ihrer Schwangerschaft sah.[212] Jeffery[213] verweist jedoch auf Yāqūts (gest. 1229 in Bagdad) *muʿǧam al-buldān*, wonach Muḥammad einmal der Göttin ʿUzza ein Mutterschaf geopfert habe, was er später damit entschuldigt habe, dass er zu jener Zeit noch der Religion seines Volkes angehangen habe. Desgleichen aṭ-Ṭabarī[214] in der Auslegung zu 21,51 „Wir [Gott] haben ihn [Ibrāhīm] errettet aus der Mitte seines Volkes vor dem Polytheismus, wie Wir dies mit Muḥammad getan haben." Doch selbst lange nach seiner Prophetenberufung saß Muḥammad regelmäßig bei seinem Onkel ʿAbbās in der Kaʿba[215] und mag sich noch am *ṭawāf* (Umlauf um die Kaʿba) der Mekkaner beteiligt haben. Eine sprachlich nicht eindeutige Stelle der Sīra berichtet davon, dass Ǧibrīl Muḥammad einmal während dieser rituellen Handlung getroffen habe.[216] Dem Gedanken, dass Muḥammad nicht von Beginn an Monotheist gewesen sein könnte, beugt der saudische Prophetenatlas *aṭlas tāʾrīḫ al-anbiyāʾ wa-r-rusul* vor, indem er das Hanifentum als eigenständige Religion des Ḥiǧāz deklariert, der Muḥammad angehörte;[217] damit nimmt er eine Tradition auf, die Muḥammad als Anhänger der „Religion Ibrāhīms" bezeichnet, da sie die dem Islam am nächsten und zudem die mächtigste Religion sei.[218]

Nach seiner Heirat mit der wohlhabenden Kaufmannswitwe Ḫadīǧa, die ihrem Angestellten Muḥammad die Ehe angetragen hatte, was ihm, dem Waisen ohne Möglichkeit auf Erbe, zu einem gesicherten sozialen Status verhalf,[219] zog sich Muḥammad regelmäßig im Monat Ramadan in die Einsamkeit der Höhle Ḥirāʾ am Lichtberg zurück. Dieser *iʿtikāf* genannte Brauch scheint von den vorislamischen Arabern dem Vorbild christlicher Mönche und Asketen nachempfunden zu sein; er wird als bei den Quraiš üblich geschildert. Das tage- und wochenlange Verweilen an einem heiligen Platz mag Andachtsübungen oder Meditationen (*taḥannuṯ*)[220] gegolten haben, entweder als regelmäßig wiederkehrender Brauch zu einer bestimmten Jahreszeit oder vor einer wichtigen Ent-

---

212 Sīra I/1, S. 293; *Sīra* Rotter, S. 26–30.

213 A. *Jeffery*, Foreign vocabulary, S. 1.

214 *aṭ-Ṭabarī*, Tafsīr XVII, S. 36.

215 Sīra Rotter, S. 96.

216 Sīra I/2, S. 257. Rotter übersetzt so, dass der Eindruck entsteht, Muḥammad habe dem *ṭawāf* der Mekkaner zugesehen (S. 89 f.), was sprachlich ebenfalls möglich ist.

217 Aṭlas tāʾrīḫ al-anbiyāʾ wa-r-rusul, ar-Riāḍ 2000, S. 155.

218 *Ibn Kathīr*, Imām Abū al-Fidāʾ Ismāʿīl, The Life of the Prophet Muḥammad. A translation of Al-Sīra al-Nabawiyya, Bd. I, Reading 1998, S. 283.

219 Dies spiegelt sich wider in 93,6–8: „Hat Er dich nicht als Waise gefunden und Aufnahme gewährt, und dich verirrt gefunden und rechtgeleitet, dich bedürftig gefunden und reich gemacht?"

220 Bereits die beiden Überlieferungsstränge Ibn Isḥāq und al-Buḫārī geben unterschiedliche Bedeutungen an: *tabarrur* (Läuterung, Reinigung) und *taʿabbud* (Anbetung); bei *al-Qasṭallānī tafakkur* (Meditation). In der Herleitung aus dem Hebräischen vermutlich „prayers for God's favour" oder „voluntary devotions apart from official liturgy" (Hirschfeld). In der Sīra (I/2, S. 68 f.) tauscht Ibn Hišām den letzten Konsonanten und liest *taḥannuf*, hergeleitet von *ḥanīf*. Nach Ibn ʿArabī wurde *taḥannuṯ* praktiziert, um sich von Sünden zu reinigen. – Zur Diskussion

scheidung. Das „Blicken zur Kaʿba“ und der Abschluss des *taḥannuṯ* mit siebenmaligem Umschreiten des Heiligtums scheinen feste Bestandteile des Ritus gewesen zu sein,[221] ebenso wie das Speisen der Armen.

2.2.3.2 1. mekkanische Periode 610/11–615/16: ṣuḥuf *und Söhne*

„Aus Mitleid mit der Welt“, „als Gott sich der Menschen durch ihn erbarmen wollte“[222] begann in dieser jährlichen Einsamkeit mit einem gewaltigen Initialerlebnis die Sendung Muḥammads mit einer Vision und Audition.[223] Der Befehl des Engels erging an ihn – erst die spätere Tradition wird seinen Namen nennen: Ǧibrīl[224] –: „*Iqraʾ*“ (Rezitiere!) Antwort: „Ich kann nicht rezitieren.“[225] Nach dreimaliger Wiederholung und massiver Bedrängung durch den Engel rezitierte er schließlich 96,1–5. Von besonderem Interesse ist, dass die Vermittlung des göttlichen Wortes nicht in der mündlichen Verkündigung geschah (vgl. „der Engel des Herrn sprach zu …“), sondern dass auch der Engel nur Träger einer bereits schriftlich fixierten Botschaft ist, je nach Überlieferung auf einem Tuch aus Brokat oder Seide. Die im Himmel vorhandene *umm al-kitāb* (Mutter des Buches),[226] an anderer Stelle „ein glorreicher Koran auf einer wohlverwahrten Tafel“ (85,20.21) wird durch den Mittler-Engel aus dem transzendenten Bereich zum Propheten in den immanenten Bereich transportiert, der wiederum genau dieselbe Aufgabe erhält, dieses vorhandene Geschriebene, diese „Mitteilung aus einem himmlischen Schriftstück“[227] an die Menschen seines Volkes zu transportieren, es „herabzulassen“ (*anzala*).

---

siehe: *M. J. Kister*, Al-Taḥannuth. An inquiry into the meaning of a term, in: Studies in Jāhiliyya and Early Islam V, 223–236.

[221] Bei seiner Rückkehr von der Höhle begegnete Muḥammad an der Kaʿba Waraqa b. Nawfal, der – als Christ – dort ebenfalls den *ṭawāf* vollzog (Sīra I/2, S. 69.74).

[222] Sīra I/2, S. 64 f.; Sīra (Rotter), S. 44 f.; das Berufungserlebnis S. 45–47; *Watt / Welch*, Der Islam I, S. 53–60.

[223] *ar-raʾy aṣ-ṣāliḥ* (untrügliche Vision), nach anderer Tradition erfolgte diese erste Offenbarung im Traum (zitiert in *Th. Nöldeke*, GdQ I, S. 79).

[224] Engel der Offenbarung, nur in medinischen Suren mit Namen genannt; der Name stammt aus dem Hebräischen גַּבְרִיאֵל und fand über den palästinisch-christlichen Dialekt Eingang ins Arabische. Eine nur schwach bezeugte Überlieferung von Aḥmad b. Ḥanbal behauptet, während der ersten drei Jahre sei Isrāfīl der Gefährte Muḥammads gewesen und habe ihn in das Prophetenamt eingewiesen (Sīra Ibn Kaṯīr I, S. 281), die Offenbarung des Korans habe danach Ǧibrīl übernommen (*A. J. Wensinck*, Art. Isrāfīl, in: HdI, S. 228; *Ibn Kathīr*, The Life of the Prophet Muḥammad I, S. 281).

[225] Es besteht zumindest die Möglichkeit, den Negativpartikel *mā* in *mā anā bi-qāriʾin* als Pronomen zu lesen „Was soll ich denn rezitieren?“, dagegen ist es keine absolute Verneinung („Ich rezitiere nicht“) im Sinne von „Ich will nicht rezitieren.“ *Qaraʾa* wird im Koran überall als „murmelndes oder leierndes Hersagen heiliger Texte“ gebraucht, die heutige Bedeutung „lesen“ hat sich erst allmählich daraus entwickelt.

[226] Nicht zu verwechseln mit der ersten Sura, der Fātiḥa, die zuweilen auch *umm al-kitāb* genannt wird.

[227] *Th. Nöldeke*, GdQ I, S. 79.

W. Montgomery Watt[228] verweist auf das Aufkommen der Doktrin von Muḥammads Analphabetentum erst als Reaktion auf den frühen christlichen Vorwurf, der Prophet der Araber sei nur angeblich originär gewesen, vielmehr habe er weite Passagen aus der Bibel abgeschrieben. Diesem Vorwurf sollte mit dem Argument des Analphabetismus Muḥammads der Boden entzogen werden. Dies stützt sich auf 7,156 f. vom *nabī ummī*,[229] was heute „des Lesens unkundig" bedeutet. Diese heute unter Muslimen überwiegend vertretene Bedeutung[230] – in westlichen Augen dagegen eine disqualifizierende Schwäche – garantierte jedoch in ihrer Wirkungsgeschichte die wortwörtliche Wiedergabe der göttlichen Offenbarung, ohne jegliches menschliche Zutun. Damit sollte die Lückenlosigkeit und wortwörtliche Kontinuität vom himmlischen *kitāb* zum irdischen *kitāb* garantiert werden. Ein Analphabetentum des Übermittlers, das jeden eigenmächtigen Eingriff an der himmlischen Ur-Kunde von vornherein zur Unmöglichkeit macht, kann da nur förderlich und erwünscht sein, ja: „The silence of the Prophet in the receipt of God's word, his non-participation in it, is essential to its universality."[231] Die Frage ist auch, ob Muḥammad selbst zu Lebzeiten auch bewusst als des Lesens und Schreibens nicht Kundiger gelten wollte – zur Stützung seiner reinen Mittlerfunktion und Ausschaltung alles Eigenen, als bloßes Sprachrohr und Werkzeug des Redens Gottes, denn „the more a thing is God's the less it is man's."[232]

---

[228] *W. Montgomery Watt*, Kurze Geschichte des Islam, S. 12.

[229] Im Bemühen, das Analphabetentum philologisch zu stützen, wird von Ibn Kaṯīr, al-Qurṭubī und anderen *ummī* von *umm* (Mutter) abgeleitet: d. h. ein Mensch, der die Charaktereigenschaften seiner Mutter besitzt, wobei überwiegend den Frauen Analphabetentum zugeschrieben wurde (*Khalil ʿAthamina*, Al-Nabiyy al-Umiyy, An Inquiry into the Meaning of a Qur'anic Verse, in: *Der Islam* 69, 1992, S. 67). Von mehreren Frauen Muḥammads ist überliefert, dass sie schreiben konnten (Ibn Saʿd, al-Wāqidī, Balāḏūrī, al-ʿAsqalānī). Vgl. auch: *Gregor Schoeler*, Schreiben und Veröffentlichen, S. 1–43.

Unter den westlichen Orientalisten schließen sich nur wenige der klassischen islamischen Bedeutung vom *ummī* an: *Julius Wellhausen*: „Als gänzlich illiterater Araber hatte er einen heiligen Respekt vor aller Überlieferung der Schriftvölker, er war hinter allen Fetzen her, mit denen er seine Lücken stopfen, seine Blöße bekleiden konnte." (Reste arabischen Heidentums, S. 235) und *Frants Buhl* (Das Leben Muhammads, Heidelberg 1961). *Hans Zirker* (Der Koran, S. 97–99) setzt die angstvolle Abwehr Muḥammads bei seiner Berufung in den Kontext alttestamentlicher Propheten mit ihrer Furcht vor dem Eindringen des Heiligen in ihre irdische Existenz (Ex 3,11; 4,10; Jes 40,6). *Wensinck*: „Ich habe nichts zum Rezitieren", womit die Klage Muhammads über einen fehlenden religiösen Rezitationstext gemeint sei (Art. ṣalāt, in: HdI, S. 636). Siehe auch: *Kh. ʿAthamina*, Al-Nabiyy al-Umiyy, S. 61–80.

[230] So sogar *M. W. Hofmann* (Der Islam im 3. Jahrtausend, S. 155) – Im allgemeinen unterstützen v. a. Sunniten die These vom Analphabetentum Muḥammads, während Schiiten eher dazu tendieren, dass es eines Propheten unwürdig sei, das Schreiben nicht zu beherrschen. Auch Stellen, v. a. bei Ibn Saʿd, an denen von *kataba kitāban* des Propheten die Rede ist, sind nicht eindeutig, da *kataba* sowohl das eigenhändige Schreiben als auch das Schreibenlassen durch andere, also das Diktieren, bedeuten kann.

[231] *J. Qureshi*, zit. in: Kate Zebiri, Muslims and Christians Face to Face, Oxford 2000, S. 221.

[232] *K. Cragg*, The event of the Qur'ān, S. 22.

Man sollte über die müßige und nur angeblich historische Frage hinausgehen, ob der Prophet einer Weltreligion imstande war zu schreiben, denn diese Aussage über Muḥammad ist weniger eine ihn qualifizierende oder disqualifzierende Tatsache als vielmehr eine dogmatische Aussage über das islamische Offenbarungsverständnis. *Rudi Paret* übersetzt *nabī ummī* mit „der heidnische Prophet" im Sinne von „nichtjüdisch", herkommend vom Stamm *a-m-m* mit der Form *umam*, was dem Hebräischen גּוֹיִם (*goyim*) entspricht und zur Zeit der Verkündigung Muhammads wohl gemeint war.[233] Für *Nöldeke*[234] ist *ummī* einer, der nicht zu den *ahl al-kitāb* gehört und folglich nicht mit den alten heiligen Büchern vertraut ist. *Van Ess*[235] weist nach, dass *ummī* zumindest während der ersten hundert Jahre nach Muḥammads Tod nicht die Lesefähigkeit an sich meinte, sondern die Bezeichnung für Menschen war, denen bisher kein göttliches Buch zuteil wurde. Ihm folgt *Zirker*, der *ummī* auf das Lesen und öffentliche Rezitieren heiliger Schriften bezieht, im Sinne von „schriftunkundig in den Schriften von Juden und Christen".[236] Auch aus der Sīra ergibt sich die Definition der *ummiyīn* als „diejenigen, die kein [Offenbarungs-]Buch haben".[237]

Ebenso mag die Absage an ein Dichtertum (69,41 f.) verwundern, angesichts des ungemein starken sprachlichen Eindrucks v. a. der frühen Koransuren mit ihrer poetischen Sprachkraft. Doch es ist nicht die Ablehnung poetischer Ausdrucksweise, sondern die Ablehnung des Berufsmäßigen, Erlernten der Poeten. „Like Amos, he repudiated the habitual, the mercenary, the induced ‚prophesying', the more earnestly to safeguard and affirm the distinctive vocation and the real task."[238] Muḥammad distanzierte sich von „Schrift"-Gelehrten jeglicher Couleur, und die Quelle seiner Verkündigung sollten nicht bereits vorhandene Schriften sein, sondern Inspiration.

> The flow of language (…) drew its power from waḥy not from documents. He was 'unlettered' in the sense of 'untutored', rather than 'illiterate'. The Qur'ān was not from the world of learning but from the world of Mount Ḥirā' and 'the shadow of the wing of Gabriel.'[239]

Das angebliche Analphabetentum Muḥammads gilt bis heute als eines der Wunder des Korans, zur Untermauerung der Lehre von seiner Einzigartigkeit und Unvergleichbarkeit; selbst die etablierten islamischen Verbände in Deutschland vertreten diese Theorie.

---

[233] *R. Paret*, Kommentar, S. 21 f.

[234] *Th. Nöldeke*, GdQ I, S. 11–17. Er weist darauf hin, dass in Muḥammads nächster Umgebung mindestens 50 schreibkundige Personen namentlich bekannt sind und er als erfolgreicher Händler zumindest über Anfangskenntnisse verfügen musste.

[235] *J. van Ess*, Theologie und Gesellschaft I, S. 31.

[236] *H. Zirker*, Der Koran, S. 97–99.

[237] Sīra II/3, S. 119.

[238] *K. Cragg*, The event of the Qur'ān, S. 42.

[239] A. a. O., S. 58.

Zwar werden die Methoden der Offenbarungsübermittlung im Laufe des Lebens Muḥammads variieren,[240] doch das Prinzip ist hier vorgegeben: die absolut identische Weitergabe des unveränderlich existierenden Gotteswortes. Ausgehend von 97,1 entwickelte sich die Tradition, Gott habe in der Nacht der Bestimmung den gesamten Koran in den untersten Himmel hinabbringen lassen, von dem aus der Mittlerengel dem Propheten bei der passenden Gelegenheit die einzelnen Stücke mitteilte. Dies widerspricht nicht dem Grundsatz des *tanzīl* (Herablassung), und es erinnert an Ex 31,18; 32,15.16, die Vergabe der Gesetzestafeln an Mose.

Zugleich deuten jedoch die Bezeichnung der Offenbarung als *qur'ān*[241] (Lektionar, bzw. das Rezitierte, zu Rezitierende) und *kitāb*[242] (Schrift, Buch), die bereits in den frühesten Texten zu finden sind und keineswegs nur Bezeichnungen für den erst nach Muḥammads Tod kompilierten Koran sind, darauf hin, dass von Anfang an ein enger Zusammenhang mit Verschriftung bestand und diese vermutlich auch in der Intention Muḥammads lag.[243] Nach der Sīra hatten viele der Zeitgenossen Muḥammads niedergeschriebene Teile der koranischen Verkündigung, bewahrten sie zu Hause auf und memorierten sie. So lag es Muḥammad zu Beginn der Offenbarung im polytheistischen mekkanischen Kontext der Dichter und Wahrsager daran, die völlige Unabhängigkeit von dieser heidnischen Schrifttradition zu betonen im Sinne des ganz anderen und Neuen, später jedoch suchte er die Anknüpfung an vorige Schriften, um sich selbst in deren *succesio prophetica* zu legitimieren und seine Botschaft zu qualifizieren. Während er das heidnische Schrift- und Dichtertum ablehnte, suchte er ab der 2. mekkanischen Periode geradezu die Nähe zu den vorigen monotheistischen Schriften und stellt sich auf die Seite dieser Schrift-Besitzer. Dies wird deutlich an der Verwendung des noch sehr vagen und inhaltlich nicht gefüllten Begriffs der *ṣuḥuf Ibrāhīm wa-Mūsā* (Blätter Ibrāhīms und Moses) in der 1. mekkanischen Periode, während in der 2. mekkanischen Periode geradezu eine Flut biblischer Erzählungen einsetzt, obwohl es in Mekka vermutlich kaum oder gar keine Juden gab. Auch erst in jener Zeit entstand der Gedanke des „prophet of the Scriptu-

---

240 Zu den Methoden der Offenbarung siehe *al-Buḫārī*, kitāb al-waḥī (Buch der Offenbarung), Nr. 2–4; *Th. Khoury*, Kommentar XI, S. 488–490; die Entwicklung geht schwerpunktmäßig von der Vision zur Audition.

241 *qur'ān* als aramäisches Lehnwort des christlichen terminus technicus *qeryāna* (Lektionar) (*G. Schoeler*, Schreiben und Veröffentlichen, S. 20, weist bereits für das Syrische auf die Doppelbedeutung „lesen, vorlesen“ und „was gelesen wird, vorgelesene Stelle, Lektionar“), in der arabischen Philologie hergeleitet vom Infinitiv von *qara'a* (rezitieren). Dass diese arabische Herleitung eine Verlesung der aramäischen Form ist, die auch Muḥammad noch benutzte, weist *Chr. Luxenberg* nach (Die syro-aramäische Lesart des Koran, S. 54–60).

242 Zu *kitāb* im Sinne von „Verzeichnis der guten und schlechten Taten“ siehe 17,13.14; 69,19: Bei der Auferstehung zum Gericht wird jedem eine Rolle mit seinen Taten gegeben, denen, die ins Paradies eingehen werden, in die rechte Hand, den Kandidaten der Hölle in die linke.

243 29,48 ist möglicherweise Hinweis darauf.

reless – an Arab, for Arabs, in Arabic",[244] dem zufolge jedem Volk zu seiner Zeit ein Prophet in seiner eigenen Sprache gesandt wurde und nun wieder neu wird.

Interessant ist in diesem Zusammenhang, dass unter den im Koran erwähnten biblischen Propheten eben nicht die großen Schriftpropheten sind. Mit Sicherheit kann davon ausgegangen werden, dass Muḥammad nie selbst die Bibel oder Teile davon in Arabisch gelesen hat; wenn in 25,5 von „Fabeln der Früheren"[245] die Rede ist, „die er sich aufgeschrieben hat"[246] (oder: „hat aufschreiben lassen"[247]) und die ihm morgens und abends diktiert, bzw. vorgelesen werden, so kann keine Aussage über deren Inhalt gemacht werden. Im Kontext einer Sura vom Ende der 2. mekkanischen Periode, in der die Auseinandersetzungen ständig zunahmen, ist dies die Aussage der Gegner Muḥammads, die die Eigenständigkeit seiner Offenbarungen in Zweifel ziehen.

Aufs heftigste erschüttert vom Erlebnis der Offenbarung als Vision und Audition, die mit dem Erscheinen des Engels am ganzen Horizont endet, floh Muḥammad zu seiner Ehefrau Ḫadīǧa. Sie spendete ihm Trost und gab ihm Bestätigung. Muḥammad war sich seiner Sache noch keineswegs sicher, vielmehr hatte er in dieser Zeit „gewaltige Seelenkämpfe, (...) die ihn fast bis zum Selbstmord trieben."[248]

Über die Chronologie der Ereignisse vor der Auswanderung 622 n. Chr., dem Jahr 0 der *hiǧra*, ist wenig Gesichertes bekannt. Sogar die Dauer der mekkanischen Zeit variiert zwischen 8 und 15 Jahren, wobei meist 13 Jahre, also die Zeit zwischen 610 und 622 n. Chr. angenommen werden.[249] Ibn Isḥāq als Biograph gibt für die mekkanische Zeit fast gar keine chronologischen Daten an, so dass Nöldeke „aus Mangel eines geschichtlichen Leitfadens die chronologische Reihenfolge von vornherein aufgeben" will. Er ordnet sodann nach den offenkundig frühesten Suren die restlichen Suren dieser Epoche überwiegend thematisch.[250] Es wird hier deshalb weniger um genaue und historisch gesicherte Jahreszahlen gehen, als vielmehr um die inneren und äußeren Vorgänge und Entwicklungen jener Zeit.

---

[244] *K. Cragg*, The event of the Qur'ān, S. 59.

[245] Es soll sich um persische Fabeln von Rustum und Asfandiar gehandelt haben, die unter den Quraiš kursierten. (Sīra II, S. 203)

[246] So in den Übersetzungen von *Paret* und *Khoury*.

[247] So die Übersetzung der Ahmadiyya.

[248] *Th. Nöldeke*, GdQ I, S. 84; *Watt / Welch* I, S. 59.

[249] Belege bei *Nöldeke*, GdQ I, S. 66 ff. Dagegen ist die Annahme von 10 Jahren Wirksamkeit in Mekka erkennbar ein Versuch, für die 10 Jahre von Medina eine genaue zeitliche Analogie in Mekka zu finden.

[250] Die Themen: Bekämpfung eines mehr oder weniger klar definierten Gegners, Schilderung der Naturkatastrophen, die das Einbrechen des Jüngsten Gerichts begleiten, Freuden des Himmels und Schrecken der Hölle sowie kleinere Suren, die als Glaubens- und Beschwörungsformeln dienen.

Der Topos[251] des jahrelangen Kämpfens mit Niederlagen, Isolation, Anfeindung bis zur Verfolgung taucht denn auch in muslimischen Prophetenbiografien häufig auf[252] und prägt in der Literatur des Minderheitenislam oft die Grundstimmung eines latenten Bedrohtseins von Seiten der Mehrheitsgesellschaft.

Das alles überragende Thema Muḥammads in der mekkanischen Zeit ist der leidenschaftliche Aufruf zur Bekehrung der Menschen zu dem einen, wahren Gott, was sowohl die Abwehr aller anderen Götter beinhaltet als auch das Aufrütteln seiner Landsleute aus religiöser Gleichgültigkeit und sozialer Ungerechtigkeit.[253] Dies entfaltet er in drei thematischen Kreisen: dem Herr-Sein Gottes, Eschatologie (Auferstehung, Jüngstes Gericht) und der Nichtigkeit des Polytheismus.[254] Die Mittel der Predigt sind nicht so sehr die logische Beweisführung, sondern die Rhetorik: der flammende Appell als Ruf zu Gott, die Verantwortlichkeit des Menschen für sein Tun, für das er am Tag des Gerichts zur Rechenschaft gezogen werden wird. Diese wirkte auf die Mekkaner durchaus polemisch und provozierend; angeblich wollte ʿUmar Muḥammad wegen seiner aufrührerischen Schmähreden gar töten.[255] Die Gewalt der Begeisterung jener ersten Jahre der Visionen drückte sich in der sprachlichen Wucht seiner Rede aus: Der redende Mensch tritt völlig zurück, die Rede ist voll gewaltiger Bilder mit poetischer Färbung, in kurzen Versen, häufig elliptisch verkürzten Aussagen, oft atemlos. Durchweg werden die Offenbarungen in die Form des *saǧʿ*, kurzer Sprüche mit durchgehend gleichem Endreim, gekleidet. Hervorstechendes Merkmal sind die von den altarabischen Sehern, Wahrsagern, Orakelausrufern (*kāhin*) übernommenen, meist rätselhaften Schwurformeln (30 mal in der mekkanischen Periode), in denen die verschiedensten Naturobjekte zu Zeugen angerufen werden.[256] Die überbordende Rede, die packenden eindringlichen Bilder brachte ihm den Vorwurf eines Wahnsinnigen (*maǧnūn*), eines mit den Ǧinnen verbündeten Wahrsagers und Lügners ein.

---

[251] Verfolgung als identitätsprägender Topos findet sich auch im Judentum und Christentum. Die Kopten beginnen ihre Zeitrechnung mit dem Jahr 284, dem Jahr des Amtsantritts ihres schlimmsten Verfolgers, Kaiser Diokletian, und zählen bis heute nach dem „Jahr der Märtyrer".

[252] Im Gegensatz dazu spricht *Hans Küng* von „recht simplen Erfolgsstories" in muslimischen Kurzbiografien. Allein die Anfeindung bereits als Kriterium eines „echten Prophetenschicksals" zu deklarieren (Der Islam, S. 134), scheint doch etwas kurz gegriffen.

[253] Die gesellschaftsrelevanten Aspekte der Predigt Muḥammads haben zwar hohen Stellenwert, sind jedoch nie Selbstzweck, sondern stets der Botschaft vom Schöpfer- und Richtergott zu- und untergeordnet. Die These vom „Sozialreformer" und „Sozialist" ist einseitig (wie etwa bei: *H. Grimme*, Mohammed I, Münster 1892).

[254] *al-Ǧābri*, Fahm al-Qurʾān al-karīm, Bd. I, S. 37.

[255] Sīra I/2, S. 188.

[256] Sonne, Mond (Sura 54), Stern (53), Landschaften (52: Berg, Meer), Tiere, Tag und Nacht, Licht und Finsternis. Schwierigkeiten bereiten bis heute die Schwüre bei femininen Gegenständen, deren Bedeutung nach wie vor unklar ist (Sura 37,1.2; 51,1–4; 77,1–6; 79,1–5; 100,1–5). Schwüre bei Gott tauchen erst später auf, in allen möglichen Variationen: „bei Gott"; „bei dem, in dessen Hand die Seele Muḥammads ist"; „bei dem, der dich mit der Wahrheit gesandt hat".

In jene Anfangszeit, nach der oder den ersten Visionen und Auditionen, fällt die sog. *fatrat al-waḥy* (Unterbrechung bei den Offenbarungen), die bezeugt ist, über die es aber unterschiedliche zeitliche und inhaltliche Vorstellungen gibt. Nach den arabischen Quellen[257] dauerte sie „einige Zeit", manche nehmen eine Zeitspanne von bis zu drei Jahren an, wohl hauptsächlich, um damit chronologische Differenzen auszugleichen. Sie war für Muḥammad eine große Anfechtung[258] und für seine Umgebung Anlass zu Spott, wurde dann aber mit der Offenbarung von Sura 74 („Steh auf und warne!" 74,2), nach anderer Tradition Sura 93, aufgehoben, woraufhin er mit der Verkündigung an die Vertrauten innerhalb seiner Sippe, zunächst noch „im geheimen", begann.[259]

Die erste Erwähnung Ibrāhīms in Sura 87,9–19 *al-aʿlā* (Der Allerhöchste), einem Hymnus, steht ganz innerhalb dieses Rufs zu dem Schöpfer (V. 1–5), der seinen Propheten beauftragt (V. 6–9) mit der Ermahnung (V. 9) zur Gottesfurcht und Läuterung; doch selbst die Androhung des Höllenfeuers (V. 11 f.) hält die Zuhörer nicht davon ab, dem Diesseits den Vorrang zu geben (V. 16 f.). Diese Botschaft, untrennbar verbunden mit der enttäuschenden Reaktion der Zuhörer soll Inhalt der *ṣuḥuf Ibrāhīm wa-Mūsā* (Blättern Ibrāhīms und Mose) sein, der nicht näher gekennzeichneten himmlischen Schriftstücke. Noch bevor die Person Ibrāhīms eingeführt oder vorgestellt wird, finden also die ihm anvertrauten Schriften Erwähnung, autorisieren als biblische Vorgängerschriften die Verkündigung Muḥammads und bestätigen das bereits über die Funktion der Prophetengestalten Gesagte: der Prophet steht sekundär hinter der immer gleichbleibenden zu vermittelnden Botschaft.

Die selbe Thematik der *ṣuḥuf Ibrāhīm wa-Mūsā* findet sich in Sura 53,33–38 *an-naǧm* (Der Stern), einer der berühmtesten Suren, in der von zwei Gottesvisionen Muḥammads die Rede ist und die die Muslime schon immer beschäftigte, da zwischen Vers 20 und 21 die sog. „satanischen Verse"[260] interpoliert gewesen sein sollen. Diese Sura ist eindeutig an die Polytheisten, die Verehrer der weiblichen Gottheiten al-Lāt,[261] al-ʿUzzā und Manāt, gerichtet, welchen die völlige Bedeutungslosigkeit dieser Götzen („nur Namen") vor Augen geführt wird. In einem kurz darauf als satanische Einflüsterung erkannten und zurückgenommenen Vers habe Muḥammad offensichtlich vorübergehend die Verehrung dieser Göttinnen gestattet. Der Beginn der Ibrāhīm-Erwähnungen greift auf die Kontinuität der Propheten-Warner-Tradition zurück. In Widerlegung der Vorwürfe, *maǧnūn* (wahnsinnig) zu sein, bringt Muḥammad die Schriften

[257] Ibn Saʿd, zit. in *Th. Nöldeke*, GdQ I, S. 85.

[258] In 17,86 (2. mekk.) droht Gott Muḥammad gar mit der Wegnahme der Offenbarung.

[259] Sīra I/2, S. 77 f.; Sīra Rotter, S. 49.

[260] Dazu: *John Burton*, Those are the high-flying cranes, in: *JSS* 15,2; *Nicolai Sinai* hält sie für unhistorisch, nur für eine legendarische Ausgestaltung von 22,52 (Muhammad und die „Satanischen Verse", in: *Welt und Umwelt der Bibel* 1/2012, S. 44 f.).

[261] Zu al-Lāt siehe *Susanne Krone*, Die altarabische Gottheit al-Lāt, Frankfurt am Main 1992.

der früheren Propheten ins Spiel, in deren Kontinuität er sich sieht. Noch gibt es keine inhaltliche Füllung der Begriffe, ist noch nicht von einem Buch – als Hinweis auf eine etablierte Buchreligion – die Rede, sondern von einer noch undefinierten Art von Verschriftung. Deren Autorisierung und Geltungsanspruch wird hier zum Ausdruck gebracht: Sie geht auf göttliche Eingebung zurück und stimmt zudem mit den Vorgängerschriften überein. Auch der Inhalt dieser *ṣuḥuf* korreliert mit der Terminologie: Am Anfang steht vorerst nur der Warnruf zur Buße, zur Rückkehr zu Gott. Die Konturen eines religiösen Systems mit einer eigenständigen Theologie entwickeln sich erst nach und nach in der Begegnung und Auseinandersetzung mit den Rezipienten, in Anrede und Frage, die zunehmend der systematischeren Klärung bedürfen.

Zu Muḥammads schwieriger gesellschaftlicher Situation als Waise und der religiösen Ablehnung kommt eine ganz persönliche familiäre Not hinzu: Seine Frau Ḫadīǧa, 15 Jahre älter als er, zu der er, solange sie lebte, keine andere Frau hinzunahm, bekam zwar noch sieben Kinder von ihm, aber seine Söhne al-Qāsim – von dem seine *kunya* Abū l-Qāsim stammt[262] –, aṭ-Ṭayib und aṭ-Ṭāhir starben noch im Kindesalter, „im Heidentum".[263] Nicht nur im Judentum, auch in der altarabischen und später in der islamischen Gesellschaft, galten Söhne als sichtbares Zeichen göttlichen Segens.[264] Fehlende oder verstorbene Söhne provozierten also unweigerlich die kritische Anfrage der Quraiš an ihn als Prophet: Was ist das für ein Gesandter, den Gott mit dem Tod seiner Söhne straft? Dass ihm dieser offenkundige Mangel zu schaffen machte und für Spott in seiner Umgebung sorgte, geht aus dem Offenbarungsanlass für Sura 108 hervor, in dem ihn ein Gegner („der dich hasst", V. 3) als „schwanzlosen Mann", d. h. als Mann ohne Söhne, beschimpfte.[265] In diese Situation spricht Sura 51,24–30 *aḏ-ḏāriyāt* (Die

[262] Der Sīra zufolge war Muḥammad unter seinen Zeitgenossen unter diesem Namen bekannt (*A. Guillaume*, The Life of Muhammad, S. 83), daher fragen manche, ob der Name „Muḥammad" wegen seiner Bedeutung „der Gepriesene, der Gelobte" nicht lediglich ein Ehrentitel war, der ihm eventuell erst später aufgrund seines Status zugeschrieben wurde (*Chase F. Robinson*, The Rise of Islam, 600–705, in: *The New Cambridge History of Islam*, Bd. 1, Cambridge 2010, S. 223)

[263] *fa-halakū fi-l-ǧāhilīyya* (sie gingen in der Zeit der Unwissenheit zugrunde) (*Sīra* I/2, S. 10). Für die Tradition war die Vorstellung unerträglich, dass Muḥammads Söhne Heiden gewesen sein sollten. So entstand ein Hadith, das auf Ḫadīǧa (!) zurückgeführt wird: „Ich sagte: ‚O Gesandter Gottes, wo sind meine Kinder von dir?' Er sagte: ‚Im Paradies.' Ich sagte: ‚Ohne Werke?' Er sagte: ‚Gott weiß am besten, was ihre Werke waren.' Ich sagte: ‚Und wo sind meine Kinder, die ich vor (der Ehe mit) dir geboren habe?' Er sagte: ‚Im Feuer.' Ich sagte: ‚Ohne Werke?' Er sagte: ‚Gott weiß gewiss, was ihre Werke waren.'" (Muʿǧam aṭ-Ṭabarānī al-kabīr, in: www.al-muhaddith.org, Version 1.01) – Nach *Ibn Rassoul*, Lexikon der Sīra, S. 273, hatte Muḥammad nur zwei Söhne; aṭ-Ṭaiyib und aṭ-Ṭāhir seien keine selbständigen Eigennamen, sondern die Beinamen des Sohnes ʿAbd Allāh gewesen.

[264] Vgl. dazu aus der 1. mekkan. Periode: „Wir haben dir die Fülle gegeben" (108,1), verbunden mit dem Fluch über den Gegner: „Er soll ohne Anhang sein" (108,3).

[265] Im Gegenzug verfluchte Muḥammad ihn: „O Gott, lass ihn erblinden und töte seine Kinder!" (Sīra I/2, S. 256)

Aufwirbelnden): Sara, der „unfruchtbaren alten Frau“ wird ein „kluger Knabe“ verheißen. Ṣubḥī aṣ-Ṣāliḥ zieht die Linie zur Situation Muḥammads: „Vor allem aber wollen die Geschichten der Propheten das Herz Muḥammads festigen, wie die Ankündigung an Ibrāhīm, dass er im hohen Alter ein kluges Kind bekommen wird.“[266] Später, in Medina, wird auch der zu diesem Zeitpunkt einzige Sohn Muḥammads, Ibrāhīm – von der Koptin Maryam –, sterben,[267] so dass Muḥammad ohne männliche Nachkommen sein wird. Die Namengebung dieses Sohnes ruft nicht nur die Sohnesverheißungen ins Gedächtnis. In ihm wird bzw. soll auch eine Umkehrung stattfinden: Muḥammad, der Ibrāhīm seinen Vater nennt, will im Sohn der Koptin nun Vater Ibrāhīms werden.

Die folgenden Verse 31–37 sind eine knappe Ankündigung der Strafe für „Leute, die Übeltäter sind“ als „Zeichen“, noch ohne Nennung des Namens Lūṭ oder der Stadt und ohne Fürbitte Ibrāhīms, als eine frühe Straflegende. Da Muḥammads Gerichtspredigt ohne Erfolg blieb, übernimmt er aus den biblischen Prophetenerzählungen das Erklärungsmuster der Verstockung seiner Gegner. Ihnen führt er die abschreckenden Beispiele bereits erfolgter Strafgerichte Gottes anhand verschiedener altarabischer Völker und der jüdischen Tradition vor.

2.2.3.3 2. mekkanische Periode 616–619: Kampf gegen Polytheisten und Entdeckung der Propheten

In der Übergangsphase von der 1. zur 3. Periode, „zur größern Ruhe der späteren mehr prosaischen Suren“,[268] wich der mitreißende Schwung der frühen Verkündigung in der Konfrontation mit der eher ernüchternden Realität unweigerlich den enttäuschenden Erfahrungen, der offenkundigen Vergeblichkeit dieser Verkündigung bei der großen Masse der Mekkaner, v. a. der einflussreichen Persönlichkeiten. Auch die Verantwortung für die ersten Anhänger war zweifellos eine große Belastung. Zwar entstammten, entgegen den üblichen Vorurteilen, offenbar recht viele Anhänger einer Bevölkerungsschicht, die man als Mittelklasse bezeichnen könnte,[269] aber die Sklaven, Freigelassenen und Leute der niedrigsten Klasse, die kaum für sich selbst sorgen konnten, sahen ihn als ihren neuen *walī* an. Diese brachten die neue Bewegung in Verruf, indem sie Anlass zu herablassendem Spott und Vorwürfen gaben, was sich im Koran widerspiegelt:

---

[266] *Ṣubḥī aṣ-Ṣāliḥ*, Mabāḥiṯ fī ʿulūm al-Qurʾān, S. 204.

[267] Seine vier Töchter nahmen den Islam an und wanderten mit ihm nach Medina aus. Überlebende leibliche Nachkommen hatte Muḥammad nur über seine Tochter Fāṭima, geboren zwischen 605 und 610, die er mit seinem Neffen ʿAlī verheiratet hatte. Sie starb kurz nach Muḥammad, hinterließ aber ihre beiden Söhne Ḥasan und Ḥussein. Als Tochter Muḥammads und Stammmutter der Schiiten wird sie in der Volksfrömmigkeit verehrt.

[268] *Th. Nöldeke*, GdQ I, S. 118.

[269] *Watt/Welch*, Der Islam I, 79 f.

11,27 Die Vornehmen aus seinem Volk, die ungläubig waren, sagten:
„Wir sehen, dass nur die dir folgen, die unsre Niedrigsten sind,
und zwar ohne reifliche Überlegung."

Teilweise benahmen diese neuen Gläubigen sich auch nicht sonderlich respektvoll; so ist von Bilāl, der in Medina der erste Gebetsrufer werden sollte, überliefert, dass er nach seiner Annahme des Islam die Götzenbilder mit Kot beworfen habe.[270] Das mußte die junge Bewegung in Verruf bringen. Umso höher ist es zu werten, dass sich schließlich auch die Elite, wie Abū Bakr und ʿUmar, Muḥammad anschlossen – das spricht für seine Überzeugungskraft.

Nach der 1. mekkanischen Periode mit ihren zahlreichen altarabischen Anklängen kreisen jetzt die Suren um eine im Zentrum stehende biblische Erzählung, die „Lesung". Nun stehen biblische Erinnerungen in der Mitte der Suren und zugleich des „Gottesdienstes" und werden damit zum Gegengewicht der altarabischen Riten. An die Stelle der arabischen Volkstradition treten biblische Erzählungen, anstelle der Kaʿba der Tempel von Jerusalem.[271]

In ihrem Bestreben, sich an diese biblische Prophetengeschichte und damit das Gottesvolk der Israeliten anzubinden, entwickelt die Hörergemeinde zunehmend das Bewusstsein, selbst zu den Erwählten zu gehören. Sie deutet biblische Geschichte, vor allem das Buch Exodus, typologisch und versteht daher ihre eigene Gegenwart nicht nur als Fortsetzung der Geschichte der von Mose geführten Israeliten, sondern als deren Neuinszenierung.[272]

In diesen Jahren sind die Suren chronologisch etwas zuverlässiger einzuordnen als in der 1. mekkanischen Periode. Gleich in den Beginn der 2. Periode fällt Sura 37 *aṣ-ṣāffāt* (Die sich reihen), die dem Unglauben der polytheistischen Mekkaner die Botschaft von der persönlichen Verantwortung in Auferstehung und Gericht entgegensetzt. Das sehr frühe Gedankengut zeigt sich in den Versen 149–166 über die weiblichen Gottheiten der polytheistischen Mekkaner, womit Sura 53 aufgenommen wird. Der Wunsch der Mekkaner nach einer „Ermahnung gleich der der Früheren" (V. 167 f.) erinnert an die *ṣuḥuf* der 1. Periode, die auf eben jene Schriften der Vorgängerreligionen Bezug nehmen. Der Ruf zum Glauben, Lohn des Propheten und Strafe über die Zeitgenossen, die in Unglauben verharrten, wird exemplarisch an sieben alttestamentlichen Propheten gezeigt. Es fällt auf, dass in dieser Zeit schwerpunktmäßig biblische Prophetengeschichten in die Diskussion mit den *mušrikīn* eingeführt werden,[273] wie hier

---

[270] Bei *al-Wāḥidī*, Auslegung zu 92,4; zit. bei *Th. Nöldeke*, GdQ I, S. 83. Vermutlich war Bilāl Christ gewesen.

[271] *A. Neuwirth*, Ist der Koran vom Himmel gefallen?, S. 15.

[272] *A. Neuwirth*, Der Koran. Bd. II: Mittelmekkanische Suren, Ein neues Gottesvolk. Handkommentar mit Übersetzung (Klappentext, noch nicht erschienen)

[273] Dagegen behauptet *J. Kaltner*, jedoch ohne jegliche Belege, die meisten biblischen Bezüge seien in der medinischen Zeit zu lokalisieren (Ishmael instructs Isaac, S. 14). Zudem hält er in Bezug auf die Prophetengeschichten eine chronologische Einordnung für irrelevant.

in Sura 37 in einem sorgfältig durchkomponierten Prophetenzyklus, jeweils abgeschlossen mit einem Kehrvers. In den Versen 83–113 wird dann erstmalig die Auseinandersetzung mit den Polytheisten im Paradigma Ibrāhīms angesprochen: Ibrāhīm eifert gegen die Götzen seines Volkes, die er größtenteils zerstört (in der in der Chronologie darauf folgenden Sura 71 wird es Nūḥ sein, der gegen die Götzen eifert). Nur sehr knapp und streiflichtartig wird Bezug genommen auf die Verfolgung durch die Götzendiener, die darauf folgende Rettung durch Gott aus dem Feuer, die Auswanderung Ibrāhīms, Verkündigung eines namentlich nicht genannten Sohnes, dessen Bindung und Rettung sowie die Verkündigung des Prophetenamtes Isḥāqs nach der Bindung.

Die der Offenbarung von Sura 26 *aš-šuʿarāʾ* (Die Dichter) vorausgehende Sura 20 soll die Bekehrung ʿUmars, der in den Jahren 634–644 n. Chr. das Amt des zweiten Kalifen bekleidete, veranlasst haben. Dieses Ereignis habe im Jahre 6 der Berufung Muḥammads stattgefunden, also 616 n. Chr. Seine Konversion, die nach erbitterter Feindschaft erfolgte, ermutigte auch die Anhängerschaft Muḥammads zu größerer Kühnheit und zu öffentlicher Ausübung ihres Gottesdienstes. Eng befreundet mit Muḥammad, wird ihm ʿUmar in Medina später seine Tochter Ḥafṣa zur Frau geben. In den Versen 69–104 spiegelt sich immer noch die Auseinandersetzung mit der eigenen heidnischen Sippe wider: der Vorwurf an Vater und Volk, der Aufruf, den lebendigen Gott anstelle der Götzen zu verehren und schließlich ein Gebet Ibrāhīms, u. a. mit der Fürbitte für seinen Vater, sowie eine Gerichtspredigt.

In V. 214 wird Muḥammad explizit zur Predigt an seine „nächsten Sippenmitglieder" aufgefordert. Im Gegensatz zu seiner Frau Ḫadīǧa waren die Onkel Muḥammads nicht gewillt, der neuen Lehre zu folgen. An Abū Lahab, einen angesehenen Halbbruder von Muḥammads Vater, ist die sehr frühe Sura 111 gerichtet: ein Verwünschungs- und Verfluchungsspruch, der an Heftigkeit seinesgleichen sucht. Er starb zwei Jahre vor der *hiǧra* als Heide. Muḥammads Onkel ʿAbbās, Vater des als Traditionarier berühmt gewordenen Ibn ʿAbbās, nahm erst nach der Schlacht von Badr den Islam an; und Abū Ṭālib wehrte sich noch auf dem Totenbett gegen den Bekehrungseifer seines Neffen.

Eindringlich und pessimistisch werden die oft vergeblichen Bemühungen des Propheten geschildert, die Menschen zum Glauben zu bewegen, wobei er bis zum Äußersten ging („Du magst dich noch selbst umbringen, weil sie nicht gläubig sind" V. 3). In Komposition und Aufbau gleicht Sura 26 der früheren Sura 37: Wiederum ein Prophetenzyklus mit den Beispielen einiger alttestamentlicher und altarabischer Propheten, die eindringlich aufgefordert werden, „ihrem Volk" zu predigen: Mūsā (V. 10), Ibrāhīm (V. 70), Nūḥ (V. 105 f.), Hūd (V. 123), Ṣāliḥ (V. 141), Lūṭ (V. 160), Šuʿaib (V. 176). Dass die Propheten nicht in ihrer chronologischen Reihenfolge, sondern eher willkürlich aufgezählt werden, zeigt, wie wenig Muḥammad zu dieser Zeit mit diesen Propheten vertraut war. Die Siebenzahl der Beispiele zeigt die Schematik Predigt – Reaktion des Volkes, sorgfältig durchkomponiert und jeweils mit einem Refrain endend, der im Gegensatz zur früheren Sura 37 streng durchgehalten wird.

In diesen beiden Suren 37 und 26 findet sich sehr deutlich die paradigmatische Funktion der Prophetenreihe für Muḥammad, in Inhalt der Verkündigung wie in der geschilderten Reaktion des jeweiligen „Volkes", das in seiner Gottlosigkeit verharrt und mit einem Strafgericht überzogen wird. Zwar halten einige Kommentatoren aufgrund der Aufforderung, den nächsten Verwandten zu predigen, diese Sura für eine der ältesten. Nöldeke[274] wies aber schon aufgrund stilistischer Merkmale nach, dass dies nicht der Fall sein könne; auch inhaltlich ist das zu belegen: Die Prophetenzyklen als Beispielerzählungen und Deutehilfe sind noch nicht in der 1. mekkanischen Periode zu finden, sondern eine Besonderheit der 2. mekkanischen Periode (37,75–148; 26,10–191.221 ff.; 19,2–58; 21,48–92; Ausnahme: 4,163–165 ist medinisch).

Auch in Sura 15 *al-ḥiǧr* findet sich der selbe Aufbau: Ermahnung an die Polytheisten Mekkas, Verweis auf den Schöpfer, dann eine kurze Prophetenreihe, die den einzigen Zweck hat, verschiedene Strafgerichte über die Ungläubigen aufzulisten (die „Gefährten des Waldes", die Zeitgenossen des altarabischen Propheten Šuʿaib V.78–79; die „Gefährten von al-Ḥiǧr", vermutlich die Ṯamūd, deren Hauptstadt al-Ḥiǧr hieß,[275] V. 80–84). Eingebettet in den Versen 51–77 ist der Besuch der Engel bei Ibrāhīm mit der eher beiläufigen Ankündigung eines Sohnes, während die Prophezeiung des Strafgerichts über Sodom und der darauf folgende Untergang der sündigen Stadt stärkeres Gewicht zu haben scheint. Auch hier erfolgt zwar die Ankündigung durch die Engel, aber noch keine Fürsprache Ibrāhīms. Die Lūṭ-Erzählung folgt demselben Prophetenschema: Erwählung aus seinem Volk, dem er in seiner Sprache die eine Botschaft von dem einen Gott verkündet, Anfeindung des Propheten bis zur Bedrohung mit dem Tod, Rettung des Propheten vor seinem Volk und dessen Untergang als Strafe für ihren Unglauben.

Mit Sura 19 *Maryam* folgt die dritte von vier unmittelbar hintereinander herabgelassenen Suren mit Prophetenzyklen. Nach islamischer Überlieferung wurden die Verse 1–33 der Sura Maryam von den im Jahr 615/16 in der sogenannten 1. *hiǧra* nach Abessinien[276] ausgewanderten Muslimen[277] dem dorti-

---

[274] *Th. Nöldeke*, GdQ I, S. 126.

[275] *J. S. Trimingham*, Christianity among the Arabs in Pre-Islamic Times, S. 14 f.

[276] Mit Abessinien trieben die Quraiš erfolgreich Handel. Muḥammads erste Amme, Umm Ayman, war Abessinierin gewesen, und in Medina wählte er als ersten Gebetsrufer Bilāl b. Rabāḥ al-Ḥabašī (= den Abessinier) aus (*A. Jeffery*, S. 13). Allerdings konvertierten in Abessinien auch einige Muslime zum Christentum, u. a. der Ehemann von Muḥammads späterer Ehefrau Sawda. (*Gh. Osman*, Pre-Islamic Arab Converts to Christianity, S. 78) ; Sīra I/2, S. 164–186; *Watt / Welch*, Der Islam I, S. 81–85.

[277] Es finden sich zwei Listen von Emigranten; auf der längeren sind 83 Männer mit ihren Familien vermerkt, in der Mehrzahl Muslime aus den mächtigeren mekkanischen Clans, die offenbar stärkerem gesellschaftlichen Druck ausgesetzt waren als diejenigen aus den schwächeren

gen christlichen Negus[278] des aksumitischen Königreiches[279] in Gegenwart der quraišitischen Gesandten als religiöse Legitimationsurkunde vorgelesen. Um die Anschuldigungen der Mekkaner zu entkräften, diese Gruppe würde Gotteslästerliches über Christus äußern, legitimierte sich Muḥammad vor dem Negus mit Sura 19 (Maryam), der Geburtsgeschichte ʿĪsās.[280] Die Passage über Yaḥyā (Johannes den Täufer) und die jungfräuliche Geburt ʿĪsās (Jesu),[281] jeweils mit einem Friedensspruch als Kehrvers abgeschlossen, zeigte trotz gewisser Bedenken der Religionsgelehrten eine umwerfende Wirkung: Ihre Verlesung soll den Negus zu Tränen gerührt haben, „bis sein Bart feucht war",[282] und auch seine Bischöfe konnten dem nichts entgegensetzen, erkannten sie doch darin eine Zusammengehörigkeit zwischen der jungen islamischen Gemeinde und den Christen Äthiopiens, einer eigenständigen Kirche mit starken Parallelen zum Judentum, und gewährte daraufhin den in Mekka Verfolgten Zuflucht.[283]

Clans, die durchweg in Mekka verblieben. Die Emigranten wanderten über einen längeren Zeitraum hinweg in kleineren Gruppen aus. Einige kehrten zwischendurch vorübergehend wieder nach Mekka zurück. Eine Anzahl der Abessinien-Auswanderer kehrte vor 622 zurück und machte mit Muḥammad zusammen die *hiǧra* nach Medina mit; die andere Hälfte blieb bis 628 im Exil und zog dann direkt nach Medina.

278 *Wim Raven* (Some early Islamic texts on the Negus of Abyssinia, in: *JSS* XXXIII/2 1988, 197–218) hält die Gestalt des Negus für unhistorisch; er werde in den islamischen Traditionen instrumentalisiert, um an ihm paradigmatisch Muḥammads Umgang mit christlichen Sujets aufzuzeigen.

279 Das Christentum war schon im 4. Jahrhundert nach Abessinien gelangt, die eigentliche Christianisierung ist im 5. Jahrhundert anzusetzen. Zwischen der äthiopischen und ägyptischen Kirche, beide monophysitisch, bestanden enge Beziehungen, obwohl Ägypten Teil des Byzantinischen Reiches war. Eventuell stammt die Vorstellung von Maria als 3. Person der Trinität aus dem äthiopischen Christentum, das Maria als Erbin der Isis verehrte. Vgl. dazu auch die Mariendarstellungen im Stil der den Horusknaben säugenden Isis (*isis lactans*), etwa im Kloster Dair as-Suryān im Wādī Natrūn. Im Nahen Osten wurde stellenweise die Triade „Our Lord, our Lady and the Son of our two Lords" der mesopotamischen Kulte in christlichem Gewand weitergeführt (*J. S. Trimingham*, Christianity among the Arabs, S. 20).

280 Der Negus soll Muḥammad direkt gefragt haben: „Wer ist ʿĪsā?" (*Sīra* I/2, S. 179). Die koranische Version ist stark beeinflusst durch das Protevangelium des Jakobus, das nach 150 entstand und neben dem Kindheitsevangelium des Thomas das älteste und wohl auch populärste apokryphe Kindheitsevangelium ist, übersetzt u. a. ins Syrische und Arabische und in der Ostkirche und bei den Ebioniten hochgeschätzt. (*Oscar Cullmann*, bei *Wilhelm Schneemelcher*, Neutestamentliche Apokryphen, Bd. I, Tübingen 1990, S. 334–349)

281 Die Geschichte von Zakarīyā und seinem Sohn Yaḥyā, die übernatürliche Empfängnis ʿĪsās V. 19–22, seine Geburt außerhalb der Wohngemeinschaft des Volkes, die Anschuldigungen der Umgebung angesichts eines Kindes ohne bekannten Vater und legitimen Ehemann, und ein Säugling, der seine Mutter moralisch rehabilitiert und seine Prophetenschaft verkündet.

282 Sīra I/2, S. 180. Vgl. eine ähnliche Reaktion christlicher Zuhörer beim Verlesen des Korans, von der Dr. Fatihi in der Zeitung Al-Ahrām al-ʿArabī berichtet: Nach den Anschlägen des 11. September 2001 sprachen muslimische Vertreter in Kirchen der USA über den wahren Islam; vor allem die Koranrezitationen sollen die Christen reihenweise zu Tränen gerührt und eine Welle der Übertritte ausgelöst haben (zit. in: *Raphael Israeli*, Wenn zwei nicht dasselbe sagen: Muslimische Terminologie, in: Pechmann / Kamlah, So weit die Worte tragen, 83–124).

283 Nach der Grabenschlacht (625) suchten einige geflohene mekkanische Polytheisten ebenfalls Zuflucht beim Negus, im Glauben, er werde ihnen ebenfalls Asyl gewähren. Dieser war aber

Es ist dies der erste Text, der neutestamentliche Gestalten erwähnt: Zacharias, Johannes den Täufer, Maria und Jesus. Die Verse 34 und 35, die ausdrücklich von der Ablehnung einer Gottessohnschaft Jesu sprechen, gehörten jedoch nicht zu jenem Legitimationstext. Schon am Reim ist ersichtlich, dass die Verse 34–40 später hinzugefügt wurden.[284]

Die ausdrückliche Aufnahme ʿĪsās als Diener Gottes (V. 30) und irdisches Geschöpf (V. 35) in die Reihe der Propheten wird im folgenden untermauert durch einen ganzen Prophetenzyklus, der jeden einzelnen Propheten charakterisiert[285] und als *rasūlan nabīyan* (Gesandter und Prophet)[286] definiert. Innerhalb dieser Charakterstudie nimmt Ibrāhīm nach ʿĪsā den meisten Raum ein (V. 41–50): Es folgt wiederum eine verbale Auseinandersetzung mit Vater und Volk, in der Ibrāhīm noch um seinen Vater ringt (er kündigt an, für ihn Fürbitte zu tun), doch nun mit dem Schwerpunkt auf Verfolgung, Androhung von Steinigung und Ausweisung V. 46. Dies korrespondiert mit der physischen Verfolgung Muḥammads und der frühen islamischen Gemeinde, u. a. durch einen vorübergehenden Handels- und Heiratsboykott,[287] die in zahlreichen Berichten thematisiert und zur Märtyrersituation ausgemalt wird, v. a. in Europa, wo sich ein Teil der Muslime als Minderheit in einer „Mekka-Situation“ sehen. Nach der vollendeten Trennung von dem ungläubigen Volk (V. 48 f.) wird Ibrāhīm als dem Bewährten die Belohnung in Form von Söhnen zuteil, die – als Gegenstück zu seinem im Unglauben verharrenden Vater, dem „Freund des Satans“ V. 45 – ebenfalls Propheten werden. In V. 77 werden wieder „Vermögen und Kinder“ als Belohnung des Gläubigen aufgeführt – das Dilemma Muḥammads in jener Zeit.

Unmittelbar an Sura 19 schließt Sura 38 *Ṣād* an; allerdings nur mit flüchtiger Erwähnung Ibrāhīms als Abrundung der ausführlicheren Prophetenbeispiele von David, Salomo und Hiob. Thema ist das Los der Gläubigen und Ungläubigen, Schöpfung und Sündenfall Satans und kulminiert in der Sendung Muḥammads. In V.45 begegnet uns die Trias Ibrāhīm – Isḥāq – Yaʿqūb als „Unsere Diener“, wobei nicht ersichtlich ist, nach welchen Gesichtspunkten diese drei zusammengestellt wurden; zwei Verse danach, ganz offensichtlich ohne dass ein inhaltlicher Zusammenhang erkannt oder beabsichtigt wäre, eine zweite Dreiergruppe

---

bereits durch die Leute der 1. *hiǧra* zum Islam konvertiert (Sīra I/2, S. 185 f.) und nahm nun, quasi an der Stelle des Propheten, den Treueid entgegen.

[284] *Th. Khoury*, Kommentar IX, S. 269; *T. Nagel*, Medinensische Einschübe in mekkanischen Suren, S. 53. – Falls doch die ganze Sura mekkanisch sein sollte und nicht aus Stücken verschiedener zeitlicher Herkunft zusammengesetzt, dann spiegelt sie wohl die in Mekka vorgefundene Christologie wider, gegen die Muḥammad hier polemisiert; denkbar wäre auch, dass sie die monophysitische Christologie des Negus aufnimmt.

[285] In V. 51 f. liegt der Ursprung von Mūsās Beinamen *kalīm Allāh* (der von Gott in vertraulichem Gespräch Angeredete).

[286] Bzw. im Falle Ibrāhīms als *ṣiddīqan nabīyan* (Wahrhaftiger und Prophet) in V. 41.

[287] *Th. Nöldeke* (GdQ I, S. 4) hält viele Berichte über physische Misshandlungen für übertrieben, da diese eine Intervention der Stammesführer der Banū Hāšim hätten hervorrufen müssen.

Ismāʿīl – al-Yasaʿ (Elisa) – Ḏū l-Kifl. Die Zuordnung Ismāʿīls zu zwei anderen kaum bekannten Personen – die Identität Ḏū l-Kifls als Hesekiel ist noch nicht einmal heute befriedigend geklärt, geschweige denn damals in der 2. mekkanischen Periode –, deutet darauf hin, dass Muḥammad wohl auch mit ihm noch wenig anfangen konnte. Ein Zusammenhang zwischen ihm und Ibrāhīm ist nicht erkennbar, vielmehr steht Ibrāhīm noch fest in der alttestamentlichen Formel des Gottes Abrahams, Isaaks und Jakobs.

Dies war nun die Zeit, in der die Quraišiten Abū Ṭālib, der als Onkel Muḥammads Vaterstelle einnahm, zu bewegen versuchten, nicht länger seine schützende Hand über Muḥammad zu halten. Möglicherweise lag der einst einflussreiche Onkel bereits auf dem Totenbett.[288]

Auch Sura 43 *az-zuḫruf* (Der Prunk) enthält einen Prophetenzyklus, nun aber mit dem Schwerpunkt auf Mūsā (V. 46ff.) und dem Sohn Maryams (V. 57ff.), dessen Gottessohnschaft entschieden in Abrede gestellt wird (V. 59.64.81f.). Von Ibrāhīm ist nur kurz die Auseinandersetzung mit Vater und Zeitgenossen erwähnt (V. 26–29), als positives Beispiel, „auf dass sie umkehren" und der Vorläufer „der Wahrheit und eines offenkundigen Gesandten" – Muḥammad (V. 29).

Sura 21 *al-anbiyā'* (Die Propheten) ist einer der umfassendsten Prophetenzyklen, der nun in der Chronologie korrekter zusammengestellt ist: Mūsā und Hārūn, Ibrāhīm, Isḥāq und Yaʿqūb, Lūṭ, Nūḥ, Dāwūd und Sulaimān, Ayyūb, Ismāʿīl, Idrīs und Ḏu l-Kifl, der „Mann mit dem Fisch" (= Jona), Zakarīyā, Yaḥyā, Maryam und ʿĪsā. Im Vergleich zu den vorhergehenden Zyklen fehlt ihm ein Kehrvers. Eingerahmt von einer apokalyptischen Ankündigung in der Einleitung: „Nahegerückt ist den Menschen ihre Abrechnung, während sie sich in Achtlosigkeit abwenden" (V. 1) handelt diese Sura von der Verstocktheit der Polytheisten, predigt über den Monotheismus, droht am Ende mit Endgericht und Höllenstrafe und behandelt die Sendung Muḥammads. Hier wird in V. 51–73 wieder der Topos des ungläubigen Vaters und Volkes aufgenommen. Die farbig geschilderte Entlarvung der Götzen als macht- und seelenloses Menschenwerk durch Ibrāhīm eskaliert hier: von bloßen Drohungen zum Mordversuch im Feuerofen. Diese Eskalation in der feindseligen Haltung des Volkes korreliert mit der immer schwieriger werdenden Situation in Mekka; die Abessinien-Auswanderung hatte zwar für einige Anhänger Sicherheit gebracht, für Muḥammad selbst und seine Getreusten wurde mit dem Tod Abū Ṭālibs die Situation indes immer unhaltbarer – im Kontext von Abū Ǧahls Mordversuch[289] ist die Metapher „Feuerofen" hier verständlich. In diese Situation hinein erfährt Muḥammad

[288] *Th. Nöldeke*, GdQ I, S. 131. – Möglich wäre auch der zeitliche Zusammenhang der Konversion ʿUmars zum Islam. (*A.Th. Khoury*, Kommentar XI, S. 73).

[289] Die Sīra berichtet, Abū Ǧahl wollte Muḥammad während seines Gebetes mit einem Stein erschlagen, wurde jedoch daran gehindert durch einen prächtigen Kamelhengst, der ihn plötzlich angriff. Muḥammad soll in dem Hengst den Engel Ǧibrīl gesehen haben. (Sīra I/2, S. 137)

göttlichen Zuspruch durch die Errettung Ibrāhīms aus eben diesem Feuerofen (V. 71).

Zugleich lässt eine Formulierung in V. 60 aufhorchen: „Sie sagten: ‚Wir hörten einen *fatan* (Jüngling), genannt Ibrāhīm, von ihnen sprechen.'" Die Bezeichnung „Jüngling" für einen 40-Jährigen kann nur als abfällig, nach Ibn Ǧuraiǧ und Ibn Isḥāq als Verspottung und Beleidigung,[290] gewertet werden: Jeder Sohn würde nach seinem Vater genannt. Als Jüngling ohne Genealogie wirkt er wie ein Nichts, einer, der keinerlei Sippenrückhalt hat. Hier scheint die Verachtung des vaterlosen Muḥammad durch, dem niemand seinen Vater- oder Sippennamen leiht.

Ein gravierender Einschnitt ist für Muḥammad 619 der Tod seiner Ehefrau Ḫadīǧa, die „überhaupt die erste war, die sich zu Gott und Seinem Propheten bekannte und seinen göttlichen Offenbarungen glaubte."[291] Nun war er nicht nur vaterlos, sondern ohne jeden gesellschaftlichen Schutz – das Trauma eines Waisen. Sein Vater ʿAbd Allāh war kurz vor seiner Geburt gestorben; nachdem der Junge wie damals üblich bis zum Alter von sechs Jahren von einer Beduinenfrau gestillt und, in Sprache und Bräuche der Beduinen eingeführt, zu seiner Mutter Āmina zurückgebracht worden war, starb diese auf dem Rückweg von ihren Verwandten in Yaṯrib; danach übernahm ihn sein Großvater ʿAbd al-Muṭṭalib und nach dessen Tod sein Onkel Abū Ṭālib. Im Alter von acht Jahren hatte Muḥammad bereits seine drei engsten Familienmitglieder verloren. Den Schutz durch seine Verwandten genoss er nur aus Rücksicht auf die unzerreißbaren Familienbande. Waraqa b. Nawfal, der ihm die religiöse Bestätigung gegeben haben soll, war schon kurz nach Beginn der Offenbarungen gestorben; kurz davor auch sein Onkel Abū Ṭālib, der ihm, obwohl nicht von seinen religiösen Ideen überzeugt, trotz der schwerwiegenden Anschuldigungen der Mekkaner seinen Schutz und damit den der Sippe gewährte und ihm dadurch das Leben erhielt.[292] Alle diese Verluste spiegeln sich in der Ibrāhīm-Erzählung – doch er ist nun nicht mehr hilflos. Ibrāhīm stößt das alles nicht schicksalhaft zu; nun verarbeitet Muḥammad sein Schicksal in einer Umkehrung der Verhältnisse: Ibrāhīm verliert nicht passiv, sondern wendet sich aktiv, willentlich von Vater und Volk ab. Ihm widerfährt kein schicksalhafter Verlust, sondern er trifft eine theologisch begründete Entscheidung. Er hat die Kraft, sich vom schützenden Familienverband zu lösen und ihn zu verlassen, weil nun Gott sein Schutz ist.

Es stellt sich die Frage, warum gerade zu dieser Zeit, der 2. mekkanischen Periode, diese Häufung von Prophetenerzählungen in Form von Zyklen zu finden ist, wie es sie weder vorher noch nachher gegeben hat; in späterer Zeit wird

---

[290] *aṭ-Ṭabarī*, Tafsīr XVII, S. 39.

[291] Sīra I/2, S. 77; Sīra Rotter, S. 49.

[292] Gleichzeitig wurde Abū Lahab (Vater der Flamme), ein Halbbruder von Muḥammads Vater und erbitterter Gegner des Propheten, Clanchef. Die religiöse Auseinandersetzung mit ihm fand ihren Niederschlag in Sura 111.

Muḥammad zwar nicht weniger Prophetenerwähnungen bringen, jedoch kaum noch in Erzählzusammenhängen, sondern gezielter und zur Illustration und Untermauerung seiner jeweiligen Aussage oder Handlung. Und nicht nur für Muḥammad waren diese Propheten altbekannt: Auch das heidnische Publikum Mekkas, in dem wir kaum oder gar keine Juden vermuten, muss so weit mit ihnen vertraut gewesen sein, dass die knappe, teils verkürzte und Erinnerungen wachrufende Predigt Sinn machte.

Bislang ging man von einer überwiegend polytheistischen Bevölkerung in Mekka aus, zumindest zeichnet es so die Sīra.[293] Gab es unter den Polytheisten etwa ein von den jüdischen Gemeinschaften unabhängiges Bewusstsein und Erzählrepertoire jüdischer und christlicher Stoffe?[294] Oder deutet es eben doch auf Schriftbesitzer unter dem Publikum? Allerdings wird das prophetische Repertoire in Muḥammads Verkündigung so stark verkürzt im Blick auf Kontext und Details aufgenommen, dass es später ohne erklärende Hilfen der früheren Schriftbesitzer – oder eigene, notgedrungen legendarische Erläuterungen – nicht mehr verständlich ist.[295] Eben diese Verkürzung und Berufung auf bereits vorhandenes Wissen weist stark darauf hin, dass die biblischen Prophetengestalten in irgendeiner Weise zum religiösen Wissensstand Mekkas gehörten. Aber wieso tauchen sie so schlagartig und geradezu geballt in dieser Periode auf? Wann und durch wen lernte Muḥammad sie kennen? Oder kannte er sie vorher schon und hat sie erst jetzt für seine Verkündigung „entdeckt" – in dem Sinne, dass er ihrer als einer (noch) verwandten Botschaft gewahr wurde, einer Spiegelung seiner eigenen Situation und zugleich als seine Vorläufer, Ankündiger und Legitimierer.

2.2.3.4 3. mekkanische Periode 619–622: Ablösung von Mekka

In diesen letzten Jahren in Mekka wird die koranische Sprache „gedehnt, matt und prosaisch"[296], die Wiederholungen häufen sich. Von der poetischen Form bleibt schließlich wenig mehr übrig als der Endreim eines Verses. In der 3. Periode gibt es außer in Sura 30 keine historischen Anspielungen, was eine halbwegs sichere chronologische Reihenfolge erschwert.

Die Sura 16 *an-naḥl* (Die Bienen) folgt inhaltlich den bekannten mekkanischen Themen: Erweis der Macht Gottes in der Schöpfung, die Erwähnung der Anfeindungen und der 1. *hiǧra* (V. 41.110), ebenso das leidige Thema der Töchter

---

[293] *H. Jansen*, Mohammed, S. 171.

[294] Darauf verweist auch *R. Firestone*, Abraham's Association with the Meccan Sanctuary and the Pilgrimage in the Pre-Islamic and Early Islamic Periods, S. 359.

[295] *R. Firestone*: „… as if they were excerpted from full tellings that no longer exist" (ebd. 359). – Von den *ṣaḥāba* (Prophetengefährten), v. a. von Ibn ʿAbbās, ist überliefert, dass sie die jüdischen Konvertiten um Auskünfte zu den Prophetenerzählungen gebeten haben. Aus deren haggadischem Material erwuchsen die Isrāʾīlīyāt, die in den Kommentaren, Hadithen und den *qiṣaṣ* aufgenommen wurden.

[296] *Th. Nöldeke*, GdQ I, S. 143.

Gottes (V. 57) bis zur Schilderung des Gerichts (V. 77.84–89). Die Vorschriften an die Juden werden im Zuge von Speisevorschriften zwar erwähnt (V. 118), diese jedoch nicht direkt angesprochen. In diesem Kontext wird V. 120–125 Ibrāhīm als *umma* bezeichnet, als „vorbildliche Gemeinschaft", in unmittelbarer Abgrenzung zum Polytheismus. Da V. 123 die *millat Ibrāhīm* erwähnt, hält Nöldeke die Verse 120–125 für medinische Einschübe, da erst in Medina der Islam als *millat Ibrāhīm* bezeichnet worden sei.[297]

Die chronologisch nächste Sura 30 *ar-Rūm* (Die Byzantiner), ohne Nennung Ibrāhīms, spielt in den Eingangsversen auf eine der zahlreichen Niederlagen der Byzantiner gegen die Perser an, wobei sich nicht erschließen lässt, auf welches konkrete Ereignis Muḥammad anspielt und weswegen die genaue zeitliche Einordnung nicht möglich ist. Es geht wohl auch weniger um die Erinnerung eines historischen Ereignisses, sondern um dessen theologische Deutung: Zwar sind im Augenblick die *Rūm*, die christlichen Byzantiner, die Muḥammad zu jener Zeit vor den Persern bevorzugte, geschlagen, doch Gott wird auch ihnen zum endgültigen Sieg verhelfen.

In der nach dem altarabischen Propheten Hūd genannten Sura 11 findet sich eine deutlich strukturierte Predigt mit der bekannten Dreiteilung: Einleitung über die Allmacht Gottes im Gegensatz zu den menschlichen Schwächen und Sünden, die dem Glauben entgegenstehen, sowie die Herkunft der koranischen Offenbarung, im Mittelteil (V. 25–99) ausführliche Prophetengeschichten von Nūḥ, Hūd, Ṣāliḥ, Ibrāhīm, Lūṭ, Šuʿaib und Mūsā. Im Abschnitt über Ibrāhīm V. 69–76 werden wiederum die Ankündigung eines Sohnes – dieses Mal ausführlicher erzählt – mit der Ankündigung des Strafgerichts über Sodom kombiniert, das dann in V. 77–83 ebenfalls sehr ausführlich geschildert wird. Zum ersten Mal – erst hier in der 3. Lūṭ-Erzählung! – taucht die Fürbitte Ibrāhīms auf (V. 74).

Die unmittelbar darauf folgende Sura 14 trägt zwar den Namen Ibrāhīms, enthält aber weder die umfangreichste noch die bedeutsamste Ibrāhīmerzählung. In dieser Sura, in der sich die Anfechtung des Lebens in Mekka spiegelt, wird die Hilflosigkeit Muḥammads sichtbar: seine Gerichtsandrohungen und breiten Höllenschilderungen sind nicht mehr getragen vom apokalyptischen Eifer der Anfangsjahre. Wie ein Leitvers muten V. 46 f. an:

Und sie haben ihre Ränke geschmiedet …
So darfst du nicht meinen, dass Gott sein Versprechen an die Gesandten bricht.
Gott ist mächtig und übt Rache.

Der verzweifelt-pessimistische Ton drückt sich auch im Gebet Ibrāhīms für Mekka aus (V. 35–38); so unhaltbar wie Muḥammads Situation war die Lage für Ibrāhīm: in einem „Tal ohne Saat" soll seine Nachkommenschaft leben, unter

[297] *T. Nagel* (Medinensische Einschübe, S. 40–44.201) hält dagegen die Verse 41, 75, 95 f., 106, 110, 126–128 für medinische Einschübe.

Menschen, deren Herz sich ihnen erst noch „zuneigen“ muss (V. 37). Und doch lässt ein völlig neuer Ton aufhorchen: V. 39 das Lob Gottes angesichts der Söhne:

Lob sei Gott, der mir trotz meines Alters Ismael und Isaak geschenkt hat!

Erstmals werden Ismāʿīl und Isḥāq nebeneinander erwähnt und wird Ismāʿīl in eindeutige Beziehung zu Ibrāhīm gesetzt, in die des Sohnes. Von nun an erfolgt die Nennung der Erzväter immer zusammen mit Ismāʿīl.

Ebenfalls direkt im Anschluss Sura 12 *Yūsuf*, die einzige Sura, die ausschließlich ein Prophetenleben behandelt, wie ihr Name bereits sagt; Ibrāhīm und Isḥāq werden beiläufig erwähnt als die auserwählten Väter Yūsufs (V. 6). Eines der Themen ist der Mordanschlag der missgünstigen Brüder gegen den Erwählten (V. 8–19), den Gott rettet, was eine Analogie zu den Mordanschlägen der Mekkaner auf Muḥammad denkbar macht. Diese Sura soll Muḥammad den ersten bei Mekka bekehrten Leuten von Yaṯrib mitgegeben haben[298] – eine alttestamentliche Erzählung für die Juden von Yaṯrib, analog zur Sura Maryam an die Christen Abessiniens?[299] In den Versen 37–40 wird die Glaubensrichtung der Väter Ibrāhīm, Isḥāq und Yaʿqūb dem Unglauben der Polytheisten gegenübergestellt als Glaube an Götter, die doch „bloße Namen“ sind und die die Menschen sich selbst ausgedacht haben.

Das Motiv der machtlosen Götzen, hier als „Lügengebilde“ im Gegensatz zum mächtigen Schöpfer Himmels und der Erde, wird fortgeführt in der Ibrāhīmerzählung von Sura 29 *al-ʿankabūt* (Die Spinne), dem einzigen Prophetenzyklus außerhalb der 2. mekkanischen Periode.[300] Hier (V. 16–27) werden die Reaktion des ungläubigen Volkes – der Versuch, Ibrāhīm zu verbrennen, woraufhin er von Gott gerettet wird – und die Reaktion Lūṭs – Glaube angesichts der Rettung Ibrāhīms – gegenübergestellt. Ebenso kontrastieren das irdische Straf-Feuer, in das Ibrāhīm geworfen werden soll, und das ewige Straf-Feuer am Tag der Auferstehung, aus dem es keinen Helfer geben (V. 24.25) und das nicht kalt und harmlos werden wird; es droht nicht nur dem Volk Ibrāhīms, sondern in gleicher Weise den Mekkanern. Rettung und Strafgericht werden in der anschließenden Lūṭ-Erzählung aufgenommen. Zum ersten Mal im Kontext Ibrāhīms werden nach dem Prophetenzyklus in V. 46 direkt die Auseinandersetzungen mit den *ahl al-kitāb* angesprochen: „Und streitet mit den Leuten des Buches nur auf die beste Art.“ Ob dies an die Muslime gerichtet ist als Vorbereitung, wenn sie in Yaṯrib auf *ahl al-kitāb* treffen werden?

[298] *Th. Nöldeke*, GdQ I, S. 152.153.

[299] Dafür spricht die bereits zuvor in Sura 14 eingeführte und hier in V. 38 aufgenommene Namensformel des Gottes der Väter.

[300] Viele muslimische Autoritäten sehen die gesamte Sura als mekkanisch an, Nöldeke u. a. beziehen die ersten zehn Verse sowie das Ende der Sura auf die medinische Zeit nach der Schlacht von Badr und vermutlich auch nach Uḥud.

In Sura 42 *aš-šūrā* (Die Beratung) wird die Kontinuität und das Erbe der Offenbarung an die Propheten beschworen und zugleich vor Spaltungen gewarnt (V. 13–15). Im Kontext der Auseinandersetzungen mit Juden und Christen sind mit denen, die sich spalten, im Normalfall die Christen gemeint, die sich in verschiedene konkurrierende Richtungen aufgespalten haben; hier gewinnt man jedoch eher den Eindruck, dass Juden und Christen gemeint sein könnten. Wenn nun Probleme innerhalb der vergangenen Offenbarungsreligionen angesprochen werden, die bisher als Legitimationsgrundlage gegolten hatten, so verlagert sich damit die Blickrichtung Muḥammads nach außen. Bereits zwischen 620 und 622 hatten sich Angehörige der Stämme Aus und Ḫazraǧ aus Yaṯrib bekehrt und verhandeln nun mit ihm mit dem Ziel, ihn zum Schlichter und Führer ihres in Fehden zerstrittenen Stammesverbandes zu erheben. So kann dieser Text verstanden werden als Werben um die Leute von Yaṯrib, indem er sich in die Religion der Väter, die biblische prophetische Tradition, einordnet und als Schiedsrichter der gespaltenen Gemeinde der Empfänger einer Offenbarungsschrift empfiehlt.

Das große Thema von Sura 6 *al-anʿām* (Das Vieh)[301] ist die Auseinandersetzung mit den Polytheisten über den Monotheismus und die prophetische Sendung Muḥammads, darin eingebettet ein Komplex über Ibrāhīm und seine Nachkommen, verschiedene Rechtsbestimmungen und eine Kurzfassung der Gebote (V. 151–53), am Schluss eine Erinnerung an Mūsā, das Bekenntnis Muḥammads zu Ibrāhīm und seiner reinen Religion, sowie zur Verantwortung jedes einzelnen für sein Tun. Die Ibrāhīm-Geschichte (V. 74–90) dient Muḥammad hier als Argument gegen die Polytheisten von Mekka – „sie befinden sich in „offenkundigem Irrtum",[302] wo doch die Erkenntnis des einen, wahren Gottes ein für jedermann vollziehbarer Akt des Verstandes ist, durch die natürliche Gotteserkenntnis über die Beobachtung der Gestirne. Erstmalig führt Muḥammad hier in der Ibrāhīmerzählung Grundbegriffe der neuen, „richtigen" (V. 161) Religion ein: der *ḥanīf* wird zum Synonym des Monotheisten als Gegenpart zu den *mušrikīn* (Polytheisten), und der Name der neuen Religion wird nach dem alten Begründer genannt, es ist die *millat Ibrāhīm* (Glaubensrichtung Ibrāhīms) (V. 159–164), und „der erste der Gottergebenen", der sich in der Nachfolge Ibrāhīms sieht, wird nun ausdrücklich genannt: Muḥammad selbst (V. 163). Mit den neuen *termini* erhält die neue Religion zunehmend eigenständige Konturen; die Ablösung von Mekka mit seinem Polytheismus und den zermürbenden Auseinandersetzungen dort steht zwangsläufig bevor.

---

[301] Von Sura 6 soll Muḥammad gesagt haben: „Keine andere Sure vom Koran ist auf mich in einem Stück herabgesandt worden als die Sure ‚das Vieh' (...) Darin ist die Widerlegung der Argumente der Polytheisten und eine Verheißung von Gott, die er nicht bricht." (zit. in: *A.Th. Khoury*, Kommentar VI, S. 201, aus ar-Rāzī.) Sie soll auch die am meisten angefochtene Sura sein: „Und bei keiner anderen Sure vom Koran haben sich die Satane so zahlreich versammelt."

[302] *ḍalāl mubīn*; vgl. dazu den Schlussvers der *Fātiḥa* 1,7 mit den *ḍāllīn* (Irregehenden), womit die klassische islamische Auslegung traditionell die Christen meint.

2.2.3.5 *Die medinische Zeit 622–632: neue* umma, *neues Mekka*

Die *hiǧra*, dieses epochale Ereignis, das zur „Zeitenwende"[303] und zum islamischen Kerndatum säkularer und heiliger Geschichte wurde, ist eines jener gewichtigen Ereignisse, die im Koran gar nicht angesprochen werden, vielmehr später nur indirekt durch die Erwähnung der *muhāǧirūn* (Ausgewanderten). Einen göttlichen Auftrag oder auch nur Erlaubnis zur Auswanderung findet sich ebenfalls nicht.[304] Lediglich die mekkanischen Ibrāhīm-Erzählungen sprechen indirekt in legitimierender und prophetischer Weise davon, so dass in ihnen die *hiǧra* schon lange vorgedacht und vorbereitet war. Die Veränderung der Situation von Mekka zu Medina ist so gravierend, dass der 2. Kalif, ʿUmar b. al-Ḫaṭṭāb, die Emigration zum Jahr 0 der islamischen Zeitrechnung machte. Damit hob er sich dezidiert von der jüdischen, christlichen und zoroastrischen Zeitrechnung ab und signalisierte, dass eine neue Zeit angebrochen war. Grundlage dafür ist die Änderung der persönlichen Lage Muḥammads, der Wendepunkt in seiner Biographie: vom verfolgten Prediger des nahen Gerichts zum geistlichen und zunehmend auch politischen Führer eines stetig wachsenden Gemeinwesens. Diese „Karriere" konnte während der „Vertreibung", des Prozesses der Ablösung von Mekka, der im Grunde einen tragischen Bruch mit dem bisherigen Lebenswerk und ein Scheitern markiert, natürlich noch keineswegs als sicher gelten.[305] Im Rückblick aber markiert die *hiǧra* den „Moment der Epiphanie einer politisch erfolgreichen Religion",[306] einer statt auf stammesmäßiger Herkunft auf ihrer religiösen Identität beruhenden *umma*. Es ist bedenkenswert, dass im Bewusstsein der Muslime weder die Geburt Muḥammads noch der Zeitpunkt seiner Berufung, sondern ausgerechnet dieser Ortswechsel den Beginn der neuen Zeit markierte – ein Ortswechsel freilich, der einem Paradigmenwechsel gleichkam. Allerdings: die veränderten äußeren Umstände boten lediglich veränderte, wesentlich optimalere Rahmenbedingungen, sie haben weder Muḥammads Wesen noch seine Botschaft im Kern verändert, sondern ermöglichten „nur eine Entfaltung dessen, was von Anfang an gegeben war."[307] Dass letztlich ein ganz anderes Ereignis für die Entwicklung des Islam viel bedeutsamer werden sollte – nämlich die Änderung der *qibla* –, wird im Kapitel zu den Juden entfaltet werden.

---

[303] *H. Küng*, Der Islam, S. 143.

[304] Vgl. *St. Wild*, Mensch, Prophet und Gott im Koran, S. 21.

[305] Eine Analyse der Hintergründe der *hiǧra*, sowohl aus historischer als auch aus theologischer Sicht anhand der später in mekkanische Suren eingefügten und somit „rückdatierten" Passagen gibt: *T. Nagel*, Medinensische Einschübe, S. 128–152. Seiner Meinung nach kaschieren die Verhandlungen und Bündnisschlüsse von ʿAqaba die verzweifelte Lage Muḥammads und versuchen ihr ein geordnetes Image zu geben.

[306] *St. Wild*, Mensch, Prophet und Gott im Koran, S. 21.

[307] *Hanna Kohlbrugge*, Der einsame Gott des Islam. Was uns nach dem Islam fragen läßt, Münster 2003, S. 96.

Von dieser Zeit der *hiğra* an tritt in den Korantexten die Gerichtsrede mit ihren apokalyptischen Drohungen zurück, stattdessen finden sich klarer formulierte Angriffe gegen die tatsächlichen Gegner oder die als solche wahrgenommen werden, v.a. die Juden Yaṯribs; der Ausbau der neuen Religion zu einer neuen Gemeinschaft verlangte jetzt gesetzliche Offenbarungen, die alle Bereiche des privaten und öffentlichen Lebens abdeckten. Diese wendeten sich seltener an die Menschen im Allgemeinen, sondern an die einzelnen Parteien und Zielgruppen. Einzeloffenbarungen in Form von Gesetzespassagen, Anreden, Befehlen, werden nun durch die Gleichartigkeit des Inhalts zu längeren Suren zusammengestellt. Durch ständige Bezugnahmen auf bekannte Ereignisse und den engen Zusammenhang mit der Entwicklung des neuen Staatswesens wird auch die Bestimmung der Offenbarungszeit einfacher. Nun wird die Geschichte zum Leitfaden, so dass man den Ereignissen von Jahr zu Jahr folgen kann.

Dort in Yaṯrib lebten die Verwandten von Muḥammads Mutter Āmina; zu ihnen war sie seinerzeit mit ihrem sechsjährigen Sohn gegangen und ein oder zwei Jahre später nach Mekka zurückgekehrt. Durch die Anwesenheit Muḥammads wurde Yaṯrib zur *madīnat an-nabī* (Stadt des Propheten) oder *al-madīnat al-munawwara* (die erleuchtete Stadt), hier: Medina.[308] Elf Tagereisen nördlich von Mekka gelegen, ist sie für Karawanen, die im Sommer nach Norden, nach *bilād aš-Šām* zogen, einer der ersten großen Rastplätze an der Weihrauchstraße. Ehemals fast rein jüdisch besiedelt, stand sie inzwischen unter der Kontrolle eines arabischen Stammes, der aus dem Süden gekommen war und sich in Yaṯrib neben den dortigen Juden niedergelassen hatte. Von diesen „Kindern der Qaila“[309] mit matriarchalischer Tradition gaben zur Zeit der *hiğra* zwei Stämme, nach den beiden Söhnen der Ahnherrin Aus und Ḫazraǧ genannt, den Ton an, wobei die Juden, die nach aṭ-Ṭabarī[310] mit annähernd 10.000 Menschen immer noch die Mehrheit der Bevölkerung bildeten, volle Religionsfreiheit besaßen. Mit ihrem Bodenbesitz, Reichtum und ihren Festungen verfügten die Juden Medinas sowohl auf materiellem Gebiet, als auch in ihrer religiösen Prägung der Stadt über beachtliches Gewicht. Jahrzehntelang hatten erbitterte Fehden bis hin zu anarchischen Zuständen zwischen den inzwischen teilweise jüdischen Stämmen Aus und Ḫazraǧ geherrscht; noch gab es keinen stabilen Frieden zwischen den Stämmen und Blutfehden waren nicht offiziell beglichen.

Bereits einige Zeit vor Muḥammad waren einige seiner Anhänger in kleinen Gruppen nach Yaṯrib gezogen und hatten die dortigen Bewohner die bereits vorhandenen Suren rezitieren gelehrt.[311] Und anders als bei den meisten Besuchern

---

[308] *W. Montgomery Watt*, Muhammad at Medina, Karachi 1988. Zur Forschung über das vorislamische Medina siehe: *Ferdinand Wüstenfeld*, Geschichte der Stadt Medina, Leipzig 1861.

[309] Zu Qaila: *Ibn Rassoul*, Lexikon der Sīra, S. 312.

[310] Tradition nach Ibn ʿAbbās in: *aṭ-Ṭabarī*, Tafsīr II, S. 5; ebenso: *Johan Bouman*, Der Koran und die Juden. Die Geschichte einer Tragödie, Darmstadt 1990, S. 58 f.

[311] *Ibn Kaṯīr*, Tafsīr (1983), Auslegung zu Sura 87.

der Kaʿba, hatte Muḥammad bei Leuten aus Yaṯrib, die seine Predigten gehört hatten, Erfolg. Etliche nahmen seine Lehre an und trugen sie in ihre Stadt, so dass sich dort innerhalb kurzer Zeit eine ansehnliche Gemeinde bildete.[312]

Juden und christliche Araberstämme, die mit ihnen verwandt waren, erkannten in Muḥammads Predigten vieles aus ihrem eigenen Überlieferungsschatz wieder, und Muḥammad konnte berechtigterweise große Hoffnungen in die Juden von Yaṯrib und den benachbarten Oasen setzen. Dass er und seine Anhänger sich in der Frage der Gebetsrichtung den Juden Yaṯribs anschlossen und nach Jerusalem wendeten, nachdem er sich zuvor in Mekka wie auch die Hanifen zur Kaʿba ausgerichtet hatte,[313] deuten auf einen nicht zu unterschätzenden Identifikationsschritt hin, den auch die Juden positiv verstanden haben müssen. Aus b. ʿĀmir ar-Rāhib von den Ḫazraǧ soll ein religiöser Reformer gewesen sein.[314] Sein Namenszusatz *ar-rāhib* (der Mönch) deutet darauf hin, dass in Yaṯrib, im Gegensatz zum polytheistischen Kaʿba-Kult, ein völlig anderer Nährboden vorhanden war und „ein unvergleichlich stärkeres Einströmen biblischer Vorstellungen“ (Nöldeke) stattgefunden hatte, das durch das charismatische und umsichtig kluge Auftreten Muḥammads zu einer nicht nur äußeren, sondern auch inneren Aufnahme führte. Viele nahmen voll Eifer den Islam an und „halfen“ den zusammen mit Muḥammad Ausgewanderten (*muhāǧirūn*) in den zahlreichen Kämpfen und erhielten dadurch die Bezeichnung *anṣār* (Helfer). Seine Gegner in Yaṯrib, die ihn weder als Propheten noch als Herrscher anerkennen wollten, wagten es angesichts der großen Begeisterung seiner Anhänger nicht, offen zu rebellieren und setzten ihm v. a. passiven Widerstand entgegen. Sie erhielten die Bezeichnung *munāfiqūn*[315] (Wankelmütige, Heuchler) als die, die sich ohne innere Überzeugung, aus eigennützigen Gründen dem Islam anschlossen, und sie wurden verdächtigt, durch gezielt gestreute Gerüchte die islamische Gemeinschaft zu unterminieren. Der Terminus *munāfiqūn* wurde jedoch auch für Gläubige verwandt, die in einer Angelegenheit lässig waren, sowie für die überall anzutreffenden Opportunisten, die zu dem Propheten standen, wenn er siegreich war, sich aber in ungünstiger Situation gegen ihn positionierten. Allerdings wurden die seit Jahrhunderten geltenden Familienbande mit ihrer unbedingten Solidarität nun nicht schlagartig obsolet.

Doch schnell setzte sich bei den Juden die Einsicht durch, dass Muḥammad nicht gewillt war, sich ihnen anzuschließen, sondern von ihnen den Übertritt zu seiner *millat Ibrāhīm* erwartete. Mit dem Selbstbewusstsein und der geistigen

[312] *A. J. Wensinck* meint, die Medinenser seien wegen ihres langjährigen Kontakts mit den unter ihnen lebenden Juden besonders empfänglich für den Monotheismus gewesen (Muhammad and the Jews of Medina, S. 4).

[313] *T. Nagel*, Medinensische Einschübe, S. 145. Es darf vermutet werden, dass sich Muḥammad, hinter der Kaʿba stehend, zu dieser und zugleich nach Jerusalem ausrichtete.

[314] *Th. Nöldeke*, GdQ I, S. 166.

[315] *M. Mir*, Dictionary, S. 97 f.

Überlegenheit eines bereits so alten und bewährten monotheistischen Glaubens begegneten sie diesem neuen monotheistischen Propheten mit Geringschätzung. Auch erkannten sie die großen Abweichungen zu ihrem Glauben und ihre Gelehrten brachten ihn in Verlegenheit mit theologischen Fragen, warfen ihm z. B. vor, sich nur mit Angelegenheiten der Frauen und Heirat zu beschäftigen.[316] Durch die Gegnerschaft zwischen Aus und Ḫazraǧ waren die jüdischen Stämme in zwei feindliche Lager gespalten; nur diesen Umstand ausnutzend konnte es Muḥammad gelingen, gegen sie vorzugehen.

Ein wichtiger Schritt für die Regelung des gesellschaftlichen und religiösen Zusammenlebens von Muslimen und Juden, Einheimischen, *anṣār* und *muhāǧirūn* in Medina war die sogenannte *ṣaḥīfat al-Madīna* (Gemeindeordnung von Medina)[317] als eine Art Staatsgrundgesetz. Ziel dieser „Gemeinde" war eine Theokratie, in der „Gott und Muḥammad"[318] die letzte Instanz der Legislative und Exekutive sind. Die die Juden betreffenden Schutzbestimmungen sollten jedoch bald durch die politisch-religiösen Ereignisse eingeholt und dadurch obsolet werden. Nimmt man jedoch eine Spätdatierung der Gemeindeordnung an, implementiert dies die Regelung des späteren Zusammenlebens mit einer jüdischen Minderheit, die nicht mehr bedrohlich war.

In die mekkanische Zeit fielen die biographischen und alttestamentlichen Erzählungen zu Ibrāhīm: seine Gotteserkenntnis, seine Auseinandersetzungen mit Vater und Volk, sein Kampf gegen die Götter, die Ankündigung seines Sohnes und dessen Bindung. Nun in Medina tritt Ibrāhīm völlig in den Dienst der neuen Religion: er wird der Stifter ihrer Riten und ihres Heiligtums und mit ihm wird die neue Religion begründet als Religion der *fiṭra* (schöpfungsmäßigen Ordnung). Die medinische Prophetengestalt Ibrāhīm handelt nun nicht mehr wie in den Schriften der *ahl al-kitāb*, deren Einheit mit der neuen Verkündigung

[316] Bericht darüber in: *aṭ-Ṭabarī*, Tafsīr V, S. 138 in der Auslegung zu 4,54. – Vgl. den theologisch nur unbefriedigend zu nennenden Artikel über die Juden in: *Ibn Rassoul*, Lexikon der Sīra, S. 250–58, der mit einer Tirade von Anschuldigungen aus Koran und Tradition gegen die Juden beginnt. Geschildert werden fast nur Dispute mit den Juden, in denen Muḥammad jeweils als der haushoch Überlegene dasteht. Die theologisch bedeutsamen Ereignisse, wie die Änderung der Gebetsrichtung, werden nicht erwähnt, ebenso kein Wort über die Vernichtung der Juden von Yaṯrib.

[317] Auch „Verfassung von Medina" genannt. Der Text, obwohl aus verschiedenen Elementen zusammengesetzt, gilt als authentisch, doch ist die exakte Entstehungszeit nach wie vor umstritten, vor oder nach Badr, vor oder nach der Vertreibung des ersten jüdischen Stammes. Der zwischen *muhāǧirūn* und *anṣār* geschlossene Vertrag, der auch das Zusammenleben mit den Juden regelte, wurde 630, nach dem Besuch der christlichen Delegation von Naǧrān, auch auf die Christen ausgedehnt. – *Sīra* II/3, S. 31–35; *A. J. Wensinck*, Muhammad and the Jews of Medina. With an excursus: Muhammad's constitution of Medina, Freiburg 1975; *Robert B. Serjeant*, The ‚Constitution of Medina' in: *Islamic Quarterly* 8 (1964), 3–16; *ders.*, The Sunnah Jāmi'ah, Pacts with the Yathrib Jews, and the Taḥrīm of Yathrib: Analysis and Translation of the Documents Comprised in the So-Called ‚Constitution of Medina', in: *BSOAS* 41 (1978), 1–42; *Uri Rubin*, The ‚Constitution of Medina' – some notes, in: *Studia Islamica* 62 (1985), 5–23.

[318] Vgl. Exkurs 1 *Allah wa-rasūluhū*.

so oft beschworen worden war, sondern in völlig neuem Kontext: Der medinische Ibrāhīm transformiert die polytheistischen Riten in islamische, schlägt den Bogen von der vormosaischen Zeit über das *inğīl* hinweg in die Gegenwart Muḥammads.

Die erste in Medina geoffenbarte Sura, größtenteils 16 bis 18 Monate nach der *hiğra* datiert, ist Sura 2 *al-baqara* (Die Kuh).[319] Nach der als Einleitung verstandenen Fātiḥa ist sie die erste Sura des Korans. Nach der heutigen koranischen Reihenfolge taucht auch hier die erste Ibrāhīm-Erzählung des Korans auf, die Errichtung des „Hauses", der Kaʿba in Mekka. Diese exponierte Stellung innerhalb des Korans korrespondiert mit der Bedeutung der Kaʿba-Erzählung: Wie aus der *vita* Ibrāhīms in den Prophetengeschichten ersichtlich, ist der Bau des Zentralheiligtums des Islam Kulminations- und Zielpunkt des Lebens Ibrāhīms. So markiert Sura 2 zugleich einen wichtigen Wendepunkt im Leben Muḥammads.[320] An der ganzen Sura und an dem zentralen Text 2,124 ff., insbesondere ab V. 142, lassen sich zwei entscheidende Beobachtungen machen: Zunächst ist das Thema von Sura 2 der Ruf zum Glauben anhand warnender Beispiele aus der Völkerwelt und vornehmlich an das Volk Israel gerichtet. Das entspricht den negativen Erfahrungen Muḥammads jener Zeit, in der er versucht hatte, in der jüdischen Glaubensgemeinschaft Fuß zu fassen. Zum anderen wird dem negativen Bild der in sich uneinen, dem Ruf des Propheten nicht folgenden früheren Schriftbesitzer – inklusive der Christen – in den Versen 124–134 das „Vorbild für die Menschen" hinzugefügt: der ihnen beiden wohlbekannte Erzvater Ibrāhīm. Insgesamt bietet diese Sura ein Bild konzentrischer Kreise: in der Mitte Ibrāhīm mit dem von ihm und Ismāʿīl erbauten Heiligtum, der Kaʿba, dann die neue Ausrichtung der Gläubigen im Ritualgebet auf dieses Heiligtum, die Riten der von überall her kommenden Gläubigen zur Wallfahrt, die Regelung des Lebens der Gläubigen als eine um ihr Vorbild gescharte *umma*, der *ğihād* der *umma* gegen die Widersacher Gottes, „bis die Religion nur noch Gott gehört" (V. 193). Muḥammads Blick geht in Sura 2 zurück zu dem gemeinschaftsstiftenden Heiligtum der heidnischen Vorväter, das er verlassen hat, um sich mit den Juden in gemeinsamer Anbetung nach Jerusalem zu wenden, dann jedoch, in bewusster Abwendung vom Jerusalem der Juden (V. 135–150), in der geänderten Gebets-

---

[319] Die Sura ist offensichtlich aus vielen unterschiedlichen Passagen zusammengesetzt, die auch aus unterschiedlichen Zeiten stammen; jedoch müssen die relevanten Verse zeitlich zum Beginn der medinischen Zeit gerechnet werden. – Th. Nöldeke nimmt an, einige vermutlich kurz nach der *hiğra* offenbarte Stücke müssten entweder verschwunden oder von Muḥammad selbst vernichtet worden sein (GdQ I, S. 173). Zur zeitlichen Bestimmung der Änderung der *qibla*: Sīra II/3, S. 152; Sīra Rotter, S. 127. Grundlegend zu Sura 2: *Bertram Schmitz*, Der Koran: Sure 2 „Die Kuh". Ein religionshistorischer Kommentar, Stuttgart 2009.

[320] Vgl. dazu *E. Beck* (Die Gestalt des Abraham am Wendepunkt der Entwicklung Mohammeds, S. 73–94), der sich gegen die allzu schematische Darstellung Snouck-Hurgronjes und Wensincks von einem „mekkanischen" und einem „medinischen" Ibrāhīm wendet, aber eben Sura 2 als Wendepunkt bezeichnet. Ebenso *J. Bouman*, Der Koran und die Juden, S. 56 f.

Schaubild 4: Struktur von Sura 2

Sura 2

1. Ruf zum Glauben

2. a Warnendes Beispiel: Kinder Israel
   b Negatives Beispiel: Christen

3. Positives Beispiel „Imām" Ibrāhīm
   - für Muḥmmad
   - für Pilger
   - für Gläubige
   - für Ungläubige

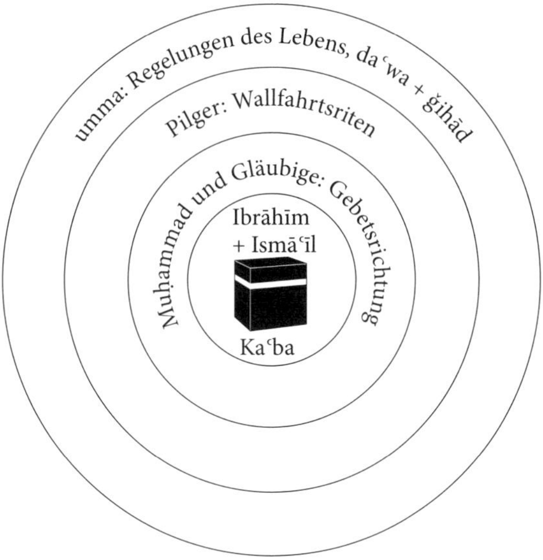

richtung visionär nach vorne, hin zu einem vom altarabischen Polytheismus gereinigten Heiligtum, an dem ein Kult in der nunmehr wahren Anbetung stattfinden wird. Gleichzeitig ist dieser Text die Legitimation für Ereignisse, die sechs Jahre später stattfinden sollten: die Einnahme Mekkas, den „Bildersturm" an der Kaʿba und ihre Neubesetzung als nun islamisches Zentralheiligtum. Ibrāhīm verkörpert hier die „Gemeinschaft der Mitte" (V. 143): „We have constituted you as a median community [i.e., between the imperviousness of Judaism and the liquidity of Christianity] that you be witnesses to mankind."[321] So wie sich die Schöpfermacht Gottes bei „dem" erwies, der mit Ibrāhīm darüber stritt – nach der Tradition der Gewaltherrscher Nimrod –, so würde sie letztlich auch unter den Menschen offenbar und siegreich werden (V. 258–260).

Während der ersten zwei Jahre waren die *muhāǧirūn* (die mekkanischen Auswanderer), wohl weniger als hundert Personen, gezwungen, sich in Medina notgedrungen von den *anṣār* (Helfern) aushalten zu lassen – auf Dauer musste dies zu Spannungen führen. Auf der Suche nach einer eigenen Einnahmequelle[322] griffen sie auf ein bewährtes Mittel zurück: Muḥammad plante, in einer *ġazwa*,[323] einem bewaffneten Beutezug, die Karawane seines mekkanischen Erzfeindes

[321] *F. Rahman*, Major themes of the Qur'ān, S. 62, mit erklärenden Interpolationen.

[322] Offenbar hatte Muḥammad versucht, einen Markt einzurichten und war mit seinen Plänen bei denen angeeckt, deren Lebensgrundlage er damit antastete. Über die Anfangsschwierigkeiten der Zuwanderer in Medina siehe: *T. Nagel*, Medinensische Einschübe, S. 152–157.

[323] Von der arabischen Bezeichnung für einen solchen Raubzug leitet sich der in den deutschen Sprachgebrauch gewanderte Begriff „Razzia" ab (vgl. *Nabil Osman*, Kleines Lexikon deutscher Wörter arabischer Herkunft, 6. Aufl., München 2002, S. 100).

Abū Sufyān zu überfallen, die sich voll beladen auf dem Rückweg von aš-Šām befand. Hochstilisiert zum Kampf gegen die Feinde Gottes konnten die Kämpfer zur Schlacht von Badr motiviert werden,[324] das, zwischen Mekka und Medina gelegen, den Sieg der Muslime über die heidnischen Quraiš markierte, ein in der Sīra stark herausgehobener Triumph (März 624).

Die medinischen Juden vom Stamm Qainuqāʿ bedauerten diesen Sieg – und machten sich dadurch bei den Muslimen verdächtig, was die Eingebung zur Vertragsaufkündigung zur Folge hatte (8,58).

Das nunmehr gezeichnete Bild von den Juden wendet sich dramatisch ins Negative.[325] Es muss einen oder einige Vorfälle in Medina gegeben haben, die zwar kaum mehr als anekdotischen Wert haben und je nach Quelle differieren, von Muḥammad jedoch als *casus belli* betrachtet wurden: Etwa der Zwischenfall mit einem Juden, der sich mit einer muslimischen Marktfrau einen Scherz erlaubt oder diese getötet habe, woraufhin die gegenseitige Rache eskalierte, bis der gesamte Stamm involviert war.[326] Die arabischen Verbündeten von den Ḫazraǧ ließen den jüdischen Stamm im Stich, so dass die Banū Qainuqāʿ, welche zwei der für Medina charakteristischen Burgen besaßen, nach zweiwöchiger Belagerung aufgeben und die Stadt verlassen mußten (10. Monat des Jahres 2).

In der Zählung von Nöldeke folgt nun Sura 3 *Āl ʿImrān* (Die Sippe ʿImrāns); als Anhaltspunkt dient V. 10, der sich auf die Banū Qainuqāʿ bezieht. Unter den Kommentatoren herrscht Konsens, dass die ersten 85 Verse anlässlich der christlichen Delegation von Naǧrān offenbart wurden,[327] die jedoch eher in die spätere medinische Zeit um 629/30 passt. Diese Sura mit ihrem bereits sehr selbstbewussten Ton – „Die Religion bei Gott ist der Islam“ (V. 19) – wendet sich wiederholt an die *ahl al-kitāb*, und zwar sowohl an Juden, als auch zum ersten Mal explizit an die Christen, die hier sogar im Vordergrund stehen. Die Abkehr Muḥammads von den *ahl al-kitāb* wurde aus islamischer Sicht notwendig aufgrund deren Abkehr vom „Buch Gottes“ (V. 23.71). Zwar knüpft Sura 3 sowohl inhaltlich als auch sprachlich (die Verse 26 und 27 sind nach Inhalt und Form unverkennbar jüdischen Ursprungs[328] und erinnern an die Sprache der Psalmen) an die Bibel an, doch gilt beiden Schriftbesitzern gegenüber nur die Religion Ibrāhīms als wahr. In den Versen 65–67 und 95–97 werden Juden und Christen in Bezug auf Ibrāhīm ausdrücklich enteignet („Ibrāhīm war weder Jude noch

---

[324] Sīra II/3, S. 152–309; Sīra Rotter, S. 127–144; Skizze in: *Ibn Rassoul*, Lexikon der Sīra, S. 446. – Muḥammad soll in jener Schlacht Gottes Hilfe erfleht haben mit dem Hinweis auf das Überleben des Monotheismus: „O Gott, wenn diese meine Schar heute untergeht, wird Dich niemand mehr anbeten.“ (Sīra Rotter, S. 136). – Abū Sufyān hatte allerdings rechtzeitig von den nahenden Medinensern erfahren und seine Karawane umgelenkt. Auf dem Streit um die Beute von Badr bezieht sich Sura 8.

[325] Vgl.: *A. J. Wensinck*, Muhammad and the Jews of Medina, Freiburg 1975.

[326] *M. Schöller*, Exegetisches Denken, S. 257 f.

[327] *M. Ayoub*, The Qur'an and Its Interpreters II, S. 1.

[328] Vgl. das Siddur Abendgebet.

Christ“), werden die Religion Ibrāhīms und der Islam gleichgesetzt (V. 67.95). Zugleich wird Ibrāhīm seinen „wahren“ Nachfolgern zugesprochen (V. 68), der „besten Gemeinschaft, die je unter den Menschen hervorgebracht worden ist“ (V. 110), und jede andere Religion ausgeschlossen (V. 19.85). In V. 95f. wird Ibrāhīm zudem zum Errichter des „ersten Hauses für die Menschen“, verknüpft mit der Pflicht zur Wallfahrt zu diesem Haus – womit bereits die Pflicht zur Rückgewinnung dieses Hauses für die „wahre“ Religion begründet ist.

Die zweite Hälfte von Sura 3 spricht immer wieder von der schweren Niederlage gegen die zahlenmäßig überlegenen Mekkaner in der Schlacht am Berg Uḥud[329] im Jahre 625 (V. 140.155.165), bei der auch Muḥammad leicht verwundet wurde. Viele Männer fielen in dieser Schlacht, darunter auch Muḥammads einflussreicher Onkel Ḥamza, der von Hind, der Tochter des bei Badr gefallenen ʿUtba, verstümmelt wurde. In dieser gedrückten Atmosphäre stimmten die Juden vom Stamm der Banū Naḍīr Spottreden gegen Muḥammad an. Er warf ihnen vor, ihn nicht unterstützt zu haben – die Schlacht hatte am Sabbat stattgefunden[330] –, erklärte ihnen sodann den Krieg und stellte ihnen ein Ultimatum von zehn Tagen, um die Stadt zu verlassen.[331] Die Banū Naḍīr verschanzten sich in ihren Befestigungen und wurden von Muslimen mit falschen Versprechungen auf Beistand in Sicherheit gewiegt (59,11–12). Trotz allem wurden die Muslime ihrer nicht Herr, und sie begannen, entgegen den damaligen ungeschriebenen Gesetzen der arabischen Kriegsführung, deren Lebensgrundlage zu zerstören, indem sie ihre Palmenhaine niederhieben und in Brand setzten, was durch 59,5 göttlich gerechtfertigt wurde. So wurden die Banū Naḍīr gezwungen, im 3. Monat des Jahres 4 die Stadt zu verlassen. Sie konnten ihren Besitz mitnehmen, mussten aber ihre Waffen abgeben und verloren den Ertrag ihrer Dattelpalmen – 59,2 verklärt dies als Sieg Gottes.

Für die Situation der Schwäche nach Uḥud hat Sura 57 *al-ḥadīd* (Das Eisen) neben ausführlichem Lob Gottes und Ermahnungen an die Gläubigen den namengebenden Hinweis auf das Eisen, in dem „heftige Gewalt und auch mancherlei Nutzen für die Menschen“ sei (V. 25) – durchaus im Sinne der Verteidigung verstanden. Nach der Enttäuschung mit den Juden setzen die Verse 26–27 auf den

---

329 Sīra II/4, S. 5–122; Sīra Rotter, S. 144–58. Die Mekkaner zogen gegen Medina, um sich für die Niederlage bei Badr zu rächen. Angeblich wurde die muslimische Niederlage in Uḥud nahe Medina durch medinische Bogenschützen verursacht, die ihre Stellung verließen, weil sie um ihren Anteil an der Beute fürchteten.

330 Allein Rabbi Muḫairīq gab der Bündnisverpflichtung Vorrang vor dem Sabbatgebot. Er fiel in dieser Schlacht und wurde von Muḥammad „der beste der Juden“ genannt (*N. Stillman*, The Jews of Arab lands, S. 121).

331 Sīra II/4, S. 143–157. Nach Sīra Rotter 160f. brauchte Muḥammad dringend Geld, um die Ausgleichszahlung für eine Blutfehde zu leisten, und forderte es von den Banū Naḍīr. Diese antworteten in der vermeintlich günstigen Lage der Schwäche Muḥammads mit einem Mordversuch – der *casus belli*.

Ibrāhīm-Nachkommen ʿĪsā, Sohn der Maria, dessen Nachfolger lobend erwähnt werden als die, in deren Herzen „Milde und Barmherzigkeit und Mönchtum" sei.

Die lange Sura 4[332] *an-nisā'* (Die Frauen) enthält nicht nur ausführliche Bestimmungen die Frauen betreffend, sondern spiegelt auch die Auseinandersetzungen mit den Juden Medinas wider. Die zum Ausdruck kommende große Bitterkeit ihnen gegenüber gipfelt in den Versen 153–162; in ihnen „faßt Muḥammad alles, was er gegen das Judenvolk auf dem Herzen hat, kurz zusammen",[333] in Verfluchungen und dem Vorwurf, sie hätten damit geprahlt, *„al-Masīḥ ʿĪsā*, Sohn der Maria, den Gesandten Gottes" getötet zu haben.[334] In 4,171–73 wendet Muḥammad sich jedoch bereits auch gegen die falschen Lehren der Christen, denen er vorwirft, drei Götter zu verehren und Gott ein Kind zuzuschreiben. Der jüdische Erzvater Ibrāhīm wird in V. 125 in Aufnahme von Jes 41,8, 2. Chron 20,7 und Jak 2,23[335] „Freund Gottes" genannt – der Ehrenname, der den jüdischen Stammvater und den christlichen Glaubensvater ersetzen wird. Der eine Gott, der keinen Teilhaber, keinen Sohn und keine Kinder hat, steht zu diesem Propheten in einem Freundschafts- und Bevorzugungsverhältnis – analog zum Verhältnis der Muslime zu Ibrāhīm, die ihm laut 3,68 am nächsten stehen. In den Versen 54–55.163–65 wird Ibrāhīm trotz aller Ehrenbezeigungen wieder in die Prophetensukzession eingebunden,[336] als Glied der Kette, die auf Muḥammad zuläuft und von dem gesagt wird: „Nunmehr ist zu euch gekommen ..." (V. 174).

Angestachelt von den vertriebenen Juden, u. a. von den Banū Naḍīr, belagerten Ende des Jahres 5/627 die Quraiš Medina, unterstützt von ihren ebenfalls heidnischen Verbündeten Ġaṭafān. Dieser sogenannte „Grabenkrieg, bzw. Grabenschlacht"[337] (*ġazwat al-ḫandaq*) war letztlich vergeblich, da Muḥammad vor Medina einen Graben hatte ausheben lassen. Die Mekkaner gaben die Belagerung auf, nachdem ein konvertierter Überläufer von den Ġaṭafān die Gruppen auf Seiten der Quraiš durch Falschinformationen gegeneinander ausgespielt und zum Abzug bewegt hatte. Die jüdischen Banū Quraiẓa innerhalb Medinas versuchten während der Schlacht neutral zu bleiben. Mit dem Vorwurf, sie hätten sich mit dem Feind verschworen, griff Muḥammad die Banū Quraiẓa an. Sie hatten sich östlich von Medina in ihrer Festung verschanzt, wurden ausgehun-

[332] Zwischen Ende des Jahres 3 und Ende des Jahres 5.

[333] *Th. Nöldeke*, GdQ I, S. 204.

[334] Zu den Deutungen der islamischen Theologie: *Hanna und Heidi Josua*, Sie haben ihn nicht getötet und sie haben ihn nicht gekreuzigt – Die Kreuzigung Jesu im Islam, in: Hanna Josua (Hrsg.), Allein der Gekreuzigte – Das Kreuz im Spannungsfeld zwischen Christentum und Islam, Holzgerlingen 2002, 107–160.

[335] Ebenso außerkanonisch: Babylonischer Talmud, bMen 53b, bShab 137b.; Ep. Clem. 10,1; 17,2.

[336] Ein ganz ähnliches Vorgehen wie in Sura 3 mit ʿĪsā: Trotz Heraushebung aus der Prophetenschar („ein Wort von Gott", „in die Nähe Gottes zugelassen" 3,45, Schöpferkraft 3,49) wenig später die Nivellierung (3,59–60).

[337] Sīra II/4, S. 170–192; Sīra Rotter, S. 154–176. Skizze der Aufstellung in: *Ibn Rassoul*, Lexikon der Sīra, S. 447.

gert, baten um freien Abzug und boten Tributzahlung statt Konversion an, was abgelehnt wurde. Als Schiedsrichter wurde ein mit den Juden alliierter Führer des Stammes Aus bestellt, der an einer tödlichen Wunde aus einem Kampf litt. Angeblich war es altarabischer Brauch, dass das Wort eines Sterbenden doppelt galt und unbedingt befolgt werden mußte. Er fällte sein Urteil auf der Grundlage von Dt 20,13.14 und entschied, dass alle Männer – mindestens 600 an der Zahl – (nach anderen Quellen bis zu 900) getötet[338] und Frauen und Kinder im Tausch gegen Pferde und Waffen als Sklaven in den Naǧd verkauft werden sollten. Mit der Vollstreckung dieses Urteils war der Stamm vernichtet, ein abschreckendes Beispiel für andere arabische Stämme. Der Widerhall in 33,25–27, „einige" seien getötet worden, kann angesichts der völligen Auslöschung nur als Euphemismus bezeichnet werden.[339] Nachdem der erste jüdische Stamm der Qainuqāʿ, dem der Abzug samt Besitz erlaubt worden war, und der zweite, Naḍīr, der vertrieben worden war, zu engen Verbündeten von Muḥammads Gegnern geworden waren, konnte dieser 3. Stamm nicht mehr an die Gegner fallen. Sura 33 *al-aḥzāb* (Die Parteien), in der häufig auf die Grabenschlacht und die Vernichtung der Quraiẓa angespielt wird, spricht nur kurz von der „Verpflichtung" (*mīṯāq*) der Propheten, einschließlich Ibrāhīms an Gott.

Sura 22 *al-ḥaǧǧ* (Die Wallfahrt) wurde zwar teilweise schon in der 3. mekkanischen Periode offenbart, die wichtigsten Stücke darin jedoch erst in Medina,[340] und zwar im Zusammenhang mit dem Versuch Muḥammads, Ende des Jahres 6 zusammen mit 700 Mann demonstrativ im Pilgergewand und ohne kriegerische Waffen, die *ʿumra* (kleine Wallfahrt) nach Mekka zu unternehmen, was die Mekkaner zu verhindern suchten. Am Rande des heiligen Bezirks kam es, gegen den Widerstand der Gefährten Muḥammads,[341] zu einem denkwürdigen Ab-

---

[338] Diese Zahl steht in keinem Verhältnis zu den Opfern der eigentlichen Schlacht: sechs Muslimen und drei Mekkanern. – Sogar *H. Küng*, dem es offensichtlich schwer fällt, über Muḥammads Rolle gegenüber den Juden Medinas zu reden („Wie der Prophet zum General [sic!] wurde"), spricht hier von „abschlachten" (Der Islam, S. 153). Er versucht die Judenmassaker dadurch abzumildern, dass er die Aggression in der Sprache der *political correctness* als „nicht gegen die Juden als Volk oder Rasse" gerichtet sieht, sondern „religiös-politischen Gründen" geschuldet in einer Zeit, die „wie auch in der Hebräischen Bibel (…) noch keine ‚Menschenrechte' kennt" – aber immerhin 600 Jahre nach der Bergpredigt, und nachdem die Gemeindeordnung von Medina kurz zuvor noch das friedliche Zusammenleben geregelt hatte!

[339] Islamische Theologen wie al-Māwardī versuchten später dieses Massaker durch einen göttlichen Befehl zu legitimieren (*Meir J. Kister*, The massacre of the Banu Qurayza: A Re-examination of a Tradition, in: *JSAI* 8 (1986), S. 69). – Muḥammad nahm eine Angehörige der Quraiẓa, Raiḥāna, zur Frau. Sie nahm zwar den Islam an, bat aber darum, Sklavin zu bleiben, denn sie wollte nicht als freie Frau im Haus des Mannes leben, der ihren Stamm ausgelöscht hatte (Sīra Rotter, S. 181; Sīra II/4, S. 192–234).

[340] Die Angabe von *F. Rahman* (Major themes of the Qur'ān, S. 62), sie sei 18 Monate nach der *hiǧra* offenbart, entbehrt jeder Grundlage. Offenbar stammen Bearbeitungen davon auch erst aus der Zeit nach dem tatsächlich vollzogenen *ḥaǧǧ*.

[341] Die *ṣaḥāba* hatten aufgrund eines Traumes Muḥammads fest mit einer Eroberung Mekkas gerechnet; außerdem hielten sie einen Vertrag mit Polytheisten grundsätzlich für eine Ernied-

kommen: dem Friedensschluss, bzw. Waffenstillstand von Ḥudaibīya[342] im 11. Monat des Jahres 6/628, wo nun die Diplomatie an die Stelle der Kriege mit den Mekkanern trat. Gegen die Zusicherung, dieses Jahr die Wallfahrt auszusetzen und wieder nach Medina zurückzukehren (vgl. 22,25), garantierte dieser Vertrag Frieden für zehn Jahre sowie im Folgejahr ungehinderten Zugang zur Kaʿba zum Zwecke der Wallfahrt. Sura 22 enthält bereits ausführliche Anleitungen für die Pilger, wieder mit dem Rückgriff auf Ibrāhīm (22,25–35.77–78): die Kaʿba sei nicht Eigentum ihrer derzeitigen mekkanischen Verwalter, sondern Stiftung Ibrāhīms. So bereitet Sura 22 den Boden für die Rückkehr nach Mekka: Ibrāhīm, das Paradigma, hatte bereits selbst die Wallfahrt vollzogen und ruft nun „unter den Menschen" zur Pilgerreise auf; es konnte nur noch eine Frage der Zeit und Organisation sein, bis auch Muḥammad diese abrahamische Pflicht erfüllen und auf den Spuren Ibrāhīms wallfahren würde. Mit der *ḥaǧǧ* ging der *ǧihād* als Bestandteil der *millat Ibrāhīm* einher (22,78).

Im Jahr 7 zog Muḥammad gegen die nördlich von Medina gelegene und von Juden bewohnte Oase Ḫaibar, bei denen sich auch die aus Medina Vertriebenen niedergelassen hatten und belagerte Festung um Festung, bis er Ḫaibar und Umgebung unterworfen hatte.[343] Mehrere Monate später vollzog Muḥammad, wie im Vertrag von Ḥudaibīya festgelegt, die *ḥaǧǧ* zur Kaʿba, blieb jedoch nur die vereinbarten drei Tage dort.[344]

In diese Zeit fiel auch die Geburt von Muḥammads Sohn Ibrāhīm, den ihm die koptische Sklavin Mārīya[345] gebar. Sie war unter den Geschenken gewesen, die al-Muqauqis, der koptische Patriarch und Machthaber in Alexandrien, dem Propheten auf seine Gesandtschaft hin überreichen ließ. Ibrāhīm war der erste und einzige Sohn Muḥammads, der nach seiner Berufung, also „im Islam" geboren wurde, nach der Zeit der „Unwissenheit" (*ǧāhilīya*). Diese Namensgebung weist deutlich auf die Identifikation mit dem Erzvater und den Wunsch, an ihn anzuknüpfen. Damit wäre Muḥammad, der nach seinem erstgeborenen Sohn von Ḫadīǧa den Beinamen *Abū l-Qāsim* hatte, ein *Abū Ibrāhīm* (Vater Ibrāhīms)

---

rigung des Islam, zumal der mekkanische Verhandlungsführer auf dem Vertragspapier auch noch statt der Basmala auf der neutralen Überschrift „In deinem Namen, o Gott" bestand (Sīra Rotter, S. 200). – Auch *Th. Nöldeke* schließt aus Sura 48,1–17 (GdQ I, S. 216), Muḥammad habe in diesem Jahr, da die Kaʿba „zum Greifen nah" war, bereits Mekka erobern wollen, doch die mit ihm verbündeten Beduinen hätten ihn nicht in genügender Weise unterstützt, was in Sura 48 beredt angeprangert wird.

[342] Sīra II/4, S. 275–282; Sīra Rotter, S. 195–204; *Gerald R. Hawting*, Al-Ḥudaybiyya and the Conquest of Mecca: A reconsideration of the tradition about the Muslim takeover of the sanctuary, in: *JSAI* 8 (1986), 1–23.

[343] Sīra II/4, S. 297–326; Sīra Rotter, S. 204–207.

[344] Allerdings versuchte Muḥammad durch die Heirat mit Maimūna, der Witwe eines Quraišiten, den Aufenthalt hinauszuzögern. Weil der Weihezustand des *ḥarām* dergleichen untersagt, sorgte diese Hochzeit für rege Debatten unter muslimischen Rechtsgelehrten. Die Mekkaner hatten währenddessen großenteils die Stadt verlassen, um Zusammenstöße zu vermeiden.

[345] *Mārīya* (bzw. *Maryam*) *al-Qipṭiya* wird stets als *sarīya* (Nebenfrau) bezeichnet.

geworden – er, der sich als *Ibn Ibrāhīm* (Sohn Ibrāhīms) verstand, als Erfüllung der Bitte Ibrāhīms um einen Nachkommen (2,129). Auch hier schließt sich ein Kreis. Allerdings: dieser Sohn starb noch im Säuglingsalter, ebenso wie die Söhne der Ḫadīǧa, noch zu Lebzeiten Muḥammads, was ihn in tiefe Traurigkeit stürzte und ohne männlichen Erben ließ.

In seinen letzten Jahren stieß Muḥammad immer wieder mit den Christen feindlich zusammen: Bereits 626 hatte er eine Expedition gegen christliche Stämme im syrischen Grenzgebiet geschickt und 627 die Banū Kalb, den mächtigsten christlichen Stamm, unterworfen. Im Jahr 8/629 beorderte er – *casus belli* war dieses Mal die angebliche Ermordung eines Boten, den er an den „König der christlichen Araber“ gesandt hatte – ein Heer von 3.000 Kämpfern auf byzantinisches Gebiet, das bei Mu'ta einer fünfzigfachen Übermacht der christlich-arabischen Soldaten des Heraklius gegenüberstand und nach großen Verlusten unter Ḫālid b. al-Walīd den Rückzug antreten musste.[346]

In der Vorbereitung auf die Einnahme Mekkas wird unter den *muhāǧirūn* die Frage des Umgangs mit den Mekkanern, in koranischer Sprache dem „Volk Ibrāhīms“, wieder relevant: Wie sollten sie ihren einstigen Landsleuten und Verwandten in Mekka gegenübertreten? Darum kommt in Sura 60 *al-mumtaḥina* (Die Geprüfte, Die Prüfung) erstmals in medinischer Zeit wieder das Paradigma Ibrāhīm ins Spiel (V. 3–6): Mit der Betonung auf den unüberbrückbaren Unterschied zwischen Glauben und Unglauben („Feindschaft und Hass“, V.1 und 4) warnt Muḥammad die Muslime, mit seinen Feinden Freundschaft zu schließen oder auch nur weiterzuführen. Es galt, keine falschen Rücksichten auf Verwandte zu nehmen,[347] denn das altarabische Sippensystem war durchbrochen, jetzt galt nur der Glaube des Einzelnen, seine individuelle Verantwortung vor Gott am Jüngsten Tag. Hierzu *expressis verbis*:

60,4.6 Ihr habt doch ein schönes Beispiel in Ibrāhīm und denen, die mit ihm waren.
Ihr habt in ihm ein schönes Beispiel.

Die Beispielhaftigkeit Ibrāhīms erfuhrt jedoch eine entscheidende Einschränkung: Die Feindschaft gegen Gott wog so schwer, dass Ibrāhīms früheres Versprechen an seinen Vater, für ihn um Vergebung zu bitten, ausdrücklich von seiner Vorbildfunktion ausgenommen wurde.

Mit der kampflosen Einnahme Mekkas im 9. Monat des Jahres 8/630 durch die gewaltige Übermacht von 10.000 Muslimen[348] kehrte Muḥammad zu sei-

---

[346] *Ibn Rassoul*, Lexikon der Sīra, S. 295–99; Sīra III/5, S. 22–42.

[347] Muḥammads Frau Umm Ḥabība gab dafür ein beeindruckendes Beispiel, als sie ihren Vater Abū Sufyān, den mächtigen Anführer der Mekkaner, bei seinem Besuch zur Verhandlung mit Muḥammad in Medina mit der Begründung: „Du bist ein unreiner Heide“ nicht auf ihrem Teppich sitzen ließ. (Sīra III/75, S. 50–52; Sīra Rotter, S. 214 f.)

[348] Sīra III/5, S. 52–104; Sīra Rotter, S. 213–224. – Als für alle sichtbar war, dass Muḥammad die dominierende Gestalt war, nahmen viele arabische Stämme teils aus politischen Gründen, teils aus eigennütziger Berechnung den Islam an (49,14–17). Dass viele ihre Konversion mehr

nem Ausgangspunkt zurück. Seine bedeutungsvollste Handlung danach war die praktische Umsetzung des Vorbildes Ibrāhīms in dessen Kampf gegen die Götzen: die Reinigung der Kaʿba von sämtlichen Bildern und Statuen in einem Bildersturm.[349] Es folgten im selben Jahr die Schlacht von Ḥunain, 30 Kilometer südöstlich von Mekka, im Jahr darauf der Zug gegen die christlichen Ġassāniden bei Tabūk im Norden, die kampflos durch die Zahlung der Kopfsteuer einen Friedensvertrag bekamen, und die Kapitulation der mächtigen Stadt Ṭā'if südlich von Mekka. Jenes Jahr 9 wird das „Jahr der Gesandtschaften" genannt, da Muḥammad nun auch jene arabischen Stämme huldigten, die ihm bisher abwartend gegenübergestanden hatten.

In diese Zeit des Triumphes, in der es offenbar kein Halten mehr gab, fällt die Sura 9 *at-tauba* (Die Umkehr).[350] Den Beginn der Sura, vermutlich V. 1–12, ließ Muḥammad als Proklamation zum Pilgerfest im Jahr 9/631 den in Mekka Versammelten durch ʿAlī vortragen: die Aufkündigung des Ḥubaibīya-Vertrags mit den Polytheisten.[351] In dieser Sura geht es v. a. um die Feldzüge gegen die Byzantiner und ihre arabischen Bundesgenossen an der syrischen Grenze, an denen viele Medinenser und Beduinen nicht teilnahmen, weshalb schwere Vorwürfe gegen sie erhoben wurden. Diesen „Heuchlern", die sich nicht am Feldzug beteiligten, wird V. 69.70 exemplarisch die Strafe der untergegangenen Völker vor Augen gehalten. Dass Muḥammad alle altarabischen Stämme nennt, zu denen ein Prophet gesandt war, sowie die „verschwundenen Städte" ist ein Hinweis darauf, dass er sich an die vormaligen Heiden wendet. Nun, in der Situation des Triumphes, spricht er in V. 113–115 das Verbot der Fürsprache für verstorbene Polytheisten aus, selbst für Verwandte und sogar für seinen verstorbenen Vater.[352] Die Erklärung für den Wandel: Sein damaliges Versprechen sei lediglich aufgrund der Sohnesverpflichtung erfolgt (vgl. 14,41; 19,47; 26,86). Anlass für diese Aussage soll entweder Abū Ṭālibs Tod gewesen sein – der jedoch bereits vor der *hiǧra* starb –, oder ein Besuch Muḥammads am Grab seiner Mutter Āmina, wo Gott

als *baiʿa* (Treueeid) einem politischen Führer gegenüber verstanden denn als innere Glaubensüberzeugung, zeigte sich nach dem Tod Muḥammads, als viele Stämme vom Islam abfielen – für sie war der Treueid mit dem Tod seines Trägers erloschen. Diese, oftmals zuvor christlichen Stämme wurden später vom ersten Kalifen Abū Bakr in den *ḥurūb ar-ridda* (Kriegen des Abfalls) zurückgezwungen.

[349] In der Sīra von Rotter (S. 223) nur eine sehr verkürzte und verharmlosende Darstellung, die dieser zentralen theologischen Handlung in keiner Weise gerecht wird.

[350] Es ist die einzige Sura des Korans, die nicht mit der Basmala beginnt, worüber zahlreiche Spekulationen angestellt wurden. Vielleicht herrschte das Gefühl vor, die zahlreichen Aufrufe zum Kampf vertrügen sich nicht besonders gut mit der Barmherzigkeit Gottes. Nach *Ibn Kaṯīr* (Tafsīr I, S. 28) sei Sura 9 ursprünglich nicht eigenständig, sondern nur die zweite Hälfte von Sura 8 gewesen, daher die fehlende Basmala.

[351] Öffentliche Lossagung bei der Kaʿba mit den Worten „Ich bin unschuldig an demjenigen", womit sowohl Schutzverpflichtung als auch Verpflichtung zur Blutrache aufgekündigt sind; vgl. Jos 2,19.20.

[352] Sīra III/5, S. 240 ff.

ihm die Totenfürsprache verboten habe. In den Kontext der Sura mit ihren Vorwürfen gegen „laue" Muslime inklusive des sog. „Schwertverses" (V. 29), fügt sich dieses Verbot hinein: In erschreckender Weise zementiert es die Feindschaft gegen die Ungläubigen als „Feinde Gottes" noch über den Tod hinaus, selbst gegenüber den nächsten Verwandten.

Im darauf folgenden Jahr 10/632 unternahm Muḥammad seine Abschiedswallfahrt nach Mekka und starb am 8. Juni 632.

2.3 Fazit

Für die Methodologie der vorliegenden Arbeit folgen daraus einige Grundsätze.

Zunächst gilt es, primär die islamischen Quellen zu befragen, und zwar nicht in einer wie auch immer gearteten subjektiven Auswahl in europäische Sprachen übersetzter Texte, sondern in Arabisch. Nur so werden Koran und islamische Tradition ernst genommen.

Für den hermeneutischen Ansatz werden im Koran und in der frühen islamischen Theologie vorhandene Ansätze genutzt. Es sollen bewusst keine „wesensfremden", „westlichen" Ansätze verwendet, sondern Vorhandenes aufgegriffen werden; dazu gehört auch die Wahrnehmung zeitgenössischer islamischer Ansätze.

Diese überraschend lebendigen und flexiblen Instrumentarien der islamischen Theologie werden zusammengeführt und dienen als hermeneutischer Schlüssel für die Ibrāhīm-Thematik.

Wichtig ist dabei, den Koran weder als monolithische Dogmensammlung noch als bloßes literarisches Produkt zu sehen, sondern als verschriftete Verkündigung und lebendigen Diskurs.

Die heterogene Hörerschaft Muḥammads, also die Rezipienten seiner An-Sprache, sowie die Parallelität der biographischen Lebensstränge beider Propheten bedingen den Aufbau der Untersuchung. Die Parallelität selbst wird im folgenden Kapitel ausgebaut werden.

Anknüpfend an diese Grundsätze und die eigenen Vorgaben, wie die Texte der Ibrāhīm-Thematik anzugehen sind, lässt sich nun folgende praktische Methodik entwickeln:

Wenn es sich um Erzählungen handelt, sind bestimmte Fragen an den Text zu stellen. Die Reihenfolge dieser Fragen kann jedoch nicht starr festgelegt werden; bei manchen Texten ergeben sich brauchbare Antworten erst durch Umkehrung der Fragen. Es gilt, nach der Entstehungszeit und nach dem Adressaten des Textes, den Rezipienten der Verkündigung zu fragen. Davon unberührt bleibt die Beobachtung, dass in vielen Texten primär Muḥammad selbst angesprochen wird; dies ist ebenfalls im Rezipientenkontext zu sehen.

Danach geht es um eine etwaige Interaktion zwischen Verkündiger und Rezipient bzw. Rezipienten: Antwortet dieser Text erkennbar auf Fragen, Haltungen oder Vorwürfe des Gegenübers? Können sie aus dem Text selbst rekonstruiert werden? Stimmt dieser Befund dann mit den *asbāb an-nuzūl*, dem Mikrokontext innerhalb des Makrokontextes, überein? Gibt es über die Antwortfunktion hinaus noch eine weitergehende Interdependenz zwischen Verkündigung und Publikum, und worauf bezieht sich diese?

Worin liegt die zu vermittelnde Botschaft dieser Verkündigung an die spezifische Rezipientengruppe? Was ist die theologische Intention des Textes, und welche Stellung hat sie innerhalb der Grundbotschaft von der Einsheit Gottes? Klassische Korankommentare haben hier ihren Platz.

Wird eine Argumentation von früheren Rezipienten nun auf spätere Rezipienten angewandt? Werden etwa Argumente, die zunächst im Kontext der Polytheisten als Untermauerung angeführt wurden, dann auf Juden oder Christen übertragen? Was bedeutet das für diese?

Theologische Begriffe, die innerhalb der Ibrāhīmthematik eine Rolle spielen und dadurch zu Schlüsselbegriffen werden, werden bei ihrem jeweils ersten Vorkommen als Exkurs in ein Kapitel eingestreut.

Als Vorarbeit müssen zunächst alle relevanten Koranstellen gesammelt werden. Korankonkordanzen in europäischen Übersetzungen sind aus naheliegenden Gründen nicht geeignet; nur mit Hilfe einer arabischen Konkordanz (*al-muʿǧam al-mufahras*) kann, ausgehend von der arabischen Wurzel eines Begriffs, das gesamte Wortfeld erschlossen werden. Diese Koranstellen werden dann chronologisch geordnet, um die Offenbarungsreihenfolge zu ermitteln. Welche Liste hierbei verwendet wird, ist sekundär, da sich die Listen nur minimal unterscheiden.

Hilfreich ist die Eintragung aller Koranstellen in die Chronologieliste (Schaubild 1). Dies zeigt die historische Verortung der Stellen an und macht ihren Bezug und gegebenenfalls ihre Abhängigkeit zur Biographie Muḥammads sichtbar. Außerdem lässt sich dadurch die quantitative Verteilung der Verse in Bezug auf die Entstehungszeit auf einen Blick erfassen: In welcher Zeit wird das Thema überhaupt angesprochen? Wo und wann gibt es eine Häufung? Welche Gründe könnte es dafür geben? Danach sind die Einzeltexte wie oben beschrieben zu bearbeiten.

Nach einer philologischen Klärung lässt sich aus den chronologisch angeordneten Versen dann eine theologische Entwicklung ablesen.

In Bezug auf Ibrāhīm wird die Frage der Rezipienten durch die Einteilung in Kapitel beantwortet, die nach Rezipientenkreisen – Polytheisten, Juden, Christen, Muslime –[353] angeordnet sind. Diese werden in ihrer politischen und

[353] Nach *Th. Nöldeke*, GdQ I, S. 88 hatte Muḥammad mit vier Gruppen von Menschen zu tun: 1. den Juden („die die Schrift erhalten haben“), 2. den Muslimen („die, die glauben“),

religiösen Situation auf der Arabischen Halbinsel zu Beginn des 7. Jahrhunderts berücksichtigt.

Man hat ja immer wieder den Verdacht geäußert, Muḥammad habe jeweils nur das an biblischen Berichten weitergegeben, was er gerade selbst während seiner Karawanenreisen von Juden und Christen, die weit von Mekka entfernt lebten, darüber erfahren habe. Das klingt nur im ersten Moment plausibel. Angesichts der verblüffenden Parallelität, ja, Interdependenz der inneren und äußeren Entwicklung Muḥammads mit den herabgesandten Ibrāhīmthemen drängt sich der Verdacht auf, dass Muḥammad bereits in relativ früher Zeit die Ibrāhīmgeschichte kannte, so dass er auch bei seinen Zuhörern, wenn auch in unterschiedlichem Maße, diese Kenntnisse voraussetzen konnte. Aus diesem Fundus gemeinsamen Wissens um biblische Stoffe griff er lediglich die für ihn und seine Zuhörerschaft jeweils relevanten Themen, von denen er die größtmögliche Wirkung erhoffte, heraus und stellte sie in den größeren Kontext seiner Verkündigung. Andererseits lässt sich neben diesem Grundwissen, das auch innerhalb der polytheistischen Gesellschaft zum gemeinsamen kulturell-religiösen Gedächtnis gehört haben muss, eine zunehmende Klärung, etwa im Verhältnis der Propheten zueinander, und ein Wissenszuwachs feststellen.

Andererseits wirkte das Verhalten, bzw. die Reaktion der Zuhörer jeweils wieder zurück auf den Verkünder, so dass angenommen werden muss, dass er seine Ibrāhīmthemen und die wechselnden Akzentuierungen in den einzelnen Erzählungen auch so wählte, dass sie auf deren Verhalten affirmativ oder korrektiv wirken mussten.

Die Art und Weise, wie die biblischen Abraham-Motive selektiv nicht nach der ihnen selbst innewohnenden biographischen Notwendigkeit, sondern nach der jeweiligen biographischen Situation Muḥammads zur Sprache kommen, entkleidet jedoch die Ibrāhīm-Gestalt ihres Eigenlebens. So drängt sich zu diesem Zeitpunkt der Verdacht auf, der Ibrāhīm des Korans sei wohl eher ein Ibrāhīm „nach dem Bilde Muḥammads". Als solcher stehe er nicht außerhalb, bzw. oberhalb des religiösen Systems, so dass man auf ihn – im Sinne einer „Ent-Muslimisierung"[354] – zurückgreifen könnte, was der Gedanke der Abrahamischen Ökumene wäre, sondern vielmehr innerhalb des Systems, womit er ein integraler Bestandteil der koranischen Verkündigung würde. Diesem Verdacht muss nachgegangen werden.

---

3. den Zweiflern, Wankelmütigen – *munāfiqūn* („die, in deren Herzen Krankheit ist"), 4. den Götzendienern. Es fällt auf, dass er keine Christen als Gegenüber erwähnt. – *A.Th. Khoury* behandelt die *ahl al-kitāb* immer zusammen, differenziert nur selten zwischen Juden und Christen, was in der Tat oft kaum zu trennen ist.

[354] Die Fehlentwicklung hin zur Vereinnahmung Ibrāhīms als „Kronzeuge" des Islam nannte *K.-J. Kuschel* dessen „Muslimisierung". So fragt auch er, Hans Zirker aufgreifend, ob nicht gerade Abraham zeige, „dass die drei Religionen sich unendlich weit voneinander entfernt haben" (Streit um Abraham, S. 211 f.).

Nach dem biographischen Verhältnis Ibrāhīms zum Verkünder der Ibrāhīm-Geschichte, Muḥammad, folgt dann ab Kapitel 4 die Verkündigung von und über Ibrāhīm selbst, nach der chronologischen Entwicklung der Ibrāhīmtexte und ihrer Verortung im Leben Muḥammads die Exegese dieser Texte nach Themenkreisen.

3. Der Prophet und die Propheten

3.1 Die Ibrāhīm-vita

Das islamische Ibrāhīm-Bild entstammt fünf Quellen: dem Koran selbst, wo es zumindest thematisch „in groben Zügen mit der biblischen Version korrespondiert“[1] – inwieweit sich dies auch inhaltlich vom Skopus der Texte her sagen lässt, wird Aufgabe der folgenden Exegese sein –, ferner den Korankommentaren, in denen die „Lücken“ des Korantextes narrativ ausgefüllt und unklare Stellen philologisch und situativ erklärt werden, dem Hadith als Traditionssammlung von Muḥammads Worten und Taten, die in einer Tradentenkette direkt auf ihn selbst oder auf die Augenzeugen seines Lebens zurückgehen, und den Prophetengeschichten (*qiṣaṣ*).

Im Koran lassen sich nicht nur Spuren kanonischer Texte, sondern auch und vor allem solche aus dem nachbiblischen Schrifttum erkennen: aus dem alttestamentlichen Bereich die rabbinische Literatur, aus dem neutestamentlichen apokryphe Evangelien und Apokalypsen. So betrachtet der Koran die biblischen Erzählungen durch das Prisma der nachbiblischen Interpretation, und oft werden sie von dieser überlagert und dominiert.[2] So bietet die koranische Auslegung und Auslegungsgeschichte gleichzeitig eine – islamische – Alternative zum biblischen Text.[3]

Eine Ibrāhīm-Biographie im Sinne einer Verifizierung einer historisch greifbaren Person, wie sie in traditionellen islamischen Publikationen versucht wird, ist nach dem Koran nicht möglich, vermutlich gar nicht beabsichtigt.[4]

---

[1] *N. Robinson*, Massignon, Vatican II and Islam, S. 183. – Zur Problematik des Terminus „biblisch“ siehe *R. Firestone*, Abraham's association with the Meccan sanctuary, S. 359, Fußn. 4: „biblisch“ meint nicht den biblischen Text an sich, etwa als Zitat, sondern ein aus der Bibel bekanntes Motiv oder eine Parallele; zur besseren Differenzierung schlägt Firestone die Bezeichnung „biblesque“ vor.

[2] Das gilt v. a. für die großen Prophetengestalten des Abraham und Mose. – Nachweise dazu bei *H. Speyer*, Die biblischen Erzählungen im Qoran; auf eine Übersicht der Belegstellen reduziert bei: *Salam Falaki*, Erzählungen über Abraham in der Tora, im vorislamischen jüdischen Schrifttum und im Koran, Fellbach 2004.

[3] Vgl. zur Aufnahme alttestamentlicher Themen in den Koran: *Stefan Schreiner*, Kalif Gottes auf Erden. Zur koranischen Deutung der Gottebenbildlichkeit des Menschen, in: Mittmann u. a., Der Mensch vor Gott, Neukirchen-Vluyn 2003, 25–37.

[4] Auch das Alte Testament schreibt nicht in erster Linie Abrahams Prophetenbiographie, sondern beschränkt sich auf die Episoden seines Lebens, in denen theologisch relevante Ereig-

Darum folgt diese Arbeit in den folgenden exegetischen Kapiteln keiner fiktiven Ibrāhīm-Geschichte, sondern dem wahrscheinlichsten Erzählkontext in der Verkündigung Muḥammads.

Daher ist die folgende Aufstellung nur bedingt als Versuch einer biographischen Darstellung zu sehen, da der Koran selbst ja nur sehr elliptisch, fragmentarisch und chronologisch zusammenhanglos von Ibrāhīm erzählt, der Hadith nur episodenhaft, die Reihenfolge in den *qiṣaṣ* auch nur künstlich konstruiert ist und in jeder Erzählung etwas anders ausfällt. Begonnen wird mit dem Koran als der zeitlich frühesten Quelle mit der höchsten Autorität; die Koranstellen innerhalb einer Thematik sind in der chronologischen Reihenfolge ihrer Entstehung aufgeführt, in der mittleren und rechten Spalte finden sich die Ergänzungen der Tradition und eine Auswahl aus den volkstümlichen Prophetengeschichten (*qiṣaṣ*), einer Form der Hagiographie.

In dieser lassen sich, wie Reuven Firestone festgestellt hat,[5] drei mit den Orten oder Landschaften verknüpfte „circles" des Lebens Ibrāhīms ablesen, die zugleich eine aufsteigende religiöse Wertigkeit im Sinne einer Hierarchie, analog zur religiösen Entwicklung Ibrāhīms erkennen lassen: Mesopotamien als Ort des Polytheismus, aš-Šām (auch als „Jerusalem" oder „Syrien" bezeichnet) als Ort der beiden vorhergehenden Buchreligionen und zuletzt Mekka als Ort der religiösen Vollendung – des Islam.

Schaubild 5: Die Ibrāhīm-Vita in islamischen Quellentexten

Koran	Ḥadīṯ	Qiṣaṣ
1. Erzählkreis Mesopotamien: Ort der *mušrikīn*		
Geburtsgeschichte Ibrāhīms		
		Ankündigung der Geburt vor den Engeln, wunderbare Empfängnis, geboren in Mesopotamien unter dem Herrscher Nimrūd, angekündigt durch Sterndeuter. Tötung aller Neugeborenen. Geburt in einer Höhle, wunderbare Ernährung und schnelles Wachstum.

nisse und Entwicklungen vermittelt werden. Diese werden jedoch im Unterschied zum Koran kompakt und in weitgehend chronologischer Anordnung erzählt.

[5] *Reuven Firestone*, Art. Abraham, in: Encyclopedia of the Qur'ān, Bd. I, S. 8.

Koran	Ḥadīṯ	Qiṣaṣ
Gotteserkenntnis und Abwendung vom Polytheismus		
Ibrāhīm erkennt Gott selbstständig als dem Gestirnkult überlegen. (16,120–123; 29,19.20); 6,75–79; (2,260)	Als Kind erkennt er Gott selbstständig durch Beobachtung der Gestirne.	Als Kind erkennt er Gott selbstständig als dem Gestirnkult überlegen.
		Ibr. als Devotionalienhändler für die Götzenbilder seines Vaters
Ibrāhīms verbale Auseinandersetzung mit Vater und Volksgenossen 37,83–96; 26,69–104; 19,42–48; 43,26–28; 21,51–67; 29,16–23.25; 6,74.79–83	Auseinandersetzung mit Vater und Volksgenossen	Auseinandersetzung mit Vater und Volksgenossen
Ibrāhīm zerstört die Götzenbilder seines Vaters 37,91–96; 21,57–63	Ibrāhīm zerstört die Götzenbilder seines Vaters	Ibrāhīm zerstört die Götzenbilder seines Vaters / des Königs Nimrūd
Ibrāhīm wird von seinem Volk ins Feuer geworfen. 37,97–98; 21,68; 29,24	Ibrāhīm wird von seinem Volk in den Feuerofen geworfen.	Ibrāhīm wird von seinem Volk in den Feuerofen geworfen.
Errettung Ibrāhīms aus dem Feuer durch das Wort Gottes 37,98; 21,69–71; 29,24	Errettung Ibrāhīms aus dem Feuer durch Tiere.	Errettung Ibrāhīms aus dem Feuer durch das Wort Gottes und Tiere.
Ibrāhīm vor dem König. Gott gibt Leben. 2,258–260		Ibrāhīm vor dem König / Nimrūd: Beglaubigungswunder: Totenauferweckung, Speisungswunder. Bestrafung Nimrūds.
Auswanderung 37,99; 19,48 f.; 29,26		
2. Erzählkreis Ägypten / aš-Šām: Ort der *ahl al-kitāb*		
Ibrāhīm und Sāra in Ägypten		
	Ibrāhīm und Sāra fliehen nach Ägypten	Ibrāhīm und Sāra fliehen nach aš-Šām
	Bestrafung des Tyrannen um Sāras willen.	Bestrafung des Tyrannen um Sāras willen.
	Er schenkt ihr die Magd Hāǧar.	Er schenkt ihr seine Tochter Hāǧar.
		Er schenkt Ibrāhīm sein Land.

Koran	Ḥadīṯ	Qiṣaṣ
	Ibrāhīm und Sāra lassen sich in aš-Šām nieder,	Ibrāhīm und Sāra lassen sich in aš-Šām nieder, Bau des Brunnens von Beer-Sheba (*bi'r sabʿa* – 7 Ziegen)

Besuch der Engel (evtl. Erzählkreis Mekka)

Besuch der Engel bei Ibrāhīm: Verkündigung eines Sohnes 51,24–30; 37,101.112; 15,51–56; 11,69–73; 29,31 Ankündigung Strafgericht über Sodom 51,31–34; 15,57–60; 11,70; 29,31	Gastfreundschaft Ibrāhīms	Besuch der (4) Engel bei Ibrāhīm

Strafgericht über Sodom

51,35–37; 15,61–77; 11,77–83; 29,28–35		

3. Erzählkreis Mekka: Ort der *muslimīn*

Flucht Hāǧars und Ismāʿīls

(Ibrāhīms Nachkommen lassen sich in einem öden Tal nieder.)	Hāǧar und Ismāʿīl fliehen vor Sāra nach Mekka.	Hāǧar und Ismāʿīl fliehen vor Sāra nach Mekka.
	Hāǧar sucht Wasser bei Ṣafa und Marwa	Hāǧar sucht Wasser bei Ṣafa und Marwa
	Engel gräbt Wasser = Zamzam.	Engel / Ismāʿīl gräbt Wasser = Zamzam.
	Stamm Ǧurhum läßt sich bei ihr nieder.	Stamm Ǧurhum läßt sich bei ihr nieder.

Erbauung und Reinigung Mekkas

Ibrāhīm erbaut mit Ismāʿīl das Heiligtum von Mekka. 14,35–41; 2,124–131; 3,96–97; 22,25	Ibrāhīm erbaut mit Ismāʿīl das Heiligtum von Mekka.	Ibrāhīm erbaut mit Ismāʿīl das Heiligtum von Mekka.
		Isḥāq erbaut in Jerusalem die Aqṣa-Moschee

Änderung der Gebetsrichtung nach Mekka

2,142–150		

Koran	Ḥadīṯ	Qiṣaṣ
Ibrāhīms Prophetentum		
seine Bittgebete um einen Sohn 37,100 um Rechtleitung 26,83; 60,5 um „einen Gesandten" 2,129	seine Bittgebete um Muḥammad	
seine Fürbitte für seinen heidnischen Vater 26,86; 19,47; 14,41; 60,4; 9,114 für das Volk von Lot (Sodom) 11,74–76 für das gereinigte Mekka 14,35–37; 2,126 für Nachkommenschaft 14,37	seine Fürbitte für seinen heidnischen Vater für Mekka	
sein Dankgebet für Ismāʿīl und Isḥāq 14,39		
Weihegebet für Mekka 2,127		
Ibrāhīm als Verfasser / Verkünder einer Offenbarungsschrift (*ṣuḥuf*) 87,18 f.; 53,36–38; 4,54	ṣuḥuf	
Ibrāhīm innerhalb der Prophetenreihe 42,13; 2,136		
	Beschneidung Ibrāhīms	
Die Bindung des Sohnes		
„Schlachtung" des Sohnes 37,102–113; (2,124)	„Schlachtung" Isḥāqs / Ismāʿīls	„Schlachtung" Isḥāqs / Ismāʿīls
		Der Satan versucht das Opfer zu verhindern.
		Satan benachrichtigt Sāra.
		Ibrāhīm vertreibt ihn mit Steinen.
	Ibrāhīm legt die Opfertiere fest.	

Koran	Ḥadīṯ	Qiṣaṣ
Ibrāhīm als Schlüsselfigur des Islam / Begründer der Grundlagen		
Ibrāhīm als Monotheist		
Ibrāhīm ruft zum Gebet auf.	Ibrāhīm ruft zum Gebet auf.	Ibrāhīm ruft zum Gebet auf.
	Ibrāhīm legt die rituellen Waschungen zum Gebet fest.	Ibrāhīm legt die rituellen Waschungen zum Gebet fest.
Ibrāhīm ruft zur Pilgerfahrt auf,	Ibrāhīm ruft zur Pilgerfahrt auf,	Ibrāhīm ruft zur Pilgerfahrt auf,
Muḥammad legt die Riten der Pilgerfahrt fest. 3,97; 22,27–30.34–35.77	Ibrāhīm legt ihre Riten fest.	Ibrāhīm legt ihre Riten fest.
	Ibrāhīm wird als erster beschnitten	
Ibrāhīm – der Freund Gottes		
4,125	der beste der ganzen Schöpfung	
Die Religion Ibrāhīms ist die richtige, schöpfungsmäßige Religion.		
16,120–123; 12,38–40; 6,79.161–165; 2,130–131.135.140; 3,64–68.83.85.95; 4,125; 22,31; 22,78	Bereits vor Muḥammad gab es Leute, die der Religion Ibrāhīms folgten.	
	Aussehen Ibrāhīms: Er sieht Muḥammad ähnlich	
	Ibrāhīm in der Eschatologie	
	Ibrāhīm wird am Jüngsten Tag als erster bekleidet.	
	Ibrāhīm weilt im Paradies / im 6. oder 7. Himmel.	
	Ibrāhīm kann nicht fürsprechen wegen seiner drei Lügen.	
	Ibrāhīm ist der Bürge der Kinder der Muslime im Paradies.	

Die Tabelle zeigt auf, dass dem Koran an einer lückenlosen Prophetenbiographie offensichtlich nicht gelegen ist. Ibrāhīm tritt, wie alle anderen biblischen Propheten im Koran, ohne Zeit- und Ortsangabe in den Raum der koranischen Offenbarung ein, und zwar als Suchender, der sein Gesicht fragend und auf der Suche nach „seinem" Gott – dem wahren Gott – zum Himmel erhebt. Damit beginnt der religiös relevante Teil seines Lebens genau wie der Muḥammads, der sich als Suchender zu religiösen Übungen in die Höhle Ḥirāʾ zurückzog. Eine nach antiker Herrscherrhetorik ausgestaltete Geburts- und Kindheitsgeschichte (Ankündigung durch Engel, wundersame Geburt und Kindheit, Konkurrenz durch Herrscher, siehe u. a. Sargon I., Seth-Horus, Mose, Kyros II., Zarathustra, Augustus, Nero)[6] entsteht erst spät, in den *qiṣaṣ*, vermutlich unter dem Einfluss antiker Vorbilder.

Thematisch der biblischen Erzählung entsprechend wird die geographische Emigration Ibrāhīms von seinem Volk aus religiösen Gründen erzählt, die Sohnesverheißung im hohen Alter, die von Gott verhinderte Opferung eines Sohnes als Prüfung, die Verknüpfung mit der Lot-Erzählung in Form des Gerichts über die sündigen Städte sowie sein Ehrentitel als Freund Gottes.

Diese Geschichten wurden nun narrativ ausgeschmückt und die Themen durch bekannte Geschichten, auch aus der rabbinischen Literatur, ergänzt, u. a. durch konvertierte Juden und Christen. Aus außerkanonischen jüdischen Quellen[7] stammt die Gotteserkenntnis Ibrāhīms mittels der Gestirne, sein Kampf gegen die Götzen seines Volkes, die Verfolgung durch die Götzendiener, von denen er ins Feuer geworfen und von Gott daraus errettet wird.

Koranisches Sondergut dagegen sind die Erzählungen um den Bau der Kaʿba zusammen mit Ismāʿīl, die damit zusammenhängenden Wallfahrtsriten und die neue Gebetsrichtung sowie die Erwähnung der von Ibrāhīm verfassten „Schriften" und die dezidierte Feststellung, er sei weder Jude noch Christ, sondern *ḥanīf muslim* gewesen – Anhänger einer Religion, die Muḥammad mit dem Islam wiederhergestellt habe.

Ferner wird aus dem tabellarischen Lebenslauf deutlich, wie stark das Leben Ibrāhīms – wie auch das Leben anderer Propheten und v. a. das Leben Muḥammads – mit der Zeit durch die Zunahme der Tradition von der frommen Gemeinde in ihrem Wunsch nach möglichst farbigen und wundersamen Vorbildern immer stärker hagiographisch ausgestaltet wurde. Während der verbale Aspekt, der in Reden und Gebeten zum Ausdruck kommt, stark abnimmt, bekommt der aktionale Aspekt in immer wundersameren Taten einen immer größeren Stellenwert.

3.2 Ibrāhīm als Vorläufer- und Brudergestalt Muḥammads

So wie Abraham wird wohl kein anderer in allen drei Religionen mit Ehrenbezeichnungen überhäuft: im Islam wird Ibrāhīm *Abū l-anbiyā'* (Vater der Propheten) und *ḫalīl ar-raḥmān* (Freund des Barmherzigen) genannt. Wir finden ihn in 25 von 114 Suren, mit Namensnennung in 69 Versen, *de facto* in 314 Versen des Koran; dies entspricht 6 % der Suren in der 1. mekkanischen Periode, jeweils

[6] Vgl. *Renate Günther*, Erzählungen von verfolgten und geretteten Herrscherkindern, Welt und Umwelt der Bibel 4/2010, 42–44; *dies.*, Der Mythos vom göttlichen Kind, a. a. O., 44–49.

[7] Diese wurden bereits 1698 von *Ludovico Marracci* in seinem *Prodromus ad Refutationem Alcorani* zu seiner Koranübersetzung erwähnt. (*N. Robinson*, Massignon, Vatican II and Islam, S. 188).

1/3 der Suren in der 2. und 3. mekkanischen und der medinischen Periode – und zeigt den großen Stellenwert, den Ibrāhīm schon rein quantitativ einnimmt. Nur Mose wird häufiger erwähnt als er. Alle wichtigen Institutionen und Riten des Islam werden in ihrer Ätiologie in irgendeiner Weise auf ihn zurückgeführt: die Erbauung und Widmung der Kaʿba, die Riten der Wallfahrt, die „richtige" Gebetsrichtung, das höchste der beiden Feste, das Opferfest bei der Wallfahrt (*ʿīd al-aḍḥā*), selbst das rituelle Gebet (*ṣalāt*) und das Almosengeben (*zakāt*) gehen auf Ibrāhīm zurück. Und nicht zuletzt die Bezeichnung aller Muslime und ihrer Religion entwickelte sich als *terminus technicus* aus der einfachen Beschreibung des Glaubens Ibrāhīms: Er war als erster ganz Gott ergeben – *muslim*.

Muslim *par excellence* allerdings ist der Prophet Muḥammad, der diesen Glauben aufnimmt, inkorporiert und zum muslimischen Paradigma macht. Ausgehend von der engen Verzahnung bzw. „geschichtstheologischen" Perspektivik Muḥammads auf Ibrāhīm wird es unerlässlich, dass sich diese wechselseitige Beziehung sowohl strukturell als auch inhaltlich durchgehend in der Analyse niederschlägt.

3.2.1 Ibrāhīm und Muḥammad – Parallelität der Propheten

Bereits Michel Hayek verweist auf die vielen Ähnlichkeiten zwischen Muḥammad und dem koranischen Ibrāhīm – für ihn der Hinweis, dass beide dem gleichen geistigen Weg folgen.[8]

> Abraham is regarded as the father of all later prophets and a model which the Prophet Muhammad revives with his mission.[9]

> Abraham becomes not only the author of one of the fundamental rites of Islam, the pilgrimage to Mecca, and the testimony of true faith but also prefigures Muḥammad and invokes his mission amongst the Arabs.[10]

Daher nennt Martin Bauschke Ibrāhīm den „Spiegel des Propheten"[11], de Premare spricht von einem „Bruderverhältnis"[12] und Worschech von einer „Seelenverwandtschaft".[13]

---

[8] *M. Hayek*, Le mystère d'Ismael, S. 159–71; vgl. *N. Robinson*, Massignon, Vatican II and Islam, S. 198.

[9] *Brannon Wheeler*, http://faculty.washington.edu/wheelerb/prophets/abraham.html (16.7.2004).

[10] *R. Tottoli*, Biblical prophets, S. 25.

[11] So der Titel seines Abraham-Buches, Frankfurt am Main 2008. Diese Bezeichnung ist nicht neu, schon 1989 hatte *de Premare* ihn „Spiegel des anderen", eine „Art Double" genannt.

[12] *A. L. de Premare*, Joseph et Muhammad. Le chapitre 12 du Coran, Aix-en-Provence 1989 (Rezension von Angelika Neuwirth in: *Der Islam* 69 (1992), 368–70).

[13] *Udo Worschech*, „Ich will Ismael segnen", Gemeinsame Wurzeln in Christentum und Islam, Frankfurt am Main 2011, S. 56.

Aufgrund der exponierten Stellung Muḥammads könnte erwartet werden, dass der Islam Muḥammad in Bezug setzt zu einer ähnlich exponierten Person des Juden- und Christentums, also zu Mose und Jesus.[14] Dies ist jedoch nicht der Fall, im Gegenteil: im Koran wird eine heilsrelevante, „christologische" Stellung für Muḥammad abgelehnt,[15] er verbleibt völlig in der Sphäre des Menschlichen. Die Naturenfrage, die die frühe Christenheit so umgetrieben, in zahlreichen Konzilien beschäftigt und dann auch getrennt hat und die im Koran ihre eindeutige Antwort erfährt – nämlich: ganz und gar Mensch, Knecht Gottes,[16] damit Gott allein Gott sei – stellt sich konsequenterweise für den Koran in Bezug auf Muḥammad nicht.[17] Dessen menschliche Natur wird an keiner Stelle in Frage gestellt, ja sogar eher noch verstärkt: So begegnet man im Koran einem Tadel wegen seines Verhaltens einem armen Blinden gegenüber, der bei Muḥammad Belehrung suchte, während der sich lieber mit einem Reichen beschäftigte („Er runzelte die Stirn und kehrte sich ab." 80,1). Dem Koran selbst ist in Bezug auf die Naturenfrage also keine Konkurrenz- oder Vergleichssituation zwischen Muḥammad und Jesus zu entnehmen, vielmehr stehen beide in der Prophetensukzession, die nach koranischer Logik auf Muḥammad als *ḫatam an-nabiyīn* (Siegel der Propheten) hinführt – hier findet dann die Überbietung statt, die sich nicht nur in der Doppelgestalt der *Šahāda* (Glaubensbekenntnis) niederschlägt, sondern in zahlreichen Versen mit der Formel „Gott und sein Gesandter".

Stattdessen wird Muḥammad mit Ibrāhīm verglichen. In der koranischen Verkündigung über Ibrāhīm spiegeln sich das Leben Muḥammads und die historischen Ereignisse um ihn wider, gibt es in den Texten einen starken Widerhall, der weit über die sonstige Reflexion aktueller Ereignisse im Koran hinausgeht. Nicht von ungefähr war es im Mittelalter möglich, am Jerusalemer *bāb al-ḫalīl* (Tor des Freundes [Gottes]) in der Inschrift mit dem Glaubensbekenntnis die Formel „Ich bekenne, dass Muḥammad der Gesandte Gottes ist" zu ersetzen durch die Worte „Ich bekenne, dass Ibrāhīm der *ḫalīl Allāh* (Freund Gottes) ist."[18] Die beiden Gestalten, Muḥammad und Ibrāhīm, erscheinen wie zwei Lebens-Stränge, die erstaunlich parallel verlaufen. Was im Koran nur inhaltlich zu erschließen ist,

---

[14] Im Koran selbst ist noch eindeutig die Superiorität ʿĪsās über die altarabischen und alttestamentlichen Propheten festgelegt. Vgl. *Hanna und Heidi Josua*, Sie haben ihn nicht getötet und sie haben ihn nicht gekreuzigt, S. 107–109.

[15] Stattdessen wird vielerorts, v.a. von christlichen Theologen, eine Parallele gezogen von der Stellung Jesu im Christentum zur Stellung des Korans im Islam; Stichworte dafür sind „Inkarnation" auf der einen Seite und „Inverbation" oder „Inlibration" auf der anderen: „Gottes Wort ist Buch geworden!" (*H. Küng*, Der Islam, S. 93) Gegen Küng an dieser Stelle: *M. Hofmann*, Der Islam im 3. Jahrtausend, S. 41.

[16] Auf die entsprechenden „Ich-bin-Worte" ʿĪsās im Koran verweist *Friedmann Eißler*, Jesus in Bibel und Koran, in: *Evang. Sammlung*, Dezember 2004, 20–24.

[17] Hier geht jedoch die islamische Tradition dann eben doch den Weg der Legendenbildung, die eine zunehmende Glorifizierung Muḥammads zur Folge hat; in umfassender Weise dokumentert in: *T. Nagel*, Allahs Liebling.

[18] *A. de Pury*, Abraham, what kind of an ancestor is he?, S. 1.

das hat die islamische Tradition weitergeführt, bis hin zur völligen Ähnlichkeit des äußerlichen Aussehens und des Segenshandelns:

3.2.2 Die körperliche Ähnlichkeit Muḥammads mit Ibrāhīm

In zahlreichen als *ṣaḥīḥ* (gesund, echt) bezeugten Hadithen, wie auch in der Sīra,[19] wird die körperliche Ähnlichkeit Muḥammads mit Ibrāhīm beschrieben. Kontext ist die in Sura 17,1 erwähnte Nachtreise des Propheten (*isrā'*) zum *masǧid al-aqṣā* (dem entferntesten Betplatz),[20] von wo aus er seine Himmelsreise (*miʿrāǧ*)[21] antrat.[22] Dort trifft er auf die ihm vorangegangenen Propheten, wird zum „Augen-Zeugen" Ibrāhīms, so dass er ihn danach seinen Anhängern beschreiben kann. Zu seiner Überraschung entdeckt er, dass er Ibrāhīm nicht nur geistig, sondern auch physisch ähnlich ist.[23]

In der Kurzform der Hadithe über die Himmelreise, in denen es um das Aussehen geht, werden nur Mūsā, ʿĪsa und Ibrāhīm erwähnt; erst in den ausführ-

---

[19] Sīra I/2, S. 243.

[20] Zur Problematik der *masǧid al-aqṣā*, die hier eindeutig nicht als Eigenname der Jerusalemer Aksa-Moschee gemeint ist: *Geo Widengren*, Muhammad, the Apostle of God and his Ascension, Uppsala 1955, S. 96ff.; *Angelika Neuwirth*, Erste Qibla – Fernstes Masǧid? Jerusalem im Horizont des historischen Muḥammad, in: Neuwirth (Hrsg.), Zion – Ort der Begegnung, Tübingen 1993, 227–270; *Heribert Busse*, Jerusalem in the Story of Muḥammad's Night Journey and Ascension, in: *JSAI* 14 (1991), 1–40. – Zwar herrscht heute die weitverbreitete, aber anachronistische Auffassung vor, es sei die Aksa-Moschee gemeint. Jerusalem wurde jedoch erst unter dem 2. Kalifen, also nicht vor 638, erobert. In einem christlichen Pilgerbericht des gallischen Bischofs Arkulf (679–681) wird die Aksa-Moschee beschrieben als „viereckiges Bethaus aus Brettern und Balken über den Trümmern des Tempels", die 3.000 Menschen fasste. – *Bertram Schrieke* (Die Himmelfahrt Muhammads, *Der Islam* 6 (1916), 1–30) wies erstmals nach, Ziel der Reise sei nicht Jerusalem, sondern das himmlische Heiligtum als Gegenstück zum irdischen gewesen. *Alfred Guillaume* (Where was al-Masjid al-Aqṣā? in: *Andalus* 18 (1953), 323–336) dagegen verweist sie an einen „wohlbekannten" Ort, 15 Kilometer von Mekka entfernt.

[21] Der Begriff *miʿrāǧ* ist nicht koranischen Ursprungs; dort ist bereits in früher Zeit lediglich von *maʿāriǧ* (Aufstiegswegen) die Rede (v.a. Sura 70), auf denen jedoch nur Engel und der Geist, nie aber der Prophet zum Himmel aufsteigt. – Vgl. die Himmelsreise von Arda Viraz im Zoroastrismus, die als Quelle für die messianisch-apokalyptische „Himmelfahrt des Jesaja" und dann der Himmelfahrt Muḥammads gilt (*J. S. Trimingham*, Christianity among the Arabs, S. 49).

[22] Zu *isrā'*: *Bertram Schrieke*, Art. Isrā', in: HdI, 227–228; und miʿrāǧ: *Josef Horovitz*, Art. Miʿrādj, in: HdI, 509–511; Sīra I/2, 242–257. Die Aufteilung eines visionären Ereignisses, einer Entrückung zum *bait al-maʿmūr*, dem „himmlischen Heiligtum" (52,4) in zwei Reisen mit der Unterscheidung zwischen *isrā'* und *miʿrāǧ* stammt aus späteren Quellen der Umayyadenzeit und ist für den theologischen Inhalt sekundär, wie M. Watt aufgezeigt hat, und diene nur der Lösung der Widersprüche in den verschiedenen Traditionen

[23] Dies stellt auch *K.-J. Kuschel* (Streit um Abraham, S. 209) fest, zieht aber nicht die Konsequenzen daraus. Für ihn ist es ein „Idealisierungsprozeß" (S. 207); während die legendenhaften Auswüchse der *qiṣaṣ* dieses Attribut tatsächlich verdienen, führt in diesem Falle die Tradition nur anschaulich fort, was im Koran theologisch schon festgelegt ist.

lichen Hadithen über die Himmelreise, die verbunden sind mit Schilderungen des Paradiesgartens über den sieben Himmeln und der Auferlegung der rituellen Pflichtgebete, werden andere Propheten lokalisiert:: ʿĪsa zusammen mit Yaḥya im zweiten Himmel,[24] bei Mūsā und Ibrāhīm ist sich die Tradition unschlüssig, wer im sechsten und wer im siebten Himmel sei; eine knappe Mehrheit sieht Mūsā im sechsten und Ibrāhīm im siebten Himmel.

Die Hadithe folgen in der Aufzählung erkennbar einem Muster: Im folgenden Hadith stehen die Propheten für die drei Religionen Judentum, Christentum und Islam, mit dem direkten genealogischen Bezug Muḥammads zu Ibrāhīm:

Abū Huraira berichtete, der Gesandte Gottes habe in der Nacht, in der er entrückt wurde, gesagt:„Ich begegnete Mūsā." Dann beschrieb er ihn: „Er ist ein Mann, den ich als groß und hager[25] *bezeichnen würde, mit herabhängendem Haar wie einer aus dem Stamm der Šanū'a. Und ich begegnete ʿĪsa." Der Prophet beschrieb ihn und sagte: „Er ist mittelgroß und rot, als ob er aus dem Bad käme; danach sah ich Ibrāhīm, und aus der Nachkommenschaft Ibrāhīms bin ich derjenige, der ihm [= Ibrāhīm] am ähnlichsten ist".*
(al-Buḫārī 3.182)

Die beiden folgenden Hadithe vertauschen ʿĪsa und Mūsā, da es in ihnen nicht um die korrekte genealogische Reihe der Propheten und ihrer Religionen geht, sondern um den beschriebenen Menschentypus: ʿĪsa übereinstimmend als hellhäutig und vom Aussehen her eher dem byzantinischen, also christlichen Typus zuzuordnen, während Mūsā dem arabischen Aussehen näherkommt; Ibrāhīm jedoch gleicht völlig dem „Gefährten", dem *primus inter pares* Muḥammad. So legt Ibrāhīm sichtbar an seinem Leibe Zeugnis ab für seinen großen Sohn, der in aller Bescheidenheit auf sein Äußeres verweist, im zweiten Hadith gar austauschbar mit ihm wird.

Ibn ʿAbbās berichtete, der Gesandte Gottes habe gesagt:
„Ich sah ʿĪsā b. Maryam und Mūsā und Ibrāhīm. Was ʿĪsā anbetrifft: Er ist von rötlicher Hautfarbe, hat grobes[26] *Haar und eine breite Brust. Was Mūsā anbetrifft: er ist korpulent." Dann fragten sie ihn nach Ibrāhīm, und er sagte: „Seht euren Gefährten*[27] *an!" Damit meinte er sich selbst.*
(Aḥmad 2.564)

Ibn ʿAbbās berichtete:
Der Prophet wurde nach Jerusalem (bait al-maqdis) entrückt. Als er nach dieser Nacht zurückkam, berichtete er ihnen davon, von der Stadt und ihren Karawanen ... „Und ich sah ʿĪsā: ein Jüngling, hellhäutig, mit gelocktem Haar, eisernem Blick und vollem Gesicht. Und ich sah Mūsā: er ist schwarz, dunkelhäutig, mit dichtem Haar." – Ḥasan sagte: „Mit dichtem

[24] Diese Tradition geht über die koranische Aussage hinweg, wonach ʿĪsā „in die Nähe Gottes zugelassen" (3,45) und zu ihm erhoben wird (3,55).

[25] *Lane* V, S. 1783, und *Fatḥ al-Bārī*.

[26] „grob: nicht weich und seidig", so die Anmerkung in *Fatḥ al-Bārī*; an anderer Stelle gibt er für *ǧaʿd* „lockig" an.

[27] Zu „euer Gefährte" als Bezeichnung für Muḥammad vgl. 53,2.

Haar und scharf geschnittenen Gesichtszügen." – „Und ich schaute Ibrāhīm an und sah, dass jeder seiner Körperteile genau wie meine sind, als ob er euer Gefährte wäre."
(Aḥmad 3.365)

Im folgenden Hadith wird zur Untermauerung dieser Aussage gar eine Wahrsagerin bemüht, eine typische Szene für die vorislamische Zeit der *ǧāhilīya*. Sie sollte den Leuten vom Stamm der Quraiš, also den Mekkanern, sagen, wer der Edelste unter ihnen sei, wer dem „Herrn des *maqām*",[28] dem Erbauer der Kaʿba, am ähnlichsten sei – auch hier wieder die Analogie von äußerer und innerer Ähnlichkeit.

Von Ibn ʿAbbās wird überliefert, dass die Quraiš zu einer Wahrsagerin[29] kamen und zu ihr sagten: „Sage uns, wer von uns dem Herrn des maqām am ähnlichsten ist."
Sie sagte: „Wenn ihr ein Tuch auf dieser Ebene ausrollt und darauf geht, werde ich es euch sagen." Dann legten sie ein Tuch aus und gingen darüber. Als sie die Fußspuren des Gesandten Gottes sah, sagte sie: „Das ist derjenige von euch, der ihm [dem Herrn des maqām] am ähnlichsten ist." Danach vergingen etwa zwanzig Jahre – Gott allein weiß genau, wie viele – und dann sandte Gott Muḥammad.
(Ibn Māǧā 2.341)

Damit wird Muḥammad aus zweier Zeugen Mund bestätigt, von einem Vertreter der Schriftreligionen, dem christlichen Mönch Baḥīra aus Buṣrā in aš-Šām[30], und einer altarabischen Vertreterin des Polytheismus.[31] In Bezug auf den Überlieferer Ibn ʿAbbās dürfen jedoch Zweifel an der Authentizität dieses Hadith geäußert werden: Er ist der Vetter Muḥammads, zwei Jahre vor der *hiǧra* geboren und somit beim Tode des Propheten erst 12 Jahre alt.[32] Und er berichtet hier über ein Ereignis, das etwa zwanzig Jahre vor der Berufung Muḥammads, also dreißig Jahre vor seiner eigenen Geburt stattgefunden haben soll. Dieser Umstand, dass der erste Gewährsmann kein direkter Augenzeuge war, und die recht zweifelhafte Ehre, von einer Polytheistin bestätigt worden zu sein, haben die beiden strengsten Sammlungen – die *ṣaḥīḥān* von al-Buḫārī und Muslim – wohl veranlasst, diesen Hadith nicht aufzunehmen; er findet sich erst bei Ibn Māǧā, mit einer einzigen Parallele bei Aḥmad b. Ḥanbal, die ebenfalls auf Ibn ʿAbbās zurückgeht.

---

[28] *maqām* (Stelle, Standort), steht hier für das gesamte Heiligtum von Mekka; der „Herr des *maqām*" darf nicht verwechselt werden mit dem „Herrn der Kaʿba", der Gott wäre.

[29] Wahrsager (*kāhin*): „einer, der behauptet, über Kenntnis der Geheimnisse und der Zukunft zu verfügen". Worterklärung zum identischen Ḥadīṯ bei: Aḥmad 2.912.

[30] Sīra Rotter, S. 36–38.

[31] Religionswissenschaftlich macht diese doppelte Legitimierung zwar Sinn, theologisch wirft die Wahrsagerin jedoch Fragen auf. Im Neuen Testament ließen es weder Jesus noch die Apostel zu, sich durch Geister, bzw. durch Besessene legitimieren zu lassen (Mk 1,24–27; Lk 4,34–35.41).

[32] Über Ibn ʿAbbās gehen die Meinungen weit auseinander: Sie reichen von „Wunderknabe" bis „gewissenloser Lügner". Obwohl aufgrund seines persönlichen Verhaltens umstritten, wurde und wird er aufgrund seiner Gelehrsamkeit hoch verehrt, gilt als Vater der Koranexegese schlechthin und als größter Gelehrter der ersten muslimischen Generation, dem man die Beinamen *al-ḥibr* (Tinte) und *al-baḥr* (Meer) gab.

Die Barttracht Muḥammads und die Ibrāhīms. Neben der natürlichen, schöpfungsmäßigen Ähnlichkeit mit Ibrāhīm schien Muḥammad diese Ähnlichkeit nach Kräften unterstrichen zu haben. Das Markanteste und Veränderbarste im Gesicht eines Mannes, den Bart, soll er wie Ibrāhīm getragen haben. Allerdings ist dieser Hadith nicht gut bezeugt und wird ausdrücklich *ḥasan ġarīb* genannt:[33]

Ibn ʿAbbās berichtete:
Der Prophet hat seinen Schnurrbart gestutzt[34]*, so wie Ibrāhīm, der Freund Gottes, es gemacht hat. – Abū ʿĪsā hält diesen Ḥadīṯ für ḥasan ġarīb. –*
(at-Tirmiḏī 2.684)

Die Fußabdrücke Muḥammads und die Ibrāhīms. Auf dem *maqām Ibrāhīm*, dem Stein, auf dem dieser beim Bau der Kaʿba gestanden haben soll, werden bis heute die Fußabdrücke Ibrāhīms verehrt. Diese haben angeblich genau die Maße der Füße Muḥammads. Eine Überlieferung von dem Prophetengefährten Abū Ǧahm b. Ḥuḏaifa al-Quraišī, der unter denen war, die die Kaʿba zu Lebzeiten Muḥammads (vor seiner Berufung) und später, unter Ibn az-Zubair, renoviert hatten, besagt:

Ich sah keine Füße, die sich ähnlicher gewesen wären als die des Propheten und die Ibrāhīms, die wir im maqām fanden.[35]

Das Alter der Berufung. Obwohl nach dem Koran Ibrāhīm als *fatā* (Jüngling) erstmals in Erscheinung tritt, wird er nach al-Kisāʾī[36] im Alter von 40 Jahren beauftragt, vor Nimrod zu erscheinen, womit seine Auseinandersetzung mit dem Polytheismus in seine entscheidende Phase eintrat. Dies war auch das Alter der Berufung Muḥammads im Jahre 610 n. Chr.

Der Einbau des schwarzen Steins in die Kaʿba. Für Ibrāhīm wird das Alter, in dem er den schwarzen Stein in die von ihm errichtete Kaʿba baute, mit 35 Jahren angegeben – dasselbe Alter, das für Muḥammad überliefert ist, als er noch vor seiner Berufung während der Restaurierung der Kaʿba durch die Quraiš die Ehre erhielt, den schwarzen Stein zu setzen.[37]

---

[33] *ḥasan* (schön) ist eine Stufe unter der bestbezeugten Kategorie *ṣaḥīḥ* (gesund) und bedeutet, dass der Isnad entweder nicht vollständig ist oder es keine volle Übereinstimmung in Bezug auf die Gewährsmänner gibt; *ġarīb* (seltsam) bezieht sich auf einen zweifelhaften Inhalt oder auf einen Mangel im Isnad.

[34] Oder: „abgeschnitten". Nach anderer Überlieferung habe Muḥammad den Schnurrbart völlig rasiert und den Bart auf Faustlänge gestutzt.

[35] Zit. in: *Sāʿid b. Muḥammad Yaḥyā Bakdāš*, Faḍl al-ḥaǧr al-aswad wa-maqām Ibrāhīm, Beirūt 1416/1996, S. 103.

[36] *al-Kisāʾī*, The tales of the prophets of al-Kisāʾī, Bd. II, S. 141.

[37] In der Sīra I/1, S. 13 Anm. 1 werden die fünf Bauten der Kaʿba erwähnt: die erste durch den Sohn Ādams Šīṯ, die zweite durch Ibrāhīm auf den Fundamenten des durch die Sintflut zerstörten Hauses, die dritte durch die Quraiš. S. Sīra I/2, S. 13–21, v. a. 18 ff.

Die Reaktion Muḥammads in Bedrängnis. Bei Uḥud erfuhren die Muslime im März 625 eine Niederlage, die zwar militärisch gesehen keineswegs als verheerend zu bezeichnen wäre, jedoch nach dem glänzenden Sieg bei Badr 624, der als göttliche Legitimation und Zeichen von Muḥammads Prophetenamt verstanden worden war, die Muslime in tiefe Zweifel stürzte und im Koran als Strafe für ihren Unglauben und als Prüfung ihrer Standfestigkeit gedeutet wurde.[38] Der mekkanische Anführer Abū Sufyān, der zunächst davon ausgegangen war, dass Muḥammad in dieser Schlacht umgekommen sei, schickte Boten zu Muḥammad, die ihm – fälschlicherweise – berichteten, Abū Sufyān plane, ihn noch einmal anzugreifen und nun vernichtend zu schlagen.[39] In dieser misslichen Lage rief Muḥammad aus: „Unsere Genüge ist Gott, ein trefflicher Sachwalter!" (3,173). Und aṭ-Ṭabarī fügt hinzu, die Drohungen der Mekkaner habe die Muslime nur in ihrem Glauben bestärkt.[40]

Die Tradition legt nun diesen Ausspruch Muḥammads nachträglich Ibrāhīm in den Mund und zieht somit die Parallele zwischen der Bedrohung durch die ungläubigen Mekkaner unter Abū Sufyān und der Situation Ibrāhīms bei seinen ungläubigen Volksgenossen unter dem Leitmotiv „Bewährung und Standhaftigkeit des Glaubens im Feuer der Ungläubigen". Das heißt, dass die Tradition die im Koran begonnene Identifikation Muḥammads mit Ibrāhīm erkennt, sie unterstützt und fortführt.

Ibn ʿAbbās berichtete:
„Unsere Genüge ist Gott, ein trefflicher Sachwalter." – so sprach Ibrāhīm, als er ins Feuer geworfen wurde, und so sprach Muḥammad, als sie sagten: „Die Menschen haben sich gegen euch versammelt, daher fürchtet euch vor ihnen." Dies stärkte aber nur ihren Glauben, und sie sagten: „Unsere Genüge ist Gott, ein trefflicher Sachwalter."
(al-Buḫārī 4.197)[41]

Nebenfrauen aus Ägypten. Die Sīra führt als Verbindung Ibrāhīms und Muḥammads zu den Ägyptern die Nebenfrauen der beiden an: Hāǧar als *sarīya* Ibrāhīms und Mutter seines Sohnes Ismāʿīl sowie die Koptin Mārīya als *sarīya* Muḥammads und Mutter seines Sohnes Ibrāhīm.[42] Als ʿAmr b. al-ʿĀṣ ab 639 Ägypten eroberte, soll er an das Wort Muḥammads erinnert haben, mit den Ägyptern gütig umzugehen, da es zu ihnen Verschwägerung gebe (*ḏimma wa-raḥm* – Schutz und Gebärmutter, d. h. Abstammung) und die Mutter Ismāʿīls von ihnen stamme.

[38] *W. Montgomery Watt / Alford T. Welch*, Der Islam I, Stuttgart 1980, S. 108.
[39] *Fatḥ al-Bārī*, Erklärung zu al-Buḫārī 4.197.
[40] *aṭ-Ṭabari*, Tafsīr IV, Auslegung zu 3,173.
[41] Nach der Parallele al-Buḫārī 4.198, ebenfalls nach Ibn ʿAbbās, sei es das letzte gewesen, was Ibrāhīm sagte, bevor er ins Feuer geworfen wurde. In fast allen *qiṣaṣ* wird dies ebenfalls erwähnt.
[42] Sīra I/1, 113. Obwohl Mārīya die einzige Frau nach Ḫadīǧa war, die Muḥammad einen Sohn geboren hat, wird sie nicht als Ehefrau gesehen und trägt auch nicht den Ehrentitel *umm al-mu'minīn* (Mutter der Gläubigen) wie die anderen Ehefrauen.

Burāq als Reittier Ibrāhīms und Muḥammads. Muḥammad bekam das Fabelwesen Burāq,[43] „einen weißen Vierbeiner, kleiner als ein Maultier und größer als ein Esel, (…) der seine Hufe so weit ausgreifend setzt, wie das Auge sehen kann"[44] für die bereits erwähnte Nacht- und Himmelreise von Ǧibrīl zur Verfügung gestellt. Außer Muḥammad hatte nur Ibrāhīm das Vorrecht, auf dem nur im Ḥadīṯ, nicht aber im Koran genannten, legendären Reittier zu reisen, wobei nicht bekannt ist, welchem der beiden es zuerst zugeschrieben wurde. Ibrāhīm habe es zu Reisen zwischen seinen beiden Familien benutzt: Als Hāǧar Ismāʿīl gebar, wurde Sāra voll Neid, so dass der Patriarch die Magd wegschicken musste. Um Hāǧar und das Kind zu besuchen, bestieg Ibrāhīm den Burāq, der ihn innerhalb eines Tages von aš-Šām nach Mekka und zurück brachte.[45]

3.2.3 Ibrāhīm und Muḥammad als Quelle und Adressaten von Segen

Der Segen Muḥammads und Ibrāhīms für Mekka und Medina. Nachdem es bereits zu Lebzeiten Muḥammads zu Rivalitäten zwischen den *muhāǧirūn* (aus seiner Geburtsstadt Mekka Ausgewanderten) und den *an-ṣār* (Helfern) aus Medina gekommen war, setzte sich dies nach seinem Tod als Rivalität der beiden Städte fort: hier die Geburtsstadt des Propheten, die im Koran und in der frühen Geschichtsschreibung jedoch eher als Hort der Polytheisten hervortritt, die sich hartnäckig der prophetischen Verkündigung widersetzte und den Propheten vertrieb, und dort Medina als Stadt der „Helfer", die den Propheten und seine verfolgten Anhänger bereitwillig aufnahm, jedoch die Würde als Zentrum der islamischen Riten an Mekka abtreten und sich mit dem Grab des Propheten zufriedengeben musste. Zahlreiche Traditionen[46] versuchten nun, dieses heilige Kräftemessen zu überwinden und gebrauchten dazu die offenbar als ebenbürtig empfundenen Prophetengestalten Ibrāhīm und Muḥammad:

---

[43] Wohl von *barq* (Blitz); evtl. auch vom zoroastrischen *bārak / bāra* (Berg). In der Buchmalerei wird al-Burāq, ein Lieblingsstoff der Dichter und Miniaturmaler, dargestellt als Stute mit Frauenkopf und Pfauenschwanz. Der „Stall des Burāq" wird neben der Klagemauer gezeigt. (*B. Carra de Vaux*, Art. Burāq, in: HdI, S. 84 f.)

[44] al-Buḫārī 2.968, Muslim 234. Später verstanden als ein Reittier, das „weder Esel noch Pferd noch Maultier" war. Von dieser Indifferenz der Zugehörigkeit abgeleitet das kastilische „alboraique" im Spanien des 14. Jahrhunderts für einen „Glaubenswechsler", einen kryptomuslimischen Scheinchristen (*Eugen Heinen*, Sephardische Spuren I, S. 221).

[45] *Abū Ḥayyān al-Ġarnāṭī*, Al-baḥr al-muḥīṭ fī t-tafsīr, Auslegung zu 14,37. Ebenso *Sīra* I/2, 109 f., Fußn. 5; danach ging Sāras Eifersucht so weit, dass sie Ibrāhīm verbot, in Mekka vom Reittier zu steigen.

[46] Innerhalb des Hadith sind es die Traditionen zu den *faḍā'il* (Vorzügen bestimmter Städte). – Anachronistische *aḥadīṯ* zugunsten von Städten, die es zu Lebzeiten Muḥammads noch gar nicht gegeben hatte, waren es, die Goldziher zu seinem Hadith-kritischen Skeptizismus veranlassten.

Abū Huraira berichtete:
Die Leute pflegten die ersten Früchte dem Propheten zu bringen. Wenn er sie entgegennahm, pflegte der Gesandte Gottes zu sagen: „O Gott, segne uns unsere Früchte und unsere Stadt und unsere großen und kleinen Maßgefäße.[47] *O Gott, Ibrāhīm ist wahrlich dein Knecht und dein Freund und dein Prophet, und auch ich bin wahrlich dein Knecht und dein Prophet. Er hat dich um Segen für Mekka gebeten, und ich bitte dich um denselben Segen für Medina, so wie er ihn für Mekka erbeten hat." Dann rief er das jüngste Kind, das er sah, zu sich und gab ihm jene Frucht. – Abū ʿĪsa sagte: Das ist ein äußerst zuverlässiger Ḥadīṯ. –*
(at-Tirmiḏī 3.376)

Eine nur in den älteren Sammlungen aufgenommene Tradition, die sich auch im Kommentar von aṭ-Ṭabarī[48] findet, geht über den Segen hinaus und schreibt Ibrāhīm zu, er habe Mekka für *ḥarām* (heilig, verboten) erklärt, wie Muḥammad das später[49] mit Medina getan habe.

Abū Huraira berichtete uns, der Prophet habe gesagt:
„Bei Gott, Ibrāhīm ist wahrlich dein Freund und dein Prophet, und du hast Mekka für ḥarām erklärt auf Bitten Ibrāhīms hin. Und bei Gott, auch ich bin dein Knecht und dein Prophet, und ich erkläre das für ḥarām, was zwischen den beiden Lavafeldern ist [d. h. Medina].[50] *–*
Abū Marwān sagte: „Die beiden Lavafelder sind die steinigen Gegenden der Stadt."
(Ibn Māǧā 3.104)

Segenswunsch beim Gebet. Den Höhepunkt der Parallelisierung Muḥammads mit Ibrāhīm stellt mit Sicherheit der Segenswunsch dar, der bei jedem der fünf täglichen Pflichtgebete (*ṣalāt*) gesprochen wird. So wird nicht nur Muḥammad in die Segenslinie Ibrāhīms hineingenommen, sondern wird tagtäglich von allen seinen geistigen Kindern vergegenwärtigt.

Der Tradition zufolge baten die Gefährten Muḥammads diesen, sie zu lehren, wie sie für ihn beten könnten,[51] worauf er ihnen antwortete:

Sprecht: „Unser Gott, spende Muḥammad und seiner Familie Heil, wie Du Ibrāhīm und seiner Familie Heil gespendet hast. Unser Gott, segne Muḥammad und seine Familie, wie Du Ibrāhīm und seine Familie gesegnet hast."[52]

---

[47] Die Größenangaben für die Maßgefäße – Hohlmaße – variieren: 1 Mudd (kleines Gefäß) sind zwei Hände voll, 1 Ṣāʿ (großes Gefäß) sind 4 Mudd (Lane IV, S. 1746).

[48] *aṭ-Ṭabarī*, Tafsīr I, S. 542.

[49] In der sog. Gemeindeordnung von Medina (*ṣaḥīfat al-madīna*) erklärte Muḥammad „das Tal von Yaṯrib" zum „Heiligtum für die Leute dieser Urkunde" (Sīra Rotter, S. 113; *A. J. Wensinck*, Muhammad and the Jews of Medina, S. 16).

[50] Medina ist im Norden und Osten von Bergen umgeben, im Osten, Süden und Westen von Lavafeldern in U-Form. (*Günther Kettermann*, Atlas zur Geschichte des Islam, Darmstadt 2001, S. 17). Zur Umgebung Medinas mit vulkanischem Gestein: *A. J. Wensinck*, Muhammad and the Jews of Medina, S. 9 f.

[51] Vgl. die Parallele zur Bitte der Jünger, auf die Jesus mit dem Vater Unser antwortete (Lk 11,1; Mt 6,9–13); dies weist auf eine späte Entstehung hin, aus einer Zeit, in der sich die muslimische Gemeinde mit den christlichen Gemeinden zu messen und sie überbieten zu müssen glaubte.

[52] *al-Buḫārī*; ebenso ohne nähere Quellenangaben in: *R. Tottoli*, Biblical prophets, S. 114.

Die Prophetologie entwickelte ab dem 12. Jahrhundert daraus die *taṣliyah* (Segensgebet für den Propheten), den Segenswunsch über den Propheten, der nach der Erwähnung seines Namens gesprochen werden soll.[53]

3.3 „… *zu festigen das Herz des Propheten*“[54]

Während das Zentrum, das Herz der koranischen Verkündigung der *tauḥīd* (die Einheit und Einzigkeit Gottes) ist, zeigt sich – analog zum zweiten Halbsatz des islamischen Glaubensbekenntnisses – eine zunehmende Konzentration auf den Verkündiger des *tauḥīd*, Muḥammad selbst. Für Muḥammad wird hier „Prophet“ oder „Gesandter Gottes“ in Anlehnung an die Redeweise der Quellen über ihn und der Muslime übernommen. Es liegt in der Natur der Sache, dass diese Redeweise und die sie begründende Glaubensüberzeugung der Muslime, dass Muḥammad unmittelbar das Wort Gottes verkündet hat, jeglicher wissenschaftlicher Beurteilung, jeder Verifikation wie Falsifikation, unzugänglich ist.

So ist zunächst das Prophetenverständnis an sich, sowie das Verhältnis der beiden Propheten Ibrāhīm und Muḥammad zueinander zu untersuchen.

3.3.1 Propheten und Prophetenverständnis

In den koranischen Propheten wird die jüdische und christliche Vergangenheit erinnert und dem islamischen Gesamtkontext ein- und untergeordnet. Die in der Bibel erwähnten Propheten behielten auch im frühen Islam ihre Stellung, und ihnen wird bis heute hoher Respekt gezollt. Nach islamischem Verständnis reicht die Prophetenreihe von Adam bis Muḥammad und schließt neben vielen aus dem jüdisch-christlichen Bereich entnommenen Propheten auch drei genuin arabische Verkünder mit ihren jeweiligen Völkern ein – die Mehrheit jedoch sind biblische Gestalten. Dabei wird qualitativ nicht unterschieden zwischen Patriarchen, Schriftpropheten, altarabischen und neutestamentlichen Prophetengestalten. Inhaltlich ergeben sich diese Unterscheidungen, doch im Koran selbst findet sich kein geschlossenes Konzept von Prophetentum.

Während in der 1. mekkanischen Periode die eigene prophetische Rede Muḥammads im Vordergrund steht und andere Propheten in den Hintergrund

---

[53] Dies war keineswegs unumstritten, da Muḥammad als Gottes „Auserkorener“ und vollkommenes irdisches Lebensvorbild diesen Segen der Gläubigen in keiner Weise brauchen würde (*M. Schöller*, Mohammed, S. 99ff). Daher sei die *taṣliyah* nur Ausdruck der menschlichen Dankbarkeit und Verehrung.

[54] Ebenso *Ṣubḥī aṣ-Ṣāliḥ* zur Funktion der Prophetengeschichten, (Mabāḥiṯ fī ʿulūm al-Qurʾān, S. 204), in Anlehnung an 11,120: „Und Wir berichten dir lauter (solche) Geschichten von den Gesandten, um dir damit das Herz zu festigen.“

rücken, nur sporadisch und zumeist ohne Erzählzusammenhang erwähnt werden, finden sich in der 2. mekkanischen Periode die großen Prophetenzyklen,[55] in denen in lockerer, wechselnder und unsystematischer Reihenfolge überwiegend biblische Gestalten episodenhaft behandelt werden.

Propheten werden im Koran mit den Begriffen *mursal*, *rasūl* und *nabī* bezeichnet, wobei *mursal* auch als Adjektiv jeden bezeichnet, der in irgendeiner Weise gesandt ist, etwa einen Boten. *Rasūl* dagegen ist die offizielle Bezeichnung eines Gesandten, womit in koranischer Sprache zumeist *rasūl Allāh* (Gesandter Gottes) gemeint ist. Die absolute, determinierte Form (*ar-rasūl*) wird indes als Bezeichnung *des* Gesandten Gottes schlechthin, Muḥammad, verwendet.

Im folgenden Schaubild 6 findet sich eine tabellarische Auflistung der im Koran erwähnten Propheten in ihrer wahrscheinlichen chronologischen Reihenfolge mit (1) der biblischen Namensentsprechung – die bei den altarabischen Propheten natürlich nicht vorliegen kann –, (2) dem Volk, an das sie gesandt sind, (3) dem Ort, bzw. Land ihrer Sendung (was sowohl den Ort des Offenbarungsempfangs als auch das Land ihrer Tätigkeit bedeuten kann) und (4) ihrer koranischen Prophetenbezeichnung. Ferner ist vermerkt, ob ihnen eine Schrift, ein *kitāb* (Buch) bzw. *ṣuḥuf* (Blätter) zugeschrieben wird.

Der arabische Terminus *rasūl*[56] wird demnach für alle Prophetengestalten verwendet, während das zwar arabisch klingende und auch abzuleitende *nabī*,[57] das jedoch seine hebräische und aramäische Entsprechung hat (נָבִיא) und wohl auch von dort übernommen wurde,[58] ausschließlich für biblische Gestalten reserviert ist. So der Textbefund, wenn die Prophetenerzählungen auf die Termini hin untersucht werden. In der Literatur findet sich jedoch meist die entgegengesetzte Einteilung: „Jeder *rasūl* ist ein *nabī*, aber nicht jeder *nabī* ist ein *rasūl*."[59] Bedeutsam ist die Verbindung von *nabī* mit einem wie auch immer gearteten *kitāb*, einer ihm von Gott gegebenen Schrift, die er weiterzugeben hat. Folgerichtig wird *nubūwa* (Prophetentum) an etlichen Stellen mit *kitāb wa-ḥikma* (Schrift und Weisheit) zusammen erwähnt.[60]

[55] 37,75–148; 26,10–191.221ff; 19,2–58; 21,48–92. In 4,163–165 (medin.) eine bloße Auflistung von Namen. – Ein Themenzusammenhang zwischen Surennamen und Inhalt sind gegeben in Sura 71 (Nūḥ), 14 (Ibrāhīm), 12 (Yūsuf), 19 (Maryam).

[56] *rasūl – rusul*: im IV. Stamm „aussenden, schicken". Dieser Terminus wird weit über 300 Mal im Koran verwendet.

[57] *nabī – anbiyā', nabīyūn:* Möglich wäre eine Ableitung von *naba'a* (hoch erhaben sein, über jdn kommen), im II. und IV. Stamm „benachrichtigen", im V. Stamm „prophezeien, vorhersagen, sich für einen Propheten ausgeben". Es ist jedoch wahrscheinlicher, dass der hebräische, bzw. aramäische Terminus übernommen wurde (*A. Jeffery*, Foreign vocabulary, S. 276).

[58] Nach *al-'Aqqād* hätten die Hebräer das genuin arabische *nabī* von den Arabern des Nordḥiǧāz übernommen; die Bedeutung beinhalte „Offenbarung, Eingebung, Kunde über das Jenseits, Verkündigung", daher *nabī* als „Seher, Schauer, Warner" (Ibrāhīm, S. 151).

[59] *M. Mir*, Dictionary of Qur'anic terms and concepts, S. 165.

[60] 2,129; 4,54; 3,79; 6,89; 45,16. Wobei noch zu untersuchen wäre, worin sich Schrift und Weisheit überhaupt unterscheiden, ob etwa mit „Weisheit" die weisheitlichen Schriften des Alten

Schaubild 6: Propheten des Korans[61]

Koranischer Name	Biblischer Name[62]	an das Volk	Ort der Sendung	rasūl	nabī	Buch
Ādam	Ādam Adam	Nachkommen Adams	Indien arabische Halbinsel	×	×	(×)
Idrīs[63]	(Aḫnūḫ) Henoch)	Kinder Kains	Babylon Ägypten[64]	×	×	(×)
(Šīṯ	Seth)[65]			×	×	
Nūḥ	Nūḥ Noah	Volk Nūḥs	Südirak	×	×	
Hūd	—	ʿĀd	al-Aḥqāf? Ḥadramawt	×		
Ṣāliḥ	—	Ṯamūd[66]	al-Ḥiğr Madā'in Ṣāliḥ	×		
Ibrāhīm	Ibrāhīm Abraham	Chaldäer	Ur (Irak) Ḥarrān Palästina Mekka, Hebron	×	×	× ṣuḥuf

Testaments gemeint sein könnten oder ob beide synonym verwendet werden. Im Zusammenhang mit ʿĪsa: 43,63; 3,48; 5,110.

[61] *Sāmī b. ʿAbd Allāh b. Aḥmad al-Maġlūṯ*, Aṭlas tā'rīḫ al-anbiyā' wa-r-rusul, S. 45–49; *Shauqi Abu Khalil*, Atlas of the Qur'ān, Riyadh 2003. – Im Lehrbuch für islamischen Religionsunterricht in Österreich: *Baki Bilgin*, Mein Leben für den Islam 2, Wien 1995, S. 28, geringfügige Abweichungen. – Die Angaben über die Bücher in Klammern bedeuten, dass diesem Propheten nur in der Tradition ein Buch zugeschrieben wird (s. Baki Bilgin).

[62] Schreibweise in der arabischen Bibel und in deutsch. Eine ähnliche, jedoch unvollständige, vergleichende Prophetenliste bei *Tharwat Kades*, Die arabischen Bibelübersetzungen im 19. Jahrhundert, Frankfurt am Main 1997, S. 158.

[63] So die allgemeine islamische Auffassung. *Aṭ-Ṭabarī* (Tā'rīḫ ar-rusul wa-l-mulūk, Bd. I., XVI,97 identifiziert Idrīs als Henoch (Aḫnūḫ), den Großvater Nūḥs (nach Wahb b. Munabbih). Dagegen: *A. Jeffery*, The Foreign vocabulary, S. 51–52. Über die tatsächliche Identität von Idrīs differieren die Meinungen auch unter den Orientalisten erheblich. – Unter Muslimen ist für Idrīs auch „Andreas“ zu finden, was klanglich denkbar wäre, jedoch nicht sehr wahrscheinlich ist, da mit Idrīs vom koranischen Kontext her wie auch in der üblichen chronologischen Einordnung der Propheten nur eine sehr frühe alttestamentliche Gestalt gemeint sein kann.

[64] Der Überlieferung zufolge kam er vom Euphrat an den Nil, den er „Bābilyūn“ nannte, einen Fluss wie in Babylon. (*Abu Khalil*, Atlas of the Qur'ān, S. 26 f.) Daher der Name der frühesten islamischen Festung in Ägypten, in Fusṭāṭ (Alt-Kairo).

[65] Im Aṭlas al-anbiyā' und Atlas of the Qur'ān nicht aufgenommen.

[66] Nordwestarabischer Stammesverbund (in einer assyrischen Inschrift von Sargon bereits im 8. Jh v. Chr. erwähnt): ca. 800 v. Chr. bis 300 n. Chr., am Rande des aramäischen Einflußgebiets, dem heutigen Syrien. Siehe: *Mohammed Babelli*, Mada'in Saleh, Riyadh 2006; *Maria Höfner*, Die vorislamischen Religionen Arabiens, Stuttgart 1970, S. 355; *J. S. Trimingham*, Christianity among the Arabs in Pre-Islamic Times, S. 14/15.

Koranischer Name	Biblischer Name	an das Volk	Ort der Sendung	rasūl	nabī	Buch
Lūṭ	Lūṭ Lot	Volk Lūṭs	Sodom (aš-Šām)[67]	×	×	
Ismāʿīl	Ismāʿīl Ismael	Amalekiter, Stämme Jemen	Mekka	×	×	
Isḥāq	Isḥāq Isaak	Kanaanäer	Hebron (Palästina)	×	×	
Yaʿqūb	Yaʿqūb Jakob	Kinder Israel	aš-Šām Ḥarrān Ägypten	×	×	
Yūsuf	Yūsuf Josef	Kinder Israel, Ägypter	Palästina Ägypten	×	×	
Šuʿaib	— (Jethro?)	Madyan[68]	Madyan / Midian Tābūk	×		
Ayyūb	Ayyūb Hiob	Amoriter	Ḥaurān (aš-Šām) oder Golf v. ʿAqabah	×	×	
Ḏū l-Kifl[69]	(Josua? Hesekiel?)	Amoriter	aš-Šām	×	×	
Mūsa	Mūsa Mose	Pharaonen,[70] Kinder Israel	Ägypten Midian, Sinai Gilead	×	×	× ṣuḥuf-taurāt
Hārūn	Hārūn Aaron	Pharaonen, Kinder Israel	Ägypten	×	×	
Dāwūd	Dāwūd David	Kinder Israel	Palästina	×	×	× zabūr
Sulaimān	Sulaimān Salomo	Kinder Israel	Palästina	×	×	
Ilyās[71]	Īlīyā Elia	Phönizier	Baʿlbak (aš-Šām)	×	×	

[67] aš-Šām = Damaskus, auch: Syrien; in der islamischen Literatur ist mit *bilād aš-Šām* das heutige Syrien, Jordanien und der Libanon gemeint.

[68] Die Banū Madyan gelten als Söhne Ibrāhīms von der Ketura (bt. Yaṭān, die Kanaanäerin). Sīra I/2, S. 174, Anm. 5.

[69] *kifl* = hier: „Garantie"; auch: „Glück, Bemühen". Auch bei *aṭ-Ṭabarī*, Tafsīr XVI, 97 reichen die Spekulationen von einem Propheten über einen Rechtschaffenen bis hin zu einem unbekannten jüdischen König. Aus dem Namen selbst wird eine Erklärung abgeleitet: Es sei ein Mann, der für einen anderen garantierte, für ihn hundert Gebete am Tag zu sprechen; und er habe sein Versprechen erfüllt.

[70] Im *Aṭlas al-anbiyā'* unergründlicherweise im Plural, analog zu den Namen der Völker.

[71] Zur Namensform: *A. Jeffery*, Foreign vocabulary, S. 68. – Über seine Herkunft und Identität gehen die Meinungen auseinander: Er sei Nachkomme von Hārūn, dem Bruder Mūsās; ein Auswanderer nach Abessinien setzt ihn mit Idrīs gleich (*aṭ-Ṭabarī*, Tafsīr VII, S. 261–62).

Koranischer Name	Biblischer Name	an das Volk	Ort der Sendung	rasūl	nabī	Buch
al-Yasaʿ[72]	Ališāʿ Elisa	Kinder Israel, Amoriter	Bānyās (aš-Šām)	×	×	
Yūnus (Ḏū n-Nūn, Ṣāḥib al-Ḥūt)	Yūnān Jona	Assyrer	Ninive (Irak)	×	×	
Zakarīyā	Zakarīyā Zacharias	Kinder Israel	Palästina	×	×	
Yaḥyā	Yūḥanna Johannes d. Täufer	Kinder Israel	Palästina (Damaskus)	×	×	
ʿĪsā	Yasūʿ Jesus	Kinder Israel	Palästina	×	×	× Inǧīl
Muḥammad	—	Araber	Mekka	×	×	× Qur'ān

Von daher ist aufzuhorchen, wenn auch Muḥammad im Koran als *nabī* bezeichnet wird und somit nach koranischem Verständnis beansprucht, in die biblische Prophetenreihe inkorporiert zu sein, nicht nur terminologisch, sondern dann auch durch die Projektion seiner Vorhersage in den Mund der ihm vorausgehenden Propheten. Die terminologische Entwicklung Muḥammads vom *rasūl* zum *nabī* fand allerdings erst in medinischer Zeit statt, als er seinen Platz innerhalb der biblischen *successio prophetica* einnahm – den des Nachkommen und Erben Ibrāhīms, als *ḫātim an-nabīyīn* (Siegel der Propheten, 33,40), als ultimativem Erbe der Patriarchen und Vollender der biblischen Prophetenreihe.

Während beim *nabī* die biblische Konnotation und das Buch eine Rolle spielen, ist ein *rasūl* immer im Zusammenhang mit dem Volk oder Stamm zu sehen, zu dem er gesandt ist und zu dem er eine enge, verantwortungsvolle Beziehung hat („Ein Zeuge über sie aus ihren eigenen Reihen“ 16,89).[73] Folgerichtig sind zu den *ǧinn*[74] nach 6,130 nur *rusul* gesandt, keine *anbīyā'*. Die Prophetenreihe

[72] Zur Namensform: *A. Jeffery*, Foreign vocabulary, S. 68; Koranübersetzung Elyas / Bubenheim, S. 606. Die Vorfahren Alyasaʿs seien unbekannt und über die Lesart des Namens herrscht unter den Kommentatoren Uneinigkeit, siehe *aṭ-Ṭabarī*, Tafsīr VII, S. 262.

[73] Vgl. 2,129.151; 9,128; 62,2. – Zu weiteren Unterscheidungen zwischen *rasūl* und *nabī* siehe *R. Tottoli*, Biblical prophets, S. 73–76.

[74] Aus altarabischer Vorstellung übernommene Wesen, die den Zwischenbereich zwischen Erde und Himmel bevölkern, geschaffen aus rauchloser Flamme, die oft in engem Zusammenhang mit den Menschen – als stehender Ausdruck *ins wa-ǧinn* (Menschen und *ǧinn*) – erwähnt werden, bis in die aktuelle islamische Literatur in Deutschland (*Amir Zaidan*, Al-ʿAqīda. Einführung in die zu verinnerlichenden Inhalte des Islam, Offenbach ^{2}1999). – In Sura 72 (*al-ǧinn*) hören die *ǧinn* die Verkündigung Muḥammads und kommen zum Glauben; v. a. im Volksislam spielen die *ǧinn* eine große Rolle.

selbst ist weder eine aufsteigende Linie, noch eine Hierarchie, sondern gleicht eher einer lockeren Folge von Prophetengestalten, denn trotz unterschiedlicher Gewichtung hat jeder Prophet dieselbe Aufgabe: Jeder ist ein von Gott Gesandter – zu seiner Zeit, zu seinem Volk, in seiner Sprache – aber mit immer derselben Botschaft.[75]

> Prophets in personal impact on their peoples, warners and apostles, staking divine claims within particular communities and their word, cited, recited and perpetuated, making God real in terms of demand and reply.[76]

Der Widerspruch zwischen dem Vorhandensein dreier altarabischer Propheten und der Aussage Muḥammads, vor ihm sei noch kein Prophet zu den Arabern gesandt worden, lässt sich nur auflösen, wenn mit ihren Völkern andere arabische Stämme gemeint sind. Nachkoranisch wurde von der Tradition die Zahl der *rusul* auf über dreihundert erhöht. Ebenso verwischen sich in späterer Literatur die Unterscheidungen zwischen *rasūl* und *nabī*. Der Versuch einer Differenzierung führt zu unhaltbaren Behauptungen, wie etwa, dass der *nabī* vor der Strafe in der nächsten Welt warne, der *rasūl* dagegen vor der Strafe im Diesseits.[77] Auch geht vor allem die islamische Tradition in ihrer Auflistung der prophetischen Eigenschaften (*ʿiṣma* – Sündlosigkeit, *ṣidq* – Gerechtigkeit, *fiṭāna* – Weisheit und *tablīġ* – Amt der Verkündigung) über die koranischen und frühislamischen Aussagen hinaus, ja widerspricht ihnen im Bemühen, alle Propheten als sündlos zu zeichnen.

Ihre je eigene Gewichtung erhalten die biblischen Propheten etwa durch die Häufigkeit, mit der sie erwähnt werden, teilweise wird dieselbe Geschichte mehrere Male erzählt;[78] andere dagegen werden nur beiläufig genannt. Es gibt Rätsel auf, dass ausgerechnet die im Alten Testament breiten Raum einnehmenden Schriftpropheten[79] gar nicht auftauchen. Den breitesten Raum nimmt Mūsā ein, während Ibrāhīm eine islamische Schlüsselrolle zukommt und ʿĪsā aufgrund der theologischen Aussagen eine herausragende Stellung einnimmt. Koranisches Sondergut sind die altarabischen Propheten Hūd, Ṣāliḥ und Šuʿaib,[80] die häufig in den Straflegenden anzutreffen sind; ihnen liegen vermutlich die im kollektiven Gedächtnis lebendig gebliebenen Erzählungen von Stämmen zugrunde, die in

---

[75] Siehe dazu auch: 16,36; 14,4; 10,74; 25,51.

[76] *K. Cragg*, The Event of the Qur'ān, S. 30.

[77] *M. Mir*, Dictionary of Qur'anic terms, S. 165.

[78] Für die Ibrāhīmthematik im Anhang Synopsen der entsprechenden Texte sowohl in ihrer inhaltlichen Analogie als auch in ihrer chronologischen Veränderung.

[79] *K. Cragg*, The event of the Qur'ān, S. 173, weist darauf hin, dass mit Ausnahme Jonas im Koran sämtliche alttestamentlichen Propheten ab dem 8. Jahrhundert v. Chr. fehlen, was kaum auf ihre fehlende Bekanntheit unter den Juden Arabiens zurückgeführt werden kann.

[80] Hūd (26,123–140; 23,31–41; 11,40–50; 7,65–72); Ṣāliḥ (54,23–31; 26,141–159; 11,61–68; 7,74–79); Šuʿaib (26,176–190; 11,84–95; 7,85–93). Zu den altarabischen Propheten: *R. Tottoli*, Biblical prophets, S. 45–50; *A.Th. Khoury*, Einführung in die Grundlagen des Islam, S. 36–38.

der Verlassenheit der Zentralwüste Arabiens verschollen waren, was als Strafe Gottes gedeutet wurde.

Das Prophetentum an sich ist regional begrenzt, und auch der einzelne Prophet hat keine globale Sendung, denn nur die Botschaft ist global, und es ist Ausdruck von Gottes Barmherzigkeit, dass er allen Völkern ihren jeweiligen Propheten sendet. Der Prophet verschmilzt förmlich mit seiner Botschaft – „the messenger was in the message, inasmuch as the message was by the messenger“[81] – bis hin zur stereotypen Doppelformel „Gott und sein Prophet“. Dieser Heilsuniversalismus des Islam wird heute oft von Muslimen betont, da es hier im Gegensatz zum Exklusivismus des Judentums keine Auserwählung eines einzelnen Volkes gebe. Während im Falle der Kinder Israel viele Propheten zu einem Volk gesandt sind, jedoch zu unterschiedlicher Zeit, erscheint ʿĪsa teils zu den Kindern Israel, teils – freilich anachronistisch – zu den Christen gesandt.

Muḥammad ist mit einem „arabischen Koran“[82] „in der Sprache seines Volkes“[83] „in klarer arabischer Sprache“[84] gesandt an die arabisch Sprechenden. Von „Arabern“ zu reden wäre ein Anachronismus, denn *ʿarab*, im Plural *ʿurūb* und *aʿrāb*, wird nur in 33,20; 48,11.16; 49,14 und v. a. 9.90–120 als Bezeichnung der beduinischen Bevölkerung, der „Wüstenaraber“[85] in Abgrenzung zu den Stadtbewohnern von Medina (V.101.120) verwendet; *ʿarabī* bezieht sich daher nur auf die gesprochene Sprache, nicht wie in heutigem Gebrauch auf die ethnische Zugehörigkeit. Die Hinwendung zunächst zum eigenen Volk spiegelt al-Qurṭubīs Auslegung zur ersten Erwähnung Ibrāhīms in 87,9 wider: „Predige deinem Stamm, o Muḥammad!“[86] Während jeder frühere *rasūl* zu seinem eigenen Volk gesandt ist, macht es den universalen Charakter der Sendung Muḥammads aus, die an die ganze Welt gerichtet sei (7,158; 34,28).[87]

Vom Propheten als Antithese zu unterscheiden sind der *kāhin* (Seher, Wahrsager), der *sāḥir* (Zauberer), sowie der *šāʿir* (Dichter),[88] die als Lügner bezeichnet werden, auf die die Satane herabsteigen, deren Inspiration sie empfangen (26,221–24). Dagegen ist der Prophet nach dem Koran ein *mubaššir* – (Ver-) Künder (von guten und negativen Nachrichten),[89] *naḏīr* – Warner (für die Ungläubigen: Androhung von Strafe),[90] *muḏakkir* – Ermahner (für die Gläubigen:

[81] *K. Cragg*, The event of the Qur'ān, S. 32.

[82] 12,2; 20,113; 39,28; 41,3; 42,7; 43,3; vgl. 41,44.

[83] 14,4.

[84] 26,195; 13,37; 16,103; 46,12.

[85] So die Übersetzung bei Nadeem Elyas.

[86] *al-Qurṭubī*, Al-ǧāmiʿ li-aḥkām al-Qur'ān, 11 Bde., Beirut 1414/1993. Auslegung zu 87,9.

[87] *M. Mir*, Dictionary of Qur'anic terms and concepts, S. 163.

[88] „Das sind wahrlich die Worte eines edlen Gesandten (*rasūl*), das sind nicht die Worte eines Dichters (*šāʿir*). Und es sind auch nicht die Worte eines Wahrsagers (*kāhin*). Es ist eine Offenbarung (*tanzīl*) vom Herrn der Weltenbewohner.“ 69,40–43.

[89] 2,213; 4,165; 6,48; 17,105.

[90] 35,24; insgesamt etwa 40 mal.

Erinnerung an die Taten der Früheren) und einer, der *ḥukm* (Urteilskraft, Befehlsgewalt) besitzt, was über die geistige Führungsrolle hinausgeht und hineinreicht in ein politisches Amt, daher auch die zahllosen Mahnungen, Gott und dem Gesandten zu gehorchen. Erst in der Tradition, unter dem Einfluss jüdisch-christlicher Prophetenvorstellungen, empfängt er von Gott auch Offenbarungen, um Dinge vorauszusagen.[91]

Dabei ist die Terminologie richtungsgebunden: von Gott gesehen ist die Prophetie *tanzīl* (Herabsendung, Herablassung), wobei der Prophet, der *nabī ummī*, selbst immer passiv bleibt und etwas empfängt, eine Art „Abspielgerät" des Wortes Gottes. Moderne Theologen sehen diese Passivität kritischer:

> Der Koran ist das Wort Gottes, aber er ist sicherlich zugleich sehr eng mit der ureigensten Persönlichkeit des Propheten Muhammad verbunden, zu dem es nicht nur ein rein mechanisches Aufzeichnungsverhältnis geben kann.[92]

Von der Warte des Propheten her, wird dieser Vorgang *waḥy* (Eingebung) genannt.[93] Allein die quantitative Verteilung der *termini*, etwa 280 mal *tanzīl* gegenüber 40 mal *waḥy*, zeigt den Schwerpunkt des Offenbarungsgeschehens auf. Zwar kann der Prophet auf die Eingebung, die immer in Form der Audition vermittelt wird,[94] warten, sich auf sie vorbereiten, niemals aber in direkte Kommunikation mit Gott treten oder ihn gar sehen, vielmehr ist der *angelus interpres*, der Offenbarungsengel Ǧibrīl, dazwischengeschaltet.[95] Ausnahme hiervon ist allein Mūsā, der durch das „vertrauliche Gespräch" (19,52) mit Gott „vor den Menschen auserwählt" wurde (7,144) und den Beinamen *kalīm Allāh* (der von Gott Angeredete) erhielt. Zum Berufungserlebnis muss das prophetische Beglaubigungswunder (*muʿǧiza*) hinzukommen, bei Ibrāhīm die Rettung aus dem Feuer.

Die Verkündigung ist eine Pflicht für den Propheten, „auch wenn sie nichts nützt"[96], d. h. keine sichtbaren Ergebnisse zeitigt, außer bei den Gottesfürchtigen. Der Prophet hat also nur die Aufgabe des Kündens und wird nicht zur Rechen-

---

[91] *aṭ-Ṭabarī*, Tafsīr XVI, S. 89.

[92] *F. Rahman*, Major themes, S. 87.

[93] Siehe auch *ilhām*.

[94] In der sehr frühen Zeit, der 1. mekkanischen Periode, könnte es auch Visionen gegeben haben: 81,19–24; 53,1–18. Allerdings sind die Auslegungen darüber sehr unterschiedlich.

[95] 42,51. – Eines von vielen Beispielen für die Rolle Gibrīls als Mittler in einer komplizierten Kommunikation zwischen Gott und Muḥammad: ʿAbd Allāh b. Amr b. al-ʿĀṣ überlieferte, der Gesandte Gottes habe den Spruch Ibrāhīms in 14,36 und den Spruch ʿĪsās in 5,118 rezitiert. Dann hob er die Hände, sagte: „O Gott, meine *umma*, meine *umma*, meine *umma*!" und weinte. Da sagte Gott: „O Ǧibrīl, gehe zu Muḥammad und frage ihn, was ihn weinen lässt." Ǧibrīl kam zu Muḥammad und fragte ihn. Der Gesandte Gottes berichtete ihm, und Ǧibrīl berichtete es Gott. Daraufhin sagte Gott zu Ǧibrīl: „Gehe wieder zu Muḥammad und richte ihm aus: ‚Wir werden dich hinsichtlich deiner *umma* zufriedenstellen und dir nicht wehtun.'" (*aṭ-Ṭabarī*, Tafsīr XIII, S. 227)

[96] *al-Ǧirǧānī* in al-Qurṭubī, Al-Ǧāmiʿ li-Aḥkām al-Qur'ān.

schaft gezogen für einen eventuellen Misserfolg.[97] Nicht für den Erfolg, sondern für die Erfüllung des Mahnens und Rufens kommt ihm eine Belohnung zu.

So steht denn bei allen Propheten der Ruf zu dem einen, einzigen Gott, der keine anderen Götter neben sich hat, angesichts des nahenden Gerichtstags, an dem Rechenschaft gefordert werden wird, im Vordergrund. Dies sind formal die Elemente prophetischer Rede: der Ruf zur Umkehr vor dem nahegekommenen Gericht,[98] mit den immer gleichen rhetorischen Mitteln und Motiven: der Schilderung Gottes als Schöpfer und Richter, untermauert und intensiviert durch die Androhung der Strafe für den Unglauben in den Höllenschilderungen und den paradigmatischen Straflegenden. Es ist Gottes Gnade, dem Menschen, dem die Unterscheidung von Gut und Böse zwar von Natur aus mitgegeben, der aber zugleich schwach und unreif ist, *hudā* (Rechtleitung) zukommen zu lassen.

Auch das Schicksal der Propheten folgt einem immer gleichen Schema: Das Volk, zu dem sie gesandt sind, reagiert mit Unverständnis, Widerstand und Ablehnung bis hin zu Bedrohung und Verfolgung.[99] Immer wieder wird im Koran den Völkern, v.a. den Kindern Israel, vorgeworfen, die Propheten „zu Unrecht“ getötet zu haben.[100] Der Prophetentod gleicht jedoch einem stereotypen Topos: nie werden die angeblich getöteten Propheten namentlich verifiziert und konkretisiert; aber immer wird das Volk für seinen Unglauben angeklagt und bestraft. Dieser Aspekt des Prophetentums wurde auch Muḥammad gleich bei seiner Bestätigung durch den Vetter seiner Frau, den christlichen Mönch Waraqa b. Nawfal, angekündigt: „Man wird dich einen Lügner nennen, kränken, vertreiben und zu töten versuchen.“[101] Dadurch wird das Prophetentum „eine mühevolle Last“, unter der der Prophet zeitweise auch zu verzweifeln droht.

Aber unter diesem Gesichtspunkt müssen Fragen an die Ibrāhīm-Erzählung des Korans gestellt werden: Wenn schon eine so exponierte Gestalt wie Ibrāhīm keine individuelle Person sein kann, wie sieht es dann mit weniger exponierten Menschen, d.h. mit der Masse der Gläubigen aus? Wenn die Geschichte dieses Propheten auf ein Exempel moralischer und dogmatischer Aussagen reduziert wird, wo bleibt dann die lebendige, dynamische Geschichte Gottes mit seinen Menschen?

Eine Möglichkeit der Relevanz für die Hörer und Leser der Verkündigung Muḥammads bliebe, wenn nämlich Muḥammad nun seinerseits paradigmatisch für alle Menschen stünde, herausgehoben nur dadurch, dass er die Botschaft als

---

[97] 16,82: „Wenn sie sich abkehren, so obliegt dir nur die deutliche Übermittlung (der Botschaft).“

[98] In derselben Manier der deutsche Konvertit *Ahmad von Denffer*, Leiter des Islamischen Zentrums München: „Ich rufe euch auf zu Allah und warne euch vor Seiner Strafe!“ (Da'wa in der Zeit des Propheten. Der Ruf zum Islam des Propheten Muhammad (s) und seiner Gefährten, München 2001, S. 8).

[99] 7,94; 25,31; 34,34.

[100] 2,61.91; 3,21.112.181; 4,155; 6,34.

[101] Sīra Rotter, S. 47. Vgl. *Aḥmad Ibn Rassoul*, Lexikon der Sīra, S. 235.

Erster hört, als Mensch *par excellence*. Damit erhielten die Prophetengeschichten eine unmittelbare Relevanz. Doch ist bereits im Koran, und noch mehr in der Tradition, Muḥammad nicht nur zuerst Angesprochener, sondern in seiner Prophetenfunktion grundsätzlich Herausgehobener. Das „Gehorcht Gott und dem Propheten", das sich unzählige Male findet, erlaubt es – trotz gegenteiliger Aussagen – nicht mehr, ihn als *primus inter pares* zu sehen. Die *šahāda* schneidet diesen Weg schließlich vollständig ab durch ihre Doppelgestalt des Bekenntnisses zu Gott und seinem Propheten. So muss Muḥammad doch auch als Mensch singulär bleiben. Die Tradition hat diese Tendenz sehr wohl verstanden und sie folgerichtig verstärkt, wenn auch legendarisch ins Bizarre überzogen.[102] Dadurch aber rücken die biblischen Prophetengestalten wieder in die Ferne, denn die Prophetengestalt Muḥammads schiebt sich zwischen sie und die Hörer der Botschaft.

Exkurs 1: Allāh wa-rasūluhū *(Gott und sein Gesandter)*

Nicht erst die *šahāda* (Glaubensbekenntnis)[103], die den Gläubigen vom ersten bis zum letzten Atemruf begleitet und die in Gebetsruf und rituellem Gebetstext ständig vergegenwärtigt wird, bringt mit ihrer Doppelgestalt den Propheten in eine eigentümlich duale Beziehung zu Gott, die Fragen aufwirft – allerdings dürfte diese zweite Hälfte der *šahāda* erst rund 50 Jahre nach dem Tod Muḥammads diese Form gefunden haben; zumindest ist sie nicht vor dem Jahr 698 AD bezeugt.[104] Schon im Koran taucht aber die Formel *Allāh wa-rasūluhū* (Gott und sein Gesandter) als feste Größe auf und etabliert sich. Zeitpunkt und Entwicklung der Formel sind bemerkenswert; die chronologische Hermeneutik zeigt eine auffällige Häufung und Zuspitzung auf.

Lexikalische Klärung:
Die Wurzel *rasala*[105] ursprünglich: „was, or became easy in pace", dann „bringing a message", im IV. Stamm: „aussenden, schicken", „the act of sending"; *rasūl*: „one who has a message", „one sent with a message", „one who carries on by consecutive progressions the relation of the tidings of him who has sent him"; determiniert dann für Muḥammad benutzt, wobei der Gedanke der konsekutiv aufeinander folgenden Botschaften aller Propheten mitschwingt. *Mursil* kann sowohl einen Gesandten im Sinne eines Propheten als auch eines Engels bezeichnen (51,31 ff.).

---

[102] Siehe dazu ausführlich: *T. Nagel*, Allahs Liebling.

[103] *šahāda* eigentlich: Zeugenaussage, Bericht eines Augenzeugen, auch im juristischen Sinn; Zeugnis, Bescheinigung; hier verwendet als Glaubensbekenntnis, das beim Übertritt zum Islam gesprochen wird, jedoch auch als Ausruf der Verwunderung.

[104] „This papyrus [Berlin Papyrus no. 10677] originates from Egypt and bears an Arabic-Greek protocol comprising the Muslim profession of faith (*shahada*), which allows it to be dated to the years 698–733. Before this time the *shahada* did not feature." (*Robert Hoyland*, Seeing Islam as Others Saw It: a Survey and Evaluation of Christian, Jewish and Zoroastrian Writings On Early Islam, Princeton 1998, S. 112)

[105] Lane III, S. 1081–83.

Chronologisch-interdependente Klärung:
2. mekk.: (71,3)
3. mekk.: 7,158
medin.: 64,8; 8,1.13.20.46; 61,11; 57,7; 4,13.14.100.136; 59,4.8; 33,12.22.33.36.57.71; 24, 48.51.52.62; 58,5.13.20.22; 48,9.13.17; 49,1.14; 9,1.3.24.29.54.59.62.63.71.74.80.84.90.107; 5,33.55.56

Eine erste Verbindung von Gott und einem Propheten wird Nūḥ in den Mund gelegt, der zu seinem Volk sagt: „Dient Gott und fürchtet ihn, und gehorcht mir.“ (71,3). Erst gegen Ende der 3. mekkanischen Periode, als die Vorbereitungen für die *hiǧra* in vollem Gange sind, verknüpft Muḥammad den Glauben an Gott mit dem Glauben an seine eigene Person, wohl aufgrund der Kühnheit des Gedankens noch mit der Bemerkung, dass dieser Gesandte selbst „an Gott und seine Worte glaubt“ (7,158). Als ein Prophet, der die Worte Gottes verkündet und zum Glauben ruft, kommt er nach Medina und sieht sich zunächst ja noch in der Sukzession der biblischen Propheten, die nichts anderes taten. In dieser Haltung begegnet er den Juden Medinas. Diese aber lehnen ihn und seine Sendung ab. Nun beobachten wir eine Änderung des Prophetenverständnisses, die sich wohl am augenfälligsten in der immer häufigeren Formel *Allāh wa-rasūluhū* niederschlägt.

Wenn man die Koranverse nun noch kategorisiert,[106] ergibt sich folgendes Bild: Zunächst taucht die Formel „Glaubt an Gott und seinen Gesandten“ auf; bald kommt der „Gehorsam gegen Gott und seinen Gesandten“ hinzu. Die Formel findet schließlich in einem solchen Maß Eingang in den Sprachgebrauch Muḥammads, dass zunehmend Tätigkeiten, die bislang ausschließlich Gott zugeschrieben wurden, immer mehr auf „Gott und seinen Gesandten“ übergehen. Opposition gegen den Gesandten wird gleichgesetzt mit der Opposition gegen Gott; ab Sura 4 wird der Widerstand gegen Muḥammad mit der Höllenstrafe belegt, der Gehorsam ihm gegenüber erwirkt das Paradies (48,17); ab Sura 33 wird er zum Richter neben Gott, in Sura 9 zum Gesetzgeber neben Gott (9,29). Die größte Häufung der Formel findet sich in dieser Sure, der vorletzten des Koran; der Schwerpunkt liegt auf den Gegnern, die *Allāh wa-rasūluhū* verleugnen, ihn belügen oder gar gegen ihn Krieg führen. Somit erhalten die Kämpfe gegen die heidnischen Mekkaner, die *ġazawāt* (Kriegszüge) gegen Quraiš und andere Stämme, die Vertreibungs- und Genozidaktionen gegen die Juden wie auch der Feldzug gegen die Byzantiner von Mu'ta ihre theologische Legitimation und Überhöhung. In der chronologisch letzten Sura 5 sind *Allāh wa-rasūluhū* der Schutzherr der Glaubenden.

Durch die chronologische Lesung wird augenfällig, dass Muḥammad innerhalb der Prophetenreihe nicht nur der letzte und damit abschließende Prophet ist. Seine exponierte Stellung im Koran entwickelt sich vom prophetischen Künder und Warner nicht nur hin zu einem Gesetzgeber und Anführer der jungen muslimischen Gemeinde. Die Doppelformel *Allāh wa-rasūluhū* bringt sein Reden und Handeln immer mehr mit dem Reden und Handeln Gottes zusammen.

[106] 8 mal „Glauben an Gott und seinen Gesandten“ (7,158; 64,8; 61,11; 57,7; 4,136; 24,62; 48,9); 11 mal „Gehorsam gegen Gott und seinen Gesandten“ (8,1.20.46; 4,13; 33,33.71; 24,52; 58,13; 48,17; 49,14; 9,71); 3 mal Entscheidungsgewalt von Gott und seinem Gesandten (33,36; 24,48.51); 12 mal Opposition gegen Gott und seinen Gesandten (8,13; 4,14; 59,4; 33,11; 33,57; 58,5.20.22; 48,13; 9,63.107; 5,33); 4 mal Leugnung Gottes und seines Gesandten (9,54.80.84.90); 14 mal sonstige Themen (4,100; 59,8; 33,22; 49,1; 9,1.3.24.29.59.62.74; 5,55.56).

Dies wird aber zugleich ein Problem für die islamische Theologie. Die Korantexte zeigen die Entwicklung Muḥammads vom von Visionen überwältigen, einsamen und abgelehnten „Rufer in der Wüste", der die Menschen zu dem einen Gott ruft und sich selbst nur in einer Reihe mit anderen Rufern sieht, hin zu einem Glauben und Gehorsam einfordernden „Kompagnon Gottes", der sich im selben Atemzug mit Gott nennt und damit gewissermaßen an die Seite Gottes stellt. Die theologische Entwicklung führte dies weiter: Trotz aller Beteuerungen, dass Muḥammad – im Gegensatz zu Jesus im christlichen Glauben – nur ein Mensch sei, kann ein Gotteslästerer Reue zeigen und so Vergebung erlangen; wer aber den Propheten beleidigt, wird in manchen Staaten trotz Reue hingerichtet.[107] Diese Entwicklung zeigt eine theologische Inkonsequenz. Überspitzt könnte man fragen, ob dadurch nicht eine Relativierung des Monotheismus respektive wirkungsgeschichtlich der Monolatrie provoziert wurde und wird.

3.3.2 Die Funktion der Prophetenerzählungen: exempla statt historia

Für das Genre der Prophetenerzählungen[108] verwendet der Koran keinen einheitlichen Terminus: *qiṣaṣ* (12,3), *anbāʾ* (12,102) und *ḥadīṯ* (12,111), die jedoch ohne erkennbare Abgrenzung voneinander gebraucht werden, teilweise sogar austauschbar nebeneinander stehen.[109] Dagegen findet sich *asāṭīr al-awwalīn* (Fabeln der Alten) immer abwertend aus dem Mund der Gegner Muḥammads, womit sie über sein Aufgreifen von mündlich tradierten „Geschichten" spotten.[110]

Die *qiṣaṣ* in ihrer Aufnahme der bei Juden und Christen bekannten Prophetenerzählungen machen den Islam keineswegs zur Nachahmung von Judentum und Christentum. Vielmehr wirkten sie identitätsstiftend für die islamische *umma* durch ihre Auseinandersetzung mit und Abgrenzung zu Judentum und Christentum, indem sie mit den bereits bekannten Motiven die spezifische Haltung des Korans illustrierten und so das arabische Proprium, die *ʿurūba* (Arabizität) des Islam betonten. Zugleich dienten die alttestamentlichen Gestalten, die nach dem Koran den jeweils kommenden Propheten ankündigen, zur Einbettung der islamischen Gemeinschaft in die monotheistisch glaubende Völkergemeinschaft. Dies gilt nur für die narrativen Elemente, nicht jedoch für Fragen der Glaubenslehre und der rituellen Gesetze. Obgleich aus religionswissenschaftlicher Sicht auch hier jüdischer Einfluss nicht zu verkennen ist, gilt in diesem Bereich, dass diejenigen, die in die Irre gegangen sind, niemanden den rechten Weg führen können.

---

[107] Darauf verweist der ägyptischstämmige Autor *Hamed Abdel-Samad* in einem Interview (http://www.ruprecht.de/?p=4822, 26.5.2014).

[108] Vgl. *J. Wansbrough*, Quranic Studies, S. 21; *Wim Raven*, Art. qiṣaṣ, in: EI², Bd. IX, Sp. 659–662.

[109] So wird etwa in der Sura al-Qaṣaṣ (V. 28) statt des erwarteten Stichwortes das Synonym *nabaʾ* verwendet.

[110] Nachweise bei *R. Tottoli*, Biblical prophets, S. 12.

In den ersten beiden islamischen Jahrhunderten, als der Hadith noch nicht in eigenen Sammlungen vorlag, als noch weiter *isrā'īlīyāt* aufgenommen wurden und die Grenzen des Traditionsgutes noch nicht fixiert waren, kursierten neben Muḥammadworten sogar apokryphe Jesus- oder Davidworte. So ist „der frühe Islam (...) eingebettet in die Erinnerung an die voraufgegangenen Propheten.“[111] Abgesehen von einigen wenigen Anspielungen auf die frühislamische Zeit besteht Geschichte im Koran in der Tat ausschließlich in den Erzählungen der biblischen Propheten.[112]

Als Kulturgut eindeutig vorislamischen Ursprungs musste die Aufnahme biblischer Stoffe in den Koran mit der Zeit jedoch begründet werden. Während im Alten Testament Gottes Geschichte mit einem Menschen, mit einem Volk berichtet wird, häufig in zusammenhängender biographischer Form und im wesentlichen in chronologischer Reihenfolge, auf die zu späteren Zeiten, auch im Neuen Testament, nur aus Gründen der Illustration einer Lehre oder Weisheit punktuell zurückgegriffen wird, fällt auf, dass der Koran dieselben Geschichten in völlig anderer Form präsentiert.

Das Leben Ibrāhīms, wie das der anderen geschilderten Propheten, wird im Koran nicht als in sich geschlossene und chronologisch stringente Geschichte erzählt, sondern die Erzählzusammenhänge werden fragmentiert und finden sich verstreut in allen Teilen des Korans. Fortlaufende größere Komplexe gibt es daher selten; einer der wenigen ist 7,11–167, der die Erschaffung des Menschen bis zum Exodus behandelt, nur unterbrochen von lehrhaften Einschüben (V. 26–58) sowie Anekdoten aus dem altarabischen Umfeld (V. 65–69a, 73–79, 85–93). Die Erzählfragmente werden jeweils scheinbar wahllos aus dem Prophetenleben herausgegriffen und in die betreffende Verkündigung inkorporiert. Sie finden sich – in unterschiedlicher Intensität und Ausführlichkeit, sowie teils wechselndem Skopus – von den ersten bis fast zu den letzten Seiten des Korans, datierend aus allen Offenbarungsperioden. Meist sind die Erzählfragmente kürzer als die entsprechende alttestamentliche Erzählung, d.h. diese soll offenbar bewusst nicht wiederholt oder nacherzählt werden. Oft wird dieselbe Episode mehrere Male erzählt, in immer anderen Versionen, was bedeutet: mit immer anderen Schwerpunkten. Es geht also nicht um eine originalgetreue Doppelung des Vorhandenen, sondern um eine auch im außerjüdischen Kontext bekannte jüdische Erzählung, die quasi zum religiösen Allgemeingut geworden ist und nun mit anderer Nuancierung und anderem Skopus neu bearbeitet wird. Das biblische Vorbild wird als bekannt in Erinnerung gerufen, wenn es mit „Gedenke!“ (*uḏkur*) eingeleitet wird, während die „neuen“, sich nicht auf Vorgängerreligionen stützenden Anreden, Appelle, gesellschaftlichen und religiösen Ordnungen nach

[111] *J. van Ess*, Theologie und Gesellschaft I, S. 126.
[112] *R. Tottoli*, Biblical prophets, S. 3.

dem Imperativ „Sprich!“ (*qul*) erfolgen.[113] Dies bestätigt Luxenbergs Deutung von *qur'ān* als Entlehnung des christlich-aramäischen Terminus *qəryānā* (Lektionar), einem liturgischen Buch, das Auszüge aus der Schrift zum Vortrag im Gottesdienst enthält.[114] Nur diese ursprüngliche Verwendung im öffentlichen Vortrag bzw. in der Predigt und damit die ausschließliche Ausrichtung auf die Zuhörerschaft, erklärt zufriedenstellend die Fragmentierung der Erzählungen.

Sowohl beim Verkündiger, Muḥammad, als auch beim Publikum, den in der Mehrzahl polytheistischen Mekkanern, muss also ein umfangreiches Wissen um biblische Inhalte und ihre nachbiblische Rezeption in den jeweiligen Traditionen vorhanden gewesen sein. Wie weit dieses Wissen ging, aus welchen Quellen es sich speiste und v.a. wie „korrekt“ es tatsächlich war, bleibt derweil noch ein Desiderat der Forschung und lässt sich wohl nie mehr völlig rekonstruieren. Sicher scheint jedoch zu sein, dass die beliebte und weit verbreitete Vorstellung, Muḥammad habe sich dieses Wissen überwiegend außerhalb der arabischen Halbinsel, bei seinen Handelsreisen in christliche Gebiete wie *aš-Šam* erworben, nicht aufrechtzuerhalten ist. Er mag vielleicht sein Wissen dort vertieft und erweitert haben, aber das erklärt noch lange nicht, warum er dasselbe Wissen um biblische Inhalte auch bei nicht gereisten Mekkanern offensichtlich als selbstverständlich voraussetzen konnte. Es ist daher keineswegs automatisch davon auszugehen, dass jede Erwähnung Ibrāhīms im Koran in jedem Falle genau den Kenntnisstand des Propheten reflektiert, dahingehend, dass Muḥammad erst nach und nach von den Juden genauere Kenntnisse erworben habe und so aus der Abfolge der Entwicklung des Ibrāhīmbildes der Kenntniserwerb Muḥammads rekonstruiert werden könnte. Freilich lässt sich an einigen Stellen, wie an dem zu Beginn vermutlich noch nicht geläufigen Zusammenhang zwischen Ibrāhīm und seinen Söhnen, insbesondere die fehlende Ismael-Verbindung, eine wachsende Detailkenntnis beobachten, doch scheint Muḥammad aus dem ihm zur Verfügung stehenden biblischen und nachbiblischen Fundus je nach Erfordernis der Situation geschöpft zu haben, um auf die Bedürfnisse seiner Hörer einzugehen. Das Aufgreifen der als bekannt vorausgesetzten Ibrāhīm-Inhalte wird stereotyp eingeleitet mit *wa-iḏ* (und als), oder *wa-ḏkur fī l-kitāb* (gedenke, erwähne im Buch), womit Gott den Propheten auffordert, an diese Erzählung in seiner Predigt anzuknüpfen. Aṭ-Ṭabarī[115] erweitert dies paraphrasierend zu „Gedenke, o Muḥammad, im Buche Gottes, und erzähle diesen Polytheisten

---

[113] Für *Stefan Wild* ist dies lediglich der Hinweis, dass der Koran nicht nur rezitierter, sondern auch geschriebener Text ist, dessen Verkünder sich durch die früher gesandten Propheten bestätigen lässt. (Mensch, Prophet und Gott im Koran, S. 11/12). – Zur Sprich!-Formel des Koran als von Gott vorformuliert im Gegensatz zur alttestamentlichen Botenspruchformel s. *Hans Zirker*, Christentum und Islam. Theologische Verwandtschaft und Konkurrenz, Düsseldorf 1989, S. 83.

[114] *A. Jeffery*, Foreign vocabulary, S. 233 f.; *Chr. Luxenberg*, Die syro-aramäische Lesart des Koran, S. 55.56.

[115] *aṭ-Ṭabarī*, Tafsīr XVI, S. 89.

seine [= Ibrāhīms] Geschichten und die Geschichten seines Vaters." Ebenso kann es eingeleitet werden mit „Ist zu dir die Geschichte von ... gekommen?"[116]

Mit der Fragmentierung der Prophetenepisoden folgt die Verkündigung nicht seiner biblischen Botschaft, sondern der Logik des eigenen Verkündigungskontextes innerhalb des Korans. Dies weist bereits darauf hin, dass der Koran mit den Prophetenerzählungen etwas prinzipiell anderes zu verfolgen scheint, als die Bibel. Sie gleichen dabei einem Fundus, aus dem sich Muḥammad je nach Situation zur Untermauerung der eigenen Botschaft bediente.[117]

Auf das mangelnde Interesse an jeglicher Historizität bzw. der korrekten Darstellung historischer Vorgänge[118] weist der fehlende „Rahmen" einer Botschaft hin, der nicht vermittelt wird. Um ihn zu Gunsten des Erzählzusammenhangs und den jeweiligen Sitz im Leben zu ergänzen, bedarf es der außerkoranischen Werke, die den Rahmen nachliefern. Wenn der Koran – was sehr selten und meist nur in schwer verständlichen Andeutungen vorkommt – an geschichtliche Vorgänge erinnert,[119] ist das historische Ereignis an sich unerheblich, es illustriert nur den Willen Gottes. So sind diese Anklänge keine historischen Reminiszenzen, in denen die Rekonstruktion eines geschichtlichen Ablaufs wichtig wäre, sondern die Vermittlung einer Botschaft. Auch die Prophetengeschichten erzählen primär nicht von der Person des Propheten, sondern vermitteln ein Kerygma.[120]

Dies beweist auch der weitgehend fehlende geographische Kontext. Koranische Prophetengeschichten wirken wie losgelöst von Zeit und Raum. Zwar gibt es zahlreiche Versuche, die Lebens-Wege der Propheten auf Landkarten zu verorten,[121] doch beruhen diese Anstrengungen zum größten Teil auf Spekulation oder sind schlicht den Atlanten zur Bibel entnommen. Der einzige Ort, der für Ibrāhīm angegeben wird, ist das Tal von „Bakka", das gemeinhin als Mekka identifiziert wird.

---

[116] 20,9; 51,24; 79,15.

[117] So auch *Th. Nöldeke*, der feststellt, Muḥammad habe beim Rezitieren der Offenbarungen zum großen Teil nur die aktuellen Verhältnisse im Auge gehabt. (GdQ I, S. 47)

[118] Dazu bereits *R. Tottoli*, Biblical Prophets, S. ix: „The Qur'ān simplifies the historical picture." Für ihn wird in den biblischen Erzählungen zumindest ein sekundäres historisches Interesse sichtbar (S. 6), doch primär erkennt er auch ihren Zweck in der Illustration der Verkündigung.

[119] Vgl. 30,2–5. Die Byzantiner wurden von den Persern geschlagen und verloren Damaskus 613 und Jerusalem 614, doch Heraklius führte 622–627 einen Feldzug gegen die Perser, der mit einem überragenden Sieg bei Ninive endete.

[120] *F. Leemhuis* zeigt dies paradigmatisch anhand der Opferungsgeschichte (Gen 22 – Sura 37,100–113) auf (Ibrāhīm's Sacrifice of his Son in the Early Post-Koranic Tradition, in: Noort / Tigchelaar (Hrsg.), The Sacrifice of Isaac. The Aqedah (Genesis 22) and its Interpretations, Leiden 2002, 125–151, hier: S. 126–137). *Muḥammad Aḥmad Ḫalaf Allāh* hatte mit seinem Buch „Al-fann al-qaṣaṣī fī l-Qur'ān al-karīm" [Die Kunst des Erzählens im edlen Koran] 1957 in Kairo darauf hingewiesen und wütende Proteste geerntet (Berichte darüber bei *Leemhuis*, S. 126).

[121] Aṭlas tā'rīḫ al-anbiyā' wa-r-rusul, S. 105; Aṭlas al-Qur'ān, S. 37–49.

Geschichte als Historie oder Biographie scheint im Koran sekundär, weil Prophetengeschichte auf das – islamische – Kerygma reduziert wird. Also sind auch die Propheten in ihrer koranischen Darstellung keine „successive links in a chain of historical evolution (…) but merely repeated examples of an eternal truth, idealized models to be emulated.“[122]

In diesem Sinne könnte man denn auch durchaus versucht sein, mit Wansbrough von einer „Islamic salvation history“ zu sprechen,[123] insofern als Geschichte nicht als Historie denn als Botschaft zu verstehen ist. Jedoch wäre es nicht angemessen, den christlich-theologischen Terminus unbesehen auf den Koran zu übertragen, geht es hier doch weniger um die heilsstiftende Geschichte Gottes mit den Menschen und in dieser Geschichte Gestalt werdendes Heilshandeln Gottes als vielmehr um die paradigmatische Illustration der immer gleichen, ewigen Kunde: dem Ruf zum Glauben an den einen Gott.

Nur von dieser didaktischen Zielsetzung her kann auch die Divergenz der biblischen und der koranischen Erzählungen verstanden werden: Natürlich spielen die vorhandenen mündlichen Traditionen eine nicht zu unterschätzende Rolle und ist das Aufspüren jener außerkanonischen Quellen eine verdienstvolle und interessante Aufgabe, doch ist die entscheidende Frage die der Auswahl aus diesen Quellen – und deren völlig eigenständigen, von eigenen Prämissen getragenen Neukonzeption. Dies aber ist eine Frage, die nur aus der Exegese der Texte selbst heraus zu beantworten ist.

Nun könnte man behaupten, dass der Koran mit derselben Methodik, mit der das Neue Testament alttestamentliche Texte zitiert und in einen neuen Deutekontext stellt, nun seinerseits biblische kanonische und außerkanonische Texte zitiere und sie in seinen ureigenen Kontext stelle, dass man ihn somit als ureigene arabische Auslegung der Bibel in ihrer kanonischen und außerkanonischen Form, als *re-lecture*, bezeichnen könne. Im Koran selbst ist diese Möglichkeit noch gegeben, indem auf die inhaltliche Übereinstimmung der früheren mit den späteren Schriften verwiesen wird, was einen Rückgriff auf die früheren nicht nur möglich, sondern sogar empfehlenswert macht. („Wenn du über das, was Wir zu dir hinabgesandt haben, im Zweifel bist, dann frag diejenigen, die vor dir die Schrift lesen.“ 10,94). Diese frühe Offenheit verengte sich jedoch zusehends hin zu einer ausschließlichen Gültigkeit der Offenbarung in eben ihrer koranischen Form. Und heute kann nach dem Verständnis der breiten Mehrheit der Muslime davon keine Rede mehr sein: „Wahr“ in den biblischen Schriften heutiger Gestalt sei nur das, was mit dem koranischen Zeugnis übereinstimmt. Alles Differierende fällt unter das Verdikt des Fälschungsvorwurfs der ursprünglichen, göttlich inspirierten Lehre, *taḥrīf*. Damit ist ein grundsätzlicher Gegen-

---

[122] *Fred Donner*, Narratives of Islamic Origins. The beginning of Islamic historical writing, 2. Aufl., Princeton 1999, S. 84.

[123] *John Wansbrough*, The Sectarian Milieu. Content and composition of Islamic salvation history, Oxford 1978, S. ix.

satz zur Behandlung alttestamentlicher Texte im Neuen Testament gegeben: Das Neue Testament als das „zweite Testament“ sieht sich in der Linie des „ersten Testaments“ als dessen Erfüllung und Rückkehr zur ursprünglichen Intention, während Muḥammad biblische kanonische und außerkanonische Stoffe nur zitiert als Illustration und Bestätigung der eigenen Botschaft. Ebenso nimmt die christliche Auslegung das Alte Testament auf in seiner typologischen Exegese als *praefiguratio* neutestamentlicher, genauer gesagt: christologischer Heilsereignisse.[124]

Sowohl Christen wie Muslime gehen von dem Grundgedanken aus, dass biblische Angaben das Kommen Christi bzw. Muḥammads (…) voraussagen, aber nur das Christentum ließ die *praefiguratio* von Ereignissen, wie sie im Neuen Testament berichtet werden, durch *dicta et gesta* des Alten Testaments gelten. Diese Betrachtungsweise hat kein systematisches Gegenstück im islamischen *ta'wīl*. Vom Standpunkt des Historikers ist die *praefiguratio* ein Weg, um das Alte Testament zu vervollständigen oder mit ihm zurechtzukommen. Die Typologie ermöglichte es, dass Gottes Vorhaben mit dem Menschengeschlecht klar verfolgt und das Geschehen einer andernfalls bedeutungslosen und toten Vergangenheit mit der beständigen Ordnung, von der sie ihren dauernden Wert erhielt, in Beziehung gesetzt werden konnte.[125]

Im Gegensatz dazu beschränkt sich laut von Grunebaum die islamische Exegese „in Wirklichkeit auf das Vermerken von Parallelen, um Muhammads Glaubwürdigkeit durch die Gleichartigkeiten der Vorgegebenheiten und Drangsale seines eigenen Lebens mit denen seiner Vorläufer zu bestätigen.“[126]

Der Exempelcharakter im Stile einer „history as morality“[127] wird gerade in einigen modernen Prophetenerzählungen deutlich, deren Einleitungsschema sich teilweise wie die von Märchen lesen: „In einem Land kam einst ein tyrannischer König an die Macht.“[128] Das völlige Fehlen jeglicher Orts- und Zeitangabe sowie der namenlose König, der nur moralisch qualifiziert wird, deutet auf die zeitlose Botschaft einer reinen Beispielerzählung:

Die Absicht ist immer, mit den Überlieferungen eine Lehre zu vermitteln und zur Verwirklichung der Menschlichkeit anzuleiten. Die Handlungen großer, im Qur'an erwähnter Persönlichkeiten erfüllen stets eine Vorbildfunktion (…) Sie sollen Orientierungshilfen für den rechten Lebensweg der Menschheit sein (…) Ob es um Gutes oder Schlechtes geht, um Schönes oder Häßliches – in allen Geschichten entwirft der Qur'an Verhaltensmodelle, die den Menschen, die sich dem Guten nähern wollen, als Richtlinie dienen sollten.[129]

---

[124] Siehe dazu v. a.: *Leonhard Goppelt*, Typos. Die typologische Deutung des Alten Testaments im Neuen, Darmstadt 1969.

[125] *Gustav E. von Grunebaum*, Studien zum Kulturbild und Selbstverständnis des Islam, Stuttgart 1969, S. 310, Anm. 3.

[126] A. a. O.

[127] *K. Cragg*, The event of the Qur'ān, S. 178.

[128] Es handelt sich hier um die Geschichte von den Schläfern von Ephesus. *Islamisches Zentrum Hamburg*, Geschichten der Propheten aus dem Qur'an, S. 121. Dieselben Einleitungsfloskeln finden sich schon in arabischen *qiṣaṣ*.

[129] A. a. O., S. 3 f.

Man mag nun darüber streiten, ob man dies als Fehlen jeglichen historischen Interesses, als Zeitlosigkeit der Geschichte und Vergegenwärtigung der Vergangenheit oder als bloßen Mythos werten soll.

> Die Struktur des Qur'ans macht es deutlich, dass es in den Prophetengeschichten nicht um Geschichte im modernen Sinne geht, sondern um Theologie, die in Mythos verpackt ist. Der Qur'an kümmert sich nicht sonderlich um Orts- oder gar Zeitangaben. Wozu auch, denn Mythos ist zeitlos.[130]

> The Qur'ān does not contain descriptions of events, but instead emblematic stories – in a certain sense parables – and the persons of the past are examples of a moral life, not figures whose experiences are fully described in terms of these past events.[131]

Neben der pädagogisch-paränetischen Intention als Illustration der Tugenden vorbildlicher Gestalten, der Belohnung der Gläubigen und Bestrafung der Ungläubigen zielen die Prophetengeschichten proleptisch auf das „Siegel aller Propheten" ab, auf Muḥammad selbst. In der Einleitung zu seiner populären *qiṣaṣ*-Sammlung[132] gibt aṯ-Ṯaʿlabī (10./11. Jahrhundert) die Begründung der *qiṣaṣ* gleich in der Überschrift: „Gott überträgt die Nachrichten über die früheren Gesandten auf das Leben Muḥammads." Nicht Muḥammad also ist es, der aus eigenem Antrieb oder gar, um seine Sendung zu legitimieren, vorhandene Geschichten aufnimmt, sondern Gott selbst sei es, der „seinem Auserwählten Geschichten über die vergangenen Propheten und Völker erzählte".

Aṯ-Ṯaʿlabī listet als Ziele der *qiṣaṣ* auf:

1. Sie sollen der Zuhörerschaft Muḥammads durch den direkten Vergleich „die Überlegenheit der Prophetie Muḥammads sichtbar machen" und so auch seine Botschaft als die überlegene darstellen.[133]

2. Sie sind Vorbild für Muḥammad selbst: Gott zeigt ihm die „vorzüglichen Eigenschaften und Verhaltensweisen der früheren Gesandten", an denen er sich so erfolgreich orientiert, bis Gott ihm in 68,4 zuspricht: „Du vertrittst ein hohes Ethos."[134]

3. Sie sind Ansporn und Zusage für Muḥammad: Durch die *qiṣaṣ* will Gott ihn festigen und ihm vor Augen führen, wie er ihn und seine Anhängerschaft bevorzugt hat, indem er ihnen äußere und innere Gnade erwies. Dies habe Muḥammad zu dankbarem Gebet geführt: „Er hörte nicht auf, seinen Gott in Dankbarkeit anzubeten, bis seine Füße anschwollen."

4. Sie haben pädagogische Funktion in der Erziehung der *umma*: Die Straflegenden führen der *umma* warnend die zu meidenden Handlungen sowie die Belohnungen des Gehorsams und im Falle der Zuwiderhandlung deren Be-

---

[130] *S. Kalisch*, Islamische Theologie ohne historischen Muhammad, S. 17.
[131] *R. Tottoli*, Biblical prophets, S. 128.
[132] *aṯ-Ṯaʿlabī*, Qiṣaṣ al-anbiyāʾ, S. 2.
[133] „Traditions mention the lives of the prophets in order to emphasise the primacy of Islam and its primogeniture in the history of the world." (*R. Tottoli*, Biblical prophets, S. 118).
[134] Übersetzung *R. Paret*. Bei *A.Th. Khoury*: „Du besitzt großartige Charakterzüge."

strafung vor Augen. Die Allgemeinheit begnüge sich mit dem Unterhaltungswert der Geschichten.

5. Sie dienen dem guten Ruf des gottesfürchtigen Propheten: In einer Gesellschaft, die höchsten Wert auf den Leumund eines Menschen legt und darin seine Ehre und die seiner Familie und Nachkommen begründet, ist die Erinnerung an die guten Taten eines Menschen die „vorläufige Belohnung im Diesseits“. Darum bittet Ibrāhīm: „Verleih mir einen guten Ruf unter den späteren (Generationen).“[135]

Außerdem sollen die Zeitgenossen „zur Standhaftigkeit der Propheten hin erzogen“ werden, wodurch ihr Herz gefestigt und ihre Lebenskraft gestärkt würden – so eine moderne Deutung.[136]

Sowohl Muslime[137] als auch Islamwissenschaftler[138] weisen auf den Deutehorizont der Prophetenerzählungen für Muḥammads Selbstverständnis hin:

> What we may perhaps call Semitic memory in the Qur'ān is always a present summons to God. The perspective from Adam and Noah to Moses, David and Jonah provides its solemn commentary on the sequence of Muḥammad's own struggle, especially through the middle years. The heroism and the vindication of Noah, Abraham, Joseph, Moses and the rest, in their generations, in comparable circumstances of idolatry, ridicule and enmity, had a double implication for the Quranic story. They served notice on the Prophet's detractors and they encouraged and steadied his own fortitude and tenacity. These predecessors in a common struggle had wrestled against obloquy, prejudice, superstition and tradition, and had come through to manifest triumph, with their foes and hostile conspirators disowned and broken. So it would be again.[139]

So sollen die Prophetenerzählungen Muḥammad das Schicksal der früheren Propheten vor Augen führen („Wenn sie dich der Lüge bezichtigen, so hat auch schon vor ihnen das Volk (…) seine Gesandten der Lüge bezichtigt.“ 22,42–44) – und ihn trösten mit der Gewissheit, dass er als von Gott Gesandter völlig unter Gottes Schutz steht, dessen Allmacht stärker ist als alle Anfeindungen. Dieser vorabbildende, die Stellung Muḥammads legitimierende und konfirmierende Charakter kommt in den Kommentaren immer wieder zum Ausdruck:

> *Und damit tröstet Gott seinen Propheten Muḥammad in dem, was ihm widerfuhr an Abscheulichkeiten von seinem Volk. Er sagt ihm zu, dass er ihn vor ihnen erretten werde, wie er seinen Vater Ibrāhīm vor den Ungläubigen seines Volkes errettete.*[140]

---

[135] 26,84. Übersetzung R. Paret.

[136] *Ibrāhīm Muḥammad al-ʿAlī*, Al-aḥādīṯ aṣ-ṣaḥīḥa, S. 5–7.

[137] „It is certain that often the Prophet's own situation is mirrored in the accounts of earlier prophets.“ *F. Rahman*, Major themes of the Qur'ān, S. 88.

[138] „In the many cases, however, the mention of Biblical figures has as its main function the definition of the role of Muḥammad in relation to the Biblical prophets.“ *R. Tottoli*, Biblical prophets, S. 111.

[139] *K. Cragg*, The event of the Qur'ān, S. 170 f.

[140] *aṭ-Ṭabarī*, Tafsīr XVII, S. 45–47; Auslegung zu 21,71.

Die ausschließliche Ausrichtung auf Muḥammad unterstreicht ʿAbd al-Muʿizz Ḫaṭṭāb, ebenfalls Verfasser einer Prophetengeschichte: „Die Geschichten der Propheten im Koran dienten dazu, das Herz des Propheten in Krisenzeiten zu festigen. Sie dienen zur Erinnerung an die Siege Gottes und seine Unterstützung"[141] und haben Zeichencharakter insofern, als in ihnen ein *āya* (Zeichen)[142] ist für die Gläubigen, die sie richtig verstehen und den entsprechenden Nutzen daraus ziehen. An dieser Intention hat sich bis heute nichts geändert, wie eine moderne, in Deutschland herausgegebene Ibrāhīmerzählung zeigt, die für den Islamunterricht konzipiert ist; im Sinne guter interreligiöser Erziehung wird die eigene Deutung auch auf die anderen Religionen übertragen: „Wichtig zu wissen ist auch, dass Judentum und Christentum sich auf Abraham berufen und er für alle ein schönes Beispiel ist."[143]

Wenn in den Prophetengeschichten des Koran in der Retrospektive der Blick zurück gerichtet wird, dann nur als exemplarisches Zeugnis im Interesse der Gegenwart und der Kontinuität dieser Botschaft.[144] Der Rückzug auf die biblischen Propheten soll durch ihren Illustrations- und Vergleichscharakter den richtigen Glauben, nämlich den neuen aufscheinen lassen. So sind die biblischen Prophetengeschichten die Folie für die neue Prophetengeschichte, sowohl Probelauf für den alles bestätigenden Propheten, als auch lebendige Untermauerung seines Lebens und seiner Autorität, „all is historical prelude to a biography and a biographical conflation of history."[145] Darum rät der amerikanische Historiker und Islamwissenschaftler Andrew Rippin aufzuzeigen, „how the stories have been ‚affected' by the life story of Muhammad." Denn: „The overriding motif of all such investigations may be the fitting of the stories of the prophets into the life of Muhammad."[146] Noch stärker Newby:[147] „... who stressed the way in

[141] *ʿAbd al-Muʿizz Ḫaṭṭāb*, Qiṣaṣ al-anbiyāʾ – ʿibar wa-durūs mustafāda, Kairo 1989, S. 3; ebenso *Ṣubḥī aṣ-Ṣāliḥ*, Mabāḥiṯ fi ʿulūm al-Qurʾān, S. 204; *A. Th. Khoury*, Der Koran Arabisch-Deutsch, S. 325, Fußn. zu 11,120.

[142] 15,75.77; 51,37. *Āya* bedeutet gleichzeitig auch „Vers"; der Koran enthält in jedem einzelnen Vers, in jedem seiner kleinsten Bestandteile Zeichencharakter für die Menschen.

[143] *C. Schmitt / T. Yesilhark*, Abraham – aleyhisselam – der Gesandte Gottes, S. 103. – Die Geschichte der Strafe Nimrūds „sollte für die Menschen aller Zeiten eine Lehre sein." (*A. Adil*, Gaben des Lichts – Ḥayāt al-anbiyāʾ. Die wundersamen Geschichten der Gesandten Gottes, S. 166).

[144] Als *Muḥammad Ahmad Ḫalaf Allāh* an der Kairoer Azhar seine Dissertation „Die Kunst der Erzählung im Koran" vorlegte, wurde sie abgelehnt mit der Begründung, seine Differenzierung zwischen den historischen Fakten und den Erzählungen des Korans widersprächen den Wahrheiten des Glaubens und der Šarīʿa. (*Abū Zaid*, islam und politik, S. 25).

[145] Vgl. *K. Cragg*, The event of the Qurʾān, S. 171. „All prophecy accumulates towards it, so that revelation may culminate."

[146] *Andrew Rippin*, Introduction, xiv, in: Rippin (Hrsg.), The Qurʾan: Style and Contents, Aldershot 2001.

[147] *Gordon Darnell Newby*, The making of the last prophet – a reconstruction of the earliest biography of Muhammad, Columbia 1989, (S. 22 f.).

which the lives of the prophets and the life of Muḥammad have been modelled to resemble each other.“

Im folgenden Kapitel ist aufzuzeigen, dass sich die Typologisierung einer biblischen Prophetengestalt auf Muḥammad hin bei Ibrāhīm am ausgeprägtesten findet, wie Tottoli es zusammenfasst: „The Qur'ānic message makes of him the ideal precursor of Muḥammad.“[148]

[148] *R. Tottoli*, Biblical prophets, S. 27.

4. Muḥammad und die Ibrāhīmerzählung in der Begegnung mit den Polytheisten

Obwohl die arabische Halbinsel zu Beginn des 7. Jahrhunderts als in einem „toten Winkel"[1] gelegen beschrieben wurde, war die religiöse Situation auf der arabischen Halbinsel mit der für den damaligen Welthandel so bedeutenden Weihrauchstraße vor Muḥammad beileibe kein religiöses Niemandsland, sondern vielmehr wegen des regen Handels auch ein Umschlagplatz religiöser Ideen. Der Vielzahl von Stämmen entsprach der „religiöse Flickenteppich", ein „Kaleidoskop der Kulturen, Religionen und Gemeinschaften",[2] in dem auch die Grenzen zwischen Monotheismus und Polytheismus oftmals verwischten.

Durch Muḥammads Herkunft und Verwurzelung im heidnischen Mekka sind Polytheisten auch seine erste Zuhörerschaft. So sieht Kenneth Cragg das altarabische Heidentum als erste und hauptsächliche Stoßrichtung der Verkündigung Muḥammads –

> The events which are pivotal in the Qur'ān are those that relate to the struggle with idolatry. Others, however vital, are only contributory (...) It is the contra-pagan theme which is central to all else.[3]

– was historisch bedingt ist, doch werden die jüdisch-christlichen Themen und Fragestellungen auch dort, wo sie nicht explizit angesprochen sind, sondern nur als Denkhintergrund mitschwingen, im Laufe des Lebens Muḥammads immer stärkeres Gewicht erhalten und Prinzipien der Verkündigung an die Polytheisten auch auf Juden und Christen ausgeweitet werden.[4] In seiner dezidierten Front gegen den Polytheismus enthält der Koran eine ganze Reihe von Hinweisen auf

---

[1] *R. Paret*, Mohammed und der Koran, S. 9.

[2] *Gerd-Rüdiger Puin* beim Symposium „Historische Sondierungen und methodische Reflexionen zur Korangenese", zit. in: Christian Meier, Der Streit um die weißen Trauben, www.zenithonline.de (5.2.2004).

[3] *K. Cragg*, The Event of the Qur'ān, S. 15. Die Priorität des Kampfes gegen den Polytheismus bedeutet jedoch für Cragg, dass sein Augenmerk weniger auf die jüdisch-christlichen Kontroversen gerichtet ist. Ebenso *Th. Nöldeke*, GdQ I, S. 3: „gegen den falschen Götzendienst der Araber".

[4] Hierbei spielt auch eine Rolle, dass das Christentum vom Koran keinesfalls von seinem Eigenverständnis her rezipiert wird, sondern er „den christlichen Glauben in Folge von dessen trinitarischem Bekenntnis in die Nähe polytheistischer Verirrung rücken zu sollen meinte." (*Hans-Martin Barth*, Dogmatik. Evangelischer Glaube im Kontext der Weltreligionen, 2. korr. Aufl., Gütersloh 1996, S. 243 f.).

das altarabische Heidentum,[5] so dass sich die Geisteswelt der Polytheisten recht gut erschließt.

Für das Verständnis des Denkens und der Verkündigung Muḥammads sind seine Herkunft und diese frühen Jahre im Angesicht des Polytheismus von Bedeutung; keine heutige Dialogsituation kann auf diese Erfahrungen verzichten – ob als christliche und muslimische Glaubende gemeinsam gegen den säkularen Unglauben, oder ob als Christen unter dem muslimischen Verdikt des Unglaubens.

4.1 Das altarabische Heidentum

Wissenschaftliche und archäologische Erforschung der vorislamischen Epoche hatte bis in jüngster Zeit mit dem Problem zu kämpfen, dass von Seiten der saudischen Regierung keinerlei Interesse an der Erforschung dieser Zeit bestand, im Gegenteil: Die Suche nach zivilisatorischen Leistungen der „Heiden", Juden und Christen schien der Geistlichkeit eine Bedrohung der Identität des Landes als Wiege und Hort des Islam; sie befürchteten, die Entdeckung von nichtislamischen Kultstätten könnte den „Götzendienst" begünstigen. Erst in jüngerer Zeit, 1999, wurde das Nationalmuseum in Riāḍ eröffnet, das vorislamische Artefakte zeigt, im Jahr 2000 konnten als erste Ausländer französische Archäologen mit Grabungen beginnen, und 2008 wurde die antike Handelsmetropole Madā'in Ṣāliḥ zum UNESCO Kulturerbe erklärt.[6]

Doch auch das westliche Interesse richtete sich eher selten auf diese Zeit. Ob dieses Desinteresse eher kritiklos der islamischen Sicht folgte, wie dies auch lange Zeit in der Muḥammad-Forschung der Fall war, wäre Gegenstand weiterer Untersuchungen. Dass im Jahr 2011 die Ausstellung „Roads of Arabia" in mehreren Städten Europas auch das vorislamische Erbe Arabiens präsentieren konnte, zeugt von einem Bewusstseinswandel.[7]

Die Zeugnisse aus jener Zeit beschränken sich auf die Inschriften, die sich zu Zehntausenden im Land verstreut finden, jedoch erst wenig erfasst und ausgewertet sind, auf die Aufzeichnungen nichtarabischer Völker mit ihrer notgedrungen subjektiven Außenperspektive, auf die vorislamische Poesie und auf die frühislamischen Historiker, denen es jedoch kaum um eine objektive Beschreibung gehen konnte, sondern vielmehr um die Negativfolie, von der sich die

---

[5] Dazu zählen: Namen von Gottheiten, Schwüre, Beschwörungen, Zeremonien um die Ka'ba, Erwähnungen der *ǧinn*, einige Legenden von altarabischen Propheten.

[6] *Haykan Baykal*, Durch die Wüste, epoc 2/2010, S. 75f.

[7] Ausstellung „Roads of Arabia" im Pergamonmuseum Berlin, 26.1.–9.4.2012. Die Ausstellung war zuvor in Paris, St. Petersburg und Barcelona zu sehen.
http://www.smb.museum/smb/kalender/details.php?objID=30013 (25.11.2012)
http://www.dradio.de/dkultur/sendungen/thema/1662066/ (25.11.2012)

durch die Lehren Muḥammads erfolgten Veränderungen umso heller abheben konnten.

In Ermangelung einer Eigenbezeichnung und zuverlässiger Erforschung der vorislamischen Zeit[8] wird diese in der islamischen Literatur als *ǧāhilīya*[9] bezeichnet, als Zeit der „Unwissenheit", in der Orientierungslosigkeit sowohl in Bezug auf die rechte Gottesverehrung als auch auf die rechten Ordnungen geherrscht habe,[10] also ein Mangel an Heilswissen. Diese „Heiden" werden – charakterisiert durch ihre Religion – als *mušrikūn* bezeichnet, gemeinhin übersetzt als „Polytheisten", hergeleitet von *širk*, das als *terminus technicus* die Existenz und Verehrung anderer Gottheiten neben dem einen Gott, „Partnerschaft mit und neben Gott" bedeutet,[11] weshalb Ahmad von Denffer in seiner Koranübersetzung den islamisch durchaus treffenden Begriff „Mitgöttergebende" geprägt hat.[12] Statt von Polytheisten zu sprechen, hat es sich daher eingebürgert, sie korrekter „Beigeseller" zu nennen.

In Koran, Sīra und Hadith erscheint die altarabische Vorstellungswelt der *mušrikīn* ständig als die vertraute Kulisse für die Akteure[13] sowie als Folie für die Inhalte der Verkündigung – jedoch überwiegend in vehementer Ablehnung, wenngleich zahlreiche altarabischen Vorstellungen ihre Überlagerung und Fortführung unter den Vorzeichen der neuen Religion gefunden haben.[14] Wichtigste islamische literarische Quelle für die vorislamische Religion ist neben al-Yaʿqūbīs Annalen das berühmte *kitāb al-aṣnām* (Buch der Götzen) von Hišām b. Muḥammad al-Kalbī,[15] aus dem Julius Wellhausen eine Religionsgeschichte zu

[8] Die Schriften griechischer und römischer Autoren sind größtenteils verlorengegangen, bis auf wenige Fragmente und Zitate in späterer Literatur (*Robert Hoyland*, Arabia and the Arabs, S. 2).

[9] *ǧahl* = Unwissenheit, Ignoranz, Dummheit, aber auch Torheit. – Zu *ǧāhilīya* s. *Ignaz Goldziher*, Muhammedanische Studien I, Nachdruck Hildesheim 1961, S. 219–228.

[10] Etwa fehlende Heiratsbestimmungen, wodurch sowohl patrilineare als auch matrilineare Familien, Polygamie und Polyandrie mit ungeklärter Vaterschaft möglich waren.

[11] Von der Wurzel š-r-k (gebrochene Schuhriemen haben): *šarak* (Netz), *šarīka* (Verwebung von Interessen, Partnerschaft). (*A. Jeffery*, Foreign vocabulary, S. 185 f.). Zum Begriff *širk:* HdI, S. 693–695. *Širk* wird oftmals synonym zu *kufr* verwendet.

[12] Einleitung zu seiner Koranübersetzung, S. XIX. Zu Recht weist er darauf hin, dass im Deutschen mit „Heide" ein Ungetaufter gemeint ist, der Bezugspunkt also das christliche Aufnahmeritual ist, während im Islam der Bezugspunkt der eine Gott ist.

[13] So ergeht in der Sīra (I/1, S. 239) eine Offenbarung an ʿAbd al-Muṭṭalib, den zugeschütteten Brunnen Zamzam wieder auszuheben; dafür solle er zwischen den beiden quraišitischen Götzen Isāf und Nāʾila graben.

[14] Der 6. islamische Glaubensinhalt, der Glaube an *qadar*, die Vorherbestimmung des Guten und Bösen, geht auf den altarabischen Schicksalsglauben zurück. Im Zuge des Kampfes gegen die Götzen – hier die Schicksalsgöttin Manāt, von *manīya, manūn* = „(Todes-)schicksal", eine der drei sogenannten Töchter Gottes – wurden diese eliminiert und ihre Funktion Gott zugeschlagen. Dazu: *Frants Buhl*, Art. Manāt, in: HdI, S. 418; *Josef van Ess*, Theologie und Gesellschaft I, 24 f.; *Heidi Josua*, Menschliche Willensfreiheit, S. 21.

[15] *Rosa Klinke-Rosenberger*, Das Götzenbuch Kitāb al-Aṣnām des Ibn al-Kalbī, Zürich 1942;

machen suchte.[16] Die Namen der Gottheiten, die teilweise zu den Gestirnen in Beziehung stehen, finden sich auch in theophoren Namen wie ʿAbd Šams und ʿAbd al-ʿUzza wieder. Manche Namen mögen auch nur unterschiedliche Aspekte ein und derselben Manifestation einer Gottheit bezeichnet haben, andere kennzeichneten ihren geographischen Zuständigkeitsbereich. Zu uneinheitlich sind jedoch die Aussagen und zu groß die Unterschiede zwischen den Kulturen Nord-, Zentral- und Südarabiens – die v.a. durch die große Binnenwüste, das „leere Viertel" (*ar-rubʿ al-ḫālī*) getrennt sind –, der einzelnen Stämme, der sesshaften Stadtbevölkerung (*ḥaḍarī*) und der nomadisierenden *ʿarab* (Wüstenaraber, Beduinen)[17], als dass ein korrektes oder gar einheitliches Bild gezeichnet werden könnte.[18]

Doch war das 6. Jahrhundert bereits vom Verfall der alten Religion gekennzeichnet, und die Bindung an die alten Götter hatten sich sehr gelockert. So spricht Nöldeke dem altarabischen Heidentum jeden echten Glauben ab; ihr Kultus sei nur als von den Vätern überliefert und darum „bloße superstitio".[19] Nach Ahrens erflehte „der Araber von den Göttern (…) nur Beute und Regen",[20] sowie andere Notwendigkeiten des alltäglichen Lebens wie Fruchtbarkeit und Gesundheit von Mensch und Haustieren.

Neben den Gottheiten existierten Geistwesen, Geister der Ahnen, niedrigere geschaffene Wesen, die in Nordarabien *ginnaye* genannt wurden und im Koran als *ǧinn* wieder auftauchen, ein jeden Menschen begleitendes Geistwesen, *qarīn*, ferner negative Wesen wie die *ġūl* (Wüstendämonen, Kobolde), die Menschen in der Dunkelheit vom Weg abbringen.

Doch wichtiger als Gottheiten und Heiligtümer war die *murūwwa* (Mannestugend) als treibende Kraft der Gesellschaft.[21] Das einfache Volk hing wohl hauptsächlich einem sogenannten „niederen Heidentum" mit Geister- und Fetischglauben, Zauberwesen und Vorzeichenschau an, wobei jeder Stamm oder gar jedes Dorf[22] ursprünglich seine eigenen Götter hatte, die durch politische Bündnisse zusammengelegt wurden (Synkrasie) und die Gottheit eines Heiligtums auch von verschiedenen Stämmen verehrt werden konnte.

Nabih Amin Faris, The book of idols, being a translation from the Arabic of the Kitab al-asnam by Hisham Ibn-al-Kalibi (sic), translated with introdoction and notes, Princeton 1952.

[16] *J. Wellhausen*, Reste arabischen Heidentums.

[17] Von *aʿrābī*, dem Synonym zu *badawī* (Beduine), dem Bewohner der *bādiya* (Wüste / Halbwüste / Steppe).

[18] *M. Höfner*, Die vorislamischen Religionen Arabiens, S. 234–405. – In Südarabien hatte in der Frühzeit eine Art Göttertrias, bestehend aus dem Venussterngott, Mondgott und der Sonnengöttin eine Vorrangstellung im Götterpantheon (S. 245.351).

[19] *Th. Nöldeke*, GdQ I, S. 3.

[20] *K. Ahrens*, Muhammad als Religionsstifter, S. 5.

[21] *J. S. Trimingham*, Christianity among the Arabs in Pre-Islamic times, S. 243.

[22] „When you enter a village, swear by its gods." Zit. in: *Robert Hoyland*, Arabia and the Arabs, S. 139.

Der eine Gott – Schöpfergott, Souverän des Universums, Hochgott – war bekannt als an der Spitze des arabischen Pantheons stehend und wurde angerufen, aber eben nicht ausschließlich. Der Koran klagt darüber, dass man seinen Namen zur Bekräftigung von Eiden und bei Erstlingsopfern benutzte, in Notzeiten die Hilferufe an diesen einen Gott ergingen, danach aber die Götzen wieder verehrt würden.[23] Ob er als Hochgott tatsächlich in weite Ferne gerückt und unpersönlich geworden war, lässt sich nicht mit Sicherheit behaupten. So meint Nöldeke, die Araber hätten damals ohnehin schon zu einer Art Monotheismus geneigt und sich von Muḥammad „nur eine anständige Stelle für ihre alten Götter" gewünscht[24] – und wie die sogenannten Satanischen Verse 53,19 f. zeigen, war Muḥammad in seiner Frühzeit sogar einmal bereit, sie als untergeordnete Wesen stehen zu lassen. Absolute Herrschaft erhielt der Hochgott, der mit der unter allen arabisch Sprechenden Gottesbezeichnung „Allāh" genannt wurde, durch den Titel *rabb al-kaʿba* (Herr der Kaʿba).[25]

Unter den vielen lokalen, jeweils einer Gottheit geweihten Stätten nahm die Kaʿba in Mekka als Universalheiligtum eine besondere Stellung ein. Damit war sie zugleich auch Zufluchtsstätte, Asyl für Schutzsuchende, Tabubezirk[26] und Ort für die jährlichen Märkte.[27] Die Hüter der heiligen Stätten hatten im Pilgerwesen ein einträgliches Geschäft. Neben diesen Wächtern und den für die Versorgung der Pilger Zuständigen gab es keinen Klerus.[28] Die Wallfahrt zu diesem Zentralheiligtum war ein fester Faktor im vorislamischen Arabien:

> It was intimately connected to the political stability, social structure, and economy of the region as well as its religious expression, and it can be safely assumed that virtually everyone was in some way connected to it. Various tribal groups and confederations observed different ritual acts and visited different shrines in the areas, even to the extent that they disputed with one another occasionally over the proper ritual.[29]

---

[23] Z. B. die Anrufung in Seenot: 17,67; 29,65; 31,32; siehe auch 6,40.63; 10,22; 29,65. – *Mustansir Mir* folgert gemäß islamischer Mehrheitsmeinung daraus, der Eingottglaube sei in jedem Menschen angelegt (Dictionary of the Qur'an, S. 99 f.).

[24] *Th. Nöldeke*, GdQ I, S. 108.

[25] Siehe dazu: *Pavel Pavlovitch*, On the Problem of the pre-Islamic Lord of the Ka'ba, in: *JAIS* 2 (1998/99), 50–74. – *Martin Lings* nennt den moabitischen Gott Hubal den Hauptgott der Kaʿba (Muhammad. His Life based on the earliest Sources, London 1983, S. 15). Auch andere Hochgottheiten wurden als „Herr des (jeweiligen Heiligtums)" bezeichnet.

[26] Die Monate für die jährlichen Wallfahrten galten als heilige Monate, in denen Stammesfehden zu ruhen hatten und der Zugang zum Heiligtum gesichert war.

[27] *A. J. Wensinck*, Art. Kaʿba, in: EI[1] IV, 317–322 (revidiert in: HdI, 236–245); *Jaques Jomier*, Art. Kaʿba, in: EI[2] II, 625–3633; *Uri Rubin*, The Kaʿba. Aspects of its ritual functions and positions in pre-Islamic and early Islamic times, in: *JSAI* 8 (1986), 97–131. Zum engen Zusammenhang zwischen Wallfahrt und Handel siehe: *M. J. Kister*, Some reports concerning Mecca, in: Kister, Studies in Jahiliyya and Early Islam, S. 76 ff.

[28] Siehe dazu: *Gerald R. Hawting*, The ‚sacred offices' of Mecca from Jāhiliyya to Islam, in: *JSAI* 13 (1990), 62–84.

[29] *R. Firestone*, Abraham's association with the Meccan sanctuary, S. 374.

Mit dem Opfer am Heiligtum[30] verbunden war ein Umlauf um das Heiligtum, entweder einzeln oder in Gemeinschaft. Von den angeblich 360 Gottheiten an und in der Kaʿba werden im Koran drei Göttinnen namentlich erwähnt: die Schicksalsgöttin Manāt (Heiligtum in Qudayd am Roten Meer), al-ʿUzza (die Gewaltige, Heiligtum im Tal von Naḫla, eine Tagereise südlich von Mekka), und die Göttin schlechthin al-Lāt (in Ṭā'if, zwei Tagereisen südlich von Mekka).[31] Da Nöldeke für Mekka eine rein polytheistische Situation annimmt, deutet er die mekkanischen Stellen, in denen sich Muḥammad gegen die Vorstellung von Nachkommen Gottes (*walad*) wendet, nicht unbedingt als anti-christliche Polemik; vielmehr richteten sich diese gegen die „Töchter Allāhs". Die mit der Wallfahrt zu diesem Heiligtum verbundenen Riten finden in der islamischen Wallfahrt dann ihre Fortsetzung. Meir J. Kister wies in den vorislamischen Formeln der rituellen Anrufung (*talbiya*) während der Wallfahrt, die von Stamm zu Stamm unterschiedlich waren, monotheistische Aspekte nach, die dem höchsten Gott zusichern: „*lā šarīka laka*" (Du hast keinen Teilhaber neben dir), womit Gott als „der Eine" anerkannt wird, neben dem es freilich andere, ihm beigeordnete, aber stets untergeordnete Götter gab.[32]

4.1.1 Ibrāhīm im altarabischen heidnischen Kaʿba-Kult

Die spannende und bis heute nicht befriedigend beantwortete Frage ist, welches Wissen um Ibrāhīm im vorislamischen Kaʿba-Kult tatsächlich vorhanden war. Nach Hirschberg[33] hätten die vorislamischen Araber überhaupt keine Ibrāhīmstradition besessen; auch Nöldeke[34] nimmt an, dass den vorislamischen Arabern ein abrahamischer Ursprung der Kaʿba und der *ḥağğ* völlig unbekannt war. Wensinck hält eine Wallfahrt nach ʿArafāt für die ursprüngliche.[35]

Dagegen versucht Irfan Shahid nachzuweisen, dass es unter den Arabern des 5. Jahrhunderts n. Chr. ein Bewusstein der Abraham-Ismael-Abstammung gegeben habe.[36] Auch Youakim Moubarac[37] meint, die heidnischen Araber hätten um Ibrāhīms Verbindung zur Kaʿba gewusst und ihre Genealogie auf ihn begründet – führt doch bereits Ibn Ḥiğr al-ʿAsqalānī (gest. 852) in seiner Welt-

[30] Opfertiere waren im allgemeinen Haustiere; *J. Wellhausen* (Reste arabischen Heidentums, S. 32) erwähnt auch Menschenopfer, jedoch für eine andere Region: König Mundir III. von Ḥirā' habe im 6. Jahrhundert der Göttin ʿUzza christliche Kriegsgefangene geopfert.

[31] Dazu: *Susanne Krone*, Die altarabische Gottheit al-Lāt, Frankfurt am Main 1992.

[32] *M. J. Kister*, Labbayka, Allāhumma, labbayka … On a monotheistic aspect of a Jāhiliyya practice, in: *JSAI* 2, 1980, 33–57.

[33] *J. W. Hirschberg*, Jüdische und christliche Lehren im vor- und frühislamischen Arabien, S. 59.

[34] *Th. Nöldeke*, GdQ I, S. 19.

[35] *J. A. Wensinck*, Art. Ḥadjdj, in: HdI, 152–157; *ders.*, Art. Kaʿba, in HdI, 236–245.

[36] *Irfan Shahid*, Byzantium and the Arabs in the Fifth Century, S. 154–383.

[37] Zit. in: *N. Robinson*, Massignon, Vatican II and Islam, S. 194.

geschichte die Qurais bis auf Ibrāhīm zurück[38] –, „because it is difficult to believe that the Qur'ānic preaching could have imposed these beliefs if they had been entirely novel." Auf den plausiblen Einwand, warum Muḥammad davon nicht bereits in Mekka geredet habe, entgegnet er, die Mekkaner seien zu stolz auf ihre Abstammung gewesen, so dass er erst in sicherer Entfernung und in überlegener Position vom abrahamischen Ursprung des Heiligtums sprechen konnte. Diese Spekulation kann natürlich nicht befriedigen. Ähnlich argumentiert Tilman Nagel,[39] dem Kuschel[40] folgt, Muḥammad habe seine Lehre den vorhandenen Bräuchen angepasst und es habe eine genealogische Bindung der Qurais an Ismāʿīl gegeben. Nur: es mutet seltsam an, dass trotz der Einmaligkeit der Kaʿba und ihrer zentralen Rolle offenbar kein Wissen um ihre Gründung mehr vorhanden war, zumindest keines, an das Muḥammad hätte explizit anknüpfen können. Auch Reuven Firestone[41] nimmt an, dass Ibrāhīm fest im altarabischen Kult verankert war. Nach ar-Rāzī[42] betonten die mekkanischen *mušrikūn* ihre Abstammung von Ibrāhīm, darum habe Gott die hohe Stellung, die dieser bei ihnen einnahm, in seiner Argumentation ihnen gegenüber genutzt.

Dies fordert zur Beantwortung der Frage heraus, wie es dazu kommen konnte, dass sowohl die Religion Ibrāhīms als auch die auf ihn gründende Genealogie in Vergessenheit geraten konnten. Aṭ-Ṭabarī[43] zitiert Ausleger, wonach die Mekkaner lediglich die richtigen Gebetszeiten nicht mehr beachtet hätten, denn wenn sie tatsächlich das Gebet aufgegeben hätten, dann hätten sie als *kuffār* gegolten; aṭ-Ṭabarī selbst ist jedoch der Meinung, sie hätten nicht nur das Gebet, sondern auch die richtige Religion verlassen.

Die Peinlichkeit der Situation, dass der Erbauer der Kaʿba, der paradigmatische Monotheist Ibrāhīm als Standbild mit den heidnischen Orakelpfeilen, einem verbreiteten Divinationsinstrument des alten Vorderen Orients[44], inmitten des altarabischen Kaʿba-Pantheons stand, ist in den Hadith zu spüren.[45] Viele Legenden berichten, wie die zahlreich gewordenen Nachkommen Ismāʿīls sich in die Umgebung verstreuten, Steine aus dem *ḥaram* mitnahmen, aber mit der Zeit deren Ursprung vergaßen, während Einwanderer fremde Götter, etwa Hubal, mitgebracht hätten.[46]

[38] *Otto Spies*, Beiträge zur arabischen Literaturgeschichte. Juristen, Historiker, Traditionarier, Leipzig 1932, S. 97.
[39] *T. Nagel*, Staat und Glaubensgemeinschaft im Islam I, S. 27 f.
[40] *K.-J. Kuschel*, Streit um Abraham, S. 177.
[41] *R. Firestone*, Abraham's association with the Meccan sanctuary, S. 359–387.
[42] *ar-Rāzī*, at-Tafsīr al-kabīr XIII, S. 29.
[43] *aṭ-Ṭabarī*, Tafsīr XVI, S. 98–101.
[44] Vgl. Hes 21,26; Hos 4,12.
[45] *al-Buḫārī* 1.498; 3.102. Ebenso wurde nach 3,44 der Vormund für Maryam per Lospfeil bestimmt.
[46] *M. Lings*, Muhammad, S. 4–10; *Muṣṭafā Muḥammad al-Ḥadīdī aṭ-Ṭair*, Manhaǧ Ibrāhīm fī d-daʿwa ilā l-ḥaqq, Kairo 1984, 1602–1609, S. 1608.

4.2 Das Hanifentum als Gegenbewegung zum Polytheismus

Zwar vermittelt die traditionelle islamische Geschichtsschreibung und die populäre Geschichtsvorstellung bis heute den Eindruck, das vorislamische Arabien sei als Zeitalter der *ǧāhilīya* (Unwissenheit) einzig vom Polytheismus geprägt gewesen, und der Monotheismus sei die völlig neue Verkündigung Muḥammads gewesen. Daher versuchen die islamischen Quellen, die Hinweise auf das wegbereitende Hanifentum eher zu verdunkeln.[47]

Doch bereits der Polytheismus Arabiens trug deutliche Hinweise auf den einen Gott, wenn auch eher als Existenz eines Hochgottes ohne die Leugnung der Präsenz anderer Götter, zumeist Stammes- oder Familiengötter; es ist berechtigt, hier von einer Form des Henotheismus zu sprechen.[48] Muḥammad tadelte seine Landsleute dafür, um den Hochgott zu wissen, ihn jedoch nur aus Opportunismus und in Notsituationen anzurufen, daraus aber keine Konsequenzen zu ziehen.

Das Hanifentum jedoch ging deutlich weiter. Die Ḥanīfen waren nicht nur „a dissatisfied group who developed vague monotheistic ideas“,[49] sie hatten vielmehr den Polytheismus bereits verlassen und lebten wohl „a primitive Abrahamism“[50]. Es dürfte jedoch zu weit gehen, sie schon als „Anhänger des rechten Glaubens“ (Elyas), „Rechtgläubige“ (von Denffer) oder gar „häretische Christen“ (Ohlig)[51] zu bezeichnen, denn ihr Charakteristikum war gerade nicht das Finden, sondern die Suche. Einer von ihnen, Zaid b. ʿAmr, rühmte sich, der einzige echte Ibrāhīmsverehrer zu sein:[52]

Asmā' bt. Abī Bakr berichtete:
Ich sah Zaid b. ʿAmr b. Nufail, ein alter Mann, wie er mit dem Rücken an die Kaʿba gelehnt stand und sagte: „O ihr Quraišiten, bei dem, in dessen Hand die Seele Zaids liegt, keiner von euch gehört mehr der Religion Ibrāhīms an als ich. O Gott, wenn ich nur wüßte, welche Richtung dir am liebsten ist, hätte ich dich auf diese Weise angebetet. Aber ich weiß es nicht.“[53]

Die Sīra (II, 50–62) berichtet, dass im Jahrzehnt vor der Geburt Muḥammads[54] eine Vierergruppe um Waraqa b. Nawfal einen Pakt schloss und sich auf der Suche nach der Religion Ibrāhīms in verschiedene Länder begab, unter ihnen eben dieser Zaid, der bis nach aš-Šām und Mūṣil ging, von wo ihn ein Mönch zurückschickte mit dem Hinweis, der wahre Prophet käme aus dem Land, aus

[47] *T. Nagel*, Mohammed, S. 185.
[48] *U. Worschech*, „Ich will Ismael segnen“, S. 45.50–52.
[49] *Ph. Hitti*, History of the Arabs, S. 108.
[50] *Gérard Troupeau*, Christianity in the Early Islamic Decades, in: MECC, Christianity, 453–469, hier: S. 458.
[51] *K.-H. Ohlig*, Weltreligion Islam, S. 23.
[52] *T. Nagel*, Mohammed, S. 160.
[53] Sīra I/2, S. 54.
[54] *Gh. Osman*, Pre-Islamic Arab Converts to Christianity in Mecca and Medina, S. 69.

dem er gekommen sei. Auf dem Rückweg nach Mekka wurde er jedoch von den Laḫmīden ermordet. Die Totenklage Waraqas für ihn betonte folgerichtig den *tauḥīd* Zaids.[55] Der *ḥanīf* b. Ǧaḥš hatte sich auf seiner Suche erst Muḥammad angeschlossen, sei aber dann im abessinischen Exil nicht nur Christ geworden, sondern „versuchte, auch andere zur *Naṣrānīya* zu verführen" und „ging schließlich als *Naṣrānī* zugrunde"[56]. Seine Frau, Umm Ḥabība, wurde danach die Frau Muḥammads.

Der Begriff *Ḥanīf* ist bis heute nicht abschließend geklärt, vielmehr gibt es darüber eine umfangreiche Literatur.[57] Am plausibelsten ist eine etymologische Herleitung von syro-aramäisch *ḥanpā*, dem „Gottlosen", der nicht an sichtbare Götter glaubt, der abweicht vom Glauben der Allgemeinheit, davon dann das arabisch-christliche „Heide, Götzendiener".[58] Als Alternative zum Polytheismus gehen manche so weit, eine Affinität zu jüdisch-christlichem Gedankengut zu sehen.[59]

Bemerkenswert ist in diesem Zusammenhang die Verwendung des Terminus in einem der ältesten erhaltenen arabischen Paulusbriefe aus dem 9. Jahrhundert; dort werden in 1 Ko 1,22–24 die Ἕλληνες zweimal als *ḥunafāʿ* übersetzt. Diese halten das Wort vom Kreuz für eine Torheit (*ḥumq*). Da *ḥanīf* in frühislamischem Gebrauch schnell zum Synonym für *muslim* geworden war, wollten die arabischen Christen unter nunmehr islamischer Herrschaft offensichtlich nicht nur zum Ausdruck bringen, dass auch diese das Wort vom Kreuz ablehnten, sondern auf eine geradezu subversiv zu nennende Weise die neuen Machthaber als „Gottlose" und „Heiden" bezeichnen.[60]

Die Unzufriedenheit und Abkehr von allen Formen altarabischer Stammesreligion bedeutet aber keineswegs schon die Annahme einer der beiden vorhandenen monotheistischen Religionen, vielmehr scheint es ein Kennzeichen des Hanifentums gewesen zu sein, bei aller Sympathie und Achtung gegenüber Judentum und vor allem Christentum, eine Alternative zu den bestehenden Reli-

---

[55] Vgl. *J. Wansbrough*, Sectarian Milieu, S. 6.

[56] Sīra II, S. 50.

[57] Einen Überblick gibt: *Faris / Glidden*, The development of the meaning of the koranic Hanif, in: *Journal of the Palestine Oriental Society* 19 (1939), 1–13; *Frants Buhl*, Art. Ḥanīf, in: HdI, 165–167; siehe neuerdings: *Chr. Luxenberg*, Die syro-aramäische Lesart des Koran, S. 39–41.

[58] *ḥanafī* und *ḥanīfī*: *Georg Graf*, Verzeichnis arabischer kirchlicher Termini, Louvain 1954, S. 40. Außer *Chr. Luxenberg* vgl. dazu *Dozy*: „Ketzer" (zit. in: Hirschfeld, S. 33), *R. Paret*: „Heide".

[59] *Aloys Sprenger*: „freigeistig und irreligiös", deshalb jüdisch-christliche Sekte mit eigenen Ritualen (Mohammed I, S. 67–71); *J. Wellhausen* betrachtet sie als christliche Büßer und sieht *ḥanīf* und *rāhib* als Synonyme (Skizzen III, S. 207); *J. Hirschberg*: „am Heidentum irre geworden, versuchten sie, den Arabern einen jüdisch-christlichen Monotheismus zu predigen" (Jüdische und christliche Lehren, S. 32); *K.-H. Ohlig*: „vielleicht häretische Christen oder aber arabische ‚Heiden', die in Distanz zur traditionellen Religion standen und analog zu christlichen Phänomenen benannt wurden" (Weltreligion Islam, S. 23).

[60] Manuskript MS 155 im Katharinenkloster, s. *Mark N. Swanson*, Folly to the Hunafaʿ: The Crucifixion in early Christian-Muslim controversy, in: Grypeou / Swanson / Thomas (Hrsg.), The Encounter of Eastern Christianity with Early Islam, S. 3.

gionen zu finden. Lediglich von Waraqa b. Nawfal wird ausdrücklich gesagt, dass er Christ geworden sei.[61] Die Mehrheit der Hanifen waren wohl am ehesten selbständige Gottsucher, keine geschlossene Bewegung oder etablierte Gruppierung, sondern Einzelpersonen, die das Gesetz und das Evangelium zwar studierten, sich aber nicht festlegten, sondern den christlichen Mönchen gleich Gott in der Einsamkeit der Wüste und durch religiöse Übungen suchten. Dabei schienen sie sich der Verantwortung vor dem Jüngsten Gericht bewusst gewesen zu sein, aber keine festgelegten Formen der Gottesverehrung gehabt zu haben.[62] Mit dem Auftreten Muḥammads, der durch seinen jährlichen Rückzug zum *taḥannuṯ* in die Höhle am Berg Ḥirāʾ ebenfalls einem Hanifen glich, weshalb Ibn Hišām diese Meditation als *taḥannuf* liest, schlossen sich offenbar viele Hanifen dem Islam an.

Anstelle des Hanifen, der sich vom altarabisch-heidnischen Polytheismus abkehrte, sieht eine neuere, durch die Forschungen Christof Luxenbergs angestoßene Richtung deshalb in Muḥammad einen – arabischen – Gläubigen, der sich von der dem Bilderkult huldigenden byzantinischen Kirche des oströmischen Kaisers Heraklius abwendet, und diese Kirche, ähnlich wie Martin Luther im 16. Jahrhundert, als dem Götzendienst verfallen sieht. Der *ḥanpā* (Apostat) habe sich also von der Kirche des Kaisers getrennt und befinde sich auf dem Wege Ibrāhīms, einem „primitiven Abrahamismus",[63] einem Weg des Verrats an den Götzendienern im Sinne eines legitimen Widerstands („resistance") zum wahren *dīn Allāh*, was das syrische Schimpfwort zum Ehrentitel habe werden lasse.[64]

Bei Zaid b. ʿAmr b. Nufail finden sich in der Sīra[65] die Merkmale eines Hanifen: Er verließ die Religion seines Volkes, wurde aber weder Jude noch Christ; in seiner religiösen Praxis sonderte er sich ab von Götzen, Aas, Ersticktem, Blut

---

[61] Wenn *Hirschfeld* (Jüdische und christliche Lehren, S. 39) meint, die muslimische Geschichtsschreibung hätte doch allen Grund gehabt, ihn zum Muslim zu machen, so ist dagegen einzuwenden, dass in der frühen Zeit des Waraqa nicht der Sieg des Islam, sondern die Legitimierung des eben erst berufenen Propheten im Vordergrund stand – diese konnte idealerweise im Sinne der Sukzession nur von einem Vertreter der Vorgängerreligion, dem Christentum, erfolgen.

[62] *A. Th. Khoury*, Einführung in die Grundlagen des Islam, S. 17 f.

[63] *G. Troupeau*, Christianity in the Early Islamic Decades, S. 458.

[64] *Volker Popp*, Die frühe Islamgeschichte nach inschriftlichen und numismatischen Zeugnissen, in: Ohlig / Puin (Hrsg.), Die dunklen Anfänge. Neue Forschungen zur Entstehung und frühen Geschichte des Islam, Berlin 2005, 16–123, hier: S. 84 f. – Diese Deutung lasse sich aus den Inschriften des Felsendoms erschließen, die eindringlich vor dem als Tritheismus missverstandenen byzantinischen Trinitätsglauben warnten und diesem die Ein(s)heit Gottes im Text von Sura 112 entgegensetzten. Popp nennt den Erbauer des Felsendoms, ʿAbd al-Malik, einen „Reformator" und zieht eine Parallele zu Luthers drastischen Worten gegen das bildergeschmückte und vom reinen Glauben abgefallene Papsttum. – So verdienstvoll vor allem die Heranziehung des Syro-Aramäischen zum Erschließen des arabischen Korantextes durch Luxenberg ist, so spekulativ wird doch die Fortführung dieses Ansatzes, der im frühen Islam ein „stolzes" arabisches Christentum sieht, das sich von der trinitarischen und christologischen Konzeption von Byzanz abgrenze (S. 9), nach *Karl-Heinz Ohlig* gar ein vornicaenisches ostsyrisches Christentum (Das syrische und arabische Christentum des Koran, S. 401).

[65] Sīra I/2, 53 f.

und Götzenopferfleisch – das sind exakt die Minimalanforderungen der frühen Heidenchristen, die auf dem Jerusalemer Apostelkonzil festgelegt wurden (vgl. Apg 15,20; 1. Kor 8,1–13).[66] Er wies sein Volk auf ihr schändliches Brauchtum hin und bemühte sich, dem Herrn Ibrāhīms zu dienen. Einige Hanifen schienen eine asketische Lebensweise zu bevorzugen, wohl angelehnt an das Mönchtum, was ihnen die Bezeichnung *ar-rahbanīya* einbrachte; Muḥammad dagegen plädierte für das „großzügige Hanifentum" (*al-ḥanīfīya as-samḥa*).[67]

Im Koran selbst ist der Begriff des Hanifen untrennbar mit Ibrāhīm verbunden, ja Ibrāhīm ist der erste, der in der 3. mekkanischen Periode als solcher bezeichnet wird. Von 12 koranischen Belegen beziehen sich 9 auf ihn.[68]

So gilt im Rückblick der Kommentatoren die Suche der Hanifen der angeblich verlorengegangenen Religion Ibrāhīms, gerade in der mekkanischen Kaʿba, „weil sie die von Abraham errichtete Kultstätte des Einen sei";[69] dort konnte Zaid frei von fremden Einflüssen den Kontakt zu Gott von Angesicht zu Angesicht herstellen, indem er sich „innerhalb des Gebetsplatzes die Kaaba zur Standrichtung" wählt und „sein Angesicht dem zuwendet, dem sich auch die Erde zuwendet". Somit finden sich bei Zaid also bereits Grundelemente des Kultes, die im Islam das rituelle Gebet bestimmen: das Stehen vor Gott und die *qibla*, die Ausrichtung auf das Heiligtum. Den Hanifen fällt aus islamischer Selbstsicht gewissermaßen die Rolle von „Proto-Muslimen" zu.[70]

Das Hanifentum erscheint als ein mit jüdischen und christlichen Versatzstücken angereicherter Eingottglaube, der gleichwohl seine heidnischen Grundlagen nicht verleugnete. Zu den Riten gehörten wie im altarabischen Kult u. a. Tieropfer. Gelegentlich wird es in islamischen Publikationen als eigenständige Religion bezeichnet.[71]

Die Forschung zur Dichtung der Hanifen steht noch ganz am Anfang. Gerade bei Umayya b. Abī ṣ-Ṣalt aus Ṭāʾif, dessen Verse sich Muḥammad gerne vortragen ließ, finden sich christliche Hymnen in arabischer Lesung, v. a. Anleihen bei der christlichen Eschatologie. Sie handeln vom Weltgericht vor dem Thron Gottes, von Waagschalen und Schriften, jedoch sitzt nicht Christus auf dem Thron,

---

[66] In Sīra I/2, 53 Anm. 2 wird die Frage diskutiert, woher Zaid diese Erkenntnisse haben konnte, da doch Muḥammad die entsprechenden Regelungen noch gar nicht erlassen habe. – *Wansbrough* ergänzt noch die Ablehnung der altarabischen Praxis, neugeborene Mädchen lebendig zu begraben (Sectarian Milieu, S. 6).

[67] *T. Nagel*, Mohammed, S. 166.

[68] Siehe Auslegung zu 2,135b und Exkurs 6 *ḥanīf* in Kap. 6.2.

[69] *T. Nagel*, Medinensische Einschübe, S. 144 f.; vgl. *T. Nagel*, Abraham in Mekka, S. 140–144; *K.-J. Kuschel*, Streit um Abraham, S. 178.

[70] *M. Schöller*, Mohammed, S. 23.

[71] So in einer Karte der Religionen Arabiens im Aṭlas Tāriḫ al-anbiyāʾ wa-r-rusul (S. 155) – dort findet sich das Hanifentum nur für Mekka eingezeichnet.

sondern Gott. Tilman Nagel spricht daher von einer „Mittlerrolle der Hanifen zwischen der christlichen Bildersprache“ und dem Koran.[72]

4.3 Das koranische Anliegen: Die Einsheit Gottes – wider die Götzen

Die zentrale theologische Aussage der Verkündigung Muḥammads und des Islam, die schon Ibrāhīm mit seiner vehement gegen den Polytheismus gerichteten Haltung verkörperte, ist *tauḥīd* – die „Eins-heit“ und Einzigkeit Gottes, kulminierend im ersten Halbsatz der *šahāda*, des Glaubensbekenntnisses: *[Ašhadu an] Lā ilāha illā-llāh* ([Ich bezeuge:] Es gibt keine Gottheit außer Gott). Sie wird weitergeführt im zweiten Halbsatz, gleichsam als zweiter Pol, mit dem Bekenntnis zum Prophetentum Muḥammads: *wa-Muḥammad rasūl Allāh* (und Muḥammad ist der Gesandte Gottes). Der *tauḥīd* ist der Eifer um die Größe und Unantastbarkeit des einen Gottes, das Herz der islamischen Theologie:

Er ist Gott, ein Einziger, (…) und niemand ist ihm gleich. (112,4)
Er ist Gott, der eine, der bezwingende Macht besitzt. (39,4)

Alles neben ihm würde seine Einzigkeit und Souveränität antasten und nicht nur als Konkurrenz, sondern als Schwäche empfunden:

Lob sei Gott, der sich kein Kind genommen hat,
und der keinen Teilhaber an der Königsherrschaft hat
und keinen Freund als Helfer aus der Erniedrigung. (17,111)

Man darf wohl berechtigt von einem Leiden Muḥammads am Götzendienst ausgehen – was den Kampf bedingt gegen alles, was diesem einen Gott entgegensteht oder seine Einzigkeit einschränkt.

„… his [Muḥammad's] supreme purpose was to terminate idolatry and establish the sole worship of God, acknowleged as God alone. Islam was the faith about God to end gods … It was the call, in rugged simplicity, to let God be God.“[73]

Die einzige Sünde, die folgerichtig nicht vergeben wird, ist *širk* (Beigesellung).[74] Bekannt ist der Ausspruch al-Qurṭubīs: „Die Strafe für *širk* ist das ewige Verweilen im Feuer; denn *širk* ist die größte Sünde und das Feuer die schlimmste Bestrafung.“[75] Für andere Sünden ist die Dauer der Höllenstrafe zeitlich abgestuft, je nach Schwere der Sünde (vgl. 19,71 f.).

---

[72] *T. Nagel*, Mohammed, S. 155. Er bezeichnet ihn jedoch als „heidnischen Gottsucher“ (S. 168).

[73] *K. Cragg*, The event of the Qur'ān, S. 14.

[74] 4,48.116; 31,13. Allerdings wurde dies durchaus nicht immer so kategorisch gesehen; differenzierende Meinungen u. a. bei *ar-Rāzī* und *al-Baiḍāwī*.

[75] *al-Qurṭubī*, Tafsīr VII, S. 136 f.

Die Götter werden daher im Koran in ihrer faktischen Wirkungs- und Machtlosigkeit als „Nichtse", menschliche Projektion und irdische Selbstfabrikation entlarvt und Gott, dem allmächtigen Schöpfer, *rabb al-ʿālamīn, mālik yaum ad-dīn*[76] (Herrn der Menschen in aller Welt, Herrscher am Tag des Gerichts) gegenübergestellt. Auch der mekkanische Hauptgott, einst „Herr des Hauses", der partikulare *rabb al-bait*, wird durch Muḥammad der einzige Herr, wird zum universalen *rabb al-ʿālamīn.*[77]

Diese Ausschließlichkeit – Monotheismus in seiner höchsten Zuspitzung – bestimmt nicht nur das Bild und die Botschaft von Gott, sondern schlichtweg alle Bereiche des Lebens. Wenn die Einzigkeit Gottes überhöht wird, entsteht das Prinzip der *ḥākimīyat Allāh* (Herrschaft Gottes)[78]. Es gilt, Gott allein die Göttlichkeit zuzuschreiben, verkörpert in der Herrschaft; daraus folgt die völlige Unterordnung des Lebens in allen Einzelheiten unter seine Gebote. Die einzig mögliche Folgerung, die der Mensch aus der Botschaft vom allumfassenden Schöpfertum Gottes zu ziehen hat, ist allein auf ihn zu schauen – „das Gesicht einzig und allein zu Gott wenden", wie Ibrāhīm es ausdrückt (4,125). Das ist letztlich die Seinsart des Geschöpfes und der Sinn des Daseins, der sich aus dieser Seinsart ergibt. Denn „Dasein und Gottesverehrung sind eins, und beides erfüllt sich zuallererst im Ritenvollzug."[79]

Der Mensch ist darum nicht das – womöglich gleichwertige – Gegenüber Gottes, sondern es ist das Ziel der Erschaffung des Menschen laut Koran, dass der Mensch „nur Mir dient und nur Mich anbetet." (51,56). Daher ist der Mensch stets von Gott als Gewährer und Erhalter seiner Existenz abhängig und – obwohl *ḫalīfa* Gottes – nur Geschöpf, Ihm ergeben, unterworfen, im Sinne von „served and servant", wobei „the most fundamental, unbridgeable difference between the nature of God and the nature of man" eingehalten wird.[80] Gottesbild und Menschenbild sind die beiden Seiten derselben Medaille, bedingen einander. Je mehr Gewicht, Größe und Macht die eine Seite bekommt, desto weniger bleibt für die andere übrig. Das Bestreben, Gott den ihm gebührenden Platz zurückzugeben, der ihm im *širk* streitig gemacht wurde, mitsamt allen Insignien seiner All-Macht, alleinigen Entscheidungsgewalt und völligen unhinterfragbaren Souveränität („Er wird nicht befragt", „der über jede Seele Macht ausübt" 13,33) verlangt vom Menschen die Aufgabe dieser Freiheiten.[81] In dieser eindeutigen Rollenzuweisung ist kein Raum für menschliches Fragen, das im Koran immer als Hinter-Fragen, In-Frage-Stellen und damit Zweifel an die Adresse

---

[76] Vgl. dazu die Ibrāhīm-Stellen 29,19–22; 12,39–40; 6,79; 2,258.

[77] Vgl. *A. Jeffery*, Foreign vocabulary, S. 208 f.

[78] Vgl. *Abū l-Aʿlā al-Maudūdī* in seinem Traktat über die vier Begriffe im Koran, deren zentraler die Herrschaft Gottes ist. (Dazu: *Abu Zaid*, islam und politik, S. 67)

[79] *T. Nagel*, Die Heilsbotschaft des Korans, S. 31.

[80] *F. Rahman*, Major themes of the Qur'ān, S. 3, 15.

[81] „Reduced man to impotence in the interests of saving the omnipotence of God." (*F. Rahman*, Major themes of the Qur'ān, S. 23).

Gottes gesehen wird. Ein Handeln mit Gott wie bei Abraham in Gen 18 oder ein Rechten mit ihm wie bei Hiob, die klassische Theodizeefrage, haben da keinen Raum.[82] Die Sphäre Gottes und die des Menschen bleiben auf zwei sehr deutlich voneinander getrennten Ebenen.

Die Hauptaspekte von Gottes Souveränität und Schöpfermacht fasst 3,26–27 zusammen:

> Sag: O Gott, Herr der Herrschaft,
> Du gibst die Herrschaft, wem Du willst, und Du entziehst sie, wem Du willst.
> Du machst mächtig, wen Du willst, und Du erniedrigst, wen Du willst.
> In Deiner Hand ist (all) das Gute. Gewiss, Du hast zu allem die Macht.
> Du lässt die Nacht in den Tag eindringen und lässt den Tag eindringen in die Nacht.
> Und Du lässt das Lebendige aus dem Toten hervorgehen
> und lässt hervorgehen das Tote aus dem Lebendigen. (medinisch)

Dieses koranische Anliegen ist zugleich das Anliegen Ibrāhīms, ja, sein Charakteristikum, das im Koran nicht oft genug wiederholt und in den einzelnen Erzählungen exemplifiziert werden kann mit der untrennbar mit ihm verbundenen Standardformel: *wa-mā kāna min al-mušrikīn* (und er gehörte nicht zu den Polytheisten). Es ist anzunehmen, dass seine Identifizierung mit dem Monotheismus für die überwiegende Mehrheit der Araber selbstverständlich gewesen ist.[83] Mit dieser Charakterisierung personifiziert Ibrāhīm gleichsam die Essenz der Botschaft Muḥammads als Ruf zu dem einen Gott und ist das perfekte Paradigma der neuen Botschaft, die in seiner Person den Anspruch erhebt, zugleich die alte, ursprüngliche zu sein.

4.4 *Die „früheren Blätter“* – ṣuḥuf Ibrāhīm

87,9–19; 53,33–41 (1. mekk.)
(vgl. 6,89; 4,54; 19,41)

Die beiden ersten Erwähnungen Ibrāhīms in der Verkündigung Muḥammads beziehen sich nicht auf seine Person, sondern auf *ṣuḥuf Ibrāhīm wa-Mūsā* (Blätter / Schriftblätter Ibrāhīms und Mūsās). Im Sinne eines Genitivus objectivus verstanden könnte man an über Ibrāhīm und Mūsā berichtende Botschaften denken. Der Erwähnung der Schriftform verweist jedoch auf eine Schrift, die diesen beiden Propheten zugeschrieben wird.

Bevor also von der Person Ibrāhīm die Rede ist, wird seine Schrift erwähnt. Die Prophetengestalt tritt zurück hinter die göttliche Rede, den Willen Gottes, den sie zu verkündigen hat. Erinnert sei an die Berufung Muḥammads, die

---

[82] Vgl. dazu *H. Kohlbrugge*, Der einsame Gott des Islam, S. 219–236.
[83] *R. Firestone*, Abraham and the Meccan sanctuary, S. 367.

nicht von ungefähr begann mit der Aufforderung *iqra'*![84] (Rezitiere!), nämlich das bereits Vorhandene, den von Ewigkeit her bestehenden und in alle Ewigkeit gültigen Willen Gottes.

Ṣuḥuf, im Singular *ṣaḥīfa*, ist eine arabische Neubildung auf Grundlage des abessinischen und südarabischen *ṣaḥafa* (schreiben) als „Beschriebenes", auch in der Bedeutung „Vertrag".[85] In vorislamischer Zeit waren damit fliegende Blätter mit Ruhmesliedern, Spottgedichten als Gelegenheitsschriftstellerei gemeint; die preisgekrönten unter ihnen wurden dann ab dem 7. Jahrhundert als *al-muʿallaqāt* (die Aufgehängten) bezeichnet, da diese Gedichte an der Kaʿba aufgehängt wurden. Ebenso konnten Verträge „zur Bekräftigung" (*taukīdan*) im Innern der Kaʿba aufgehängt werden.[86] *Ṣuḥuf* wurden demnach primär zur Fixierung rechtlicher Inhalte verwandt, während Dichtung durch den mündlichen Vortrag publik wurde, zu Lebzeiten des Dichters durch diesen persönlich und nach seinem Tod durch einen *rāwī* (Erzähler), vorzugsweise aus seiner Familie oder seinem Stamm, der bei dem Dichter gehört haben musste. Dies schließt die Verwendung schriftlicher Notizen nicht aus, doch waren diese nicht für die Öffentlichkeit bestimmt, sondern dienten als Gedächtnisstütze der Überlieferer.[87] So behielt denn auch bis ins 3./9. Jahrhundert die von den Philologen und Hadith-Gelehrten Baṣras und Kūfās festgelegte Methode des mündlich vorgetragenen Stoffes Priorität, während Verträge, Briefe und zunehmend apologetische Inhalte schriftlich fixiert wurden.[88] Es ist überliefert, Muḥammad habe die Bestimmung über das Blutgeld, d.h. die Kompensationsleistungen für Mord bzw. Totschlag, in sein *ṣaḥīfa* (Heft) geschrieben.[89] Zur Zeit Muḥammads kam dann auch der *muṣḥaf* auf, wohl eine erste geheftete Loseblattsammlung. In 80,12 (1. mekk.) und 98,2 (medin.) wird *ṣuḥuf* identisch mit „Koran" verwendet. Im weiteren Sinn bezeichnet es himmlische oder vom Himmel herabgebrachte Schriften.

Sprenger meint, die Ibrāhīm und Mūsā zugeschriebenen *ṣuḥuf* seien ein von Muḥammad benutztes Buch als Quelle seiner Botschaft gewesen, was Nöldeke

---

[84] 96,1; vgl. 53,4–12.

[85] *Gr. Schoeler*, Schreiben und Veröffentlichen, S. 2; *Th. Nöldeke*, GdQ I, S. 11; *A. Jeffery*, Foreign vocabulary, S. 193f.

[86] Nachweise bei *Gr. Schoeler*, Schreiben und Veröffentlichen, S. 3. Ansonsten wurden Verträge, Schutzbriefe oder Urkunden über Vergünstigungen in Ermangelung von Archiven im Hause des Begünstigten oder von diesem in seiner Schwertscheide aufbewahrt.

[87] Nicht zu vergessen, dass die arabische Schrift jener Zeit lediglich aus dem *rasm* bestand, einem Konsonantengerüst noch ohne diakritische Punkte, so dass sogar die Konsonanten vieldeutig waren, von Vokalzeichen gar nicht zu reden. Eine solch defizitäre Schrift ist zur Weitergabe neuer Informationen gänzlich ungeeignet, sondern konnte nur als Gedächtnisstütze für bereits Bekanntes dienen.

[88] Ein berühmtes Beispiel ist das um 800 im Streit um Prädestinatianismus und Willensfreiheit entstandene Risāla fī-l-qadar des *Ḥasan al-Baṣrī*.

[89] *Gr. Schoeler*, Schreiben und Veröffentlichen, S. 6.

bestreitet.[90] Würde *ṣuḥuf Ibrāhīm wa-Mūsā* als Genitivus objectivus verstanden, könnten damit generell die über Ibrāhīm und Mūsā berichtenden biblischen Schriften gemeint sein. Der Kontext stützt diese Lesart jedoch nicht.[91]

Als Schreibmaterial dienten für Briefe Palmstängel, flache weiße Steinsplitter, Schulterknochen von Kamelen, Lederstücke, Brettchen, Zettel aus Papyrus, eventuell auch Pergament; für Inhalte „himmlischen Ursprungs" wurde wohl besseres und auch einheitlicheres Material verwendet. Die Berichte von Koranfragmenten auf den fragwürdigsten Materialien soll wohl „die rührende Einfachheit der alten Zeit recht eindringlich vor Augen stellen".[92]

Inhaltlich besteht nach den Auslegern kein Unterschied zwischen den *ṣuḥuf* und den bekannten Offenbarungsbüchern,[93] so dass *ṣuḥuf* als Bezeichnung für die frühen, den bekannten Büchern voran- und nun verlorengegangenen Büchern gilt.

Nach Qatāda (auf den Propheten zurückgehend):
Die ṣuḥuf Ibrāhīm kamen in der 1. Nacht des Monats Ramaḍān herab, der Taurāt wurde sechs Tage später herabgelassen, das Inǧīl 13 Tage später, und der Koran wurde am 24. Tag von Ramaḍān herabgelassen.[94]

Erst den späteren Prophetenlegenden zufolge wurden *ṣuḥuf* bereits an Ādam gegeben (nach Masʿūdī 31, nach al-Kisāʾī 22), einige Bücher wurden auf seinen Sohn Šīt herabgelassen (29), dann auf Idrīs (30), später 10 an Ibrāhīm – wohl um ingesamt die Zahl 100 zu erreichen –, die jedoch allesamt verloren gingen und in Vergessenheit gerieten.[95] Nach al-Kisāʾī öffnete Ibrāhīm den Sarg Adams und fand darin die *ṣuḥuf* von Adam, Šīt und Idrīs sowie die Namen der Propheten, die ihm folgen sollten. Az-Zamaḫšarī und ar-Rāzī betonen die Kontinuität von *ṣuḥuf* und heutigen Offenbarungsbüchern, wenn sie auf eine Überlieferung verweisen, nach der der Prophet sagte, Gott habe 104 Blätter herabgesandt, 10 auf Ādam, 50

[90] *Th. Nöldeke*, GdQ I, S. 17. Ebenso abwegig die Theorie *A. Sprengers*, der Mönch Baḥīra sei der Verfasser der *ṣuḥuf* und Mentor des Propheten gewesen (S. 28, Fußn. 3).

[91] *A. Neuwirth*, Frühmekkanische Suren, S. 258 f.

[92] *Nöldeke/Schwally*, GdQ II, S. 24.

[93] *aṭ-Ṭabarī* (in seiner Auslegung zu 4,54) macht keinen Unterschied zwischen *kitāb* und *ṣuḥuf Ibrāhīm wa-Musa* und *Zabūr* „und dem Rest, was er ihnen an Büchern gegeben hatte". Die der Sippe Ibrāhīms zuteil gewordene *ḥikma* ist das, was ihnen gegeben ist, aber nicht als geoffenbartes Buch rezitiert wird.

[94] *aṭ-Ṭabarī*, Tafsīr II, Auslegung zu 2,185. Variante: die Herablassung der Bücher in gleichen Abschnitten zu 6 Tagen, d. h. *ṣuḥuf Ibrāhīm* und *taurāt* wie bei Qatāda, Zabūr nach 12 Tagen, Inǧīl nach 18 Tagen und der Koran nach 24 Tagen (*aṭ-Ṭabarī*, Tafsīr XXX, S. 157).

[95] *G. Widengren*, Muhammad, the Apostle of God, S. 23. Er bezeichnet sie als „secret, esoteric knowledge deposited in writings of heavenly origin". *M. Hamidullah*: „Tatsächlich gibt es heute keine Spur mehr von den ‚Blättern Abrahams'. Die traurige Geschichte des Pentateuchs und seine wiederholte Vernichtung durch die Heiden ist bekannt." (zit. in: *Stefan Schreiner*, Unser Gott und euer Gott ist ein und derselbe. Zum Verhältnis des Islam zu Judentum und Christentum, in: *Judaica* 39 (1983), 98–112, hier: S. 105). – Es existieren noch andere Zahlen einzelner *ṣuḥuf*, die in der Summe immer hundert ergeben.

auf Šīt, 30 auf Idrīs, 10 auf Ibrāhīm, die Taurāt auf Mūsā, das Inǧīl auf ʿĪsā, den Zabūr[96] (Psalter) auf Dāwūd und den Koran auf Muḥammad.[97]

Indem schon die frühesten Propheten von Gott *ṣuḥuf* anvertraut bekamen, relativiert sich für die Tradition somit die Frage, warum der Koran Ibrāhīm eine heute unbekannte Schrift zuschreibt. Sollte dies ein Hinweis auf apokryphe Literatur sein? Denkbar wäre die „Apokalypse Abrahams“,[98] eine jüdische Schrift aus dem 1. Jahrhundert n. Chr. über Abrahams Auserwählung und seine Offenbarungen, oder das „Testament Abrahams“, ein jüdischer Text, entstanden um 70 n. Chr. über seine Reise ins Paradies und seinen Tod, sowie das Lob seiner Gastfreundschaft, beide wohl essenischen Ursprungs;[99] christlicherseits wird eine verschollene Schrift mit dem Titel „Die Suche Abrahams“ erwogen.[100]

So wie mit *ṣuḥuf* Schriften der frühen Propheten bezeichnet wurden, so ist auch der Begriff an sich nur in den frühen Suren zu finden, bevor er an späteren Stellen vom *terminus technicus kitāb* (Schrift, dann: Buch) abgelöst wird, der auf enge Berührung und Orientierung auf die Schrift-Religionen hinweist.[101] „Zielvorstellung“[102] Muḥammads war offenbar ein *kitāb*, wie es die *ahl al-kitāb* hatten, das dann auch den Begriff *al-qur'ān* mehr und mehr ablösen wird. In der chronologisch ersten Erwähnung 74,52 will jeder von den Quraišiten „ausgebreitete Blätter“[103] haben, im Sinne einer eigenen Einladung von Gott, damit sie glauben. Nach 80,13 steht der Koran als Mahnung auf „in Ehren gehaltenen Blättern“ in den Händen von *safira* (Reisenden); die Kommentatoren verstehen darunter Schreiber, die die Werke der Menschen aufschreiben, Engel, Rezitatoren oder Schlichter zwischen zwei Völkern. Nach aṭ-Tabari[104] sei damit *al-lauḥ*

---

[96] Im Koran an 3 Stellen für das Buch, das Dāwūd gegeben ist; 21,105 mit Zitat aus Ps 37,29. Der Plural *zubur* in der Bedeutung von „Schriften“ allgemein, an einer Stelle als „Buch des Schicksals“. In altarabischer Poesie, etwa bei Imru' l-Qais, im Sinn von etwas Schriftlichem, möglicherweise populäre Ableitung von *mazmūr*, was bis heute der christlich-arabische Terminus für die Psalmen ist. (*A. Jeffery*, Foreign vocabulary, S. 148 f.)

[97] Zit. in: *A. Th. Khoury*, Kommentar, Bd. 12, S. 424 f.

[98] Textausgaben: *P. Riessler*, Altjüdisches Schrifttum außerhalb der Bibel, Freiburg 1928; *Belkis Philonenko-Sayar / Marc Philonenko*: Die Apokalypse Abrahams, JSHRZ V/5, Gütersloh 2001.

[99] *H. Küng*, Das Judentum, S. 34.

[100] *A. Th. Khoury*, Abraham – ein Segen für die Völker, S. 14. – Zu den Abraham-Schriften siehe außer Philonenko-Sayar / Philonenko: *J. E. Bowley*: The Compositions of Abraham: Tracing the Threads. Studies in the Vitality of Jewish Pseudepigrapha, Atlanta, 1994, S. 215–238; *Martha Himmelfarb*: Art. Abraham-Schriften, in: RGG[4] I, S. 78 f.

[101] „The idea and the ideal of Scriptures, and of being Scriptuaries.“ (*K. Cragg*, The event of the Qur'ān, S. 30)

[102] *A. Neuwirth*, GAP II, S. 102 und *Gr. Schoeler*, Schreiben und Veröffentlichen, S. 20. – *N. Stillman* nimmt an, jüdische und christliche Wanderprediger hätten ihre heiligen Schriften in der Hand gehalten, daraus in der Originalsprache zitiert und in gebrochenes Arabisch übersetzt (The Jews of Arab lands, S. 6).

[103] Diese wiederum werden von den Kommentatoren unterschiedlich paraphrasiert: *Muǧāhid*: ṣaḥīfa; *Qatāda*: kitāb.

[104] *aṭ-Ṭabarī*, Tafsīr XXX, Auslegung zu 80,13.

al-maḥfūẓ (bewahrte Tafel) gemeint, die zu Gott emporgehobene Tafel, eine Bezeichnung des Korans. Nach Tilman Nagel waren die *ṣuḥuf Ibrāhīm wa-Mūsā* „keineswegs Gesetzesoffenbarungen, sondern (…) Verzeichnisse, auf denen das einem jeden Geschöpf von Gott bestimmte Diesseitsschicksal niedergelegt ist“, also die *lauḥ*, auf der der *qadar* verzeichnet ist,[105] das „Inventarbuch Gottes“[106] als Registerbuch für die Taten der Menschen. 81,10 spricht von Blättern, die am Tag des Gerichts ausgebreitet werden, auf denen der Tradition zufolge die guten und schlechten Taten der Gläubigen niedergeschrieben sind, also Gerichtsakten am Jüngsten Tag. Dann folgen chronologisch die beiden Stellen mit den *ṣuḥuf Ibrāhīm wa-Mūsā* 87,18f[107] und 53,36f. In 56,77 folgt das *kitāb maknūm* (ein gehütetes, archiviertes Buch). In der 2. mekkanischen Periode spricht 20,133 davon, dass der klare Beweis von Gott bereits „auf den ersten Blättern“ gekommen sei; nach Muǧāhid seien dies *taurāt* und *inǧīl*, nach Qatāda die verloren gegangenen Bücher der vergangenen Völker.[108] In der einzigen medinischen Stelle 98,2 kommt der Gesandte Gottes sowohl zu den *mušrikīn* als auch zu den *ahl al-kitāb* und verliest ihnen „gereinigte Blätter“, worunter aṭ-Ṭabarī Bücher versteht, die von Gott kommen, wertvoll, gerecht und ohne Fehler sind, womit der Koran gemeint sei.

4.4.1 Vorrang des Jenseitigen

87,9–19[109] (1. mekk.)

87,14	Wohl ergehen wird es ja jemandem, der sich läutert [*tazakka*],
87,15	und des Namens seines Herrn gedenkt; so betet er.
87,16	Nein, vielmehr zieht ihr das diesseitige Leben vor,
87,17	während das Jenseits besser und beständiger ist.
87,18	Dies ist wahrlich in den früheren / ältesten[110] Blättern, [*ṣuḥuf*]
87,19	den Blättern Ibrāhīms und Mūsās.

[105] Der erste Muslim – Abraham in Mekka, in: Kratz / Nagel (Hrsg.), Abraham, unser Vater, Göttingen 2003, 133–149, hier: S. 138.

[106] *A. Jeffery*: Inventory Book.

[107] Nach Ibn ʿAbbās medinisch (*al-Qurṭubī*, Al-Ǧāmiʿ li-Aḥkām al-Qurʾān, Auslegung zu 87,14), was nicht möglich ist.

[108] Nach *aṭ-Ṭabarī* (Tafsīr XVII, Auslegung zu 20,133) waren diese gegen die Mekkaner gerichtet, die sich darüber beschwerten, dass Muhammad keine Blätter bringe, wie sie die früheren Propheten gehabt hätten. Gott befehle hier Muḥammad, ihnen warnend die Beispiele der Früheren vor Augen zu halten.

[109] *aṭ-Ṭabarī*, Tafsīr XXX, S. 155–158; *al-Qurṭubī*, Tafsīr; *Ibn Kaṯīr*, Tafsīr; *al-Ǧalalān*, Tafsīr z.St.; SKD V, S. 2929–2930; *A. Neuwirth*, Frühmekkanische Suren, S. 253–264.661. Nach Ibn Kaṯīr hatten einige seiner bereits vor Muḥammad emigrierten Anhänger die Bewohner von Yaṯrib im „Koran“ unterwiesen, so dass sie für ihn bei seiner Ankunft Sura 87 rezitierten.

[110] So *A. Neuwirth*, Frühmekkanische Suren, S. 262.

Die Thematik der jenseitigen Welt und ihr Vorzug vor der diesseitigen ist bezeichnend für die Botschaft der *ṣuḥuf*.

V. 14 entspricht der mekkanischen Botschaft, sich zu läutern (*tazakka*), entweder von der eitlen Geschäftigkeit der Handelsstadt, indem in sozialer Verantwortung *zakāt* gegeben wird,[111] oder, wie die Kommentatoren einhellig auslegen, vom Polytheismus. Zur äußeren Reinheit muss die innere Ausrichtung auf Gott hinzukommen: das Gedenken des Namens Gottes, worunter das *takbīr* zu Beginn jedes Gebets gemeint sein kann, manche jedoch anachronistisch[112] das fünfmalige *ṣalāt* verstehen; aṭ-Ṭabarī sieht darunter die Haltung des Herzens: Gott zugeneigt sein, ihn loben und verherrlichen; nach Ibn ʿAbbās ist das Gedenken an das eigene Lebensende und an den Tag des Gerichts gemeint. In ihrer Kurzsichtigkeit bevorzugten die Menschen jedoch das Diesseits mit seinem vergänglichen Schmuck.

Nach Mālik b. Dinār:
Selbst wenn die Welt aus vergänglichem Gold wäre und das Jenseits aus bleibendem Ton, wäre es unsere Pflicht, den bleibenden Ton vor dem vergänglichen Gold zu bevorzugen. Wie sollte man dann nicht das bleibende Gold des Jenseits wählen, wo doch diese Welt aus vergänglichem Ton besteht?[113]

Der Vorwurf der Diesseitsbezogenheit verweist zurück auf die Vergänglichkeit alles Irdischen von V. 5; ebenso verweist der Ausdruck der *ṣuḥuf al-ūlā* zurück auf das „wir werden dich lesen / rezitieren lassen" im selben Vers.

Die Ausleger sind uneins darüber, was in den früheren Blättern stehe, aṭ-Ṭabarī plädiert mit den meisten anderen für den Inhalt des in V. 14–17 Gesagten, was jedoch eine recht unspezifische prophetische Aussage ist, die in fast jede Situation passt. Al-Ǧalalān geht nicht auf den Inhalt ein, sondern erwähnt lediglich die 10 *ṣuḥuf Ibrāhīms*, während er die *ṣuḥuf Mūsā* als Tora deutet.

Als Schlussvers und surenabschließender Reim nimmt der Rekurs auf die autorisierenden Vorgängerschriften eine exponierte Stellung ein. Die Rezipienten, die die eschatologische Botschaft Muḥammads ablehnen, werden hier erstmals in seiner Verkündigung an die früheren Schriften verwiesen, womit er sich in deren Botschaft einordnet.

---

[111] Das dem Syrischen entlehnte *tazakka* erfuhr eine Bedeutungswandlung von Läuterung zu Almosengeben (*A. Neuwirth*, Frühmekkanische Suren, S. 258).

[112] *al-Qušairī* meint, es sei doch gerechtfertigt, hierunter *ṣalāt* zu verstehen; dann würden diejenigen im voraus gelobt, die einmal diese Gesetze befolgen werden (al-Qurṭubī).

[113] *al-Qurṭubī*, Tafsīr, Auslegung zu 87,17.

4.4.2 Kein stellvertretendes Tragen der Traglast

53,33–41[114] (1. mekk.)

Sura 53 stammt ohne Zweifel aus der 1. mekkanischen Periode.[115] Sie ist eine der berühmtesten Suren, in der von zwei Visionen die Rede ist und die die Muslime schon immer in besonderem Maße beschäftigte, da zwischen Vers 20 und 21 die sog. „satanischen Verse“[116] interpoliert gewesen sein sollen. Diese Sura ist eindeutig an die Polytheisten, die Verehrer der weiblichen Gottheiten al-Lāt, al-ʿUzza und Manāt, gerichtet, denen Muḥammad deren völlige Bedeutungslosigkeit („nur Namen“) vor Augen führt. In dem kurz darauf als satanische Einflüsterung erkannten und zurückgenommenen Vers „Dies sind die erhabenen Kraniche, deren Fürbitte erhofft werden darf“[117] werden diese Göttinnen eben nicht dem einen Gott gleichgestellt, sondern ihnen wird als ihm untergeordnet lediglich begrenzter Einfluss als Fürsprecherinnen zugestanden. Durch die Rezitation des Kranichverses sollen viele Polytheisten zum Glauben gekommen sein.

53,33 Was meinst du zu dem, der sich abkehrt
53,34 und wenig gibt und kargt?

Nach aṭ-Ṭabarī war al-Walīd b. al-Muġīra der Anlaß dieser Verse, ein Nachfolger Muḥammads, dem von den Polytheisten Vorwürfe gemacht wurden, er habe mit seinem neuen Glauben seine Vorfahren geschändet. Er verteidigte sich mit dem Hinweis, er habe diesen Schritt nur aus Angst vor der Pein Gottes getan, woraufhin ihm ein *mušrik* sagte: „Gib mir Geld, dann werde ich deine ganze Pein tragen.“ Diesen Handel bezeugte er in einem Schriftstück. Ibn al-Muġīra soll dann doch zum *širk* zurückgekehrt sein.

53,35 Hat er etwa Wissen vom Verborgenen, dass er es erkennt?
53,36 Oder wurde ihm nicht berichtet, was in den Blättern Mūsās steht
53,37 und Ibrāhīms, der getreu[118] war, (nämlich):
53,38 Dass keine Tragende [*wāziratun*]
die Traglast [*wizra*] einer anderen trägt,[119]

Die „Tragende“ (*wāzira*) steht in der Feminin-Form, ausgelassen ist das Nomen *nafs* (Seele); in diesem einen Vers finden sich drei Formen des Stammes w-z-r.

---

[114] *aṭ-Ṭabarī*, Tafsīr XXVII, S. 70–74; SKD V, S. 2569–2571; *A. Neuwirth*, Frühmekkanische Suren, S. 661–665.671.

[115] *T. Nagel* (Medinensische Einschübe, S. 81 f.) erwähnt einige Kommentatoren, die die vorliegenden Verse für medinisch halten.

[116] Diese Sura war Ausgangspunkt für den mit einer sog. Todesfatwa versehenen Roman von *Salman Rushdie*, Die satanischen Verse, 1989; zu den Traditionen über die satanischen Verse siehe *A.Th. Khoury*, Kommentar IX, S. 477.

[117] Diskussion darüber bei *Th. Nöldeke*, GdQ I, S. 100–103. *raġānīq*: Flügelwesen, Vögel unterschiedlicher Art, teils als Schwäne oder Kraniche spezifiziert.

[118] *Neuwirth*: „der seine Treue bewahrte“.

[119] Vgl. 39,7; 17,15; 35,18. Ebenso: Deut 24,16; 2. Kön 14,6; Hes 18,17–20; aber: Ex 20,5; 34,7.

Nach *aṭ-Ṭabarī* steht in den Blättern Mūsās, niemand könne an Stelle eines andern die Pein des Jenseits erdulden.

Keine Seele wird eine Sünde begehen, die nicht nachher auf ihr lastet, doch es wird ihr nichts Zusätzliches angelastet. Keine Seele sündigt mit der Seele eines anderen, jeder nur mit seiner eigenen, deshalb wird nur jede Seele selbst bestraft und niemals eine andere an ihrer Stelle.[120]

Ibrāhīm war getreu im Erfüllen dessen, was Gott ihm auferlegte – bis dahin, dass er alle Gesetze des Islam erfüllt habe[121] –, nach Ibn ʿAbbās im Weitergeben seiner Botschaft, die gleich war mit der Mūsās,[122] nach ʿIkrima im Erfüllen von zehn Verpflichtungen, anderen zufolge durch die Erfüllung dessen, was er im Traumgesicht gesehen hatte, nämlich die Schlachtung seines Sohnes. Manche Kommentatoren vermuten, V. 37 und 38 seien vertauscht worden, weil in V. 38 die Botschaft Mūsās stehe und nicht Ibrāhīms. Zentrale Frage ist für alle Kommentatoren jedoch die Treue Ibrāhīms. So meint Ibn ʿAbbās, niemand außer Ibrāhīm sei jemals in allen dreißig Teilen, aus denen der Islam bestehe, geprüft worden und habe alle erfüllt, weshalb ihm Gott einen Freibrief vor dem Feuer schrieb. Nach Abū Anas habe Muḥammad erklärt, in welcher Weise Ibrāhīm seine Pflichten Gott gegenüber erfüllte: Weil er am Morgen und am Abend zu sagen pflegte: „*Subḥāna Allāh* (Gelobt sei Gott), wenn ihr schlaft und wenn ihr aufwacht.“ (30,17). Aṭ-Ṭabarī, dem Detailgesetzlichkeit fern ist und der immer versucht, den Sinn einer Aussage zu treffen, meint, Ibrāhīm habe alle Gesetze des Islam erfüllt, ohne dass diese im einzelnen aufgelistet werden mussten.

Der *SKD-Kommentar* dagegen glaubt zu wissen, in den *ṣuḥuf Ibrāhīm wa-Mūsā* seien aufgrund 53,38 folgende Lehren kategorisch abgelehnt worden: die christliche Lehre der Erbsünde, die „Lehre, man könne durch das Opfer eines Heiligen oder Propheten von seiner Schuld ‚erlöst‘ werden“, und die Möglichkeit jeglicher Mittlerschaft zwischen Gott und den Menschen – Themen, die in der mekkanischen Zeit noch gar nicht diskutiert wurden.

Hält man jedoch den bei aṭ-Ṭabarī angegebenen Offenbarungsanlaß um den wankelmütigen Ibn al-Muġīra für plausibel, dann spiegelt sich in diesen Versen sowohl die Ohnmacht Muḥammads angesichts dieses Rückschlags als auch die durch Gott zugesprochene Zusicherung, dass er eben nicht für den Abfall dieses frühen Nachfolgers verantwortlich gemacht wird; er muss nicht die Last dieses fremden Versagens tragen.

53,39 und dass dem Menschen nichts zuteil wird,
außer worum er sich bemüht,

120 *aṭ-Ṭabarī*, Tafsīr VIII, S. 113 (Auslegung zu 6,164).

121 Dies korrespondiert mit der jüdischen Vorstellung, Abraham habe die ganze Tora erfüllt, noch bevor sie an Mose gegeben war.

122 Nach Ibn ʿAbbās mußte vor der Zeit Ibrāhīms ein *walī* (Schutzherr) für seinen Klienten gegenüber dem *walī* eines anderen einstehen. Ibrāhīm wurde dann die Botschaft zuteil, dass diese Rechenschaft für andere aufgehoben sei (*aṭ-Ṭabarī*, Tafsīr XXVII, S. 71).

Zu diesem Vers äußert sich aṭ-Ṭabarī nicht selbst, sondern referiert nur die Meinung des Ibn ʿAbbās, der die beiden Verse 38 und 39 für aufgehoben erklärt. Entgegen seiner Gewohnheit stellt er ihr auch keine gegensätzliche Meinung entgegen, wodurch sie besonderes Gewicht bekommt:

Nach Ibn ʿAbbās
Nach diesen hat Gott herabgelassen: „Diejenigen, die geglaubt haben, denen ließen wir ihre Nachkommenschaften im Glauben nachfolgen,[123] *und wir ließen sie ihnen auch im Jenseits sich anschließen." (52,21) So ließ er die Söhne durch die guten Werke der Väter ins Paradies eintreten.*

Es wird also bereits in frühester koranischer Zeit ausgeschlossen, dass jemand die Last, also die Sünde eines anderen stellvertretend trägt. Aber eine Negation setzt voraus, dass die Möglichkeit der stellvertretenden Sühne zumindest bekannt war – wobei zu untersuchen wäre, ob sich die Negation auf das altarabische Heidentum oder auf das Christentum bezieht. Dies führte zu dem Glaubenssatz des Islam, jeder Mensch sei von jeglicher Erbsünde unbelastet, einzig und allein für sich selbst verantwortlich und stehe allein und direkt, ohne jegliche Mittlerschaft, seinem Schöpfer und Richter gegenüber. Andererseits wird die Möglichkeit der positiven Übertragung – zumindest in der 1. mekkanischen Periode – aber eingeräumt, ein deutlicher Anklang an Ex 20,5.6, wo die begrenzten Auswirkungen der „Missetaten der Väter" den unbegrenzten Auswirkungen des Glaubens gegenübergestellt werden.

Über den Inhalt der *ṣuḥuf* gibt es keine einheitlichen Aussagen; sie werden als Mahnung für die Gläubigen und Gottesfürchtigen verstanden, denen sie nützen und als Androhung von Strafe für Ungläubige, etwa nach 87,12 als Schmoren im großen Feuer[124]. Nach al-Qurṭubī[125] ist die Botschaft aller früheren Schriften die Überlegenheit des Jenseits über das vergängliche Diesseits. Da nicht der Wortlaut entscheidend sei, sondern der Inhalt, sei der Koran in allen früheren Büchern enthalten. Was dann an Beispielen aufgeführt wird, ist dementsprechend zeitlos. So habe der Prophet auf die Frage des Abū Ṯār nach den *ṣuḥuf Ibrāhīm* geantwortet:

„Es waren alles Beispielgeschichten, wie: O du herrschender König! Du überheblicher Tyrann, ich habe dich nicht in die Welt geschickt, um die Welt gegeneinander zu versammeln, vielmehr sandte ich dich, damit du die Klage des Unterdrückten von mir wegnimmst, denn

---

[123] Verb in diesem Zitat im IV. statt im VIII. Stamm; außerdem Nachkommenschaften im Plural statt wie im Koran im Singular.

[124] *an-nār al-kabīr*: Feuer als Synonym der Hölle. Nach al-Ḥasan ist das große Feuer das jenseitige Höllenfeuer, während das kleine Feuer das diesseitige ist. Nach al-Farāʾ ist es die unterste Schicht des Höllenfeuers; Abū Saʿīd al-Ḫudarī meint, da alle nach dem Tod zuerst eine Weile in der Hölle verbringen, sei das kleine Feuer für diejenigen, die den *tauḥīd* bezeugen (*al-Qurṭubī*, Auslegung zu 87,12).

[125] *al-Qurṭubī*, Auslegung zu 87,18.19.

eine solche Bitte werde ich nicht zurückweisen, selbst wenn sie aus dem Munde eines Ungläubigen stammt.

Und andere Sprüche wie: Ein weiser Mensch muss drei Stunden haben:[126] *Eine Stunde, in der er mit seinem Herrn redet; eine Stunde, in der er vor sich selbst Rechenschaft ablegt und über die Schöpfung Gottes nachdenkt; und eine Stunde, die er für Essen und Trinken verwendet.“*

Ähnlich steht es mit den *ṣuḥuf Mūsā*, die ebenfalls Lebensweisheiten der folgenden Art enthalten haben sollen:

Ich wunderte mich über jenen, der an die Existenz des Todes glaubt und sich dennoch freut. Ich wunderte mich über jenen, der an das Schicksal glaubt und doch auf dieses baut. Ich wunderte mich über jenen, der sieht, wie sich die Welt und ihre Bewohner wandeln, und doch darauf vertraut. Ich wunderte mich über jenen, der an den Tag des Gerichts glaubt und ihm doch nicht entgegeneilt (d. h. sich darauf einstellt).

Der Inhalt dieser *ṣuḥuf* sei auch in 87,14–19 enthalten.

Von den *ṣuḥuf Ibrāhīm* wird nur in der frühmekkanischen Zeit gesprochen, später nie wieder. Mit einer schriftlichen Ermahnung, mit „Blättern“ in der Hand legitimierte sich Muḥammad den Polytheisten gegenüber, trat den Vorwürfen, ein eigenmächtiger Wahrsager, ein Dichter oder Wahnsinniger zu sein, entgegen. Er berief sich auf eine vorgegebene Botschaft, die höher sei als er und die die alten, anerkannten Propheten vor ihm bereits verkündigt hätten. Dabei geht es nicht um die Wiedergabe des genauen Wortlauts, sondern um denselben Inhalt der koranischen Verkündigung, der mit diesen früheren Schriften übereinstimme. So knüpfte schon die älteste Verkündigung Muḥammads an Früherem an, sah sich lediglich als Wiederholung und Erneuerung in anderer Sprache zu einem anderen Volk und betonte die Kontinuität zu bestehenden Verkündigungen, wobei diese naturgemäß noch recht vage gehalten werden.

Dafür kommen in der frühmekkanischen Zeit neben dem Terminus *ṣuḥuf* weder die Bezeichnungen für die Bücher „Tora“ und „Evangelium“ vor noch *kitāb*, vielmehr wird *ṣuḥuf* in der 2. mekkanischen Periode durch *kitāb* ersetzt. Es ist anzunehmen, dass sich in Begegnung mit den Schriftbesitzern für Muḥammad der „richtigere“ Begriff herauskristallisierte. Zugleich wird *ṣuḥuf* für die Phase der später als mündlich verstandenen Eingebung verwendet, die vor der schriftlich fixierten Offenbarung war. Während Bibel und Koran als schriftliche „Bundesschlüsse“ (*ʿahd, mīṯāq*) gelten, werden früheren Propheten wie Adam und Noah *ṣuḥuf* zugeschrieben: „they received from God and brought to their peoples oral communications“.[127]

[126] D. h. er muss seine (Lebens-)Zeit in drei Bereiche aufteilen.

[127] *M. Mir*, Dictionary, S. 43. – Wobei die Notwendigkeit von Schriftlichkeit nie aus den Augen verloren wird, wie die *qiṣaṣ* über die *ṣuḥuf* belegen; die unterschiedlichen Zahlenangaben deuten jedoch auf die Unsicherheit mit diesen nie greifbaren Schriften.

Erst in der 2. mekkanischen Periode beginnt die Eigenständigkeit der Verkündigung Muḥammads, der Verweis auf ihm direkt Gegebenes, hervorzutreten: Nöldeke[128] weist darauf hin, dass *waḥy* (Offenbarung) und *auḥā* (offenbaren) in der 1. mekkanischen Periode nur dreimal, in der 2. und 3. jedoch 86 mal vorkommen; dasselbe gilt für das Herabkommen der Offenbarung (*nazala,* hauptsächlich im IV. Stamm *anzala*): nur 5 mal in der ersten, aber weit über 100 mal in der restlichen mekkanischen Zeit.[129] Diese formalen Beobachtungen finden ihre inhaltlichen Entsprechungen in der zunehmenden dogmatischen Eigenständigkeit. Die Eigenständigkeit Muḥammads bezieht sich jedoch nur auf sein „Stehen vor Gott" – soweit man das so formulieren darf –, die Offenbarung, die an ihn allein inmitten seines Volkes gekommen ist. Diese wird nun aufs engste verknüpft mit den vorhandenen, greifbaren Offenbarungsschriften. In 17,93 ist *kitāb* noch die prophetische Legitimation, da die ungläubigen Volksgenossen von Muḥammad verlangten, in den Himmel hinaufzusteigen und ein heiliges Buch, in dem die himmlische Botschaft materialisiert ist, herabzubringen, das sie lesen können; in der Prophetenreihe von 6,89 (3. mekkan.) ist es dann das *kitāb*, das allen Propheten gegeben ist. Den hohen Stellenwert des *kitāb* belegt eine Untersuchung mekkanischer Surenanfänge durch Tilman Nagel,[130] der darauf hinweist, dass 20 meist längere Suren dieser Periode eine Einführungsformel aufweisen, die das Wort *kitāb* enthält. Zugleich zeichnet er dessen Bedeutungswandel während der Prophetenschaft Muḥammads nach: War *kitāb* zunächst ein in Gottes Gegenwart aufbewahrtes Verzeichnis der Taten der Menschen und der die Schöpfung lenkenden Handlungen Gottes, so tritt nach und nach wie bei den *ahl al-kitāb* die Bedeutung „Offenbarungsschrift" hervor, in Medina schließlich als „Buch der göttlichen Gesetze".

Nöldeke[131] kam in seiner Untersuchung zu Grenzen zwischen koranischer Überlieferung und Tradition zu dem Schluß, Muḥammad habe von der Zeit an, in der er sicher war, Mitteilungen aus dem himmlischen Buch zu erhalten, „dieselben dazu bestimmt, der Bibel der Juden und Christen gegenüber als das wahrhafte und unverfälschte Dokument des göttlichen Willens zu dienen." Diese Auffassung zieht sich durch die ganze islamische Geschichte bis heute, lediglich der Ton hat sich bisweilen geändert. Wenn die 2002 vom Zentralrat der Muslime in Deutschland veröffentlichte „Islamische Charta"[132] in ihrem 3. Artikel von der islamisch verstandenen Offenbarung „als unverfälschtes Wort Gottes im Koran"

---

[128] *Th. Nöldeke*, GdQ I, S. 120 f.

[129] *Friedmann Eißler* zählt insgesamt 78 mal den Stamm w-ḥ-y, und 293 mal den Stamm n-z-l (mündlicher Hinweis).

[130] *T. Nagel*, Medinensische Einschübe, S. 115–118.

[131] *Th. Nöldeke*, GdQ I, S. 261.

[132] Als „Versuch einer Selbstautorisierung" nach den Anschlägen vom 11.9.2001. Eine kritische Analyse in: www.bpb.de/veranstaltun-en/dokumentation/129994/die-islamische-charta-des-zentralrats-der-muslime-in-deutschland, wo sie als „Mogelpackung" bezeichnet wird (11.7. 2014).

und in ihrem 4. Artikel vom Koran als der „ursprünglichen Wahrheit, des reinen Monotheismus nicht nur Abrahams, sondern aller Gesandten Gottes", die hier „wiederhergestellt" werden, spricht, so impliziert dies, dass der Koran sich selbst eben nicht als völlig neue Offenbarung im Sinne einer „neuen", anderen Religion sieht, sondern als Offenbarung in der Kontinuität der früheren Schriften und damit aber auch in Nähe und Distanz, in Aufnahme und Ablehnung zu denselben, was eine Disqualifizierung dieser Vorgängerschriften bedeutet.[133]

So sind *ṣuḥuf* und *kitāb* nicht getrennt zu sehen, sondern in zwingend logischer Aufeinanderfolge, die in 4,54 f. mündet:

> Oder beneiden sie die Menschen um das, was ihnen Gott von seiner Huld hat zukommen lassen? Wir ließen ja der Sippe Ibrāhīms die Schrift und die Weisheit zukommen, und Wir ließen ihnen eine gewaltige Königsherrschaft zukommen. Unter ihnen gab es solche, die daran glaubten, und unter ihnen gab es solche, die sich davon abwandten. Und die Hölle genügt als Feuerbrand.

Von Abfassungszeit und inhaltlichem Schwerpunkt her wendet sich diese Passage an die *ahl al-kitāb* und wird im Kapitel über die Christen behandelt werden.

4.5 Strafe und Lohn

Wie bereits erwähnt, stehen die biblischen Erzählungen des Korans – und dies trifft in besonderem Maße auf die Ibrāhīm-Erzählungen zu – im Deutekontext der Beispielgeschichten. Weder aus historischem noch heilsgeschichtlichem Interesse noch um ihrer selbst willen erzählt, sind sie vielmehr „Zeichen" für die Verständigen (29,35), Paradigma für die Lebenden. Die Botschaft Muḥammads – wie die aller Propheten vor ihm – ist das Warnen der Menschen, die den „geraden Weg" (*ṣirāṭ al-mustaqīm*) nicht kennen und deshalb der Rechtleitung (*hudā*) bedürfen. Ansonsten verfallen sie am Tag des Gerichts der ewigen Strafe Gottes. Doch bereits im Diesseits straft Gott diejenigen, die der Botschaft der zu ihnen gesandten Propheten nicht gehorchen, diesen Propheten keinen Glauben schenken oder sie gar verfolgen. Die Anfeindungen der früheren Propheten, die aber letztlich durch die Macht Gottes, bewahrt wurden, sollen die Gläubigen und nicht zuletzt Muḥammad selbst[134] zum Durchhalten ermutigen, da die Hilfe Gottes nicht ausbleiben kann und wird. Die Ereignisse in Mekka und in der medinischen Frühzeit deuteten ja keineswegs darauf hin, dass Muḥammads Botschaft überdauern, geschweige denn alle Gegenden der Welt erreichen würde.

---

[133] Vgl. *Hanna Josua*, Die „Islamische Charta" als Positionspapier von Muslimen in Deutschland, Stuttgart 2003, S. 15–16.

[134] Auf diese Funktion der Prophetenerzählung anhand einer ganz spezifischen Verfolgungssituation, nämlich der – nicht erfolgten – Kreuzigung Jesu, wies zuerst *Stefan Schreiner* hin (Die Bedeutung des Todes Jesu nach der Überlieferung des Korans, in: *Analecta Cracoviensia* IX 1977, S. 351–360).

Das Schicksal der von Gott Abgewandten dient nun in typisierten Straflegenden als abschreckendes Negativbeispiel. So sei die Mehrzahl der Völker ihrem jeweiligen Propheten nicht gefolgt und wurde ihrer Sünden und ihrer Widerspenstigkeit wegen vernichtet:

25,39 Ihnen allen prägten Wir Gleichnisse, und sie alle zerstörten Wir vollständig.

Frühestes Beispiel ist der altarabische Stamm Ṯamūd (Sura 91; zusätzlich wird noch 26 mal im Koran darauf angespielt), der Ṣāliḥ, den Gesandten Gottes, des Betrugs beschuldigte und ermordete und dafür mit völliger Ausrottung bestraft wurde. Die gesamte Sura 7 beschreibt in schematischer Weise anhand zahlreicher Völker den ständig wiederkehrenden, gleichbleibenden Vorgang: Die Propheten rufen zum Glauben an Gott, das Volk lehnt sie ab, und Gott straft durch Vernichtung.[135] Der Untergang der Feinde Gottes aber dient als warnendes Beispiel für die lebenden Gegner. Die Strafaktionen, mit denen Muḥammad seine Gegner überzog, sind daher auch als Widerhall der Berichte über die früheren Prophetenfeinde zu verstehen und wurden durch sie gerechtfertigt.[136] Da die mehrheitlich ablehnende Haltung des Publikums bis hin zu Boykott und Verfolgung die vorherrschende Erfahrung Muḥammads in Mekka war, finden sich die Straflegenden in eben jener Zeit: Nach den Drohungen der 1. mekkanischen Periode mit ihren Höllenschilderungen sind sie ein wichtiger Bestandteil der 2. mekkanischen Periode mit ihren aus dem Judentum entlehnten Prophetengeschichten. So kann eine moderne deutsche *qiṣaṣ*-Sammlung das ganze Volk Israel als warnendes Beispiel zeichnen:

Habt ihr denn vergessen, wie es den Völkern vor euch ergangen ist, die Allahs Weg verlassen haben? Erinnert euch an Adam und Nuh und Hud, denkt doch an ihre Geschichte! (…)
Wie viele Gesandte hat Allah zu den Bani Israel geschickt, um sie zu ermahnen und zu erinnern, und wie oft hat Allah eine warnende Strafe über sie hereinbrechen lassen! (…) Die Bani Israel sind wie ein Spiegel für die Menschheit. Wir sollen ihre Geschichte betrachten und daraus lernen, nicht die gleichen Fehler zu machen wie sie (…) Allahs Strafe sollen wir fürchten.[137]

Da die Beispielgeschichten zu einem großen Teil von den Völkern der *ahl al-kitāb* stammen, werden auch die Ungläubigen aus den Schriftbesitzern diejenigen sein, die am „Tag der Versammlung“, dem Gerichtstag, als erste zur Rechenschaft gezogen werden.[138]

Schon die große Anzahl der Strafverse – insgesamt 387 Stellen mit verschiedenen Formen der Wurzel ʿ-ḏ-b – zeigt den hohen Stellenwert der Strafe. Gerade

[135] Suren, deren Schwerpunkt auf den Straflegenden liegt, sind 11; 26; 27; 37; 54.

[136] Vgl. die zahlreichen Berichte über Strafaktionen des Propheten in der Sīra, die zwar jeweils einen – meist konstruierten – *casus belli* haben, sich letztlich aber durch das Vorgehen bereits der biblischen Propheten legitimieren lassen.

[137] *Islamisches Zentrum Hamburg*, Geschichten der Propheten aus dem Qur'an, S. 25.159.

[138] *Ibrāhīm Muḥammad al-ʿAlī*, Al-aḥādīṯ aṣ-ṣaḥīḥa min aḫbār wa-qiṣaṣ al-anbiyā', S. 7.

das warnende Beispiel derer, die dem Ruf des Propheten nicht folgten und dafür bestraft wurden, scheint Muḥammad offenbar am besten geeignet, *taqwā* (Gottesfurcht) hervorzubringen.[139] Doch auch heute gelten sie als Garant für

> ... the fear that comes from an acute sense of responsibility, here and in the hereafter, human response to the ultimate reality (which is conceived in Islam as merciful justice rather than fatherhood), to be squarely anchored within the moral tensions, the ‚limits of God', and not to ‚transgress' or violate the balance of those tensions or limits.[140]

4.5.1 Strafe für die Ungläubigen im Diesseits und Jenseits

4.5.1.1 Sodom – Strafgericht im Diesseits

(53,53–54); 51,31–37[141]	(1. mekk.)
(54,33–34.36–39); 15,57–64.67–77[142]	(2. mekk.)
11,77–83[143]; 29,31–35[144]	(3. mekk.)
(9,69–70)	(medin.)

Diese „pure Straflegende"[145] über den Untergang des Volkes Lūṭs und seiner Stadt gliedert sich in die Ankündigung des Strafgerichts, die Diskussion Lūṭs mit seinem Volk, die Botschaft der Gesandten – so hier die Bezeichnung für die Engel – an Lūṭ und den Vollzug des Strafgerichts in der Vernichtung der Stadt, wobei die Strafe für die Frau Lūṭs eine Sonderstellung einnimmt.

Die Gestalt des Lūṭ wurde in altarabischer Literatur bislang nicht nachgewiesen; doch muss eine Lūṭ-Erzählung dem Publikum Muḥammads bekannt gewesen sein,[146] vermutlich in Gestalt des Schicksals der „verschwundenen Städte", was die erste Erwähnung bereits in der 1. mekkanischen Periode in 53,53 f. und 51,31–37[147] nahelegt. Von einer Verwandtschaftsbeziehung Ibrāhīm – Lūṭ be-

---

[139] Es soll hier nicht darüber diskutiert werden, ob Vermittlung von Warnung anhand von Negativbeispielen im Koran pädagogisch angemessen ist. Immerhin sprach Muḥammad in eine völlig andere Zeit mit erkennbar anderen Erziehungsmethoden hinein. Diese Frage stellt sich jedoch heute und sollte von den muslimischen Verbänden und Moscheen im europäischen Kontext bedacht werden, insbesondere in ihrer Wahl der zu übersetzenden Literatur und – was noch wichtiger ist – in ihren Konzeptionen von Koranunterricht und den Lehrpläne für Islamischen Religionsunterricht, im Sinne einer den modernen Erfordernissen angepassten Pädagogik.

[140] *F. Rahman*, Major themes of the Qur'ān, S. 28 f.

[141] *aṭ-Ṭabarī*, Tafsīr XXVII, S. 1–2; SKD V, S. 2535 f.; *Khoury*, Komm. XI, S. 456; *A. Neuwirth*, Frühmekkanische Suren, S. 537.544.

[142] *aṭ-Ṭabarī*, Tafsīr XIV, S. 41–47; SKD III, S. 1167–1172, *Khoury*, Komm. VIII, S. 393 f.

[143] *aṭ-Ṭabarī*, Tafsīr XII, S. 81–98; SKD II, S. 976–980; *Khoury* Komm. VIII, S. 173 f.

[144] *aṭ-Ṭabarī*, Tafsīr XX, S. 147–149; SKD IV, S. 1902–1904; *Khoury* Komm. X, S. 316 f.

[145] *A. Neuwirth*, Frühmekkanische Suren, S. 544.

[146] *A. Jeffery*, Foreign vocabulary, S. 254 f. Er hält die Lūṭ-Erzählung für christlichen (sic) Ursprungs.

[147] Eine Strafsura, zunächst Beschwörung des Gerichtes Gottes (V. 1–6), Vergeltung der Widerspenstigen und der Gottesfürchtigen (V. 7–23), danach die Beispielgeschichten: nach

richtet der Koran nicht, er sieht Lūṭ vielmehr als eigenständige Persönlichkeit und Prophet „seines" Volkes. Wie in Gen 18 und 19 ist die Lūṭ-Sodom-Erzählung geknüpft an den Besuch der Gesandten und damit an die Verkündigung eines Sohnes an den kinderlosen Ibrāhīm. Die Synopse zeigt, dass dieselbe Verbindung auch die Korantexte ab der 2. mekkanischen Periode durchzieht. Lediglich in der frühesten Sura aus der 1. mekkanischen Periode, 53,53 f., wird nur die Zerstörung der „verschwundenen Stadt" in der äußerst verknappten Form einer Straflegende erwähnt. Der Gesamtkontext und Skopus der Erzählung liegt nicht auf der Sohnesankündigung für Ibrāhīm, sondern der Strafe Gottes für die Gottlosen (11,70). Es fällt ferner auf, dass die Fürbitte Ibrāhīms, sein Handeln mit Gott um die wenigen in Sodom lebenden Gerechten, erst in der dritten Version aufkommt, ganz offenbar in Folge zunehmenden Wissens um den biblischen Bericht in Gen 18,22–33. Im Gegensatz zum Genesis-Bericht erfährt Ibrāhīm von Gottes Gerichtshandeln durch die Engel, nicht von Gott selbst. Außerdem wird sein „Streiten" mit Gott (11,74) zwar erwähnt – muss doch auf dieses unerhörte Verhalten eine Antwort gefunden werden –, allerdings nur mit einem einzigen Wort (*yuǧādilunā* – miteinander streiten, disputieren, debattieren). Es findet sich nicht der Wortlaut des sich fast endlos hinziehenden Handelns, ja Feilschens mit Gott aus Gen 18, das für den Koran undenkbar ist. Im Gegenteil, eine solche Debatte, die zwei gleichwertige Beteiligte voraussetzt, wird blockiert und schroff zurückgewiesen („Lass ab!"), denn „Gott weiß es besser" (29,32), und seine Entscheidung steht von vornherein fest, ist „unabwendbar" durch menschliche Intervention und vorherbestimmt (11,76; vgl. 15,60; 29,32).[148] Hier wird das unterschiedliche Verhältnis des Patriarchen zu Gott sichtbar. Von einem Gespräch Gottes mit Abraham, in dem die Vertrautheit und Freundschaft beider zum Ausdruck kommt und Gott Einblick in sein Selbstgespräch gibt („Sollte ich vor Abraham verbergen, was ich tun will?" in Gen 18,17–19) – als Folge der Ebenbildlichkeit des Menschen mit Gott –, kann im Koran keine Rede sein.

Die Ankündigung des Strafgerichts. Wie in Gen 18 wird Ibrāhīm das Strafgericht von den Gesandten Gottes angekündigt; weshalb dieser jedoch für Lūṭ zuständig sein solle – Verwandtschaftsbeziehung in Gen 12,5 –, wird in aṭ-Ṭabarī nirgends erwähnt. Da – wie wir am Ende sehen werden – auch die Fürbitte Ibrāhīms keinerlei Nutzen hat, hat die Ankündigung an ihn wenig Sinn. An die Stelle von Abrahams Ringen, ja Verhandeln mit Gott um das Schicksal der Städte

Ibrāhīm die Bestrafung der Leute von Sodom (V. 31–37), des Pharao (V. 38–40), der Völker ʿĀd und Ṯamūd und des Volkes Noahs, am Ende eine Warnung an die Ungläubigen im Horizont des Jüngsten Tages (V. 60). – *Th. Nöldeke* hält die Ibrāhīm-Verse ab V. 24 für eine spätere Hinzufügung (GdQ I, S. 105).

[148] „The Qur'an does not indicate any hesitance or indecision on Allah's part and the only thing Abraham can do is accept the divine will (...) Negociation is pointless." (*J. Kaltner*, Ishmael instructs Isaac, S. 97).

tritt in den ersten Erwähnungen, in 51,31 und 15,57, die Frage Ibrāhīms an die Gesandten, was ihr Anliegen sei. Nach 29,31 kamen sie mit einer „Kunde", was aṭ-Ṭabarī auf die Ankündigung von Isḥāq und nach ihm Yaʿqūb bezieht, obwohl der Kontext ausschließlich auf die Stadt Lūṭs verweist. Die Boten erklären dann übereinstimmend, sie seien „zu einem Volk von Übeltätern", bzw. von „Frevlern" gesandt. Die Übeltäter definieren sich durch die Leugnung Gottes, die diesen Unglauben „erworben" haben, in der Auslegung zu 29,31 sei ihre Sünde gewesen, sich selbst ins Unrecht zu setzen, indem sie die Gesandten Gottes der Lüge bezichtigten. Die Engel kündigen die Vernichtung dieser Frevler an, „vom ersten bis zum letzten mit Stumpf und Stiel",[149] in 51,33 erwähnen sie bereits die Todesart: mit Steinen aus Lehm, die „bei deinem Herrn gekennzeichnet" sind. Dass man sich unter dieser Kennzeichnung nichts vorstellen konnte, belegt die Erklärung von Ibn ʿAbbās, es seien weiße Steine mit schwarzen Punkten oder umgekehrt. Ohne nähere Begründung werden im Korantext Lūṭ und seine Sippe von der Strafe ausgeschlossen; die Zuhörer müssen also imstande gewesen sein, dies damit zu deuten, dass er eben keiner der Frevler war, sondern selbst zu den *rusul* (Gesandten) zählte. Wenn es außer Lūṭ noch mehr Gläubige in der Stadt gegeben hätte – so ergänzt Ibn ʿAbbās –, etwa zehn Häuser mit *muslimūn* (Gottergebenen) darin, so wären auch sie verschont worden. Doch nach Ibn ʿAbbās sagten die Engel:

„Es sind keine zehn Häuser darin, auch keine fünf oder vier oder drei oder zwei." Da wurde Ibrāhīm traurig über Lūṭ und seine Familie und sagte: „Aber Lūṭ befindet sich darin."[150]

Die Sünde des Volkes Lūṭs. Als Sünde der Bewohner Sodoms (*Sadūm*) wird übereinstimmend ihre Homosexualität genannt, was in die arabische Sprache eingegangen ist – allerdings unter dem Namen Lūṭs, der sowohl nach der Bibel als auch nach dem Koran diese Eigenschaft eben nicht aufwies: So wird Homosexualität *al-lūwāṭ*[151] genannt, und ein Homosexueller *lūṭī*. Nach aṭ-Ṭabarī soll Lūṭ geklagt haben, niemand auf Erden begehe verdorbenere Taten als sein Volk; vgl. 21,74, wo pauschal von „schlechten Taten" und „bösen Menschen und Frevlern" die Rede ist. Gen 19,9 beschreibt Lot als „Fremden" in der Stadt, der nach Gen 13 in der Landverteilung mit Abraham das fruchtbare Land Sodoms wählte anstelle des gesegneten Landes, während der Koran von ihm als Propheten seines Volkes berichtet.

Die Diskussion Lūṭs mit seinem Volk. Als die Engel die Stadt Lūṭs betraten, „kamen die Bewohner der Stadt frohlockend" (15,67), nach aṭ-Ṭabarī[152] in freudiger

[149] *aṭ-Ṭabarī*, Tafsīr XIV, S. 42.
[150] *aṭ-Ṭabarī*, Tafsīr XX, S. 148.
[151] *A. Zaidan*, Al-'Aqida, S. 254.
[152] *aṭ-Ṭabarī*, Tafsīr XIV, S. 43.

Erwartung der Frevel, die sie mit den Fremden zu treiben gedachten. Da es die Pflicht eines Mannes ist, seinen Gästen Respekt und Ehre zu erweisen, verlangte er von ihnen, ihn nicht zu erniedrigen und in Schande zu stürzen. Wenn sie schon nicht die Gäste respektierten, so sollten sie sich zumindest vor der Strafe fürchten. In allen drei Suren 15 („entehrt mich nicht", „bringt keine Schande über mich"), 11 („drangsalvoller Tag") und 29 („böse Lage", „beklommen") wird das Dilemma Lūṭs zwischen Gastgeberpflichten und zwecklosem Widerstand gegen die Übermacht des Bösen beschrieben. Wie in Gen 19,8 bleibt ihm in den beiden Suren 15 und 11 als vermeintlich kleineres Übel nur, seine eigenen Töchter als Freiwild anzubieten („Hier sind meine Töchter, wenn ihr vorhabt, etwas zu tun." 15,71), denn „sie sind reiner für euch" (11,78). Es wird weder im Korantext noch in den Kommentaren deutlich, ob somit die Prostituierung der eigenen, noch unverheirateten Töchter im Vergleich zur Homosexualität die geringere Sünde sein soll, oder ob die Pflicht zum Schutz des Gastes (*āmān*) als Bezugspunkt gilt. Doch ein Prophet kann nicht einfach die eine Sünde (Verletzung des Gastrechtes, Homosexualität) mit einer anderen Sünde (Prostituierung seiner Töchter) umgehen. Dies wird nun zum Dilemma der Ausleger: aṭ-Ṭabarī versucht es mit sprachlicher Unschärfe zu lösen, indem er im Tafsīr zu Sura 15 Lūṭ sagen lässt: „Heiratet Frauen und wohnt ihnen bei. Und tut nicht, was Gott verboten hat, nämlich Männern beizuwohnen." Nach Qatāda wollte „Lūṭ, der Prophet Gottes (...) seine Gäste schützen durch seine Töchter." Im Kommentar zu Sura 11[153] deklariert er – ebenso wie Muǧāhid[154] – die Töchter Lūṭs zu „Frauen seines Volkes", da ja jeder Prophet „Vater seiner *umma*" genannt werde. Andere gehen noch weiter und argumentieren gar gegen den Wortlaut des Korans, Lūṭ habe seine Töchter weder zur Unzucht noch zur Heirat mit Frevlern angeboten, sondern nur vor Homosexualität gewarnt, indem er auf das Erlaubte hinwies, Frauen seien doch besser als Männer. Andere Ausleger, denen aṭ-Ṭabarī nicht folgt, meinen im Hinblick auf 11,79, das Angebot Lūṭs sei ohnehin fiktiv gewesen, da die Bewohner der Stadt ja wussten, dass sie kein Recht auf seine Töchter hätten.

Eine andere Schwierigkeit für die Kommentatoren ist der Schwur beim Leben Lūṭs in 15,72 „Bei deinem Leben, sie schweiften in ihrer Trunkenheit irrend umher." So paraphrasiert aṭ-Ṭabarī sofort „Bei deinem Leben, o Muḥammad!" und bezieht die Anrede an Lūṭ direkt auf den Propheten. Schon Ibn ʿAbbās hatte dagegen protestiert, dass beim Leben Lūṭs geschworen werde, sei doch das Leben Muḥammads das edelste gewesen, auch habe er niemals gehört, dass Gott beim Leben eines anderen geschworen habe. Das aber bedeutet im Grunde, dass sowohl Ibn ʿAbbās als auch aṭ-Ṭabarī dadurch Zweifel am Korantext selbst anmelden.

[153] *aṭ-Ṭabarī*, Tafsīr XII, S. 92.

[154] Muǧāhid b. Ǧabr al-Makkī, Abū l-Ḥaǧǧāǧ (21/642–100/718 oder 104/722).

Die Botschaft der „Gesandten“ an Lūṭ. Die Engel befehlen Lūṭ, die Stadt zu verlassen und sich dabei nicht umzuwenden. Zugleich wird ihm in allen drei Erzählungen bereits zuvor mitgeteilt, dass seine Frau nicht in die Rettung mit eingeschlossen ist.

Vollzug des Strafgerichts in der Vernichtung der Stadt. In der chronologisch ersten Sura 51 wird die Vernichtung reduziert auf ihren theologischen Gehalt, „ein Zeichen denjenigen, die die schmerzhafte Strafe fürchten“ (51,37), wobei nach aṭ-Ṭabarī nicht nur *in* der Stadt Zeichen dieser Strafe sind, sondern die ganze Stadt ein Zeichen und warnendes Beispiel dafür ist, wie Gott straft. Die Art der Vernichtung wurde bereits in der Ankündigung genannt, nämlich *siǧǧīl* (Steine aus Lehm). Diese tauchten bereits 105,4 auf, wo Gott die „Leute des Elefanten“,[155] die abessinische Armee Abrahas aus dem Jemen bei ihrem Angriff auf Mekka vernichtet, indem er von Vogelschwärmen *siǧǧīl*[156] auf sie werfen lässt. Diese Ziegel, entweder ganz aus Lehm oder zur Hälfte auch aus Stein, stammen nach aṭ-Ṭabarī[157] aus dem untersten Himmel, sind dadurch „gekennzeichnet“ und unterscheiden sich deshalb von den Lehmziegeln der Erde.

Eine bemerkenswerte Formulierung findet sich in 15,73:

Da ergriff sie der Schrei [*aṣ-ṣaiḥa*] bei Sonnenaufgang.

Eben diesen Begriff erklärt aṭ-Ṭabarī[158] nur sehr unbefriedigend und allzu naheliegend als „Schrei der Pein“. *Aṣ-ṣaiḥa*, das nur in dieser Form im Koran erscheint, und zwar ausschließlich in der 2. und 3. mekkanischen Periode, ist zunächst Strafe eines ungläubigen Volkes,[159] in 36,49 und 38,15 dann Vorbote bzw. erste Stufe des Tags des Gerichts, direkt vor dem Posaunenklang und der Auferstehung der Toten,[160] dem ein weiterer Schrei folgt (36,53), aufgrund dessen die Menschen dem Richter zugeführt werden. Aufgrund des innerkoranischen Kontextes geht *aṣ-ṣaiḥa* immer über einen bloßen Schmerzenslaut hinaus;[161]

---

[155] Ein bewußter Bezug auf die Ereignisse im bereits erwähnten „Jahr des Elefanten“, dem vermutlichen Geburtsjahr Muḥammads. Nach *Th. Nöldeke* (GdQ I, S. 93) fiel das abessinische Heer einer Pockenepidemie zum Opfer.

[156] Nach *A. Jeffery* (Foreign vocabulary, S. 164 f.) aus dem Persischen. Vgl. jedoch lat. *sigillum*, was die interessante Interpretation nahelegt, die sündige Stadt solle wie eine „stinkende Jauchegrube ‚versiegelt‘ werden“. (Hinweis G. Dold-Ghadar).

[157] *aṭ-Ṭabarī*, Tafsīr XXVII, S. 2.

[158] *aṭ-Ṭabarī*, Tafsīr XIV, S. 44 f. Anstelle dieser Klärung geht es ihm vor allem um die zeitlich genaue Bestimmung des Sonnenaufgangs.

[159] Vor allem die Strafe der Ṯamūd (11,67; 15,83; 54,31), der Leute von Madyan (11,94), einer ungläubigen Generation nach Nūḥ (23,41); in 29,40 und 36,29 werden summarisch Strafen gegen ungläubige Völker aufgezählt, darunter „der Schrei“. Dieser ereignet sich immer während der Nacht, so dass die Bestraften bei Tagesanbruch als „Zeichen“ gefunden werden.

[160] In 50,42 wohl identisch mit diesem Posaunenstoß.

[161] So durchweg in den mekkanischen Suren; der einzige medinische Fundort 63,4 ist denn auch die einzig „profane“ Stelle.

durch seine eschatologische Konnotation ist oft auch die Rede davon, dass die Ungläubigen diesen Schrei erwarten.

In 15,74 wird die Strafe anschaulich ausgeführt: der Regen aus *siǧǧīl*, das Oberste zuunterst gekehrt. Aṭ-Ṭabarī überträgt dieses Zeichen sogleich in bewährter Weise auf die Gegenwart Muḥammads:

Das Verderben, dem Gott die Leute Lūṭs anheimfallen ließ, ist eine Lehre für diejenigen, die offen sind für die Zeichen Gottes. Gott meint damit das Volk Muḥammads, die Quraišiten, und er will Muḥammad mitteilen, dass mit den Quraišiten genauso verfahren wird, weil sie den Propheten der Lüge bezichtigten und grenzenlose Sündhaftigkeit und Irrtum an den Tag legten. Sie sollen sich dies als Mahnung nehmen (…) Gott schüchtert mit diesen Steinen ein, wen er will; diese Strafe kann jeden treffen.[162]

Das klare Zeichen, das nach 29,35 in der Stadt hinterlassen wird, interpretiert aṭ-Ṭabarī als Tatsache, dass alles dem Erdboden gleichgemacht ist und alle Spuren ausgelöscht sind. Qatāda dagegen will darin die Steine sehen, die vom Himmel geworfen wurden und als Mahnung für die Späteren noch daliegen.[163]

Strafe in Gestalt meteorologischer Phänomene als „Strafe von oben her", „Strafe vom Himmel" trifft auch das Volk der ʿĀd als erstickender Wind (*rīḥ ʿaqīm*, V. 41), die Ṯamūd als Donnerschlag (*ṣāʾiqa*, V. 44) und das Volk Nūḥs als Sintflut (V. 46).

Strafe für die Frau Lūṭs. Der Befehl von Gen 18,17, sich während der Flucht nicht nach der Stadt umzuwenden und der Katastrophe ansichtig zu werden, findet sich nicht im Koran, daher auch nicht die Strafandrohung bei Nichtbeachtung. In allen drei Suren 15, 11 und 29 steht die Strafe für die Frau Lūṭs bereits bei der Ankündigung fest. Zwei Stellen verwenden grammatikalisch den *modus energicus*, wodurch die Androhung über bloß Narratives hinausgeht; 15,60 erhebt sie mit *qadarnā* zur göttlichen Vorherbestimmung.[164]

The Qurʾanic version of the events removes the element of human responsibility and accountability by presenting her death as mandated by Allah (…) The emphasis here is on the divine, but human, will. Allah's messengers are stating what will happen rather than warning them about what might happen.[165]

[162] *aṭ-Ṭabarī*, Tafsīr XIV, S. 45–47, wo er sich hauptsächlich in langatmigen Schilderungen von Einzelheiten ergeht.

[163] Beide Positionen in *aṭ-Ṭabarī*, Tafsīr XX, S. 148 f.

[164] *qaḍāʾ wa-qadar* (Vorherbestimmung, göttlicher Ratschluß); einer der sechs Glaubensgrundsätze der *ʿaqīda* (Systematik an Lehrinhalten), nach dem Hadith: „Al-Īmān ist, dass du an Allah, Seine Engel, Seine Bücher, Seine Gesandten, den Jüngsten Tag glaubst und an die Vorherbestimmung sowie ihre guten und bösen Erscheinungen." (Muslim, Īmān: 1). Siehe auch: *Amir Zaidan*, Al-ʿAqīda. Einführung in die zu verinnerlichenden Inhalte des Islam, 2. Aufl., Offenbach 1999, S. 62–64.

[165] *J. Kaltner*, Ishmael instructs Isaac, S. 98.

Da auch sonst nichts Nachteiliges über die Frau Lūṭs ausgesagt wird, kommen die Ausleger in Erklärungsnot, warum gerade sie mit solcher Bestimmtheit von der Rettung ausgenommen ist – an der Sünde Sodoms hat sie offenbar keinen Anteil, warum dann an deren Strafe? („Es wird sie treffen, was jene trifft." 11,81). Bei dem Versuch zu erklären, wo eigentlich keine Erklärung möglich ist, sucht aṭ-Ṭabarī[166] Zuflucht bei möglichst vielen Hadithen, die die Frau Lūṭs von Anfang an als alte hässliche Frau zeichnen, die den Leuten der Stadt die Ankunft der geehrten Gäste verraten habe, indem sie mit ihrem Kleid den Männern Sodoms Zeichen gab und die Engel so sehr anpries, dass es ein Gedränge von Interessierten gab.

Eine Zusammenschau mit anderen bestraften Völkern bringt 9,69–70:

> Ist ihnen nicht die Kunde von denjenigen zugekommen, die vor ihnen waren, des Volkes Nūḥs, der ʿĀd und der Ṯamūd, des Volkes Ibrāhīms, der Bewohner von Madyan und der umgestürzten Städte? Ihre Gesandten kamen zu ihnen mit den klaren Beweisen.

Aṭ-Ṭabarī[167] führt die Schicksale der alten Völker warnend vor Augen: Gott ließ das Volk Nūḥs in einer Flut versinken, hat die ʿĀd in einem Sturm vernichtet, weil sie nicht auf den Propheten Hūd hörten, und die Ṯamūd durch ein Beben, weil sie Ṣāliḥ verhöhnten. Das Volk Ibrāhīms und die von Madyan, die Šuʿaib zurückwiesen, wurden vernichtet, die drei Städte des Volkes Lūṭs wurden „umgestürzt". Gott werde nun gegen die ungläubigen Zeitgenossen „den gleichen Weg der Rache und der Schande anwenden". Als klassisches Beispiel der zerstörten Nationen und Zivilisationen ermahnt der Koran „the nations to profit by the experiences and mistakes of other nations".[168] Lūṭ als der erste, der Ibrāhīm glaubte (29,26) und als erster – genau genommen noch vor Ibrāhīm – aus seiner sündigen Stadt auswanderte, wird in diesen Straflegenden als Kontrastgestalt zu seinem Volk gezeichnet; er spiegelt im Kleinen den Kampf Ibrāhīms mit dessen Volk und Vater wider.

4.5.1.2 Ewige Strafe im Jenseits

Die andere, transzendente Seite der prophetischen Botschaft ist das Warnen angesichts des Tags des Gerichts, der als Katastrophe kosmischen Ausmaßes mit Weltuntergang und Auferstehung der Toten beschrieben wird. Die drastischen Bilder der apokalyptischen Schilderungen, aus denen jedoch kein systematischer Fahrplan dieser End-Zeit konstruierbar ist, entstammen verschiedenen Vorstellungskreisen:[169] Verfinsterung und Herabfallen der Himmelskörper, Verschwin-

---

[166] *aṭ-Ṭabarī*, Tafsīr XII, S. 97 f.

[167] *aṭ-Ṭabarī*, Tafsīr X, S. 177 f.

[168] *F. Rahman*, Major themes of the Qur'ān, S. xiv.

[169] Vgl. dazu die Eschatologievorstellungen im Zoroastrismus: *McGinn / Collins / Stein*, The continuum history of apocalypticism, New York 2003, S. 31 ff.

den der Berge sind aus der jüdisch-christlichen Apokalypse bekannt, während das Bild der trächtigen Kamelstuten und lebendig begrabenen weiblichen Neugeborenen auf altarabische Vorstellungen und Bräuche hinweist (81,4–9).[170] Innerhalb der Ibrāhīm-Erzählung wird nun nicht auf Einzelheiten eingegangen, aber doch beständig auf die ewige Strafe im Jenseits verwiesen, wenn die Widersacher Ibrāhīms als diejenigen bezeichnet werden, die „zu den Verlierern" gehören (26,91–104; 29,23; 14,42–52; 4,55).

4.5.2 Lohn der Propheten im Ausharren gegen die Polytheisten

Keiner der Propheten muss im Leiden verharren oder gar den Tod als Triumph der Feinde Gottes erleiden; immer ist es die Macht Gottes, die verhindert, dass menschliche Bosheit einen Gesandten Gottes, einen unter seiner Berufung und seinem Schutz Stehenden, antastet, dass die Macht der Feinde Gottes über die Allmacht Gottes triumphiert. Die Rettung der Gesandten Gottes ist daher immer die stereotype Antwort auf die Schilderung ihrer Anfeindung und Verfolgung, denn Gottes Bewahrung und Belohnung ist größer als die Bedrohung durch Menschen.

4.5.2.1 Die Rettung des Lūṭ

51,35.36[171]	(1. mekk.)
(15,59.60); 21,74–75[172]	(2. mekk.)
(11,80–81); (29,32–33)	(3. mekk.)

Innerhalb der vier Lūṭ-Erzählungen wird das Strafgericht über die Stadt zwar in allen vier Versionen ausgeführt, die Rettung jedoch nur einmal, und zwar in Sura 51; dafür nimmt Sura 21 eine zusätzliche Rettungserzählung im Gefolge einer ganzen Reihe von Prophetenschicksalen auf, als Paradigma der Rettung der Bewährten und Gottesfürchtigen. An allen anderen Stellen wird die Rettung nur in der durch die Gesandten angesprochen, nicht aber deren Vollzug.

Zu 51,36 bemerkt Qatāda[173], dass, hätte es mehr als nur dieses eine Haus darin gegeben, Gott dieses auch gerettet hätte zum Zeichen dafür, dass es für die Gläubigen kein Verlorensein gibt.

Gott aber gab Lūṭ inmitten der „Stadt, die die schlechten Taten zu begehen pflegte", „Urteilskraft und Wissen" (21,74) – nach aṭ-Ṭabarī das Wissen um die richtige Religion und deren Pflichten, so dass er rechtschaffen sein konnte,

---

[170] Zur Eschatologie als Hauptthema der frühen koranischen Botschaft siehe: *Hartmut Bobzin*, Der Koran. Eine Einführung, 5., durchgesehene Aufl., München 2004, S. 36–44.

[171] *aṭ-Ṭabarī*, Tafsīr XXVII, S. 2; SKD V, S. 2535 f.; *Khoury*, Komm. XI, S. 494 f.

[172] *aṭ-Ṭabarī*, Tafsīr XVII, S. 49–50; SKD III, S. 1501; *Khoury*, Komm. IX, S. 419.

[173] zit. in: *aṭ-Ṭabarī*, a. a. O.

indem er das Erlaubte für erlaubt erklärte und das Verbotene für verboten –, und schickte ihn nach seiner Errettung nach aš-Šām.[174] Das „Eingehen in Unsere Barmherzigkeit" (21,75) deutet Ibn Zaid als „Eingehen in den Islam".[175]

Im Koran ist Lūṭ nicht der zerrissene Charakter der Genesiserzählung, der sich wiederholt Gottes Befehl widersetzt – so in der Wahl des fruchtbaren aber sündigen Landes (Gen 13,10–13), der Flucht in die Berge anstelle in die Stadt, was den Inzest mit seinen Töchtern provoziert (Gen 19,30–36) –, sondern wie in der frühchristlichen orientalischen Tradition (nach 2. Pe 2,7–8)[176] ein gehorsamer Prophet. Nichtsdestotrotz wird er als einer gezeichnet, der hilflos und seinem eigenen Volk nicht gewachsen ist. Umso mächtiger kann darum das strafende Eingreifen Gottes damit kontrastieren.

Ebenfalls vor seinem ungläubigen Volk wurde Ibrāhīm gemeinsam mit Lūṭ gerettet:

21,71 Und Wir erretteten ihn und Lūṭ in das Land,
das Wir für die Weltenbewohner gesegnet haben.

Diese Umschreibung für aš-Šām erinnert an das Ziel der Nachtreise des Propheten in Sura 17,1. Aṭ-Ṭabarī verweist auf den Zeichencharakter der Erzählung für Muḥammad und dessen Volk:

Diese Geschichte, die Gott über Ibrāhīm und sein Volk erzählt, ist eine Mahnung von ihm an das Volk Muḥammads, die Quraiš, (...) die Muḥammad Schaden zufügten, weil er ihnen diesen Götzendienst verbot und sie dazu aufrief, dem alleinigen Gott zu dienen und der reinen Religion zu folgen. Sie verfahren ähnlich wie die Feinde ihres Vaters Ibrāhīms, die sich seiner Religion widersetzten. Muḥammad sagte diesem Götzendienst ab und richtete die aufrichtige Religion auf (...) und war geduldig gegenüber dem, was ihm von ihnen zustieß. Er folgte dem Pfad seines Vaters Ibrāhīm. Gott wird ihn herausnehmen aus ihrer Mitte, wie er Ibrāhīm aus der Mitte seines Volkes herausnahm, als sie maßlos wurden. Damit tröstet Gott seinen Propheten Muḥammad in dem, was ihm widerfuhr an Abscheulichkeiten von seinem Volk. Er sagt ihm zu, dass er ihn vor ihnen erretten wird, wie er seinen Vater Ibrāhīm vor den Ungläubigen seines Volkes errettete.[177]

---

[174] Daher wird Lūṭ in der Prophetenliste auch als Prophet von aš-Šām aufgeführt. – Allerdings ist dies nicht Konsens: ʿUmar b. al-Ḫaṭṭāb plädiert für Medina, für Ibn ʿAbbās kann das gesegnete Land aufgrund 3,96 nur Mekka sein. Dagegen besteht Kaʿb al-Aḥbār darauf, es sei aš-Šām gewesen, das „Schmuckstück Gottes auf Erden". Ihm folgt aṭ-Ṭabarī.

[175] *aṭ-Ṭabarī*, Tafsīr XVII, S. 50.

[176] Lot ist in dieser Tradition als Gerechter inmitten einer sündigen Stadt ein Prophet und ein Heiliger. Am Südende des Toten Meers liegt hoch an einem Steilhang über Ġūr Ṣāfī / Jordanien die Höhle, in der Lot mit seinen Töchtern Zuflucht gesucht haben soll. Vor dem Eingang sind die Reste des Klosters Deir ʿAin ʿAtaba aus byzantinischer Zeit mit ausgeklügelter Zisternenanlage zu sehen. – Nahe dem Berg Nebo ist eine kleine, um 557 erbaute Kirche der „Heiligen Lot und Prokopius" mit vollständig erhaltenem Mosaikfußboden zu besichtigen. (S. *Arabische Evangelische Gemeinde Stuttgart*, Kalender „Christliches Erbe im Orient 2014").

[177] *aṭ-Ṭabarī*, Tafsīr XVII, S. 46.

4.5.2.2 Prophetisches Beglaubigungswunder: Die Rettung Ibrāhīms aus dem Feuerofen[178]

37,97–98[179]; 21,68–70[180] (2. mekk.)
29,24–25[181] (3. mekk.)

Die Rettung Ibrāhīms aus dem Feuerbau ist sein erstes und eigentliches Beglaubigungswunder, wie es von jedem Propheten gefordert wird.[182] Es soll sich in Kūṯa bei Kūfā, der Heimatstadt seines Vaters, zugetragen haben.[183]

Sura 37 zeigt exemplarisch an sieben Propheten den Ruf zum Glauben, Lohn des Propheten und Strafe für Zeitgenossen, die in Unglauben verharrten. Hier reichen zwei Verse, um die böse Absicht der Zeitgenossen und die Vereitelung ihrer Pläne durch Gott mitzuteilen. Das Interesse liegt nicht in der Schilderung der Vorgänge, sondern allein im Erweis der Macht Gottes an seinem Propheten:

37,98 Sie wollten ihn überlisten, doch Wir erniedrigten sie aufs tiefste.[184]

Nach aṭ-Ṭabarī[185] machte Gott sie zu Unterlegenen in der Argumentation, ließ Ibrāhīm über sie triumphieren und rettete ihn vor der Überlistung.

Der Bau,[186] der für den Feuerpfuhl (*ǧaḥīm*)[187] errichtet wurde, ist nach aṭ-Ṭabarī[188] ein großer Ofen, an dessen Wänden Brot gebacken wurde. In Sura 21, das in seiner Schlusswendung ebenso den Kontrast zwischen der Allmacht Gottes und den „größten Verlierern" setzt, wird lediglich der Befehl Gottes an das Feuer eingeschoben, der ihn als Herrn der Elemente zeigt:

---

[178] Vgl. Jubiläenbuch c.12; Midrasch Bereschit Rabba 38,13; Babylon. Talmud, Pesāḥīm 118a und die Abrahamapokalypse (Dort fordert Abraham seine Gegner auf, ein stärkeres Element als das Feuer zu verehren); hier wird bereits das Motiv der Rettung aus dem Feuerofen auf Abraham übertragen. (*Heinrich Speyer*, Biblische Erzählungen, S. 142–144). – Im Midrasch Bereschit Rabba 44,13 zu Gen 15,7 wird erklärt, wie es zur Vorstellung des Feuerofens kam: Ur-Kasdim – „Ur der Chaldäer" wird interpretiert im Sinne von „Feuerofen (von ur[a] – Flamme, Feuer[ofen]) der Chaldäer".

[179] *aṭ-Ṭabarī*, Tafsīr XXIII, S. 75; SKD IV, S. 2177; *Khoury*, Komm. XI, S. 57.

[180] *aṭ-Ṭabarī*, Tafsīr XVII, S. 43–45; SKD III, S. 1498 f.; *Khoury*, Komm. IX, S. 418.

[181] *aṭ-Ṭabarī*, Tafsīr XX, S. 141–142; SKD IV, S. 1898 f.; *Khoury*, Komm. X, S. 314.

[182] Syrische Christen hatten den 25. Januar dem Gedächtnis an Abrahams Errettung aus dem Feuerofen gewidmet, wie noch Augustin bestätigte. Von daher schließt *H. Speyer* nicht aus, dass die Legende von Christen übermittelt worden sein könnte; da ihr Ursprung jedoch jüdisch ist und im Judentum auch populärer war, plädiert er für die Annahme „jüdischer Beeinflussung" (Biblische Erzählungen, S. 144).

[183] *Abu Khalil*, Atlas of the Qur'ān, S. 60.

[184] Vgl. 8,30.

[185] *aṭ-Ṭabarī*, Tafsīr XXIII, S. 75.

[186] *bunyān*: „Gebäude, Konstruktion". Nach *A. Jeffery* (Foreign vocabulary, S. 83) nicht von *banā* (bauen), da die Endung aramäischen Ursprungs sei; jedoch bereits im Altarabischen eine Entlehnung. Der Terminus stamme aus dem Persischen bonjān: „Grundlage, Bau, Struktur" und war bereits im Pahlavī (Mittelpersisch, etwa 4. Jh v. Chr. bis 8./9. Jh n. Chr.) vorhanden.

[187] Bei *aṭ-Ṭabarī* „glühende Kohlen und loderndes Feuer".

[188] *aṭ-Ṭabarī*, Tafsīr XXIII, S. 75.

21,69 Wir sagten:
„O Feuer, sei kühl und unschädlich [*salāman*] für Ibrāhīm!“[189]

Das Sondergut in Sura 29, die nun explizit von einer „Rettung“ Gottes aus dem Feuer spricht, ist die Predigt Ibrāhīms nach seiner Rettung:

Und er sagte: „Ihr habt euch ja anstelle Gottes nur Götzen genommen aus Freundschaft zueinander im diesseitigen Leben. Aber dann, am Tag der Auferstehung, werdet ihr euch gegenseitig verleugnen und einander verfluchen. Eure Wohnstätte ist dann das Feuer, und ihr werdet keine Helfer haben.“(29,25)

Nach aṭ-Ṭabarī[190] hätten die Zeitgenossen die Götzen aus gegenseitiger Rücksicht und in falschem Harmoniestreben genommen. Wenn sie dann bei ihrem Herrn versammelt sein würden, könnten sie die Frucht dieser falsch verstandenen Freundlichkeit sehen, nämlich schmerzhafte Pein. Die Freundlichkeit im Diesseits werde zur Feindschaft im Jenseits.

Die Tradition konnte es bei einer so dramatischen Geschichte nicht bei den dürren, zurückhaltenden Worten des Korans belassen, die hier als Skopus die Überlegenheit Gottes demonstrieren soll. Die frühen Kommentatoren vertraten die Meinung, Gott habe dem Feuer die Eigenschaft des Brennens genommen, um es unschädlich zu machen. Aṭ-Ṭabarī[191] sammelt die Traditionen, die sich dazu gebildet hatten:

Nach as-Suddī wurde ein Feuer entzündet, das so heftig war, dass die Vögel wegen der Hitze tot vom Himmel fielen. Nun wurde Ibrāhīm an den Rand des Baus gestellt.

Er hob sein Haupt gen Himmel, und Himmel, Erde, Berge und Engel sprachen: „Unser Herr, Ibrāhīm wird um deinetwillen verbrannt.“ Er sagte: „Ich kenne ihn besser als ihr. Sollte er euch zu Hilfe rufen, dann helft ihm.“ Dann sprach Ibrāhīm, das Haupt gen Himmel gerichtet: „O Gott, der du der einzige bist im Himmel, und ich der einzige auf Erden, denn keiner außer mir dient dir auf Erden.“ Sie warfen ihn ins Feuer. Da rief Gott dem Feuer zu: „O Feuer, sei kühl und unschädlich für Ibrāhīm!“ – Es war Ǧibrīl, der das rief.[192]

Nach Ibn ʿAbbās und ʿAlī b. Abī Ṭālib:

Wenn Gott nicht auch die Kälte unschädlich gemacht hätte, so wäre Ibrāhīm vor Kälte gestorben. An jenem Tag blieb kein Feuer auf Erden, das nicht erlosch, denn alle dachten, sie seien mit dem Befehl Gottes gemeint.

---

[189] In den Ma'ase Abraham (Bet ha-Midrasch, hrsg. von Jellinek, Bd. I, S. 34) befiehlt Gott mit den Worten des Korans dem Feuer: „Werde kalt, und Ruhe sei auf meinem Diener Abraham!“

[190] *aṭ-Ṭabarī*, Tafsīr XX, S. 141–42.

[191] *aṭ-Ṭabarī*, Tafsīr XVII, S. 43–45.

[192] An dieser nachträglichen Bearbeitung wird der Wandel der islamischen Theologie sichtbar: Während es für den Koran selbstverständlich ist, dass Gott redet (vgl. 28,30, wo Gott Mūsā aus dem Baum anredet und sich selbst mit Namen vorstellt), ging die islamische Theologie dazu über, alle Anthropomorphismen zu eliminieren. Im Zweifelsfall wurde dann wie im vorliegenden Fall Ǧibrīl eingeschoben.

An den vierten Mann bei Dan 3,24–28 erinnert die Erzählung, man habe, als das Feuer erlosch, einen zweiten Mann dort gesehen, der Ibrāhīms Kopf auf seinem Schoß hielt und ihm den Schweiß von der Stirn wischte. Dies sei der „Engel der Schatten" (*malik aẓ-ẓull*) gewesen. Nach Kaʿb al-Aḥbār habe das Feuer nur die Stricke Ibrāhīms verbrannt; und nach al-Manhāl b. ʿAmr habe Ibrāhīm danach gesagt: „Ich hatte keine angenehmeren Tage als jene im Feuer." Auch hätten sich alle Tiere darin vereinigt, das Feuer auszublasen, außer dem *wazaġ*, einem kleinen giftigen Kriechtier, ähnlich einer Eidechse,[193] das im Gegenteil das Feuer noch mehr anfachte; daher rühre die Gewohnheit, die *auzāġ* zu töten.

Den Zeichencharakter der Rettung unterstreicht Abū Huraira, wenn er – entgegen Koran und Tradition – den bis dato ungläubigen Vater angesichts seines vom Feuer unversehrten Sohnes zur Erkenntnis Gottes gelangen und ausrufen lässt: „Ja, der Herr ist dein Herr, o Ibrāhīm."

Die mystische Auslegung des aus Andalusien stammenden Ibn al-ʿArabī (560–638 / 1165–1240) lässt die Gegner Ibrāhīms das Feuer der Leidenschaft entzünden, das sie mit dem Holz jenes Wissens entfachen, das ihm nach 6,75 in der Betrachtung von Himmel und Erde zuteil wurde. Der moderne Ausleger Muḥammad ʿAlī al-Hindī spricht dagegen vom Feuer des Hasses, das das durch die Götzenzerstörung provozierte Volk entzündete. Der nachfolgende Vers 21,70 bezeichne das Feuer als eine List und verlange damit, es im übertragenen Sinn zu verstehen.[194]

So können wir in der Rettung Ibrāhīms aus dem Feuer sowohl die Belohnung des Gläubigen sehen als auch sein Beglaubigungswunder und den Erweis der Macht Gottes, seinen Gesandten zu bewahren.[195] Die „Zeichen Gottes" im Koran sind normalerweise natürliche Zeichen, v. a. aus der Natur, sowie die gesamte Schöpfung und deren Erschaffung, die auf den Verursacher der „Zeichen", Gott, hinweisen sollen, aber, wie die Erfahrung der alttestamentlichen Propheten zeigt, doch nicht Glauben bewirkt haben (17,59). In dieser Erzählung jedoch ist das Zeichen „apparently against the course of nature, as when fire became cool and safe for Abraham (…) (it) may be called ‚supranatural miracles'. Such signs are miracles par excellence, manifested at the hands of a Messenger of God to sup-

[193] *Lisān al-ʿarab*: „kleine giftige Echse". Siehe die Hadithe: an-Nisāʾī 2.782, Ibn Māǧā 3.222, Aḥmad 23.393, 24.463, 24.643.

[194] In: *ʿAbbās Maḥmūd al-ʿAqqād*, Ibrāhīm – Abū al-anbiyāʾ, S. 80 f.

[195] In dem persischen Märchen von Ajas und Mahmūra wird im Gebet der Braut der Schöpfer als Retter und Belohner Ibrahims apostrophiert: „O du Schöpfer der Welt (…), / der du in des Nimrods Glut / den Abraham hieltest in deiner Hut / und für ihn im Flammenschein / erblühen ließest einen Rosenhain." (*Bodo von Petersdorf*, Märchen der Völker, Orient III, Essen o. J., S. 313. Deutsche Übersetzung von *Georg Rosen* auf Grundlage der türkischen Version der ursprünglich aus Indien stammenden Liebesgeschichte, persisch aus dem 14. Jh.: Tuti-nameh – Das Papageienbuch, Zürich 1978, S. 224 ff.).

port the truth of the Messenger's claim and teaching."[196] Das Motiv der Rettung ist das Paradigma Muḥammads und der Erweis der Überlegenheit Gottes und seiner Religion:

Divine succor and final victory belongs to God's Messengers and the believers in this life as well as on the Day when the Witnesses shall stand up (...) And when success began to come, it was naturally seen as proof of the truth of the prophet's mission and as a harbinger of total success (...) In the end victory will be theirs. 37,173; 5,56; 9,32; 61,8. Muḥammad must equally be vindicated: he will not only be saved but his Message will be victorious.[197]

Das Leiden und die Verfolgung Ibrāhīms – und in ihm schwingt das Leiden Muḥammads und die mekkanische Verfolgung seiner Anhänger mit – ist, in der Sprache der Prophetenerzählungen, die notwendige Vorstufe für ihre Beseitigung und Überwindung durch Gott selbst. Leiden ist nicht göttlicher Provenienz als eine Prüfung durch Gott, sondern ist das von Menschen Verursachte, das es folglich durchzustehen gilt und dessen Überwindung als im Prophetenschicksal inbegriffen quasi garantiert ist.[198]

In seinem Artikel *„al-wāḥid aṣ-ṣamad"* (Der Eine, der Undurchdringliche; 112,1.2) nutzt Muṣṭafā Muḥammad al-Ḥadīdī aṭ-Ṭair die Rettung Ibrāhīms als apologetisches Argument, mit dessen Hilfe er versucht, durch einen Vergleich von Ibrāhīm mit Jesus die christlichen Aussagen über Gott *ad absurdum* zu führen und ihnen die logischeren Aussagen des Korans anhand von Sura 112 gegenüberzustellen:

Wie soll die Macht der Menschen Gott oder den Sohn Gottes töten können, wo doch über Ibrāhīm das Feuer der Polytheisten ausgegossen wurde, und es für ihn kühl und harmlos gemacht wurde? Obwohl Ibrāhīm nur der Diener Gottes war, ging er unversehrt und heil aus dem Feuer vor den Augen seiner Feinde. Warum konnte es bei dem „Sohn Gottes" – wie sie ihn nennen – nicht ähnlich sein wie bei Ibrāhīm? Er hätte doch dieses Wunder als Argument gegen sie verwenden und sie dadurch zum Glauben bewegen können. Statt-

[196] *F. Rahman*, Major themes of the Qur'ān, S. 70. Als größtes Zeichen gilt dann der Koran selbst in seiner sprachlichen und inhaltlichen Einzigartigkeit, die nicht nachgeahmt werden kann. Daher die Aufforderungen an diejenigen, die am göttlichen Ursprung des Korans zweifeln, selbst auch nur eine Sura gleicher Art herbeizubringen (10,37 f.; 2,23; 11,13; 17,88; 52,34). *Āyāt*, oft in der Verbindung *āyāt bayyināt* (klare Zeichen, which clearly distinguishes the truth of the one to whom it is given from the falsehood of his opponent), heißt daher nicht nur „Zeichen", sondern auch „Verse" (des Korans).

[197] *F. Rahman*, Major themes of the Qur'ān, S. 87.

[198] Ganz anders das schiitische Leidensverständnis: Ist die sunnitische Auffassung geprägt vom unaufhaltsamen Siegeszug des Islam, so ist das Schiitentum zutiefst geprägt durch das Martyrium ihrer drei Gründergestalten, ʿAlī und seiner Söhne Ḥasan und Ḥussein. Dieses Leiden als „Shīʿah dimension of failure and tragedy" (*K.Cragg*) findet nicht nur Eingang in die jährlichen Feste – ʿAšūra mit seinen blutigen Prozessionen mit Selbstgeißelungen –, sondern v. a. in die Psyche der Schiiten. So sieht auch der schiitische libanesischstämmige Theologe *Mahmoud Ayoub* hier eine Nähe zum Christentum mit seiner Leidensmystik (Redemptive Suffering in Islām. A Study of the Devotional Aspects of ʿAshūrāʾ in Twelver Shīʿism, The Hague 1978).

dessen läßt er sie durch die Tötung dieses Sohnes in eine unerhörte Sünde stürzen – nur, damit er sie ihnen später vergeben könne?[199]

Heute erinnert der Abrahamsteich neben der Halil-Rahman-Moschee[200] in Şanlıurfa, dem einstigen Edessa, in der Südosttürkei daran. Pilger aus aller Welt kommen hierher, um ihres Stammvaters zu gedenken. Der Überlieferung nach verwandelte Gott das Feuer in Wasser und die brennenden Holzscheite in Karpfen, die Ibrāhīm dann sicher an Land brachten.[201]

4.5.2.3 Ankündigung des Sohnes an Ibrāhīm

51,24–30[202]; 37,99–101.112[203] (1. mekk.)
15,51–56[204]; (19,49–50)[205]; (21,72) (2. mekk.)
11,69–73[206]; (14,39); (6,84) (3. mekk.)
Der Sohn Ibrāhīms gilt nach 6,84 ausdrücklich als Lohn des Glaubens und ist daher innerhalb des Lohn-Strafe-Schemas zu betrachten:

Wegen seines Gehorsams, seines aufrichtigen Bekenntnisses und Verlassens der Religion seines Volkes sind sein Lohn im Diesseits Kinder, die Wir mit Prophetentum versehen haben, eine Nachkommenschaft, die Wir mit Würde geadelt und sie vor den Weltenbewohnern bevorzugt haben.[207]

Die Sohnesankündigung Gen 18–19 erscheint in ihrer Endgestalt im Kontext von Gen 17,7, der Ankündigung des Bundes Gottes mit Abraham und seinen Nachkommen. In diesem nunmehr angekündigten Sohn – zu einer Zeit, als Ismael, der Sohn der Magd, bereits heranwuchs – würde dieser Bund realisiert. Im koranischen Bericht wird das Motiv des Bundes reduziert zur *bušrā* (frohen Botschaft). Auch hier handelt es sich zunächst um ein Gespräch zwischen Männern, das sich, nach der Intervention der Frau, an diese wendet; allerdings nur

[199] *Muṣṭafā Muḥammad al-Ḥadīdī aṭ-Ṭair*, Al-wāḥid aṣ-ṣamaḍ, in: *Al-Azhar* 57/2 (1984/85), 1272–1276.

[200] arab.: *ḫalīl ar-Raḥmān* (Freund des Barmherzigen). Die Moschee ist, auch heute noch unschwer an ihrem Glockenturm zu erkennen, eine ehemalige Kirche: Im Jahr 504 als Marienkirche in Edessa, einem Zentrum der syrischen Christenheit, erbaut, wurde sie zur Zeit des Kalifen Ma'mūn in eine Moschee umgewandelt. Ihr Beiname *Yeşil Kilise* (Grüne Kirche) erinnert noch daran.

[201] Möglicherweise spielt die Legende auf den Kult der syrischen Göttin Atargatis an, zu deren Kultstätte ein Teich mit heiligen Fischen gehörte. (*Estelle Villeneuve*, Edessa – Erinnerungen an Abraham und Jesus, WUB 3/2010, S. 51) – Foto und Infotext in: *Arabische Evangelische Gemeinde Stuttgart*, Kalender „Christliche Spuren im Orient 2013".

[202] *aṭ-Ṭabarī*, Tafsīr XXVI, S. 207–210; SKD V, S. 2533–2535; *Khoury*, Komm. XI, S. 456; *Neuwirth*, Frühmekkanische Suren, S. 543 f.

[203] *aṭ-Ṭabarī*, Tafsīr XXIII, S. 75–89; SKD IV, S. 2177–2181; *Khoury*, Komm. XI, S. 57–59.

[204] *aṭ-Ṭabarī*, Tafsīr XIV, S. 39–41; SKD III, S. 1166 f.; *Khoury*, Komm. VIII, S. 393.

[205] *aṭ-Ṭabarī*, Tafsīr XVI, S. 93.

[206] *aṭ-Ṭabarī*, Tafsīr XII, S. 68–80; SKD II, S. 496; *Khoury*, Komm. VIII, S. 172 f.

[207] *aṭ-Ṭabarī*, Tafsīr VII, S. 260–61.

in zweien der vier Texte. Die schrittweise Konzentration auf Sara – und somit eine Verlagerung des Gesprächs – findet im Koran nicht statt; auch dies stützt die Betonung auf den Lohn für Ibrāhīm. Sara, die in Gen 18 als Frau ihren Platz zwar im Hintergrund (im Zelteingang), aber doch innerhalb der Szenerie hat, ist in zwei der koranischen Berichte (Sura 37 und 15) überhaupt nicht präsent, in 51,29 kommt sie als namenlose Frau erst herbeigelaufen; in der letzten Version 11,71 steht sie, immer noch namenlos, von Anfang an dabei.

Kunde von den Gästen Ibrāhīms. Außer in Sura 37, die in Duktus und Skopus eine Sonderstellung einnimmt und die Sohnesankündigung nicht in einem erkennbaren Kontext lokalisiert, setzen alle Ankündigungserzählungen unvermittelt mit einer Frage bzw. einem Befehl Gottes an Muḥammad ein:

51,24 Ist dir nicht die Erzählung von den geehrten Gästen zu Ohren gekommen?
15,51 Und gib ihnen Kunde von den Gästen Ibrāhīms.

Die Einleitungsformel bezieht ausdrücklich die Rezipienten der Botschaft mit ein. In Sura 51, einer Strafsura, werden die Beschwörung des Gerichtes Gottes (V. 1–6) und die Vergeltung der Taten der Widerspenstigen und Gottesfürchtigen (V. 7–23) mit jeweils einem Positiv- und einem Negativbeispiel belegt: die Belohnung Ibrāhīms durch einen Sohn von einer „unfruchtbaren alten Frau" und die Bestrafung der Leute von Sodom (V. 31–37).

Die Identität der Gäste. Die v.a. patristische Diskussion um die Theophanie, wie „der Herr" (Gen 18,1) Abraham in Mamre erschien und um wen es sich bei den „drei Männern" (Gen 18,2) gehandelt habe, ob es sich etwa um eine Andeutung der Trinität oder als Christuserscheinung in Begleitung von Engeln handelte,[208] stellt sich in der islamischen Auslegung nicht und daher auch nicht das Problem der Gottesschau.[209] Auch in der rabbinischen Auslegung wird eine Theophanie vermieden, indem die „Gäste" als drei Engel (Michael, Gabriel und Rafael) identifiziert werden.[210]

Um welche „Gäste" es sich hier handelt, wird, wie festgestellt, in der koranischen Darstellung nicht deutlich: In den frühen Texten sind sie lediglich *ḍaif Ibrāhīm* (Gäste Abrahams)[211] und erst in Sura 11 werden sie als *rusulunā* (unsere Gesandte) bezeichnet. Aṭ-Ṭabarī diskutiert sie nur im Kommentar zu Sura 11; dort bezeichnet er sie als „Gesandte Gottes" im Sinne von Engeln, nämlich Ǧibrīl mit Mīkā'īl und Isrāfīl, alle in der Gestalt junger Männer. Das Prädikat „geehrt" bezieht sich seiner Meinung nach auf ihre Würdigung durch Ibrāhīm und Sāra, indem diese sie eigenhändig bewirteten.

[208] *Christiana Reemts*, Abraham in der christlichen Tradition, Münster 2005, S. 249–258.
[209] Die Theophanie in Mamre wird häufig auf Joh 8,56 bezogen.
[210] bJoma 37a, bBM 86b, sowie Paralleltexte.
[211] *ḍaif*: im Koran Singular- und Pluralform zugleich.

Friedensgruß. Zum Friedensgruß *salām* bringt die kufische Lesung für 51,25 die Variante *silm* (Sicherheit)[212], was im Kontext der Furcht Ibrāhīms durchaus seine Berechtigung hat.

Bewirtung der Gäste – Die Gastfreundschaft Ibrāhīms. Ibrāhīm bewirtet seine Gäste sofort, wie es die Sitte gebietet, ohne nach dem Grund ihres Kommens zu fragen. Diese Gastfreundschaft ist ein so elementares Kulturgut und eine absolute Selbstverständlichkeit, dass sie in den Kommentaren keiner Erläuterung bedarf.[213] Er tut dies mit Hilfe „seiner Angehörigen"[214] und bringt ein gebratenes[215] Kalb herbei.

Ibrāhīms Furcht vor den Gästen. Auffallend ist in allen Versionen die große Furcht Ibrāhīms, an zwei Stellen begründet mit der Verweigerung der elementaren Regeln der Gastfreundschaft. In der Tat mutet der Gegensatz befremdlich an: Ibrāhīm verhält sich gemäß den Regeln der Gastfreundschaft, die Gäste jedoch nicht. Aṭ-Ṭabarī[216] begründet dies wie in der frühjüdischen Literatur[217] – im Gegensatz zu Gen 18,8 – damit, dass sie als Engel keine Nahrung zu sich nehmen wie Menschen, was bei Ibrāhīm Ablehnung und Verdacht hervorrief und ihn in Angst versetzte. Nach Qatāda herrsche bei den Arabern die Vorstellung, dass wenn ein Gast nichts vom angebotenen Essen nehme, er nicht mit guten Absichten käme. Die Vermutungen von as-Suddī, die Engel hätten nicht gegessen, weil Ibrāhīm keine Bezahlung von ihnen angenommen habe, oder von Ǧundub b. Sufyān, die Engel hätten vielmehr mit ihren Pfeil und Bogen gespielt, zeigen die Unsicherheit der Deutung – der Korantext hat zwar das Motiv beibehalten, aber die Erklärung der jüdischen Tradition ist nur bei aṭ-Ṭabarī bekannt.[218]

Dagegen nehmen ʿAbbās Maḥmūd al-ʿAqqād[219] und Muhammad al-Ghazālī[220] diesen Aspekt, der in Gegensatz zu Gen 18,8 steht, zum Anlass, um den Unter-

[212] *silm* gewöhnlich als kriegsfreier Zustand. Parallelen zum Friedensgruß: Ibrāhīm über seinen polytheistischen Vater (19,47), Mūsā und Hārūn vor dem Pharao bezüglich dessen, der der Rechtleitung folgt (20,47); ansonsten gilt der Friedensgruß den Nichtpolytheisten.

[213] Wie weit die heutige westliche Tradition – wenn man überhaupt von einer solchen sprechen kann –, von dieser Selbstverständlichkeit entfernt ist, zeigt sich daran, in welcher Ausführlichkeit das Thema „Gastfreundschaft" in deren Erläuterungen behandelt wird; vgl. bei *M. Bauschke*, in dessen eurozentrischer Sicht dieses Thema breiten Raum einnimmt.

[214] Es scheint wenig wahrscheinlich, dass an dieser Stelle mit *ahl al-bait* ursprünglich nicht die Familienangehörigen Muḥammads, bzw. Ibrāhīms, sondern die Leute des Gotteshauses, also die Anhänger des islamischen Kaʿba-Kultes gemeint seien, wie *Rudi Paret* meint (Grenzen der Koranforschung, S. 7).

[215] *ʿiǧl ḥanīḏ* = gebraten, gegrillt, geschmort, gegart, auf Steinen gebraten oder in der Erde geschmort.

[216] *aṭ-Ṭabarī*, Tafsīr XII, S. 70–71.

[217] TB Hagigah 16a; Targum Yerushalmi Gen 18,8; Gen Rabba 48,14.

[218] Vgl. dazu *R. Firestone*, Art. Abraham, in: Ecyclopedia of the Qur'ān I, S. 6.

[219] *M. al-ʿAqqād*, Ibrāhīm – Abū l-anbiyā', S. 72.

[220] *M. al-Ghazali*, A thematic commentary, S. 271

schied zwischen dem biblischen Anthropomorphismus und der koranischen Abstrahierung herauszustellen; nur dem Koran gelinge es, die himmlischen Geschöpfe angemessen zu erfassen und ihre Unterschiede zu irdischen Geschöpfen mit ihren physischen Trieben und Bedürfnissen zu erkennen, während sich in den „israelitischen Erzählungen", die ohnehin der modernen Wissenschaft widersprächen, deren „geistige Unfähigkeit" niederschlage. Darüber hinaus gehen Masʿūd / Ǧumʿa in ihrem Buch,[221] das die „Fehler" der Juden und Orientalisten anprangert: Dass Gott und seine Engel zu Gast bei Ibrāhīm gewesen und gegessen hätten, gehöre zu den schlimmen Lügen gegen Gott und sei ein Beweis für die Verfälschung der ursprünglichen Botschaft.

Die Botschaft der Engel. In 11,69 wird *bušrā*[222] (Botschaft der Engel) oft mit „frohe" Botschaft[223] – „Evangelium" – übersetzt, hergeleitet von *bišāra*, dem christlichen Terminus für die Verkündigung als Heilsbotschaft. Der Zusammenhang zwischen Engelerscheinung und menschlicher Furcht sowie tröstendem Zuspruch der Engel, als Theophanieformel – ein in der ganzen Bibel verbreitetes Motiv – zieht sich als Konstante durch alle drei Berichte. Das koranische *bušrā* qualifiziert jedoch noch nicht nach gutem oder schlechtem Inhalt. Von den Auslegern wird betont, dass die Engel in der Tat auch Ambivalentes anzukündigen haben: eine Botschaft den Sohn betreffend, und eine andere, die Vernichtung des Volkes Lūṭs androhend. Die Frage ist, in welchem Verhältnis diese beiden Botschaften zueinander stehen und ob vielleicht eine wichtiger sei als die andere. Schon die Korantexte tun sich schwer mit dieser Frage, was sich am Erzählverlauf erkennen lässt: Sura 51 und 15 trennen die beiden Inhalte, müssen dazu jedoch bei der Botschaft zu Lūṭ neu ansetzen, ganz so, als sei die Sohnesankündigung nicht etwas Unerhörtes, heiß Ersehntes, sondern eine Marginalie (51,31; 15,57) – was inhaltlich nicht besonders überzeugt. Sura 11 verschränkt die beiden Botschaften, was jedoch dazu führt, dass Sāra auf die Lūṭ-Ankündigung hin lacht, noch bevor ihr ein Sohn verkündigt wird. Durch den Kontext der Straflegenden wird der Botschaft an Lūṭ fast mehr Gewicht zuteil als der Botschaft an Ibrāhīm. Vor allem in Sura 11 scheint die primäre Aufgabe der Engel nicht die Verkündigung des Sohnes, sondern die Ankündigung der Strafe zu sein.

In den Parallelen 51,28 und 15,53 wird ihm ein „wissender" Knabe angekündigt. Nach aṭ-Ṭabarī[224] bezieht sich diese Qualifikation darauf, dass er als Erwachsener wissend sein werde. Wenn Muǧāhid Ismāʿīl als den Angekündigten

[221] *Ǧamāl ʿAbd al-Hādī Muḥammad Masʿūd / Wafāʾ Muḥammad Rifʿat Ǧumʿa*, Ḏurrīyat Ibrāhīm ʿalaihi s-salām wa-l-masǧid al-Aqṣā, naḥwa taʾṣīl islāmī li-t-taʾrīḫ. Al-umma al-muslima qabla baʿṯat Muḥammad, al-Manṣūra 1407/1986, S. 13.

[222] *bušrā* in V. 69 und 74; in V. 71 als Verb.

[223] So auch *J. Kaltner* (Ishmael instructs Isaac, S. 94): „good news", das in V. 74 nur ironisch klingen kann.

[224] *aṭ-Ṭabarī*, Tafsīr XXVI, S. 208–210.

verstanden haben will, so setzt aṭ-Ṭabarī dem entgegen, dass das Kind auf die Mutter bezogen werden müsse, die hier eindeutig Sāra sei, obwohl kein Name genannt wird.

Das Verhalten der Frau Ibrāhīms. Die Reaktion der nicht namentlich genannten Frau fehlt in Sura 15. In der frühen Sura 51 wirkt sie in ihrer hysterischen Reaktion und verkürzten Ausdrucksweise – wie ein Aufschrei – völlig anders als in Sura 11 mit Lachen und einer ironischen Frage. Der früheste Ankündigungstext in Sura 51 ist der einzige, in dem die „Gäste" die ob dem Stigma ihrer Unfruchtbarkeit verzweifelt lamentierende Frau trösten mit dem sehr unmittelbaren Zuspruch *rabbuki* (dein [fem.] Herr).[225] In den deutschen Koranausgaben kommt der kulturelle Hintergrund des Übersetzers zum Ausdruck: Während bei Rudi Paret das Schlagen selbstbewusster Ausdruck von Entrüstung und damit Widerspruch ist, kommt in der Ahmadiyya-Übersetzung mit ihrem pakistanischen Hintergrund die Frau „scheu" heran und schlägt sich die Hände vors Gesicht aus Scham darüber, dass von Fremden das so intime Thema der Sexualität angesprochen wird.[226] Völlig aus dem Entstehungskontext fällt die Deutung Martin Bauschkes, der von der „Furchtlosigkeit" Saras in ihrem Auftreten gegenüber den Engeln spricht, die so gar nicht zum „westlichen Klischee der schweigsamen, unterdrückten und zuhause eingesperrten Araberfrau" passe; zudem behauptet kein einziger islamischer Ausleger, Sara sei Araberin gewesen.

Bei aṭ-Ṭabarī[227] stand Sāra, hier als Tochter von Ibrāhīms Onkel väterlicherseits deklariert, hinter einem Vorhang, von wo aus sie mithörte, oder bediente gerade die Gäste. Da der Korantext 11,71 die Reihenfolge von Lachen und Sohnesankündigung vertauscht, wird dessen Erklärung zum Problem für die Ausleger. Da im Arabischen der Zusammenhang zwischen צחק bzw. שחק (lachen) und dem Namen des Sohnes יִצְחָק bzw. יִשְׂחָק (Yiṣḥāq)[228] fehlt, kann es nur Spekulationen über die Bedeutung des Lachens geben.[229] Manche meinen, es sei Ausdruck der Verwunderung darüber, dass sie und ihr Mann die Gäste persönlich bewirten und sie dadurch ehren, während diese sich dann so unhöflich benehmen. Oder es sei Schadenfreude über das nahende Verderben über das Volk Lūṭs – so auch die Meinung aṭ-Ṭabarīs, da die Reihenfolge des Textes eingehalten werden müsse. Völlig abgelehnt werden die Meinungen derer, die das Lachen damit erklären, sie habe sich vorgestellt, was das Volk Lūṭs nun mit diesen jungen

225 Hier ausdrücklich in der Femininform. Die arabische Korankonkordanz verzeichnet 9 Spalten mit *rabbuka* in der Maskulinform und negiert diese frühe an eine Frau gerichtete Possessivform (*al-Muʿǧam al-mufahras*, S. 365–369).

226 *M. Bauschke*, Der Spiegel des Propheten, S. 29. Dies ist ein Beispiel für eine eurozentrische Herangehensweise, die ihre eigenen Vorstellungen und Klischees in eine völlig andere Zeit projiziert.

227 *aṭ-Ṭabarī*, Tafsīr XII, S. 71–76.

228 Vgl. das Lachen Saras als älteste Ätiologie des Isaaknamens.

229 *R. Firestone*, Art. Abraham, in: Encyclopedia of the Qurʾān I, S. 6.

schönen Männern machen würde, oder sie habe ihren Mann ausgelacht, als sie sah, wie er Angst bekam. Es könne auch ein erleichtertes Lachen gewesen sein, als sie sah, wie die Gäste Ibrāhīm beruhigten und sie sich wieder in Sicherheit fühlte. Die Ausleger aus Baṣrā machten es sich einfach und erklärten das Unerklärbare einfach zu „einer Redeweise bei den Arabern".

Andere versuchen die unlogische Reihenfolge mit der Methode des *taqdīm wa-ta'ḫīr* (Vorziehen und Nachstellen)[230] zu rechtfertigen, mit der man durchaus Nachfolgendes zuerst berichten kann. Der jüdische Konvertit Wahb b. Munabbih kann dadurch 11,71 mit dem Hinweis auf den biblischen Bericht so deuten wie Gen 18,12–15. Rudi Paret[231] verweist denn auch darauf, dass in 11,71 die ganze biblische Episode „zu einem Rudiment zusammengeschrumpft zu sein" scheint, bei der das Lachen beibehalten, die Motivierung des Lachens aber unter den Tisch gefallen sei. Entweder müsse sich die Reaktion auf Sura 51 beziehen oder mit der „Botschaft" von 11,69 bereits die Ankündigung stattgefunden haben, so dass 11,71b dann die spezielle Ankündigung an sie meine – was er selbst als zu gekünstelt ablehnt.

Aṭ-Ṭabarī sieht die Ankündigungen des Engels innerhalb des Lohn-Strafe-Schemas und macht die Frau Ibrāhīms damit zur Gegenfigur zur Frau Lūṭs:

Wir haben Sāra, der Frau Ibrāhīms Isḥāq als Sohn verkündet, als Belohnung von uns für ihre Verabscheuung und Verwunderung über das, was das Volk Lūṭs tat.[232]

In der Ankündigung 11,71b „Und da verkündeten Wir ihr Isḥāq und nach Isḥāq Yaʿqūb" kann die Beziehung Isḥāqs zu Yaʿqūb mehrdeutig sein. „Nach Isḥāq" kann ein zweites Kind für Sāra, also einen Bruder zu Isḥāq bedeuten,[233] oder aber einen direkten Nachkommen Isḥāqs. Allerdings führt die Ankündigung Yaʿqūbs an dieser Stelle doch über eine momentane Belohnung innerhalb des simplen Lohn-Strafe-Schemas hinaus und weist mit der Nennung eines zweiten Namens deutlich auf die Aufrechterhaltung der Ibrāhīmslinie.[234] Vielleicht wird damit auf das frühere 19,49 Bezug genommen („Als er sich nun absonderte von ihnen und dem, was sie anstelle Gottes dienen, schenkten Wir ihm Isḥāq und Yaʿqūb."), wo aufgrund des Wortlauts Isḥāq und Yaʿqūb Brüder sein müssten. Aṭ-Ṭabarī[235] rückt dann in seiner Auslegung die Genealogie wieder zurecht: Zum Trost in seiner Einsamkeit habe Gott für Ibrāhīm die Leute seines Volkes

---

[230] Das gleiche Erklärungsmuster wird für 19,16.33 verwendet, um die Reihenfolge von Jesu Tod und Erhebung zu relativieren im Sinne der Nicht-Kreuzigung.

[231] *R. Paret*, Kommentar und Konkordanz, S. 239.

[232] *aṭ-Ṭabarī*, Tafsīr XII, S. 75.

[233] So versteht *R. Paret* die Stelle (Kommentar und Konkordanz, S. 239).

[234] Wenn man so will, könnte man dies als einen schwachen Anklang an die biblischen Nachkommensverheißungen sehen. Vom Segen, der ebenso wie die Nachkommenschaft von Abraham ausgehen soll, ist jedoch nirgends die Rede.

[235] *aṭ-Ṭabarī*, Tafsīr XVI, S. 93.

eingetauscht gegen solche, die besser und ehrenhafter seien, seinen Sohn Isḥāq und seinen Enkel Yaʿqūb.

In 11,72 weist Sāra wie im biblischen Bericht auf ihr und ihres Mannes hohes Alter hin, das sich bei aṭ-Ṭabarī[236] je nach zitiertem Hadith zwischen 90 und 120 Jahren bewegt.

Tadel und Zusage der Engel und Eulogie. In Gen 18,14 will die Verheißung erwartet sein: Nach geduldigem Warten trifft sie ein. Dagegen erweist sich die *bušrā* in 11,73 weniger als Verheißung denn als Befehl, der eine sofortige Befolgung verlangt. Erst kommt der Tadel, dann der Zuspruch. Das göttliche Wort in Form eines Befehls betont die autoritative Natur Gottes; vom Menschen als dem Rezipienten der göttlichen Botschaft werden Antwort und Glaube erwartet.[237]

Mit den in 11,73 verheißenen „Segnungen" sind nach Meinung der Ausleger die Freuden der Elternschaft gemeint. Im Vordergrund steht das wunderbare Schöpferhandeln Gottes, der mit seinem Wort aus dem Nichts erschaffen kann. Nach as-Suddī bittet Sāra in ihrer Verwunderung den Engel um ein Zeichen:

Da nahm Ǧibrīl einen kleinen trockenen Stab zwischen seine Finger und bog ihn. Und er wurde grün und geschmeidig. Da sagte Ibrāhīm: „Dann ist er gewiß dem Herrn ein Schlachtopfer."[238]

In 15,54 steht der Vorgang des Verkündigens, des Vorwärtsschauens als Gegensatz zum hohen Alter, das keine Perspektive mehr kennt, sondern das Leben abschließt. So steht Sura 15 nicht im Zeichen des Sohnes, sondern des Wunders der Hoffnung in hohem Alter. Das ist „die Wahrheit" (15,55), dass nur die, die vom richtigen Weg ihres Herrn – und von der Religion Gottes – abgeirrt sind, zuschanden werden.[239]

Die Erzählung in Sura 51 endet mit einer Eulogie auf Gott, den Allweisen und Allwissenden – eine deutliche Aufnahme der Ankündigung des „wissenden" Knaben.

Einzig Sura 37,99–101 setzt einen anderen Akzent, indem sie die Sohnesankündigung unmittelbar an die Auseinandersetzung Ibrāhīms mit seinem Volk und seine Auswanderung anschließt, sie nicht erzählerisch ausführt, da sie offensichtlich nur als logische Überleitung zur Bindung dieses Sohnes dient. Es mag erstaunen, dass bereits zu Beginn der 2. mekkanischen Periode von einer Auswanderung, der physischen Trennung von den Ungläubigen die Rede ist. Wie bereits ausgeführt, bezieht sich diese Auswanderung nicht auf Muḥammad, sondern seine Anhänger, die in der 1. *hiǧra* vor dem Druck aus ihrer Stadt flohen.

---

[236] *aṭ-Ṭabarī*, Tafsīr XII, S. 76–77.
[237] Vgl. *J. Kaltner*, Ismael instructs Isaac, S. 95.
[238] *aṭ-Ṭabarī*, Tafsīr XXVI, S. 210.
[239] *aṭ-Ṭabarī*, Tafsīr XIV, S. 40 f.

Mit dem Vers 37,99 (Er sagte: „Wahrlich, ich gehe zu meinem Herrn; Er wird mich rechtleiten.“) wird aus der Flucht vor den Ungläubigen die Zuflucht zu Gott.

Eine weitere Sohnesankündigung, die bei den Kommentatoren teilweise für Verwirrung sorgt, ist

21,72 Und Wir schenkten ihm Isḥāq und Yaʿqūb dazu [*nāfilatan*],

da bei *nāfilatan* (dazu) nicht eindeutig zu klären ist, ob Yaʿqūb hier als Sohn oder Enkel Ibrāhīms verstanden wird.[240] Söhne als Topos der Belohnung finden sich auch 6,84.

4.5.3 Lohn des rechtschaffenen Propheten: Rettung des gebundenen Sohnes Ibrāhīms

Es mag überraschen, dass die Thematik des zu opfernden Sohnes Ibrāhīms, die sowohl in der jüdischen wie in der christlichen Theologie eine so große Rolle spielt, unter der Verkündigung an die Polytheisten abgehandelt wird. Wenn nur die chronologische Verortung ganz zu Beginn der 2. mekkanischen Phase in Betracht gezogen wird, dann lässt sie weder Juden noch Christen als Rezipienten zu, sondern nur Polytheisten. Nachdem in den vorigen Kapiteln deutlich wurde, dass eher zweitrangige Ibrāhīms-Erzählungen wiederholt in der Verkündigung Muḥammads auftauchen, fällt bei der Suche nach weiteren Erwähnungen auf, dass ausgerechnet diese zentrale Thematik in den restlichen 16 Jahren nie wieder eine Rolle spielen sollte.

Die Bindung des Sohnes Abrahams,[241] die *Aqedah*, dieses „heart-stopping human sacrifice that somehow never took place“[242], gehört in Judentum, Christentum und Islam zu den Kerntexten, die für das je eigene Selbstverständnis wesentlich sind. Gerade an der Identifizierung des gemäß Auftrag Gottes zu opfernden Sohnes entzünden sich für alle drei Religionen gravierende und identitätsstiftende Diskussionen. Daher gebührt der Thematik an dieser Stelle besonderes Gewicht.

Im Judentum wurde die *ʿAqedat Yiṣḥaq*, neben dem Auszug aus Ägypten eine der großen Rettungstaten Gottes, sowohl Vorbild und Legitimation des Tempel-

---

[240] Zur Diskussion siehe *aṭ-Ṭabarī*, Tafsīr XVII, S. 48 f.

[241] Diese Formulierung wurde gewählt, weil zum einen die faktische Opferung des Sohnes nicht stattfand und weil der Name des zu opfernden Sohnes im Koran nicht erwähnt wird. – Aus der umfangreichen Literatur seien hier nur genannt: *Lukas Kundert*, Gen 22,1–19 im Alten Testament, im Frühjudentum und im Neuen Testament, 1998; *ders.*, Gen 22,1–19 in frühen rabbinischen Texten, 1998; *Georg Steins*, Die ‚Bindung Isaaks' im Kanon (Gen 22): Grundlagen und Programm einer kanonisch-intertextuellen Lektüre; mit einer Spezialbibliographie zu Gen 22, Freiburg 1999.

[242] Jack Miles im Vorwort zu *Omri Boehm*, The Binding of Isaac. A Religious Model of Disobedience, New York 2007, S. ix.

gottesdienstes[243] als auch Deutemuster der jüdischen Geschichte und Prototyp jüdischen Leidens bis hin zum Holocaust.[244] Im „palästinischen Gedicht der vier Nächte“[245] aus dem 4. Jahrhundert wird die Opferung gar als kosmische Krise zwischen der Schöpfung und dem endgültigen eschatologischen Heil gedeutet.

Zwar ist die neutestamentliche Linie mit Heb 11,17–19 und Jak 2,21–23 nicht einheitlich, patristische Auslegung verknüpft aber dann die Leidensgeschichte Jesu mit Gen 22. Der nicht getötete Isaak wird mit der unsterblichen göttlichen Natur Jesu gleichgesetzt, der getötete Widder mit der menschlichen Natur Jesu.[246] Morija, in 2. Chron 3,1 mit Zion identifiziert, wird mit Golgatha in Verbindung gebracht, und das Opfer Jesu auf Golgatha wird in typologischer Auslegung zum legitimen Tempelopfer und Vollzug dessen, was Abraham prototypisch vorbereitet hatte.[247]

Somit ist diese Thematik für beide Religionen zentral und eigentlich ein Bindeglied zwischen den die Juden und den die Christen betreffenden Abrahamsthemen.[248] Der koranische Text in Sura 37 lässt sich jedoch weder inhaltlich noch bezüglich der Rezipientengruppe eindeutig verorten: Zeitlich stammt er aus der frühesten 2. mekkanischen Periode und gehört somit noch nicht zu den großen Prophetenerzählungen, die alttestamentliche Themen aufgreifen, enthält aber mit *ḏabḥ* (Opfer, V.107) genuin jüdische und mit *baššara* (eine frohe Botschaft verkündigen, V.101) und *fadā* (auslösen, V.107) genuin christliche Termini. In der impliziten Ablehnung von Menschenopfern ganz allgemein wendet er sich an Polytheisten, nimmt aber die jüdische Akzentuierung mit der Aktivität des Sohnes und die christliche Terminologie auf; gleichzeitig geht der Text mit *sayahdīnī* von *hudā* (Rechtleitung, V.99) und *aslama* (sich ergeben, V.103) schon in die islamische Terminologie über. Erst die Exegese wird mit dem Skopus des Textes hier etwas mehr Klarheit schaffen.

---

[243] Das Jubliäenbuch (Kap 17 und 18) erzählt Gen 22 als Rückblick auf den Tempelgottesdienst, ebenso die Pirqe de Rabbi Elieser (Kap 31).

[244] Siehe *Schalom Spiegel*, The last trial: On the legends and lore of the command to Abraham to offer Isaac as a sacrifice, the Akedah, New York 1979, als Kompendium der jüdischen Auslegungsgeschichte von Gen 22. Vgl. auch: *Willem Zuidema* (Hrsg.), Isaak wird wieder geopfert: Die ‚Bindung Isaaks‘ als Symbol des Leidens Israels – Versuche einer Deutung, Neukirchen-Vluyn 1987.

[245] *Fr. Smythe*, Vortrag bei der Abrahamic Heritage Conference des MECC.

[246] *G. Reinink*, The Lamb on the Tree, S. 122.

[247] Zur christlichen Deutung siehe: *David Lerch*, Isaaks Opferung christlich gedeutet. Eine auslegungsgeschichtliche Untersuchung, Tübingen 1950; *Chr. Reemts*, Abraham in der christlichen Tradition, S. 241. Darüber hinaus soll patristischer Tradition zufolge Adam in Morija erschaffen und auch begraben sein.

[248] Literatur zu einer Gesamtschau der Rezeption in den drei Religionen: *Michael Krupp*, Den Sohn opfern? Die Isaak-Überlieferung bei Juden, Christen und Muslimen, Gütersloh 1995; *Mishael Maswari Caspi / Sascha Benjamin Cohen*, The binding – aqedah – and its transformation in Judaism and Islam: The lambs of God, Lewiston 1995.

Ein weiterer Aspekt weist auf die enge Verzahnung in der Textgenese hin: Während Gen 22 Menschenopfer ausdrücklich ablehnt in einer religiösen Landschaft, die Menschen- bzw. Kinderopfer praktizierte,[249] findet sich in den islamischen Kommentaren nirgends eine Diskussion um die Thematik des Menschenopfers, wohl weil sie im näheren Umfeld Muḥammads nicht praktiziert wurden.[250] Auch wird der Sohn im Koran nicht *ḏabīḥ* (Geschlachteter) genannt; dies legt eine Entstehung im Umfeld des jüdischen Verständnisses der Aqedah nahe. Erst später, im Ḥadīṯ, wird Muḥammad *ibn aḏ-ḏabīḥatain* (Sohn der beiden Geschlachteten / der beiden Schlachtopfer) genannt, als Nachkomme Ismāʿīls und in Erinnerung an seinen eigenen Vater, der zur Opferung bestimmt war und ausgelöst wurde.[251]

4.5.3.1 Die beiden Söhne Ibrāhīms

Da im koranischen Text zur Aqedah in Sura 37 kein Sohnesname genannt ist, der Koran aber beide Söhne Ibrāhīms kennt, sei hier, auch im Hinblick auf die innerislamische Sohnesdebatte, zunächst eine Übersicht über diese Söhne vorangestellt.

Wie Genesis spricht auch der Koran von der langen Zeit der Kinderlosigkeit Ibrāhīms.[252] Im Rahmen seines Gebetes an der Kaʿba (3. mekk.) dankt Ibrāhīm für seine beiden Söhne:

14,39 Lob sei Gott, Der mir trotz meines hohen Alters
Ismāʿīl und Isḥāq geschenkt hat!

Die Ausleger sind sich einig, dass das hohe Alter Ibrāhīms die Größe der Gnade und Zuwendung Gottes zu ihm zeigt:

Das Geschenk eines Kindes in einem solch hohen Alter ist viel größer als wenn man jung ist. Etwas zu erhalten in der Zeit der Hoffnungslosigkeit ist die beste aller Gaben. Die Geburt in jenem hohen Alter ist ein Zeichen für Ibrāhīm.[253]

Islamischerseits wird als Alter Ibrāhīms zur Zeit der Geburt Ismāʿīls gewöhnlich mit 99 Jahren[254] angegeben; dies entspricht dem in Gen 17,1 und 21,5 genannten

---

[249] Bei den Moabitern Opfer des Erstgeborenen in extremen Notsituationen, Kinderopfer bei den Aramäern in Samaria, Kinderverbrennung bei den Puniern (Molochopfer).

[250] Von einer polytheistischen Menschenopferpraxis in Mekka ist nirgends die Rede. Menschenopfer, die dem Kult von al-ʿUzza zugeschrieben werden, sind offenkundig feindliche Propaganda (*J. S. Trimingham*, Christianity among Arabs, S. 193 f.).

[251] Sīra I/1, S. 286–290; Tafāsīr von *al-Baiḍāwī, al-Qurṭubī, ar-Rāzī* (Auslegung zu 37,102)

[252] Vgl. Gen 15,2; 16,1; 18,10; 21,5–7.

[253] *ar-Rāzī*, Tafsīr, z.St.

[254] Gen 16,16 gibt sein Alter mit 86 Jahren an.

Alter zur Zeit der Geburt Isḥāqs[255]. Bei dessen Geburt soll er dann 112 Jahre alt gewesen sein, daneben existiert auch die Angabe mit 64 und 90 Jahren.[256]

Im folgenden eine Auflistung über die koranischen Nennungen der Söhne Ibrāhīms[257] in chronologischer Reihenfolge mit dem jeweiligen thematischen Fokus:[258]

Schaubild 7: Koranische Nennungen der Söhne Ibrāhīms

1. mekkan.	51,28	„wissender Knabe" angekündigt
2. mekkan.	37,101	„sanftmütiger Junge" erbeten
	37,112	Isḥāq angekündigt
	15,53	„wissender Knabe" angekündigt
	19,49	Isḥāq und Yaʿqūb als Geschenk an Ibrāhīm
	19,54	Ismāʿīl: Prophet, wahrhaftig
	38,45	Ibrāhīm, Isḥāq und Yaʿqūb als Diener Gottes
	38,48	Ismāʿīl, Alyasaʿ, Ḏū l-Kifl gehören zu den Besten
	21,72	Isḥāq und Yaʿqūb als Geschenk an Ibrāhīm
	21,85	Ismāʿīl, Idrīs, Ḏū l-Kifl als Geduldige
3. mekkan.	11,71	Isḥāq und Yaʿqūb angekündigt
	(14,39)[259]	Dankgebet für Ismāʿīl und Isḥāq
	12,6	Ibrāhīm und Isḥāq als Väter Yaʿqūbs
	12,38	Yūsuf: „Glaubensrichtung meiner Väter Ibrāhīm und Isḥāq und Yaʿqūb"
	29,27	Isḥāq und Yaʿqūb als Geschenk an Ibrāhīm
	6,84	Isḥāq und Yaʿqūb als Geschenk an Ibrāhīm
	6,86	Ismāʿīl, Alyasaʿ, Yūnus und Lūṭ als Rechtschaffene
medin.	2,125	Ibrāhīm und Ismāʿīl reinigen und erbauen das Haus, werden eine *umma muslima*
	2,133	Gott der Väter Ibrāhīm, Ismāʿīl und Isḥāq
	2,136	Ibrāhīm, Ismāʿīl, Isḥāq, Yaʿqūb und die Stämme
	2,140	Ibrāhīm, Ismāʿīl, Isḥāq, Yaʿqūb und die Stämme
	3,84	Ibrāhīm, Ismāʿīl, Isḥāq, Yaʿqūb und die Stämme
	4,163	Ibrāhīm, Ismāʿīl, Isḥāq, Yaʿqūb und die Stämme

Auf die Epochen verteilt lassen sich die Namenskombinationen folgendermaßen darstellen:

---

[255] Zur Namensform: Der fehlende Anfangskonsonant bei Isḥāq lässt vermuten, dass der Name über eine christliche Form ins Arabische fand (*A. Jeffery*, Foreign vocabulary, S. 60). – *Al-Barūsawī* (Rūḥ al-bayān, z.St.) bringt die korrekte Übersetzung der Namen: Ismāʿīl = „Gott hört" und Isḥāq = „der zum Lachen bringt".

[256] *ar-Rāzī*, Abū Ḥayyān al-Andalusī, z.St.

[257] Ismāʿīl und Isḥāq; Yaʿqūb wird ebenfalls erwähnt, wobei die Grenze zwischen Sohn und Enkel nicht immer deutlich zu sein scheint. Die Verwandtschaftsverhältnisse scheinen sich für Muḥammad erst mit der Zeit zu klären.

[258] Die jeweils erste Nennung eines Namens oder einer Namenskombination ist unterstrichen.

[259] *E. Beck* hält 14,39 für einen medinischen Einschub (Die Gestalt des Abraham am Wendepunkt der Entwicklung Mohammeds, S. 83.

Schaubild 8: Namenskombinationen Ibrāhīm – Isḥāq – Ismāʿīl – Yaʿqūb

	Isḥāq	Ibrāhīm Isḥāq	Ibrāhīm Isḥāq Yaʿqūb	Ismāʿīl	Ibrāhīm Ismāʿīl	Ibrāhīm Isḥāq Ismāʿīl	Ibrāhīm Isḥāq Ismāʿīl Yaʿqūb
1. mekk.							
2. mekk.		37,112f	19,49 38,45 21,72	19,54 38,48 21,85		(14,39)	
3. mekk.			11,71 12,6 12,38 29,27 6,84	6,86			
medin.					2,125ff	2,133	2,136 2,140 3,84 4,163

Aus diesen tabellarischen Auflistungen lässt sich ersehen: In mekkanischer Zeit werden als Söhne Ibrāhīms analog zur Erwähnung der Erzväter in der jüdisch-christlichen Tradition Isḥāq und Yaʿqūb genannt. In der frühesten Sohnesankündigung wird gar kein Name genannt; hier hat der Interdependenzansatz ergeben, dass es zu jener Zeit primär um den Trost im Verlust der Söhne Muḥammads ging. Es fällt auf, dass Isḥāq grundsätzlich nie selbständig genannt wird, sondern zuerst in Verbindung mit seinem Vater, dann auch in der Väterformel, die in der medinischen Zeit um Ismāʿīl erweitert wird. Der SKD-Kommentar hebt hervor, dass Yaʿqūbs Söhne auch ihren Großonkel väterlicherseits, Ismāʿīl, erwähnen, da dieser zu jener Zeit genauso geachtet und respektiert worden sei wie ihr Großvater Isḥāq und verweist dazu auf Gen 25,9, wo alle Familienmitglieder bei der Beerdigung Abrahams wieder zusammentreffen.[260]

Ismāʿīl als arabischer Ibrāhīmssohn. Im Koran scheint Ismāʿīl als Ibrāhīmssohn anfänglich noch keine Rolle zu spielen, vielmehr tritt er uns in den mekkanischen Suren noch als Einzelgestalt, völlig losgelöst, entgegen und ohne jegliche Verbindung zu Ibrāhīm, in beliebiger Kombination mit anderen biblischen Propheten – fast so, als sei Muḥammad zwar der Name bekannt gewesen, habe ihn aber in keinen Kontext einordnen können. Bemerkenswert ist, dass auch keinerlei Verbindung zu irgendeinem arabischen Stamm oder den Quraiš sichtbar wird: Selbst die Propheten, mit denen Ismāʿīl in der 2. und 3. mekkanischen Periode zusammen genannt wird, sind nicht die koranischen altarabischen Propheten,

[260] SKD I, S. 67, Anm. 258.

sondern ausschließlich biblische Gestalten. Wäre Ismāʿīl von den quraišitischen Mekkanern – und Muḥammad – schon zu Beginn als Begründer Mekkas und Stammvater der Araber angesehen worden, hätte Muḥammad ihn niemals so beiläufig und offensichtlich ohne Einordnung erwähnt. Das lässt vielmehr auf nur flüchtige Kenntnis des Namens schließen.[261]

Die Verbindung Ismāʿīls zu den Arabern ist in literarischer Hinsicht vielmehr jüdischen Ursprungs: Die Söhne der Ketura (Gen 25,1–4) sind dort die sechs nordarabischen Stämme – diese werden aber weder im Koran noch im Hadith erwähnt. Nach Gen 21,21, wohnte Ismael in der Wüste Pharan, dem *Wādī Ferān*, das ab dem 2. Jahrhundert n. Chr. mit arabischen Christen besiedelt, ja sogar Bischofssitz war, der allerdings dann in frühislamischer Zeit nach Südpalästina verlegt wurde. Spätestens seit Josephus (gest. nach 100 n. Chr.) wurden die Araber als Nachkommen Ismaels betrachtet,[262] „ihr Name wurde genannt Araber und Ismaeliten"[263]. Dagegen macht die jüdische Überlieferung Ismāʿīl direkt zum Vater der Araber; ähnlich der jüdische Historiker Flavius Josephus in den „Jüdischen Altertümern", für den Ismāʿīl ohne jeden Zweifel Stammvater einer „arabischen Nation" ist. Später werden auch die Rabbinen die Araber mit den Ismaeliten gleichsetzen.

Das würde jedoch bedeuten, dass Ismāʿīl selbst kein Araber war, sondern dass erst durch seine Frau vom arabischen Stamm der Ǧurhum seine Nachkommen arabisiert wurden; ja, Ismāʿīl selbst soll erst von den Ǧurhum die arabische Sprache gelernt haben.[264] Solange keine vorislamischen literarischen Zeugnisse vorliegen, kann also keine altarabische genealogische Verbindung der Quraiš mit Ismāʿīl behauptet werden[265] – das Selbstzeugnis des Korans in seinem Gesamtbild spricht deutlich erkennbar eine andere Sprache.[266]

Erst in der engeren Begegnung mit den Juden konnten also die Familienverhältnisse geklärt oder auch hergestellt werden, zum einen, dass Yaʿqūb nicht Bruder, sondern Sohn Isḥāqs, und zum anderen, dass Ismāʿīl Sohn Ibrāhīms

---

[261] *T. Nagel* – und ihm folgt *K.-J. Kuschel* – spricht dagegen von der Bestrebung der Quraišiten, durch die Ismāʿīl-Genealogie die Vorherrschaft über die arabischen Stämme zu erringen (Staat und Glaubensgemeinschaft im Islam, S. 27 f.).

[262] *R. Hoyland*, Arabia and the Arabs, S. 243.

[263] Jubiläenbuch (Kap. 20,12); bei *K.-J. Kuschel*, Streit um Abraham, S. 175, in Anmerkung S. 321 jedoch eingeschränkt, da Ismaeliten und Araber an dieser Stelle nicht ohne weiteres identifiziert werden können.

[264] Lane V, S. 1993.

[265] Dies tut jedoch *K.-J. Kuschel* (Streit um Abraham, S. 177), der sich auf Tilman Nagel stützt (Staat und Glaubensgemeinschaft I, 27 f.) – dort allerdings auch ohne Nachweise. Auch die Massignon-Schüler Moubarac und Hayek gehen davon aus, dass Ibrāhīm und Ismāʿīl wichtige Gestalten der vorislamischen Zeit waren; ebenso SKD II, S. 491.

[266] Eine solche Verbindung lehnt auch *H. Küng* ab, der die Genealogien als Ausdruck der semitischen Verwandtschaft, aber kaum als historische Aussage sieht: Abraham sei über Hagar Stammvater von 12 zum Ismaeliten-Verband gehörenden Gruppen und über Ketura Ahnherr von 16 protoarabischen Nomadengruppen (Das Judentum, S. 31 f. und 769).

und Bruder Isḥāqs ist.[267] Ebenso machte sich Muḥammad nun die genealogische Beziehung arabischer Stämme zu Ibrāhīm über Ismāʿīl zu eigen.[268] Und erst die islamische Theologie greift sowohl die Filiation Hagar-Ismael aus Genesis als auch die jüdische und christliche genealogische Araber-Ismael-Tradition auf – durch die Konstruktion einer arabischen Abstammung Ismāʿīls über seine Einheirat in den Stamm Ǧurhum, der sich neben Hāǧar[269] in Mekka niederließ.[270] Die Mutter Ismāʿīls, die in den Genesiserzählungen eine so große Rolle spielt, dass sie gar als einzige Frau unmittelbar in einer Toledot genannt wird (Gen 25,12),[271] evtl. aus einem arabischen Stamm in Mesopotamien,[272] kommt im koranischen Text nicht vor, sondern erst in der islamischen Tradition, wo sie als Ägypterin bezeichnet wird.

Erst und ausschließlich in der frühmedinischen Sura 2, dem Gründungstext für die Kaʿba, werden Ibrāhīm und Ismāʿīl in exklusiver Zweisamkeit geschildert – zuvor nicht und auch danach nie wieder.

Ein Sonderfall aber ist das Dankgebet Ibrāhīms in 14,39 für das Geschenk Gottes in Form seiner Söhne Ismāʿīl und Isḥāq. Da in den chronologisch folgenden Texten der 3. mekkanischen Periode Ismāʿīl wie schon zuvor nicht korrekt eingeordnet wird und die Formulierung von 14,39 an 19,49 und 21,72 aus der 2. mekkanischen Periode erinnert, die vom Geschenk der Söhne Isḥāq und Yaʿqūb berichtet, drängt sich mit Edmund Beck die Frage auf, ob 14,39 ein medinischer

---

[267] Von daher scheint die These *A. Jefferys* in Bezug auf die Namensform Ibrāhīms hinfällig. Er spricht von der angeblich sichersten Lösung, wonach der Name „Ibrāhīm" entsprechend dem koranischen Prinzip, dass Personennamen, deren Träger in einer Zweierbeziehung vorkommen, morphologisch auf eine Form zu bringen seien und darum analog zu „Ismāʿīl" und „Isrā'īl" gebildet wurde (Foreign vocabulary, S. 45). Wenn es denn eine sprachliche Angleichung gegeben hat, dann muss sie vorkoranisch gewesen sein und eventuell aus dem Umfeld der Ḥanīfen stammen.

[268] Abraham, Ismael, Amos und Hiob wurden von arabischen Stämmen in aš-Šām besonders verehrt (*J. S. Trimingham*, Christianity among Arabs, S. 240).

[269] Im Arabischen ist der Name stimmig (*haǧara* = auswandern, den eigenen Stammesverband verlassen); diese Herleitung kann jedoch nicht für das Hebräische verwendet werden.

[270] *Al-Buḫārī* 3.113 und 3.114 mit 3 Parallelen bei Aḥmad b. Ḥanbal; in der Sīra I, S. 110f. wird die Frau Ismāʿīls, bt. Muḍād b. ʿAmr al-Ǧurhumī, genannt, außerdem seine 12 Söhne (vgl. Gen 25,16, jedoch andere Namen). Ismāʿīls Alter wird mit 130 Jahren angegeben (Sīra I/1, S. 111), in Gen 25,17 mit 137 Jahren. Nach Anm. 2 stammen die Rūm und die Perser von Ismāʿīls Tochter Nasma und einem Isḥāq-Nachkommen ab. Zur genealogischen Weiterführung hin zu ʿAdnān, dem Stammvater der Araber, siehe Sīra I/1, S. 114. Von daher ist es zumindest voreilig, wenn K.-J. Kuschel Ismāʿīl als „Prophet der Araber" annimmt, obwohl auch er das fehlende Wissen über die Ibrāhīm-Ismāʿīl-Verwandtschaft im Koran erkennt (Streit um Abraham, S. 192); das Argument, Ibn Isḥāq habe in der Sīra darum gewusst, bedeutet noch lange nicht, dass auch die Mekkaner – 150 Jahre vorher – davon wussten.

[271] *Irmtraud Fischer*, Die Erzeltern Israels, Berlin 1994, S. 43.

[272] *J. S. Trimingham*, Christianity among the Arabs, S. 10f.

Einschub sei,[273] oder ob die Stelle eine spätere „Berichtigung" im Sinne von Sura 2 erfahren hat, wobei Yaʿqūb gegen Ismāʿīl ausgetauscht wurde.

In der 3. mekkanischen Periode lautet die Väterformel in 12,38 wie im biblischen Vorbild Ibrāhīm, Isḥāq und Yaʿqūb; in Medina wird sie in 2,133 umformuliert in „Gott deiner Väter Ibrāhīm und Ismāʿīl und Isḥāq". An allen vier darauf folgenden Stellen findet sich jedoch konstant eine erweiterte Väterformel „Ibrāhīm, Ismāʿīl, Isḥāq, Yaʿqūb und die Stämme" – angesichts des Textbefunds, dass Ismāʿīl außer in der erwähnten Kaʿba-Episode in Sura 2 keine eigenständige Rolle mehr spielt und dass ausdrücklich „die Stämme" erwähnt werden, die sich ansonsten nur auf die Banū Isrāʾīl beziehen, muss auch hier gefragt werden, ob diese um Ismāʿīl erweiterte alttestamentliche Väterformel tatsächlich von Muḥammad stammt.

Die fehlende Kenntnis über Ismāʿīl bei den Arabern und seine erst spätere Einführung im frühen Islam belegt auch die empirische Studie von René Dagorn, der über 100.000 Namen in genealogischen arabischen Verzeichnissen untersuchte, aber für die vorislamische Zeit keinen einzigen Ismāʿīl und nur zwei Mal den Namen Ibrāhīm fand – beides Christen.[274]

Doch scheint Muḥammad in seiner Umwelt dann rasch als Nachkomme des Ibrāhīmssohnes Ismāʿīl bekannt geworden zu sein, der sein Volk vom Polytheismus zurück zum Gott Ibrāhīms führte. Schon kurz nach seinem Tod beschrieben christliche Chronisten ihn als Reformer hin zum abrahamischen Monotheismus – aus ihrem Mund jedoch eine polemische Bewertung. Indem sie Muḥammad als Wiederbeleber der abrahamischen Religion anerkannten, wollten sie vielmehr betonen, dass dessen Religion keineswegs neu sei, sondern im Gegenteil nicht nur altbekannt, sondern primitiv, quasi auf der „first rung of the monotheist ladder" und noch weit hinter dem Christentum zurück, da die ungebildeten Araber nur über rudimentäres Verständnis verfügten.[275]

Ibrāhīms Sippe und Nachkommenschaft – *āl* und *ḏurrīya*.

19,58–60; 38,45–50; 21,72	(2. mekk.)
14,39; 12,6.38; 29,27	(3. mekk.)
2,124; 3,33–34; 4,54–55	(medin.)

Der Koran gebraucht die beiden Begriffe *āl* (Sippe) und *ḏurrīya* (Nachkommenschaft), verwendet sie jedoch synonym,[276] in 3,33.34 gleichzeitig.

---

[273] Von *T. Nagel*, Medinensische Einschübe, werden nur V. 28 und 29 als medinisch betrachtet und auf die jüdischen Gegner in Medina bezogen (S. 38).

[274] *René Dagorn*, La geste d'Ismael d'après l'onomastique et la tradition arabe, Genf 1981, S. 100; zugleich widerlegt er auch die Theorie der analogen Namensbildung Ibrāhīms. Ebenso: *N. Robinson*, Massignon, Vatican II and Islam, S. 198.

[275] *R. Hoyland*, Earliest Christian writings on Muḥammad, S. 283–287.

[276] Im Unterschied dazu im Neuen Testament τέκνα und σπέρμα als legitime Abstammung von Abraham und damit der Teilhabe an Bund und Verheißung sowie der Bewährung der Zugehörigkeit zu Abraham durch Übereinstimmung in Wesen und Wandel, also Erwählung

3,33 Gewiß, Gott hat Ādam und Nūḥ
und die Sippe [*āl*] Ibrāhīms und die Sippe [*āl*] ʿImrāns
vor den Weltenbewohnern auserwählt,
3,34 eine Nachkommenschaft [*ḏurrīya*],
von der die einen von den anderen stammen.

Auch die Ausleger differenzieren nicht zwischen *āl* und *ḏurrīya*; bei aṭ-Ṭabarī[277] ist zu erkennen, dass es weniger um eine genealogisch abgesicherte exklusive Stammesgemeinschaft geht als vielmehr um Gruppen von Gläubigen, die sich durch „den gemeinsamen Glauben und die Religion" definieren und in „gegenseitiger Hilfe für den Islam und die Wahrheit" verbunden sind.[278] Danach ist die Familie Ibrāhīms nicht genealogisch verengt auf ein Volk, das von dem auserwählten Propheten abstammt, sondern bezüglich Rasse, Hautfarbe und Sprache völlig offen – dagegen aber in der Religion eingeschränkt auf die *millat Ibrāhīm* als geistige und geistliche Kindschaft, die als Religion Muḥammads ihre authentische Konstitution gefunden hat.

Eine gemeinsame Abstammung als „Völkerverständigung (…) mit dem Mittel mythischer Stammbäume"[279] zu erklären, kann nach all dem, was über Muḥammads Umgang mit den Juden Medinas gesagt wurde, nicht ernst genommen werden. So ist dieser Stammbaum nicht dazu geeignet, ethnische Verwandtschaft herzustellen,[280] sondern muss in erster Linie als Mittel religiöser Legitimierung verstanden werden, als „neu geschaffener Bezugstext" des Islam zu Ibrāhīm, mit dem er doch „nur über das Hörensagen verbunden"[281] ist. Unter diesem Gesichtspunkt bekommt im islamischen Rückblick die Aussage *tilka ummatun qad ḫalat* (Dies ist eine Gemeinschaft, die dahingegangen ist; 2,134.141) eine ganz neue Bedeutung: Alles, was mit jener Linie zu tun hat, ist „dahingegangen", vergangen, zur Vorläufigkeit degradiert. So wird es auch vernachlässigbar, dass der Koran keine biologische, genealogische Rückbindung betont; für ihn ist allein die inhaltliche Anknüpfung an die *millat Ibrāhīm* entscheidend. Nach Robinson ist „the

---

und Bewährung (*Friedrich Emanuel Wieser*, Die Abrahamvorstellungen im Neuen Testament, Frankfurt am Main 1987, S. 5).

[277] *aṭ-Ṭabarī*, Tafsīr III, S. 234 f.

[278] Ähnlich *al-Qurṭubī*, Tafsīr IV, 61: gegenseitige Unterstützung in der Religion, aber auch Abstammung im Prophetentum im Sinne einer Sukzession.

[279] *Folker Siegert*, Abrahams Gottesvision im hellenistischen Judentum, in: Kratz / Nagel: Abraham unser Vater. Die gemeinsamen Wurzeln von Judentum, Christentum und Islam, Göttingen 2003, 67–85, hier: S. 69.

[280] Unter Kuriositäten ist wohl die Behauptung *Lessings* zu verbuchen, nur Ismael sei mit Sicherheit ein Sohn Abrahams gewesen – und folglich „nicht die Juden, sondern die Araber die wahren Nachkommen Abraham" –, wohingegen bei Isaak nur die Mutterschaft von Sara mit Sicherheit feststehe, als Vater jedoch Abimelech in Frage komme. U.a. führt Lessing dazu das Lachen Saras an, den Spott Ismaels und die Bereitwilligkeit Abrahams, den – illegitimen – Sohn zu opfern, was erst später zur göttlichen Probe verklärt worden sei (zit. in: *F. Siegert*, Abrahams Gottesvision, S. 69–70).

[281] *F. Siegert*, Abrahams Gottesvision, S. 67.

Abrahamic status of Islam not dependent on the Arabs being Abraham's physical descendants (...) The really important question, therefore, is whether or not it is phenomenologically correct to describe Islam as an Abrahamic religion."[282]

Der Ibrāhīm-Ismāʿīl-Stammbaum der Quraiš und Muḥammads wird muslimischerseits als historisch zuverlässig und unhinterfragbar dargestellt. Was das konsequenterweise für die Isaak-Linie bedeutet, wird in dem Prophetenstammbaum nach Muḥammad Ismāʿīl Ibrāhīm in seinen *qiṣaṣ* deutlich: Während die Ismāʿīl-Linie senkrecht nach oben strebt zu Muḥammad hin, wird die Linie Isḥāqs zur gekrümmten Seitenlinie, zum absteigenden Ast – und ʿĪsā schließlich fast unauffindbar.[283]

Als Begräbnisstätte Ismāʿīls und seiner Mutter wird der *ḥiǧr Ismāʿīl* genannt, ein Platz zwischen der nördlichen und westlichen Ecke der Kaʿba, umschlossen von einer halbrunden Mauer.[284]

Ismāʿīls Stellung als Ahnvater wird zu einem wesentlichen Unterschied im Verhältnis der Religionen zueinander: Während das Christentum sich genealogisch aus der Abraham-Isaak-Linie herleitet und als das „neue Israel" versteht, tritt Ismāʿīl als Bruder neben Isḥāq.

Ismāʿīl in der Genealogie Muḥammads. Ismāʿīls Name ist nichtarabischer Herkunft, was auch islamische Philologen früh erkannten, und es existieren noch verschiedene Varianten: Ismaʿīl, Ismaʿīn, Išmāʾīl. Wie der Vergleich mit dem Griechischen, Syrischen und Äthiopischen zeigt, ist er christlicher Herkunft, obwohl die hebräische Form mit Anfangskonsonant יִשְׁמָעֵאל auf der arabischen Halbinsel offensichtlich weit verbreitet war. Als arabischer Name ist er, wie bereits erwähnt, in vorislamischer Zeit nicht geläufig.[285] Daher findet sich im Koran auch keine Erklärung des Namens, wie wir diese in Gen 16,11 mit der Namensgebung durch den Engel des Herrn finden, der die Rettungs- und Befreiungserfahrung Hagars erinnert.

Seine erste Nennung im Koran erfolgt in Sura 19 „Maryam" aus der 2. mekkanischen Periode, die als Legitimationstext in der ersten *hiǧra* diente. Innerhalb eines Prophetenzyklus, chronologisch nunmehr des dritten, taucht Ismāʿīl nicht im Kontext von Ibrāhīm, Isḥāq und Yaʿqūb auf, die als Familie verstanden werden, sondern erst nach dem Passus mit Mūsā und Hārūn:

19,54 Und gedenke Ismāʿīls im Buch.
Er war wahrhaftig in seinen Versprechen,
und er war ein Gesandter und ein Prophet.

[282] *N. Robinson*, Massignon, Vatican II and Islam, S. 199.

[283] *Muḥammad Ismāʿīl Ibrāhīm*, Qiṣaṣ al-anbiyāʾ wa-r-rusul kamā ǧāʾat fī l-Qurʾān al-karīm, 2. Aufl., Kairo 1981. – Schaubild 9 vereinfacht und stilisiert diesen Stammbaum.

[284] Sīra I/1, S. 111. Nach Anm. 2 gehört der *ḥiǧr* zu den Fundamenten der Kaʿba, die die Quraiš beim Umbau der Kaʿba belassen hatten.

[285] *A. Jeffery*, Foreign vocabulary, S. 63–64.

Schaubild 9: Stammbaum der Propheten mit Isḥāq-Ismāʿīl-Linie.

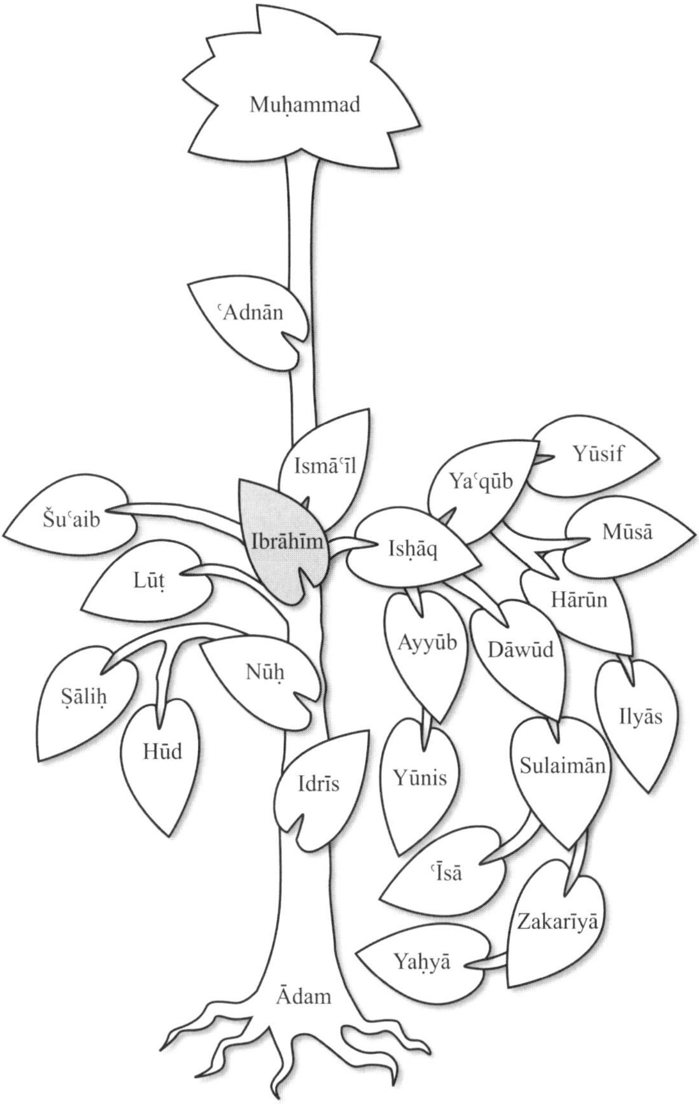

19,55 Er pflegte seinen Angehörigen
das Gebet und die Almosensteuer zu befehlen,
und er war seinem Herrn wohlgefällig.

Der Text lässt weder eine Beziehung zu Ibrāhīm erkennen noch ein Spezifikum, das Ismāʿīl biographisch von anderen Propheten unterscheidet, er ergeht sich vielmehr in Allgemeinplätzen, die auf jeden Propheten zutreffen. Daher sind die Kommentare zu dieser Stelle auch keineswegs ergiebig; aṭ-Ṭabarī paraphrasiert lediglich, Ismāʿīl habe weder gelogen noch geschworen, sondern alle seine Versprechen gegenüber Gott und den Menschen eingehalten und sei hochgelobt in allem, womit Gott ihn beauftragt habe.[286]

Oben wurde bereits dargestellt, in welcher Weise sich die Person Ismāʿīls im Koran entwickelt. Weder der Koran noch die Kommentare kennen eine explizite Genealogie Ibrāhīm–Muḥammad; in den Prophetenreihen werden als Ibrāhīms-Nachkommen immer Isḥāq, Yaʿqūb und die Stämme erwähnt, niemals aber Ismāʿīl. Auch aṭ-Ṭabarī scheint noch keinen genealogischen Zusammenhang zwischen Ismāʿīl und Muḥammad herzustellen. Im Gegenteil: Gerade die Kommentare betonen, dass Abstammung – das jüdische Argument! – und Verwandtschaft nutzlos sind (vgl. Verbot der Fürbitte für den ungläubigen Vater, Kap. 4.8.2.2), es zählt allein der Glaube wie bei Ibrāhīm. Wenn im Hadith Ismāʿīl in den Stamm Ǧurhum einheiratet, der sich mit Hāǧars Erlaubnis im zuvor unfruchtbaren Mekka bei der Quelle Zamzam niederlässt, so scheint diese Überlieferung eher erklären zu wollen, wer ihn Arabisch gelehrt habe.[287] Von einem Stammvater-Anspruch ist auch im Hadith nicht die Rede. Muḥammad redet im Koran nie von Ibrāhīm als seinem Vater – das erscheint erst im Hadith, und von allen kanonischen Sammlungen ausschließlich bei Aḥmad b. Ḥanbal[288] –, er gestaltet ihn lediglich als Paradigma und erkennt offenbar immer deutlicher die Analogien zwischen ihnen beiden. In Medina erst wurde er mit dem Abrahams-Anspruch von Juden und Christen konfrontiert, mit dem er offenbar nicht gerechnet hatte – und er setzt sich dagegen zur Wehr mit dem genialen Argument der Vorzeitigkeit und damit Vorrangigkeit Ibrāhīms (3,68), das auf der Bitte um einen Gesandten (2,129) fußt.

Das Motiv der Ibrāhīmskindschaft muss so wichtig gewesen sein, dass es sehr früh auch bei den Christen bekannt war: Eine anonyme armenische Geschichtsschreibung, die Bischof Sebeos zugeschrieben wird, zitiert den Inhalt der Predigt Muḥammads an die Araber: „You are the sons of Abraham, and God will realize in you the promise made to Abraham and his posterity."[289]

---

[286] *aṭ-Ṭabarī*, Tafsīr XVI, S. 95 f.

[287] *al-Buḫārī* 3.113.

[288] Ibrāhīm als Vater Muḥammads: *Aḥmad b. Ḥanbal* (3.609; 12.441; 16.525; 16.537; 17.164; 21.231); als „unser Vater", also Vater der Muslime, bei *ad-Dārimī* 2.572 und *Ibn Māǧa* 3.118.

[289] Zit. in: *R. Hoyland*, Earliest Christian writings on Muḥammad, S. 278.

Erst geraume Zeit nach Muḥammads Tod arbeiteten muslimische Gelehrte ganze Genealogien der arabischen Stämme aus und verknüpften sie mit den Genealogien der Bibel.[290] So wurde ʿAdnān, der legendäre Stammvater der nordarabischen Stämme, über Ismāʿīl zu einem Nachkommen Ibrāhīms erklärt (s. Schaubild 9) und Qaḥṭān, der Stammvater der südarabischen Stämme, aufgrund der sprachlichen Ähnlichkeit mit Yoktan, einem Nachkommen Sems (Gen 10,25 f.), identifiziert.[291]

4.5.3.2 „O mein Vater, tu, was dir befohlen ist!" – Die Bindungserzählung

37,99–113[292] (2. mekk.)

Die koranische Version von Ibrāhīms Opfergang in 37,99–113 ist einer der merkwürdigsten Ibrāhīmtexte und zugleich der wohl umstrittenste. Diese für Judentum und Christentum so zentrale Erzählung kommt im Koran nur ein einziges Mal vor.[293] Im Vergleich zu den bis zu siebenmal geschilderten Auseinandersetzungen mit Vater und Volk überrascht diese fast beiläufige Erwähnung ganz zu Beginn der 2. mekkanischen Periode, die danach nie wieder aufgegriffen wird. Es wäre zu erwarten, dass Muḥammad sie in Medina, im Verlauf der Auseinandersetzungen mit den Juden, wieder bearbeitet und womöglich neue Akzente gesetzt hätte. Zudem bringt er sie nicht im Sinne von Genesis 22, sondern in der Rezeption der rabbinischen Literatur.

Für die ursprüngliche Intention der koranischen Erzählung müssen daher der zeitliche Rahmen und der Gesamtkontext herangezogen werden. Sura 37 steht chronologisch zwischen Sura 51 und 15, beide mit einer Sohnesverheißung, die ihrerseits im Zusammenhang mit dem Tod der Söhne Ḫadīǧas gesehen werden muss als Zusage an Muḥammad, dass Gott seinen Propheten nicht ohne den Lohn männlicher Nachkommen lassen und damit dem Spott der Ungläubigen preisgeben werde. In diese Thematik fügt sich nun die Bindungserzählung ein; die Anfechtung Muḥammads über den Verlust seiner Söhne in der Zeit vor seiner Berufung muss enorm gewesen sein, möglicherweise verstärkt durch den Hohn der Mekkaner. Im Umfeld von Sura 51 und 15, den Sohnesankündigungen, kann

---

[290] In der Einleitung zur Sīra die unterschiedlichen Genealogien, die alle auch zu Ismāʿīl und Ibrāhīm hinführen.

[291] *W. M. Watt*, Der Islam I, S. 124. – Die Tradition wertet den Namen Ismāʿīl auch insofern weiter auf, indem die Sīra von einem Engel gleichen Namens berichtet, der an einer der Himmelstüren gestanden und Muḥammad bei seiner *miʿrāğ* empfangen haben soll; dieser habe 12.000 mal 12.000 bzw. 70.000 mal 70.000 Engel unter sich (Sīra I/2, S. 250) – auch hier eine erkennbare Anknüpfung bei gleichzeitiger Überbietung an die häufige Nennung der Zahl 12.000 in der Bibel und das siebzigmal siebenmal von Mt 18,22.

[292] *aṭ-Ṭabarī*, Tafsīr XXIII, S. 75–89; SKD IV, S. 2177–2181; *Khoury*, Komm. XI, S. 48–61. – Siehe auch: *Suliman Bashear*, Abraham's sacrifice of his son and related issues, in: *Der Islam* 67 (1990), 243–277.

[293] *R. Firestone* interpretiert dies als Hinweis darauf, dass diese Erzählung nicht Allgemeingut des arabischen Umfelds war (Abraham's Association, S. 362).

nun 37,105–107 als ein von Gott selbst verhinderter Sohnesverlust, verknüpft mit einer – erneuten? – Sohnesverheißung (37,112), gelesen werden.

Sura 37 richtet sich gegen den Unglauben der polytheistischen Mekkaner (V. 1–74.149–182), in die Mitte der Sura ist ein Prophetenzyklus eingeschoben (V. 75–148), in dem exemplarisch an sieben alttestamentlichen Propheten das Schema Ruf zum Glauben, Lohn des Propheten und Strafe über die Zeitgenossen, die in Unglauben verharrten, aufgezeigt wird. Der Text (V. 99–113) steht im Deutekontext der Auseinandersetzung mit den Polytheisten und wird abgeschlossen mit dem Kehrvers:

37,109 „Friede sei auf Ibrāhīm!
37,110 Fürwahr, so vergelten auch Wir den Rechtschaffenen.
37,111 Er gehört wahrlich zu Unseren gläubigen Dienern,

der sich im Zusammenhang mit der Geschichte von Nūḥ (V. 79–81), Mūsā und Hārūn (V. 120–122) und Alyasaʿ (V. 130–132) wiederholt. Nur bei Lūṭ und Yūnus fehlt der Kehrvers in diesem sorgfältig durchkomponierten Text. Die Ibrāhīm-Erzählung hebt sich nur durch ihre Länge aus dieser Reihe hervor, und genau genommen werden unter dem Namen Ibrāhīms zwei Beispiele aufgeführt: Die Auseinandersetzung mit seinem Volk und die Erprobung durch die Opferung. Wir finden hier also das bekannte Schema der Prophetengeschichte als Paradigma für den Lohn der Gläubigen – wie üblich dargestellt am Beispiel der Propheten – und die Mahnung an die Zuhörer, eine „Ermahnung gleich der der Früheren“ (V. 167f). In diesem Kontext, in dem die Propheten nur als Illustration dienen, fällt die Bindung des Sohnes Ibrāhīms in das Schema der Bewährung des Glaubens in der Abwehr der Götter und im Gehorsam, der von Gott belohnt wird.[294]

Möglicherweise spielt die Erzählung zu dieser frühen Zeit auch in der Abwehr und Überwindung heidnischer Menschenopfer aus vorislamischer Zeit eine Rolle. In der Sīra wird berichtet, dass Muḥammad selbst sein Leben dem Losglück verdankt und Sohn eines „Ausgelösten“, ʿAbd Allāh, ist.[295] Von seiner

[294] „Lesson about obedience to God’s will and His reward for those who obey Him unquestioningly (…) The function of the liturgy is to strengthen the faith of the believers.“ (*F. Leemhuis*, Ibrāhīm’s sacrifice of his son in the early post-Koranic tradition, S. 125).

[295] Sīra Rotter, S. 26–29; *M. Lings*, Muhammad, S. 12–14. Muḥammads Großvater, ʿAbd al-Muṭṭalib, obwohl von großem Reichtum und Ansehen als Hüter der Kaʿba, hatte zwar mehrere Frauen, aber nur einen Sohn. Er gelobte, Gott einen Sohn an der Kaʿba zu opfern, wenn er ihm zehn Söhne schenken würde. Als diese dann erwachsen waren, brachte er sie alle zur Kaʿba, jeder musste einen Lospfeil markieren. Diese wurden geworfen, und es traf seinen jüngsten und Lieblingssohn ʿAbd Allāh. Als er ihn zum Opferplatz führte, plädierten die Verwandten von ʿAbd Allāhs Mutter und seine Söhne dafür, ʿAbd Allāh auszulösen. Der Vater aber wollte seinen Schwur erfüllen und konsultierte eine weise Frau in Yaṯrib. Nach Befragung ihres Geistes riet sie ihm, zwischen ʿAbd Allāh und zehn Kamelen die Lospfeile zu werfen, sollten sie gegen den Sohn sein, seien zehn hinzuzufügen, solange bis sie für den Sohn fielen. So geschah es, und erst bei hundert Kamelen fielen die Pfeile zugunsten des Sohnes.

Abstammung sowohl von Ismāʿīl und auch ʿAbd Allāh her wird Muḥammad dann *ibn ad-dabīḥain* (Sohn der beiden Geopferten) genannt. In Erinnerung sowohl an Ibrāhīms Bereitschaft, in der Hingabe seines Liebsten seinen Gehorsam zu erweisen, als auch an das von Gott gestellte Ersatzopfer erfolgt jedes Jahr zum großen Opferfest (*ʿīd al-adḥā*) am 10. Tag des Monats Ḏū l-ḥiǧǧa während der Pilgerfahrt und zugleich weltweit die Wiederholung des tierischen Ersatzopfers.

F. Leemhuis weist darauf hin, dass diese koranische Version Gen 22 nicht nacherzählt, sondern dass nur Elemente davon vorhanden seien, „the Koranic message is too fragmentary and the style too formal and elliptical to even look much like a story."[296]

Die Bindung schließt unmittelbar an Ibrāhīms Auseinandersetzung mit Vater und Volk (V. 83–96) und seiner Rettung vor ihrer List an (V. 97–98). Mit seinem Entschluss zur Auswanderung und geographischen Trennung von einer ungläubigen Sippe verbindet er die Bitte um eine alternative Verwandtschaft, um rechtschaffene Nachkommen.

37,99 Er sagte: „Wahrlich, ich gehe [*innī ḏāhibun*] zu meinem Herrn;
Er wird mich rechtleiten."

Es muss verwundern, dass Ibrāhīm sich nach dem wunderbaren Sieg, den Gott ihm mit der Rettung aus dem Feuerofen der Polytheisten schenkte, zurückzieht, dass das Rettungs- und Legitimationswunder nicht die Ungläubigen überwindet, sondern ausgerechnet nach diesem Wunder der Prophet die Hoffnung aufgibt, sie zum wahren Gott bekehren zu können. Alle Ausleger weisen zudem darauf hin, dass diese Redewendung auch für das Sterben verwendet wird. Ein Blick auf die historische Situation lässt erwarten, dass damit die erste *hiǧra* vorbereitet, d. h. göttlich legitimiert werden solle, indem die Hoffnung auf Gott höher gestellt wird als die natürlichen Bindungen von Familie und Sippe. Mit der Rechtleitung (*hudā*) ist einer der Schlüsselbegriffe des Islam hier eingeführt, der mit dem anderen Begriff *aslama* korrespondiert. Damit beginnt hier die Konstitution der genuin islamischen *umma*, die allein auf der Bindung zu Gott beruht. Doch mag vielleicht die Frage gestellt werden: Wieso eine Auswanderung übers Meer ins christliche Abessinien, wo doch jüdische Siedlungen viel näher lagen, aus denen die Erzählung der Aqedah stammt?

Ibn ʿAbbās läßt Ibrāhīm vorgenannten Vers zu Lūṭ sagen. Nach *aṭ-Ṭabarī*[297] erfolgt diese Absicht Ibrāhīms unmittelbar auf seine Rettung durch Gott. Er wolle sich von seinem Volk absondern und aus seinem Land auswandern zu Gott in das *arḍ al-muqaddasa* (heilige Land), das er mit aš-Šām gleichsetzt, um Gott

---

[296] *F. Leemhuis*, Ibrāhīm's sacrifice of his son, S. 133. In der koranischen Version fehlen die typisch narrativen Elemente aus Gen 22. Auch *J. Wansbrough* (Sectarian Milieu, S. 24) beklagt, dass durch die Komprimierung die dramatische Spannung der Genesis-Erzählung völlig abhanden gekommen ist.

[297] *aṭ-Ṭabarī*, Tafsīr XXIII, S. 75–76.

zu dienen; gemäß Qatāda geht er mit seinen Werken, seinem Herzen und seiner Absicht. *Ḏāhib* (gehend) stehe hier synonym zu *muhāǧir* (auswandernd), der späteren Bezeichnung für die aus Mekka auswandernden Gläubigen. Aṭ-Ṭabarī lehnt die Meinung mancher Ausleger ab, die diesen Ausspruch Ibrāhīms früher ansetzen, noch bevor er ins Feuer geworfen werden konnte. Mit der Erwähnung der Rechtleitung könne nicht gemeint sein, dass Ibrāhīm, der Prophet, vorher in die Irre ging, vielmehr müsse es als Festigung in der Rechtleitung verstanden werden, die er bereits erfahren habe. Nach *al-Baġawī* wandert er aus vom Haus des Unglaubens zum Wohlgefallen seines Herrn. *Ar-Rāzī* meint, wenn es schon trotz des großartigen Beistands Gottes für Ibrāhīm zwingend wurde, aufgrund der Feindschaft der Ungläubigen auszuwandern, so sei das erst recht für andere geboten. Das Ziel der Auswanderung sei ein Ort, an dem die Religion Gottes aufgerichtet werden kann. Damit widerspricht ar-Rāzī denen, die für eine innere Emigration plädieren. Das Problem, dass ein Prophet auf Rechtleitung hoffen muss, kann auch er nicht befriedigend klären, und bezieht es auf zukünftige Ereignisse. Für *al-Qurṭubī* ist das Ziel der Auswanderung ein Ort, an dem Gott ungehindert angebetet werden kann. *Sayyid Quṭb* betont, dass eine räumliche Auswanderung von einer seelisch-geistigen vorbereitet werden muss. Darin übergebe der Gläubige sein ganzes Selbst seinem Herrn.

37,100 „Mein Herr, schenke mir[298] von den Rechtschaffenen."

Manche frühen Ausleger sehen in dieser Bitte einen Ausdruck der Einsamkeit Ibrāhīms, sowohl in seinem Alter als auch in seiner Verfolgungssituation. Aṭ-Ṭabarī meint, Ibrāhīm bitte um einen rechtschaffenen Sohn, der Gott dienen und ihm gehorsam sein würde, der sich Gott nicht widersetze, auf Erden Gutes tue und kein Unheil stifte. Nach Ibn Kaṯīr bittet Ibrāhīm damit um Ersatz für sein ungläubiges Volk und seine Sippe, die er verlassen hatte. Mit bewusster Distanzierung zum biblischen Bericht verweist der SKD-Kommentar darauf, dass Ibrāhīm nicht in erster Linie auf Nachkommen aus sei, sondern ihm Rechtschaffenheit und Gottesfurcht wichtiger seien.[299]

37,101 Da verkündeten Wir ihm [*fa-baššarnāhū*]
einen sanftmütigen[300] Jungen [*bi-ġulām ḥalīm*].

Die Terminologie dieses kurzen Satzes ist bemerkenswert: Die Ankündigung (*baššarnāhū*) erfolgt als frohe Botschaft (*bišāra* = εὐαγγέλιον). Der angekündigte Junge erhält mit *ḥalīm* ein seltenes Attribut, das sich mit 15 Nennungen im Koran findet, von denen 11 auf Gott entfallen,[301] weshalb *ḥalīm* als einer der 99 Namen

[298] *Henning* fügt ein: „einen Sohn", in der Fußnote legt er sich zusätzlich auf den Namen des Sohnes fest: Ismael.

[299] SKD IV, S. 2178.

[300] *Khoury*: langmütig, *Henning, von Denffer*: mild, *Paret*: brav, *Elyas*: nachsichtig.

[301] Hauptsächlich innerhalb einer Eulogie, oft in Verbindung mit *ġafūr* (vergebend) oder *ʿalīm* (wissend) (2,225.235.263; 3,155; 4,12; 5,101; 17,44; 22,59; 33,51; 35,41; 64,17).

Gottes gilt; zwei Nennungen gelten Ibrāhīm (9,114; 11,75), eine dem angekündigten Jungen, Isḥāq, und eine dem altarabischen Propheten Šuʿaib (11,78; diese Nennung wird jedoch von keinem Ausleger erwähnt.).

Nach aṭ-Ṭabarī[302] bezieht sich die prophezeite Charakterisierung als *ḥalīm* auf sein Mannesalter, während er als Kleinkind nicht so sein werde; die meisten meinen, damit sei ihm bereits ein hohes Alter verheißen. Er geht fest davon aus, dass hier von Isḥāq die Rede sei, denn nach ʿIkrima und Qatāda sei niemand jemals als sanftmütig beschrieben worden außer Ibrāhīm und Isḥāq. Für Ibn Kaṯīr steht außer Frage, dass nur Ismāʿīl gemeint sein könne, da Ibrāhīm seinen einzigen Sohn opfern sollte. Weiter mutmaßt er, es seien die Juden gewesen, die in ihrer Schrift in einem Akt des Frevels und der Lüge den Namen Isaaks einfügten – denn ihre Schrift musste ja ursprünglich identisch mit dem Koran gewesen sein: Sie hätten es nur deshalb eingefügt, weil Isḥāq ihr Vater, Ismāʿīl aber der Vater der Araber sei. Darauf seien sie neidisch gewesen, so dass sie den „einzigen" Sohn verfälschten und daraus „deinen Sohn, außer dem du keinen anderen hast" gemacht hätten.

Ibn Rassoul meint ebenfalls, allerdings ohne jegliche Begründung, hier könne nur Ismāʿīl gemeint sein.[303] In dem sanftmütigen Knaben sieht Sayyid Quṭb eine Beispielgestalt für die islamische *umma*.

37,102a Als er nun das Alter erreichte,
dass er mit ihm laufen konnte [*balaġa maʿahū as-saʿy*],[304]

Der Terminus *saʿy* weckt Assoziationen zu dem rituellen Lauf zwischen aṣ-Ṣafā und al-Marwa, der Bestandteil der Wallfahrtsriten ist – was wiederum mit Ismāʿīl verbunden wäre. Keiner der Ausleger verweist jedoch auf diesen Aspekt.

Zur Bedeutung von *saʿy* referiert aṭ-Ṭabarī[305] unterschiedliche Meinungen, etwa das Alter, in dem er für seine Taten eigenverantwortlich ist; Ibn ʿAbbās, Muǧāhid und al-Qurṭubī: „das Alter, in dem er seinem Vater in den Angelegenheiten dieser Welt hilft und ihm in seiner Arbeit beisteht", sowie in Gehorsam gegenüber Gott Werke verrichtet; Ibn Zaid: als er die *ʿibāda* vollziehen konnte, also die religiösen Pflichten erfüllen, womit nach Ibn ʿAbbās das Gebet und das Fasten gemeint seien. Qatāda versteht es wörtlich als „mit ihm laufen, ihn begleiten, mit ihm Schritt halten". Für den Rationalisten ar-Rāzī bedeutet es das Alter, in dem der Sohn über die nötige Erkenntnisfähigkeit verfügte, was vom folgenden Text gedeckt werde, da der Sohn vom Vater in die Entscheidung miteinbezogen wird.[306] Ibn Kaṯīr nimmt das Laufen wörtlich: der Sohn sei viel mit

---

[302] *aṭ-Ṭabarī*, Tafsīr XXIII, S. 76–77.

[303] *Ibn Rassoul*, Lexikon der Sīra, S. 246.

[304] *Stefan Schreiner*: „Als er das Alter erreichte, ihm zur Hand zu gehen" (Die ‚Bindung Isaaks' in islamischem Gewande, in: *Judaica* 59 (2003), 49–55, hier: S. 53).

[305] *aṭ-Ṭabarī*, Tafsīr XXIII, S. 77.

[306] *Norman Calder* verweist darauf, dass im Laufe der Weiterentwicklung der Erzählung dieses Element der Altersangabe verändert oder völlig weggelassen wurde, „because not fully

seinem Vater unterwegs gewesen, da dieser oft auf dem Burāq nach Paran[307] reiste, um dort nach Frau und Kind zu schauen – ihm fällt dabei offensichtlich nicht auf, dass es sich seiner Interpretation nach bei dem besuchenden und dem besuchten Sohn um dieselbe Person handeln müsste.

Die Altersangaben schwanken zwischen 7 und 13 Jahren, Rašīd ad-Dīn gibt 37 Jahre an.

37,102a sagte er:
„O mein Sohn, ich sah im Schlaf,
dass ich dich schlachte [*aḏbaḥuka*[308]].[309]
Nun schau, wie du die Sache siehst."
Lesart von Medina, Baṣrā, einige von Kūfā:
māḏā tarā (Aktiv): „was du siehst",
die Mehrheit von Kūfā: *māḏā turā* (Passiv): „was dir gezeigt wird"
Er sagte: „O mein Vater, tu, was dir befohlen ist.
Du wirst mich, so Gott will,
als einen der Geduldigen [*min aṣ-ṣābirīn*] finden."[310]

Die Prüfung Ibrāhīms nimmt ihren Anfang im Traum als einem Medium der göttlichen Offenbarung. Dieser Vers wird in 2,124 aufgenommen, was allerdings nicht von allen Auslegern geteilt wird, da sie sich an den zehn Versuchungen Abrahams in Talmud und Midrasch orientieren. Auffallend ist, dass der ganze Passus im Plural gehalten ist, an dieser Stelle das Reden Gottes aber nur indirekt aufscheint: als unbewusste Wahrnehmung im Schlaf,[311] über die erst sekundär dem Sohn berichtet wird. Ausgerechnet das Herzstück der biblischen Erzählung, das Reden Gottes mit Ibrāhīm, den er später als seinen *ḫalīl* (Freund) bezeichnen wird, wird hier seltsam unscharf.[312] Noch mehr reduziert wird es bei Sayyid Quṭb, der es weder als Eingebung noch als Befehl Gottes sieht, sondern „nur als ein Zeichen, ein reines Zeichen von seinem Herrn".

understood" (From Midrasch to scripture: The sacrifice of Abraham in early Islamic tradition, in: *Le Muséon* 101 (1988), 375–402, hier: S. 388).

[307] Wādī Ferān = „Wüste Pharan" (1. Kön 11,18) im Südsinai, seit dem 2. Jh christlich-arabisch besiedelt.

[308] Hebr. זֶבַח, ugarit. *dbḥ* als Gemeinschaftsopfer, an dem die Kultgemeinde gemeinsam mit der Gottheit Anteil hat, im Gegensatz zum Ganz- oder Brandopfer, das der Gottheit allein dargebracht wird (*H. Gese,* Die Religionen Altsyriens, S. 174).

[309] Dieser Vers wird in der Sīra (I/2, S. 246) als Parallele zur Vision der Nachtreise angeführt.

[310] Da V. 102, wie auch V. 113, bezüglich Rhythmus, Stil und Terminologie aus dem Gesamtduktus herausfallen, hält *R. Bell* sie für medinische Einschübe (Commentary II, S. 158). Keinen medinischen Einschub erkennt *T. Nagel* (Medinensische Einschübe, S. 73).

[311] Die Standardwendung über den *waḥy* besagt, dass nur die Augen der Propheten schlafen, ihr Herz aber wach sei. Ob dann tatsächlich Laute oder eine Stimme gehört wird oder sie sich ins Herz des Propheten eingräbt, wird nicht entschieden; die Kommentatoren führen vielmehr stets alle Möglichkeiten an. Vgl. Sīra I/2, S. 70 f.; II, S. 246.

[312] Vgl. dazu die direkte Anrede Gottes in Gen 22,1 mit der darauf folgenden Antwort Abrahams, woraus sich ein Zwiegespräch entwickelt.

Ein weiterer Punkt in dieser Szene ist die Verlagerung der Aktivität auf den Sohn, der als Religionsmündiger geschildert wird und an den die letzte Entscheidung delegiert wird[313] – ganz offensichtlich, um ihn tatsächlich als *ḥalīm* (V. 101) und *ṣābir* (V. 102) zu zeichnen.[314] Dies bedeutet eine Aufwertung der Stellung des Sohnes. Heutige Muslime legen Wert darauf, dass der Sohn – quasi „demokratisch" – in die Entscheidung über sein eigenes Schicksal einbezogen wird, ja, das letzte Wort in dieser Sache hat und eben nicht von einem patriarchalischen Vater überrumpelt und zum Opfer des eigenen Lebens gezwungen wird.

Dies erinnert stark an die Rolle der Tochter des Jephthah in Ri 11,30–40, eine Erzählung mit starken Parallelen zu Gen 22, allerdings mit dem Unterschied, dass der Schwur des Vaters durch die Opferung seines einzigen Kindes tatsächlich eingelöst wird. In V. 36 willigt sie mit einer ganz ähnlichen Formulierung, wie wir sie dann aus dem Mund des Sohnes Ibrāhīms im Koran finden, in ihre Opferung ein. Ein weiteres Kindsopfer, um das Kriegsglück zu erlangen, bringt der Moabiterkönig Mescha, der seinen Erstgeborenen und Thronfolger opfert (2. Kön 3,26–28). In beiden Fällen opfert ein Herrscher sein Kind um seines Volkes willen. In Gen 22 aber wird dieser Mythos invertiert: das Volk, die Nachkommenschaft Ibrāhīms, lebt nicht durch die Opferung des Sohnes, sondern durch die Rettung vor der Opferung.[315]

Wann Ibrāhīms Sehen im Schlaf stattgefunden hat, bleibt vage. Die Ausleger verschieben den Zeitpunkt möglichst weit zurück, wodurch jedoch der Aspekt, sich um Gottes willen von seinem Liebsten zu trennen, stark an Gewicht verliert, ebenso wie die Forderung des Opfers durch Gott. *Aṭ-Ṭabarī*[316] berichtet, Ibrāhīm habe schon bei der Sohnesankündigung durch den Engel ein Gelübde abgelegt, ihn nach seiner Geburt als Schlachtopfer darzubringen. Im Schlaf wurde er später daran erinnert, dieses Gelübde an Gott zu erfüllen. Zuerst habe er nicht gewusst, woher der Traum stamme, als er sich jedoch drei Nächte hintereinander wiederholte, habe er geglaubt. Da das Traumgesicht der Propheten *yaqīn* (gewiss) ist, wollte er erfüllen, was er im Traum gesehen hatte. Aṭ-Ṭabarī zitiert dann as-Suddī, wonach Sārā bei der Ankündigung ein Zeichen haben wollte, dass sie

---

313 Die rabbinische Literatur legt Wert darauf, Isḥāq als williges und bewusstes Opfer zu zeichnen.

314 Diese Entwicklung wird in den *qiṣaṣ* nach jüdischen Vorbildern noch ausgebaut: Der Sohn gibt genaue Anweisungen über die Art der Bindung, das Schärfen des Messers, selbst über die Kleidung seines Vaters und was mit seiner eigenen nach seinem Tod geschehen soll. Als das Schlachten misslingt, gibt er Alternativvorschläge.

315 Vgl. auch Eleazars Opfertod in 4 Makk 6,23–30 und die Frau, die ihre sieben Söhne und sich selbst opferte, anstatt dem Götzenbild zu huldigen (4 Makk 14,20), und die Abraham direkt ansprach: „Bei dir war es eine Erprobung, bei mir eine vollzogene Tatsache. Du hast einen Altar gebaut und deinen Sohn nicht geopfert, ich aber habe sieben Altäre gebaut und all meine Söhne darauf geopfert." (zit. in: *O. Boehm*, The binding of Isaac, S. 126 f.).

316 *aṭ-Ṭabarī*, Tafsīr XXIII, S. 77–79; *aṯ-Ṯaʿlabī*, Qiṣaṣ. Zahlreiche weitere Nachweise dazu in *N. Calder*, The sacrifice of Abraham, S. 377; in diesem Aufsatz eine Zusammenstellung der Versionen von aṭ-Ṭabarī, as-Suyūṭī und al-Kisāʾī; *F. Leemhuis*, S. 133.

einen Sohn gebären würde. Ǧibrīl nahm ein trockenes Stückchen Holz zwischen die Finger, das daraufhin grün wurde. Ibrāhīm deutete das mit den Worten: „Dieser wird Gott gehören und ein Schlachtopfer werden."

Auf den Einwand, wie Ibrāhīm sich mit seinem Sohn habe beraten können und so seine Entscheidung von einem Kind abhängig machen, erklärt aṭ-Ṭabarī, dies sei nicht zu verstehen als eine Beratung mit seinem Sohn, sondern um von seinem Sohn zu erfahren, ob dieser über das gleiche Maß an Entschlossenheit verfüge und dieselbe Geduld wie er selbst, der bereits fest entschlossen war, den Befehl Gottes auszuführen. Nach *ar-Rāzī* handelt es sich um eine Beruhigung für Ibrāhīm, dass der Sohn gemäß der Verheißung diese hohe Stufe der Langmütigkeit erreicht habe. *Sayyid Quṭb* betont das Element des freiwilligen Gehorsams, der Sohn wird weder überwältigt noch gezwungen:

Auch er soll sich unterwerfen und den süßen Geschmack der Unterwerfung schmecken. Er soll wie sein Vater in den Genuss der Freiwilligkeit gelangen und so die Güter des Jenseits sehen, die besser sind als das Diesseits.

Wesentlich nachdenklicher als aṭ-Ṭabarī geht *ar-Rāzī* an die Frage des Traumgesichts heran: So problematisiert er das Sehen im Traum und fragt, ob jedes Traumgesicht der Propheten Inspiration sei, das auch seinen schriftlichen Niederschlag finden müsse. Dasselbe gelte für die Vergewisserung durch Nachfrage bei seinem Sohn. Wenn Ibrāhīm sich der Inspiration sicher gewesen wäre, hätte er nicht das Kind fragen müssen. War er aber unsicher, so konnte er unmöglich etwas so Ungeheuerliches wie das Töten seines eigenen Kindes in Angriff nehmen.

37,103 Als sie sich beide ergeben hatten [*aslamā*]
und er ihn auf die Stirn [*ǧabīn*][317] niederwarf,

Dieser Vers erinnert an eine von Gott befohlene Handlung in 2,128.131, wo sich ebenfalls Ibrāhīm und sein Sohn zuvor Gott ergeben; vielleicht wurde die Formulierung in Sura 2 analog zur Stelle hier gewählt: Die Analogie kann bedeuten, dass Ibrāhīm sich mit jedem seiner Söhne Gott ergibt, aber genauso in der Rückübertragung von Sura 2 auf Sura 37, dass der sich ergebende Sohn Ismāʿīl sein müsse. Der Opfervorgang selbst wird geschildert wie der eines islamischen Opfertieres, mit der Stirn auf dem Boden, nicht als Darbringung auf einem Altar.

Der Schlachtort selbst wird im Korantext nicht genannt; die Tradition wird ihn in Mekka beim *maqām*, in Mina neben den Steinhaufen – so die Mehrheit der Ausleger – oder auf einem Felsen am Fuß des Berges Ṯabīr[318] ansetzen.

---

[317] *ǧabīn* nur an dieser Stelle im Koran, eigentlich „Schläfe", Muǧāhid und Qatāda: „Gesicht". Nach *A. Jeffery*, Foreign vocabulary, S. 101, eine altarabische Entlehnung aus dem Aramäischen „Augenbraue". *N. Calder* gibt als Ursprungsbedeutung „hill or mound", was er als „reflex of the Biblical Mount Moriah" deutet (The sacrifice of Abraham, S. 400).

[318] So *Saʿīd b. Ǧubair*; diese Version verbindet den Felsen von Jerusalem mit der arabischen Tradition des Berges Ṯabīr, der bereits den schwarzen Stein beherbergte.

Aṭ-Ṭabarī[319] paraphrasiert: Als sie beide ihren Frieden mit der Bestimmung Gottes (*qaḍā'*) geschlossen, ihre Angelegenheit Gott anheimgestellt hatten und darin einig waren. Er fügt den aus Gen 22 bekannten Dialog zwischen Vater und Sohn ein, in dem dieser nach dem Opfer fragt. In rührender und emotionaler Weise berichtet er – die Dramatik und das Pathos drastisch erhöhend –, wie umsichtig und für den Vater schonend der Sohn seine Opferung angeht: Er solle ihn festbinden, damit er nicht zuckt, auf seine Kleidung aufpassen, damit sie nicht bespritzt[320] und die Mutter traurig werde, wenn sie das Blut sieht; ihr gelten seine letzten Grüße; der Vater solle schnell schneiden, damit ihm das Sterben einfacher werde. Der Vater küsste den Sohn, band ihn fest und beide weinten, bis alles unter Isḥāq feucht war. Dann legte Ibrāhīm ihn auf die Stirn und versuchte vom Nacken her zu schneiden. ʿIkrima gibt als Begründung an, der Junge habe gesagt: „Wirf mich aufs Gesicht, damit du mir nicht ins Gesicht schauen musst und Mitleid bekommst, und damit ich nicht das Messer sehe und Angst bekomme." Das Messer schnitt nicht, hinterließ nicht einmal eine Spur auf seinem Hals, denn Gott hatte eine Schicht aus Kupfer[321] auf seinen Hals gelegt.[322] Bei seiner Rückkehr geriet Sārā außer sich: „Was, du wolltest meinen Sohn schlachten und hast mir nichts davon gesagt?"

Diese Ausschmückung von aṭ-Ṭabarī erinnert stark an das Gedicht eines christlichen Dichters aus aṭ-Ṭāʾif, *Umayya b. Abī aṣ-Ṣalt* (gest. 624),[323] etwa 10 bis 15 Jahre älter als Muḥammad und von diesem ob seiner Poesie bewundert. Er lässt, ähnlich der Genesis-Erzählung, die Initiative allein von Ibrāhīm ausgehen, der von der Erfüllung eines nicht näher benannten Gelübdes Lohn erhofft. Nicht erst der Widder, sondern bereits der Sohn wird als „Schlachtopfer" bezeichnet, der dann von einem Widder „ausgelöst" wird. Während der Koran die Erprobung im standhaften Sohn sieht (37,102), lobt Umayyas Gedicht Ibrāhīm für sein bedingungsloses Vertrauen – eher ein christliches Element, das im Koran fehlt – und beide für ihre Gottesfurcht. Ausschmückende Elemente, wie die Bitte des Sohnes, ihn fester zu binden, damit er nicht zucke, sind aus der Haggada entlehnt, wo sie einen – von Umayya nicht verstandenen – rituellen und ethischen Hintergrund haben; diese finden sich auch in den Hadith und *qiṣaṣ*. Das Gedicht schließt mit einer moralischen Belehrung und Verallgemeinerung:

---

[319] *aṭ-Ṭabarī*, Tafsīr XXIII, S. 79–80.

[320] *N. Calder* (The sacrifice of Abraham, S. 380) betont, es gebe keine Quelle aus dem Midrasch, die die Sorge um die Reinheit von Isḥāqs oder Ibrāhīms Kleidung zum Ausdruck bringt. Er leitet dieses Motiv aus der Anforderung ritueller Reinheit an die Kleidung des Priesters ab; damit würde Ibrāhīm hier als Priester handeln.

[321] Zur Herkunft des Kupfers als im Arabischen nicht verstandenes Übersetzungsproblem aus GenRabah 56,7 siehe *N. Calder*, The sacrifice of Abraham, S. 400 f.

[322] Es gibt auch eine Überlieferung, wonach Ibrāhīm zwar geschnitten, die Wunde sich aber sofort wieder geschlossen habe.

[323] *J. W. Hirschberg*, Jüdische und christliche Legenden, S. 34–38; *Ph. Hitti*, History of the Arabs, S. 108. Zum Gedicht: *J. W. Hirschberg*, S. 58–61.

Preiset den Herrscher an jedem neuen Tag, wenn seine Sonne aufgeht und sein Mond.
Für Ibrāhīm, der sein Gelübde erfüllte, liegt der Lohn bei Gott bereit, und für den, der die großen Holzstücke trug.
Er hätte sich nicht enthalten, seinen Erstgeborenen[324] *zu töten, selbst wenn er ihn in einer Volksmenge gesehen hätte.*
Er hat ein scharfes Messer, blank, das schnell des Knaben Fleisch durchschneidet, das leuchtet wie der Mond.
„O mein Sohn, ich habe gelobt, dich Gott zum Opfer darzubringen, doch sei geduldig, ich setze mich mit Leib und Leben für dich ein."
Da antwortete der Knabe und sagte: „Alles gehört Gott, zweifellos.
So führe aus, was du Gott gelobt. Doch lass mein Blut nicht mein Gewand bespritzen.
Binde das Seil fest, damit nicht vor dem Messer ich weiche, dass ich sei wie ein Gefangener in Fesseln,
damit ich das Schächten erleide und nicht (in Abwehr) meinen Hals berühre."
Da machte Gott seinen Hals zu Kupfer, als er ihn sah als einen von den Mutigen.
Als er sein Gewand auszog, befreite ihn sein Herr durch einen großartigen Widder.
Er sagte: „Nimm diesen und lass deinen Sohn frei, denn ich bin gewiss zufrieden mit dem, was ihr beide getan habt."
Ein gottesfürchtiger Vater und ein von ihm Geborener – beider Ruf verbreitete sich wie im Flug unter den Menschen, erhaben und geehrt.
Vielleicht ist so etwas für die Menschen beängstigend, für ihn aber war es ein Neubeginn, wie wenn Kamele befreit werden von ihren Banden.[325]

Das Vorgehen in der Ausschmückung des nüchternen, fast elliptischen koranischen Textes lässt sich an der Erzählung in den *qiṣaṣ* von *aṯ-Ṯaʿlabī* erkennen, der einen Teil dieses Gedichtes aufnimmt: Der Grundtext bleibt weitgehend wortwörtlich erhalten und wird um narrative, in hohem Maße emotionale und dramatische Elemente angereichert.[326]

Das Verhalten des Sohnes würdigt *ar-Rāzī*, indem er in die Opferungsschilderung den Ausspruch Ibrāhīms einfügt: „Welch große Hilfe bist du, o mein Sohn, für den Gehorsam dem Befehl Gottes gegenüber."

Al-Qurṭubī lehnt die Ausschmückung in Bezug auf das Kupfer ab; zwar sei durch Gottes Allmacht all dies möglich, wenn es aber tatsächlich stattgefunden habe, hätte Gott es in seinem Wort kenntlich gemacht. In Bezug auf *aslamā* meine Qatāda, es bedeute, dass der eine sich Gott ergab und den anderen zu

---

[324] Nach *Hirschberg*, S. 59, gebe es hier eine Verlesung von ursprünglich *bukratan* (frühmorgens) zu *bikrahū* (sein Erstgeborener), was im unvokalisierten Text nur zwei diakritische Punkte von *h* zu *t* ausmacht.

[325] Text in: *Naǧīb Wahba,* Šuʿrāʾ al-masīḥīya fī šibh al-ǧazīrat al-ʿarabīya, o. O. (Ägypten) 2005, S. 143 f. (eigene Übersetzung).

[326] Genau den umgekehrten Weg versucht *N. Calder* nachzuweisen: Aus dem Vergleich neun verschiedener Opferungsversionen der ersten zwei islamischen Jahrhunderte, die auf rabbinischem mündlichen Traditionsmaterial beruhen, zieht er den Schluss, dass der koranische Text erst nach diesen entstanden sein müsse im Bemühen, das allen Gemeinsame in eine liturgische Form zu gießen (The sacrifice of Abraham, S. 389).

Boden warf, und zwar mit dem Gesicht nach Süden zur *qibla* hin.[327] Al-Qurṭubī bringt stärker die Gemütsverfassung des Sohnes zum Ausdruck („Damit der Tod leichter wird für mich.“). Auch spricht er vom Versuch Satans, die Opferung zu verhindern, und fürgt dessen Schwur ein:

„Bei Gott! Wenn ich die Familie Ibrāhīms nicht von der Verwirklichung dieses Traumgesichts abbringen kann, werde ich niemals mehr jemanden von ihnen verführen können.“ (nach Kaʿb)

Außerdem deutet er das Traumgesicht sowohl in die Vergangenheit als auch in die Gegenwart, indem der Sohn die Gestalt des Geschlachtetseins angenommen habe, was sehr an die nach dem Koran ebenfalls nicht stattgefundene Kreuzigung ʿĪsās erinnert (4,157); dort „erschien es ihnen nur so“ (*šubbiha lahum*) und auch bei dem Sohn habe es keinesfalls eine Aktion mit dem Messer gegeben. Dies ist nicht der einzige biblische Bezug bei al-Qurṭubī; als erster muslimischer Exeget bringt er die Liebe zwischen Ibrāhīm und Gott ins Spiel, zwar als Zitierung nicht genannter „mancher“ Gelehrter, aber ohne die sonst übliche Widerlegung, wenn er mit diesem Gedanken nicht einverstanden wäre:

Manche Gelehrten behaupten, Ibrāhīm habe immer beansprucht, Gott zu lieben. Dann aber wandte er sich seinem Kind mit großer Liebe zu. Sein Geliebter aber akzeptierte es nicht, die Liebe Ibrāhīms mit einem anderen zu teilen. Darum wurde ihm gesagt: „O Ibrāhīm, schlachte deinen Sohn auf mein Geheiß hin!“ Er aber krempelte die Ärmel hoch, nahm das Messer in die Hand, legte sein Kind nieder und sagte: „O Gott, nimm ihn von mir an nach deinem Wohlgefallen!“ Gott aber gab ihm ein: „O Ibrāhīm, es war nicht beabsichtigt, dass du dein Kind schlachtest. Vielmehr wollten wir, dass du dein Herz an uns zurückgibst. Nachdem du nun dein Herz gänzlich an uns zurückgegeben hast, geben wir dir deinen Sohn zurück.“

Dagegen *Ibn Kaṯīr*, der *aslamā* nicht mehr im hier verwendeten ursprünglichen Sinn, sondern als *terminus technicus* für den Übertritt zum Islam versteht und sie das Glaubensbekenntnis sprechen lässt. Außerdem ruft Ibrāhīm den Namen Gottes über dem Opfer aus – ganz im Sinne einer *ḥalāl*-Schlachtung oder eines Tieropfers –, und der Sohn rezitiert den Spruch im Angesicht des Todes.

37,104 riefen[328] Wir ihm zu: „O Ibrāhīm,
37,105 du hast das Traumgesicht wahr gemacht [*qad ṣaddaqta r-ruʾyā*].“
Fürwahr, so vergelten auch Wir den Rechtschaffenen.

In Gen 22,13 sieht Abraham den Widder und handelt selbständig, ohne weiteren Befehl Gottes. Der koranische Text stellt in V. 104ff diese „Informationslücke“ des Genesistextes klar: Es ist Gottes Intervention. (Zum Reden Gottes vgl. Kap. 4.6.2.)

---

[327] Diese geographische Ergänzung betont zugleich die Abwendung vom Opferplatz Morija.
[328] *nadā* bezeichnet meist eine Tätigkeit Gottes, etwa wenn er Ādam im Paradies zuruft oder Mūsā (7,22; 18,52; 19,52; 26,10; 28,62.65.74; 41,47; 79,16.23).

Die „Rechtschaffenen" sind nach *aṭ-Ṭabarī* diejenigen, die Gottes Befehle befolgen und tun, was ihm wohlgefällig ist. *Al-Baġawī* fragt, wie das Traumgesicht wahr gemacht werden konnte, wo doch der Befehl gar nicht ausgeführt wurde. Er sieht die Erfüllung darin, dass Ibrāhīm alles tat, was in seiner Macht stand und sich völlig Gott unterwarf. Möglich sei jedoch, dass er im Traum zwar ein Schlachten, aber kein Blutvergießen gesehen habe – so wie es dann Realität wurde. Nach *Sayyid Quṭb* will Gott seine Diener nicht mit Schmerz und Leid prüfen, sondern nur ihre Bereitschaft sehen, ihm alles zu geben.

37,106 Das ist wirklich die eindeutige Prüfung [*al-balā' al-mubīn*].

Der Korantext spricht weder von Vertrauen noch von rechtfertigendem Glauben, sondern von einer Prüfung, einem „supreme test",[329] der bestanden werden muss und seinen Lohn nach sich zieht. Dieser wird in diesem kurzen Passus dreimal angesprochen: V. 105.110.112.

Aṭ-Ṭabarī: Derjenige, der denken kann, erkenne, dass dies eine heftige Prüfung und Katastrophe sei. *Ibn Zaid* meint, *balā'* sei hier „Übel" und keine Prüfung im positiven Sinn, doch er vermeidet es, davon zu reden, dass dieses Böse von Gott komme. Nach *al-Baiḍāwī* scheiden sich an der Prüfung die Gläubigen von den anderen; eine schwierigere Probe als die Ibrāhīms gebe es nicht.

37,107 Und Wir lösten ihn aus mit einem großartigen Schlachtopfer.
[*wa-fadaināhū bi-ḏabḥin ʿaẓīm*]

Über die Bedeutung des Auslösens schweigt sich aṭ-Ṭabarī[330] weitgehend aus und deutet es als Austausch des einen Opfers gegen ein anderes, als Rettung vor dem Schlachten oder vage als Vergeltung und Belohnung. In der Auslegung bedeutet es sonst immer die Wiedergutmachung eines Fehlers oder eine Ersatzleistung, etwa für versäumtes Fasten (2,184) oder als Lösegeld bei Geiselnahme (2,85) und als Sühne für einen Getöteten und Befreiung eines muslimischen Sklaven (4,92).[331] Bei *Sayyid Quṭb* ist das Auslösen die Verschonung der Gläubigen vor Leiden und Opfer. Als Attribut Gottes in seinen 99 Namen findet sich *fādī* (Erlöser) nicht, obwohl das Verb *fadainā* dies rechtfertigen würde, da mit dem „Wir" Gott gemeint ist.

Die Diskussion bei *aṭ-Ṭabarī* dreht sich vielmehr um die Identität des Sohnes und die des Schlachtopfers. Da von aš-Šaʿbī bezeugt sei, dass die Hörner des Widders an der Kaʿba gehangen hätten, bevor sie im Jahre 64/683 während der Rebellion des Anti-Kalifen ʿAbd Allāh b. az-Zubair verbrannten, müsse die Schlachtung dort, im *maqām* oder wie die meisten annehmen, in der Umgebung, in Minā, stattgefunden haben. Damit werde die Meinung widerlegt, es sei in

[329] *M. M. Bravmann*, The spiritual background of early Islam, S. 15.
[330] *aṭ-Ṭabarī*, Tafsīr, XXIII, S. 81–88.
[331] Alle koranischen Stellen zu *fadā* sind medinisch; es handelt sich dabei um juristische Regelungen, die nicht Mekka, sondern den Juden Medinas zuzuordnen sind.

aš-Šām gewesen – und damit wird Morija-Golgatha geographisch neu verortet im arabischen Zentralheiligtum. Auch das Argument, die Hörner könnten später von aš-Šām nach Mekka gebracht worden sein, lässt aṭ-Ṭabarī nicht gelten.

Das Opfertier wird meist als Widder[332] beschrieben, weiß, gehörnt, großäugig, mit feiner Wolle, manchmal auch als Bergziege oder Ziegenbock, angebunden mit einem Seil auf dem Berg Ṯabīr, in dem schon der schwarze Stein verborgen war.

Nach Ibn ʿAbbās:
Ein Widder kam aus dem Paradies hinunter zu Ibrāhīm, er hatte zuvor 40 Jahre lang dort gegrast.[333] *Ibrāhīm schickte seinen Sohn, um den Widder zu fangen. Der folgte ihm bis zum ersten Steinhaufen, und er warf sieben Steine, ließ ihn los und kam zum mittleren Steinhaufen, dort bewarf er ihn mit 7 Steinen und ließ ihn los. Er holte ihn ein beim größten Steinhaufen und bewarf ihn mit 7 Steinen. Dann brachte er ihn zum Schlachtplatz in Minā und schlachtete ihn. Und bei dem, in dessen Hand die Seele von Ibn ʿAbbās ist, so war der Anfang des Islam. Und der Schädel des Widders hängt an seinen beiden Hörnern bei der Regentraufe der Kaʿba, dort ist er getrocknet.*[334]

Mit dem Attribut des Schlachtopfers als *ʿaẓīm* (großartig) können die Ausleger wenig anfangen;[335] sie beziehen sich ausnahmslos nicht auf die Auslösung als soteriologischen Akt, sondern auf die Qualität des Opfertieres. Zunächst lässt die Formulierung an das gewaltige Opfer von hundert Kamelen erinnern, die Muḥammads Großvater ʿAbd al-Muṭṭalib aufbringen mußte, um seinen Sohn ʿAbd Allāh zu retten.[336] Der Widder wird als „groß“ bezeichnet, da er besagter Widder war, der im Paradies gegrast hatte und daher von Hābīl, dem Sohn Ādams, geschlachtet wurde[337] oder da er als Schlachtopfer angenommen wurde, oder zu Recht geschlachtet wurde, nämlich nach der Weise der Religion Ibrāhīms, und weil diese *sunna* bis zum Tag des Gerichts beibehalten werden wird. Nach *al-Baiḍāwī* wird er „groß“ genannt, da er ihm die Ehre zuteil wurde, den Sohn eines Propheten auszulösen. Am meisten leuchtet ein, dass seine Qualität durch seine Herkunft von Gott erklärt wird (so al-Ḥusain b. Faḍl). In theologisch gefährliche Bereiche kommt man, wenn al-Warrāq behauptet, er sei nicht durch natürliche

---

332 In Altsyrien galt als Ersatz für Menschenopfer das Schaf oder Lamm (*H. Gese*, Die Religionen Altsyriens, S. 176).

333 Nach Abot 5,6 gehörte der Opferwidder zu den Dingen, die Gott bereits in der Dämmerung des sechsten Schöpfungstages geschaffen habe (Vgl. *H. Speyer*, Die biblischen Erzählungen, S. 166).

334 *aṭ-Ṭabarī*, Tafsīr XXIII, S. 87; ebenso al-Qurṭubī; Ibn Kaṯīr.

335 *ʿaẓīm* kommt häufig vor im Koran, meist um etwas sehr Positives oder sehr Negatives zu bezeichnen: große Güte Gottes (2,105), schreckliche Pein (2,114), großer Frevel (31,13), auch für den Koran (15,87) und für Gott (69,33.52; v. a. 2,255 als Attribut Gottes im Thronvers).

336 Sīra Rotter, S. 2629; *T. Nagel*, Mohammed, S. 977.

337 *Saʿīd b. Ǧubair* meint, nach 40 Jahren des Grasens im Paradies müsse ein Widder tatsächlich groß und fett geworden sein (zit. bei ar-Rāzī).

Vermehrung zustande gekommen, sondern durch Erschaffung.[338] *Al-Qurṭubī* betont, dass sich *ʿaẓīm* auf Wert und Rang des Schlachtopfers bezieht und auf seine Funktion, den Sohn auszulösen. Wenn der Widder zum Austausch bereits im Paradies auf seinen Einsatz gewartet hat, dann könne das nur bedeuten, dass Gott nie gewollt habe, dass der Sohn geopfert würde. Damit ist auch einer Abrogation eines Gottesgesetzes durch Gott selbst vorgebeugt, da Gott nicht einen Befehl erteilen und diesen dann widerrufen könne.

Diese Frage diskutiert *ar-Rāzī* unter dem Gesichtspunkt, ob die Abrogation eines *ḥukm* (Befehl, Urteil, Entscheidung) bereits vor Vollzug der Tat zulässig sei oder nicht. Denn entweder gab Gott den Befehl zur Schlachtung und abrogierte ihn vor dem Vollzug oder er befahl lediglich, Maßnahmen zur Vorbereitung zu treffen, so dass der Befehl mit der Bindung als ausgeführt gilt. Für *Ibn Kaṯīr* steht außer Frage, dass es sich hier um Abrogation handelt, man könne mit diesem Vers sogar die Abrogation an sich begründen, denn Gott habe einen Befehl erteilt und ihn dann außer Kraft gesetzt. Er erwähnt als einziger eine Überlieferung von al-Ḥasan al-Baṣrī, wonach der Widder den Namen Ǧarīr trug – einen christlichen Namen.

Bei *al-Baġawī* endet die ganze Szene in einem großen Lobpreis Gottes: Ǧibrīl, der Widder, Ibrāhīm und der Sohn *kabbarū* (erhoben Gott in Lobpreisungen); bei *ar-Rāzī* und *al-Qurṭubī* umarmte Ibrāhīm seinen Sohn mit den Worten „Mein Sohn, heute bist du mir wieder geschenkt worden." Als einziger bringt *az-Zamaḫšarī* den Hinweis, dass die Auslösung von Gott in dem Augenblick kam, in dem Ibrāhīm während des Schlachtens die Stellung des *suǧūd* (Proskynese) einnahm.

Diese frühe Erzählung enthält die Sublimierung des Menschenopfers durch das Tieropfer. Damit stellt sich Muḥammad in die Linie des Alten Testaments und gegen den ältesten Bestand christlicher Glaubenslehre, die nach dem Tod Jesu ausdrücklich das Tieropfer verwirft. Bereits die Didache betont, dass das wahre Opfer nunmehr die eucharistischen Gaben und die Worte der Konsekration seien.[339]

37,108 Und Wir ließen seinen Ruf unter den Späteren fortbestehen[340].

Aṭ-Ṭabarī: Als Lohn bewahrte Gott ihm dieses gute Lob auf, ebenso wie Gott dem Pharao einen schlechten Ruf bewahrte.

Die folgende Eulogie auf Ibrāhīm wird Besitz seiner Gemeinde, die sich damit seines Segens versichert. Dadurch wird aus dem Monströsen der ursprünglichen Erzählung eine verdienstvolle Handlung.

---

[338] Damit geriete der Widder entweder in die Nähe der Präexistenz, was bereits den Muʿtaziliten in Bezug auf den Koran zum Verhängnis wurde, oder er erhält dieselbe Natur wie Ādam und ʿĪsā, die beide durch das Schöpferwort *kun* ins Leben gerufen wurden (3,59).

[339] *T. Nagel*, Mohammed, S. 977.

[340] *A. Neuwirth*: „Und wir ließen über ihm für die Späteren zurück."

Es folgt der Kehrvers, den die Ausleger nicht eigens kommentieren:

37,109 „Friede sei auf Ibrāhīm![341]
37,110 Fürwahr, so vergelten auch Wir den Rechtschaffenen.
37,111 Er gehört wahrlich zu Unseren gläubigen Dienern."

So mündet die Glaubensprüfung Ibrāhīms, die sich im Gehorsam und in der Ergebung in den Willen Gottes festmacht, in die Belohnung ein – und bleibt damit im aus dem Polytheistendiskurs bekannten Schema des Lohn-Strafe-Gedankens.

Erst danach folgt die ausdrückliche Ankündigung Isḥāqs – womit der Geopferte Ismāʿīl gewesen wäre –, die jedoch auch als Ankündigung des Prophetenamtes für den nunmehr bewährten Sohn verstanden werden kann – und das wiederum wäre Isḥāq.

37,112 Und Wir verkündigten ihm Isḥāq als Propheten [*nabīyan*]
von den Rechtschaffenen.
37,113 Und wir ließen Unseren Segen auf ihn und Isḥāq kommen.
Unter ihrer beider Nachkommenschaft war der eine[342] rechtschaffen
und der andere eindeutig gegen sich selbst ungerecht.

Allerdings: Der Segen gilt hier ausdrücklich Ibrāhīm und Isḥāq; Ismāʿīl ist namentlich noch gar nicht erwähnt und wird von Muḥammad erst einige Jahre später Ibrāhīm zugeordnet werden. Auch die Differenzierung der Nachkommenschaft in einen Rechtschaffenen und einen Ungerechten wirft wieder Fragen auf, denn im Koran wird nur ein Bruder, Yaʿqūb, erwähnt.

Nach *aṯ-Ṯaʿlabī* und *al-Baiḍāwī* bedeutet der Segen für Ibrāhīm, dass ihm Kinder geschenkt würden, und für Isḥāq, dass alle Propheten der Kinder Israel aus seiner Nachkommenschaft hervorgehen würden. *Al-Qurṭubī* weist darauf hin, dass den Ungerechten auch ihre Kindschaft von Propheten nichts nützt. Das gelte für alle, für Juden und Christen als Kinder Isḥāqs, die sich nach 5,18 Gottes Kinder und Lieblinge nennen, wie für Araber als Kinder Ismāʿīls. Der andere Andalusier, *Abū Ḥayyān al-Andalusī*, sieht in diesem Vers eine Drohung an die Juden, die nicht bereit sind, an Muḥammad zu glauben.

Die Ausleger sehen die Frage Isḥāqs an dieser Stelle unterschiedlich. Nach aṭ-Ṭabarī,[343] Ibn ʿAbbās, Qatāda, as-Suddī und ʿIkrima wurde hier nicht Isḥāq angekündigt, sondern ihm analog zu 19,53[344] das Prophetentum verheißen als Lohn für seinen Gehorsam, so dass es insgesamt zwei Ankündigungen in Bezug auf Isḥāq gab, seine Geburt und sein Amt. Andere meinen, erst jetzt sei Ibrāhīm

[341] Vgl. den Segensspruch nach bPes 117b.
[342] So *Henning*. Alle anderen übersetzen im Plural: „Unter ihrer Nachkommenschaft gab es manche, die Gutes tun, und manche, die sich selbst offenkundig Unrecht zufügen."
[343] *aṭ-Ṭabarī*, Tafsīr XXIII, S. 89.
[344] In 19,53 wird Mūsā sein Bruder Hārūn (Aaron) als Prophet verheißen – damit kann keine Geburtsankündigung gemeint sein, da Hārūn der ältere Bruder war.

der Sohn Isḥāq verkündigt worden.[345] Die Konstruktion des *ḥāl*-Satzes stützt seiner Meinung nach grammatikalisch die Ankündigung des Prophetentums. Ar-Rāzī, der von der Prämisse Ismāʿīl als Geopferter ausgeht, muss gewaltige Anstrengungen unternehmen, diesen *ḥāl*-Satz im Sinne einer Geburtsankündigung Isḥāqs zu interpretieren. Von der Auslegung eben dieses Verses hängt entscheidend die Frage nach der Identität des Geopferten ab.

Zur Bewährung im Gehorsam als Illustration von *islām* schreibt Riffat Hassan:

> What this narrative stresses is the obedience of both Abraham and Ishmael who symbolize what it means to be 'Muslim' (...) They do not show the slightest hesitation in accepting God's command, God also does not show any hesitation in offering immediate ransom for the son (...) The story illustrates the faith of Abraham and Ishmael, it also shows the mercy and compassion of God toward those who remain steadfast in their resolve to live and die in accordance with the will and pleasure of God.[346]

Eine weitere interessante Deutung stammt von dem ägyptische Gelehrten *ʿAbbās Maḥmūd al-ʿAqqād*, der eine Linie zieht vom vorgeschriebenen jüdischen Tieropfer zum freiwilligen islamischen „Opfer des Selbst". Damit setzt er sich mit seiner Deutung des Opfers dezidiert vom jüdischen Verständnis ab, dessen Entwicklung er nachzeichnet. Stand im Alten Testament das Opfer um der Vergebung der Sünden willen im Vordergrund, so habe es sich im Neuen Testament weiterentwickelt. Jesus, *al-masīḥ,* habe Barmherzigkeit und Dankbarkeit über die Auslösung durch materielle Opfergaben gestellt. Auch im Islam bestünde Opfer in Dank, Almosen und Wohltaten (22,28.36.37). Das größte Opfer manifestiere sich in der Frömmigkeit, die durch Dankbarkeit und Wohltaten zum Ausdruck gebracht würden. Tieropfer im Islam dienten nicht der Sühnung von Sünden und der Abwendung des Gerichtes. Vielmehr sei Opfer eine zu erfüllende Verpflichtung und „symbolisiert das Opfer des Selbst um Gottes willen, darum stehen die Opferverse [in Sura 22] unmittelbar bei den Versen, in denen es sich um Kampf handelt, bei dem Ungerechtigkeit beseitigt wird und Gottes Gesetze verteidigt werden." Im Islam seien die menschlichen Verhaltensweisen bestimmt durch Recht, Pflicht und Opfer, wobei das Opfer am höchsten stehe. Wer freiwillig etwas opfere, erhebe sich durch seine Tat über das Recht und die Pflicht und stehe über dem Prinzip von Belohnung und Strafe. Damit würde jedes vorgeschriebene Pflichtopfer zum Symbol für ein höheres Opfer, das nicht vorgeschrieben und dem Menschen von niemandem als seinem Gewissen auferlegt sei.[347]

In Bezug auf den Gehorsamserweis ist in der koranischen Erzählung eine Akzentverschiebung zu beobachten: Ibrāhīm gehorcht dem Traumgesicht, gibt

---

[345] So auch *aṯ-Ṯaʿlabī*, Tafsīr, *al-Qurṭubī*, z.St.

[346] *Riffat Hassan*, Eid al-Adha in Islam, Abraham, Hagar and Ishmael, in: La-Cocque (Hrsg.), Commitment and Commemoration. Jews, Christians, Muslims in Dialogue, Chicago 1994, 131–150, hier: S. 148.

[347] *ʿAbbās Maḥmūd al-ʿAqqād*, Al-Islām – daʿwa ʿālamīya wa-maqālāt uḫrā fi-l-ʿaqīda wa-d-dīyān, o. O. [al-Qāhira:] o. J. [ca. 1970], S. 96 f.

aber die endgültige Entscheidung an den Sohn weiter, der bewusst einwilligt. Damit verlagert sich das Gewicht vom Vater auf den Sohn: Das letzte Wort, das vor der – letztlich verhinderten – Opferung gesprochen wird, ist das der Einwilligung des Sohnes. Dieser Gehorsam ist das letzte Wort. In Gen 22,8 setzen Vater und Sohn schweigend ihren Opfergang fort, aber Abrahams letzte Äußerung, „hang in the air as a challenge to the God who has commanded the inhuman",[348] von Omri Boehm interpretiert als Auflehnung, als Herausforderung, sich als Gott der Gnade zu erweisen, vergleichbar mit Gen 18,25.[349] Die skandalöse Unauflösbarkeit und Ausweglosigkeit der Genesiserzählung – die Absurdität, den eigenen Sohn zu opfern, gegen die Unmöglichkeit, sich einem göttlichen Befehl zu verweigern – kommt im Koran nicht zum Ausdruck und wird zudem erheblich gemindert, indem sie auf die Schultern von Vater und Sohn gleichermaßen verteilt wird.

4.5.3.3 Die Bindung als Ätiologie islamischen Selbstverständnisses

In der Aqedah-Erzählung mit ihrer neuen Gewichtung zeigen sich wichtige Aspekte islamischen Selbstverständnisses:

Der jüdische Ort der Aqedah, der Betort Davids, der zur Stätte des Salomonischen Tempels wurde (2. Chron 3,1), wird in der islamischen Tradition als Felsen im Zentrum des *ḥaram aš-šarīf* in religiöser Aneignung zum Nabel der Welt: Er gilt als Ort der Himmelsreise Muḥammads und der Ort, an dem sich die Vollendung der Weltgeschichte ereignen und das eschatologische Geschehen seinen Anfang nehmen wird.[350] Zugleich wird Jerusalem in dem bekannten Schema von Anknüpfung und Überbietung als *ṯāliṯ al-ḥaramain* (Drittes der beiden Heiligtümer) nun von Mekka und Medina überboten, als Königsstadt entthront und zur Zwischenetappe degradiert. Das Heil kommt nun nicht mehr vom Zion, dem Ort der *inhabitatio* Gottes.[351]

Die Bindung des Sohnes wird aus ihrer bisherigen jüdisch-christlichen Verortung herausgenommen, umgedeutet und zum konstitutiven Ereignis, zur Gründungslegende islamischen Selbstverständnisses, das in der Pilgerfahrt mit ihren Riten in Erinnerung gerufen und in seiner Heilsdimension vergegenwärtigt wird:

---

[348] Jack Miles, Vorwort zu *O. Boehm*, The Binding of Isaac, S. x.

[349] Auf Boehms zentrale These, die Worte des Engels Gen 22,11–12.15–19 seien spätere Interpolation und Abrahams Opferung des Widders eine eigenmächtige Tat und somit Ungehorsam gegenüber Gott, soll hier nicht eingegangen werden.

[350] *Stefan Schreiner*, al-Quds – Jerusalem, heilige Stadt des Islam, in: Hengel (Hrsg.), La Cité de Dieu – Die Stadt Gottes, Tübingen 2000, S. 416.

[351] Vgl. Ex 15,17 f. u.v.m. Dadurch wurde Zion mehr als der Sinai, der Berg, auf dem Gott nur erscheint (*H. Gese*, Alttestamentliche Studien, S. 7), aber nicht wohnt.

Der von Gott gesandte Widder als Schlachtopfer wird zum Opfertier[352] beim jährlichen *ʿīd al-aḍḥā* in Minā zum Abschluss der Wallfahrt, der Lauf zwischen den beiden Hügeln aṣ-Ṣafā und al-Marwa spiegelt den Lauf der nach Wasser suchenden Hāǧar wider – die erste Bedrohung des Lebens Ismāʿīls – und manifestiert sich im Pilgerritual.

Das Steinigungsritual von Minā vergegenwärtigt die Vertreibung Satans, der Ibrāhīm und seinen Sohn von der Ausführung der Opferung abhalten wollte und von ihm mit Steinen beworfen und vertrieben wurde.

Der zentralen Bedeutung entsprechend wird diese Festlegende denn auch als wesentliche Station im Wallfahrtsritual liturgisch an prominenter Stelle verankert. Eine umfassende Bewertung der Bindung aus dem islamischen Selbstverständnis heraus findet sich bei Sayyid Quṭb:

In dieser Erzählung liegt die sunna des Schlachtens für die Muslime beim aḍḥā-Fest begründet. Es ist eine Erinnerung an dieses großartige Ereignis, das eine Leuchte ist für das Wesen des Glaubens, die Schönheit des Gehorsams und die Großartigkeit der Hingabe. Immer wieder kehrt die muslimische umma dorthin zurück, um die Wirklichkeit ihres Vaters Ibrāhīm kennenzulernen, dessen Glaubensrichtung sie folgt, dessen genealogische Zugehörigkeit, Glauben und Dogma sie geerbt hat. Sie soll darin das Wesen des Dogmas erkennen, auf dem sie erbaut ist, und wissen, dass sie sich den Vorherbestimmungen Gottes ergeben muss in zufriedenem Gehorsam, vertrauensvoll, hingebend, ihren Herrn nicht nach dem Warum fragend.

4.5.3.4 Die Frage der Identität des Sohnes

Wie bereits erwähnt, findet sich in den islamischen Kommentaren keine Diskussion um die Thematik des Menschenopfers; vielmehr geht es neben der narrativen Ausschmückung lediglich um die Frage nach der Identität des Sohnes, ist diese doch von durchaus identitätsstiftender Relevanz für eine Religion, die dieses Motiv aus dem Judentum bezieht, von dem sie sich jedoch in der Folge inhaltlich zunehmend absetzt.

Der Disput darüber, welcher Sohn gemeint sei, brach offensichtlich bereits früh aus und sollte Jahrhunderte andauern. In seinen Annalen schildert *aṭ-Ṭabarī*, immerhin fast 300 Jahre nach dem Tod Muḥammads, noch eine Pattsituation, jedoch mit Präferenz für Isḥāq:

Die Altvorderen unter den Gelehrten der umma unseres Propheten sind uneins darüber, welcher seiner Söhne Ibrāhīm befohlen wurde zu schlachten. Einige sagen: „Es ist Isḥāq b. Ibrāhīm." Und einige sagen: „Es ist Ismāʿīl b. Ibrāhīm." Beide Meinungen können auf den Gesandten Gottes zurückgeführt werden. Wenn in ihnen beiden Wahrheit ist und wir sie auf niemand anderen als ihn zurückführen, so gibt es keine Möglichkeit außer dem Beweis aus

[352] Zugleich „begründet" der Widder eine Art Hierarchie der Gott genehmen Opfertiere: Angeführt vom Widder folgen danach weibliche Schafe, männliche Ziegen, weibliche Ziegen, danach Kamele und Rinder.

dem Qur'ān über die richtige Überlieferung zu diesem Thema, was ergibt, dass die Aussage „Es ist Isḥāq" klarer und offensichtlicher ist als die Echtheit der anderen."[353]

Nach anderen Traditionen habe Muḥammad, zu einer Entscheidung gedrängt, nur mit der Standardantwort auf nicht zu entscheidende Fragen reagiert: „*Allāhu aʿlam*" (Gott weiß es am besten).

Bevor wir die chronologische Entwicklung der Identitätsfindung nachzeichnen hier zunächst die Argumente beider Seiten, die *aṭ-Ṭabarī*[354] zusammen mit allen Vertretern beider Meinungen als gewissenhafter Exeget auflistet und damit ein Spiegelbild der ersten drei islamischen Jahrhunderte gibt. Insgesamt zählt er über 40 Überlieferungen auf, die jedoch teilweise auf dieselben Gewährsmänner zurückgehen – allein 8 auf Ibn ʿAbbās, der von beiden Seiten zitiert wird. Zieht man die Überlieferungen ab, die bei unterschiedlichem *isnād* doch auf denselben ersten Tradenten zurückgehen, erhält man 13 Überlieferer pro Isḥāq und 11 pro Ismāʿīl[355] – wobei aṭ-Ṭabarī selbst Isḥāq für wahrscheinlicher hält.

Als Ausleger, die *für Isḥāq* plädieren, zählt er al-ʿAbbās, Ibn ʿAbbās, Ibn Masʿūd, Kaʿb, Masrūq, ʿUbaid b. ʿUmair, Abū Huraira, Kaʿb al-Aḥbār, Ibn Sābiṭ, Abū Maisara, Ibn Abī Huḏail und Ibn Zaid auf.

Die Argumente jedoch stützen sich nicht auf eine Exegese des Korantextes, sondern auf allgemein übliche Redensarten. Ein Argument ist der Beiname Isḥāqs als „Schlachtopfer Gottes":

Nach Abū l-Aḥwaṣ:
Ein Mann rühmte sich vor Ibn Masʿūd und sagte: „Ich bin Soundso, Sohn des Soundso, Sohn von edlen Vorfahren." Da sagte ʿAbd Allāh [b. Masʿūd]: „Und jener ist Yūsuf, Sohn des Yaʿqūb, Sohn Isḥāqs des Schlachtopfers Gottes, Sohn Ibrāhīms, des Freundes Gottes."[356]

Die alttestamentliche Väterformel wird ebenfalls angeführt:

Nach ʿAbd Allāh b. ʿUmair:
Mūsā sagte: „O Herr, sie sagen immer: ‚O Gott Ibrāhīms und Isḥāqs und Yaʿqūbs.' Aus welchem Grund sagen sie dies?" Er sagte: „Wenn Ibrāhīm vor die Wahl gestellt wurde zwischen mir und etwas anderem, hat er immer mich gewählt. Und Isḥāq gab sich mir großzügig selbst im Opfer und ist auch ansonsten großzügig. Und je mehr ich Yaʿqūb mit Prüfungen überhäufte, desto mehr dachte er Gutes von mir."

---

[353] *aṭ-Ṭabarī*, Taʾrīḫ ar-rusul wa-l-mulūk I, S. 263.

[354] Alle Zitate im folgenden bei: *aṭ-Ṭabarī*, Tafsīr XXIII, S. 81–88.

[355] Höhere Zahlen und andere Gewichtung bei *R. Tottoli* mit 17 pro Isḥāq und 24 pro Ismāʿīl; sie resultieren daraus, dass er lediglich alle Überlieferungen zusammenzählt, ohne auf den Anfangstradenten zu achten (Biblical prophets, S. 104).

[356] Nach Abū Maisara und Ibn Abī Huḏail soll dieses Argument auch Yūsuf vor dem Pharao angeführt haben. – *Al-Baiḍāwī* „verbessert" diesen Hadith und lässt das Attribut Isḥāqs aus, das er zum Zusatz des Tradenten erklärt.

Die Meinung war verbreitet, Isḥāq dürfe – wie Muḥammad – bei Gott für die Gläubigen eintreten. Dies wird mit seiner Bewährung und Auslösung durch das Opfertier begründet. Deshalb habe Gott zu Isḥāq gesagt:

„Aufgrund deiner Geduld will ich dir eine Bitte gewähren." Und Isḥāq sagte: „Mein Herr, ich bitte dich, peinige nie einen deiner Diener, der vor dich tritt und dir glaubt." (nach Abū Huraira)[357]

Für Ismāʿīl führt aṭ-Ṭabarī auf: Ibn ʿUmar, Ibn ʿAbbās, ʿAbd Allāh b. ʿAbbās, Abū ṭ-Ṭufail ʿĀmir b. Wāṯila, aš-Šaʿbī, Yūsif b. Mihrān, Muǧāhid, al-Ḥasan, Muḥammad b. Kaʿb al-Quraẓī, al-Ḥasan al-Baṣrī. Die Argumentation bewegt sich teilweise in der bewussten Distanzierung von der jüdischen Aussage:[358]

Die Juden behaupten, der Ausgelöste sei Isḥāq gewesen. Die Juden aber lügen.
(ʿAbd Allāh b. ʿAbbās)

Oder sie beruht auf einer sekundären Beobachtung:

Ich sah die beiden Hörner des Widders angebunden an der Kaʿba. (ʿĀmir)[359]

Nur Ismāʿīl sei in Mekka gewesen, während Isḥāq aš-Šām nie verlassen habe, darum sei ihre Anwesenheit vor 64 A.H. ein Beweis zugunsten Ismāʿīls.[360]

Viel gewichtiger ist dagegen der Schriftbeweis, die Argumentation zugunsten Ismāʿīls aufgrund des koranischen Befunds:

Ibn Isḥāq sagte: Ich hörte Muḥammad b. Kaʿb al-Quraẓī sagen:
Der, den Gott von den beiden Söhnen Ibrāhīms befahl zu schlachten, ist Ismāʿīl. Das finden wir im Buche Gottes in der Nachricht über Ibrāhīm und wie ihm befohlen wurde, sein Kind zu schlachten, nämlich Ismāʿīl. Als nämlich die Geschichte des durch Ibrāhīm Geschlachteten zu Ende erzählt ist, spricht Gott: V. 112. „Da verkündigten Wir ihr [Sāra] Isḥāq und nach Isḥāq Yaʿqūb." (11,71) Das heißt: Gott verkündigt ihm einen Sohn und einen Sohnessohn. Darum kann Gott ihm nicht befohlen haben, Isḥāq zu schlachten, da er ihm doch die Verheißung gegeben hatte.[361] *Darum ist ihm nur befohlen worden, Ismāʿīl zu schlachten.*

---

357 Bei *Ibn Kaṯīr* eine sehr ausführliche Version dieser Überlieferung. Er hält sie jedoch für zweifelhaft und schwach, zudem den *isnād* für unglaubwürdig, da es eine Tradition zugunsten Isḥāqs ist.

358 Damit bewegen sie sich auf derselben Linie wie 4,157, wo die Kreuzigung Jesu als prahlerische Lüge der Juden abgewiesen wird.

359 *an-Naḥḥās* (gest. 949) weist dieses Argument zurück, da es kein Problem gewesen wäre, die Hörner von aš-Šām nach Mekka zu bringen (zit. in: Leemhuis, S. 136).

360 Die Qualität dieses „Beweismittels", das nur von einem ansonsten unbekannten Tradenten bezeugt wird und das kein einziger Ausleger mit eigenen Augen gesehen hat, wird jedoch an keiner Stelle in Zweifel gezogen, sondern ständig weiter tradiert. Auch dass Ibrāhīm gar nicht mit Ismāʿīl und Hāǧar zusammen lebte, sondern nach der Tradition ihn erst besuchen kam, als er schon erwachsen und verheiratet war, taucht nie in der Argumentation auf.

361 Dieses Argument wird hinfällig, wenn Ismāʿīl der Vorfahre Muḥammads werden soll, den Ibrāhīm in 14,37 und 2,129 ja ausdrücklich erbeten hat.

Doch auch die jüdischen Konvertiten plädierten häufig für Ismāʿīl[362] – wohl in dem Bestreben, ihre Loyalität unter Beweis zu stellen, indem sie sich von der jüdischen Version distanzierten. So ließ der Kalif ʿUmar II. b. ʿAbd al-ʿAzīz (reg. 717–720) einen ehemaligen jüdischen Religionsgelehrten befragen, der ihm antwortete:

„Bei Gott, o Beherrscher der Gläubigen, es ist Ismāʿīl. Und die Juden wissen das ganz genau. Aber sie beneiden euch, ihr Volk der Araber, dass euer Vater derjenige sein soll, dem die Schlachtung durch Ibrāhīm auferlegt wurde, und wegen seiner Vorzüge, die Gott erwähnt, nämlich seine Geduld,[363] die zutage trat in der Durchführung des Befehles Gottes. Sie verleugnen das und behaupten, es sei Isḥāq gewesen, weil dieser ihr Vater ist. Aber Gott weiß besser, welcher von beiden es war. Denn beide waren rein, gut und gehorsam ihrem Herrn gegenüber."

Wohl die theologisch gewichtigste Stimme für Ismāʿīl in jener Zeit ist der Antiprädestinatianer Ḥasan al-Baṣrī, der keinen Zweifel daran hegte, dass es sich um Ismāʿīl handelte. Leider listet aṭ-Ṭabarī ihn lediglich auf; seine Begründung, die von großem Interesse wäre, bleibt im Dunkel.

Eine Prophetentradition pro Ismāʿīl, die zudem auch den richtigen Terminus *fadā* gebraucht:

ʿAbd Allāh b. Saʿīd erzählte von aṣ-Ṣanābiḥī:[364]
Wir waren bei Muʿāwiya b. Abī Sufyān[365]*, und im Gespräch wurde das Schlachtopfer erwähnt und überlegt, ob es Ismāʿīl oder Isḥāq gewesen sei. Er [Muʿāwiya] sagte: Da seid ihr ja beim Kenner gelandet. Wir waren nämlich gerade beim Gesandten Gottes, als ein Mann kam und zu ihm sagte: „O Gesandter Gottes, zähle mir auf, was Gott dir gewährt hat, o du Sohn der beiden Geschlachteten!" Da lachte der Gesandte Gottes. Wir sagten zu ihm: „O Beherrscher der Gläubigen, wer sind denn die beiden Geschlachteten?" Er sagte: „Als ʿAbd al-Muṭṭalib befohlen wurde, Zamzam freizulegen, legte er Gott ein Gelübde ab: Wenn Gott ihm diese Angelegenheit leicht mache, würde er ihm einen seiner Söhne schlachten. Der Lospfeil fiel auf ʿAbd Allāh, aber seine Onkel mütterlicherseits verboten ihm, das zu tun und sagten: ‚Löse deinen Sohn mit hundert Kamelen aus.' Da löste er ihn mit hundert Kamelen aus.*[366]
Der zweite [Ausgelöste] aber ist Ismāʿīl."

Aṭ-Ṭabarī, der persönlich Isḥāq präferiert, kontert mit einem Schriftbeweis, der in seiner Argumentation als vorbildlich gelten kann:

Nach dem äußeren koranischen Wortlaut (ẓāhir) ist es Isḥāq, denn Gott sagt:[367] *„Wir lösten ihn aus mit einem gewaltigen Schlachtopfer." Denn es wurde jener sanftmütige Knabe ausgelöst, der Ibrāhīm angekündigt worden ist, als er [Gott] um einen von den Rechtschaffenen gebeten hatte (100f.). Wenn also derjenige der beiden Söhne, der durch das Schlachtopfer*

---

362 Darauf weist auch *J. W. Hirschberg* hin (Jüdische und christliche Lehren, S. 59).
363 In 21,85 wird Ismāʿīl als geduldig bezeichnet, was sich mit 37,102 deckt.
364 *Al-Qurṭubī* zufolge sei der *isnād* dieser Überlieferung zweifelhaft, weshalb sie nicht herangezogen werden dürfe.
365 Der 1. Umayyaden-Kalif (reg. 661–680).
366 Vgl. Sīra I/1, S. 286–290. Auch hier wird der Begriff *fadā* verwandt.
367 So die klassische Formulierung für den Schriftbeweis.

ausgelöst wurde, der ist, der ihm zuvor angekündigt wurde – und Gott hat dies in seinem Buch gezeigt, dass der Angekündigte Isḥāq war und nach Isḥāq Yaʿqūb in 11,71 –, und überall im Koran, wo ihm ein Sohn angekündigt wird, Isḥāq gemeint ist, so muss diese Stelle (101) gleich zu betrachten sein wie die anderen Verse. Also spricht Gott in diesem Vers von seinem Freund, dass er ihm den sanftmütigen Knaben angekündigt hat aufgrund seiner Bitte, ihm einen von den Rechtschaffenen zu schenken. Es ist logisch, dass er Gott nicht gebeten hat, außer in einer Situation, als er noch keinen Sohn von den Rechtschaffenen hatte. Jeder von seinen Söhnen war aber ein imām von den Rechtschaffenen, darum kann man ihm nicht unterstellen, dass er seinen Herrn um etwas gebeten haben soll, das er bereits hatte. Wenn dem so ist, dann ist es klar, dass derjenige, den Gott hier erwähnt, derjenige ist, den Gott auch im Rest des Korans erwähnte, nämlich ohne jeden Zweifel Isḥāq. Denn der Ausgelöste ist der, der zuvor angekündigt wurde.

Nach der Argumentation für Isḥāq wägt er die Argumente zugunsten Ismāʿīls ab. Wenn Gott Ibrāhīm einen Sohn verheißen habe und nach ihm noch einen Sohn, so sei es nicht zulässig, dass Ibrāhīm diesen schlachten wolle angesichts dieser Verheißung. Nach V. 102 war der Sohn erst in dem Alter, dass er gerade mit Ibrāhīm laufen konnte, also selbst noch keine Kinder hatte. Aber wie soll er Ismāʿīl haben schlachten wollen, d. h. als er erst einen einzigen Sohn hatte – also gar keine Auswahl? Dann antwortet er auf diejenigen, die für Ismāʿīl ins Feld führen, wäre es Isḥāq gewesen, hätte man ihn nicht nachher noch extra ankündigen müssen: V. 112 habe nicht die Geburt Isḥāqs, sondern sein Prophetentum angekündigt, das erst nach der Auslösung durch Gott kam als Würdigung und Ehrung für seine Geduld und sein Ausharren in der Prüfung. Auch an anderer Stelle, in der Auslegung zu 12,6, führt aṭ-Ṭabarī an, die Gunst Gottes an Ibrāhīm zeige sich darin, dass er ihn zum Freund genommen und aus dem Feuer gerettet, und an Isḥāq, dass er ihn mit einem großen Schlachtopfer ausgelöst habe.[368]

Ar-Rāzī und Al-Qurṭubī zitieren den Ismāʿīl-Vertreter *al-Aṣmaʿī*, der die legendarische Kaʿba-Ätiologie über den Schriftbeweis stellt:

Ich fragte Abū ʿUmar b. al-Aʿlā nach dem ḏabīḥ. Er erwiderte: „O Aṣmaʿī, hat dich denn die Vernunft ganz und gar verlassen? Wann soll Isḥāq je in Mekka gewesen sein? Dort war doch nur Ismāʿīl und hat dort gemeinsam mit seinem Vater das Haus erbaut und einen Schlachtplatz [manḥar] eingerichtet.“

Al-Qurṭubī selbst plädiert für Isḥāq aufgrund der Auslegung von 37,112 und der besseren Überlieferung und betont, all dies sei geschehen, bevor Ibrāhīm Hāğar geheiratet hatte. *Ar-Rāzī* dagegen führt als Argument an, die Bitte von 37,99 könne nur im Zustand der Kinderlosigkeit ausgesprochen sein und sich die Opferung darum nur auf das erste Kind beziehen, das Ismāʿīl sei – was in der 2. mekkanischen Periode Muḥammad aber noch gar nicht bewusst war. Von der Chronologie her würde dieses Argument eher für Isḥāq sprechen. Da die Bitte zum Zeitpunkt der Emigration erfolgte und diese nach aš-Šām führ-

---

[368] *aṭ-Ṭabarī*, Tafsīr XII, S. 153 f.

te, den Ort Isḥāqs, spreche der Text für Isḥāq. Er zitiert die unterschiedlichen Meinungen zum Ort der Opferung, einschließlich Jerusalem, rettet sich jedoch in den salomonischen Spruch von az-Zaǧǧāǧ, nur Gott allein wisse, welcher der beiden Söhne der *ḏabīḥ* sei.

Von Bedeutung ist auch die Argumentation der christlichen Apologetiker, etwa die des Johannes Damascenus, der in „De haeresibus" berichtet, die Muslime begründeten ihre Verehrung der Kaʿba u. a. damit, dass Ibrāhīm sein Kamel an dem Stein angebunden habe, als er Isḥāq opfern wollte.[369] Dass Johannes Ismāʿīl nicht erwähnt, kann nur damit erklärt werden, dass es unter den Muslimen der späten Umayyadenzeit noch selbstverständlich war, von Isḥāq auszugehen, und Ismāʿīl für Sura 37 noch gar nicht im Blickfeld war.

So gab es bis ins 3. Jahrhundert *hiǧra* verschiedene Argumentationen, aber keinen Konsens. Noch der Historiker *al-Masʿūdī* (gest. 345/956) flüchtet sich in ein formales Kriterium, das des Ortes: Wenn Ort des Geschehens der Ḥiǧāz gewesen sei, müsse es sich um Ismāʿīl gehandelt haben, da Isḥāq sich dort nicht aufgehalten habe. Wenn es aber in aš-Šām gewesen sei, müsse es Isḥāq gewesen sein, da Ismāʿīl nach der Vertreibung seiner Mutter nie dorthin zurückkehrte.[370] Da aber nirgends eine sichere Ortsbestimmung genannt wird, bringt auch diese Überlegung nicht weiter.

Bis ins späte Mittelalter schälte sich zwar zunehmend eine Tendenz zu Ismāʿīl heraus, aber bis zu jener Zeit war noch nicht endgültig entschieden, welcher der *ḏabīḥ* war[371] – ja, noch der Andalusier *al-Qurṭubī* (gest. 1273) verwies darauf, der Prophet selbst habe öfter für Isḥāq als für Ismāʿīl plädiert und warf noch die ganze Autorität der sieben *ṣaḥāba* und 16 *tābiʿūn,* sowie autoritative Kommentatoren wie aṭ-Ṭabarī als Kronzeugen für Isḥāq in die Waagschale – und er verwies auf Juden und Christen, die diese Meinung „bestätigen".[372]

Dass Ismāʿīl in immer stärkerem Maße als der *ḏabīḥ* identifiziert wurde, hängt wohl entscheidend mit der Transformation zusammen, der die biblischen Stoffe unterzogen wurden – was in den Ibrāhīmerzählungen besonders augenfällig wird. Diese zeigt sich in der Zurückdrängung der Isrā'īliyāt und zugleich der Legitimierung und Stärkung der mekkanisch-arabischen islamischen Elemente, die

---

[369] *D. Sahas*, John of Damascus, S. 89.137.

[370] *R. Firestone*, Art. Abraham, in: Encyclopedia of the Qur'ān I, S. 10.

[371] Dagegen nehmen *I. Goldziher* (Die Richtungen der islamischen Koranauslegung, S. 79–81) und *R. Firestone* (Abraham's son as the intended sacrifice: Issues in Qur'ānic exegesis, 95–131) an, dass sich „im Gesamtgefühl der Muslime" bereits früh, „nach einigem Schwanken", die Meinung durchsetzte, dass Ismāʿīl der geopferte Sohn sei.

[372] *Al-Qurṭubīs* Widerlegung der Ismāʿīltraditionen muss als vorbildlich gelten. An der vor ihm nie gewesenen Ausführlichkeit lässt sich erkennen, wie vieler Argumente es nun, im 13. Jahrhundert, bedurfte, um gegen die bereits bestehende Mehrheitsmeinung zugunsten Ismāʿīls bestehen zu können.

sich auf den Ort und den *ḏabīḥ* auswirken: von Morija / Golgatha nach Mekka[373] und von Isḥāq zu Ismāʿīl, was N. Calder eindrucksvoll beschreibt:

Interfering with the Rabbinic details are items, related to the Meccan sanctuary tradition, designed to site the sacrifice in Mecca, and, in time, to identify the victim as Ismaʿīl.[374]

Historically, identification of the victim as Ishmael and siting of the sacrifice in Makka were part of a process whereby an established narrative about Isaac and Jerusalem came to function within a narrative structure intented to defend and justify the sanctuary at Makka.[375]

Aṯ-Ṯaʿlabī (gest. 1035) referiert in seinen *qiṣaṣ* beide Meinungen mit den jeweiligen Tradenten, bevor er seine Entscheidung zugunsten Ismāʿīls trifft. Zwar räumt er ein, der Schriftbeweis spreche für Isḥāq, aber wegen der Widderhörner – die im Korantext nicht erwähnt werden und die zu seiner Zeit schon längst verbrannt waren – müsse es Ismāʿīl sein. Die Widderhörner, nachkoranisch und aus der jüdischen Tradition stammend, werden nun also dazu benutzt, den Anspruch des Judentums abzuweisen. Und ohne die angebliche Quelle für die Widderhörner zu kennen, führt er diese Argumentation ins Feld.

Von dieser Zeit an ändern sich sowohl Ton als auch Methode, mit anderslautenden Meinungen umzugehen: *Abū Ḥayyān al-Andalusī* (gest. 1294) beginnt, die früheren Ausleger nur noch selektiv zu referieren, womit er den Eindruck erweckt, die Ismāʿīl-Befürworter seien wesentlich zahlreicher als die Isḥāqs.

Ibn Kaṯīr (gest. 1372) verkündet in der Folge, es sei eindeutig Ismāʿīl gewesen und schon immer hätte sich die Mehrzahl der Gelehrten für Ismāʿīl ausgesprochen; wer Isḥāq auch nur in Betracht ziehe, finde dafür keinerlei Anhaltspunkte in Koran und Tradition, sondern übernehme kritiklos und gutgläubig jüdische Traditionen, die er insgesamt als Fabeln ablehnt:

Alle diese Überlieferungen sind von Kaʿb al-Aḥbār übernommen – Gott sei's geklagt! (…) Die Menschen erachteten es als erlaubt, ihm zuzuhören und tradierten es weiter, Sinn und Unsinn. Die islamische Glaubensgemeinschaft aber bedarf, bei Gott!, keines einzigen Buchstabens von seinen Aussagen.

Die Überlieferung von al-ʿAbbās b. ʿAbd al-Muṭṭalib, immerhin der Onkel des Propheten, wonach sich der Prophet einmal für Isḥāq ausgesprochen habe, deklariert er kurzerhand für unglaubwürdig – ein Vorgehen, das sich von dem früherer Ausleger unterscheidet: Sie referierten jeweils alle bekannten Überlieferungen für beide Seiten und erklärten dann ihre Präferenz, jedoch ohne die Gegenseite zu diskreditieren. Ibn Kaṯīr nimmt dafür die bekannte Begründung

[373] Im Tafsīr von *aṯ-Ṯaʿlabī* wird eine Tradition von ʿAṭāʾ und Muqātil berichtet, nach der Ibrāhīm befohlen wurde, seinen Sohn in Jerusalem zu schlachten. *Al-Qurṭubī* zitiert Ibn Ǧuraiǧ, dem zufolge der Sohn in aš-Šām, zwei Meilen von Jerusalem entfernt (!), geschlachtet werden sollte.

[374] *N. Calder*, The sacrifice of Abraham, S. 388 und fast wörtlich S. 402.

[375] *N. Calder*, Tafsīr from Ṭabarī to Ibn Kathīr, S. 122.

auf, Ibrāhīm habe seinen einzigen Sohn opfern sollen, was zu jener Zeit Ismāʿīl gewesen sei, da Isḥāq erst danach angekündigt wurde.[376]

Ihm folgen alle *modernen qiṣaṣ* – unter ihnen auch die in Deutschland verbreiteten –, die völlig selbstverständlich von Ismāʿīl ausgehen, ohne auch nur den leisesten Zweifel zu äußern oder überhaupt zu erwähnen, dass ihre Vorgänger hier noch zu differenzieren wussten.[377] So behauptet *Ibn Rassoul*, Ismāʿīl sei die „herrschende Meinung der islamischen Gelehrten"; seine Argumentation besteht in Zitaten aus Ibn Kaṯīr, jedoch ohne Quellenangabe.[378] Eine irakische illustrierte Prophetengeschichte verlegt die Opferung Ismāʿīls vor die Geburt Isḥāqs; so kann kein Zweifel an der Identität des Sohnes aufkommen.[379] Ebenso *Ahmad von Denffer*: Es sei

leicht verständlich, weshalb der Muslim davon ausgeht, dass es sich bei der Opferungsgeschichte um Ismail, den ersten und – vor der später erwähnten und ja auch später stattgefundenen Geburt des zweiten Sohnes Ishaq – den einzigen Sohn Ibrahims gehandelt hat.[380]

Selbst *Muḥammad as-Sayyid Ṭanṭāwī*, zu jener Zeit Rektor der Azhar-Universität Kairo, erwähnt Isḥāq nicht einmal, obwohl er als eine der höchsten Instanzen und Korangelehrter die Meinungen früherer Exegeten zumindest referieren sollte.[381]

Einen gewohnt polemischen Ton steuert der *SKD-Kommentar* bei, der betont, die Position pro Isḥāq sei ausschließlich die „jüdisch-christliche Version im Alten Testament" (sic), die der jüdischen Tradition des „jüngeren Zweiges der Familie" geschuldet seien, somit ein „Lapsus", der zeige, „dass hier eine ältere Version [gemeint die Ismāʿīl-Tradition als des älteren Sohnes] im Interesse einer Stammesreligion von einer neueren Version [d. h. der jüdischen Version des jüngeren Sohnes] überlagert worden ist" – eine recht eigenwillige Vermischung von Geschwisterreihenfolge und geschichtlicher Offenbarungsreihenfolge.[382]

Sogar *Riffat Hassan*, zeitgenössische und als fortschrittlich geltende pakistanische Theologin, die in den USA lehrt und im Dialog konstruktiv aktiv ist, plädiert eindeutig für Ismāʿīl, da Juden und Christen Hāǧar nicht als Frau Ibrāhīms

---

[376] *Ibn Kaṯīr*, Qiṣaṣ al-anbiyāʾ, S. 140 f. (Auch *R. Paret* schließt sich dieser Meinung an. Kommentar und Konkordanz, S. 417). Auf Ibn Kaṯīr verweisen auch: *R. Tottoli*, Biblical prophets, S. 173; *F. Leemhuis*, Ibrāhīm's sacrifice, S. 128 f.

[377] Falls Isḥāq in dieser Literatur überhaupt erwähnt wird, dann wird er abgelehnt mit der Begründung, dies sei eine jüdische Fälschung. *R. Tottoli* (Biblical prophets, S. 186.194) zählt nicht weniger als 13 moderne *qiṣaṣ*-Ausgaben auf, die diesem Muster folgen.

[378] Lexikon der Sīra, S. 246 f.

[379] *Ṣalāḥ Muḥammad ʿAlī*, Aḥsana l-qaṣaṣ qiṣaṣ al-Qurʾān al-karīm, S. 102 f.

[380] *A. von Denffer*, Der Glaube an den einen Gott – Das abrahamitische Erbe, S. 6. In seiner späteren Koranübersetzung jedoch stellt er beide Söhne ohne Entscheidung in der Anmerkung nebeneinander (2001).

[381] Nachweis bei: F. Leemhuis, Ibrāhīm's sacrifice of his son, S. 128.

[382] SKD IV, S. 2179, Anm. 139.

anerkennen wollten, wohingegen der Islam nicht zwischen dem Status der beiden Frauen differenziere.[383]

Schaubild 10: Übersicht über die Präferenzen für den zu opfernden Sohn[384]

	nur Isḥāq	Isḥāq / Ismāʿīl mit Präferenz Isḥāq	nur Ismāʿīl
Zeit des Korans	Umaya b. Abī ṣ-Ṣalt (–624)[385] ʿAbbās b. ʿAbd al-Muṭṭalib	Muḥammad (–632)	
formative Periode *ṣaḥāba* (Prophetengefährten)	7 *ṣaḥāba*, u. a.: ʿAlī b. Abī Ṭālib (–661) ʿUmar b. al-Ḫaṭṭāb (–664) Ibn Masʿūd (–665)		Ibn ʿUmar Abū ṭ-Ṭufail ʿĀmir
		Abū Huraira ? (–678) Ibn ʿAbbās (–687)	
tābiʿūn (2. Generation)	Kaʿb al-Aḥbār (–656) Saʿīd b. Ǧubair (–714) ʿIkrima (–724)		M. b. Kaʿb al-Quraẓī al-Kalbī
	Qatāda (–730) az-Zuhrī (–742)	Muǧāhid[386] (–722)	
	as-Suddī (–744) Johannes Damascenus (–750) Muqātil b. Sulaimān (–767)[387]		al-Ḥasan al-Baṣrī (–728)

383 *R. Hassan*, Eid al-Adha, S. 147.

384 *aṭ-Ṭabarī*, Tafsīr; *az-Zamaḫšarī* IV, S. 56–57; *ar-Rāzī; al-Qurṭubī* VIII; *Ibn Kaṯīr* IV, S. 18–20; *F. Leemhuis*, Ibrāhīm's sacrifice of his son, S. 136; *Khoury*, Komm. XI, S. 60–61; *R. Firestone*, Art. Abraham, EQ I, S. 10.

385 Hanifischer, vermutlich aber christlicher Dichter aus Ṭā'if, siehe *J. W. Hirschberg*, Jüdische und christliche Legenden, S. 124–129; *Gh. Osman*, Pre-Islamic Arab Converts to Christianity, S. 75.

386 Nach *T. Nagel* jedoch Präferenz Ismāʿīl (Die qiṣaṣ al-anbiyā', S. 48).

387 Von ihm erster vollständiger Korankommentar überliefert als Korantext mit erklärenden Einschüben (*R. Tottoli*, Biblical prophets, S. 99).

	nur Isḥāq	Isḥāq / Ismāʿīl mit Präferenz Isḥāq	nur Ismāʿīl
	ʿAbd ar-Razzāq (–826)		
	Ibn Qutaiba (–889)		
klass. Kommentatoren		aṭ-Ṭabarī (–923)	
		an-Naḥḥās (–949)	
		al-Masʿūdī (–956)	
		as-Sāmarqandī (–983 / 1003)	
	Ibn Ǧinnī (–1002)[388]	aṯ-Ṯaʿlabī (–1035)	
		al-Māwardī (–1058)	al-Qušairī (–1072)[389]
		al-Baġawī (–1122)	
		az-Zamaḫšarī (–1144)	
		Ibn al-ʿArabī (–1240)	ar-Rāzī (–1209)
	al-Qurṭubī (–1273)	al-Baiḍāwī (–1291)	
			Abū Ḥayyān al-Andalusī (–1294)
	Rašīd ad-Dīn (–1318)[390]		an-Nasafī (–1310)
			Ibn Kaṯīr (–1372)
	Ibn Ḫaldūn (–1406)		
			al-Ǧalālān (um 1500)
Moderne			moderne *qiṣaṣ*
			al-ʿAqqād[391] (–1964)

[388] Grammatiker, Nachweis bei *F. Leemhuis*, Ibrāhīm's sacrifice of his son, S. 136.

[389] *Rašīd ad-Dīn*, jüdischer Herkunft, war Leibarzt und Wesir am Hof von Tābris, Verfasser einer „Geschichte der Kinder Israels" (*ta'rīḫ banī Isrā'īl*), in der er die jüdische Geschichte mit den Augen der nachbiblischen jüdischen Tradition, jedoch in ihrer koranischen Rezeption, erzählt. Übersetzung und Kommentierung dieses Passus aus Sura 37 bei: *S. Schreiner*, Die „Bindung Isaaks" in islamischem Gewande, S. 49–55.

[390] Ṣūfī, Nachweis bei F. Leemhuis, Ibrāhīm's sacrifice of his son, S. 136.

[391] *ʿAbbās Maḥmūd al-ʿAqqād*, Ibrāhīm – Abū l-anbiyā', S. 82.

	nur Isḥāq	Isḥāq / Ismāʿīl mit Präferenz Isḥāq	nur Ismāʿīl
		Ahmad v. Denffer (1999)	Sayyid Quṭb (–1966) Ahmad v. Denffer (2001) Riffat Hassan as-Sayyid Ṭantāwī Ibn Rassoul Institut f. islam. Erziehung[392] SKD-Kommentar

Dieses Schaubild führt vor Augen, welche theologische Verschiebung stattgefunden hat. Manche der frühen Gewährsleute wie Ibn ʿAbbās und Muǧāhid vertreten beide Auffassungen; mit Ausnahme von al-Ḥasan al-Baṣrī tendieren aber die gewichtigeren Autoritäten – man denke nur an ʿAbbās b. ʿAbd al-Muṭṭalib, den Onkel des Propheten, sowie ʿAlī b. Abī Ṭālib und ʿUmar b. al-Ḫaṭṭāb als Vertraute Muḥammads und rechtgeleitete Kalifen, ebenso die Mehrzahl der direkten Prophetengefährten – zu Isḥāq, worauf sich die Anhänger der Isḥāq-Tradition wie aṭ-Ṭabarī und al-Qurṭubī berufen, so dass *Adel Theodor Khoury* hier eine eindeutige Tendenz sieht. Dass von dem Propheten selbst keine klare Entscheidung überliefert ist, überrascht nicht. Auf diese Weise können sowohl die frühe Präferenz für Isḥāq als auch die spätere Notwendigkeit im Zusammenhang mit der Legitimation Mekkas und der Wallfahrtsriten abgedeckt werden. Die Argumentation aṭ-Ṭabarīs wird während der klassischen Zeit weitgehend beibehalten. Manchmal ist keine eindeutige Position der Ausleger auszumachen, wenn die beiden unterschiedlichen Positionen nur referiert werden, ohne sich selbst festzulegen. Erst in der Zeit der politischen Bedrohung von außen durch Kreuzzüge und Mongolensturm, die sowohl die Schließung des Tors zum *iǧtihād* brachte als auch die Abschottung von den *ahl al-kitāb*, verlagert sich das Gewicht zu Ismāʿīl hin.

4.5.3.5 Westliche Rezeptionen der islamischen Bindungserzählung

Zwei Stimmen markieren sehr eindrücklich die Extreme westlicher Rezeption zwischen Märtyrertum und religiöser Euphorie:

Catherina Wenzel knüpft an die Geschichte der medinischen Juden an und spricht davon, Muḥammad opfere Isḥāq bzw. die Juden um Ismāʿīls willen:

---

[392] *Institut für islamische Erziehung* (Hrsg.), Qur'anische Geschichten, Stuttgart 2002, S. 61–66.

Es ergibt sich eine bedenkenswerte Konstellation: Muḥammad vollzieht eine Art Opferung Isaaks, indem er den einen jüdischen Stamm schlachtet und die anderen Juden aus Medina verbannt. Er opferte den zweiten Sohn um des ersten, um Ismael willen, den er in seinen Texten ins Haus zurückholt und verkehrt damit die biblisch-jüdische Geschichte. Der Erstgeborene rückt entgegen der hebräischen Tradition wieder an die erste Stelle, und über ihn wird muslimische Heils(geschichte) (sic) definiert – ein wesentlicher Zug muslimischer Identität.[393]

Man mag die Vorgänge in Medina mit gewisser Berechtigung durchaus so deuten können; man kann jedoch Sura 37 nicht in diesem Licht sehen, zum einen, da sie von Muḥammad nie wieder aufgenommen wird, zum anderen, weil Muḥammad selbst sich bezüglich der Identität des *ḏabīḥ* nicht festlegte. Die „Heimholung" Ismāʿīls geschieht vielmehr in der Erbauung der Kaʿba.

Dem völlig entgegengesetzt die Hoffnung und Zukunftsvision Hans Küngs zum Felsendom:

Durch die Gottesverehrung der Muslime ist dieser durch die Römer entheiligte und die byzantinischen Christen vernachlässigte heilige Platz neu geheiligt worden.[394]

Den Juden rät er, sich nicht durch die Halacha daran gehindert zu sehen, den Ort durch jüdisches Gebet neu zu heiligen und dort zu beten – nachdem in Küngs Buch zwei Seiten vor dieser Aussage der Ort doch durch das muslimische Gebet bereits wieder geheiligt wurde.

Ist es daher also völlig absurd zu glauben, dass nach einer religiös-politischen Regelung des Verhältnisses von Israelis und Palästinensern, Juden und Arabern an dieser heiligen Stätte Muslime, Christen und Juden zu dem einen Gott Abrahams, dem Gott der Lebendigen und nicht der Toten, beten könnten – in Stille oder in Zukunft vielleicht bei bestimmten Gelegenheiten auch gemeinsam?[395]

So hofft er, der Felsendom, jetzt ein „Zeitzeichen tragischer religiöser Spannungen", würde zu einem „Einheitszeichen der abrahamischen Ökumene, zu einem Dom der Versöhnung für die drei auf Abraham zurückgehenden Religionen" werden (702). Hier wird deutlich, wie eine ideologische Vorentscheidung großzügig sowohl über die Geschichte als auch über die Exegese der grundlegenden Texte hinweggeht.

---

[393] *C. Wenzel*, Und als Ibrahim und Ismail, S. 205.

[394] *H. Küng*, Das Judentum, S. 699. Im folgenden berichtet er, wie er noch während der Golfkrise im Felsendom gebetet habe, denn die Inschriften dort enthielten ja „die Mahnung, den Glauben an die Einzigkeit Gottes nicht aufzugeben" – wohl wahr, weshalb auch an dieser vormals zentralen Stätte für die jüdische und christliche Identität von ihren islamischen Erbauern mit Bedacht anti-trinitarische Koranverse ausgewählt wurden. Hier erweist sich, dass arabische Sprachkenntnisse einem allzu euphorischen Wunschdenken durchaus abträglich sein könnten.

[395] *H. Küng*, Das Judentum, S. 701.

4.5.3.6 Fazit

In Gen 22 erscheint Abraham als Inbild des Gehorsams, was zusammen mit Gen 12,1–3 gesehen werden muss. Abgesehen vom persönlichen Verlust eines Vaters geht es nicht nur um diesen einzigen Sohn. Er wurde nicht einfach gewählt, weil er das kostbarste Opfer darstellte, das einem Vater abverlangt werden konnte. Angesichts heidnischer Kinderopfer durch einen Herrscher, um die Götter zu besänftigen oder das Kriegsglück zu wenden, waren derartige Vorgänge im Umfeld der Verfasserschaft von Gen 22 nichts Außergewöhnliches. Isaak wurde zum Opfer erkoren, weil er die Verkörperung der Gottesverheißung an Abraham war, die Verheißung des Segens und eines großen Volkes. Angesichts des Alters Abrahams scheint dieser Befehl der Verheißung, Vater einer Menge von Völkern zu werden, zu widersprechen (Gen 17,5). An Isaaks Existenz hing die Existenz des verheißenen Volkes. Während heidnische Väter ihre Kinder opferten, um ihr Volk zu retten, war Abraham willens, Sohn und Volk zu opfern – ein Opfer allein um Gottes willen.

Die so großartige und theologisch bedeutsame Thematik der Aqedah – und wir haben noch gar nicht die patristische Rezeption und die allegorisch-christliche Deutung erwähnt –, der der Befund der koranischen Exegese gegenübersteht: eine frühmekkanische Sure, die nie wieder aufgenommen und weitergeführt oder variiert wird und die außer an einer einzigen, wenig prominenten Stelle in dem umfangreichen Hadithwerk nie wieder Erwähnung findet.[396] Die chronologische rezipientenorientierte Interdependenz lässt nur den Schluss zu, dass es in diesem koranischen Aqedah-Text im Grunde nur sekundär um die dramatische Ibrāhīm-Sohnes-Geschichte geht, auch nur sekundär um die Begründung der Ismāʿīl-Linie, vielmehr primär um Muḥammads persönliche Lebenssituation mit dem Verlust seiner Söhne von Ḫadīǧa. Paränetisch wird ihm am Paradigma Ibrāhīms wieder ein Sohn verheißen sowie die Weiterführung seiner Linie durch einen von Gott selbst verhinderten Sohnesverlust und eine erneute Sohnesverheißung. Dazu kommt, dass seine Anhängerschaft entweder zu jener Zeit oder bald danach nach Abessinien geflohen und nur wenige in Mekka zurückgeblieben waren. Zu den Repressalien und dem persönlichen Leid muss noch Anfechtung durch den Spott der Mekkaner wegen seiner Kinderlosigkeit dazugekommen sein. So zeigt sich auch in der koranischen Aqedah eben nur eine grobe, formalistische Paralle zu Gen 22; vielmehr haben wir es in Sura 37 mit einer völlig anderen Intention zu tun – letztlich dem Propheten Muḥammad selbst.

[396] *Aḥmad b. Ḥanbal*, Muwaṭṭa, Buch I, Nr. 306.

4.5.4 Auserwählung und Rechtleitung der Propheten

19,58[397]; 38,45–50[398]	(2. mekk.)
16,121[399]; 12,6.37–40[400]; 6,87–90[401]	(3. mekk.)
3,33[402]	(medin.)

In den Versen über die Erwählung Ibrāhīms können einige wenige Grundzüge islamischen Erwählungsverständnisses sichtbar werden:

Voraussetzung für eine Auserwählung. Nach der Auslegung *aṭ-Ṭabarīs* zu den „Leuten von Tatkraft und Einsicht" (38,45) verlangt es nach Leuten mit der Kraft, Gott zu dienen und ihm aufgrund innerer Einsicht zu gehorchen, zur Stelle 12,6 wurden Ibrāhīm, Isḥāq und Yaʿqūb auserwählt, weil sie der Gunst Gottes würdig waren. In aṭ-Ṭabarīs Auslegung zu 6,88 wendet Gott seine Freundlichkeit denen zu, die er liebt, damit sie zu seinem Gehorsam und zur Ablehnung der Götzen gelangen. Im Falle einer Zurückwendung zu den Götzen wäre der Lohn für ihre Taten nichtig.

Die in 3,33 Erwählten (u.a. die Sippe Ibrāhīms sowie die Sippe ʿImrāns) wurden um ihrer Religion willen auserwählt, „denn sie waren Leute des Islam". Gott selbst hat diese Religion allen anderen Religionen vorgezogen, die im Widerspruch zu ihr stehen. Von den Sippen Ibrāhīms (mit dem Nachkommen Muḥammad) und ʿImrāns (mit dem Nachkommen ʿĪsā), die nach Ibn ʿAbbās aufgrund ihrer Rechtschaffenheit von Gott bevorzugt wurden, gilt die Erwählung jedoch nur den Gläubigen unter ihnen, d.h. denjenigen, die ihm folgen und von derselben Religion sind. Diese Auffassung findet man auch bei *al-Qurṭubī*. Dabei seien mit der Sippe Ibrāhīms er selbst, Ismāʿīl, Isḥāq, Yaʿqūb und die Stämme sowie Muḥammad gemeint; andere denken, mit der Sippe Ibrāhīms sei ausschließlich Muḥammad gemeint. Der Rang Muḥammads allerdings übersteige den Rang dieser Sippen noch, da er *ḥabīb wa-raḥma* (Geliebter und Barmherzigkeit; 21,100) sei, wogegen die anderen Propheten für die Barmherzigkeit geschaffen und nur Muḥammad selbst Barmherzigkeit sei. Gott habe Ibrāhīm

> *… zum Vater der Propheten gemacht, denn es wird gesagt, dass aus seiner Nachkommenschaft tausend Propheten bis Muḥammad hervorgegangen sind, und ihn auserwählt, denn: Gott nahm ihn zum Freund, Gott rettete ihn aus dem Feuer, Gott machte ihn zum imām für die Menschen, Gott versuchte ihn mit Worten und schenkte ihm das Gelingen, so dass er sie alle erfüllte.*[403]

---

[397] *aṭ-Ṭabarī*, Tafsīr XVI, S. 97; SKD III, S. 1394; *Khoury*, Komm. X, S. 297; *al-Ghazālī*, S. 328f.
[398] *aṭ-Ṭabarī*, Tafsīr XXIII, S. 169–173; SKD IV, S. 2213f.; *Khoury*, Komm. XI, S. 101.
[399] *aṭ-Ṭabarī*, Tafsīr XIV, S. 190–192; SKD III, S. 1242; *Khoury*, Komm. IX, S. 109.
[400] *aṭ-Ṭabarī*, Tafsīr XII, S. 153f.217–220; SKD III, S. 1011.1030f.; *Khoury*, Komm. VIII, S. 211.230f.
[401] *aṭ-Ṭabarī*, Tafsīr VII, S. 262–266; SKD II, S. 497f.; *Khoury*, Komm. VI, S. 286–88.
[402] *aṭ-Ṭabarī*, Tafsīr III, S. 234; IV, S. 59–61; SKD I, S. 154; *Khoury*, Komm. IV, S. 74.
[403] *al-Qurṭubī*, Tafsīr IV, S. 61.

Nach *M. M. al-Ḥadīdī aṭ-Ṭair*[404] wird jeder Mensch in der *fiṭra*, der schöpfungsmäßigen Religion, geboren. Da die *fiṭra* Ibrāhīms eine der vollkommensten war, war sein Streben von Anbeginn darauf ausgerichtet, die Zeichen Gottes zu erforschen und zu erkennen – in einer geistigen Anbetung, die er beständig übte. Deshalb habe Gott ihn mit dem Prophetenamt und seiner Botschaft beauftragt. Wie er habe Muḥammad in der Höhle Ḥirāʾ diese Anbetung Gottes als Relikt der Religion Ibrāhīms gepflegt und so seine *fiṭra* gereinigt. Die Sündlosigkeit der Propheten (*ʿiṣma*) ist denn auch heute unter Muslimen ein Gut, das vehement verteidigt wird; so empört sich ein offensichtlich weit verbreitetes[405] Buch „*Aḫṭāʾ yağib an tuṣaḥḥaḥ fī t-tāʾrīḫ*" [Geschichtliche Fehler, die zu korrigieren sind][406] darüber, dass „im Altertum die Juden und in der Neuzeit die Orientalisten" die schlimmsten Lügen über Gott und seine Gesandten verbreiteten, indem sie sie als Trinker, Mörder, Ehebrecher beschrieben, kurz: mit Eigenschaften, die der Majestät der Propheten und ihrer Botschaft nicht angemessen seien.

Hier ist 6,88 noch einmal zu betrachten:

6,88 Jene Rechtleitung Gottes ist die,
womit Er rechtleitet, wen von Seinen Dienern Er will.
Wenn sie Ihm aber andere beigesellt hätten,
wäre für sie wahrhaftig zunichte geworden, was sie zu tun pflegten.

Im Kontext von Ibrāhīms monotheistischer Gotteserkenntnis muss dieser rätselhafte Vers in seiner Intention gesehen werden, dass der strikte Monotheismus der Kern des Glaubens ist. Alle Erwählung und Rechtleitung als Prophet, alles Mühen als Diener Gottes wird hinfällig, wenn die Sünde des *širk* begangen wird. Es stellt sich die interessante Frage, ob der *širk* eines Erwählten und Propheten ein hypothetisches Beispiel ist, um die Gewichtigkeit dieser Sünde zu illustrieren – oder es die Möglichkeit anspricht, dass selbst Propheten *širk* begehn können.

Wer aus der Nachkommenschaft Ibrāhīms wurde auserwählt? In den Aufzählungen der auserwählten Väter spiegelt sich die fortschreitende Kenntnis Muḥammads von den genealogischen Zusammenhängen und sortieren sich die Namen zu Gruppen und Familien. In der frühen Sura 19 zeigt die Wendung „Nachkommenschaft Ibrāhīms und Isrāʾīls" (19,58), dass noch keine genealogische Einordnung im Text möglich ist; darum fügt aṭ-Ṭabarī ein: „Aus der Nachkommenschaft Ibrāhīms Isḥāq und Yaʿqūb und Ismāʿīl, und von deren Nachkommen schließlich ʿĪsā und seine Mutter Maryam".[407] In 38,45 dann die Väterformel Ibrāhīm, Isḥāq, Yaʿqūb; die Variante von Ibn ʿAbbās und Kaṯīr liest hier den Sin-

[404] *M. M. al-Ḥadīdī aṭ-Ṭair*, Manhağ Ibrāhīm, S. 1835.
[405] Die Argumente dieses Buches tauchen in zahlreichen arabischen Internetforen der christlich-islamischen Kontroverse auf.
[406] *Masʿūd / Ğumʿa*, Aḫṭāʾ yağib an tuṣaḥḥaḥ fī t-tārīḫ, S. 5 f.
[407] *aṭ-Ṭabarī*, Tafsīr XVI, S. 97.

gular „gedenke Unseres Dieners Ibrāhīm, sowie Isḥāqs und Yaʿqūbs“[408] in dem Versuch, im Text eine genealogische Abstufung sichtbar zu machen. Denselben Stand zeigt 12,6, wo Ibrāhīm und Isḥāq als die beiden Väter (Dual) Yaʿqūbs erwähnt werden als die Linie derer, an denen Gott „seine Gunst vollendet“ (aufgenommen in 12,28).

Wodurch zeigt sich Auserwählung? Nach 38,46, dessen Übersetzung unsicher ist – was sich auch an den unterschiedlichen Deutungen in den Kommentaren zeigt –, hat Gott die Auserwählten „mit einer Besonderheit“ versehen: ihrem Gedenken an das Jenseits, weshalb sie bereits im Diesseits gute Werke taten, Gott gehorchten und seine Gebote beachteten sowie die Menschen zum Gedenken an das Jenseits aufriefen. Nach der Auslegung zu 12,6 zeigte Gott seine Gunst gegen Ibrāhīm darin, dass er ihn zum Freund nahm und aus dem Feuer rettete, sowie gegen Isḥāq in der Auslösung durch ein großes Schlachtopfer. Zu 6,87 wird „Auserwählung“ von aṭ-Ṭabarī nicht erläutert, sondern nur paraphrasiert: aussondern, auswählen für sich selbst; manche verstehen darunter die Reinigung von Polytheismus. Den Auserwählten ist nach 6,89 Schrift, Urteilsvermögen und Prophetentum gegeben, was die Erkenntnis der Gebote bedeute; nach Muǧāhid verleihe Gott den Verstand durch die Schrift.

Nicht alle Koranstellen bedingen jedoch einen bereits vollkommenen Menschen: nach 21,73 gibt Gott ihnen zunächst ihre guten Werke und Pflichten ein, nach 21,74 gibt er dem Propheten „Urteilskraft und Wissen“.

Ziel der Auserwählung ist das Weitertragen der Botschaft Gottes[409] und der Gehorsam gegen Gott und seine Botschaft.[410] Durch die Rechtleitung schenkte Gott den genannten Propheten das Gelingen, darum solle jeder sie zum Vorbild nehmen, oder in anderen Worten: Gott selbst macht sie zu Vorbildern (2,124; 21,73).

Das koranische Erwählungsverständnis ist nach Wansbrough „a reflex of the Biblical election tradition“;[411]

> God's blessings on a person, or more obviously on a city, or His choice or election of a person or a nation, can equally be and, indeed, are stated by the Qur'ān in terms of natural causes. Certainly there is no irreversible election in the Qur'ān.[412]

Hier liegen grundsätzliche Differenzen im Erwählungsverständnis: Erwählung ist im Koran an Voraussetzungen geknüpft, ergeht also nicht aus dem freien Erwählungswillen Gottes, *sola gratia*, sondern bedingt bestimmte Vorleistungen bei der zu erwählenden Person. Daher kann Erwählung auch selbst bei Pro-

[408] *aṭ-Ṭabarī*, Tafsīr XXIII, S. 169.
[409] *aṭ-Ṭabarī*, Tafsīr XVI, S. 97.
[410] *aṭ-Ṭabarī*, Tafsīr XXIII, S. 172.
[411] *J. Wansbrough*, Qur'anic Studies, S. 4.
[412] *F. Rahman*, Major themes of the Qur'ān, S. 56.

pheten verloren gehen, wenn die Voraussetzungen wegfallen, etwa wenn sie *širk* begehen (6,87 f.).

4.5.5 Ewiger Lohn der Gläubigen

(26,90); (21,75) (2. mekk.)
(16,122); 29,27[413] (3. mekk.)
Der Koran betont stets eine doppelte Belohnung der Gläubigen, sowohl im Diesseits als auch im Jenseits. Dabei hat die sichtbare irdische Belohnung durchaus eine zweifache Funktion: zum einen wird durch die materielle Belohnung in Form von Gütern und die ideelle Belohnung in Form von Siegen die Richtigkeit der Religion bestätigt, zum anderen ist das Sichtbare Garant für das Unsichtbare.

29,27 Und Wir gaben ihm (Ibrāhīm) seinen Lohn im Diesseits.
Und im Jenseits gehört er zu den Rechtschaffenen.

Nach aṭ-Ṭabarī wird Ibrāhīm irdischer Lohn für die Prüfung um Gottes willen zuteil – ein rechtschaffener Sohn, Gesundheit, „das gute Lob" und dass ihn jede Glaubensrichtung zu ihrem Schutzherrn mache.[414] Der Lohn im Jenseits stehe dem Lohn im Diesseits um nichts nach.

Um der verbreiteten Ansicht entgegenzutreten, Muslime würden sich nur aufgrund der äußeren Verlockungen nach dem Paradies sehnen, zitiert al-Qurṭubī ein Hadith von Mālik b. Dinār:

Selbst wenn die Welt aus vergänglichem Gold und das Jenseits aus bleibendem Ton wäre, so wäre es unsere Pflicht, bleibenden Ton vor vergänglichem Gold zu bevorzugen. Wie also sollte man dann das bleibende Gold des Jenseits nicht wählen, wo doch diese Welt tatsächlich nur aus vergänglichem Ton ist![415]

Ihm geht es darum, den Vorrang des Unvergänglichen vor dem Vergänglichen aufzuzeigen.

Neben aller sinnlichen Farbigkeit, in der das Paradies geschildert wird, findet man auch die Umschreibung: „in Unsere Barmherzigkeit eingehen" (21,75).[416]

---

[413] *aṭ-Ṭabarī*, Tafsīr XX, S. 143–44.

[414] Nach *Qatāda* (60–111/679–730) gebe es keine Glaubensgemeinschaft, die ihn nicht zu ihrem Schutzherrn gemacht habe – offenbar der Keim einer umfassenden Abrahamischen Ökumene bereits im 1./2. Jahrhundert *hiğra*!

[415] *al-Qurṭubī*, Auslegung zu 87,17.

[416] Wobei hier nicht unumstritten ist, dass damit das Paradies gemeint sei. Ibn Zaid sagt, es bedeute, in den Islam einzugehen (*aṭ-Ṭabarī*, Tafsīr XVII, S. 50).

Exkurs 2: „Strafe und Lohn“ innerhalb der dualistischen Weltsicht des Korans

Die Wortpaare „Lohn – Strafe“ und „Rettung – Verderben“ weisen auf ein wichtiges Prinzip des Koran hin, das auffallend oft, fast bei jedem Thema, begegnet: das dualistische Prinzip der Gegensatzpaare.[417] Aussagen werden selten aus sich selbst heraus entwickelt, sondern meist als Gegensatz und in Abgrenzung zu einer anderen Aussage und zwar stets nach einem Positiv-Negativ-Schema, wobei sich positiv und negativ aus ihrer jeweiligen Haltung zu Gott ergeben. So besteht schon die ašʿaritische Weltvorstellung in der Annahme, dass die Beziehung zwischen dem Göttlichen und dem Menschlichen in der Trennung, ja sogar im Widerspruch und Antagonismus begründet ist.[418] Nach Naṣr Ḥāmid Abū Zaid beruht letztendlich das Konzept der von den Muslimbrüdern propagierten Gottesherrschaft (*ḥākimīyat Allāh*) mit ihrem dichotomen Weltbild auf solchen Dualismen.[419]

Toshihiko Izutsu[420] hat zudem anhand der koranischen Semantik nachgewiesen, wie stark „Weltanschauung“, „nature and structure of the world-view of a nation“ durch sprachliche Schlüsselbegriffe zum Ausdruck gebracht werden, die niemals für sich alleine betrachtet werden können. Vielmehr ist es Aufgabe der Exegese, sie in ihrem Gesamtkontext und ihrem Verhältnis zueinander zu erschließen, da sie ihre jeweilige genaue Bedeutung erst durch ihre Stellung in diesem Kontext („conceptual network“) und ihrer Beziehung zueinander erhalten. So ziehe die Übernahme vorislamischer Begriffe in das Gesamtsystem koranischer „Weltanschauung“ stets eine Bedeutungsverschiebung bis hin zur Umdeutung nach sich. Wie in dieser Arbeit nachgewiesen wird, trifft das auch auf Begriffe aus dem jüdisch-christlichen Kontext zu. Innerhalb der hermeneutischen Exkurse lässt sich die Verschiebung leicht und anschaulich nachweisen.

Im Folgenden beispielhaft nur einige dieser Gegensatzpaare, die eng mit der Ibrāhīm-Erzählung verbunden sind; nicht selten finden sie sich im selben Vers und verleihen ihm so einen Entscheidungs- und Scheidungscharakter:
Gott – die Götzen / *Allāh – al-āliha*
Bekenner des einen Gottes – Polytheist / *mutawaḥḥid – mušrik*
Einsheit Gottes – Beigesellung / *tauḥīd – širk*
Gott – Mensch / *Allāh – insān*
eure Religion – meine Religion (109,6) / *dīnī – dīnuka*
Religion, Glaube, Islam – Unglaube / *dīn, īmān, islām – kufr*
Diesseits – Jenseits / *dunyā – āḫira*
Rechtleitung – Irregehen / Irreführung / *hudā – ḍalāla*
lässt leben – lässt sterben / *yuḥyī – yumītu*
Lohn – Strafe / *aǧr – ʿaḏāb*
Früchte (für Gläubige) – Strafe des Feuers (für Ungläubige) / *ṯamarāt – aʿḏāb an-nār*
Wissen – Unwissenheit / *ʿilm – ǧāhilīya*

---

[417] *H. Zirker* (Der Koran. Zugänge und Lesarten, S. 148–150) nennt es die „dualen Strukturen“ des Koran, die keine verhandelbaren Zwischentöne kennen würden.

[418] *Nasr Hamid Abu Zaid*, Islam und Politik, 162.

[419] A. a. O., S. 80. Siehe dazu auch: *Christoph Burgmer*, Das steht so im Koran, Einleitung zu: *ders.*, Streit um den Koran, 7–13, hier: S. 10.

[420] *Toshihiko Izutsu*, God and Man in the Koran. Semantics of the Koranic Weltanschauung, Tokyo 1964, S. 11–17; 43–45.

Man kommt nicht umhin, bei Strafe und Lohn Gen 18 mitzubedenken. Dort lässt Gott mit sich handeln, und Abraham hat durch seine Fürbitte die Möglichkeit, das Handeln Gottes zu beeinflussen. Im Koran dagegen kann der Mensch nur sich selbst ändern und Buße tun – und dadurch der Strafe entgehen. Gottes Reaktion dagegen liegt außerhalb der Reichweite der Menschen.

Auch Martin Bauschke verwendet ein Gegensatzpaar, um die Verkündigung Muḥammads zu charakterisieren, er nennt sie „Droh- und Frohbotschaft".[421]

4.6 Aspekte des Prophetenamtes Ibrāhīms

4.6.1 Ibrāhīms natürliche Gotteserkenntnis

(37,88–89), 19,43[422] (2. mekk.)
6,75–79[423] (3. mekk.)

Der Midrasch und später die Kirchenväter beschreiben Abraham als Kind ungläubiger Eltern, inmitten einer paganen Umgebung und auf der Suche nach dem einen, dem wahren Gott; diese Suche und Erkenntnis wird immer auf die Beobachtung der Himmelskörper zurückgeführt, die ihn zum Glauben an den wahren Gott geführt habe.[424]

Im altarabischen Polytheismus war die Verehrung der Gestirne von höchster Bedeutung. So wird denn im Koran Ibrāhīm als Gottsucher inmitten heidnischer Umgebung, der Gott selbständig zu erkennen vermag, eingeführt. Allerdings hatte Muḥammad bereits fast zwölf Jahre Verkündigung hinter sich, als er – nachdem er in den Prophetenzyklen der 2. mekkanischen Periode schon fast die

[421] *M. Bauschke*, Der Spiegel des Propheten, S. 29.

[422] *aṭ-Ṭabarī*, Tafsīr XVI, S. 89; SKD III, S. 1388; *Khoury*, Komm. IX, S. 295.

[423] *aṭ-Ṭabarī*, Tafsīr VII, S. 244–252; *ar-Rāzī*, at-Tafsīr al-kabīr, Beirūt 1415/1995, XIII, S. 29–47; *Ibn Kaṯīr*, Tafsīr al-Qur'ān al-ʿaẓīm, Beirūt 1403/1983, II, S. 139–141; SKD II, S. 491–494; *Khoury*, Komm. VI, S. 283–285; *T. Nagel*, ‚Abraham, der Gottesfreund'. Deutungen muslimischer Korankommentatoren, S. 150–164.

[424] Jubiläenbuch c. 12,16 ff.; *Philo*, De Abrahamo § 60; Apokalypse Abrahams; Ma'ase Abraham; *H. Speyer*, Biblische Erzählungen, S. 124–128; *O. Boehm*, The Binding of Isaac, S. 13; *Chr. Reemts*, Abraham in der christlichen Tradition, S. 248. Da das Jubiläenbuch vollständig nur in äthiopischer Übersetzung erhalten ist, die aus der griechischen Version stammt, nimmt Speyer an, dass es die Christen waren, die Muḥammad diese „Sage" erzählt hatten; bei den Juden sei sie erst wesentlich später populär geworden (127 f.). In Antiquitates Judaicae I, 154–155 charakterisiert Josephus Abraham als Mann von großer Einsicht und Kenntnis in allen Dingen, von größerer Tugend als seine Zeitgenossen. Daher habe Abraham als erster erkannt und propagiert, dass Gott, der Schöpfer des Alls, einer sei. Unter anderem habe Abraham dies aus seiner Naturbeobachtung abgeleitet. Abraham gilt als großer Kulturträger, Forscher und Erfinder, der Wissenschaft und Kultur von den „Chaldäern" zu den Ägyptern brachte, von wo sie nach Griechenland kam (Antiquitates Judaicae I, S. 166–168). Die Kirchenväter, etwa Clemens von Alexandrien und Ambrosius, überliefern zwar die Legende der astronomischen Beobachtungen Abrahams, jedoch weit weniger ausführlich als im Judentum und später im Islam.

gesamte Lebensgeschichte Ibrāhīms erzählt hatte – nun kurz vor der *hiǧra* erstmals auch den Beginn, seine Bekehrungsgeschichte, erwähnt.[425]

Seine Heimatstadt soll die reiche südmesopotamische Handelsstadt Ūr[426] gewesen sein, Zentrum des Astralkultes mit der Zikkurat, dem von König Ūr-Namū errichteten, dem Mondgott Sin geweihten Hochtempel, im Mittelpunkt.[427] Der Name Ūr wird im Midrasch Bereschit Rabba 44,13 als *ur(a)* (Flamme, Feuer) interpretiert, daher die Erzählung vom „Feuerofen der Chaldäer", eine sekundäre Interpretation des Ur-Kasdim. Nur den Geschichts- und *qiṣaṣ*-Werken ist zu entnehmen, dass König Nimrūd, einem der insgesamt vier Weltherrscher, standesgemäß von seinen Wahrsagern und Astrologen die Geburt eines Kindes angekündigt wird, das die „Religion der Erdenbewohner ändern und dein Verderben und der Untergang deiner Herrschaft" sein werde.[428] Die Ruinen des etwa 30 Zimmer umfassenden Gebäudes, das als Geburtsstätte Ibrāhīms gilt, beherbergen ein ausgeklügeltes Wassersystem und deuten auf den Reichtum der Familie Ibrāhīms.

Die persönliche Voraussetzung Ibrāhīms war sein *qalb salīm* (gesundes Herz, 37,84), das ihn empfänglich machte für die Wegweisung Gottes (6,75). Im Ḥadīṯ ist ein gereinigtes Herz nicht nur Voraussetzung für Muḥammads Berufung; die Reinigung wird jeweils als Einleitung und unmittelbare Voraussetzung für seine Nacht- und Himmelsreise erzählt:

Die Engel (…) hoben ihn zuerst hoch und setzten ihn an der Quelle Zamzam ab. Dann übernahm ihn Ǧibrīl, schnitt ihn auf von seinem Hals bis zum Brustbein,[429] *leerte seinen Brust- und Bauchraum und wusch ihn eigenhändig mit Wasser von Zamzam, bis sein Inneres rein war. Dann wurde ihm eine flache Schale aus Gold gebracht, in der ein kleines goldenes Gefäß war, gefüllt mit Glauben und Weisheit. Damit füllte er seine Brust und seine Halsschlagader*[430] *und verschloß ihn wieder.*[431]

---

425 Im Zuge biographischer Notwendigkeit beginnt jede Ibrāhīmbiographie als chronologische Darstellung, die sich ausschließlich auf den Korantext stützt, mit seiner Bekehrung. So *H. Speyer*, Die biblischen Erzählungen im Qoran, S. 120, *B. Wheeler*, Prophets in the Quran, S. 83. Im Gegensatz dazu beginnen diejenigen, die die Tradition miteinbeziehen, mit Genealogie und Kindheitsgeschichten. – Da diese Darstellung sich so weit wie möglich an der koranischen Chronologie orientiert, wird hier die Geburts- und Kindheitsgeschichte erst im Zusammenhang mit den Nimrod-Versen behandelt, die aus der medinischen Zeit stammen.

426 Die Ausgrabungen in Ur begannen im Jahre 1850 durch britische Archäologen; in den Jahren 1922–34 wurde auch die Zikkurat ausgegraben.

427 Landkarte des antiken Zweistromlandes und Skizze Urs mit Zikkurat und Tempeln in: Aṭlas tā'rīḫ al-anbiyā' wa-r-rusul, S. 86–88; die Wanderwege Ibrāhīms S. 91.

428 *aṭ-Ṭabarī*, Tā'rīḫ ar-rusul wa-l-mulūk I, S. 234; *aṯ-Ṯaʿlabī*, Qiṣaṣ al-anbiyā', S. 63.

429 Die Legende der Brustöffnung wird durch eine falsche buchstäbliche Erklärung von 94,1 („Haben Wir dir nicht deine Brust geweitet?") hergeleitet.

430 „Halsschlagader" ist im Text eingefügt, da das originale *laġādīd* eigentlich das Fleisch im Kinnbereich meint (Lane VII, S. 2664; Wehr S. 775). Nach Fatḥ al-Bārī wird nicht nur das Innere Muḥammads gefüllt, sondern Glauben und Weisheit gleichsam als Infusion in seine Blutgefäße eingeflößt. Interessant ist die Stelle, an der dies geschieht: nämlich an der Halsschlagader, an der beim Opfertier das Blut beim Schächten austritt.

431 *al-Buḫārī*, Bd. IV bad' al-ḫalq, bāb 54, Nr. 429 (mit 29 Parallelen).

Gleich zu Beginn der 2. mekkanischen Periode finden die Sterne, die in 6,75–79 Anstoß zu Ibrāhīms Gotteserkenntnis sein werden, Erwähnung, jedoch in einem äußerst unklaren Zusammenhang:

37,88 Dann warf er einen Blick zu den Sternen
38,89 und sagte: „Ich bin krank."

Diese offensichtliche Lüge, von der noch ausführlicher die Rede sein wird, beschäftigte die Kommentatoren, besonders unter dem Gesichtspunkt, dass später die Lehre von der Sündlosigkeit der Propheten entwickelt wurde. Im Ḥadīṯ sind seine drei Lügen dann Grund dafür, dass Ibrāhīm zur eschatologischen Fürbitte nicht geeignet sein wird.[432] Daher versuchen die Kommentare, die Lügen abzumildern, zunächst, indem sie zu Zweifeln abgeschwächt, dann, indem sie zu „guten Lügen" umgedeutet werden: Lügen, die letztlich einem guten Zweck dienen, seien nicht verboten. Darunter fallen das Belügen eines Tyrannen, wenn dadurch Unrecht verhindert werden kann, das Herbeiführen von Versöhnung unter Menschen oder das Belügen der Ehefrau, um ihre Gunst zu gewinnen oder das Scheitern einer Ehe abzuwenden, ferner die Kriegslist. So kann Ibn Ḥazm erklären: „Wer meint, Ibrāhīm habe gelogen [gemeint ist: im negativen Sinn], der ist ungläubig."[433]

Über eine Erkenntnis, die ihn von seiner Umgebung unterscheidet, spricht Ibrāhīm bereits Mitte der 2. mekkanischen Periode: von einem Wissen, das ihm – im Gegensatz zu Vater und Volk – zuteil wurde:

19,43 O mein Vater, zu mir ist etwas vom Wissen gekommen,
was zu dir nicht gekommen ist.
Darum folge mir, auf dass ich dich einen ebenen Weg leite.

Aṭ-Ṭabarī[434] klärt jedoch nur, welches der „ebene Weg" sei, nicht jedoch die Art und Weise, wie und weshalb dieses Wissen auf Ibrāhīm kam. Er will nun seinem Vater jene Rechtleitung und jenen Weg weitergeben, „auf dem du nicht irregehen wirst. Das ist die Religion Gottes, bei der es kein Umherschwanken gibt."[435]

---

[432] Rein rechnerisch sind es fünf Lügen: 37,89 (die Vorschützung einer Krankheit), 6,76 (als er die Gestirne seinen „Herrn" nennt), 21,63 (dass er die Schuld an der Zerstörung der Götzen auf den größten schob), 2,260 (seine Zweifel bezüglich der Auferweckung der Toten), und seine Lüge betreffs Sārā, die er als seine Schwester deklarierte (nur in der Tradition, *al-Buḫārī* 4.343; vgl. Gen 12,10–20; 20,1–18). Die Tatsache, dass im zoroastrischen Sozialgefüge die Grenzen zwischen Ehefrau und Schwester fließend waren, gibt dieser letztgenannten „Lüge" einen bislang wohl kaum beachteten Aspekt (Hinweis Gabriele Dold-Ghadar).

[433] *Ibn Ḥazm al-Andalusī*, Al-faṣl fi l-milal wa-l-ahwā' wa-n-niḥal IV, S. 5–7.

[434] *aṭ-Ṭabarī*, Tafsīr XVI, S. 89.

[435] Synonym dazu wäre der *ṣirāt al-mustaqīm* (der gerade Weg) aus der Fātiḥa, der sich auch inhaltlich hier anschließt, wenn er sich im letzten Vers 1,7 nach übereinstimmender Meinung der Exegeten von Juden und Christen abgrenzt.

Die eigentliche Erkenntniserzählung fällt in die letzte mekkanische Zeit, kurz vor der *hiǧra*,[436] und führt exemplarisch das Hauptthema von Sura 6 aus, die offenkundige Schöpfermacht des einen Gottes, angesichts dessen die Mekkaner trotzig darauf beharren, dass es noch andere Numina gebe. Eingebettet ist die Gotteserkenntnis in die Auseinandersetzung Ibrāhīms mit seinem Vater (6,74) und seinem Volk (6,80), denn nach ar-Rāzī[437] eignet sich gerade Ibrāhīm besonders gut in der Auseinandersetzung sowohl mit Polytheisten als auch mit Juden und Christen, da er bei allen eine hohe Stellung einnimmt. Die Reihenfolge der Verse – zuerst Tadel des Vaters ob dessen Irrtum, dann Erkenntnis Gottes, danach Streit mit dem Volk – setzt überraschenderweise die Erkenntnis der richtigen Religion *vor* die Erkenntnis Gottes!

6,75 Und so zeigten Wir Ibrāhīm das Reich der Himmel und der Erde,
und damit er zu den Überzeugten gehöre.

Während die Suche nach der Gebetsrichtung 2,144 als ein orientierungsloses Hin- und Herwenden zum Himmel geschildert wird, verläuft die eigentliche Gottessuche im geregelten Rahmen des von Gott Bereiteten. Die Verse 6,76–79 wären ein geradezu klassisches Beispiel der Erkenntnis Gottes aus der Schöpfung. Allein der Kontext bereitet Schwierigkeiten: Die richtige Gotteserkenntnis, die Voraussetzung für einen theologischen Disput ist, steht erst an dritter Stelle; vorangestellt ist der Beginn eines Disputs, zunächst mit dem Vater, der jedoch unterbrochen und 6,80 auf das Volk ausgeweitet wird. 6,75 zeigt als Initiator der Erkenntnis Gott selbst. Nicht Ibrāhīm macht sich aus eigenem Antrieb auf die Suche, sondern Gott bereitet die Szenerie vor, mit dem klaren Ziel, Ibrāhīm zum Kreis der Überzeugten zu bringen. Das erweckt den Eindruck des Konstruierten.[438] Gerade diese Einbettung ist es auch, die dann unterschiedlichsten Auslegungen Raum geben wird.

Die Endung von *malakūt* weist auf aramäischen Ursprung, wo es – wie auch im Koran – die doppelte Bedeutung von βασιλεία und ἡγεμονία hat.[439] Paret[440] folgt Ahrens, der *malakūt* als jüdisch-christlichen Begriff, nämlich βασιλεία τῶν οὐρανῶν, verstand, „dessen wirklichen Sinn Muhammad nicht erfaßte", sondern als „Herrschaft über die Himmel" verstanden habe, was auch der Kontext nahelegt.

[436] Die hier relevanten Verse fallen nach Überzeugung aller Ausleger in die mekkanische Zeit (*T. Nagel*, Medinensische Einschübe, S. 20–28).

[437] *ar-Rāzī*, at-Tafsīr al-kabīr XIII, S. 29.

[438] Die Frage, ob 6,75 ein späterer – im Lichte der theologischen Entwicklung dann korrekter, bzw. korrigierender – Einschub sein könnte, wurde meines Wissens noch nicht diskutiert, wäre jedoch bedenkenswert.

[439] *A. Jeffery*, Foreign vocabulary, S. 271. Im heutigen arabischen AT *malakūt* außer bei Daniel (v. a. 7,14) nur in 1. Chr 17,15; ansonsten nur neutestamentlich; hebräisch מַלְכוּת bzw. aramäisch *malkhu* oft.

[440] *R. Paret*, Kommentar, S. 144 f.

In seinem philologischen Teil leitet aṭ-Ṭabarī den aus dem Hebräischen stammenden Plural *malakūt* mit Hilfe von – unbekannten – Analogien ab aus *mulk* (Besitz, Herrschaft) und vermittelt so den Eindruck eines genuin arabischen Plurals. Dass der Terminus tatsächlich jedoch nicht unumstritten war, zeigen die Erklärungsversuche: Einige verstehen *malakūt* als Synonym zu *ḫalq* (die Erschaffung, das Erschaffene), andere als „Zeichen". Dann rekapituliert aṭ-Ṭabarī die Meinungen der frühen Ausleger, die in dieser Weise natürlich nur in der islamischen Frühzeit zu finden sind – und dann erst wieder bei dem Rationalisten ar-Rāzī. Nach Muǧāhid wurden Ibrāhīm die sieben Himmel geöffnet bis zum Thron Gottes, danach die sieben Erdschichten, so dass er in beides Einblick bekam. Ähnlich as-Suddī:

Ibrāhīm wurde auf einen Felsen gestellt, und ihm wurden die Himmel geöffnet. Und er sah die Herrschaft Gottes darin, bis er sogar seinen[441] *Platz im Paradies sah. Und ihm wurden die Erden geöffnet, so dass er das Unterste sah. Das bedeutet: wir haben ihm seinen Lohn im Diesseits beschert. Man sagt: Wir zeigten ihm auch seinen Platz im Paradies.*[442]

Ar-Rāzī nimmt zwar dieses Bild auf, nach dem Gott für Ibrāhīm den Himmel spaltet, bis er den Thron Gottes sieht, sowie die Erde mittendurch, aber nur um das Sehen der inneren Augen und der Vernunft über das physische Sehen der Augen zu stellen, denn: „Die Majestät Gottes kann nicht gesehen werden, sondern wird durch die Vernunft erkannt."[443] Ibn Kaṯīr[444] lehnt schließlich jedes physische Sehen kategorisch ab, die entsprechenden Hadithe bei aṭ-Ṭabarī diskreditiert er jedoch nicht in Bezug auf ihren Inhalt, sondern kritisiert den *isnād* als zweifelhaft. Für alle steht unzweifelhaft fest, dass Gott nicht gesehen werden kann (6,103), auch nicht in seiner Schöpfung, sondern nur seine Zeichen, die auf seine Attribute hinweisen. Daher wird von Sunniten auch der Ausspruch der Sufis abgelehnt, nach dem Gott gesagt haben soll: „Ich war ein verborgener Schatz und wünschte erkannt zu werden, darum schuf ich die Schöpfung."[445]

Manche setzen nach aṭ-Ṭabarī wie in den *qiṣaṣ* den Zeitpunkt der Gotteserkenntnis bei Ibrāhīms Kindheit in der Höhle an; da habe ihm Gott die *malakūt* der Himmel gezeigt, nämlich Sonne, Mond und Sterne sowie die *malakūt* der Erde, Berge, Bäume und Meere. Die Frage, weshalb Gott Ibrāhīm diesen Einblick gab, beantwortet Usāma völlig losgelöst vom weiteren Kontext und zudem wenig schmeichelhaft: Ibrāhīm habe geprahlt und sich den Barmherzigsten auf Erden genannt. Da habe Gott ihn emporgehoben über alle Geschöpfe, so dass er

[441] Aus dem Text wird nicht deutlich, wessen Platz Ibrāhīm zu sehen bekam, seinen eigenen oder den Gottes, was dem Thron aus der Muǧāhid-Überlieferung entsprechen würde. Für den Bezug auf den Thron Gottes spricht, dass im Nachsatz aus späterer Ergänzung dieser theologische „Fehler" im Sinne eines Platzes Ibrāhīms korrigiert werden sollte.
[442] *aṭ-Ṭabarī*, Tafsīr VII, S. 244.
[443] *ar-Rāzī*, at-Tafsīr al-kabīr XIII, S. 36; Verweis auf die Vernunft auch bei Ibn Kaṯīr.
[444] *Ibn Kaṯīr*, Tafsīr al-Qur'ān al-ʿaẓīm II, S. 139.
[445] Vgl. *F. Rahman*, Major themes of the Qur'ān, S. 8.

ihre Taten sehen konnte, wie sie frevelten. Als er Gott bat, sie wegen ihrer Sünde zuzuschütten, sagte Gott zu ihm: „Ich bin barmherziger als du gegen meine Geschöpfe. Geh hinab! Sie mögen Buße tun und zu mir zurückkehren."[446]

Aṭ-Ṭabarī bezieht *malakūt* auf den Herrschaftsbereich Gottes, Himmel und Erde; so wie er ihm die wahre Religion im Gegensatz zum Irrtum gezeigt hatte, so zeige er ihm nun die gesamte Schöpfung. Ebenso ar-Rāzī,[447] der die Form *malakūt* als Verstärkung von *mulk* (Herrschaft, Besitz) erklärt, so dass damit die Allmacht Gottes gemeint sei. Ibn Kaṯīr versteht darunter „Aspekte des Monotheismus" und die Tatsache, „dass es neben Gott keinen Herrscher gebe".

Nach aṭ-Tabarī zeigte Gott Ibrāhīm alles – in seiner inneren und äußeren Bedeutung und Dimension –, damit er sich zu dem einen Gott bekenne. Desgleichen zeigte er ihm auch den Irrtum, dem sein Volk anhing, nämlich die falsche Anbetung und Beigesellung.[448]

Bei aṭ-Ṭabarī findet sich auch eine sehr frühe Tradition, die aufgrund ihrer theologischen Anstößigkeit nicht in die kanonischen Hadith-Sammlungen aufgenommen wurde:

Ḫālid al-Ḥallāğ hörte von ʿAbd ar-Raḥman b. ʿAyāš:
Eines Morgens leitete der Gesandte Gottes das Gebet bei uns. Einer sagte zu ihm: „Noch nie habe ich jemanden glücklicher gesehen als dich an diesem Morgen." Er sagte: „Warum soll es nicht so sein, wo doch mein Herr zu mir gekommen ist in der besten Gestalt?" Er fragte mich nämlich: „Worüber streiten die höheren Himmelsbewohner, o Muḥammad?" Ich sagte: „Du weißt es am besten." Dann legte er seine Hand auf meine Schultern, und da wußte ich, was in den Himmeln und auf Erden ist. Dann rezitierte er 6,75.[449]

Der SKD-Kommentar läßt Ibrāhīm durch die physische Welt hindurchblicken, so dass er die geistige Welt dahinter sah. Gott führte ihn zum Sehen der „Gesetzmäßigkeiten des physischen Universums". Dieses Zeigen und Rechtleiten sei der Lohn für seine Aufrichtigkeit und „reine Natur". Die Erwähnung von Himmel und Erde meine, dass das gesamte Gesellschaftssystem auf dem Polytheismus beruhe, den Ibrāhīm erkannt und angegriffen habe, um ihn nach dem Grundsatz des *tauḥīd* umzuformen.[450]

---

[446] *aṭ-Ṭabarī*, Tafsīr VII, S. 246; ähnlich bei *Ibn Kaṯīr*.

[447] *ar-Rāzī*, at-Tafsīr al-kabīr XIII, S. 35 f.

[448] Bei *ar-Rāzī* (at-Tafsīr al-kabīr XIII, S. 34) in der umgekehrten Reihenfolge: So wie Gott ihm die Abscheulichkeit des Götzendienstes vor Augen geführt hatte, so zeigte er ihm jetzt das Reich der Himmel und der Erde.

[449] *aṭ-Ṭabarī*, Tafsīr VII, S. 247. Derselbe Hadith bei *Ibn Kaṯīr*, der eine bearbeitete Fassung bringt, in der die Hand Gottes „zwischen meinen Schultern lag, bis ich die Kälte seiner Finger bis in meine Brust hinein spürte. Da wurde mir alles offenbart, und ich erkannte es." (Tafsīr al-Qur'ān al-ʿaẓīm II, S. 140).

[450] Nach *Maudūdī*, SKD II, S. 491, Anm. 205 die klassische Gesellschaftsordnung des politischen Islamismus.

6,76 Als die Nacht über ihn hereinbrach, sah er einen ([451]) Stern.
Er sagte: „Das ist mein Herr."
Als er aber verschwand, sagte er:
„Ich liebe nicht die, die verschwinden."
6,77 Als er dann den Mond aufgehen sah, sagte er: „Das ist mein Herr."
Als er aber verschwand, sagte er:
„Wahrlich, wenn mein Herr mich nicht rechtleitet,
werde ich ganz gewiß zum Volk derer gehören, die irregehen."
6,78 Als er dann die Sonne aufgehen sah, sagte er:
„Das ist mein Herr. Das ist größer."
Als sie aber verschwand, sagte er:
„O mein Volk, ich sage dem ab,[452] was ihr (Ihm) beigesellt."

Ohne fremde Anleitung erfasst Ibrāhīm die Urreligion und liest aus dem Lauf der Gestirne die Wahrheit des Eingottglaubens ab.[453] In einer Umgebung des Astralkultes[454] muss eine solche Äußerung den Sprecher isolieren und außerhalb der Volksgemeinschaft stellen. Sie bedeutet nicht nur eine „Bekehrung" Ibrāhīms, sondern einen inneren Exodus, dem zu gegebener Zeit der äußere folgen muss und wird. Dass keine Institution der Heilsvermittlung ihn zu seiner Erkenntnis führte,[455] wird für die „Heilshierarchie" des Islam von Bedeutung werden.

Aṭ-Ṭabarī[456] zitiert Ibn ʿAbbās, dem zufolge Ibrāhīm den Stern so lange anbetete, bis er unterging, ebenso Mond[457] und Sonne. Dass er nach dieser Auslegung die Gestirne tatsächlich anbetete, widerspricht jedoch 6,74, wonach er zuvor bereits die „wahre" Religion erkannt hatte. Qatāda bemerkt, er habe sich dem jeweils Größeren und Helleren zugewandt.[458] Dann folgt wortwörtlich ein Zitat aus den Annalen des Ṭabarī,[459] in der über die Vorgeschichte Ibrāhīms berichtet wird. Dies ist insbesondere die Ankündigung der Sterndeuter, die ein Religion und Herrschaft gefährdendes Kind vorhersagen, die darauffolgende Inhaftierung aller schwangeren Frauen, außer Ibrāhīms Mutter, der Befehl eines Kindermordes

[451] SKD II, S. 492 schiebt hier ein: „leuchtenden" Stern, gemeint sei Jupiter oder Venus.

[452] *Elyas*: „Ich sage mich los"; *Paret* und *Khoury*: „Ich bin unschuldig".

[453] In einem Gedicht an Marianne von Willemer nennt Goethe ihn daher den „Herrn der Sterne", ein Gedanke, der dem Koran fern ist. (Zit. in: *T. Nagel*, Islam. Die Heilsbotschaft des Korans, S. 12)

[454] Vgl. die Astralisierung der Götter in Altsyrien; hier wird die Gesamtheit der Sterne mit der Götterversammlung identifiziert (*H. Gese*, Die Religionen Altsyriens, S. 168).

[455] *T. Nagel*, Islam. Die Heilsbotschaft des Korans, S. 13.

[456] *aṭ-Ṭabarī*, Tafsīr VII, S. 247–251.

[457] Für die meisten Nomadenvölker ist der Kreislauf des Mondes das Zeitmaß, nach dem sich der Kalender richtet, v. a. bei Völkern des babylonischen Kulturkreises; in der Entwicklung der Kenntnis von Mondphasen und Sternbildern hat die Sonne dagegen nur Bedeutung als Trennung zwischen Tag und Nacht.

[458] Dass Ibrāhīm zumindest vorläufig und versuchsmäßig den Astralkult pflegte, scheint für die frühe Exegese kein Problem gewesen zu sein. Erst später, als die Sündlosigkeit der Propheten von Anfang an behauptet wurde, wurde dies undenkbar.

[459] *aṭ-Ṭabarī*, Taʾrīḫ, S. 234–235.

am Euphrat, seine unbemerkte Geburt in einer Höhle, wundersame Ernährung und das beschleunigte Wachstum durch Gottes Eingreifen. Während die Mutter in der Öffentlichkeit behauptete, ihr Neugeborenes sei verstorben, ließ sich dieses eines Abends aus seiner Höhle hinausbringen und „machte sich Gedanken über die Erschaffung der Himmel und der Erde". Für Ibrāhīm stand von vornherein fest, dass nur derjenige, „der mich schuf und mir den Lebensunterhalt schenkte, mich ernährte und mir zu trinken gab" sein Herr sei, außer dem es keinen Gott gebe. Suchend sah er zum Himmel auf, sah hintereinander Wandelstern, Mond und Sonne und entschied sich für das jeweils Größere und Hellere. Erst der Untergang der Sonne führte ihn zu der Einsicht von 6,79. Daraufhin ging er zu seinem Vater, einem Bildhauer, der Götzenbilder fertigte[460] und gab sich als Sohn zu erkennen. Obwohl er sich seinem Vater nicht als Monotheist offenbarte, gab er die Statuen, die er im Auftrag seines Vaters verkaufen sollte, der Lächerlichkeit preis, indem sie zum Fluß brachte und sie aufforderte, zu trinken. Für aṭ-Ṭabarī war Ibrāhīm also von Anfang an, aus seiner *fiṭra* heraus, Monotheist, dessen einzige Frage nur war, *wer* denn dieser eine Gott sei.

Manche bestritten erwartungsgemäß die Erklärung von Ibn ʿAbbās, dass Ibrāhīm die Gestirne seinen Herrn genannt haben könnte. Ihr Argument: Es sei nicht möglich, dass Gott einen zurechnungsfähigen Propheten sendet, der seinen Herrn nicht sofort erkennt und nicht allem abschwören würde, was neben ihm existiert. Wenn es bei ihm Zeiten gegeben haben sollte, in denen er ein *kāfir* war, so sei es unmöglich, dass Gott ihn mit seiner Botschaft aussonderte. Die Propheten, die von Gott gewürdigt wurden, wurden dies, weil sie es verdient hatten und eben keine Ungläubigen waren. Wenn Ibrāhīm je eine derartige Äußerung gegeben haben sollte, dann sei sie nur als Polemik zu verstehen, um seinem Volk ihren Götzenkult drastisch vor Augen zu führen. Mit dem Hinweis, dass die Sterne heller leuchten als ihre – von Hand gefertigten – Götzen, mahnte und belehrte er sie. Aber er habe diese Sterne niemals selbst angebetet. Mit seiner Ironie habe er nur ihren Mangel an Vernunft aufzuzeigen wollen: „Wenn selbst die Sterne verschwinden, die doch so hell sind, wie könnt ihr dann noch eure Götzen anbeten, die überhaupt nicht leuchten?"[461] Damit verliert diese Szene ihren realen Charakter und wird zur pädagogischen Lehrstunde.

Eine andere Gruppe versetzt diese Phase des Suchens in seine Kindheit, in die Zeit vor seiner religiösen Mündigkeit, in der es weder Glauben noch Unglauben gegeben habe. Aṭ-Ṭabarī aber verwirft alle Spekulationen zur angeblichen Ehrenrettung Ibrāhīms als falsch; da es so geschrieben stehe, Gott selbst es also gesagt habe, sei Ibrāhīm tatsächlich von einem früheren Irrtum abgewichen und habe seinen Weg geändert.

---

[460] Die jüdische Überlieferung (ApkAbr und Philo, Abr.4), wonach Teraḥ Götzenbilder herstellte, wurde von der christlichen aufgegriffen. (*Th. Heithner*, Abraham in der Schriftauslegung, S. 22).

[461] *Ibn Ḥazm al-Andalusī*, Al-faṣl fi l-milal wa-l-ahwā' wa-n-niḥal, Bd. IV, S. 7.

Nach *al-Ghazālī* war der ausschlaggebende Punkt der Erkenntnis der, dass Ibrāhīm wusste, dass der wahre Gott seine völlig von ihm abhängige Schöpfung auch nicht einen Augenblick alleine und sich selbst überlassen würde. Gottes Anwesenheit sei notwendig, um die Elemente unter Kontrolle zu halten. Der Gang durch die Gestirne sei vielmehr der Pädagogik Ibrāhīms geschuldet, der sich mit dieser Argumentation auf die Ebene seiner Zuhörer begeben und sie in ihrer Vorstellungswelt abgeholt habe. [462]

Ar-Rāzī erklärt in seinem Tafsīr den Sternenkult als Teil des Götzendienstes. Zugleich dienen jedoch die Sterne als Gottesbeweis – obwohl sich ar-Rāzī bewußt ist, dass dieses äußerliche Sehen durchaus beides bewirken kann, Glauben wie Unglauben. Wer die Sterne verehrt, dem sind sie ein *ḥiǧāb* (Vorhang) vor Gott, wie alles, was man ihm beigesellt. Erst wer sich vom *širk* abwendet, dem wird diese Hülle weggenommen – so deutet ar-Rāzī in 6,75 die Gegenwartsform *nurī* statt des erwarteten Perfekts *araynā* (zeigen). Gott zeigt Ibrāhīm die Sterne, damit er ihn anflehe, noch mehr von Gottes Majestät, Heiligkeit, Hoheit und Größe erkennen zu dürfen.

So weist die gesamte Schöpfung auf die Existenz und Allmacht des Schöpfers hin, denn jedes Geschaffene bedarf eines Erschaffers, und so ist es der Zweck des Zeigens auf die Schöpfung, vom Zweifel über Nachdenken zum Wissen und damit zur Gewissheit zu gelangen. Das rein optische Sehen als physischer Vorgang wird so zum „Sehen des Herzens". Wer Gott so erkennt, der „sieht mit den Augen seiner Vernunft, hört mit dem Ohr der Vernunft, und dieses Schauen bleibt und vergeht nicht."[463] Zwar kann die Vernunft Gott niemals umfassend erkennen, aber sie nimmt das Herz und den Geist auf ihrer Reise zu Gott in Beschlag. Da Gottes Attribute unendlich sind, kann weder menschliches Gehirn sie auf einmal erfassen noch kann es einen Abschluss der Erkenntnis und des Wissens geben. Vielmehr gilt: „Das Reisen *zu* Gott hat ein Ende, aber das Reisen *in* Gott findet kein Ende."[464] Das Suchen des Herzens, das von Zweifeln geplagt wurde, und der Erkenntnisprozess selbst gleichen einer Reise der Vernunft von der Dunkelheit ins immer hellere Licht. Die Rede von Sternen, Mond und Sonne ist ein Hinweis auf die einzelnen Stufen der Erleuchtung bis hin zum „Leuchten der Sonne der Erkenntnis und des Monotheismus."[465]

Die *Sufis* verwerfen den äußeren Wortsinn und halten die Gestirne für engelhafte Lichtsubstanzen, deren Lichthaftigkeit nicht sinnlich zu erfassen sei und die in ihren Rangstufen der Vollendung divergieren. Im übrigen sei Ibrāhīm auch viel zu erhaben gewesen, um astronomische Körper für Gottheiten zu halten,

[462] *M. al-Ghazālī*, A thematic commentary on the Qur'an, S. 127.
[463] *ar-Rāzī*, at-Tafsīr al-kabīr XIII, S. 37.
[464] *ar-Rāzī*, at-Tafsīr al-kabīr XIII, S. 34.
[465] *ar-Rāzī*, at-Tafsīr al-kabīr XIII, S. 38.

wenn diese denn nicht untergegangen wären. Gegen diesen theologischen Irrtum spreche auch der einleitende V. 75.[466]

Ibn Katīr[467] stellt die Frage, weshalb Ibrāhīm überhaupt nach Einsicht in den Gestirnen suchen musste, wo Gott ihn doch längst als Monotheisten bezeichnet habe, der in der schöpfungsgemäßen Religion (*fiṭra)* geschaffen ist, ein Argument, das nun immer wieder auftauchen wird. Darum könne 7,76–79 auch eher der Bericht einer Debatte mit seinem Volk, als über die Einsicht Ibrāhīms sein und wäre somit Teil der folgenden Verse.

Rechtleitung (6,77) definiert *aṭ-Ṭabarī*[468] als das Leiten auf den Weg der Wahrheit, des *tauḥīd*, nämlich Gott als den einen und einzigen Herrn anzuerkennen; Irregehen bedeutet danach, den wahren Gott nicht anzuerkennen.

Als er die Wahrheit erkannt hatte, bekannte (šahida) Ibrāhīm und zeigte seine Opposition gegen sein Volk, das dem Nichtigen diente. Er war bereit, um Gottes willen alles auf sich zu nehmen und in der Wahrheit standhaft zu bleiben, obwohl sein gesamtes Volk gegen ihn war und ihn bekämpfte. Er sagte allem ab, um nur seinem Schöpfer zu dienen, dem Bleibenden, Immerwährenden, der lebendig macht und tötet.[469]

Wer wie Ibrāhīm sein Angesicht zu Gott richtet (6,79), wird als *ḥanīf* bezeichnet – in eindeutiger Front gegen die Polytheisten (*ḥanīfan wa-mā kāna min al-mušrikīna*).

Der *SKD-Kommentar* negiert einfach, dass es einen Sinneswandel bei Ibrāhīm gegeben habe. Nach seltsam poetischen Einführungsworten – „In dieser ‚Nacht' schienen (sic) es ihm wie nie zuvor, als ob der Stern ihm etwas sagen und ihm etwas zuflüstern wollte in Bezug auf das, was ihn beunruhigte" – wird der koranische Wortlaut zur „Allegorie", „Zwischenstadien des Nachdenkens", „Arbeitshypothese" und „verschiedene Manifestationen von Gottes Herrlichkeit" zerredet statt erklärt.[470]

Auch in moderner Erbauungsliteratur kann Ibrāhīm kein Heide gewesen sein, der erst durch Versuch und Irrtum den Weg zur rechten Gotteserkenntnis gehen musste. In einer Serie von Ibrāhīmgeschichten in der Zeitschrift al-Azhar lässt *Muṣṭafā Muḥammad al-Ḥadīdī aṭ-Ṭair* Ibrāhīm von frühester Jugend an die „Lebensweise der Gesandten mit beruhigtem Herzen, dass die Welt von Gott erschaffen ist und er keinen Teilhaber an seiner Herrschaft hat"[471] leben, quasi bereits als Monotheist mit klarem Dogma. Gott wählte ihn, den geistlich Leben-

466 *Muḥammad al- Ġazālī*, Über Rechtgläubigkeit und religiöse Toleranz. Eine Übersetzung der Schrift Das Kriterium der Unterscheidung zwischen Islam und Gottlosigkeit (Fayṣal at-tafriqa bayn al-Islām wa-z-zandaqa), Zürich 1998, S. 72. Dort die Refutation der sufischen Auslegung.

467 *Ibn Katīr*, Tafsīr al-Qur'ān al-ʿaẓīm (1983) II, S. 141.

468 *aṭ-Ṭabarī*, Tafsīr VII, S. 251.

469 *aṭ-Ṭabarī*, Tafsīr VII, S. 252.

470 SKD II, S. 492 Anm. 206.

471 *M. M. al-Ḥadīdī aṭ-Ṭair*, Manhaǧ Ibrāhīm – ʿalaihi s-salām – ilā l-ḥaqq, in: *Al-Azhar* Juli 1984, S. 1602–1609.1834–1839.

digen, aus, damit er die in Polytheismus Toten aus seinem Volk auferwecke. Die Gotteserkenntnis anhand der Gestirne ist für aṭ-Ṭair in Wirklichkeit nicht der Erkenntnisweg Ibrāhīms, sondern die Methode seines Rufs zum Glauben, seine „Argumentation *ad hominem*“[472] – wie ja auch der Titel des Beitrags zeigt: „Die Methodik Ibrāhīms in der *daʿwa* zur Wahrheit“. Pädagogisch richtig knüpft er mit seiner Demonstration an der Vorstellungswelt des Astralkults an, „geht ihnen mit der Zunge entgegen“ und „lockt sie gegen seinen eigenen Glauben mit ihrer Logik“. In Wirklichkeit habe er nie die Verehrung der Gestirne auch nur erwogen, sondern war durch seine besonders vollkommene *fiṭra*, die ihn stets zu den Wundern des Universums aufschauen und die Zeichen Gottes erkennen ließ, gefestigt.

Doch es gibt daneben auch die Auslegung von Fazlur Rahman, die dem Wortlaut des Korans am nächsten kommt: „Abraham arrives at monotheism by a gradual process of eliminating astral gods.“[473] Sie hat jedoch in der islamischen Theologiegeschichte kaum Anhänger.

Gemäß den Ausführungen im Koran steht also die Gotteserkenntnis nicht am Anfang der *vita* Ibrahims, wie es chronologisch zu vermuten wäre – und wie es die *qiṣaṣ* dann ausführen, indem sie die Kindheit Ibrāhīms in eine Höhle verlagern und ihn so in einen „Stand der Unschuld“ versetzen, in dem seine *fiṭra* nicht von seinem Volk korrumpiert werden kann.

Wenn nun gemäß der Interdependenz die Verortung im Leben Muḥammads gesucht wird, dann fügt sich dieser kognitive Gottesbeweis in seine eigene Verkündigungserfahrung: Zu Beginn steht die mitreißende (Gerichts-) Predigt in den *ṣuḥuf*, dann die Legitimation durch die prophetische Sukzession, das Argument des Prophetentums. Als auch das nicht den erhofften Erfolg bringt, wird an die *ratio* der Mekkaner appelliert, an die Gebildeten und Edlen. Wer nicht dem bloßen Wort gefolgt ist, der soll nun durch Vernunftgründe gewonnen werden. Auch wenn sie sich vom Propheten selbst nicht überzeugen lassen, so muss sie doch ihr Verstand dahin führen – zu dem einen Gott.

Der Weg der Gotteserkenntnis aus der Schöpfung plädiert auf den ersten Blick für einen freien Willen, für eine eigene Entscheidungsfreiheit Ibrahims. Der einleitende Vers 6,75 („Und so zeigten Wir Ibrāhīm …“) weist jedoch darauf hin, dass selbst das eigenständige Erkennen letztlich doch nicht Eigeninitiative ist, dass Ibrāhīm und mit ihm der Mensch weder frei in seinem Suchen noch in seinem Finden ist. Dieses Problem (ebenfalls V. 80 f.) verstrickte die islamische Theologie in heftigen Streit, da menschliche Freiheit und Fähigkeit damit erheblich eingeschränkt sind.

Die Aufgabe, die der Verstand bei der Gotteserkenntnis und der aus ihr folgenden gottgefälligen Formung des Daseins zu erfüllen hat, ist demnach höchst prekär: Ein eigenver-

[472] *Khoury*, Komm. VI, S. 284.
[473] *F. Rahman*, Major themes of the Qur'ān, S. 89.

antwortlicher Gebrauch der Verstandeskraft führt allzu leicht in die Irre, wie das Beispiel des Satans zeigt (2,34; 15,31 f.).[474]

Somit wird die Erkenntnis Gottes „die mit Gottes Willen und Vollmacht in Abraham ins Werk gesetzte Erkennntnis des einen Schöpfers." (Nagel)

The Qur'ān does not ‚prove' God but ‚points to' Him from the existing universe ... Hence the recurring Qur'ānic invitations and exhortations, ‚Do you not reflect?', ‚Do you not think?', ‚Do you not take heed?' And let us repeat that this ‚reflecting', ‚pondering', or ‚heeding' has nothing to do with devising formal proofs for God's existence of ‚inferring' God's existence, but with ‚discovering' God and developing a certain perception by ‚lifting the veil' from the mind.[475]

Denn in all dem gilt die prinzipielle Unerreichbarkeit und Unerkennbarkeit seines Wesens, das wenige Verse nach der Gestirnenepisode zum Ausdruck kommt:

„Die Blicke erfassen Ihn nicht, Er aber erfasst die Blicke." (6,103)

In manchen der modernen *qiṣaṣ* wird die rationale Gotteserkenntnis Ibrāhīms umgedeutet, ihnen zufolge hat Ibrāhīm die Wissenschaften seiner Zeit studiert und astronomische Beobachtungen der Himmelskörper durchgeführt.[476]

Nach Nagel[477] war damit die erste Stufe der Religiosität der Menschheit erklommen und die Einsicht gewonnen, dass die ganze Schöpfung ohne Unterlass von Gottes Walten durchwirkt sei und dass hieraus, ohne dass eigens ein Gesetz offenbart werden müsste, die Pflicht folge, den Eingottglauben zu praktizieren. Er referiert aš-Šahrastānī, in dessen Überlegungen Ibrāhīm einen wichtigen Platz einnimmt als „Vollender der Gotteserkenntnis aus dem schöpferischen Wirken des Einen und daher der bedeutsamste Vorläufer des zweiten und letzten Vollenders, Mohammeds."[478] So vollende „das abrahamische Anschauen" die erste Stufe der Religionsgeschichte der Menschheit; die von Muḥammad überbrachte und durch sein Reden und Handeln vorgelebte Gesetzesrede sei dann „die Erfüllung der zweiten Stufe der Religionsgeschichte."[479]

Der Erkenntnisprozess Ibrāhīms findet sich ganz ähnlich in einem arabischen Robinson-Crusoe-Roman, einer Schrift des andalusischen Arztes und Philosophen Ibn Ṭufail,[480] „Risālat Ḥayy b. Yaqẓān",[481] 2004 in neuer Übersetzung[482]

[474] *T. Nagel*, Der erste Muslim – Abraham in Mekka, S. 138 f.

[475] *F. Rahman*, Major themes of the Qur'ān, S. 10 f.

[476] *Islamisches Zentrum Hamburg*, Geschichten der Propheten, S. 29.

[477] *T. Nagel*, Die Heilsbotschaft des Korans, S. 26.

[478] A. a. O., S. 28.

[479] A. a. O., S. 148.

[480] *Abū Bakr b. ʿAbd al-Malik b. Muḥammad b. Ṭufail al-Qaisī* (1110–1183), Arzt und Philosoph aus Andalusien, Leibarzt des Kalifen Abū Yaʿqūb Yūsuf (reg. 1163–1184).

[481] „Abhandlung von Ḥayy = dem Lebendigen –, Sohn des Yaqẓān = des Wachenden"; lat. Übers. von Edward Pocock jun. 1671 „Philosophus Autodidactus".

[482] *Abu Bakr Ibn Tufail*, Der Philosoph als Autodidakt. Hayy ibn Yaqzan. Ein philosophischer Inselroman, Übersetzt, mit einer Einleitung und Anmerkungen hrsg. von Patric O. Schaerer,

erschienen. Der Held des Romans, Ḥayy b. Yaqẓān, wird kurz nach seiner Geburt in einem Kistchen im Meer ausgesetzt, an eine unbewohnte Insel getrieben und dort von einer Gazelle aufgezogen. Alles, was er lernt, lernt er nur durch den Gebrauch des eigenen Verstandes, selbst die verborgensten Geheimnisse der Wissenschaften werden ihm klar. Allein durch eigenes Denken, ohne den Umweg über die Offenbarung, erkennt er höchste Wahrheiten: dass es einen Gott gibt, der vollkommen, allmächtig, allwissend und barmherzig ist – eben das Gottesbild, das der Islam zeigt. Damit soll der Nachweis erbracht werden, dass man nur durch den Gebrauch des natürlichen Urteilsvermögens und der Vernunft zu demselben Ergebnis komme wie der Islam, dieser also *die* vernunftgemäße Religion sei. Auch Naṣr Ḥāmid Abū Zaid verwendet das Beispiel des Ḥayy b. Yaqẓān.[483]

Dass Erkenntnis des *tauḥīd* selbst auf einer modernen Insel inmitten eines Meeres von Unglauben möglich ist, betonen die Modernisten:

> Die Geschichte lehrt, dass ein Mensch, wenn er seine Augen und sein (sic) Verstand richtig anwendet, die Wahrheit erreichen kann, auch wenn er wie Abraham in einer Umgebung geboren und aufgewachsen ist, die von Götzendienst durchsetzt ist und wo niemand Gelegenheit hat, etwas von der Einheit Gottes zu erfahren. Notwendig ist nur, dass man (…) die Vernunft anwendet, um in einem zusammenhängenden logischen Gedankengang zur Wahrheit zu gelangen.[484]

4.6.2 Das Reden Gottes mit Ibrāhīm

Nach Tilman Nagel steht der koranische Ibrāhīm für den „Typus des vom Schöpfer angeredeten Menschen".[485] Hier wäre zu untersuchen, wie das Hereinbrechen des Göttlichen in die Sphäre Ibrāhīms geschildert und dann verstanden wird. Wann und wie redet Gott Ibrāhīm konkret an?

Dafür müsste zumindest gestreift werden, wie im Koran das Reden Gottes mit Mūsā, der aufgrund von 4,164 den entsprechenden Ehrentitel *kalīm Allāh* (von Gott unmittelbar [oder: wirklich, auf besondere Weise] Angesprochener)[486] trägt, ausgedrückt wird. Es wäre zumindest zu bedenken, ob *ḫalīl Allāh* (Freund Gottes) dieses vertraute Reden nicht auch beinhaltet. Nach aṭ-Ṭabarī[487] hat Gott Mūsā in Worten angeredet, womit ein Sehen und Reden von Angesicht zu Angesicht ausgeschlossen wird. Dabei beruft sich aṭ-Ṭabarī auf „viele Rabbiner"

Hamburg 2004. – Ibn Ṭufails *risāla* zählt zu den meistübersetzten und bekanntesten philosophischen Abhandlungen in arabischer Sprache, sie erschien erstmals in deutsch 1782 auf Anraten Gotthold Ephraim Lessings unter dem Titel „Der Naturmensch".

483 *N. Kermani*, Offenbarung als Kommunikation, S. 87.

484 SKD II, S. 493 Anm. 210.

485 *T. Nagel*, Der erste Muslim – Abraham in Mekka, S. 133.

486 4,164: „wa-kallama Allāhu Mūsā taklīman", grammatikalisch ein *maf'ūl muṭlaq*.

487 *aṭ-Ṭabarī*, Tafsīr VI, S. 28–30.

und zitiert Kaʿb al-Aḥbār, der als jüdischer Konvertit in dieser Angelegenheit als Autorität gilt:

Gott hat mit Mūsā in allen Sprachen gesprochen. Doch immer pflegte Mūsā zu sagen: „O Herr, ich verstehe nicht", bis Gott dann zu ihm in seiner Sprache, der letzten der Sprachen, redete. Da sagte Mūsā: „Ist das auch deine Weise zu sprechen?" Gott sagte: „Nein, denn hättest du wirklich meine Weise zu sprechen gehört, so wärest du vernichtet worden."

Dann soll Mūsā Gott gefragt haben, ob es in der Schöpfung irgendetwas gebe, was seiner Weise zu sprechen ähnlich wäre. Etwas Ähnliches habe Gott verneint, aber am nächsten komme seiner Rede der allerheftigste Donnerschlag, den sich Menschen vorstellen könnten,[488] und anhaltender Donner. Eine andere Überlieferung besagt, Gott habe schließlich, nachdem Mūsā nichts verstehen konnte, in einer Sprache „wie mit seiner Stimme" zu ihm gesprochen – eine der seltenen Stellen, in denen Gottes Anthropomorphismen dem Menschen zu Hilfe kommen.

Das allgemeine Reden Gottes mit den Propheten wird mit deren besonderem Schlaf erklärt. Während der Prophet schlafe, sei doch sein Herz wach. Al-Buḫārī beschreibt im ersten Kapitel seiner Hadithsammlung den Beginn und die Arten der Offenbarung an Muḥammad.[489]

4.6.2.1 Das Reden Gottes im Traumgesicht

Die früheste Erwähnung des Redens Gottes mit Ibrāhīm ist die Aufforderung zur Opferung seines Sohnes zu Beginn der 2. mekkanischen Periode in 37,102.105:

37,102 Als er nun das Alter erreichte, dass er mit ihm laufen konnte, sagte er:
„O mein Sohn, ich sah im Schlaf, dass ich dich schlachte."
37,104 „O Ibrāhīm,
37,105 du hast das Traumgesicht wahr gemacht."

Das Mittel der Offenbarung ist hier *ru'yā* – „Traumgesicht; dream vision", „characterized by certitute, is free of doubt, and should not be confused with ‚imagination' or ‚fance'. *Ru'yā* (…) is one of the channels through which a prophet receives revelation from God."[490] Dass Gott nicht nur der Urheber des Traumes ist, sondern untrüglich durch diesen spricht, ist nicht nur in diesem koranischen Kontext, sondern auch in der islamischen Theologiegeschichte, unbestritten. Denn was im Traum vermittelt wird, stammt von Gott und ist, „als ob ein Buch in mein Herz geschrieben worden wäre."[491] Der Vorgang der Offenbarung selbst wird als *waḥy* bezeichnet (*innā auḥainā ilaika* – wahrlich, wir haben dir offen-

---

488 Ein deutlicher Nachhall von Ex 20,18.19; vgl. auch Joh 12,29.
489 *Ṣaḥīḥ al-Buḫārī*, bad' al-waḥy 1.
490 *M. Mir*, Dictionary, S. 20.
491 Sīra I / 2, S. 70, Anm. 1.

bart, 4,163), „revealing by inspiring".[492] Das Traumgesicht der Propheten ist immer *yaqīn* (gewiss), in dem Sinne, dass der Prophet auch verwirklichen will, was er im Traum gesehen hat.[493]

Nach aṭ-Ṭabarī[494] habe Ibrāhīm schon bei der Ankündigung des Sohnes durch den Engel ein Gelübde abgelegt, ihn nach seiner Geburt als Schlachtopfer zu opfern. Im Schlaf wurde er daran erinnert, sein Gelübde an Gott zu erfüllen.

In medinischer Zeit findet sich wieder ein Zwiegespräch zwischen Gott und Ibrāhīm:

2,124 Und als sein Herr Ibrāhīm durch Worte prüfte und er sie erfüllte
Er [Gott] sagte:
„Wahrlich, ich mache dich zu einem *imām* für die Menschen."
Er [Ibrāhīm] sagte: „Und von meiner Nachkommenschaft."
Er [Gott] sagte: „Mein Bund erstreckt sich nicht auf die,
die Unrecht tun."

In seiner ausführlichen Auslegung hierzu geht aṭ-Ṭabarī[495] jedoch mit keinem Wort auf die Art dieser „Unterhaltung" ein. Es ist anzunehmen, dass der Koran die Vorstellung vermittelt, Gott habe mit Ibrāhīm, den er sich ja zum Freund genommen hatte (4,125), ähnlich wie mit Mūsā auch auf direktem Wege geredet und nicht, oder zumindest nicht nur, über den Engel Ǧibrīl, der in allen anderen Fällen Vermittler der Worte Gottes ist – auch bei Muḥammad. Sichtbares Resultat des *waḥy*, des Über-Menschlichen in der Verkündigung Muḥammads, ist *iʿǧāz* (das „Wunder" des Korans), die göttlich schöne Poesie.[496]

Dies führt verständlicherweise bei Muslimen zur Frage, warum Muḥammad nicht das gleiche zuteil wurde, so in einem Internetforum: „Why did God use Gabriel to transmit the divine message? Why did it not go directly to the Prophet?"[497] Die koranischen Erzählungen selbst vermitteln ein sehr viel lebendigeres Bild des prophetischen Kommunikation mit Gott, als es sich später die islamische Theologie zugesteht. In der ängstlichen Sorge, das Wort Gottes absolut unverändert weiterzugeben, wurde sie zunehmend minimiert.

Eine Sondermeinung vertreten die Mystiker, die glauben, dass die Offenbarung nur hinsichtlich des *tašrīʿ* (Gesetzgebung) zu einem Ende gekommen sei. Wenn Muḥammad gemäß des Hadith gesagt haben soll, nach ihm gebe es keinen Propheten mehr, so habe sich das nur darauf bezogen, dass nach ihm keiner mehr göttliche Gesetze verkündigen werde. Der persische Mystiker Ǧalāl

---

[492] *K. Cragg*, The event of the Qur'ān, S. 43.

[493] So Qatāda: „Das Traumgesicht der Propheten ist wahr; wenn sie etwas im Traum sehen, erfüllen sie es auch." (zit. in: *aṭ-Ṭabarī*, Tafsīr XXIII, S. 77)

[494] *aṭ-Ṭabarī*, Tafsīr XXIII, S. 77.

[495] *aṭ-Ṭabarī*, Tafsīr I, S. 524–532.

[496] „These beautiful poems (…) not human but divine." *K. Cragg*, The event of the Qur'ān, S. 45.

[497] http://www.islamonline.net/askaboutislam/display.asp?hquestionID=7185, Frage von „Amina" aus Ägypten am 1.4.2004.

ad-Dīn Rūmī aus Konya (1207–1273)[498] nennt das Traumgesicht „an act of spirit possession which temporarily displaced the normal capacities of the earthly agent, while occupying him as a residence." [499] Während des *waḥy*-Zustandes sei der Prophet außerhalb seines Körpers, es sei zwar seine Zunge, die spreche, aber der aus ihm Sprechende sei Gott, dessen Rede irdische Worte und Rede weit übersteige. Dazu gebraucht er das Bild eines steinernen Wasserspeiers in Menschen- oder Tiergestalt. Jeder wisse, dass der Stein selbst kein Wasser hervorbringe, sondern dass es aus einer anderen, höher gelegenen Quelle stamme.

Naṣr Ḥāmid Abū Zaid entwickelte in seinem „Mafhūm an-naṣṣ"[500] eine „moderne" Konzeption des *waḥy*[501]: Es basiert auf der Imagination, die dem Propheten und dem Philosophen gemeinsam ist. Während der Philosoph mit der Urvernunft kommuniziere, tue der Prophet dies mit dem *waḥy*. Der Unterschied zwischen dem Propheten und dem Philosophen liege nicht in der Eingebung selbst, sondern im Ausdruck der Eingebung, d.h. der Sprache, durch die die Eingebung zum Ausdruck kommt.

4.6.2.2 Engel als Überbringer der Botschaft Gottes

51,24–34; 37,101.112; 15,51–60; 11,69–73; 29,31

Da bei der Ankündigung des Sohnes und des Strafgerichts über das Volk Lūṭs generell nur von Engeln ausgegangen wird, die offensichtlich völlig „normal" im Sinne von „menschlich" kommunizieren können, ergibt sich aus dieser Situation gar nicht die Frage einer direkten Rede Gottes mit Ibrāhīm. Die Engel begegnen in dieser Erzählung als Gesandte, die lediglich die Botschaft Gottes überbringen.

4.6.3 Ibrāhīm, der Warner und Rufer

4,163–166[502] (medin.)

Wie bereits beschrieben, ist die früheste Aufgabe der Propheten die des Warners und Rufers inmitten heidnischer Umgebung, sie sind *rusulan mubašširīna wa-munḏirīna* (Gesandte als Verkünder [froher] Botschaft und als Überbringer von Warnungen, 4,165), auch wenn die Polytheisten „sich wundern darüber, dass ein Überbringer von Warnungen von ihnen selbst zu ihnen gekommen ist." (50,2)

---

[498] Mystiker und Dichter, vor den Mongolen nach Konya geflüchtet, gründete dort den Orden der Mevlewiya, den ersten größeren Orden Kleinasiens.

[499] *K. Cragg*, The event of the Qur'ān, S. 43f.

[500] *N. Kermani*, Offenbarung als Kommunikation, S. 91.

[501] „Der Koran – ein geschichtlicher und kultureller Text", Interview von Muḥammad ʿAlī al-ʿAtasī, Damaskus, mit Nasr Hamid Abu Zaid.

[502] *aṭ-Ṭabarī*, Tafsīr VI, S. 27–31; SKD I, S. 328f.; *Khoury*, Komm. IV, S. 265f.

Die Prophetenreihe in Sura 4 jedoch, eine Legitimationskette, die Muḥammad in die Linie der Offenbarungspropheten seit Nūḥ stellt – und die Reihe Ibrāhīm, Ismāʿīl, Isḥāq, Yaʿqūb wie seit Sura 2,133 üblich korrekt auflistet –, gewinnt in medinischer Zeit einen neuen Akzent: „damit die Menschen nach den Gesandten kein Beweismittel gegen Gott haben" (4,165). Vom reinen Mittel der Warnung wird die Verkündigung zur Entlastung und Selbstrechtfertigung Gottes. Nach aṭ-Ṭabarī hat Gott „die Gesandten geschickt, damit keiner ihm vorhält, er habe die Menschen nicht gewarnt und verboten, ihm etwas beizugesellen."

4.6.4 Ibrāhīms Gottesbeweis vor Nimrūd

Der durch die Schöpfung zur wahren Erkenntnis gelangte Ibrāhīm wird nun im Koran als derjenige geschildert, der auch seine Umgebung durch rationale Argumente auf denselben Weg zu bringen versucht. Bei allen Adressaten spielt die Schöpfertätigkeit und -macht Gottes, dem wahren Herrn über Leben und Tod, die entscheidende, überzeugende Rolle. Dies bedeutet nach den flammenden Höllenschilderungen der frühen Zeit eine Akzentverschiebung: von der emotionsgeladenen Warnung zum rationalen Appell.

4.6.4.1 Ibrāhīms Diskussion mit Nimrūd[503]

2,258–260[504] (medin.)

Über seine Auseinandersetzung mit dem Gewaltherrscher Nimrūd spricht der Koran nur in Andeutungen, er ist der namentlich Ungenannte, dem Gott „die Herrschaft gegeben hatte" (2,258).[505] Anknüpfend an ihn, der sich als Herrscher über Leben und Tod fühlt, wird die Frage gestellt, wer ihm diese Macht verliehen habe und wer in Wirklichkeit Leben nimmt und gibt. Mit einem einfachen Argument „macht Ibrāhīm jenen Ungläubigen (…) sprachlos":

> 2,258 Ibrāhīm sagte: „Gott bringt ja die Sonne vom Osten her;
> so bringe du sie vom Westen her!"

Aus diesen drei Versen werden bei aṭ-Ṭabarī fast vierzig Seiten Auslegung, wobei man eher von „Ausmalung" sprechen müsste. Da geht es zunächst, wie immer in solchen Fällen, in denen kein Name genannt ist oder in denen der koranische

[503] Die jüdischen Ursprünge dieser Erzählung aus Josephus Ant., Babylon. Talmud Sanh. 90a und 91b, Midrasch Bereschit Rabba 38,19 und Apokalypse Abrahams bei *H. Speyer*, Die biblischen Erzählungen im Qoran, S. 140–42. – Literatur: *H. Schützinger*, Ursprung und Entwicklung der arabischen Abraham-Nimrud-Legende, Bonn 1961.

[504] *aṭ-Ṭabarī*, Tafsīr III, S. 23–60; *M. ʿAbdūh / R. Riḍā*, Tafsīr al-Qurʾān al-ḥakīm III, S. 45–58; *M. M. aṭ-Ṭair*, Īmān Ibrāhīm, S. 1214–1218; *Khoury*, Komm. VI, S. 360–64.

[505] Bei *ar-Rāzī*, Tafsīr zu 2,258 Diskussion darüber, auf wen sich das Personalsuffix beziehe, ob auf Ibrāhīm oder Nimrūd. Der SKD-Kommentar (I, S. 123 Anm. 589) lehnt Spekulationen über seine Identität ab, da der Koran und Muḥammad keine Namen genannt haben.

Name von der biblischen Überlieferung abweicht, um die Identität des Despoten, der als „Herrscher von Babel" bezeichnet wird.

Schöpferkraft Gottes: Macht über Gestirne, Leben und Tod. Am ausführlichsten malt aṭ-Ṭabarī eine Szene aus, die weit über einen Offenbarungsanlaß für 2,258 ff. hinausgeht. Um seine Macht über Leben und Tod zu demonstrieren, habe Nimrūd zwei Männer zu sich geholt, willkürlich den einen getötet und den anderen am Leben gelassen, mit den Worten „Ich töte, wen ich will, und lasse lebendig, wen ich will", woraufhin Ibrāhīm in 2,258 sagte.[506]

Ausführlicher eine auf Zaid b. Aslam zurückgehende Tradition:

Der erste Herrscher auf Erden war Nimrūd. Zu jener Zeit gingen die Leute zu ihm, um ihre Essensration von ihm abzuholen. Da kam auch Ibrāhīm mit denen, die ihr Essen abholten. Als die Leute an ihm [Nimrūd] vorübergingen, fragte er sie: „Wer ist euer Herr?" Sie sagten: „Du bist es." So ging es weiter, bis Ibrāhīm an ihm vorbeikam. Er fragte Ibrāhīm: „Wer ist dein Herr?" Er antwortete: „Der, der lebendig macht und tötet." Er sagte: „Ich bin es, der lebendig macht und tötet." Ibrāhīm sagte: „Gott bringt ja die Sonne vom Osten her, so bringe du sie vom Westen her." Deshalb schickte er ihn weg ohne Essen. Ibrāhīm aber kehrte zu seinen Angehörigen zurück. Als er auf dem Weg an einem Sandhügel vorüberkam, sammelte er Sand ein und sagte: „Sollte ich nicht etwas davon mitnehmen zu meinen Angehörigen, damit ihre Seelen getröstet werden?" Er brachte also den Sand nach Hause, lud die Last ab und legte sich schlafen. Seine Mutter stand auf und ging zu der Last, öffnete sie und siehe, es war der beste Nahrungsvorrat, den sie je gesehen hatte. Sie bereitete ihm davon ein Essen und setzte es ihm vor. Ibrāhīm wusste jedoch, dass seine Familie keine Vorräte mehr hatte und fragte deshalb: „Wo kommt das her?" Sie sagte: „Das ist von dem, was du mitbrachtest." Da wusste er, dass Gott es ihm beschert hatte und lobte Gott.[507]

Dessen Sohn, ʿAbd ar-Raḥmān b. Zaid b. Aslam, lokalisiert Nimrūd in Mosul und schildert Ibrāhīms Familienleben in rührender Weise:

Ibrāhīm richtete den Blick auf die Berge, wo seine Angehörigen leben und sagte: „Wie sehr tun mir meine beiden Söhne, Ismāʿīl und Isḥāq, leid! Ich will wenigstens Sand in die Säcke füllen, damit sich die Augen meiner Söhne freuen über das, was ich bringe." So füllte er die Säcke, nähte sie zu und und brachte sie nach Hause. Seine beiden Söhne warfen sich voller Freude auf die Säcke und Ibrāhīm legte für eine Stunde seinen Kopf in den Schoß Sārās. Dann fragte sie sich: „Was tue ich überhaupt hier? Ibrāhīm ist müde nach Hause gekommen. Ich will aufstehen und ihm Essen zubereiten, bis er wach wird." Sie nahm ein Kissen, legte es unter seinen Kopf und schlich sich vorsichtig davon, um ihn nicht aufzuwecken. Sie kam zum ersten Sack, öffnete ihn, und siehe, darin war feinster weißer Weizen. Sie mahlte ihn und machte einen Teig daraus.[508]

---

[506] Obwohl alle Ausleger diese Szene als Herablassungsanlaß ansehen, lehnt *ar-Rāzī* diese ab: Es sei gar nicht um leibliches Töten gegangen; vielmehr habe Ibrāhīm die Realität Gottes in seinem Lebendigmachen und Töten erklären wollen (Tafsīr zu 2,258).

[507] *aṭ-Ṭabarī*, Tafsīr III, S. 25.

[508] *aṭ-Ṭabarī*, Tafsīr III, S. 26.

Ar-Rāzī hält die Demonstration Ibrāhīms in 2,258 für vorbildhaft: „Denn es gibt keinen Weg zur Erkenntnis Gottes außer durch jene seiner Werke, an denen keiner der Mächtigen auf Erden beteiligt ist, weil sie dazu unfähig sind: nämlich lebendig machen und töten."[509] Gott ist der einzige, der beeinflussen kann, ohne selbst je beeinflusst zu werden. Um lebendig zu machen, bedarf es einer solchen Konstanten – was nur Gott sein kann. Muḥammad ʿAbdūh[510] deklariert es als zweite Illustration für Gottes *creatio ex nihilo*, als Beweis der Existenz Gottes und seiner Macht als Ursache allen Lebens.

Lebenschaffende Kraft Gottes: in der zerstörten Stadt. Die zweite Demonstration der Schöpferkraft Gottes in 2,259 geht über eine kognitive, verbale Antwort hinaus, zur sinnlich wahrnehmbaren Erfahrung eines fiktiven Mannes, möglicherweise einem Propheten,[511] der an einer verwüsteten und menschenleeren Stadt vorbeikommt und sich die Frage stellt, wie Gott wohl diese wieder lebendig machen könne. Es wird darüber spekuliert, um welche Stadt es sich gehandelt habe: der jüdische Konvertit Wahb b. Munabbih plädiert – für ihn naheliegend – für *bait al-maqdis* – Jerusalem[512]; andere sprechen von einer ungenannten Stadt, in der als Strafe Gottes die Pest gewütet hatte und Gott diese Toten wieder zum Leben erweckte. Gott lässt ihn in einen hundertjährigen Schlaf fallen, der ihm danach wie ein Tag vorkommt.[513] Anhand der Knochen seines Esels, die Gott zusammenfügt, mit Fleisch bekleidet und zum Leben zurückbringt,[514] bringt er ihn zu der Erkenntnis:

2,259 „Ich weiß jetzt, dass Gott zu allem die Macht hat."

Aṭ-Ṭabarī[515] referiert zunächst wieder die Identitätsfrage, zur Debatte stehen ʿUzair,[516] al-Ḫuḍr und Irmiā b. Ḥalqīyā (Jeremia); welcher von diesen gemeint

---

509 *ar-Rāzī*, Tafsīr zu 2,258.

510 *M. ʿAbdūh*, Tafsīr al-Manār III, S. 45; *ders.*, risālat at-tauḥīd, S. 13.

511 Gründe, dass es sich um einen Gläubigen und Propheten gehandelt haben muss (nach *ar-Rāzī*, Tafsīr zu 2,259; *M. ʿAbdūh*, Tafsīr al-Manār III, S. 47): Gott spricht nicht mit Ungläubigen; dies wäre eine Ehre, die ein Ungläubiger nicht verdient hätte.

512 Der Editor des Ṭabarī-Kommentars verweist in seiner Fußnote auf das zerstörte Jerusalem, das Jeremia sieht und gibt Jer 1,10 an. Nach al-Baiḍāwī ist es das von Baḫtanaṣṣar zerstörte Jerusalem, da dies zeitlich mit der Herrschaft Nimrūds zusammenfalle (!); ebenso Tafsīr al-Ǧalālain. – *Muḥammad ʿAbdūh* tadelt alle, die entgegen dem koranischen Wortlaut nach dem Namen dieser Stadt suchen; sie würden sich damit den Isrā'īliyāt unterwerfen (Tafsīr al-Manār III, S. 47).

513 Der Tafsīr al-Ǧalālain verwendet „schlafen" und „sterben" hier synonym in einer interessanten Formulierung: „Dann tötete ihn Gott und ließ ihn hundert Jahre so, bis er ihn wieder auferweckte (…) Denn er schlief am Morgen des Tages ein, daraufhin starb er und wurde bei Sonnenuntergang wieder ins Leben gerufen." (Auslegung zu 2,258). – Zur Deutung von Schlaf als Tod siehe *Stefan Schreiner*, Die Analogie von Schlaf und Tod im Koran, in: *Kairos* 19 (1977), 116–124.

514 Vgl. Hes 37,1–14.

515 *aṭ-Ṭabarī*, Tafsīr III, S. 27–47; siehe auch: *al-Baiḍāwī*, Tafsīr zu 2,259.

516 ʿUzair soll dem Koran zufolge von den Juden als Sohn Gottes angebetet worden sein

sei, ist für ihn, da es vom Text her keine eindeutigen Beweise gibt, unwichtig. Es zähle nur die Botschaft des Verses: „Den Leugnern wird gesagt, dass Gott die Macht besitzt, Totes lebendig zu machen."[517] Auch sei diese Geschichte ein Beweis für den göttlichen Ursprung der Botschaft Muḥammads, denn anders habe er keine Kenntnis davon erhalten können.

Ibrāhīms Zweifel. Nach diesen beiden sehr machtvollen Beweisen der lebenschaffenden Macht Gottes bittet Ibrāhīm Gott direkt:

2,260 Und als Ibrāhīm sagte:
„Mein Herr, zeige mir, wie Du die Toten lebendig machst!"
Er sagte: „Glaubst du immer noch nicht?"
Er sagte: „Doch, aber damit mein Herz Ruhe findet."

Die Frage an dieser Stelle muss sehr verwundern: Nach der Gotteserkenntnis aus Sura 6 und den beiden Beispielgeschichten 2,258 f. scheint es absurd, dass nun – in Medina! – die Frage gestellt werden muss: „Glaubst du immer noch nicht?" Nach all den Berichten über Ibrāhīms Erkenntnis, Rettung, Beglaubigungswunder, Debatten mit Vater und Volk und seiner machtvollen Demonstration der Ohnmacht der Götzen sollte es bei ihm nicht mehr um Kleinglauben oder gar Unglauben gehen. Viel naheliegender wäre eine Verortung im Leben Muḥammads, wenn diese Verse aus der Zeit nach den ersten Schlachten von Badr und Uḥud stammten, in denen viele der *ṣaḥāba* gefallen waren, so dass sie seine persönlichen Fragen und die seiner Genossen widerspiegeln – sowie die Zusage Gottes, dass er sie wieder zusammenbringen und lebendig machen werde.

Vor dem Problem eines – unwahrscheinlichen – Zweifels Ibrāhīms stehen natürlich auch die Ausleger. Nach *aṭ-Ṭabarī*[518] sind sie uneins darüber, warum Ibrāhīm Gott gebeten hat, ihm zu zeigen, wie er die Toten lebendig macht. Die erste Möglichkeit ist, die Grundsätzlichkeit der Frage zu relativieren, indem ein besonders komplizierter Fall konstruiert wird: Ibrāhīm habe ein Aas am Meeresstrand gesehen, das von Meerestieren, Löwen und Vögeln zerrissen wurde. Er wusste, dass Gott zum Leben erwecken kann, wollte aber nun mit eigenen Augen sehen, wie Gott das zustande bringt, nachdem das Fleisch dieses Tieres in den Mägen verschiedener Tiere zu Wasser, Land und in der Luft verteilt sei;

(9,30). Dabei handelt es sich wohl um Esra; die Deutung „Osiris", die Elyas als Alternative angibt, ist nach *A. Jeffery* (Foreign vocabulary, S. 214) absurd. *Ar-Rāzī* bringt die Erklärung, der Prophet sei Sohn Gottes genannt worden, weil er die ganze Tora auswendig kannte (Tafsīr zu 2,259); nach anderen wurde er als Sohn Gottes bezeichnet, weil er die verlorengegangene Tora wieder hervorbrachte (Sīra I/2, S. 205, Anm. 1).

[517] Das Motiv der Belebung der Erde durch Regen, ein naheliegendes und beliebtes Zeichen für die lebenschaffende Kraft Gottes in 30,19; 3,27; 6,95; 10,31. (*R. Paret*, Grenzen der Koranforschung, S. 20.)

[518] *aṭ-Ṭabarī*, Tafsīr III, S. 47–60; *ar-Rāzī*, Tafsīr zu 2,260.

er wollte Gewissheit zusätzlich zu seinem Wissen. Es sei der Verderber gewesen, der diese Fragen in ihm säte. Eine zweite Möglichkeit ist der naheliegende Kontext der Debatte zwischen ihm und Nimrūd; Ibrāhīm habe nicht an Gottes Macht gezweifelt, derer er sich sicher war, aber sein Herz sehnte sich danach, es auch mit den Augen zu sehen. Aṭ-Ṭabarī hält beides für möglich, die Bitte Ibrāhīms ziele darauf, Gott möge ihm beispielhaft zeigen, was er ohnehin schon wusste.

Andere sehen die Bitte in dem Zusammenhang, als Gott ihm sagte, dass er ihn zum Freund genommen habe. Da habe er seinen Herrn um ein Zeichen gebeten, damit sein Herz Ruhe fände und er von Gott eine Bestätigung erhalte. Nur *Abū Huraira* meint, Ibrāhīm habe tatsächlich an der Macht Gottes gezweifelt, Tote lebendig zu machen.

Aṭ-Ṭabarī hält es für ausgeschlossen, dass Ibrāhīm zweifelte und zitiert einen Prophetenausspruch: „Wenn jemand jemals zweifelte, dann sind wir es und nicht Ibrāhīm."[519] Diese Bitte sei von außen, von Satan in das Herz Ibrāhīms gelegt worden, denn so etwas gehöre nicht zum Wesen eines Propheten. Ebenso *ar-Rāzī*, der die Frage nicht der Schwäche Ibrāhīms, sondern der Ignoranz der Zuhörer anlastet. Vielmehr sollte sein Herz zur Ruhe finden durch die Gewissheit, dass Gott ihn erhört, und an Glauben zunehmen. Den *mutakallimūn* (Theologen) zufolge sei das Wissen, das auf Beweise angewiesen ist, von Vorwürfen und Zweifeln geprägt. Daher bat Ibrāhīm um ein Wissen in der Ruhe des Herzens, bei dem alle Zweifel und Vorwürfe verschwinden.[520]

Ar-Rāzī führt noch einige interessante Möglichkeiten an: Ibrāhīm habe in den *ṣuḥuf* gelesen, dass sein Sohn ʿĪsā dadurch geehrt werden würde, dass Tote durch seine Bitte auferweckt würden. Nun wollte er von Gott die Gewissheit, dass er vor ihm nicht niedriger an Rang sei als sein Nachkomme ʿĪsā. Weiter: Ibrāhīm habe erkannt, dass sein Herz tot sei aus Liebe zu seinem Sohn. Da habe er Gott gebeten, dass er es beleben möge. Die Auferweckung der Toten sei nur das äußere Zeichen für die Demonstration, dass Gott ein Herz, das in Unachtsamkeit tot ist, wiederbeleben könne durch das Gedenken Gottes.

An ar-Rāzīs Deutung des Zweifels als pädagogische Methode angesichts unwissender Zuhörer knüpft *Muṣṭafā Muḥammad al-Ḥadīdī aṭ-Ṭair* an;[521] ähnlich wie Ibrāhīms Blick zu den Sternen 6,75 ff. sei dies nur ein vorgespielter Zweifel, um die Unwissenden gewissermaßen lehrhaft „abzuholen" und sie rechtzuleiten. Ibrāhīm selbst habe nie an Gottes schöpferischer Macht gezweifelt, sondern nur aus Wissbegierde gefragt, nicht danach, *ob* Gott Tote lebendig machen könne, sondern *wie* er das tue, also die Frage nach Gottes Methode. Darum habe Gott seine Frage in eine zweifache Negation gekleidet, so dass er damit ausgedrückt habe: Du glaubst doch!

---

[519] Aus *al-Buḫārī*, bad' al-ḫalq; zit. ebenfalls durch M. M. aṭ-Ṭair, Īmān Ibrāhīm, S. 1215.
[520] *ar-Rāzī*, Tafsīr zu 2,260.
[521] *M. M. aṭ-Ṭair*, Īmān Ibrāhīm, S. 1214–1218.

Lebenschaffende Kraft Gottes: anhand der vier Vögel. Zur Demonstration heißt Gott Ibrāhīm vier Vögel[522] schlachten und auf Berge verteilen. Auf seinen Ruf hin würden sie wieder zu ihm kommen.[523] Die Auslegungen erschweren die Aufgabe, indem zusätzlich Fleisch, Federn und Blut der Vögel vermischt oder gar in einem Mörser zerstoßen werden und alles auf den sieben Bergen der Welt[524] verteilt wird. Ibrāhīm, der die Vogelköpfe in der Hand hält, ruft die Reste herbei, die sich vor seinen Augen wieder richtig zusammensetzen. Diese Geschichte, von denen manche Ausleger annehmen, sie stamme von den *ahl al-kitāb*, zeige, wie Gott am Jüngsten Tag die Menschen wieder zusammenrufen und lebendig machen werde.

Die farbige Ausgestaltung der Legende, wie sie bei aṭ-Ṭabari sowohl im *tafsīr* als auch im *tā'rīḫ* (Korankommentar und Geschichtswerk) zu finden sind, stammt wohl nicht aus der Frühzeit, da kein *isnād* zu den *ṣaḥāba* zurückführt. In ihnen wird v. a. der Bezug zum Feuerbau hergestellt, so dass es Nimrūd zukommt, die Höchststrafe anzuordnen. In den *qiṣaṣ* werden die einzelnen Szenen der Legende immer weiter ausgestaltet. Spätestens bei *Amina Adil* steht deutlich erkennbar nicht mehr die theologische Aussage im Vordergrund, sondern die fromme Unterhaltung.[525] Ihre überbordende Erzählfreude zielt im Grunde nicht mehr auf verstandesmäßiges Überzeugen ab, sondern auf emotionale Zustimmung, sie spricht nicht den Verstand an, sondern das Gefühl. Ebenso erkennbar werden religiöse Motive kumuliert: verschiedene Varianten der Totenauferweckung und Speisungswunder durch Verwandlung.

Im Zuge einer Rückkehr zur ursprünglichen Aussage verwerfen Modernisten wie *Muḥammad Abdūh*[526] alle diese Erklärungsversuche als „unwissenschaftlich und unzuverlässig". Im Tadel Gottes an Ibrāhīm „Glaubst du immer noch nicht?" liege eine Züchtigung all jener Gläubigen, die sich mit Dingen beschäftigten, die nur Gott etwas angingen, wie die Entstehung der Welt und des Lebens. Es gezieme sich nicht, danach zu forschen; Gott habe es gar verboten, darüber in spekulativer Weise nachzudenken.

---

[522] Es sollen Hahn, Pfau, Rabe und Taube gewesen sein; anstelle der Taube wird auch der Adler genannt. Nach *al-Baidāwī* symbolisieren sie die vier verschiedenen Attribute des Menschen.

[523] *Ar-Rāzī* (Tafsīr zu 2,260) argumentiert gegen *Abū Muslim* und seine Anhänger, die eine Schlachtung der Vögel ablehnen. Es muss also Bewegungen gegeben haben, die solche gar zu phantastisch klingenden Erzählungen verwarfen – leider erklärt er nicht, aus welchen Gründen sie das taten. *Muḥammad 'Abdūh* lehnt denn auch alle Spekulationen darüber ab, dass Ibrāhīm die Vögel geschlachtet haben soll. Die Bedeutung „schlachten" gibt der Korantext tatsächlich nicht her, da heißt es: *ṣurhunna* (zieh sie zu dir her); SKD: „mach sie dir zahm"; die Zähmung der Vögel, nach SKD (I, S. 125, Anm. 593) Zeichen ihres Gehorsams, passt jedoch nicht in den Kontext.

[524] Oder: die sieben Berge seines Landes (Tafsīr al-Ǧalālain, Auslegung zu 2,260).

[525] *A. Adil*, Gaben des Lichts, S. 151–59.162–66.

[526] *M. 'Abduh*, Tafsīr al-Manār III, S. 57 f.

4.6.4.2 *Nimrūd in der Tradition: Der Gegenspieler Gottes*

Obwohl im Koran der Vater Ibrāhīms von Anfang an dessen großer Gegenspieler ist bis hin zur unversöhnlichen Haltung der verweigerten Fürsprache in 60,4 und 9,113 f., wird er in der Tradition eher zurückhaltend behandelt, vermutlich sowohl aus Gründen des Respekts den Eltern gegenüber als auch durch die zunehmende Meinung, der Vater eines Propheten könne nicht ungläubig gewesen sein. Daher nimmt in der Tradition Nimrūd b. Kanʿān, der ja im Koran nicht einmal namentlich erwähnt wird, die Rolle des Anti-Göttlichen ein. Er, der Gottesleugner, wird zum Tyrannen, zur Verdichtung, ja Verkörperung alles Bösen, zum irdischen Gegenspieler Gottes, der sich selbst als Gott verehren lässt.

Gott sandte zu dem Herrscher einen Engel und ließ ihm sagen: „Glaube an mich, so werde ich dich weiterhin herrschen lassen." Er sagte: „Gibt es denn einen Herrn außer mir?" Er kam ein zweites Mal zu ihm und sagte dasselbe. Und er lehnte abermals ab. Er kam ein drittes Mal, und er lehnte wieder ab. Da sagte der Engel zu ihm: „Versammle dein Volk innerhalb von drei Tagen zum Kampf." Er versammelte seine Gefolgschaft. Gott befahl dem Engel, das Tor der Stechmücken zu öffnen. Die Sonne ging auf, aber sie konnten sie nicht sehen vor lauter Stechmücken. Gott schickte sie zu ihnen, und sie fraßen ihr Fleisch und saugten ihr Blut aus, so dass nichts übrig blieb außer Knochen. Der Herrscher jedoch blieb unversehrt. Gott schickte ihm eine Stechmücke, die schlüpfte in seine Nase und verweilte dort 400 Jahre lang. Vor lauter Schmerzen schlug er seinen Kopf mit Hämmern, und die barmherzigsten unter den Menschen waren diejenigen, die ihre Hände zu Fäusten ballten und ihm auf den Kopf schlugen. Er war 400 Jahre lang Herrscher, und Gott plagte ihn 400 Jahre lang, so lange wie seine Herrschaft dauerte. Danach ließ Gott ihn sterben. Er war auch der, der einen Turm errichten ließ, der bis zum Himmel ragte. Gott aber zerstörte ihn bis auf die Fundamente. (16,26)[527]

Ein probates Mittel zur zusätzlichen Dämonisierung eines Gewaltherrschers ist das Kindermord-Motiv[528], das auch bei Nimrūd Anwendung findet, der aufgrund einer negativen Prophezeiung alle neugeborenen Jungen umbringen lässt – doch Ibrāhīm entgeht dem Mord, indem er in einer Höhle geboren wird.

An ihm wird drastisch und exemplarisch die Bestrafung des Ungläubigen ebenso wie der Triumph der göttlichen Allmacht über die angemaßte Tyrannenmacht dargestellt.

---

[527] *aṭ-Ṭabarī*, Tafsīr III, S. 25.

[528] Vgl. den Kindermord des Pharao und Moses Überleben, den Kindermord zu Bethlehem unter Herodes, sowie in heutiger Zeit der Vorwurf des Kindermords gegen Saddam Hussein im 1. Irakkrieg, dessen Soldaten angeblich kuwaitische Frühgeborene aus den Inkubatoren rissen.

4.6.5 Verbaler Konflikt mit Vater und Zeitgenossen: Appell an die *ratio*[529]

(37,83–92); 26,69–104[530]; 19,41–50[531];
43,26–30[532]; 21,51–57.63–67(–71)[533] (2. mekk.)
29,16–25[534]; 6,74.79–83[535] (3. mekk.)

The most vicious for the Qur'ān are those who formally or substantively deny God's existence: materialistic atheists and 'those who assign partners to God'. This last phrase is the real high-stress point.[536]

Beherrschendes und zentrales Thema der mekkanischen Zeit ist der Kampf gegen die Götzen.[537] Zwar genoß Allāh als höchster Himmelsgott, als Schöpfer der Welt und Spender des Regens bereits höchstes Ansehen, doch waren ihm zahlreiche Gottheiten untergeordnet, unter denen die drei Göttinnen al-Lāt, Manāt und al-ʿUzza als „Töchter Allahs" eine bedeutende Rolle spielten.[538] Der Kampf für den einen Gott aber, das Grundanliegen Muḥammads, bedeutet zugleich den Kampf gegen all das, was diese Eins-heit, Einzigkeit (*tauḥīd*) gefährdet, also gegen die „Genossen" Gottes.

The progress of religion (...) is defined by the denunciation of gods. Defined, but not achieved. The task is bigger than the declamation. That 'there is no god but God' only masters paganism as a denunciation when it transforms the pagan and liberates him into a true worship.[539]

Mit der Beseitigung der Götzenbilder, dem bloßen Bildersturm, ist die prophetische Aufgabe jedoch nicht erfüllt, denn seine Verkündigung zielt auf den Menschen ab, der seinen Irrtum erkennen, sich von den Götzen trennen und dem wahren Gott zuwenden soll. In diesem Sinne ist prophetische Arbeit Verkündigung mit dem Ziel der – verbalen – Überzeugung. Den Stellenwert des Wortes als Mittel Muḥammads zeigt die Auseinandersetzung Ibrāhīms mit Vater und Volk auf, die als „eine Geschichte über allen anderen",[540] am gründlichsten, weil am häufigsten – nämlich ingesamt sieben Mal (vgl. S. 640 f.) – erzählt wird. Der zeitliche Schwerpunkt liegt in den drei Jahren der 2. mekkanischen Peri-

[529] Vgl. *Ginzberg*, The Legends of the Jews I, 195–203; *H. Speyer*, Biblische Erzählungen, S. 130–134.
[530] *aṭ-Ṭabarī*, Tafsīr XIX, S. 83–87; SKD IV, S. 1743–1752; *Khoury*, Komm. X, S. 150–153.
[531] *aṭ-Ṭabarī*, Tafsīr XVI, S. 89–101; SKD III, S. 1387–1390; *Khoury*, Komm. IX, S. 295 f.
[532] *aṭ-Ṭabarī*, Tafsīr XXV, S. 62–64; SKD V, S. 2377 f.; *Khoury*, Komm. XI, S. 283.
[533] *aṭ-Ṭabarī*, Tafsīr XVII, S. 35–50; SKD III, S. 1492–1499; *Khoury*, Komm. IX, S. 416–418.
[534] *aṭ-Ṭabarī*, Tafsīr XX, S. 136–148; SKD IV, S. 1893–1899; *Khoury*, Komm X, S. 313–315.
[535] *aṭ-Ṭabarī*, Tafsīr VII, S. 242–266; SKD II, S. 491–496; *Khoury*, Komm. VI, S. 282–286.
[536] *F. Rahman*, Major themes of the Qur'ān, S. 10.
[537] *K.-J. Kuschel*, Streit um Abraham, S. 178–185: Muḥammad als „Kronzeuge wider die Götzen".
[538] Diese werden in den sogenannten „Satanischen Versen" in Sura 53 angesprochen.
[539] *K. Cragg*, The event of the Qur'ān, S. 151.
[540] *R. Tottoli*, Biblical prophets, S. 23.

ode, in denen dieses Thema fünf Mal behandelt wird. Damit wird deutlich, in welchem Loyalitätskonflikt sich Muḥammad in jener Zeit befand und wie sich in ihm nach und nach die Gewissheit verfestigte, die Bande der Stammeszugehörigkeit zugunsten des einen Gottes hinter sich lassen zu müssen. *Muḥammad al-Ghazālī* weitet diesen Kampf aus zum „unending struggle between Islam and other hostile ideologies witnessed in every generation".[541]

Einleitung.[542]Die beiden zeitlich ersten Einleitungssätze (26,69; 19,41) sind Aufforderungen Gottes an Muḥammad zur Weitergabe der „Kunde" von Ibrāhīm,[543] dem *ṣiddīq* (19,41), dem Wahrhaftigen in Worten und Versprechen, der niemals lügt und ein „unversehrtes Herz" hat. Die „richtige Einsicht" (*rušd*, 21,51) stammt von Gott, der „es ihm gelingen ließ und ihn errettete aus der Mitte seines Volkes vor dem Polytheismus, wie Wir dies mit Muḥammad getan haben, den Wir auf den Pfad der Einsicht leiteten und ihm Gelingen bescherten."

Eröffnung des Gesprächs mit Frage / Vorwurf. Das Gespräch Ibrāhīms findet einmal mit dem Vater allein[544], zweimal mit dem Volk und dreimal mit Vater und Volk statt. Insgesamt viermal wird in 19,42–45 das „o mein Vater" wiederholt, flehend, insistierend, die Dringlichkeit der Warnung und Intensität der gegenseitigen familiären Verantwortung und Liebe betonend. Die bloße Frage „Wem dient ihr?" (26,70) wird in der nächsten Stelle zum Vorwurf „Warum dienst du?" (19,42), dann zur Absage (43,26). In Sura 19, die das einzige Vater-Sohn-Gespräch bringt, fleht Ibrāhīm seinen Vater geradezu kindlich innig an, wenn er ihn dreimal *yā abatī* (o mein Vater)[545] anredet. 21,52 nimmt zwar noch einmal die einfache Frage der ersten Stelle auf, jedoch in der Abqualifikation der „Bildwerke", bevor 29,16 zur Aufforderung übergeht „Dient Gott und fürchtet ihn!". 6,74 bringt dann die deutlichste Bezeichnung „Götzenbilder"[546] in der direkten Gegenüberstellung zu Gott. Es fällt auf, dass von einer tatsächlichen Auseinandersetzung, einem Dialog oder Streit nur in Sura 26 und 21 die Rede sein kann. Alle anderen Stellen sind mehr oder weniger eine Predigt Ibrāhīms in Form eines Monologs:

---

[541] *M. al-Ghazālī*, A thematic commentary, S. 328.

[542] Wenn nicht anders vermerkt, stammen die Zitate im folgenden aus *aṭ-Ṭabarīs* Tafsīr XVII, S. 35–36.

[543] Von *aṭ-Ṭabarī* entsprechend paraphrasiert als Anrede Gottes: „O Muḥammad, erzähle deinem polytheistischen Volk die Kunde von Ibrāhīm, als er zu seinem Vater sagte:…".

[544] Zu Name und Identität des Vaters siehe den Exkurs am Ende dieses Kapitels.

[545] *Elyas*: „mein lieber Vater".

[546] Nach *Ibn ʿAbbās* ist mit dem andächtigen Verweilen das Gebet an die Götzen gemeint. – *Ṣanam*, Pl. *aṣnām*: im Koran nur in der Pluralform, in späten Passagen; nur im Kontext der Ibrāhīm-Erzählung; frühe Entlehnung aus dem Armäischen: Bild, das aus Holz oder Stein gehauen ist (*A. Jeffery*, Foreign vocabulary, S. 199).

Dient Gott allein, und nicht diesen Götzen, denn es gibt für euch keinen Gott außer ihm. Fürchtet euch vor seinem Zorn, indem ihr seine Pflichten erfüllt und die Übertretungen meidet. Hoffentlich wisst ihr Bescheid über das, was für euch gut und was schlecht ist.[547]

Argument Ibrāhīms: Die Götzen sind Nichtse. In vier Versionen wird die Ablehnung der Götzen mit deren völliger Macht- und Wirkungslosigkeit begründet:

„Geben sie euch etwas zurück für euren Dienst, oder bestrafen sie euch, wenn ihr den Dienst unterlässt?“ (XIX,83)

Als Statuen aus Stein oder Holz, auch Gemälde, nach dem Bild eines Menschen (*waṯan*), „ein von Händen gemachtes Bild, das nicht schadet und nicht nützt“ (XVI, 89), ist ihr Wesen Nichtigkeit (VII, 242). Durchgehendes nachprüfbares Argument, das jeden überzeugen muss, ist ihre Unfähigkeit zu hören und zu sprechen. So können sie nicht einmal zum Ausdruck bringen, wer ihnen Schaden zugefügt habe (21,63).

Doch es ist nicht nur das Vergebliche und Nutzlose, was sich die Menschen mit diesen Götzenbildern schaffen („fabrizieren, sägen, meißeln“), vielmehr sind sie „Lügengebilde“ (37,86); in ihnen gewinnt laut 29,17 die Lüge Gestalt (XX, 137), ja, „die Menschen fabrizieren Lügen“ (XX, 138). Darum wird Gott sie zum Gericht erwecken, weil sie seine Güter genießen, und doch anderen anstelle seiner dienen.

Zusammengefasst sind die Argumente Ibrāhīms nach dem Koran:[548]

– Götzen sind von Menschenhand gefertigte Gegenstände[549] (37,95).

– Als solche sind sie Lügengebilde, Selbstbetrug (37,86).

– Götzen können nicht sprechen (37,92; 21,63.65).

– Götzen können die ihnen dargebrachten Opfergaben nicht verzehren (37,91).[550]

– Götzen sind machtlos, können nicht nützen und nicht schaden (6,71; 21,66; 22,72; 26,73; 35,14).

– Götzen können weder für sich noch für ihre Anhänger den Lebensunterhalt sichern (29,17).

– Götzen können sich weder selbst helfen (26,93) noch ihren Anhängern (39,39), schon gar nicht am Tag des Gerichts (26,93).[551]

---

547 *aṭ-Ṭabarī*, Tafsīr, XX, S. 136.

548 Teilweise bei: *A. Th. Khoury*, Einführung in die Grundlagen des Islams, S. 41.

549 Vgl. *M. Buber*, Die Schrift: „Schnitzgebild“ (Ex 20,4); *ar-Rāzī*: „Unlebewesen“ (Auslegung zu 14,35); siehe Apg 19,26.

550 Ibrāhīm spricht explizit aus, was Menschen seit jeher wissen. So war es etwa im Zoroastrismus üblich, das Opferfleisch an die Armen zu verteilen. Wenn jedoch beim islamischen *ʿīd al-aḍḥā* das Fleisch an Bedürftige verteilt wird, so steht dahinter eine andere Vorstellung, nämlich die der Solidarität.

551 Siehe Jer 2,28.

Gott aber ist das völlige Gegenstück zu den Götzen. Nach 26,73 und 21,66 liegt Gottes Allmacht nicht nur im Nutzen und Schutz des Menschen, sondern eben auch in seiner Macht zum Negativen, zum Schaden und zur Strafe. Dieser wahre, weil wirkungsmächtige Gott wird den wirkungslosen Götzen gegenübergestellt:

Darum verehre nur das, was, wenn du es anrufst, dein Rufen hört, und wenn du in Bedrängnis gerätst, dich sieht und dir hilft, und wenn dir Schaden zustößt, ihn von dir fernhält (...) Gott aber umgibt dich und hilft dir. (XVI, 89)

Hier kontrastiert die Hilfe Gottes mit der offensichtlichen Hilflosigkeit der Götzen. Er, der die Welt und die Menschen erschaffen hat, überläßt seine Schöpfung nicht sich selbst, sondern ist zugleich Erhalter und Versorger (29,17). Die Versorgung im Sinne von Lebensunterhalt (*rizq*) steht für die Zuwendung und den Gunsterweis Gottes als „Inbegriff des dem Menschen zugedachten Schöpfungshandelns Gottes".[552] Er ist Anfang und Ende der Schöpfung, umfaßt sie völlig: das Erschaffen ist die Entlassung von Gott, das Leben die Versorgung durch Gott und der Tod die Rückkehr zu Gott – in der Passivkonstruktion „Zu Ihm werdet ihr zurückgebracht." Zu erkennen, dass aller Unterhalt allein von Gott kommt, ist eine Sache der Vernunft, folgt aus der abrahamischen Erkenntnis der Geschaffenheit des Menschen zu Gott hin – und deutet auf das Schöpfer- und Richtertum Gottes hin. Darum tadelt aṭ-Ṭabarī in der Auslegung zu 21,67:

21,67 „Pfui über euch und über das, was ihr anstelle Gottes dient!
Habt ihr denn keinen Verstand?"

Schämt ihr euch nicht, so etwas anzubeten? Begreift ihr nicht die Schande, die ihr begeht? (XVII, S. 42–43)

In diesen Worten Ibrāhīms sind ohne jeden Zweifel die Worte Muḥammads herauszuhören, der mit seinem Stamm ringt wegen seiner Götzenverehrung, seine Leidenschaft und seine Appelle, ihn zu dem einen Gott zu führen.

Die Wirkungslosigkeit und das Ausgeliefertsein der Götzen erinnert an die Legenden über die heilige Familie in Ägypten im arabischen Kindheitsevangelium[553]: Überall, wo sie hinkamen, fielen die Götzenbilder von selbst zu Boden und zerbrachen (so in Tel Basta, Alt-Kairo, al-Ashmunain – Hermopolis Magna, Qusqam). Dies wird jedoch nicht als Kampf des Jesuskindes gegen die Götzen gedeutet, sondern als Antwort auf die Prophezeitung in Jes 19,1 „Da werden die Götzen Ägyptens vor ihm erbeben."[554] Die Antwort der Bewohner bestand meist in der Misshandlung und Vertreibung der heiligen Familie, teils aber auch in Anerkennung des „Gottes unserer Götter", die sich „in Anbetung vor ihm niedergeworfen" hätten. Damit „erwiesen sie ihre Nichtigkeit."

---

[552] *T. Nagel*, Heilsbotschaft des Korans, S. 83.

[553] In Syrien schon im 4. Jh verbreitet. Siehe: *Maria Josua / Friedmann Eißler*, Das arabische Kindheitsevangelium, in: Markschies / Schröter (Hrsg.), Antike christliche Apokryphen in deutscher Übersetzung, Tübingen 2012, 963–982, hier: S. 968.

[554] *Nazmy Marcus*, Die Heilige Familie in Ägypten, Kairo 1999, S. 6.14.35.50.

Das Argument der Heiden: Götzendienst ist die Tradition der Väter. Dem Appell an die *ratio* des Volkes entgegnet dieses mit dem Verweis auf die Tradition; in der altarabischen Gesellschaft eigentlich ein starkes Argument, das jedoch obsolet wird, wenn bereits die Väter „offensichtlich im Irrtum" waren (21,54). Jeder, der im Vollbesitz seiner geistigen Kräfte ist, muss diesen Irrtum erkennen (XVII,36–37). Die Gegenüberstellung von Tradition und Einsicht ist Grundlage zur Ablösung von den überlieferten Stammestraditionen zugunsten eines neuen, vernunftgestützten Glaubens, der über den alten Bindungen steht.

Ibrāhīms Absage an die Götzen. In einer zweiten Stufe bekundet Ibrāhīm nun nicht nur seine Ablehnung – als innere Haltung –, sondern seine verbale Absage an die Götzen, die ihm „feind sind" (26,77), und der nun folgerichtig der aktive Kampf folgen muss und wird.

Ibrāhīms Bekenntnis zu dem wahren Gott. Die Abkehr von den Götzen bedeutet die Hinkehr zu Gott:

6,79 „Ich wende mein Gesicht Dem zu,
Der die Himmel und die Erde erschaffen hat,
als Hanif, und ich gehöre nicht zu den Götzendienern."

Als Ibrāhīm selbst die Wahrheit erkannt hatte, bekannte er (šahida) und zeigte seine Opposition gegen sein Volk, das dem Nichtigen diente. Er war bereit, alles auf sich zu nehmen um Gottes willen, ließ nicht ab, die Wahrheit zu sagen und darin standhaft zu sein, obwohl sein gesamtes Volk gegen ihn war und ihn bekämpfte. Er sagte allem ab, um nur seinem Schöpfer zu dienen, dem Bleibenden, Immerwährenden, der lebendig macht und tötet. Wer sein Angesicht zu Gott richtet, der ist ein ḥanīf. (VII, S. 251)

Gott wird also nun beschrieben als das völlige Gegenteil der Götzen: Er ist der Herr über Leben und Tod, der als Schöpfer, Rechtleiter, Versorger und Auferwecker das ganze Leben des Menschen umschließt und in der Hand hält. Er hat die Schöpfung begonnen, und ebenso „lässt er die letzte Schöpfung[555] entstehen" (29,20). Wer aus dem Nichts erschaffen kann, dem fällt es nicht schwer, sie nach ihrem Vergehen wiederherzustellen (XX,139). So hat er allein die Fähigkeit und das Recht, am Tag des Gerichts Rechenschaft zu fordern (26,78–81; 29,21):

Er erweckt die Menschen wieder zum Leben und peinigt sie dann für das, was sie im ersten Leben getan haben. Er erbarmt sich derer, die umkehrten, glaubten und das Gute taten. (XX, S. 139)

In den ersten fünf Versionen argumentiert Ibrāhīm mit der Schöpferkraft Gottes. Jene Taten sind der Scheidepunkt zwischen Gott und den Göttern. Nur wer sie vollbringt, dem gebührt die Anbetung im Diesseits und die „Begegnung mit

[555] Nach *Qatāda* ist damit das Leben nach dem Tod gemeint.

Ihm" (29,23) am Jüngsten Tag.[556] Gottes Werke sind zugleich und damit „eine Warnung an die Quraiš, wie damals an die Völker Nūḥs und Ibrāhīms".

Gott interveniert in die Auseinandersetzung Muḥammads mit seinem Volk und ergänzt die Geschichte der Quraišiten mit der des Volkes Ibrāhīms und umgekehrt. (XX,S. 140)

In der letzten Version Sura 6 kommt zu dem Schöpfungsargument explizit das Monotheismusargument hinzu, das in den vorigen Argumentationen unausgesprochen im Hintergrund stand. Der Streit in 6,80 drehte sich um den *tauḥīd* und die Infragestellung ihrer Götzen. Auf das Argument des Volkes, die verschmähten Götzen könnten ihn mit Lepra oder Wahnsinn schlagen, antwortet Ibrāhīm:

Ich habe keine Angst vor euren Göttern, weil sie mir nichts anhaben können (...) Sie vermögen nichts, weder Nutzen noch Schaden. Nur Gott kann mir etwas zustoßen lassen, Leben oder Tod, Vorübergehendes oder Bleibendes, denn nur Gott hat die Macht dazu. Götzen sind nur geschnitzte Hölzer und Bilder. Ihr Unwissenden, ihr hängt nur von Menschenhand gemachte Hölzer und Bilder auf und verharrt auf diesem falschen Weg. Die können doch nichts bewirken, verstehen nichts. Wenn sie wirklich Macht hätten, würden sie sich gegen meine Angriffe verteidigen. (VII, S. 252–53)

Aufgrund der richtigen Gottesverehrung hat Ibrāhīm das Recht auf Sicherheit, nämlich vor der Pein Gottes im Diesseits und Jenseits (6,81).

Das Gebet Ibrāhīms. Die Bitte Ibrāhīms um Urteilskraft für sich in der chronologisch ersten Version meint nach aṭ-Ṭabarī seine Auserwählung und sein Prophetenamt als Gesandter an die Menschen, dem Gott seine Worte anvertraut hat (XIX,85). Der „hohe Ruf an Wahrhaftigkeit unter den späteren Generationen" (26,84) bedeutet, bei den Menschen in guter Erinnerung zu bleiben, damit es ihm nicht ergehe wie Mūsā und ʿĪsa:

Die Juden haben Mūsā geglaubt und ʿĪsā der Lüge bezichtigt, die Christen glaubten an ʿĪsā, aber nicht an Muḥammad. An Ibrāhīm aber glaubten sie alle: Die Juden sagen, er sei der ḫalīl Allāh und einer von ihnen. Darum schnitt Gott die Schutzherrschaft Ibrāhīms für sie ab, nachdem sie an ihn geglaubt hatten.[557] *(XIX,86)*

Die Bitte, ein „Erbe des Gartens der Wonne" (26,85) zu werden, deutet aṭ-Ṭabarī als Bitte, die Häuser der Polytheisten und der Feinde Gottes, die von ihm vernichtet werden, zu erhalten, damit er in deren leeren Häusern wohnen könne (XIX,86).

Ibrāhīms Fürbitte für seinen Vater. Ibrāhīms Fürbitte ist einer der umstrittensten Punkte in seinem Leben, da sie in medinischer Zeit vehement abgelehnt wird. Doch seien hier die vorliegenden Erzählungen betrachtet: Es fällt auf, dass die

[556] *aṭ-Ṭabarī*, Tafsīr XX, S. 140.

[557] Jene Schutzherrschaft habe Gott danach den Muslimen zukommen lassen.

Fürbitte nur in den beiden ersten Versionen auftaucht, zunächst als tatsächlich ausgesprochene Fürbitte:

26,86 Und vergib meinem Vater! Er gehörte ja zu den Irregehenden.

Die Sünde des Vaters besteht in seiner Beigesellung; Ibrāhīm bittet Gott, den Vater dafür nicht zu bestrafen. (XIX,86–87)

Die nächste Stelle ist keine Bitte an Gott, sondern nur noch ein Versprechen an den Vater, Fürbitte einzulegen:

19,47 Er sagte: „Friede sei über dir!
Ich werde meinen Herrn für dich um Vergebung bitten,
gewiss, er ist zu mir sehr entgegenkommend."

Aṭ-Ṭabarī gibt keine Erklärung für eventuelle Bedingungen oder Einschränkungen dieses Versprechens, sondern spielt es herunter als Ausdruck seines Friedenswillens und deutet es als Sicherheitsversprechen. Obwohl der Vater ihn mit Strafe bedroht habe, rufe er ihn noch einmal zum Glauben auf, damit Gott, der ihm gegenüber „entgegenkommend und freundlich" ist, seine Sünden zudecken und nicht bestrafen möge (XVI,92–93).

Ruf zum Glauben. In 19,43 ruft Ibrāhīm seinen Vater auf, seinem eigenen Beispiel zu folgen:

„Nimm meinen Rat an, und ich zeige dir die Rechtleitung auf dem Weg, auf dem du nicht irregehen wirst. Das ist die Religion Gottes, bei der es kein Umherschwanken gibt."[558] *(XVI,90)*

Wer diesen Weg nicht geht, der dient dem Satan (19,44), wird ein „Schützling des Satans" (19,45), wobei aṭ-Ṭabarī hier nicht erklärt, worin die Widerspenstigkeit Satans gegenüber Gott besteht, sondern sich in philologischen Analogien erschöpft. Nachdem zuvor die Götter als wirkungslose Nichtse erklärt wurden, bedeutet nach 19,44 die Alternative „Gott oder die Götter" nun „Gott oder Satan". Wer nicht den einen Gott anbetet, der verehrt in Wirklichkeit Satan; Götzendienst ist also zutiefst widergöttlich. Dagegen bedeutet Glaube, sich nicht gegen Gott aufzulehnen und nicht widerspenstig zu sein gegen ihn. Nach dem koranischen Wortlaut in 19,45 „fürchtet" Ibrāhīm, dass sein Vater der Pein Gottes anheimfallen wird, bei aṭ-Ṭabarī wird in Engführung – eben von den späten, gegen die Fürbitte gerichteten Versen – daraus ein sicheres Wissen, dass er der Pein verfallen ist. Was im Koran noch als Möglichkeit aufgezeigt bleibt, wird im Tafsīr verschlossen.

Auch 29,17b–19 ruft dazu auf, sich Gott zuzuwenden, und im Ruf zum Glauben schwingt die Drohung mit:

Wenn ihr Muḥammad der Lüge bezichtigt bezüglich dem, wozu er euch aufgerufen hat, nämlich eurem Herrn zu dienen, der euch erschuf und der von euch verlangt, den Götzen

[558] Als Gegensatz zum zielgerichteten geraden Gehen, vgl. den *ṣirāṭ al-mustaqīm*.

abzusagen, so tut ihr genau wie die früheren Völker. Darum wird euer Weg auch der Weg sein, der über sie gekommen ist. (XX,138)

Reaktion von Vater und Volk auf den Ruf Ibrāhīms. Selbst das intensive Werben Ibrāhīms um seinen Vater trägt nicht die erhofften Früchte. Der Prophet muss erkennen, dass seine Botschaft und sein Ruf umsonst waren – aber: Ihm „obliegt nur die deutliche Übermittlung" (29,18), nicht das Ergebnis oder gar der Erfolg. So wie sich der Sohn um des einen Gottes willen auf einen ungebührlichen Streit mit seinem Vater eingelassen hat,[559] so gilt nun die Loyalität des Vaters seinen Göttern – gegen den Sohn, dem er die Steinigung androht und den er in die Verbannung schickt (19,46). Aṭ-Ṭabarīs Kommentar (XVI,90) betont den Unterschied zwischen dem wörtlich verstandenen Steinigen und dem *raǧm al-qaul* (Steinigen durch Worte) oder: *raǧm al-qaul al-qabīḥ* (Steinigen durch hässliche Worte), das hier gemeint sei: nur mit der Zunge, d. h. mit verbalen Angriffen, mit Tadel und Worten der Beschimpfung, aber auch durch das öffentliche Kundtun dieser Haltung, so dass die Menschen ihn mit Steinen bewerfen werden.[560] Bei der Aufforderung des Vaters, „für lange Zeit" von ihm zu weichen, folgen die meisten Kommentatoren der Meinung von Ibn ʿAbbās, dies sei eine Warnung an Ibrāhīm, sich unversehrt zu entfernen, bevor ihn die Strafe treffen könne. Mit der Unversehrtheit könne sowohl die Beibehaltung der Ehre als auch ein von Körperstrafen unversehrter Körper gemeint sein. In 43,30 bringt das Volk Ibrāhīms dasselbe Argument wie die Mekkaner gegen Muḥammad: Sie lehnen die Botschaft als „Zauberei" ab.

Als nicht völlig unbeeindruckt schildert 21,64 ff. die Zuhörer: In ihrer Verwirrung schwanken sie hin und her, begreifen, dass ihre Argumentation zunichte und ihr Vorwurf nun gegen sie selbst gerichtet ist. Als rigoros und unmissverständlich wird ihre Reaktion in 29,24 geschildert: die Forderung nach dem Scheiterhaufen. So entspricht die zunehmend drastische Reaktion der Zuhörer durchaus der immer kompromissloseren Haltung Ibrāhīms selbst.

Lohn / Strafe Gottes. Entscheidende Frage am Tag des Gerichts ist die Frage nach dem *tauḥīd*:

26,92 Und es wird zu ihnen gesagt:
„Wo ist denn das, dem ihr zu dienen pflegtet
26,93 anstelle Gottes? Können sie euch helfen oder sich selbst helfen?"

Dem Gebet Ibrāhīms in 26,83–104 sind Lohn und Strafe zu entnehmen: Strafe als Demütigung und ewige Schande am Tag der Auferstehung (26,87), als „Höllenbrand der Verirrten" (26,91). Lohn dagegen wird dem zuteil, der „zu Gott mit

559 Somit entbindet Muḥammad den gläubigen Sohn von der Gehorsamspflicht dem ungläubigen Vater gegenüber. Vgl. Apg 5,29.

560 *Khoury*, Kommentar IX, S. 296.

unversehrtem Herzen kommt" (26,89), wer nach aṭ-Ṭabarī keinen Zweifel am *tauḥīd* Gottes und der Auferstehung hegt, wer ein reines, aufrichtiges, nicht durch *širk* versehrtes Herz besitzt. Es ist der Paradiesgarten, der nahe an die Gottesfürchtigen herangebracht wird (26,90). 6,82 umschreibt den Zustand der Seligkeit als „Sicherheit", Ibrāhīm wird darüber hinaus um „Rangstufen" erhöht. Der irdische Lohn Ibrāhīms, sein Sohn und sein „hoher Ruf an Wahrhaftigkeit" (19,49 f.) wurden bereits erwähnt.

Ferner wird in 43,28 ein Wort erwähnt, „das in seiner Nachkommenschaft bleiben würde". Welches dies sei, ist unter den Auslegern umstritten. Nach Qatāda ist es das Bekenntnis zu dem einen Gott und der aufrichtige Glaube, der weitertradiert wird, so dass es unter seinen Nachkommen immer noch einige gab, die Gott allein anbeteten und dienten – womit nicht deutlich wird, ob damit Juden und Christen gemeint seien oder die Hanifen. Aṭ-Ṭabarī versteht darunter damit den ersten Teil der *šahāda* – natürlich noch ohne das Bekenntnis zum Gesandten Gottes – und den *tauḥīd*.

Eulogie. Die Erzählungen von Sura 26 und 6 enden jeweils mit einer Eulogie, die aṭ-Ṭabarī paraphrasiert:

> *Gott ist weise in seiner Vorgehensweise gegenüber seinen Geschöpfen, indem er seinen Propheten die Argumente gegen ihre Völker liefert, die sie der Lüge bezichtigen. Er ist allwissend, wohin das Schicksal seine Gesandten führt, und weiß um die Völker, die sich zu ihm als dem einzigen Herrn bekennen und seinen Gesandten glauben.*[561]

In dem alten Konflikt Ibrāhīms mit seinem Volk spiegelt sich unverkennbar der aktuelle Konflikt Muḥammads im Bemühen, sein Volk von der Nichtigkeit der Götzen zu überzeugen. Und „ebensowenig wie für den Heidenapostel Paulus ist für den Araberapostel (sic) Mohammed Abraham ein erstarrtes Glaubensdenkmal aus uralten Zeiten, sondern lebendige Legitimationsfigur im prophetischen Kampf um den wahren Glauben."[562]

> Within the struggle for authentic Muslims there was not merely the battle to disqualify the pseudo-gods, but to dethrone them. It takes a lesser will to assert as a proposition that ‚there is no god but God' than to attain the deep habit of soul that has no other god but God in every vicissitude of time and temper (…) So the confession not only repudiates other worships but abondons other truths: To thee alone do we come for help.[563]

---

[561] *aṭ-Ṭabarī*, Tafsīr VII, S. 266.
[562] *K.-J. Kuschel*, Streit um Abraham, S. 183.
[563] *K. Cragg*, The event of the Qur'ān, S. 76.

4.6.5.1 Die Machtlosigkeit der Himmelskörper

Nach *ar-Rāzī*[564] ist der Sternenkult die älteste Religion der Welt: Die Menschen stellten Veränderungen in dieser unteren Welt fest und brächten sie in Zusammenhang mit der sichtbaren oberen Welt, mit den Konstellationen der Sterne. Damit gehörten sie zu den Polytheisten. Die einen glaubten, Gott habe den Gestirnen die Verwaltung der unteren Welt übertragen und verehrten sie deshalb, während die Gestirne ihrerseits Gott verehrten. Die anderen glaubten, Gestirne seien die Ursache der Welt, selbständig und ewig (*dahrīya* – materialistischer Deismus). Für die Zeit, in der die Sterne unsichtbar seien, machten sie sich Götzen als Abbild und Substitution für die Sterne. So stehe hinter der Anbetung der Götzen die Anbetung der Sterne und umgekehrt. Aufgabe aller Propheten sei es zu zeigen, dass Sterne keinen Einfluß auf das Schicksal auf dieser Erde hätten, da sie selbst nur erschaffen seien; denn man müsse die aktive Ursache alles Geschaffenen anbeten und nicht das Passive, Geschaffene.

In der Frage des altarabischen Astralkultes spielte wohl weniger der Einfluß der Gestirne auf das Schicksal des Menschen eine Rolle, der nur ab und zu erwähnt wird.[565] So wie die altarabischen Schicksalsgottheiten im Zuge des Kampfes gegen die Götzen zwar eliminiert, ihre Funktion jedoch Gott allein zugeschlagen wurde, so wurde der altarabische Astralfatalismus aufgenommen und anhand der Ibrāhīmerzählung mit dem Argument des „Verschwindens" und der Geschöpflichkeit nach einem persönlichen Gottesbild umgeformt.

4.6.5.2 Die Machtlosigkeit des von Menschenhand Geschaffenen

Wie das Judentum das Pantheon der Götter der Völker nach und nach entmythologisiert, so geht auch der Koran entschlossen in dieser Hinsicht vor. Zwar existieren sie, jedoch nur als von Menschen geschaffene plumpe Abbilder der eigenen Wirklichkeit,[566] ein Selbstbetrug des Menschen, da sie bedeutungslos, kraftlos, unfähig, machtlos sind – Nichtse,[567] im Gegensatz zu Gott dem Schöpfer und Allmächtigen. Ein feinsinniger Beweis ihrer Ohnmacht ist 22,73: Nicht einmal eine Fliege könnten sie erschaffen und seien selbst gegen ein so winziges Insekt machtlos. Hier greift wieder das Argument der Vernunft: So wie Gott erkannt werden kann, so muss anhand der Argumentation Ibrāhīms und seiner anschaulichen Beispiele die Vernunftwidrigkeit der fabrizierten Götzen erkannt werden.

---

[564] *ar-Rāzī*, at-Tafsīr al-kabīr XIII, S. 30.

[565] *J. van Ess*, Theologie und Gesellschaft I, 24f.; *H. Ringgren*, Studies in Arabian Fatalism, S. 49.

[566] Vgl. die analoge, aber wesentlich ausführlichere Argumentation in Jes 44,9–17; 46,5–13; ebenso Jubiläenbuch c. 12ff., Apokalypse Abrahams (hrsg. von Bonwetsch), S. 14f.

[567] Ps 115,4–7; 135,15–17; Jes 44,9–17; Jer 10,1–9; Hab 2,18f.; Ex 32,4; 1. Kön 12,28.

Ein plumpes Gegenstück zur feinsinnigen Desillusionierung des Korans bietet die neuere Auslegung von *al-Barūsawī* (gest. 1715), einem türkischen Mystiker: Ohne Quellenangaben berichtet er, eines Tages sei einer der Satane in den Bauch der Götzen von Muḥammads Feind Abū Ǧahl gefahren, habe den Götzen bewegt und „abscheuliche Worte gegen den Propheten" geredet. Gott habe daraufhin einem der Ǧinnen befohlen, den Satan zu töten. Als sich nun am nächsten Tag die Ungläubigen vor dem Götzen versammelten, bewegte er sich wieder, sprach die *šahāda* aus und sagte: „Und ich bin ein Götze, der weder nützt noch schadet. Weh dem, der mir anstelle Gottes dient!" Daraufhin schlug Abū Ǧahl seinen Götzen in Stücke.[568]

Exkurs 3: Der Vater Ibrāhīms

Der Koran lässt Ibrāhīm recht unvermittelt auftreten und nennt lediglich seinen Vater, während Gen 11,10–30 die Genealogie Abrahams zurückführt bis zu den Söhnen Noahs, zusammen mit Gen 5 und 10 also bis zur Erschaffung der Welt. Biblische Stammbäume sind Ausdruck des geschichtsmächtigen Gottes, dessen Geschichte immer Geschichte mit den Menschen ist. In seinem Heil-vollen Handeln erweist sich sein Tun als Heils-Geschichte. Sie stehen zumeist am Beginn einer neuen Epoche.

Als Namen des Vaters Ibrāhīms gibt 6,74 Āzar an, während er nach Gen 11,27.31 Teraḥ genannt wird. Dies war und ist immer wieder Anlass, dem Koran vorzuwerfen, er irre,[569] oder er habe den Vater Ibrāhīms mit dem Knecht Abrahams, Elieser, verwechselt.[570] Nach ar-Rāzī würden diejenigen den Namen in Tāraḥ oder Tāraḫ ändern wollen, die „andere Religionen imitieren", und er spricht explizit die beiden jüdischen Konvertiten Wahb b. Munabbih und Kaʿb al-Aḥbār an, die „noch zu sehr an den Aussagen der Juden und Christen" hingen.

Frühe Überlieferer, die auf Ibn ʿAbbās und Muǧāhid zurückgehen,[571] wie auch die Sīra, folgen wie selbstverständlich der alttestamentlichen Namengebung: Tāraḥ sei der Name des Vaters, Āzar der einer Gottheit oder eines Götzen, den er verehrte. Um dies mit dem Wortlaut des Korans zu vereinen, vermuten dann muslimische Gelehrte, der Vater habe zwei Namen gehabt, Āzar als Eigenname und Tāraḥ als Titel oder Beiname – wobei es auch umgekehrt möglich sei. So benutzen die einen den Eigennamen, der Koran jedoch den sich verselbständigten Beinamen. Auch wird angenommen, Āzar könne „in ihrer Sprache" ein Attribut sein, im Sinne eines Schimpfnamens und bedeute „unaufrichtig" oder „der Falsche", da er ein Irrender in der Religion war; nach anderen bedeute es „Greis" im Persischen. Āzar könne jedoch auch der Name des Götzen sein, den der Vater verehrte und nach dem er selbst ʿAbd Āzar genannt wurde;[572] im Laufe der Zeit sei dann der Name des Götzen allein übrig geblieben. Wieder andere spekulieren, Tāraḥ sei zwar der Vater

[568] *al-Barūsawī*, Rūḥ al-bayān, Auslegung zu 14,36 f.

[569] Nach *ar-Rāzī* sei dies der Vorwurf der Atheisten (at-Tafsīr al-kabīr XIII, S. 31–33); *al-ʿAqqād* bestätigt dies als „Quelle für Angriffe auf den Islam" (Ibrāhīm, S. 127).

[570] *U. Worschech*, „Ich will Ismael segnen", S. 54: Muḥammad habe das „El" im Namen als Artikel verstanden und weggelassen.

[571] Eine Liste bei *Ibn Kaṯīr*, Tafsīr al-Qur'ān al-ʿaẓīm (1983) II, S. 139.

[572] *A. Jeffery*, Foreign vocabulary, S. 54.

Ibrāhīms, Āzar aber sein Onkel, und es sei nicht nur möglich, sondern koranischer *usus*, den Onkel an Stelle des Vaters zu nennen.[573] Ar-Rāzī hält alle diese Erklärungen angesichts des Textbefunds für überflüssig. Sein Argument: Da zu Lebzeiten Muḥammads weder Polytheisten noch Juden und Christen, die ohnehin ständig nach Gründen suchten, den Gesandten der Lüge zu bezichtigen, etwas gegen den Namen Āzar einzuwenden hatten, sei dies der Beweis für die Richtigkeit.

Er verweist auch auf die schiitische Position, wonach keiner der Vorfahren Muḥammads ein Ungläubiger war.[574] Da jedoch Āzar als solcher bezeichnet wird, könne es sich bei dem in der Ibrāhīmsgeschichte Erwähnten nicht um den Vater handeln, sondern um den Onkel. Auch dürfe ein Sohn seinen Vater weder mit seinem Eigennamen noch in solcher Schroffheit ansprechen. Da Ibrāhīm als sanftmütig (9,111) bezeichnet wird, könne er unmöglich so grob mit seinem Vater umgegangen sein. Daher müsse es sich bei Āzar um den Onkel väterlicherseits (*ʿamm*) handeln.

Die Theologen der Moderne, die am Wortlaut des Korans festhalten, suchen nach anderen Wegen der Erklärung: ʿAbbās Maḥmūd al-ʿAqqād[575] leitet Āzar von „Ašūr" ab, dem assyrischen Volk Ibrāhīms, dem die Griechen den Namen „Assuria" gegeben hätten. Über Josephus, Eusebius und diverse Schreibvarianten und Dialektverschiebungen gelangt al-ʿAqqād schließlich von „Assuria" zu „Āzar".

Der Orientalist Marracci brachte die Ableitung über den talmudischen Namen Teraḥs, der in der Kirchengeschichte des Eusebius „Athar" wurde. Der SKD-Kommentar sieht Āzar als den originalen Namen an, der die arabisierte Form von Eusebius' Athar und des talmudischen Zārah sei.[576] Hyde leitet gar aus dem Persischen *ādur*[577] ab, was er als Namen eines Feuerdämons versteht, wohingegen „Sohn des Feuers" ein Beiname Ibrāhīms sei (vgl. 37,97–98; 21,68–70; 29,24–25). Fraenkel und Horovitz argumentieren, dass hier nur eine Verwechslung mit Ibrāhīms Knecht Elieser vorliege.[578]

Aṭ-Ṭabarī[579] bringt eine Deutung, wonach sowohl Āzar als auch Tāraḥ seine Namen seien, vergleichbar mit Isrāʾīl und Yaʿqūb; eine andere Möglichkeit wäre, dass einer der beiden Namen nur sein Rufname sei; letztendlich plädiert er jedoch wie in solchen Fällen üblich für den koranischen Wortlaut, denn: „Gott weiß es besser."[580]

---

[573] Die dafür angeführte Belegstelle 2,133 gibt dies jedoch nicht her.

[574] Nach schiitischer Meinung waren die Väter der Propheten grundsätzlich keine Ungläubigen. Da der Geist von einem *sayyid* zum andern überging, müssen alle Vorfahren Muḥammads Muslime gewesen sein. Außerdem wird ein Ausspruch Muḥammads zitiert, nachdem er immer nur von den „Lenden der Reinen in die Gebärmütter der Gläubigen" überging. (zit. in: *ar-Rāzī*, at-Tafsīr al-kabīr XIII, S. 32 f.; *M. M. aṭ-Ṭair*, Manhağ, S. 1602)

[575] *M. al-ʿAqqād*, Ibrāhīm, Abū l-anbiyāʾ, S. 128 f.

[576] SKD II, S. 491.

[577] Fire, the God „fire", 9. Monat, 9. Tag (McKenzie, S. 5).

[578] Nachweise: *R. Tottoli*, Biblical prophets, S. 53; *A. Jeffery*, Foreign Vocabulary, S. 55.

[579] *aṭ-Ṭabarī*, Tafsīr VII, S. 242 f.

[580] So der traditionelle Beschluss einer Interpretationssequenz mit strittigem Gegenstand, wenn der Kommentator sich nicht imstande sieht, sich auf eine bestimmte Interpretation festzulegen.

4.6.6 Aktiv gegen die Götzen: Der Bildersturm[581]

37,(83–)91–98[582]; 21,57–67[583] (2. mekk.)
Das durch die Götzendiener zugefügte Leiden bleibt kein passives Leiden, kein bloßes Ertragen der Anfeindung und Verfolgung, kein Martyrium,[584] bis der Erfolg eintritt. Keiner der Propheten verharrt im Leiden oder gar im Tod. Immer ist es die Macht Gottes, die nicht zulässt, dass menschliche Bosheit einen Gesandten Gottes, einen unter seiner Berufung und seinem Schutz Stehenden, antastet, dass die Macht der Feinde Gottes über die Allmacht Gottes triumphiert. So ist es zum einen das göttliche Eingreifen, das den angefeindeten Propheten sicher rettet. Zum andern aber bleibt der Prophet nicht passiv, sondern legt aktiv Hand an. Von Bedeutung ist hier: Der Prophet geht aktiv gegen die Götzen vor – nicht gegen die Götzendiener!

Während an sieben Stellen vom verbalen Werben um Vater und Volk die Rede ist, findet sich nur in zwei Suren auch der Schritt in die Realisation, die aktive gewaltsame Zerstörung der Götzenbilder. Man mag das als Vorrang des Wortes vor dem Bildersturm, der zerstörerischen Tat deuten. Vom Ansatz einer fortschreitenden Verschärfung her, der sich bisher in zahlreichen Aspekten gezeigt hat, wäre zu erwarten, dass der Gewaltakt des Bildersturms in die 3. mekkanische Periode, wenn nicht gar erst in die medinische als Vorbereitung zum faktischen Bildersturm bei der Eroberung Mekkas 630, fallen würde – wir finden ihn jedoch schon in der 2. mekkanischen Periode. Dieser zeitliche Kontext fordert, die Götzenzerstörung in der mekkanischen Verkündigung noch nicht als Endzweck, sondern im Dienste der Überzeugungsarbeit, der Veranschaulichung und Demonstration des verbalen Arguments der Nutz- und Machtlosigkeit zu sehen, als faktischen Beweis der Ohnmacht der Götzen.

Die beiden Erzählungen stellen in der Einleitung jeweils die handwerkliche Herkunft der Götzen als „Bildwerke" (21,52), ja als „Lügengebilde" (*ifk*) (37,86) heraus, denen Ibrāhīm, der Mann mit dem „unversehrten Herzen" (*qalb salīm*, 37,84) nicht verfällt. Während der Text in Sura 37 die Möglichkeit des unverfälschten, vollkommenen Herzens offenläßt, das sich nicht von menschlichen Fabrikationen blenden und von der Wahrheit abbringen lässt, verengt die Auslegung es zu einem Herzen, das „unversehrt von Polytheismus und aufrichtig in seinem *tauḥīd*[585] sei.

---

[581] Vgl. Midrasch Bereschit Rabba 38,19; Apokalypse Abrahams (hrsg. von Bonwetsch), S. 10; *H. Speyer*, Biblische Erzählungen, S. 134–140.

[582] *aṭ-Ṭabarī*, Tafsīr XXIII, S. 69–75; SKD IV, S. 2174–2177; *Khoury* Komm. XI, S. 56 f.

[583] *aṭ-Ṭabarī*, Tafsīr XVII, S. 37–41; SKD III, S. 1494–1498; *Khoury* Komm. IX, S. 417 f.

[584] Martyrium hier im christlichen Sinne gemeint als Erdulden und Ausharren bis zum möglichen Getötetwerden um des Glaubens willen.

[585] *aṭ-Ṭabarī*, Tafsīr XXIII, S. 69.

Unklar ist sein Blick zu den Sternen und seine vorgeschützte Krankheit, die Auslöser zahlreicher Spekulationen ist. Entweder versuchte er mit der Vortäuschung einer ansteckenden Krankheit das Volk zur Flucht vor ihm zu veranlassen,[586] um mit den Götzen allein zu sein, oder er suchte eine Ausrede, um nicht an einem Fest zu Ehren der Astralgottheiten teilnehmen zu müssen. Ein Problem ist jedoch die offenkundige Lüge Ibrāhīms, die in 21,57 als List sprachlich abgemildert wird – und die ihn als eine seiner drei Lügen nach der Tradition an der eschatologischen Fürsprache hindern wird.[587] Alleingelassen mit den Göttern führt er zunächst wieder ihre Nichtigkeit vor, die sich in Sprachlosigkeit und Unfähigkeit zu elementarsten menschlichen Fähigkeiten zeigt (37,91 f.), bevor er die Konsequenz daraus zieht: Was von Menschenhand geschaffen ist, kann auch durch Menschenhand zerstört werden, denn es beansprucht Göttlichkeit, die ihm nicht zusteht:

37,93 Und er wandte sich gegen sie und schlug mit der Rechten auf sie ein.

Der Schlag mit der rechten Hand kann sich sowohl auf die Rechte als Symbol der Kraft beziehen, als auch auf die Schwurhand, da er in 21,57 bei Gott schwor.

21,58 Dann schlug er sie in Stücke,
außer einem besonders großen unter ihnen,

Die Begründung bei der Rückkehr des Volkes zeigt den Sinn der Aktion: Ibrāhīm schiebt die Schuld an der Zerstörung auf den Größten der Götzen[588] und fordert das Volk auf, sich den Bericht der „Betroffenen" anzuhören, um ihre eigene Hilf- und Sprachlosigkeit vorzuführen:

21,63 Er sagte: „Nein,
sondern dieser da, der Größte unter ihnen, hat es getan.
Fragt sie doch, wenn sie sprechen können."

Und er weist auf den ganz und gar ungöttlichen, allzu irdisch-menschlichen Ursprung der Götzen hin:

---

[586] „Er wickelte sich einen Verband um den Kopf und rief: ‚Ich habe die Pest!' Da flohen sie vor ihm." (*aṭ-Ṭabarī*, Tafsīr XXIII, S. 71) – Wenig plausibel, und daher von aṭ-Ṭabarī abgelehnt, ist die Aussage: Da jeder Mensch dem Tod verfallen sei, könne man immer sagen, man sei krank.

[587] Die Mehrheit der *ṣaḥāba* spricht nicht von den Lügen Ibrāhīms, während die Überlieferung eine Aussage Muḥammads tradiert, wonach Ibrāhīm dreimal gelogen habe: wenn er in 21,63 die Zerstörung dem Götzen anlastet, wenn er 37,89 Krankheit vortäuscht und von Sārā sagt, sie sei seine Schwester. *Aṭ-Ṭabarī* windet sich sichtlich: „Es ist nicht unmöglich, dass Gott der Erhabene es seinem Freund erlaubt, dies zu tun, um sein Volk zurechtzuweisen und einen Einwand gegen sie aufzubringen, und um ihnen zu zeigen, wie schlecht sie sich benehmen. Das Vorgehen ist ähnlich wie 12,70 [Yūsuf, der den Becher in das Gepäck seines Bruders steckte und ihn damit zum Dieb machte]." Tafsīr XVII, S. 41.

[588] Wie in BerR hängte er als Beweismaterial dem größten Götzen die Axt um den Hals. – Nach der Überlieferung von Ibn Isḥāq behauptete Ibrāhīm, der Größte der Götzen habe sich darüber geärgert, dass die Menschen kleinere Götzen zusammen mit ihm anbeten, darum habe er sie zerschlagen. (*aṭ-Ṭabarī*, Tafsīr XVII, S. 40–41)

37,95 Er sagte: „Wie könnt ihr denn dem dienen,
was ihr selbst zurechtmeißelt,
37,96 wo doch Gott euch und das, was ihr tut, erschaffen hat?"

Gott hat nicht nur das Volk erschaffen, sondern sogar das Material, aus dem die Götzenbilder gemacht wurden, ebenso die Werkzeuge dazu[589] – deutlicher kann die Unsinnigkeit der Götzenverehrung nicht zum Ausdruck gebracht werden.

Um eben diese Überzeugungsarbeit ging es in dieser ikonoklastischen Aktion, was der Korantext dadurch zum Ausdruck bringt, dass er die Götzenzerstörung nur mit den nötigsten Worten erwähnt, die darauf folgende Diskussion jedoch breit ausführt. Somit erhält die Tat Hilfs- und Deutecharakter für das Wort. In der Auslegung von aṭ-Ṭabarī kommt dies deutlich zum Ausdruck:

Ibrāhīm tat das als Beispiel, damit sie erkennen, dass die Götzen sich nicht einmal selbst wehren können gegen das, was er als Mensch mit ihnen tat – Wie sollten sie also das Böse von den Menschen abwehren können? Damit wollte er die Leute veranlassen, von ihrem Götzendienst abzulassen und sich seiner Religion zuzuwenden.[590]

Ebenso Qatāda: „Ibrāhīm hat sie überlistet, damit die Menschen es begreifen und einsichtig werden."

Die Tradition wiederum gibt sich mit dem zurückhaltenden Bericht des Korans nicht zufrieden, sondern malt die Szene, wie aus der jüdischen Tradition bekannt, aus. Jedoch weist die Erwähnung der Götzenzerstörung bereits zu Beginn der 2. mekkanischen Periode darauf hin, dass Muḥammad diese haggadische Tradition gekannt haben musste – und sie vermutlich auch bei seinen Hörern als bekannt voraussetzen konnte. Von daher ist ihre Entfaltung in der islamischen Tradition nur folgerichtig.

4.6.7 Die Säuberung des „Hauses"

Eine der großen, nicht befriedigend beantworteten Fragen ist die des Verhältnisses Muḥammads zur Kaʿba in der mekkanischen Periode. Wie bereits erwähnt nahm die Kaʿba für Muḥammad nicht nur religiös, sondern auch persönlich eine immens wichtige Stellung ein, ist er doch wegen des Dienstes seines Großvaters ʿAbd al-Muṭṭalib und danach seines Onkels ʿAbbās am Brunnen Zamzam und der Austeilung des Wassers quasi im Schatten der Kaʿba aufgewachsen.[591] Muḥammads Eifer für den einen Gott, was den Kampf gegen die Götter bedingte, musste zwangsläufig ein Kampf gegen das Pantheon der Kaʿba werden. Hierbei ist interessant zu sehen, dass Muḥammads Kampf jedoch nicht dem Heiligtum an sich galt, sondern der Vielgötterei, die an diesem Heiligtum be-

[589] So Qatāda, zit. in *aṭ-Ṭabarī*, Tafsīr XXIII, S. 75.
[590] *aṭ-Ṭabarī*, Tafsīr XVII, S. 39.
[591] Sīra Rotter, S. 34 f.

trieben wurde. Das Heiligtum selbst wird durch seine abrahamische Gründungslegende (2,124–132) sakrosankt und gleichsam von den in ihm aufgestellten Götzenbildern und -statuen getrennt, die als „Verunreinigung" des reinen *bait* (Haus), als Entheiligung des *ḥarām* (Heiligen) deklariert werden. Das bedeutet die Möglichkeit, mit einer Kultreinigungsaktion seinen ursprünglichen Zustand wiederherzustellen.[592] Dies geschah jedoch erst 630 bei der Einnahme Mekkas, zwei Jahre vor Muḥammads Tod.

Wie aber ging er bis zu jener Zeit mit dem durch Götzen verunreinigten Heiligtum um? Wo und wie verrichtete er seine Gebete? Welches war seine Gebetsrichtung in der mekkanischen Zeit, in der er so lautstark gegen den Götzendienst zu Felde zog und über Ibrāhīm, sein *alter ego*, die Zerstörung der Götzen empfahl? Des weiteren wird der Gott Hubal, den Gott der Kaʿba, vor dessen Standbild in Gestalt eines Menschen die Lospfeile geworfen wurden, einer Hinterfragung unterzogen. Weder wird im Koran gegen ihn polemisiert, noch wird in der Tradition von seiner Zerstörung berichtet.[593]

In der 1. mekkanischen Periode schwört er in 52,4 „beim besuchten[594] Haus" (*wa-l-bait al-maʿmūr*), zwar im Zusammenhang mit einem „in Zeilen niedergeschriebenen Buch" (*kitāb masṭūr*), das jedoch keinen Zusammenhang zwischen der Kaʿba und einer Niederschrift seiner eigenen Botschaft erkennen lässt. Das Motiv des Bildersturms ist zwar in der 2. mekkanischen Periode allgegenwärtig, doch zunächst noch in weiter Ferne bei Ibrāhīm und seinem Volk. In der 3. mekkanischen Periode wird es dann zur Bitte für die gegenwärtige Kaʿba.

4.6.7.1 Ibrāhīms Gebet um Sicherheit der Kaʿba

14,35–41[595] (3. mekk.)
(2,126)[596] (medin.)

Aus dem äußerst pessimistischen Ton der Sura 14 lassen sich Rückschlüsse auf die Situation Muḥammads ziehen, eine Situation der Schwäche, Schutzlosigkeit

---

[592] Vgl. dazu die Tempelreinigungsberichte 1 Kön 15,11–15; 2 Kön 12,5–17; 18,3–7; 22–23,27; 2.Chr 14,1–4; 23,16–19; 24,4–14; 29--31; 34,3--35,19; Jer 7,1–15; 26,1–16; Neh 13,4–14; 1 Makk 4,36–61; 2 Makk 10,1–8; Mt 21,12–16; Lk 19,45–48; Joh 2,13–16.

[593] *M. Höfner*, Die vorislamischen Religionen Arabiens, S. 366.

[594] Auch: beim vielbesuchten, bevölkerten Haus (Elyas); beim (von Wallfahrern) besuchten (?) Haus (oder: bei dem (wohl) instand gehaltenen Haus) (der Kaʿba) (Paret; die zahlreichen Klammern und Fragezeichen signalisieren deutlich die Unsicherheit der Übersetzung).

[595] *aṭ-Ṭabarī*, Tafsīr XIII, S. 227–235; *as-Samarqandī*, Tafsīr as-Samarqandī, z.St.; *al-Baġawī*, Maʿālim at-tanzīl, Beirūt 1414/1993, z.St.; *ar-Rāzī*, at-Tafsīr al-kabīr z.St.; *al-Andalusī*, Al-baḥr al-muḥīṭ fī t-tafsīr, z.St.; *al-Baiḍāwī*, Anwār at-tanzīl, z.St.; *Ibn Kaṯīr*, Tafsīr al-Qur'ān al-ʿaẓīm (1983), z.St.; *as-Suyūṭī*, Tafsīr al-Ǧalālain, z.St.; *al-Barūsawī*, Rūḥ al-bayān, (CD elariss); *aš-Šanqīṭī*, Aḍwā' al-bayān (CD elariss); SKD III, S. 1137–1141; *Khoury* Komm. VIII, S. 358–360.

[596] *aṭ-Ṭabarī*, Tafsīr I, S. 541–546; SKD I, S. 64; *Khoury* Komm. II, S. 129–131.

und Unsicherheit, der äußeren und inneren Dürre,[597] in der er offenbar keine Möglichkeit zum Gebet am mekkanischen Heiligtum mehr sah oder faktisch nicht mehr hatte. Khoury hält es für ein Gebet in der Anfechtung, in der er sich zeitweise sogar außerhalb Mekkas aufhalten mußte und für diese Stadt betete.[598] Hier ist kein Triumphalismus zu spüren und weder Möglichkeit noch Stärke, die polytheistischen „Konkurrenten" am Haus zu vertreiben:

14,35 Und als Ibrāhīm sagte: „Mein Herr, mach dieses Gebiet[599] sicher, und lass mich und meine Söhne[600] es meiden, den Götzen zu dienen,

Die Bitte um Sicherheit, die seine Söhne (*banīya*, auch „Kinder" möglich) einschließt, macht nach aṭ-Ṭabarī Muḥammads Wunsch deutlich, einmal mit Söhnen den einen Gott in Mekka anbeten zu können – nachdem seine Söhne von Ḫadīǧa in diesen Jahren gestorben sind. In der vorhergehenden Sura 11 hatte er in der Ankündigung eines Sohnes an Ibrāhīm bereits den Zuspruch Gottes erfahren. Die von ihm angeführten Kommentatoren gehen weder auf die prekäre Situation Ibrāhīms noch auf die Muḥammads ein; *Muǧāhid* verweist auf die Erhörung dieser Bitte, die dazu führte, dass keiner der Söhne Ibrāhīms jemals Götzen angebetet habe.

Anders *ar-Rāzī*, der nach dem grundsätzlichen Sinn dieser Bitte fragt. Da Propheten doch niemals Götzen dienen, habe auch die Bitte „Lass mich (…) es meiden, den Götzen zu dienen" keinerlei Grundlage. Außerdem habe Gott seine Bitte in zweifacher Hinsicht nicht erhört: Zum einen war Mekka nie ein sicheres Gebiet, selbst die Kaʿba blieb nicht unversehrt, was zu spöttischen Vorwürfen der Ungläubigen führte.[601] Zum anderen wurden Ibrāhīms Nachkommen, die Quraiš, schließlich Polytheisten. Als Antwort führt er die subjektive Sicherheit an, die jeder Mensch empfindet, der nach Mekka kam und kommt, und dass selbst miteinander verfeindete Menschen während des Aufenthalts an der Kaʿba voreinander sicher sein können. Die Bitte für sich selbst bedeute eine Bitte um Festigung im Glauben, zur Beruhigung seiner Seele und zur Vergegenwärtigung, dass alles von Gottes Gunst abhängt und dass selbst das Tun der Befehle Gottes nur durch Gott geschieht.

Nach *Abū Ḥayyān al-Andalusī* sei damit das Ausharren in dem reinen Zustand der alleinigen Gottesanbetung gemeint, ohne jeglichen Götzendienst. Die Kinder

---

[597] Nach *M. Lings* (Muhammad. His Life, S. 3) soll Ibrāhīm diese Verse angesichts des fruchtbaren Landes in Kanaan gebetet haben.

[598] *Khoury*, Kommentar VIII, S. 359; siehe auch: I, S. 37. Für möglich hält er auch einen medinischen Einschub als Vorbereitung für die Rückkehr nach Mekka.

[599] So Khoury; Paret, Elyas: Ortschaft.

[600] So *Paret, Khoury; Elyas*: Kinder, was philologisch möglich ist.

[601] Von einer Restaurierung der Kaʿba nach einem Brand zur Zeit Muḥammads spricht die Sīra (Sīra I/2, S. 13–21; Sīra Rotter, S. 41–43); im Jahr 64/683 wurde die Kaʿba bei der Belagerung durch den Gegenkalifen az-Zubair schwer beschädigt (HdI, S. 238 f.).

Ismāʿīls hätten deshalb überall an ihren Siedlungsplätzen Steine aufgestellt, die sie *ḥiǧr*[602] nannten und dort einen Umlauf vollzogen.

Um den Konflikt mit den später polytheistischen Quraiš zu lösen, trennt *al-Baiḍāwī* zwischen den Kindern und Enkeln und späteren Generationen, die in dieser Bitte nicht inbegriffen seien.

Einige der moderneren Ausleger weisen darauf hin, dass aus dieser Bitte Ibrāhīms seine große Angst spreche. Wenn nun jemand in so hoher Stellung Angst habe, dem Götzendienst zu verfallen, um wie viel mehr sollte dann jeder andere Gläubige ebenfalls ängstlich darum flehen, davor bewahrt zu werden.[603] Denn selbst die Unfehlbarkeit enthebe nicht der Prüfungen Gottes, weshalb der Gläubige sich niemals seines Glaubens sicher sein solle.[604] So auch *as-Samarqandī*, der die Angst jedoch nur auf die Kinder bezieht.

Der folgende Vers beinhaltet zwei Probleme:

14,36a Mein Herr, sie [fem. Pl.] haben viele Menschen in die Irre geführt [fem. Pl.].

Das Pronomen (*hunna*) steht im Feminin Plural, ebenso die Verbform (*aḍlalna*). Wer soll damit gemeint sein? Werden damit die Götzen nicht als Personen, sondern als Gebilde, also Sachen, aufgefasst – und so mittels der Sprache theologisch degradiert –, womit sich diese Form grammatikalisch erklären ließe?[605] Paret weist auf die zusätzliche Schwierigkeit hin, dass an drei verschiedenen Stellen die „Götzen" jeweils auf drei verschiedene grammatikalische Weisen aufgenommen werden,[606] was diese philologisch eigentlich geniale Lösung zunichte macht. Oder ist es ein Bezug auf die drei Göttinnen al-Lāt, al-ʿUzzā und Manāt, die in 53,19–20 erwähnt sind – die durch die sogenannten satanischen Verse auch Muḥammad für kurze Zeit in die Irre führten? Wenn diese Verse auf dem Hintergrund der Interdependenz gelesen werden als Muḥammads eigene Bitte, nicht für den Götzendienst anfällig zu werden, so wäre hier durchaus an diese Situation zu denken, als er, ob unter eigenen Anfechtungen oder als Zugeständnis an die Quraiš, eine Verehrung der Göttinnen vorübergehend erwogen oder gar gestattet hatte.

14,36b Wer mir nun folgt, der gehört zu mir;
und wenn sich mir einer widersetzt,
so bist Du ja stets Vergebend und Barmherzig."

[602] Nach der halbrunden Mauer an der Nordseite der Kaʿba, die *ḥiǧr Ismāʿīl* genannt wird, deren Funktion jedoch nicht befriedigend geklärt werden kann.

[603] *Ibrāhīm at-Taimī*, zit. in: aṯ-Ṯaʿālibī al-Ǧazāʾirī, Al-ǧawāhir al-ḥisān, Auslegung zu 14,35.

[604] *al-Barūsawī*, Rūḥ al-bayān, Auslegung zu 14,35.

[605] So die Lösung des Problems bei *aṭ-Ṭabarī* (Tafsīr XIII, S. 227), die sich jedoch aufgrund des grammatikalischen Vorgehens an den anderen Stellen nicht halten lässt. Ausgerechnet aṭ-Ṭabarī, der sonst jede grammatikalische Unstimmigkeit seitenweise mit Dutzenden Gewährsleuten diskutiert, bleibt in dieser theologisch brisanten Frage seltsam wortkarg.

[606] *R. Paret*, Kommentar und Konkordanz, S. 271.

Zunächst haben wir hier die Verschmelzung der Biographien Ibrāhīms und Muḥammads, was auch die Kommentatoren so sehen: Wer an seinem, Ibrāhīms / Muḥammads Glauben festhält, hat die Götzenanbetung verlassen. Sich Ibrāhīms bzw. Muḥammads Ruf zu widersetzen, bedeutet, Gott etwas beizugesellen.[607]

Schwierig wird es bei der Vergebung, die hier offensichtlich auf das Widersetzen, also den *širk*, folgen soll. Erfährt also selbst derjenige, der *širk* begeht, Vergebung – was allen anderen koranischen Aussagen wie 4,48.116 entgegenstehen würde? Vor allem wird der Eindruck erweckt, *širk* könne vergeben werden, werde vielleicht sogar ohne Reue und Umkehr der Vergebung und Barmherzigkeit Gottes teilhaftig. Klingt dieser Vers also tatsächlich „in einem überraschend versöhnlichen Ton aus"?[608] *Al-Baġawī* zitiert eine Meinung, Ibrāhīm habe diese Bitte ausgesprochen, bevor ihn Gott hatte wissen lassen, dass er *širk* nicht vergeben werde.[609]

Ar-Rāzī meint dazu, manche hätten es dadurch gelöst, dass Gott nur vergebend sei in Dingen, die nicht den Kern der Religion und nicht die Todsünden beträfen, da in der *umma* Konsens darüber bestehe, dass Fürsprache für die im Unglauben Verharrenden nicht gestattet ist. Daher beschränkten sie es auf die Widerspenstigen von den bereits Glaubenden und auf die kleinen Sünden. Manche deuten die Barmherzigkeit dahingehend, dass Gott gerade diese Widerspenstigen vom Unglauben zum Islam führen würde. „Vergebend" bedeute, dass Gott die Strafe aufschiebe und dem Ungläubigen Zeit gebe, Buße zu tun. Dies alles lehnt ar-Rāzī jedoch ab, da es gegen den Text stehe; Ibrāhīm habe vielmehr tatsächlich um die Aufhebung der Strafe für *širk* gebetet.

Im Gegensatz zu den meisten Auslegern sieht *al-Baiḍāwī* in diesem Vers den Beweis dafür, „dass Gott jede Sünde zu vergeben vermag, auch den *širk*." Nur in der Strafandrohung unterscheide Gott zwischen der Schwere der Sünden. Diese Deutung wird dadurch möglich, dass al-Baiḍāwī die Perspektive umkehrt und nicht von der Größe der Sünde, sondern von der Größe Gottes ausgeht, so dass die Fragestellung lautet, ob eine Sünde so groß sein könne, dass Gott sie nicht vergeben kann. Da dies für den Allmächtigen verneint werden muss, sei folglich auch *širk* vergebbar.

Für *Ibn Kaṯīr* bedeutet dieser Vers keinen Automatismus des Vergebens Gottes, denn er liest ihn zusammen mit 5,118, wo ʿĪsā Strafe und Vergebung allein Gott anheimstellt. Daher heiße es lediglich, dass diese Angelegenheit auf den Willen Gottes zurückgeführt werde, nicht einmal um die Zulassung, dass Gott tatsächlich vergeben werde. Auch *al-Barūsawī* schränkt ein, indem er die Vergebung des *širk* nicht nur für möglich, sondern auch zulässig erklärt („Dies ist der Beweis, dass Gott jede Sünde zu vergeben vermag, auch den Polytheismus"), doch sei die

---

[607] *Muqātil*: „Wer sich mir widersetzt, der kommt dem Polytheismus nahe."
[608] *R. Paret*, Kommentar und Konkordanz, S. 271.
[609] Ebenso *as-Suyūṭī*, Tafsīr al-Ǧalālain.

Bestrafung des *širk* das Recht Gottes, das pädagogischen, weil abschreckenden Charakter habe. Auch der mauretanische Mystiker *aš-Šinqīṭī* zieht 5,118 heran, außerdem Nūḥ und Mūsā (71,26; 10,88), die beide die Verwünschung gegen ihr Volk erst ausgesprochen hätten, als ihnen von Gott gesagt wurde, dass sie Frevler bleiben und nicht an die Providenz Gottes glauben würden.

Vergebung definiert der Mystiker *al-Barūsawī:*

Bedecke mich, ja, radiere mich durch deine Vergebung aus, damit ich meine eigene Realität nicht mehr sehe, die wie ein ḥiǧāb (Vorhang) zwischen mir und dir ist.[610]

Für seine Nachkommenschaft, die Ibrāhīm bei Gottes „geschütztem Haus" (14,37) zur Ausübung ihrer kultischen Pflichten ansiedelt,[611] bittet er um die Gunst „mancher" der dort lebenden Menschen, womit die Ausleger den Ausschluss von Nichtmuslimen aus dem geheiligten Bezirk begründen,[612] und Versorgung mit Früchten, d. h. mit dem zum Überleben Notwendigen.[613] Zum ersten Mal werden jetzt in der 3. mekkanischen Periode Ismāʿīl und Isḥāq als von Gott geschenkte Söhne Ibrāhīms erwähnt (14,39).

Inhaltlich wird diese Passage aus Sura 14, in der Ibrāhīm um Sicherheit an der Kaʿba bittet, in medinischer Zeit aufgenommen und weitergeführt:

2,126 Und als Ibrāhīm sagte:
„Mein Herr, mach dies zu einem sicheren Ort [*baladan āminan*]
und versorge seine Einwohner mit Früchten –

Nach aṭ-Ṭabarī will Gott an das Gebet Ibrāhīms erinnern, das Gebiet sicher zu machen vor den Riesen[614] und anderen, die darüber mit Gewalt herrschen könnten, sowie vor der Strafe Gottes in Form von Erdbeben und Zerstörung, wie es bei der Stadt Lūṭs der Fall war, vor Verführung, Überflutung und Sonstigem, mit dem Gott andere Gebiete straft.

Über die Bewahrung des Gebietes von Mekka schon von Ewigkeit her berichtet Qatāda:

---

[610] *al-Barūsawī*, Rūḥ al-bayān, Auslegung zu 14,41. Die Sufis nennen dies *fanā'* (Entwerdung seiner Selbst und mystische Vereinigung mit Gott), die höchste religiöse Stufe.

[611] Das Gebet steht hier *pars pro toto* für alle Pflichten, die mit dem Haus und dem Glauben zusammenhängen, da es „die edelste aller Pflichten und Dienste" sei (*Abū Ḥayyān al-Andalusī*). Da in 14,40 die Anrufung (*duʿā'*) erwähnt wird, erklärt *aṭ-Ṭabarī* sie auch als Pflicht (Tafsīr XIII, S. 235).

[612] Nach Saʿīd b. Ǧubair und Ibn ʿAbbās habe Ibrāhīm gewusst, dass ihm nicht alle auf seinem Weg folgen würden, darum habe Muḥammad Juden, Christen und Magier von der Wallfahrt ausgeschlossen, bei Muǧāhid auch die Byzantiner und die Perser (*aṭ-Ṭabarī* XIII, S. 235); ebenso *ar-Rāzī*: „damit sich die Perser, Byzantiner, Türken und Inder dort nicht drängeln."

[613] Als Antwort auf diese Bitte habe Gott die reiche Stadt Ṭā'if, die zu jener Zeit in Palästina gelegen habe, in die Nähe von Mekka versetzt (ebenso bei *as-Suyūṭī*); bei *al-Baiḍāwī* darüber hinaus: Alle saisonbedingten Früchte aus allen Teilen der Erde seien dort nun zur selben Zeit zu finden.

[614] Vgl. Gen 6,4.

Uns wurde gesagt, dass der ḥaram heilig ist in seiner Gesamtheit bis zum Throne Gottes. Uns wurde auch gesagt, dass das Haus zusammen mit Ādam herabgelassen wurde, als er herabkam. Gott sagte damals zu ihm: „Steig hinab und nimm das Haus mit dir, damit es umschritten werden kann, so wie mein Thron umschritten wird." So umschritt Ādam das Haus und die Gläubigen nach ihm auch. Als nun die Zeit der Sintflut kam und Gott das Volk Nūḥs versinken ließ, hob er das Haus empor und reinigte es, so dass die Strafe der Erdenbewohner es nicht traf. Ibrāhīm nun suchte seine Spuren und errichtete es auf dem alten Fundament.[615]

Die Ausleger sind sich nicht einig darüber, ob Mekka vor oder erst nach der Bitte Ibrāhīms sicher wurde. Worin die Sicherheit bestand, dazu Abū Šuraiḥ al-Ḫuzāʿī:

Als Mekka erobert wurde, tötete Ḫuzāʿa einen Mann von den Haḏīl.[616] *Der Gesandte Gottes erhob sich und hielt eine Rede. Er sprach: „O ihr Menschen, Gott hat Mekka am Tag, da er die Himmel und die Erde erschaffen hat, für ḥarām*[617] *erklärt. Sie ist auf seinen Befehl hin ḥarām bis zum Tag der Auferstehung. Jedem, der an Gott und den Jüngsten Tag glaubt, ist es nicht erlaubt, darin Blut zu vergießen oder einen Baum zu fällen. Nach mir ist es niemandem erlaubt, und auch mir ist es nicht erlaubt, außer in dieser Stunde des Zorns über ihre Bewohner. Nun ist sie für ihre Bewohner wieder das geworden, was sie vorher war (…) Wer daraufhin aber sagt: ‚Der Gesandte Gottes hat doch selbst darin getötet'*[618]*, dem sagt: ‚Gott hat es seinem Gesandten erlaubt, aber dir hat er es nicht erlaubt.'"*

Nach Ibn ʿAbbās sagte Muḥammad am Tag der Eroberung Mekkas:

„Das ist eine heilige Stadt. Gott hat sie für heilig erklärt am Tag, da er Himmel und Erde erschaffen hat. Er schuf die Sonne und den Mond und legte diese beiden großen Berge[619] *fest. Sie war niemandem vor mir erlaubt, noch ist sie jemandem nach mir erlaubt. Und mir ist sie nur eine einzige Stunde lang an einem einzigen Tag erlaubt worden."*

Der SKD-Kommentar führt die Erklärung Yūsuf ʿAlīs an, wonach die Wurzel von „Islam" *salima* „die Idee des Friedens und der Sicherheit" beinhalte: Mekka als Stadt des Islam sei somit die Stadt des Friedens.[620]

---

[615] *aṭ-Ṭabarī*, Tafsīr I, S. 541–546; ähnlich XVII, S. 142–43 nach Qatāda.

[616] Im Jahr 630; in Sīra Rotter, 213 f. die Hintergründe der Bluttat und der darauf folgenden Blutrache.

[617] *ḥarām*: tabu aufgrund seiner Heiligkeit, sakrosankt, verboten.

[618] Muḥammad nannte bei der Einnahme Mekkas seinen Leuten, einem Herr von 10.000 Mann, namentlich diejenigen, die in Mekka getötet werden sollten, „selbst wenn sie sich an die Vorhänge der Kaʿba hängten" (Sīra Rotter, S. 222 übersetzt: „selbst wenn sie sie unter den Vorhängen der Kaʿba versteckt fänden" und verkennt damit das alttestamentliche Echo von 1. Kön 1,51; 2,28 mit den Hörnern des Altars), etwa acht Menschen, v. a. solche, die wieder vom Islam abgefallen waren oder die ihn verspottet und beschimpft hatten, so zwei Singsklavinnen, die über ihn Spottlieder gesungen hatten – vermutlich jedoch nur auf Geheiß ihres Herrn. Moderne Prophetenerzählungen dagegen stilisieren Muḥammad in unhistorischer Weise zum grenzenlos Verzeihenden, dessen Großmut alle Mekkaner zur Annahme des Islams bewegt habe (So in: *Islamisches Zentrum Hamburg*, Geschichten der Propheten aus dem Qur'an, S. 176).

[619] Vermutlich die Berge, zwischen denen Mekka liegt.

[620] SKD I, S. 64, Anm. 231. Freilich wird dabei nicht erwähnt, dass es sich bei dem Nomen *islam* um den IV. Stamm handelt mit der Bedeutung „sich unterwerfen, sich hingeben".

Der Grund für diese Würdigung in Form der erhörten Bitte ist die Freundschaft Ibrāhīms. Gott selbst hatte sie bereits für *ḥarām* erklärt, noch bevor irgendein Prophet darum bat, Ibrāhīm habe also nur das in Form einer Bitte ausgesprochen, was Gott bereits festgelegt hatte. Um den Eindruck zu widerlegen, Gott habe erst auf die Bitte Ibrāhīms hin gehandelt, die Initiative habe also bei einem Menschen gelegen, greift *aṭ-Ṭabarī* auf diese Konstruktion zurück. Um der Größe Gottes willen – *ad maiorem Dei gloriam* – muss alle Initiative von Gott ausgehen und muss jeder Anschein ausgeräumt werden, der daran Zweifel erwecken könnte.

Danach folgt die Bitte um Versorgung, jedoch eingeschränkt auf

2,126 diejenigen, die an Gott glauben und an den Jüngsten Tag.

Diese Einschränkung Ibrāhīms wird als Antwort auf die Rüge von 2,124 verstanden.

Das Haus wurde tatsächlich zu einem Versammlungsort[621] für die Menschen und einer Stätte der Sicherheit, einem Asylort (2,125). Hier scheint die vorislamische Funktion des Hauses als Stätte der Zuflucht für jeden, der es aufsuchte, selbst bei Kapitalverbrechern, so z. B. für einen Mörder, der die Blutrache zu fürchten hatte. Aṭ-Ṭabari versteht darunter eine Einkehrstätte, zu der die Menschen im jährlichen Rhythmus immer wieder zurückkehren, „da sie nie genug von ihr bekommen können." Die Früchte in diesem unfruchtbaren Land als Lohn der Gläubigen bilden das Gegensatzpaar zur Strafe des Feuers für die Ungläubigen.

4.6.7.2 Befehl zur Säuberung der Kaʿba

2,125[622]; 22,26[623] (medin.)

Nachdem Gott das Haus sicher gemacht hat – ob nun von Anbeginn der Schöpfung oder auf die Bitte Ibrāhīms hin –, erteilt er Ibrāhīm und Ismāʿīl den bindenden Befehl zur Reinigung des Hauses:

2,125b Und Wir haben Ibrāhīm und Ismāʿīl auferlegt [*ʿahidnā*][624]:
„Reinigt mein Haus!"

Bei der von Gott befohlenen Reinigung geht es nach *aṭ-Ṭabarī*[625] um die Reinigung von *aṣnām* (Götzen), *ʿibādat al-auṯān* (Götzendienst) darin und *širk*

---

[621] *Elyas*: „Ort der Einkehr" – *maṯāba* (Wurzel *ṯawaba*): Ort, zu dem die Menschen zurückkehren und sich dort wieder versammeln, nachdem sie zuvor getrennt waren; Bleibe, Wohnsitz (Lane I, 363). Im Koran nur an dieser einen Stelle.

[622] *aṭ-Ṭabarī*, Tafsīr I, S. 532–541; SKD I, S. 63; *Khoury*, Komm. II, S. 127–129.

[623] *aṭ-Ṭabarī*, Tafsīr XVII, S. 142–43; SKD III, S. 1539 f.; *Khoury*, Komm. IX, S. 458.

[624] *Elyas*: „Wir verpflichteten". – *ʿahd*: Verpflichtung, Versprechen, Vertrag, Pakt; im biblischen Sprachgebrauch der „Bund".

[625] *aṭ-Ṭabarī*, Tafsīr I, S. 532.

bi-llāh (Beigesellung neben Gott); dies kommt in der fast wortgleichen Parallele 22,26 aus der Wallfahrtssure der späten medinischen Zeit noch deutlicher zum Ausdruck:

22,26 (…) „Geselle Mir nichts bei und reinige Mein Haus."

Dort ergänzt er die Reinigung von „Übel, Zweifel und Beigesellung".

Für ihn erhebt sich die Frage, ob es denn überhaupt ein Haus gab, das zu reinigen gewesen wäre. Das Haus war doch von der Sintflut zerstört worden und Ibrāhīm hatte es eben erst neu erbaut – was soll an einem im Befehl gegen Gott neu errichteten Haus zu reinigen sein? Sogar die Tradition schweigt über eine solche Reinigung, die schlechterdings nicht möglich ist. Dazu führt er zwei Gesichtspunkte an: Der Befehl an die beiden beinhaltete den Bau eines Haus, das rein sei von jeglichem Polytheismus und Götzendienst. Er könnte sich aber auch auf den Standort des zu errichtenden Hauses beziehen, auf dessen Reinigung von dem, was die Polytheisten zur Zeit Nūḥs an Götzen an diesem Ort aufgestellt hatten.

2,125c für diejenigen, die die Umkreisungsprozession machen,[626]
sich in Hingabe absondern [*ʿākifīna*][627],
verneigen und niederwerfen."

Mit den Umschreitenden sind nach allgemeiner Überzeugung die Pilger gemeint.[628] Den Begriff *ʿākifīna* (Partizip Präsens Plural) leitet aṭ-Ṭabarī von „sich darin aufhalten, sich intensiv mit etwas beschäftigen" ab. So wird *muʿtakif* genannt, wer sich an diesem Ort für Gott einschließt. Man kann darunter diejenigen verstehen, die zum Haus kommen ohne Umschreitung und Gebet, die neben dem Haus Sitzenden, alle Bewohner Mekkas oder alle Betenden. Die Parallele 22,26 wird hier ebenfalls deutlicher, wenn sie statt der *ʿākifīn* die *qāʾimīn* (aufrecht Stehenden) bringt und damit alle Körperhaltungen beim *ṣalāt* – Stehen, Verneigen, Niederwerfen – erwähnt. Aṭ-Ṭabarī löst die in beiden Stellen vorhandene schwierige Konstruktion *rukkaʿi s-suǧūd* auf in *ar-rākiʿ wa-s-sāǧid* (der sich Verneigende und der sich Niederwerfende).

Zu Recht sieht aṭ-Ṭabarī Probleme in der Deutung der Reinigung: Da erweckt der Text den Eindruck, in diesem Haus, das gerade neu errichtet wurde, seien bereits alle Götzen des Volkes Ibrāhīms versammelt – und dies, obwohl er sich doch von seinem Volk getrennt hatte. Von daher ist es viel naheliegender, diese Passage aus der Perspektive Muḥammads zu sehen: Dieser hatte in seiner Zeit in Mekka tatsächlich eine von Götzen „verunreinigte" Kaʿba vor sich, die daher wohl nur bedingt – wenn überhaupt – als Gebetsort taugte. Daher wird in 2,125 Ibrāhīm der Befehl zur Reinigung des Hauses gegeben – und mit Ibrāhīm zu-

[626] *Elyas*: „die den Umlauf vollziehen".
[627] *Elyas*: „sich zur Andacht zurückziehen".
[628] *ar-Rāzī*, z.St.; daher auch die vier Riten der Pilger: *tawāf*, *iʿtikāf*, *rukūʿ*, *suǧūd* (SKD I, S. 64).

gleich Muḥammad. Zur Zeit der Offenbarung befand sich der Prophet seit etwa eineinhalb Jahren in Medina, hinter sich die unerledigte prophetische Aufgabe, da Mekka weiterhin im Polytheismus verharrt, und vor sich die jüdischen Stämme Medinas, die seine prophetische Aufgabe an ihnen zurückweisen. Wegen ihres Starrsins wird auch die von ihnen übernommene Gebetsrichtung nach dem „heiligen" Jerusalem obsolet, und Muḥammad orientiert sich zurück nach dem *bait al-ḥarām* (heiligen Haus) von Mekka.

4.6.7.3 Die Reinigung der Kaʿba

Der Polytheismus ist das Verwerflichste. Was hat der Prophet (…) dagegen unternommen? Er hat erst im Alter von 61 Jahren die Götzenbilder in der Kaaba, in deren Richtung wir beten, zerstört (…) Er hat das Verwerfliche verbal geändert und der Umma versprochen, es bei der ersten sich bietenden Gelegenheit auch durch die Tat zu ändern. Die Gelegenheit bot sich, als Mekka erobert wurde.[629]

Mit der Eroberung Mekkas im Jahre 8/630[630] schließt sich endlich der Kreis, wird das Gebet Ibrāhīms und der Befehl Gottes an ihn in der Reinigung der Kaʿba durch Muḥammad realisiert.[631] Von diesem so epochalen Ereignis, auf das die gesamte Verkündigung Muḥammads hinzielte, findet sich im Koran kaum ein Nachhall, man könnte höchstens die danach geoffenbarte Sura 110, die von „Erfolg" redet und davon, dass „die Menschen in Scharen in die Religion Gottes eintreten", dahingehend deuten. Vom Eigentlichen jedoch, der Ausrottung der Götzen, findet sich nichts.

Fast ebenso enttäuschend ist die Schilderung der Reinigung der Kaʿba in Rotters Sira: Es ist schwer nachzuvollziehen, wie er nur eine einzige Tradition aufgreifen und diese zentrale theologische Handlung auf zwei magere harmlose Sätze reduzieren kann:

Man öffnete ihm das Heiligtum, und er trat ein. Er fand darin eine Holztaube, zerbrach sie mit eigener Hand und warf sie weg. [632]

So viel ist dort von dem großen Bildersturm Muḥammads übriggeblieben, dem endgültigen und vernichtenden Schlag gegen den Polytheismus, von dem Bilderverbot, das die sunnitisch-islamische Welt bis heute prägt!

[629] *M. al-Ġazālī*, zit. in: Nasr Hamid Abu Zaid, islam und politik, S. 31 f.

[630] Bericht über die Eroberung Mekkas in: Sīra Rotter, S. 213–224.

[631] Ebenso *Paul Gerhardt Buttler*: Das „Programm einer Reinigung von Gotteshaus und Kultus" sei bereits in mekkanischer Zeit mit dem „Auftragsverständnis" des Propheten gegeben gewesen und ursprünglich gegen die Mekkaner gerichtet, in Medina jedoch zur „Selbstbehauptung" gegen Juden und Christen genutzt worden („Reinige mein Haus. Bundeserneuerung, Reich Gottes-Proklamation, Inbeschlagnahme. Gottes Haus für Juden, Christen und Muslime", in: Dehn / Hock (Hrsg.), Jenseits der Festungsmauern, Neuendettelsau 2003, 201–235, hier: S. 219).

[632] Sīra Rotter, S. 223.

Die arabische Sīra erwähnt auch das Bildnis Ibrāhīms mit den Lospfeilen[633] in der Hand. Als Muḥammad dieses sah, habe er ausgerufen:

„Gott töte sie! Sie lassen unseren Šaiḫ bei den Pfeilen schwören. Was hat Ibrāhīm mit dem Lospfeilen zu tun?[634] *Ibrāhīm war weder Jude noch Christ, sondern ein ḥanīf und muslim und keiner von den mušrikīn." Und er befahl, alle zu zerstören.*[635]

Ḥanīf und *muslim* werden hier synonym verwendet und in absoluten Gegensatz zu der Dreiheit Jude-Christ-*mušrik* gesetzt.

Die Tradition wird später ergänzen, Muḥammad sei mit dem Bildnis Marias mit dem Kind mit großer Sorgfalt umgegangen und habe es vor der Zerstörung bewahrt.[636] Sie wird auch den Bildersturm in einer dogmatischen Weise zuspitzen, der wohl kaum der Realität entsprochen haben wird: Muḥammad habe es abgelehnt, in die Kaʿba hineinzugehen, solange sich in ihr noch die Bilder und Statuen, die er „Götter" nennt, befanden. Als Begründung wurde angegeben, dass die Engel kein Haus betreten, in dem Bilder vorhanden seien, ob gemalt, eingraviert oder gestickt, und Muḥammad habe nicht gewollt, dass ihn seine Engel verlassen. Dies spiegelt die Gemeindetradition einer späteren Zeit wider, die in großer Ängstlichkeit und Rigorosität alles Götzenähnliche meidet. Hier macht sich nicht nur der Einfluss des jüdischen Bilderverbots bemerkbar, sondern auch die ikonoklastischen Kämpfe der damaligen Kirchen des Vorderen Orients. Das entsprechende Verbot wird über die menschliche Aktionsebene hinausgehoben und zur Verhaltensweise der Engel, also der Zwischenwelt zwischen Himmel und Erde, gemacht. Über die bildliche Darstellung Gottes hinaus erstreckt sich das Bilderverbot in Herstellung und Verwendung auch auf jede figürliche Darstellung von Lebewesen.[637]

In Mekka hatte Muḥammad den einen Gott im Schatten des Heiligtums und Zentrums des Götzendienstes verkündigt, beim *bait al-ʿatīq* (alt[ehrwürdig]en Haus, 22,29.33). Der Gebrauch von *ʿatīq* an Stelle von *qadīm* wird meist von der bereits vollzogenen Reinigung her erläutert:

ʿatīq carries the connotations of purity, excellence, and preciousness (...) The use of this word (...) thus probably contains a censure of the paganization of the rites of pilgrimage by the Arabs in pre-Islamic times, and an exhortation to the Arabs to perform the pure rites of pilgrimage.[638]

---

[633] Zu Lospfeilen und anderen Instrumenten der göttlichen Befragung in vorislamischer Zeit, auch in Mekka vor Hubal, siehe: *R. Hoyland*, Arabia and the Arabs, S. 153–156.

[634] In *al-Buḫārī* 1.498: „Bei Gott, sie wußten doch ganz genau, dass diese beiden niemals die Orakelpfeile befragt haben"; in 3.102: „Wie käme Ibrāhīm auf die Idee, das Orakel zu befragen?"

[635] Sīra III/5, S. 75.

[636] Dies ein Hinweis auf einen oder mehrere offensichtlich so einflussreiche christliche Stämme, die ihre Madonnenstatue in diesem pluralistischen Heiligtum platzieren konnten.

[637] So habe Muḥammad ʿĀ'iša die gestickten Sitzkissen in ihrer Wohnung verboten.

[638] *M. Mir*, Dictionary, S. 13.

Das mit „das erste Haus, das für die Menschen errichtet wurde" (3,96) umschriebene Gebäude wird der Bitte Ibrāhīms gemäß durch Muḥammad zum „von Götzen befreiten Haus", wie Elyas / Bubenheim bereits übersetzen.[639] Mit der Aufforderung an die junge islamische Gemeinde zu Medina „Nehmt die Stätte Ibrāhīms zur Gebetsstätte" (2,125) schließt sich der Kreis, wird durch Muḥammad die Religion Ibrāhīms in der gereinigten Kaʿba wiederhergestellt und das Haus Ibrāhīms zum Haus des Islam. Durch diese Islamisierung des Inbegriffs heidnischer Religion wird das Herz des Polytheismus zum Herzen des Islam. Zugleich bedeutet dies eine „Arabisierung" der neuen Religion, die, nachdem sie Propheten und zahlreiche religiöse Elemente der ihr vorausgehenden Religionen aufgenommen hat, in der Frage des Heiligtums nicht mehr die Spuren von Judentum und Christentum sucht, sondern an das eigene ethnische Erbe, die altarabische heilige Stätte, anknüpft und den Zugang zu den heidnischen arabischen Stämmen erleichtert.[640] Nachdem bei den Christen in Abessinien Sura Maryam als Legitimationsurkunde diente und bei den Juden um Yaṯrib Sura Yūsuf, ist es nun bei den Arabern das allgemein anerkannte, verbindende panarabische Heiligtum der Kaʿba, dessen Anziehungskraft in einem nicht zu trennenden Konglomerat aus politischen und religiösen Gründen genutzt wird. Diese altehrwürdige Stätte wird nun zum Inbegriff neuer muslimischer Identität. So berichten schiitische Quellen über ʿAlī, er sei in der Kaʿba geboren, um seinen hohen Rang herauszustellen; dasselbe gilt vom glücklosen Kalifen Yazīd III. (reg. 744).[641]

4.7 Trennung von den Götzendienern – die hiǧra

(37,99); 19,46–49[642] (2. mekk.)
29,26[643] (3. mekk.)

„Die Götzen entzaubern" (Kuschel) war für Ibrāhīm der erste Schritt gegen den Polytheismus. Der inneren Distanzierung folgte als logische Konsequenz die religiöse und die physische Trennung von den Götzendienern, der inneren Emigration folgte die äußere Emigration.

Die erste Andeutung einer Absonderung findet sich in der ersten Sura der 2. mekkanischen Periode: „Ich gehe zu meinem Herrn" (37,99 *innī ḏāhibun*

[639] Übersetzung Elyas / Bubenheim für *al-bait al-ʿatīq* 22,29.

[640] *Th. Nöldeke,* GdQ I, S. 175. *Reuven Firestone* nimmt eine mit Ibrāhīm verknüpfte Gründungslegende bereits bei den vorislamischen Arabern an, weshalb es gegen diesen Punkt seiner Botschaft keinerlei Opposition gegeben habe („… that the association of Abraham with Mecca was a cultural given of the pre-Islamic Hijaz." Abraham and the Meccan sanctuary, S. 367). Dies ist aber wenig wahrscheinlich.

[641] *J. van Ess*, Theologie und Gesellschaft I, S. 85.

[642] *aṭ-Ṭabarī*, Tafsīr XVI, S. 92–93; SKD III, S. 1389 f.; IX, S. 295 f.

[643] *aṭ-Ṭabarī*, Tafsīr XX, S. 142–43; SKD IV, S. 1900; X, S. 315.

ilā rabbī), gefolgt von 19,46–48 mit der Verstoßung durch seinen Vater und Ibrāhīms Absichtserklärung, sich von den Götzen und Götzendienern zu distanzieren.

19,46 Er [sein Vater] sagte: „Willst du etwa meine Götter verschmähen, o Ibrāhīm?
Wenn du nicht damit aufhörst, werde ich dich gewiss steinigen.
Und weiche von mir (*ihǧurnī*) für lange Zeit.“ –
19,48 „Ich [Ibrāhīm] werde mich von euch
und von dem, was ihr anstelle Gottes dient, absondern.
Ich werde nur meinen Herrn anrufen.“
19,49 Als er sich nun absonderte von ihnen (*aʿtazalahum*)
und dem, was sie anstelle Gottes dienen,

Anstatt auf die theologische Dimension dieser Trennung einzugehen, konzentiert sich aṭ-Ṭabarī auf 19,49b, den Lohn Ibrāhīms in Form von Söhnen: „Zum Trost in seiner Einsamkeit tauschte Gott die Leute seines Volkes gegen welche, die besser und ehrenhafter sind: seinen Sohn Isḥāq und Enkel Yaʿqūb.“[644]

Erst in der 3. mekkanischen Periode wird bei der Auswanderung Lūṭs die Wendung von 37,99 wiederholt, dieses Mal mit dem *terminus technicus „innī muhāǧirun ilā rabbī“* (29,26). Dass der *hiǧra*-Begriff nicht von Ibrāhīm stammt, sondern von Lūṭ,[645] scheint zumindest für Ibn ʿAbbās ein Problem gewesen zu sein, der ihn kurzerhand zum Ausspruch Ibrāhīms erklärt.[646]

So wird die *hiǧra* als Ende der *ǧāhilīya*, zunächst bei Ibrāhīm und in der Stadt des Astralkults, dann in den beiden Städten Mekka und Medina realisiert. Erst später erfährt Mekka, Heimat der halsstarrigen Quraiš in Gestalt des Opponenten Abū Sufyān und des Spötters Abū Lahab, durch die Umwandlung des Kristallisationspunktes ultimativen Polytheismus, der Kaʿba, zum Sinnbild des Einen Gottes einen Bedeutungswandel.

Auf die unvergleichlich günstigeren Bedingungen der *hiǧra* Muḥammads verweist Kenneth Cragg:

> Abraham's double repudiation of gods and of people was made in single loneliness and without assurances of a Medina such as the pledges of ʿAqabah had allowed to Muḥammad. Abraham was a *muhājir* without *anṣār*, an emigrant without helpers in an exile beyond guarantees.[647]

Für die Bewertung beider Emigrationen ist der familiäre und gesellschaftliche Status entscheidend: Analog zum koranischen Ibrāhīm als personifizierte Minderheit kann in der bedrängten Minderheitensituation in Mekka die Antwort auf die Anfeindung nur sein: Rückzug, Vermeidung der physischen Ausrottung,

[644] *aṭ-Ṭabarī*, Tafsīr XVI, S. 93.
[645] Die „Geschichten der Propheten aus dem Qur'an“ des Islamischen Zentrums Hamburgs (2004) zählt auch Hūd und Ṣāliḥ zu den auswandernden Propheten (S. 23 und 27).
[646] *aṭ-Ṭabarī*, Tafsīr XX, S. 142. Dasselbe wird von aḍ-Ḍaḥḥāk überliefert.
[647] *K. Cragg*, The event of the Qur'ān, S. 130.

Sicherung des Überlebens von Prophet und Anhängern – und damit der Botschaft. Was für einen einzelnen gläubigen Menschen gilt, kann auch für eine Gruppe Muslime gelten, falls die Ausübung der Religion in unannehmbarer Weise eingeschränkt wird.

Damit werde, führt Mustansir Mir aus, ein altarabisches Motiv aufgenommen und vom Motiv der Ehre umgeformt zum Motiv der Religion:

A frequently encountered theme in pre-Islamic Arabic poetry is that of willingness to protect one's honor by departing to a far-off place in case living in one's homeland will for some reason bring disgrace to one. For this sense of personal honor the Qur'ān substitutes the sense of the honor of a community founded on a set of religious principles, and, through a 'sublimation' of personal feeling into communal commitment, radically changes the nature and purpose of emigration.[648]

Dabei kann es unter Umständen sogar nötig werden, um der Religionsfreiheit willen gerade in ein Land von Nichtmuslimen, ein *dār al-kufr*, zu fliehen. Beispiel ist hier die *hiǧra* aus dem heimatlichen Mekka ins christliche Abessinien, die Christus verehren („anbeten" – *yaʿbudūn al-Masīḥ*).[649]

Bereits der frühe politische Islam begann jedoch, sich des *hiǧra*-Begriffs zu bemächtigen und ihn zu instrumentalisieren. Im Syrien der Umayyaden wurde aufgerufen zur *hiǧra* als Wehrdienst an der Grenze des islamischen Einflussgebiets, und der Kalif Yazīd III. warb von der Kanzel herab zur Gefolgschaft für sich mit den Worten: „Es gibt nur zwei Formen der *hiǧra*: die zu Gott und seinem Gesandten und die zu Yazīd."[650]

Eine ganz andere Dimension jedoch erfährt die *hiǧra*, wenn die eigenen Glaubensgenossen zu Ungläubigen erklärt werden, wie es die älteste islamische Sekte der Ḫāriǧiten[651] tat. Sie sahen in ihrer Rückbesinnung auf sich selbst und ihren strikt auf den Koran bezogenen Idealen eine zweite *hiǧra*, mit der sie die Masse der Muslime als „Ungläubige" hinter sich ließen und eine reine Gemeinschaft der Heiligen anstrebten.[652]

In moderner islamistischer Sichtweise trennt sich auch eine Person, die zum Islam übertritt, emotional völlig von ihrer *ǧāhilīya*-Vergangenheit und löst die sozialen Bindungen zum umgebenden nicht-islamischen Umfeld. Auch wenn

---

[648] *M. Mir*, Dictionary, S. 63.

[649] Sīra I/2, S. 181, Anm. 2.

[650] Zit. in: *J. van Ess*, Theologie und Gesellschaft I, S. 94. Yazīd III. regierte nur wenige Monate im Jahr 126/744.

[651] *ḫaraǧa* = hinausgehen, daher: Ḫāriǧiten = „Auszügler", aus der Gemeinschaft der als zu lasch empfundenen Gläubigen Ausgetretene; zwischen 37/657 und dem Beginn des abbasidischen Reiches (vgl. HdI, S. 302–306).

[652] Eine ähnliche Radikalität darf auch bei heutigen Organisationen vermutet werden, die sich *al-muhāǧirūn* nennen, wie etwa die Vereinigung gleichen Namens, deren Gründer und Leiter der aus Syrien stammende Scheich ʿUmar Bakri, zugleich Vorsitzender eines islamisch-religiösen Gerichts in London, ist. Eng verknüpft damit ist der *takfīr*, das Für-ungläubig-erklären anderer Muslime.

sie im täglichen Leben mit ihm Kontakte hält, ist sie doch emotional von ihm isoliert. Eine solche innere Emigration sei notwendig, nicht unbedingt auch eine äußere, geographische Emigration.[653] Dies wird legitimiert durch einen Ausspruch Muḥammads, der den Bogen zur prophetischen Gegenwart schlug, als er gesagt haben soll: „Es wird eine Auswanderung nach der Auswanderung geben."

4.8 Umgang mit den Polytheisten: Von hiǧra *über Ikonoklasmus zur Feindschaft*

Die Schilderung des Konflikts Ibrāhīms mit Vater und Volk in der mekkanischen Zeit lässt den Vorrang des Wortes (7 mal) vor der zerstörerischen Tat (2 mal) in der Auseinandersetzung mit den Polytheisten klar hervortreten. Dies zeigt sich bereits an der Häufigkeit der Erzählungen. Auch dort, wo Ibrāhīm die Götzen mit Gewalt zerstört, ist dies eine Zeichenhandlung, die deren Nichtigkeit vor Augen führen und die Menschen überzeugen soll. Nicht Ibrāhīm soll stellvertretend für das Volk die Götzen zerstören, sondern das Volk zur Einsicht führen, damit sie sich von den Götzen abwenden und sich ihrer entledigen. Dies entspricht der prophetischen Aufgabe als Künder und Warner.

So wie der Ikonoklasmus kein Selbstzweck ist, gilt auch der prophetische Zorn nicht den Menschen, sondern den falschen Göttern. Also: Kampf den Götzen, und nicht: Kampf den Menschen! Damit steht Ibrāhīms Götzenzerstörung in derselben Argumentationslinie wie die Straflegenden und Höllenschilderungen, die den Lebenden als Warnung und Drohung gelten sollen, damit sie zur Vernunft kommen und sich rechtleiten lassen.

Die zeichenhafte Tat im Dienst des Wortes ist ausschließlich in der ersten Hälfte der 2. mekkanischen Periode zu verorten, in der Zeit der Bedrängnis, Verfolgung und der Minderheitensituation, des mühsamen und oft vergeblichen Rufs zum Glauben an den einen Gott. Man würde Muḥammad und seinem Ibrāhīmbild jedoch nicht gerecht werden, würde man diese beiden Erzählungen in Sura 37 und 21 isoliert betrachten. Es ist nötig zu fragen, *ob* und – wenn ja – *wie* sich Ibrāhīms Umgang mit den Polytheisten entwickelt, vielleicht sogar ändert. Das bedeutet, auch die medinischen Aussagen heranzuziehen, um ein Gesamtbild zu erhalten, denn hier ist mit der veränderten Situation auch mit einem Wandel der Aussagen zu rechnen.

---

[653] Dargestellt bei: *Nasr Hamid Abu Zaid*, islam und politik, S. 62.

4.8.1 Feindschaft mit den Götzendienern

60,4 stellt Ibrāhīm als „gutes Beispiel" dar in seiner Lossagung von Götzen und Götzendienern. Diese aus der mekkanischen Zeit bekannte Linie wird nun weitergezogen, indem er sagt:

60,4 „Wir verleugnen euch.
Zwischen uns und euch ist Feindschaft und Hass
für alle Zeit sichtbar geworden,
bis ihr ausschließlich an Gott glaubt."

Lag in Mekka der Schwerpunkt auf der Feindschaft zu den Götzen, wurde da noch um die Menschen gerungen, so wird nun, kurz vor der Rückeroberung Mekkas im Jahre 630, die Feindschaft gegen die Götzen auch auf die Träger des Götzendienstes ausgeweitet.

Gott sagt zu den Gläubigen von den Gefährten des Propheten: Alle Propheten sagen sich von ihrem Volk los, verwerfen die Götzenanbetung und sagen zu ihrem Volk: „Es gibt keinen Frieden und keine Verschonung zwischen uns, bis ihr an Gott allein glaubt. So bekennt seine Einzigkeit (tauḥīd), betet ihn allein an."[654]

4.8.2 Verbot der Fürsprache für die *mušrikīn* – Götzendiener

Unter Fürbitte / Fürsprache versteht man eine Handlung, die Gottes Eingreifen zugunsten eines anderen erfleht. Dieser andere ist entweder aufgrund seiner eigenen sozialen oder religiösen Situation zu eigener Bitte nicht in der Lage oder er erhofft sich, dass der Fürsprecher, der gewöhnlich eine höhere Position als er selbst einnimmt, eher Gehör findet.[655] Fürsprache selbst ist aber nur möglich, wenn mit einer Änderung in der „Meinung" und „Haltung" Gottes gerechnet werden kann, zugespitzt gesagt, wenn die Bitte des Menschen Gott zu bewegen vermag. Wie verträgt sich dies mit dem absoluten Monotheismus, mit der Vorstellung, dass Gott keine Helfer und keine Beeinflusser habe?

4.8.2.1 Keine Fürbitte für das Volk Lūṭs

11,74–76[656] (3. mekk.)

11,74 Als der Schrecken von Ibrāhīm gewichen
und die Ankündigung zu ihm gekommen war,
streitet er mit uns [*yuǧādilunā*] über das Volk Lūṭs.

---

[654] *aṭ-Ṭabarī*, Tafsīr XXVIII, S. 62.

[655] Im sozialen orientalischen Bereich wird das *wāsṭa* genannt. Ohne ein solches Intervenieren zugunsten hierarchisch Schwächerer funktioniert das soziale Gefüge nicht.

[656] *aṭ-Ṭabarī*, Tafsīr XII, S. 77–80; SKD II, S. 974 f.; *Khoury*, Komm. VIII, S. 173 f.

Zunächst bietet dieser Text ein grammatikalisches Problem: Wenn *yuǧādilunā* (Imperfekt) gelesen wird, müsste ein Bezug zur Ankündigung hergestellt und übersetzt werden: die Ankündigung, die ihn veranlaßte, über das Volk Lūṭs zu streiten. Dies ist jedoch wenig wahrscheinlich, denn dann bezöge sich die Ankündigung auf das Strafgericht, und der nachlassende Schrecken wäre nicht mehr logisch. Auch Paret[657] merkt an, dass hier Perfekt stehen müßte und vermutet einen Nachhall von Gen 18,23–33.

Aṭ-Ṭabarī löst das grammatikalische Problem, indem er paraphrasiert und ein fehlendes Verb vor „streiten" einfügt: „Als er bemerkte, dass sie nicht in böser Absicht gekommen waren, sondern mit der Ankündigung Isḥāqs, fuhr er fort, über das Volk Lūṭs zu streiten." Nach den Kommentatoren bezieht sich die Ankündigung auf Isḥāq, nach 14,39 auf Ismāʿīl und Isḥāq gemeinsam.

Das „Streiten" hier ist jedoch nur eine schwache Andeutung von Gen 18,23–39 mit der ungeheuren Anmaßung Abrahams, Gottes Urteilsfähigkeit zu hinterfragen („Sollte der Richter über die ganze Erde sich nicht an das Recht halten?" V. 25), mit ihm zu feilschen.

Doch die *Grammatiker von Baṣra* stören sich bereits an der abgemilderten koranischen Version, dass ein Mensch mit Gott streiten könne; vielmehr habe Ibrāhīm mit Gott nur in Form von Bitten geredet. Dies lehnt aṭ-Ṭabarī als Unwissenheit ab, indem er sich auf den Korantext beruft, der eindeutig von „streiten" redet. Er löst das Problem dadurch, dass er Ibrāhīm mit den Engeln und nicht mit Gott streiten lässt. Anstatt die Frage der Fürsprache theologisch anzugehen, weichen die Traditionarier diesem heiklen Thema aus und verlieren sich in Spekulationen über Zahlenangaben.

11,75 Ibrāhīm war wahrlich langmütig [*ḥalīmun*], weichherzig [*awwāhun*][658] und sich Gott bußfertig zuwendend.

Diese Beschreibung Ibrāhīms kontrastiert mit dem Charakter, den die Bibel ihm zuschreibt und den die muslimischen Autoren als „aggressive and assertive" verstehen. Dem prophetischen Menschenbild entspricht die Schilderung des Gottesbildes:

> In a similar way, the deity is hardly the compliant and submissive figure described in Genesis who aquiesces to Abraham's demands. In the Qur'ān, Allah abruptly cuts off Abraham before he can argue his case by putting him in his place.[659]

Doch die Fürbitte dieses mustergültigen Propheten – sollte sie etwa nur seiner Weichherzigkeit entsprungen sein? – wird zurückgewiesen:

[657] *R. Paret*, Kommentar, S. 240.

[658] So *Elyas*. *Paret*: „empfindsam"; Khoury nicht kontextgemäß: „voller Trauer" (in Komm VII, S. 402 ergänzend: „voller Trauer angsichts des Unheils, das die Menschen befällt"). Par. 9,114. – Nach Sīra I/2, S. 143 Anm. 1 wusste nicht einmal mehr Ibn ʿAbbās die Bedeutung von *awwāh*.

[659] *J. Kaltner*, Ishmael instructs Isaac, S. 101.

11,76 „O Ibrāhīm, lass ab davon!
Die Entscheidung deines Herrn ist nun einmal eingetroffen.
Über sie wird eine Strafe kommen, die unabwendbar ist.

Nach aṭ-Ṭabarī sind es die Engel, die Ibrāhīm die göttliche Antwort übermitteln: Gott hat entschieden, diese Menschen zu peinigen, da sie es verdienen. Das Urteil ist bereits gefallen, und keiner kann sich gegen die Strafe Gottes wehren.

Das Ringen Abrahams um die Einwohner der Städte Lots Gen 18,23–33 findet sich hier in so starker Verkürzung wieder, dass von dem eigentlichen Skopus des alttestamentlichen Textes nichts mehr zu erkennen ist. 11,74 ist die einzige koranische Stelle, die auf ein mögliches Rechten mit Gott deuten könnte. Das Bitten Ibrāhīms wird jedoch mit dem lapidaren Verweis auf den bereits ergangenen Befehl Gottes abgewiesen: Gott hat den Untergang der Ungläubigen beschlossen, und dieser Beschluss ist unumstößlich und nicht verhandelbar.[660] Wie im Erzählzusammenhang der Sohnesankündigung ist das dominante Motiv der feststehende Beschluss und Befehl Gottes (*qadar*), den jeder zu akzeptieren hat. Menschen steht es weder zu, diesen zu hinterfragen, noch daran rütteln zu wollen. Für ein Herunterhandeln der Bedingungen für ein straffreies Vorgehen, für ein Ringen mit Gott fehlt die theologische Basis; das Gottesbild, das hinter diesen Versen steht, lässt ein „Nachgeben" Gottes aufgrund menschlicher Intervention nicht zu, da dies seine Souveränität und unhinterfragbare Autorität beeinträchtigen würde.

They [die Menschen dieser Korantexte] come across as submissive figures who model perfectly the attitude of the ideal believer, and Allah is the omniscient, omnipotent presence who is totally in charge of events and deserves such submission.[661]

4.8.2.2 Fürbitte für den heidnischen Vater

26,86; 19,47[662] (2. mekk.)
14,41[663] (3. mekk.)

Die Auflehnung gegen den Vater, ein Sippenkonflikt um des Glaubens willen, der Gläubige von Volk und Familie trennt, verstieß gegen die altarabischen Blutsbande und Verwandtschaftsloyalitäten und stellte daher für die Verkündigung Muḥammads ein Problem dar. Auch im Koran sind Liebe und Fürsorge für die Eltern fundamentaler Teil der islamischen Ethik (46,15ff; 12,100; 27,19; 71,28).

---

660 Es mutet seltsam an, wenn es bei *A.Th. Khoury* in der Erklärung zu 11,74 heißt: „Zu den zähen Verhandlungen Abrahams mit Gott zugunsten der sündigen Städte siehe in der Bibel, Gen 18,23–33", gerade so, als würde der biblische Text den koranischen ergänzen. Die Tatsache, dass gerade die „zähen Verhandlungen mit Gott" im koranischen Text fehlen, macht dessen Eigenart aus. (Komm VIII, S. 173)

661 *J. Kaltner*, Ishmael instructs Isaac, S. 103.

662 *aṭ-Ṭabarī*, Tafsīr XVI, S. 92–93; SKD III, S. 1388 f.; *Khoury*, Komm. IX, S. 296.

663 *aṭ-Ṭabarī*, Tafsīr XIII, S. 236; SKD III, S. 1200; *Khoury*, Komm. VIII, S. 360.

So ist es naheliegend, dass die Sorge um ungläubige Verwandte zu einer schweren Gewissensfrage wurde.

The figure of Abraham is evoked in relation to a question that must have been particularly poignant for the Arabs who were contemporaries of Muhammad and especially among the first converts who probably sought to intercede on behalf of their own pagan relatives.[664]

Aufgrund des göttlichen Gebots der Elternliebe begegnet Ibrāhīm seinem ungläubigen Vater zunächst mit Freundlichkeit. In 19,41 ff. wiederholt er viermal flehend, insistierend „O mein Vater" (V. 42–45); während ihn sein Vater in 19,46 nur distanziert mit „O Ibrāhīm" anredet. Im Prinzip hat sich damit zuerst der Vater vom glaubenden Sohn entfernt, dem dann die Androhung der Steinigung und explizit der Hinauswurf folgen werden: „Entferne dich / Weiche von mir!".

Im Rahmen des langen Gebetes von Sura 26 bittet Ibrāhīm wie selbstverständlich:

26,86 Und vergib meinem Vater! Er gehörte ja zu den Irregehenden.

In der zeitlich nächsten Stelle verspricht er ihm, für ihn bei Gott um Vergebung zu bitten

19,47 Er [Ibrāhīm] sagte: „Friede sei über dir!
Ich werde meinen Herrn für dich um Vergebung bitten."

Dies wird bei aṭ-Ṭabarī reduziert zum bloßen Ausdruck seines Friedenswillens und zu einem Sicherheitsversprechen. Obwohl der Vater ihn mit Strafe bedroht hat, ruft Ibrāhīm ihn nochmals zum Glauben auf, damit Gott seine Sünden zudecken und nicht bestrafen möge. Damit liefert er jedoch keine Erklärung für die Fürsprache Ibrāhīms. In diesen Stellen ist zudem davon auszugehen, dass Ibrāhīm für seinen Vater zu dessen Lebzeiten bittet.

Später wird das Versprechen der Fürbitte damit begründet, dass er gegenüber dem Vater nicht wortbrüchig habe werden wollen. Damit wird deutlich: Glaube steht nicht nur über nationalen und rassischen Abgrenzungen, sondern auch über familiären Einbindungen. Als nun durch das von „maßloser Grobheit"[665] gekennzeichnete Verhalten des Vaters deutlich wurde, dass dieser ein Feind Gottes war, wurde der Sohn von jeglicher Verantwortung entbunden.

Wieder im Rahmen eines längeren Gebetes schließt er seine Eltern in ein Gebet für die Gläubigen mit ein

14,41 Unser Herr,[666] vergib mir und meinen Eltern[667] und den Gläubigen
am Tag, da die Abrechnung heraufkommen wird.

---

[664] *R. Tottoli*, Biblical prophets, S. 25.

[665] *M. M. al-Ḥadīdī aṭ-Ṭair*, Manhağ Ibrāhīm, S. 1604.

[666] *rabbanā*, Varianten: Ḥusain b. ʿAlī, Zaid: *rabbunā* (Nominativ – das ist grammatikalisch falsch).

[667] *wālidaya*. Ibn Yaʿmur, az-Zuhrī: *waladaya* (meine beiden Kinder). Diese Version scheint

Diese Stellung der Eltern in der Mitte zwischen dem Propheten[668] und den Gläubigen wirft die Frage auf, ob sich dieses mittlere Glied von den beiden anderen überhaupt durch Unglauben unterscheide. *Aṭ-Ṭabarī* hat auch hier nur 9,114 bereit: das frühere Versprechen, von dem er abrückte, als er des Vaters bleibend verstockte Haltung erkannte. *Ar-Rāzī* stellt die Frage, wie man überhaupt um Vergebung bitten könne, wenn man bereits sicher wisse, dass Gott vergeben werde. Die Fürsprache betreffend meint er, ein Verbot greife erst, wenn es ausgesprochen sei und der Betreffende davon Kenntnis habe. Vielleicht sei Ibrāhīm die Fürsprache zu jener Zeit des Gebets noch nicht verboten gewesen, oder er habe die Bitte unter der stillschweigenden Bedingung der Zugehörigkeit zum Islam ausgesprochen. Möglich sei auch, dass er mit den Eltern die Ureltern Adam und Eva gemeint habe, oder dass nur seine Mutter gläubig war, weshalb einige den Singular *wālidī* lesen.[669] Eine für ihn selbst befriedigende Antwort gibt er jedoch nicht.

Abū Ḥayyān al-Andalusī bringt darüber hinaus noch die Variante von Ibn Ya'mur und az-Zuhrī, die durch andere Vokalisation *waladaya* (meine Kinder) lesen, was zwar das theologische Problem lösen würde, von Abū Ḥayyān aber nicht akzeptiert wird, da es gegen die anerkannte Lesart steht; as-Suyūṭī hingegen hält diese Lösung für akzeptabel.

4.8.2.3 Verbot der Fürsprache für Ungläubige

60,4–6[670] (medin.)
9,113.114[671] (medin.)

Ibrāhīm, der ideale Mensch, der „beste der ganzen Schöpfung"[672] und somit das Paradebeispiel für alle, die ihm im Glauben nachfolgen, wird in nur einem Punkt als nicht vorbildhaft bezeichnet: in der Fürbitte für seinen Vater.

60,4 Ihr habt ja ein gutes Beispiel in Ibrāhīm –
außer Ibrāhīms Rede an seinen Vater:
„Ich werde gewiss für dich um Vergebung bitten,
aber ich verfüge über keine Macht zu deinen Gunsten
vor meinem Herrn."

---

die plausibelste, da bereits in V. 35 von Söhnen die Rede ist und sie V. 39 namentlich genannt werden. Ibn Ǧubair: *wālidī* (meinem Vater).

[668] *aš-Šaukānī* weist darauf hin, dass doch bekannt sei, dass die Propheten unfehlbar seien und vor allen *kabā'ir* (großen Sünden) bewahrt blieben (Iršād al-fuḥūl, Auslegung zu 14,41).

[669] So auch bei al-Baġawī, Abū Ḥayyān al-Andalusī, Ibn Kaṯīr.

[670] *aṭ-Ṭabarī*, Tafsīr XXVIII, S. 62–64; SKD V, S. 2689–2691; *Khoury*, Komm. XII, S. 85.

[671] *aṭ-Ṭabarī*, Tafsīr XI, S. 40–53; SKD II, S. 843 f.; *Khoury*, Komm. VII, S. 402.

[672] *Anas b. Mālik berichtete:* Ein Mann kam zum Gesandten Gottes und sagte: „O du bester der ganzen Schöpfung!" Da erwiderte der Gesandte Gottes: „Jener ist Ibrāhīm." (Muslim 4.367 und 3 Parallelen). – Auch für die Kirchenväter ist Abraham der vollendete Mensch, das unbedingte Vorbild mit Modellcharakter (*Chr. Reemts*, Abraham in der christlichen Tradition, S. 315).

Aṭ-Ṭabarī verweist darauf, dass sich alle Propheten von ihrem Volk bzw. dessen Unglauben losgesagt und die Götzenanbetung verworfen hätten mit den Worten: „Es gibt keinen Frieden und keine Verschonung zwischen uns, bis ihr an Gott allein glaubt. So bekennt seine Einzig-keit (*tauḥīd*) und betet ihn allein an." Die Ausnahme am Beispiel Ibrāhīms besteht in der Fürsprache für seinen Vater; vielmehr solle den Feinden Gottes Feindschaft und Hass deutlich gemacht werden. Den Gläubigen wird in diesem Vers verboten, sich in der Bitte um Vergebung für seinen Vater an Ibrāhīm zu orientieren, damit sie nicht auch etwa für Polytheisten um Vergebung bitten. Muǧāhid sagte es explizit: „In allem ist Ibrāhīm ein Beispiel, außer in der Bitte um Vergebung für seinen Vater."

In dieser zweitletzten Sura Muḥammads wendet er sich in der Situation des Triumphes an die, die er als „Heuchler" bezeichnet, weil sie ihm bei den inzwischen zahlreichen Kriegszügen in den weit entfernten Norden der arabischen Halbinsel die Gefolgschaft versagten, und an die vormaligen Heiden, die sich oft nur um des Überlebens willen zum Islam bekannten. Nun spricht Muḥammad endgültig das Verbot der Fürsprache für verstorbene Polytheisten aus, selbst für Verwandte, sogar seinen eigenen Vater.

9,113 Es steht dem Propheten und denjenigen, die glauben, nicht zu,
für die Polytheisten um Vergebung zu bitten,
auch wenn es Verwandte wären,
nachdem ihnen klar geworden ist,
dass sie Bewohner[673] des Höllenbrandes sein werden.
9,114 Und die Bitte Ibrāhīms um Vergebung für seinen Vater
erfolgte nur aufgrund eines Versprechens, das er ihm gegeben hatte.
Als es ihm aber klar wurde, dass er ein Feind Gottes war,
sagte er sich von ihm los.

Hier geht es nun um die Frage der Fürbitte für bereits verstorbene Verwandte, während in den vorigen Stellen (9,80) von Lebenden ausgegangen werden konnte.[674] Vermutlich war dies eine altarabische Sitte oder eine Liebestat an den Verwandten über deren Tod hinaus. Mit dem Verbot dieser Art der Fürbitte wird das Familienband in letzter Konsequenz zerschnitten. Aus einer irdischen Trennung – die immerhin noch die Möglichkeit der Reue des Ungläubigen beinhaltet – wird eine ewige, irreversible Trennung, eine endgültige *hiǧra* aus der Elternbindung. Es sind nicht nur die Eltern Muḥammads, die im Unglauben starben, sondern auch seine Kinder von Ḫadīǧa.

Nach dem Tod der Verwandten, die in širk gestorben sind, darf keine Fürbitte geleistet werden. Denn Gott hat sein Urteil bereits gesprochen, dass er einem mušrik nicht vergeben wird. Darum geziemt es nicht, Gott darum zu bitten, etwas zu tun, worüber man doch Bescheid weiß, dass er es nicht tun wird. Wenn jemand einwirft, dass Ibrāhīm doch das Vorbild gegeben und für seinen Vater gebeten habe, dann ist zu erwidern, dass es nur aufgrund eines

[673] Wörtlich: Gefährten des Höllenbrandes. *Elyas* und *Paret*: Insassen.
[674] Als Sitz im Leben vgl. Sīra III/5, S. 240 f.

Versprechens war. Als ihm das klar wurde, ließ er von seiner Bitte ab und stellte sich auf die Seite Gottes gegen seinen Vater.[675]

Die Ausleger sind uneins über den Offenbarungsanlass: Einige meinen, es stünde im Zusammenhang mit dem Tod Abū Ṭālibs, dem Onkel des Propheten. Der Prophet habe an dessen Sterbebett für ihn um Vergebung bitten wollen unter der Voraussetzung, dass er die *šahāda* spreche, und Gott habe es ihm verboten. So rangen der Heide Abū Ǧahl und Muḥammad gleichermaßen um Abū Ṭālib, ob er tatsächlich von der Religion seiner Väter (*millat ʿAbd al-Muṭṭalib*) abweichen wolle. Als Muḥammad dann nach seinem Tod für ihn bitten wollte, habe Gott diesen Vers herabgelassen.[676]

Da der Tod Abū Ṭālibs zum Zeitpunkt von Sura 9 recht lange zurückliegt, ist eine andere Erklärung einleuchtender. Danach sei 9,114 herabgekommen wegen einer Gruppe von Gläubigen, die um Vergebung für ihre ungläubig verstorbenen Verwandten baten. Daraufhin baten sie nur noch für ihre lebenden Verwandten, weil bei ihnen noch nicht klar sei, ob sie in die Hölle gehen würden.

An diejenigen, die sich auf das Vorbild Ibrāhīms und Muḥammads berufen, sind die Schilderungen gerichtet, die zeigen, wie schmerzlich für den Propheten selbst diese Emigration aus der engsten menschlichen Verbindung war:

Als der Gesandte Gottes nach Mekka kam, stand er am Grab seiner Mutter so lange, bis die Sonne heiß auf ihn brannte, denn er hoffte auf die Erlaubnis, um für seine Mutter um Vergebung zu bitten. Da wurde 9,114 herabgelassen. (Nach ʿAṭiya)

Der Prophet kam an das Grab seiner Mutter, setzte sich dort hin und redete. Dann stand er weinend auf. Ich sagte zu ihm: „O Gesandter Gottes, wir wurden Zeuge dessen, was du tatest." Er sagte: „Ich habe meinen Herrn um Erlaubnis gebeten, das Grab meiner Mutter zu besuchen, und er gewährte sie mir. Dann bat ich ihn um Erlaubnis, für sie Fürbitte einzulegen, und er gewährte mir das nicht." Wahrlich, der Gesandte Gottes wurde fortan nie mehr so sehr weinend gesehen wie an diesem Tag.[677] *(Nach Sulaimān b. Barīdas Vater)*

In Bezug auf seinen Vater wird überliefert: Als Ibrāhīm über die Brücke gehen sollte, die über den Höllenschlund führt und so scharf ist wie die Klinge eines Schwertes, merkte er, dass sein Vater sich an ihn klammerte. Er schaute hinter sich und sah seinen Vater in der Gestalt eines Affen oder eine Hyäne und löste ihn von sich ab.

Abū Huraira berichtete vom Propheten:
Am Tag der Auferstehung wird Ibrāhīm seinen Vater Āzar treffen, und dessen Gesicht ist bedeckt von Ruß und Staub.[678] *Da wird Ibrāhīm zu ihm sagen: „Habe ich dir nicht gesagt, du solltest dich mir nicht widersetzen?" Sein Vater wird sagen: „Heute widersetze ich mich dir*

---

[675] *aṭ-Ṭabarī*, Tafsīr XI, S. 40.

[676] Dieser Offenbarungsanlaß fügt sich jedoch nicht in die Chronologie der Verse ein, da zwischen dem Tod Abū Ṭālibs und der wahrscheinlichen Einordnung des Verses fast zehn Jahre liegen.

[677] Ein Hadith bei Ahmad (3.598) bestätigt, dass Muḥammads Mutter in die Hölle kam.

[678] Vgl. 80,40.41: Gesichter, auf denen Staub liegt und die von Ruß bedeckt sind (Khoury),

nicht." Dann wird Ibrāhīm sagen: „O mein Herr, du hast mir versprochen, du würdest mich nicht zuschanden werden lassen am Tag, da sie erweckt werden.[679] *Welche Schande soll nun über mich kommen von meinem Vater, der mir doch so sehr ferne steht?"*[680] *Da wird Gott der Erhabene sagen:"Wahrlich, den Ungläubigen habe ich das Paradies verwehrt." Und es wird gesagt: „O Ibrāhīm, was ist unter deinen Füßen?" Da wird er schauen, und siehe, dort ist eine [männliche] gefleckte*[681] *Hyäne*[682]*. Die wird an den Beinen gepackt und ins Feuer geworfen.*[683]

Nach Ibn Kaṯīr[684] bat Ibrāhīm sein ganzes Leben lang für seinen Vater um Vergebung. Als er aber im Polytheismus starb, nahm er die Bitte um Vergebung zurück.

Ibrāhīms Bitte für seinen Vater wird in 9,114 auch mit seinem Naturell als „weichherzig und langmütig" erklärt. Aṭ-Ṭabarī macht daraus ein Attribut Ibrāhīms, der Gott anfleht im Zustand der Trauer und des Mitleids. Womöglich ist diese Bezeichnung auch als Entschuldigung gemeint, da es schwer vorstellbar ist, dass Ibrāhīm seinem Vater gegenüber nicht das vertritt, was doch in seinen *ṣuḥuf* steht, dass nämlich „keine Lasttragende die Traglast einer anderen trägt." (53,37)

So bricht Ibrāhīm als Vater Ismāʿīls und Stammvater der Araber mit eben diesen Familienbanden und den altarabischen Tabus der Stämme. Gott selbst entbindet Ibrāhīm – und mit ihm Muḥammad und die Gläubigen – von der Gehorsamspflicht. Die Pflicht zum Monotheismus ist höher anzusetzen als die sozialen gesellschaftlichen Verpflichtungen (29,8).

Das gegensätzliche Schicksal Ibrāhīms und seines Vaters als Prototypen von Glauben und Unglauben fasst M. Bauschke zusammen:

Abraham, der seinerseits laut Koran vor dem diesseitigen Feuertod durch Gott bewahrt wurde, muss gemäß der islamischen Tradition mit ansehen, wie sein Vater von demselben Gott ins jenseitige, ewige Feuer geworfen wird [...] Der Freund Gottes und der Feind Gottes, der gläubige Sohn und der ungläubige Vater: Ihre Wege, die im Dieseits auseinandergingen, trennen sich der Tradition zufolge im Jenseits definitiv und auf ewig. Der

---

mit einer Staub(schicht) bedeckt, und auf denen eine Trübung liegt (Paret), staubbedeckt, Finsternis wird sie verhüllen (Ahmadiyya).

[679] 26,87.

[680] „so sehr ferne". *abʿad* ist Elativ von „fern": 1. Ibrāhīm bezeichnet sich selbst als „weit entfernt" von seinem Vater, weil seine Fürsprache für ihn nicht angenommen wird. 2. Attribut seines Vaters, weil er weit entfernt ist von der Barmherzigkeit Gottes, da der Ketzer entfernt ist von Gott, der Ungläubige aber noch weiter entfernt. 3. dem Verderben anheimgefallen.

[681] Bei den Kommentatoren: befleckt mit Schmutz oder Blut oder Kot.

[682] Kommentatoren meinen, der Vater sei in eine Hyäne verwandelt worden, damit Ibrāhīm seine Sohnesliebe überwinden und Ekel für ihn empfinden könne. Außerdem soll keiner ins Feuer geworfen werden, der Ibrāhīm ähnlich sieht (*Fatḥ al-Bārī*). Eine andere Deutung bei *al-Barūsawī*: Die Hyäne sei das Sinnbild der Dummheit, weil Āzar dem Rat des Volkes und nicht der Erkenntnis Ibrāhīms folgte. Hätte Gott ihn in einen Hund oder ein Schwein verwandelt, so hätte er damit sein Geschöpf übermäßig verunstaltet. Gott aber ehrte Ibrāhīm dadurch, dass er seinen Vater lediglich in ein Tier der „mittleren Gestalt" verwandelte (Auslegung zu 14,41).

[683] *al-Buḫārī* 3.101.

[684] *Ibn Kaṯīr*, Tafsīr al-Qur'ān al-ʿaẓīm (1983) II, S. 139.

Gottesfreund steigt ins Paradies auf [...] Unter dem Gottesfeind aber tut sich ein Abgrund auf – er fährt zur Hölle. Hier der Belohnte, dort der Verdammte.[685]

In Bezug auf die chronologische Interdependenz lässt sich die Thematik der Fürsprache zusammenfassen: In der 2. mekkanischen Periode bittet Ibrāhīm für sich um Vergebung (26,82), ebenso für seinen Vater (26,86); dasselbe wiederholt er für seinen Vater in 19,47. In der 3. mekkanischen Periode bittet er Gott um Vergebung für diejenigen, die ihm nicht bei seinem Aufruf zum Glauben folgen (14,36), worauf die Bitte für sich, seine Eltern und die Gläubigen am Tag der Abrechnung folgt (14,41). Eine ähnliche Intention läßt sich in 6,165 ablesen, das den inneren Kampf der Propheten gegenüber ihren Angehörigen und dem Volk, dem sie angehören, widerspiegelt.

In Medina ist es Muḥammad, der den Gläubigen die Vergebung Gottes zuspricht (57,28), wie zuvor Ibrāhīm. Dann werden die muslimischen Rezipienten in 60,4f. aufgefordert, durch das Beispiel Ibrāhīms Position gegen die Polytheisten zu beziehen, da dessen Fürsprache für seinen polytheistischen Vater lediglich eine von Gott geduldete Ausnahme gewesen sei. Dies spitzt sich in 9,113f. zu, wo die Andersgläubigen nicht mehr die Gelegenheit erhalten, in die Fürsprache des Propheten eingeschlossen zu werden. Auch Ibrāhīm tat es nur temporär, und lediglich aus Loyalität zu seinem Vater – was er angesichts dessen Beharrens im Polytheismus revidierte.

Die Form der Anknüpfung an die vorislamische Zeit ist hier nicht die der Kontinuität, sondern vollzieht sich in Form eines völligen Bruches und Neuanfangs. Ibrāhīm verkörpert zwar das Arabertum – aber in seiner ganz anderen Form: dem ursprünglichen, ausschließlich auf Gott bezogenen Monotheismus, der reinen Anbetung an einem reinen Heiligtum. Weil eben Gott dieser eine und einzige Herr ist, mussten alle zuvor geltenden Werte relativiert und aufgelöst werden. Wenn Muḥammad auf Ibrāhīm rekurriert, dann appelliert er an die wahren Stammesbande; nicht die der vom Polytheismus verunreinigten Mekkaner, sondern die des Urvaters. In diesem Sinne ist die Lossagung von den bestehenden polytheistischen Familienbanden nur der Austausch gegen die älteren, ursprünglicheren Bande in Ibrāhīm – durch Ismāʿīl.

4.9 Fazit

Zum Umgang mit den Polytheisten kennt der Koran selbst in der mekkanischen Zeit nur zwei Modi: *hiǧra* und Ikonoklasmus. Beide richten sich gegen die Sa-

[685] *M. Bauschke*, Der Gottesfreund, S. 160. Bauschke hält diese Strafe nicht mit der Barmherzigkeit Gottes für vereinbar. Zudem ist sie für ihn die unschöne Verdunkelung des koranischen Gottesbildes durch die islamische Tradition – ganz so, als gäbe es im Koran keine drastischen Höllenschilderungen.

che – einmal passiv, dann aktiv –, nicht gegen die Menschen. In medinischer Zeit wird dies doppelt umgesetzt: Mit der Reinigung der Kultstätte bei der Einnahme Mekkas wird gemäß dem Vorbild Ibrāhīms mit dem Verbot der Fürbitte für ungläubig verstorbene Verwandte das familiäre Band zerschnitten und somit die altarabische Sippengesellschaft durch eine allein religiös begründete neue Gemeinschaft ersetzt – die letzte persönliche Abgrenzung gegenüber dem Heidentum. Das Lebensbeispiel Muḥammads, als *sunna* ebenso autoritativ wie die im Koran verschriftete Verkündigung, vollzieht dann einen weiteren Schritt von der Auseinandersetzung mit der Sache zum aktiven Vorgehen auch gegen die Menschen, die *mušrikīn* selbst – wobei er, gleichsam als Werkzeug Gottes, sein Vorgehen gegen seine persönlichen Feinde in Mekka als Ausnahmegenehmigung Gottes deklariert und andere Opponenten als Feinde Gottes abstempelt, an denen die in den Prophetengeschichten vorgezeichnete Strafe vollzogen wird.

Das Verbot der Fürbitte für Ungläubige wird heute unterschiedlich gehandhabt; es besitzt nach wie vor Gültigkeit; jedoch darf und soll „für ihre Rechtleitung“ gebetet werden.[686] In Bezug auf verstorbene Ungläubige ist die einhellige Meinung, dass in diesem Fall Fürbitte nutzlos ist.

Muḥammad entschied sich mit aller Kraft und ungeachtet der Konsequenzen inmitten des reichhaltigen religiösen Angebots seiner Umwelt gegen die Götzen, die Nichtse, die von Menschen geschaffenen Projektionen ihrer Wünsche. Genauso machtvoll entschied er sich für den Ein-Gott-Glauben. Dieser war bereits in Gestalt des Hanifentums wie auch bei Juden und Christen manifestiert. Die legitime Frage stellt sich: Wird sein Ein-Gott-Glaube nicht nur anknüpfen an die vorhandenen Monotheismen, sondern sich mit ihnen einig zeigen oder gar kompatibel sein?

Die Funktion der – jüdischen – Abrahamerzählungen, oft gefärbt durch die frühchristliche Rezeption,[687] ist im Blick auf die – nichtjüdischen heidnischen – *mušrikīn* die Vermittlung eines Paradigmas für den Glaubensgehorsam. Da kein Interesse an der Person an sich besteht, kann ohne weiteres eine biblische Figur auch bei einem nichtjüdischen Publikum eingesetzt werden, bei dem eine gewisse Kenntnis der jüdischen Geschichten vorausgesetzt werden konnte. Dazu

[686] Für eine sunnitische Position s. *Hasip Asutay*, Halal und Haram. Erlaubtes und Verbotenes im Islam, Istanbul 2013, S. 90. Der schiitische Oberste Rechtsgelehrte Ali Khamenei verbietet es nicht, Bittgebete für Ungläubige zu rezitieren, jedoch hält er es für besser, für ihre Rechtleitung zu beten. http://www.shia-forum.de/index.php?/topic/14121-bittgebete-fur-unglaeubige/ (18.7.2014).

[687] *H. Speyer* hat für zahlreiche Motive der Ibrāhīmsgeschichte nachgewiesen, dass Muḥammad sie über ihre christliche Ausgestaltung der jeweiligen „Sage“ kennengelernt hat (Siehe dazu auch: *K.-W. Tröger*, Mohammed und Abraham, S. 192, Fußn. 24.). Im Blick auf die Vergebung erliegt er aber einem Irrtum, wenn er die wirkungslose Bitte um Vergebung für die Ungläubigen lediglich als falsches Zitat von Mt 18,21 f. versteht (Die biblischen Erzählungen, S. 454); Sura 9 ist vielmehr ein bewusstes Gegenzitat.

brauchte es in Mekka kein jüdisches Publikum,[688] und es gab mit höchster Wahrscheinlichkeit auch kaum eines. Dies wurde erst in Medina relevant – die Reaktion wird im folgenden Kapitel beschrieben.

In der heutigen Zeit ist die Absage an die altarabische Stammes- und Sippengesellschaft kaum in ihrer ganzen Dimension erfassbar. In den riesigen Weiten der Arabischen Halbinsel, die abgesehen von den urbanen Zentren für die nomadisierende Bevölkerung wenig geographische Abgrenzungen kannte, beruhte das Gesellschaftssystem auf dem Stammesverband mit gemeinsamer genealogischer Abstammung. Nur der Stamm, hierarchisch gegliedert in Dorf- und Familienverband, Clan, Unter- und Hauptstamm, gab Identität, bot Schutz und sicherte das Überleben.[689] In einem fragilen und wechselhaften System von Bündnissen, Abhängigkeiten und Feindschaften musste das Stammesprinzip der Blutsbande für eine religiöse Idee hinderlich werden. Diese Barriere versuchte der *umma*-Begriff zugunsten einer höheren Identität zu zu beseitigen.

Die mekkanische Zeit, vor allem die 2. mekkanische Periode, war die Zeit der Aufnahme und Indienstnahme der biblischen Stoffe, aus dem Selbstverständnis Muḥammads als „arabischer Prophet" des Einen Gottes in der Reihe der biblischen Gestalten. Anders gesagt: In dieser Zeit nutzte er die biblischen Erzählungen vorrangig zum monotheistischen Ruf zu Gott, zur prophetischen Selbstlegitimation durch das Paradigma dieser Propheten – allen voran Ibrāhīm – und zur Argumentation gegen den polytheistischen Unglauben. Freilich kann von einer „Übernahme" biblischer Erzählungen im Sinne einer exakten Wiedergabe jüdischen und christlichen Selbstverständnisses nicht die Rede sein, auch nicht von der im Koran wiederholt behaupteten Bestätigung und Bekräftigung derselben (5,48) ohne jede eigene Neuerung (46,9); vielmehr zeigt sich bereits in frühester mekkanischer Zeit die Originalität des arabischen Propheten, der biblische Stoffe und Motive zwar aufnimmt, doch keinesfalls als „Nachlaßverwalter der jüdischen und christlichen Traditionen",[690] sondern sie zunehmend in seinen eigenen Deutekontext stellt und zu einer völlig eigenen – arabisch-islamischen – Auslegung der Bibel macht. Dies wird vor allem in den wiederholt erzählten Motiven deutlich, die in unterschiedlichen Nuancen eine Verschiebung der inhaltlichen Intention zeigen. So kann zwar formal von „Gleichheit" gesprochen werden, in dem Sinne, dass der selbe Stoff als Baustein Verwendung findet; doch bereits eine nähere Betrachtung des koranischen und biographischen Kon-

[688] *K.-J. Kuschel* (Eins in Abraham? S. 92) lässt Muḥammad darauf hoffen, in mekkanischer Zeit würden die jüdischen Gemeinden, „die es damals in beträchtlicher Zahl in Arabien gab", Ibrāhīm „dankbar akzeptieren" – nur: der mekkanische Ibrāhīm zielt noch gar nicht werbend auf die Juden ab. Der Skopus der Texte ist eindeutig auf die *mušrikīn* ausgerichtet; dies geht aus dem Gesamtduktus der relevanten Suren hervor. Gerade der Entstehungskontext und der Textzusammenhang ist der Schlüssel zum Verständnis der einzelnen Verse; ihn zu vernachlässigen mag erwünschte Ergebnisse bringen, wird jedoch der ursprünglichen Intention nicht gerecht.

[689] *R. Hoyland*, Arabia and the Arabs, S. 113–121.

[690] So *K.-W. Tröger*, Mohammed und Abraham, S. 192.

textes weist in eine andere, eigenständige Richtung – ganz zu schweigen von der Rezeption in der islamischen Theologie. So mancher von früheren „Schriften" aufgenommene Text wird im Koran zum Gegentext.

War zu Beginn seiner Verkündigung vor allem in den Schwüren und in der Bilderrede der altarabische Hintergrund noch prägend, so tritt noch in Mekka in der Konfrontation mit den Polytheisten zunehmend jüdisch-christliche Argumentation bei gleichzeitiger Betonung des arabischen Charakters[691] in den Vordergrund. In Medina werden dann in der Konfrontation mit Juden und später auch Christen eben diese jüdisch-christlichen Elemente nicht nur vollkommen arabisiert, sondern erhalten in der Loslösung von ihrer „alten" Verortung in einem „neuen gedanklichen Zentrum"[692] mit einem neuen „Koordinatensystem" einen neuen, nun islamischen Stellenwert. Eine Schlüsselrolle in diesem Prozess spielt Abraham, der im Zuge seiner zunehmenden Ibrāhīmisierung vom jüdischen Erzvater und christlichen Glaubensvater zu Ibrāhīm, zur Identifikationsfigur des islamischen Propriums wird.

---

[691] Dieser arabische Charakter bezieht sich zunächst auf die Sprache der Verkündigung und des Buches (43,3; 42,7).

[692] *K.-W. Tröger*, Mohammed und Abraham, S. 192.

5. Muḥammad und die Ibrāhīmerzählung in der Begegnung mit den Juden

In der geistigen Umbruchzeit auf der Arabischen Halbinsel zur Zeit Muḥammads herrschte eine überaus komplexe Gemengelage an Ideen, zu der auch eine bereits Jahrhunderte lange Geschichte der monotheistischen Religionen gehörte. Wenn Marco Schöller[1] meint, die Juden seien die „wichtigsten Adressaten" Muḥammads gewesen, so trifft dies hauptsächlich auf die Situation in Medina zu. Muḥammad stellte sich bewusst von Anfang an in die biblisch-monotheistische Tradition. Allerdings hat die Geschichtsschreibung bezüglich der arabischen Juden mit der Schwierigkeit der Quellen zu kämpfen: Wir sind fast gänzlich auf die Außenperspektive der islamischen Quellen angewiesen, die nur bedingt ein objektives Bild abgeben und eine Stereotype zeichnen bzw. die Art und Weise reflektieren, wie sich Muslime jüdisches Leben vorstellten, nachdem sie die Juden Palästinas und des Iraks kennengelernt hatten.[2]

5.1 Das Judentum Arabiens

Oftmals wird auf die Handelsreisen Muḥammads in das Gebiet von aš-Šām verwiesen, wenn es darum geht zu ergründen, wo er seine Kenntnisse des Judentums und des Christentums erworben habe. Doch diese lange Zeit gepflegte Vorstellung, die auf eine armenische Chronik um 660 zurückgeht,[3] entspricht nur teilweise dem, was inzwischen darüber bekannt ist. Denn nicht nur auf den

---

[1] *M. Schöller*, Exegetisches Denken, S. 10f.

[2] *M. Schöller*, Mohammed, S. 22; zur Literatur siehe ferner: *Rudolf Leszynsky*, Die Juden in Arabien zur Zeit Muḥammads, Berlin 1910; *D. S. Margoliouth*, The relations between Arabs and Israelites prior to the rise of Islam, London 1924; *Charles C. Torrey*, The Jewish foundation of Islam, New York 1933; *Salomon Baron*, A social and religious history of the Jews, New York 1965; *Shlomo D. Goitein*, Jews and Arabs. Their contacts through the ages, New York 1974; *Norman A. Stillman*, The Jews of Arab lands. A history and source book, Philadelphia 1979; *Arent J. Wensinck*, Muhammad and the Jews of Medina, Berlin 1982; *Moshe Gil*, Origin of the Jews of Yathrib, in: *JSAI* 4 (1984), 203–224; *Gordon Newby*, A history of the Jews of Arabia. From ancient times to their eclipse under Islam, Columbia 1988; *Johan Bouman*, Der Koran und die Juden. Die Geschichte einer Tragödie, Darmstadt 1990.

[3] *R. Hoyland*, The earliest Christian writings on Muḥammad, S. 278f.: In Palästina und aš-Šam habe er den Glauben an den einen Gott kennengelernt und seinen mekkanischen Zeitgenossen ein Land, „flowing with milk and honey", versprochen, wenn sie ihm folgten.

großen Jahrmärkten wie auf dem von ʿUkāẓ, das südlich von Mekka auf dem Weg nach Ṭā'if liegt, gab es genügend jüdische und christliche Händler, die die Möglichkeit boten, „die jüdischen und christlichen Erzählungen und Legenden an Ort und Stelle kennen zu lernen, ohne erst weite Reisen nach dem Süden und dem Norden unternehmen zu müssen."[4] Nöldeke vermerkt auch: „Um die Offenbarungsreligionen kennen zu lernen, brauchte weder ein heidnischer Mekkaner nach Syrien oder Abessinien, noch ein syrischer oder abessinischer Christ nach Mekka zu kommen."[5]

Zu jener Zeit aber, Anfang des 7. Jahrhunderts, war die Macht der Juden Arabiens bereits im Niedergang begriffen. Der jüdische Staat in Südarabien war dem Ansturm der Abessinier erlegen, die jüdischen Stämme in Yaṯrib lagen miteinander in Fehde und die Zeit der politischen Unabhängigkeit war vorbei. Nachdem zuvor die jüdischen Stämme dominiert hatten, wurde ihre Macht durch einen vom sassanidischen König von Ḥīra eingesetzten Herrscher gebrochen,[6] so dass zur Zeit Muḥammads fast überall Juden in einem Schutzverhältnis zu mächtigeren Nachbarn wie den Stämmen Aus und Ḫazraǧ[7] lebten. Die Mekkaner ließen aus Konkurrenzgründen nicht zu, dass Juden sich in größerer Zahl in ihrer Stadt ansiedelten.[8]

Bereits seit der Antike gab es im Süden der Arabischen Halbinsel Gemeinschaften jüdischer Deportierter, den Legenden jemenitischer Juden zufolge seit der Zerstörung des ersten Tempels durch Nebukadnezar im Jahre 597 v. Chr.[9] Aus Hiǧra ist ein Familiengrab mit jüdischer Inschrift aus dem Jahr 42 n. Chr. bekannt.[10] Die Zerstörung des 2. Tempels brachte eine weitere Zuwanderung von Juden; im 2./3. Jahrhundert wird von verschiedenen jüdischen Stämmen berichtet, etwa in der nordarabischen Oase Taimā', und im 4. bzw. 6. Jahrhundert vom Königshaus der Ḥimyariten, die zum Judentum konvertiert waren. In Ḥimyar, an der Südspitze Arabiens mit dem Zentrum Zafar im jemenitischen Hochland, kam es bereits in der ersten Hälfte des 4. Jahrhunderts zu einem Übergang zum

---

[4] *J. W. Hirschberg*, Jüdische und christliche Lehren, S. 7.

[5] *Th. Nöldeke*, GdQ I, S. 18.

[6] *Hovannisian / Sabagh*, The Persian presence in the Islamic world, Cambridge, S. 30.

[7] Der angesehenste Mann in Yaṯrib war ein Ḫazraǧī, ʿAbd Allāh b. Ubayy, dessen Ernennung zum König nur durch Muḥammads Ankunft verhindert wurde. Er hegte damit gewichtige persönliche Animositäten gegen Muḥammad und wagte als einziger, ihm zunächst offen Widerstand zu leisten, nahm jedoch bald den Islam an und erhielt einen Ehrenplatz beim Gebet. Gleichwohl soll er sich später für die jüdischen Stämme eingesetzt und die Leute von Ḫaibar gewarnt haben (*A. J. Wensinck*, Muhammad and the Jews of Medina, S. 33–35).

[8] *J. W. Hirschberg*, Jüdische und christliche Lehren, S. 14 f.

[9] *N. Stillman* nennt diese Frühdatierung „sheer speculation" (The Jews of Arab lands, S. 3). Zu dieser Theorie siehe den programmatischen Titel: *R. Dozy*, Die Israeliten zu Mekka von Davids Zeit bis ins fünfte Jahrhundert unserer Zeitrechnung, Leipzig 1864. – Das Zusammentreffen von König Salomo und der Königin von Saba weist auf jeden Fall auf frühe israelitisch-arabische Kontakte hin (1. Kön 10,1–10; 2. Chron 9,1–9; 12; vgl. Jes 60,6).

[10] *R. Hoyland*, Arabia and the Arabs, S. 146.

Monotheismus, der sich auch auf staatlicher Ebene vollzog. In Inschriften werden als Gottesnamen Ilān, Ilahān und Raḥmānān genannt. Spätestens um etwa 350 n. Chr. hatte das Judentum den Polytheismus abgelöst. Auf dem Höhepunkt seiner Macht, bis ca. 520 n. Chr., dominierte Ḥimyar den Großteil der arabischen Halbinsel. Die Verfolgung jemenitischer Christen unter deren letztem König Yūsuf Asʿar Ḏū Nuwās,[11] das Massaker von Naǧrān im Oktober 523,[12] führte auf Ersuchen des byzantinischen Kaisers Justin I. zur Intervention der Aksumiten aus Abessinien, die bereits einige Male als Helfer gekommen, aber als Eroberer geblieben waren. Byzanz wiederum nahm das Hilfeersuchen der Christen von Naǧrān als willkommenen Anlass, mit Hilfe des christlichen Abessiniens die arabischen Stämme unter seinen Einfluss zu bringen und sie gegen Persien zu verwenden. Nachdem die Christen sich an Byzanz orientierten, verhielten sich die jüdischen und heidnischen Araber pro-persisch. Doch die persische Hilfe, die 575 die Abessinier von der arabischen Halbinsel vertrieb, verwandelte den Jemen nur allzu bald in eine persische Satrapie.[13] Für die jemenitischen und medinischen Juden ist nicht abschließend zu klären, ob sie Immigranten oder Proselyten waren; den zumeist paganen arabischen Namen nach zu schließen handelte es sich bei ihnen wohl eher um judaisierte Aramäer und Araber als um Einwanderer.

Unbestreitbar war Jemen ein Zentrum jüdischer Wissenschaft, das Gelehrte und Dichter hervorbrachte.[14] So waren die für die islamische Tradition eminent wichtigen Kaʿb al-Aḥbār (gest. 650 oder 656)[15] und Wahb b. Munabbih (gest. zwischen 728 und 732)[16] konvertierte Gelehrte, die große Kenntnisse der Hagga-

---

[11] Ḏū Nuwās markiert den Höhepunkt des Judentums im Jemen; er soll versucht haben, ein Handelsimperium aufzubauen, das bis nach Palästina reichte. (Zur Geschichte dieses faszinierenden Mannes siehe: *G. D. Newby*, A History of the Jews of Arabia, S. 33–77).

[12] Es soll seinen Niederschlag in 85,4 gefunden haben. S.: *Irfan Shahīd*, The martyrs of Najrān: New documents, Bruxelles 1971.

[13] Im Jahre 6/628 nahm der persische Satrap des Jemen den Islam an.

[14] *Ph. K. Hitti*, History of the Arabs, 10. Aufl., London 1974, S. 107.

[15] Kaʿb b. al-Ašraf Sayyid al-Aḥbār. Zur Form: *A. Jeffery*, Foreign vocabulary, S. 49–50; *M. Mir*, Dictionary, S. 95 f. – *Aḥbār* ist Plural von *ḥabr*, auch: *ḥibr*, vom hebräischen *ḥaver* (Freund, Partner), dann auch Titel für „(Schrift-)Gelehrter". In dem Bemühen, nichtarabische Namen arabisch zu erklären, zumal bei einem so bedeutenden Gewährsmann, konnte sein Name auch von *ḥibara* (eine Narbe zurücklassen) abgeleitet werden, nach dem tiefen Eindruck, den ein Gelehrter seines Ranges bei seinen Schülern hinterließ. *M. Schöller* weist darauf hin, dass *ḥabr* als Terminus mit ausgesprochen positiver Konnotation auch für christliche und muslimische Gelehrte Verwendung fand, ja in späteren Jahrhunderten gar ein gängiger Ehrentitel für herausragende muslimische Gelehrte war (Exegetisches Denken, S. 209 mit Anm. 9–11).

[16] Wahbs Familie stammte ursprünglich aus Persien. Er ist der erste Autor einen *qiṣaṣ*-Buches, das vermutlich eine Hauptquelle für die Sīra darstellt, und soll über hundert Bücher über die Propheten besessen haben. – *Horovitz* hält es allerdings für wahrscheinlich, dass Wahb als Muslim geboren wurde (*H. Hirschfeld*, Jüdische Elemente im Koran, S. 21). Sowohl Kaʿb als auch Wahb sind auch als Verfasser jüdischer Werke bekannt.

da aufwiesen, wie auch die ältesten Korankommentare zumeist von ehemaligen Juden und Christen stammten.

Die Juden Arabiens standen im Austausch mit den Zentren in Palästina und Babylon; von ihnen sind Anfragen an die Lehrer der palästinischen und babylonischen Schulen bekannt. Eventuell waren gar aramäische Bibelübersetzungen bei ihnen im Umlauf.[17] Aus Südarabien ist bekannt, dass unter den dortigen Juden Gott als *ar-raḥmān* (der Barmherzige) bezeichnet wurde.[18]

Unter den zahlreichen religiösen Gedanken und Traditionen, bei denen Muḥammad sich zunächst an den Juden orientierte, ist auch die Gebetsrichtung nach Jerusalem. Nach Ibn Hišām wurde sie bereits in Mekka angeordnet, um die Herzen der dortigen jüdischen Bevölkerung zu gewinnen.

Zwar meint Wensinck, Muḥammad sei erst in Yaṯrib mit Juden in Berührung gekommen,[19] doch berichtet die Tradition, er habe zwei Schmieden in Mekka zugehört, die zusammen in ihren Schriften lasen.[20] Es ist als sicher anzunehmen, dass Muḥammad alles monotheistische Gedankengut, ob von Juden, Christen oder Hanifen, besonders sorgfältig aufnahm. Allerdings gleichen die alttestamentlichen Erzählungen im Koran „weit mehr den haggadischen Ausschmückungen als ihren Urbildern“,[21] was auf mündliche Überlieferung hindeutet.[22] Es bleibt jedoch eine offene Frage, weshalb in der 1. mekkanischen Periode nur sehr vage Anklänge an biblische Stoffe und Gestalten vorhanden sind, sie in der 2. mekkanischen jedoch in unverhoffter Intensität und Ausführlichkeit in Form von Prophetenzyklen geradezu in die koranischen Texte hereinbrechen. Bislang lassen die Berichte über das Leben Muḥammads nicht erkennen, wodurch dieser neue Argumentationsstil ausgelöst wurde – möglicherweise geschah dies durch Begegnungen und Diskussionen mit Juden in Mekka oder von Mekka aus.

Eine spektakuläre und wohl eher spekulative These vertreten Patricia Crone und Michael Cook, die den Islam als hagaritische Religion deuten, eine arabische Form des Judentums, wodurch Muḥammad die Araber habe zum Judentum zurückführen wollen.[23] Eine weitere Minderheitentheorie vertritt der libanesische Historiker Kamāl Sulaimān aṣ-Ṣalībī, der anhand von Namens- und Geographie-

[17] *J. W. Hirschberg*, Jüdische und christliche Lehren, S. 19f.

[18] *J. van Ess*, Theologie und Gesellschaft, I, S. 3; im syrischen Raum unter den arabischen Stämmen Name einer heidnischen Gottheit (*J. S. Trimingham*, Christianity among the Arabs in Pre-Islamic Times, S. 92).

[19] *A. J. Wensinck*, Muhammad and the Jews of Medina, S. 2.

[20] *A. Jeffery*, Foreign vocabulary, S. 25.

[21] *Th. Nöldeke*, GdQ I, S. 8; als einziges wörtliches Zitat aus dem AT führt er Ps 37,29 an, das sich in 21,105 wiederfindet. Die ausführlichste Studie dazu: *H. Speyer*, Die biblischen Erzählungen im Qoran.

[22] Nach *W. Rudolph* sind die Quellen gemäß ihrer Herkunft nicht immer sauber zu unterscheiden; vieles, was auf den ersten Blick jüdisch erscheine, sei aus christlicher Quelle (Die Abhängigkeit des Qorans, S. 27). Zu einem ähnlichen Ergebnis kommt *H. Speyer* an vielen Stellen.

[23] *Patricia Crone / Michael Cook*, Hagarism. The Making of the Islamic World, Cambridge 1977.

vergleichen gleich die gesamte alttestamentliche Geschichte auf die arabische Halbinsel versetzt.[24]

Obwohl sich „der qualitative und quantitative Anteil der beiden Mutterreligionen an der Entstehung des Islams (…) in apodiktischer Weise wohl nie beweisen lassen“[25] wird, gehört doch „die Frage nach dem Verhältnis des Islam zum Judentum zu den Grundfragen bei der Wesensbestimmung des Islam.“[26]

Insgesamt war das Judentum der Arabischen Halbinsel gut organisiert in Kolonien, die dank ihrer wirtschaftlichen Stärke große politische Bedeutung hatten. Eine dieser Kolonien gab es in Ṭā'if mit Flüchtlingen, die aus dem Jemen verbannt worden waren. Weitere Zentren jüdischer Ansiedlungen waren die Oase Ḫaibar und ihre weitere Umgebung nördlich von Yaṯrib, sowie Yaṯrib selbst.

5.1.1 Die Juden Medinas

Diese Stadt war zu jener Zeit eines der größten Zentren des Judentums, ein „Herd jüdischer Gelehrsamkeit“,[27] und selbst in früheren Zeiten eingewanderte Araber hatten teilweise das Judentum angenommen.[28] Nach islamischer Tradition wurde sie durch die Anwesenheit Muḥammads zu „Medina“, zur *madīnat an-nabī* (Stadt des Propheten) oder *al-madīna al-munauwwara* (die erleuchtete Stadt). Ursprünglich war Yaṯrib wohl überwiegend jüdisch, wenn nicht gar eine rein jüdische Siedlung,[29] benannt nach Abrahams viertem Sohn von der Ketura, Mi-

---

[24] *Kamāl Ṣalībī*, Die Bibel kam aus dem Lande Asir: eine neue These über die Ursprünge Israels, Reinbek 1985.

[25] *J. W. Hirschberg*, Jüdische und christliche Lehren, S. 10.

[26] *K.-W. Tröger*, Mohammed und Abraham, S. 188. Trögers objektiv-wissenschaftliche Einschätzung setzt sich wohltuend von den stark polemisierten Formulierung von Richard Simon („Nachäffung des Judentums“) oder Henry Lammens („überarbeitete und beträchtlich arabisierte Neuausgabe des talmudischen Judentums“) ab. Die Liste derartiger Verbalattacken findet sich in Trögers Aufsatz.

[27] *J. W. Hirschberg*, Jüdische und christliche Lehren, S. 13. – *Moshe Gil*, The Origin of the Jews of Yathrib, in: *JSAI* 4 (1984), S. 203–224.

[28] *M. al-Ghazālī* bestreitet, dass es überhaupt jüdische Konvertiten gegeben habe. Er bemüht sich, die Juden Arabiens ausschließlich als Immigranten zu zeichnen, die in religiöser Überheblichkeit lebten und keinerlei Anstrengungen unternahmen, den Polytheismus zu bekämpfen. (A thematic commentary, S. 6 f.)

[29] *K.-J. Kuschel*, Streit um Abraham, S. 189. – Die Banū Naḍīr sollen sich zu unbekannter Zeit in Yaṯrib niedergelassen haben und waren vermutlich ein genuin jüdischer Stamm; nach al-Ya'qūbī jedoch seien sie zum Judentum konvertierte Araber von den Ǧuḏām gewesen, die zuerst auf dem Berg Naḍīr gesiedelt hatten. Nicht einmal *M. Schöller*, der eine Unzahl arabischer Quellen sichtete und bewertete, kann die vieldiskutierte Frage entscheiden, ob es sich bei den Juden von Yaṯrib um eingewanderte Juden oder um arabische Proselyten gehandelt hat. (Exegetisches Denken und Prophetenbiographie – Eine quellenkritische Analyse der Sira-Überlieferung zu Muhammads Konflikt mit den Juden, Wiesbaden 1998, S. 185).

dian.[30] Danach setzte eine große Migration der Banū Qaila vom Süden der arabischen Halbinsel her ein, die die Herrschaft übernahmen, als ein tyrannischer jüdischer König herrschte, den sie ermordeten. Danach regierten die Banū Qaila als *mawālī l-yahūd* (*Patroni Judaeorum*), weshalb nach Meinung Wensincks die drei großen jüdischen Stämme Qainuqāᶜ, Quraiẓa und Naḍīr nicht mit ihren eigenen Namen in der Gemeindeordnung von Medina vertreten seien, sondern über ihre Patrone.[31] Neben den nichtjüdischen Stämmen Aus und Ḫazraǧ lebten insgesamt wohl um die 10.000 Juden in der Stadt, die jedoch keine politische Einheit bildeten, sondern in Interessengruppen aufgespalten waren und unterschiedlichen anderen Stämmen nahe standen. Offensichtlich litten die Aus und Ḫazraǧ unter der Vormacht der jüdischen Stämme.[32] Während die Banū Naḍīr als reiche Oaseneigentümer Land und Palmenhaine besaßen,[33] waren die Banū Qainuqāᶜ hauptsächlich Goldschmiede.[34] Gemeinsam ist ihnen, dass sie über beträchtliche wirtschaftliche Macht in der Stadt verfügten und auch den Geldverleih kontrollierten – was den Neid der mit leeren Händen in die Stadt gekommenen *muhāǧirūn* erregte, die sie dafür „Wucherer" nannten. Ihre Lebensverhältnisse müssen überdurchschnittlich gewesen sein, da A. J. Wensinck für die Juden 59 Festungen angibt, während die arabischen Qaila-Stämme nur 13 hatten.[35]

Durch Ibn al-Kalbī ist überliefert, dass sie in einem eigenen Dialekt, *lisān Yahūd Yaṯrib* oder *al-yahūdīya* genannt, sprachen, der offensichtlich Ähnlichkeiten mit dem Aramäischen hatte oder eine Mischsprache aus mit aramäischen Begriffen durchsetztem Arabisch war. Muḥammad soll seinen Sekretär Zaid b. Ṯābit beauftragt haben, die *lingua franca* des nahöstlichen Raumes Aramäisch zu lernen,[36] das die Juden vermutlich mit arabischen Buchstaben schrieben.[37]

---

[30] So in der letzten christlichen Quelle vor der Islamisierung aus dem Iran, ca. 650 AD, zit. in: *R. Hoyland*, Arabia and the Arabs, S. 32. Auch *N. Stillman* lehnt die traditionelle islamische Erklärung ab und hält den Namen *al-madīna* für genuin jüdisch (The Jews of Arab Lands, S. 9).

[31] *J. A. Wensinck*, Muhammad and the Jews of Medina, S. 25. – Dagegen scheint es plausibler, dass die Gemeindeordnung aus der Zeit nach Vertreibung / Vernichtung dieser Stämme stammt, wie Stefan Schreiner annimmt; ebenso *W. M. Watt*, Der Islam I, 96.

[32] *M. Schöller*, Mohammed, S. 41.

[33] Einer ihrer Rabbiner, Muḫairīq, hatte Muḥammad seinen Reichtum versprochen für den Fall, dass er in der Schlacht von Uḥud umkommen sollte – was auch eintrat. (Sīra II/3, S. 51 f.).

[34] *A. J. Wensinck* zitiert Ibn Zabālah, der die Zahl von 300 Goldschmieden für Medina angibt (Muhammad and the Jews, S. 31).

[35] Bei den Festungen handelte es sich um stattliche Gebäude mit solider Außenmauer, in denen mehrere Familien leben konnten. (*A. J. Wensinck*, Muhammad and the Jews, S. 29.) – Eine Stadtkarte von Yaṯrib mit den Wohngebieten der einzelnen Stämme bei: *Günter Kettermann*, Atlas zur Geschichte des Islam, S. 17; v. a.: *N. Stillman*, The Jews of Arab lands, S. 12.

[36] *Kh. ʿAthamina*, Al-Nabiyy al-Umiyy, S. 62. – *G. D. Newby* weist darauf hin, dass viele Araber zweisprachig waren und zusätzlich Aramäisch, Syrisch, Griechisch, Latein, Persisch oder südarabische Dialekte sprachen (A History of the Jews of Arabia, S. 8); *S. Fraenkel*, Die aramäischen Fremdwörter im Arabischen, Leiden 1886. – Was heute als Klassisches Arabisch bekannt ist, war der nordarabische Dialekt der Quraišiten, der durch die literarische Leistung des Korans zur einigenden Hochsprache wurde.

[37] *J. W. Hirschberg*, Jüdische und christliche Lehren, S. 24. – Dagegen *M. Schöller*, der meint,

Mehrfach wird in der Literatur ein Lehr- und Bethaus, *bait al-midrās*[38], erwähnt. Abraham Geiger tadelt die jüdischen Gewährsleute Muḥammads, wenn er „von der Unwissenheit" spricht, „in der Mahommed oder, wie mir wahrscheinlicher ist, die ihn umgebenden Juden befangen waren".[39] Ihm widerspricht Arent Jan Wensinck, der ihr Schweigen zur talmudischen Diskussion damit erklärt, dass sie wohl mehr rezeptiv als kreativ gewesen seien.[40] Die neuere Forschung beschreibt dagegen die Juden von Medina als berühmt für ihre Gelehrsamkeit.[41] Mit ihren Rabbinern führte Muḥammad gerade in seiner Anfangszeit lange, aber letztlich nutzlose Diskussionen über Muḥammads Prophetentum und seinen neuen Glauben. Sie endeten meist in gegenseitigem Missverstehen und wurde teilweise handgreiflich. Nur wenige Juden konvertierten. Doch auch die Mekkaner konsultierten sich mit den Rabbinern, weil sie eine Bestätigung für ihre Ablehnung von Muḥammads prophetischem Anspruch suchten. Nach der Schlacht von Uḥud und der Vertreibung des zweiten jüdischen Stammes, den Banū n-Naḍīr, im Jahr 625, hörten diese Debatten auf.

5.1.2 Juden im Leben Muḥammads

5.1.2.1 Anhänger Muḥammads jüdischer Herkunft

Einige der *ṣaḥāba* (Prophetengenossen) Muḥammads kamen aus dem Judentum. Sie sind Zeitgenossen Muḥammads, also Augen- und Ohrenzeugen seines Wirkens und daher nach dem Koran Quelle der glaubwürdigen religiösen Lehre. Das ganze Traditionswerk Ḥadīṯ muss über sie auf den Propheten zurückgeführt werden. Auch ihr eigenes Verhalten zählt zur *sunna* und ist damit nachahmungswürdig. Achtzehn solcher *ṣaḥāba* werden namentlich von al-ʿAsqalānī aufgeführt, in seiner Auflistung[42] erhalten sie häufig den Beinamen al-Isrāʾīlī.

Zaid habe lediglich die von den Juden verwendete Schrift gelernt und es sei heute nicht mehr möglich zu rekonstruieren, ob es sich bei dem jüdischen Dialekt von Yaṯrib um Judeo-Arabisch handelte oder eine Form des Aramäischen (Exegetisches Denken, S. 212 f.).

[38] *Bet ha-midraš*. Sīra I/2, S. 90; Sīra Rotter, S. 120: „jüdische Schule". Vgl. *J. Wansbrough*, Sectarian Milieu, S. 18. Vom Terminus allein kann jedoch nicht automatisch auf eine Synagoge geschlossen werden, da dieser Begriff erst im 2./8. Jahrhundert in der Überlieferung auftaucht. Zuvor war unspezifisch von *kanāʾis* (eigentlich: „Kirchen") die Rede, womit allgemein Anbetungsstätten der *ahl al-kitāb* gemeint waren, dann auch *kanāʾis al-yahūd* („Kirchen der Juden"; *M. Schöller*, Exegetisches Denken, S. 210 f.).

[39] Zit. in: *Friedrich Niewöhner*, Muhammads Sendung. Abraham Geiger entdeckt das Allgemeinmenschliche am Koran, in: FAZ vom 3.3.2004, N3; ähnlich *A. Jeffery* (S. 25), der es für fraglich hält, wie viel Hebräisch sie überhaupt verstanden, da sie viel mehr mit den rabbinischen Traditionen als mit der Tora vertraut gewesen zu sein schienen.

[40] *A. J. Wensinck*, Muhammad and the Jews, S. 37.

[41] *M. Schöller*, Sīra and Tafsīr: Muḥammad al-Kalbī on the Jews of Medina, S. 23.

[42] *Ibn Ḥağr al-ʿAsqalānī*, al-iṣāba fī tamyīz aṣ-ṣaḥāba.

Unter ihnen ist ʿAbd Allāh b. Salām b. al-Ḥāriṯ[43] von Bedeutung, einer ihrer größten Rabbiner und Gelehrten, der zusammen mit seiner Familie nach Abschluss des Medina-Vertrags konvertierte. Er sei „der Zeuge von den *Banū Isrāʾīl*", auf den sich 26,197 beziehe, sowie einer von vier Gewährsleuten, von denen das *ʿilm al-kitāb* (Wissen um das Buch) zu beziehen sei[44] Zudem wurde er dazu herangezogen, im jüdischen Schrifttum legitimierende Prophezeiungen über Muḥammad und Ereignisse der frühislamischen Zeit zu „finden".[45] Für seine Konversion wurde er mit der Habe der getöteten oder versklavten Banū Quraiẓa belohnt. Andere ehemals jüdische Religionsgelehrte sind Zaid b. Saʿnata al-Ḥabr, Maimūn b. Yāmīn al-Isrāʾīlī („ein Oberhaupt der Juden"), Abū Mālik al-Quraẓī (Rechtsgelehrter von den Banū Quraiẓa) und Ǧabal b. Ǧawāl b. Ṣafwān aṯ-Ṯaʿlabī, ein Dichter aus dem Stamm der Banū Quraiẓa.

5.1.2.2 Jüdische Ehefrauen Muḥammads

Zwei der Ehefrauen Muḥammads und eine Konkubine waren jüdischer Herkunft:

Ǧuwairīya bt. al-Ḥāriṯ, Tochter des Anführers der Banū Mustaliq. Sie wurde in der Schlacht gegen ihren Stamm (6/627) gefangen genommen. Weil für sie ein sehr hohes Selbstfreikaufsgeld angesetzt war, bat sie Muḥammad um Hilfe. Dieser verfiel ihren Reizen, löste sie aus, ließ sie frei und nahm sie zur Frau. Auf diese Weise mit dem Propheten verschwägert, mussten die bereits an die *anṣār* (Helfer) als Beutesklaven verteilten Banū Mustaliq freigelassen werden.[46] Mit ihrer Konversion entgingen sie sowohl der Sklaverei als auch dem Schicksal der anderen drei jüdischen Stämme vor ihnen, das sie miterlebt hatten und das von Stamm zu Stamm blutiger geworden war. Jedoch war Ǧuwairīya selbst wohl kaum so glücklich wie dargestellt,[47] denn sie versuchte Muḥammad zwei Jahre danach zu vergiften;[48] und als er ein Jahr später starb, unterstellten manche einen unnatürlichen Tod durch die Spätfolgen aus diesem Vorfall.

Ṣāfīya bt. Ḥuyaiy,[49] Tochter eines Anführers der Banū an-Naḍīr[50] und, wie al-ʿAsqalānī betont,[51] aus dem Stamm Levi und dem Hause Hārūns, des Bruders

---

[43] *Ibn Rassoul*, Lexikon der Sīra, S. 31; *T. Nagel*, Mohammed, S. 185. – In 3,199 soll er gemeint sein.

[44] *Ibn Saʿd*, aṭ-Ṭabaqāt al-kubrā, Bd. 2, S. 268 f.

[45] *T. Nagel*, Mohammed, S. 653.925.

[46] Nach *T. Nagel*, Mohammed, S. 364 geschah dies, weil die Banū Mustaliq diese unerwartete Chance nutzten, während heutige islamische Quellen es der Großmut Muḥammads zuschreiben.

[47] *Ibn Rassoul*, Lexikon der Sīra, S. 206 f.

[48] Die von der jüdischen Giftmischerin Zainab bt. al-Ḥāriṯ vergiftete Speise wurde nach *M. Schöller* Muḥammad durch Ṣafīya übergeben (Exegetisches Denken, S. 295)

[49] *V. Vacca*, Art. Ṣafīya bint Ḥuyaiy, in: HdI, S. 632 f.; *M. Schöller*, Exegetisches Denken und Prophetenbiographie, S. 289–299; *A. J. Wensinck*, Muhammad and the Jews, S. 31.

[50] So die heute vorherrschende islamische Meinung; ihre Zuordnung zu einem der jüdischen Stämme ist jedoch unsicher, da sie oft *sayidat Quraiẓa wa-n-Naḍīr* genannt wird (*M. Schöller*, Exegetisches Denken, S. 291); dagegen: *Ibn Rassoul*, Lexikon der Sīra, S. 333.

[51] *Ibn Ḥaǧar al-ʿAsqalānī*, al-iṣāba fī tamyīz aṣ-ṣaḥāba.

Mūsās, die sich nach ihrer Vertreibung aus Medina in Ḫaibar niedergelassen hatten. Ṣāfiya, 17-jährig und bereits in zweiter Ehe verheiratet, wurde beim Sturm auf die Oase gefangen genommen und bei der Teilung der Beute einem der Muslime zugesprochen. Als Muḥammad sie sah, war er von ihrer Schönheit ergriffen, warf seinen Mantel über sie, kaufte sie für sieben Stück Vieh und verlangte von ihr, den Islam anzunehmen. Noch in Ḫaibar oder auf dem Rückweg heiratete er sie (7/629). Ihr Ehemann wurde von Muḥammad zu einem grausamen Tod verurteilt, weil er sich weigerte, den Schatz der Banū an-Naḍīr preiszugeben. Die anderen Frauen Muḥammads begegneten ihr, der 11. Ehefrau, mit Eifersucht wegen ihrer Schönheit und mit Geringschätzung wegen ihrer jüdischen Herkunft.[52]

Raiḥāna bt. Zaid, von den Banū n-Naḍīr und verheiratet mit einem Mann von den Banū Quraiẓa in Medina, fiel nach ihrer Gefangennahme, nachdem alle Männer ihres Stammes getötet worden waren, Muḥammad als Beute zu, der sie als Konkubine[53] behielt. Sie soll sich geweigert haben, ihren jüdischen Glauben aufzugeben.

5.1.3 Außerkoranische jüdisch-christliche Spuren Abrahams

Nicht nur im Koran, auch in der vor- und frühislamischen Dichtung[54] finden sich Elemente jüdisch-christlicher Legenden in direkter Entlehnung und ohne den Umweg über den Koran, quasi als Allgemeingut, so dass Reuven Firestone von „knowledge about Abraham in the general culture of the late sixth Century Hijaz“[55] sprechen kann.

[52] Völlig anders liest sich die Geschichte Ṣafiyas in islamischen Berichten: Nach dem Lexikon der Sīra fiel ihr Ehemann in der Schlacht. Sie wurde einem Muslim als Dienerin gegeben, aber von Muḥammad von diesem losgekauft, um ihr als Tochter eines Anführers diese Schmach zu ersparen. Dann habe er ihr angeboten, zu ihrem Stamm zurückzukehren oder ihn zu heiraten, woraufhin sie gesagt habe: „Ich sehnte mich danach, bei dir zu sein, als ich eine Jüdin war. Wie kann ich dich nun, wo ich eine Muslima bin, verlassen?“ (*Ibn Rassoul*, Lexikon der Sīra, S. 332f.). Oder: „Although her father was the main provoker of the pagans and Jews against the Muslims, as an honorable gesture showing the magnanimity of Islam, the Prophet freed and married her.“ www.islamonline.net/ askaboutislam / display.asp?hquestionID=7758 (26.6.04).

[53] Nach *W.M. Watt*, Muhmmad at Medina, war sie eine Hauptfrau. Die Berichte über sie sind widersprüchlich. (*T. Nagel*, Mohammed, S. 499). Sie starb kurz vor Muḥammad. – Für *M. Schöller* ist sie, deren Leben kaum rekonstruierbar ist, vermutlich identisch mit Ṣafiya, da Muḥammad nur eine jüdische Frau geheiratet habe (Exegetisches Denken, S. 294–298).

[54] *Angelika Neuwirth* weist darauf hin, dass von einer „durchaus substantiellen, bisher noch zuwenig beachteten Präsenz von christlicher und jüdischer arabischer Dichtung vor und um die Zeit der Korangenese auszugehen“ sei. (Der Koran als Text der Spätantike, S. 675)

[55] *R. Firestone*, Abraham and the Meccan sanctuary, S. 361. Seine Kriterien, eine Erzählung als vorprophetisches Allgemeingut zu erkennen, sind ihre häufige Erwähnung in den islamischen Traditionssammlungen, geringe Varianten in Struktur und Handlung und eine möglichst große Zahl verschiedener früher Überlieferer.

In den Gedichten des aus Ṭā'if stammenden, wohl bedeutendsten Dichters der Hanifentums, Umayya b. Abī aṣ-Ṣalt (gest. 624),[56] von Muḥammad seiner Poesie wegen bewundert,[57] finden sich so viele Berührungspunkte mit koranischen Themen, dass sich unweigerlich die Frage nach der gegenseitigen Abhängigkeit stellt – eine Frage, die jedoch sehr unterschiedlich beantwortet wird. Beide, Muḥammad wie Umayya, griffen die religiösen Gedanken ihrer Umwelt aus mündlichen Quellen auf, was zeigt, wie weit diese Vorstellungen verbreitet waren. Sein Gedicht zur Aqedah ist das einzige zur Ibrāhīm-Thematik.[58] Daneben bringt Umayya nur noch kurze Andeutungen über die wundersame Rettung Ibrāhīms aus dem Feuerofen und eine Notiz über sein Weilen im Paradies.

5.2 Ibrāhīm und die neue Topographie Mekkas

In der ersten Sura auf medinischem Boden, Sura 2 aus der Zeit ca. 17–18 Monate nach der *hiǧra*,[59] findet sich eine auffällige Exponierung Ibrāhīms, vor allem durch die starke Akzentuierung seiner kultischen und theologischen Bedeutung. Stand Ibrāhīm in Mekka unter dem Zeichen des Konflikts mit dem heidnischen Volk und der *hiǧra*, der physischen Trennung von Mekka, so wird er nun zitiert gegenüber den Juden Medinas und der jungen muslimischen Gemeinde, und so wird er in Medina zusehends zum Inbegriff der Rückwendung nach Mekka – nun allerdings unter anderen Vorzeichen. Mit einer neuen, in der gereinigten Kaʿba zentrierten Topographie schreitet die Ibrāhīmisierung des jüdischen Abraham irreversibel voran.

5.2.1 Die Errichtung des „Hauses" durch Ibrāhīm

Dem Koran ist deutlich erkennbar an der theologischen Um-Deutung des vormals polytheistischen Zentrums der Kaʿba gelegen und eben nicht an einer historischen Darstellung, denn es wird nie erzählt, wie Ibrāhīm die Kaʿba baute, noch wie er und seine Nachkommen überhaupt nach Mekka kamen; nicht ein-

[56] *J. W. Hirschberg*, Jüdische und christliche Legenden, S. 34–38; *Ph. Hitti*, History of the Arabs, S. 108. Zum Gedicht: *J. W. Hirschberg*, S. 58–61.

[57] Die Bewunderung wird vermutlich einseitig gewesen sein. Das Verhältnis von beiden war recht spannungsgeladen, und Umayya verweigerte den Übertritt zum Islam. Er starb wohl 624 kurz nach der Schlacht von Badr, wo er noch die gefallenen Quraišiten betrauert hatte (*T. Nagel*, Mohammed, S. 254).

[58] Siehe Kap. 4.5.3.2., S. 294.

[59] Es fällt auf, dass in die Anfangszeit von Medina keine Offenbarungen fallen. Es scheint, als sei Muḥammad in dieser Zeit vollauf mit der Regelung der politischen Angelegenheiten beschäftigt gewesen. Seine Diskussionen mit den Juden Medinas haben – noch – nicht „Offenbarungscharakter" erlangt.

mal der *maqām Ibrāhīm* (Stätte Ibrāhīms) wird erklärt. All dies war jedoch für die fromme *umma* von Interesse, so dass sich bald phantastische Legenden darum rankten.[60]

Nach Nöldeke ist die ätiologische Ibrāhīmslegende „im Kopfe arabischer Juden oder Christen entstanden, die auf die religiösen Begehungen bei der Kaʿba nicht verzichten wollten. Snouck Hurgronje hält es nicht für unwahrscheinlich, dass der *ḥağğ* von Christen mitgemacht wurde und verweist auf eine Tradition, nach der das schnelle Reiten durch den Wādī Muḥassir damit erklärt wird, dass dort früher die Christen das Wuqūf verrichteten."[61] Als christliches Element der von den Quraiš vergrößerten Kaʿba zur Zeit Muḥammads gilt das Deckenholz, das aus einem gestrandeten byzantinischen Kaufmannsschiff stammen soll; der koptische Zimmermann namens Bāqūm al-Bīẓantī, der Baumaterialien für eine abessinische Kirche an Bord hatte, soll maßgeblich an der Restaurierung beteiligt gewesen sein. Interessant ist in diesem Zusammenhang, dass die Quraiš ihn gebeten haben sollen, die Kaʿba „like the buildings of Syria (*bunyān al-shām*)"[62] zu errichten – also in Form einer Kirche, evtl. als Konkurrenzbau zur Basilika von Nağrān. Michel Hayek[63] meint, da Muḥammad die ätiologische Legende von der Errichtung der Kaʿba unmöglich einfach erfinden konnte, habe er sie vermutlich von aramäisch sprechenden christlichen Missionaren übernommen, deren Gewohnheit es gewesen sei, Verbindungen zwischen der Bibel und ihrer jeweiligen Wirkungsstätte zu kreieren. So habe Muḥammad erst in Medina von der in der Bibel erwähnten Ibrāhīmsabstammung der Araber über Ismāʿīl gehört. Das hätten Juden und Christen dort aus apologetischen Gründen verbreitet, um zu beweisen, dass Muḥammad kein Prophet sein könne, da er ein Heide und Nachkomme von Abrahams illegitimem Sohn sei. Diese Erklärung findet jedoch in der Sīra und den Kommentaren, die die jüdisch-christlichen Argumente anführen, keinerlei Widerhall. Dort wird zwar der jüdische und christliche Anspruch auf die Abrahams-Kindschaft angesprochen und mit 3,68 gekontert – ausschlaggebend ist jedoch das nicht-genealogische Argument: Anspruch besteht nicht aufgrund von Abstammung, sondern aufgrund des Glaubens analog zum Prophetenvorbild. Auch wird in den islamischen Kommentaren nicht wie in neutestamentlichen Briefen üblich die Legitimation aufgrund der jeweiligen Ismael- oder Isaakabstammung gegeneinander ausgespielt.

---

[60] Einzelheiten dazu bei *J. A. Wensinck*, Art. Kaʿba, insbesondere „Die Kaʿba in der Legende und im Volksglauben" und der religionsgeschichtliche Passus in: HdI, S. 241–244. Ihrer großen Zahl wegen in der Hadith- und anderer Traditionsliteratur hält *R. Firestone* sie für vorislamisch (Abraham and the Meccan sanctuary, S. 363 f.). Dies muss jedoch so lange Spekulation bleiben, bis vor- und außerislamische Quellen diese These erhärten.

[61] *Th. Nöldeke* GdQ I, S. 147 mit Verweis aus Snouck Hurgronje, Het Mekkaansche Feest, S. 28 (Sīra I/2, S. 13–21; Lexikon der Sīra, S. 410).

[62] *Ghada Osman*, Foreign slaves in Mecca and Medina in the Formative Islamic Period, in: *Islam and Christian-Muslim Relations* 16/4 (2005), 345–359, S. 347

[63] *N. Robinson*, Massignon, Vatican II and Islam, S. 198.

Das „alte" Haus wird zunächst so genannt, weil es älter sei als selbst die Sintflut, die das Haus nicht überfluten konnte.[64] Eine Definition zu *ḥarām* (heilig, verboten) gibt ar-Rāzī:[65] Es verdiene hohen Respekt, sei also *muḥtaram* (großartig) in seiner Würde, *ḥurrima* (bewahrt) vor der Sintflut, es dürfe nicht angegriffen werden, und es sei insofern „verboten", als den Pilgern zum Haus Dinge verboten seien, die ansonsten erlaubt sind, und es den Menschen verboten sei, sich ihm im Stand der Unreinheit zu nähern; ferner sei der gesamte Platz *ḥarām* geworden, weil Gott ihn mit sieben Engeln geschützt habe.

Während der Zeit in Medina versuchten immer wieder einzelne Muslime, zur Pilgerfahrt nach Mekka zu reisen, da die Wallfahrt – obwohl noch heidnisch! – das Recht aller arabischen Stämme war, und offenbar war es im Heiligtum selbst jedem Pilger freigestellt, welche Gottheit er verehrte. Die Mekkaner hinderten die Muslime jedoch an der Wallfahrt, was wiederum zu Vergeltungsschlägen der Muslime gegen die mekkanischen Karawanen führte. *C. Wenzel* meint, weil Muḥammad von Kindheit an „ein besonderes Verhältnis zur Kaʿba als Ort der Verehrung und Anbetung" gehabt habe, habe er in der mekkanischen Zeit nur für die Kaʿba gebetet (14,35–40), aber keine Kritik an ihr geübt.[66]

5.2.1.1 Das „Haus" – ein „Versammlungsort für die Menschen"

2,124–129[67] (medin.)

Wie bereits in Schaubild 4 gezeigt, ist die Kaʿba-Erzählung das Zentrum von Sura 2[68] – und zugleich das Herzstück der Ibrāhīm-Erzählung. Allerdings gibt der Korantext nur die theologischen Ereignisse an und schweigt zu jeglicher historischer Einbettung. In den Formulierungen kann unterschieden werden zwischen den Rückgriffen auf offensichtlich Bekanntes – durch die Einleitungsformel *wa-iḏ* (und als) – und dem islamischen Proprium, das mit der Redeformel Gottes eingeleitet wird: *wa-qāla*.

2,124a Und als sein Herr Ibrāhīm [*Ibrāhīma rabbuhū*[69]] durch Worte prüfte[70] und er sie erfüllte[71](…)

[64] *ar-Rāzī*, Tafsīr zu 14,37, ebenso *al-Andalusī*, Auslegung zu 14,37.

[65] *ar-Rāzī*, Tafsīr zu 14,37.

[66] *C. Wenzel*, „Und als Ibrāhīm und Ismāʿīl die Fundamente des Hauses legten", S. 196.

[67] *aṭ-Ṭabarī*, Tafsīr I, S. 524–559; *ar-Rāzī*, Mafātīḥ, z.St.; SKD I, S. 63–65; *Khoury*, Komm. II, S. 125–129; *M. Ayoub*, The Qur'an and its interpreters I, S. 151–158.

[68] Grundlegend zu Sura 2: *Bertram Schmitz*, Der Koran: Sure 2 „Die Kuh". Ein religionshistorischer Kommentar, Stuttgart 2009.

[69] *A. Th. Khoury*, Komm. II, S. 124 f. gibt die Variante *Ibrāhīmu rabbahu* an, die Subjekt und Objekt vertauscht, so dass es nun Ibrāhīm wird, der sich im Gebet an seinen Herrn wendet, vermutlich um zu prüfen, ob er ihn erhören würde oder nicht – allerdings gibt er entgegen seiner sonstigen Gewohnheit die Quelle dieser Variante nicht an.

[70] So *Elyas; Paret, Khoury*: „mit Worten auf die Probe gestellt wurde".

[71] *Elyas*: „da befolgte er sie", SKD: „vollbrachte".

Bereits in der 1. mekkanischen Periode ist von der Prüfung des Menschen durch Gott die Rede (89,15.16), ebenso in der 2. (76,2), jedoch noch völlig unspezifisch. Erst in medinischer Zeit wird der Grabenkrieg (5/627) als Prüfung für die Gläubigen gedeutet (33,11), die Todesgefahr in der Schlacht der Gläubigen gegen die Ungläubigen (3,154), ebenso die ägyptischen Plagen[72] (2,49) und das Sich-abwenden Gottes (3,152). Die Einleitungsformel weist auf die – allseits bekannte – jüdische Tradition der zehn Versuchungen Abrahams hin.[73]

Nach *aṭ-Ṭabarī* prüfte Gott Ibrāhīm

(…) durch Pflichten, die er ihm auferlegte, und durch einen Befehl, nämlich durch die Worte, die er ihm eingab und ihn beauftragte, sie auszuführen als eine Art der Prüfung und Erprobung. Allerdings herrscht keine Einigkeit unter den Kommentatoren über das Wesen der Worte, die dem Propheten und Freund Gottes auferlegt wurden. [74]

Ibn ʿAbbās berichtet, niemand außer Ibrāhīm sei dergestalt auf die Probe gestellt worden; aber er habe alle Prüfungen erfüllt. Dann listet aṭ-Ṭabarī die Bedeutungsmöglichkeiten der „Worte" auf: Einige reden von 30 Gesetzen, andere von Gewohnheiten oder Pflichten des Islam. Ibn ʿAbbās erwähnt zehn Reinheitsgebote ritueller und hygienischer Art, von denen fünf den Kopf und fünf den Körper betreffen. Viele zählen die Vorschriften der Wallfahrt hinzu oder die Beschneidung.

Khourys Variante der Vertauschung von Subjekt und Objekt der Prüfung wird durch ein Hadith von Muǧāhid bei aṭ-Ṭabarī gestützt, das jedoch lediglich die späteren Bitten Ibrāhīms in Frageform kleidet – ein Beispiel für eine der ältesten Formen der Exegese, die innerkoranische Bezüge zu einer eigenen Szene montiert, sei hier gegeben:[75]

Gott sprach zu Ibrāhīm: „Ich stelle dich jetzt mittels eines Befehls auf die Probe. Weißt du, um welchen es sich handelt?" Er sprach: „Du machst mich zum Imām für die Menschen?" Er sprach: „So ist es." Er sprach: „Und aus meiner Nachkommenschaft?" Er sprach: „Mein Bund erstreckt sich nicht auf die, die Unrecht tun." Er sprach: „Du machst das Haus zu einer Einkehrstätte für die Menschen?" Er sprach: „So ist es." „Und zu einem Ort der Sicherheit?" Er sprach: „So ist es." „Und du machst uns dir ergeben und aus unserer Nachkommenschaft eine dir ergebene umma?" Er sprach: „So ist es." „Und du zeigst uns unsere Riten und führst uns zur Buße?" Er sprach: „So ist es." Er sprach: „Und du machst dieses Gebiet sicher?" Er sprach: „So ist es." Er sprach: „Und du bescherst seinen Einwohnern Früchte, denen, die an dich glauben?" Er sprach: „So ist es."

[72] Die Plage habe in der sonst nirgends bezeugten Tötung der israelitischen Söhne durch die Leute des Pharao bestanden, vermutlich in Umkehrung von Ex 11,4–7; 12,12–30.

[73] Vgl. Mischna, Avot V,3: „Durch zehn Versuchungen wurde unser Vater Abraham versucht, und er bestand sie alle, um zu bekunden, wie groß die Liebe unseres Vaters Abraham war." Ebenso Jubiläenbuch 19,8.

[74] *aṭ-Ṭabarī*, Tafsīr I, S. 524–532.

[75] *aṭ-Ṭabarī*, Tafsīr I, S. 525.

Dann folgt ein Hadith in dreifacher Version, wovon der des Qatāda theologisch am bedeutsamsten ist:[76]

Al-Ḥasan pflegte zu sagen:
In welcher Sache auch immer Gott ihn prüfte, war er darin geduldig: Er prüfte ihn mit dem Stern, der Sonne, dem Mond, und in all diesen erwies er sich als geduldig. Er erkannte, dass sein Herr bleibend ist und nicht verschwindet. Darum wandte er sein Angesicht dem zu, der Himmel und Erde erschaffen hat, als ḥanīf, und er gehörte nicht zu den mušrikīn. Dann prüfte er ihn durch die Auswanderung. Und er ging aus seinem Land und aus seinem Volk, bis er nach aš-Šām kam als Auswanderer zu Gott hin. Dann prüfte er ihn mit Feuer vor der Auswanderung, und er erwies sich als geduldig darin. Und Gott prüfte ihn noch durch das Schlachten seines Sohnes und durch die Beschneidung. Auch darin erwies er sich als geduldig.

Für aṭ-Ṭabarī ist nicht entscheidend, welches der Inhalt der Prüfungen war. Hauptsache sei, dass Ibrāhīm in jedem Punkt gehorsam war, dass er sowohl Pflichten erfüllte, als auch Anfechtungen widerstand.

Eigenartigerweise nimmt die Opferung des Sohnes aus 37,102–105, die zur Zeit der Verkündigung von Sura 2 schon lange vorlag, bei frühen muslimischen Kommentatoren nur einen sehr geringen Raum ein – obwohl sie in 37,106 ausdrücklich als *balā' mubīn* (offenkundige Prüfung) bezeichnet wird. Die westliche Literatur hingegen projiziert ihre eigene *Aqedah*-Rezeption in diesen Vers und spricht wie selbstverständlich von der Opferung als der allgemein angenommenen Deutung.[77]

Ar-Rāzī sieht die Prüfung ebenfalls in einem größeren Zusammenhang – obwohl er alle Deutungen schon deshalb für möglich hält, um nicht einen der *ṣaḥāba* der Unkorrektheit zu zeihen –, sondern im weiteren Sinne als etwas, das schwer zu erfüllen ist; somit sei der Begriff „Prüfung" generell auf Gottes Ge- und Verbote anwendbar. Im Übrigen könnten die Kategorien Prüfung und Versuchung nicht auf Gott angewandt werden, da er bereits von Ewigkeit her über alles Bescheid weiß. Die Prüfung Ibrāhīms müsse unbedingt *vor* seiner Beauftragung als Prophet und *imām* der Menschen stehen, denn nur das „akzeptiert die Vernunft". Das Ertragen aller menschlichen Anfeindungen sei „die schwerste Prüfung und edelste aller Mühen" – hier spiegelt sich nicht nur allgemeines Prophetenschicksal, sondern speziell Muḥammads Situation in Mekka.

2,124b Er sagte: „Wahrlich, ich mache dich zu einem *imām*[78] für die Menschen."

Ein Imām wird von aṭ-Ṭabarī[79] als „Vorbild" im Glauben gesehen, dem nach Gottes Willen die Menschen folgen sollen, sowohl in seinen Gebeten als auch in

[76] *aṭ-Ṭabarī*, Tafsīr I, S. 527; ebenso bei *ar-Rāzī*.

[77] So *R. Paret*, Kommentar und Konkordanz, S. 28, der hier nur westliche Orientalisten zu Rate zieht; er spricht ganz selbstverständlich gar von einer „Opferung Isaaks", wobei er S. 417 durchaus der Ismael-Deutung den Vorzug gibt.

[78] *Elyas*: „Vorbild" (in der Fußnote ergänzend: „Leiter, Führer und maßgebend").

[79] *aṭ-Ṭabarī*, Tafsīr I, S. 528.

seiner Lebensweise; nach ar-Rāzī ist es zunächst das Prophetenamt. In diesem Sinne seien alle Propheten (21,73) und die Kalifen Imame, da die Menschen verpflichtet sind, ihnen zu gehorchen und zu folgen. Dies weitet ar-Rāzī aufgrund dieser Definition auch auf Richter, Rechtsgelehrte und Vorbeter aus und endet bei der Auslegung, dass jeder, dem in religiösen Fragen gefolgt werden muss, ein *imām* sei. Im Falle Ibrāhīms ist darin jedoch eine besondere Gabe und Belohnung enthalten, die bis zum Tag des Gerichts anhalten wird, denn trotz aller Unterschiedlichkeiten und Auseinandersetzungen verehren ihn alle Religionen – selbst die Polytheisten – und rühmen sich der Zugehörigkeit zu ihm, ob über die Genealogie, die Religion oder das Gesetz. Die besondere Würde erhält er von der islamischen *umma*, wenn sie am Ende des Pflichtgebets den Segen und das Erbarmen Gottes über Muḥammad erfleht, nach dem Vorbild des Segens Gottes über Ibrāhīm.

Als *imām* „für die Menschen" wird Ibrāhīm zum universalen Vorbild, dem alle folgen können und sollen; zugleich wird einer nationalen Einengung auf ein erwähltes Volk, als dessen Erz- oder Stammvater er exklusiv beansprucht wird, gewehrt. Während die Propheten zu ihrem eigenen Volk gesandt sind, wird Ibrāhīm hier ausdrücklich zum Propheten aller Menschen deklariert.

An dieser Stelle ist die Parallele zu Muḥammads eigener Situation bzw. eigenem Anspruch unverkennbar, nämlich nicht nur für *die muhāǧirūn* (Auswanderer aus Mekka), sondern auch die jüdische Gemeinde *imām* zu sein – und darüber hinaus für „die" Menschen schlechthin.

2,124c Er sagte: „Und von meiner Nachkommenschaft."

Es ist möglich, diese Bitte Ibrāhīms als Frage zu lesen. Ar-Rāzī wägt beides, Bitte und Frage, gegeneinander ab. Wenn es eine Frage gewesen wäre, hätte Gott ihm dann gestattet, sie zu stellen, wenn er sie doch gleich anschließend zurückweist? Darum will er es als Bitte für „manche aus meiner Nachkommenschaft" lesen, denn Gott habe dieses Ersuchen in vielen Gläubigen und den anderen Propheten erfüllt, deren letzte ʿĪsā und Muḥammad waren.

2,124d Er sagte: „Mein Bund erstreckt sich nicht auf die, die Unrecht tun."

Doch Gott schränkt das genealogische Prinzip ein: Es gilt nicht die biologische Verwandtschaft, nicht die Zugehörigkeit zu einem „Vater", sondern nur der eigene persönliche Glaube.

Hierdurch wird die Behauptung der Kinder Israels zurückgewiesen, dass sie allein schon aufgrund ihrer Abstammung von Abraham Gottes auserwähltes Volk seien. Im Qur'an wird klargestellt, dass die hervorragende Stellung Abrahams nicht automatisch eine vergleichbare Stellung auch für seine leiblichen Nachkommen mit sich bringt.[80]

---

[80] SKD I, S. 63, Anm. 228.

Beim Begriff *ʿahd* (Bund) gehen die Meinungen auseinander. Nach *aṭ-Ṭabarī*[81] werden genannt: die Prophetie, der Befehl Gottes allgemein, sowie der Auftrag, Imām zu sein, die strikte Trennung zwischen Gläubigen und Frevlern bzw. das Verbot für Gläubige, mit Frevlern einen Bund zu schließen; doch wird auch der Glaube genannt oder die Religion Gottes. Darüberhinaus werde Ibrāhīm signalisiert, dass nicht alle seine Nachkommen im Besitz der Wahrheit sein werden, dass sogar einige von Gottes Weg abirren und ihm etwas beigesellen werden. *Ar-Rāzī* führt all diese Möglichkeiten auf, entscheidet sich aber für das Imāmat und weist darauf hin, dass Ibrāhīm tatsächlich nicht gewusst habe, wie es um seine Nachkommenschaft bestellt sein würde. Dann definiert er den Bund: Es handle sich um einen gegenseitigen Bund („Er hat einen Bund bei dir und du einen Bund bei ihm.") Gott selber habe sich verpflichtet zum „Bund der Barmherzigkeit und Herrschaft", welchen er bereits erfüllt habe, indem er den Menschen schuf und zu einem lebendigen Wesen machte, ihm Güter, Vernunft und die Fähigkeit zur Unterscheidung gab. Der Bund des Menschen sei der „Bund des Dienstes und der Unterwürfigkeit", denn das Ziel der Schöpfung von Mensch und *Ǧinn* sei, dass sie ihm dienten (51,56). Der Vers hier ist eine eindringliche Mahnung und Drohung, für seine unendliche Güte dankbar zu sein.

Der „maqām Ibrāhīm".

2,125a Und als Wir das Haus [*al-bait*]
zu einem Versammlungsort[82] [*maṯābatan*][83] für die Menschen machten
und einer Sicherheit …
„Und nehmt euch[84] *maqām Ibrāhīm*[85] zur Gebetsstätte!"

Der Artikel qualifiziert *bait* (Haus) als „heiliges Haus", womit ar-Rāzī nicht nur die Kaʿba selbst meint, sondern den gesamten heiligen Bezirk, der „sicher" sei und tabu für die *mušrikīn*. Er wird *maṯāba* genannt, weil man jährlich dorthin zurückkehre oder weil man sich ständig wünsche, wieder zu ihm zurückzukehren.[86]

Was genau unter dem *maqām* in seiner damaligen Bedeutung in Sura 2 zu verstehen ist, geht auch aus dem *Tafsīr* von *aṭ-Ṭabarī* nicht eindeutig hervor: Nach Ibn ʿAbbās sei damit die gesamte Wallfahrt gemeint, nach anderen die drei

---

81 *aṭ-Ṭabarī*, Tafsīr I, S. 530 f.

82 *Elyas*: „Ort der Einkehr"; SKD: „Ort der Zusammenkunft".

83 *maṯāba* (ṯ-w-b): Ort, zu dem die Menschen zurückkehren und sich dort wieder versammeln, nachdem sie zuvor getrennt waren; Bleibe, Wohnsitz (Lane I, S. 363). Im Koran nur an dieser einen Stelle gebraucht.

84 Die indikativische Variante *wa-ttaḫaḏū* (und sie nahmen) findet durch einen gewichtigen Vertreter, ʿUmar b. al-Ḫaṭṭāb, über den Tradenten Anas b. Mālik Erwähnung, doch lesen die meisten imperativisch *wa-ttaḫiḏū* nicht als bloße Information, sondern als direkten Befehl Gottes an die gesamte Menschheit, erneuert durch den Propheten Muḥammad.

85 *Elyas*: „Ibrāhīms Standort".

86 *Ibn ʿAbbās* und *Muǧāhid* bei ar-Rāzī.

Wallfahrtsorte ʿArafa, Muzdalifa und die Steinhaufen; möglich auch die Aussage von Muǧāhid „Der ganze *ḥaram* ist *maqām Ibrāhīm*", oder aber nur der Stein, auf dem Ibrāhīm als Erhöhung stand, um den oberen Teil der Mauer vollenden zu können; der Stein, hinter dem man zum Gebet zu stehen hatte, oder ein Ort in der heiligen Moschee. *Sāʾid Bakdāš* hält die meisten dieser Erklärungen für schwach und lässt nur zwei gelten: Es sei der Stein gewesen, auf dem Ibrāhīm beim Bau der Mauer sowie beim Ruf zur Wallfahrt gestanden habe, in dem noch die Abdrücke seiner Füße zu sehen sind.[87]

Die bekannteste Version zur Entstehung dieser Abdrücke, die bei aṭ-Ṭabarī sowie bis in die heutigen *qiṣaṣ* zu finden ist:

Nach as-Suddī:
Mit dem maqām verhält es sich wie folgt: Es ist der Stein, den Ismāʿīls Frau unter den Fuß Ibrāhīms stellte, als sie ihm das Haupt wusch. Ibrāhīm stellte seinen Fuß darauf, denn er befand sich hoch zu Roß. Sie wusch also die eine Hälfte und nahm dann den Stein unter ihm weg; und siehe da, sein Fuß war in den Stein eingesunken. Sie legte ihn nun unter den anderen Fuß und wusch die andere Hälfte. Wiederum versank sein Fuß darin.Darum hat Gott ihn zu einer seiner Kultstätten gemacht und gesagt: „Nehmt den maqām Ibrāhīm als Gebetsstätte."[88]

Das Eintauchen des Fußes in den Stein, der „weich wie Schlamm" wurde, sei eines der Wunder Ibrāhīms, so die Meinung von al-Ḥasan, Qatāda und ar-Rabīʿ b. Anas; es sei „das eindeutige Zeichen Gottes, das über Generationen geblieben ist, von damals bis zum heutigen Tag",[89] auch „einer der deutlichsten Beweise für den Monotheismus".[90] Interessant ist eine Überlieferung Qatādas, die besagt, dass bereits die vorislamischen Glaubensgemeinschaften die „Abdrücke seiner Ferse und seiner Zehen" gesehen hätten und ihnen befohlen worden sei, an diesem Stein zu beten. Sie aber seien in ihrer Verehrung darüber hinausgegangen, hätten den Stein berührt und über ihn gestrichen, so dass nun die Fußabdrücke Ibrāhīms eingeebnet und verschwunden und nur noch zwei Vertiefungen übrig seien.[91] Sie gelten als Signatur des Erbauers der Kaʿba.

Ibrāhīm stand auf dem *maqām*, um von ihm aus die Menschen zur Wallfahrt aufzurufen:

Ibn ʿAbbās berichtete:
Ibrāhīm stellte sich auf den Stein und rief: „O ihr Menschen, euch ist der ḥaǧǧ vorgeschrieben!" Und Gott ließ alle, die noch in den Lenden der Männer und in den Gebärmüttern der Frauen waren, den Ruf hören. Diejenigen, die glauben sollten, antworteten ihm, sowie all jene, von denen im Ratschluss Gottes feststeht, dass sie die Pilgerfahrt vollziehen würden – von Ibrāhīm bis zum Jüngsten Tag. Und alle riefen: „Labbaika Allā-humma, labbaik!"[92]

---

[87] *Sāʾid Bakdāš*, Faḍl al-ḥaǧar al-aswad, S. 91.
[88] *aṭ-Ṭabarī*, Tafsīr I, S. 537; Sīra I/2, S. 109f., Fußn. 5. Ibn Kaṯīr, al-Qurṭubī und al-Ḥalabī halten diese Überlieferung jedoch für schwach.
[89] S. *Bakdāš*, Faḍl al-ḥaǧar al-aswad, S. 100.
[90] Zit. bei: *ar-Rāzī*, z.St.
[91] S. *Bakdāš*, Faḍl al-ḥaǧar al-aswad, S. 101–102.
[92] *Al-Fākihī* in seinen Aḫbār Makka, zit. in: S. Bakdāš, Faḍl al-ḥaǧar al-aswad, S. 96.

Wie der *maqām* zum Gebetsort wurde, wird folgendermaßen überliefert:

Der Prophet ging am maqām vorbei in Begleitung ʿUmars. Dieser sagte: „O Gesandter Gottes, ist dies nicht der maqām unseres Vaters Ibrāhīm?" Er sagte: „Jawohl." Er sagte: „Sollten wir ihn dann nicht zur Gebetsstätte nehmen?" Er sagte: "Mir ist nichts diesbezüglich befohlen worden." Als aber an jenem Tag eben die Sonne untergegangen war, kam 2,125 herab.[93]

Auch aṭ-Ṭabarī versteht darunter jenen Stein im heiligen Bezirk, denn Ǧābir habe berichtet, dass der Prophet den schwarzen Stein berührte, dann dreimal schnell und viermal in normalem Tempo die Kaʿba umschritt. Danach begab er sich zum *maqām Ibrāhīm* und rezitierte: „Und nehmt den *maqām Ibrāhīm* zur Gebetsstätte." Sodann ließ er den *maqām* zwischen sich und dem Haus und betete.

Für manche sei eine Gebetsstätte jeder Ort, an dem Ibrāhīm seinen Herrn angerufen habe, da er ja auch darin *imām* (Vorbild) ist.

2,125b Und Wir haben Ibrāhīm und Ismāʿīl auferlegt:[94]

An dieser Stelle wird erstmals Ismāʿīl direkt mit der Kaʿba in Verbindung gebracht.[95] Dass diese Anknüpfung erst mitten in der Auseinandersetzung mit den Juden Medinas fällt, wirft natürlich Fragen auf, die noch zu diskutieren sein werden. Doch zunächst die Traditionen, die Ismāʿīl nach Mekka führen.

Die Reise Ibrāhīms und Ismāʿīls nach Mekka. In den zahlreichen Reisegeschichten sind drei Grundformen auszumachen:[96]

Die auf *Ibn ʿAbbās* zurückgehende Eifersuchts-Version ist der biblischen Begründung für die Reise Hāǧars und Ismāʿīls am nächsten: Der Neid der noch kinderlosen Sārā auf die Magd. In den islamischen Erzählungen wird Hāǧar nicht als Magd, sondern als legitime Ehefrau Ibrāhīms gesehen, teils von vornehmer Herkunft.

Abū Ḥayyān al-Andalusī berichtet, als Hāǧar Ismāʿīl gebar, wurde Sāra voll Neid. Da bestieg Ibrāhīm mit Hāǧar und dem Kind das legendäre Reittier Burāq[97] und kam an einem Tag von aš-Šām nach Mekka.[98]

Auf Muḥammads Schwiegersohn ʿAlī b. Abī Ṭālib geht die *sakīna*-Version zurück: Der Frauenzwist wird nicht erwähnt, vielmehr erfolgt Ibrāhīms Reise im Gehorsam auf Gottes Befehl, ihm ein Haus zu bauen. Schwerpunkt der Er-

[93] *ar-Rāzī*, z.St.
[94] *Elyas*: „Wir verpflichteten"
[95] Die frühere Stelle 14,39 hat zwar ebenfalls einen Kaʿba-Kontext, nämlich das Gebet Ibrāhīms an jenem Ort, doch werden dort nur die beiden Söhne als Geschenk Gottes an Ibrāhīms in seinem Alter erwähnt und noch keine explizite Verbindung Ismāʿīls zum Heiligtum hergestellt.
[96] Bei *R. Firestone*, Abraham and the Meccan sanctuary, S. 365–372.
[97] Auf Burāq soll Muḥammad in der Nacht- und Himmelreise nach Jerusalem und von dort aus in den Himmel geritten sein; siehe die Hadithe al-Buḫārī 2.968; Muslim 234.
[98] *Abū Ḥayyān al-Andalusī*, Al-baḥr al-muḥīṭ fī t-tafsīr, Auslegung zu 14,37.

zählung ist die wunderbare Leitung Ibrāhīms durch die *sakīna*-Wolke[99], die ihn nach Mekka führt und durch ihren Schatten die Grundrisse des Hauses anzeigte. Hier die Version aus aṭ-Ṭabarīs Annalen:

Nachdem Ismāʿīl und Isḥāq geboren waren – wie bereits erwähnt –, befahl Gott – stark und erhaben ist er – Ibrāhīm, ihm ein Haus zu bauen, in dem er angebetet und seiner gedacht werden solle. Aber Ibrāhīm wusste nicht, an welchem Ort er bauen solle, weil ihm dies noch nicht gezeigt worden war, und er dieser Sache nicht gewachsen war.

Einige Gelehrte sagen: Gott sandte ihm die sakīnā, um ihn zum Ort des Hauses zu führen. So ging die sakīnā mit Ibrāhīm, zusammen mit seiner Frau Hāǧar und seinem Sohn Ismāʿīl, der noch ein kleines Kind war. (…) Die sakīna ist ein Sturmwind mit zwei Köpfen. Einer der beiden folgte dem andern, bis sie schließlich nach Mekka gelangte, wo sie sich an der Stelle des Hauses zusammenrollte wie eine Schlange.[100] *Und Ibrāhīm wurde befohlen, da zu bauen, wo die sakīna zur Ruhe gekommen war.*[101]

Auch die dritte Version, die von *Muǧāhid* überliefert ist, legt den Schwerpunkt auf die Führung Gottes, dieses Mal durch das Reittier Burāq, das auch Muḥammad bei seiner Himmelsreise transportierte.

Al-Baġawī: Ǧibrīl scharrte mit Ferse oder Flügel Zamzam frei und sagte zu Hāǧar und Ismāʿīl: „Fürchtet euch nicht. Denn an dieser Stelle wird dieser Knabe ein Haus für Gott errichten mit seinem Vater." Dieses Haus war hoch gelegen wie auf einem Hügel, so dass die Wasserfluten links und rechts daran vorbeiflossen.[102]

2,125bc „Reinigt mein Haus für diejenigen,
die die Umkreisungsprozession machen,[103]
sich in Hingabe absondern,[104] verneigen und niederwerfen."
2,126a Und als Ibrāhīm sagte:
„Mein Herr, mach dies zu einem sicheren Ort
und versorge seine Einwohner mit Früchten
diejenigen, die an Gott glauben und an den Jüngsten Tag,"
da sagte er: „Und wer ungläubig ist, den lasse ich ein wenig genießen,

[99] Von hebr. Schechina, „die Gegenwart Gottes, das Wohnen des Namens Gottes" im spirituellen Sinn. – Muslimische Exegeten beschreiben die *sakīna* Ǧinn-ähnlich. Im koranischen Gebrauch vgl. 2,248, wo die Bundeslade mit *sakīna* ausgestattet ist, nach *Khoury* „eine Ruhe spendende Gegenwart von eurem Herrn", *Rückert/Bobzin*: „Gottesruh", *Yusuf Ali*: „security, safety, tranquility, peace", *Henning*: „Gegenwart". Ähnlich 9,26: „Dann senkte Gott seinen Frieden (sakīna) auf seinen Gesandten und auf die Gläubigen." (vgl. *R. Firestone*, Abraham and the Meccan sanctuary, S. 366, Anm. 23).

[100] In der jüdischen Kabbala konnte die Schechina auch in Form einer Schlange vorgestellt werden. (*Jonathan Kirsch*, The woman who laughed at God. The untold History of the Jewish People, New York 2001, S. 78). Die islamische Buchmalerei stellt sie als phantastisch geformte Wolken dar.

[101] *aṭ-Ṭabarī*, Tāʾrīḫ I, S. 251. – In Verkennung der Ursprungsbedeutung „Ruhe" kommt hier die *sakīna* selbst zur Ruhe!

[102] *al-Baġawī*, Maʿālim at-tanzīl, Auslegung zu 14,37.

[103] *Elyas*: „die den Umlauf vollziehen".

[104] *Elyas*, SKD: „sich zur Andacht zurückziehen".

Die Bitte Ibrāhīms, Nur die Gläubigen zu versorgen, erhört Gott – jedoch mit der Einschränkung, dass er zumindest im Diesseits auch den Ungläubigen Güter zukommen lassen wolle.[105] Aṭ-Ṭabarī berichtet von einem Gerücht, dem zufolge Gott daraufhin den *ṭawāf* (Umlauf um ein Heiligtum) von Palästina nach Mekka überführt habe.

2,126b alsdann zwinge ich ihn in die Strafe des Feuers – ein elendes Ende."[106]

Die Versorgung der Gläubigen kontrastiert mit der Strafe des Feuers.

Die Gnadenfrist für die Ungläubigen endet mit ihrem Tod. Nach aṭ-Ṭabarī treibt Gott sie vor sich her und schiebt sie ins Feuer, oder er schleift sie auf ihrem Gesicht liegend dorthin.

Ibrāhīm errichtet das Haus – und Ismāʿīl. Von der logischen Abfolge her wirkt verwirrend, dass zuerst das Haus gereinigt wird (2,125) und dann zwei Verse danach erst die Grundmauern hochgezogen werden.[107]

2,127a Und als Ibrāhīm dabei war,[108] die Grundmauern des Hauses hochzuziehen – und Ismāʿīl

Schon auf den ersten Blick fällt auf, dass der Name Ismāʿīls später und zudem nicht nur ziemlich unorganisch, sondern geradezu unbeholfen angehängt wurde.[109] Es wirkt zunächst tatsächlich so, als sei der Name Ismāʿīls erst dann an den Vers angehängt worden, nachdem er aus genealogischen Gründen an solch zentraler Stelle mit dem Heiligtum von Mekka verknüpft und in dessen Ätiologie inkorporiert werden sollte[110] – wobei dann noch zu fragen wäre, ob die Interpolation noch durch Muḥammad selbst vorgenommen wurde, der im übrigen sonst keinerlei Verbindung zwischen Ismāʿīl und Mekka zu kennen scheint, oder erst zur Zeit der Koranredaktion, wann immer man diese ansetzen will. Doch dann hätte auch die grammatikalische Konstruktion des folgenden Verses komplett neu gestaltet werden müssen. Als bloße Hinzufügung im Sinne

---

[105] Gott erweist sich hier als barmherziger als Ibrāhīm. Dieser Vers verweist auf die Zeit vor Badr und kann als Andeutung auf das physische Existenzrecht von Nichtmuslimen gesehen werden.

[106] *Elyas*: „ein schlimmer Ausgang".

[107] *C. Wenzel* löst diesen Widerspruch auf, indem sie das Hochziehen der Mauern nicht als Akt des Bauens versteht, sondern als „Akt der Reinigung" in dem Sinne, dass damit das Heiligtum religiös „erhoben, erhöht", auf eine höhere religiöse Stufe gehoben wurde. Im Akt der Reinigung von Götzenbildern, sowohl durch Ibrāhīm als auch im Jahr 630 durch Muḥammad, sei die Kaʿba dann „in den Stand der Rechtmäßigkeit erhoben" und zur „axis mundi, zum Mittelpunkt des islamischen Welt" geworden (Abrahamsrezeption und Legitimität, S. 208).

[108] *R. Paret* zufolge hier möglicherweise als Durativ zu übersetzen (Kommentar und Konkordanz, S. 30).

[109] *E. Beck*, Die Gestalt des Abraham, S. 83; *R. Paret*, Kommentar und Konkordanz, S. 30; *C. Wenzel*, Abrahamrezeption, S. 207.

[110] So *C. Wenzel*, Abrahamrezeption, S. 207.

einer Vervollständigung ist es an dieser Stelle zu plump; wenn schon von einer späteren Bearbeitung ausgegangen werden sollte, so ist es viel wahrscheinlicher, sie als Heraushebung zu sehen. Damit müsste auch nicht in die grammatikalische Struktur des folgenden Verses eingegriffen werden.

Diese philologische Auffälligkeit findet bei *aṭ-Ṭabarī*[111], der sprachliche Unstimmigkeiten ansonsten seitenlang diskutiert, überhaupt keinen Niederschlag. In den von ihm zitierten Traditionen entsteht vielmehr ein Konflikt darüber, ob Ibrāhīm tatsächlich ein neues Haus errichtet oder es auf den Grundmauern eines durch die Sintflut zerstörten Hauses wiedererrichtet hat. Einige meinen, es handle sich um die Fundamente eines Hauses, das Ādam[112] auf Befehl Gottes hin baute. Danach sei die Stätte verwüstet worden und die Spuren so lange verschwunden geblieben, bis Gott sie nun Ibrāhīm zeigte.

ʿAṭāʾ berichtete:
Ādam sprach: „O Gott, ich höre die Stimmen der Engel nicht mehr!" Er sagte: „Wegen deiner Sünde! So fahre nun zur Erde hinab und errichte mir dort ein Haus, dann umschreite es, wie du die Engel gesehen hast mein Haus im Himmel umschreiten." Manche sagen, Adam habe es aus (den Steinen) von fünf Bergen erbaut: Ḥirāʾ[113]*, dem Ölberg, dem Berg Sinai, dem Berg Libanon und al-Ǧūdī*[114]*; den Mittelteil aus Ḥirāʾ. So war das Haus Ādams, bis Ibrāhīm es später errichtete.*

Nach Qatāda war das Haus eine Art Kompensation für die dem Ādam verlorengegangenen „Stimmen der Engel und ihrer Lobgesänge im Himmel", damit er das Haus umschreite, „wie mein Thron umschritten wird und du bei ihm betest, wie bei meinem Thron gebetet wird".[115]

Einige Traditionen, die Abū Šahba in seinem Hadithkommentar jedoch zu den Isrāʾīlīyāt zählt,[116] besagen, Gott selbst habe das Haus für Ādam aus dem Himmel herabgelassen[117] – in einer Tradition von Abū Rabāḥ als „Edelstein von den Edelsteinen des Paradieses", nach Ibbān als „Perle"[118] – und es zur Zeit der Sintflut wieder in den Himmel emporgehoben und dadurch vor der

[111] *aṭ-Ṭabarī*, Tafsīr I, S. 546–549.

[112] Siehe *A. J. Wensinck* zum islamischen Wunsch, möglichst alle Riten und Dogmen nicht nur auf Muḥammad selbst, sondern auf eine frühestmögliche Zeit – und damit als gottgesetzt – zurückzuführen (Muhammad and the Jews of Medina, S. 73).

[113] Berg zwei Meilen nördlich von Mekka; dort befand sich die Höhle, in die Muḥammad sich zurückzuziehen pflegte und wo er die ersten Offenbarungen erhielt.

[114] Nach anderer Tradition Ḥirāʾ, Ṯabīr, Libanon, Sinai und ein „Wein"-Berg.

[115] Zum Gedanken eines Heiligtums mit einer Entsprechung im Himmel siehe Ex 25,9.40; 26,30, wo Mose das Heiligtum gemäß dem von Gott gezeigten Abbild errichtet; siehe auch das Verständnis der orthodoxen Liturgien, die Muḥammad etwa durch Waraqa b. Naufal bekannt gewesen sein mussten.

[116] *Muḥammad b. Muḥammad Abū Šahba*, Al-Isrāʾīliyāt wa-l-mauḍūʿāt fī kutub at-tafsīr, Beirut 1413/1992.

[117] In der *miʿrāǧ*-Schilderung der Sīra erscheint das *bait al-maʿmūr* im Himmel und Ibrāhīm auf einem Stuhl seiner Tür gegenüber sitzend (Sīra I/2, S. 254).

[118] *aṭ-Ṭabarī*, Tafsīr I, S. 547.

Zerstörung verschont.[119] Die Propheten seien zu dem Ort gepilgert, aber erst Ibrāhīm wurde die genaue Lage von Gott gezeigt, so dass er dort das Haus wieder errichten konnte. Nach anderen war der Platz des Hauses ein kuppelartiger roter Hügel, der bei der Schöpfung entstand, als aus dem Wasser ein roter oder weißer Schaum an die Oberfläche stieg. Der Ort des Hauses sei demnach zunächst unter dem Wasser gewesen, durch einen von Gott geschickten Sturm an die Oberfläche geraten und dann zu einem Hügel verfestigt, der einer Tradition zufolge von Gott an die Berge angebunden wurde, um ihn vor Schwankungen zu schützen.

Nach Ibn ʿAbbās:
Das Haus wurde auf den Fundamenten des Wassers auf vier Fundamente gesetzt, bevor die Welt innerhalb von zweitausend Jahren erschaffen wurde. Danach wurde die Erde unter dem Haus ausgebreitet.[120]

Ein nicht sehr gut bezeugter Hadith rückt die göttliche Gründung des Hauses noch weiter in die Urzeit, so dass man sich an den Ursprung der *umm al-kitāb* erinnert fühlt:

Nach ʿAṭāʾ b. Abī Rabāḥ:
Sie fanden in Mekka einen Stein, auf dem geschrieben steht: „Ich bin Gott, der Herr Bakkas.[121] *Ich erschuf es [das Haus] am Tag, da ich Sonne und Mond erschuf, und umstellte es mit sieben Engeln."*

Ausführlicher in der Sīra:

„Ich bin Gott, der Herr Bakkas. Ich habe sie geschaffen am Tag der Erschaffung von Himmel und Erde und der Bildung von Sonne und Mond. Ich umgab sie mit sieben Engelscharen, die dort anbeten. Sie wird bestehen bleiben, so lange wie ihre beiden Berge Bestand haben. Gesegnet sind ihren Bewohnern Wasser und Milch."[122]

Von ʿAlī b. Abī Ṭālib stammt die Überlieferung, das Haus habe schon vierzig Jahre vor der Erschaffung der Erde wie eine Nußschale auf dem Wasser gelegen, und Ibrāhīm sei durch die Führung der *sakīna* von Armenien aus dorthin gekommen.

Auch hier legt sich aṭ-Ṭabarī nicht fest: Den wahren Sachverhalt kenne nur Gott allein, während Menschen keine zuverlässigen Informationen haben, um ihre Meinung begründen zu können. „Darum ist keine der erwähnten Positionen richtiger, und Gott ist erhabener und allwissender." Ar-Rāzī diskutiert ebenfalls all diese Fragen, kommt aber zu dem Schluss, dass in irgendeiner Weise Fundamente vorhanden waren, auf denen Ibrāhīm die Mauern errichtete.[123]

---

[119] Hier drängt sich die Parallele zur Emporhebung Jesu vom Kreuz auf (4,157 f.); der verbindende Grundgedanke wäre der, dass sowohl das Haus Gottes als auch der Prophet Gottes nicht von Menschenhand zerstört, bzw. getötet werden können.

[120] *aṭ-Ṭabarī*, Tafsīr I, S. 548; ebenso nach Muǧāhid.

[121] Zur Namensform „Bakka" siehe die Kommentare zu 3,96.

[122] Sīra I/2, S. 17 f.

[123] Zu den Kaʿba-Legenden siehe: *T. Nagel*, Mohammed, S. 19 f., S. 874–76.

2,127b „Unser Herr, nimm es[124] von uns an!

Völlig unvermittelt setzt das Gebet Ibrāhīms und Ismāʿīls ein, weshalb Elyas als Einleitungsfloskel „Da beteten sie" einschiebt.

Aṭ-Ṭabarī[125] berichtet, dass unter den Auslegern zwar Einigkeit herrscht darüber, dass beide gebetet haben, aber nicht darüber, wer tatsächlich gebaut habe.

So sind auch beim Vorgang des Bauens drei Versionen zu unterscheiden:

Die des *Ibn ʿAbbās* setzt die Eifersuchtsversion der Reise fort, indem sie Ibrāhīm immer wieder nach Mekka kommen lässt, um seinen Sohn zu besuchen. In verschiedenen Tradierungen über Ibn ʿAbbās holte Ibrāhīm beim dritten Besuch seinen Sohn vom Pfeileschnitzen am Brunnen Zamzam und erzählte ihm vom Befehl Gottes. Daraufhin habe Ismāʿīl mit den Worten geantwortet, die aus 37,102, der Opferungserzählung, bereits bekannt sind: „Tu, was dein Herr dir befohlen hat!" Während Ismāʿīl die Steine zureichte und Ibrāhīm sie in die Mauer baute, sprachen beide: „Unser Herr, nimm es von uns an!" Als Ibrāhīm die obere Reihe der Mauer baute, brachte Ismāʿīl ihm einen großen Stein, auf den er sich stellen konnte; dieser wurde dann *maqām Ibrāhīm* genannt.

Auch ʿAlīs *sakīna*-Version findet ihre Fortsetzung: Ihm zufolge kam Ibrāhīm nur ein einziges Mal nach Mekka, nämlich um die Kaʿba zu bauen. In seiner Erzählung baut Ibrāhīm ohne die Hilfe seines Sohnes, der zu jener Zeit noch ein kleines Kind und eben erst mit Ibrāhīm und Hāğar in Mekka angekommen war. Sie waren von der übernatürlichen *sakīna* geleitet worden, die zu Ibrāhīm sprach und ihm befahl, das Haus nach dem Maß ihres Schattens zu bauen.[126] Teilweise wird noch ergänzt: Als am Ende des Bauens noch ein einziger Stein fehlte, fand der in der Nähe spielende Ismāʿīl den schwarzen Stein, den Ğibrīl vom Himmel gebracht hatte.

Die dritte Version, in der der schwarze Stein eine zentrale Rolle spielt, stammt von *as-Suddī*:

Ibrāhīm machte sich auf den Weg und kam nach Mekka. Er und Ismāʿīl nahmen Hacken, wußten aber nicht, wo das Haus sein solle. Da schickte Gott einen Sturm, genannt Ḥağūğ, mit zwei Flügeln und einem Kopf wie eine Schlange. Der fegte alles weg, was um die Kaʿba herum war und deckte auf, was über den ersten Fundamenten lag. Sie folgten dem Sturm mit ihren Hacken und gruben, bis sie die Fundamente freilegten. Das ist damit gemeint, wenn Gott sagt: „Und als Wir Ibrāhīm in die Stätte des Hauses einwiesen." (22,26)

---

[124] SKD fügt in der Anmerkung ein: „dieses Werk".

[125] *aṭ-Ṭabarī*, Tafsīr I, S. 549–552.

[126] Diese Version ist stark durch vorislamische Elemente geprägt, wie den wohlmeinenden übernatürlichen Wesen, die den heiligen Mann durch die Wüste geleiten, und dem schwarzen Stein, einem heidnischen Ritualgegenstand, der nie im Koran erwähnt wird. Das Fehlen Ismāʿīls, bzw. seine nur periphere Rolle, deckt sich mit dem koranischen Befund, der zeigt, dass Muḥammad während der mekkanischen Periode von einem Propheten dieses Namens nur eine vage Vorstellung hat, ihn erst allmählich genealogisch Ibrāhīm zuordnet und in Medina dann die Verbindung zur Kaʿba herstellt. Daraus kann geschlossen werden, dass es im vorislamischen Arabien keine Kenntnis von Ismāʿīl gab – folglich auch keine Ismāʿīls-Kindschaft.

Als sie die Mauern hochzogen und an den Platz gelangten, wo die Ecke liegt, sprach Ibrāhīm zu Ismāʿīl: „Mein Sohn, suche mir einen guten Stein, um ihn hierher zu legen." Er sagte: „O mein Vater, ich bin faul und müde." Er sagte: „Dann mache ich es." Da ging Ismāʿīl doch, suchte einen Stein und brachte ihn. Ibrāhīm aber war damit nicht zufrieden und sagte: „Bring einen besseren als diesen!" Er ging, um für seinen Vater einen anderen Stein zu suchen, und Ǧibrīl brachte ihm [Ibrāhīm] währenddessen den schwarzen Stein aus Indien. – Es war ein weißer Edelstein wie ein ṯuġāma[127]*, den Adam damals aus dem Paradies mitgebracht hatte. Erst durch die Sünden der Menschen wurde er dann schwarz.*

Ismāʿīl brachte nun einen Stein, sah den schwarzen Stein daneben in der Ecke liegen und sagte: „O mein Vater, wer hat dir den gebracht?" Sein Vater antwortete: „Jemand, der rüstiger ist als du."[128] *Dann bauten sie ihn in das Haus ein.*

Aṭ-Ṭabarī selbst weist alle Spekulationen von sich:

Gott hat über seinen Freund Ibrāhīm nur berichtet, dass er und sein Sohn Ismāʿīl die Mauern des heiligen Hauses hochgezogen haben. Auf jeden Fall verfügen wir nicht über das Wissen, wie es in Wirklichkeit war (…) Auch gibt es keine ähnliche Nachricht, auf die hingewiesen oder die als Analogie benutzt werden könnte, um den Sachverhalt zu eruieren, so dass das Wissen darüber durch iǧtihād erreicht werden könnte. Darum ist keine dieser Aussagen richtiger. Und Gott der Erhabene weiß es am besten.

Ar-Rāzī beschäftigt sich dagegen mit dem Annehmen einer Tat durch Gott: Durch die Belohnung einer Tat könne der Mensch erkennen, ob Gott diese Tat wohlgefällig war oder nicht. Die Bitte Ibrāhīms und seines Sohnes bringen ihre Demut zum Ausdruck, indem sie sich ihrer eigenen Tat nicht rühmen, sondern sie als unvollkommen betrachten und dadurch Gott ehren.

2,128a Unser Herr, mach uns beide dir ergeben [*muslimain laka*],

Aṭ-Ṭabarī[129] setzt *muslimain* mit *mustaslimain* gleich,[130] was philologisch möglich ist, und paraphrasiert es: deinem Befehl unterworfen, deinem Willen gehorchend, dass wir dir niemandem in unserem Gehorsam beigesellen und niemanden außer dir anbeten. „Islam" bedeutet ihm zufolge in korrekter Übersetzung: sich dem Herrn in Gehorsam ergeben.

Ar-Rāzī geht auf das „machen" (*ǧaʿala*) ein, das er mit *ḫalaqa* (schaffen, erschaffen) im Sinne der Schöpfertätigkeit Gottes gleichsetzt. „Islām" kann für ihn sowohl in der ursprünglichen Bedeutung „Unterwerfung und Führung", als

---

[127] Eine Gebirgspflanze, die v.a. im Naǧd wächst, mit weißer Blüte und Frucht. Lane (I, S. 339) nennt den Namen Ysop; dieser kommt zwar aus dem Arabischen, aber der Ysop blüht in kräftigem Blau. Da der Vergleichspunkt in dieser Überlieferung die offensichtlich wohl bekannte Farbe, nämlich weiß, ist – nach Lane nannte man auch schlohweißes Haar *ṯuġāma* –, muss es sich um eine andere Pflanze handeln.

[128] Variante: „Jemand, der nicht auf dein Bauen angewiesen ist."

[129] *aṭ-Ṭabarī*, Tafsīr I, S. 553.

[130] D.h. den IV. Stamm (*aslama*) Partizip Perfekt im Dual Akkusativ mit dem X. Stamm (*istaslama*). Das vielbeschworene *salām* (Friede) dagegen ist Substantiv des I. Stammes. Es kommt zwar vor, dass verschiedene Stämme dieselbe Bedeutung haben, doch ist der eigentliche Sinn der Stämme gerade der, die Nuancen und Unterschiede deutlich zu machen.

auch als späterer *terminus technicus* „Religion und Dogma" stehen. Breiten Raum widmet er der Frage, ob Ibrāhīm und Ismāʿīl zum Zeitpunkt dieser Bitte bereits Muslime waren und folgert, dass sie es gewesen sein müssen, da man so etwas nur im Islām-Zustand von Gott erbitten könne – die klassische Meinung, dass Propheten von Geburt an Gläubige sind. Dann aber sei zu fragen, was mit der Bitte überhaupt noch gemeint sein könne: Solle Gott ihnen Gelingen schenken, sie tiefer in den Islam hineinführen und im Glauben zunehmen lassen, ihre Freundlichkeit mehren? Es könne auch eine Bitte für die Zukunft gewesen sein, dass sie im Glauben anhielten und Gott alles aus ihrem Herzen tilge, was sie vom Stand des Wohlgefallens Gottes trenne. Bedeutsam sei auch der Ausdruck *muslimain laka*: Sie wollten nur Gott untergeben sein, denn dies sei das „vollkommene Glück des Geschöpfes, wenn er den Gesetzen Gottes unterworfen ist, seiner Vorherbestimmung folgt und sich nicht anderen Dingen neben Gott zuwendet."[131]

Der SKD-Kommentar bringt in der Anmerkung den *terminus technicus* „Nimm den Islam an!" und „Werde Muslim!"

Hierdurch wird die irrtümliche, im Westen weitverbreitete Auffassung richtiggestellt, dass Muḥammad der Begründer des Islam sei! Es ist Gott selbst, Der allen Propheten, wie hier Abraham, aufgetragen hat, sich Ihm zu ergeben, das heißt, Muslim zu werden, und diese Ergebenheit, also den Islam, zu verkündigen. Islam ist somit die ursprüngliche Religion aller Menschen.[132]

2,128b und aus unserer Nachkommenschaft
eine dir ergebene Gemeinschaft [*ummatan muslimatan laka*]

Dies ist nach *aṭ-Ṭabarī* eine spezielle Bitte, denn Gott hatte Ibrāhīm vorher gesagt, dass es eine Gruppe aus seiner Nachkommenschaft gebe, auf die sich sein Bund nicht erstrecke aufgrund ihrer Sünd- und Frevelhaftigkeit. Darum erwähnen Ibrāhīm und Ismāʿīl hier einen Teil ihrer Nachkommen besonders und beten um gehorsame Nachkommen, die sich Gottes Herrschaft unterwerfen und seinen Befehlen gehorchen.

Unter den Kindern Ibrāhīms gab es sowohl Araber als auch Nicht-Araber. Wer immer dem Befehl Gottes folgt und sich ihm in Gehorsam ergibt aus beiden Gruppen, zählt zu den Gläubigen. Darum ist es nicht einsichtig, dass Ibrāhīm mit seiner Bitte nur einen Teil seiner Kinder gemeint habe.[133]

Ar-Rāzī stellt zusätzlich die Frage, wozu diese Bitte hier wiederholt wird, nachdem in 2,124 schon klargestellt wurde, dass sich der Bund Gottes nicht auf die Frevler erstrecke. Außerdem: Wie konnte es sein, dass sich trotz dieser Bitte Ibrāhīms weder unter den Vorfahren Muḥammads noch unter den anderen Arabern keine Muslime fanden? Dann zählt er einige auf, unter ihnen den Großvater Muḥammads, ʿAbd al-Muṭṭalib, die um Schöpfung und Auferstehung wussten,

---

[131] *ar-Rāzī*, z.St.
[132] SKD I, S. 65, Anm. 239.
[133] *aṭ-Ṭabarī*, Tafsīr I, S. 553.

um Lohn und Strafe, sich zu einem einzigen Gott bekannten, nicht den Götzen dienten und kein Aas aßen – quasi eine Definition der Mindestanforderungen an einen Glaubenden, der sich damit vom *mušrik* unterscheidet.

Dem *SKD-Kommentar* zufolge vererbten Ibrāhīm und Ismāʿīl ihre Führungsrolle und die Kaʿba ausschließlich der *umma muslima*.

Wenn sich also die Juden und die Christen auf Abraham berufen, von dem sie angeblich ihre Religion ableiten, (...) so sollten sie sich ins Gedächtnis rufen, was Gott zu Abraham sagte, nämlich: Mein Versprechen erstreckt sich nicht auf die, die Unrecht tun.[134]

2,128c und zeige uns unsere Riten [*manāsikanā*],

Die Ausleger sind nach *aṭ-Ṭabarī*[135] uneins über die Bedeutung von *manāsik*, was sowohl die Wallfahrtsriten als auch -orte meinen kann. Qatāda versteht darunter das Umkreisen des Hauses, den Lauf zwischen aṣ-Ṣafā und al-Marwa, das Stehen bei ʿArafāt, das Versammeln bei Muzdalifa, das Werfen der Steine, denn mit all dem habe Gott die Religion vervollkommnet. Andere meinen, bei den hier erwähnten Riten handle es sich nur um die Schlachtopfer.

Ebenfalls umstritten ist die Frage, wie das Zeigen zu verstehen sei, ob im erkenntnismäßigen oder im physischen Sinn. Für *aṭ-Ṭabarī* (555) nun spielt es keine Rolle, ob das Sehen mit den Augen oder mit dem Herzen, als *ru'yat al-ʿain* oder *ru'yat al-qalb*, gemeint ist. *Ar-Rāzī* meint dagegen, Ǧibrīl habe Ibrāhīm an alle Orte geführt und ihm die entsprechenden Riten dort vorgeführt, bis er ihn bei ʿArafāt fragte: „*ʿarafta?*" (Hast du es verstanden?) Von diesem Wortspiel habe der Ort seinen Namen erhalten.

Die *manāsik* sind für *aṭ-Ṭabarī* nicht einzelne Riten, sondern die Orte, an denen man sich Gott widmet und ihm näherkommt, indem man ihn durch ein gutes Werk wohlgefällig stimmt. Dies kann geschehen durch ein Schlachtopfer,[136] ein Gebet, das Umkreisen der Kaʿba oder andere gute Werke. Darum werden diese *manāsik al-ḥaǧǧ* genannt, weil sie Befehle und Zeichen sind, die die Menschen immer wieder und gewohnheitsmäßig verrichten. Seine philologische Erklärung des Singular *mansak* ist: der Ort, zu dem man gewohnheitsmäßig geht und den man gut kennt. Es wird auch gesagt, *nusuk* bedeute Anbetung, Verehrung Gottes, so dass *manāsik* die Arten und Orte der Anbetung Gottes bedeuten, die Gott wohlgefällig stimmen – eine Meinung, die aṭ-Ṭabarī zwar gelten lässt, jedoch nicht für die primäre Bedeutung hält, ar-Rāzī dagegen hält dies für korrekt. Die Bitte Ibrāhīms und Ismāʿīls für sich und ihre muslimische Nachkommenschaft wird dadurch von einer Bitte zu einer Feststellung über ihre *manāsik*. Später wird in die Bitte eingeschlossen, dass aus ihrer Mitte ein Prophet entstehen möge.

---

[134] SKD I, S. 65, Anm. 240.
[135] *aṭ-Ṭabarī*, Tafsīr I, S. 553.
[136] Die Deutung als Schlachtopfer lehnt ar-Rāzī rundweg ab.

Ar-Rāzī schließt sich der allgemeinen Überzeugung an, dass die *manāsik* alles beinhalten, was den Menschen näher zu Gott bringt, so dass die Bitte laute: „Lehre uns, wie, wo und auf welche Weise wir dich anbeten und dir damit dienen können, wie der Sklave seinem Herrn dient." Nach dem SKD-Kommentar ist damit die Bitte gemeint: „Zeige uns, wie wir Dich anbeten sollen."

2,128c und nimm unsere Reue an![137]
Du bist ja der Reue-Annehmende *[tawwāb]* und Barmherzige.

Tawwāb[138] wird im Koran nur für Gott gebraucht und zwar ausschließlich in medinischen Suren, später wird es einer der 99 schönsten Namen Gottes: „One who returns (much or often) to forgiveness towards his servant who returns unto Him; who forgives much, and saves from acts of disobedience."[139]

„Reue" (*tauba*) bedeutet nach *aṭ-Ṭabarī* die Rückkehr von etwas Abscheulichem zum Wohlgefälligen. So ist die *tauba* des Knechtes zu seinem Herrn die Rückkehr von dem, was Gott verabscheut, indem der Mensch es bereut, unterlässt und entschlossen zu Gott zurückkehrt. Die *tauba* Gottes gegenüber seinem Knecht ist das Vergeben für sein Vergehen und das Absehen von Strafe, eine Großzügigkeit dem Menschen gegenüber.

Diese Bitte um Annahme der Reue kommt etwas überraschend, denn es war bisher keine Rede davon, dass Ibrāhīm in irgendeiner Weise gesündigt hätte, im Gegenteil: Eben hat er den Befehl Gottes zum Bau des Hauses erfolgreich erfüllt. Sie kann sich daher kaum auf den unmittelbaren Kontext beziehen. Aṭ-Ṭabarī meint dazu:

Wenn sich nun die Frage erhebt, ob die beiden Sünden begangen hatten, so dass die Bitte um Vergebung und Buße erforderlich sei, so ist zu antworten: Es gibt niemanden unter den Geschöpfen Gottes, bei dem nicht etwas zwischen ihn und seinen Herrn fällt an Taten, das nicht Rückkehr und Buße erfordern würde. Es ist also möglich, dass bei den beiden etwas vorgefallen war, so dass sie so sprachen. Sie haben die Gelegenheit ergriffen, als sie die Mauern hochzogen, weil dies der beste Ort ist, an dem Gott ihre Anrufung erhören würde, und damit dies für die Späteren eine sunna zur Nachahmung würde, auch damit andere Menschen diesen Ort als die Stätte nehmen, an der sie von ihren Sünden gegenüber Gott frei werden können.

Es ist auch möglich, dass sie damit gemeint haben: Nimm unsere Reue an, und vergib die dunklen Taten unsrer Nachkommenschaft, von denen du uns berichtet hast, dass sie Frevler und Beigeseller werden, damit sie zurückkehren zum Gehorsam gegen dich. Das ist dann eine Anrufung für sich selbst, doch ist damit ihre Nachkommenschaft gemeint ist. So wie man sagt, wenn jemand seinen Kindern etwas Gutes getan hat: Er hat mir Gutes erwiesen.[140]

---

[137] So *Elyas; Khoury, Paret*: „wende Dich uns wieder zu!"

[138] Von *t-w-b*, einer Entlehnung aus dem Aramäischen (*A. Jeffery*, Foreign vocabulary, S. 87.95).

[139] Lane I, S. 321.

[140] *aṭ-Ṭabarī*, Tafsīr I, S. 556.

Dann paraphrasiert aṭ-Ṭabarī:

Du kehrst dich zu seinen Geschöpfen mit deiner Güte, durch dein großzügiges Verzeihen und Vergeben, du, der du ihnen Barmherzigkeit erweist, der du aus dem Verderben rettest, wen du willst, durch deine Barmherzigkeit, durch deine gnädige Zuwendung nach deinem Zorn.

Auch *ar-Rāzī* beschäftigt sich nicht mit dem Kontext, sondern mit der grundsätzlichen Frage, ob Propheten zur Sünde fähig sind. Wenn nicht, wäre ja die Bitte um Buße ausgeschlossen. Er merkt an, dass die Muʿtaziliten den Propheten die *ṣaġāʾir* (kleinen, lässigen Sünden) zugestehen würden.

2,129a Unser Herr, schicke zu ihnen einen Gesandten aus ihrer Mitte[141],

Nach einhelliger Meinung, die auch *aṭ-Ṭabarī*[142] teilt, ist das die Bitte Ibrāhīms und Ismāʿīls um den einen Propheten, Muḥammad. Von dieser Bitte pflegte er deshalb zu sagen: „Ich bin die Bitte meines Vaters Ibrāhīm und die gute Nachricht ʿĪsās." Gott habe dieser Bitte entsprochen und einen Gesandten geschickt „aus ihrer Mitte, dessen Abstammung sie kennen, dass er sie herausführe aus den Dunkelheiten ins Licht und sie rechtleite zum Weg des Erhabenen und Hochgelobten."[143]

2,129b dass er ihnen deine Zeichen[144] verlese,
sie das Buch [*kitāb*] und die Weisheit [*ḥikma*] lehre und sie läutere!

An früherer Stelle hat *aṭ-Ṭabarī*[145] bereits nachgewiesen, dass mit dem *kitāb* der Koran gemeint ist. Die Exegeten sind uneins über die Bedeutung des Begriffs der „Weisheit": Manche sagen, gemeint sei die Sunna, andere die Erkenntnis der Religion und ihrer Gesetzgebung; ebenso die Religion, die niemand lehren kann außer dem Propheten, sowie die Vernunft in der Religion. Zu ʿĪsā wurde gesagt: „Und Er lehrte ihn das Buch und die Weisheit und die Tora und das Inǧīl." (3,48). Weisheit ist etwas, das Gott in die Herzen der Menschen hineinlegt, um sie dadurch zu erleuchten. Für aṭ-Ṭabarī selbst ist Weisheit das Wissen um die Gesetze Gottes, die nicht erfasst werden können, wenn sie nicht durch den Gesandten erklärt werden. Eine Deutehilfe ist die Ableitung von *ḥukm* (Urteil, Unterscheidung) zwischen der Wahrheit und dem Nichtigen. Die Läuterung besteht in der Reinigung von der Beigesellung Gottes und vom Götzendienst, indem der Herr in ihnen den Gottesgehorsam vermehrt.

---

[141] *Elyas*: „von ihnen". Formulierung deutlich erkennbar an Dtn 18,15.18 angelehnt.
[142] *aṭ-Ṭabarī*, Tafsīr I, S. 556.
[143] A. a. O.
[144] *Elyas*: „Worte"; SKD: „den Qurʾān".
[145] *aṭ-Ṭabarī*, Tafsīr I, S. 557.

5.2.1.2 Das „erste Haus für die Menschen“

3,95–97[146] (medin.)
Chronologisch ist Sura 3 nach Sura 2 einzuordnen, nach der Niederlage von Uḥud und mitten in den eskalierenden Auseinandersetzungen mit den Juden Medinas.

3,95 Sprich: Gott hat die Wahrheit gesprochen.
So folgt der Glaubensrichtung Ibrāhīms, des Hanifen [*millat Ibrāhīm ḥanīfan*],
und er gehörte nicht zu den Polytheisten.

Aṭ-Ṭabarī knüpft an 3,93 an: Alle Speisen waren den Kindern Israel erlaubt, denn Gott hatte ihnen durch die Tora ursprünglich nichts verboten. Was die Juden nun über die Tora und ihre zahlreichen Verbote behaupten, hätten sie selbst eingefügt,[147] darum sei es nichtig und Lüge. In diesem Vers werden sie nun von Gott aufgefordert, der Glaubensrichtung Ibrāhīms, des Freundes Gottes, zu folgen, von der sie wissen, dass es die Wahrheit ist, die Gott als Religion für seine Geschöpfe vorgesehen hat und mit der er alle seine Propheten sandte. Nur das Hanifentum, wie man es bei Ibrāhīm finde, sei die aufrichtige Anbetung Gottes gemäß dem Islam und seinen Gesetzen. Alle Leute der Schrift würden anerkennen, dass Ibrāhīm Recht hatte, also sollten sie ihm nun auch nachfolgen und alles beiseite lassen, worüber sie in Bezug auf ihn gestritten hatten. Denn dies alles sei nicht mit seinem Hanifentum vereinbar, sondern vielmehr *bidʿa* (ketzerische Neuerung), die sie selbst der Wahrheit hinzugefügt hätten.

Der SKD-Kommentar, der Daryabādī in gewohnt drastischer Form referiert, steht im modernen jüdisch-christlich-islamischen Kontext in Kontrast zu den Äußerungen der mittelalterlichen Kommentatoren:

Sprich, o Prophet, zu den Juden, im Hinblick auf das alte Gesetz und die Praxis Israels, dass sie Abraham, dem Urvater ihrer Rasse und der eigentlichen Quelle ihres Glaubens folgen sollen, denn der Glaube Abrahams war nichts anderes als Islam.[148]

---

[146] *aṭ-Ṭabarī*, Tafsīr IV, S. 6–21; *Khoury*, Komm. IV, S. 182–185.

[147] Den Vorwurf der eigenmächtigen Einfügung erläutert die ʿUzair-Legende: Nach der Rückkehr aus der babylonischen Gefangenschaft hätten die Kinder Israel nicht nur Jerusalem aus seinen Trümmern wieder aufgebaut, sondern „was von Allahs Gesetz und den offenbarten Büchern übriggeblieben war, (…) wurde von den Gelehrten nach eigenem Ermessen ergänzt.“ So weisen sie den unbequemen Propheten ab aus Angst, „dass ans Licht käme, was sie selbst in die Taurat eingefügt hatten. Bis heute ist die Taurat eine Sammlung von Bruchstücken der ursprünglichen Offenbarungen, die von den Gelehrten zusammengesetzt und mit selbst ausgedachten Geschichten vermischt wurde.“ (*Islamisches Zentrum Hamburg*, Geschichten der Propheten aus dem Qur'an, S. 132 f.).

[148] SKD I, S. 174.

Exkurs 4: millat Ibrāhīm

Lexikalische Klärung:
Der etymologische Ursprung ist späthebräisch מִלָּה oder aramäisch מלא in der Bedeutung „Wort“, „but could be used figuratively for the religious beliefs of a person“.[149]

Wehr: „Religionsgemeinschaft, Religion; Glaube, Bekenntnis; Volk, Nation“.[150] Lane: „a religion, a way of belief and practice in respect of religion“.[151] Lisān al-ʿarab: „Glaubensweise, Religion“.[152] Ein *ḥadīṯ* wird angeführt, das *milla* synonym zu „Religion“ verwendet. *Milla* bezeichne „eine Religion wie den Islam, das Christentum und das Judentum“; sie mache „den größten Teil der Religion“ aus und sei „die Gesamtheit dessen, was die Gesandten gebracht haben“. Da dazugehörige Verb bedeute im V. (*tamallala*) und IV. Stamm (*imtalla*): „in die Religion eintreten“. Abū Isḥāq sehe in *milla* weniger den dogmatischen als den praktischen Aspekt von Religion, im Sinne von „Brauch“ oder „Weg“ (*ṭarīqa*). In der Nebenbedeutung kann *milla* auch „Blutgeld“ bedeuten. Synonym kann nach ar-Rāzī und Ibn Kaṯīr auch *ṣibġa* (eigentlich „Färbung“, arabisch-christlich „Taufe“) sein.

In Hadithen zum Tod von Muḥammads Onkel Abū Ṭālib wird der Glaube der Mekkaner auch *millat ʿAbd al-Muṭṭalib* genannt.[153] Der Begriff *milla* hat v. a. im Türkischen überlebt (*millet*) und bedeutet daneben auch „Nation, Leute, Publikum“; im Osmanischen Reich bezeichnete er eine nichtmuslimische Bevölkerungsgruppe.

Chronologisch-interdependente Klärung (*milla*-Stellen ohne Ibrāhīm in Klammern):
2. mekk.: (38,7); (18,20)
3. mekk.: 16,123; (14,13); 12,38; (7,88 f.); 6,161
medin.: 2,(120).130.135; 3,95; 4,125; 22,78

Der Begriff *milla* taucht erst in der 2. mekkanischen Periode, nach der 1. *hiǧra* der in Mekka verfolgten Anhänger Muḥammads nach Abessinien auf. Es ist die Zeit, in der deutlich wird, dass die Predigt von Umkehr und Buße im Horizont des Gerichtstages nicht den erhofften Erfolg erzielt, sondern diese Botschaft eine neue, andere Glaubensweise notwendig macht, die sich von der vorherigen, polytheistischen *milla* unterscheidet. Am Beispiel einiger Propheten wird dies verdeutlicht, zunächst unspezifisch (38,7), dann in konkreten Zusammenhängen (18,20 mit den *aṣḥāb al-kahf*, den Leuten der Höhle, in einer *relecture* der Siebenschläferlegende; 14,13 mit den Völkern Mūsās, Nūḥs und den altarabischen ʿĀd und Ṯāmūd; 7,88f mit dem Volk des Šuʿaib) eines heidnischen, polytheistischen Volkes mit einem Gesandten Gottes, der ihnen den wahren Glauben verkündet. In der frühmedinischen Stelle 2,120 nimmt dann der Glaube der Juden und Christen die Stelle des Polytheismus ein.

In Zusammenhang mit Ibrāhīm wird *milla* erst in der 3. mekkanischen Periode gebracht.[154] Wieder erfolgt es zunächst im Kontrast zwischen Gesandtem Gottes und Poly-

---

[149] *A. Jeffery*, Foreign vocabulary, S. 268; *Th. Nöldeke* I, S. 20. Die Bezeichnungen für „Religion“ im Koran seien *dīn* (persisch) und *milla* (aramäisch), der Koran habe dann mit *islam* eine eigene, arabische Bezeichnung gefunden. מִלָּה wird in der LXX mit λόγος übersetzt.

[150] *H. Wehr*, Arabisches Wörterbuch, S. 818.

[151] Lane VIII, S. 3023.

[152] *Ibn Mansūr*, Lisān al-ʿarab, Bd. 13, S. 188

[153] *aṭ-Ṭabarī*, Tafsīr XI, S. 41.

[154] *Snouck Hurgronje* (Het Mekkaansche Feest), *Th. Nöldeke* (GdQ I, S. 146) und *J. A. Wensinck* (Art. Ibrahim, in: EI^2) nehmen dagegen eine Beziehung zwischen Ibrāhīm und den heiligen Stätten Mekkas sowie den Terminus *millat Ibrāhīm* erst für Medina in der direkten Auseinandersetzung mit den Juden an.

theisten und im Kontext deren Ablehnung (16,123: Ibrāhīm war ein *ḥanīf* und gehörte nicht zu den *mušrikīn*; 12,38: Muḥammad sei der *milla* seiner Väter Ibrāhīm, Isḥāq und Yaʿqūb gefolgt, wieder *via negationis* zu den *mušrikīn*; ähnlich 6,161). In Medina dann, in Sura 2 mit ihrer dramatischen Auseinandersetzung mit den Juden, die in der Ablehnung der jüdischen Gebetsrichtung, der Abwendung von Jerusalem, der Kehrtwendung und Hinwendung nach Mekka gipfelt, wird in 2,130.135 der „törichte" Lockruf von Juden und Christen unter Hinweis auf Ibrāhīm abgelehnt. Die 3 weiteren Stellen (3,95; 4,125; 22,78) sind dann ein Aufruf zur *millat Ibrāhīm*, des Vaters, der nicht zu den *mušrikīn* gehörte, sondern *ḥanīf* war, der Freund Gottes. Dieser Ibrāhīm zugeschriebene Glaube und sein Weg sind letztlich die wahre Religion, so dass *millat Ibrāhīm* in das Synonym „Islam" einmündet.[155]

3,96 Das erste Haus, das für die Menschen errichtet wurde,
ist gewiss dasjenige in Bakka,
als ein gesegnetes[156] Haus
und zur Rechtleitung für die Weltenbewohner.

Aṭ-Ṭabarī betont, es sei nicht das erste Haus, das überhaupt auf Erden errichtet wurde, denn es habe vorher auch andere Häuser gegeben und seine Erstlingsfunktion beziehe sich vielmehr auf den Segen:

Ein Mann kam zu ʿAlī und fragte ihn: „Kannst du uns etwas über das Haus erzählen? Ist es das erste Haus, das auf Erden errichtet wurde?" Er sagte: „Nein, aber es ist das erste Haus, das unter Segen erstellt wurde an der Stätte Ibrāhīms [maqām Ibrāhīm]. Wer sich dorthin begibt, ist sicher."[157]

Möglich ist auch die Definition als erste Anbetungsstätte, in der Gott auf Erden angebetet wurde, die al-Ḥasan gibt. Außerdem gibt es Deutungen wie die Muǧāhids, die das „Haus" wortwörtlich zum ersten Haus überhaupt deklarieren, erbaut noch vor der Erschaffung aller Erden. Danach sei die Erde unter ihm ausgebreitet worden (vgl. Auslegung zu 2,124ff). Vierzig Jahre nach dem „Haus" sei dann die *masǧid al-aqṣā* als Anbetungsstätte Gottes gegründet worden.[158]

Kopfzerbrechen bereitet aṭ-Ṭabarī, dass Mekka hier „Bakka" genannt wird. Da dieser Wortstamm in den einschlägigen Wörterbüchern nicht verzeichnet ist,[159] können nur die Erklärungsversuche der Ausleger referiert werden: *bakka* bedeute, dass dort gedrängt, gedrängelt, geschoben werde. Folglich handle es sich um ein Haus, das einen Andrang erlebt, etwa von Menschen, die es bei der Wallfahrt umschreiten. Deshalb könne nur das Innere des Moscheebezirks, *baṭn Makka* (das

---

155 Eine salafistische Bewegung nannte sich daher folgerichtig auch „Millatu Ibrahim", um ihre Rückorientierung auf den idealen Islam als Religion Ibrahims zu verdeutlichen. (Ihre inzwischen abgeschaltete Webseite: www.millatu-ibrahim.com).

156 *mubārakan*: von *baraka* = knien, IV. *abraka* = ein Kamel zum Knien bringen. In diesem ursprünglichen Sinn allgemeinsemitisch, auch als Knien vor Gott; im Nordsemitischen Bedeutungswandel zu „segnen, preisen" (*A. Jeffery*, Foreign vocabulary, S. 75).

157 *aṭ-Ṭabarī*, Tafsīr I, S. 551 und IV, S. 7.

158 Auch bei *ar-Rāzī*, Auslegung zu 2,125.

159 *John Penrice*, A dictionary and glossary of the Korān, S. 19, erwähnt zwar den Namen, jedoch ohne klärenden Hinweis. Die Wurzel *bakka* existiert weder in Lane noch in Wehr.

Innere Mekkas),[160] also der Ort des „Hauses", wo die Menschen den *ṭawāf* (Umlauf um die Kaʿba) vollziehen, *Bakka* genannt werden, während alles außerhalb des heiligen Bezirks *Makka* genannt werde. Qatāda meinte, Gott habe die Menschen dort zusammengepfercht, und die Frauen beteten vor den Männern, „zwischen den Händen der jeweils anderen", was sonst nirgends gestattet ist. Auch Martin Lings geht auf die Enge ein, bezieht sie jedoch auf die geographische Lage der Stadt, die an drei Seiten von Bergen umgeben ist.[161] Er versucht auch, einen Zusammenhang zwischen Mekka und dem Alten Testament herzustellen: Im הַבָּכָא עֵמֶק von Ps 84,7 sieht er einen indirekten sprachlichen Hinweis auf *Bakka* – Mekka, den er über eine unkorrekte Lesung des arabischen *wādī l-bukā'*[162] herstellt.[163]

Die Wahrnehmung Mekkas als Ort des „Hauses" Ibrāhīms, einer der ganz wenigen geographisch lokalisierbaren Orte des Korans und der einzige der Ibrāhīm-Erzählung, bedeutet jedoch keinerlei Art von „Landverheißung" oder Landbesitz Ibrāhīms.[164] Die Kaʿba von Mekka, „das Haus" schlechthin, gehört Gott, genau so wie die ganze Erde allein Gottes Eigentum ist.

3,97a Darin sind eindeutige Zeichen.
Es ist die Stätte Ibrāhīms [*maqām Ibrāhīm*],

Wieder besteht keine Einigkeit über den *maqām Ibrāhīm*, ob er aus dem Stein mit den Fußabdrücken Ibrāhīms, der heiligen Kultstätte und anderen Elementen des heiligen Bezirks besteht. Für aṭ-Ṭabarī ist jede Deutung möglich: es gehe um die Zeichen der Macht Gottes und die Spuren seines Freundes Ibrāhīm, darunter auch die Abdrücke seiner Füße auf dem Stein.[165]

3,97b und wer sie betritt, ist sicher.

Historisch falsch und idealisiert naiv erkärt dazu der SKD-Kommentar, während der „2500 Jahre vor der Verkündigung des Islam" habe in ganz Arabien ein

---

[160] Sīra I/1, 243 f.; dort in Anm. 2 auch andere Namen für Mekka, u. a. Kūṯā – der Ursprungsort Ibrāhīms..

[161] *M. Lings*, Muhammad – his life, S. 2. Ähnlich *K. Cragg*: Bakka als Nachhall von „valley of Baka", durch die ähnlichen Assoziationen von „Mühsal, unwirtlicher Gegend" (The event of the Qur'ān, S. 99).

[162] Diese Form würde die Wurzel *bakā* verlangen: „weinen, beweinen, beklagen".

[163] Dies sei „an indirect praise of Ishmael and his mother in the Psalm, (…) which tells of the miracle of Zamzam as having been caused by their passing through the valley: Blessed is the man, whose strength is in Thee; in whose heart are the ways of them who passing through the valley of Baca make it a well." (Muhammad, S. 2). Philologisch ist kein Zusammenhang zwischen הַבָּכָא עֵמֶק und *Bakka* herzustellen und zu begründen. Vielmehr ist es als Umschreibung der Leidensgeschichte der Juden bekannt, nicht zuletzt durch eine Chronik des Joseph ha-Kohen aus dem 16. Jahrhundert, die denselben Titel trägt (Für diesen Hinweis danke ich Stefan Schreiner.).

[164] Vgl. Gen 23,1–19. – *Yūsuf al-Ḥasan* betont hierbei im Blick auf die heutigen Besitz- und Bodenverhältnisse in Israel, dass Abraham in Gen 23 die Grabhöhle für seine Frau Sara nicht als Geschenk angenommen habe, sondern einen legalen Vertrag vor Zeugen abschloß und den vollen Preis bezahlte – und verweist damit auf seine Vorbildfunktion. (al-ittiǧāhāt al-masīḥiya al-mutahawwida, S. 12).

[165] *aṭ-Ṭabarī*, Tafsīr IV, S. 10–21.

permanenter Unruhezustand geherrscht, in Mekka jedoch stets Frieden und Sicherheit, und selbst „in Zeiten der finstersten Unwissenheit" hätten sich „auch die blutrünstigsten Feinde" nichts zuleide getan.[166]

Qatāda schränkt die Funktion der Kaʿba als Asylstätte[167] ein:

So war es in der Zeit der ǧāhiliya: Wenn jemand ein Verbrechen begangen hatte und im Heiligtum Gottes Zuflucht suchte, wurde er nicht bestraft und nicht ausgeliefert. Im Islam hingegen wird er nicht von den Strafen Gottes befreit: Wer darin stiehlt, wird amputiert, wer darin Ehebruch begeht, wird nach dem ḥadd bestraft. Wer darin tötet, wird getötet.

Wenn also jemand außerhalb der Kultstätte ein Verbrechen begeht, das eine *ḥadd*-Strafe nach sich zieht und ins Heiligtum flieht, so wird er dort ergriffen, herausgebracht, und die Strafe an ihm vollstreckt.[168] Das würde nach aṭ-Ṭabarī jedoch bedeuten, dass die Kaʿba nur während der *ǧāhilīya* ein sicherer Zufluchtsort war für alle, die etwas zu befürchten hatten. Andere wenden dagegen ein: Wenn selbst in vorislamischer Zeit gegolten habe, dass nicht einmal der Mörder des eigenen Vaters verfolgt werden durfte, so umso mehr im Islam, da doch nun die heilige Stätte an Würde noch zugenommen habe. Muǧāhid meint vielmehr, solche Leute müssten aus dem heiligen Bezirk herausgezerrt und dann die Strafe an ihnen vollzogen werden, da das Vorhandensein eines heiligen Bereichs die Menschen nur in ihrer Bereitschaft, Böses zu tun, bestärken würde. Ibn ʿAbbās schlug vor, den Verbrecher, der in den *ḥaram* hineingehe, dort nicht zu versorgen, bis er, durch den Konsens der *umma* gezwungen, notgedrungen herauskomme und dann die *ḥadd*-Strafe vollstreckt werden könne. Wer aber direkt im *ḥaram* ein Verbrechen begehe, der solle an Ort und Stelle bestraft werden.

Andere Ausleger meinen, die Sicherheit beziehe sich auf die Verschonung vor dem Höllenfeuer. Auf die Frage, was denn dagegen spreche, die *ḥadd*-Strafen im *ḥaram* zu vollziehen, wird mit der Gewohnheit der „Alten"[169] argumentiert.

Offensichtlich kollidiert hier eine von Gott zugesicherte Sicherheit mit der Pflicht der Gläubigen, an einem Verbrecher das Recht Gottes zu vollziehen. Für den Vollzug der *ḥadd*-Strafe wird argumentiert, Gott habe niemanden von ihr befreit wegen eines Fleckens Erde, zu dem er geflohen ist. So wie Ibrāhīm Mekka heilig gemacht habe, so habe Muḥammad Medina heilig gemacht, und in Medina sei auch niemand von den *ḥadd*-Strafen verschont worden. Somit wird die *sunna* Muḥammads rückübertragen auf Mekka, sogar gegen den koranischen Wortlaut. Denn wenn jemand die *ḥadd*-Strafen verdiene, dann auch an dem Ort, an dem ohnedies alle Gebote Gottes und die Riten der Wallfahrt vollzogen werden.

---

166 SKD I, S. 175, Anm. 168.

167 Vgl. die 6 Freistädte, die Josua nach der Landnahme in Israel bestimmen sollte, je drei zu beiden Seiten des Jordan, für unbeabsichtigten Totschlag, bzw. bis zur Klärung der Angelegenheit: Num 35,6–29; Jos 20,1–9; ebenso die Hörner des Altars: 1. Kön 1,51–53.

168 So bereits 1. Kön 2,28–34.

169 Bezug auf die vorislamische Schutzfunktion der Kaʿba als Asylort.

3,97c Und Gott fordert von den Menschen die Wallfahrt nach dem Haus,
von denen, die den Weg zu ihm auf sich nehmen können.

Die Wallfahrt ist *farḍ ʿain* (das streng obligatorisch Vorgeschriebene, dessen Versäumung strafbar ist und dessen Verrichtung belohnt wird),[170] „eine Pflicht gegenüber Gott für alle, die religiös mündig sind und es vermögen, den Weg auf sich zu nehmen."[171]

Allerdings gilt diese Pflicht, gemäß diesem Vers ausnahmslos allen Menschen, ist sie doch auf das Haus Ibrāhīms, des Vaters aller, das „Haus für alle Weltenbewohner" (3,96) gerichtet. Der koranische Wortlaut schränkt den Zugang zum „Haus für die Menschen" nicht ein; damit kollidiert die heutige Praxis mit dem islamischen Verbot für alle Nichtmuslime, den Bezirk der beiden heiligen Städte Mekka und Medina überhaupt zu betreten mit dem Text. Würden diese beiden Verse ernst genommen, würde die *ḥarām*-Regel ihre Grundlage verlieren. Eine Abrogation des koranischen Textes durch die Tradition?

3,97d Wer dies verbirgt, so hat Gott die Weltenbewohner nicht nötig.[172]

Wer diese Pflicht bestreite, auf den und dessen Wallfahrt verzichte Gott, denn er kann auf all seine Geschöpfe, Menschen und Ǧinn, verzichten.

Als der Vers zur Wallfahrt herabgelassen wurde, versammelte der Prophet die Angehörigen aller Religionen und sagte: „O ihr Menschen, Gott hat euch die Wallfahrt vorgeschrieben, darum vollzieht sie."[173] Da glaubte ihm nur eine einzige Glaubensgemeinschaft, nämlich die, die dem Propheten glaubte. Fünf aber glaubten nicht und sagten: „Wir glauben ihm nicht, wir beten dort nicht, und wir nehmen das nicht an." Da wurde herabgelassen: „Gott hat die Weltenbewohner nicht nötig."[174]

3,98 Sprich: O ihr Leute des Buches,
warum verleugnet ihr die Zeichen Gottes?
Gott ist doch Zeuge dessen, was ihr tut.

Aṭ-Ṭabarī[175] sieht diesen Vers an die Juden gerichtet, sowie alle, die ein Buch von Gott erhalten haben und trotzdem Muḥammad und dessen Prophetentum ablehnen. Er fragt sie direkt, warum sie verleugnen, was doch in ihren Büchern an Beweisen stehe, obwohl sie die Beweise an Muḥammad sähen und um seine Glaubwürdigkeit wüßten. Darum stehe Gott selbst als Zeuge auf gegen sie, weil sie Gott und seinen Gesandten wissentlich ablehnten. Gemäß der Sīra soll es ein

---

[170] *Th.W. Juynboll*, Art. *farḍ*, in: HdI, S. 127; *farḍ ʿain* im Gegensatz zur *farḍ al-kifāya* – der Gemeinschaftspflicht, bei der nur gefordert wird, dass eine genügende Anzahl Gläubiger für die Erfüllung dieser religiösen Pflicht sorgen.

[171] *aṭ-Ṭabarī*, Tafsīr IV, S. 18.

[172] *Paret*: „Gott ist auf niemand in der Welt angewiesen," *Henning*: „Allah ist reich ohne alle Welt," Fußn.: „Allah kann alle Welt entbehren."

[173] Laut *aṭ-Ṭabarī* ist es Muḥammad, der hier zur Wallfahrt aufruft.

[174] *aṭ-Ṭabarī*, Tafsīr IV, S. 20.

[175] *aṭ-Ṭabarī*, Tafsīr IV, S. 22 f.

Sprichwort unter den Juden gegeben haben: *mā yakūn an-nubūwa fī l-ʿarab* (Es wird kein Prophetentum unter den Arabern geben).[176]

Auch wenn die Überlieferungen in ihrer Erzählfreude und ihren teils phantastischen Details sehr unterschiedliche Versionen hervorbringen, so sind ihnen doch einige Grundaussagen gemeinsam: Es ist Gott, der Ibrāhīm befiehlt, das Haus zu bauen. Durch göttliche Leitung findet er den vorgesehenen Ort und führt den Befehl Gottes aus.

5.2.1.3 Der schwarze Stein in der Kaʿba

Die altarabische Kaʿba verdankte ihre Heiligkeit vermutlich dem schwarzen Stein, der meist als Meteorit bezeichnet wird,[177] war doch die heidnische Religion im Wesentlichen ein Steinkult.[178] Im Koran selbst spielt der schwarze Stein keine Rolle und wird nicht einmal erwähnt. Auch die *sunna* Muḥammads ist nicht sehr aufschlussreich: Wenn er während des *ṭawāf* (Umlaufs) an der Ecke des schwarzen Steins vorüberkam, pflegte er mit der Hand darauf zu zeigen und „*Allāhu akbar*" zu sagen.[179] Erst vom 2. Kalifen ʿUmar wird wiederholt im Hadith berichtet, er habe den schwarzen Stein geküsst mit den Worten:

„*Ich weiß, dass du zweifellos ein Stein bist und weder nutzen noch schaden kannst.*[180] *Wenn ich nicht gesehen hätte, wie der Gesandte Gottes dich küsste, hätte ich es nicht getan.*"[181]

Dies wurde zum Brauch für die Pilger und zum Kernstück des *ṭawāf*.[182] Seine praktische Bedeutung bis heute ist, dass er als Ausgangspunkt für das Umschreiten dient, was von Ibn Isḥāq auf Ibrāhīm zurückgeführt wird, da er es Ismāʿīl befohlen habe – deutlich erkennbar als rückwirkende Legitimierung eines Brauchs:

„*Bringe mir einen Stein, den ich hier für die Menschen setze als Zeichen, von dem aus sie das Umschreiten beginnen sollen.*"[183]

---

[176] Zit. in: *A. J. Wensinck*, Muhammad and the Jews of Medina, S. 43 („The Arabs shall not produce a prophet.").

[177] *Mohammed Hamidullah* weist das zurück (Der Islam. Geschichte, Religion, Kultur, 3., verb. und erg. Aufl., Aachen 1415/1995, S. 106)

[178] *A. J. Wensinck*, Art. Kaʿba, in: HdI, S. 243. – S. Bakdāš jedoch beteuert, die vorislamischen Araber hätten weder den schwarzen Stein noch den *maqām* verehrt, mit der Begründung, Gott habe ihn vor der Verehrung durch Polytheisten verschonen wollten. Dies dient jedoch gar zu offensichtlich nur der Ehrenrettung sowohl des Steines als auch der Muslime, denen von „Heuchlern und Feinden des Islam" vorgeworfen wurde, sie hätten sich wegen dieser Verehrung nicht wirklich vom Polytheismus gelöst (Faḍl al-ḥaǧar al-aswad, S. 53).

[179] Überlieferung von Ibn ʿAbbās in: al-Buḫārī.

[180] ʿUmar verwendet hier dieselbe Formulierung wie Ibrāhīm in seinem Konflikt mit dem Volk (27,73; 19,42; 21,66). Nach S. Bakdāš sei dieser Ausspruch pädagogischer Art, weil die Menschen erst vor kurzem den Götzendienst verlassen hätten (Faḍl al-ḥaǧar, S. 51).

[181] Nach ʿAbīs b. Rabīʿ, in: al-Buḫārī.

[182] Nach an-Nawawī wird aufgrund des Gedränges an dem Stein Frauen das Berühren und Küssen nicht empfohlen, es sei denn, der Platz sei leer, „weil es ihnen schadet oder den Männern durch sie geschadet wird." (S. Bakdāš, S. 66).

[183] Zit. in: *S. Bakdāš*, S. 21.

Bei den verschiedenen Bränden und Beschädigungen der Kaʿba, etwa durch den Streit zwischen Kalif und Gegenkalif 64/683, wurde der schwarze Stein zwar in Mitleidenschaft gezogen; aber erst 317/930 nach der Plünderung Mekkas durch die Karmaten, die „Feinde Gottes", geriet er für 21 Jahre im Oman ins Exil. Seither nimmt er seinen gewohnten Platz ein. Denn: „Gott bewahrte ihn vor dem Verlorengehen, seit er zu Ādam herabgelassen wurde, so dass er in Mekka bleibt, solange Gott es will." Allerdings hat er die Zeit nicht ohne Blessuren überstanden: Brände und Anschläge – etwa durch einen gedungenen byzantinischen Christen, der mit einer Hacke auf ihn einschlug[184] – ließen ihn in bis zu 15 Teile zerspringen, so dass die Risse mit Silber ausgegossen und das Ganze mit einem silbernen Band zusammengehalten werden musste. Als einer jener Restauratoren soll sich Hārūn ar-Rašīd verdient gemacht haben.[185]

Auch die frühchristliche antiislamische Apologetik erwähnt den schwarzen Stein. So berichtet Johannes Damascenus, wenn man Muslime nach dem Grund ihrer Verehrung der Kaʿba frage und warum sie sich an dem Stein rieben, antworteten sie: Weil Ibrāhīm auf dem Stein Verkehr mit Hāǧar gehabt habe;[186] oder aber, dass er sein Kamel an diesem Stein angebunden habe, als er Isḥāq (!) opfern wollte.[187]

Muslime legen Wert darauf festzustellen, dass sie sich beim Gebet nicht in Richtung des schwarzen Steins, sondern in Richtung der Kaʿba orientieren. Diese jedoch ist keinesfalls Ort der *inhabitatio* Gottes. Desgleichen betonen sie, dass der schwarze Stein keine religiös zu verehrende Reliquie sei,[188] sondern wie die übrige schlichte Form der Kaʿba über sich selbst hinausweist.[189] Nach anderer

[184] *S. Bakdāš*, S. 27. Da nicht berichtet wird, wie es einem Christen im Jahr 383 A. H. gelingen konnte, zur Kaʿba vorzudringen, wirft dies weitere Fragen zu den Vorgängen im heiligen Bezirk auf, zumal er eine Kopfbedeckung getragen haben soll, was nicht zur *iḥrām*-Kleidung passt. Könnte es sein, dass noch im 4. Jahrhundert der *hiǧra* Nichtmuslime den heiligen Bezirk betreten konnten?

[185] Die wechselvolle Geschichte des Steins bei *S. Bakdāš*, S. 24–30.

[186] Vgl. dazu die Pilgerriten, die *T. Nagel*, Mohammed, S. 875 schildert und die den Eindruck der Unzucht erwecken konnten.

[187] *D. Sahas*, John of Damascus, S. 89.137. – Wichtig hier die ganz selbstverständliche Erwähnung Isḥāqs als Opfer – ein Hinweis auf die allgemein verbreitete Meinung unter Muslimen vor 750. Hätte man zu jener Zeit Ismāʿīl als den Geopferten angenommen, hätte Johannes als Apologet sich dieses Argument mit Sicherheit nicht entgehen lassen.

[188] *Suraiya Faroqhi*, Herrscher über Mekka. Die Geschichte der Pilgerfahrt, München 1990, S. 9.

[189] „In Mekka, in Gegenwart der Kaaba, habe ich begriffen, dass gerade ihre äußere Form, ihre einfache, bescheidene Ausstattung, ohne Pomp, ohne Schwung, ohne architektonische Kühnheiten, ganz eindeutig darauf hinweist, dass nicht das Gebäude als solches, nicht der schwarze Stein (…) die Verzückung der Menschen auslösen sollten oder sie rechtfertigen. Dass Gott der Allmächtige es beschlossen hat, diese Gedankenstützen – denn etwas anderes sind sie nicht – für das schwache Gedächtnis der Menschen bereitzustellen." (*Abdul Hadi Italo Chiussi*, Das Haus in Mekka, Frankfurt am Main 1993, S. 149.).

Deutung soll der schwarze Stein lediglich den Ort markiert haben, an dem Hāǧar im aufsprudelnden Wasser der Quelle Gottes Hilfe erfahren hatte.

Wenn die Pilger ihn heute berühren, dann sei das „über die Zeiten hinweg eine Berührung mit allen Menschen, die ihn berührt haben, bis hin zu Abraham, Hagar und Ismail“,[190] insbesondere jedoch mit dem Propheten:

Beim Küssen des schwarzen Steins berührt der Mund des Küssenden die gleiche Stelle, an der der Mund des Gesandten Gottes war, sowie der Mund aller Propheten vor ihm. Und seine Hände berühren den ehrwürdigen schwarzen Stein, wie deren edle Hände ihn berührt haben (...) Daher ist das Küssen des schwarzen Steins eine Verbindung und Kontinuität, die zurückreicht bis zu unserem Herrn, dem Gesandten Gottes, ohne jeglichen Mittler. Durch das Küssen stehen wir in Verbindung mit den edlen Propheten und den großartigen Gefährten.[191]

Beim schwarzen Stein sollen Erbauer und Reiniger der Kaʿba vergegenwärtigt werden, darum sei es Sitte zu sprechen: „Friede sei über Muḥammad und unserem Vater Ibrāhīm.“

Gleichwohl nahm der schwarze Stein eine immer stärkere symbolische und religiöse Bedeutung an. Hamidullah nennt ihn mit Verweis auf ein Hadith „die rechte Hand Gottes“, mit der er seine Geschöpfe auf Erden grüße.[192] Da nach koranischem Verständnis Gott König ist, besitze er ein Königreich mit der Hauptstadt Mekka (*umm al-qurā* – Mutter der Städte) und darin das „Haus Gottes“. Jeder Untertan leistet dem König den Treueschwur auf dessen rechte Hand. Die rechte Hand des unsichtbaren Gottes soll im schwarzen Stein symbolisch sichtbar sein, und die Pilger legen die Hand auf den Stein, um den Treueschwur zu leisten – wie bereits in vorislamischer Zeit die Kaʿba ein Schwurort war.[193]

Bereits erwähnt wurde die Überlieferung von as-Suddī, wonach der schwarze Stein als einer der beiden Edelsteine aus dem Paradies kam (der andere sei der *maqām*) und einst weiß war, „weißer als Schnee und Milch“,[194] dessen Glanz „nach Osten und Westen leuchtete, in den Jemen und nach aš-Šām“, den Ādam aus dem Paradies mitgebracht hatte. Erst durch die Sünden der Menschen, genauer: der Polytheisten, sei er später schwarz geworden. Darum bedauert Ibn ʿAbbās:

Auf Erden ist nichts mehr von dem zu finden, das aus dem Paradies stammt, außer dem schwarzen Stein und dem maqām. Sie sind zwei der Perlen des Paradieses. Wären diese

[190] www.islamische-studien, „Abraham, Hagar und Sarah“.

[191] *S. Bakdāš*, S. 41–43. Wem es bei der Wallfahrt nicht gelinge, den Stein zu küssen, dessen Wallfahrt wird dadurch nicht ungültig. Er könne jederzeit die Hand desjenigen küssen, der an der Kaʿba den Stein tatsächlich berührt hat (S. 42).

[192] *M. Hamidullah*, Der Islam, S. 107, allerdings ohne Quellenangabe für dieses Hadith. Sāʾid Bakdāš nennt Ibn ʿAbbās als Überlieferer. Dessen Formulierung ist allerdings nicht nur wegen ihres Anthropomorphismus gewagt: „Er ist die rechte Hand Gottes auf Erden. Mit ihr grüßt er seine Geschöpfe, so wie ein Mann seinen Bruder grüßt.“ (Bakdāš, S. 35; www.islamonline.net/English/hajj/2002/01/wisdom/article11.shtml, 31.12.04).

[193] *M. Lings*, Muhammad – his life, S. 7.

[194] Zahlreiche Überlieferungen, aufgelistet in *S. Bakdāš*, S, 22.31 f.

beiden nicht von den mušrikīn berührt worden, hätte Gott durch sie alle Kranken und Behinderten geheilt.[195]

Die schwarze Verfärbung geschah jedoch nur bei der Spitze des Steins, die nach außen ragt, der Rest des etwa armlangen Steins, der in der Mauer steckt, sei nach wie vor weiß, was von allen Restauratoren der Kaʿba bestätigt worden sei.[196] Die Ungläubigen hätten nun die Frage gestellt, weshalb die Sünden der *mušrikīn* den Stein zwar schwarz gemacht hätten, die guten Taten und der Monotheismus der Gläubigen ihn aber nicht wieder weiß zu machen vermögen. Darauf gibt es unterschiedliche Antworten: Um der Menschen willen habe Gott seine Pracht verhüllt; oder er sei so verhüllt und dadurch geschützt wie eine Frau durch ihren Schleier, oder aber als Mahnung für die Menschen, um ihnen die Wirkung der Sünde auf den Stein zu zeigen, die in ihren Herzen dann eine ungleich verheerendere Wirkung haben müsse.

Der Aspekt der Sündenvergebung ist nur schwach belegt. Nach aḍ-Ḍaḥḥāk sei das „Haus" deshalb gesegnet, weil es in ihm den *ṭawāf* gebe zur Vergebung der Sünden. Und der Vater von Ibn ʿUmar berichtet, er habe den Gesandten Gottes sagen hören: „Das Berühren des schwarzen Steins und der Südecke (*rukn al-Yamānī*) mit der Hand ist eine Sühne für die Sünden."[197] Zudem sollen alle Gebete, die an dieser Stelle gesprochen werden, erhört werden,[198] und am Tag der Auferweckung erhalte der Stein Lippen und Zunge, um für die zu zeugen, die die Wallfahrt vorschriftsmäßig vollzogen, weil sie ihre Umschreitung bei ihm begannen.[199]

5.2.1.4 Ibrāhīm und Muḥammad – die Achse im Heiligtum

Nach diesem Streifzug durch einschlägige Hadīṯe kann man feststellen: Die Tradition geht über den Koran hinaus und führt die in ihm eingeschlagene Richtung weiter. Sie wird insofern der exponierten Stellung Ibrāhīms innerhalb der Propheten, die ja alle Vorbilder auf Muḥammad hin sind, gerecht, als sie das inhaltliche, biographische Vorbild für Muḥammad verstärkt und für jeden verständlich vermittelt. So wird es stofflich angefüllt und für die Menschen begreiflich gemacht: Zur Analogie der Segenshandlungen, durch die Medina in den

---

[195] Zit. in: *ar-Rāzī*, Auslegung zu 2,125.

[196] *S. Bakdāš*, S. 31–32.

[197] Zit. bei: *S. Bakdāš* (S. 44). Ein weiterer Hinweis auf den soteriologischen Aspekt ist die Empfehlung, während des Küssens Tränen zu vergießen, da auch die Augen des Propheten voller Tränen waren, als er ihn küsste (S. 77).

[198] Ebenfalls überliefert durch Ibn ʿUmar: „Auf allen Ecken [der Kaʿba] sitzen zwei Engel, die die Gebete derer bewahren, die an ihnen vorübergehen. Auf dem schwarzen Stein aber sitzen unzählige Engel." Und von Ibn ʿAbbās wird überliefert, einmal habe Ǧibrīl den Propheten besucht, mit einem Kopftuch voller Staub. Auf die Frage Muḥammads antwortete er, das sei der Staub, der von den Flügeln der unzähligen Engel aufgewirbelt worden war.

[199] Bei Aḥmad b. Ḥanbal, Ibn Māǧa.

Schaubild 11: Ibrāhīm-Muḥammad-Achse im *ḥaram* von Mekka

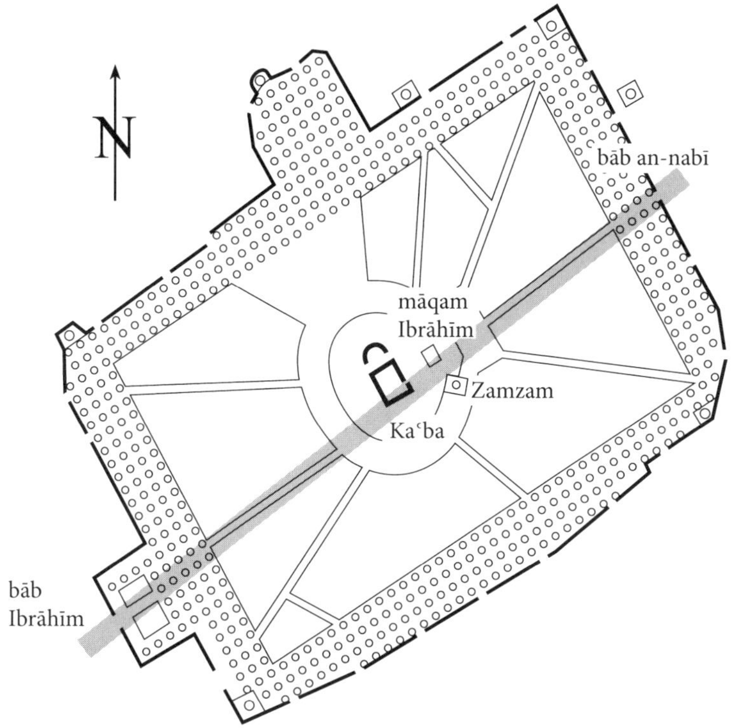

gleichen Rang wie die Ibrāhīms- und Offenbarungsstadt Mekka erhoben wird, tritt die Analogie in der äußeren Erscheinung. Die innere Ähnlichkeit der Wesenszüge bedingt nun auch die äußere Ähnlichkeit der naturgegebenen Gesichtszüge, sowie die Ähnlichkeit des für ein Gesicht markanten – von Menschenhand geformten – Bartes. Damit geht die Tradition über den reinen Vorbildcharakter eines Prophetenlebens hinaus: Sie gestaltet nunmehr den längst verstorbenen Propheten Ibrāhīm nach dem Bilde Muhammads.

So ist es wohl kein Zufall, dass die große Achse, die die Moscheeanlage, den *ḥarām* von Mekka, von Südwesten nach Nordosten durchzieht, durch *bāb Ibrāhīm* (Abrahamspforte) und *bāb an-nabī* (Prophetenpforte) führt[200] – zwischen beiden die Kaʿba, von dem einen erbaut, von dem anderen gereinigt und der jungen, alten Religion zurückgewidmet. Hier schließt sich der Kreis, der jeweils mit einer religiösen Suche – im Blick zu den Gestirnen und in der meditativen Suche in der Höhle von Ḥirāʾ – begonnen hatte.

[200] Siehe Lageplan des *ḥaram* von Mekka bei: *W. M. Watt*, Der Islam I, S. 370.

5.2.2 „Das Haus" in Konkurrenz zum Heiligtum von Jerusalem

Das „alte Haus" (*al-bait al-ʿatīq*), seit Menschengedenken Heiligtum von Mekka und damit so alt, dass sich seine Gründung in legendarischer Vorzeit verliert, wird durch Ibrāhīm nun zum *bait al-ḥarām*, nachdem die Orientierung auf das jüdische Heiligtum in Jerusalem zu Beginn der medinischen Zeit zur – von Gott selbst aufgehobenen – Zwischenlösung degradiert wurde. Das Haus Gottes in Jerusalem ist ja kein beliebiges Heiligtum, sondern von dem im Islam als Propheten verehrten Salomo als Nachfolger des von Gott selbst dem Mose offenbarten Abbild erbaut (Ex 25,9.40; 26,30). Das macht die Überbietung Jerusalems umso gravierender.

Der jüdische Erzvater Abraham, dessen theologische Bedeutung mit Morija geographisch eindeutig zu Gunsten Jerusalems festgelegt ist,[201] erhält im Koran in der einzigen geographisch lokalisierbaren Erzählung eine neue Verortung: Gerade er ist es, der aus dem alten Zentrum des Polytheismus in Mekka das Zentrum der neuen muslimischen Gemeinschaft erwachsen lässt – indem die Ätiologie neu definiert wird. Als Ort der Sündenvergebung tritt Mekka in Konkurrenz zu Jerusalem, das seiner jüdisch-christlichen Morija-Golgatha-Bedeutung enthoben wird und nun *ṯāliṯ al-ḥaramain* (drittes der beiden Heiligtümer) ist. Philologisch ist dieser Name nicht möglich, da es nur zwei Heiligtümer gibt; daher ist eigentlich „drittes nach den beiden Heiligtümern" gemeint. Jerusalem wird damit Mekka und Medina theologisch nachgeordnet, und ihm kommt nur noch Verehrung als Ausgangspunkt von Muḥammads Himmelsreise zu. „Als Gründung Abrahams wurde die Kaʿba Eckstein der Heilsgeschichte, Symbol der wahren Religion, die vordem schon eingesetzt, im arabischen Koran erneuert und vollendet wurde."[202]

5.3 *Hinkehr zu Mekka, Abkehr von Jerusalem – die neue* qibla

Die überragende Bedeutung von Sura 2 und ihre exponierte Stellung wurden bereits behandelt (Kap. 2.2.3.5). In dieser ersten medinischen Sura wird der Bau des „Hauses", der Kaʿba, im zurückgelassenen Mekka erwähnt. Der Bau des Zentralheiligtums des Islam ist Kulminations- und Zielpunkt des Lebens Ibrāhīms (siehe Schaubild 4). Wie Bertram Schmitz in seiner religionshistorischen Studie zu Sura 2 aufzeigt, ist diese Sura sorgfältig durchkomponiert auf eine Ibrāhīm-

---

[201] Die Ansicht, mit Morija sei trotz der Parallele in den Chronikbüchern nicht Jerusalem bzw. der Zion gemeint, wird in der Auslegung von Gen 22 nicht mehr von allen Kommentatoren geteilt. Vgl. *H. Gese*, Die Komposition der Abrahamserzählung, S. 29–51.

[202] *Gerhard Endreß*, Der Islam. Eine Einführung in seine Geschichte, 3. überarb. Aufl., München 1997, S. 36.

Mitte hin. Entgegen der geschichtlichen Reihenfolge folgt die Ibrāhīm-Erzählung erst nach der Mūsā-Erzählung, damit sie auch im Surenaufbau eine „Gemeinschaft der Mitte" (*ǧaʿalnākum ummatan wasaṭan*, 4,143 – von 286 Versen genau der mittlere Vers!) wird. Die Mitte der Mitte jedoch sind die Verse 142–150, die Änderung der Gebetsrichtung – der Mittelpunkt, der der zentrale Wendepunkt ist. Wie konzentrische Kreise sind die Gläubigen auf diese Mitte hingeordnet; es folgt danach der kultisch-rechtliche Teil der Sura mit Speisegeboten, Kultverordnungen zu Ramadan und Wallfahrt, der wahre Glaube, ebenso wie der *ǧihād* der *umma* gegen die Widersacher Gottes, „bis die Religion nur noch Gott gehört" (V. 193). So geht an dieser Stelle Muḥammads Blick zurück zu den Rezipienten der vorigen Verkündigung und wendet sich mit dem gemeinschaftsstiftenden Heiligtum der heidnischen Vorväter in der geänderten Gebetsrichtung visionär nach vorne.

5.3.1 Die ursprüngliche Jerusalem-*qibla*

Untrennbar verbunden mit dem *ṣalāt* (rituellen Gebet) ist die Richtung, in die dieses Gebet zu verrichten ist. Der jüdische Brauch, zum Tempel, bzw. nach Jerusalem hin zu beten, wird bedingt durch eine Situation, in der dieser Ort des Sitzes Gottes nicht mehr Selbstverständlichkeit, sondern Ort der Sehnsucht geworden war – im Babylonischen Exil. Im Tempelweihgebet Salomos in 1. Kön 8 wird dies als ursprünglicher, mit der Bedeutung des Tempels begründeter Brauch beschrieben (V. 33 ff., fünfmal erwähnt: V. 35.38.42.44.48). Danach ist das Gebet gerichtet „nach der Stadt hin, die du erwählt hast, und nach dem Hause hin, das ich deinem Namen gebaut habe." (1. Kön 8,44) Muḥammad scheint diese jüdische Sitte bereits in Mekka aufgenommen zu haben. In der Erzählung von der 2. Huldigung von ʿAqaba spricht die Sīra von der medinischen Delegation, die sich nach Jerusalem wandten: „Wir haben gehört, dass sich unser Prophet beim Gebet stets nur nach aš-Šām wendet; und wir wollen ihm nicht zuwiderhandeln."[203] Solange Muḥammad und seine Anhänger in Mekka waren, konnten sie die pagane Gebetsrichtung zum schwarzen Stein und die jüdische nach Jerusalem miteinander verbinden, also gleichzeitig zur Kaʿba und nach Jerusalem hin beten. Vom Standort hinter der Kaʿba, also südöstlich davon, wurde ihnen die Entscheidung zwischen den beiden Orientierungen abgenommen, weil nun beide Heiligtümer in einer Linie lagen, wie die islamische Überlieferung berichtet.[204] Die Tradition ist jedoch in der gesamten Frage der Gebetsrichtung äußerst

[203] Sīra I/2, S. 288; Sīra Rotter, S. 96.

[204] Sīra I/2, S. 137.289. Anm. 1. – Diese auf Ibn ʿAbbās zurückgehende Tradition muss nicht unbedingt eine Harmonisierung der beiden widersprechenden anderen Meinungen sein; vielleicht versuchte Muḥammad selbst dadurch den Widerspruch für sich zu lösen.

unpräzise und uneinheitlich, sowohl in der Frage der eigentlichen Richtung als auch in der Frage, wann und wie Jerusalem als Gebetsrichtung in das Blickfeld Muḥammads kam.[205] Da jedoch die gesamte Kaʿba mit dem *ḥiǧr*[206] nach Jerusalem hin orientiert ist, lag zumindest der Gedanke nicht fern; außerdem bezeugt die Jerusalem-*qibla* eindrucksvoll die Einordnung Muḥammads in die jüdisch-christliche Glaubensgeschichte – besonders ab der 2. mekkanischen Periode mit ihren Prophetenerzählungen, und spätestens für die beiden Jahre vor der *hiǧra* ist die Jerusalem-*qibla* verbürgt. In Medina jedoch kam die Wende durch einen Konflikt, der sowohl politische als auch religiöse Züge trug. Im zweiten Jahr dort, nach negativ verlaufener „Prüfung" seines Prophetenanspruchs, lehnten die Juden Medinas den prophetischen Anspruch Muḥammads ab. Dem folgte die theologische Umdeutung der Kaʿba und die Rückwendung nach Mekka, der *umm al-qurā* (Mutter der Städte, 42,7), das Jerusalem spirituell ersetzen sollte. Die Reinigung des „Hauses" war die Voraussetzung zur Rehabilitierung und theologischen Neubesetzung der Kaʿba.

In zwei Buchmalereien wird dies eindrucksvoll vor Augen geführt: In einer Miniatur von Schiras/Iran um 1570 betet ein als Asket in weiße Tücher gewandeter Ibrāhīm an der Kaʿba,[207] was noch als Weihegebet aus Sura 14 verstanden werden kann. Doch eine ebenfalls persische mittelalterliche Malerei

---

[205] *J. Bouman* (Der Koran und die Juden, S. 63) und *A. J. Wensinck* gehen von Anfang an von einer Jerusalem-*qibla* aus; Ḫadīǧa soll sich als erste dorthin gewandt haben (Muhammad and the Jews, S. 79, mit schlecht bezeugter Tradition) – was nur insofern Sinn machen würde, wenn sie damit dem Vorbild ihres christlichen Verwandten Waraqa b. Nawfal, gefolgt wäre. – Stefan Schreiner merkt an, dass eine Gebetsrichtung eine räumliche Trennung vom Ort der Hinwendung voraussetzt, etwa eine Exils- oder Diasporasituation („al-Quds – Jerusalem, heilige Stadt des Islam", S. 418 f.). Ähnlich *P. G. Buttler*, Reinige mein Haus. Bundeserneuerung, Reich Gottes-Proklamation, Inbeschlagnahme, S. 214). Die von ihm zitierte Tradition, die den jüdischen Konvertiten Kaʿb al-Aḥbār nach der Eroberung Jerusalems dem Kalifen ʿUmar b. al-Ḫaṭṭāb den Vorschlag machen lässt, hinter dem Felsen stehend zu beten, also die Richtungen Fels und Kaʿba in einer Linie zu verbinden, spricht für die Überlieferung bezüglich Muḥammads Gebetspraxis in Mekka. ʿUmar soll diesen Vorschlag abgelehnt haben: „Bei Gott, Kaʿb, in deinem Herzen bist du ein Jude geblieben … Uns Muslimen ist nicht geboten worden, diesen Felsen als heilig anzusehen." (S. 421).

[206] *ḥiǧr*: „forbidden, prohibited, unlawful, inviolable or sacred; the anterior pudendum of a man and of a woman" (Lane II, S. 517); *al-ḥiǧr:* 1). Eine halbrunde Mauer an der Jerusalem zugewandten Nordwestseite der Kaʿba, die heute offenbar keinerlei erkennbare Funktion hat und nirgends hinreichend erklärt werden kann. *G. Lüling* deutete sie als Relikt der Apsis einer von ihm für die vorislamische Zeit angenommenen Basilika (Der christliche Kult an der vorislamischen Kaaba). Dem *Aṭlas tāʾrīḫ al-anbiyāʾ wa-r-rusul* zufolge wurde der *ḥiǧr* von Ibrāhīm nur als Hecke angelegt, erst durch Ibn az-Zubair sei 64 A. H. eine Mauer gebaut worden (94). 2) Der Raum zwischen dieser Mauer und der Wand der Kaʿba gilt als Begräbnisort Ismāʿīls und seiner Mutter (Sīra I/1, S. 111) und wird daher *ḥiǧr Ismāʿīl wa-Hāǧar* genannt.

[207] Zu sehen in der Orientabteilung des Lindenmuseums Stuttgart; Abbildung im Katalog S. 24.

Abbildung 12: Buchmalerei: Kaʿba als Oktagon

(Abbildung 12) stellt die Kaʿba als Oktagon dar[208] – die Form des Gebäudes und ein Schmuckband deuten anachronistisch den Jerusalemer Felsendom an, der in eine bergige Landschaft mit Blumen versetzt wurde. Ein Engel weist Ibrāhīm und Ismāʿīl, beide vornehm gekleidet und mit dem Feuernimbus der Propheten versehen, an die geöffnete Tür der Kaʿba. Von dem persischen Künstler wird der Felsendom in seiner mittelalterlichen Gestalt einfach zurückprojiziert in den Ḥiǧāz der vorprophetischen, ibrahimischen Zeit. Die Ineinssetzung von Jerusalem und Mekka erhält hier eine einmalige Gestalt.

Und noch ein bemerkenswerte Beobachtung: Zur Zeit der Verkündigung Muḥammads lebten nur noch wenige Juden in Jerusalem, zu der sie nach dem Bar-Kochba-Aufstand 132–135 n. Chr. keinen Zutritt mehr hatten; die meisten waren emigriert. Nachdem Kaiserin Helena im Jahr 326 Grabungen veranlasst hatte, wurde es zum Ziel christlicher Pilger.[209]

Nun konnte der zweite Schritt folgen: die geographische Abwendung vom Zentrum bisheriger monotheistischer Religiosität – Jerusalem – in einer neuen Gebetsrichtung.

5.3.2 Die Änderung der *qibla*

2,142–150[210] (medin.)

Jede Änderung einer als göttlich verstandenen Norm bedarf der besonderen Begründung: Die in 53,19–20 zurückgenommene, nur kurze Zeit bestehende Erlaubnis zur Anrufung der drei vorislamischen Göttinnen, wurde als satanische Einflüsterung erklärt. Für eine seit vermutlich über zehn Jahren geübte Gebetspraxis wäre eine solche Erklärung fatal. Muḥammad beugt dem zu erwartenden Spott und den Vorwürfen angesichts dieser theologischen und geographischen Kurskorrektur, die buchstäblich eine Wendung um 180° bedeutete, vor, indem er die zu erwartenden Einwände vorwegnimmt:

2,142 Die Toren unter den Menschen werden sagen:
„Was hat sie von der Gebetsrichtung [*qibla*],
die sie (bisher) einhielten, abgebracht?"

[208] http://faculty.washington.edu/wheelerb/prophets/ishmael.html mit der Unterschrift „Ishmael and his father Abraham pray after building the Ka'bah". Leider ist es mir nicht gelungen, nähere Angaben zu dieser einzigartigen Miniatur in Erfahrung zu bringen.

[209] Siehe insbesondere die Berichte der Egeria, die 381–384 das Heilige Land bereiste und ein farbiges Bild der christlichen Stätten zeichnete. Dieser Bericht wiederum löste eine regelrechte Pilgerbewegung aus.

[210] *aṭ-Ṭabarī*, Tafsīr II, S. 1–35; SKD I, S. 70–73; *Khoury*, Komm. II, S. 153–170; *M. Ayoub*, The Qur'an and its interpreters I, S. 170–175.

Qibla wird allgemein als „Gebetsrichtung“[211] übersetzt und wird in einem zweifachen Sinn verwendet: es bezeichnet zum einen die Richtung, die der Glaubende beim Gebet einnimmt, und zum anderen die Nische in einer Moschee, die diese Richtung anzeigt (*miḥrāb*). Im Koran kommt der Terminus außer an dieser Stelle nur noch in der 3. mekkanischen Periode in 10,87 vor, wo die im ägyptischen Exil befindlichen Kinder Israels von Mūsā und seinem Bruder auf Geheiß Gottes die ihnen in Ägypten zugewiesenen Häuser *qiblatan* (zur *qibla*) machen und das Gebet verrichten, was sehr unterschiedlich übersetzt wird. Von der Grundbedeutung der Ausrichtung auf etwas genau gegenüber Liegendes[212] übersetzt Khoury: „Macht, dass eure Häuser einander gegenüberstehen“; Paret verbindet die Ausrichtung mit dem Gebet: „Bringt in euren Häusern (für den Kult) eine Orientierung an (w. macht eure Häuser zu einer Orientierung).“[213] Damit könnte der Koran eine jüdische Gebetsrichtung nach Jerusalem als Gebetspraxis der Diaspora und später als jüdisches Erbe annehmen, weshalb auch Elyas / Bubenheim, wenn auch nur in der Fußnote, vorschlagen: „Richtet eure Häuser nach der Gebetsrichtung (Jerusalem) hin aus“. Da der Koran mit historischen Angaben und Zusammenhängen jedoch gewöhnlich sehr frei umgeht, ist diese Bedeutung hier durchaus denkbar, zumal Sura 10 nicht lange vor Sura 2 anzusetzen ist. Nach aṭ-Ṭabarī ist *qibla* das, was direkt vor jemandes Gesicht liegt; er verwendet also die ursprüngliche Bedeutung.

Aṭ-Ṭabarī[214] listet die Tradenten auf, die in diesem polemischen Kontext „die Toren“ als die Unwissenden identifizieren, „das sind die Juden und die Heuchler“, besonders aber deren Gelehrte, die Muḥammad nicht folgten, „weil er von den Arabern war und nicht von den Kindern Israels“.[215] In diesem Vers unterrichte Gott seinen Propheten vorbereitend darüber, was die Juden und Heuchler sagen würden, wenn er seine Gebetsrichtung von Jerusalem hin zu der heiligen Moschee ändern würde. Und zugleich lehrte er ihn auch die Antwort, die er ihnen geben solle, denn Gott selbst habe die Gebetsrichtung von *aš-Šām* zu der heiligen Moschee hin wenden wollen.

---

[211] Zu den Bedingungen für eine Gebetsrichtung siehe das Tempelweihgebet Salomos, 1. Kön 8 (bes. V. 33 f.).

[212] *J. Penrice*, A dictionary and glossary of the Korān, S. 114. Er weist darauf hin, muslimischen Kommentatoren zufolge hätten die Kinder Israel bereits in Ägypten in Richtung Kaʿba gebetet, die von ihrem Vorfahren Ibrāhīm errichtet worden sei.

[213] *R. Paret* folgt damit H. Speyer in seiner Vermutung, dass hier „ein Mißverständnis“ der Aufforderung von Ex 12 zur Kennzeichnung der Türpfosten mit dem Blut der Passahlämmer vor dem Gerichtsengel vorliege (Kommentar und Konkordanz, S. 227). *Elyas / Bubenheim* dagegen: „Macht eure Häuser zu Gebetsstätten“.

[214] *aṭ-Ṭabarī*, Tafsīr II, S. 1–6.

[215] Nach Muǧāhid, al-Barā', Ibn ʿAbbās, ʿAlī b. Abī Ṭālib waren es die Juden, nach as-Suddī die Heuchler, nach anderen auch allgemein die *ahl al-kitāb;* SKD I, S. 70 Anm. 280: „Götzendiener, Heuchler, Juden, die dauernd Wortgefechte mit den Prophetenschülern führten, wie seinerzeit die Sadduzäer und Pharisäer mit Jesus“.

Über die Zeit, die der Prophet nach der *hiǧra* in Richtung Jerusalem gebetet hat, gibt es unterschiedliche Angaben der Ausleger. Am häufigsten findet sich die Angabe, die „Umlenkung der Gebetsrichtung" habe im Monat Raǧab stattgefunden, 17 Monate nach seiner Ankunft in Medina und zwei Monate vor der Schlacht zu Badr; es werden auch 16 Monate erwähnt, 9 oder 10 Monate (Anas b. Mālik), oder 13 Monate (Muʿāḏ b. Ǧabal).[216]

Dann werden namentlich einige Juden aufgezählt, die zu Muḥammad gekommen seien und ihm die Frage gestellt hätten:

„Was hat dich abgebracht von der Gebetsrichtung, die du eingehalten hast, wo du doch behauptest, der Glaubensrichtung Ibrāhīms zu folgen? Kehre zurück zur Gebetsrichtung, die du vorher befolgt hast, so werden wir unsere Meinung ändern und dir in deiner Religion folgen." Sie aber wollten ihn lediglich verführen. Darum hat Gott ihretwegen diesen Vers herabgelassen.[217]

Selbst der Hinweis auf den Befehl Gottes scheint den Auslegern nicht stark genug. So kommt bei aṭ-Ṭabarī das Argument auf, zwar habe der Prophet 17 Monate lang nach Jerusalem hin gebetet, sich aber die ganze Zeit über danach gesehnt, in Richtung Kaʿba zu beten.

Der tatsächliche Vorgang der Änderung wird drastisch und geradezu rührend beschrieben: Die Nachricht von der Änderung der *qibla* habe Betende durch einen Vorbeigehenden erreicht, und nachdem sie bereits zwei *rakʿas* nach Jerusalem hin gebetet hatten, drehten sie sich in die entgegengesetzte Richtung und beteten die beiden nächsten *rakʿas* nach der Kaʿba hin.

Nach al-Barā b. Maʿrūr:
Als der Gesandte Gottes neu nach Medina kam, ließ er sich bei seinen Großvätern oder Verwandten mütterlicherseits bei den Anṣār nieder und betete 16 Monate lang in Richtung Jerusalem. Er hätte jedoch gerne in Richtung des Hauses gebetet. Eines Tages verrichtete er zusammen mit einer Gruppe das Abendgebet. Danach ging einer derjenigen, der mit ihm gebetet hatte, hinaus und kam an den Leuten der Moschee vorbei, die dort gerade beteten. Er sprach: „Ich bezeuge, dass ich eben mit dem Gesandten Gottes in Richtung der Kaʿba gebetet habe." Da wandten auch sie sich um in Richtung des Hauses.

Es gefiel Muḥammad, dass die Richtung zum Haus hin geändert wurde. Es hatte aber den Juden gefallen, dass der Gesandte Gottes nach Jerusalem hin gebetet hatte, ebenso die ahl al-kitāb. Als er sich nun dem Haus zuwandte, waren sie darüber wütend.[218]

Der Gebetsort, an dem diese Änderung stattgefunden haben soll, etwa fünf Kilometer nordwestlich von Medina im Wohnhaus des Bišr b. al-Barā', wird *masǧid al-qiblatain* (Gebetsort der beiden qiblas) genannt, da hier einer Variante zufolge die Offenbarung der neuen *qibla* während des Mittagsgebets erfolgt sein soll und

[216] Bei *S. Schreiner* 18 Monate und im Gefolge der Ereignisse nach Badr, die als „Bruch mit den Juden" genannt werden. (al-Quds, S. 420).
[217] *aṭ-Ṭabarī*, Tafsīr II, S. 2.
[218] A. a. O.

Muḥammad noch während des Gebets die *qibla* änderte – um 180 Grad – und so in beide Richtungen betete.[219]

Über den Grund, warum Muḥammad seine Gebetsrichtung änderte, sind sich die Ausleger uneins. Manche halten die ursprüngliche Richtung nach Jerusalem – die im Übrigen als *ūlā l-qiblatain* (erste der beiden Richtungen) auch die Gebetsrichtung aller Propheten gewesen sein muss, während die *qibla* Ibrāhīms die Kaʿba gewesen sei – für seine eigene freie Wahl, so die Erklärung von ʿIkrima (gest. 105/724) und al-Ḥasan al-Baṣrī (21–110/ 642–728),[220] dem prominentesten Vertreter des Antiprädestinatianismus, der entgegen der immer stärker werdenden Vorherbestimmungslehre für die menschliche Handlungsfreiheit plädierte:

Dem Propheten Gottes wurde die freie Wahl gelassen, sich zu richten, wohin er wolle. Da wählte er Jerusalem, damit die Herzen der ahl al-kitāb sich ihm zuneigen mögen. Diese Gebetsrichtung bestand 16 Monate lang. Dann wandte er sein Angesicht zum Himmel, und Gott lenkte ihn zum bait al-ḥarām.[221]

In den Kommentaren wird dieser Aspekt immer wieder betont, wobei die Reihenfolge aufmerken lässt: Nicht Muḥammad schließe sich der Gebetsrichtung der Juden an, sondern er wähle nur deshalb dieselbe Richtung wie die Juden, um diese für seine eigene Botschaft zu gewinnen. Während der Koran Muḥammad noch deutlich in die Sukzession der biblischen Propheten stellt, geht die islamische Theologie von einer grundsätzlichen Unterscheidung zwischen Muḥammad und den *ahl al-kitāb* aus und versucht die Eigenständigkeit Muḥammads zu betonen:

Das erste, was vom Koran abrogiert wurde, war die Gebetsrichtung. Der Prophet pflegte nämlich in Richtung des Felsens in Jerusalem zu beten, der Gebetsrichtung der Juden. Diese Richtung hatte er 17 Monate lang eingenommen, damit sie [die Juden] ihm glauben und ihm nachfolgen, und damit auch die Nichtschriftbesitzer unter den Arabern gerufen würden.

Ja, die Kommentare lassen Muḥammad sogar in den Zwiespalt zwischen der missionarisch motivierten[222] Richtung Jerusalem und seiner eigentlichen Vorliebe für das Haus Ibrāhīms geraten. Er habe die erste *qibla* nur aufgrund der Verpflichtung Gottes eingehalten, die er ihnen auferlegt hatte.

Nach Ibn ʿAbbās:
Als der Gesandte Gottes nach Medina auswanderte, dessen Mehrheit Juden waren, befahl Gott ihm, sich nach Jerusalem zu wenden. Darüber freuten sich die Juden. Der Gesandte Gottes betete einige Monate in diese Richtung, obwohl er doch die qibla Ibrāhīms liebte. In

---

[219] *A. J. Wensinck*, Muhammad and the Jews, S. 17; SKD I, S. 71, Anm. 290.

[220] Biographisches in: *J. van Ess*, Zwischen Ḥadīṯ und Theologie; *ders.*, Anfänge muslimischer Theologie.

[221] ʿIkrima und Ḥasan al-Baṣrī in: *aṭ-Ṭabarī*, Tafsīr II, S. 3.

[222] Oder als „freundliche Geste gegenüber den zeitgenössischen Juden" (*S. Schreiner*, al-Quds, S. 420).

dieser Sache rief er Gott an und schaute gen Himmel. Da ließ Gott herab: „Wir sehen ja, wie du dein Gesicht zum Himmel hin- und herwendest. Nun wollen Wir dir ganz gewiss eine Gebetsrichtung zuweisen, an der du Wohlgefallen haben wirst. So wende dein Gesicht in Richtung der heiligen Kultstätte!" (2,144) Die Juden aber nahmen Anstoß daran und sagten: „Was hat sie von ihrer Gebetsrichtung abgebracht?" Und Gott ließ herab: „Gottes ist der Osten und der Westen. Er leitet, wen Er will, zu einem geraden Weg."[223]

Es fällt auf, dass die *qibla* Ibrāhīms somit im Widerspruch steht zur *qibla* der Propheten, die Jerusalem gewesen war und die nun bereits bei den frühen Kommentatoren als jüdische Richtung disqualifiziert wird. Desgleichen wird in der Sīra auch der im Himmel weilende Ibrāhīm von Muḥammad geschildert als der, der im siebten Himmel auf einem Thron der Kaʿba zugewandt sitzt[224] – während doch die *miʿrāǧ* Muḥammads in der mekkanischen Periode angenommen wird, als Jerusalem die unbestrittene *qibla* war.

2,142a Sag: Gottes ist der Osten und der Westen.

Dies ist eine Aufnahme von 2,115: „Gottes ist der Osten und der Westen. Wohin ihr euch auch wenden möget, dort ist das Antlitz Gottes. Gott umfaßt alles und weiß alles."

2,142b Er leitet, wen Er will, zu[225] einem geraden Weg [*ṣirāṭ mustaqīm*].

Aṭ-Ṭabarī versteht hier den geraden Weg im Sinne der richtigen Gebetsrichtung Ibrāhīms, zu der Gott die Anhänger Muḥammads geleitet habe, „und er hat die Juden, die Heuchler und die Polytheisten in die Irre geführt. Er hat euch zuschanden werden lassen durch das, wodurch er uns rechtgeleitet hat."[226]

2,143a Und so haben Wir euch zu einer Gemeinschaft der Mitte[227] [*ummatan wasaṭan*] gemacht,

Aṭ-Ṭabarī bezeichnet die Gemeinschaft Muḥammads als von Gott „bevorzugt vor allen anderen Glaubensrichtungen und ausgezeichnet und höhergestellt als alle anderen Religionen",[228] indem Gott ihnen die richtige *qibla*, die Ibrāhīms, gegeben habe, so wie er sie als Gläubige rechtgeleitet habe durch das, was Muḥammad brachte und ihnen das Gelingen schenkte. In ihrer philologischen Erklärung bedeutet „Mitte" im Sprachgebrauch der Araber „die Besten", ein Mann in der Mitte seines Volkes ist der, der über alle hinausragt, der beste von

---

[223] *aṭ-Ṭabarī*, Tafsīr II, S. 5. Nach Qatāda hatte Muḥammad Sehnsucht nach seiner Geburtsstätte.

[224] Sīra I/2, S. 254. Hier wird der spätere Zustand, die Kaʿba-*qibla*, in die mekkanische Zeit projiziert.

[225] *Paret*: auf einen geraden Weg. Vgl. die Fātiḥa 1,4.

[226] *aṭ-Ṭabarī*, Tafsīr II, S. 5.

[227] *Paret, Khoury*: „zu einer in der Mitte stehenden Gemeinschaft"; *Ahmadiyya*: „So machten Wir euch zu einem erhabenen Volke."

[228] *aṭ-Ṭabarī*, Tafsīr II, S. 6.

ihnen, die tragende Säule einer Gemeinschaft. Muslime stünden in der Mitte aller religiösen Gemeinschaften, weil ihre Religion gemäßigt sei: Sie sind keine Extremisten wie die Christen, die es mit dem Mönchtum und in ihren Aussagen hinsichtlich ʿĪsā übertrieben haben, noch Versager wie die Juden, die das Buch Gottes vertauschten, ihre Propheten töteten und über ihren Herrn Lügen erzählten und ihn verleugneten.

Mustansir Mir zufolge vermeidet der Islam als „median community" die extremen Haltungen der anderen: die Schwere und Härte des Judentums aufgrund der Gebote und Verbote, und die Laxheit des Christentums.[229] Für den SKD-Kommentar ist die Tatsache, dass die muslimische *umma* heute nicht fähig ist, den ihr zustehenden Platz in der Welt einzunehmen und ihr Ideal zu leben, der Beweis dafür, dass sie den Weg des Koran verlassen habe.[230]

2,143b damit ihr Zeugen über die (anderen) Menschen seiet
und damit der Gesandte über euch Zeuge [*šahīd*] sei.

Aṭ-Ṭabarī: Die doppelte Zeugenschaft bezieht sich auf das Zeugnis der Gläubigen am Tag der Auferstehung für die Propheten Gottes, dass sie ihren Völkern die Botschaft weitergegeben haben, und auf ihren Glauben aufgrund dieses Zeugnisses. Nach Muǧāhid sollen die Muslime Zeugen sein „für Muḥammad über die Völker der Juden, Christen und Zoroastrier", nach Ibn Abī Naǧīḥ sollen sie für ihn, wenn er alleine vortreten wird, bezeugen, dass er ihnen tatsächlich die Botschaft gebracht habe. So wie die Engel im Himmel, so seien die Gläubigen auf Erden Zeugen, die wie bei einem Leichenzug als Trauergäste den Toten entweder loben oder tadeln. Dann würden die Botenengel Isrāfīl und Ǧibrīl und alle Propheten gefragt, ob sie die Botschaft an den jeweils nächsten weitergegeben hätten. Der Empfänger der Botschaft bezeuge es und entlaste damit den Gefragten. Die letzten in der Reihe seien die Gläubigen, die über alle Menschen richten. Es stehe in den Büchern der Völker geschrieben, dass sie von der Gemeinschaft Muḥammads gerichtet werden würden. Anschließend würde Muḥammad Zeuge sein über ihren Glauben an ihn und das, was ihm herabgelassen wurde.

Der Zeugenschaft und damit zugleich Verantwortung Muḥammads, des unter allen Propheten Herausragenden, für seine Gemeinde entspricht die Zeugenschaft und Verantwortung seiner Gemeinde für die Menschheit. Damit ist sie die „in der Mitte stehende Gemeinschaft", die sich wiederum im kollektiven Gebet der Kaʿba als ihrer Mitte zuwendet.

Dann wendet sich der Korantext der Frage nach dem Sinn der Änderung der Gebetsrichtung zu, denn die Fragen der „Toren" klingen noch deutlich nach:

---

[229] *M. Mir*, Dictionary, S. 132.
[230] SKD I, S. 70, Anm. 284.

2,143c Wir hatten die Gebetsrichtung, die du einhieltest, nur bestimmt,
um zu wissen [*li-naʿlama*],[231] wer dem Gesandten folgt
und wer sich auf den Fersen umkehrt.[232]

li-naʿlama, wörtlich: „damit Wir wissen" bringt die Theologen in Schwierigkeiten, denn Gottes Wissen ist allumfassend, er kann nicht vom Zustand der Unwissenheit durch eine Erprobung zum Wissen kommen, denn er weiß schon zuvor, wie die Menschen sich entscheiden werden. Grammatikalisch gäbe es die Möglichkeit, durch andere Vokalisierung den IV. Stamm zu lesen *li-nuʿlima* (damit Wir bekannt machen), der sich jedoch in keiner Lesart findet.

Zum Problem, dass Gott „Wissen" erlangen, etwas in Erfahrung bringen müsse, führt *aṭ-Ṭabarī* potentielle – und vermutlich auch tatsächlich erhobene – Einwände an: Wusste Gott zuvor eigentlich nicht, wer für den Gesandten ist und wer gegen ihn? Er antwortet, damit werde nicht ausgesagt, dass Gott erst nach der Verstofflichung und Realisierung der Dinge über sie Bescheid wisse. So vertauscht aṭ-Ṭabarī einfach das Subjekt: Das Wissen beziehe sich nicht auf Gott, sondern auf den Propheten und seine Anhängerschaft. Den Personenwechsel vergleicht er mit den Berichten über die Eroberung des Irak, die als die Eroberung ʿUmar b. al-Ḫaṭṭābs gilt, obwohl nicht er, sondern seine Männer es vollbracht hatten.

Aṭ-Ṭabarī[233] bestätigt die frühe *qibla* nach Jerusalem. Nicht die nun falsche Richtung an sich, sondern die Änderung wird als problematisch empfunden. Durch die Änderung dieser *qibla* wurde Muḥammad angefochten, weil viele ihn für unschlüssig und schwankend hielten und sich darum von ihm abwandten. Viele *munāfiqūn* (Heuchler) hätten gespottet: „Was ist nur los mit diesem Propheten, der uns einmal hierhin und einmal dorthin lenkt?" Ebenso wurden die Gläubigen angefochten, wenn sie an diejenigen dachten, die vor der Änderung der *qibla* verstorben waren und deren „Werke" sie durch die (falsche) Gebetsrichtung für nichtig ansehen mussten. Auch die Polytheisten sagten, Muḥammad sei selbst unschlüssig über seine Religion und komme mit ihr nicht zurecht. Durch die Hinwendung nach Mekka sei er nun kurz davor, wieder in seine ursprüngliche Religion einzutreten. Von as-Suddī werden die Einwände der Juden hinzugefügt: Sie behaupteten, die *qibla* sei nur deshalb geändert worden, weil Muḥammad sich nach dem Land seines Vaters und seiner Geburt sehnte.

---

[231] *Paret*: „um (die Leute auf die Probe zu stellen und) in Erfahrung zu bringen"; *Khoury*: „um zu erfahren".

[232] *Paret*: „wer eine Kehrtwendung vollzieht (und abtrünnig wird)"; *Khoury*: „(und um ihn zu unterscheiden) von dem, der auf seinen Fersen kehrtmacht".

[233] *aṭ-Ṭabarī*, Tafsīr II, S. 7–9.

Wenn er bei ihrer – jüdischen – Richtung geblieben wäre, hätten sie ihn als ihren Gefährten akzeptiert, den sie erwarten.[234]

Wer dem Propheten folgt, zeige sich daran, wer die neue *qibla* annehme und befolge. Wer auf den Fersen umkehre, sei der, der von seiner Religion abfalle, heuchle und ungläubig sei, sich Muḥammad widersetze. Es habe unter den Muslimen ehemalige Juden und Christen gegeben, die Heuchler waren. Um sie zu entlarven, stellte die Änderung der *qibla* eine Prüfung ihres Glaubens dar, wem ihre wahre Loyalität gehöre; sie mussten nun eindeutig und auch nach außen sichtbar ihre Wahl treffen.[235]

2,143c Und es ist wahrlich schwer außer für diejenigen,
die Gott rechtgeleitet hat.

Worin besteht nun die Schwere? Manche meinten, die Gebetsrichtung nach Jerusalem hin sei schwer gewesen, die meisten verstehen aber die Umkehr von Jerusalem zur *masǧid al-ḥarām* als schwer.

2,143d Aber Gott wird gewiss nicht zulassen,
dass euer Glaube verloren geht.[236]

Obwohl es im Korantext deutlich anklingt, dass die Gläubigen angesichts dieser Änderung an ihrem Glauben irre werden könnten, setzt aṭ-Ṭabarī aufgrund des Kontextes *īmān* mit *ṣalāt* gleich, so dass auch zu lesen ist „Gott wird gewiss nicht zulassen, dass euer Gebet [nach Jerusalem in der Zeit vor der Änderung] verloren geht".[237] Auch für Ibn ʿAbbās erhob sich nach der Änderung der Gebetsrichtung die Frage, wie es um die Gültigkeit der Gebete gemäß der ersten *qibla* bestellt sei, v. a. im Blick auf die verstorbenen und gefallenen Gläubigen: „Hat Gott nun unsere und ihre Gebete angenommen?" Daraufhin sicherte Gott in diesem Vers zu, dass dieser Glaube nicht verlorengegangen sei, denn: „Dies hier ist Erfüllung des Gehorsams, und das andere auch." Glauben sei das Fürwahrhalten der Worte Gottes, was durch Worte oder durch Taten oder durch beides seinen Ausdruck finde, und der Glaube manifestiere sich im Gehorsam gegenüber dem Befehl Gottes, in Richtung Jerusalem zu beten. Gott werde kein Werk nichtig machen, das um seinetwillen und im Gehorsam gegen ihn getan wird, selbst wenn diese Pflicht später abrogiert wurde.

Damit wird die Priorität der Herzenshaltung im Glauben deutlich, die über der formalen Richtigkeit eines geographischen Ortes steht. Angeblich hatten die *anṣār* schon drei Jahre vor der *hiǧra* in Richtung Jerusalem gebetet, während sie

---

[234] Evtl. eine Verwechslung mit der Messiaserwartung.

[235] *M. Mir*, Dictionary, S. 170.

[236] *Paret*: „Gott kann unmöglich zulassen, dass ihr umsonst geglaubt habt"; *Khoury*: „Nimmer wird Gott es zulassen, dass euer Glaube umsonst gewesen ist."

[237] So auch Lane I, S. 102 und SKD I, S. 71 Anm. 288, was jedoch nicht bedeutet, dass es als Synonym für *ṣalāt* gebraucht werden kann, wie Lane schreibt. In der Zeit vor der Festlegung der Pflichten bestand offensichtlich der *īmān* im Gebet – nach Jerusalem.

in Kontakt mit ihm in Mekka waren.[238] Solange seine Autorität von den Juden nicht in Frage gestellt worden war, konnte er mit ihnen in eine Richtung gehen. Nach seinen persönlichen, politisch und religiös bedingten Schwierigkeiten war ihm das nicht mehr möglich.

2,143e Gott ist zu den Menschen wahrlich erbarmungsvoll [*ra'ūf*],[239]

Aṭ-Ṭabarī[240] hält *ra'ūf* für die höchste Form von Barmherzigkeit, als die Zuwendung Gottes, die allen Geschöpfen im Diesseits und manchen im Jenseits gelte; während Barmherzigkeit nur den Gläubigen im Diesseits und Jenseits zukomme. Sie zeige sich darin, dass er die Glaubensakte der Verstorbenen nicht verloren gehen lasse, sondern belohne, und sie nicht bestrafe, wenn sie etwas unterließen.

2,144a Wir sehen ja, wie du dein Gesicht zum Himmel hin- und herwendest.[241]

Bereits der koranische Text lässt Muḥammad in der Gebetsrichtung nach Jerusalem keine Ruhe finden, und unschlüssig sucht er fragend den Himmel ab – schon in 6,79 hat Ibrāhīm der Blick zum Himmel die rechte Erkenntnis gebracht.

Nach Qatāda:
Der Prophet Gottes pflegte nach Jerusalem zu beten, doch er sehnte sich danach, nach dem bait al-ḥarām zu beten. Da lenkte Gott ihn um zu der qibla, die er lieber gehabt hätte und nach der er sich sehnte.[242]

Einige Traditionen erwecken den Eindruck, Muḥammad habe bei seiner Ankunft in Yaṯrib lediglich die Gebetsrichtung dort übernommen, danach aber „hob er, wenn er betete, sein Haupt zum Himmel, um zu sehen, was ihm wohl befohlen würde" (as-Suddī). Daraufhin habe Gott die Gebetsrichtung nach Jerusalem abrogiert. Diese Auffassung mildert zwar die Änderung ab, stellt jedoch zugleich die Anfangszeit in Yaṯrib in Frage. Auch sind sich die Ausleger uneins darüber, weshalb Muḥammad lieber in Richtung der Kaʿba gebetet hätte:

Einige sagten: Er verabscheute die qibla nach Jerusalem, weil die Juden sagten: „Seht, er folgt unserer Gebetsrichtung, während er doch gleichzeitig in Widerspruch zu unserer Religion steht."[243]

---

[238] Ähnlich wird in der Sīra aus der medinischen Zeit berichtet, Barā' b. Maʿrūr vom Stamm der Ḫazraǧ, einer der zwölf Anführer der medinischen Verhandlungsdelegation, habe schon vor der Änderung der *qibla* in Richtung Mekka gebetet. (Sīra Rotter, S. 274).

[239] *Paret*: „mitleidig"; *Khoury*: „hat Mitleid"; *Elyas* und *Ahmadiyya* unzulässig mit christlicher Konnotation: „gnädig".

[240] *aṭ-Ṭabarī*, Tafsīr II, S. 18.

[241] Am nächsten ist *Khoury*: „Wir sehen, wie du dein Gesicht zum Himmel hin und her richtest." *Elyas:* „Wir sehen ja dein Gesicht sich (suchend) zum Himmel wenden." *Paret*: „Wir sehen, dass du unschlüssig bist, wohin am Himmel du dich (beim Gebet) mit dem Gesicht wenden sollst." Grammatikalisch falsch SKD, wo Subjekt und Objekt vertauscht werden.

[242] *aṭ-Ṭabarī*, Tafsīr II, S. 20.

[243] *aṭ-Ṭabarī*, Tafsīr II, S. 22.

Diese Verse spiegeln deutlich die Situation in Medina wider: das fortschreitende Zerwürfnis mit den Juden, das ein Unbehagen mit der Gebetsrichtung Jerusalem zur Folge hat. Ihm liegt zwangsläufig auch die geographische Situation zugrunde, denn nur von Medina aus kann man sich zur „heiligen Kultstätte" (V. 144c) wenden – wie hätte Ibrāhīm an der Kaʿba das tun sollen?

Die Kommentatoren meinen, wegen der Vorwürfe der Juden habe Muḥammad Gott immer wieder angerufen. Durch die Herabsendung von 2,144 habe Gott dann das „Gerede der Juden zum Schweigen gebracht". Andere meinen, die Juden hätten sich immer mehr damit gebrüstet, Muḥammad sei unentschlossen und sie hätten ihn rechtgeleitet. Da habe er begonnen, die Richtung nach Jerusalem zu hassen und daraufhin die Eingebung 2,144 bekommen. Andere meinen, er habe sich nach der *qibla* in Mekka gesehnt, „weil es die *qibla* seines Vaters Ibrāhīm war"; SKD gibt gar keine Erklärung für die Notwendigkeit einer „neuen Gebetsrichtung".

2,144b Nun wollen Wir dir
ganz gewiss eine Gebetsrichtung zuweisen [*la-nuwalliyannaka qiblatan*],
an der du Wohlgefallen haben wirst.[244]

Gottes Absicht wird im Modus energicus und zusätzlich mit Verstärkung durch vorgestelltes *la-* als die stärkste Willensbekundung ausgedrückt.

2,144c So wende dein Gesicht in Richtung der heiligen Kultstätte![245] [*al-masǧid al-ḥarām*]

Dieser Versteil findet sich häufig in den Moscheen, und zwar über der *qibla*. *Masǧid* kommt aus dem Aramäischen und wird in zahlreichen nabatäischen Inschriften in der Bedeutung „Anbetungsstätte" verwendet, in diesem allgemeinen Sinn auch in der altarabischen Poesie.[246]

Anstatt die theologische Dimension dieser Richtungsänderung zu erörtern, deren Tragweite als Umkehrung des Bisherigen nur angedeutet wird,

Da stellte er [Muḥammad] die Männer an die Stelle der Frauen und die Frauen an die Stelle der Männer. (As-Suddī)[247]

entspinnt sich bei aṭ-Ṭabarī eine Diskussion darüber, welche Stelle der Kaʿba als *qibla* gemeint sei: Einige meinten, es sei die Regentraufe,[248] während andere das gesamte Haus zur *qibla* erklärten, insbesondere die Tür. Dies wird auf Muḥammad zurückgeführt, da er einmal beim Hinausgehen aus der Kaʿba in Bezug auf die Tür gesagt habe: „Dies ist die *qibla*."

---

[244] *Paret*: „mit der du gern einverstanden sein wirst"; *Elyas*: „mit der du zufrieden bist".

[245] So *Paret*. *Elyas*: „geschützte Gebetsstätte", *Khoury* anachronistisch: „heilige Moschee".

[246] *A. Jeffery*, Foreign vocabulary, S. 263 f.

[247] *aṭ-Ṭabarī*, Tafsīr II, S. 24.

[248] Vgl. die Skizzen der Kaʿba aus verschiedenen Epochen bei: *Günter Lüling*, Der christliche Kult an der vorislamischen Kaaba als Problem der Islamwissenschaft und christlichen Theologie, 2., korr. Aufl., Erlangen 1992 (1977), S. 137.

Beachtenswert ist in diesem Zusammenhang, dass von dem schwarzen Stein in dieser Zeit der frühen islamischen Theologie überhaupt nicht die Rede ist.

Mustansir Mir erklärt auf die Frage, warum Muḥammad auf die Änderung der *qibla* gewartet habe, dass er in Mekka dem Brauch Ibrāhīms folgte, zugleich zur Kaʿba und nach Jerusalem hin zu beten, und es ihn geschmerzt habe, dass das in Medina nicht mehr möglich war. Darum habe er darauf gewartet, dass Gott diesen Konflikt lösen würde.[249]

2,144d Und wo immer ihr seid, wendet eure Gesichter in ihrer Richtung!

Damit ist nach aṭ-Ṭabarī diese Richtung beim Gebet Pflicht für die Gläubigen.

2,144e Diejenigen, denen die Schrift gegeben wurde, wissen sehr wohl,
dass dies die Wahrheit von ihrem Herrn ist.

Damit seien insbesondere die Rabbiner der Juden, aber auch die Gelehrten der Christen gemeint. Sie alle wüssten, dass die Richtung zur heiligen Kultstätte die Wahrheit sei, die Gott Ibrāhīm und seiner Nachkommenschaft und allen Geschöpfen nach ihm auferlegt hat.

2,144f Und Gott ist nicht unachtsam dessen, was sie tun.

Dies ist an die Gläubigen gerichtet; Gott wird es ihnen anrechnen und auf beste Weise vergelten und belohnen.

2,145a Selbst wenn du zu denjenigen, denen die Schrift gegeben wurde,
mit jeglichen Zeichen[250] kämest,
würden sie doch nicht deiner Gebetsrichtung folgen;

In diesem Vers spiegelt sich die Desillusionierung und Enttäuschung Muḥammads angesichts der Reaktionen der Juden: Alles Reden und Werben, „jegliche Zeichen" nützen nichts, denn es ist offenkundig keine Frage der Erkenntnis, sondern der anderen Grundhaltung und ihrer Widerspenstigkeit. Das erinnert an die Erfahrungen von Mekka, die er mit der Verstockung der Polytheisten erklärt hatte. So paraphrasiert aṭ-Ṭabarī:

O Muḥammad, selbst wenn du den Juden und Christen jeden nur denkbaren Beweis und jedes Argument bringen würdest – und das Zeichen dafür ist die Wahrheit, die du ihnen gebracht hast, nämlich dass Gott die [Änderung der] Gebetsrichtung Jerusalem hin zur heiligen Kultstätte auferlegt hat –, werden sie es nicht glauben und es nicht befolgen, obwohl das Argument gegen sie vorliegt.[251]

2,145b noch folgst du ihrer Gebetsrichtung[252].

---

[249] *M. Mir*, Dictionary of Qur'ānic Terms and Concepts, S. 170.

[250] *Paret*: „jedes (nur denkbare) Zeichen (oder: jeden (nur denkbaren Koran-)Vers (als Beweis für deine Wahrhaftigkeit)".

[251] *aṭ-Ṭabarī*, Tafsīr II, S. 24; vgl. SKD I, 72, Anm. 292.

[252] *S. Schreiner*: „und du sollst ihrer *qibla* nicht folgen" (al-Quds, S. 420).

Und weiter:

Es gibt für dich, o Muḥammad, keinen Weg, dass du ihre Gebetsrichtung befolgst. Denn die Juden beten nach Jerusalem und die Christen nach Osten. Wie sollst du da einen Weg finden, ihrer Richtung zu folgen, wenn sie doch selbst widersprüchliche Richtungen haben. Darum halte fest an deiner qibla, die dir befohlen worden ist, und lege ab, was sie dir sagen und einreden wollen.[253]

2,145c Keiner von ihnen wird der Gebetsrichtung der anderen folgen.[254]

Die Juden richten sich also nicht nach den Christen und die Christen nicht nach den Juden. Jeder hat seine eigene Richtung, und sie können sich nicht einigen. Darum ermutigt Gott Muḥammad, kein schlechtes Gewissen zu haben und ihren Wünschen folgen zu wollen. Wenn er dem einen folge, rufe er damit den Zorn der anderen hervor. Die Lösung dieses Dilemmas:

„Vielmehr rufe du sie zu dem, was sie beide einigen könnte, zu deiner Glaubensrichtung, dem muslimischen Hanifentum, und zu deiner Gebetsrichtung, der Richtung Ibrāhīms und der aller Propheten nach ihm.“[255]

5.3.3 Die *qibla* Ibrāhīms

Nicht der Koran, aber die Auslegung führt zunehmend das Argument der Gebetsrichtung Ibrāhīms ins Feld – als entgegengesetzt zu der Richtung, den „Neigungen“, von Juden und Christen. Muḥammad, zutiefst beunruhigt über die erste *qibla* nach Jerusalem, findet nun seinen Frieden in der Richtung seines Vaters.

2,145c Würdest du aber ihren Neigungen folgen,
nach all dem, was dir an Wissen zugekommen ist,
dann gehörtest du wahrlich zu den Ungerechten.

Die Neigungen von Juden und Christen bestehen nach aṭ-Ṭabarī darin, dass sie auf Nichtigkeiten beharren und widerspenstig sind gegen die Wahrheit, nämlich die *qibla* ihres Vaters Ibrāhīm anzunehmen. Stattdessen forderten sie die Muslime auf: „Werdet Juden oder Christen, so seid ihr rechtgeleitet.“ (2,135). Auch SKD warnt die Muslime davor, den Wünschen von Juden und Christen zu folgen statt dem Gebot Gottes.[256]

2,146a Diejenigen, denen wir die Schrift gegeben haben, kennen sie,[257]
wie sie ihre Söhne kennen.

---

[253] *aṭ-Ṭabarī*, Tafsīr II, S. 24.

[254] So *Khoury*. *Elyas*: „Und auch untereinander folgen sie nicht der Gebetsrichtung der anderen“.

[255] *aṭ-Ṭabarī*, Tafsīr II, S. 25.

[256] SKD I, S. 72, Anm. 293.

[257] SKD I, S. 72, Anm. 294 bezieht dies nicht nur auf die Schrift, sondern auch auf den Propheten Muḥammad, was grammatikalisch nicht zulässig ist.

Nach aṭ-Ṭabarī haben die jüdischen Rabbiner und die christlichen Gelehrten eine umfassende und intime Kenntnis von der Schrift, die ihnen von Gott gegeben ist, so dass sie sehr wohl wissen, dass das Haus die *qibla* Ibrāhīms und aller Propheten vor Muḥammad ist.[258]

2,146b Aber ein Teil von ihnen verheimlicht gewiss die Wahrheit,[259]
obwohl sie (sie) wissen.

Ihr Problem ist nicht das Wissen – nämlich die Wahrheit um die Gebetsrichtung, die Gott seinem Propheten Muḥammad wie schon zuvor allen anderen Propheten wies –, sondern der Umgang mit diesem Wissen. Sie verheimlichten sie, indem die einen sich Richtung Osten wandten und die anderen in Richtung Jerusalem, obwohl sie, wie aṭ-Ṭabarī meint, die richtige *qibla* bei sich in Tora und Inǧīl finden. Dieses Verheimlichen aber ist Verrat an den Geschöpfen Gottes und Widerspenstigkeit gegen Gott.

2,147 (Das ist) die Wahrheit von deinem Herrn,
gehöre daher nicht zu den Zweiflern!

Das Attribut „Zweifler" wird für unterschiedliche Zielgruppen verwendet: 10,94 für Juden; 6,114 für Polytheisten und Christen; 2,147 und 3,60 für Christen, die mehr über ʿĪsā behaupten, als er tatsächlich ist. Die Wahrheit jedoch, wie hier von Gott an Muḥammad bestätigt wird, ist „nur das, was dir von deinem Herrn zukommt, nicht das, was dir die Juden und die Christen sagen,"[260] nämlich „die *qibla*, die auf Ibrāhīm, den Freund des Erbarmers, zurückgeht."

Nun geht aṭ-Ṭabarī auf die Vorhaltung ein, wie es denn sein könne, dass ein Prophet zweifle, so dass Gott ihn ermahnen müsse? Sein Ansatz ist philologisch: Bei den Arabern sei es üblich, eine Aufforderung an einen Anwesenden zu richten, in Wirklichkeit aber Abwesende zu meinen.

Der SKD-Kommentar dagegen sieht sie an die Muslime aller Zeiten gerichtet, v. a. jedoch die zeitgenössischen, die, wie Sayyid Quṭb klagt, „Orientalisten aus den Reihen von Juden, Christen und ungläubigen Kommunisten" Gehör schenkten, ja, die junge Menschen in deren Universitäten schickten, so dass diese dann „mit infiziertem Verstand und ohne Gewissen" in die islamische Welt zurückkehrten.[261]

2,148a Jeder hat eine Zielrichtung [*wiǧha*], zu der er sich hinwendet.

Dieser Vers erweckt den Eindruck, als seien die Richtungen der anderen Religionen durchaus gottgewollt, wobei „Zielrichtung" (*wiǧha*) auch als Synonym zu *milla, dīn* und *qibla* verstanden wird.

---

[258] *aṭ-Ṭabarī*, Tafsīr II, S. 25–27.
[259] *Paret*: „zum Teil verheimlichen sie"; *Khoury*: „verschweigt wissentlich die Wahrheit".
[260] *aṭ-Ṭabarī*, Tafsīr II, S. 27.
[261] SKD I, S. 72, Anm. 295.

Nach ar-Rabīʿ:
„Jeder hat eine Zielrichtung", das heißt, Gott gab den Juden eine Richtung, zu der er sie gewendet hat, und den Christen gab er eine Richtung, zu der er sie gewendet hat. Aber euch, o umma, hat Gott rechtgeleitet zu jener Gebetsrichtung, die die seine ist.[262]

Dann aber könnte Juden und Christen eigentlich kein Vorwurf daraus gemacht werden, dass sie die ursprüngliche Richtung verändert hätten.[263]

2,148b So wetteifert nach den guten Dingen [*al-ḫairāt*]![264]

Die „guten Dinge" sieht aṭ-Ṭabarī in der Bewahrung der *qibla*, von der Juden, Christen und andere Völker zuvor abgeirrt sind. Nun geht es darum, im Diesseits Vorräte für das Jenseits zu sammeln, da Gott nun den Weg der Rettung gezeigt hat und niemand von den Menschen eine Entschuldigung mehr hat. Andere Ausleger verstehen darunter die guten Werke, wie *ḫairāt* an anderen Stellen des Korans gebraucht wird.

2,148c Wo immer ihr auch sein werdet,[265] Gott wird euch alle herbeibringen.
Gott hat zu allem die Macht.

Damit ist nach aṭ-Ṭabarī der Tag der Auferstehung gemeint. Gott feuert die Gläubigen an zum Gehorsam gegenüber ihm, „im Diesseits Vorrat anzusammeln für das Jenseits, damit dem Gütigen mit Güte vergolten wird und dem Bösewicht mit Bösem, oder indem Gott beiden vergibt."[266]

Insgesamt dreimal erfolgt völlig wortgleich der Befehl *fa-walli waǧhaka šaṭra l-masǧid al-ḥarām*, das Gesicht in Richtung der heiligen Kultstätte zu wenden.

2,149 Und woher immer du heraustrittst,
wende dein Gesicht in Richtung der heiligen Kultstätte.
Gewiss, das ist die Wahrheit von deinem Herrn.
Und Gott ist nicht unachtsam dessen, was ihr tut.
2,150a Und woher immer du heraustrittst,
wende dein Gesicht in Richtung der heiligen Kultstätte.
Und wo immer ihr seid, da wendet eure Gesichter in ihre Richtung,
damit die Menschen kein Beweismittel gegen euch haben,
außer denjenigen von ihnen, die Unrecht tun.

Mit den Menschen, die Beweismittel gegen die Muslime suchen, sind nach aṭ-Ṭabarī[267] hier die *ahl al-kitāb* gemeint und ihre Anfeindungen wegen der Än-

---

[262] *aṭ-Ṭabarī*, Tafsīr II, S. 29.
[263] Im übrigen ist der Koran selbst nicht ganz einheitlich in seinen Aussagen diesbezüglich: Einmal wird die Unterschiedlichkeit zunächst als gottgegeben gutgeheißen, jedoch mit dem Ziel der Prüfung, so dass letztlich doch wieder eine Einheit in „euer aller Rückkehr zu Gott" sein wird (5,48; 42,8); ein anderes Mal als menschliche Verirrung gezeichnet, zu deren Lösung Gott die Bücher geschickt habe (2,213; 10,19; 11,118; 16,93; 21,92; 23,52).
[264] *Khoury*: „So eilt zu den guten Dingen um die Wette".
[265] Einfügung *Paret*: „wenn das Ende über euch kommt", worin er aṭ-Ṭabarī folgt.
[266] *aṭ-Ṭabarī*, Tafsīr II, S. 30.
[267] *aṭ-Ṭabarī*, Tafsīr, S. 31–35.

derung mit dem Argument, er habe sich nach dem Ort seiner Väter und der Religion seines Volkes gesehnt. Damit könnten sie aber nur das einfache Volk überzeugen. Oder, nach SKD, könne dies zur Vorbeugung gegen den Vorwurf der Juden gemeint sein, Muḥammad lehne zwar ihre Religion ab, befolge aber gleichwohl ihre Gebetsrichtung.[268] Die Unrecht Tuenden seien nach aṭ-Ṭabarī die Polytheisten unter den Arabern von Quraiš, die es sowieso nichts angehe, was Gott den Gläubigen befiehlt oder verbietet, da es ihnen von vornherein nicht um Argumentation, sondern um Feindschaft ginge. Die Wiederholungen sollen „die überragende Bedeutung ihrer neuen Gebetsrichtung als Mittelpunkt ihres religiösen und gesellschaftlichen Leben" betonen.[269]

2,150b – So fürchtet nicht sie, sondern fürchtet Mich! –

Paraphrase: O ihr Muslime, habt keine Angst vor denen, sie werden nichts gegen euch ausrichten können, sondern fürchtet allein die Strafe Gottes, die euch treffen wird, wenn ihr euch Gottes Befehl widersetzt.

2,150c Und [270] damit Ich Meine Gunst [*niʿmatī*][271] an euch vollende,
auf dass ihr rechtgeleitet werden möget.

Die Gunst Gottes erwies sich aṭ-Ṭabarī zufolge darin, dass er Ibrāhīm zum *imām* machte und den Menschen nun dessen *qibla* zeige, seine Gunst und Güte durch das muslimische Hanifentum und die Gesetze dieser Glaubensrichtung vervollkommne, die er bereits allen Propheten befohlen hat.

5.3.4 Die *qibla* als theologische Abgrenzung von Juden und Christen

Obwohl es sich bei der Kaʿba um ein heidnisches Heiligtum handelt(e), erfolgt die Auseinandersetzung mit ihm – als „gereinigter" Kultstätte – ausschließlich in einem jüdischen Kontext. Bereits in 2,143 wird die neue Gebetsrichtung ausdrücklich als der Punkt formuliert, an dem die Unterscheidung zwischen den Nachfolgern des Gesandten und denen, die diesen Schritt nicht mehr bereit sind mitzugehen („wer auf den Fersen umkehrt"), sichtbar wird, der Punkt, an dem kein Ausweichen, keine Zweigleisigkeit mehr möglich ist. Ja, von nun an liegt in der Richtung des Gebets bereits ein Teil des islamischen Glaubensbekenntnisses, da sie sich aus dem Gegensatz zum Judentum und in anderer Weise auch zum Christentum konstituiert: War die erste *qibla* in bewusster Übereinstimmung mit der Gebetspraxis der *ahl al-kitāb* gewählt, so diente die Umorientierung in

[268] SKD I, S. 73, Anm. 301.
[269] SKD I, S. 73, Anm. 300.
[270] Einfügung *Paret*: „Und (ich schreibe euch dies vor)".
[271] *Paret, Khoury*, SKD: „Gnade".

der zweiten *qibla* genauso bewusst der Abkehr und der Abgrenzung von ihr.[272] Schon die Sīra erzählt von dem Medinenser Barā' b. Maʿrūr, der bereits vor der *hiǧra* die Gebetsrichtung zur Kaʿba wählt. Hier scheint schon die Polarität Jerusalem – Kaʿba auf, die jeder mit seiner *qibla* in Hinwendung und Abkehr zum Ausdruck bringt.[273]

Wenn Muḥammad seinen inneren Frieden nun nur noch in der Übereinstimmung mit der Richtung seines Vaters Ibrāhīm findet, werden damit Juden und Christen unausgesprochen zu ungehorsamen Kindern dieses Vaters gemacht – und ihr Anrecht bzw. Anspruch auf Ibrāhīm muss zwangsläufig verfallen, wie es dann in 3,68 ausgedrückt werden wird.

Islam has displaced Jewry, though by a different theology of history, from centrality to God's will and made that conviction its own.[274]

Wie sehr diese theologische Entscheidung auch die Topographie Mekkas beeinflusste, ist in der heutigen *ḥaram*-Anlage zu sehen: Das *bāb Ibrāhīm* befindet sich, wie bereits erwähnt (siehe Schaubild 11), direkt gegenüber dem *bāb an-nabī*, so dass man von beiden Toren her aufeinander zugehen kann und sich in der Mitte an der Kaʿba trifft – doch diese Achse zwischen beiden Toren steht genau senkrecht zur Richtung nach Jerusalem. Dies ist die einzig mögliche architektonische Anordnung, die Jerusalem völlig außer acht lässt – eine Stein gewordene theologische Aussage.

Dazu tritt die zwar formale Übernahme jüdischer Gebote und Sitten – bei gleichzeitiger Änderung der Begründungen und der Details, etwa in den Speisegeboten (2,168–173) und im Ramaḍān-Fasten (2,183–187), das an die Stelle des jüdischen ʿAšūrā'-Fastens tritt.[275]

Während in diesem Prozess der so vertraute Name Ibrāhīms ständig wiederkehrt, vollzieht sich doch gerade unter seinem Vorzeichen der grundlegende

---

[272] *S. Schreiner*, al-Quds – Jerusalem, heilige Stadt des Islam, S. 420; *Nasr Hamid Abu Zaid*, Den Koran neu denken. Für eine humanistische Hermeneutik, in: Burgmer (Hrsg.), Streit um den Koran, 123–145, hier: S. 140; *Barbara Finster*, Die Mosaiken der Umayyadenmoschee von Damaskus, Wiesbaden 1972, S. 137.

[273] Sīra I/2, S. 288; Sīra Rotter, S. 96.

[274] *K. Cragg*, The Event of the Qur'ān, S. 64.

[275] Das Fasten könnte auch ein altes mekkanisches Fest gewesen sein, sehr viel wahrscheinlicher wurde es in Medina von den Juden übernommen. Darauf weist auch der Name vom jüdischen צָשׂוֹר, „zehnter Tag" = jüdischer Versöhnungstag am 10. Tischrī. Das Fasten am jüdischen Versöhnungstag ist ein eintägiges Fasten; die „unerhörte Steigerung" in ein Monatsfasten lässt sich Nöldeke zufolge (GdQ I, S. 179.180) damit erklären, dass Muḥammad damit die Dauer von 40 Tagen des christlichen Osterfastens übernommen habe. Während die byzantinische Kirche nur die Enthaltung von bestimmten Speisen als Fasten verlangt, ist das Fasten während des Tages allein bei den Manichäern nachzuweisen. Möglicherweise gab es in Arabien christliche Sekten, die ihr Fasten auf diese Weise begingen. – Die Schiiten haben neben dem Ramaḍān- auch das ʿAšūrā-Fasten.

Wechsel: „The first evidence of the complete division of Islam and Judaism is the dogma of the religion of Abraham as it developed in the year 2 A. H."[276]

5.3.5 Die *qibla* als Ausdruck islamischer Eigenständigkeit

Die Ibrāhīm-Erzählungen um die Kaʿba und die daraus folgende Idee der *millat Ibrāhīm* „provided Muhammad with a basis on which he could maintain his independence vis-à-vis Judaism and, at the same time, present Islam as the originally revealed religion (…) The reason for the introduction of the dogma was to free Islam from the bonds of Judaism."[277]

Muḥammad selbst soll die *qibla* mit einem Palmstamm oder einem Stein markiert haben, nach ihm geschah dies durch seinen Stab, der in die Wand der Moschee in Medina eingelassen wurde. Als *qibla*-Wand mit Nische, dem *miḥrāb*, wurde sie wohl zuerst in Medina eingeführt, dessen Moschee im Jahr 91/709 fertiggestellt wurde, dann unter al-Walīd I. (705–15)[278] in allen anderen Moscheen. Sie bezeichnet, wie zuvor der Stab des Propheten, den Platz des Imām als *ḫalīfa* (Stellvertreter, Nachfolger) des Propheten, dessen Platz er einnimmt, was in frühislamischer Zeit, als der Kalif geistliches und politisches Oberhaupt zugleich war, von Bedeutung war. Der Bogen über dem *miḥrāb* ist ein Hoheitszeichen, ausgestaltet mit Schriftbändern,[279] auf dem meist der Thronvers (2,255) steht, der die Allmacht Gottes verkündet. Die Archäologin Barbara Finster hält es für möglich, dass sich ursprünglich über dem *miḥrāb* der Umayyadenmoschee in Damaskus eine Kaʿba-Darstellung befand, womit die betonte Umorientierung in Analogie zu jüdischen Darstellungen eindeutig festgelegt wäre. „Die Kaʿba hätte den Platz des zukünftigen, himmlischen Tempels der Juden eingenommen, der über dem Thoraschrein die Richtung nach Jerusalem angab."[280]

Während im frühen Christentum die Kirchenväter judaisierende Tendenzen in den religiösen Praktiken bekämpften, ist der Umgang des Islam mit dem Judentum ein völlig anderer. Muḥammad gab die „judaisierenden" Vorschriften nicht auf, weil er darin eine Bedrohung der Identität der muslimischen Gemeinschaft gesehen hätte. Vielmehr war die Änderung der Gebetsrichtung eine

[276] *A. J. Wensinck*, Muhammad and the Jews of Medina, S. 43.

[277] A. a. O., S. 95.

[278] Nach *Maribel Fierro* erst durch ʿUmar II. b. ʿAbd al-ʿAzīz (717–20), in: The treatises against innovations – *kutub al-bid*ʿa, in: *Der Islam* 69 (1992), S. 216.

[279] Die Kennzeichnung der *qibla* durch ein *miḥrāb* galt manchen – etwa den beiden mālikitischen Andalusiern Ibn Waḍḍāḥ (gest. 287/900) und aṭ-Ṭurṭūšī (gest. 520/1126) – als *bidʿa* (unzulässige Neuerung), die nicht der prophetischen Tradition entspringt. Da sie sich jedoch bereits eingebürgert hatte und nicht mehr rückgängig gemacht werden konnte, versuchte man wenigstens ihre künstlerische Ausgestaltung zu verbieten oder zumindest zu beschränken. Der Grund: Es sollten nicht die Tempel der Juden und Christen nachgeahmt werden (*M. Fierro*, S. 207–17).

[280] *B. Finster*, Umayyadenmoschee, S. 137.

Folge der eskalierenden politisch-gesellschaftlichen und religiösen Auseinandersetzungen mit den Juden Medinas. Mitnichten ist sie Ausdruck von Muḥammads Bewusstsein als „legitimer Erbe der biblischen Traditionen bezüglich Jerusalems",[281] im Gegenteil.

Die Bedeutung der Kaʿba-*qibla* als islamisches Proprium[282] kann nicht hoch genug angesetzt werden, ist sie doch nun das neue alte „geistige Zentrum der allgemeingültigen und weltumfassenden Religion des Islam", der „Mittelpunkt der Gottesanbetung und Symbol der islamischen Einigkeit"[283] und zugleich auch dessen geographische Materialisierung. In ihr nimmt der geistige Gehalt sichtbare Gestalt an, so dass in zahlreichen islamischen Weltkarten die Kaʿba als Zentrum der Erde eingezeichnet ist.[284] Nicht von ungefähr wurden bereits in frühislamischer Zeit die Muslime darum *ahl al-qibla* genannt.[285]

Damit hat sich die muslimische Gemeinschaft von Jerusalem abgewandt, von Medina aus gesehen Jerusalem gar demonstrativ und höchst symbolträchtig den Rücken zugekehrt.[286] Und zugleich begann sie damit, ihre – arabische – Eigenständigkeit zu betonen und Schritt für Schritt auszubauen.

> The change of the qiblah was significant in that it further marked off the Muslims as a community with its own rituals and symbols.[287]

Darüber hinaus wurde damit „die Fabel von der Überlegenheit des auserwählten Volkes der Juden und ihrer Religion zunichte gemacht."[288]

Mit der Rückwendung der Orientierung nach Mekka treten Muslime „wieder in den Raum ihrer eigenen Erinnerung" ein und gewinnen hier ihre „kollektive Identität".[289] Religiös-politisch wird mit dieser Änderung der arabische Charakter der koranischen Offenbarung, der „imaginäre Raum der Schrifterinne-

---

[281] So *P. G. Buttler*, Reinige mein Haus, S. 215.

[282] Dass der Terminus *qibla* als Orientierungs- und Kristallisationsort nicht nur religiös, sondern durchaus auch politisch und ethnisch verstanden werden kann, belegt eine Redewendung unter nordirakischen Kurden: *Kirkūk qiblay Kurdistāna* („Kirkuk ist unsere Gebetsrichtung"; mündliche Information, Mustafa B. am 28.5.2014).

[283] SKD I, S. 19.

[284] So bereits in einem Schulbuch: *M. M. Ahsan*. The children's book of Islam II: ʿIbādah, Leicester 1399/1979, S. 31; Mekka, das Zentrum der Welt. Titelbild aus einem arabischen Atlas von 958/1551, in: Lewis (Hrsg.), Welt des Islam, 1976, S. 17. – Ähnlich wurde im christlichen Bereich Jerusalem als Zentrum der Welt dargestellt.

[285] *J. van Ess*, Theologie und Gesellschaft I, S. 201.

[286] Im Gegensatz zu der vermutlich in Mekka von Muḥammad praktizierten Kombination der Richtungen von Kaʿba und Jerusalem wird nun die Kombination von Jerusalem und Kaʿba – in Form eines Gebets hinter dem Felsen in Richtung Mekka – unstatthaft (*M. J. Kister*, You shall only set out for three mosques, in: M. J. Kister, Studies in Jāhiliyya and Early Islam, 173–196, hier: S. 194).

[287] *M. Mir*, Dictionary of Qur'ānic Terms and Concepts, S. 169.

[288] SKD I, S. 70, Anm. 283.

[289] *Angelika Neuwirth*, Zur Symbolik des Islam. Neue Überlegungen zur Gebetsrichtung. Vortrag am 20. April 1995 im Orientinstitut Istanbul, S. 16.

rung" betont. Die direkte Verbindung mit Ibrāhīm entkleidet das Heiligtum von Mekka seines paganen Ursprungs, „stellt die unmittelbare Verbindung zu den Patriarchen wieder her"[290] und macht aus dem „ersten Haus, das für die Menschen errichtet wurde" (3,96) das erste Heiligtum Gottes auf Erden – noch vor dem Tempel von Jerusalem.

Aufgrund dieser theologischen Um- und Neuorientierung beginnt „der Islam" im Grunde mit der Änderung der *qibla* – und nicht mit der *hiǧra*, dem Beginn der islamischen Zeitrechnung.[291]

In derselben Linie muss der Bau des Felsendoms durch den umayyadischen Kalifen ʿAbd al-Malik b. Marwān (reg. 685–705) gesehen werden: Dieses älteste Zeugnis muslimischer Architektur, das noch als byzantinischer Memorialbau in Oktagonform von syrischen und byzantinischen Architekten ausgeführt wurde, steht an dem Platz, an dem sich einst der jüdische Tempel befunden hatte. Möglicherweise ist der Felsen, der dem Gebäude seinen Namen gab, *qubbat aṣ-ṣaḫra* (Kuppel über dem Felsen), der ehemalige Brandopferaltar des Tempels, also die heiligste Stätte des Judentums; ebenso wird sie mit Morija, dem Ort der Aqedah identifiziert. Mit der Lokalisierung der Stelle auf dem Felsen, von der aus Muḥammad nach der Nachtreise seine Himmelreise begann,[292] ist sie islamisch be-setzt – und somit er-setzt.

> Man hat die Errichtung des Doms an dieser Stelle überzeugend als einen symbolischen Akt interpretiert, durch den der Islam in die Nachfolge Abrahams gestellt wurde und der ihn vom Christentum und dem Judaismus loslöste. Die Inschriften im Innern, die frühesten bekannten Darstellungen von Korantexten, künden von der Größe Gottes „des Mächtigen, des Weisen". Sie erklären, daß „Gott und seine Engel den Propheten segnen", und fordern die Christen auf, Jesus als einen Apostel Gottes, als sein Wort und seinen Geist, nicht aber als seinen Sohn anzuerkennen.[293]

Die Wahl dieses Ortes steht wiederum in der Linie von Anknüpfung und Ersetzung – die verheerenden theologischen Folgen verhindern bis heute eine politische Lösung des Nahostkonflikts.[294]

Da mutet es doch seltsam an, wenn ausgerechnet das Zentralsymbol islamischer Exklusivität von einem deutschen Konvertiten während einer Dialogveranstaltung zum Inbegriff islamischer Teilhabe am gemeinsamen Glauben an den einen Gott aller Propheten deklariert wird:

---

[290] SKD I, S. 174, Anm. 166.

[291] Sie beginnt auch nicht mit der Schlacht von Badr, wie *J. Bouman* meint (Christen und Moslems, S. 23).

[292] Die Legende führt den Nachweis mit Hilfe eines Fußabdrucks und einiger Barthaare Muḥammads.

[293] *Albert Hourani*, Die Geschichte der arabischen Völker. Weitererzählt bis zum Arabischen Frühling von M. Ruthven, Franfurt / Main 2014, S. 63.

[294] Den Felsendom in positivem Sinne als „Anknüpfung an die jüdische Tradition" zu sehen, wie das *J. Gnilka* tut, verkennt völlig die Sprache der theologischen Geographie (Die Nazarener und der Koran, S. 133).

Fünfmal am Tage, wenn wir uns im Gebet gen Mekka verneigen, richten wir unser geistiges Auge auf die Kaaba, jenes ehrwürdige Haus, von Abraham und seinem Sohn Ismail erbaut, in dem zum ersten Mal in der Geschichte der Menschheit dieser Eine, dieser alleinige Gott (…) verehrt wurde. So ist denn die Kaaba Symbol für das Eingebettetsein auch der Muslime in Glaube, Verkündigung und Lehre aller Propheten Gottes von Adam bis Muhammad.[295]

Vielmehr wird durch die ganzheitliche, körperlich-sinnliche Hinwendung zur Kaʿba und das Gebetsritual mit seinen den ganzen Körper erfassenden Bewegungen eine immer neue „Inszenierung“ des Kommunikationsprozesses zwischen Beter und Gott vollzogen, ausgerichtet auf den Ort, der durch Ibrāhīm und Muḥammad Anfang und Vollendung des Islam ist.

5.4 „aslim – aslamtu“: *Die Islamisierung des Patriarchen*

5.4.1 Ibrāhīm als erster *muslim*

2,130–134[296] (medin.)

2,130a Und wer überhaupt verschmäht die *millat Ibrāhīms*[297]
außer dem, der selbst töricht[298] ist?

Aṭ-Ṭabarī paraphrasiert:

Wer verlässt überhaupt die millat Ibrāhīm, indem er ihr eine andere vorzieht? Damit hat Gott die Juden und Christen gemeint, weil sie sich selbst das Judentum und Christentum ausgesucht und sie dem Islam vorgezogen haben. Denn die millat Ibrāhīm ist die muslimische ḥanīfīya. Wie Gott sagt: „Ibrāhīm war weder Jude noch Christ, sondern ein Gott ergebener Hanif.“ (3,67) Und Gott sagt: „Wer gibt die millat Ibrāhīm, die muslimische ḥanifīya auf, außer dem, der töricht ist?“[299]

Qatāda noch deutlicher (ebenso Rabīʿ):

Die Juden und Christen haben seine milla verschmäht und das Judentum und Christentum angenommen, eine häretische Neuerung, die nicht von Gott ist. Sie haben die millat Ibrāhīm

[295] Grußwort von *Muhammad Aman Hobohm*, Stellvertretender Vorsitzender des Zentralrats der Muslime in Deutschland, anlässlich des 25-jährigen Jubiläums der Internationalen Studentenkonferenz zur Begegnung von Juden, Christen und Muslimen in Bendorf am 19.3.1998 unter dem Titel: „Wie stehen wir zum Trialog?“ in: www.islam.de/islam/D40… ikationen/431_Zmd/im22wie.html.

[296] *aṭ-Ṭabarī*, Tafsīr IV, S. 558–563; SKD I, S. 65–67; *Khoury*, Komm. II, S. 133–137; *M. Ayoub*, The Qur'an and its interpreters I, S. 158–164.

[297] *Elyas* übersetzt hier „Glaubensbekenntnis“, was jedoch im Deutschen die Assoziation zu einem ausformulierten Credo erweckt; „Religion“ bei Paret und Yusuf Ali.

[298] *Elyas* ungeschickt: „betört“; SKD: „der sich selbst zum Toren macht“.

[299] *aṭ-Ṭabarī*, Tafsīr IV, S. 558.

verlassen, die Glaubensrichtung des Hanifen Ibrāhīm. So sandte Gott seinen Propheten Muḥammad mit der millat Ibrāhīm.

Töricht zu sein – eben wie Juden und Christen – bedeutet nach aṭ-Ṭabarī: unwissend zu sein über das, was eigentlich das Glück der Seele ist, nicht zu wissen, was der Seele schadet oder nützt im Jenseits, und an seinem Glück vorbeizugehen.

2,130b Wir haben ihn doch im Diesseits auserwählt,

Ibrāhīm wurde von Gott auserwählt zur Freundschaft. Wer sich ihm widersetzt, der widersetzt sich damit zugleich Gott. Und wer sich Muḥammad und seiner Botschaft widersetzt, der widersetzt sich Ibrāhīm. Darin liegt der eindeutige Beweis von Gott, dass ein solcher zugleich ein Feind Gottes ist, weil er sich dem *imām* widersetzt, den Gott für seine Geschöpfe eingesetzt hat.

und im Jenseits gehört er wahrlich zu den Rechtschaffenen.
2,131a Als sein Herr zu ihm sagte: „Sei mir ergeben! [*aslim*]"

Nach *aṭ-Ṭabarī* sagte Gott: „Sei aufrichtig in deiner Anbetung, und unterwirf dich mir durch Gehorsam."[300]

2,131b sagte er:
„Ich habe mich dem Herrn der Menschen in aller Welt[301] ergeben."
[aslamtu li-rabbi l-ʿālamīn]

Elyas / Bubenheim übersetzen *aslim* (2,131) in der modernen Bedeutung „Werde Muslim!" und geben damit dem Vers eine eindeutige, jedoch unzulässig verengte Bedeutung.[302]

Denn noch ist hier in Sura 2 das Verb *aslama* nicht als Terminus technicus zu verstehen als „sich der Religion des Islam anschließen", sondern in seiner ursprünglichen Bedeutung:[303] *aslama,* IV. Stamm von *s-l-m*, das jedoch in seiner einfachen Form im I. Stamm im Koran nicht vorkommt, hatte vorislamisch die Bedeutung „übergeben". Während *dīn* und *milla* nichtarabischer Herkunft sind,[304] ist *aslama* mit seinen Substantivbildungen *islām* und *muslim* echt arabisch. Da *aslama* bereits in der frühesten Nennung im Koran in einer anderen Nuance und in einem spezifisch religiösen Kontext erscheint, vermutet Jeffery vor allem für das Nomen *salām* die Herkunft aus dem Aramäischen und Syro-

[300] *aṭ-Ṭabarī,* Tafsīr IV, S. 560.

[301] *Elyas*: „Herrn der Weltenbewohner, Herrn aller Welten".

[302] Sie folgen damit einigen Korankommentatoren, die den Vers ebenfalls anachronistisch lesen. Vgl. 5,111, wo die Jünger bezeugen, dass sie ihm, ʿĪsā, ergeben seien; Elyas / Bubenheim ergänzen dazu in der Anmerkung: „d. h. Muslime sind".

[303] „From a scholarly point of view, ‚Islam' is a tricky word. People use it to mean different things." *Jaques Waardenburg*, Islam – Historical, Social and Political Perspectives, Berlin / New York 2002, S. 1. Siehe auch SKD I, S. 65.

[304] *dīn:* von mittelpersisch *dên* = vision, conscience, individuality (Encyclopaedia Iranica); *A. Jeffery*, Foreign vocabulary, S. 131.

Aramäischen, wo es in Eigennamen bereits die spätere religiöse Bedeutung hatte.[305] Bereits bei Muḥammad erfuhr *aslama* einen gewissen Bedeutungswandel. Die transitive Verwendung mit Akkusativobjekt *man yuslima wağhahū li-llāh* (der sein Gesicht ganz Gott zuwendet, auf Gott richtet; 4 mal), das heißt „es ihm völlig ausliefert" scheint dabei die früheste Bedeutung zu sein,[306] gefolgt von *aslama li-rabb al-ʿālamīn* (sich dem Herrn der Welten ergeben; 4 mal) und schließlich objektlos, verkürzt *aslama* im absoluten Gebrauch *aslama li-'llāh* oder *aslama lahū* (15 mal)[307] als „total religious demand and surrender".[308] Von den acht Nennungen im Koran fallen nur zwei in die mekkanische Zeit: Nur der, dessen Brust Gott für den Glauben weite, finde tatsächlich den Weg zur Erkenntnis (6,125; 39,22). In spätmedinischer Zeit ist es zweimal der Akt des Übertritts zum neuen Glauben (9,74; 49,17), auch 61,7 könnte im Sinne der vollendeten neuen Religiosität gemeint sein: Eindeutig dagegen ist in 3,19.85 und 5,3 der Islam als der zu praktizierende Glaube, den Gott für richtig erkennt und billigt. So wird allmählich aus *aslama* mit dem Partizip aktiv *muslim* der *terminus technicus* für „den Islam annehmen, dem Islam beitreten", die bis heute geläufige Bezeichnung für den Bekenner der von Muḥammad gestifteten Religion. Das Nomen *muslim* war im vorislamischen Arabien bekannt, wohingegen *al-islām* eine Bildung durch Muḥammad sein dürfte.[309]

Auch von den Auslegern wird 2,131 demnach von der späteren Bedeutung her als *terminus technicus* verstanden:

Wenn jemand die Frage stellt: Hat Gott Ibrāhīm zum Islam gerufen?, dann ist zu antworten: Jawohl, er hat ihn dazu gerufen. Und wenn er fragt: Wann hat er ihn gerufen?, dann ist zu antworten: Als er sagte: „O mein Volk, ich sage mich los von dem, was ihr (Ihm) beigesellt. Ich wende mein Gesicht Dem zu, Der die Himmel und die Erde erschaffen hat, als ḥanīf; und ich gehöre nicht zu den Götzendienern." (6,78f.) Das war der Zeitpunkt, an dem ihn sein Herr zur Unterwerfung aufforderte, nachdem er ihn mit dem Stern, dem Mond und der Sonne geprüft hatte.[310]

Dieser zentralste aller islamischen Begriffe, der Name, der die Essenz der Religion verkörpert, wird hier in doppelter Weise mit Ibrāhīm verbunden: als Befehl Gottes und als gehorsame Antwort des Menschen – der darin bereits sein *muslim*-Sein demonstriert.

---

[305] Siehe auch *A. Jeffery*, Foreign vocabulary, S. 174f.

[306] Weitere Belege 6,79; 4,125; 31,22; 3,20.

[307] Vgl. die Bedeutung des ursprünglichen *aslama* bei *K.-J. Kuschel* als „Hingabe des Menschen an den Willen des einen und einzigen Gottes, Rechtgeleitetheit im Leben und Sterben" (Streit um Abraham, S. 187)

[308] *K. Cragg*, The event of the Qur'ān, S. 13.

[309] *A. Jeffery*, Foreign vocabulary, S. 62–63. – *W. M. Watt* (Muhammad at Mecca, Exkurs D) nimmt einen Bedeutungswandel von *tazakkī* (self-purification, being purified) an, das abgelöst wird von *islām* (Siehe auch: *Toshihiko Izutsu*, The concept of belief in Islamic theology: a semantic analysis of Īmān and Islām, New York 1980.).

[310] *aṭ-Ṭabarī*, Tafsīr IV, S. 560.

The argument over the extent to which islām as a term conveys an ethos derived from ancient Arabia or is to be intimately linked to the Biblical Abraham, in his role as a ḥanīf or pious follower of the one God and the model for every righteous Muslim, illustrates the centrality of the discussion but also its inconclusiveness.[311]

Die meisten heutigen Muslime lesen 2,131 im Sinne von Elyas / Bubenheim als Urform menschlicher Gottesverehrung, als „universale und ursprüngliche Wahrheit, die es immer gegeben hat und die es immer geben wird“:[312]

Since Islam means ‘submission’, that statement (…) implies that all prophets have taught the same essential message of submission to God, even though in point of detail religions may have differed considerably from one another. Abraham, a monotheist, is presented as the prototypical ‘Muslim’, for with complete loyalty he submitted to the One God. Monotheism is thus the cornerstone of the perennial dīn, and was the creed of the first man, Adam (…) In other words, man has not ‘progressed’ from polytheism to monotheism, but has degenerated from monotheism to polytheism. Discovery of monotheism is properly called rediscovery of monotheism. What led men away from the original dīn? Not ignorance of truth but willful rejection of it was the main granting that truth could be found with others.[313]

Da es von Anfang an *islām* gab, die völlige Hingabe an Gott, ist nach koranischem Verständnis eine uranfängliche Unheils-Geschichte der Menschheit, die zu einer Heils-Geschichte gewendet werden muss, nicht denkbar. Dieser wahre Glaube wurde im Verlauf der Geschichte zwar verdunkelt, aber nie gebrochen im Sinne einer absoluten Trennung von Gott durch menschliche Sünde, und ist durch den Islam in seiner ursprünglichen Reinheit und Klarheit wiederhergestellt worden.[314] „Islam“ meint also den aus der ibrāhīmischen Gotteserkenntnis resultierenden Ritus, der in dem Bild der vollkommenen Hinwendung zum Schöpfer zusammengefasst wird.[315]

Dies führt zu einem umfassenden, geradezu universalen Verständnis von *muslim*-Sein:

Nature does not and cannot disobey God’s commands and cannot violate natural laws. Hence the entirety of nature is called muslim by the Qur’ān, for it surrenders itself to and obeys the command of God (…) The whole universe is therefore muslim, surrendering to the Will of God.[316]

Wie zuvor der Begriff „töricht“ für diejenigen, die den wahren Weg Ibrāhīms verlassen haben, so wird auch *aslama – islām* als ursprünglichste Wesensart und die dem Menschen bestimmte Lebenshaltung der „Hingewandtheit des Menschen

---

[311] *A. Rippin*, The Qur’ān. Introduction, S. xv. – *Helmer Ringgren*, Islām, Aslama and Muslim, Uppsala 1949.

[312] *Seyyed Hossein Nasr*, zit. in: K.-J. Kuschel, Streit um Abraham, S. 205.

[313] *M. Mir*, Dictionary, S. 51.

[314] *K.-J. Kuschel*, Streit um Abraham, S. 198.

[315] *T. Nagel*, Die Heilsbotschaft des Korans, S. 33.

[316] *F. Rahman*, Major themes of the Qur’ān, S. 13.24.65. Vgl. 3,83; 57,1; 59,1; 61,1.

zu Gott, die aus der Tatsache der Geschöpflichkeit und der Angewiesenheit auf die unablässige Fürsorge Gottes folgt",[317] zugleich zur Abgrenzung gegen die beiden anderen Hochreligionen verwendet. So zeigt Karl-Josef Kuschel die Konsequenzen des *muslim*-Seins Ibrāhīms auf: „Durch eine *Lehre eines Islam vor dem Islam* hat die muslimische Theologie ihren Wahrheitsanspruch (…) gleichsam abgedichtet und vor konkurrierenden offenbarungsgeschichtlichen Angriffen geschützt."[318]

Doch zurück zum Korantext:

Aṭ-Ṭabarī bezieht das „als" von 2,131 auf den vorigen Vers 130 „Wir haben ihn doch im Diesseits auserwählt" und setzt es ihm voran. So vertauscht er die Reihenfolge von Erwählung und der Aufforderung, sich Gott zu ergeben: Nicht die Erwählung ohne Vorbedingung (quasi *sola gratia*) steht bei ihm zeitlich an erster Stelle, sondern ihr geht – entgegen dem koranischen Wortlaut – die Unterwerfung im und durch Gehorsam voraus.

5.4.2 Ibrāhīms Söhne und Nachkommen als *muslimūn*

2,132a Und Ibrāhīm befahl es seinen Söhnen an – und Yaʿqūb –:

wa-Yaʿqūb ist Einschub, Vorwegnahme von V. 133,[319] was im Sinne der Verbalinspiration jedoch ein Problem aufwirft. Yaʿqūb hier im Nominativ ist ein eindeutiger grammatikalischer Bruch, es müsste im Akkusativ stehen, dann würde sich der Plural *banīhi* rechtfertigen lassen. Wenn Ibrāhīm aber zu Ismāʿīl und Isḥāq geredet hätte – da Yaʿqūb und dessen Söhne damals ja noch nicht lebten –, hätte er den Dual benutzen müssen. Die Konstruktion im Nominativ für beide, Ibrāhīm und Yaʿqūb, ist grammatikalisch problematisch. Qatāda erklärt den Einschub: „Yaʿqūb befahl es seinen Söhnen nach Ibrāhīm an."

Was aber befahl Ibrāhīm ihnen an?

Das Wort, das er ihnen anbefahl, ist „Ich habe mich dem Herrn der Welten ergeben", das ist der Islam, der dem Propheten befohlen worden ist, nämlich: die aufrichtige Anbetung, der reine Ein-Gott-Glaube und die Hingabe des Herzens an Gott.[320]

2,132b „O meine Söhne! Gott hat für euch die [321] Religion auserwählt.

Aṭ-Ṭabarī: Gott hat euch die Religion ausgesucht und anbefohlen.

2,132c So sterbt denn nicht, außer [Ihm] ergeben zu sein!"
[*illa wa-antum muslimūna*;
oder: außer im Zustand des Ihm-ergeben-Seins]

---

[317] *T. Nagel*, Die Heilsbotschaft des Korans, S. 34.
[318] *K.-J. Kuschel*, Streit um Abraham, S. 207.
[319] *R. Paret*, Kommentar und Konkordanz, S. 31.
[320] *aṭ-Ṭabarī*, Tafsīr I, S. 560 f.
[321] SKD I, S. 66 fügt hier ein: „die (wahre) Religion".

Aṭ-Ṭabarī paraphrasiert: Glaubt und verlasst den Islam nicht, denn ihr wisst nicht, wann der Tod euch ereilen wird, und dann habt ihr vielleicht eine Religion, die Gott nicht für euch ausgesucht hat und ihr sterbt, während euer Herr zornig ist mit euch und ihr so im Verderben endet.

2,133a Oder wart ihr etwa Zeugen, als Yaʿqūb der Tod nahte?[322]

Aṭ-Ṭabarī paraphrasiert in ungewöhnlich scharfem Ton die Rede Gottes, die in einen Generalvorwurf gegen Juden und Christen und ihre Verfälschung der Prophetengeschichten mündet:

„Ihr Volk der Juden und Christen, die ihr Muḥammad verleugnet, wart ihr etwa anwesend, als Yaʿqūb der Tod nahte? Darum stellt keine nichtigen Behauptungen über meine Propheten und Gesandten auf, hängt ihnen kein Judentum und kein Christentum an. Denn ich habe meinen Freund Ibrāhīm sowie seine Söhne Isḥāq und Ismāʿīl und ihre Nachkommenschaft mit dem islamischen Hanifentum gesandt, das sie ihren Kindern als Testament anbefohlen haben, und den Generationen danach. Wenn ihr dabei gewesen wäret und es von ihnen direkt gehört hättet, würdet ihr wissen, dass sie anders sind, als das was ihr aus ihnen gemacht habt, indem ihr ihnen andere Religionen und Bekenntnisse anhängtet, die erst nach ihnen kamen." Diese Verse sind herabgelassen, damit Gott der Erhabene die Juden und Christen der Lüge bezichtigt bezüglich dem, was sie über Ibrāhīm und seinen Sohn Yaʿqūb behaupten, nämlich dass sie deren Glaubensrichtung angehörten.[323]

Dies ist nicht nur aṭ-Ṭabarīs Meinung, sondern er führt dazu den Konsens der Ausleger an.

2,133b Als er zu seinen Söhnen sagte:
„Was[324] werdet ihr nach mir anbeten[325]?"

Aṭ-Ṭabarī stützt diese Übersetzung, indem er betont, dass das Pronomen – wie der Text mit dem nur für Sachen gebrauchten *mā* fordert – im Neutrum zu verstehen sei.[326]

2,133c Sie sagten: „Wir beten deinen Gott an
und den Gott deiner Väter Ibrāhīm und Ismāʿīl und Isḥāq,
einen einzigen Gott.
Und Ihm sind wir ergeben. [*wa-naḥnu lahū muslimūn*]"

Aṭ-Ṭabarīs Paraphrase: „Wir dienen ihm in Aufrichtigkeit, erkennen die eine Herrschaft des einen Gottes an und gesellen ihm nichts bei, nehmen keine Her-

---

[322] So am treffendsten *Elyas*, da der Tod als Subjekt eine eigenständige Größe darstellt mit der Implikation der Todesengel und des Gerichts. *Paret* („als es mit Jakob aufs Sterben ging") und noch stärker *Khoury* („als Jakob im Sterben lag") verlagern die Perspektive zu sehr auf Yaʿqūb.

[323] *aṭ-Ṭabarī*, Tafsīr I, S. 562–63.

[324] *Paret, Khoury, Elyas* übersetzen jeweils personal „Wem werdet ihr dienen?"

[325] *Elyas*: dienen.

[326] *Khoury* (Komm. II, S. 135) erkennt die Neutrum-Form und übersetzt sie personal maskulin, will es aber als Neutrum gebraucht sehen.

ren neben ihm." *Muslimūn* bezeichnet hier keinen einzelnen Akt des Gehorsams, sondern einen immerwährenden Zustand.

2,134 Das ist eine Gemeinschaft, die dahingegangen ist.
sie erhält, was sie verdient hat, und ihr erhaltet, was ihr verdient habt.
Und ihr werdet nicht danach befragt werden, was sie zu tun pflegten.

Das Urteil über jene Gemeinschaft, die vergangen und abgeschlossen ist, mit der man sich nicht zu vergleichen hat, wird bei den Auslegern zu einem vernichtenden Urteil:

Gott sagt zu den Juden und Christen: „O ihr Volk der Juden und der Christen, lasst fahren, was ihr über Ibrāhīm und Ismāʿīl und Isḥāq und Yaʿqūb und die Muslime unter ihren Kindern denkt, und hängt ihnen nicht den Unglauben (kufr) des Judentums und des Christentums an, indem ihr ihnen solches zuschreibt. Denn sie sind eine umma, gemeint ist eine Gruppe von Menschen, die ihren Weg gegangen sind und das Diesseits verlassen haben." Dann sagte der Erhabene zu den Juden und Christen: „Das was ihr ihnen in eurem irrigen Denken und in eurem Unglauben angehängt habt, das haben meine Propheten und Gesandten nicht verdient."[327]

Die Propheten haben also erhalten, was sie sich an Gutem verdient haben, während Juden und Christen entsprechend dem, was sie den Propheten antaten, erhalten werden. Denn „jede Seele erhält das (an Lohn), was sie verdient hat, und angelastet wird ihr nur, was sie getan hat." (2,286) – die islamische Lehre von der persönlichen Verantwortung, im Gegensatz zu Juden, die sich auf die Verdienste ihres Erzvaters oder zu Christen, die sich auf eine Mittlergestalt stützten, die ihnen die Folgen dieser Verantwortung abnehme.

In medinischer Zeit lässt Muḥammad Ibrāhīm die Kaʿba errichten und etabliert dort die Ismāʿīl-Linie. Somit bereitet er bereits im Jahre 624, keine eineinhalb Jahre nach der *hiǧra*, die Rückeroberung Mekkas vor, die im Jahre 630 erfolgen sollte. Mit der religiösen Legitimierung der Kaʿba durch Ibrāhīm, realisiert in der Änderung der Gebetsrichtung, wurde der Weg frei für die physische Inbesitznahme der Kaʿba und der sie beherbergenden Stadt Mekka.

Die Kommentatoren holen noch weiter aus und führen die ewige Heiligkeit Mekkas auf himmlischen Ursprung zurück. Somit werden nicht nur Jerusalem, sondern auch die Propheten schlechthin relativiert – einschließlich Ibrāhīm. Jerusalem, Morija und Zion werden sekundär, zusammen mit den ihnen verbundenen Personen und Geschehnissen; allein Ibrāhīm und Muḥammad werden mit den Zentren des islamischen Glaubens assoziiert. Ibrāhīm ist darin jedoch kaum mehr als der einsame Rufer und Gottesfreund in der Wüste, der das Heiligtum Gottes wieder errichtet. Ihm ist diesbezüglich allerdings kein dauerhafter Erfolg beschieden, da es nach ihm durch Götzendienst verunreinigt werden wird, und

[327] *aṭ-Ṭabarī*, Tafsīr I, S. 563.

erst das „Siegel der Propheten", Muḥammad, verhilft dem Heiligtum Gottes und somit Gott selbst ein für allemal wieder zu ihrem Recht.

Ibrāhīm islamisiert in dieser frühmedinischen Zeit zuerst sich selbst und dann in gleicher Weise seine Söhne und seine Nachkommen – er ist der erste *muslim*, und seine Söhne und deren Nachkommen sind alle *muslimūn* – Gott Ergebene. Muḥammad gründet nach koranischem Verständnis keine neue Religion, sondern legt die ursprüngliche Ibrāhīmsreligion wieder frei, die von Juden und Christen verdunkelt und verschüttet wurde.

5.5 Der Umgang mit den Juden

Was dies für den Umgang mit den Juden Medinas bedeutet, verdeutlicht K.-W. Tröger:

> Das bedeutet (...), dass der Loslösung des Islam vom Judentum im geistigen Bereich, die – so paradox das klingt – in der kultischen und theologischen Konzentrierung der neuen Religion auf Abraham gipfelt, alsbald die politische Trennung der werdenden islamischen Gemeinschaft von den jüdischen Einwohnern Medinas gefolgt ist.[328]

Muḥammads Haltung den Polytheisten gegenüber ist immer wieder mit den Propheten des Alten Testaments verglichen worden, die in ihren Kämpfen nicht nur gegen den Götzendienst, sondern eben auch gegen die heidnischen Fremdvölker unter dem Vorzeichen „Gott oder die Götter" weit über Muḥammad hinausgingen. Wie im vorigen Kapitel zu den Polytheisten gezeigt, war sein Vorgehen in der mekkanischen Zeit tatsächlich eher ein Kampf des Wortes als des Schwertes. Die am Ende der medinischen Zeit aufscheinende Feindschaft gegenüber den Polytheisten und die Ausnahme im Vorbild Ibrāhīms im Punkt der Fürbitte (60,4; 9,113 f.) wiesen bereits den Weg, den die islamische Theologie dann auch einschlug, indem sie Polytheisten in islamischem Herrschaftsbereich das Lebensrecht abspricht. In Bezug auf die Juden jedoch, deren Erzväter zum integrativen Bestandteil des eigenen Glaubens geworden sind, deren Propheten man gerade in die eigene Religion inkorporiert hat, mit denen man in einer Offenbarungslinie zu stehen glaubt und denen man zugesagt hatte „Unser Gott und euer Gott ist einer", könnte aus theologischen Gründen erwartet werden, dass sie als *ahl al-kitāb* eine andere Behandlung erfahren.

Dem ist jedoch nicht so: In Medina erhält die zuvor in Mekka angenommene innere Kontinuität eine dramatische Wendung. Wie nun genau die historische Reihenfolge war, wer wen zuerst abgelehnt und wer „nur" darauf reagiert hat, ist letztlich weder eindeutig nachweisbar – da wir hauptsächlich die Sicht der Siegerseite kennen – noch für das Ergebnis ausschlaggebend. Tatsächlich lässt sich eine Eskalation feststellen: Mit fortschreitendem Erstarken der eigenen Machtbasis

---

[328] *K.-W. Tröger*, Mohammed und Abraham, S. 200.

und angesichts des fortdauernden Widerstandes der jüdischen Stämme entfernt sich Muḥammad immer weiter von der nur verbalen Auseinandersetzung.

Die starke Hinwendung Mohammeds zu den Juden als „Schrift"- und Offenbarungsbesitzer und seine später ebenso leidenschaftlich betriebene Loslösung vom Judentum können nicht bloß mit den Kategorien wie „Erwartung" und „enttäuschte Hoffnung" beschrieben werden – sie liegen tiefer begründet in der Komplexität der Bedingungen eines eigenständigen religiösen Phänomens, vor allem in dem Mutterboden, auf dem es gewachsen ist.[329]

Inwieweit die Juden der arabischen Halbinsel tatsächlich auf einen in Mekka geborenen Messias gewartet haben, wie islamische Quellen nicht müde werden zu wiederholen,[330] oder ob ihnen dies lediglich von der Tradition zugeschrieben wird, da nach islamischem Verständnis jeder Prophet von seinem Vorgänger angekündigt worden sein muss, lässt sich wohl nicht mehr rekonstruieren. In den Verhandlungen von ʿAqaba, in denen die Einladung Muḥammads nach Yaṯrib ausgesprochen und seine Rolle vertraglich festgelegt worden war, waren keine Juden involviert. Die Sīra ist bestrebt den Eindruck zu erwecken, als hätten sich die medinischen Stämme Aws und Ḫazraǧ bereits beim 2. Treffen von ʿAqaba auf die Seite Muḥammads gegen die Juden gestellt – was jedoch als unhistorisch angenommen werden muss, da Muḥammad sich zu diesem Zeitpunkt noch in Übereinstimmung mit den Juden wähnte. Erst in Medina, „when these did not materialize his policy became anti-Jewish. It was only then that Banū Qaylah had to choose between the new prophet and their old allies."[331]

Einhellig sind die islamischen Kommentare jedoch in ihrer Klage über die ablehnende Haltung der Juden; die Enttäuschung darüber, dass diejenigen, denen man sich in Mekka so nahe gefühlt hatte, diese Nähe nicht teilten, sondern verschmähten, muss eine nicht zu heilende Verletzung geschlagen haben.[332] Wenn darum die Konversion des Rabbiners ʿAbd Allāh b. Salām von den Banū Qainuqāʿ, sobald er vom Kommen Muḥammads gehört hatte, in den höchsten Tönen gelobt wird, dann nur deshalb, weil er der einzige prominente Jude blieb, der den Islam annahm[333] – die große Mehrheit blieb ihrem Glauben treu und sah

---

329 A. a. O., S. 192.

330 Es werden Prophezeiungen angeführt, die eng an Jes 42,1–7, Sach 9,9 und Gen 49,10–12 angelehnt sind und das Bild Muḥammads als kommenden Messias der Juden vorbereiteten (zit. in *Wensinck*, S. 41).

331 *A. J. Wensinck*, Muhammad and the Jews, S. 33.

332 *W. M. Watt* nimmt an, hätten die Juden sich mit Muḥammad geeinigt, statt ihn abzulehnen, „they might have become partners in the Arab empire and Islam a sect of Jewry" (Muhammad at Medina, S. 219). *Norman Stillman* dagegen bezweifelt, dass Muḥammad so naiv gewesen und jemals im Ernst davon ausgegangen sei, die Juden könnten ihn akzeptieren (The Jews of Arab Lands, S. 10). Beide Positionen scheinen fragwürdig.

333 Sīra II/3, S. 48–51; siehe auch: *N. Stillman*, The Jews of Arab lands, S. 113 f. – Dass ʿAbd Allāh den Islam angenommen haben soll einzig aufgrund seiner Annahme, Muḥammad sei der „Bruder Mūsās", was an die spätere Deutung von Dt 18,18 erinnert, macht diese Konversionserzählung recht fragwürdig. In der Sīra II/3, S. 47 Anm. 2 zeigt sich in der Aufzählung der

in ihm wohl nur einen Hochstapler.[334] Ihre Ablehnung galt sowohl der Botschaft Muḥammads, die sie jedoch im Vergleich zu ihrer in Jahrhunderten entwickelten religiösen Tradition eher als armselig und minderwertig betrachteten und in religiösen Disputen *ad absurdum* führten,[335] als besonders seinem prophetischen Anspruch. Für sie musste ein Prophet aus dem Hause Aaron kommen. Zudem störten sie sich an seinen weltlich-politischen Ambitionen („He is merely a *malik* – king"),[336] von denen sie sich – zumal nach der Erfahrung mit der Niederschlagung des Bar Kochba Aufstandes (135 n. Chr.) – zu jener Zeit der Zerstreuung distanziert hatten; ebenso an seinem offensichtlichen Interesse an Frauen.[337]

Die psychologische Dynamik der zunehmenden Entfremdung bis hin zum Trauma beschreibt Norman Stillman:

> The Jewish scholars of Medina must have been particularly irksome to Muḥammad. It was bad enough that they rejected his prophethood, but this (...) was understandable in a sense even to Muḥammad. That they openly contradicted what he had to say was worse. And that they ridiculed what seemed to them his glaring errors in relating biblical and midrashic narratives was unforgivable. The learned Jews attacked him on the level at which he was most vulnerable and at the time in which he could do least about it.[338]

Johan Bouman zieht daher den Vergleich mit einer „Tragödie Shapespeares", da sowohl Muḥammad als auch die jüdischen Stämme Medinas in ihrem unvermeidlichen und unausgleichbaren Gegensatz sich in einer Zwangssituation befanden, die jedoch letztlich den einen zum Triumph, die anderen in den Untergang führte.[339]

5.5.1 Vertrag mit den Juden: Die Gemeindeordnung von Medina

Das gegenseitige Abtasten, das Wechselspiel von Erwartung und Enttäuschung, zog sich einige Zeit hin. Zudem stand Muḥammad in Medina, immer noch

---

jüdischen Feinde Muḥammads bei ʿAbd Allāh b. Ṣūriyā die Tendenz, im Nachhinein möglichst viele der Juden zu Konvertiten zu machen.

[334] *Mark Cohen*, Unter Kreuz und Halbmond, S. 39.

[335] Wie ärgerlich dies für den Propheten war, der zu ihrer Erwiderung die Hilfe seiner Offenbarungen benötigte, zeigt die Sīra: „It was the Rabbis of the Jews who would question the Apostle of Allah and harass him. They brought to him abstruse questions in order to confuse the truth with falsehood. Portions of the Koran were revealed concerning them and their questions." (Sīra II/3, 46; zit. in: *N. Stillman*, The Jews of Arab lands, S. 119 f.). Einige Rabbiner hätten zum Schein den Predigten Muḥammads beigewohnt, um sich danach über ihn lustig zu machen – das Spottmotiv, das immer wieder auftaucht.

[336] *A. J. Wensinck*, Muhammad and the Jews, S. 43–46.

[337] *C. Wenzel*, „Und als Ibrāhīm und Ismāʿīl die Fundamente des Hauses legten ...", S. 202; so auch von den Korankommentatoren des öfteren berichtet. – Zu den *topoi* der endlosen Dispute Muḥammads mit den Juden: *J. Wansbrough*, Sectarian Milieu, S. 40.

[338] *N. Stillman*, The Jews of Arab lands, S. 11.

[339] *J. Bouman*, Muhammad und die Juden, S. 3.

unter ständiger Bedrohung durch die Mekkaner, gewissermaßen in Zugzwang, in der Stadt eine neue lebensfähige Einheit zu schaffen, die sowohl religiöser als auch politischer Art sein musste. Die etwa 10.000 Mitglieder starke jüdische Gemeinde Medinas war zu groß, um sie nicht mit einzubeziehen in das Bündnis der *muhāǧirūn* (Auswanderer) aus Mekka und der zuverlässigen *anṣār* (Helfer) als neuen Gläubigen aus Medina. Die „Gemeindeordnung von Medina" (*ṣaḥīfat al-Madīna*)[340] hatte das Ziel, eine einzige Gemeinschaft (*umma wāḥida*) mit gegenseitiger Schutzverpflichtung zu formen. Die Mehrzahl der Islamwissenschaftler setzen sie in der Mitte des Jahres 2 A.H. an; ausgeschlossen ist die Datierung auf Muḥammads Ankunft, wie islamische Quellen ihn gerne von der ersten Stunde an als dominierende politische Kraft präsentieren wollen. Die Juden werden darin als Bundesgenossen, ja als selbstverständlicher Teil des medinischen Gemeinwesens gesehen, das als Einheit innerhalb einer de-facto-Theokratie gedacht war – in diesen Kontext mussten die Juden entweder eingebunden oder eliminiert werden. Sie beinhaltet die vertragliche Vereinbarung mit den Juden, die ihnen Religionsfreiheit und Recht auf ihr Eigentum zusicherte, sowie die gegenseitigen Verpflichtungen und Rechte festlegte. Damit bekräftigt Muḥammad auch die religiösen Praktiken, in denen er sich an die jüdische Tradition anlehnt: Gebetszeiten, Gebetsrichtung nach Jerusalem, Fasten am Versöhnungstag.[341] Maßgebliche Entscheidungen bezüglich Krieg und Frieden, sowie Allianzen mit Stämmen außerhalb Medinas liegen in der Hand Muḥammads. Da in der Gemeindeordnung jedoch nur unbedeutende jüdische Gruppen genannt sind und eben nicht die politisch relevanten vier großen Stämme, liegt es nahe, ihre Entstehungszeit nach 627 anzusetzen, als die bedeutenden Stämme entweder vertrieben oder ausgelöscht waren und die verbliebenen Juden – sowohl zahlenmäßig reduziert, als auch durch das abschreckende Exempel an ihren Glaubensbrüdern eingeschüchtert – keine politische und religiöse Bedrohung mehr darstellten.[342]

Die Tatsache, dass die Gemeindeordnung nur in der Sīra des Ibn Isḥāq und bei Ibn Sayyid an-Nās im Wortlaut überliefert ist, ab al-Wāqidī (auch in aṭ-Ṭabarīs Annalen, der sich doch direkt auf Ibn Isḥāq bezieht) jedoch nur als

[340] Text in: Sīra II/3, S. 31–35; Sīra Rotter, S. 111–114; *A. J. Wensinck*, Muhammad and the Jews, S. 51–61; *N. Stillman*, The Jews of Arab lands, S. 115–118; *J. A. Morrow*, The Covenants of the Prophet Muhammad, S. 29–31. Zu Fragen der Datierung und Authentizität: *A. J. Wensinck*, S. 64–71.

[341] *J. Bouman* weist darauf hin, dass eine Übernahme der äußeren Formen nicht mit den jüdischen Inhalten und ihrer Bedeutung einherging und diese Art der formalen Annäherung an das Judentum Probleme aufwerfen musste (Der Koran und die Juden, S. 63–65).

[342] So die überzeugende Argumentation von *Stefan Schreiner*, dem ich für diesen Hinweis danke; siehe ebenso *W. M. Watt*, Der Islam I, S. 96. – Mit dieser Spätdatierung wird jedoch zugleich der Wert dieses Dokuments für das Zusammenleben von Muslimen und Nichtmuslimen erheblich geschmälert.

verstümmelte Zusammenfassung, könnte für ihre Authentizität sprechen:[343] zu späterer Zeit war es aus dogmatischen Gründen nicht mehr akzeptabel, dass er Nichtmuslime – Juden und Polytheisten – auf die gleiche vertragliche Ebene mit Muslimen gehoben und ihnen Religionsfreiheit und Besitz zugesichert haben soll, nachdem von ihm überliefert ist, er habe keine zwei Religionen in Arabien dulden wollen.[344] Spätere Versionen erwecken den Eindruck, Muḥammad habe den Juden weitreichende Zusicherungen gegeben, die diese dann durch ihre Kollaboration mit dem Feind gebrochen hätten.[345]

5.5.2 Theologische Enteignung der Juden

As for Muhammad, he fought his enemies at first mainly verbally, with the divine word (...) The Koranic passages addressed to the Jews were at the beginning still in the form of admonitions, but soon took a reproachful tone and ended with severe condemnation of those who were stubborn and receptive to neither the words of man nor God.[346]

In diesem Sinne ist auch in der theologischen Argumentation eine Eskalation zu beobachten: Indem Muḥammad sich selbst auf Ibrāhīm und seine Religion beruft, macht er den Juden die Abrahams-Kindschaft streitig; sie gehören zwar noch dazu, haben aber nicht mehr das erste Anrecht auf ihn. Auch die Juden nutzen die Waffe des Wortes gegen Muḥammad: Sie machen sich über ihn und seine mangelhafte Kenntnis ihrer Schrift lustig, in deren Sukzession er doch beansprucht zu stehen. Er jedoch kehrt die Argumentation einfach um: nicht er kenne ihre Schrift nur lückenhaft, vielmehr liege der Fehler bei ihnen. Und so wirft er ihnen nun Schriftverfälschung vor und das Verschweigen der Hinweise auf sein Erscheinen (5,13 ff.).[347] Dazu kommt der Vorwurf an sie, den Bund mit Gott gebrochen zu haben, weshalb er ihre Herzen verstockt habe (5,16). In 4,153–161 findet sich gar ein umfangreicher Lasterkatalog der Juden.[348] Auch bezüglich der religiösen Riten, mit denen er zunächst „experimentiert"[349] habe,

[343] In den Hadithen wird sie neben dem Koran als das genannt, was den Muslimen an Worten Muḥammads vorliege (*al-Buḫārī*, faḍā'il al-Madīna 1,4; ebenso bei *Muslim, at-Tirmiḏī, ad-Dārimī*).

[344] Darauf weist *A. J. Wensinck* hin (Muhammad and the Jews, S. 63 f.).

[345] Diese Anschuldigung ist im Zusammenhang mit dem Einwand zu sehen, die vertriebenen und ausgelöschten Stämme seien im Vertrag gar nicht erwähnt – tatsächlich finden sich nur Unterabteilungen bzw. die ihrer medinischen Verbündeten: Wer nicht im Vertrag gemeint war, kann ihn auch nicht gebrochen haben.

[346] *A. J. Wensinck*, Muhammad and the Jews, S. 49.

[347] Dies sollte ein fester Bestandteil des Repertoires islamischer Polemik gegen die Schriftbesitzer werden. Vgl. *Heribert Busse*, Die theologischen Beziehungen des Islams zu Judentum und Christentum, Darmstadt 1988, S. 43–54.

[348] Darin auch der Vorwurf übler Nachrede über Maria, sowie das Prahlen der Juden, ʿĪsā gekreuzigt zu haben.

[349] *N. Stillman*, The Jews of Arab lands, S. 11.

was sie aber keineswegs positiv beeindrucken konnte, grenzt er sich nun ab durch die Änderung der *qibla,* die Verlegung der Fastenzeit vom Yom Kippur in den Monat Ramaḍān und die Verlegung des Ruhetags.

Das Dilemma zwischen dem großen Respekt gegenüber der Religion des einen Gottes, in deren Linie er sich – nach wie vor – versteht, und seiner sich entwickelnden Feindschaft gegenüber den Menschen als Anhängern dieser Religion lässt eine „paradoxe“[350] Situation entstehen, die Muḥammad dadurch zu lösen versucht, dass er Ibrāhīm dem Anspruch der Juden entzieht, ihn „mekkanisiert“ und damit der eigenen Geschichte und Religion einverleibt. Auf diese Weise abrogiert er das Judentum, was nach Ibn Ḥazm dem Willen Gottes entsprochen habe. Als klassischer „Enteignungstext“ kann 2,128 angesehen werden: „Unser Herr, mach uns dir ergeben.“ Wird der ursprünglich unvokalisierte Text *muslimain* im Dual gelesen, was dem Kontext entsprechen würde, sind nur Ibrāhīm und Ismāʿīl gemeint; Isḥāq bliebe außen vor. Würde man *muslimīn* im Plural lesen, wäre Isḥāq eingeschlossen – die verbreitete Lesart ist also eine bewusste Engführung, die Isḥāq aus der religiösen Linie ausschließt.

5.5.3 Banū Qainuqāʿ und Banū n-Naḍīr: Vertreibung

Sīra und Korankommentare erwähnen in Bezug auf die Juden immer wieder das Neidmotiv mit stereotypen Wendungen wie: „aus Hass und Neid darüber“.[351] Hier scheinen jüdisches Erwählungsbewusstsein und islamisches Überlegenheitsbewusstsein zu kollidieren. Auch allzu Menschliches wie Neid mag eine Rolle gespielt haben: Die Neuankömmlinge der *muhāǧirīn* lagen als Habenichtse den Medinensern zwangsläufig auf der Tasche und mussten sich deshalb rechtfertigen; auf der anderen Seiten waren da die reichen jüdischen Stämme – die Banū n-Naḍīr mit Landbesitz und Palmenhainen bis zur Oase Ḫaibar und die Banū Quraiẓa mit ihren „Schätzen“ als Waffen- und Goldschmiede. Zudem geriet Muḥammad persönlich mit ihnen ins Gehege mit der Eröffnung eines Marktes, womit er in eine wirtschaftliche Nische stieß, die bereits von einem jüdischen Stamm besetzt war.[352]

Desgleichen konnten die Juden die Prophetenrolle Muḥammads nicht anerkennen, weder politisch als Führer im Kampf gegen die Mekkaner, noch – und dies scheint ausschlaggebend – religiös. Dabei wurde er nicht müde, sie immer wieder zur Gefolgschaft aufzurufen: „Der Prophet bekämpfte die Banū Quraiẓa nicht, bevor er sie nicht zur Annahme des Islam aufgefordert hatte. Als sie dies

[350] *M. Schöller*, Exegetisches Denken, S. 13.
[351] Etwa Sīra II/3, S. 46; Sīra Rotter, S. 116.
[352] *T. Nagel*, Medinensische Einschübe, S. 156 f.

ablehnten, bekämpfte er sie."[353] Hinzu kam bereits in der frühen Sīra-Literatur der Vorwurf des Vertragsbruchs (*naqḍ al-ʿahd*) und der darauf folgenden Kollaboration mit seinen äußeren und inneren Feinden, den *munāfiqīn* (Heuchlern), wobei in den Überlieferungen die Zuschreibungen variieren.

Der Erfolg der Schlacht von Badr im März 624 war für die Muslime ein Wendepunkt, denn er gab ihnen die eigentliche Bestätigung ihres Glaubens und die Gewissheit, Gott selbst zur Seite zu haben („Nicht ihr habt gekämpft, sondern Gott."). Zudem vergrößerte er die Autorität Muḥammads, gab ihm Selbstsicherheit und Handlungsspielraum, sowie die Gewissheit, nicht mehr auf unwillige Verbündete angewiesen zu sein und keine politischen Rücksichten auf die jüdischen Stämme mehr nehmen zu müssen. Die theologische Umorientierung von Jerusalem nach Mekka als Abkehr vom geistigen Mittelpunkt der Juden war ein deutliches Signal dafür. Zug um Zug wurden sie nun ausgeschaltet.

Dies ist nicht der Ort, die wechselvolle Geschichte der Juden in der islamischen Welt auch nur ansatzweise darzustellen; hier sei auf die umfangreiche Literatur verwiesen;[354] selbst das Schicksal der Juden Medinas kann hier nur angerissen werden.

Die eingeschlagene Linie gibt Kenneth Cragg wieder:

At a later point, when the die of enmity was cast, Jewish material interests were bitterly antagonized in the confiscations and campaigns which ensued from the pursuit of power. Antipathy and sharp contention were then irreversible (...) Islam is in this sense the most abiding and massive example of an identity discovered out of an antipathy.[355]

Das innerhalb kurzer Zeit in Medina eskalierte Misstrauen gegen die Juden wurde in der Sīra gar rückprojiziert in die Vorhersage des christlichen Mönches Baḥīra, der an dem Knaben nicht nur die Zeichen der Prophetenschaft erkannt haben soll, sondern zugleich seinen Onkel vor den angeblichen Ränken der Juden gewarnt habe:

„Bring deinen Neffen zurück in sein Land und bewahre ihn sorgfältig vor den Juden, denn bei Allah!, wenn die Juden ihn sehen und wissen, was ich jetzt weiß, werden sie ihm Böses tun."[356]

---

[353] *M. Schöller*, Exegetisches Denken, S. 256.459; ein früher Beispieltext mit den Stereotypen des Vertragsbruchs, S. 215.

[354] *Norman A. Stillman*, The Jews of Arab Lands. A history and source book, Philadelphia 1979; *Bernard Lewis*, Die Juden in der islamischen Welt: vom frühen Mittelalter bis ins 20. Jahrhundert, München 1987; *Gordon Darnell Newby*, A History of The Jews of Arabia. From Ancient Times to Their Eclipse Under Islam, Columbia 1988; *John Bunzl*, Juden im Orient: jüdische Gemeinschaften in der islamischen Welt und orientalische Juden in Israel, Wien 1989; *Mark R. Cohen*, Under crescent and cross: the Jews in the Middle Ages, Princeton 1994; deutsch: Unter Kreuz und Halbmond. Die Juden im Mittelalter, München 2005; *Daniel Frank* (Hrsg.), The Jews of medieval Islam: community, society, and identity, Leiden 1995; *Lucien Gubbay*, Sunlight and shadow: the Jewish experience of Islam, New York 2000; *Moshe Gil*, Jews in Islamic countries in the Middle Ages, Leiden 2004.

[355] *K. Cragg*, The event of the Qur'ān, S. 63.

[356] Sīra G.Weil I, S. 115–117 (Die Rotter-Übersetzung hier zu schwach).

Nach dem Sieg bei Badr, im 10. Monat des Jahres 2 A.H. (April 624) wurde mit den *Banū Qainuqā'*[357] der schwächste der jüdischen Stämme vertreiben. Sie siedelten dem Stadtzentrum Medinas am nächsten und bestanden fast ausschließlich aus Handwerkern. Muḥammad versammelte den Stamm und rief sie zum Islam auf, da sie doch aus der Tora wüssten, dass er der verheißene Prophet sei. Weil sie ablehnten, wurden sie in ihrem Stadtviertel belagert und ergaben sich schließlich kampflos. Die Ḫazraǧ traten für ihre ehemaligen Klienten ein – von den anderen jüdischen Stämmen kam keine Unterstützung –, so dass sie zunächst in das Gebiet von Wādī l-Qurā' auswandern konnten, später nach aš-Šām. Die Tradition versuchte triftigere Gründe für die Vertreibung zu präsentieren, wie Beleidigung, Verrat, Blutrache.

Nun konnten die politischen Zusicherungen der Gemeindeordnung nicht mehr über die religiösen Bedenken hinweghelfen – wenn man sie denn an den Anfang der medinischen Zeit datiert –, um so mehr, als diese Ereignisse „convinced all the Jewish clans of their vulnerable position in Medina; and only this battle brought about the great change in Muhammad's attitude because he came to realize that he could do without them."[358]

Ein Jahr später, nach der Schlacht von Uḥud, traf im August 625 die *Banū n-Naḍīr*[359] dasselbe Schicksal. Sie waren einer der bedeutendsten jüdischen Stämme, die entweder nach der Zerstörung Jerusalems nach Yaṯrib gekommen waren, oder ein zum Judentum bekehrter Stamm, der ursprünglich am Berg Naḍīr gesiedelt hatte. Sie waren Klienten der Aus, deren Festungen eine halbe Tagesreise von Medina entfernt lagen und die dort große Ländereien besaßen. Zu ihnen gehörte Kaʿb b. al-Ašraf, einer der Anführer der jüdischen Opposition, der satirische Verse über Muḥammad gedichtet hatte und dafür getötet wurde. Bereits am Tag nach Kaʿbs Ermordung[360] wurden die Banū Naḍīr aufgefordert, die Stadt binnen zehn Tagen zu räumen; die bewegliche Habe mitzunehmen wurde ihnen gestattet. Aufgrund von Hilfszusagen ihrer Schutzherren blieben

---

357 Sīra II/3, S. 313–317; *M. Schöller*, Exegetisches Denken, S. 230–260; *J. A. Morrow*, The covenants, S. 39.

358 *A. J. Wensinck*, Muhammad and the Jews, S. 48. Ob er tatsächlich zu diesem Zeitpunkt zu dem Entschluss kam „that it was best for him to get rid of them", wie Wensinck fortfährt, ist doch zweifelhaft. – *Julius Wellhausen* verweist darauf, „how little the constitution affected the relations between Muhammad and the Jews after the battle of Badr." Dies lässt ihn spekulieren, ob der Vertrag je existiert habe (Muhammad's constitution of Medina, in: *A. J. Wensinck*, 128–138, hier: S. 135).

359 Die Banū Naḍīr wurden gemeinsam mit den Banū Qurayẓa *al-kāhinān* („die beiden priesterlichen Stämme") und *Banū Hārūn* („die Söhne Aarons") genannt. – Sīra II/4, S. 144–146; Sīra Rotter, S. 160–162; *A. J. Wensinck*, Muhammad and the Jews, S. 114–122; Marco Schöller, „In welchem Jahr wurden die Banū l-Naḍīr aus Medina vertrieben? Eine Untersuchung zur ‚kanonischen' Sīra-Chronologie", in: *Der Islam* 73 (1996), 260–277; *N. Stillman*, The Jews of Arab lands, S. 13 f. 129–136; *J. A. Morrow*, The Covenants, S. 39 f.

360 *Casus belli* war entweder, dass sie sich nicht an der Erhebung von Blutgeld beteiligen wollten, oder dass sie einen Mordanschlag auf den Propheten planten.

sie in ihren Festungen, warteten jedoch vergeblich auf die versprochene Hilfe. Als nach zweiwöchiger Belagerung die Muslime anfingen, ihre Lebensgrundlage, die Palmen, abzuhauen, ergaben sie sich. Doch nun waren Muḥammads Bedingungen härter als zuvor. In einer Karawane von 600 Kamelen zogen sie aus und versuchten, ihre Niederlage durch eine imposante Parade mit Musik, Festkleidern und provozierend geschmückten Frauen ohne Schleier zu überspielen; teils emigrierten sie nach Jericho und das heutige Darʿā in aš-Šām, teils nach Ḫaibar, wo die einflussreichsten Familien blieben und zusammen mit den dort ansässigen Juden eine beachtliche Macht bildeten – worin Muḥammad eine Bedrohung sah. Tatsächlich planten die Verbannten von Ḫaibar aus die Belagerung Medinas, doch mit der Eroberung der Oase und ihrer Festungen im 5. Monat des Jahres 7 (Mai 628), der Ermordung der Männer und dem Raub der bei ihrem Auszug aus Medina so stolzen Frauen führte Muḥammad den „letzten Schlag gegen die Macht des arabischen Judentums".[361] Ṣafīya, die Tochter ihres Anführers Ḥuyaiy b. Aḫṭab wurde, wie bereits erwähnt, noch vor der Rückkehr nach Medina Muḥammads Frau. Die ausgedehnten Ländereien gingen teils an die *muhāǧirīn*, um die *anṣār* zu entlasten, teils an Muḥammad, und bildeten den Grundstock des neuen islamischen Gemeinschaftsschatzes.

Im Januar 627 griff Muḥammad die jüdischen *Banū l-Mustaliq*, einen Unterstamm der Ḫuzāʿa westlich von Medina, an und nahm den ganzen Stamm gefangen. Muḥammad wollte die Tochter des Anführers, Ǧuwairīya bt. al-Ḥāriṯ, heiraten. Über die bereits als Beute Verteilten gibt es unterschiedliche Angaben: Entweder willigte Ǧuwairīya in die Heirat ein unter der Bedingung, dass hundert Leute ihres Stammes freikämen, oder die Banū Mustaliq argumentierten nach der Heirat, sie seien nun mit dem Propheten verschwägert und könnten folglich keine Sklaven mehr sein, so dass er alle freilassen musste.[362]

5.5.4 Banū Quraiẓa und Ḫaibar: Physische Auslöschung und fortwährende Bedrohung

Der Koran selbst fällt in den Lasterkatalogen (Sura 4,155 ff.) zwar ein harsches Urteil über „die" Juden, spricht jedoch gleichzeitig nur von einer Gruppe von Heuchlern unter den *ahl al-kitāb*; de facto wurden jedoch die großen Stämme in ihrer Gesamtheit wie diese Heuchler behandelt.

Besonders tragisch das Schicksal der *Banū Quraiẓa,*[363] einem Stamm arabischen Ursprungs, gegen die als Kriegsgrund lediglich Schmähungen angegeben sind; doch der Sīra zufolge hatte Muḥammad selbst sie mit der Schmähung „Ihr

[361] *Th. Nöldeke*, GdQ I, S. 229.

[362] *T. Nagel*, Mohammed, S. 364.

[363] Sīra II/4, S. 182–200; Sīra Rotter, S. 176–181; *A. J. Wensinck*, Muhammad and the Jews, S. 30.121–127; *W. M. Watt*, The Condemnation of the Jews of Banū Qurayẓah, in: *MW* 42

Brüder der Affen!“ zur Kapitulation und Annahme des Islam gerufen.[364] Nach der islamischen Geschichtsschreibung wurde das Verdikt über die Quraiẓa nicht von Muḥammad selbst ausgesprochen, vielmehr überließ er es Saʿd b. Muʿāḏ, einem Anführer der medinischen Aws, die mit den Quraiẓa verbündet waren; offensichtlich fühlten die Aws eine Verpflichtung, ihre jüdischen Verbündeten zu unterstützen und erhofften wohl ein milderes Urteil – eine fatale Fehleinschätzung, denn Saʿd, einer der engsten Anhänger Muḥammads, bewies damit, dass die Zugehörigkeit zur neuen Religion den Bruch mit den alten Stammesbündnissen und -verpflichtungen bedeutete:

On being wounded during the siege of Medina by the Meccans Sa'd b. Mu'ādh prayed that God would not bring his life to an end until he had seen vengeance on the Banū Qurayẓah. Subsequently, when the Jewish tribe was hard pressed by the Muslim besiegers, they asked for Sa'd and surrendered only when it was agreed that he should decide their fate ... Sa'd then gave his judgment: their fighting men were to be put to death, their women and children enslaved, and their property divided. Muḥammad remarked, You have judged their case with the judgment of God and His messenger ... Sa'd prayed.[365]

Alle Männer der Banī Quraiẓa – zwischen 600 und 900 Mann – wurden in auf dem Markt von Medina ausgehobenen Gräben enthauptet, Besitz, Frauen und Kinder als Beute verteilt, wobei Muḥammad sein Fünftel an der menschlichen Beute im Naǧd gegen Pferde und Waffen eintauschte.[366] Die arabischen Schutzherren Aws und Ḫazraǧ sollen von Mitleid mit ihren früheren Verbündeten bewegt gewesen sein; der Anführer der Ḫazraǧ, ʿAbd Allāh b. Ubayy, setzte sich – vergeblich – für die jüdischen Stämme ein und soll angesichts der Vorgänge in Medina die Leute von Ḫaibar gewarnt haben.[367]

In der Geschichte hat es zahlreiche Versuche gegeben, dieses Massaker vom Mai 627 im Herzen der Stadt, „which marks the darkest depth of Muslim policy, a depth which the palliatives suggested by some modern Muslim historians quite fail to measure“,[368] als eine durchaus übliche Praxis zu relativieren,[369] doch

---

(1952), S. 160–171; *M. J. Kister*, The Massacre of the Banū Qurayẓa – A Reexamination of a Tradition, in: *JSAI* 8 (1986), S. 61–96; *N. Stillman*, The Jews of Arab lands, S. 14–16.137–144.

[364] Sīra Rotter, S. 177.

[365] *W. M. Watt*, The condemnation of the Jews of Banū Qurayẓah, S. 160 f.

[366] Sīra Rotter, S. 181.

[367] *A. J. Wensinck*, Muhammad and the Jews of Medina, S. 33–35.

[368] *K. Cragg*, The call of the Minaret, S. 86 f.

[369] Die Quraiẓa hätten Muḥammad monatelang in Spannung und Furcht gehalten, bei einer bloßen Vertreibung hätte er eine Koalition mit anderen Feinden fürchten müssen (*A. J. Wensinck*, S. 127). – Wenn Muslime dieses Massaker, das durchaus als Genozid eines Stammes bezeichnet werden kann, versuchen herunterzuspielen oder Orientalisten es als politischen Schachzug legitimieren, kann man von interessengeleiteter Verharmlosung sprechen. Wenn jedoch im Dialog engagierte Christen wie Hans Küng dasselbe tun, ist zu fragen, was damit bezweckt wird. Nicht nur verwendet Küng militärische Sprache („Wie der Prophet zum General [sic!] wurde“); er versucht das Massaker dadurch abzumildern, dass er die Aggression in der Sprache der political correctness als „nicht gegen die Juden als Volk oder Rasse“ gerichtet

bereits ein Vergleich der Zahlen der Getöteten in dieser „Aktion" mit den in den Schlachten Gefallenen zeigt ein krasses Missverhältnis: Diese Auslöschung eines ganzen Stammes, für die Muḥammad die volle Verantwortung trägt,[370] kostete ein Vielfaches von Menschen das Leben als alle vorigen Schlachten zusammen.[371]

Mit der Eroberung der jüdischen Oase *Ḫaibar* ein Jahr später, im Mai 628, die sich nach den Erfahrungen von Medina vehement verteidigte, war Muḥammads Machtposition gesichert, und zahlreiche andere Oasen und Städte ergaben sich – auch die Kapitulation Mekkas 18 Monate später ist in diesem Zusammenhang zu sehen. Die Bedingungen der Kapitulation von Ḫaibar – Lebensrecht und Sicherheit gegen Tributzahlungen (*ǧizya*) – sollten zum Vorbild für die Behandlung der *Ḏimmīs* („Vertragsleute") werden, was euphemistisch mit „Schutzbefohlene" übersetzt wird. Damit sieht Marco Schöller eine Abrogation der gesamten zuvor von Muḥammad geübten Praxis in den von ihm so genannten „Episoden" mit den jüdischen Stämmen einschließlich der jüdischen Siedlungen. Vor allem das harte Vorgehen gegen die Banū Naḍīr und Banū Quraiẓa deklariert er zu „Präzedenzfällen" aufgrund des jüdischen Vertragsbruchs, mit dem die später unüblichen Maßnahmen der Vertreibung und Tötung der männlichen Angehörigen gerechtfertigt worden seien.[372]

Dem gegenüber steht ein in der islamischen Welt heute weit verbreitetes Gedicht, das in Koranschulen gelehrt und bei Demonstrationen skandiert wird und ausdrücklich an die Geschehnisse von Medina anknüpft:

„Ḫaibar, Ḫaibar, yā Yahūd! Ǧaiš Muḥammad sa-yaʿūd."
(„Ḫaibar, Ḫaibar, o ihr Juden! Die Armee Muḥammads wird zurückkehren.")[373]

Im Lichte der Vorgänge von Medina und Ḫaibar wirkt die Äußerung des früheren Vorsitzenden des ZMD Nadeem Elyas mit seiner Gleichstellung des Kampfes

---

sieht, sondern „religiös-politischen Gründen" geschuldet, in einer Zeit, die „wie auch in der Hebräischen Bibel … noch keine ‚Menschenrechte' kennt" – 600 Jahre nach der Bergpredigt, und nachdem die Gemeindeordnung von Medina kurz zuvor das Zusammenleben geregelt hatte (Der Islam, S. 153). Eine Argumentation, die von punktuellen Aussagen lebt und das Gesamtbild dergestalt ausblendet, ist nicht nur ärgerlich, sondern muss sich fragen lassen, was sie eigentlich bezwecken will.

[370] *W. M. Watt* (The condemnation, S. 171) weist nach, dass die Beauftragung Saʿds b. Muʿāḏ mit dem Urteilsspruch keine „Entschuldigung" Muḥammads war, sondern eine Ehrung für Saʿd.

[371] Nach der Sīra die Gefallenen von Badr: 14 Muslime, 50 Gegner; bei Uḥud: 65 Muslime, 22 Gegner; im Grabenkrieg: 6 Muslime, 3 Gegner.

[372] *M. Schöller*, Exegetisches Denken, S. 458–460. – Die Praxis der islamischen Eroberungen sah denn auch schon bald anders aus, kamen die Eroberer doch in mehrheitlich christlich bewohnte Gegenden, auf deren Bevölkerung man angewiesen war (Siehe oben die „Eroberung" von Damaskus.). So wird die *ǧizya*-Regelung in die letzten beiden Lebensjahre Muḥammads datiert und damit zum praktikablen und praktischen Modus.

[373] Allein das Internet ergibt Hunderte Treffer für dieses Gedicht; beim Informationsdienst MEMRI ein Video von Šaiḫ Aḥmad al-Qattān, in dem er Eltern mahnt, ihren Kindern das Gedicht jeden Abend beim Einschlafen vorzusprechen. In dem Gedicht auch der Bezug auf die Qainuqāʿ: „*Zalzal, zalzal, Qainuqāʿ*" („Erbebe, erbebe, Qainuqāʿ!").

alttestamentlicher Propheten gegen Unrecht mit Muḥammads Vorgehen nicht nur als Geschichtsklitterung, sondern geradezu zynisch: „Ist denn das Christentum dialogfähig, wenn es (…) den Propheten des Islam als Krieger bezeichnet und dabei vergisst, wie viele Propheten des Alten Testaments nicht minder kriegerisch gegen Unrecht waren?“[374] Alle Vergleiche sind *per se* problematisch, doch wenn bereits die elementarsten Begriffe aus unterschiedlichen Kategorien vermengt werden, verbietet sich ein Vergleich. Demgegenüber spricht Catherina Wenzel vom „Begehren“ Muḥammads nach den heiligen Büchern der Juden und Christen, nach dem Heiligtum und mekkanischen Heiden, und fragt, inwiefern es überhaupt legitim sei, das Eigene auf ein blutiges Opfer – Vertreibung und Eliminierung der Juden – zu gründen.[375] Statt gebetsmühlenartig zu wiederholen, dass der Islam eine Religion des Friedens ist – was unstrittig auch aus dem Koran abzuleiten ist –, sind muslimische Funktionäre und Theologen gleichermaßen heute in der Pflicht, zu diesen historischen Tatsachen Stellung zu nehmen: zunächst einmal, sie als Tatsachen zu benennen, und dann sie zu bewerten, ob sie zur *sunna* des Propheten des *ar-raḥmān ar-raḥīm* (barmherzigen Erbarmers) gehören. Angesichts dieser eskalierenden Strafaktionen gegen die Juden muss der Vorbildcharakter des Lebens Muḥammads hinterfragt werden. Gerade im Umgang mit Widersachern erweist sich die eigentliche Toleranz und tatsächliche Friedensliebe eines Menschen.

5.5.5 Und trotzdem: jüdisch-muslimische Symbiose und Miteinander

Darüber, wie viele Juden – und dann auch Christen – nach dem Tod Muḥammads noch auf der arabischen Halbinsel lebten, gibt es widersprüchliche Angaben, da die Überlieferungslage unübersichtlich ist. Einige Versionen behaupten, der Prophet habe noch zu seinen Lebzeiten alle Juden und Christen aus Arabien vertrieben, da von ihm der Ausspruch überliefert sei: „Auf der arabischen Halbinsel gibt es keine zwei Religionen.“[376] Tatsächlich erreichte nicht einmal der 2. Kalif, ʿUmar, dieses Ziel, obwohl er den Ausspruch Muḥammads nach Kräften umzusetzen versuchte.[377] Man behalf sich bezüglich der Diskrepanz zwischen Anspruch und Realität, indem man den Ausspruch Muḥammads auf den Ḥiǧāz oder nur auf Medina bezog; dann meinte die Standardformulierung, Juden und

---

[374] Interview mit Nadeem Elyas: „Herr Elyas, ist das Tischtuch zwischen den Muslimen und der Katholischen Kirche jetzt endgültig zerschnitten?“ www.islam.de/print.php?site=articles&archive=newsnational&article_number=2341

[375] *C. Wenzel*, Abrahamrezeption und Legitimität im Koran, S. 209.

[376] *M. Schöller*, Mohammed, S. 48. Auch die blühende jüdische Gemeinde Taymas, nördlich von Medina, ging kurz nach ihren Glaubensgeschwistern dort unter (*H. Baykal*, Durch die Wüste, S. 79).

[377] *W. Tröger* (Mohammed und Abraham, S. 200) meint, ʿUmar habe tatsächlich sämtliche Juden aus Arabien vertrieben.

Christen seien aus *arḍ al-ʿArab* vertrieben, das Gebiet um Mekka und Medina. Oder man formulierte nicht als Faktum, sondern als Ziel:

„Der Gesandte Gottes sprach: Wenn ich nur [lange genug] lebte, ich würde die Juden und Christen von der arabischen Halbinsel vertreiben, bis in ihr niemand zurückbleibt, der nicht Muslim ist.“[378]

Die Sīra formuliert es als *ʿahd* (Testament) Muḥammads, das ʿĀʾiša nach seinem Tod überliefert haben soll:

„Auf der Halbinsel der Araber soll es keine zwei Religionen geben.“[379]

Später gibt es dann Aussagen wie etwa die über den šāfiʿitischen Gelehrten Ibrāhīm b. Muḥammad aṭ-Ṭabarī (gest. 722/1322) aus Mekka: „Er verließ niemals den Ḥiǧāz und pflegte daher zu sagen: ‚In meinem ganzen Leben habe ich weder einen Juden noch einen Christen zu Gesicht bekommen.‘“[380] Häufig waren die Konversionen jedoch angesichts der „Alternative“ Tod oder Islam nur dem äußeren Druck geschuldet, so dass es bis heute in den Bergen des Jemen Dörfer gibt, in denen die Bewohner zwar muslimische Namen tragen, jedoch jüdische und christliche Bräuche pflegen.[381]

Doch selbst nach dem Genozid an den Banī Quraiẓa im Jahr 627 verblieben offenbar kleinere Gruppen von Juden in Medina.[382] So wird von Ibn ʿAbbās, dem ersten Koranerklärer und Vater aller Koranauslegung, berichtet, er habe oft „Juden“ in seinem Hause gehabt, da diese zu seinen Gewährsmännern gehörten.[383]

Tatsächlich verloren die Juden Arabiens ihre politische Unabhängigkeit, und viele mussten das Land verlassen, wenn sie nicht zur Konversion bereit waren. So verblieben lediglich einige Juden in den Oasen Ḫaibar, Fadak,[384] im Wādī l-Qurā und in Taimāʾ. Besonders die Nachrichten über eine Vertreibung aus dem Jemen müssen als überzogen gelten, da das jemenitische Judentum eine jahrhundertelange und bedeutende Tradition der Gelehrsamkeit auch in islamischer Zeit vom frühen Mittelalter bis ins 20. Jahrhundert aufweist. Wichtig schien gewesen zu sein, in den eigenen Zentren eine homogene und über jeden Zweifel erhabene *umma* zu schaffen. Nachdem Medina und dann auch Mekka politisch und religiös vollkommen in der Nachfolge Muḥammads stan-

[378] Zit. in: *M. Schöller*, Exegetisches Denken, S. 323.

[379] Sīra III/6, S. 88. Nach dem Tod des Propheten seien nicht nur die arabischen Stämme wieder abgefallen, auch Judentum und Christentum hätten sich wieder „mit erhobenem Haupt“ gezeigt.

[380] Zit. in: *M. Schöller*, Exegetisches Denken, S. 328.

[381] Mündliche Information S. K.

[382] Ob sie dort tatsächlich „in Frieden und ohne Repressalien“ leben konnten, wie Karen Armstrong meint, muss dahingestellt bleiben (*J. Magonet*, Abraham – Jesus – Mohammed, S. 108).

[383] *J. W. Hirschberg*, Jüdische und christliche Lehren im vorislamischen Arabien, S. 22. Vielleicht sind damit jüdische Konvertiten gemeint.

[384] Bleiberecht im Gegenzug zu Ernteabgaben (*M. Schöller*, Sīra and tafsīr, S. 24).

den, wurde ein Modell für die künftige Behandlung der *ahl al-kitāb* praktiziert, das die Duldung von tributpflichtigen jüdischen Siedlungen vorsah. Als verbindlich wurde dann ein Dokument angesehen, das unter dem Namen „Pakt des ʿUmar" (*aš-šurūṭ al-ʿumarīya*)[385] bekannt wurde. Es handelt sich hierbei um eine detailreiche Selbstverpflichtung der Nichtmuslime unter islamischer Herrschaft, die wohl in erster Linie an die Bewohner Jerusalems, dann darüber hinaus an die christliche Mehrheitsbevölkerung im Byzantinischen Reich gerichtet war.[386] Dieser Pakt behandelte Juden wesentlich strenger als Christen; so verbot er ihnen, zusammen mit den Christen in Jerusalem zu wohnen. ʿUmar selbst hatte den Bau der al-Aqṣā-Moschee befohlen und in der Gebetsnische Salomons (*miḥrāb Sulaymān*) gebetet, nicht aber in der Auferstehungskirche, obwohl Patriarch Sophronius ihn dazu einlud.[387]

Angesichts der heftigen koranischen Polemik mag es zunächst nicht ganz einsichtig erscheinen, dass außerhalb der Arabischen Halbinsel die Situation eine andere war und im Laufe der Geschichte Juden unter islamischer Herrschaft oft ein wesentlich erträglicheres Leben führen konnten als unter christlicher Herrschaft. Dies hatte etwa für die Juden Jerusalems und Galiläas vor allem politische Gründe. Wie zeitgenössische jüdische Zeugnisse zeigen, war für sie Muḥammad gar der erwartete Messias, erschienen, um die Juden vom Joch der Christen zu befreien. So hatten die Juden Galiläas 614 schon den persischen König Khosrau II. Parviz bei der Eroberung Jerusalems unterstützt, weswegen sie bei der Rückeroberung Jerusalems 628 durch den byzantinischen Kaiser Herakleios bitter büßen mussten. Daher erlebten sie die muslimische Einnahme Jerusalems 638 als Befreiung aus der Hand der Christen, ja, als messianischen Akt, so dass in den Annalen des aṭ-Ṭabarī der 2. Kalif ʿUmar b. al-Ḫaṭṭāb als „*fārūq*" (Befreier, Erlöser) begrüßt wurde.[388] So machten sich die Juden der von den Muslimen eroberten Gebiete, die ja großenteils christlich waren, zu politischen Verbündeten der muslimischen Seite.[389]

In der Folge brachte die größere innere Nähe zwischen Judentum und Islam vielerorts eine lebendige und für beide Seiten fruchtbare Symbiose hervor,[390] und in der Koexistenz mit dem Islam hat die jüdische Kultur im frühen Mittelalter ihre eigenen religiösen Wissenschaften kultiviert, ihr Recht konsolidiert und

---

[385] Der Autor des Dokuments scheint mit ziemlicher Sicherheit nicht der 2. Kalif gewesen zu sein.

[386] *M. Cohen*, Unter Kreuz und Halbmond, S. 72 f.

[387] *Patriarch Ignatius IV Hazim*, Christianity in the Umayyad Era, S. 481.

[388] *S. Schreiner*, Die „Häresie der Ismaeliten", S. 120–123.

[389] Etwa ein Jahrhundert später spielte sich Ähnliches bei der islamischen Eroberung Spaniens ab. Siehe: *Stefan Schreiner*, Auf der Suche nach einem „Goldenen Zeitalter" – Juden, Christen und Muslime im mittelalterlichen Spanien; in: *Concilium* 39 (2003), S. 421 f.

[390] Den Begriff der Symbiose verwenden: *Shlomo D. Goitein*, Jews and Arabs: Their Contacts through the ages, New York 1974; *Steven Wasserstrom*, Between Muslim and Jew. The Problem of Symbiosis under early Islam, Princeton 1995.

nicht nur in al-Andalus eine wohl einzigartige Blüte entfaltet. Mit dem Babylonischen Talmud, der in der Diaspora entstand, der Systematisierung von Theologie, Recht, Sprache und Literatur hat sich in islamischem Kontext zwischen 850 und 1250 *das* Judentum herauskristallisiert, das wir heute kennen.[391] Die Ausübung der Religion ihrer Väter war prinzipiell gestattet, zugleich lebten sie immer im bedrohten und inferioren Status des *ḏimmī*, der die Juden zwang, ihren Glauben zu formulieren und den *status quo* zu rechtfertigen. Die Beurteilungen der überaus widersprüchlichen Quellen jüdischen Lebens unter islamischer Herrschaft spiegeln in hohem Maße das eigene Geschichtsverständnis des Betrachters wider und reichen von einer Verklärung als „Goldenes Zeitalter" mit dem „Mythos einer interreligiösen Utopia"[392] voll gegenseitiger Harmonie bis zur Aneinanderreihung von Verfolgungen und Pogromen[393] – tatsächlich fand sich beides, zu unterschiedlichen Zeiten an unterschiedlichen Orten.

Erst im Aufkommen des Zionismus und mit den Ereignissen der Neuzeit um die Gründung des Staates Israel, die eine dramatische Wende brachten, entfaltete die jüdische Unheilsgeschichte von Medina ihre volle ideologische Wirkung: Nach 1948 entledigte sich die muslimische Welt nach und nach ihrer jüdischen Gemeinschaften. So schrumpfte die jüdische Bevölkerung Jemens auf kümmerliche Reste – dabei hatten die jemenitischen Juden seit der Zeit König Salomos die vermutlich längste kontinuierliche Geschichte aller jüdischen Gemeinschaften. Die irakische Gemeinschaft als zweitälteste existierte mindestens 2.700 Jahre und war zudem im Mittelalter über 1.000 Jahre lang das unbestrittene Zentrum der jüdischen Welt – von ihnen blieben nur einige Hundert.[394] Ähnliches gilt für Ägypten.[395]

5.6 Aber: Jerusalem als bleibender Anspruch

Doch die theologische Er-Setzung Jerusalems führte nicht zu ihrer Herab-Setzung oder gar Ab-Setzung. Jerusalem, zu Muḥammads Zeit bis noch ins

---

[391] *N. Stillman*, The Jews of Arab lands, S. xv.

[392] So die Bezeichnung bei *M. Cohen*, Unter Kreuz und Halbmond, S. 16.

[393] Als permanente Leidens- und Verfolgungsgeschichte schildert die unter Pseudonym schreibende *Bat Ye'or*, die selbst als jüdische Jugendliche aus Ägypten vertrieben wurde, die Geschichte der Juden und Christen in islamischem Kontext: The Dhimmi: Jews and Christians under Islam, Rutherford 1985.

[394] *Yaacov Lozowick*, Israels Existenzkampf – Eine moralische Verteidigung seiner Kriege, Hamburg 2006.

[395] Von 80.000 ägyptischen Juden blieben nach 1956 weniger als 100; im Juli 2014 sollen es 19 gewesen sein (*MEMRI* 5810, July 29, 2014). Die weltberühmte Ben-Ezra-Synagoge in Alt-Kairo, in deren Geniza ein einmaliger Schatz an Handschriften entdeckt wurde, ist heute Museum. Eine der verfallenden Synagogen Kairos, die Maimonides Synagoge, wurde 2010 aufwändig restauriert – allein, es fehlen die Gläubigen.

14. Jahrhundert bei Ibn Kaṯīr *Īliyā'* als arabisierte Form von „Aelia Capitolina"[396] genannt, erhielt die theologischen Namen *bait al-maqdis*[397] (Haus / Stadt des Heiligtums), *al-bait al-muqaddas* (das heilige Haus) oder *al-quds* (die Heilige), sowie den dreigliedrigen Ehrennamen *ūlā l-qiblatain* (die erste der beiden Gebetsrichtungen), *ṯānī l-masǧidain* (der zweite der beiden Gebetsorte)[398] und *ṯāliṯ al-ḥaramain* (das dritte [nach] den beiden heiligen Bezirken).[399]

Obwohl Jerusalem im Koran nicht genannt wird,[400] war zumindest die theologische Bedeutung der Stadt präsent, die durch die Einsetzung der beiden ersten Umayyadenkalifen Muʿāwiya b. Abī Sufyān und ʿAbd al-Malik eben dort auch zum politischen Zentrum avancierte und die theologische Überzeugung politisch materialisierte. Offenbar wuchs bei Muḥammad selbst und dann im frühen Islam die Notwendigkeit, an diesem Schauplatz monotheistischer Heilsgeschichte teilzuhaben. Indem der noch nie befriedigend geklärte Vers 17,1, der von einer nächtlichen Entrückung (*isrā'*) von der *masǧid al-ḥarām* zur *masǧid al-aqṣā* spricht, auf Jerusalem gedeutet wurde, konnte Muḥammad dort nicht nur Offenbarungen, sondern auch seine prophetische Legitimation erhalten,[401] weil ihm von dort aus die Himmelsreise (*miʿrāǧ*) zu den ihm vorangehenden Propheten gewährt wurde – dort begegnete ihm, wie bereits erwähnt, Ibrāhīm, dem er in Gestalt und Aussehen „am ähnlichsten" ist. Hier teilt die islamische Überlieferung biblische Prophetie und jüdische Tradition,[402] der zufolge alle wahre Prophetie allein aus dem heiligen Land, genauer: aus Jerusalem, komme, denn nach dem Damaszener Historiker Ibn ʿAsākir (gest. 1176) sei „nirgends ein

---

[396] Diesen Namen erhielt Jerusalem durch Kaiser Hadrian, der nach dem Bar-Kochba-Aufstand (132–135) Juden unter Androhung der Todesstrafe den Zutritt zur Stadt untersagte und diese in (Colonia) „Aelia Capitolina" umbenannte: „Aelius" vom Griechischen ἥλιος war Hadrians Mittelname, und „Capitolina" bezog sich auf den römischen Kapitolhügel, das Zentrum der Verehrung des Jupiter; auf dem Tempelberg wurde ein Jupitertempel errichtet.

[397] Aus dem hebräischen בֵּית הַמִּקְדָּשׁ entlehnt.

[398] Welcher Gebetsort in Jerusalem damit gemeint sein soll, den dann ʿUmar b. al-Ḫaṭṭāb dort errichtet habe, ist unklar. Sicher nicht der Felsendom, *qubbat aṣ-ṣaḫra*, um 700 unter dem Umayyadenkalifen ʿAbd al-Malik al-Marwān (685–705) und seinem Sohn al-Walīd b. ʿAbd al-Malik (705–715) erbaut, evtl. in Konkurrenz zu Mekka, wahrscheinlicher jedoch zur Grabeskirche (Felsendom, architektonisch: byzantinischer Memorialbau für den Felsen, der Ausgangspunkt von Muḥammads Himmelsreise gewesen sein soll); die Rolle der Moschee übernahm die al-Aqṣā-Moschee. – Mit der „ersten Moschee" ist die Grabesmoschee in Medina gemeint.

[399] Die „suggestive Steigerung des Zahlenwertes in den anaphorischen Anfängen der drei Glieder" zeichnen jedoch „faktisch eine absteigende Linie in der öffentlichen Anerkennung der religiösen Bedeutung Jerusalems nach", wie *A. Neuwirth* bemerkt (Erste Qibla – Fernstes masǧid?, S. 227 f.).

[400] Nicht eindeutig ist selbst die Erwähnung eines „heiligen Landes" (*arḍ al-muqaddasa*) in 5,21, das an anderer Stelle „das Land, das Wir gesegnet haben" genannt wird (21,81; 34,18; 7,137). Zur Diskussion: *S. Schreiner*, al-Quds – Jerusalem, heilige Stadt des Islam, S. 406–408 (S. 430–435 umfangreiche Bibliographie zum islamischen Jerusalem).

[401] *al-Ǧalālān*, Tafsīr, S. 370; *J. Horovitz*, Muhammads Himmelfahrt; *H. Busse*, Jerusalem in the Story of Muhammad's Night Journey and Ascension, S. 1–40.

[402] Jes 2,2–5; Micha 4,1–5.

Prophet von Gott berufen worden, außer im heiligen Lande. Und wenn er nicht von dort stammte, dann ist er in einer Nachtreise dorthin geführt worden."[403] Da Muḥammad im Laufe seines Lebens aller Wahrscheinlichkeit nach nicht bis Jerusalem vorgedrungen war, lässt ihn die Tradition diese Reise im Traumgesicht vollziehen, was nach islamischer Definition mit dem realen Erfahren identisch ist. Für Muḥammad stand somit das irdische und das himmlische Jerusalem, die in einem gesehen werden, als Garant für die Authentizität seiner Prophetie.

Ja, mehr noch: Für Mustansir Mir symbolisiert die Reise von der Kaʿba zum Platz des jüdischen Tempels die Übertragung der Aufgabe religiöser und geistiger Führung an die neue „elected community", was ihre Inbesitznahme und gleichzeitige Ablösung vom alten geistigen Zentrum der Welt sowie vom erwählten Volk bedeute.[404] Zusammen mit dem Ort als erster *qibla* ist Jerusalem damit für Muslime unaufgebbares religiöses Symbol, „Besitz der Araber und Muslime und ein Teil unseres Glaubens".[405]

So konnte 2012 der ägyptische Kurzzeitpräsident Muḥammad Mursī sein Programm vorstellen, den „Traum" von den „Vereinigten Staaten von Arabien mit der Hauptstadt Jerusalem" zu verwirklichen,[406] und gleichzeitig der Sprecher der Muslimbruderschaft Ṣafwat Ḥiǧāzī nach „Millionen von Märtyrern" rufen, die nach Jerusalem gehen und es zur Hauptstadt eines neues Kalifats machen sollten.[407] Auch das ein Beispiel für die faktische Unlösbarkeit von Nahostpolitik, da ihr konkurrierende religiöse Ansprüche zugrundeliegen.

Bei alledem ist festzuhalten, dass der sogenannte „Arabisierungsprozess" des Islam keineswegs nur als ein zufälliger, schicksalhafter Vorgang zu sehen ist, den allein die „unbotmäßigen" Juden Medinas heraufbeschworen hätten, sondern er muss – wie Karl-Wolfgang Tröger zu Recht feststellt – als etwas im Islam selbst von Anfang an Angelegtes verstanden werden. Daher redet er von einer „allmählichen, durch äußere Umstände zeitweise stark forcierte Erstarkung und Entfaltung des arabischen Charakters der islamischen Religion"[408].

---

[403] *ʿAlī b. al-Ḥasan Ibn ʿAsākir*, Geschichte des Stadt Damaskus I, S. 154, zit. bei: S. Schreiner, al-Quds, S. 426. Dort erklärt Ibn ʿAsākir auch, der Koran sei an drei Orten herabgesandt worden; in Mekka, Medina und aš-Šām, womit Jerusalem gemeint ist.

[404] *M. Mir*, Dictionary of Qur'ānic Terms, S. 20.

[405] So *Šaiḫ al-Ǧūzū*, Mufti von Ǧabal Lubnān, in einem Interview mit aš-Šarq al-Auṣaṭ, 24.7.2003. Darin wörtlich: „Kein Muslim hat das Recht, auf Jerusalem zu verzichten (…) Jerusalem ist Besitz aller Araber und Muslime weltweit. Wie kann es sein, dass Ṣalāḥ ad-Dīn es befreite, damit irgendwelche seiner Enkel es Scharon und seiner Bande überlassen? Auch der Kalif ʿUmar b. al-Ḫaṭṭāb eroberte es einst und gab seinen Bewohnern eine Sicherheitsverpflichtung."

[406] http://gate.ahram.org.eg/NewsContentPrint/5/35/203012.aspx (22.5.2012).

[407] http://asenseofbelonging.org/2013/08/27/safwat-hegazi-bellweather-of-egyptian-islamism (27.8.2013).

[408] *W. Tröger*, Mohammed und Abraham, S. 185.

> Muḥammad's mission (…) made a decisive, if also paradoxical, declaration of independence from the two earlier monotheisms, Judaism and Christianity. It entailed a struggle for the soul and for the hegemony of the Arab peoples.[409]

So wie Jerusalem, das für das ganze Heilige Land steht und im jüdischen Verständnis in das Dreiecksverhältnis zwischen Gott, Volk und Land konstitutiv eingebunden ist, in der religiösen Topographie des Islam umgedeutet, in das *dār al-Islām* integriert und zugleich nachgeordnet wurde, so bemächtigte sich Muḥammad auch „auf ingeniöse Weise" des jüdischen Patriarchen. Mit der Berufung auf dessen arabische Geschichte – ungeachtet der historischen Frage –, konnte er sich vom zeitgenössischen Judentum freimachen und seinen eigenen Weg einschlagen.

In Bezug auf das Judentum bringt somit der Rückgriff auf Ibrāhīm als Glaubensvater gerade nicht den gemeinsamen Urvater, sondern einen ganz anderen, arabischen Ibrāhīm, der sich durch seine Gegnerschaft gegen die Götzen und seine Verortung im Herzen des Islam, in dessen Heiligtum, definiert – die Kaʿba als von Ibrāhīm erbautes Haus, die Gebetsrichtung als *qiblat Ibrāhīm*, und der *maqām Ibrāhīm* als ewiges Zeichen Gottes auf Erden, ein Stein gewordener Gottesbeweis. Diese Ibrāhīmisierung des *ḥaram* ist verständlicherweise irreversibel, ja, durch diese Einbindung wird Ibrāhīm konstitutiv für den Islam überhaupt. Indem ausschließlich der mekkanische Ibrāhīm als der wahre Ibrāhīm gesehen wird – die jüdische und christliche Abrahamrezeption dagegen als durch *taḥrīf* korrupt –, wird ein Zurückgehen hinter bzw. vor den islamischen Ibrāhīm unmöglich. Wer das versuchte, entzöge dem Islam seine Legitimation.

[409] *K. Cragg*, The event of the Qur'ān, S. 56.

6. Muḥammad und die Ibrāhīmerzählung in der Begegnung mit den Christen

6.1 Das Christentum Arabiens

Zu Beginn der christlichen Ära lebten Araber keineswegs nur auf der Arabischen Halbinsel; so siedelten etwa die Nabatäer östlich des Jordans – u.a. in der Handelsmetropole Petra –, im Gebiet zwischen Damaskus, dem Euphrat bis zum Nordḥiǧāz.[1] Schon Jesus hatte im Ostjordanland gepredigt und gewirkt, und am ersten Pfingsten hörten die nach Apg 2,11 auf dem Schawuot-Fest in Jerusalem anwesenden arabischsprachigen Juden die Predigt des Petrus. Da man in der Antike Arabien in *Arabia deserta* und *Arabia felix* unterteilte, seit Ptolemäus noch *Arabia Petraea*, die das Gebiet des Nabatäerreichs umfasst, wird es sich hierbei um Bewohner des Ostjordanlandes gehandelt haben. Saulus ging schon wenige Jahre nach dem Tod Jesu gegen die christliche Gemeinde in Damaskus vor, die wohl durch Flüchtende aus Jerusalem entstanden war (Apg 8,1; 9,1.19). Nach seiner Flucht aus Damaskus zog sich Paulus nach „Arabien" zurück, wohl in den Ḥaurān, um sein umstürzendes Bekehrungserlebnis zu verarbeiten (Gal 1,17); ob er dort missionarisch tätig war, ist nicht bekannt.[2] Da es seit dem 1. Jahrhundert n.Chr. einen Exodus von Arabern aus den südlichen Wüstengebieten nach Norden in das fruchtbare Land zwischen Euphrat und Mittelmeer, das *bilād aš-Šām*, gegeben hatte, kamen zuerst diese arabischen Stämme mit dem Christentum in Berührung. Der Legende nach sollen bereits Bartholomäus und Pantänus auf dem Weg nach Indien im Süden der arabischen Halbinsel gewirkt haben; die Sīra spricht davon, ʿĪsā selbst habe seine Jünger ausgesandt, in das arabische Gebiet, den Ḥiǧāz, habe er Ibn Ṯalmā' geschickt.[3] Die eigentliche Missionierung der Arabischen Halbinsel wurde sowohl vom Norden her durch

[1] *J. S. Trimingham,* Christianity among the Arabs in Pre-Islamic Times, S. 17. Die arabischsprachigen Nabatäer verständigten sich nach außerhalb in der Amts- und Handelssprache Aramäisch.

[2] *J. S. Trimingham,* Christianity among the Arabs, S. 48; dagegen *J. Gnilka* (Die Nazarener und der Koran, S. 47f.).

[3] Die Namensgleichheit Bartholomäus – Ibn Ṯalmā' ist offensichtlich. (Sīra VI, S. 17f.) Hier werden offensichtlich die Sendschreiben Muḥammads an die Herrscher seiner Zeit auf Jesus rückprojiziert. Wenn jedoch die Sīra, keine hundert Jahre nach dem Tod Muḥammads selbstverständlich christliche Mission auf der Arabischen Halbinsel schon zu Lebzeiten Jesu annimmt, kann die vorislamische Zeit schwerlich als *ǧāhilīya* bezeichnet werden.

die Nestorianer von Ḥīra am unteren Euphrat[4] als auch vom Süden her durch die Monophysiten Äthiopiens betrieben. So verbreitete sich die christliche Botschaft seit dem 3./4. Jahrhundert von den zuerst christianisierten arabischen Stämmen Tamīm, Taġlib, Ġassān und Quḍāʿa entlang der Handelsrouten auf der Arabischen Halbinsel. Gerade die christlichen Dichter am Hof von al-Ḥīra[5] – die bekanntesten unter ihnen sind Imru' l-Qais und ʿAdī b. Zaid – pflegten Verbindungen zu den persischen Höfen und trugen entscheidend zur arabischen Sprache und Literatur bei; nach Philip Hitti ist die altarabische Poesie gar ein Zeugnis für „floating Christian ideas and Christian terms"[6] in Arabien. Besonders die Ġassāniden, die um 490 von Südarabien aus in das Gebiet von aš-Šām eingewandert waren und nördlich von Damaskus gesiedelt hatten, wurden vollständig christianisiert und standen im Vasallenverhältnis zu Byzanz. Durch sie verbreitete sich das Christentum in zahlreiche andere arabische Stämme. Über die exakte Verbreitung des Christentums in Arabien[7] herrscht freilich keine Einigkeit. Während es früher üblich war, die Zahl der Christen und ihren Einfluss eher gering anzusetzen und für Mekka mit allenfalls einer Handvoll Christen zu rechnen (W. Montgomery Watt, Kenneth Cragg und Mircea Eliade[8]), gehen Aloys Sprenger,[9] Karl Ahrens,[10] Theodor Nöldeke,[11] Richard Bell[12] sowie die

[4] Ab 410 werden nestorianische Bischöfe in Ḥīra erwähnt. Theologische Streitigkeiten in der byzantinischen Kirche ließ viele Monophysiten dorthin ausweichen. Die nestorianische Kirche, bis zum 15. Jh die Kirche mit der größten geographischen Ausdehnung und Gegenpol zur byzantinischen Orthodoxie, unterhielt eine starke Missionstätigkeit von China bis an die Ostküste Arabiens, von wo aus enge Handelsbeziehungen nach Mekka bestanden.

[5] *Meir J. Kister*, Al-Ḥīra: some notes on its relations with Arabia, in: Peters (Hrsg.), The Arabs and Arabia on the Eve of Islam, Aldershot 1999, 81–107.

[6] *Ph. K. Hitti*, History of the Arabs, S. 107.

[7] Landkarten zur Verbreitung des Christentums: *J. S. Trimingham*, Christianity among the Arabs in Pre-Islamic Times, S. 121; *G. Kettermann*, Atlas zur Geschichte des Islam, S. 15; Aṭlas tā'rīḫ al-anbiyā' wa-r-rusul, S. 155; Sīra (Rotter), S. 297; *H. Küng*, Der Islam. Geschichte, Gegenwart, Zukunft, S. 60. – Siehe auch: *Irfan Shahid*, Byzantium and the Arabs in the sixth century, Washington 1995; *Ph. K. Hitti*, History of the Arabs.

[8] *K. Cragg*, The event of the Qur'ān, S. 14 f. Aus nicht ganz nachvollziehbaren Gründen sieht er die koranische Verkündigung vor allem im altarabisch-heidnischen Kontext. – *W. M. Watt* nimmt für Mekka keine Juden und nur ein oder zwei byzantinische Christen an (Der Islam I, S. 125 f.; Muḥammad's Mecca, S. 36; Muhammad in Medina, S. 64 ff.).

[9] Zit. in: *Th. Nöldeke*, Hatte Muḥammad christliche Lehrer?, in: *ZDMG* 12 (1858), 699–708, hier: S. 700, Anm. 2.

[10] *K. Ahrens* behauptet, Muḥammad habe „nicht nur die Anregung zu seinem ersten Auftreten von christlicher Seite erhalten", sondern sei auch in der Entwicklung seiner Lehren in der frühmekkanischen Zeit „überwiegend von Christen abhängig gewesen" (Muhammad als Religionsstifter, S. VII).

[11] Der Islam sei „eine wesentlich in den Spuren des Christentums gehende Religionsstiftung", nämlich „die Form, in welcher das Christentum in Gesamt-Arabien Eingang gefunden hat." (GdQ I, S. 8).

[12] *Richard Bell*, The Origins of Islam in its Christian Environment, London 1926.

neuere Forschung mit J. S. Trimingham,[13] Mark Cohen,[14] Günter Lüling, Louis Cheikho, Irfan Shahid, Naǧīb Wahba und Wageeh Mikhail von einer erheblich größeren Präsenz und Wirkung aus.[15] Auch die Behauptung, es gebe „außer dem Koran keine Dokumente, die uns Aufschlüsse über religiöse Vorgänge im westlichen Arabien des 6./7. Jahrhunderts gäben",[16] macht es sich zu einfach und ist längst widerlegt.

Zwar ist die Suche nach Hinweisen mühsam, denn gerade die islamischen Quellen versuchten bislang Hinweise auf eine christliche Vergangenheit zu minimieren und die vorislamische Zeit als Zeit der *ǧāhilīya* (religiöse Unwissenheit) zu diskreditieren. Inzwischen wird aber deutlich, dass nicht nur einige Stämme vor allem an der byzantinisch-persischen Grenze in den Oasen Nordarabiens und Städte in Südarabien ganz oder teilweise christianisiert waren sowie das wichtige Handelszentrum al-Ḥīra am Euphrat, das als Schnittstelle zwischen der persischen, byzantinischen und arabischen Kultur gilt und in dem die arabische Schrift standardisiert wurde.[17] Es sieht so aus, dass alle arabischen Königreiche christlich waren.[18]

Ab 575 werden Bischöfe im heutigen Baḥrain erwähnt, ab 424 in ʿUmān, wo das Christentum von etwa 300 bis zur islamischen Eroberung Staatsreligion war. 1992 wurde im Zuge der touristischen Erschließung der Abu Dhabi vorgelagerten Insel Ṣīr Banī Yās die Ruinen eines nestorianischen Klosters entdeckt, in dem vom 6.–8. Jahrhundert wohl 30–40 Mönche gelebt haben.[19] In Madā'in Ṣāliḥ wurden Ruinen assyrischer Kirchen gefunden. An den großen Ökumenischen Konzilien hatten arabische Bischöfe teilgenommen,[20] und F. E. Peters glaubt gar, um das Jahr 600 n. Chr. sei es nur eine Frage weniger Generationen

[13] *J. S. Trimingham*, Christianity among the Arabs in Pre-Islamic Times, 1979.

[14] *M. Cohen*, Unter Kreuz und Halbmond, S. 38.

[15] *Peter Heine* (Islam zur Einführung, Hamburg 2003, S. 22 f.) weist darauf hin, dass eine geringe Quellenlage nicht zwangsläufig die Abwesenheit von Christen bedeute. Es sei eine Tatsache, dass in dem Bemühen, die vorislamische Zeit als *ǧāhilīya* (Zeit der Unwissenheit) darzustellen, zahlreiche vor- und außerislamische Quellen vernichtet wurden. Hier gewinnen die Arbeiten von *M. J. Kister* (Studies in Jahiliyya and Early Islam) und *Barbara Finster* (Arabien in der Spätantike. Ein Überblick über die kulturelle Situation der Halbinsel in der Zeit von Muhammad, in: *Archäologischer Anzeiger* 1996, S. 287–319; *dies.*, Cubical Yemeni Mosques, in: Proceedings of the Seminar for Arabian Studies 21 (1991), S. 49–68) an Bedeutung.

[16] *K.-J. Kuschel*, Juden – Christen – Muslime, S. 96; ähnlich *Karl-Heinz Ohlig* in seinen zahlreichen Publikationen.

[17] *Hovannisian / Sabagh*, The Persian presence in the Islamic world, S. 23. In Ḥīra wurden die Christen *al-ʿibād* (Anbeter, Verehrer) genannt, von *ʿibād ar-rabb, ʿibād al-masīḥ* – Auflösung der Stammesloyalität zugunsten einer neuen sozialen, kulturellen und religiösen Zugehörigkeit.

[18] *Samir Khalil Samir*, The Role of Christians in the Abbasid Renaissance in Iraq and in Syria (750–1050), in: MECC (Hrsg.), Christianity. A history in the Middle East, Beirut 2005, 495–529, hier: S. 496.

[19] www.desertislands.com/en/Content/archaeologicaltours.aspx (14.12.2013).

[20] *J. S. Trimingham* nennt für das Konzil von Konstantinopel (381) vier arabische Bischöfe, für Chalcedon (451) mindestens zwanzig. (Christianity among the Arabs, S. 83).

Schaubild 13: Stämme Arabiens, Landkarte

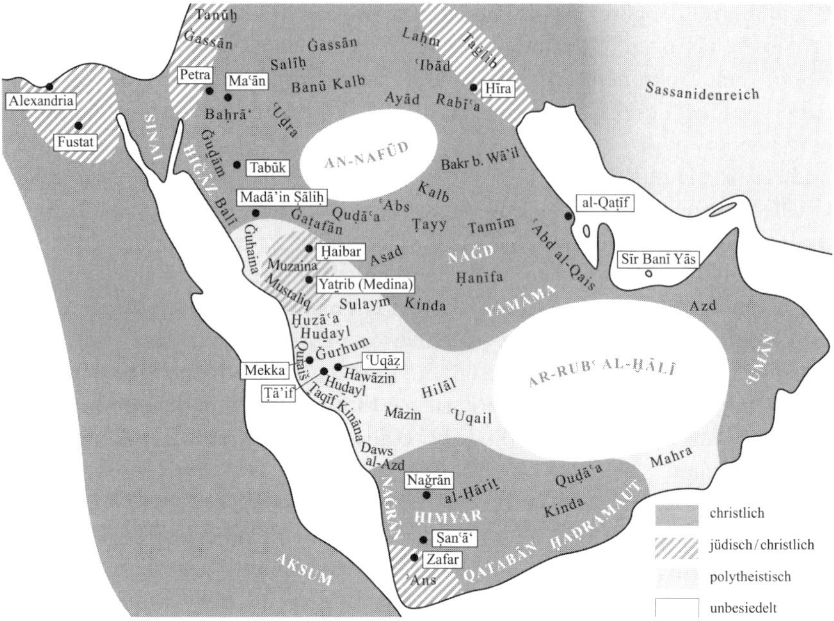

gewesen, bis Arabien vollkommen christlich geworden wäre.[21] So konnte über Simeon Stylites (gest. 459) in Syrien geschrieben werden: „It was impossible to count the Arabs, their kings and nobles, who came and received baptism, accepted the belief in God and acknowledged Jesus, and at the word of Simeon erected shrines in their tents."[22]

Werden die Hinweise auf Stämme, Städte oder Gebiete mit christlichem Bevölkerungsanteil in eine Landkarte eingetragen, ergibt sich folgendes Bild: Das Christentum war zur Zeit Muḥammads auf der gesamten Arabischen Halbinsel verbreitet, mit Ausnahme der beiden großen unbewohnten Wüstengebiete im Norden (*an-nafūd*) und im Süden (*ar-rubᶜ al-ḫālī* – das leere Viertel) sowie in Westarabien zwischen Medina, der großen Binnenwüste *ar-rubᶜ al-ḫālī* und dem Jemen. In Westarabien, also der weiteren Umgebung Mekkas und Medinas, war es gleichwohl nicht unbekannt; hier lebten einzelne Christen, wie später noch ausgeführt werden wird. Wenn in Schaubild 14 ein Stamm als christlich markiert ist, sagt dies nichts über den Grad der Christianisierung aus; soweit bekannt, ist dies in der Tabelle vermerkt. Insofern ist das markierte Gebiet nicht vollständig christlich, sondern bezeichnet eher die Verbreitung der Kenntnis christlichen Glaubens.

---

[21] *F. E. Peters*, The Arabs and Arabia on the Eve of Islam, Aldershot 1999, S. xi.

[22] Zit. in: *Robert Hoyland*, Arabia and the Arabs, S. 148.

Schaubild 14: Stämme Arabiens[23]

Name des Stammes	Gebiet	Christianisierung	
Asad	Östlich von Ḫaibar	—	Astralkult
Bakr b. Wā'il	Ostarabien		Teilweise christlich
Balī	Nördliche Westküste		629 Kampf bei Mu'ta auf Seiten der Byzantiner
Bahrā'	Nördliche Westküste		629 Kampf bei Mu'ta auf Seiten der Byzantiner
Ġassān	Südöstl. von aš-Šām, Ḥaurān bis Mesopotamien. Um 490 von Südarabien aus eingewandert	um 500	Monophysiten, einige Chalcedonenser Anführer al-Ḥāriṯ b. Ǧabala überredete 542/43 Kaiserin Theodora, Jakob Baradaeus zum Bischof von Edessa und Theodorus zum Bischof von Buṣrā zu machen. St. Sergius (Rusāfa) 630 Schlacht bei Tabūk: Friedensvertrag durch Zahlung von Kopfsteuer
Ġaṭafān	Nördöstl. von Ḫaibar	—	Tempel für al-ʿUzza mit Quraiš gg. M. in Grabenschlacht 4 AH: werden Muslime, abgefallen nach Tod Muḥammads von Ḫālid b. al-Walīd besiegt
Ǧuḏām	Östl. und südl. Golf von ʿAqaba		früher Astralkult vermischten sich mit Laḫm weitgehend christianisiert 629 Kampf bei Mu'ta auf Seiten der Byzantiner
Ǧuhaina	Küste westl. von Ḫaibar	—	
Ḥanīfa	Ost-Arabien		teils christlich, Nestorianer
al-Ḥāriṯ	nordöstl. von Nağrān		
Hawāzin	östl. von Mekka		
Hilāl	südöstl. von Mekka		
Ḥimyar	Südarabien	4. Jh	von Ḥīra aus christianisiert Städte: Nağrān (Kirche: Kaʿbat Nağrān), Ñanʿāʿ (Kirche: al-Qalīs)
Huḏayl	nördl. von Mekka	—	

[23] Robert Hoyland, Art. „Arabian Peninsula", in: EI3, 105–118; Mar Sawirus Ishaq Saka, The rise of Eastern churches and their heritage 5th–8th century, in: MECC, Christianity; Irfan Shahid, Arab Christianity before the rise of Islam, in: MECC, Christianity; J.S. Trimingham, Christianity among the Arabs in Pre-Islamic Times; Naǧīb Wahba, Šuʿrāʿ al-masīḥīya fī šibh al-ǧazīrat al-ʿarabīya; ders., Ġurūb šams al-masīḥīya fī šibh al-ǧazīrat al-ʿarabīya, Bd. 3.

Name des Stammes	Gebiet	Christianisierung	
Kalb	Syrien, nördl. Arab. Halbinsel		627 islamisiert
Kināna	südl. von Mekka	—	
Kinda	Zentralarabien	Anf. 6. Jh	Aus Süd- nach Zentralarabien, starke politische und militärische Präsenz Einige blieben Christen bis zum frühen 9. Jh
Ḫuzāʿa	zwischen Mekka und Medina	—	
Laḫm	Unterer Euphrat, Osten der arab. Halbinsel		*al-ʿibād* von *ʿibād ar-rabb, ʿibād al-masīḥ* – Auflösung der Stammesloyalität zugunsten einer neuen sozialen, kulturellen und religiösen Zugehörigkeit. Zentrum: al-Ḥīra, wurde zum christlich-arabischen Machtzentrum. Nestorianer Christliche Hofdichter Entwicklung arab. Schrift 629 Kampf bei Mu'ta auf Seiten der Byzantiner 633 erobert von Ḫālid b. al-Walīd
Madā'in Ṣāliḥ			Ruinen syr. Kirchen
Mustaliq	westl. von Medina	jüdisch	
Muzaina	nördl. von Medina	—	
Quḍāʿa	Südarabien		teilw. christlich, Melkiten 629 Kampf bei Mu'ta auf Seiten der Byzantiner
Quraiš	Mekka	—	
Rabīʿa	Nordosten, nahe al-Ḥīra		
Salīḥ	Syrien	ca. 365	Einer der ersten christlichen Stämme König Dāwūd wurde Mönch im Deir Dāwūd
Sīr Banī Yās	Insel, Abū Ḍabī vorgelagert		Kloster im 6.–8. Jh Nestorianer
Taġlib	Mesopotamien: Nisibis, Edessa, Mosul	nach 510	Jakobiten Kriegerisch, verweigerten *ǧizya* und wurden von ʿUmar davon ausgenommen, blieben noch 300 Jahre nach islam. Eroberung Christen
Tamīm	Ostarabien		Zoroastrier seßhafte Tamīm Christen

Name des Stammes	Gebiet	Christianisierung	
Tanūḫ	südl. Mesopotamien, Nordsyrien	4. Jh	Christl. Königin im 4. Jh Mawiya und arab. Bischof Bibelteilübersetzung in Arabisch, um 643 Blieben Christen nach islam. Eroberung Islamisierung durch al-Mahdī (775–785)
Ṯaqīf	südl. von Mekka	—	al-Lāt
Tayy / Tayyiʿ	Zentralarabien		Von diesem Stamm kommt der syr. Name für alle arab. Stämme, „Tayāye". Entwicklung arab. Schrift einfache arab. Liturgie oder Lektionar
ʿUḏra	Wādī l-Qurā und Ḥiğr		stark christianisiert
ʿUmān	Osten		Christentum Staatsreligion ab 424

Ghada Osman untersucht die Erwähnungen arabischer Christen ausschließlich in islamischen Quellen und betont, dass dort nur prominente Persönlichkeiten, Klostergründer oder Wundertäter erwähnt werden, was auf eine große Zahl unbekannter und daher ungenannter Christen schließen lasse.[24] Allerdings weist Trimingham darauf hin, dass nirgends eine „indigenous Arab Church" entstanden sei, vermutlich weil die Trennung in Klerus und Laien im Stammesleben nicht praktizierbar gewesen sei[25] – was jedoch nicht auf die Städte zutreffen muss. Das Christentum war zur Zeit Muḥammads folglich weder eine „ausländische" Religion noch eine andere Rasse, sondern es waren „Christians of Arab culture"[26]. Allein die zahlreichen koranischen Anspielungen, die erst neu in den Fokus der Forschung geraten, wie auch die sprachlichen Anleihen bezeugen eindrucksvoll ihre Präsenz.[27]

Muḥammad war folglich nicht auf seine Karawanenreisen nach aš-Šām angewiesen, um das Christentum kennenzulernen. Nöldeke meint zwar, die arabischen Christen seien zum größten Teil nur sehr oberflächlich bekehrt gewesen,[28] was er aus einem Ausspruch ʿAlīs über die Taġlib in Mesopotamien

[24] *G. Osman*, Pre-Islamic Arab Converts to Christianity, S. 68.

[25] *J. Spencer Trimingham*, Christianity among the Arabs, S. 308–311.

[26] Zit. in: *S. K. Samir*, The role of Christians in the Abbasid Renaissance in Iraq and in Syria, S. 495. – Nach einem bei Ibn Asākir überlieferten Hadith soll Muḥammad gesagt haben: „Being Arab is not a matter of lineage but of language: whoever speaks Arabic is an Arab."

[27] Siehe dazu die Arbeiten von *A. Jeffery* (The Foreign Vocabulary of the Qur'ān) und *Chr. Luxenberg* (Die syro-aramäische Lesart des Koran. Ein Beitrag zur Entschlüsselung der Koransprache); vom Corpus Coranicum sind diesbezüglich noch aufschlussreiche Ergebnisse zu erwarten.

[28] *Th. Nöldeke*, GdQ I, S. 10.

schließt, die von diesem Glauben nur das Weintrinken übernommen hätten. Diese eindeutig polemische Aussage ʿAlīs über einen einzigen Stamm verkennt jedoch die tiefe, auch asketische Frömmigkeit, die weit verbreitet war, sowie diejenigen, die angesichts des Aufrufs zum Islam ihrem Glauben treu blieben und Verfolgung und Vertreibung auf sich nehmen sollten.

Eine große Rolle bei der Christianisierung scheinen Mönche und Asketen gespielt zu haben, sowohl durch die Wunder, die sie durch ihre Gebete vollbrachten, als auch durch ihren Lebenswandel.[29] Neben der Begegnung mit diesen Eremiten, deren Lebensstil eher die Zurückgezogenheit in einer Wüstenzelle war als die offensive Missionierung, kamen Einzelpersonen auf Reisen mit dem Christentum in Kontakt, ob eher zufällig auf Handelsreisen oder gezielt auf der Suche nach Antworten auf religiöse Fragen, wie etwa die Hanifen.

Von Ägypten aus, wo es seinen Anfang genommen und erste Formen entwickelt hatte,[30] war auch das Mönchtum nach Arabien vorgedrungen. Eremiten und Asketen hatten sich in die Einsamkeit der ägyptischen Wüsten zurückgezogen, Klöster oder lockere Siedlungen errichtet; manche verfassten und verbreiteten Heiligenbiographien. An diesem Genre orientierten sich später die *qiṣaṣ*. Auch der Inhalt ihrer moralischen Traktate mit den Themen Apokalypse und Gericht, Paradies und Hölle spiegeln sich in der frühen mekkanischen Verkündigung wider. Die eschatologischen Schilderungen einer Gerichtspredigt des Bischofs von Naǧrān, Qass b. Sāʿida, auf dem jährlichen Markt von ʿUqāẓ soll Muḥammad tief beeindruckt und zu gleicher Thematik in seinen frühen Predigten veranlasst haben.[31] Die Mönchsbewegung der „heiligen Männer", die eigentliche missionarische Kraft im syrischen und mesopotamischen Raum, war für arabische Beduinen attraktiv, während ihnen die hellenisierte Form des städtischen Christentums fremd blieb. Bei den arabischen Mönchen scheint es unterschiedliche Ausprägungen des Zölibats gegeben zu haben; von einigen ist überliefert, dass sie Kinder hatten. So spricht die Formel *labisa l-masūḥ* (sich in Sackleinwand kleiden) nicht wie im lateinischen Terminus die Ehelosigkeit an, sondern den einfachen Lebenswandel.[32] Nicht dogmatische Fragen, sondern ihr vorbildhaftes, reines Leben, sowie Heilungen durch das Gebet und die Austreibung von Dämonen waren für sie überzeugend.[33] Großen Eindruck scheint auch eine Sonderform syrischer Askese auf die Wüstenaraber gemacht zu haben:

[29] *R. Hoyland*, Arabia and the Arabs, S. 147–149.

[30] Siehe: *Antoine Gaillaumont*, An den Wurzeln des christlichen Mönchtums, Beuron 2007, S. 11–30, *Otto F. A. Meinardus*, Two thousand years Coptic Christianity, Cairo 2002.

[31] *S. K. Samir*, Role of the Christians, S. 496.

[32] *G. Osman*, Pre-Islamic Arab Converts to Christianity, S. 72 f. Im erweiterten Zölibat enthielten sich die Mönche menstruierender Frauen.

[33] Siehe etwa das Beispiel des Šaiḫs Aspebet um 420, der mit seinem ganzen Stamm konvertierte nach der Heilung seines gelähmten Sohnes und später Bischof Buṭrus für die Ansiedlungen der Beduinen in Palästina wurde (*J. S. Trimingham*, Christianity among the Arabs, S. 109–111).

der Stylitismus. Heilige Männer verbrachten ihr Leben in Einsamkeit auf Säulen, wo sie „in einem sterblichen Leib wie die Engel" lebten, zwischen Himmel und Erde, und dadurch näher bei Gott. Paret sieht den islamischen Gebetsritus mit dem andächtigen Stehen vor Gott und wiederholter Proskynese[34] von den Frömmigkeitsübungen der Eremiten und Styliten beeinflusst,[35] Nöldeke ebenso die Einrichtung der Vigilien.[36] Muḥammad sollte später zwischen Ablehnung der Christen wegen ihrer übermäßigen Verehrung der Eremiten[37] und Hochachtung wegen der Demut ihrer Mönche schwanken (5,82). In der altarabischen Dichtung ist von einem christlichen Klerus die Rede, zum Gebet rufenden Klöppeln, Bildsäulen in den Kirchen, Kruzifixen und festlichen Prozessionen.[38] Angelika Neuwirth weist darauf hin, dass von einer „durchaus substantiellen, bisher noch zuwenig beachteten Präsenz von christlicher und jüdischer arabischer Dichtung vor und um die Zeit der Korangenese auszugehen" sei.[39]

Von großer Bedeutung ist das jemenitische Bistum Naǧrān,[40] das 100 Jahre vor Muḥammads Auftreten bereits eine Christenverfolgung durch den zum Judentum konvertierten König Ḏū Nuwās erlebt hatte und erst durch die Intervention der monophysitischen Äthiopier gerettet wurde.[41] In Zafar, dem Zentrum des südarabischen Reiches Ḥimyar, wurde 531 der erste christliche äthiopische Kaiser inthronisiert. Um die Zeit von Muḥammads Geburt fiel dann der christlich-abessinische Statthalter in Südarabien, ehemals Sklave eines byzantinischen Kaufmanns und letzter großer Herrscher Südarabiens, Abraha, in Mekka ein, ein Vergeltungsschlag dafür, dass Mekkaner seine Kathedrale, ein *martyrion* für die

---

[34] Kultische, aus dem persischen Hofzeremoniell stammende, Geste, bereits in der Achämenidenzeit üblich, zur Huldigung nicht nur der Gottheit, sondern auch des Großkönigs.

[35] *Rudi Paret*, Mohammed und der Koran. Geschichte und Verkündigung des arabischen Propheten, 8. Aufl., Stuttgart 2001, S. 16.

[36] *Th. Nöldeke,* GdQ I, 8.

[37] Das Mönchtum sei eine „eigene Erfindung" der Christen (57,27), die Mönche führten sich gottähnlich auf (9,31) und manche seien betrügerisch (9,34). – Auch die Staatskirche sah die Eremiten skeptisch, da sie für die Staats- und Kirchenmacht unkontrollierbar und ungreifbar waren; dies traf besonders auf weibliche Eremiten zu. Siehe hierzu: *Benedicta Ward*, Harlots of the Desert, London 1987; *Laura Swan*, The forgotten Desert Mothers. Sayings, lives and stories of early Christian women, New York 2001).

[38] *J. W. Hirschberg*, Jüdische und christliche Lehren, S. 15.

[39] *A. Neuwirth*, Der Koran als Text der Spätantike, S. 675.

[40] Gemäß der Sīra (I/1, S. 149–151) hat ʿAbd Allāh b. aṯ-Ṯāmir den Monotheismus in Naǧrān eingeführt; er habe die Lehre ʿĪsās befolgt, die als *tauḥīd* bezeichnet wird.

[41] Vgl. *I. Shahīd*, The Martyrs of Najrān; *M. Höfner,* Die Religionen Südarabiens, S. 260 f. 280. Die Christen Naǧrāns, die sich in ihre Kirche geflüchtet hatten, wurden mitsamt ihr verbrannt; wer sich weigerte, zum Judentum zu konvertieren, wurde mit dem Schwert getötet. – Bemerkenswert ist die Reihenfolge der religiösen Identitäten: vom Heidentum zum Christentum, und danach zum Judentum. Die Christenverfolgung unter Ḏū Nuwās erregte auf der arabischen Halbinsel großes Aufsehen und soll in Sura 85 ihren Nachhall gefunden haben. Gab es, zumindest in Südarabien, eine Bewegung hin zu einem immer absoluteren Monotheismus?

300 Märtyrer aus dem Jahr 311 und somit Wallfahrtsort[42] – wie andere Kirchen und Synagogen „Kaʿba" genannt – in Ṣanʿā' entweiht hatten.[43] Als kurz danach, 575, die Perser die äthiopische Besatzungsmacht aus Südarabien vertrieben, nahmen die Bewohner den Nestorianismus an als Ausdruck ihrer Feindschaft gegenüber der monophysitischen Besatzungsmacht Äthiopien.

Der Koran selbst beweist sehr früh, zu Beginn der 2. mekkanischen Periode in Sura 19 „Maryam" eine gewisse Kenntnis des Christentums – und zwar schon in spezifisch islamischer Rezeption, was eine intensive Auseinandersetzung voraussetzt. Mit der Frage nach der Natur Jesu nimmt Muḥammad die christologischen Diskussionen der frühen Christenheit auf – und beantwortet sie zugleich in genuin „islamischer Weise". Mit dem Text Sura 19 als Auskunftsschrift fand er Zuflucht bei den Christen Äthiopiens – eine positive Erfahrung nach der Verfolgung durch die mekkanischen Polytheisten. Lange Zeit zählte Muḥammad die Christen zu den Gläubigen, auch in den ersten medinischen Jahren zumindest noch die „wahren" Christen, die sich durch ein tugendhaftes Leben als solche auszeichneten, die er denen gegenüberstellte, die „untereinander Hass und Feindschaft" hegten.[44] Als Einzelpersonen traten sie ihm auch nicht geschlossen gegenüber wie die jüdischen Stämme Medinas, die immer skeptisch blieben, bald sein Prophetentum bestritten und sich mit seinen Feinden verbündeten. So ist auch im Koran das Bild der Christen eindeutig positiver als das der Juden. „Es scheint eher so, dass bereits innerhalb des Koran ein Übertragungsvorgang vorliegt, denn ein Teil der Vorwürfe, die sich gegen Juden in Medina richten oder die auf sie hin gedeutet werden, ist ziemlich parallel dazu auch auf Christen bezogen.[45] Eine gegenüber der Judenpolemik wirklich selbständige Christenpolemik besteht dagegen nur in theologischen Argumenten, v. a. um die Gottessohnschaft."[46]

[42] *Irfan Shahid*, The Rise of Eastern Churches and their Heritage (5th – 8th century), in: MECC, Christianity. A History in the Middle East, 219–233, S. 225. – Alle 300 Märtyrer wurden kanonisiert; namentlich bekannt sind Arethas (Ḥāriṯ) und Ruhm.

[43] In der Sīra (I/1, S. 160) *kanīsat Abraha* (Kirche Abrahas) genannt: Der Regent des Negus über den Jemen, ihm eine Kirche erbaut zu haben, wie es ihresgleichen noch nie auf Erden gegeben habe. Nun sei sein Wunsch, „die Wallfahrt der Araber dorthin zu lenken." (*M. al-Ǧābrī*, Madḫal ilā al-Qur'ān al-karīm, S. 62). Das zeugt von der Ausstrahlung Naǧrāns als christlichem Zentrum.

[44] Vgl. 3,113: „Sie sind nicht alle gleich. Unter den Leuten des Buches gibt es …". Siehe 2,253; 5,14; 6,159; 19,37; 21,93. – Zu Muḥammads Christenbild: *J. D. McAuliffe*, Qur'ānic Christians: An analysis of classical and modern exegesis.

[45] *Th. Nöldeke* meint, aufgrund der politischen Feindschaft mit den Juden in Medina habe Muḥammad alle früheren positiven Spuren von Juden „unterdrücken" wollen und diese deshalb fälschlicherweise als Christen deklariert, wie etwa Waraqa b. Nawfal (Hatte Muḥammad christliche Lehrer? S. 701).

[46] *Andreas Feldtkeller*, Die ‚Mutter der Kirchen' im ‚Haus des Islam', Gegenseitige Wahrnehmungen von arabischen Christen und Muslimen im West- und Ostjordanland, Erlangen 1998, S. 170.

Verglichen mit den Juden, genossen die Christen im Allgemeinen größeres politisches Prestige. Zwei christliche Vasallenstaaten im Norden, einer im Jemen, politische Interessen des byzantinischen, abessinischen und auch des persischen Reiches stellten Machtfaktoren dar, die viel zur Verbreitung des Christentums beitrugen.

6.1.1 Christen in Mekka und Medina

Immer wieder taucht die Frage auf, ob es eine christliche Gemeinde oder zumindest eine Gruppe von Christen in Mekka und Medina gegeben habe.

Die vier Ḥanīfen aus Mekka, die auf Wahrheitssuche gingen, hatten ein Zusammengehörigkeitsgefühl, das jedoch auch auf andere Weise begründet gewesen sein mag. Eine etablierte Gemeinde scheint es nicht gegeben zu haben, da die meisten Christen Konvertiten der ersten Generation waren, andere ein eher isoliertes Leben als Eremiten führten. Zwar ist außer der Existenz einzelner Christen bislang nichts von einem organisierten christliches Gemeindeleben bekannt; jedoch wird ein *maqbarat an-Naṣāra* (Friedhof der Nazarener) erwähnt, eventuell mit einer *masǧid Maryam*, einer Marienkapelle. Eventuell hatten die zahlreichen abessinischen Sklaven Mekkas eine Art Gemeinschaft.

Eine Station der vorislamischen Pilgerstätte Kaʿba wurde *mawqif an-naṣrānī* (Station der Nazarener) genannt, was nahelegt, dass in den pluralistischen Pilgerriten rund um dieses Heiligtum das Christentum seinen festen Platz hatte. Von der Marienstatue im altarabischen Pantheon der Kaʿba war bereits die Rede. Günter Lüling stellt die These auf, die Kaʿba sei ursprünglich eine byzantinische Marienbasilika und Mekka ein christlicher Wallfahrtsort gewesen.[47] Jedoch lässt ein in der Sīra erwähntes syrisches *kitāb* in der Ecke der Kaʿba aufhorchen, das auf maßgebliche Mitarbeit von Christen bei ihrer Erbauung hinweist.[48] Ein

[47] *G. Lüling*, Der christliche Kult an der vorislamischen Kaaba als Problem der Islamwissenschaft und christlichen Theologie. Indem er die Kaʿba als Zentrum christlicher Religionsausübung nachzuweisen versucht, lehnt er die „humanphantastische Vorstellung" eines multireligiösen Nebeneinanders verschiedener Kulte an der vorislamischen Kaʿba ab – das in der Sīra bezeugte Pantheon vieler Gottheiten, einschließlich der Statuen Ibrāhīms und Maryams, legt aber diesen Schluss nahe, und auch *J. W. Hirschberg* belegt die Teilnahme von Christen an den Pilgerfahrten nach Mekka (Jüdische und christliche Lehren, S. 16).

[48] Sīra I/2, S. 17f. *kitāb* hier: „Schriftstück, Urkunde", eventuell auch „Inschrift". In der Anmerkung die Varianten dieses Textes, die eine Seligpreisung (*ṭūbā*) enthalten – ein genuin christlicher Terminus aus der Bergpredigt, der im Koran nur 13,29 vorkommt (dort von Paret und Khoury im christlichen Sinne der Seligpreisung übersetzt, von Elyas arabisch belassen und als Paradiesesbaum erklärt). Sowohl bei Rotter als auch im Lexikon der Sīra ist dieser Fund nicht erwähnt. – In der Sīra ist auch von einem koptischen Zimmermann namens Yāqūm die Rede, der in Mekka wohnte und maßgeblich am quraišitischen Wiederaufbau der Kaʿba fünf Jahre vor Muḥammads Berufung beteiligt war (Sīra I/2, S. 14; dort wird er in Anm. 3 *kāfir min al-ʿaǧam* [ungläubiger Nichtaraber] genannt; Sīra Rotter, S. 41; Lexikon der Sīra, S. 410).

Stein der Kaʿba soll zudem – und zwar bereits vierzig Jahre vor der Sendung Muḥammads – eine Inschrift mit einer „Predigt" getragen haben, die neben biblischen inhaltlichen Anklängen ein wörtliches Zitat aus der Bergpredigt enthält.[49] Auch die *topoi* der frühen Verkündigung, die apokalyptischen Schilderungen im Kontext seiner Bußpredigten, weisen auf starken christlichen Einfluss hin.

In einer Gesellschaft von tribalem Kollektivismus, in der sich bedingt durch Handel mit wesentlich urbaneren und zivilisatorisch entwickelteren Gegenden ein zaghafter Individualismus regte, musste die „alternative" Lebensweise kompromisslos asketischer christlicher Eremiten attraktiv erscheinen. So wandte sich ar-Rabbāb b. al-Barā', ein *kāhin* („Wahrsager", im vorislamischen Arabisch „Priester" oder „Seher") und damit ein „independent holy man, diviner, and holder of a priestly role", dem Christentum zu. In der häufig führungslosen Situation in Mekka sei er somit ein „spiritual and intellectual guide of the tribe" gewesen; offenbar ist er erst kurz vor Muḥammads öffentlichem Auftreten konvertiert, bevor seine Rolle zum Tragen kommen konnte.[50] Zwar sind nur Konvertiten vornehmer Herkunft namentlich bekannt – die Quraišiten ʿUṯmān b. al-Ḥuwayriṯ b. Asad b. ʿAbd al-ʿUzza und Waraqa b. Nawfal –, doch muss von einer Anzahl ungenannter Christen, die Sklaven, Handwerker und Geschäftsleute waren, ausgegangen werden.[51]

Als Handelszentren waren beide Städte auch Umschlagplatz für Sklaven, die aus als christlich bekannten arabischen Stämmen, aus Byzanz, Abessinien, Ägypten und Persien kamen, so dass davon ausgegangen werden kann, dass viele von ihnen Christen waren. Diese erhielten arabische Namen und wurden einem Stamm zugehörig betrachtet, konnten jedoch ihre Religion beibehalten – der später berühmt gewordene Zaid b. Ḥāriṯa wurde für Ḫadīǧa bt. Ḫuwailid auf dem Markt von ʿUqāz gekauft. Die koranischen Anspielungen der Feinde Muḥammads, die in 16,103 ihren Niederschlag fanden, er habe seine religiösen Botschaften nicht von einem Engel erhalten, sondern von Christen, werden von der islamischen Tradition erweitert und präzisiert. Wāqidī berichtet von Gerüchten, der christliche Sklave Ibn Qammaṭa sei einer dieser „Lehrer" gewesen, der Sīra zufolge war es Ǧabr, der aufgrund seiner Religionszugehörigkeit den Beinamen an-Nuṣrānī erhalten hatte.[52] Ferner werden etliche weitere Namen genannt, ein Hinweis darauf, dass es mehrere potentielle Anwärter für eine solche lehrende oder informierende Rolle gab, unter ihnen die Sklaven Ǧabr und Yasār aus Mesopotamien vom christlichen Stamm der Taġlib, Schwertschmiede, die sich gegenseitig aus ihren heiligen Büchern vorlasen, was Muḥammad bei seinem

[49] Sīra I/2, S. 18; Anklänge an Spr 22,8; 2 Kor 9,6; Gal 6,7; Zitat Mt 7,16 (nicht erwähnt bei Rotter und im Lexikon der Sīra).

[50] *A. Jeffery*, Foreign vocabulary, S. 247; *G. Osman*, Pre-Islamic Arab Converts, S. 71.

[51] *G. Osman*, Pre-Islamic Arab converts, S. 68f.

[52] *Ghada Osman*, Foreign slaves in Mecca and Medina in the Formative Islamic Period, in: *Islam and Christian-Muslim Relations* 16/4 (2005), 345–359.

Vorbeigehen hörte. Negative Berühmtheit erlangte Waḥšī b. Ḥarb al-Ḥabašī, seinem Beiname zufolge aus Abessinien, der Ḥamza, den Onkel des Propheten, in der Schlacht von Uḥud tötete.[53]

Inwiefern und ob diese eine Rolle bei der Wahl des ersten Emigrationsortes, dem christlichen Abessinien spielten, ist eine bis heute nicht beantwortete Frage.

Anders jedoch die Situation in Medina, das eher nach Ḥīra orientiert gewesen zu sein scheint als Mekka, das nach Abessinien und Ägypten orientiert war. Hier gab es offensichtlich keine oder nur vereinzelte ansässige Christen – der berühmte Disput Muḥammads fand denn auch mit einer Delegation aus dem fernen Naǧrān statt –,[54] so dass sie im Vergleich zur Rezeption Muḥammads gegenüber den Juden als eigentliche Widersacher eine deutlich untergeordnete Position einnehmen.

Abū ʿĀmir, genannt *ar-rāhib* („Mönch", kann zu jener Zeit auch allgemein einen tief religiösen Menschen bezeichnen), je nach Quelle Mitglied der Aws oder der Ḫazraǧ, wird gekennzeichnet als *fīhī ʿibāda* (worshipper) und war entweder ein Hanif, der dem Christentum zuneigte,[55] oder ein Christ in einer Führungsposition.[56] Bei ihm finden sich beide Anlässe einer Konversion, Asketismus und eine Reise nach aš-Šām. Seine Tochter aš-Šamūs wurde mit ʿUmar b. al-Ḫaṭṭāb verheiratet.[57] Er selbst war Muḥammad gegenüber feindlich gesinnt und kämpfte auf Seiten der Quraišiten gegen ihn in Badr. Im Gegensatz zu den eher apolitischen Christen Mekkas war er interessiert an der Erhaltung des *status quo* in Medina, der ihm die Ausübung seines christlichen Glaubens ermöglichte. Nachdem er auch in der Schlacht von Uḥud gegen Muḥammad gekämpft hatte, verließ er die Stadt.

Ein anderer Christ, Abū Qais von den Banū an-Naǧǧār, war ebenfalls ein Mönch gewesen, jedoch zum Islam konvertiert.

Die beiden Söhne des *Anṣārīs* Abū l-Ḥusain wurden von syrischen Händlern zum Christentum eingeladen, konvertierten und reisten mit jenen nach aš-Šām.[58] Unter den Handelsreisenden müssen Älteste und sogar Bischöfe gewesen sein und einige scheinen ihren Handelsaktivitäten mehr Gewicht beigemessen zu haben als ihren geistlichen Aufgaben in der Heimat. So brachte der Diakon oder

[53] A. a. O., S. 351.

[54] *M. Schöller*, Exegetisches Denken, S. 11. Dieser Disput wird zeitlich sehr unterschiedlich angesetzt: die Sīra und die frühen Kommentatoren verorten sie in die medinische Frühzeit, noch vor der Änderung der *qibla*. Wahrscheinlich ist jedoch, dass die Begegnung erst später stattfand, während der Zeit der *wufūd* und nach der Auslöschung des größten Teils der Juden Medinas.

[55] *Muḥammad Hamidullah*, „The Christian Monk Abū ʿĀmir al-Rāhib", Journal of the Pakistan Historical Society 7 (1959), 231–40.

[56] *I. Shahid*, Arab Christianity before the rise of Islam, S. 445.

[57] Sein Mönchsgelübde war demnach nur eingeschränkt zölibatär; vgl. die anti-asketische Bewegung unter den Nestorianern im späten 5. Jahrhundert.

[58] Die Anfrage ihres Vaters an Muḥammad, ob er seine Söhne zurückholen solle, soll zur Offenbarung von 2,256 („kein Zwang in der Religion") geführt haben (*G. Osman*, Pre-Islamic Arab converts, S. 73; *aṭ-Ṭabarī*, Tafsīr IV, S. 548 f.).

Kantor Sayma al-Balqāwī Weizen nach Medina und kehrte mit Datteln zurück ins heutige Jordanien.

Der Milchbruder des *ṣaḥābī* Saʿd b. Abī Waqqās, Ǧufayna, war ein Christ aus al-Ḥīra, den Saʿd mit nach Medina gebracht hatte.[59]

Muḥammad habe wiederholt seine Anhänger zu den Christen Medinas geschickt, um sie zum Islam zu rufen. Ein Christ aus Medina habe auf den Gebetsruf, der Muḥammad als Gesandten Gottes bezeugt, erwidert: „Verbrennt den Lügner!"[60]

6.1.2 Religiöse Prägung der christlichen Gruppen[61]

Nicht erst im 6./7. Jahrhundert war das Christentum durch kulturelle und dogmatische Differenzen und Aufsplitterungen zerrissen, geschwächt und mit quälenden Klärungsprozessen beschäftigt. Schon das koptische Euchologion bittet in der Liturgie aus dem 4. Jahrhundert: „Mögen die Spaltungen durch die Verderbnis der Häresien beendet werden."[62] Tiefgreifende Gegensätze vor allem in der christologischen Frage[63] trennten judenchristliche und gnostische Gruppen, Monophysiten, Nestorianer, Jakobiten und Melkiten. In „a competition for land and souls"[64] versuchte jede Konfession Bischofssitze für sich zu etablieren. Seit dem Konzil von Chalcedon 451 war die östliche Christenheit gespalten. Der Patriarch von Alexandrien wurde verbannt und Konstantinopel erhielt seine Vormachtstellung zurück. Das Konzil postulierte die Zweinaturenlehre („wahrer Gott und wahrer Mensch"), die Kirchen des Orients aber beharrten darauf, Christus habe nur eine Natur. Ihre Kritiker nannten sie abwertend „Monophysiten", was die „Einzigheit der Natur" in den Vordergrund stellt; während sie selbst sich „Miaphysiten" nennen, die damit die „Einheit" der zwei Naturen Christi betonten. Die Melkiten (von *malik* = König) standen loyal zum Byzantinischen Reich, bejahten die Zweinaturenlehre und orientierten sich auch sprachlich griechisch; ihnen gegenüber standen die Westsyrer, die Jacob Baradäus folgten,

---

[59] *G. Osman*, Foreign Slaves in Mecca and Medina, S. 354.

[60] *G. Osman*, Pre-Islamic converts, S. 74.

[61] Siehe: *Sprenger*, Das Leben und die Lehre des Mohammed, Berlin 1861, I, S. 18ff.; *Siegfried Raeder*, Der Islam und das Christentum. Eine historische und theologische Einführung, Neukirchen-Vluyn 2001, S. 133–164; *M. Ayoub*, The Qur'an II, S. 1–6; *Sidney H. Griffith*, The beginnings of Christian theology in Arabic: Muslim-Christian encounters in the early Islamic period, Ashgate 2002.

[62] Das heilige Euchologion der koptischen Kirche. Koptisch – Arabisch – Deutsch. Bearb. und übers. von Moheb Mekhaiel, Stuttgart 2006, S. 56.

[63] *G. Risse* zeigt auf, wie sich das koranische Jesusbild im Widerspruch und in der Distanzierung von eben diesen häretischen Christologien entwickelte („Gott ist Christus, der Sohn der Maria." Studie zum Christusbild im Koran, Bonn 1989).

[64] *G. D. Newby*, A History of the Jews of Arabia, S. 9.

sich von daher Jakobiten nannten, denen antigriechischer Monophysitismus zugeschrieben wurden, sowie die Nestorianer.[65]

Aufgrund seiner extremen geographischen Verhältnisse war Arabien zum Asylland *par excellence* und Zuflucht vieler Verfolgter, zum Rückzugsgebiet und „Hinterzimmer" christlicher Häretiker geworden, die sich in den Gebieten der offiziellen Kirche der byzantinischen Staatsmacht nicht mehr halten konnten; es wurde darum „*Arabia haeresium ferax*"[66] genannt. Wilhelm Rudolph nannte die Christen der Arabischen Halbinsel „obscure Sekten, die auf primitiver Stufe stehen geblieben (…) waren."[67] Diese Formulierung würde man heute so nicht mehr wählen. Doch so wie die Arabische Halbinsel keine politische Einheit darstellte, sondern in kulturell differierende Stammesgebiete aufgeteilt war zeigte sich auch das Christentum vielfältig: Im Osten der Nestorianismus (Banu Laḫm, Baḥrain, Qaṭar, ʿUmān), im Süden und Norden der Monophysitismus (Banū al-Ḥāriṯ / Banū Ġassān).[68] Während Nestorianer und Monophysiten, Anhänger und Gegner des Konzils von Chalcedon sich um die Anzahl der Personen, Naturen und Tätigkeiten in Christus stritten, sich gegenseitig verdammten und als Kompromissformeln Monoenergismus und Monotheletismus aufbrachten,[69] tauchte im Westen der Arabischen Halbinsel mit Muḥammad eine religiöse Gestalt auf, die diese Frage auf ihre ganz eigene Weise beantworten sollte.

Muḥammad wusste sehr wohl um unterschiedliche Fraktionen innerhalb des Christentums, von „Sekten", Gruppen, Parteien und ihren Streitigkeiten untereinander,[70] jedoch kannte er offensichtlich weder Hintergründe noch konnte er die unterschiedlichen Dogmen zuordnen und klar trennen. Ebenso ist es allein aufgrund des Korantextes kaum möglich, die christologische Richtung zu bestimmen, von der er ausgeht.

Das Bild, das Muḥammad vom Glauben der Christen erhielt und das er im Koran kritisiert,[71] ist daher nicht das des orthodoxen Christentums der byzantinischen Reichskirche, die durch den theologischen Klärungsprozess von bis dahin fünf Ökumenischen Konzilien gegangen war.

---

[65] *Wageeh Yousef Mikhail*, ʿAmmār al-Baṣrī's *Kitāb al-Burhān:* A Topical and Theological Analysis of Arabic Christian Theology in the Ninth Century, unveröffentl. Dissertation, Birmingham 2013, S. 4–6.

[66] *Irfan Shahīd*, Pre-Islamic Arabia, in: Holt (Hrsg.), Cambridge History of Islam, I, 3–29; ähnlich *K. Cragg*: „a fertile ground of heresies" (The Arab Christian, London 1992, S. 37).

[67] *W. Rudolph*, Die Abhängigkeit des Qorans von Judentum und Christentum, S. 6. Als „primitiv" bezeichnet er sie, weil sie „dem Judentum noch näher verwandt waren". *K. Cragg* weist auf die charismatische Gestalt des Elkasai im 2. Jahrhundert hin.

[68] Details dazu in der Liste der arabischen Stämme und Landkarte zu Schaubild 12.

[69] *G. Troupeau*, Christianity in the early Islamic decades, S. 450 ff.

[70] 2,253; 5,14 („hegen untereinander Hass und Feindschaft"); 6,159; 19,37; 21,93; 23,53; 30,32; 43,65.

[71] *W. M. Watt*, The Christianity criticized in the Qur'ān, in: *MW* 57 (1967), 197–201.

Exkurs 5: naṣāra

Lexikalische Klärung:
Im Koran und in der gesamten islamischen Tradition werden die Christen nicht in ihrer Eigenbezeichnung *masīḥiyūn* genannt, obwohl für ʿĪsā mehrmals der Titel *al-Masīḥ* (der Messias, Christus)[72] erwähnt wird. Stattdessen werden sie *naṣāra* (Sing. *naṣrānī*) genannt. Die Herleitung ist nicht eindeutig geklärt; sowohl Jesus selbst als auch seine Anhänger wurden als „Nazarener" bezeichnet, abgeleitet von dem Beinamen Jesu aufgrund seiner Heimatstadt Nazareth. In Apg 24,5 ist Paulus der „Anführer der Häresie der Nazoräer"; „Nazoräer / Nazaräer" war die älteste Bezeichnung der Christen. Aus dem Aramäischen, das damit Christen unter persischer Oberherrschaft bezeichnete,[73] entstanden die griechischen Bildungen Ναζαρηνός und Ναζωραῖος, die sich nur im syrisch-arabischen Sprachgebiet erhielten, wo sie zur Bezeichnung der syrischen Judenchristen wurden, während sich im Westen die griechische Wortbildung „Christen" durchsetzte.[74] Auch der Talmud leitet den Namen von Nazareth ab.

Immer wieder werden auch die Nasiräer genannt, Gott durch Gelübde geweihte Menschen (vgl. Simson in Ri 13 und 16 f.). Im Arabischen ähneln sich die Worte sowohl vom Schriftbild als auch vom Klang her: *nazīr* (Nasiräer) und *naḏīr* (Warner), und sie sind in der frühen Schreibweise ohne diakritische Zeichen optisch nicht zu unterscheiden. Die Stelle 5,82 würde dann die gottgeweihten Mönche ansprechen, was als Analogie zu den gottergebenen Gläubigen (*muslimūn*) gesehen werden könnte. Und Jesus aus Nazareth wäre damit der *nazīr par excellence*. Anders Joachim Gnilka, der in den *naṣāra* „Nazoräer" sehen will, die er mit den in Gal 2,4 genannten „Falschbrüdern" identifiziert.[75] Auch werden die ebenfalls judenchristlichen Ebioniten genannt, die das Matthäusevangelium bevorzugten und den Apostel Paulus als Apostat ablehnten.[76] Erschwert wird die Diskussion noch dadurch, dass auch die Mandäer sich Ναζωραῖοι nannten.

Die Wortform *anṣār* dagegen, die „Helfer" Muḥammads, zum Islam übergetretene Einwohner Medinas, kommt nicht vom Singular *naṣrānī*, sondern von *naṣrān*;[77] nur in wenigen Einzelfällen werden in der arabischen Literatur Christen auch als *anṣār* bezeichnet.[78]

Muslimische Kommentatoren spekulieren um die Herkunft des Begriffs *naṣāra*, leiten ihn mal von Nazareth, mal, ausgehend von 3,52 und 61,14, von den *anṣār* (Helfern, wohl gemeint: die Anhänger) Jesu ab, die ihm gegen die Tritheisten geholfen hätten.[79] Es ist inzwischen jedoch Konsens, dass es lediglich die arabische Form der Herkunftsbezeichnis Jesu ist.

---

[72] Die Bedeutung von *al-Masīḥ* ist weder den Kommentatoren noch den Philologen klar; einmal ist er „der Wahrheitsliebende", dann wird er so genannt, weil er ohne feste Bleibe auf der Erde umherwanderte, weil er er Kranke heilte, indem er über Blinde und Leprakranke mit der Hand strich (*masaḥa*). Eine andere Möglichkeit sei, dass er in der Tora „*Mešīḥa*" genannt wurde, was dann arabisiert worden sei (*M. al-Ǧābrī*, Madḫal, S. 74).

[73] *A. Jeffery*, Foreign vocabulary, S. 280 f.

[74] *H. Thyen*, Art. Nazaräer / Nazoräer, in: RGG^3 IV, Sp. 1985.

[75] Dieser Theorie widmet er ein ganzes Buch: *J. Gnilka*, Die Nazarener und der Koran.

[76] A. a. O., S. 93.

[77] *J. Gnilka*, kommt aufgrund einer falschen Ableitung des Plurals zu der anderweitig nicht zu beweisenden Annahme, in Medina habe man zur Zeit Muḥammads „mit einer Gemeinde der Nazarener rechnen" müssen (S. 21).

[78] Lane VIII, S. 2808.

[79] *A. Jeffery*, Foreign vocabulary, S. 280; *M. al-Ǧābrī*, Madḫal ilā al-Qur'ān, S. 73.

Chronologisch-interdependente Klärung:
medin.: 2,62.111–113.120.135.140; 3,67 (Sing.); 22,17; 9,30; 5,14.18.51.69.82

Alle koranischen Stellen sind medinisch. Selbst die ersten sechs Nennungen innerhalb der frühmedinischen Sura 2, mitten in der theologischen Auseinandersetzung und darauf folgenden Abgrenzung von den Juden, zeigen eine innere Entwicklung auf: In 2,62 werden Christen zusammen mit Juden und *Ṣābi'ūn* den Glaubenden zugeordnet, die ewigen Lohn erhalten werden; in 2,111 wird der Exklusivanspruch der Christen zurückgewiesen. 2,113 spricht die Streitigkeiten zwischen Juden und Christen untereinander an, trotz offensichtlich gleicher Textgrundlage; 2,120 warnt die Gläubigen, sich nicht auf den exklusiven Heilsanspruch von Juden und Christen einzulassen; in 2,135 wird der Missions- und Heilsanspruch beider zurückgewiesen und ihnen der *Ḥanīf* Ibrāhīm gegenübergestellt, in 2,140 geschieht gleiches mit dem Anspruch von Juden und Christen auf die Stammväter Ibrāhīm, Ismāʿīl, Isḥāq und Yaʿqūb. Diesen Gedanken greift 3,67, vermutlich im Kontext der christlichen Delegation von Naǧrān, auf und verbindet ihn mit der Enteignung Ibrāhīms von Juden und Christen, die in gedankliche Nähe mit den Polytheisten gesetzt werden. 22,17 im Kontext der 1. Wallfahrt nach Mekka, knüpft von der Formulierung her an 2,62 an, verschärft diese jedoch, indem es die Andersgläubigen vor der Verurteilung im Tag des Gerichts warnt. In der vorletzten Sura 9,29–34 ist die theologische Beurteilung eindeutig: Juden und Christen begehen die Sünde des *širk*, das Urteil über sie ist gefallen, weswegen sie im Diesseits zu bekämpfen sind und im Jenseits ihre Strafe erhalten werden. Und selbst das früher so positive Urteil über die Mönche wird nun ins Gegenteil verkehrt: statt als demütig werden sie als anmaßende, geldgierige Verführer gezeichnet. Diese Linie führen die Stellen in der letzten Sura 5 fort: V. 14–15 wirft ihnen Unterschlagung göttlicher Weisung vor, V. 18 lehnt ihren Erwählungsanspruch ab, und V. 51 warnt explizit vor ihnen. Die beiden letzten Nennungen jedoch vollziehen eine Kehrtwende: V. 69 ist eine fast wörtliche Wiederholung der versöhnlichen Stelle 2,62; in V. 82–83 werden Juden als am feindlichsten gesinnt, Christen jedoch, v. a. die Priester und Mönche, als demütige Gottsucher bezeichnet, die in der Verkündigung Muḥammads die Wahrheit erkennen und sie unter Tänen annehmen.

Bedeutsam ist die überwiegend positive Konnotation der *naṣāra*, v. a. wenn es um ihre menschliche Seite geht. Man hat den Eindruck, dass die Korantexte sehr wohl unterscheiden zwischen den Menschen einerseits und ihrer Theologie andererseits – die abgelehnt wird. Der Tradition sollte dies nicht mehr gelingen, so dass der Terminus *naṣāra* zunehmend negativ besetzt wurde. Die arabischen Christen im *dār al-Islām* nahmen den Begriff schließlich für sich als Selbstbezeichnung an.[80] Die Christen in al-Ḥīra, das seit 410 Bischofssitz war, hatten sich selbst *al-ʿibād* (Diener) genannt, von *ʿibād ar-Rabb* (Diener des Herrn) oder *ʿibād al-Masīḥ* (Diener Christi). Diese *ʿibād* waren ein einzigartiges Phänomen innerhalb der arabischen Stammesgesellschaften, denn sie kamen aus unterschiedlichen Stämmen und wurden nur durch ihren christlichen Glauben vereint. Statt eines Stammesnamens trugen sie die Nisbe *al-ʿibādī*.[81]

[80] Eine ähnliche Umdeutung der negativen Konnotation war im Juli 2014 im irakischen Mosul zu beobachten: Die salafistische „Islamische Armee" markierte die Häuser der Christen mit dem arabischen Buchstaben *Nūn* für *Naṣrānīyūn* als Vorlauf für spätere *ǧizya*-Forderung, Vertreibung oder Tötung. Das Zeichen der Stigmatisierung und des Todes wurde innerhalb kurzer Zeit in einer weltweiten Solidaritätswelle zum Zeichen des Protestes gegen dieses Vorgehen.

[81] *I. Shahid*, Arab Christianity before the rise of Islam, S. 441.

Neben den *naṣāra* sind die Sabier oder Sabäer zu nennen, die im Koran zwar als *ṣābi'ūn* erwähnt (2,59.62; 22,17[82]; 5,69)[83], aber nicht näher charakterisiert werden. Allgemein werden sie als „Täufer“ übersetzt, vermutlich wegen ihrer rituellen Waschungen; man hat in ihnen auch die Elkesaiten vom Ostjordanland und Nordarabien gesehen, die Σόβιαι genannt wurden. In Mekka soll es eine Zeitlang geheißen haben, Muḥammad und seine Anhänger seien *ṣābi'ūn* geworden,[84] sogar ʿUmar soll ihn so genannt haben.[85] Für Paret ist sie „dem Zusammenhang nach eine nichtheidnische, dem Islam verwandte Religionsgemeinschaft“[86], nach Horovitz „eine oder die Gesamtheit der täuferischen Sekten nach Art der Mandäer“. Es überrascht, dass diese besonders hervorgehobene Gemeinschaft, die den Rang der *ahl al-kitāb* genießt, offensichtlich bald nach der Prophetenzeit nicht mehr bekannt war. Bereits aṭ-Ṭabarī[87] scheint sie nicht mehr zu kennen, denn er kennzeichnet sie als Gemeinschaft ohne Religion, als monotheistische Sekte ohne Buch und als Engelverehrer, die dem *zabūr* (Psalter) folgen.

6.1.3 Übersetzung der Bibel ins Arabische

Ein großes Manko war die fehlende Übersetzung der Bibel ins Arabische, die vollständig erst ab Ende des 8. Jahrhunderts anzusetzen ist,[88] nicht zuletzt auch bedingt durch die erst unzureichend entwickelte arabische Schrift, so dass Muḥammads Kenntnis des Christentums wohl nicht auf schriftlichen Quellen, sondern auf mündlich überlieferten Traditionen basierte. Daher sagt Adolf Schlatter: „Es scheint, diese Christenheit lebte ohne Schrift, nur von der Sitte, von der von Geschlecht zu Geschlecht zäh festgehaltenen Tradition.“[89]

[82] Dieser Vers wird *āyat al-faṣl* (Vers der Scheidung / Unterscheidung) genannt, da hier eine Unterscheidung zwischen Islam und den anderen Religionen vorgenommen wird.

[83] Alle Stellen sind medinisch, was bedeuten kann, dass Muḥammad erst spät von ihnen Kenntnis bekam.

[84] *K. Ahrens*, Muhammad als Religionsstifter, S. 10.

[85] Sīra I/2, 188.202 f.

[86] *R. Paret*, Kommentar und Konkordanz, S. 20.

[87] In seinem Tafsīr zu 2,62. Vgl. *A. Jeffery*, Foreign vocabulary, S. 3.191 f.

[88] *Georg Graf*, Die christlich-arabische Literatur bis zur fränkischen Zeit (Ende des 11. Jahrhunderts). Eine literarhistorische Skizze, in: Ehrhardt / Müller (Hrsg.), Strassburger Theologische Studien, Bd. 7, Freiburg 1905, S. 2; *ders.*, Geschichte der christlichen arabischen Literatur, 5 Bde., Vatikan 1944–1953; *Josef van Ess*, Theologie und Gesellschaft im 2. und 3. Jahrhundert Hidschra, I, S. 53; *Sidney H. Griffith*, The Gospel in Arabic: An Enquiry into Its Appearance in the First Abbasid Century, in: *Oriens Christianus* 69, S. 131–132; *Tharwat Kades*, Die arabischen Bibelübersetzungen im 19. Jahrhundert, S. 12–20; *Hikmat Kashouh*, The Arabic versions of the gospels. The manuscripts and their families, Berlin 2012. – Im Zusammenhang mit der Verfügbarkeit der Bibel für Christen stellt sich auch die Frage, ob und inwieweit dann auch Muslime Zugang zu diesen arabischen Übersetzungen hatten. Nach *Hava Lazarus-Yafeh* lag wohl noch aṭ-Ṭabarī im 10. Jahrhundert keine vor (Intertwined Worlds, S. 111 ff.). Dagegen wies *Said Karoui* mit Hilfe von Ibn Qutaibas biblischen Zitaten die Verbreitung arabischer Übersetzungen – zumindest in Auszügen – nach (Die Rezeption der Bibel in der frühen islamischen Literatur am Bei-spiel der Hauptwerke von Ibn Qutayba, gest. 276/889, Heidelberg 1997).

[89] Die Entwicklung des jüdischen Christentums zum Islam, in: *Evangelisches Monatsmagazin*, 1918, S. 261. – Es ist wohl die sichere geographische und zeitliche Distanz, die manche dazu

Der Befund, der sich fast mit jeder neu erschlossenen Quelle und jeder archäologischen Grabung ändert, ist jedoch komplexer: Aus dem Jahr 328 stammt die Inschrift eines christlich-arabischen Königs. Aus der 1. Hälfte des 6. Jahrhunderts ist die bislang längste und wichtigste christlich-arabische Inschrift aus vorislamischer Zeit erhalten, eine Widmungsinschrift der Tochter eines Lakhmidenfürsten, Hind bt. al-Ḥāriṯ b. ʿAmrū b. al-Ḥuǧr, am Türsturz des von ihr gegründetes Klosters *Deir Hind al-kubrā* in al-Ḥīra.[90]

Sprenger glaubt, die arabischen Christen vor Muḥammad hätten eine Auswahl heiliger Schriften, auch apokryphe Bücher, besessen, die in ihrem eigenen arabischen Dialekt, aber mit hebräischen Buchstaben, geschrieben waren.[91] Es habe in al-Ḥīra Kleriker gegeben, die Evangelien vervielfältigten, ebenso ganze Bibliotheken – es sind jedoch keine Überreste davon erhalten. Auch Georg Graf hält es für unwahrscheinlich, dass die Araber die Evangelien nicht in ihrer Muttersprache besessen hatten, obwohl es keinerlei schriftliche Zeugnisse von Christen aus jener Zeit gibt.[92] Zugleich räumt er aber ein, dass die im Koran befindlichen biblischen Erzählungen und Anklänge nicht einer schriftlichen Vorlage entstammen können, sondern auf Gehörtem basieren müssen, da Erwähnungen aus der Bibel nicht als Zitate, sondern als Entlehnungen dem Sinn nach erfolgten.[93] Auffallend ist die Häufung von Motiven und Sprachformen aus dem Matthäusevangelium, während eine Kenntnis paulinischer Schriften an keiner Stelle nachweisbar ist. Anton Baumstark spricht sich für die Existenz eines vorislamischen arabischen Evangeliums aus.[94] Er hält eine christliche Mission in Arabien für nicht möglich, wenn es keine liturgischen Texte gegeben hätte; zumindest die Region um al-Ḥīra habe um das Jahr 600 ein arabisches Evangelium gehabt.[95] Das Arabische Kindheitsevangelium ist vor dem 5. Jahrhundert zunächst in syrischer Sprache entstanden; heute ist es nur noch in zwei arabischen Handschriften erhalten. Es enthält Legenden, die im Koran wieder auftauchen, jedoch in islamisierter Form, wie das Wort Jesu in der Wiege.[96] Die Datierung der Übersetzung ist also

---

bringt, die arabischen Christen des 6./7. Jahrhunderts dafür zu tadeln, dass sie ihre liturgische Sprache beibehielten, ihnen die „Schuld" am Entstehen des Islam anzulasten und zu bedauern, dass man bis heute für diesen „Kardinalfehler" bezahlen müsse: „None of the Eastern Christians had even bothered to translate the Bible into Arabic prior to the advent of Islam. This cardinal failure, which was paramount to making Christians in part guilty for the spiritual condition of the Arabs, not only provided fertile soil for the evolution of Islam, but was also a mistake for which generations of Christians were to pay." (*N. A. Newman*, The early Christian-Muslim dialogue, S. 3).

[90] *I. Shahid*, Arab Christianity before the rise of Islam, S. 442.

[91] Zit. in: *J. W. Hirschberg*, Jüdische und christliche Lehren, S. 24.

[92] *G. Graf*, Die christlich-arabische Literatur bis zur fränkischen Zeit, S. 2.

[93] *J. W. Hirschberg*, Jüdische und christliche Lehren, S. 10.

[94] *Curt Peters*, Proben eines bedeutsamen arabischen Evangelien-Textes, in: *Oriens Christianus* 11 (1936), 188–211.

[95] *H. Kashouh*, The Arabic versions of the Gospels, S. 19.

[96] Im Kindheitsevangelium spricht der Jesus-Säugling von seiner Sendung zum Heil der Welt,

umstritten: Louis Cheikho, Anton Baumstark, Francis Peters und Irfan Shahid sprechen sich für die vorislamische Existenz der Bibel oder Teile davon aus; Georg Graf, Arthur Vööbus, Joshua Blau und Sydney Griffith datieren sie erst ins 9. Jahrhundert. Shahid hält eine einfache arabische Liturgie schon im 4. Jahrhundert für möglich, während Griffith diese erst nach den Reformen von ʿAbd al-Malik (705) ansetzt.[97]

Übersetzungszentren waren die Klöster von Mar Sabā und vom Sinai, wo melkitische Mönche aus griechischen Vorlagen übertrugen. Le Page Renouf wies nach, dass diese arabischen Texte das Griechische getreuer widergeben als die lateinische Übersetzung der Vulgata.[98] Bruchstücke aus der Handschriftensammlung des Katharinenklosters vom Sinai stammen aus einer Vollübersetzung des Neuen Testaments ins Arabische im 8. Jahrhundert – von Aziz S. Atiya „Codex Arabicus" genannt[99] –, und die älteste Gestalt eines arabischen Gesamtevangeliums aus dem Griechischen ist in drei nahezu vollständigen Handschriften aus dem 9. Jahrhundert gleichlautend erhalten. Eine Übersetzung des melkitischen Bischofs in Kairo, Theophilus b. Taufīl aus Damaskus, noch vor Mitte des 11. Jahrhunderts wurde Grundlage des *textus receptus* der koptischen Kirche. Aus dem Syrischen ins Arabische wurde erst im 10. und 11. Jahrhundert übersetzt. Die Übersetzung der weit verbreiteten syro-aramäischen, Christen verschiedener Denominationen verbindende Evangelienharmonie, das Diatessaron[100] des Tatian (ca. 110–173, aus Nordmesopotamien) stammt gar erst aus dem 11./12. Jahrhundert. Stoffsammlungen, *loci probantes*, wurden etwa von al-Ġazālī für seine Schrift gegen die Gottheit Jesu *ar-radd al-ǧamīl* Ende 11. / Anfang 12. Jahrhundert benutzt.[101] In Andalusien entstand 946 eine spanisch-arabische Evangelienübersetzung aus der Vulgata von Isḥāq b. Bališak von Cordoba. In den arabischen Bibelübersetzungen ist jedoch der Einfluss des Vulgärarabisch der jeweiligen Provinzen zu beobachten, so dass sie teilweise vom klassischen Arabisch abweichen. Gedruckt wurde schließlich im Jahr 1616 in Leiden das Novum D. N. Jesu Christi Testamentum Arabice von Thomas Erpenius, das auf

---

im Koran jedoch zur Ehrenrettung seiner Mutter und zu seiner Sendung. – Text: *M. Josua / Fr. Eißler*, Das arabische Kindheitsevangelium, Bd. 1/2, 963–982, hier: S. 964 f.

[97] *H. Kashouh*, The Arabic versions, S. 34

[98] A. a. O., S. 11.

[99] A. a. O., S. 27.

[100] „Diatessaron" stammt aus der Musiktheorie und bedeutet in etwa „Vierklang". Als Reaktion auf die pagane Kritik, weshalb es vier Evangelien gäbe, versuchten Tatian und Markion (ca. 85–160), einen einzigen Evangelientext herzustellen. Vor dieser Evangelienharmonie hatte es schon andere, heute nicht mehr erhaltene Versuche gegeben; auch das Diatessaron ist nur aus Zitaten und späteren Übersetzungen zu rekonstruieren. Um 170 geschrieben, blieb es bis ins 4. Jahrhundert die einzige Übersetzung der Evangelien ins Syrische und noch jahrhundertelang der einzige Evangelientext, der in der Liturgie benutzt wurde. *Claude Gilliot* hält es für möglich, dass das Diatessaron oder Teile davon bereits in Mekka bekannt waren (S. 165).

[101] *Franz-Elmar Wilms*, Al-Ghazālīs Schrift wider die Gottheit Jesu, Leiden 1966, S. 154–157.

eine ägyptische Handschrift von 1272 zurückgeht. Dieses nutzte Tischendorf in seinem Testamentum Graece 1840 im kritischen Apparat.[102]

Aus der frühislamischen Zeit wird berichtet, während der Zeit des 2. und 3. Kalifen habe der Emir Ibn Abī Waqqāṣ den jakobitischen Patriarchen Ḥanna (631–649 n. Chr.) beauftragt, das Evangelium aus dem Syrischen ins Arabische zu übersetzen, allerdings mit der Auflage, den Namen Jesu und die Erwähnung von Taufe und Kreuz wegzulassen – was der Patriarch ablehnte. Ob und wie der Auftrag dann doch ausgeführt wurde, ist nicht überliefert.[103]

Die unter die Herrschaft des Islam geratenen nichtarabischen Christen Vorderasiens und Ägyptens jedoch behielten noch eine ganze Zeitlang, teils Jahrhunderte, ihre Muttersprachen bei, während sich bei ihnen um das 8. Jahrhundert das Arabische als Verkehrs- und Umgangssprache einbürgerte.[104] Unter gebildeten Christen gab es schon früh Theologen, die Arabisch schrieben, aber noch Syrisch sprachen.

6.1.4 Christen im Leben Muhammads

Schon Montgomery Watt[105] weist auf die Rolle von Christen im Leben Muḥammads hin, die seine frühe Haltung ihnen gegenüber positiv prägte. Vor allem nach den Erfahrungen der Ablehnung durch die medinischen Juden zog Muḥammad in 5,82 einen Vergleich zwischen beiden Gruppen der *ahl al-kitāb*, in dem die Christen eindeutig besser beurteilt werden.

6.1.4.1 Der syrische Einsiedler Baḥīra

Der Legende zufolge soll Muḥammad als zwölfjähriger Junge,[106] als er seinen Onkel Abū Ṭālib auf einer Karawanenreise nach Syrien begleitete, von dem Asketen Baḥīra[107] in Bostra an einem körperlichen Zeichen als Prophet erkannt

---

[102] *H. Kashouh*, The Arabic versions, S. 11.

[103] *G. Graf*, Die christlich-arabische Literatur bis zur fränkischen Zeit, S. 4.

[104] Die Islamisierung ging stets einer Arabisierung voraus. Daher wird selbst heute noch von vielen Christen in arabischen Ländern Arabisch – da Sprache des Korans – als „islamische" Sprache empfunden. So wird innerhalb vieler Familien neben der arabischen Verkehrssprache die ursprüngliche Sprache, etwa Syrisch oder Chaldäisch, als *masīḥī* (christlich) gesprochen. Auch lehnen viele arabischen Christen die Bezeichnung „Araber" für sich ab. – Von diesem Hintergrund her erhält die Absicht von *Elyas / Bubenheim*, in ihrer Koranübersetzung arabische Namen „einzuführen" (S. xv), eine Konnotation, die über das rein Philologische hinausgeht.

[105] *W. M. Watt*, The Christianity criticized in the Qur'ān, S. 197.

[106] Das Vorbild des zwölfjährigen Jesus im Tempel als öffentliche Legitimation durch religiöse Autoritäten ist deutlich sichtbar.

[107] Zur Schreibweise: *baḥīra* (eigentlich: „weibliches Kamel" (Lane I, S. 157); der Name des Mönchs ist sowohl mit Baḥīra als auch mit Baḥīrā überliefert.

worden sein.[108] Vielleicht kam es bei dem Legitimationstreffen auch zu einer Unterweisung in der *ṣaumaʿa* (Einsiedelei) des Mönches, die sich möglicherweise in 16,103 widerspiegelt als Anschuldigung seiner Gegner, er werde von einem Nicht-Araber gelehrt. Dasselbe wird auch von dem christlichen Sklaven Ǧabr berichtet, der in Mekka einen Verkaufsstand hatte.[109] Desgleichen unternahmen Christen später Anstrengungen, diese Episode abzustreiten, um nicht einen aus den eigenen Reihen dem Vorwurf der religiösen Fehleinschätzung preiszugeben, sowie ihren zukünftigen Eroberer legitimiert zu haben.[110] Gleichwohl ist sie in so zahlreichen Versionen überliefert – wobei der Name des Mönches auch mit Sergius oder Nusṭūr (der Nestorianer) wiedergegeben wird –, so dass davon auszugehen ist, dass wohl eine historische Begebenheit zugrunde liegt. Die frühe islamische Geschichtsschreibung hatte offensichtlich kein Problem damit, dass Muḥammad von syrischen Christen beeinflusst wurde, wurde dies doch stets positiv gesehen und in den Kontext der Prophetenbestätigung gestellt. Es existiert jedoch auch eine christliche Version dieser Legende, die das Szenario umdreht und den nestorianischen Mönch, der das Christentum unter den Arabern verbreiten will, zum geheimnisvollen nächtlichen Lehrer Muḥammads macht, dessen Schüler jeweils am nächsten Tag die Lehre des Mönchs als göttliche Offenbarung verkündigt. Damit sollte der christliche Mutterboden herausgestellt werden, von dem sich die Muslime mit häretischen Zusätzen abwandten – so die Deutung von Johannes Damascenus in seiner Tradierung der Baḥīralegende.[111] Andere christliche Quellen beschreiben, wie der Mönch auf Wunsch Muḥammads die christliche Lehre immer weiter vereinfachen musste, da sein Volk „uncouth desert Arabs" mit begrenztem Verstand seien.[112]

6.1.4.2 Waraqa b. Nawfal b. Asad

Neben dem Treffen mit Baḥīra in aš-Šām – jeder Prophet muss, wenn er schon nicht im heiligen Land geboren wird, dann doch dort beglaubigt werden – ist die Legitimation durch Waraqa b. Nawfal ein Schlüsselerlebnis in der religiösen Entwicklung Muḥammads. Trotz des apologetischen Charakters der Sīra sind

---

[108] Außerdem soll Baḥīra eine Wolke gesehen haben, die die sich nähernde Karawane überschattete, „das Zeichen, das er aus dem Buch kannte." Sīra Rotter, S. 36–38.

[109] Sira Rotter, S. 80; *Claude Gilliot*, Zur Herkunft der Gewährsmänner des Propheten, in: Ohlig / Puin (Hrsg.), Die dunklen Anfänge. Neue Forschungen zur Entstehung und frühen Geschichte des Islam, Berlin 2005, 148–178, hier: S. 150–154; *ʿAbd al-Ġanī al-Qāḍī*, Asbāb an-nuzūl ʿan aṣ-ṣaḥāba wa-l-mufassirīn, S. 10. Der Vorwurf, Muḥammad habe sein Wissen von diesem Sklaven, wird mit dem Hinweis auf dessen mangelhafte Arabischkenntnisse und die Eloquenz des Korans entkräftet.

[110] *N. A. Newman*, The early Christian-Muslim dialogue, S. 1.

[111] *Michael Marx*, Bahira-Legende, Dante und Luxenberg. Von verschiedenen Koranwahrnehmungen, in: Burgmer (Hrsg.), Streit um den Koran, Berlin 2004, 64–79, hier: S. 67; *S. Schreiner*, Die „Häresie der Ismaeliten", S. 135.

[112] *R. Hoyland*, Earliest Christian writings on Muḥammad, S. 287.

in den Kernaussagen zu Waraqa zutreffende Informationen enthalten. Denn auch in Muḥammads Familie gab es Christen: Der Vetter seiner Frau Ḫadīǧa[113] und Neffe seines Großvaters ʿAbd al-Muṭṭalib, Waraqa b. Nawfal b. Asad b. ʿAbd al-ʿUzza – abstammungsmäßig also mit einem polytheistischen Großvater, einen Verehrer der Göttin al-ʿUzza – gehörte zu einer Vierergruppe jener religiösen Suchenden, den Ḥanafiten, die sich vom mekkanischem Polytheismus abgewandt hatten bzw. dem „nur noch schwach überlieferten" abrahamischen Glauben treu geblieben waren, und sich in die umliegenden Länder verstreuten, „um den wahren Glauben Abrahams zu erforschen".[114] Dieser war vermutlich in Syrien Christ geworden (*tanaṣṣara*),[115] „folgte den Büchern"[116] und beherrschte zumindest Hebräisch.[117] Er nannte sich selbst „Priester unter den Mönchen",[118] lebte aber offensichtlich nicht als Eremit, da er einmal den verloren gegangenen Jungen Muḥammad in Mekka wiederfand und zu seiner Mutter brachte.

Waraqas Schwester Ruqayya hatte sich – in einem Akt von Tempelprostitution? – dem Vater Muḥammads zum Beischlaf angeboten, um das göttliche Kind zu empfangen, das ihr Bruder für dieses Volk als Prophet angekündigt hatte.[119] Als Muḥammad von seiner ersten Vision zurückkam und nach seiner Gewohnheit zuerst zur Kaʿba ging, traf er dort auf Waraqa, der gerade die Kaʿba umschritt[120] – möglicherweise ein Hinweis auf ein unter Christen übliches Ritual.

Als alter Mann und bereits erblindet, soll Waraqa hier bei der Kaʿba den nach seiner ersten Vision völlig aufgewühlten Muḥammad getröstet und seine

[113] Diese Verwandtschaft veranlasst *Neville Kirkwood*, Ḫadīǧa einen „Christian background" zu attestieren (Pastoral Care to Muslims, S. 8); ähnlich *A. Th. Khoury* (Der Koran, erschlossen und kommentiert, S. 39).

[114] Sīra Rotter, S. 29. Der ständige Bezug der Gottsucher in der Sīra auf den Glauben Ibrāhīms ist wohl eine spätere Rückprojektion der *millat Ibrāhīm* auf die vorislamische Zeit.

[115] So in der Sīra. – *Ph. Hitti* hält es für wahrscheinlicher, dass er im Hanifentum blieb (History of the Arabs, S. 108). *Th. Nöldeke* meint, „starken Grund" zu haben, dass Waraqa Jude gewesen sei (Hatte Muḥammad christliche Lehrer?, in: *ZDMG* 12 (1858), S. 699–708). Moderne *qiṣaṣ* negieren teilweise die nun offenbar als peinlich empfundene christliche Religionszugehörigkeit Waraqas und machen ihn zu einem gelehrten Mann, der lediglich „alle Bücher der Juden und Christen kannte" (Islamisches Zentrum Hamburg, Geschichten der Propheten aus dem Qur'an, S. 169).

[116] *qad tatabbaʿa l-kutub*, determiniert; Rotter (Sīra S. 29.40) bringt hier abschwächend, er habe die Schriften „gelesen".

[117] Nach *al-Buḫārī* (Vol 1, book1) und *al-Aġānī* (Nachweise bei Graf, S. 3) soll Waraqa das Evangelium in Hebräisch abgeschrieben haben (ebenso *Ibn Rassoul*, Lexikon der Sira, S. 235) – offensichtlich eine Verwechslung mit Syro-aramäisch. Das würde die Sīra bestätigen, die von Kontakten mit syrischen Mönchen während seiner religiösen Suche berichtet. Zudem soll Waraqa Evangeliendichtung geschrieben haben.

[118] *qiṣṣ min ar-rahbān* (Priester unter den Mönchen); Rotter hat nur „Mönch" (Sīra Rotter, S. 40). Abd al-Masih lässt ihn gar zum „Vorsteher einer kleinen christlichen Gemeinde in Mekka" werden (Sīra Weil / Abd al-Masih).

[119] Sīra I/1, S. 291 f.; Sīra Rotter, S. 29.

[120] Sīra I/2, S. 47; bei Rotter ausgelassen.

prophetische Sendung bestätigt haben.[121] Als Angehöriger der älteren Religion erkennt und anerkennt er die folgende und legitimiert sie. Er anerkennt aber nicht nur Muḥammads Sendung als in der Kontinuität der mosaischen Sendung stehend, sondern mit dem ihm zugeschriebenen *nāmūs al-akbar* (das größte Gesetz) qualifiziert er ihn als Überbietung alles Vorangegangenen:

„Bei Dem, in Dessen Hand meine Seele liegt! Du bist der Prophet dieses Volkes. Der nāmūs al-akbar ist zu dir gekommen, wie er zu Moses kam."[122]

Dieser Ausspruch ist in mehrfacher Hinsicht bemerkenswert: Zum einen hielten v.a. die Juden Arabiens die heidnischen Araber für ein Volk ohne Propheten und ohne *nāmūs* (Gesetz).[123] Nicht genug damit: Hier entsteht darüber hinaus ein dreifaches Überbietungsmodell: das mosaische Gesetz wird durch das neutestamentliche Gesetz überboten, und dieses wiederum durch die neue Offenbarung an Muḥammad. Rotter übersetzt *an-nāmūs al-akbar* in seiner Sīra als „der Engel Gabriel".[124] Allerdings: der Sīra zufolge war der Name Ǧibrīl zu jener Zeit auf der arabischen Halbinsel noch unbekannt.[125] Bevor deshalb solche späteren Traditionen absolut gesetzt werden, muss zuerst das Arabische *an-nāmūs al-akbar* berücksichtigt werden als auf den *nomos*-Begriff zurückgehend. Dann darf es durch den Artikel nicht als Elativ, sondern muss als Superlativ gelesen werden „das größte Gesetz": Der christliche Mönch Waraqa mit seiner Kenntnis des *namūs al-Masīḥ* (Gesetz Christi, Gal 6,2) deutet dies unzweifelhaft im Sinne einer Offenbarungssukzession. Anknüpfend an die Vergabe der Gebote an Mose auf dem Sinai und analog zur Überbietung des mosaischen Gesetzes durch das größere Gesetz Jesu v.a. in der Bergpredigt,[126] deutet er es nun als das wiederum

[121] Der historische Wert dieser Episode ist zwar äußerst fraglich; vermutlich sollte sie der Legitimation Muḥammads in christlichen Ländern dienen. Die theologische Aussage jedoch ist von eminenter Wichtigkeit und beschreibt treffend das islamische Selbstverständnis.

[122] Sīra Rotter, S. 47. In Sīra I/2, S. 47 wird in der Anmerkung darauf hingewiesen, dass der Christ Waraqa Muḥammad eigentlich in die Sukzession ʿĪsās hätte stellen müssen, da dieser der direkt vorangegangene Prophet sei. Ǧibrīl sei jedoch nie zu ʿĪsā gekommen, da dieser nach 3,49 über das Verborgene und die Zukunft Bescheid wusste.

[123] *T. Nagel*, Mohammed, S. 185f.

[124] Ebenso *G. Osman* (Pre-Islamic Arab Converts, S. 70) und *Fleischer* in einer Korrektur zu Nöldekes „Hatte Muḥammad christliche Lehrer?", wo er die Herleitung des *nāmūs* vom griechischen νόμος strikt ablehnt und eine arabische Herleitung im Sinne von „summen, murmeln, in die Ohren blasen, ein Geheimnis mitteilen" gibt und Gabriel zu dem mit den Geheimnissen Gottes Vertrauten macht (S. 702, Anm. 3). Auch Lane VIII, S. 2854 lehnt die Herleitung von *nomos* ab und schreibt die Gabriel-Deutung vornehmlich den Christen zu. – *nāmūs*: „Geheimnis" und „Enthüllung"; davon abgeleitet: „Vertrauter; einer, der mit (der Wahrung von) Geheimnissen betraut ist".

[125] In Sīra I/2, S. 67, Anm. 1 wird Ǧibrīl als syrischer Name erklärt mit der Bedeutung „ʿAbd ar-Raḥmān" oder „ʿAbd al-ʿAzīz"; etymologisch gesehen sei er derjenige, der die zerstörte Religion Ibrāhīms wiederherstelle.

[126] Die spätere islamische Konzeption der Überbietung der vorigen Offenbarungsreligionen verweist zwar gerne darauf, auch das Neue Testament habe das Alte überboten. Dieser Vergleich ist jedoch insofern nicht statthaft, als sich das Neue Testament in ungebrochener Kontinuität

größere und damit endgültig größte Gesetz, das auf Muḥammad gekommen sei. Die Übersetzung Rotters kombiniert diese sicher sehr frühe Deutung mit der Erscheinung des Offenbarungsengels, der erst später als Ǧibrīl identifiziert wurde.

Schließlich fügt Waraqa in der Sīra ganz im Stile einer Leidensankündigung analog zum Schicksal der früheren Propheten hinzu: „Man wird dich einen Lügner nennen, kränken, vertreiben und zu töten versuchen." Nach Ibn Rassoul habe er sich nur noch gewünscht, den Tag der Anfeindung Muḥammads – ebenfalls ein Zeichen des Prophetentums – mitzuerleben, auch um ihn in seiner Sendung zu unterstützen.[127] Einer Einzelüberlieferung zufolge habe er noch das Martyrium des Sklaven Bilāl miterlebt und dessen Bekenntnis zum Monotheismus bekräftigt.[128]

Somit waren Waraqa und Ḫadīǧa die ersten, die Muḥammads Prophetentum erkannten und anerkannten.[129] Damit hat Waraqa nicht nur die koranische Aufgabe eines früheren Schriftbesitzers erfüllt, den ihm folgenden Propheten anzukündigen und damit seine Legitimität zu bestätigen, sondern auch den Grundstein für die Lehre vom „Siegel der Propheten" gelegt.

Die Sīra lässt Waraqa zum Islam konvertieren, allerdings wird dies nur in einem kollektiven Bekehrungsbericht erwähnt, was den Eindruck erweckt, sie sei der Vollständigkeit halber eingeschoben worden.[130] Angesichts der Bedeutung dieser Konversion würde man, hätte sie tatsächlich stattgefunden, einen ausführlichen Bericht mit den näheren Umständen erwarten.

Balāḏūrī zufolge soll er als strenggläubiger Christ gestorben sein.[131] Über den Zeitpunkt von Waraqas Tod gehen die Überlieferungen auseinander, offenbar war es bald nach Muḥammads Berufungserlebnis.

Wie weit die Prophetenbestätigung durch den christlichen Mönch Baḥīra auf historischen Ereignissen beruht, kann nicht entschieden werden, doch scheint Waraqa eine weit gewichtigere Rolle gespielt zu haben als allgemein angenommen, sowohl theologisch als auch psychologisch. Nicht von ungefähr ließen nach seinem Tod die Offenbarungen an Muḥammad stark nach bzw. kamen zu einem zeitweisen Stillstand.[132]

---

zum Alten Testament und dessen Erfüllung sieht, wohingegen der Koran den Anspruch erhebt, die zumindest teilweise angeblich verfälschten Schriften (*taḥrīf*) zu restaurieren.

[127] *Naṣr Ḥāmid Abū Zaid*, From Phobia to Understanding, S. 11 f.

[128] *G. Osman*, Pre-Islamic Arab Converts to Christianity, S. 70.

[129] Nach *az-Zuhrī* beriet sich Ḫadīǧa außerdem noch mit einem christlichen Diener aus Ninive namens ʿAddās, der ihr die göttliche Herkunft Ǧibrīls und damit der Offenbarungen Muḥammads bestätigte (zit. in: *C. Gilliot*, Zur Herkunft der Gewährsmänner des Propheten, S. 155).

[130] Waraqas angebliche Konversion wird nur im arabischen Text berichtet, die deutschen Übersetzungen lassen diese aus.

[131] *G. Osman*, Pre-Islamic Arab Converts to Christianity, S. 70.

[132] *Al-Buḫārī*, Ṣaḥīḥ, zum Beginn der Offenbarungen; *Ibn Rassoul*, Lexikon der Sira, S. 235.

6.1.4.3 Abessinien als Asylort der Anhänger Muḥammads

Vom Asyl der bedrängten Anhänger Muḥammads in Abessinien ab 615/16 war bereits die Rede. Es ist müßig, darüber zu spekulieren, welche Rolle dies für das Überleben der Bewegung gespielt haben mag. Nicht ohne Grund wird Muḥammads Wahl auf Abessinien als Zufluchtsort gefallen sein, und der Negus[133] dort enttäuschte seine Hoffnungen nicht, setzte sich gar gegen die Abgesandten Mekkas durch, die die Flüchtlinge in ein schlechtes Licht setzen und den Patriarchen bestechen wollten. Aufgrund dieser Erfahrung nannte Muḥammad das christliche Königreich Abessinien ein „Land der Aufrichtigkeit, in dem niemand ungerecht behandelt wird"[134]. In der Sīra preist er sie: „Wir waren dort unserer Religion sicher, hatten völlige Religionsfreiheit und hörten nie ein böses Wort."[135] Als nach dem Tod des Negus Muḥammad für ihn ein Totengebet gesprochen habe, wurde er von den *munāfiqūn* (Heuchlern) dafür kritisiert; daher erklärte er den Negus zum Muslim.[136] Ebenso berichtet die Sīra von einer abessinischen Delegation, die nach Mekka gekommen und dort zum Islam übergetreten sein soll[137] – was wohl eher unwahrscheinlich war.

Allerdings war Abessinien nicht nur Asylort, sondern auch Ort der religiösen „Gefährdung": Muḥammads Gefolgsmann ʿUbaid Allāh b. Ǧaḥš aus der Vierergruppe um Waraqa b. Nawfal, die sich vom Polytheismus abgewandt und in umliegende Länder zerstreut hatten, um die Wahrheit zu suchen, war mit seiner Frau nach Abessinien ausgewandert. Dort wurde er Christ und warb unter den anderen mekkanischen Auswanderern für das Christentum, und er starb auch dort als Christ.[138] Seine Frau war *Umm Ḥabība bt. Abī Sufyān*, die Tochter des einflussreichen Anführers der Quraiš und erbitterten Gegners Muḥammads Abū Sufyān – sie sollte nach der Übersiedlung dieser Emigrantengruppe nach Medina den Propheten heiraten; ebenso wie *Sauda*, auch Witwe eines Mannes, der einer der ersten Muslime gewesen war, aber in Abessinien vom Islam abfiel und als Christ starb.

---

[133] Zur Frage der Historizität der Person des Negus siehe Kap. 2.2.3.3.

[134] Sīra I,2, S. 164; *M. al-Ǧābrī*, Madḫal ilā al-Qur'ān al-karīm, S. 59.

[135] Sīra I/2, S. 177. – Angesichts bester Erfahrungen drängt sich die Frage auf, weshalb heutige Muslime in der arabischen Welt ihre jeweiligen, auch christlichen, Minderheiten nicht in derselben Weise behandeln und so der *sunna* ihres Propheten folgen.

[136] Sīra I/2, S. 185, Anm. 2. – Dagegen *Wim Raven*, Some early Islamic texts on the Negus of Abyssinia, in: *JSS* XXXIII/2 1988, 197–218, hier: S. 209–214.

[137] Sīra I/2, S. 236 f.

[138] Er habe andere „verführt und verderbt". Sīra I/2, S. 51; Sīra Weil / Abd al-Masih, S. 53; *T. Nagel*, Mohammed, S. 941 f.

6.1.4.4 Christliche Frauen um Muḥammad

Die Amme Muḥammads, *Umm Ayman*, war eine christliche Sklavin aus Abessinien, die seinen Eltern gehörte und, wie üblich, eine arabische *kunya* angenommen hatte.[139]

In der Sīra ist die Rede von einer anderen christlichen Magd aus Abessinien, die im Dienste Hinds bt. Abī Ṭālib stand, genannt *Umm Hānī*, seiner Cousine väterlicherseits. Nach einer, allerdings schlecht bezeugten, Überlieferung habe sich die Nachtreise Muḥammads – die im Koran in 17,1 nur angedeutete, klassische Episode der Prophetenlegitimation und der Aufnahme in die jüdisch-christliche Prophetensukzession – während einer Übernachtung im Hause Hinds ereignet. Diese, um den Ruf ihres Verwandten besorgt, schickte ihm ihre Magd hinterher, um die Reaktion der Leute zu erfahren.[140]

Die Koptin *Maryam* bzw. *Mārīya bt. Šamʿūn Kurat aṣ-Ṣana* wird in den Quellen meist als *sarīya* (Nebenfrau, Konkubine) bezeichnet,[141] nur selten als „Ehefrau". In den Listen der „Mütter der Gläubigen" werden elf Frauen angeführt, und Maryam zählt nicht zu ihnen.[142] Sie soll Muḥammad von al-Muqauqis, wie er in den arabischen Quellen genannt wird, dem chalcedonensischen Patriarchen von Alexandria und von Kaiser Heraklius als *Augustilus* (Statthalter von Ägypten) eingesetzt, „as a slave gift (…) in return for the Prophet's message calling them to Islam"[143] angeboten worden sein. Al-Muqauqis hieß ursprünglich Cyrus von Phasis und trug diesen Beinamen, der „Kaukasier", da er aus dem westgeorgischen Lazika stammte; in Ägypten verfolgte er die einheimischen Kopten blutig und war daher bei der Bevölkerung verhasst.[144] Als die Araber 639 unter ʿAmr b. al-ʿĀṣ mit der Eroberung Ägyptens begannen, sahen die Kopten in ihnen natürliche Verbündete gegen das Joch des Muqauqis. Er war einer der sechs Empfänger von Sendschreiben Muḥammads im Frühjahr des Jahres 7/628 mit der Aufforderung, sich zum Islam zu bekehren. Er hatte ihm u. a. zwei koptische Mädchen, die Schwestern Mārīya und Sirīn, nach Medina geschickt.[145] Aufgrund ihrer Schönheit erregte Mārīya mit ihrer hellen Haut die Liebe Muḥammads und

---

139 *G. Osman*, Foreign slaves in Mecca and Medina, S. 350.

140 Sīra I/2, 248 f.

141 Sīra I/1, S. 111–114. Die Namensform „Māria" wird dort mit der Bedeutung „junges Kalb" wiedergegeben, „Mārīya" mit „glatte Haut" (Anm. 2).

142 *Ibn Rassoul*, Lexikon der Sīra, S. 299 f.

143 www.islamonline.net/askaboutislam/display.asp?hquestionID=7758 (26.6.04). Das Schreiben Muḥammads an al-Muqauqis in: Ibn Rassoul, Lexikon der Sīra, S. 436 f.

144 Auch die Namensform „al-Muqauqas" ist gebräuchlich. Geburtsdatum unbekannt, gest. 642. Als Vertreter des Monotheletismus verfolgte er die monopysitischen Kopten, ihr Patriarch Benjamin I. wurde nach Oberägypten in den Untergrund gezwungen. Nach der Niederlage der byzantinischen Truppen war er daher gezwungen, 641 einen Vertrag mit b. al-ʿĀṣ zur Kapitulation Ägyptens auszuhandeln und floh schließlich nach Konstantinopel. (BBKL, Bd. IV, Sp. 902–904; *Otto Meinardus*, Christians in Egypt, Cairo 2006, S. 40.

145 *T. Nagel*, Mohammed, S. 431 f. Der Patriarch soll auch ein weißes Maultier geschickt haben, Symbol eines Endzeitherrschers (Anm. 204).

brachte einiges an Aufregung in Muḥammads Haushalt. Bedeutung erlangte sie durch ihren Sohn Ibrāhīm, den einzigen Muḥammads neben den – inzwischen verstorbenen – Söhnen Ḫadīǧas. Als dieser im 12. Monat des Jahres 8 der *hiǧra* geboren wurde, schlachtete Muḥammad zwei Schafe für ihn, schor seine Haare, die er in Silber aufwog und an die Armen gab. Die anderen Frauen waren eifersüchtig, besonders ʿĀ'iša. Die Namensgebung sei auf Geheiß Ǧibrīls erfolgt, was ausdrücklich die entsprechende *kunya* nach sich zog:

Ǧibrīl sagte zu Muḥammad: „Friede sei auf dir, yā Abā Ibrāhīm! Siehe, Gott hat dir einen Sohn geschenkt von seiner Mutter Mārīya, und er hat dir befohlen, ihn Ibrāhīm zu nennen. Gott hat dich mit ihm gesegnet, und hat ihn dir zur Augenwonne gemacht im Diesseits und im Jenseits."[146]

Über diese Botschaft habe sich Muḥammad sehr gefreut. Der Sohn bekam eine beduinische Amme, deren Ehemann Ibrāhīm Christ gewesen sein soll; die Amme nahm ihn mit zu ihrem Stamm, und immer wenn sie nach Medina kam, nahm Muḥammad seinen Sohn auf den Arm, küsste ihn und gab ihn ihr dann zurück. Im Alter von 16 bzw. 18 Monaten starb dieser Sohn Muḥammads im Schoß Mārīyas.

Da nahm Muḥammad ihn in seinen Schoß: „O Ibrāhīm, wir können dir kein Ersatz sein anstelle Gottes." Seine Tränen strömten ihm über das Gesicht: „Wahrlich, wir trauern um dich, das Auge weint, und das Herz ist traurig, und doch lassen wir uns nicht dazu hinreißen, etwas zu sagen, was Gott erzürnen würde, denn er hat uns verboten, übermäßig emotional die Totenklage zu halten. Und wäre nicht die Verheißung sicher, dass wir alle zu Gott zurückkehren, würden wir um dich trauern, wie wir es noch nie getan haben."[147]

Dann vollzog er selbst die Totenwaschung, begrub ihn, goss Wasser auf das Grab und stellte ein Zeichen darauf. Sein früher Tod war wohl die schwerste Prüfung in Muḥammads Leben neben dem Tod Ḫadīǧas.[148] Der Überlieferung zufolge wurde danach gesagt: „Wäre Ibrāhīm am Leben geblieben, wäre die *ǧizya* von allen Kopten aufgehoben und kein einziger Kopte versklavt worden." Al-Hassan b. ʿAlī forderte, die Landsteuer für Ägypten seinetwegen aufzuheben; der Kalif Muʿāwiya soll das für Mārīyas Heimat aṣ-Ṣaʿīd getan haben.

Von zwei Frauen mit Eheabsichten, die aber nicht umgesetzt werden konnten, wird angenommen, sie seien Christinnen gewesen: *Ḫawlā bt. Huḏail* von den Taġlib, die auf dem weiten Weg aus Mesopotamien zu Muḥammad starb, sowie ihre Tante *Šarīfa bt. Ḫalīfa* von den Kalb.

Zwei weitere Ehefrauen Muḥammads waren zwar nicht selbst Christinnen, aber Witwen von Männern, die zum Christentum konvertiert, also *murtaddīn* (Abgefallene), waren, die bereits erwähnten *Sauda* und *Umm Ḥabība bt. Abī Sufyān*. Die Heirat mit letzterer war wohl ein zweifacher Schachzug Muḥammads:

---

[146] as-Sīra al-Ḥalabīya, CD ROM, Beirut o. J.
[147] as-Sīra al-Ḥalabīya.
[148] *M. Schöller*, Mohammed, S. 29.

Die Ehe mit einer Tochter des in Mekka bedeutenden Abū Sufyān b. Ḥarb hatte einen deutlich politischen Hintergrund, insofern er sich dadurch erhoffen konnte, einen seiner größten Gegner zu mäßigen.[149] Außerdem konnte sie als noble Geste einer alleingelassenen Frau gegenüber gewertet werden, die ihrem Mann nicht in den Abfall vom Islam gefolgt war und nach dessen Tod weder bei den Christen noch bei ihrer polytheistischen Familie unterkommen konnte.[150] Es ist jedoch mehr als unwahrscheinlich, dass sie völlig unberührt blieb von der christlichen Haltung ihres Mannes und ihrer Umgebung, so dass davon ausgegangen werden muss, dass sie einiges an christlichem Wissen in den Haushalt Muḥammads einbrachte.

Die Eltern von ʿĀʾišas Mutter, *Umm Rūmān*, stammten aus den christlichen Stämmen Kinda und Kināna. Die byzantische Herkunft schlug sich auch in ʿĀʾišas heller Haut nieder, deretwegen diese den Beinamen *al-Ḥumaira* (die kleine Rothaarige) bekam.[151]

6.1.5 Spuren christlicher Abrahamrezeption im Koran

Muḥammads Berührungspunkte mit Christen waren zahlreich – und sie waren durchweg positiv: Baḥīra, der ihn als Prophet erkannte, Waraqa, der ihn anerkannte, seine Selbstzweifel durch die Überbietungszusage zerstreute und ihn religiös und psychisch stützte, die Äthiopier, die das physische Überleben der Nachfolger Muḥammads sicherten. Trotz alledem scheint Muḥammad das Christentum nie für sich in Betracht gezogen zu haben, im Gegenteil: einige der einzeln lebenden Christen schlossen sich ihm an. Erst die Delegation von Nağrān, die im Jahr 613 unter Leitung ihres Bischofs nach Medina kam, trat in eine theologische Diskussion mit ihm ein und widersetzte sich seinen Forderungen.

Von daher ist nicht zu erwarten, dass Muḥammad mehr als einzelne religiöse Motive von Christen aufgriff, die ihm nachfolgten oder sukzessive zu ihm zurückkehrten, nachdem sie nach der ersten *hiğra* jahrelang in Abessinien in christlicher Umgebung gelebt hatten. So meint Montgomery Watt, viele Verse,

---

[149] Abū Sufyāns Sohn, Muʿāwiya I. b. Abī Sufyān, wurde der ersten Kalif nach den vier „rechtgeleiteten Kalifen" und begründete die Umayyadendynastie (603–680, reg. 661–680 in Damaskus).

[150] So im Lexikon der Sīra, S. 388; sie habe sich von ihm scheiden lassen, als er Christ wurde – was jedoch laut Sīra gleich nach ihrer Ankunft in Abessinien stattfand – und habe mit Freuden das Heiratsangebot Muḥammads angenommen. Diese Version verkennt jedoch, dass sie dafür 14 Jahre lang als Geschiedene in Abessinien hätte leben müssen, was sehr unwahrscheinlich ist. – Zu behaupten, die Heirat Muḥammads mit ihr habe ihres Vaters „Feindschaft und Verbohrtheit" beseitigt und sei der Hauptgrund für seine Konversion zum Islam gewesen, ist wohl zu hoch gegriffen. (http://www.islamonline.net/askaboutislam/display.asp?hquestionID=7758).

[151] *G. Osman*, Foreign slaves in Mecca and Medina, S. 350.

die sich im Koran an Juden *und* Christen richten, hätten ursprünglich nur den Juden gegolten.[152] Da manche seiner Offenbarungen von Muḥammad korrigiert wurden, nimmt Watt an, er habe an manchen Stellen „Christen" eingefügt, und so sei bei jeder Stelle zu fragen, ob sie sich auf eine konkrete spezifisch christliche Fragestellung beziehe. Dass im Hintergrund vieler theologischer Motive und Aussagen der jüdisch-christliche „Nährboden" durchschimmert, ob in Aufnahme, Transformation oder als Gegentext, wurde in Kap. 2.2.2.3 bereits dargelegt.

Doch auch in sprachlicher Hinsicht finden sich zahlreiche christliche Spuren in den Namensformen. „Isḥāq" und „Ismāʿīl" werden von den arabischen Philologen als nichtarabischen Ursprungs erkannt und benannt. Sie beginnen in ihrer alttestamentlichen hebräischen Form mit „j" – יִצְחָק und יִשְׁמָעֵאל (*Yiṣḥaq, Yišmaʿel)* –, im Arabischen dagegen mit Aleph, ebenso wie im von Christen des Nahen Ostens verwendeten Griechischen (Ἰσαάκ und Ἰσμαήλ) und im Syro-Armäischen, das zur Zeit Muḥammads dort *lingua franca* war.[153]

Der bisherige Stand der Diskussion lässt vermuten, dass die Christen Arabiens eher mit den Evangelien vertraut waren als mit paulinischer Theologie und so überrascht es nicht, dass sich im Koran keine direkte Aufnahme neutestamentlicher Abrahamrezeption findet. Zwar tauchen die *ṣuḥuf Ibrāhīm* im Kontext der Gerichts- und Bußpredigt Muḥammads auf, die an die Bußpredigten Johannes des Täufers erinnern, jedoch ohne inhaltliche Verbindung. Von einer Differenzierung der beiden Frauen Abrahams in „die Freie" und „die Sklavin" mit der damit verbundenen Diskussion um die Legitimität der Söhne und die Priorität von Verheißung und Bund spricht der Koran nicht.

Eher indirekt nehmen einige Motive neutestamentliche Themen auf:

Die Ablehnung einer genealogischen Abrahamskindschaft durch Jesus (Joh 8,39) und das jüdische Beharren darauf (Mt 3,9) werden im Koran insofern aufgenommen, als auch der Bund mit Ibrāhīm die ungerechte Nachkommenschaft ausschließt (2,124). So kennt der Koran eine geistliche „Ibrāhīmskindschaft", insofern als alle, die sich Gott ergeben wie er (2,131 f.), zur *millat Ibrāhīm* gehören, die eine Gesinnungsgemeinschaft und keine genealogisch verengte exklusive Stammesgemeinschaft ist. Erst die Tradition wird später die Abstammung der Araber von Ismāʿīl betonen. So wie Mt 1,1 Jesus als Nachkommen Abrahams nach dem Fleisch bezeugt, so wird Muḥammad zum Nachkommen Ibrāhīms nach dem Fleisch, über Ismāʿīl. Nur der reine Glaube macht Ibrāhīm zum Gerechten, er ist damit analog Rö 4,3 bzw. Rö 3,28 *vor* der Existenz von Juden- und Christentum vor Gott ein Gerechter. Zwar finden sich im Koran keine direkten Spuren der Paulusbriefe; allerdings drängt sich die Frage auf,

[152] *W. M. Watt*, Der Islam I, S. 125 f.

[153] *A. Jeffery*, Foreign vocabulary, S. 60.64. Ob tatsächlich eine Form für Isḥāq mit Anfangsvokal, die unter babylonischen Juden des 4. Jahrhunderts gebräuchlich war, die arabische Form beeinflusst hat, scheint eher unwahrscheinlich und ist für Ismāʿīl nicht bezeugt. Vgl. auch *H. Jansen*, Mohammed. Eine Biographie, S. 154 f.

wie Muḥammad Ibrāhīm quasi Gerechtigkeit ohne Beschneidung zusprechen konnte – die paulinische Argumentation – ohne Kenntnis seiner Schriften. Von einer Gerechtigkeit aus Glauben (Gen 15,6; Rö 4,3), vor allem in der Erweiterung „ohne des Gesetzes Werke" und „als er noch unbeschnitten war" (Rö 4,10f.), kann aber keine Rede sein, da Ibrāhīm durch die rechte Gotteserkenntnis und die Erfüllung der Prüfung zu diesem Glauben gelangt ist und sich so zu einem Vorbild qualifiziert hat.

So wie Jesus die Vorzeitigkeit vor Abraham, dem genealogischen Urvater, postuliert (Joh 8,56–58) und damit die trügerische Sicherheit der Zugehörigkeit zu denen in Abrahams Schoß aufhebt, so lässt der Koran mit seinem Rückgriff auf Ibrāhīm den Islam vor Mose und Jesus als den beiden identitätsstiftenden Gestalten zurückgehen – allerdings nicht in die göttliche Sphäre eines Seins vor aller Zeit, sondern lediglich im Sinne der ersten Autorität vor jeder anderen religiösen Verfasstheit.

6.2 Ruf zur Rückkehr in die millat Ibrāhīm – *Das „beste, kürzeste und vollkommenste Argument"*

2,135–141[154] (medin.)

In den elf Versen 2,131–141 findet sich dreimal die Reihenfolge Ibrāhīm – Ismāʿīl – Isḥāq. Mit diesen Wiederholungen wird die Ablösung der Väter vom jüdischen und christlichen Anspruch betont. Der Text selbst spricht Juden und Christen gleichermaßen an. Nachdem in den vorhergehenden Versen 2,127–134 Ibrāhīm und Ismāʿīl nicht nur selbst *muslimūn* (Gottergebene) wurden, sondern auch durch Yaʿqūb ihre Nachkommenschaft auf das Muslimsein verpflichteten, erfährt die neue Gemeinschaft Ibrāhīms nun Opposition und zwar ausgerechnet von Juden und Christen, die nun ihrerseits die Muslime auffordern, sich ihnen anzuschließen – nachdem in 2,132 die göttliche Setzung der einen Religion, der Glaubensrichtung Ibrāhīms betont wurde.

Da der Inhalt dieser Argumentation nur begrenzt in die Auseinandersetzung mit den Juden zu Beginn der medinischen Zeit passt, ist in Erwägung zu ziehen, ob diese Passage aus späterer medinischer Zeit stammt, möglicherweise in die Anfänge der Diskussionen mit den *Naṣārā Naǧrān*, die in 2,139 die Gottesfrage gestellt haben. Obwohl im Ton noch werbend in der Hoffnung auf Rechtleitung, ist bereits insofern ein Umschwung zu beobachten, als nun die Beweislast bei ihnen liegt: Sie müssen darlegen, dass sie sich noch innerhalb dieser Prophetentradition befinden und werden aufgerufen, sich in die wahre Nachfolge Ibrāhīms

[154] *aṭ-Ṭabarī*, Tafsīr I, S. 563–576; *ar-Rāzī*, Tafsīr II, S. 70–76; *al-Qurṭubī*, Tafsīr II, S. 129–138; *Ibn Kaṯīr*, Tafsīr (1983) I, S. 162–164; SKD I, S. 67–69; *Khoury*, Komm. II, S. 143–145; *M. Ayoub*, The Qur'an I, S. 164–167.

zu integrieren. Das Schlüsselwort der Passage, auf das der Abschnitt hinausläuft, ist *ṣibġa* in Vers 138.

2,135a Sie sagen: „Werdet Juden oder Christen, so seid ihr rechtgeleitet."

Die Behandlung dieses Verses bei *aṭ-Ṭabarī* erweckt den Eindruck, als würden Muḥammad und seine Anhänger von den *ahl al-kitāb* massiv bedrängt, sich ihnen anzuschließen. Er wiederholt diese als ungebührlich empfundene Forderung so oft, als handle es sich dabei um ein Trauma. Es wird jedoch nicht klar, ob er von seiner Gegenwartserfahrung ausgeht oder für Medina eine religiös ähnlich bedrängende Lage für den Propheten annimmt wie durch die Polytheisten in Mekka. In dieser Situation, in der Juden und Christen um ihn werben, statt sich, wie erhofft, ihm anzuschließen, unterstützt Gott Muḥammad argumentativ – mit Hilfe Ibrāhīms.

Nach Ibn ʿAbbās:
Gott half seinem Propheten Muḥammad mit dem besten, kürzesten und vollkommensten Argument und lehrte es ihn: „O Muḥammad, sag denen von den Juden, den Naṣārā und deinen Gefährten, die sagen: ‚Werdet Juden oder Christen, so seid ihr rechtgeleitet' Folgendes: ‚Nein, vielmehr kommt her, lasst uns der Glaubensrichtung Ibrāhīms folgen, die uns alle eint in dem Glaubenszeugnis, dass sie die Religion Gottes ist, die er gewollt, bestimmt und befohlen hat. Denn seine Religion war das muslimische Hanifentum. Und wir wollen alle anderen Richtungen hinter uns lassen, worüber wir uneins sind, weil die einen sie ablehnen und die anderen sie anerkennen. In dem, worüber wir streiten, können wir niemals eins werden, darum ist der einzige Ausweg daraus die Glaubensrichtung Ibrāhīms.'"[155]

Nach Ibn Kaṯīr sagte ein Jude zum Propheten:

„Es gibt keine Rechtleitung außer der, der wir angehören, damit auch du ihr folgst und rechtgeleitet wirst, o Muḥammad." Und genauso redeten die Christen. Darum hat Gott 2,135 herabgelassen: „Sagt: Wir wollen nicht das, wozu ihr uns gerufen habt an Judentum und Christentum. Wir folgen einzig und allein der millat Ibrāhīm."[156]

2,135b Sprich: (Nein), vielmehr (folgen wir)
der Glaubensrichtung [*millat*][157] Ibrāhīms, des Hanifen;[158]

Für 2,135 versuchen sich alle Ausleger an einer Definition von *ḥanīf* (für die rezipientenorientierte Interdependenz siehe Exkurs 6), und die Vielzahl der Möglichkeiten zeigt die Bedeutungsunsicherheit. Nach aṭ-Ṭabarī ist er „der Geradlinige in allen Dingen; einer, der einen Fuß in einer geraden Linie vor den anderen setzt". Er erwähnt andere, die *ḥanīf* als „Pilger" deuten, denn die bedui-

[155] *aṭ-Ṭabarī*, Tafsīr I, S. 564.
[156] *Ibn Kaṯīr*, Tafsīr (1983) I, S. 162.
[157] *millata Ibrāhīm* im Akkusativ statt der grammatikalisch korrekteren Variante im Nominativ. Aṭ-Ṭabarī erklärt sie als verkürzte Ausdrucksweise; es müsste ergänzt werden *nattabiʿu millata Ibrāhīm* (wir folgen …).
[158] *Paret* belässt „Ḥanīf"; *Khoury*: Anhänger des reinen Glaubens; *Elyas*: Anhänger des rechten Glaubens; *von Denffer* und SKD: Rechtgläubiger.

nischen Stämme zur Zeit der *ǧāhilīya* hätten die Leute, die zum „Haus" pilgerten, *ḥunafā'* genannt. Daraus werden dann bei einem ungenannten Tradenten die muslimischen Pilger zum „Haus":

Die Religion Ibrāhīms wurde al-islām al-ḥanīfīya genannt, denn er war der erste Imām, der die Geschöpfe zu seinen Lebzeiten und nach ihm verpflichtete, ihm nachzufolgen bis zum Tag der Auferstehung in den Riten der Wallfahrt und ihn darin nachzuahmen. Wer also die Wallfahrt zum Haus macht und die Riten vollzieht, gehört zu seiner Glaubensrichtung und ist somit ḥanīf muslim nach der Religion Ibrāhīms.[159]

Ebenso eng ist die Deutung für jeden, der an sich die Beschneidung vornimmt wie Ibrāhīm.[160] Diese Spekulationen lehnt aṭ-Ṭabarī ab, denn sonst müssten alle Juden Hanifen sein, Gott aber habe ihnen in 3,67 das Hanifentum ausdrücklich abgesprochen. Für ihn sind es diejenigen, die den geraden Weg in der Religion Ibrāhīms gehen, sich ihn zum Vorbild nehmen und in ihrer Religion rein und aufrichtig allein Gott gegenüber sind. Daher seien auch die Propheten vor Ibrāhīm Hanifen gewesen, weil sie gehorsam gegenüber Gott waren. Gott aber habe Ibrāhīm zum Vorbild für alle Gesetze und Riten des Islam gemacht, die verpflichtend seien bis zur Stunde des Jüngsten Gerichts, um damit zu unterscheiden zwischen den Gläubigen und Ungläubigen. So würde allein der Islam zu Recht die Glaubensrichtung Ibrāhīms genannt, „die Irrenden aber werden benannt nach den Namen der anderen Glaubensrichtungen, nämlich Juden, Christen, Magier und alle anderen Arten von Glaubensrichtungen."

Ar-Rāzī:[161] Als Gott die Richtigkeit des Islam aufgezeigt habe, habe er danach über die Vorwürfe geredet, die gegen den Islam erhoben werden. Wenn es um Beweise gehe, müsse man dem Islam folgen, weil er die bessere Argumentation habe. Wenn nach der Tradition gehandelt werden solle, dann müsse die Rückführung auf Ibrāhīm erfolgen, was das Verlassen von Judentum und Christentum beinhalte. Denn es stehe fest, dass Ibrāhīm sich zu einem einzigen Gott bekannte, die Christen aber an der Dreieinigkeit (*taṯlīṯ*) festhielten und die Juden am Anthropomorphismus (*tašbīh*) und nicht an der Religion Ibrāhīms. Da Muḥammad die Menschen zu dem einen Gott gerufen habe, gehörte er selbst der Religion Ibrāhīms an.

Den Begriff *ḥanīf* umschreibt er mit *mustaqīm* (aufrichtig). Ausgehend von der Grundbedeutung „neigen" beschreibt er den Hanifen als einen, der sich von den Ungläubigen abwendet und zum Weg Gottes neigt. So sei *ḥanīf* ein *laqab* (Beiname) dessen, der den Islam annehme und ursprünglich für Ibrāhīm gebraucht worden. Auch für *al-Qurṭubī* ist ein *ḥanīf* einer, der von den verabscheuungswürdigen Religionen abweicht und sich hin zur Wahrheit der Religion Ibrāhīms wendet.

---

159 Zit. in: *aṭ-Ṭabarī*, Tafsīr I, S. 564.
160 Hier Beschneidung lediglich als *sunna* des Imām Ibrāhīm, nicht als Bundeszeichen.
161 *ar-Rāzī*, Tafsīr II, S. 70 f.

2,135c und er gehörte nicht zu den Polytheisten.[162]

Aṭ-Ṭabarī paraphrasiert, indem er abgrenzt:

Er gehörte nicht zu denen, die die Götzen anbeten, und er gehörte nicht zu den Juden, und nicht zu den Christen, sondern er war ein ḥanīf muslim.[163]

Nach *ar-Rāzī* ist dies eine Mahnung, dass es in Judentum und Christentum *širk* gebe, wie der Koran aufgezeigt habe, denn die Juden hielten ʿUzair für den Sohn Gottes und die Christen ʿĪsā. Er antwortet auf die Frage, ob das negative Urteil über Juden und Christen hinfällig werde, wenn sie als Personen mit ihren guten Eigenschaften anerkannt würden und sich distanzierten von *taṯlīṯ* und *tašbīh*: Das reiche nicht aus, sie müssten sich zudem noch zum *tauḥīd* bekennen. Zu ihrem Ibrāhīmsanspruch vermerkt er, Ibrāhīm habe nie davon geredet, dass Gott ein Kind haben könnte, daher sei ihre Glaubensweise auch eine andere als die Ibrāhīms. Der SKD-Kommentar wirft daher Juden und Christen vor, Abgötterei zu praktizieren und vom rechten Weg der Religion Ibrāhīms abgewichen zu sein, da dieser Gott nie andere Götter zur Seite gestellt habe.[164]

2,136a Sprecht: Wir glauben an Gott
und an das, was zu uns herabgesandt wurde,

So sollen die Gläubigen nach *aṭ-Ṭabarī* den Juden und Christen auf ihre Missionierungsversuche hin entgegnen: Wir glauben doch bereits an Gott und was er herabgesandt hat. *Ar-Rāzī*: Nachdem Gott mit Argumenten geantwortet hatte, bringt er jetzt die materielle Beweisführung. Der Weg zur Erkenntnis der Propheten sei das Erscheinen des Korans und da die Kenntnisse über die Propheten nur über Muḥammad offenbart wurden, müsse seinem Prophetentum geglaubt werden. Wie vertrage sich der Glauben an Ibrāhīm und zugleich an Mūsā und ʿĪsa, wo doch jeder wisse, dass ihre Religion abrogiert sei? Dies sei im Koran kein Widerspruch, denn zu Lebzeiten verkündeten sie das Richtige. Weil die Christen Muḥammad verwerfen, müsse ihnen widersprochen werden und sie stünden in offenem Widerspruch zu den Muslimen.

Al-Qurṭubī zitiert al-Buḫārī, wonach die *ahl al-kitāb* ihre Schrift in hebräischer Sprache lasen und sie den Arabern auf Arabisch erklärten. Gott ermahne hier die Muslime, sie sollten den *ahl al-kitāb* weder Glauben schenken noch sie der Lüge bezichtigen, sondern nur sagen: „Wir glauben an Gott." Einige Juden seien zu Muḥammad gekommen und hätten ihn gefragt, an welche Propheten er glaube. Als er in der Reihe der Propheten auch ʿĪsā aufzählte, sagten sie ihm: „Wir glauben weder an ʿĪsā noch an jemanden, der an ʿĪsā glaubt."[165]

---

[162] *Elyas*: Götzendiener; SKD: Götzenanbeter; *von Denffer*: Er war keiner der Mitgöttergebenden.

[163] *aṭ-Ṭabarī*, Tafsīr I, S. 566.

[164] SKD I, S. 67.

[165] *al-Qurṭubī*, Tafsīr II, S. 132–133.

2,136b und an das, was herabgesandt wurde
zu Ibrāhīm, Ismāʿīl, Isḥāq, Yaʿqūb und den Stämmen[166],

Nach al-Qurṭubī und Ibn Kaṯīr wurde jeder der Propheten Vater einer *umma*. Ein bemerkenswertes ethnisches Verständnis findet sich bei Ibn ʿAbbās:

Alle Propheten sind von den Banī Isrāʾīl, außer zehn: Nūḥ, Šuʿaib, Hūd, Ṣāliḥ, Lūṭ, Ibrāhīm, Isḥāq, Yaʿqūb, Ismāʿīl und Muḥammad.[167]

2,136c und an das, was Mūsā und ʿĪsā gegeben wurde,

Wenn aṭ-Ṭabarī vom Glauben an Tora und Evangelium spricht, dann meint er damit natürlich beide als identifizierbare Schriften oder Bücher in ihrer angeblich unveränderten, unverfälschten Gestalt:

Wir glauben an Taurāt und Inǧīl und alle anderen Bücher, die die Propheten erhalten haben. Wir bekräftigen und glauben, dass alles darin wahr ist und Rechtleitung und Licht von Gott. Alle erwähnten Propheten wandelten in der Rechtleitung und bestätigten einander, und ihnen gemeinsam ist der Ruf zum Monotheismus.[168]

2,136d und an das, was den Propheten von ihrem Herrn gegeben wurde.
Wir machen bei keinem von ihnen einen Unterschied.

Aṭ-Ṭabarī: Wir unterscheiden nicht unter den Propheten, indem wir an manche glauben, an andere aber nicht, oder nur mit manchen etwas zu tun haben wollen; so wie die Juden ʿĪsā und Muḥammad ablehnten, dafür aber andere, nicht im Koran erwähnte Propheten, anerkannten[169] oder wie die Christen, die ebenfalls Muḥammad nicht anerkennen. Wir aber bezeugen von allen, dass sie Gottes Gesandte und Propheten waren, gesandt mit der Wahrheit und der Rechtleitung.

Nach *ar-Rāzī* stimmen alle Propheten in den Fundamenten der Religion überein, nämlich im Islam. Wer Unterschiede mache zwischen ihnen, stehe nicht mehr im Gehorsam gegen Gott. Eine feine Unterscheidung macht *Ibn Kaṯīr*, wenn er sagt, es sei ihnen befohlen worden, an Tora und Evangelium zu glauben, aber nicht danach zu handeln. Maʿqal b. Yasār habe den Gesandten Gottes sagen hören: „Glaubt an *taurāt* und *zabūr* und *inǧīl*, aber lasst den Koran euch alle umschließen."[170]

Durch diese unterschiedslose Anerkennung aller Propheten erhebt sich der Islam nach Ansicht des SKD-Kommentars über alle anderen Religionen, die letztlich nur Vorurteilen anhingen und sich in blinder Nachahmung der Vorfahren und der Verherrlichung der eigenen Rasse ergingen. Dagegen vertrete

---

[166] *asbāṭ* (hebr. שֵׁבֶט = Stamm). Kommt nur in medinischen Suren vor und wird nur auf die Stämme Israels angewandt (*A. Jeffery*, Foreign vocabulary, S. 57).

[167] Zit. bei *al-Qurṭubī*, Tafsīr II, S. 133.

[168] *aṭ-Ṭabarī*, Tafsīr I, S. 568.

[169] Damit dürften die im Koran nicht erwähnten alttestamentlichen Schriftpropheten gemeint sein. Dieselbe Argumentation bei al-Qurṭubī.

[170] Zit. in: *Ibn Kaṯīr*, Tafsīr (1983) I, S. 163.

der Islam „die allumfassende Einheit sämtlicher Offenbarungen und Propheten" und sei darum „rechtmäßiger Erbe und Hüter der Religion Gottes auf Erden", eine „für die ganze Welt gültige Ordnung" und „die Rechtleitung für unser aller Weg in die Zukunft."[171]

2,136e Und wir sind ihm ergeben [*wa-naḥnu lahū muslimūn*].

Aṭ-Ṭabarī: Wir sind ihm untertan durch Gehorsam und beugen uns als Knechte. Der Prophet hatte das schon den Juden gesagt, aber sie verleugneten ʿĪsā und die, die an ihn glauben, und stritten sein Prophetentum ab.

2,137a Wenn sie an das gleiche glauben, woran ihr glaubt,
dann sind sie somit rechtgeleitet.

Aṭ-Ṭabarī: Wenn Juden und Christen an all das glauben, woran ihr auch glaubt, dann wird es ihnen wohlergehen und sie sind auf dem Pfad der Wahrheit und gehören zu euch und ihr zu ihnen, weil sie durch diese Bestätigung in eure Glaubensrichtung eintreten.

Nach *ar-Rāzī* müsse man denjenigen anerkennen, dessen Prophetentum bewiesen wurde. „Wenn sie es schaffen würden, eine Religion wie eure herbeizubringen, ebenbürtig in Authentizität und Richtigkeit, wären sie rechtgeleitet." Da aber eine ebenbürtige Religion unmöglich sei, könne es keine Rechtleitung durch eine andere Religion geben. Wer diesen Koran lese, könne nicht anders als das Prophetentum Muḥammads anzuerkennen. Alles andere müsse Widerspruch zu dieser Religion beinhalten und das wiederum schließe Ebenbürtigkeit aus. Nur der Koran sei ohne Korrekturen und ohne *taḥrīf*. Wenn sie an die unverfälschte Tora glaubten, dann würden sie zum Glauben an Muḥammad kommen, weil er in ihrem Buch erwähnt werde. *Al-Qurṭubī* bemüht sich um sprachliche Klärung und den Vergleich zwischen den beiden Glaubensweisen des Islam und der *ahl al-kitāb*. Da Gott nicht vergleichbar sei, plädiert er für die Variante: „Wenn sie an *den* glauben, woran ihr glaubt", nämlich an eure Propheten und die anderen Propheten.

2,137b Wenn sie sich jedoch abkehren, dann befinden sie sich in Widerstreit.[172]

Für *aṭ-Ṭabarī* entscheidet sich die Frage der Rechtgläubigkeit der *ahl al-kitāb* und ihrer Anerkennung als Gläubige an ihrer Anerkennung aller Propheten – bis heute ein ungelöstes Problem:

Wenn die sich abkehren, die zu Muḥammad und seinen Gefährten gesagt hatten „Werdet Juden oder Christen" und nicht glauben wie ihr (…), und wenn sie zwischen den Gesandten Gottes Unterschiede machen, so dass sie an manche glauben und andere ablehnen, dann

---

[171] Nach *Maudūdī* und *Sayid Quṭb*; SKD I, S. 68, Anm. 268 f.

[172] So *Khoury* und *Elyas; Paret*: „in Opposition". – *šaqqa*: „Krieg führen" (so leitet aṭ-Ṭabarī aus einem alten Gedicht ab); *ar-Rāzī* weist auf *šaqq* (Spalt) hin, als Feindschaft, aufgrund deren ein Riss zwischen zwei Personen entsteht, daher SKD: „Abspaltung".

wisset, o ihr Gläubigen, dass sie damit widerspenstig sind, nach Spaltung trachten und sich im Krieg gegen Gott und seinen Gesandten und gegen euch befinden.[173]

Ar-Rāzī meint, wer sich abkehre, beabsichtige bereits Widerstreit, Hass und Feindschaft. Ziemlich drastisch drücken sich die alten Ausleger aus: Sie seien im Widerstreit, im Irrtum, in Streit und Krieg zu Gott seit dem Tag, an dem sie die Wahrheit verlassen haben. Es handle sich um einen besonders schweren Fall von Widerspruch, dessen Urheber den Zorn Gottes, seinen Fluch und die Strafe des Feuers auf sich gezogen habe. Daher sei dies eine Drohung Gottes an alle Feinde des Propheten.

2,137c Aber gegen sie wird Gott dir genügen.
Er ist der Allhörende [*samīʿ*] und Allwissende [*ʿalīm*].

Aṭ-Ṭabarī: Gott werde die Gläubigen bewahren vor denen, die sie zu Juden oder Christen machen wollten. Wenn sie – in der Frage der Autorität und des Gehorsams – trennten zwischen Gott und seinen Gesandten,[174] dann werde Gott genügen, entweder durch das Töten mit dem Schwert oder durch Vertreibung und andere Maßnahmen. Denn Gott höre, was aus ihren Mäulern komme an Ignoranz, Ruf zum Unglauben und zu irreführenden Glaubensrichtungen. Er wisse um das, was sie an Neid und Hass in ihrem Innern gegen die Muslime verbergen.

Nach *ar-Rāzī* ist dies der Zuspruch Gottes vor ihren Listen und Ränken. Denn Gott habe schon den Propheten bewahrt vor den Übeltaten der Juden und Christen und ihm den Sieg über sie verliehen, so dass die Muslime ihre Häuser und ihr Vermögen nehmen konnten, und sie wurden gedemütigt durch *ḫarāǧ* und *ǧizya*. Nach *al-Qurṭubī* habe Gott sein Versprechen, Muḥammad vor den Abweichlern zu bewahren, wahrgemacht durch die Tötung der Banū Qainuqāʿ und Quraiẓa und die Deportation der Banū Naḍīr.

Die *mutakallimūn* dagegen sagen: Wenn Gott *ʿalīm* (allwissend) sei, dann brauche er nicht zu hören, daher verstehen sie *samīʿ* nur als Attribut, also nicht zum Wesen Gottes selbst gehörig.

Der Ruf zur Rückkehr in die *millat Ibrāhīm* kann aus islamischer Sicht zu Recht als „das beste, kürzeste und vollkommenste Argument" bezeichnet werden. Das Argument der zeitlichen – und inhaltlichen – Vorrangigkeit Ibrāhīms und der Väter nimmt das jüdische und christliche des „zu spät Gekommenen" auf und kehrt es um. Mit der Gleichsetzung von *millat Ibrāhīm* und Islam wird jedes Gegenargument hinfällig und die Väter von ihrem jüdischen und christlichen Anspruch unwiderruflich abgelöst. Zugleich verliert dadurch Ibrāhīm sein Eigengewicht und wird so stark relativiert, dass im Prinzip nur noch Muḥammad gilt. Damit werden auch *millat Ibrāhīm* und *millat Muḥammad* eins, und die

[173] *aṭ-Ṭabarī*, Tafsīr I, S. 569.

[174] Dies scheint ein Echo der Erwiderung von Juden und Christen zu sein, die den Anspruch Muḥammads abwehrten mit dem Argument, sie gehorchten Gott allein und es sei nicht angebracht, einem Menschen in gleicher Weise wie Gott zu gehorchen.

Identifikation Muḥammads mit Ibrāhīm macht diesen *de facto* zum Diener des Islam.

Allerdings: Alles Werben um Juden und Christen scheint zum Misserfolg verurteilt. In 2,145–151 folgt das resignierende „sie werden dir nicht folgen".

Exkurs 6: ḥanīf

Häufig trägt Ibrāhīm die Bezeichnung *ḥanīf*, und als seine Religion wird *„al-ḥanīfiya al-islāmīya"* (das muslimische Hanifentum) angegeben.

ḥanīf[175] taucht erst in der 3. mekkanischen Periode auf und steht an zwölf Stellen im Koran,[176] die erste Erwähnung (16,120–123) als Charakterisierung Ibrāhīms; insgesamt acht Stellen finden sich im Ibrāhīmskontext, oft gefolgt von *millat Ibrāhīm* und an neun Stellen begleitet vom Zusatz *mā kāna min al-mušrikīn*, wodurch die Bedeutungsrichtung des Koran gegeben ist: der Terminus *ḥanīf* bedeutet nun im Koran das strikte Gegenteil eines Polytheisten. Der Zusatz signalisiert jedoch, dass der Begriff auch zu Muḥammads Zeit keineswegs eindeutig und klar abgegrenzt war, weshalb er ihn durch den Zusatz in seinem Sinne verstanden haben wollte.

Die Grundbedeutung von ḥ–n–f ist „neigen, sich beugen", die Ableitung beschreibt etwas, das vom Normalzustand abweicht. In vorislamischem Gebrauch wird *ḥanīf* nie mit Ibrāhīm assoziiert, alle späteren Verwendungen sind so deutlich islamisch beeinflusst, dass sie zur Wortklärung unbrauchbar sind. Möglicherweise war bei den vorislamischen Arabern die aus dem Äthiopischen und Syrischen stammende Konnotation „Heide" als Terminus der Christen für Abweichler, Apostaten und diejenigen, die weder Juden noch Christen waren, geläufig.[177] Es mag zwar eine geistige Bewegung gewesen sein, die jedoch ohne festen Ritus auskam und wohl kaum in dem Sinne aufzufassen war, als dass sie als Religion des Hanifentums hätte gelten können, dem möglicherweise Muḥammad angehörte.[178] Fromme Biographien stellen denn auch eine zwar schwache, aber doch ununterbrochene monotheistische Glaubenslinie von Ibrāhīm bis Muḥammad fest.[179]

---

[175] Siehe auch Kap. 4.2, Hanifentum als Gegenbewegung zum Polytheismus. – Zu *ḥanīf*: *A. Jeffery*, The foreign vocabulary of the Qur'an, S. 112–115; *J. Horovitz*, Koranische Untersuchungen, S. 56–59; *Faris / Glidden*, The development of the meaning of the koranic Hanif, in: *JPOS* (19) 1939, S. 1–13; *Youakim Moubarac*, Abraham dans le Coran, S. 151–161; *Andrew Rippin*, RḤMMN and the Ḥanīfs, in: Hallaq (Hrsg.), Islamic Studies presented to Charles J. Adams, 153–168; *Frants Buhl*, Art. Ḥanīf, in: HdI, 165–167; *W.Montgomery Watt*, Der Islam I, S. 123.

[176] In chronologischer Reihenfolge: 16,120.123; 30,30; 10,105; 6,79.161 (3. mekk); 2,135; 98,5; 3,67.95; 4,125; 22,31 (medin.).

[177] Es geht nicht an, den Begriff in seinem engen Sinn einfach in den islamischen Bereich zu übertragen wie *de Goeje* (HdI, S. 166) oder *Newman*, der aus der simplen Feststellung, dass Ibrāhīm als Verkäufer von Götzenbildern Heide gewesen sei, *ḥanīf* mit „Heide" übersetzt (Early Christian-Muslim dialogue, S. 38).

[178] *K.-J. Kuschel* übersetzt mit: „aus innerstem Wesen Glaubender"; *ḥanīf* ist jedoch kein Terminus für eine bestimmte Intensität des Glaubens (Abrahamische Ökumene, S. 14).

[179] „There were – and always had been – a few who maintained the full purity of Abrahamic worship. They alone realised that (…) idol worship was an innovation – a danger to be guarded against." *M. Lings*, Muhammad, S. 16. – *Th. Nöldeke* nennt sie „Leute, welche, am Heidentum irre geworden, in christlichen und jüdischen Lehren Befriedigung suchten", auch „christliche Asketen" (GdQ I, 8).

In medinischer Zeit wird die Bedeutung als Gegenpol zum Polytheismus ausgeweitet auf die *ahl al-kitāb*: 2,135 und 3,67 unterscheiden das Hanifentum klar vom Judentum und Christentum, es wird nunmehr „a distinctive Abrahamic quality of godliness reproduced in Muslims by a true ‚facing towards God‘“.[180] Ibrāhīm wird nun zum Prototyp reiner Gottesverehrung, der als erster einem nicht sichtbaren Gott diente in einem Eingottglauben, der Juden und Christen vorausging. Sein monotheistisches Bekenntnis wurde für den islamischen Monotheismus zum Vorbild, so dass umgekehrt der Islam sich als Wiederherstellung dieses reinen Ur-Monotheismus verstehen kann im Gegensatz zu den arabischen Heiden einerseits und den Schriftbesitzern andererseits. Deshalb vermutet Kenneth Cragg, *ḥanīfīya* und *ḥanīf* seien die Termini Muḥammads in der spätmekkanischen Zeit gewesen, um seinen Glauben zu bezeichnen, bevor er in Medina den Begriff *islām* und *muslim* dafür verwandte.[181]

Zur abgrenzenden Bedeutung von *ḥanīf* zählt at-Tirmiḏī eine nicht im Koran enthaltene Offenbarung, die angeblich zu Sura 98 gehöre: „Wahrlich, die Religion bei Gott ist das milde Ḥanīfentum, nicht das Judentum und nicht das Christentum.“[182]

6.3 Gottes „Färbung“ – ṣibġa

2,138a[183] Gottes *ṣibġa* – und wessen *ṣibġa* ist besser als die Gottes![184]

Dieser Vers gibt einige Rätsel auf hinsichtlich seiner Stellung wie auch seiner Terminologie. Er steht seltsam zusammenhanglos in seinem Kontext und unterbricht den logischen Gedankenfluss. Zudem ist *ṣibġa* ein Hapaxlegomenon und kann koranisch nicht erschlossen werden; eine andere Wortform, *ṣibġ*, die in 23,20 vorkommt, wird dort als „Tunke für diejenigen, die essen“ übersetzt (Elyas), während ihre Bedeutung eigentlich „a dye used for colouring clothes“ ist.[185]

Die Übersetzungen von *ṣibġa* lesen sich dann auch entsprechend vielfältig: SKD: „Farbe, Ausstrahlung, Aura der Gläubigen“; *Elyas*: „Farbgebung, Färbung, Kennzeichnung“; *Khoury*: „Kennzeichen“; *Ibn Rassoul*: „Identität, Identitätsgebung“; *Sayyid Quṭb*: „Charaktermerkmal“; *Goldschmidt*: „Religion“, in der Anmerkung: „Taufe, Aufnahme in den Islam“; *Paret*: „Baptisma (?)“; *Ayoub*: „baptism“; *von Denffer*: „Taufen“; *Henning*: „Taufe“, in Anmerkung: „bzw. Färbung; dies ist metaphorisch vom Islam zu verstehen, da durch ihn alle Unterschiede ausgelöscht werden“. *Ahmadiyya* bringt für die erste und die zweite Erwähnung

---

[180] *K. Cragg*, The event of the Qur'ān, S. 153. Ähnlich *M. Mir*, Dictionary of Qur'ānic terms, S. 89–90.

[181] *K. Cragg*, The event of the Qur'ān, S. 30.153; ebenso *R. Paret*, Grenzen der Koranforschung, S. 23. – Im Koran wird *islām, muslim* jedoch zunächst im weitesten Sinne als „Gottergebenheit, Gottergebener“ gebraucht.

[182] Zit. in: *Th. Nöldeke,* GdQ I, S. 242. Dem Reim nach könnte dieser Vers durchaus in Sura 98 passen.

[183] SKD fügt hier ein: „Wir wählten …“.

[184] SKD – wohl unfreiwillig – komisch: „Und wer hat eine schönere Farbe als Allah?“.

[185] Lane IV, S. 1648.

zwei völlig unterschiedliche Begriffe, was auf eine gewisse Hilflosigkeit schließen läßt: „Religion", „(Lehrer) im Glauben"; *Blehers* Übersetzung von Ibn Taymiya: „Formgebung".[186]

Im christlich-arabischen Sprachgebrauch[187] wurde *ṣabaġa* im I. Stamm schon früh für „taufen" verwendet (1. Kor 1,14; Mk 1,4), im VIII. Stamm „getauft werden" (Mk 1,9; 1. Kor 1,15); Johannes der Täufer wird Lk 7,33 *Yūḥannā aṣ-ṣabāġ* genannt; *ṣibġat al-ma'mudīya* ist „die Untertauchung der Taufe" und *ṣibġat šīlūḥā* der Teich Siloah (Joh 9,7). Der Zusammenhang zwischen Färbung und Taufe kommt vom Vorgang des Färbens, also vom Ein- und Untertauchen in einer unauslöschbaren Farbe, womit ein Gewebe gänzlich von Farbe durchtränkt wird und der entsprechende Gegenstand damit seine Identität bekommt. Auf diese Weise wird er bis heute in der koptischen Kirche benutzt.[188] Vielleicht ist auch an die prä- und postbaptismale Myronsalbung zu denken, die der Markierung mit einem Zeichen entspricht. Diese „Versiegelung" erinnert an die Einsetzung des Passa und das „Zeichen" an den Türen (Ex 12,7.13). In der weit verbreiteten Van-Dyck-Übersetzung der arabischen Bibel von 1865 findet sich *ṣibġa* in Mk 10,38.39 (im VIII. Stamm)[189] und Lk 12,50 in den endzeitlichen Reden Jesu, sowie Ps 68,23; in der modernen arabischen Übersetzung fehlt die Passage in Mt 20,22.23, da sie in wichtigen Handschriften nicht bezeugt ist.[190]

Über das Syroaramäische wird *ṣibġa* ins Arabische gelangt sein.[191] Zu fragen wäre, warum es im Text von Sura 2 so vehement abgewehrt werden muss. Vielleicht handelt es sich bei diesem Einschubvers um die Polemik gegen eine Taufpraxis, die von den aus dem Exil in Abessinien zurückgekehrten Muslimen mitgebracht wurde. Innerhalb der Polemik des Kontextes gegen Christen wäre der Vers insofern berechtigt, als damit ein Ritual abgewertet wird, das unter den Christen verbreitet war und / oder das – weil es nicht verstanden wurde – bei den Muslimen Misstrauen hervorrief.

Der ursprünglich genuin christliche Terminus gerät hier als *ṣibġat Allāh* nicht nur in einen neuen, nun islamischen, Kontext, sondern wird zugleich eine Überbietung der alten *ṣibġa*, die forthin als menschliche *ṣibġa* verstanden werden muss.

---

[186] In der Anmerkung; „gemeint ist, dass der beste Weg darin besteht, Allāhs vorzüglichen Eigenschaften in unserem Tun zu entsprechen versuchen" (Das ist die aufrechte Religion, S. 31).

[187] *G. Graf*, Der Sprachgebrauch der ältesten christlich-arabischen Literatur, S. 102; Verzeichnis arabischer christlicher Termini, S. 70. Taufe = *maṣbūġīya*.

[188] *Papst Shenouda III.*, Vergleichende Theologie, St. Mina Kloster Mariut, 2. Aufl. 2010, S. 9; *Matta El-Meskeen*, Der Koptische Kalender, Kloster St. Macarius 1992, S. 8.

[189] Nach Grundmann „Taufe" hier im Sinne von „Tauchbad" als Sinnbild der tödlichen Bedrohung (*Walter Grundmann*, Das Evangelium nach Markus, 9. Aufl., Berlin 1984, S. 292).

[190] *Kurt Aland* (Hrsg.), Synopse der vier Evangelien. Griechisch-deutsche Ausgabe der Synopsis Quattuor Evangeliorum, Stuttgart 1989, S. 225 f.

[191] *A. Jeffery*, Foreign vocabulary, S. 192.

Aṭ-Ṭabarī stellt die unterschiedlichen Deutungen gegenüber:

Es verhält sich damit folgendermaßen: Wenn die Christen ihre Kinder zu Christen machen wollen, tauchen sie sie in ein besonderes Wasser, von dem sie behaupten, dass es sie heilige, und das sei als gleichwertig zu betrachten wie die ġusl [Vollkörperwaschung] im Islam. Das ist ṣibġa bei den Christen. Deshalb sagt Gott, als sie zu seinem Propheten Muḥammad und seinen gläubigen Gefährten gesagt hatten: ‚Werdet Juden oder Christen, so werdet ihr rechtgeleitet': „Sprich zu ihnen: ‚O ihr Juden und Christen, folgt der Glaubensrichtung Ibrāhīms, denn sie ist die ṣibġa Gottes, die beste aller ṣibaġ. Sie ist das muslimische Hanifentum. Lasst die Beigesellung und euren Irrtum.'" (…) ṣibġa ist demzufolge: der Glaube.[192]

Als Beleg folgt ein Hadith nach Qatāda, in dem *ṣibġa* bei Juden und Christen ein nicht näher bezeichnetes Aufnahmeritual bedeutet, bei Muslimen jedoch als *ṣibġat al-islām* Synonym für die Religion an sich ist. Der Taufe als christliches Aufnahmeritual könnte die Beschneidung zugeordnet werden; da diese jedoch bereits als jüdisches Bundeszeichen „besetzt" ist, entfällt diese Möglichkeit. Entscheidend für die islamische Umdeutung ist deshalb die Auffassung, dass die *fiṭra* jedes Menschen, seine schöpfungsmäßige religiöse Veranlagung, der Islam ist, es also keines Aufnahmerituals bedarf, da jeder Mensch als Muslim geboren wird:

Die Juden machen ihre Kinder durch ṣibġa zu Juden, und auch die Christen machen ihre Kinder durch ṣibġa zu Christen. Und Gottes ṣibġa ist gewiss der Islam, denn es gibt keine bessere und reinere ṣibġa als den Islam. Er ist die Religion Gottes, mit der er Nūḥ und alle Propheten nach ihm sandte.[193]

Dann wird die Argumentation umgekehrt: Durch ihre eigene *ṣibġa* hätten sich die Juden der natürlichen Schöpfungsordnung entgegengesetzt, nach der jedes Kind als Muslim geboren wird. Jüdische Beschneidung und christliche Taufe werden damit zu nachträglichem Menschenwerk deklariert, das die ursprüngliche *ṣibġa* – nun identisch mit *fiṭra* und Religion – zu verändern suche.[194]

Auch *ar-Rāzī*[195] nennt unterschiedliche Bedeutungen. So stehe *ṣibġat Allāh* als Beweis dafür, dass die Religion Gottes echt sei. Er berichtet, Christen würden ihre Kinder in gelbes Wasser[196] tauchen, das sie *maʿmudīya* (Taufe) nennen und behaupten, es diene der Reinigung und dadurch werde man Christ. Deshalb sage Gott: „Sucht die Färbung Gottes." Wenn Juden (sic) und Christen ihre Kinder ins Wasser tauchten, gehe das so tief in ihre Herzen, dass sie von dieser Farbe geprägt würden. Daher könne man *ṣibġa* auch „Religion" nennen, weil die Prägung des

[192] *aṭ-Ṭabarī*, Tafsīr I, S. 571.
[193] A. a. O.
[194] Als Synonym zu *dīn* und *milla* auch bei *Ibn Kaṯīr*, Tafsīr (1983) I, S. 164.
[195] *ar-Rāzī*, Tafsīr II, S. 74–76.
[196] Die gelbe Farbe diente im sogenannten ʿUmar-Vertrag (*šurūṭ ʿumarīya*), der den Status und die Lebensbedingungen der nichtmuslimischen Gemeinschaften, besonders der Christen, regelte, zur Kennzeichnung der Juden, jedoch nicht durch Wasser, sondern durch einen gelben Gürtel.

Islam an den Gesichtern zu sehen sei.[197] Der islamische Glaube wird beschrieben als *ṣibġat Allāh*, um ihn zu unterscheiden von der Religion, die andere sich selbst ausgesucht haben. Die Unterschiede zwischen den Religionen seien so eindeutig wie die zwischen den Farben. Auch ar-Rāzī bringt die Bedeutung *fiṭra*. Jeder Mensch sei gekennzeichnet bereits in seiner Konstitution in Bezug auf seine Bedürftigkeit nach einem Schöpfer. Diese angeborene Religiosität sei eindeutig der Islam. Dann nennt er noch die Bedeutung „Beschneidung"; ausgehend davon, dass im Ritual der Taufe Reinheit vermittelt werde, habe die Beschneidung im Islam denselben Effekt. Die Deutung „Wallfahrt" erfolgt dann ohne weitere Erläuterung. Da in dem Vers *ṣibġa* im Akkusativ steht, müsse es die Verkürzung der Aufforderung „Folgt der *ṣibġa* Gottes" sein, synonym zu *millat Allāh*.[198] Gott färbe seine Geschöpfe mit der Religion und reinige sie dadurch vom Unrat des Unglaubens.

Al-Qurṭubī[199] bringt im wesentlichen dieselben Aussagen wie die Ausleger vor ihm. Mit der *ṣibġat Allāh* führe Gott die Menschen zurück zum Islam, weil das die *fiṭra* sei, der Anfang der Schöpfung. Manche hielten es für die Ganzkörperwaschung (*ġusl*) derer, die sich aus dem Unglauben lösen und in den Islam eintreten, also als Eintrittsritus (so al-Māwardī).

Von dieser Auslegung her gibt denn auch Lane als Synonyme *dīn, milla, šarīʿ* und *fiṭra*,[200] die in Ermangelung an vorislamischen Belegen sekundär aus den Kommentaren entnommen sind.

2,138b Und Ihm dienen wir.

Nach aṭ-Ṭabarī anerkennen wahre Gläubige die Botschaft Gottes und gehorchen ihm ohne Überheblichkeit, womit sie sich von Juden und Christen unterschieden, die die Botschaft Muḥammads ablehnten, hochmütig, sündhaft und neidisch seien.

2,139a Sag: Wollt ihr mit uns über Gott streiten,
wo Er doch unser und euer Herr ist?
Für uns sind unsere Werke und für euch eure Werke.

Den Streit über Gott versteht *aṭ-Ṭabarī* als Diskutieren im negativen Sinn. In seiner Paraphrase sind deutlich die Argumente und Vorwürfe der *ahl al-kitāb* herauszuhören:

O Muḥammad, sprich zu den Juden und Christen, die zu dir und deinen Gefährten sagen: ‚Werdet Juden oder Christen (…)' Sie behaupten nämlich, dass ihre Religion besser sei als eure und ihr Buch besser als eures, weil es vor eurem Buch sei. Sie behaupten, deshalb seien

[197] 48,19 *sīmā* (Zeichen, Merkmal); in der islamischen Praxis Druckstelle auf der Stirn durch einen kleinen Stein, der bei der Niederwerfung mit der Stirn berührt wird; gilt bis heute als Zeichen besonderer Frömmigkeit.

[198] Ebenso ar-Qurṭubī und al-Kisāʾī.

[199] *al-Qurṭubī*, Tafsīr II, S. 135–136.

[200] Lane IV, S. 1648.

sie vorrangig bei Gott. Wollt ihr mit uns über Gott streiten, wo Er doch unser und euer Herr ist, in dessen Hand alle Güter sind, dem Lohn und Strafe gehört und das Vergelten der Taten, der guten und der bösen? Wollt ihr etwa behaupten, dass ihr vorrangig seid bei Gott, weil euer Prophet vor unserem Propheten war und euer Buch vor unserem Buch, wo doch unser Gott und euer Gott einer ist? Jeder Gruppe von uns wird zuteil, was sie getan hat und was sie erworben hat an guten und schlechten Taten, und jedem wird vergolten durch Belohnung oder Bestrafung, nicht aufgrund der Abstammung oder chronologischer Priorität der Religion und des Buches.[201]

Ar-Rāzī erwähnt den angeblichen Neid der Christen, weil Gott einen Gesandten aus den Arabern auserwählt habe, während sie für sich einen exklusiven Anspruch auf das Prophetentum behaupten, ferner wollten sie allein die Lieblinge Gottes sein. Da Gott der Schöpfer sei und seine Geschöpfe am besten kenne, solle man mit ihm nicht streiten, denn dem Knecht sei es nicht gestattet, sich über seinen Herrn zu beklagen, sondern solle ihm seine Angelegenheit gänzlich überlassen. Er tadelt die *ahl al-kitāb*, weil sie sich bei Gott rühmten, obwohl doch die Muslime aufrichtiger seien in ihrer Unterwerfung als sie.

Für *al-Qurṭubī* geht es im Streit mit den *ahl al-kitāb* darum, wer den Vorrang bei Gott habe. Juden und Christen sähen das Recht auf ihrer Seite, weil ihre Propheten älter seien, sie niemals Götzen angebetet hätten wie die Araber und zudem die Söhne Gottes und seine Lieblinge seien. Dem entgegnet al-Qurṭubī, da jedem nach seiner Tat vergolten werde, habe das Alter einer Religion keinen eigenen Wert mehr, vielmehr gehe es um die jetzigen Werke und die Nähe zu Gott. Wahrer Glaube bestehe darin, keinen Lohn dafür zu erwarten, weder im Diesseits noch im Jenseits.

Vom Propheten wird berichtet, er habe Ǧibrīl nach dem aufrichtigen Glauben gefragt. Er sagte: „Ich fragte den Herrn der Macht nach dem aufrichtigen Gauben, und er sagte: ‚Das ist eines meiner Geheimnisse, das ich in das Herz derer von meinen Geschöpfen hineinlegte, die ich liebe.‘“[202]

Nach *Ibn Kaṯīr* ist es sinnlos, über Gott und die richtige Anbetung zu diskutieren, denn „Er ist doch unser und euer Herr und allein würdig, als Herr angebetet zu werden ohne *šarīk* (‘Teilhaber). Wenn sie aber doch streiten, dann sag: Ich habe mich ihm zugewandt.“[203]

2,139b Und wir sind Ihm aufrichtig zugetan.

Aṭ-Ṭabarī zufolge erweist sich die Aufrichtigkeit in Anbetung, Gehorsam und *tauḥīd* – im Gegensatz zu den „Leuten der Götzen und Gefährten des Kalbes“, denn: „Einige von euch beten das Kalb an, und einige von euch beten *al-masīḥ* an – Wie also wollt ihr besser sein als wir und vorrangig vor uns bei Gott?“

---

[201] *aṭ-Ṭabarī*, Tafsīr I, S. 572.
[202] Zit. in: *al-Qurṭubī*, Tafsīr II, S. 136–137.
[203] *Ibn Kaṯīr*, Tafsīr (1983) I, S. 164.

2,140a Oder wollt ihr etwa sagen, Ibrāhīm, Ismāʿīl, Isḥāq, Yaʿqūb
und die Stämme seien Juden oder Christen gewesen?

In 2,133.136.140 finden sich, über ein Jahr nach der *hiǧra,* zum ersten Mal alle Erzväter vollständig und in korrekter Reihenfolge im Koran aufgezählt – und wie zur Bekräftigung, dass die Familienverhältnisse nun vollkommen und unverrückbar klar sind, dreimal wiederholt. Es zeigt sich, wie sich nun in der Begegnung mit den Juden Medinas die genealogischen Kenntnisse Muḥammads über die Erzväter vervollständigen – und zugleich korrigiert werden durch den Einschub Ismāʿīls.

Hier kommt das Argument der ursprünglichen, „natürlichen" Religion gegen die konstituierten Religionen auf, werden die „Glaubensväter" gegen die gesetzgebenden Propheten ausgespielt. Für *aṭ-Ṭabarī* heißt das:

Ihr Juden und Christen, bringt den Beweis, dass all diese Väter Juden und Christen waren, dann glauben wir euch. Doch Judentum und Christentum sind erst nach diesen Vätern aufgekommen.[204]

Nach *ar-Rāzī*[205] tadelt Gott hier Juden und Christen dafür, dass sie über ihn die Unwahrheit sagten. Zweierlei hält er den Muslimen zugute: sie seien Monotheisten, und sie befolgten die Religion der Propheten. Gott selbst habe Muḥammads Prophetentum durch seine vielen Wunder legitimiert und so die Lügen von Juden und Christen offenbar gemacht.

Der *SKD-Kommentar* merkt an, dass das Judentum erst lange nach Mose entstanden und die Vorstellung eines Christentums zur Zeit Jesu völlig unbekannt gewesen sei.[206]

2,140b Sag: Wisst ihr es besser oder Gott?
Wer ist ungerechter, als wer ein Zeugnis von Gott bei sich verheimlicht?

Dies ist das ultimative Argument: etwas besser wissen zu wollen als der Allwissende. So verweist *ar-Rāzī* darauf, dass Gottes Aussage in jedem Fall glaubwürdiger sei als die von Menschen. Gott habe bereits in Tora und Inǧīl und abschließend im Koran Auskunft gegeben darüber, dass die Propheten Muslime gewesen seien und mit Judentum und Christentum nichts zu tun hätten. Letzteren sei dies bekannt gewesen, aber sie hätten ihr Wissen verheimlicht, was nur heißen könne, dass sie Opponenten gegen Gott seien. Darum:

Wer ist frevelhafter als sie, die das Zeugnis von Gott bei sich verheimlicht haben, nämlich dass Ibrāhīm, Ismāʿīl, Isḥāq, Yaʿqūb und die Stämme allesamt Muslime waren? Nicht nur verheimlichten sie das, sondern hängten ihnen auch noch Judentum und Christentum an.[207]

---

[204] *aṭ-Ṭabarī*, Tafsīr (1983) I, S. 573–575.
[205] *ar-Rāzī*, Tafsīr II, S. 77–78.
[206] SKD I, S. 69, Anm. 276.
[207] *aṭ-Ṭabarī*, Tafsīr I, S. 574.

Einigen Auslegern zufolge soll Gott selbst sein Urteil über sie hinzugefügt haben: „Es ist ja bekannt, dass sie Lügner sind.“ Aṭ-Ṭabarī führt dann weitere Punkte an, in denen sie die Gebote Gottes verdunkelt hätten.

Nach Rabīʿ:
Die Leute des Buches verheimlichten den Islam, obwohl sie wissen, dass es die Religion Gottes ist. Sie finden das ja geschrieben in Tora und Inǧīl, dass sie weder Juden noch Christen waren und das Judentum und Christentum erst viel später entstanden.

Durch ihre Lügen würden sie zu Helfern der *mušrikīn*. Ḥasan al-Baṣrī zufolge pflegten die *ahl al-kitāb* im Buch Gottes zu lesen, dass die Religion bei Gott der Islam sei und Muḥammad der Gesandte Gottes, auch dass Ibrāhīm, Ismāʿīl und Isḥāq nichts zu tun hätten mit Judentum und Christentum.

2,140c Und Gott ist nicht unachtsam dessen, was ihr tut.

Diesen Vers, der Gottes Zusage enthält, auf alle (guten) Werke zu achten, dreht aṭ-Ṭabarī in seiner Argumentation um: Gott wisse sehr wohl, dass sie verheimlichten, dass diese Väter Muslime waren. Er mache selbst die Wahrheit über die Väter offenkundig, die alle Geschöpfe annehmen müssen, nicht Judentum, Christentum und andere Glaubensrichtungen. Außerdem sähe er alle Taten und werde sie vergelten im Diesseits und im Jenseits. „Er bestrafte sie eilends im Diesseits durch Getötetwerden und Vertreibung aus ihren Häusern, und im Jenseits mit der ewigen, schändlichen Pein“ – eine eindeutige Anspielung auf die Vorgänge in Medina.

2,141 Das ist eine Gemeinschaft, die dahingegangen ist;
sie erhält, was sie verdient hat, und ihr erhaltet, was ihr verdient habt.
Und ihr werdet nicht danach befragt werden, was jene zu tun pflegten.

Dieser Kehrvers am Ende eines Abschnitts ist Wiederholung von 2,134.

Nach *aṭ-Ṭabarī* wird über die Generation der Väter, die dahingegangen ist, die Lüge verbreitet, dass sie keine Muslime gewesen seien. Diese Generation aber sei nun bei ihrem Herrn angelangt, mit all ihren Taten und Hoffnungen. Er ruft Juden und Christen auf, die Möglichkeit der Buße zu ergreifen, Zuflucht bei Gott zu suchen und Unglauben und Irrtum, Gott und seine Propheten betreffend, abzulegen. Sie sollen aufhören, sich auf die Tugenden der Väter zu verlassen, denn jede Seele komme alleine zu Gott am Tag der Auferstehung und werde befragt nach ihren eigenen Taten. Auch *ar-Rāzī* mahnt, sich nicht auf die Vorzüge der Väter zu verlassen. Was jene taten oder worin sie irrten, habe keinen Einfluss auf die Lebenden, weder in der Wahrheit noch im Irrtum. Jetzt gelte es, das zu tun, wozu Muḥammad aufgerufen hat und sich um die eigenen Werke zu kümmern. Nach *Ibn Kaṯīr* haben es die Muslime nicht nötig, ihnen zu folgen. Wer einen einzigen Propheten abstreite, habe damit alle Propheten abgestritten, insbesondere wenn jemand den Herrn aller Propheten, das Siegel der Gesandten und den Gesandten des Herrn der Welten für alle Menschen und Ǧinn und alle Vernunftbegabten ablehne.

Der Blick in die Kommentare muss durch ihre Bewertung der *ahl al-kitāb* beunruhigen: Konnte aus dem Korantext noch ein Werben gelesen werden, so ist der Ton zunehmend unversöhnlicher. Der Vorwurf des *taṯlīṯ* (Drei-Götter-Verehrung) an die Adresse der Christen rückt den *širk* ins Blickfeld. Als *religiones licitae* von den Ungläubigen abgehoben und als Andersgläubige im *ḏimmī*-Status ist Tisch- und Ehegemeinschaft mit ihnen erlaubt,[208] haben sie Existenzrecht in inferiorem Status – doch zugleich wird ihnen ihre Nichtanerkennung des Propheten Muḥammad vorgeworfen und nicht einmal der Monotheismus des Judentums als *tauḥīd* zuerkannt (Grundlage hierfür ist der nicht zu begründende koranische Vorwurf, die Juden postulierten einen Menschen namens ʿUzair als Sohn Gottes, vgl. 9,30). Die Anerkennung von Juden und Christen als „vollwertige" Monotheisten wäre jedoch Voraussetzung für einen Dialog, der das Selbstverständnis des Gegenübers respektiert. In diesem Zusammenhang im Dialog auf Ibrāhīm zu rekurrieren und seinen Glauben zu beschwören muss erstaunen – gilt er doch als Kronzeuge des Hanifen, der kein *mušrik* war. Juden und Christen aber können nicht hinter Mose und Jesus zurückgehen, ohne sich selbst aufzugeben.

6.4 *Dialog mit den* ahl al-kitāb, *den Juden und Christen in medinischer Zeit*

Die wesentlich bessere Ausgangssituation im Verhältnis Muḥammads zu den Christen, die sowohl persönliche als auch gesellschaftlich-politische Gründe hatte, wurde bereits erwähnt. Dass Muḥammad mit Christen positive Erfahrungen gemacht hatte, führte wohl auch zur Wahl des christlich-abessinischen Hofes als Asylort für die von den Polytheisten in Mekka bedrängten neuen Gläubigen. In Medina dagegen bildeten vornehmlich die Juden das religiöse Gegenüber. Die meisten koranischen Stellen, die sich an die *ahl al-kitāb* richten, sind bezüglich ihrer Adressaten nicht immer eindeutig; zumeist werden sie an die Juden gerichtet sein. Die Kommentare differenzieren zwar zwischen den beiden Gruppen, beziehen aber öfter die Christen mit ein, als dies wohl ursprünglich intendiert war – dies spiegelt die Situation der Kommentatoren in einer ehemals mehrheitlich christlichen Umgebung wider. Da es in der Stadt Medina keinen geschlossen christlichen Stamm gab, für den sich die religiöse und politische Loyalitätsfrage

[208] Dies betont *Yūsuf al-Qaraḍāwī* (Fatwa vom 19.12.2002 „At-taqrīb bain al-adyān: al-ḥukm wa-l-kaifīya." [Die Annäherung der Religionen] auf: www.islamonline.net/fatwa /arabic / Fatwa-Display.asp?hFatwaID=70221 (31.1.2005). – Allerdings gilt die Ehegemeinschaft nur für die Frauen der *ahl al-kitāb*, nicht die Männer.

stellen konnte, ließen Begegnung und Auseinandersetzung mit Christen zunächst auf sich warten.

Die Sīra berichtet von einer außerordentlich interessanten religiösen Biographie, der des Ṣirma b. Abī Anas, genannt Abū Qais, aus Medina:

Dieser Mann hatte sich in der ǧāhilīya dem Mönchtum angeschlossen und das Büßergewand angelegt. Er trennte sich von den Götzen und reinigte sich durch Ganzkörperwaschung vom Beischlaf und den menstruierenden Frauen. So begann er mit dem Christentum, hörte aber wieder auf damit. Er kehrte in sein Haus zurück und machte es zu einer Gebetsstätte (masǧid), zu der keine kultisch unreine Frau Zutritt hatte. Als er sich von den Götzen trennte und sie verwarf, sagte er: „Ich will nun dem Herrn Ibrāhīms dienen." Als dann der Gesandte Gottes nach Medina kam, wurde er Muslim und bewährte sich darin [oder: und seine Gottergebenheit erreichte ihre Vollkommenheit]. Er war ein alter Mann, aufrichtig und hatte Gott bereits in der Zeit seiner ǧāhilīya verehrt.[209]

Hier wird paradigmatisch ein religiöser Weg von der *ǧāhilīya* zum Islam beschrieben, mit dem Christentum als – offensichtlich logischer – Zwischenstufe. Die Trennung vom Polytheismus fällt zusammen mit der Hinwendung zum Gott Ibrāhīms, dem er auch als Mönch dient. Mit der Ankunft Muḥammads gelange er schließlich zur Vollkommenheit seines *islām*, also zur rechten Gottergebenheit.

6.4.1 Werben um Einheit unter den Glaubenden

42,13–16[210] (3. mekk.)

Der erste relevante Text 42,13–16 fällt auf das Ende der 3. mekkanischen Periode, als die Verhandlungen und Vorbereitungen für die *hiǧra* bereits in vollem Gange waren. Die pauschale Bezeichnung als *ahl al-kitāb* und die mangelnde Zuordnung der heiligen Bücher – *taurāt, zabūr, inǧīl*, oder auch nur *kitāb* bzw. *kitāb wa-ḥikma* – legen den Schluss nahe, dass Muḥammad Juden und Christen als unterschiedliche „Gruppen / Gruppierungen" einer einzigen Religion, der *dīn Ibrāhīm*, betrachtete. Dies spiegelt sich in den Kommentaren wider, wonach sie die eine Religion aufspalteten und die einen zu Juden, die anderen zu Christen wurden.[211] Angesichts des Heraustretens aus dem relativ einheitlichen Mekka hinaus in das religiös und politisch zersplitterte Yaṯrib wendet er sich gegen die Spaltungen unter den Anhängern des einen Gottes; möglicherweise ist der Text somit als eine Art Kostprobe seiner mediatorischen Fähigkeiten zu sehen oder als Werben um das Wohlwollen der zerstrittenen medinischen Stämmegesellschaft.

42,13 Er hat euch von der Religion verordnet, was er Nūḥ anbefohlen hatte,
und was Wir dir eingegeben haben

---

[209] Sīra I/2, S. 43.

[210] *aṭ-Ṭabarī*, Tafsīr XXV, S. 14–19; SKD V, S. 2343–2346; *Khoury*, Komm. XI, S. 246 f.

[211] *aṭ-Ṭabarī*, Tafsīr III, S. 104–107.

und was Wir Ibrāhīm, Mūsā und ʿĪsā anbefohlen hatten.
Haltet die Religion ein und spaltet euch nicht[212] deswegen.

In diesem Text sind zum ersten Mal alle Propheten, denen ein Gesetz gegeben wurde, versammelt, und zwar in der richtigen Reihenfolge. In der Erwähnung Nūḥs und Muḥammads als Eckpunkte dieser Prophetenlinie ist der weitest mögliche Rückgriff, nämlich auf das ursprünglichste Gesetz noch vor Ibrāhīm erkennbar. Bis einschließlich der 3. mekkanischen Periode ist Ibrāhīm noch nicht eindeutig mit den Grundlagen des Islam verbunden, dies geschieht tatsächlich erst mit der *hiǧra*.[213] In der Gesamtschau erscheint die medinische Entwicklung als logische Fortführung.

Nach aṭ-Ṭabarī ist an alle Propheten ein einziger Befehl ergangen: die Aufrichtung der Religion der Wahrheit und das Verbot der Spaltung, sie sollen das Erlaubte erlauben und das Verbotene verbieten und gemäß dem handeln, was Gott befohlen und auferlegt hat. Außerdem sollen sie die Fehler der vergangenen polytheistischen Religionen vermeiden, nämlich Streit und Zersplitterung, was Verderben bedeute.

42,14a Sie spalteten sich erst, nachdem das Wissen zu ihnen gekommen war,
aus selbstsüchtigem Neid untereinander …

Aṭ-Ṭabarī: Durch Nūḥ hatte Gott der Menschheit das richtige Wissen gegeben, doch in Selbstsucht, Neid und Feindschaft gaben sie dem Diesseits den Vorzug.

42,14b Gewiss, diejenigen,
denen nach ihnen die Schrift zum Erbe gegeben wurde,
hegen darüber starken Zweifel.

Gemeint seien die Generationen nach Nūḥ, denen die Tora und das Evangelium gegeben wurde, die nunmehr Zweifel hegen an der Nūḥ anbefohlenen Religion. Diese sei identisch mit der, die dem Gesandten Gottes eingegeben wurde.

42,15a Darum rufe du auf und verhalte dich recht, wie dir befohlen wurde.
Und folge nicht ihren Neigungen, sondern sprich:
Ich glaube an das, was Gott an Büchern herabgesandt hat,
und mir ist befohlen worden, euch gerecht und gleich zu behandeln.

Nach aṭ-Ṭabarī sei der Prophet aufgefordert worden, die Menschen zu der Religion zu rufen, die bereits Nūḥ gegeben worden ist. Er solle nicht wie die vergangenen Generationen an den Büchern zweifeln oder nur Teile davon akzeptieren, sondern an alle Bücher glauben, die herabgelassen wurden, *taurāt, inǧīl, zabūr*

[212] SKD: „zersplittert euch nicht"

[213] Zumindest diesbezüglich ist die Rede Snouck Hurgronjes und seiner Schüler von den beiden Ibrāhīmen gerechtfertigt. Die Formung der Ibrāhīmgestalt hin zur islamischen Schlüsselfigur ist jedoch bereits in der mekkanischen Zeit angelegt und wird in Medina organisch weitergeführt; insofern ist nicht von einem Bruch zu sprechen.

oder *ṣuḥuf Ibrāhīm*. Ihm wird aufgetragen, alle Parteien und damit Religionen gleich zu behandeln und zu der Wahrheit zu führen, die ihm anbefohlen wurde.

42,15b Gott ist unser Herr und euer Herr.
Uns unsere Werke und euch eure Werke.
Es gibt keinen Streitgrund zwischen uns und euch.
Gott wird uns zusammenbringen. Und zu ihm führt der Lebensweg.

Dieser Vers erinnert zwar an 109,6 („Euch eure Religion und mir meine Religion"), jedoch in anderer Intention: Während in Sura 109 (*al-kāfirūn* – die Ungläubigen) aus der 1. mekkanischen Periode in Basta-Manier ein Trennungsstrich zwischen Polytheisten und dem Propheten gezogen wird, ist Sura 42 werbend. Diese Intention teilt er mit 29,46.

Die Kommentatoren jedoch sehen diesen Vers keineswegs wie er im heutigen Dialog verstanden wird: Das Zusammenbringen Gottes, so aṭ-Ṭabarī, meine keine geistige oder gar religiöse Einheitsgemeinschaft, sondern das physische Zusammenbringen vor seinem Richterstuhl und die Betonung seiner souveränen Entscheidung über den Glauben der Menschen – wobei der Koran keinen Zweifel daran lässt, welches „die Religion Gottes" sei. Vielmehr betont aṭ-Ṭabarī, dass Gott ein einziger sei, und nicht Menschen über ihn entscheiden, sondern die Menschen ihm gehörten.

42,16 Diejenigen, die über Gott streiten,
nachdem schon einmal seinem Ruf gefolgt wurde,
deren Streitgrund ist bei ihrem Herrn hinfällig.
Auf ihnen liegt Zorn und für sie ist heftige Pein bestimmt.

Nach aṭ-Ṭabarī ist dieser Vers für die *ahl al-kitāb* bestimmt, die gegen die Gefährten Gottes stritten und sie von ihrem Weg abhielten und abbringen wollten; sie seien für ihn Leute des Irrtums. Ebenso hätten sich andere gewünscht, die *ǧāhilīya* kehre zurück, nachdem sie bereits Muslime geworden waren. Für Gott aber sei ihr Streit nichtig.

6.4.2 Ruf zur Rückkehr zu dem einen Gott

16,120–125[214]; 6,159–165[215] (3. mekk.)
3,64[216] (medin.)

[214] *aṭ-Ṭabarī*, Tafsīr XIV, S. 190–195; SKD III, S. 1242–1245; *Khoury*, Komm. IX, S. 108 f.; *ar-Rāzī*, Tafsīr VII, S. 283–288.

[215] *aṭ-Ṭabarī*, Tafsīr VIII, S. 104–114; *al-Qurṭubī*, Tafsīr VII, S. 135–141; *Ibn Kaṯīr*, Tafsīr (1983) II, S. 182 f.; SKD II, S. 557–560; *Khoury*, Komm. VI, S. 374–377.

[216] *aṭ-Ṭabarī*, Tafsīr III, S. 298–304; *al-Qurṭubī*, Tafsīr IV, S. 99–101; *Ibn Kaṯīr*, Tafsīr (1983) I, S. 301–326; SKD I, S. 163; *Khoury*, Komm. IV, S. 133–148; *M. Ayoub*, The Qur'an and its interpreters II, S. 202–208.

6.4.2.1 Streit nur „auf beste Weise"

Zur Beschreibung der verbalen Auseinandersetzung mit den unterschiedlichen Rezipienten wird entweder der III. Stamm von *ǧ-d-l*, *ǧādala* (disputieren, debattieren) oder der VI. Stamm *taǧādala* (miteinander disputieren, streiten) verwendet.[217] Außer in 11,74 (Ibrāhīms Streit mit den Engeln zugunsten Lūṭs) wird damit ein Ringen mit dem jeweiligen Gegenüber um die Sache Gottes und den Glauben beschrieben.

16,120 Ibrāhīm war eine Gemeinschaft [*ummat^{an}*],[218]
Gott allzeit gehorsam [*qānitan li-llāh*][219], ein *ḥanīf*,[220]
– und er gehörte nicht zu den *mušrikīn* –
16,121 dankbar [*šākiran*] für Seine Wohltaten.
Er hat ihn erwählt und zu einem geraden Weg geleitet.

Der Begriff *umma* hier ist für die Ausleger ein Problem, da er sich erst mit Hilfe späterer Aussagen zu Ibrāhīm inhaltlich füllen lässt. Aṭ-Ṭabarī kann damit offensichtlich wenig anfangen. Ihm zufolge war Ibrāhīm ein Lehrer im Tun des Guten, der den Rechtgeleiteten als Vorbild diente und zudem Gott und seinem Gesandten gehorsam war. Einmütigkeit herrscht dagegen darin, dass der gerade Weg nicht der der Juden und Christen sei.

Auf ein reizvolles Wortspiel, wie es im Arabischen häufig und äußerst beliebt ist,[221] weist John Kaltner hin: *mušrikūn* und *šākiran* haben dieselben Wurzelkonsonanten, nur in anderer Reihenfolge: š-r-k und š-k-r. Er deutet es „Abraham was not guilty of shirk because he practised shukr."[222] Es war also Ibrāhīms Dankbarkeit Gott gegenüber – die dem Menschen von Gott abverlangte Haltung –, die es ihm ermöglichte, dem *širk* zu widerstehen.

16,122 Wir haben ihm im Diesseits Gutes gegeben,
und im Jenseits gehört er gewiss zu den Rechtschaffenen.

Der Lohn Gottes besteht nach aṭ-Ṭabarī im guten Gedenken, das über Generationen bleiben würde und darin, dass ihn alle Gläubigen zu ihrem Schutzherrn nähmen sowie in einer guten Stellung voller Würde im Jenseits.

---

[217] S. Exkurs 7 *ǧadala* am Ende des Kapitels.

[218] *Paret*: eine Gemeinschaft (für sich); *A. von Denffer*: eine ganze Gemeinschaft; dagegen *Khoury*: Vorbild; *Henning*: Imām mit Anmerkung „ein Vorsteher in der Religion"; Kuschel: Wegleitung (Abrahamische Ökumene, S. 14).

[219] Lane VII, S. 2566; *Paret, Khoury* und *Elyas/Bubenheim* dagegen: demütig ergeben.

[220] *Kuschel*: ein aus innerstem Wesen Glaubender (Abrahamische Ökumene, S. 14f.).

[221] Reime, Vertauschungen von Wurzelkonsonanten oder Varianten in den diakritischen Zeichen wurden und werden im Arabischen, auch in der Theologie, gerne verwendet; auf diese Weise werden auch Titel von Büchern kunstvoll formuliert.

[222] *J. Kaltner*, Ishmael instructs Isaac, S. 91f.

16,123 Und hierauf haben wir dir eingegeben:
„Folge der Glaubensrichtung[223] Ibrāhīms, des *ḥanīfen*,
er gehörte nicht zu den *mušrikīn*.

Gott spricht zu Muḥammad: „Folge dem muslimischen Hanifentum, der Religion, der Ibrāhīm gefolgt ist, der den Götzen absagte, die dein Volk mir beigesellt. Sei also wie Ibrāhīm und sage ihnen ab!“[224]

16,124 Der Sabbat ist nur denjenigen auferlegt worden,
die über ihn uneins waren.
Dein Herr wird wahrlich am Tag der Auferstehung
zwischen ihnen richten über das, worüber sie uneins waren.

Nach aṭ-Ṭabarī sei die Festlegung des Sabbats eine menschliche Fehlentscheidung. Manche sagen, der Freitag sei der beste Tag, weil Gott an diesem Tag die Schöpfung beendete und am Sabbat ruhte; andere meinen, es sei der Sonntag als Schöpfungsbeginn. Die Menschen verließen den Freitag, der ihnen von Gott zur Pflicht gemacht war; nach anderer Meinung irrten sie sich im Tag und nahmen den Samstag. Gott werde darüber richten.[225]

Der islamische Freitag wurde dem jüdischen und christlichen Feiertag sozusagen vorgeschaltet, sowohl im Sinne der Abgrenzung als v. a. auch, wie anzunehmen ist, im Sinne der Umkehrung der chronologischen Sukzession. Offenbar hat er jedoch keine theologische Bedeutung. Ebenso gibt aṭ-Ṭabarī zur Begründung nur an, Gott habe ihn befohlen.

16,125 Rufe zum Weg deines Herrn mit Weisheit und schöner Ermahnung,
und streite mit ihnen [*wa-ǧādilhum*] auf beste Weise.[226]
Gewiss, dein Herr kennt sehr wohl, wer von seinem Weg abirrt,
und Er kennt sehr wohl die Rechtgeleiteten.

Aṭ-Ṭabarī: Muḥammad wird befohlen, diejenigen zum Gehorsam und zum Weg seines Herrn zu rufen, zu denen er gesandt ist mit den für sie von Gott vorgesehenen Gesetzen, nämlich dem Islam. Die Art des Rufs soll in Weisheit erfolgen, d. h. mit der Eingebung Gottes und mit seinem Buch, in dem er seine Argumente und Wohltaten niedergelegt hat. Und:

„Streite mit einem Streit, der besser ist als der der anderen, indem du vergibst, was sie gegen dich gesagt haben (…) Lass hinter dir, dass sie dir Schaden zugefügt haben.“[227]

---

223 *K.-J. Kuschel* zu spezifisch: „Religionsgemeinschaft“.

224 *aṭ-Ṭabarī*, Tafsīr XIV, S. 193 f.

225 Entgegen aṭ-Ṭabarīs Argumentation hatten Christen schon gleich zu Beginn den Sonntag als den Tag der Auferstehung, „Tag des Herrn“, gefeiert, auch um sich vom jüdischen Verständnis des 6. Tags abzusetzen. Nicht das Ende der Schöpfungswoche sollte gefeiert werden, sondern der Beginn der neuen Woche, der neuen Schöpfung, des „neuen“ Gesetzes, das die Liebe zu Gott und den Mitmenschen zum Zentrum hat.

226 Parallele 29,46.

227 *aṭ-Ṭabarī*, Tafsīr XIV, S. 195.

Nach Ibn Kaṯīr sollte jeder Disput „in guter Weise, mit Freundlichkeit, Sanftmut und guter Anrede" geschehen, wie schon Mūsā an den Pharao gesandt wurde (20,44). Auch ar-Razī[228] erläutert dreierlei Wege bzw. Weisen, die Menschen zum Glauben zu rufen. Ihm zufolge muss der Ruf immer auf Argumentation und Beweisen beruhen. Die „Weisheit" sei die höchste und edelste Kategorie, da sie sich der absoluten Argumentation bedient, womit eine endgültig absolute Wahrheit, frei von jeglichem Widerspruch gemeint ist. Sie richtet sich an die Gruppe der Vollkommenen, die nach wahrem Wissen trachten. Dagegen antwortet die „schöne Ermahnung" auf Mutmaßungen und bekräftigt den Glauben in den Herzen der Zuhörer. Diese mittlere und größte Gruppe hat noch nicht die Vollkommenheit erreicht, ist aber friedfertig. Abgesetzt von diesen beiden, die den „Ruf" ausmachen, wird der „Streit in bester Weise". Dieser Streit zielt darauf, die Gegner durch Argumente zu überzeugen und zu zwingen. Der Zusatz „in bester Weise" mahnt, keine „nichtigen und verderbten Aussagen" oder „Schamlosigkeit, Zank, nichtige Listen" anzuwenden, obwohl es sich um „unordentliche und streitsüchtige Naturen" handelt. Der Streit selbst ist nicht Bestandteil des „Rufs", da er den Adressaten zwingt, seine Argumente anzuerkennen und ihn dadurch zum Schweigen bringen will.

Auch der persische Philosoph Muḥammad Ḥusain Ṭabāṭabāyī (1891 oder 1903–1981) versteht den Vers in der Weise, dass mit den Schriftbesitzern nur „ohne Härte, Angriffe und Beleidigungen"[229] gestritten werden darf, vielmehr mit „Freundlichkeit und weichen Worten". Wenn er jedoch sagt, der Streitende solle seinem Gegner entgegenkommen und sich ihm annähern, bis sie sich einig werden und gemeinsam die Wahrheit erkennen, dann stellt sich die Frage, ob er das auch für dogmatische Fragen für geboten hält.

Der „Streit in bester Weise" ist zum einen aus der Minderheitensituation in Mekka und zum anderen aufgrund der inneren und äußeren Ablösung von Mekka zu verstehen: Nach hinten gerichtet ist er stark von den bitteren Erfahrungen in Mekka geprägt, von der Konfrontation mit den Polytheisten, die die physische Existenz Muḥammads und seiner Gemeinschaft bedrohten, und denen er nach dem Leitspruch „Gehe mit ihnen besser um als sie mit dir" begegnet. Zugleich weiß er, dass diese Situation nicht von Dauer ist – die Verhandlungen mit Yaṯrib laufen schon – und kann nach vorne schauen. Vielleicht spricht daraus auch die Hoffnung, mit den *ahl al-kitāb* werde alles „in bester Weise" ablaufen, da sie wie er der Glaubensrichtung Ibrāhīms folgten.[230]

In einer Fatwa über die Annäherung der Religionen führt der prominente ägyptischstämmige Prediger Yūsuf ʿAbd Allāh al-Qaraḍāwī, Leiter des Zentrums für Sunna- und Sirastudien in Doha / Qatar und Präsident des European Council

---

[228] *ar-Rāzī*, Tafsīr VII, S. 286–288.

[229] *Muḥammad Ḥusain Ṭabāṭabāyī*, Āyāt, Bd. XVI, S. 138 ff.

[230] Nach al-Baġawī sei jedoch 16,125 durch 9,29 abrogiert worden (Maʿālim at-tanzīl III, S. 74).

for Fatwa and Research, den Vers 16,125 als Beispiel für erlaubte Annäherung und Dialog „auf eine möglichst gute Art" an.[231] Dafür solle man sich auf Gemeinsamkeiten konzentrieren, da nach 29,46 das von Gott Herabgesandte für alle monotheistischen Religionen dasselbe sei. Dies könne zur Zusammenarbeit in ethischen Fragen und in der Abwehr von Atheismus und Materialismus beitragen. In dogmatischen Fragen beharrt er jedoch auf dem Fälschungsvorwurf gegen die *ahl al-kitāb*, weshalb es in den Differenzen zwischen *tauḥīd* und Trinität und in der Bewertung der Person Jesu keine Annäherung geben könne, sondern nur *daʿwa*.

Exkurs 7: ǧ-d-l, ǧadal/ǧidāl, III. *ǧādala,* VI. *taǧādala*

Lexikalische Klärung:
ǧadal und *ǧidāl* (Nomen): Streit, Debatte, Disput, Auseinandersetzung
III. *ǧādala*: disputieren, debattieren
VI. *taǧādala*: miteinander disputieren, streiten.

Ausgehend vom I. Stamm „drehen, umdrehen, flechten", der auf den ersten Blick nichts mit Streiten zu tun hat, erklärt aṭ-Ṭūsī Streit als „festes, heftiges Drehen einer Sache"[232], aṯ-Ṯaʿlabī als Versuch, den Gegner zu überwältigen und zu Boden zu werfen, aber auch das „Umdrehen eines Gegners durch Argumente von seiner Überzeugung zu der eigenen"[233].

Außer in 11,74 und 2,197 wird damit ein zwischenmenschliches Ringen mit dem jeweiligen Gegenüber um die Sache Gottes und den Glauben beschrieben.

Chronologisch-interdependente Klärung:
2. mekk.: (43,58; 18,54.56 *ǧadal*)
3. mekk.: (16,111); 16,125; (11,32 *ǧidāl*; 11,74; 40,4.5.35.56.69; 29,46; 31,20; 42,35; 7,71; 6,25.121; 13,134;
medin.: 2,197 (*ǧidāl*); 8,6; 4,107–109; 58,1; 22,3.8.68;

Die erste Erwähnung in 43,58 (Mitte 2. mekk. Periode, nach der 1. *hiǧra* nach Abessinien), als Nomen, steht im Kontext eines Streites zwischen Muḥammad und seinem polytheistischen Volk in Mekka; der „Sohn Maryams" dient hier zur Abgrenzung. Nach aṭ-Ṭabarī sei das Volk gar nicht an der Wahrheit interessiert gewesen, sondern sie seien einfach streitsüchtig. Auch 18,54.56, ebenfalls an Polytheisten adressiert, tadelt die Menschen, inbesondere die ungläubigen unter ihnen, als *akṯar šay' ǧadalan* (wörtlich: am heftigsten in Bezug auf Streit, d.h. am streitsüchtigsten). Sie lehnen sich gegen die Verkündigung der Gesandten auf und machen sich über Gottes Zeichen lustig, was als „Streit" bezeichnet wird; sie bestreiten die offenkundige Wahrheit. Auch hier geht es nicht um Erkenntnisgewinn, sondern *ǧadal* ist Ausdruck der Gegnerschaft.

---

231 *Mona Naggar*, „Unser Gott und euer Gott ist einer" (deutsche Zusammenfassung) in: www.qantara.de/webcom/show_article.php/_c-329/_nr-6/_p-1/i.html, Originaltext: Fatwa vom 19.12.2002 At-taqrīb bain al-adyān: al-ḥukm wa-l-kaifīya. [Die Annäherung der Religionen: rechtliche Grundlage und Modus] auf: www.islamonline.net/fatwa/arabic/Fat-waDisplay.asp?hFatwaID=70221.

232 *Abū Ǧaʿfar Muḥammad b. al-Ḥasan aṭ-Ṭūsī*, at-tibyān fī tafsīr al-Qur'ān, Beirut o. J., z.St. Er stammt aus Ṭūs in Khorasan (995–1067).

233 *aṯ-Ṯaʿlabī*, z.St.; ebenso *Muḥammad Ḥussein Faḍl Allāh* (1935–2010), Tafsīr min waḥī al-Qur'ān, Bd. XVIII, Beirut 1419 A. H., S. 63.

In der 3. mekkanischen Periode finden wir *ǧ-d-l* am häufigsten, 16 mal. In der ersten Erwähnung 16,111, wie die folgenden im III. Stamm, bedeutet *yuǧādilu* das Streiten der Seele, das Sich-rechtfertigen am Jüngsten Tag, gerichtet an die polytheistischen Mekkaner.

Adressat von 16,125, dem ersten Vers in einem Ibrāhīm-Kontext, ist Muḥammad selbst. Der Anlass der Herabsendung ist umstritten; an-Naisabūrī[234] sieht ihn in dessen Schwur, sich nach der Schlacht von Uḥud für die Tötung seines Onkels Ḥamza zu rächen, indem er 70 Männer der Quraiš habe töten wollen. Diese historische Einordnung, die von vielen Kommentatoren geteilt wird, zeigt deutlich, zu welch abenteuerlichen Überlegungen es führt, wenn die Chronologie missachtet wird: Sure 16 stammt aus der 3. mekkanischen Zeit, noch vor den Verhandlungen mit Yaṯrib, während die Schlacht von Uḥud erst in medinischer Zeit, im März 625, stattfand. Ar-Rāzī[235] tadelt denn auch dieses Vorgehen, das Verse nicht in ihrem textlichen und (vermutlich) historischen Zusammenhang liest. Dies schaffe „Unordnung in den Worten Gottes" und mache den Koran angreifbar. Bezüglich der Adressaten fällt die zweite Hälfte des Verses auf, die an V. 6 der *Fātiḥa* erinnert.[236] Falls mit den Abgeirrten wie in der *Fātiḥa* die Juden gemeint wären – darauf ließe auch V. 124 mit der Sabbatfrage schließen –, dann müsste der Vers in der Tat nach Uḥud und im Kontext der Auseinandersetzungen mit den Juden gesehen werden. Es könnte sich jedoch auch um eine allgemeine Formel und den Dualismus von Verirrten und Rechtgeleiteten gehen, und auch nach dem Desaster von Uḥud könnten die (noch) überlegenen mekkanischen Polytheisten als Irregehende bezeichnet werden. Inhaltlich handelt es sich um einen Aufruf zum Glauben, d.h. zum Islam; in der Frage der Methodik sind „Weisheit, schöne Ermahnung" und „auf beste Weise" gefordert.

Innerhalb eines Prophetenzyklus spricht in 11,32 das polytheistische Volk seinen Propheten Nūḥ an, der ihnen mit seiner Gerichtspredigt zusetzt, „streitet" – ein Paradigma auf Muḥammads Situation in Mekka.[237] Ganz anders 11,74, wo Ibrāhīm mit Gott um das Volk Lūṭs „streitet". Da ein Streit, also eine Auflehnung gegen Gottes Ratschluss innerhalb des koranischen Menschenbildes theologische Schwierigkeiten bereitet, relativiert aṭ-Ṭabarī[238] den Streit als „Austausch von Argumenten" mit anderen Gesandten; später seien die anderen Gesandten ausgelassen worden – doch dies verlagert die theologischen Probleme auf die Frage der Vollständigkeit des Korantextes. Auch 40,4–6 wendet sich an das Volk Nūḥs, das wie andere Völker die Wahrheit ablehnt und seinen Gesandten der Lüge bezichtigt. Damit streiten sie über „Gottes Zeichen" (40,35.56.69), was bedeutet, dass sie sie abstreiten und dadurch bei Gott „Abscheu erregen". Neben die Ermahnung der Polytheisten tritt hier wie bei allen Prophetenerzählungen der Zuspruch an Muḥammad, dass die Streitenden nicht seine Gegner, sondern die Gegner Gottes sind und Gott sich zu seinen Gesandten stellt.

Auch 29,46 mahnt zum Streit „nur in bester Weise", jedoch mit der Einschränkung derer, die Unrecht tun – ein weiter Begriff. Insofern legt er sowohl die Umgangsregeln

---

[234] *an-Naisābūrī*, Abū l-Ḥasan ʿAlī b. Aḥmad al-Wāḥidī: Asbāb nuzūl al-Qurʾān, S. 238; ebenso *al-Andalusī*, Al-baḥr al-muḥīṭ, Bd. VI, S. 612f.

[235] *Ar-Rāzī*, at-Tafsīr al-kabīr, Bd. VII, S. 288–290.

[236] Zahlreichen Korankommentaren zufolge seien mit den in 1,6 erwähnten dem göttlichen Zorn Verfallenen die Juden gemeint, mit den Abgeirrten die Christen.

[237] Ein entscheidender Punkt, der bei diesem Paradigma außer Acht gelassen wird: Nach Gen 9,8–17 hat Gott sich verpflichtet, das Gericht über das Volk Noahs, die Sintflut, nie wieder über die Menschen kommen zu lassen.

[238] *aṭ-Ṭabarī*, Tafsīr, Bd. VII, S. 77–80.

mit den *ahl al-kitāb* fest als auch die Grenzen. Ob der Vers durch 9,29 abrogiert wurde, ist umstritten.[239] Wichtig ist der Vers durch die 2. Hälfte:

29,46 Und streitet mit den Leuten der Schrift nur in bester Weise
– außer mit denjenigen von ihnen, die Unrecht tun.
Wir glauben an das, was zu uns herabgesandt ist und zu euch herabgesandt ist.
Unser Gott und euer Gott ist einer,
und ihm sind wir ergeben [*wa-naḥnu lahū muslimūn*]

Hier wird zunächst bestätigt, dass die *ahl al-kitāb* eine Offenbarungsschrift erhalten haben, die Gottesfrage in übereinstimmender Weise geklärt ist und sie Gottergebene sind. Von Seiten der muslimischen Gemeinschaft ist also eine positive Basis gelegt. Es liegt nun an den *ahl al-kitāb*, wie sie sich dazu stellen und ob sie „Unrecht tun". Was Unrecht ist, wird aus islamischer Sicht definiert. Muǧāhid schränkt die Geltung ein auf diejenigen der *ahl al-kitāb*, die die *ǧizya* entrichten; dies darf jedoch als rückprojizierende Erklärung verstanden werden. An keiner Stelle der Sura lässt sich ein Hinweis auf christliche Rezipienten finden, auch werden nirgends neutestamentliche Gestalten erwähnt; sie scheint also nur an Juden gerichtet. Zudem ist dieser Vers zeitlich in der Mitte der letzten mekkanischen Periode anzusetzen, also nachdem die Verhandlungen mit Yaṯrib bereits angelaufen waren – auch mit den Juden Medinas. Die Sīra berichtet, dass vor der *hiǧra* die Quraišiten sich bei den jüdischen Gelehrten Medinas nach der Legitimität der Botschaft Muḥammads erkundigt hätten. Die Gelehrten hätten ihnen einen Fragekatalog zur Prüfung an die Hand gegeben, überraschenderweise mit eher christlichen Themen: die *ahl al-kahf* („Bewohner der Höhle", siehe Sura 18 aus der 2. mekkanischen Periode; eine Anspielung auf die Siebenschläferlegende von den sieben christlichen Jünglingen von Ephesus, um 250/51), die Alexandersage und den „Geist".[240]

31,20 und dann auch 13,134 prangert die Menschen – die Polytheisten Mekkas – an, die Gott in der Natur erkennen könnten, seine Existenz wie auch seine Eins-heit in Frage stellen („über Gott streiten"). Jenen wird in 42,35 versichert, dass es für sie „kein Entrinnen" geben wird. In 7,71 wird diese Ermahnung dem Propheten Hūd in den Mund gelegt. Als Grund für das Streiten und Bestreiten gibt 6,25 an, dass Gott auf ihre Herzen „Hüllen" gelegt und sie „schwerhörig" gemacht habe – das klassische Verstockungsmotiv. Daher bezichtigen sie Muḥammad, „Fabeln der Früheren" zu verbreiten. Einige Verse später, in 6,121, wird die Verstockung den „Satanen" zugeschrieben, die die Menschen zum Streiten, hier über ungeschächtetes Fleisch oder Schlachtopfer für die Götzen, anstacheln. Damit erreicht der „Streit" eine neue Dimension: Es geht nicht einfach nur um unterschiedliche Ansichten, sondern um den Kampf Gott gegen die Götzen.

---

[239] *Ibn al-Ǧauzī*, Nawāsiḫ al-Qur'ān wa-mansūḫuhū, S. 48.
[240] Sīra I, S. 140–150.

Die medinischen Stellen beginnen mit 2,197, die jeglichen Streit (*ǧidāl*)[241] während der Pilgerfahrt verbietet – ebenso wie Beischlaf und Frevel. In 8,5 werden Leute angesprochen, die mit Muḥammad „über die Wahrheit stritten"; dieses Mal ist es jedoch „eine Gruppe der Gläubigen", denen die sich weigern, sich dem Kampf anzuschließen, weil ihnen das „zuwider ist" – ein deutlicher Bezug auf die medinische Situation. Gemeint ist vermutlich die Schlacht bei Badr gegen die heidnischen Quraišiten, deren Beute (daher der Name von Sura 8: *anfāl*) verteilt werden soll. Auch 4,107 wendet sich an Gläubige in Medina; sie sollen nicht „streiten zur Verteidigung derer, die sich selbst betrügen". Als Offenbarungsanlass wird ein Diebstahl unter den *anṣār* angegeben.[242] Der Dieb jedoch schob das Diebesgut einem Juden unter, bevor er entdeckt wurde. Muḥammad tadelt dieses Fehlverhalten einem Vertragspartner gegenüber und nennt den Betrüger „Verräter und Sünder". So etwas sollte es in der Mitte der Gläubigen nicht geben – spätestens am Tag der Auferstehung könne niemand mehr für diese Betrüger streiten (4,109). Diese Passage zeigt deutlich den direkten Bezug zu einem aktuellen Ereignis und die Interdependenz der Verkündigung Muḥammads mit den Akteuren Gott – Prophet – Gemeinde. Auch in 58,1 geht es um eine Streitfrage innerhalb der muslimischen Gemeinde: Eine Frau von den *anṣār* beklagte sich bei Muḥammad über ihren Mann, der sich mit der altarabischen Formel von ihr geschieden hatte.[243] Dieser heidnische Brauch wird zurückgewiesen und durch eine Offenbarung ersetzt. Die beiden nächsten Verse (22,3.8) nehmen 6,121 auf – wer über Gott streitet, folgt damit dem Satan. Der Kontext ist dieses Mal jedoch die „Stunde", die Apokalypse. Das Schicksal derer, die Gott nicht als den einzigen anerkennen und sich von ihm abwenden, ist im Diesseits die Schande und am Tag der Auferstehung „die Strafe des (Ver-)brennens" (22,9). Der Ton den Polytheisten gegenüber verschärft sich und aus dem *ǧidāl* wird immer häufiger *qitāl* (Töten). Im letzten Vers (22,68) wird Muḥammad direkt angeredet angesichts der Menschen, die mit ihm über die Riten streiten. Er braucht sich nicht darauf einlassen, denn Gott wird entscheiden – und das Ergebnis steht außer Frage.

In allen Koranversen wird *g-d-l* verwendet, um letztlich die Gültigkeit der koranischen Verkündigung herauszustellen. Die am Streit Beteiligten, gleich ob Polytheisten, *ahl al-kitāb* oder Muslime, werden auf die letztgültige Wahrheit hingewiesen, die im Diesseits offensichtlich ist und spätestens am Tag der Auferstehung ihren Lohn bzw. ihre Strafe erhält. Muḥammad zieht bei den streitsüchtigen Mekkanern alttestamentliche Propheten (Nūḥ, Ibrāhīm, Lūṭ; aber auch Hūd) noch argumentativ heran, in Medina dann nicht mehr. Gleichwohl bleibt

[241] Die Kommentatoren sind sich nicht einig darüber, ob damit Auseinandersetzungen gemeint sind, die andere Pilger erzürnen könnten, oder ob es sich um Unstimmigkeiten bezüglich der Details der Pilgerriten geht (*aṭ-Ṭabarī*, Tafsīr, Bd. II, S. 257–282).

[242] *aṭ-Ṭabarī*, Tafsīr, Bd. IX, S. 270–273.

[243] Es geht um den sogenannten Rückenschwur: „Du bist mir wie der Rücken meiner Mutter." *aṭ-Ṭabarī*, Tafsīr XIV, S. 1–6.

der Streit auf der verbalen Ebene; es wird lediglich mit dem Gericht und dem Höllenfeuer gedroht. Allerdings verschärft sich der Ton zunehmend. Im Streit Gott gegen die Götter kann es keinen Kompromiss geben, und Gott wird diesen Streit letztlich zugunsten der Wahrheit entscheiden. So läuft jeder Disput auf die Akzeptanz der Einzigkeit Gottes und die Wahrheit des koranischen Verkündigung hinaus. Der „Streit" – und damit jede Auseinandersetzung und jeder Disput – ist damit nicht ergebnisoffen, denn die „Wahrheit" steht fest.

Die untersuchten Stellen richten sich überwiegend an Polytheisten und an Muslime, einige wenige an Juden – und wohl nicht an Christen.

6.4.2.2 Warnung vor Spaltern und Ruf zum Hanifentum

6,159 Mit denjenigen, die ihre Religion spalteten [*farraqū dīnahum*][244]
und zu Gruppierungen [*šīʿan*] geworden sind, hast du nichts gemein.
Ihre Angelegenheit steht allein bei Gott.
Alsdann wird Er ihnen kundtun, was sie zu tun pflegten.

Kontext dieser Passage aus der wohl vorletzten mekkanischen Sura sind die Gebote, die den Juden gegeben sind (V. 146), Vorwürfe und Ausflüchte der Polytheisten (V. 148 ff.), gefolgt von einer Gebotsliste (V. 151–153) und der Offenbarung an Mūsā (V. 154 ff.). In diesen doch sehr alttestamentlichen Kontext setzt V. 159 mit dem Vorwurf der Spaltung und Parteienbildung ein, die klassische Kritik nicht nur am Verhältnis von Juden und Christen zueinander, sondern besonders an den Christen, deren Zersplitterung in unterschiedlichste „Gruppierungen" und Denominationen aufgrund der Konzilien offensichtlich nur allzu bekannt war[245] – inwieweit Muḥammad dabei Unterscheidungen in den diffizilen theologischen Streitpunkten überhaupt bewusst waren, kann nicht mehr im einzelnen nachvollzogen werden. Von „verschiedenen Wegen" und „Richtungen" ist allerdings schon in 6,153 die Rede, wobei nicht deutlich wird, was damit gemeint ist.

Aṭ-Ṭabarī erwähnt zum Spalten der Religion die Deutung von ʿAlī und Qatāda mit der Bedeutung „die Religion verlassen, von ihr abfallen", bevorzugt aber die allgemeine Lesart, die besagt, dass es nur eine einzige Religion gebe, die *dīn Ibrāhīm*. Der Kern der Aussage ist, dass Juden wie Christen die Religion der Wahrheit verlassen hätten. Die von ihm erwähnten Tradenten halten in der Mehrzahl Juden und Christen deshalb für angesprochen, weil sie sich vor dem Auftreten Muḥammads gestritten und in Gruppen geteilt hätten. Manche Ausleger denken auch an die *ahl al-bidʿa* (Leute der Neuerungen), die später so

[244] Variante: statt *farraqū* II. (Ibn Masʿūd und die Allgemeinheit von Mekka, Medina und Kūfā) lesen ʿAlī b. Abī Ṭālib und Qatāda *fāraqū* III. = verlassen.

[245] *Ibn Taymīya*: „Sie zersplitterten sich auf eine Art, die kein Vernünftiger billigen würde" (Das ist die aufrechte Religion, S. 24).

genannten Ketzer innerhalb der islamischen *umma*, die die mehrdeutigen Verse befolgten statt der eindeutigen. Der Prophet jedoch hänge der *dīn Ibrāhīm*, dem Hanifentum, an. Schon wer irgendeine Neuerung in den Islam hineinbringe, sei damit von der *millat Ibrāhīm* abgeirrt und habe sich von Muḥammad losgesagt.

Manche wie as-Suddī glaubten, Muḥammad habe diesen Vers gegen die Polytheisten erhalten, bevor der Vers zu ihrer Vernichtung, der sogenannte „Schwertvers" 9,5 herabgelassen wurde und 6,159 abrogiert habe.[246] Andere meinten, damit sei Muḥammad vorhergesagt worden, dass nach seinem Tode etliche aus seiner *umma* versuchen würden, seine Religion zu verunstalten. Deshalb könne dieser Vers nicht abrogiert sein, da er eine Nachricht (*ḫabar*) sei und kein Gebot oder Verbot (*ḥukm*).

Al-Qurṭubī hält den Vers für an Juden und Christen gerichtet, denn nach 4,150 hatten sie zwischen Gott und seinen Gesandten spalten wollen. Der Vers sei jedoch allgemein gültig und beträfe alle Ungläubigen. Jeder, der etwas bringe, was Gott nicht befohlen habe, sei ein Spalter. Dass Gott sich dieser Angelegenheit annehme, solle den Propheten trösten.

6,160 Wer mit etwas Gutem kommt, erhält zehnmal soviel.
Und wer mit einer bösen Tat kommt,
dem wird nur gleichviel vergolten,
und es wird ihnen kein Unrecht zugefügt.

Nach *aṭ-Ṭabarī* bezieht sich dieser Vers auf den Tag der Auferstehung, wenn die Menschen zu ihrem Herrn kommen. Die mit dem Guten seien diejenigen, die zwar ihre Religion verlassen und Gruppierungen gebildet haben, dann aber Buße taten in der Absicht, ihren Irrtum zu verlassen. Diesen würde die eine gute Tat zehnfach belohnt; wer jedoch mit seinem Irrtum komme, der würde nur für diese eine schlechte Tat bestraft.

Nach Abū Ḏarr:
Er sagte: „O Gesandter Gottes, bringe mir eine gute Tat bei, die mich näher zum Paradies bringt und mich vom Feuer entfernt." Er sagte: „Wenn du eine schlechte Tat begangen hast, dann tu eine gute Tat. Denn sie gleicht zehn schlechte Taten aus." Er fragte: „O Gesandter, ist ‚Es gibt keinen Gott außer Gott' auch eine der guten Taten?" Er sagte: „Sie ist die beste aller Taten."

Dann legt er dar, was die gute und was die schlechte Tat ausmache: die gute sei der Glaube, der aus *qaul wa-ʿamal* (Bekenntnis und Tat) bestehe, zusammen mit dem Bekenntnis zu dem einen Gott und dem Glauben an seinen Gesandten. Die schlechte Tat sei der *širk* und die Verleugnung des Propheten.

---

[246] Nach *Ibn Ḥazm al-Andalusī*, An-nāsiḫ wa-l-mansūḫ fī-l-Qur'ān al-karīm, tritt 9,5 in Kraft, wenn alles gute Reden und jede freundliche Methode nicht nützt. Die Pflicht zum Kampf hebe die Nachsicht auf; denn Muḥammad sei freundlich und geduldig gewesen, bis Gott ihm den Kampf erlaubt hätte.

Wichtig ist für die Ausleger die Frage, ob bereits das bloße Bekenntnis, die *šahāda*, als gute Tat gewertet wird. Nach aṭ-Ṭabarī ist dies die beste Tat, während die schlechteste der *širk* ist.

Qatāda meint, wenn jemand beabsichtige, eine gute Tat zu tun, sie dann aber unterlasse, würde sie ihm trotzdem angerechnet – gemäß seiner Absicht. Wer jedoch eine schlechte Handlung nur beabsichtige, sie aber nicht ausführe, dem würde nur das zugerechnet, was er tatsächlich getan habe. Einige meinten, der Vers 6,160 mit der zehnfachen Belohnung gelte nur für die Wüstenaraber, für die *muǧāhidīn* gelte das Siebenhundertfache. Interessanterweise wird auch darüber diskutiert, wie man denn die *šahāda* zehnmal mit dem gleichen vergelten könne, wo es doch nur ein Glaubensbekenntnis gebe.

6,161 Sag: Mich hat mein Herr gewiss zu einem geraden Weg geleitet,
einer aufrichtigen Religion,
der Glaubensrichtung [*millat*] Ibrāhīms, eines Hanifen,
- und er war keiner der Götzendiener.

Dieser Vers kann als Muḥammads persönliches Glaubensbekenntnis bezeichnet werden; er folgt dem Vorbild Ibrāhīms nach. Der gerade Weg und die aufrichtige Religion werden von den Auslegern wie üblich als die wahre, ursprüngliche Religion bezeichnet, als Synonym für die *millat Ibrāhīm*. Sehr deutlich kommt wieder die Abgrenzung von den *mušrikīn* zum Ausdruck; also ein positives Bekenntnis mit gleichzeitiger Absage an den Polytheismus.

Im folgenden Vers 162 folgt die Konkretisierung des Credos:

6,162 Sag: Mein Gebet und meine Kulthandlung [*nusukī*],[247]
mein Leben und mein Sterben
gehören Gott, dem Herrn der Weltenbewohner.
6,163 Er hat keinen Teilhaber. [*lā šarīka lahū*]
Dies ist mir befohlen worden,
und ich bin der erste der Gottergebenen [*muslimīn*].

Nach *aṭ-Ṭabarī* solle der Prophet sich an die wenden, die ihn zur Nichtigkeit verleiten wollten. Alles gehöre Gott, ihm dürfe nichts beigesellt werden, weder etwas von seiner Schöpfung, noch ein Gefährte. Nach *al-Qurṭubī* sind nicht nur *ṣalāt* und Schlachtopfer gemeint, sondern Religion, Anbetung, alle frommen Werke der Gerechtigkeit und des Gehorsams. Zur Verortung dieser Verse zitiert er aš-Šāfiʿī, der vom Gebet des Propheten berichtet: Dieser habe mit 6,79 begonnen: „Ich wende mein Gesicht Dem zu, Der die Himmel und die Erde erschaffen hat, als Hanif, und ich gehöre nicht zu den Götzendienern", danach folgte ein Gebet und dann als Anrufung 6,161 163.

Dann diskutiert al-Qurṭubī die Frage, wer denn nun tatsächlich der erste der *muslimīn* sei, da dies einmal von Ibrāhīm und einmal von dem Propheten be-

[247] *Nusuk* (Pl.), *nasīka* (Sing.): die Schlachtopfer bei *ḥaǧǧ* und *ʿumra*. *K. Cragg* (Event of the Qurʾān, S. 153): „ritual sacrifice".

richtet werde. Muḥammad sei der erste der gesamten Schöpfung am Tage der Auferstehung und der erste derer, die ins Paradies eintreten, weil er Vorrang vor allen anderen habe.[248] Außerdem sei er der erste Muslim in seiner Gemeinschaft.

Zur Relevanz der Verse verweist er auf Muḥammad, der seiner Tochter Fāṭima befohlen habe, diese Verse zu beten, wenn sie ein Schlachtopfer darbrächten; dann würden mit dem ersten Blutstropfen alle ihre Sünden vergeben. Auf Nachfrage habe er erklärt, das gelte für alle Muslime.

6,164a Sag: Soll ich einen anderen Gott als Herrn begehren,
wo er doch der Herr von allem ist?
Jede Seele erwirbt nur für sich selbst,
und keine lasttragende Seele nimmt die Last einer anderen auf sich.
[*wa-lā taziru wāziratun wizra uḫrā*]

In diesem letzten Halbsatz finden sich drei verschiedenen Wortformen von *w-z-r* als Signalwort (zur inhaltlichen Dimension siehe 53,38). Aṭ-Ṭabarī: Keine Seele wird eine Sünde begehen, die nicht nachher auf ihr lastet, doch es wird ihr nichts Zusätzliches angelastet. Keine Seele sündigt mit der Seele eines anderen, jeder nur mit seiner eigenen, deshalb wird nur jede Seele selbst bestraft und niemals eine andere an ihrer Stelle. Gott ermahnt Muḥammad, sich nicht in die Taten der *mušrikīn* einzumischen und sich nicht an der Sünde der anderen zu beteiligen.

6,164b Hierauf wird eure Rückkehr zu eurem Herrn sein,
und Er wird kundtun, worüber ihr uneins wart.

Weil hier das Endgericht angesprochen ist, gilt für aṭ-Ṭabarī nun der Vers allen Menschen, weil alle zu ihm zurückkehren würden und er allein entscheiden würde.

Gott selbst habe die Menschen zu „aufeinanderfolgenden Generationen" gemacht und zu Gemeinschaften, denen Gott jeweils einen Propheten zukommen ließ. Nach aṭ-Ṭabarī vernichtet Gott die Mächtigen und die Nationen, die vor der *umma* Muḥammads waren und macht nun diese zu deren Nachfolgern auf Erden.

6,165 Gewiss, dein Herr ist schnell im Bestrafen,
aber Er ist auch wahrlich allvergebend und barmherzig.

Aṭ-Ṭabarī: Gott bestraft in seinem Zorn den, der widerspenstig ist und sündigt, nicht gehorcht und sich von ihm abwendet; ebenso ist er mit den früheren Völkern umgegangen. Er ist vergebend und deckt dem die Sünden zu, den er geprüft hat und der im Gehorsam zu ihm kam.

Nun, zum Ende der 3. mekkanischen Periode wird Ibrāhīm einer der Kernsätze des Islam in den Mund gelegt: „*lā šarīka lahū*" (Er hat keinen Teilhaber; 6,163), das Äquivalent zur *šahāda* „*lā ilāha illā huwa*". Damit wird eine Formulierung aus zwei früheren Suren der 2. mekkanischen Periode aufgenommen „*wa-lam*

[248] Nach Qatāda sagte der Prophet: „Ich war der erste der Propheten in der Schöpfung und der letzte, der gesandt wurde" (*al-Qurṭubī*, Tafsīr VII, S. 137).

yakun lahū šarīkun fī l-mulk“ (Er hat keinen Teilhaber an der [Königs-]herrschaft; 17,111 und 25,2). An diesen beiden Stellen wird der *šarīk* in den Kontext einer möglichen – muslimischerseits aber vehement abgelehnten – Sohnschaft gestellt. Da jeder Koranvers auch im Deutekontext seiner Parallelen gehört wird, schwingt damit auch in dieser Äußerung Ibrāhīms 6,163 für die Hörer die frühere Zurückweisung eines Sohnes Gottes mit. Dies ist insofern bemerkenswert, als immer wieder behauptet wird, während der mekkanischen Periode habe Muḥammad mit den *mušrikīn* stets nur die polytheistischen Mekkaner gemeint. Vielmehr lässt auch diese Stelle den Schluss zu, dass Muḥammad nicht erst in Medina mit Christen in Kontakt gekommen ist. Schon die berühmte Sura 19 (Maryam) aus der 2. mekkanischen Periode, mit der die Abessinien-Auswanderer beim christlichen Negus Asyl fanden, lässt wohlweislich die Vaterschaftsfrage offen, definiert jedoch die Natur des unter dem Vorwurf der Unehelichkeit stehenden Kindes als „Diener Gottes“ und „Prophet“ (19,20.27–30). Es gibt im Koran nur diese drei erwähnten Stellen, in denen von einem *šarīk* im Singular die Rede ist, an den zahlreichen anderen Stellen zu š-r-k findet sich immer der Plural *šurakā’*, womit eindeutig auf die Götter neben Gott Bezug genommen wird. Darum liegt es nahe, dass sich diese drei Stellen allesamt – und eben auch die Ibrāhīm-Aussage aus 6,163 – auf den einen *šarīk* beziehen, den tatsächlich nur die Christen Gott beigesellen. Dies ist nicht nur eine theologische Interpretation Muḥammads, sondern Jesus wird in der Basilios-Anaphora aus dem 4. Jahrhundert *šarīk* (*aš-šarīk aḏ-ḏātī* = der wesensgleiche Teilhaber) genannt.[249] Es ist denkbar, dass Muḥammad diese Formulierung bekannt war. Mit der Zurückweisung eines *šarīk* Gottes wird Ibrāhīm nicht nur der Kronzeuge des Monotheismus, vielmehr schwingt deutlich die Zurückweisung der Existenz eines Sohnes Gottes mit.

6.4.2.3 Vom „Wort des Ausgleichs“

3,64a Sag: O ihr Leute der Schrift,
kommt her zu einem Wort des Ausgleichs [*kalima sawā’*][250]
zwischen uns und euch:
dass wir niemandem dienen außer Gott und Ihm nichts beigesellen

Dieser Vers ist einer der im Dialog am häufigsten zitierten Koranverse, der geradezu klassische Dialogvers mit einer langen Rezeptions- und Wirkungsgeschichte.[251] Für sich allein betrachtet definiert hier der Koran den gemeinsamen Nenner

[249] Das Heilige Euchologion, S. 84 (*ayyuhā s-sayyid ar-rabb Yasū‘ al-masīḥ aš-šarīk aḏ-ḏātī wa-kalimat al-āb* – O Herr Jesus Christus, wesensgleicher Teilhaber und Wort des Vaters). Natürlich lag die Liturgie damals noch nicht in Arabisch vor.

[250] So *Paret. Khoury*: „ein zwischen uns und euch gleich angenommenes Wort“, *Elyas* und SKD: „zwischen uns und euch gleiches Wort“. *T. Nagel* (Islam. Die Heilsbotschaft des Korans, S. 31): „Ein Wort in aller Klarheit“.

[251] Ein Beispiel aus jüngerer Zeit ist „A Common Word“, ein offenes Schreiben von 138 muslimischen Religionsführern und Gelehrten an Papst Benedikt XVI. und die Weltchristenheit

zwischen Islam und Christentum, die goldene Mitte in einem „als gleich angenommenen Wort", wie er zumeist übersetzt wird: Es wird behauptet, er rufe die Leute der Schrift zu der großen Gemeinsamkeit des monotheistischen Glaubens.

Ibn Kaṯīr[252] bringt zwei ausführliche Schilderungen des Offenbarungsanlasses von Sura 3 im Zusammenhang mit einem Treffen zwischen Muḥammad und der christlichen Delegation von Naǧrān im Jahre 9 AH,[253] die auf der Sīra basieren. Dieses Treffen sollte mit dem *mubāhala*-Vers (3,61),[254] d.h. einem Gottesurteil enden. Die Angst vor der als real gedachten Strafe Gottes wird hier als Druckmittel eingesetzt. Dem SKD-Kommentar zufolge, der hier Maudūdī referiert, war die Delegation gekommen, um zu prüfen, ob sie sich als *ḏimmīs* den Muslimen unterwerfen oder den Islam annehmen sollten, da sie ohnehin keinen militärischen Widerstand gegen die Muslime geplant hätten.[255] Davon kann jedoch bei den mittelalterlichen Kommentatoren nicht die Rede sein. Die Sīra schildert die Delegation als opportunistisch und nur aus politischen Gründen nicht bereit, Muḥammad anzuerkennen.

Ibn Kaṯīr zufolge bestand die Delegation aus 60 Personen mit 14 Notabeln und Gelehrten, angeführt von ihrem Bischof Abū Ḥāriṯa b. ʿAlqama. Die Gruppe kam zu Muḥammad in die Moschee, als er gerade das Abendgebet verrichtete. Sie trugen ihre prächtigen religiösen Gewänder und erregten großes Aufsehen unter den Muslimen, in dem neben der Ver- und Bewunderung wohl auch unziemlicher und recht menschlicher Neid mitschwang: „Noch nie haben wir eine schönere Delegation gesehen!" Als dann die Gebetszeit der Christen kam, ließ Muḥammad sie in seiner Moschee ihr Gebet verrichten, wozu sie sich nach Osten wandten.[256] Muḥammad rief ihre Anführer als erstes zum Islam auf:

Als er mit den beiden Gelehrten redete, sagte er zu ihnen: „Ergebt euch – aslimā [im Dual]!" Sie sagten: „Wir haben uns bereits ergeben." Er sagte: „Ihr habt euch noch nicht ergeben, also ergebt euch!" Sie sagten: „Doch, wir haben uns schon vor dir ergeben."[257] *Er sagte: „Ihr lügt,*

vom Oktober 2007. – Text, Dokumentation und Reaktionen in: *Friedmann Eißler* (Hrsg.), Muslimische Einladung zum Dialog, *EZW-Texte* 202, Berlin 2009.

252 *Ibn Kaṯīr*, Tafsīr (1983) I, S. 301 f. (Einleitung zu Sura 3); ebenso Sīra II/3, S. 115.

253 Sowohl die Sīra als auch manche Kommentatoren setzen das Treffen in der medinischen Frühzeit an, noch vor der Änderung der *qibla* (Sīra II/3, S. 90.112–126; Sīra Rotter, S. 120 f.). Diese chronologische Verortung scheint jedoch eine legitimatorische Rückdatierung zu sein, um die religiöse Festlegung Muḥammads und seine Abgrenzung von Juden und Christen so früh wie möglich anzusetzen. Az-Zuhrī nennt jedenfalls das Jahr 9 A. H.

254 Die Wurzel b-l-h bedeutet im I. Stamm „dumm, töricht sein", *mubālaha* als Imp. Pass des III. Stammes eigentlich „showing stupidity in an action or argument" (Lane I). Siehe auch: EI^2, S. 276f; Dort wird *mulāʿana* (Verfluchung) als Synonym angegeben.

255 SKD I, S. 154 Anm. 58. Eine ähnlich tendenziöse Schilderung in *Ibn Taymiya*, Das ist die aufrechte Religion, S. 40 ff.

256 Die Muslime hatten zu jener Zeit bereits ihre neue *qibla* nach Mekka – so zeichnete sich schon in der entgegengesetzten Gebetsrichtung ein unheilvoller Ausgang dieser Begegnung ab. Sie bezeichneten sich selbst als *ahl al-qibla* (die Leute der [richtigen] Gebetsrichtung).

257 *aslama* wird hier auch von den Christen im ursprünglichen Sinn verstanden, so dass sich in dieser Szene sozusagen zwei Gottergebene gegenüberstehen.

eure Behauptung, dass Gott ein Kind habe, eure Anbetung des Kreuzes[258] *und euer Verzehr von Schweinefleisch hält euch vom Islam ab." Sie sagten: „Wer soll dann sein Vater sein?" Der Gesandte Gottes schwieg und antwortete ihnen nicht darauf. Da ließ Gott in dieser strittigen Frage den Anfang von Sura 3 herab bis einige Verse nach 3,80.*

So entspann sich ein langer Streit über ʿĪsā, in dem der Beginn von Sura 3 sowie sämtliche koranischen Aussagen über Jesus samt eigener Paraphrase und Einschüben Ibn Isḥāqs vorkommen – ein Kompendium der frühislamischen Jesusvorstellung, das sich sowohl wie ein Echo der zeitgenössischen islamisch-christlichen Diskussionen als auch wie eine apologetische Vorlage dafür liest. Nach der Sīra stellten die Christen Behauptungen über Jesus bezüglich seiner göttlichen Natur, seiner Gottessohnschaft und seiner Rolle innerhalb der Trinität auf (vgl. 4,171).[259] Jesus sei deshalb Gott, weil er die Toten lebendig machte, Blinde und Aussätzige heilte, weil er das Verborgene wusste und Tauben aus Ton lebendig machte mit seinem Atem – allesamt Teilhabe am göttlichen Schöpferhandeln. Sohn Gottes sei er, weil er keinen Vater habe und in der Wiege geredet habe. Er sei auch deshalb einer von dreien, weil Gott von sich im Plural gesprochen habe. Die koranischen Aussagen über Jesus werden hier als christliche Beweise seiner Göttlichkeit aufgeführt. Jedoch wird seine angeblich göttliche Macht eingeschränkt, indem Dinge aufgeführt werden, die er nicht könne, etwa Könige einsetzen. Der Darlegung der christlichen Dogmen, die teils recht präzise, teils stark verzerrt aufgezählt werden, stellt Muḥammad im Sīra-Bericht die koranische Wahrheit über ʿĪsā wie auch über Maryam entgegen: „Verily this which I have brought of the story of Jesus is the true story of his affair."[260]

Als Muḥammad die Christen dann zur gegenseitigen Verfluchung aufrief, berieten sie sich mit ihrem Anführer. Dieser sagte:

„Ihr wisst doch, dass Muḥammad gewiss ein Prophet ist, gesandt von Gott, und er hat euch die Entscheidung über euren Gefährten [d. h. ʿĪsā] gebracht. Von keinem Volk, das eine Verfluchung mit einem Propheten angenommen hat, ist je einer am Leben geblieben. Er wird euch auslöschen. Wenn ihr bei eurer Religion bleiben wollt und auf euren Aussagen beharrt, dann verschwindet so schnell wie möglich." Sie gingen zu ihm und sagten: „Wir lassen dich bei deiner Religion, und wir bleiben bei unserer. Aber schicke einen deiner Gefährten mit uns, damit er in unseren finanziellen Streitigkeiten schlichten möge."[261]

---

[258] Kreuzesverehrung und Verzehr von Schweinefleisch sind keine koranischen Vorwürfe gegen Christen; sie spiegeln die Themen der zeitgenössischen Diskussionen wider.

[259] Diese drei dogmatischen Aussagen werden von Ibn Isḥāq dahingehend missverstanden, dass es drei Gruppen unter den Christen von Naǧrān gegeben habe, die differierende christologische Positionen vertreten hätten. (*Alfred Guillaume*, The Life of Muḥammad: A Translation of Ibn Isḥāq's Sīrat Rasūl Allāh, Karachi 1967, S. 271)

[260] *A. Guillaume*, The Life of Muḥammad, S. 277.

[261] Dies erinnert zu sehr an die Schlichteraufgabe, deretwegen Muḥammad angeblich nach Yaṯrib geholt worden sein soll, deshalb ist sie an dieser Stelle nicht sehr wahrscheinlich. Es wird vielmehr eine Bitte um Geleitschutz gewesen sein.

ʿUmar b. al-Ḫaṭṭāb wollte unbedingt diesen Auftrag haben, aber Muḥammad schickte Abū ʿUbaida b. al-Ǧarrāḥ mit ihnen.[262]

Eine Variante dieses Berichts, die nach al-Baihaqī überliefert wird, lässt Muḥammad einen bemerkenswerten Brief die *ahl Naǧrān* schreiben.[263] Er beginnt diesen Brief an Christen mit einer dreigliedrigen Gottesformel – „Im Namen des Gottes Ibrāhīms und Isḥāqs und Yaʿqūbs" –, die man eher in einem Schreiben an Juden erwartet hätte. Es ist eine eigenartige Verknüpfung der Basmala mit dem alttestamentlichen Gottesnamen, der erstmals bei der Selbstvorstellung Gottes an Mose in Ex 3,6 erwähnt wird:

„Im Namen des Gottes Ibrāhīms und Isḥāqs und Yaʿqūbs,[264] von Muḥammad, dem Propheten und Gesandten Gottes, an den Bischof von Naǧrān und die Leute von Naǧrān. Ergebt euch [aslimū], denn ich preise den Gott Ibrāhīms, Isḥāqs und Yaʿqūbs. Ich rufe euch dazu auf, Gott anzubeten statt Menschen, und Gott zum Schutzherrn zu nehmen statt Menschen. Wenn ihr euch weigert, dann obliegt euch die ǧizya. Wenn ihr das auch ablehnt, dann mache ich euch darauf aufmerksam, dass der Krieg kurz bevorsteht. Und Frieden."[265]

Als der Bischof den Brief erhielt und las, erschrak er sehr darüber und ließ einen Mann aus Naǧrān mit Namen Šarḥabīl holen, den man in Notzeiten um Rat zu bitten pflegte. Er legte ihm den Brief vor und fragte ihn nach seiner Meinung. Er sagte: „Du weißt doch, was Gott Ibrāhīm in seiner Nachkommenschaft über Ismāʿīl prophetisch verheißen hat. Wir können nicht sicher sein, dass nicht doch er dieser Mann ist. In einer Angelegenheit der Prophetie verfüge ich nicht über das angemessene Wissen. Wenn es sich um etwas Diesseitiges handelte, hätte ich mich um einen Rat für dich bemüht."

Der Bischof schickte ihn weg und holte einen anderen Mann, einen aus Ḥimyar, ließ diesen den Brief lesen und fragte ihn nach seiner Meinung. Er sagte dasselbe. Daraufhin ließ er den nächsten holen, wieder von einem anderen Stamm, aber mit demselben Ergebnis.

Da ließ der Bischof den Gong schlagen,[266] Feuer wurden angezündet, und in den Gotteshäusern streute man sich Staub und Asche auf den Kopf. Dergestalt zusammengerufen, versammelten sich alle Bewohner des Tales, 120.000 Kämpfer aus 73 Siedlungen. Ihnen allen las er den Brief des Gesandten Gottes vor und fragte sie nach ihrer Meinung. Die Notabeln einigten sich darauf, drei Männer zu Muḥammad zu senden, um Erkundigungen über ihn einzuziehen.

---

[262] Alle Hadithsammlungen berichten diese Geschichte; in der Sīra Rotter bis zur Unkenntlichkeit gekürzt, S. 120. Dieser Vorfall wird auch von *Murad Hofmann* erwähnt (Der Islam im 3. Jahrtausend, S. 252), jedoch in so positiver Weise – Schutz der öffentlichen Glaubensausübung, der Kirchen und Synagogen –, so dass man sich verwundert fragt, warum angesichts so umfassender Schutzzusagen die Christenheit von Naǧrān bald darauf aufhörte zu existieren.

[263] Dieser Brief darf nicht verwechselt werden mit den Briefen Muḥammads an die Herrscher seiner Zeit, in denen er sie zum Islam aufruft. Zu jenen siehe: *John Andrew Morrow*, The Covenants of the Prophet Muhammad with the Christians of the World, o. O. 2014.

[264] Im Judentum wird diese Namensform häufig gebraucht in Volksklagen und Bußgebeten, wo sie die geschichtliche Treue Gottes zu seinen Verheißungen und zum Bund beschwört; sie fand schließlich Eingang in die Liturgie. – In einem Brief des Ibn Taymīya (661–728/1263–1328) an den christlichen König Sarǧuwās von Zypern ist ebenfalls vom Gott Ibrāhīms die Rede (Das ist die aufrechte Religion, S. 14).

[265] Gemeint ist der formale Briefabschluss, kein Friedensangebot.

[266] Vergleichbar mit dem Läuten der Glocken.

Diese drei kamen nach Medina, legten dort ihre weißen Prachtgewänder und goldenen Ringe an und gingen so zum Gesandten Gottes und grüßten ihn. Er aber antwortete ihnen nicht. Einen ganzen Tag lang erwarteten sie seine Worte, aber er redete nicht mit ihnen. Dann wandten sie sich an Leute, die ihnen bekannt waren wie ʿUṯmān b. ʿAffān und berieten sich mit ʿAlī. Der schlug vor, dass sie ihre Prachtgewänder und Ringe ablegen und in ihren Reisegewändern zum Propheten gehen sollten.[267]

So taten sie, und dann erwiderte er ihren Gruß und sagte: „Bei dem, der mich mit der Wahrheit gesandt hat, als ihr beim ersten Mal zu mir kamt, da war wahrlich der Satan unter euch."

Sie redeten miteinander, bis die Rede auf ʿĪsā kam. Sie fragten ihn, was er zu ʿĪsā sage, denn sie wollten zu ihrem Volk zurückkehren und den Christen berichten, was er als Prophet von ihm halte. Er sagte: „Heute habe ich bezüglich ʿĪsā nichts zu sagen. Verweilt hier, bis ich euch weitergebe, was mir mein Herr über ʿĪsā eingibt." Am nächsten Tag kam der Vers 3,59–61.[268] *Sie lehnten ab, das anzuerkennen.*

Wieder einen Tag später kam er mit [seinen Enkeln] Ḥasan und Ḥusain an der Hand und seine Tochter Fāṭima hinter ihnen in rauem Kleid zur Verfluchung. Šarḥabīl sagte zu seinen Gefährten: „Ihr beide wisst doch, dass das ganze Tal mir folgen würde. Ich sehe etwas Schweres bevorstehen. Bei Gott, wenn dieser Mann von Gott gesandt ist, dann wären wir die ersten Araber, die ihn anfechten. Wenn wir ihn verfluchen, dann wird er uns so völlig vernichten, bis von uns nicht einmal mehr ein Haar übrig bleibt. Wir sollten ihn das Urteil sprechen lassen, denn er wird vernünftig urteilen."

Sie gingen zu Muḥammad und sagten: „Wir haben eine bessere Alternative als deine Verwünschung. Wir warten bis morgen früh auf dein Urteil und werden es annehmen." Da kehrte Muḥammad um und verwünschte sie nicht.

Er schrieb ihnen Folgendes: „Im Namen Gottes, des barmherzigen Erbarmers. Das ist, was der Prophet Muḥammad, der Gesandte Gottes, an Naǧrān schreibt. Wenn er über sie das Sagen bekommt, wird euch von jeder Frucht, von jedem Gelben und Weißen und Schwarzen alles bleiben, es werden von euch nur 2000 Gewänder verlangt, in jedem Raǧab tausend und jedem Ṣafar tausend." Und alle Bedingungen wurden aufgeführt.

Diese Delegation kam im Jahre 9, denn az-Zuhrī sagte: „Die Leute von Naǧrān waren die ersten, die dem Gesandten Gottes ǧizya entrichteten", und der ǧizya-Vers wurde erst nach der Eroberung [Mekkas] herabgelassen.

Nach einer anderen Version sagte Muḥammad: „Wenn sie abgelehnt hätten, dann hätte es Feuer auf das Tal geregnet", und er rezitierte ihnen über den ḫarāǧ.

Gott aber sagte zu Muḥammad: „Was Wir dir hiermit über ʿĪsā offenbart haben, davon gibt es kein Abweichen und keine Korrektur, denn es ist die Wahrheit. Und Gott weiß Bescheid über die Unheilstifter, die von der Wahrheit abweichen, und er wird sie am heftigsten bestrafen."[269]

Das „Wort des Ausgleichs", *kalima sawā'*, wird in 8,58 und 21,109 mit „in gleicher Weise" übersetzt. Da *sawā'* als Apposition zu *kalima* (Wort) steht an Stelle eines

[267] Dies kann in mehrfacher Weise gedeutet werden: Entweder sollten sie jedes Zeichen ihres geistlichen Ranges ablegen und sich Muḥammad wie gewöhnliche Frage- und Bittsteller nähern, oder es zeigt die bereits erwähnte Differenzierung zwischen dem von Muḥammad abgelehnten Klerus und den von ihm geschätzten Mönchen.

[268] 3,61: „Lasst uns unsere Söhne und eure Söhne, unsere Frauen und eure Frauen, uns selbst und euch selbst zusammenrufen und hierauf flehen und so den Fluch Gottes über die Lügner kommen lassen."

[269] *Ibn Kaṯīr*, Tafsīr (1983) I, S. 323 ff.

Attributs, umschreibt Paret es zunächst mit „goldene Mitte, auf das sich beide Parteien einigen können".[270] Philologisch gesehen ist dies durchaus möglich. Doch der gesamte Kontext, v. a. die Parallelstellen und der Fortgang des Verses, vermitteln ein etwas anderes Bild. Darum ist Paret zu folgen, wenn er dahin tendiert, für *kalima sawā'* „ein offenes, deutliches Wort, das eine klare Entscheidung zwischen beiden Parteien bringen soll" vorzuschlagen, desgleichen Nagel: „ein Wort in aller Klarheit". Jenes an Deutlichkeit nicht mehr zu überbietende Wort wird dann V. 68 folgen.

Wenn damit das Stichwort eines Ausgleichs gegeben ist, das zwischen zwei Gruppen steht, so sei hier am Rande die Frage erlaubt, ob es wohl Zufall ist, dass das Kind der Koptin Maryam mit Muḥammad den Namen Ibrāhīm bekam – quasi als „Name des Ausgleichs" zwischen Christen und Muslimen?

Zur Deutung von 3,64 müssen Vorgeschichte und Kontext herangezogen werden: Abgesehen von dem Bericht über die Delegation von Naǧrān zeigt der Kontext, dass mit *ahl al-kitāb* hier die Christen gemeint sind, denn ab 3,33 geht es um „die Wahrheit" über ʿĪsā, genauer: über seine Natur (V. 60 und 62). Trotz exponierter Stellung unter den Propheten durch wundersame Geburt und seine Bezeichnung als „Wort von Gott" und ein „Geist von Ihm" ist er doch derselben Geschöpflichkeit unterworfen wie Adam (V. 59). Sollte jemand etwas anderes als diese „Wahrheit von deinem Herrn" behaupten, muss ein Gottesurteil in Form einer gegenseitigen Verfluchung darüber entscheiden (V. 61). Das Leitwort des vorhergehenden Abschnitts ist *ḥāǧǧa* (streiten, V. 61 und 65). V. 62 macht deutlich, wo die Wahrheit liegt: Der Glaube an den einen Gott als strikter Monotheismus lässt keine Anbetung außer Gott zu, keine Gefährtin und kein Kind, denn ʿĪsā ist nur *ʿabduhū wa-rasūluhū* (sein Knecht und sein Gesandter). Wer immer etwas anderes behauptet, steht unter dem Verdikt, Unheil zu stiften (V. 63).

Auch *aṭ-Ṭabarī*[271] malt die Diskussions- bzw. Streitsituation aus. Die Wahrheit über ʿĪsā sei, dass er nur „sein Knecht und sein Gesandter" sei und es keinen Anzubetenden gebe außer Gott. Gott sei mächtig in seiner Rache gegen diejenigen, die sich seiner Wahrheit widersetzten oder einen anderen Herrn anbeteten außer Ihm. Gott entscheide zwischen Muḥammad und der Delegation mit dem trennenden Richtspruch und gerechten Urteil, dass er weder Gefährtin noch Sohn habe. Wenn sie aber unbedingt weiter streiten wollten, dann solle Muḥammad sie zum Verfluchungsschwur aufrufen, damit Gott das Urteil durchführe. Die Christen aber verweigerten das Gottesurteil und baten um Friedensschluss. Ein Weiser unter den Christen riet ihnen:

„Wenn er tatsächlich ein Prophet ist und euch verwünscht, dann wird euer Fluch nichts gegen ihn ausrichten. Und wenn er ein Engel ist und euch überwindet, wird keine Spur von euch übrigbleiben."

---

[270] *R. Paret*, Kommentar, S. 71.

[271] *aṭ-Ṭabarī*, Tafsīr III, S. 298–304.

Sogar ihre Anführer rechneten damit, dass das Gottesurteil negativ für die Christen ausgehen und in ihrer Vernichtung enden würde. Muḥammad zeigte ihnen den Ausweg aus der Vernichtung: „Ihr werdet überleben, wenn ihr Muslime werdet. Solltet ihr ablehnen, dann entrichtet die *ǧizya* als Erniedrigte, wie Gott befiehlt."

In der Folge geht aṭ-Ṭabarī auf die philologischen Fragen ein: *kalima sawāʾ* meine ein „gerechtes Wort, dass wir ‚uns zu dem einen und einzigen Gott bekennen' (*nuwaḥḥid Allāh*) und keinen anderen anbeten und uns läutern von allem anderen Angebeteten und ihm niemand beigesellen." Über die Zielgruppe gehen die Meinungen auseinander, manche sehen ihn an die Juden um Medina gerichtet, andere an die Delegation der *Naṣārā Naǧrān*. Aṭ-Ṭabarī bezieht den Vers auf beide Schriftbesitzer, denn die alleinige Anbetung Gottes und das Bekenntnis zu ihm sei Pflicht eines jeden mündigen Menschen unter den Geschöpfen Gottes.

In der Frage der Rezipienten verweist *al-Qurṭubī*[272] auf das Schreiben des Propheten an Heraklius, den Herrscher von Byzanz, welches ihm zugedacht wurde, als dieser sich in Jerusalem befand:[273]

„Im Namen Gottes, des Barmherzigen Erbarmers. Von Muḥammad, dem Gesandten Gottes, an Heraklius, Beherrscher der Byzantiner. Friede über den, der der Rechtleitung folgt. Wahrlich, ich rufe dich mit dem Ruf des Islams: Ergebe dich Gott, so bleibst du unversehrt [aslim taslam]! Wenn du dich Gott ergibst, so erhältst du die zweifache Belohnung Gottes.[274] *Wenn du dich aber abkehrst, so ruht auf dir die Schuld der arīsīyīn."*[275]

Die Christen gäben ihren Mönchen und Herren eine Stellung wie Gott, indem sie in allem auf sie hörten, selbst wenn dem kein göttlicher Offenbarungstext zugrunde liege.

Für *Ibn Kaṯīr*[276] zeigt der Vers, an wen er gerichtet ist, denn er mahnt, „dass wir keinen anbeten außer Gott und ihm nichts beigesellen", weder Götzen, noch Kreuz, noch Bilder, noch Feuer.

Der *SKD-Kommentar* gesteht den Schriftbesitzern aufgrund des „gemeinsamen" Wortes zu, dass sie alle in den Grundsätzen der Einzigkeit Gottes und Gleichheit der Menschen vor Gott übereinstimmen. Nur in der Praxis würden sie scheitern aufgrund ihrer „irrigen Ansichten über die Einheit Gottes", sowie

---

[272] *al-Qurṭubī*, Tafsīr IV, S. 99–101.

[273] Überliefert von Ibn ʿAbbās. Ebenso in *Ibn Kaṯīr*, Tafsīr (1983) I, S. 326; *as-Suyūṭī*, ad-durr al-manṯūr II, S. 233; *J. A. Morrow*, The Covenants, S. 47 f.

[274] *Fatḥ al-Bārī* I, S. 6f: Zweifache Belohnung, weil Heraklius bereits an seine eigenen (biblischen) Propheten glaubt und nun noch Muḥammad dazu nehmen soll, oder dafür, weil ihm mit seinem eigenen Übertritt zum Islam auch seine Anhänger folgen würden.

[275] Die Bedeutung von *arīsīyūn* ist nicht sicher: Etwa leibeigene Bauern, die von ihrem Besitzer daran gehindert werden, zum Islam überzutreten, damit er sie nicht freilassen muss; der Besitzer trägt seine eigene Schuld und die seiner Untergebenen. Es wird auch spekuliert, damit könnten Arianer gemeint sein, denn Arius sei „ein Großer bei den Christen, ein Ketzer, der im Widerspruch stand zur Religion ʿĪsās" (*Fatḥ al-Bārī* I, S. 7).

[276] *Ibn Kaṯīr*, Tafsīr (1983) I, S. 326.

durch ihren Klerus und Heilige, die eine exponierte Stellung vor Gott beanspruchen.[277]

Tilman Nagel verweist für *kalima sawāʾ* auf Rudi Parets Kommentar, wonach keineswegs ein Ausgleich gemeint sei,

> (…) sondern im Gegenteil eine klare Scheidung zwischen ‚uns' auf der einen Seite und ‚euch' auf der anderen, nämlich den Juden und Christen, wie dies der Zusammenhang erfordert. Angesichts dieses Verhältnisses der Muslime zu Abraham und angesichts der damit verbundenen Vorbehalte gegen Juden und Christen klingt die im ‚Dialog' von christlicher Seite beschworene Abkunft der ‚drei Religionen' von Abraham in muslimischen Ohren nicht nach Gleichwertigkeit, sondern nach dem späten Eingeständnis, dass der absolute Wahrheitsanspruch des Islams auch gegenüber Juden und Christen zu Recht erhoben werden dürfe.[278]

3,64b und sich nicht die einen von uns die anderen
zu Herren außer Gott nehmen.[279]

Der Vorwurf an die Christen, ihren Klerus so sehr zu verehren und für autoritativ zu betrachten, dass es zu einer Zweiteilung der Christen in „Herren" und einfache Gläubige komme, rühre an das Zentrum des Glaubens und bewege sich an der Grenze zum *širk*.[280] Nach aṭ-Ṭabarī meinen einige Ausleger, sie seien ihren religiösen Führern gefolgt in Dingen, die gegen Gott gerichtet waren, hätten also deren Autorität über die Gottes gestellt; andere denken an eine Niederwerfung voreinander, etwa wenn sich Mönche voreinander verneigen, wenn sie sich begegnen. Al-Qurṭubī sieht darin die Mahnung, weder ʿĪsā (wie die Christen) noch ʿUzair (wie die Juden) noch die Engel zu Herren zu nehmen, denn diese alle seien nur Geschöpfe. Wer nach dem Wort der Mönche etwas für erlaubt annehme, das Gott verboten hat, nehme sie zu Herren. Bis zur Zeit des Propheten habe es die Niederwerfung vor Menschen gegeben, und dieser habe es verboten, als sich einer der Gefährten vor ihm niederwerfen wollte. Anas b. Mālik fragte nach den erlaubten Ritualen der Begrüßung und Begegnung: Sich voreinander verbeugen oder sich umarmen sei verboten, man solle sich nur mit Handschlag begegnen.

3,64c Doch wenn sie sich abkehren, dann sagt:
Bezeugt, dass wir Gott ergeben sind [*muslimūn*].

Wenn die anderen sich weigerten und abkehrten, dann sollen sie bezeugen, dass jene selbst sich abgewendet hätten von dem einen alleinigen Gott und dass die gläubigen Muslime Gott unterworfen und ergeben seien.

[277] SKD I, S. 163, Anm. 109.
[278] *T. Nagel*, Die Heilsbotschaft des Koran, S. 151.
[279] Siehe 9,31.
[280] Die Meinung, Christen begingen *širk*, indem sie „ihre Oberhäupter nachahmen" und zu Herren nehmen, findet sich häufig; siehe etwa *Ibn Taymiya*, Das ist die aufrechte Religion, S. 19.

6.4.3 Die Enteignung der Schriftbesitzer

Wie die Juden, so haben nach koranischer Auffassung auch die Christen den Bund Gottes verlassen – ein Argument, das deutlich erkennbar biblischen Ursprungs ist, nun jedoch aus islamischer Perspektive einen besonderen Klang bekommt. Für beide genügt es nun nicht mehr, zu ihren eigenen Propheten umzukehren, sondern sie werden aufgefordert, den aktuellen Propheten, Muḥammad, – der ja nichts weiter als die ursprüngliche Botschaft zu bringen meint – anzuerkennen und ihm zu folgen. Der Weg nach vorne ist tatsächlich der Weg zurück: zur Gestalt Ibrāhīms, der „weder Jude noch Christ" war, sondern vor der Konstituierung der Bünde von Juden und Christen war. Es waren Juden und Christen, die die ausschließliche Zugehörigkeit zu Ibrāhīm beansprucht hatten. Dies weist Muḥammad entschieden zurück und „nimmt für sich selbst und die Muslime das Recht in Anspruch, leiblich und geistig von Abraham abzustammen."[281]

6.4.3.1 Die Relativierung der früheren Schriften

4,54a Oder beneiden sie die Menschen um das,
was ihnen Gott von seiner Huld hat zukommen lassen?

Nach *aṭ-Ṭabarī* ist für die Ausleger nicht ganz klar, wer hier auf wen neidisch ist: Die meisten meinen, die Juden Medinas hätten Muḥammad und die Muslime beneidet um ihre von Gott gegebene Schrift und ihren Propheten. Etliche andere frühe Kommentatoren argumentieren, die Juden hätten Muḥammad geneidet, dass Gott seinem Propheten erlaubt hatte, so viele Frauen zu heiraten, wie er wollte. So Ibn ʿAbbās:

Die ahl al-kitāb sagen: „Muḥammad behauptete, ihm sei [von Gott] gegeben worden, was er habe, nämlich neun Frauen. Er hat ja nichts anderes im Kopf als das Heiraten." Daraufhin sagte Gott 4,54.[282]

Aṭ-Ṭabarī meint, die Huld Gottes habe in der Gabe der Prophetie an Mu-ḥammad bestanden, womit er die Araber insgesamt adelte. Die Deutung als Heiratserlaubnis lehnt er ab, obgleich auch diese von Gott gekommen sei.

Ar-Rāzī zitiert Ibn ʿAbbās, der Muḥammad so viele Tugenden zuschreibt wie einer großen Menschenmenge. Die größte Huld Gottes gegenüber Muḥammad bestand ihm zufolge in seinem Prophetentum und seiner Macht, die Gott von Tag zu Tag mehrte.

Al-Qurṭubī[283] bringt darüber hinaus Ausführungen über die zerstörerische Wirkung des Neids, der die guten Taten fresse wie Feuer das Brennholz verzehre.

[281] *A.Th. Khoury*, Einführung in die Grundlagen des Islams, S. 84.
[282] *aṭ-Ṭabarī*, Tafsīr V, S. 138–141.
[283] *al-Qurṭubī*, Tafsīr V, S. 216–219.

Neid sei die erste Sünde im Himmel gewesen, als Iblīs gegen Gott widerspenstig war durch seinen Neid auf die Stellung Ādams, und die erste Sünde auf Erden durch Qābīl (Kain).

Für *Ibn Kaṯīr* ist es die Missgunst der Juden gegen den Propheten aufgrund seiner Abkunft von den Arabern statt von den Kindern Israels, der sie daran hinderte, ihm zu glauben. Außerdem merkt er an: Wenn sie schon über ihre eigenen Propheten streiten, wie sollten sie dann jemals positiv über Muḥammad denken?

4,54b Wir ließen ja der Sippe Ibrāhīms die Schrift und die Weisheit zukommen, und Wir ließen ihnen eine gewaltige Königsherrschaft [*mulk*] zukommen.

„Die Schrift und die Weisheit" (*al-kitāb wa-l-ḥikma*) taucht in dieser Kombination erst in Medina auf und zwar innerhalb der Ibrāhīmtexte in 4,54 als das, was der Sippe Ibrāhīms gegeben wurde, und in 2,129 als Bitte um einen Gesandten, der beides bringen solle – in 3,164 wird auf diese Bitte Bezug genommen: Gott habe diese Bitte erhört und den Propheten als „Wohltat" geschickt. Drei weitere Stellen sprechen davon, dass Muḥammad *al-kitāb wa-l-ḥikma* gegeben sind;[284] einmal wird ersatzweise der Terminus *kitāb wa-l-ḥaqq* (Schrift und Wahrheit in 2,151) gebraucht. Auch ʿĪsā sind Schrift und Weisheit gegeben, jedoch immer zusammen mit Tora und Evangelium.[285]

In Medina hörte Muḥammad von den Juden, sie besäßen die Tora und die Weisheitsbücher, denkbar ist auch Weisheitsliteratur und die später verschriftete Tradition, so dass er hier die Bücher, die er den Juden zuschreibt, um „die Weisheit" erweitert – und sie Ibrāhīm zukommen lässt. Die Formulierung lässt erkennen, dass er sich damit identifiziert als Erfüllung der Bitte Ibrāhīms. So werden *al-kitāb wa-l-ḥikma* zum Eigentum der Nachkommen – und *des* Nachkommens – Ibrāhīms; es erfolgt also die Islamisierung auch dieser Weisheitsschriften, indem sie direkt Muḥammad zugeschrieben werden. *Aṭ-Ṭabarī* definiert *al-ḥikma* als Offenbarungen, die Gott Ibrāhīm und seinen Nachkommen eingegeben hatte, die jedoch nicht verschriftet wurden.

Was mit dem *mulk* (Besitz, Königsherrschaft) gemeint sein soll, ist umstritten; manche verstehen darunter das Prophetentum, andere die Erlaubnis Muḥammads für mehrere Frauen[286] oder großen Reichtum vergleichbar dem Sulaimāns. Für *Ar-Rāzī* gehören die Frauen zwar zu den Wohltaten Gottes, jedoch lediglich als sekundäre. Vielmehr stehe *al-kitāb* für die Religion an sich, *al-ḥikma* für die Geheimnisse der Wahrheit und das vollkommene Wissen und *mulk ʿaẓīm* für die vollkommene Macht. *Al-Qurṭubī* fügt noch die Unterstützung durch Engelscharen hinzu. Da die Juden Muḥammad vorgeworfen hätten, sich mehr mit Frauen

[284] 2,231; 62,2; 4,113.

[285] 3,48; 5,110.

[286] *Aṭ-Ṭabarī* fragt, welchen Grund zum Neid die Juden überhaupt gehabt hätten, da Gott zweien der Ihren doch ein Vielzahl Frauen erlaubt habe, 99 für Dāwūd (hier werden wohl 2. Sam 12,1–4 mit Mt 18,12–14 verknüpft) und 100 für Sulaimān.

als mit Prophetie zu beschäftigen, habe Gott sie in diesem Vers daran erinnert, dass Muḥammad zu dieser Zeit neun Frauen hatte, Sulaimān aber tausend und die Manneskraft von vierzig Propheten[287] – da schwiegen sie beschämt.

4,55 Unter ihnen gab es solche, die daran glaubten,
und unter ihnen gab es solche, die sich davon abwandten.
Und die Hölle genügt als Feuerbrand.

Nach *aṭ-Ṭabarī* hat Gott den Juden die Schrift zukommen lassen und sie aufgefordert, an die Schrift Muḥammads zu glauben, die doch nur das bestätige, was sie bereits erhalten haben. Um deretwillen, die an ihn glauben, schob er die Strafe auf bis zum Tag der Auferstehung. Die Mehrheit der Juden aber blieb ungläubig.

Hier spricht die Tradition an, was im Koran nur hin und wieder durchscheint: Was in der koranischen Frühzeit mit ihren Höllenschilderungen den *mušrikīn* gegolten hatte, wird nun auf die ungläubigen *ahl al-kitāb* übertragen – wobei sich „ungläubig“ darauf bezieht, dass sie sich nicht der *millat Ibrāhīm* zuwandten. Somit stehen in der eschatologischen Bewertung am Tag des Gerichts die *ahl al-kitāb* nicht mehr *zwischen* den Muslimen und den *mušrikīn*, sondern – da es im Gegensatz zum Diesseits nur zwei Möglichkeiten gibt – auf der Seite der Ungläubigen.

6.4.3.2 Ibrāhīm – weder Jude noch Christ

3,65–68.83–85[288] (medin.)

Am Ende der Argumentation um Juden und Christen wird Ibrāhīm „entkonfessionalisiert“[289] und damit Juden und Christen enteignet:

3,65 O ihr Leute der Schrift, warum streitet ihr über Ibrāhīm,
wo doch die Tora und das Evangelium
erst nach ihm herabgesandt worden sind?
Habt ihr denn keinen Verstand?[290]

Aṭ-Ṭabarī: Jede Gruppe der *ahl al-kitāb* behauptete, Ibrāhīm gehöre ihnen, und er habe nach Art ihrer Glaubensrichtung Gott angebetet.

Ibn ʿAbbās überliefert:
Die Christen von Naǧrān und die jüdischen Gelehrten versammelten sich beim Gesandten Gottes und stritten vor ihm über Ibrāhīm. Die Gelehrten sagten: „Ibrāhīm war mit Sicherheit

---

[287] Um Polygamie und Virilität mit dem Prophetentum in Einklang zu bringen, erklärt al-Qurṭubī, der Fromme schaue nicht lüstern, so dass er all seine Kraft zur Beiwohnung bewahre.

[288] *aṭ-Ṭabarī*, Tafsīr III, S. 304–308; *al-Qurṭubī*, Tafsīr VI, S. 101–102; *Ibn Kaṯīr*, Tafsīr (1983) I, S. 327–330; SKD I, S. 163 f.; *Khoury*, Komm. IV, S. 148–150.173 f.; *M. Ayoub*, The Qur'an II, S. 208–214.240–243.

[289] *C. Wenzel*, Und als Ibrāhīm und Ismāʿīl die Fundamente des Hauses legten, S. 205.

[290] *Elyas*: „Begreift ihr denn nicht?“

Jude." Und die Christen sagten: „Nein, er war mit Sicherheit Christ." Daraufhin sandte Gott diese Verse herab.[291]

Mit diesem Vers weise Gott sie nun auf ihre Widersprüche hin: Wie soll er „christlich" oder „jüdisch" angebetet worden sein, wo doch ihr Judentum und Christentum erst später kamen und ihre Bücher erst lange nach Ibrāhīms Tod herabgelassen wurden? Als Sitz im Leben hält aṭ-Ṭabarī eine Diskussion für möglich, bei der sich die Delegation von Naǧrān und die Rabbiner bei Muḥammad versammelten und miteinander um Ibrāhīm stritten.[292] *Al-Qurṭubī* zitiert az-Zaǧǧāǧ, der für den eindeutigsten Beweis gegen Juden und Christen hält, dass in Tora und Evangelium die Bezeichnungen „Judentum" und „Christentum" nicht enthalten seien, wohl aber „Islam". Zudem lägen zwischen Ibrāhīm und Mūsā tausend Jahre, ebenso zwischen Mūsā und ʿĪsā, was die Argumente von Juden und Christen nichtig mache.

Ibn Kaṯīr lässt Gott selbst den Anspruch von Juden und Christen auf Ibrāhīm *al-ḫalīl* abstreiten:

Wie könnt ihr behaupten, ihr Juden, dass er ein Jude war, obwohl er lebte, bevor Gott die Tora auf Mūsā herabließ, und wie könnt ihr Christen behaupten, er sei Christ gewesen, obwohl das Christentum erst viele Generationen nach Ibrāhīm entstand? Deshalb sagt Gott: „Habt ihr denn keine Vernunft?"[293]

3,66 Ihr habt da über etwas gestritten, worüber ihr an sich Wissen habt.
Warum streitet ihr nun aber über etwas, wovon ihr kein Wissen habt?
Gott weiß, ihr aber wisst nicht Bescheid.

Die Themen des vergangenen Streits sind nach *aṭ-Ṭabarī* Angelegenheiten der eigenen Religion der *ahl al-kitāb*, worüber ihnen ihre Gesandten doch Bescheid gegeben hatten. Und nun stritten sie selbst über das, worüber sie keine Kenntnis hätten, nämlich über Ibrāhīm und seine Religion. Von ihm fänden sie weder etwas in ihren Büchern noch hätten ihre Propheten über ihn berichtet, noch hätten sie ihn gesehen – daher könnten sie nicht mitreden, wenn die Sprache auf Ibrāhīm käme.

as-Suddī sagte:
Worüber sie Bescheid wissen, ist das, was ihnen erlaubt und verboten wurde, und was sie nicht wissen, das ist Ibrāhīm.[294]

Al-Qurṭubī[295] hält mit diesem Vers den Schriftbeweis für gegeben, dass es verboten sei, mit jemandem zu diskutieren, der nicht Bescheid wisse. *Ibn Kaṯīr* meint, das Wissen von Juden und Christen hätte bis zur Sendung Muḥammads

---

[291] *ʿAbd al-Ġanī al-Qāḍī*, Asbāb an-nuzūl ʿan aṣ-ṣaḥāba wa-l-mufassirīn, S. 10.
[292] Ebenso die Sīra: Sīra II/3, S. 90 f., Sīra Rotter, S. 120.
[293] *Ibn Kaṯīr*, Tafsīr (1983) I, S. 327.
[294] *aṭ-Ṭabarī*, Tafsīr III, S. 306.
[295] *al-Qurṭubī*, Tafsīr IV, S. 102.

seine Berechtigung gehabt, weil sie vom Kommen Muḥammads gewusst hätten. Darüber hätten sie diskutieren sollen. Stattdessen würden sie ohne Kenntnisse über Ibrāhīm reden. Deshalb sollten sie sich in dieser Angelegenheit an den wenden, der das Unsichtbare weiß.

3,67 Ibrāhīm war weder Jude noch Christ,
sondern er war *ḥanīf* und *muslim*,
und er gehörte nicht zu den Polytheisten.

Juden und Christen setzen sich nach koranischer Überlieferung gleichermaßen ins Unrecht, wenn sie Abraham ausschließlich für sich beanspruchen, bzw. nur sich als Abrahams Kinder und Erben betrachten. Dieser illegitime Anspruch wird im Koran entschieden zurückgewiesen, stattdessen aber hervorgehoben, dass es die Muslime seien, die „leiblich und geistlich" von Abraham abstammten.[296]

In anderen Worten: Da Ibrāhīm vor Judentum und Christentum war, sei es anachronistisch, ihn einer dieser beiden Religionen zuzuordnen oder für sie zu beanspruchen; vielmehr sei er „superior to both".[297]

Aṭ-Ṭabarī: Wer immer Ibrāhīm als Jude oder Christ bezeichne, der werde von Gott der Lüge bezichtigt. Beide wurden vielmehr von ihm abgelöst bzw. er wurde von ihnen „freigesprochen", denn sie stünden im Widerspruch zu seiner Religion. Das sei ein Urteil Gottes zugunsten der *umma* Muḥammads, weil sie allein es seien, die der Glaubensrichtung Ibrāhīms folgten, im Gegensatz zu den Angehörigen anderer Religionen, die Götzen anbeten oder Geschöpfe neben dem Schöpfer aller Dinge.

Nach *al-Qurṭubī* sprach Gott selbst Ibrāhīm frei von ihren lügenhaften Ansprüchen und zeigte auf, dass er dem muslimischen Hanifentum angehörte. *Ḥanīf* ist ihm zufolge, wer sich zum einen Gott bekenne, die Wallfahrt vollziehe, opfere, sich beschneiden lasse und die richtige *qibla* befolge – die Rückprojektion eines frommen zeitgenössischen Muslim auf die Zeit Ibrāhīms, die die Zeit unverfasster Religiosität gewesen sein soll.

Dem *SKD-Kommentar* zufolge legitimiert hier Gott seinen Propheten gegen die Behauptung von Juden und Christen, er befände sich nicht „auf dem Pfade der Religion Abrahams".[298] Moderne Ausleger beziehen diesen Vers zuweilen auch noch auf Isḥāq, der ebenfalls Muslim gewesen sei: „und er war weder Jude noch Christ".[299] *Abū Ḫalīl* wirft den Juden vor, sie hätten sich die weltbekannte Gestalt Ibrāhīms zum Ahnherrn fabuliert, um ihren Anspruch als auserwähltes

[296] *S. Schreiner*, Unser Gott und euer Gott ist ein und derselbe, S. 108 f.
[297] *J. Kaltner*, Ismael instructs Isaac, S. 88.
[298] SKD I, S. 163, Anm. 110.
[299] *Mas'ūd / Ǧum'a*, Ḏurrīyat Ibrāhīm, S. 61.

Volk zu untermauern. Er aber sei ein Aramäer aus einem arabischen Stamm gewesen.[300]

Die Religion Ibrāhīms – *dīn Ibrāhīm* – wird mit dem Hanifentum gleichgesetzt,[301] sozusagen als ursprüngliche Religion „vor aller Zeit". Zugleich werden *ḥanīf* und Muslim gleichgesetzt, womit der Bogen von der Zeit vor aller konstituierten Religion bis zur Zeit nach den beiden Buchreligionen geschlagen ist.

3,68a Die Menschen, die vorrangig [*aulā*] sind (im Anspruch) auf Ibrāhīm,[302]
sind wahrlich diejenigen, die ihm [303] gefolgt sind,
sowie dieser Prophet und die, die (mit ihm) glauben.

Alle Ausleger übersetzen *aulā* als „Anspruch, Anrecht, vorrangiges Recht" auf ihn, seine Unterstützung und Schutzherrschaft, nicht als inhaltliche oder religiöse Nähe. Der Anspruch gründet ausdrücklich nicht auf genealogischer Abstammung, sondern auf der richtigen Nachfolge, also einer geistigen und geistlichen Ibrāhīmskindschaft, die darin besteht, dass die Gläubigen „auf seinem Weg gehen, seiner Lebensweise und seinen Geboten folgen, sich zu dem einzigen Gott bekennen und der lauteren Religion angehören, Ḥanīfen für Gott und Muslime sind und ihm nichts beigesellen".[304] So kann al-Ghazālī Muḥammad, und mit ihm die Gemeinschaft der Muslime, zum einzig legitimen Erben des Vermächtnisses Ibrāhīms erklären.[305]

3,68b Und Gott ist der Schutzherr [*walī*][306] der Gläubigen.

Aṭ-Ṭabarī: Gott unterstützt die Gläubigen, die seinem Prophetentum geglaubt haben und im Widerstreit stehen gegen die anderen Glaubensrichtungen und Religionen.[307]

3,83a Können sie denn noch eine andere Religion
als die Religion Gottes begehren,

Aṭ-Ṭabarī sieht in diesem Vers eine Warnung vor den *ahl al-kitāb*, da sie beabsichtigten, die Gläubigen von der Wahrheit abzubringen und in die Irre zu führen. Al-Qurṭubī gibt als *sabab an-nuzūl* an: Der Jude Kaʿb b. al-Ašraf suchte

---

[300] *Šauqī Abū Ḫalīl*, Aṭlas al-Qur'ān. Amākin, aqwām, aʿlām, S. 64.

[301] Vgl. *J. Wansbrough*, Sectarian Milieu, S. 6.

[302] *Khoury*: „die am ehesten Abraham beanspruchen dürfen"; *Henning, Paret*: „die Abraham am nächsten stehen" (ähnlich *von Denffer*).

[303] Hier fügt *Paret* „seinerzeit" ein. Dies ist möglich, wenn man den Vers als eine chronologische Abfolge sieht: die früher Ibrāhīm Folgenden, Muḥammad als „Wiederentdecker" des abrahamischen Glaubens und die Muslime, die in der Nachfolge Muḥammads ebenfalls Ibrāhīm folgen.

[304] *aṭ-Ṭabarī*, Tafsīr III, S. 307–308.

[305] *M. al-Ghazālī*, A thematic commentary, S. 399.

[306] *Henning*: Hort; *von Denffer*: Schutzfreund; *Khoury, Paret*: Freund.

[307] *Ibn Kaṯīr* zitiert einen Prophetenausspruch: „Jeder Prophet hat einen Schutzherrn, und mein Schutzherr ist mein Vater und Freund meines Herrn" – also Ibrāhīm (Tafsīr 1983) I, S. 332.

beim Propheten einen Schlichterspruch im Streit mit den Christen und fragte ihn, wer denn das meiste Recht auf die *dīn Ibrāhīm* habe. Als der Prophet ihnen vorwarf, beide Gruppen hätten doch der *dīn Ibrāhīm* abgesagt, antworteten sie trotzig: „Wir akzeptieren dein Urteil nicht und befolgen auch deine Religion nicht." Als Entgegnung wurde 3,83 herabgelassen.[308]

3,83b wo Ihm doch ergeben ist [*wa-lahū aslama*],
was in den Himmeln und auf Erden ist,
sei es freiwillig oder widerwillig?

Nachdem in der Auseinandersetzung mit den *mušrikīn* die Götzen als Nichtse entlarvt wurden, bleiben nur Gott und seine Religion übrig. Von ihm ist alles erschaffen und ihm ist alles untertan – ob aus freiem Willen oder nicht.

Zu denen, die sich Gott aus freiem Willen unterwerfen, zählt *aṭ-Ṭabarī* die Engel und die Propheten, alle anderen Menschen täten dies widerwillig und verabscheuten es, aber sie beugten sich, denn „jeder Mensch ist sich im klaren darüber, dass Gott sein Herr ist und er sein Knecht".[309] Worin diese widerwillige Unterwerfung unter Gott bestehe, sei freilich umstritten. Manche meinten damit einen Minimalglauben in Form der Anerkennung Gottes als Schöpfer und Herr, selbst wenn ihm noch andere in der Anbetung beigesellt werden mögen. Andere sähen darin die verborgene Unterwerfung des Herzens unter den Willen Gottes, während die Lebensgestaltung nicht von den Geboten Gottes durchdrungen sei. Wieder andere meinten damit den, der sich gezwungenermaßen dem Islam unterwirft nur „aus Furcht vor dem Schwert". Ausgehend von 40,84.85 dächten einige, nur demjenigen, der den Islam freiwillig annehme, werde sein Glaube etwas nützen, nicht aber dem Ungläubigen, der ihn widerwillig oder aus Todesangst annimmt.

Al-Qurṭubī erklärt das Unterworfensein und Geführtsein jedes Geschöpfes damit, dass jeder „geformt ist in einer Form, aus der er nicht heraustreten kann". Die Gläubigen seien mit Gesunden zu vergleichen, die sich in Gehorsam und Liebe zu Gott führen ließen, während sich die Widerwilligen wie Kranke schwermütig und ablehnend verhielten. Zu jenen gehörten auch diejenigen, die mit argumentativen Vernunftgründen zum *tauḥīd* überwunden würden. Ein sehr lebensnaher Vorschlag wird von Ibn ʿAbbās überliefert: Wenn das Reittier bocke, solle man ihm 3,83 rezitieren.

Ibn Kaṯīr verweist auf Mūsā und ʿĪsā, die, wären sie noch am Leben, nicht anders könnten, als Muḥammad nachzufolgen. Die Freiwilligen im Himmel seien die Engel und auf Erden alle die im Islam Geborenen, dementsprechend seien Widerwillige diejenigen, die aus den Völkern in Ketten gebracht wurden, also die Kriegsgefangenen.

---

[308] *al-Qurṭubī*, Tafsīr IV, S. 119–121.

[309] Nach Abū l-ʿĀliya, zit. in *aṭ-Ṭabarī*, Tafsīr III, S. 309. – Vgl. auch 13,15.

3,83c Und zu Ihm werden sie zurückgebracht.

Im Angesicht des Jüngsten Gerichts mahnt aṭ-Ṭabarī:

O ihr Volk der Juden und Christen, die ihr andere Religionen außer ihm begehrt, auch ihr werdet dereinst zu ihm zurückgebracht. Nach eurem Tod werdet ihr zu ihm versammelt, und euch wird vergolten nach euren Taten (...) Das ist eine Warnung an Gottes Geschöpfe, damit sie zu ihm zurückkehren und keiner anderen Glaubensrichtung außer dem Islam angehören.[310]

3,84a Sag: Wir glauben an Gott und (an das), was auf uns
und was auf Ibrāhīm, Ismāʿīl, Isḥāq, Yaʿqūb
und die Stämme herabgesandt wurde
und was Mūsā, ʿĪsā und den Propheten
von ihrem Herrn gegeben wurde.

Dem Unglauben von Juden und Christen bezüglich des Propheten setzt der Koran die Anerkennung aller vorhergegangen Propheten und ihrer Bücher entgegen, nach Ibn Kaṯīr den Glauben an alle *ṣuḥuf* und an *waḥy* – freilich in ihrer authentischen Form, die identisch sei mit der Verkündigung Ibrāhīms und Muḥammads.

3,84b Wir machen keinen Unterschied bei jemandem von ihnen,
und wir sind Ihm ergeben. [*wa-naḥnu lahū muslimūn*]

Nach übereinstimmender Meinung aller Ausleger unterscheiden Muslime nicht zwischen den Propheten in dem Sinn, dass sie den einen glauben und anderen nicht – wie es die Juden machten, die nicht an das *Inǧīl* glauben.

3,85 Wer aber als Religion etwas anderes als den Islam begehrt,
so wird es von ihm nicht angenommen werden,
und im Jenseits wird er zu den Verlierern gehören.

Aṭ-Ṭabarī erklärt, dass die Verlierer ihren Anteil an der Barmherzigkeit Gottes verlören. Ihm zufolge behaupteten alle Religionen, die wahre Unterwerfung unter Gott zu praktizieren, so dass Gott die Pilgerfahrt befahl, sozusagen als Prüfstein für den wahren Glauben:

Nach ʿIkrima:
Als der Vers 3,85 herabgelassen wurde, sagten die Juden: „Wir sind aber die Gott Ergebenen (muslimūn)." Da sagte Gott zu seinem Propheten: „Sprich zu ihnen: ‚Gott steht den Menschen gegenüber die Forderung zu, dass sie die Pilgerfahrt zum Haus unternehmen – diejenigen, die dazu die Möglichkeit haben. Wer aber ungläubig ist, so ist Gott auf die Weltenbewohner nicht angewiesen.'" (3,97) Da brachen die Muslime zur ḥaǧǧ auf, die Ungläubigen aber blieben sitzen.[311]

Wer also die Wallfahrt ablehne, offenbare damit sein Nicht-*muslim*-Sein. Nicht die theologische Debatte oder gar die Selbstauskunft und das Selbstverständnis

[310] *aṭ-Ṭabarī*, Tafsīr III, S. 338.
[311] A. a. O., S. 339.

der Juden zählten, sondern der Erweis des rechten Glaubens durch die Tat – in der Erfüllung der Pflichten des Islam. Mit diesem Vers habe Gott zugleich 2,62 abrogiert, wo er Juden, Christen und anderen an Gott und den Jüngsten Tag Glaubenden Lohn versprochen hatte.[312]

Mit diesen Versen von Sura 3 ist der Enteignungsprozess von Juden und Christen an ihrem Stammvater Abraham abgeschlossen. Ibrāhīm gehört nicht nur vorrangig denen, die der *dīn Ibrāhīm* folgen, sondern ausschließlich.

Exkurs 8: Zählen Christen zu den mušrikīn?[313]

Die große Frage über die Jahrhunderte hinweg, die auch in den Kommentaren immer wieder durchschlägt, ist die islamische Einschätzung der Christen, und immer wieder wird der Vorwurf des Polytheismus laut.[314] Diese Frage ist bis heute nicht zufriedenstellend geklärt.[315] Es ist daher geboten, die Kriterien für Rechtgläubigkeit zu betrachten.

Das Kriterium Schrift

Muḥammad verwendet die biblischen Stoffe schwerpunktmäßig in der mekkanischen Zeit, in seiner Auseinandersetzung mit den Polytheisten. In Medina, als er die „Leute der Schrift" physisch vor sich hatte, treten diese Motive zugunsten der Entwicklung seines Sonderguts fast völlig in den Hintergrund. Ist die Behauptung zulässig, er habe *al-kitāb* (die Schrift) nur „benutzt" im Konflikt mit den Schriftlosen? Das Verhältnis zu den *ahl al-kitāb* (Leuten der Schrift) ist ja grundsätzlich zu unterscheiden von dem zu den Schriftlosen. Obschon den *ahl al-kitāb* vorgeworfen wird, ihre Schrift verfälscht und Aussagen unterschlagen zu haben, womit ihr heutiges Buch nicht mehr als authentische Gottesoffenbarung gelte, so sind sie doch als Empfänger der göttlichen Schrift gewürdigt worden und zumindest im Besitz der Teilwahrheit.

Das Kriterium Gottesbegriff

Aber nicht nur die Schrift dient als Klassifizierungsmerkmal; hinzu kommt – und dies muss im Blick auf das koranische Gesamtanliegen als das wichtigere gewertet werden – die Frage nach dem *tauḥīd* und damit letztlich nach dem Gottesbegriff. Schon der persische Religionsphilosoph Muḥammad b. ʿAbd Allāh aš-Šahrastānī (469 oder 479–548 / 1076–1153) gliederte in seinem *kitāb al-milal wa-n-niḥal* (Buch der Religionsparteien und Philosophenschulen)[316] die Religionen entsprechend ihrer Nähe zum Islam anhand

[312] Ebenso *Ibn Ḥazm al-Andalusī*, An-nāsiḫ wa-l-mansūḫ fī-l-Qur'ān al-karīm.

[313] Siehe auch: *W. Björkman*, Art. Shirk, in: HdI, S. 693–695.

[314] So bei *ʿAbd ar-Raḥmān al-Ǵazāʾirī* in seinem Buch über Heiratsverbote, in dem er die Ehe mit Christinnen gemäß dem Koran als erlaubt erklärt, auch wenn Christen „offensichtlichen Polytheismus" praktizierten (Fiqh ʿalā l-Maḏāhib al-arbaʿ, Bd. 4, kitāb an-nikāḥ).

[315] Einen Überblick geben: *J. D. McAuliffe*, Qur'ānic Christians: an analysis of classical and modern exegesis; *Khoury / Hagemann*, Christentum und Christen im Denken zeitgenössischer Muslime; *U. Spuler-Stegemann*, Feindbild Christentum im Islam. Eine Bestandsaufnahme; siehe auch: *Muḥammad ʿIzzat Ismāʿīl aṭ-Ṭaḥṭāwī*, At-tabšīr wa-l-istišrāq – Aḥqād wa-ḥamalāt ʿalā n-nabī Muḥammad wa-bilād al-islām, Kairo 1411/1991.

[316] Zahlreiche arabische Editionen und Teilausgaben; deutsche Übersetzung: Religionspartheien und Philosophenschulen. Zum ersten Male vollständig aus dem Arabischen übersetzt und mit erklärenden Anmerkungen versehen von Theodor Haarbrücker, 2 Bde. Band I: Die

dieser beiden Kriterien.[317] Der Kampf gegen den *širk*, die Charakterisierung Ibrāhīms als *mā kāna min al-mušrikīn* („keiner der Mitgöttergebenden“[318]), muss die Frage aufwerfen, ob mit den *mušrikūn* tatsächlich immer nur die heidnischen Polytheisten gemeint waren.

So sind die koranischen Aussagen über die Christen durchaus zwiespältig, und in 4,171 werden sie explizit aufgefordert: „Sagt nicht ‚Drei!‘ (…) Denn Gott ist ein einziger Gott.“ Als Offenbarungsanlass zu Sura 3 wird in der Sīra, wie auch bei den Kommentatoren, die christliche Delegation von Naǧrān genannt. Der Eingangsvers 3,1 „Gott – Es gibt keinen Gott außer Ihm“ wird denn auch explizit als rezipientenorientierte Antwort auf die Sohnesbehauptung der Christen verstanden.[319] Inwieweit dabei auch die Abwehr tritheistischer Sekten[320] eine Rolle gespielt hat, ist nicht geklärt, scheint aber wenig wahrscheinlich. Ar-Rāzī zählt in seiner Auslegung zu 6,164 vier Gruppen von Polytheisten auf: Götzendiener, Sternenanbeter, Zoroastrier und Christen. Gemeinsam sei ihnen das *širk*-Merkmal, dass es für sie neben Gott, dem Schöpfer, Teilhaber gebe[321] – und damit antwortet 3,1 auch recht eindeutig auf die Bezeichnung Jesu als *šarīk* in der orthodoxen Liturgie.[322]

In einer Erklärung zu 19,90–92, wo von den Christen die Rede ist, die dem Erbarmer ein Kind[323] zuschreiben, also *širk* begehen, erläutert Fazlur Rahman die Angesprochenen als „the Christians, like the Meccan pagans“.[324] Damit stellt er die Zuschreibung eines Kindes zu Gott auf die Stufe des *širk* und die Christen auf die Stufe der *mušrikīn*.[325] Ebenso der SKD-Kommentar, der Juden und Christen vorwirft, sie praktizierten „Abgötterei“ und seien somit „vom rechten Weg Abrahams abgeschweift, der Gott in seiner Anbetung niemanden und nichts zur Seite stellte“.[326] Ihre eigenen Schriften würden dies bestätigen. Auch al-Ghazālī betont, in der Verkündigung an die Christen habe Muḥammad das Konzept des *tauḥīd* in den Mittelpunkt stellen und Jesus als normalen Sterblichen betonen müssen.[327]

---

muhammadanischen, jüdischen, christlichen und dualistischen Religionspartheien, 1850; Band II: Die Sabäer, die Philosophen, die alten Araber und die Inder, 1851. – Siehe auch: *W. M. Watt*, Ash-Shahrastānī's Account of Christian Doctrine, in: *Islamochristiana* 9 (1983), S. 249–259.

[317] Vgl. *H. Busse*, Die theologischen Beziehungen des Islams zu Judentum und Christentum, S. 176 f.

[318] Übersetzung von 2,135 durch *Ahmad von Denffer*.

[319] Sīra II/3, S. 116. Hier wird Muḥammad geschildert als derjenige, der den Christen mit Hilfe ihrer eigenen Argumentation ihren Irrtum nachweist.

[320] Etwa die Gruppe um Eugenius und Conon, s. *J. S. Trimingham*, Christianity among the Arabs, S. 183.

[321] *ar-Rāzī* erwähnt noch den „inneren Polytheismus“ als „unsichtbaren *širk*“, nämlich die Abhängigkeit des Herzens von sichtbaren irdischen Dingen. Wer von diesem Polytheismus frei sei, habe den Blick von allem sichtbaren Irdischen abgewendet und sehe nur noch Gott allein (Auslegung zu 14,35).

[322] Das Heilige Euchologion, S. 84 (Basilios-Anaphora, 4. Jahrhundert).

[323] *Elyas/Bubenheim* übersetzen hier „Kinder“ im Plural, obwohl im Text Singular steht. Damit verschieben sie den Vorwurf, der im Koran mit drastischen Worten gegeißelt wird (19,89.90), von den Christen auf die Polytheisten.

[324] *F. Rahman*, Major themes of the Qur'ān, S. 14.

[325] Auf die offenbar aus 5,116 abgeleitete islamische Trinitätsvorstellung aus Vater, Mutter Maria und Sohn soll hier nicht eingegangen werden. – Zur Variante Ǧibrīl als *rūḥ al-qudus* und somit 3. Person der Trinität siehe Sīra I/2, S. 181, Anm. 2.

[326] SKD I, S. 67, Anm. 67.

[327] *M. al-Ghazālī*, A thematic commentary, S. 15.

Eine weitere Ausweitung erfährt die Definition von *mušrikūn* von Sayyid Quṭb: „Da der Mensch sich andere Götter nahm neben Gott, aus dem Geld einen Gott machte und aus den Gesetzgebern Götter, die Gottes ureigenen Bereich der Gesetzgebung und Pflichtenlehre usurpiert haben und damit das Recht der göttlichen Dominanz über die Gläubigen."[328] Damit geißelt er auch den Materialismus als *širk* und wendet sich gegen diejenigen, die „menschliche" Gesetze erlassen, sich also nicht unter das göttliche – islamische – Gesetz stellen; das jedoch bedeutet die Ablehnung jeder anderen als der göttlich gesetzten Gemeinschaft und jeder „weltlich-menschlichen" Gesetzgebung. Eine ganz andere Art der Systematisierung findet sich in der islamischen Ethik, besonders bei al-Ġazālī und den Sufis: Neben dem groben äußeren Polytheismus, dem *širk ʿaẓīm* (große Beigesellung), kennt das Gewissen auch den *širk ṣaġīr* (kleine Beigesellung) in Form unlauterer oder heuchlerischer Motive der Gottesverehrung, Hochmut und Egoismus.[329] Daran anknüpfend auch *Amir Zaidan*, der zwischen *širk* im wörtlichen und im metaphorischen Sinn unterscheidet, so dass auch „jede gottesdienstliche Handlung, bei deren Verrichtung nicht die ausschließliche Absicht zugrunde liegt, einzig und allein ALLAH (ta'ala) zu dienen", unter dieses Verdikt fällt.[330]

Noch weiter gehen die Wahhabiten und Salafisten, die den *širk* systematisieren und sich selbst als die einzig wahren *muwaḥḥidūn* betrachten. In Deutschland findet sich diese Haltung bei Amir Zaidan, der zeitweise eine Lehrtätigkeit an der Johann-Wolfgang-Goethe-Universität Frankfurt am Main ausübte, für den „jeder Verstoß gegen die Prinzipien von Tauhid", unter anderem Inkarnation, Anthropomorphismus, Trinität und Pluralität *kufr* und *širk* bedeutet und der jeden, der auch nur ein Wort des Korans in Frage stellt, des Abfalls vom Islam bezichtigt.[331] Damit richtet sich der *širk*-Vorwurf – wie etwa bei zahlreichen islamischen Sekten – ebenso an innerislamische Gegner; damit wird *takfīr* geübt.

In der christlich-islamischen Begegnung spielt die Definition des *širk*-Begriffes eine zentrale Rolle. Der *širk*-Vorwurf untergräbt die Gleichwertigkeit nichtmuslimischer Gesprächspartner. Damit es überhaupt eine Gesprächsebene geben kann, müssen jüdische und christliche Gesprächspartner als Gottglaubende und Besitzer einer – gültigen – göttlichen Offenbarungsschrift und als Glaubende auf Augenhöhe anerkannt werden. Eine Rücknahme und deutliche Distanzierung vom *širk*-Vorwurf auf Seiten muslimischer Dialogpartner ist daher unverzichtbar.

6.5 Der Umgang mit den Christen

Die theologische Haltung Christen gegenüber ist vergleichbar mit derjenigen Juden gegenüber: auch hier vollzieht sich eine Entwicklung von Nähe und Freundschaft hin zu Überbietung und Enteignung, wenn auch in anderer Weise.

Während der Koran den *ahl al-kitāb*, insbesondere den *Naṣāra* an vielen Stellen mit Hochachtung begegnet und sie um ihrer Schriften und ihrer Ethik willen würdigt, differenziert die Tradition häufig nicht zwischen Andersgläubigen und

---

328 Zit. in: *Nasr Hamid Abu Zaid*, islam und politik, S. 57.

329 *W. Björkman*, Art. Shirk, in: HdI, S. 695.

330 *A. Zaidan*, At-Tafsir, S. 418.

331 A. a. O., S. 43.56–57.247–249. Für ihn scheint das Kriterium der Schrift keine Rolle zu spielen.

Ungläubigen. Ibn Kaṯīr, der populäre Theologe des 14. Jahrhunderts, meint, die Schriftbesitzer seien weder Gläubige noch könne man sie der Lüge bezichtigen; jedoch sei das meiste falsch bei ihnen. Wer kein Muslim ist, fällt künftig zumeist unter das Verdikt des Unglaubens. Abū Ḥayyān al-Andalusī, immerhin aus dem jüdisch-christlich-islamischen Kontext Andalusiens stammend, wirft den Christen vor, wider besseres Wissen – das aus ihren eigenen Büchern zu entnehmen sei – Muḥammad abzulehnen und Gott andere Götter beizugesellen, obwohl ihre Bücher sie den Monotheismus lehrten.[332] Diese Haltung sei „eine gewaltige Lüge, ein gewaltiger Widerstreit und eine heftige Anmaßung gegen Gott".[333] Die Kommentare rügen die Christen denn auch als Leute ohne Verstand und ohne Wissen.

Und so geschieht das Paradoxe: Abraham, der Urvater von Juden und Christen, auf den sich beide nicht nur berufen, sondern ihre je eigene Glaubensweise begründen – als Erfüller der gesamten Tora und als Gerechtfertigter allein aus Glauben –, wird nun als *ḥanīf* zum Prüfstein wahren Glaubens. Nicht Muḥammad schließt Juden und Christen aus, sondern sie selbst treten durch ihre Eigendefinition aus der *millat Ibrāhīm* und der abrahamischen Linie heraus. Weil sie Ibrāhīm / Muḥammad nicht folgen, werden Juden und Christen bezüglich Ibrāhīm enteignet. Nach 3,85 gibt es keine Alternative zum Islam – Juden und Christen werden zu den „Verlierern" gehören und sich an gleicher Stelle wie die *mušrikīn* finden.

Die Enteignung findet auch an Ibrāhīm selbst statt: „The religious personalities of the Old Testament are dissociated from the Jewish and Christian communities and claimed for Islam – just as, all prophets have been Muslims."[334] Er verkörpert nunmehr nicht nur den Typus des ursprünglichen Gläubigen, sondern auch den islamischen Überlegenheitsanspruch über Judentum und Christentum.

> Indem Mohammed an Abraham anknüpft, verlieren Judentum und Christentum ihre Heilswirksamkeit (…) Der absolute Wahrheitsanspruch der mohammedschen Botschaft könnte strenger nicht ausgedrückt werden. Die Wahrheit leitet sich aus der abrahamischen Gotteserkenntnis ab, die durch ‚diesen Propheten' nachvollzogen wurde. Juden und Christen (…) leben nicht mehr ganz zu dem Einen hingewandt; sie verehren neben ihm Menschen, von deren großer Autorität sie sich haben blenden lassen.[335]

Der Zersplitterung der Christen, besonders in der Frage der Natur Jesu, dieser zentralen theologischen Frage der ersten Jahrhunderte des Christentums, stellt der Koran die eine *umma* und den einen Willen Gottes entgegen sowie die Vatergestalt Ibrāhīms, die zeitlich vor der Aufsplitterung in Judentum und verschiedene christliche Sekten für die Einheit steht. Zwar trägt Ibrāhīm zur christologischen Frage nichts bei, doch wird er Garant der einen Botschaft Gottes und

---

[332] Siehe dazu: *A. Th. Khoury*, Die Kritik des Islam an der christlichen Trinitätslehre, S. 30–45.
[333] Abū Ḥayyān al-Andalusī, Tafsīr zu 4,125.
[334] *F. Rahman*, Major themes of the Qur'ān, S. 101.
[335] *T. Nagel*, Islam. Die Heilsbotschaft des Korans, S. 31.

der einen Glaubensrichtung – und so zum Kronzeugen gegen die Christen, zum Bezugspunkt der noch angeblich unverdorbenen, unverfälschten Vergangenheit.

Wie es um einen theologischen Diskurs mit Ibrāhīm als Grundlage bestellt ist, zeigt also bereits das historische Beispiel der Begegnung Muḥammads mit der christlichen Delegation von Nağrān. In Christologie und Abrahamszugehörigkeit tat sich ein unüberbrückbarer Graben auf. Damals zog die Delegation wieder ab und musste sich in den *ḏimmī*-Status begeben.[336] Eine zeitgenössische muslimische Kommentierung dieses Dialogversuchs kommt zu dem Schluss, damit seien „die Möglichkeiten des Dialogs, soweit er sich auf die Grundlagen der Religion bezieht, eigentlich bereits erschöpft. Ein späterer Dialog kann (…) nichts Neues mehr zutage bringen; ihn zu führen ist fruchtlos."[337]

Eine solche Bankrotterklärung von muslimischer Seite sieht zwar deutlich die Unterschiede, sie kann und darf jedoch nicht als Resignation die christlich-islamische Begegnung bestimmen. Freilich, neben christlichen Gruppierungen, die grundsätzlich nur in den Kategorien „wahr" und „falsch" denken und alles, was nicht mit dem Wortlaut der Bibel übereinstimmt, automatisch für nicht diskussionswürdig betrachten und darum dämonisieren, anstatt nach theologischer Intention und Perspektive zu fragen, gibt es jene auch auf islamischer Seite. 1998 erließ der inzwischen verstorbene saudische Šaiḫ b. Bāz in seiner Eigenschaft als Präsident des „Committee for Academic Research and Ifta" eine Fatwa über „Trialogue of the Abrahamic Faiths", bezeichnenderweise mit dem Titel „Unification of Religions".[338] Seine Grundaussage ist, dass es keine wahre Religion auf Erden gebe außer dem Islam, der alles vorherige abrogiert habe und die einzige bei Gott angenommene Religion sei, so wie der Koran als letztes Buch Gottes alle vorherigen Bücher abrogierte, auch das, was in ihnen richtig sei. Jeder Jude und Christ, der nicht zum Islam übertrete, müsse als Ungläubiger (*kāfir*) und Feind Gottes gelten. Ja, wer Juden und Christen nicht als *kuffār* betrachte, mache sich selbst des *kufr* schuldig.

Abgesehen von diesen extremen Sondermeinungen gilt: Die gemeinsame Ibrāhīmsvergangenheit verhindert im Koran den Christen gegenüber eine den *mušrikīn* vergleichbare Haltung. Das koranische Vorgehen in Bezug auf Christen ist das Argument und nicht die Waffe: „Instead of totally rejecting what they

---

336 *Mahmoud Ayoub* definiert *ḏimma* in Anlehnung an eines der frühesten Arabischlexika als Synonym vom *ḥurma* (sanctity), es bezeichne „assurance of safety or protection (amān)". Er stellt den Zusammenhang zu Gottes Schutz allen Menschen gegenüber her. Während in der vorislamischen Zeit nur Reiche in den Genuss von *ḏimma* gekommen seien, habe der Islam es zu einer „universal obligation" gemacht. Siehe: Dhimmah in Qur'an and Hadith, in: *Arab Studies Quarterly* 5/2 (1983), 172–182.

337 *Ibn Taymiya*, Das ist die aufrechte Religion, S. 41, Anm. 30 des Übersetzers Sahib Mustaqim Bleher.

338 *ʿAbd ul-ʿAzīz Ibn Bāz*, Fatwa No. 19402 about „Trialogue of the Abrahamic Faiths". Riāḍ / Saudi Arabien, 1418/1998; auch unter: Unification of Religions. The Presidency of Islamic Research and Ifta – Riyadh, in: www.islaam.com/Article.asp?id=273 (17.3.2014).

stand for, the Qur'ān seeks to ‚correct' their beliefs and practices."[339] So wurde das Streitgespräch, der „Argumentationsgestus des Propheten"[340] als dialektischer Denkstil nicht nur prägend für die theologischen Disputationen in der Frühzeit des Islam; Instrument zur Verbreitung und Durchsetzung religiöser Ansichten war zunächst vorrangig das Streitgespräch (*munāẓara*).[341]

In der Praxis zeigen sich nach der *hiğra* insofern Unterschiede zum Umgang mit den Juden, als die Christen Muḥammad nie als geschlossene politische Größe – und somit als politische Bedrohung – gegenüberstanden, zumindest nicht in unmittelbarer Nähe. Daher findet sich im Koran zwar eine deutliche theologische Abwehr christlicher Dogmen wie einer göttlichen Natur Jesu oder der Trinität, nichts aber, was den Lasterkatalogen gegen die Juden vergleichbar wäre.[342] Auch die Sīra, die die politischen „Ränke", den Vertragsbruch und die angeblichen Mordversuche der Juden in allen Details ausmalt, berichtet nichts Derartiges über Christen im unmittelbaren Umfeld Muḥammads.

Doch bereits in der Mitte der medinischen Zeit richten sich die *ġazawāt*, die sich auf immer entfernter gelegene Gebiete erstreckten, gegen die dort ansässigen christliche Stämme und Stadtstaaten: gegen die Sulaym[343] (624–27), 629 und 632 gegen Mu'ta (Ġassāniden)[344] und Ende 630 gegen die Byzantiner von Tabūk.

---

[339] *M. Mir*, Dictionary, S. 154.

[340] *J. van Ess*, Theologie und Gesellschaft I, S. 48 f.: Die Mittel der antiken Rhetorik, die zuvor schon Juden und Christen anwandten, führten die Muslime weiter; zum einen in Anlehnung an die Argumentationsweise des Propheten, zum andern weil das Milieu, auf das sie stießen, diesen Stil ebenfalls pflegte. Selbst die ultrafrommen ḫāriğiten, die jeder anderen Gruppe den Glauben absprachen, waren dafür bekannt, dass sie, bevor sie jemanden exekutierten, erst einmal ein „Argument" (*ḥuğğa*) mit ihm anfingen.

[341] *J. van Ess*, Theologie und Gesellschaft I, S. 54. – *M. Cook*, der die syrischen *quaestiones* maronitischen Ursprungs des 6./7. Jahrhunderts auf die Frage der Christologie hin untersuchte, ist der Ansicht, deren dialektische Struktur habe auch die Argumentationsweise des Islam beeinflusst.

[342] Dies hat sich etwas geändert. In einer seiner Diskussionssendungen auf dem arabischen Fernsehkanal al-Jazeera stellt Yūsuf al-Qaraḍāwī die größere Nähe des Islam zum Judentum heraus: „However, Islam welcomes those who believe in the [Jewish] religion. Moreover, the Jews are probably the closest to Muslims in terms of faith and law, even more than Christian. Why? Because Jews do not believe in the [Holy] Trinity. They do not consider Moses to be a god, as the Christians consider Jesus to be a god. Christians don't slaughter [according to religious dietary law], and Jews do (...) Christians don't circumcise their sons, and Jews do. Christians don't forbid pork, and Jews do. Christians don't forbid having icons, and their houses of worship and their churches are full of icons, whereas the Jews forbid having icons. Jews and Muslims are in agreement on many subjects." (in: Our Problem is Not With Judaism as a Religion but With the Jews' Deeds, http://memri.de/uebersetzungenanalysen/themen/islamistischeideologie/islqarada-wi04005.html, (5.2.2005).

[343] Zu den Banū Sulaym siehe die geographische und genealogische Studie zu ihrem Siedlungsgebiet und der politischen Rolle: *Michael Lecker*, The Banū Sulaym. A contribution to the study of early Islam, Jerusalem 1989.

[344] Sīra II/4, S. 12: Der 2. Feldzug unter Leitung des jungen Usāma b. Zaid, der seinen auf dem 1. Feldzug bei Mu'ta getöteten Vater rächen soll, mit einem Heer „der ersten *muhāğirīn*", also den aus dem christlichen Abessinien Zurückgekehrten.

Für diese geben die Sīra und die frühe islamische Geschichtsschreibung stets Kriegsgründe an, etwa, dass muslimische Sendboten ermordet worden seien oder dass – auf syrischem Gebiet, also außerhalb der Arabischen Halbinsel, und ohne dass je ein Angriff oder eine Bedrohung stattgefunden hatte – die Muslime „ihre Religion und ihren Staat zu verteidigen" hätten.[345] Auch der legendäre Feldzug Ḫālid b. al-Walīds gegen das christliche Ḥīra am Euphrat im Jahr 633 gehört dazu. Die Unzufriedenheit der arabischen Christen des Nahen Ostens mit der als hart und ungerecht empfundenen Politik des byzantinischen Herrschers trug das Ihre dazu bei, dass mancherorts – etwa in Damaskus – die anrückenden Araber primär als ethnisch Verwandte angesehen wurden, andernorts – etwa in Ägypten – primär als Befreier von einem unbeliebten Herrscher, oder generell von der verhassten byzantinischen Herrschaft.

Für die arabische Halbinsel, insbesondere für die religiösen Stätten, gilt dasselbe wie für die Juden. Da die Heiligkeit der *ḥaramain*[346] gewährleistet werden muss, ist die Anwesenheit von Nichtmuslimen im 30-km-Radius von Mekka und Medina verboten, ebenso der Bau nichtmuslimischer religiöser Stätten auf der arabischen Halbinsel. Ansonsten gilt das *ǧizya*-Abkommen mit den Christen von Naǧrān als wichtiger Präzedenzfall.[347] Nur diese *ǧizya*-Regelung, die als letztgültige Praxis des Propheten gilt, konnte auch für die islamischen Eroberungen praktikabel sein, die sämtlich in mehrheitlich von Christen bewohnte Gebiete vorstießen, wo sie zugleich auf die Finanzkraft und verwaltungstechnischen Kenntnisse der dortigen christlichen Bevölkerung angewiesen waren.

Darüber hinaus sei wieder auf den sogenannten „Pakt des ʿUmar" (*aš-šurūṭ al-ʿumarīya*)[348] als Selbstverpflichtung von Nichtmuslimen unter islamischer Herrschaft verwiesen, der bereits im Kapitel über die Juden erwähnt wurde. Dieses Dokument, das vermutlich erst im 10. Jahrhundert unter den Abbasiden endgültig ausformuliert, aus Gründen der frühen Legitimation jedoch dem Kalifen ʿUmar b. al-Ḫaṭṭāb (reg. 634–644) zugeschrieben wurde, vereint vorislamische Stammessitten, von Muḥammad überlieferte Präzedenzfälle sowie Regelungen der frühen islamischen Eroberungszeit und Einflüsse des Rechts des Oströmischen Reiches und stellt eine Art bilateraler Vertrag mit einer Fülle diskriminierender Vorschriften dar, die im Gegenzug Schutzgarantien boten, oder anders ausgedrückt, eine Art Petition von im Kampf Unterlegenen, die als Gegenleistung für ein Schutzdekret die Unterwerfung und eine inferiore Stellung anboten bzw. akzeptierten. Alle Fassungen dieses Paktes erwähnen ausschließ-

[345] *Ibn Rassoul*, Lexikon der Sīra, S. 297–299.

[346] *ḥarām* in seiner Doppelbedeutung von „heilig" und „tabu, verboten".

[347] *M. Schöller*, Exegetisches Denken, S. 458–460.

[348] Text des ʿUmar-Vertrags in: *N. Stillman*, The Jews of Arab Lands, S. 156–158; *Mark R. Cohen*, What was the Pact of ʿUmar? A Literary-Historical Study, in: *JSAI* 23 (1999), 100–157. Siehe auch: *W. Mikhail*, ʿAmmār al-Baṣrī's kitāb al-burhān, S. 16–18.

lich Christen und christliche Rituale, beziehen sich aber in der Praxis ebenfalls auf die Juden als *ahl aḏ-ḏimma*.[349]

The struggle to integrate the Jews and the Christians into a continuous history of revelation is over. They were by then regarded as conquered communities living under Muslim sovereignty, communities whose religious and social behaviour has to be regulated. The emphasis had shifted from the *theological* status of 'People of the Book' to the *dhimma*, the contract regulating their juridical status in the *dār al-islām*.[350]

Letztlich zielen die Einschränkungen des Pakts darauf ab, die öffentliche Präsenz, also die Sicht- und Hörbarkeit der *ḏimmīs* zu vermindern und sie in der ihnen zugewiesenen demütigenden und unterlegenen Stellung zu halten. Dazu trägt auch die Kopfsteuer (*al-ǧizya*) bei, die bereits nach der Einnahme Mekkas durch den Vers 9,29 autorisiert wurde, der schon die beiden Komponenten enthält: tributpflichtig und erniedrigt.[351] Sie ist weder mit der islamischen Almosensteuer noch mit heutigen Steuern vergleichbar, enthält sie doch schon philologisch die Konnotation der Strafe (*ǧazā'*), weshalb Bernard Lewis sagt: „Jizyah was not only a tax but also a symbolic expression of subordination."[352] Wie diese Regelungen umgesetzt wurden, hing stark von der Haltung der jeweiligen Herrscher und den politischen Rahmenbedingungen ab. Der Abbasidenkalif al-Mutawakkil (847–861) erließ ein eigenes Edikt gegen die *ḏimmīs*, was eine heftige Verfolgung nach sich zog.[353] Eine Neuauflage und Verschärfung erfuhren die Gesetze des ʿUmar-Paktes nach dem Scheitern der Kreuzzüge und dem Fall Jerusalems. Nach dem Abzug der Kreuzfahrer waren es die orientalischen Christen, die die Rache der muslimischen Bevölkerung für 200 Jahre Verwüstung, Plünderung und Besatzung durch ihre westlichen „Geschwister" und „Befreier" zu spüren bekamen.[354]

Es kann an dieser Stelle nicht auf die Geschichte der orientalischen Christenheit eingegangen werden.[355] Nicht vergessen sei ihre herausragende Rolle

---

[349] *M. Cohen*, Unter Kreuz und Halbmond, S. 72 f.

[350] *Francis Peters*, Alius or Alter: the qur'ānic definition of Christians and Christianity, in: *Islam and Christian-Muslim Relations*, 8/2 (1997), 165–176, hier: S. 167.

[351] *Henning*: Tribut aus der Hand, d. h. ohne Vermittler, gedemütigt entrichten; *von Denffer*: bis sie klein beigeben; *Zaidan* widerspricht sich selbst, wenn er die Zahlung als Ausdruck unterwürfiger Ergebenheit übersetzt, in der Anmerkung die *ǧizya* jedoch zur „symbolischen Verteidigungsersatz-Abgabe" herabmindert, von der Frauen, Kinder, Alte und Geistliche ausgenommen seien; *Elyas / Bubenheim* übersetzen unzulässig verharmlosend: und gefügig sind; *ǧizya* deklarieren sie als „Gegenleistung" – fragt sich, als Gegenleistung wofür?

[352] *Bernard Lewis*, The Jews of Islam, Princeton 1987, S. 14

[353] *W. Mikhail*, ʿAmmār al-Baṣrī's Kitāb al-Burhān, S. 26.

[354] *Farah Firzli*, Christians in the Ayyubid Era, in: MECC, Christianity, 581–596, hier: S. 592–93.

[355] Es sei hier auf die umfangreiche Literatur verwiesen, soweit sie nicht bereits für die vorislamischen Christen genannt ist: *A. Th. Khoury*, Der theologische Streit der Byzantiner mit dem Islam, Paderborn 1969; *ders.*, Christen unterm Halbmond: religiöse Minderheiten unter der Herrschaft des Islam, Freiburg 1994; *Antoine Najm*, Die Christen im Orient und der Islam, Bonn 1983; *Aziz Suryal Atiya*, A History of Eastern Christianity, Millwood 1991; *Bat Ye'or*, The Dhimmi: Jews and Christians under Islam; *dies.*, The decline of Eastern Christianity under

während der Umayyaden- und frühen Abbasidenzeit im Bereich der Verwaltung, jedoch auch insbesondere als Transformatoren griechischer Philosophie und Wissenschaft in die jungen arabischen Gesellschaften des Nahen Ostens. Ohne die christlichen Übersetzer der in Alexandria geformten „syrischen" Schulen – Diyarbakir, Qenneshre am Euphrat und Antioch als westsyrische; Nisibis, Edessa, Seleuca-Ctesiphon und Jundishabur als ostsyrische, danach in Marw in Khorasan und Harran – wäre die Blüte arabischer Wissenschaft und Philosophie, etwa im *bait al-ḥikma* (Haus der Weisheit), im Bagdad des 9. Jahrhunderts nicht möglich gewesen – 90 % der griechischen philosophischen Werke wurden von Christen übersetzt[356] und mehr als die Hälfte der den Ruhm der arabischen Wissenschaft begründenden Mediziner waren Christen.[357] Als Paradigma der frühen islamischen Geschichte stand bereits Johannes Damascenus, für die aktuellen Fragestellungen und Versuche der Konvivenz die Dokumente der Abrahamic Heritage Conference des MECC von 1998.

Die rezipientenorientierte Interdependenz ließ deutlich werden, dass die Frage des Umgangs mit den Polytheisten, v. a. in Mekka, zunehmend auf die *ahl al-kitāb* übertragen wurde, zunächst auf die Juden und dann auch auf die Christen. Moderne Ansätze islamischer Koranhermeneutik fordern, das Verhältnis zu Christen neu zu überdenken und zu definieren. Denn: Auch wenn viele Muslime Übergriffe gegen Christen verurteilen und erklären, dass der Schutz der *ḏimmīs* eine islamische Pflicht sei – das Problem liegt in dem verwendeten Begriff. Dieser Schutz als angebliche Wohltat wird den „Erniedrigten" zuteil. Wer aber die Menschenrechte ernst nimmt, die von der Gleichheit aller Menschen ausgehen, kann und darf den Begriff *ḏimmī* nicht mehr verwenden und muss sich von dem *ḏimmī*-Konzept verabschieden und distanzieren. Freiheit und Gleichheit aller Menschen sind das grundlegendste Menschenrecht, ungeachtet von Rasse und Religion – festgeschrieben in Artikel 1 der Allgemeinen Erklärung der Mernschenrechte der Vereinten Nationen von 1948. Erst recht sollte sich jeder

Islam: from Jihad to Dhimmitude; seventh – twentieth century, Madison 1996; *N. A. Newman* (Hrsg.), The Early Christian-Muslim Dialogue. A Collection of Documents from the First Three Islamic Centuries (632–900 A. D.); *Uri Rubin* (Hrsg.), Dhimmis and others. Jews and Christians and the world of classical Islam, Winona Lake 1997; *Tarek Mitri*, Who are the Christians in the Arab World? in: *International Review of Mission*, Jan 2000, No. 352, 12–27; *Rüdiger Braun*, Mohammed und die Christen, Erlangen 2004; *Martin Tamcke*, Christen in der islamischen Welt. Von Mohammed bis zur Gegenwart, München 2008.

[356] *Samīr Ḫalīl Samīr*, Dawr al-masīḥiyīn at̠-t̠aqafī fī-l-ʿālam al-ʿarabī, Beirut 2004, S. 27 f.

[357] S. dazu *Samir Khalil Samir*, The role of Christians in the Abbasid Renaissance in Iraq and in Syria (750–1050), in: MECC, Christianity, S. 495–529. Von dem bekanntesten der Übesetzer, Ḥunayn b. Isḥāq (808–873), wurde gesagt: „Like the more educated among his contemporary Christians, Ḥunayn knew the four languages Greek, Hebrew, Syriac and Arabic, whereas the Muslim philosophers of the Middle Ages knew no other language than Arabic." (zit. in: *S. K. Samir*, S. 506). Ḥunayn übersetzte nicht nur, sondern schrieb eigene philosophische und medizinische Werke. – Über Bagdad und die arabische Übersetzung erreichten die griechischen Philosophen schließlich via Andalusien auch Europa, wo sie bis dahin in Vergessenheit waren.

christliche Gesprächspartner, ausgehend von der imago-Dei-Würde eines jeden Menschen, als Grundlage eines Dialogs erst einmal auf der Gleichwertigkeit der Gesprächspartner bestehen – ansonsten ist es kein Dialog.

7. Die Islamisierung Ibrāhīms – Ibrāhīmisierung des Islam

Wenn Tilman Nagel[1] und Angelika Neuwirth[2] davon sprechen, dass die biblischen Propheten im Koran islamisiert werden, so gilt das in besonderem Maße für Ibrāhīm; Adel Theodor Khoury fasst die einzelnen Elemente prägnant zusammen:

> Der Koran nennt Abraham den ersten Muslim, das Vorbild des Gläubigen, der sich in völligem Vertrauen Gott überlässt. In seiner Treue gegenüber den Weisungen Gottes hielt er die religiösen Pflichten des frommen Muslims ein: Er bekannte den monotheistischen Glauben, er vollzog seine Gebetspflichten, er gab Almosen, wie es durch das Gesetz vorgeschrieben ist (21,73), er unternahm die große Pilgerfahrt (...), die vorgeschriebenen Umrundungen und das Opfer, und er vollbrachte gute Werke.[3]

Streng genommen bedarf es gar nicht mehr der islamischen Theologie und Tradition, um Ibrāhīm zu islamisieren – er ist im Koran bereits so stark Paradigma, integrales Element, Instrument und Funktion des islamischen „Gedankens“, dass er von diesem nicht mehr zu trennen ist. Ibrāhīm im Koran *hat* keine islamischen Elemente, sondern *ist* ein Element des Islam und für Muslime der „Urmuslim schlechthin“.[4] Man kann sogar mit Harry Harun Behr sagen: „Abraham im Koran zu entschlüsseln bedeutet [...] nichts weniger als den Islam und die Muslime zu verstehen.“[5]

Eine Rückkehr zu einem „historischen“ Abraham oder zumindest zu einer Glaubensgestalt, die Gott vertraute und glaubte wie Abraham und so nach Gen 15,6 „gerecht“ wurde – also eine objektive Glaubensgestalt vor jeglicher religiösen Konstituierung – kann es tatsächlich nicht geben („Ibrāhīm war weder Jude noch Christ“). Doch findet sich eine solche Gestalt weder im Koran noch im Islam, nicht einmal als Idealtypus des Glaubens, sondern vielmehr als ein in die Vergangenheit, an den Anfang menschlicher Glaubensgeschichte projizierter und gespiegelter Wiedergänger Muḥammads.

---

[1] *T. Nagel*, Der Koran, S. 68 f.

[2] *A. Neuwirth*, Rezension zu: A.L. de Premare: Joseph et Muhammad. Le chapitre 12 du Coran, in: *Der Islam* 69 (1992), S. 368–370.

[3] *A.Th. Khoury*, Abraham – ein Segen für die Völker? S. 15.

[4] *M. Bauschke*, Ist der Erzvater ein Segen oder ein Fluch für die Völker? S. 10.

[5] *H.H. Behr*, Die Abraham-Konstruktion im Koran, S. 112.

7.1 Die Religion Ibrāhīms als „schöpfungsmäßige Anlage"

Der Islam sieht sich selbst nicht als neue Religion[6], sondern als Wiederherstellung der Religion Ibrāhīms vor Tora und Evangelium, der ursprünglichen, reinen Religion und schließt auf diese Weise den Kreis zwischen Ibrāhīm und Muḥammad.

Islam does not claim to be a new religion. Rather it is the original religion, that primordial faith which has its roots deep in man's consciousness (...), the faith revealed and preached by all the prophets; the religion of submission and accountability to the one God.[7]

Jeder Mensch wird nicht nur mit einer bestimmten schöpfungsmäßigen religiösen Anlage, der *fiṭra*[8], geboren, sondern wird täglich darin erneuert:

ʿAbd Allāh b. ʿAbd ar-Raḥmān b. Abzas Vater berichtete, der Prophet pflegte beim Aufstehen am Morgen zu sagen:

Wenn wir erwachen[9]*, dann ist unsere fiṭra der Islam und unsere Rede die der aufrichtigen Ergebenheit*[10] *und unsere Religion die unseres Propheten Muḥammad und unsere Glaubensgemeinschaft die unseres Vaters Ibrāhīm, des Gott ergebenen Ḥanīfen*[11].

Die Glaubensrichtung Ibrāhīms ist der gerade Weg, die richtige Religion, der reine monotheistische Glaube (6,161), und sie ist identisch mit dem Islam (16,120–123). In der Rückbindung Ibrāhīms an Mekka (2,124–128) und an eine konstruierte Zeit vor Judentum und Christentum wird zudem der Wahrheitsanspruch des Islam noch in der Urzeit, der Zeit der Schöpfung, als *fiṭra* zementiert. Ibrāhīm im Koran ist gerade nicht auserwählter Stammvater eines auserwählten Volkes, sondern universaler Vater all derer, die sich gleich ihm Gott unterwerfen. Die koranische Wendung, die den Glauben Ibrāhīms kennzeichnet, wird in 30,30 mit dem Ur-Glauben gleichgesetzt, der schöpfungsmäßigen Veranlagung aller Menschen, der „eigentlichen Art, in der Gott euch geschaffen hat", „der unverbrüchlichen, zu Gott hingewandten Wesensart des Geschöpfes"[12]:

30,30 So richte dein Gesicht zur Religion hin als *ḥanīf*.
Das ist die *fiṭra* Gottes, die Er für die Menschen festgelegt hat.
Die Schöpfung Gottes kann nicht abgeändert werden.
Das ist die richtige Religion. (3. mekk.)

---

[6] In diesem Sinne konnte Papst Benedikt XIV. in seiner Rede an der Universität Regensburg vom 12.9.2006 durchaus den byzantinischen Kaiser Manuel II. Palaiologos zitieren, der einen persischen Gelehrten aufforderte: „Zeig mir doch, was Mohammed Neues gebracht hat."

[7] *Suzanne Haneef*, What everybody should know about Islam and Muslims, S. 5.

[8] Paret: die natürliche Art, in der Gott die Menschen erschaffen hat.

[9] Erwachen als Geborenwerden, ins volle Bewußsein treten, d. h. die folgenden Merkmale hat der Mensch von Natur aus, ohne eigenes Zutun, ohne eigene Entscheidung.

[10] Vgl. Sura 112, al-iḫlāṣ.

[11] ad-Dārimī, 2.572.

[12] *T. Nagel*, „Abraham, der Gottesfreund", S. 150.

Diesem Vers zufolge ist jeder Mensch mit der Festlegung seiner Religion als *fiṭra* Gottes geboren. Abweichungen davon gelten als Sozialisationsprodukt der Eltern und, nach folgendem Hadith, als „Verstümmelung" der ursprünglich vollkommenen Religion:

Abū Huraira reported Allah's Messenger as saying:
There is none born but is created to his true nature (Islam). It is his parents who make him a Jew or a Christian or a Magian quite as beasts produce their young with their limbs perfect. Do you see anything deficient in them?[13]

In der Gleichsetzung der *millat Ibrāhīm* mit Islam gibt es nur noch eine denkbare, weil nur eine von Gott festgesetzte Religion. Trotz der Gottgewolltheit anderer Glaubensweisen als vorläufige, irdische Denkmuster werden diese relativiert, und trotz ihrer Einordnung in das Gesamtsystem des Islam werden sie ihm untergeordnet.

Deshalb betrachtet der Koran bereits Abraham als einen Muslim im weitesten Sinne und den Islam nur geschichtlich als jüngste der Weltreligionen, konzeptionell aber als die älteste.[14]

Damit aber tritt der Islam sowohl geographisch als auch zeitlich heraus aus dem Ḥiǧāz Ibrāhīms und Muḥammads. „Dieser regressive Zug birgt zugleich eine Universalisierung des Islam, die insgesamt über Ibrāhīm hinausgeht."[15]

7.2 Ibrāhīm als Urheber islamischer Grundlagen

7.2.1 Ibrāhīm und das islamische Bekenntnis

Ibrāhīm ist zwar kein Element des islamischen Glaubensbekenntnisses, aber ein Grundelement wurde darin aufgenommen: Muḥammad als „Ibrāhīm redivivus"[16] hat in 6,161 sein persönliches Glaubensbekenntnis formuliert:

6,161 Sag: Mich hat mein Herr gewiss zu einem geraden Weg geleitet,
einer aufrichtigen Religion,
der Glaubensrichtung [*millat*] Ibrāhīms, eines Hanifen,
– und er war keiner der Götzendiener.

Es enthält nicht nur die Elemente des „geraden Weges" (*ṣirāt al-mustaqīm*, vgl. den Schlüsseltext der *Fātiḥa* 1,6), der „aufrichtigen Religion", des Hanifen und des Nicht-Polytheisten; als „Glaubensrichtung Ibrāhīms" (*millat Ibrāhīm*) ver-

---

[13] *Muslim*, kitāb al-qadar, No. 6423, 6425, 6426; *al-Buḫārī*, Bd. 8, Buch 77, Nr. 597.
[14] *M. W. Hofmann*, Der Islam im 3. Jahrtausend. Eine Religion im Aufbruch, S. 65.
[15] *C. Wenzel*, Abrahamrezeption und Legitimität im Koran, S. 206.
[16] *Emmanuel Rehfeld*, Muhammad als „Ibrāhīm redivivus". Islamische Perspektiven auf den „Urvater der Monotheisten", in: *Glaube und Lernen* 1/2013, 68–83.

schmilzt er mit diesem und macht ihn damit zu *Muḥammad ante Muḥammad*, zum Protagonisten des wahren Monotheisten.

Dieselbe Struktur des positiven Bekenntnisses bei gleichzeitiger Absage an den Polytheismus findet sich dann im islamischen Glaubensbekenntnis, der *šahāda*, wieder: *la ilāh* (keine Gottheit – Absage an die Götzen) *illā Allāh* (außer Gott – das Bekenntnis zu dem einen, einzigen Gott). Der Ein-Gott-Glaube, dieser „von den realen Differenzen abstrahierende Oberbegriff"[17], der im Prinzip weder über Gott selbst noch diese göttliche Eins-heit etwas Reales aussagt, sondern in der Negation verharrt, wird dabei ausschließlich als absolute numerische Eins-heit (*tauḥīd*) verstanden.

Der 2. Teil der *šahāda*, „*Muḥammad rasūl Allāh*", hat dann alle vorigen Propheten hinter sich gelassen, sowohl die altarabischen als auch die biblischen. Muḥammad ist eben nicht nur der letzte der Prophetenreihe, sondern der einzig entscheidende; er ist nicht nur der arabische Prophet an die arabischen Stämme, sondern der einzige an die ganze Welt. Der koranische Ibrāhīm trägt zwar alle Züge Muḥammads, ist aber letztlich nur der große Vorläufer und Wegbereiter, der in der *šahāda* dann von dem, auf den es alleine ankommt, abgelöst wird. Dieser wird in der Doppelgestalt der *šahāda* und in den zahlreichen Versen mit der Formel *Allāh wa-rasūluhū* (siehe Exkurs 1) in bedeutsame Nähe zu Gott gerückt. Der Islam ist insofern keine abrahamische, sondern durchaus eine muhammadanische Religion.

7.2.2 Ibrāhīm als Stifter islamischer Riten, Feste und Traditionen

In addition to all the new teachings, Islam integrated most of the social and religious institutions founded before its emergence like the hajj into its own system, for example, the pilgrimage to Mecca.[18]

Eine der wichtigsten Gestalten, die paradigmatisch als erste die Riten vollzogen und sie somit einführten, ist Ibrāhīm.

Als die arabischen Stämme zum Islam übertraten, legten sie Muḥammad gegenüber die *bai'a* (Treueschwur) ab. Nach traditionellem Verständnis galt dieser Schwur stets einer Person und so hatten die meisten ihren Übertritt zum Islam auch verstanden. Mit dem Tod Muḥammads war für viele dieser Schwur hinfällig und zusätzlich zur innerislamischen Debatte um die Nachfolgefrage des Propheten[19] folgte eine massenhafte Loslösung der Stämme – die die ersten Kalifen wiederum mit Kriegszügen beantworten, den *ḥurūb ar-ridda*, um

[17] *Jürgen Moltmann*, Kein Monotheismus gleicht dem anderen. Destruktion eines untauglichen Begriffs, in: *EvTh* 62/2002, S. 112–122.

[18] *Naṣr Ḥāmid Abū Zaid*, From Phobia to Understanding, S. 15.

[19] Diese führte zur Aufspaltung in Schiiten, für die der Nachfolger aus der Familie des Propheten zu kommen hatte, in Sunniten, die die am besten geeignete Person, allerdings beschränkt

die Apostaten zurückzubringen. Es war für den Fortbestand des neuen islamischen Gemeinwesens überlebensnotwendig, dass sie keiner charismatischen Führergestalt bedurfte, sondern durch innere Regeln und Prinzipien zusammengehalten wurde. Das Bekenntnis zu dem einen Gott wurde durch die Pflichtriten stabilisiert. Diese wiederum wurden mit der größt- und frühstmöglichen Legitimation versehen – der Legitimierung durch Ibrāhīm selbst. So wurde er zum Vorbild für alle Gesetze und Riten des Islam, die verpflichtend seien bis zur Stunde des Jüngsten Gerichts, um damit zu unterscheiden zwischen den Gläubigen und Ungläubigen.[20] Er ist also nicht nur Gründer der heiligen Stätten und Bezugspunkt der islamischen Topographie, sondern auch aller damit zusammenhängenden Riten – was ihn zugleich wieder mit dem Propheten zusammenschweißt: „There could not be a stronger argument to demonstrate the union between Muḥammad and Abraham."[21]

Wie eng Ibrāhīm mit den islamischen Riten verwoben ist und in welcher Weise sie sich explizit auf ihn beziehen, bringt Tilman Nagel zum Ausdruck:

> Der Ritus, in dem das abrahamische Erkennen der Heilsbestimmtheit der Schöpfung wiederholt wird, ist der Kern allen Handelns; diesem Kern werden durch die Scharia-Wissenschaft alle übrigen Riten und alles weitere Tun und Lassen der Muslime zugeordnet, und in solchem Handeln erfüllen sich der Daseinszweck und der Daseinsgrund der Schöpfung (…) Die Einsicht in die Heilsbestimmtheit der Schöpfung schlägt sich in einem Handeln nieder, zu dem Abraham von sich aus fand, die Menschen seit Mose jedoch durch die offenbarte Gesetzesrede angeleitet werden. (…) Islam und das rituelle Gebet als die Wiederholung des abrahamischen Weges zur Gotteserkenntnis bilden die Mitte der von Muḥammad gestifteten Religion.[22]

Sura 2, die, wie bereits dargestellt (s. Schaubild 4), auf die Errichtung der Kaʿba als Herzstück der Sura und als Mitte des Glaubens hin komponiert ist, listet denn auch überblicksartig die konstituierenden Elemente des Ritus auf, in dem die Gotteserkenntnis vergegenwärtigt und der Glaube praktiziert wird: das Gebet in der „richtigen" Ausrichtung (2,144), das Ramaḍānfasten (2,183–186), die Pilgerfahrt (2,196–200); dazu kommt noch das Almosengeben (*zakāt*).

7.2.2.1 Stifter von (Pflicht- oder Ritual-)Gebet (ṣalāt)

Das Reden Gottes mit Ibrāhīm und umgekehrt durchzieht sein Leben (s. Kap. 4.6.2; 4.6.7.1; 4.8.2) In Kap. 5.3.2 und 5.3.3 wurde deutlich, dass Ibrāhīm der Stifter des Gebets in seiner gottgegebenen *qibla* ist.

---

auf die Aristokratie Mekkas, favorisierten, und die Ḫāriǧiten, die fanatisch das Prinzip der Gleichheit aller Rassen in Glaubensfragen verfochten.

[20] *aṭ-Ṭabarī*, Tafsīr I, S. 564.

[21] *R. Tottoli*, Biblical prophets, S. 10.

[22] *T. Nagel*, Die Heilsbotschaft des Korans, S. 72.75.

Die Anzahl der Pflichtgebete ist nicht auf Ibrāhīm zurückzuführen. Da der Koran keine Zahl festlegt, hat der Islam einen Zwischenweg zwischen den drei Gebetszeiten der Juden (zur 3., 6. und 9. Stunde; vgl. Ps 55,18; Dan. 6,11) und den sieben kanonischen Stundengebeten des Christentums (in Anlehnung an Ps 119,164)[23] gefunden. Die Tradition erklärt die Anzahl nicht religionswissenschaftlich, sondern als „Handel" Mūsās mit Gott, der ursprünglich 50 Gebete gefordert hatte, die er auf Bitten Muḥammads, um es der *umma* zu erleichtern, auf fünf reduziert – was sehr an Abrahams Ringen mit Gott um die Anzahl der Gerechten in Sodom erinnert.[24]

7.2.2.2 Stifter der Almosensteuer (zakāt)

Ebenso ist nach koranischem Zeugnis Ibrāhīm der erste, der die Almosensteuer entrichtet. Nach der Erprobung im Feuerofen erhält er als Lohn Isḥāq und Yaʿqūb, die zu Vorbildern werden und den Glauben praktizieren, worauf es heißt:

21,73 Und Wir gaben ihnen ein, gute Werke zu tun,
das Gebet zu verrichten und die Almosensteuer zu entrichten. (2. mekk.)

7.2.2.3 Stifter der Wallfahrt (ḥaǧǧ)

Nach Sura 2,125.128.158; 3,97–98; 22,25–31[25] (medin.) ist Ibrāhīm derjenige, der zur Wallfahrt aufruft,[26] womit er an eine vorislamische Einrichtung anknüpft, die

[23] Agpeya. Das koptische Stundengebetsbuch, Mariut 2011, S. xvf. (aus dem 4. Jahrhundert).

[24] Anas b. Mālik berichtete, der Gesandte Gottes habe gesagt:

Und Gott offenbarte mir einiges und legte mir als Pflicht fünfzig Gebete pro Tag und Nacht auf. Dann stieg ich zu Mūsā hinab, der mich fragte: „Was hat dein Herr deiner *umma* auferlegt?" Ich sagte: „Fünfzig Gebete." Er sagte: „Kehr zu deinem Herrn zurück und bitte ihn um Erleichterung. Denn deine *umma* vermag dies nicht zu erfüllen. Ich habe schon die Kinder Israel auf die Probe gestellt und sie geprüft." Da kehrte ich zu meinem Herrn zurück und sagte: „O mein Herr, mach es meiner *umma* leichter!" Da nahm er fünf Gebete von mir ab. Ich aber kehrte zu Mūsā zurück und sagte: „Er hat fünf von mir abgenommen." Er sagte: „Deine *umma* vermag auch das nicht zu erfüllen. So kehr zu deinem Herrn zurück und bitte ihn um Erleichterung." Und ich ging so lange zwischen meinem Herrn – gelobt und erhaben ist er – und Mūsā hin und her, bis er sagte: „O Muḥammad, es sind (jetzt nur noch) fünf Gebete pro Tag und Nacht. Jedes Gebet wird zehnfach (gezählt), das macht fünfzig Gebete." (…) Da stieg ich hinab, bis ich zu Mūsā gelangte und unterrichtete ihn darüber. Er sagte: „Kehr zu deinem Herrn zurück und bitte ihn um Erleichterung." Ich aber sagte: „Ich bin jetzt schon so oft zu meinem Herrn zurückgekehrt, dass ich mich inzwischen vor ihm schäme." (Muslim, Nr. 234)

[25] *aṭ-Ṭabarī*, Tafsīr XVII, S. 142–152.

[26] Im Text des ZMD zur Wallfahrt 2005 findet sich der ibrāhīmische Bezug: „Den Wegen der Propheten Abraham und Mohammed folgend befinden sich zurzeit in Mekka mehr als zwei Millionen Pilger aus aller Welt. Im Gedenken der Opferbereitschaft Abrahams schlachten sowohl die Pilger in Mekka als auch die muslimischen Familien überall." www.islam.de/print.php?site=articles&archies=newsnational&article_number=2380 (19.1.05).

zu jeder Kultstätte durchgeführt werden konnte;[27] und Ibrāhīm, der Verkünder des Monotheismus schlechthin, macht den altarabischen Gang zu den Götzen zur „mass celebration of tawḥīd".[28]

Zwar bezieht sich der Koran des öfteren auf die Wallfahrt und ihre Bestimmungen, doch nur an den oben genannten Stellen wird Ibrāhīm mit der Wallfahrt verbunden. Auch der *maqām Ibrāhīm* (Sura 2,125; 3,95–98), der im Koran nicht eindeutig definiert ist, ist heute eine der Stationen der Wallfahrt, an der nach dem Umlauf um die Kaʿba zwei Niederwerfungen vollzogen werden. Die im Koran verstreuten Verse zur Wallfahrt sind möglicherweise heute deshalb so unverständlich, weil sie sich offensichtlich auf damals Bekanntes beziehen.[29]

Bereits vor dem Aufruf zur Wallfahrt werden die Pilger in ihren Gebetshaltungen beschrieben (vgl. 2,125):

22,26 Und als Wir Ibrāhīm in die Stätte des Hauses einwiesen:[30]
„Geselle Mir nichts bei und reinige Mein Haus
für die den Umlauf Vollziehenden [*ṭā'ifīn*],
die aufrecht Stehenden [*qā'imīn*],
die sich Verneigenden und Niederwerfenden [*rukkaʿi s-suǧūd*]. (medin.)

Nach aṭ-Ṭabarī ist der Dienst am „Haus" ein Vorzug, den er den Quraišiten gegenüber dem Rest der Menschheit hat zukommen lassen, „dem Haus, das Ibrāhīm befohlen wurde zu errichten, zu reinigen von Übel, Zweifel und Beigesellung." Die Konstruktion *rukkaʿi s-suǧūd* löst aṭ-Ṭabarī auf in *ar-rākiʿ* (der den Körper Beugenden) und *wa-s-sāǧid* (den sich Niederwerfenden).

22,27 Und rufe *[aḏḏin]* unter den Menschen zur Wallfahrt auf,
so werden sie zu dir kommen
zu Fuß und auf vielen hageren Reittieren,
die aus jedem tiefen eingeschnittenen Passweg daherkommen.

Nach Ibn ʿAbbās trug Gott den Ruf Ibrāhīms weiter, so dass alle zwischen Himmel und Erde es hörten und von den Enden der Erde kamen. Alles erwiderte den Ruf: Stein, Baum, Erdenstaub, Sand, Berge, Wasser, Menschen und Ǧinn mit „*Labbaika Allāhumma labbaik*" (Dir zu Diensten, unser Herr, dir zu Diensten),[31] selbst die Menschen, die „noch in den Lenden der Männer und Gebärmutter der Frauen waren und all jener, die nach der Vorsehung glauben würden bis zum

[27] Zahlreiche Bestimmungen und Einzelheiten des Ritus stammen aus vorislamischer Zeit. (*M. Höfner*, Die vorislamischen Religionen Arabiens, S. 360 f.)

[28] *M. al-Ghazālī*, A thematic commentary, S. 358.

[29] *R. Firestone*, Abraham and the Meccan sanctuary, S. 375.

[30] *Henning*: „da Wir Abraham die Stätte des Hauses zur Wohnung gaben"; *Firestone*: „Remember, We established Abraham at the site of the House." (Abraham and the Meccan sanctuary, S. 386).

[31] Zur Form: Allāhumma ist der Gottesname in Anrufungsform; nach Jeffery übernimmt das Schluss-mīm vermutlich die Stelle des Vokativ-yā' (*A. Jeffery*, Foreign vocabulary, S. 67). Siehe auch: *aṭ-Ṭabarī*, Tafsīr I, S. 554.

Tag der Auferstehung". Darum kann Muǧāhid sagen, dass diejenigen, die heute die Wallfahrt vollziehen, diejenigen seien, die damals auf den Ruf Ibrāhīms geantwortet hatten. Selbst die Berge hätten ihre Gipfel gebeugt und die Täler sich emporgehoben – die ganze Natur antwortet auf den Ruf Ibrāhīms.

Dass die Pilgernden „allerlei Nutzen" (22,28) dabei haben sollen, bezieht aṭ-Ṭabarī als Ankündigung auf Mekka als Handelsplatz und Begründung ihres Reichtums – und als Beruhigung der Mekkaner, dass sich nach der Durchsetzung der neuen Religion nichts an diesem Reichtum ändern werde. Der Name Gottes soll „an bestimmten Tagen"[32] über den Opfertieren ausgerufen werden, die in 22,36 f. erwähnt werden. Die Gründung des großen Opferfestes in Erinnerung an die Auslösung des *ḏabīḥ* ist integraler Bestandteil der Wallfahrt. Vers 29 bezieht sich auf die Beendigung der „Ungepflegtheit"[33] wegen der *iḥrām*-Vorschriften und ruft dann auf,

22,29 den Umlauf um das altehrwürdige Haus [*al-bait al-ʿatīq*] (zu) vollziehen."

bait al-ʿatīq (altes, altehrwürdiges Haus) wird die Kaʿba im Koran nur an dieser Stelle (und 22,33) genannt; *ʿatīq* hier nicht in der Bedeutung der altarabischen Poesie („frei"), sondern in der aramäischen Bedeutung „alt",[34] was im Jahre 6 oder 7 *hiǧra* nicht verwundert.[35]

So wie mit Hilfe Ibrāhīms das ursprünglich polytheistische Heiligtum von Mekka zum islamischen Heiligtum umgewidmet wurde, so wurde mit seiner Hilfe auch die vorislamische Pilgerfahrt[36] zu einem muslimischen, abrahamischen Ritus.

The Qur'ān presents the ḥajj as a practice dating from the time of Abraham, though it claims to have revived it in its original form after the corruption of its form at the hands of the idolatrous Arabs (…) After Abraham not only the rites but also the essential purpose of the ḥajj was forgotten, and the ḥajj was reduced to an empty, meaningless ritual; instead of being an act of sincere worship, it became a cultural and commercial fair.[37]

Erst nach der Reinigung der Kaʿba von den Götzenbildern durch Muḥammad im Jahre 630 soll die ursprüngliche *ḥaǧǧ* Ibrāhīms wiederhergestellt worden sein, so

---

[32] Damit sind die *ayyām at-tašrīq* gemeint, 11.–13. Ḏū l-ḥiǧǧa, die von Muḥammad die „Tage des Essens, Trinkens und Sinnengenusses" genannt werden (*J. A. Wensinck,* Art. Ḥadjdj, in: HdI, S. 154–156).

[33] Gemeint sind das Stutzen von Bart und Schnurrbart, Schneiden der Kopfhaare, Schamhaare und Nägel.

[34] *A. Jeffery*, Foreign vocabulary, S. 211.

[35] Die Korankommentatoren rätseln zwar über dieses Wort, finden jedoch lediglich eine legendarische Erklärung, nämlich in Zusammenhang mit Riesen, von denen Gott das Haus befreit habe oder weil niemand es je zerstören und besiegen konnte (*aṭ-Ṭabarī*, Tafsīr XVII, S. 152).

[36] *K. Ahrens* (Muhammad als Religionsstifter, S. 7) und *J. Wellhausen* (Reste arabischen Heidentums, S. 75ff) nehmen an, dass die einzelnen Wallfahrtsstätten ursprünglich selbständige Heiligtümer waren. Zur vorislamischen *ḥaǧǧ* siehe den entsprechenden Artikel in: HdI, S. 155 f.

[37] *M. Mir*, Dictionary, S. 158.

dass sich auch hier der Kreis wieder schließt und der heutige *ḥaǧǧ*-Pilger tatsächlich „auf den Wegen der Propheten Abraham und Mohammed" – und Īsās –[38] wandelt, auf den Wegen des Begründers und des Wiederherstellers.

Mit den Vorschriften des *ṣalāt* und *ḥaǧǧ* und der Verpflichtung zum *zakāt* werden drei der Pfeiler des Islam auf Ibrāhīm zurückgeführt; das Bekenntnis zu dem einen Gott versteht sich für den Vorkämpfer des Monotheismus von selbst, womit ihm im Grunde auch der erste Pfeiler, die *šahāda*, zugeschrieben werden kann.[39] So fehlt lediglich das Fasten, um alle Pflichten des Islam auf Ibrāhīm zu begründen.[40] Mit Hilfe der Pflichtriten ist die neue Gesellschaft nicht mehr allein auf eine charismatische Führergestalt angewiesen, sondern kann von innen heraus stabilisiert werden.

7.2.2.4 Stifter des Opferfestes (ʿīd al-aḍḥā)

Indem eines der wichtigsten islamischen Feste, *ʿīd al-aḍḥā*, auf Ibrāhīm zurückgeführt wird, folgt der Islam dem Abraham-Bild des Jubiläenbuchs; auch hier befolgt Abraham gleichsam auf „natürliche" Weise alle Hauptfeste des Judentums (Pesach, Schavuot und Sukkot).[41]

In der Ätiologie der Wallfahrt ist die Aqedah als wesentliche Station liturgisch an prominenter Stelle verankert. Die Hingabebereitschaft des Sohnes, die im Opferfest erinnert wird, verläuft zunächst vertikal als unbedingter Gottesgehorsam, dann aber auch, in der praktizierten Ausgestaltung durch die Tradition, horizontal als solidarisches Handeln gegenüber den anderen Mitgliedern der *umma*, wobei es vorrangig an die Bedürftigen verteilt wird.

7.2.2.5 Stifter der Tradition der Beschneidung

Im vorislamischen Arabien war Beschneidung offenbar üblich und zwar sowohl bei Männern als auch bei Frauen. Im Koran wird die Beschneidung nicht erwähnt; wie bereits erwähnt, folgt der Koran in auffallender Weise den „Jakobusklauseln" (nach Apg 15,20.29; 21,25), die die Minimalbedingungen für die

---

[38] Von einem prominenten *ḥaǧǧ*-Pilger berichtet die Tradition: „Allah's Apostle said: 'Today I saw myself in a dream near the Ka'ba. I saw a whitish brown man, the handsomest of all brown men you might ever see ... he was performing the Tawaf around the Ka'ba ... I asked, „Who is this?" It was said: „Messiah, the son of Mary." (*al-Buḫārī*, Bd. 7, Buch 72, Nr. 789). Im Hadith wird er begleitet vom Antichristen, dem *masīḥ al-daǧǧāl*.

[39] Die zweite Hälfte der *šahāda*, das Bekenntnis zu Muḥammad, kann natürlich nicht auf Ibrāhīm zurückgeführt werden; seine Bitte um einen „Gesandten aus ihrer Mitte" (2,129) impliziert jedoch seine Anerkennung Muḥammads.

[40] Es kann bisher kein positiver Beleg aus der Traditionsliteratur für ein paradigmatisches Fasten Ibrāhīms angeführt werden, allerdings wird dies auch nirgendwo negiert. – Zum Fasten bei den Manichäern, die es wie die Muslime von judenchristlichen Gruppen übernommen haben, siehe *A. Böhlig*, Die Gnosis – Der Manichäismus, Düsseldorf 1997, S. 8.

[41] Jub 17,15 in Verbindung mit Jub 18,3; Jub 18,18.

Heidenchristen, die mit Judenchristen zusammenlebten, enthalten. Doch die islamische Tradition, die al-Buḫārī[42] auf Abū Huraira zurückführt, verknüpft die identitätsstiftende Tradition der männlichen Beschneidung mit Ibrāhīm. Er habe als erster die Beschneidung an sich selbst durchgeführt

Abū Huraira berichtete, der Gesandte Gottes habe gesagt:
Ibrāhīm hat sich beschnitten[43] *als er 80 Jahre alt war, und zwar mit einem Dachsbeil*[44].

Im Islam hat es jedoch nicht die Bedeutung wie im Judentum als Bundeszeichen, das in Gen 17,1–27 als *conditio sine qua non* des Bundesschlusses YHWHs mit seinem Volk verkündet wurde. Sie ist im alttestamentlichen Verständnis von den Segensverheißungen Landbesitz und zahlreicher Nachkommenschaft begleitet. Gen 17,25–27 wurde Ismael beschnitten. Er erhielt den Segen der Fruchtbarkeit, nicht jedoch die Bundesverheißung, die an Isaak gebunden bleibt (Gen 17,18–21). Die islamische Beschneidung hat keine Heilsbedeutung; sie ähnelt eher einem Mannbarkeitsritus und behält ein allgemein übliches Ritual bei, das zudem in der Konsequenz liegt, Religion Abrahams zu sein.[45]

7.2.3 Ibrāhīm prägt die Grundbegriffe des Islam

Wie bereits erwähnt sind die Grundbegriffe des Islam niemals isoliert zu sehen, sondern stets in ihrem lebendigen Gesamtzusammenhang der Beziehung zueinander und Abgrenzung voneinander. Keiner der hier verhandelten Grundbegriffe des Islam ist tatsächlich neu; jeder war bereits in vorislamischer Zeit vorhanden – eingebettet in eine vor- bzw. nicht-islamische Umwelt. Als Muḥammad diese Termini gebrauchte, waren es darum nicht die Begriffe an sich, die Aufsehen und Ablehnung hervorriefen, sondern der neue Kontext, in den er sie stellte.

We must observe that the words have not changed in their original basic meanings; what has actually changed is the general plan, the general system, and in this new system each one of them has found a new position. The word (…) still retains the old meaning (…), and yet in this new system, it is no longer what it has been; it has undergone a subtle but very profound inner semantic transformation as a result of its having been put in a new place in a new system. The impact of a new conceptual framework on the meaning structure of individual concepts.[46]

---

[42] Ṣaḥīḥ al-Buḫārī, 3.107 und 5.824 mit Parallelen bei Muslim und Aḥmad.

[43] *iḫtatana* VIII.: synonym mit I *ḫatana nafsahū*: er beschnitt sich selbst (Lane II, S. 704).

[44] *qaddūm* oder *qadūm*: implement of the carpenter, with which one hews of forms by cutting, (Lane VIII, S. 2086). – Nach einigen wenigen Kommentatoren kann *al-Qadūm* auch ein geographischer Ort sein, nach *al-Ḥāzimīs* Geographiebuch „Muttafaq al-buldān" ein Dorf, Ibrāhīms Aufenthaltsort bei Aleppo.

[45] *J. Gnilka*, Die Nazarener und der Koran, S. 130.

[46] *T. Izutsu*, God and Man in the Koran, S. 17.

Toshihiko Izutsu[47] hat in Bezug auf den Islam daran erinnert, dass die Grundstruktur jedes weltanschaulichen Systems und jeder Religion aus bestimmten wichtigen Begriffen besteht, die aufeinander bezogen sind und nur in ihrem jeweiligen Kontext eben diese Bedeutung erzielen. Dabei kommt es nicht auf das quantitative Vorkommen an, sondern auf den Stellenwert eines Begriffs innerhalb des Systems.

Wir werden nun sehen, dass Muḥammad die neuen Schlüsselbegriffe des Islam, die Merk-Worte der „basic conceptual structure of the Koranic worldview", nicht neu erfindet, sondern ihnen vor dem Hintergrund seiner eigenen Entwicklung in kontinuierlichem und engem Bezug auf die Ibrāhīm-Erzählung Gestalt verleiht – womit die Aussage, dass Ibrāhīm der erste Muslim war, nicht als überraschende Behauptung im Raum steht, sondern logisch und geradezu zwingend aus dem koranisch neu erzählten Leben Ibrāhīms folgt.

> The Biblical prophets are (…) mentioned when they serve to clarify a point of faith or a type of behaviour to follow. It is not the legendary stories of these prophets that are of interest (…) but their virtues, and above all their role in the definition of some of the articles of the Muslim faith.[48]

Der *Ḥanīf*, eigentlich ein monotheistischer Gottsucher, ein „Aussteiger" aus der etablierten Religion – wobei es über die tatsächliche Religiosität, das „konfessionelle Profil" der Hanifen vor und zur Zeit Muḥammads keine gesicherten Angaben gibt – wird in Mekka zunächst nur von den *mušrikīn*, in medinischer Zeit dann aber auch von Judentum und Christentum abgegrenzt, bis er schließlich synonym zu *muslim* gebraucht wird (2,135; 3,67). Vermutlich haben die Anhänger Muḥammads ihre Form des Eingottglaubens zunächst *ḥanīfīya* genannt.[49] Ibrāhīms Hanifentum wird zum Paradigma reiner Gottesverehrung und als Islam definiert. Umgekehrt wird der Islam als Hanifentum verstanden.

An zahlreichen Stellen des Koran wird Ibrāhīm *muslim* genannt oder ergibt sich Gott – *aslama* (es seien hier nur noch genannt: 2,128–132; 4,125; 6,163; 3,67). Ursprünglich im Sinne der Hingabe an Gott gemeint, wird *islām* immer mehr zum *terminus technicus* der *millat Ibrāhīm*, der Religion Muḥammads und damit des Islam.

> The final battle with paganism is the making of Muslims, the actualization of the divine will in the forms of life which the teaching enjoins, the rituals discipline and the power structure defends.[50]

[47] A. a. O., S. 24–28; S. 25 und 26 listet er seine Schlüsselbegriffe auf.
[48] *R. Tottoli*, Biblical prophets, S. 118.122.
[49] *J. Kaltner*, Ishmael instructs Isaac, S. 129, Anm. 1.
[50] *K. Cragg*, The event of the Qur'ān, S. 151.

Die Glaubensrichtung Ibrāhīms ist die *dīn qiyam* bzw. *dīn qaiyim* (die aufrichtige Religion) (6,161), auch *dīn al-ḥaqq* (Religion der Wahrheit; 9,29) genannt.[51] Schon rein sprachlich wird – analog zur Unterscheidung Gott und die Götter – jede andere Religion außer acht gelassen: „Es gibt nur eine einzige Religion, denn der Plural von Religion kommt im Koran nicht vor."[52] Wenn Muḥammad sagt: „Rein ist, wer spricht: ‚Es gibt keine Gottheit außer Gott', die Beigesellung ablegt und bezeugt, dass ich der Gesandte der Rechtleitung bin",[53] so ist dies zugleich das Bekenntnis Ibrāhīms.

The Qur'ān emphasizes (3,19) that there has been only one dīn revealed by God for mankind: „Islam". Since „Islam" means „submission", the statement in 3,19 implies that all prophets have taught the same essential message of submission to God (42,13), even though in point of detail religions may have differed considerably from one another.

Abraham, a monotheist, is presented as the prototypical „Muslim", for with complete loyalty he submitted to the One God. Monotheism is thus the cornerstone of the perennial dīn, and was the creed of the first man, Adam. If monotheism was mankind's original religion, then the different forms of idolatory constitute so many instances of falling away from that original religion. In other words, man has not „progressed" from polytheism to monotheism, but has degenerated from monotheism to polytheism. Discovery of monotheism is properly called rediscovery of monotheism. What led men away from the original dīn? Not ignorance of truth but willful rejection of it was the main cause.[54]

Wie viel zum Glauben nötig sei, ob das bloße Aussprechen der *šahāda* genüge,[55] oder die vollständige Ausführung der *farā'iḍ* (Pflichten) nötig sei, wurde zur kontrovers diskutierten Frage des frühen Islam[56] – und ist bis heute nicht beantwortet.

Die Glaubensrichtung Ibrāhīms als einzige aufrichtige, aufrechte Religion war auch in dem berühmten Brief des Damaszener orthodoxen Sakraljuristen und geistigen Vaters der Wahhabiten Ibn Taimīya an den christlichen König Sarǧuwās von Zypern das Hauptargument und Mittel seines Rufs zum Islam.[57]

---

[51] Zu *dīn* (Religion, Urteil, Schuld): *A. Jeffery*, Foreign vocabulary, S. 131–133. In der Bedeutung „Religion" stammt es aus dem Avestischen (*daêna*) bzw. Sanskrit, in der Bedeutung „Urteil, Abrechnung" aus dem Aramäischen, vgl. *yaum ad-dīn* (Tag des Gerichts), was direkt dem rabbinischen Verständnis entspricht. – Zur Unterscheidung von *islām* und *īmān*: „The locus of īmān is the heart, whereas the locus of islām is one's whole physical and spiritual being, and to be a ‚Muslim' (…) signifies not only making acknowledgment in one's heart but also giving proof of that acknowledgment through one's conduct." (*Mustansir Mir*, Dictionary, S. 110).

[52] *'Abd al-Mu'izz Ḫaṭṭāb*, Qiṣaṣ al-anbiyā', S. 4.

[53] Ḥadīṯ nach Ǧābir b. 'Abd Allāh, zitiert von *al-Qurṭubī*, Auslegung zu 87,14.

[54] *M. Mir*, Dictionary of Qur'ānic terms and concepts, S. 51.

[55] Das betrifft vor allem die Konversionen, um dem Tod zu entgehen, aber auch denjenigen, der zwar im Stande des *tauḥīd* stirbt, aber schlimme Untaten begangen hat.

[56] Siehe besonders die Diskussion um die *murǧi'a*, etwa bei *J. van Ess*, Theologie und Gesellschaft I, S. 194–212.

[57] Das ist die aufrechte Religion. Brief des Ibn Taymiya an den König von Zypern. Aus dem Arabischen von Sahib Mustaqim Bleher, Würselen 1984.

Der Islam betrachtet sich also als die wiederbelebte Religion Ibrāhīms, die *millat Ibrāhīm*, da er – und weder Judentum noch Christentum – Maßstab jeglichen Glaubens ist (2,137; siehe 16,120ff; 3,65ff; 22,77.78; 3,95; 4,125; 6,161; 12,38). Ein Schlüsseltext dafür ist 22,77 f.[58], der eine ganze Reihe Signalwörter beinhaltet, einschließlich den *ǧihād*:

22,77 O ihr, die ihr glaubt, verneigt euch, werft euch nieder
und dient eurem Herrn …
22,78 Und müht euch für Gott ab [*wa-ǧāhidū fī 'llāh*],
wie es seiner würdig ist [*ḥaqqa ǧihādihī*].
Er hat euch auserwählt[59] und euch in der Religion [*dīn*]
keinerlei Beengung[60] auferlegt;
der Religion eures Vaters Ibrāhīm [*millat abīkum Ibrāhīm*].
Er selbst hat euch Muslime genannt, zuvor und nun hier.

Milla „indicates the faith and the conduct attributed to Abraham (…), the true religion, from which all the other communities – primarily Jews and Christians – have deviated and that Muḥammad has been called to restore and spread among mankind."[61] „So Islam appeared, not as a new religion, but as a revival of pure Abrahamic monotheism, purified at one of the accretions of Judaism and Christianity and superseding them as the final revelation."[62]

Durch die *millat Ibrāhīm* wird der Vater des Glaubens vor jeder verfassten Religion zum Begründer eines Urislam. Dieser erfährt durch Muḥammad und den Islam seine von Gott bestimmte Rekonstituierung.[63] So wird die „Glaubensrichtung" Ibrāhīms in ihrer doppelten Erscheinungsform, einmal bei Ibrāhīm und einmal bei Muḥammad, zur Klammer zwischen Anfang und Vollendung der „aufrichtigen Religion". Sie steht vor Judentum und Christentum sowie auch nach ihnen, womit sie beide umklammert – aber zugleich auch einklammert und zur Bedeutungslosigkeit degradiert.

7.2.4 Ibrāhīm als Begründer der neuen *umma*

Alle Muslime, die der richtigen *dīn* angehören, der *millat Ibrāhīm*, sind hinfort eine *umma*.[64] Damit tastet Muḥammad das an, was einst die arabische Bedui-

[58] *aṭ-Ṭabarī*, Tafsīr XVII, S. 205–208.
[59] Nach *aṭ-Ṭabarī* Auserwählung für Gottes Religion und zum Krieg gegen seine Feinde.
[60] *ḥaraǵ* (Enge, Not), von den Auslegern als Not der Sünde verstanden, für die als Ausweg die Sühne vorgesehen ist.
[61] *R. Tottoli*, Biblical prophets, S. 10.
[62] *J. Farrugia*, Vatican II and the Muslims, S. 41 f.
[63] *F. Eissler*, Gibt es eine abrahamische Ökumene?, S. 273.
[64] *A. Jeffery*, Foreign vocabulary, S. 69. *umma* (Volk, Rasse), von hebr. אֻמָּה – „Stamm, Volksstamm".

nengesellschaft im Innersten zusammenhielt: den „tribal spirit",[65] den „social tribal ethos"[66]. Er setzt auf personale Bindung statt der Bindung an Land und Boden, die Blutsverwandtschaft als Blutsolidarität im wahren Sinn des Wortes, die allein Schutz garantierte. Die vorislamischen Christen hatten sich in individueller Gewissensentscheidung bereits davon abgesetzt, nach dem Vorbild der „heiligen Männer" womöglich solitär als Eremiten; diesem „unarabischen" Individualismus[67] setzt Muḥammad eine neue Gemeinschaft entgegen mit einer neuen Bindungskategorie.

Aber der Koran kann auch Ibrāhīm als eine einzelne Person *umma* nennen (16,120).[68] Schon die Gemeindeordnung von Medina bestimmte die Gruppenzugehörigkeit nach der islamischen Glaubenspraxis und der Loyalität zu seiner Gruppe – ein Vorläufer des *umma*-Gedankens.[69] Den in Dogmenstreitigkeiten gespaltenen Juden und Christen hält er den entgegen, unter dem es scheinbar Einheit gab: Ibrāhīm. Da Juden und Christen sich ihm in Medina widersetzen, greift er nach dem älteren Propheten, deren Gemeinde ihm nicht entgegen treten kann – und macht sie kurzerhand zu seiner eigenen. Dies ist der erste Schritt, um das Konzept des Klientelverhältnisses unter dem Gesichtspunkt der Glaubenssolidarität zu ändern. Dass es ihm gelang, die alles bestimmenden Bande der Clan-Solidarität zu durchbrechen und durch das *umma*-Konzept zu ersetzen, für das sogar Familienbande durchschnitten werden mussten, zeigt die ungeheure Kraft zur Veränderung, die von Muḥammad ausgegangen sein muss. Der ehemalige Christ und schwarze Sklave Bilāl aus Abessinien als erster Gebetsrufer in Medina und später der Perser Salmān al-Fārisī als erster Finanzminister verkörperten eindrucksvoll „die farbenblinde umma".[70] Nur durch die *uḫūwwa* (brotherhood) konnten die Stämme Arabiens vereint werden.[71] Die Fortschrittlichkeit der religiös klassenlosen *umma*-Gesellschaft rühmt Sayyid Quṭb:

Die Bindungen, die durch die Rasse, das Territorium, die Hautfarbe, die Sprache und die gemeinsamen Interessen entstehen, sind nichtige, animalische Hindernisse. Die islamische

---

[65] *T. Izutsu*, The structure of the ethical terms in the Koran, S. 49.

[66] *N. Ḥ. Abū Zaid*, From Phobia to Understanding, S. 15.

[67] Jedoch hatten sich schon in vorislamischer Zeit in al-Ḥīra Christen unterschiedlicher Stammeszugehörigkeit zusammengeschlossen und sich *al-ʿibād* (Diener) genannt, bzw. hatten statt ihres ursprünglichen Stammesnamens die Nisbe *al-ʿibādī* angenommen.

[68] Auch von Waraqa b. Nawfal sagt ein Prophetenhadith, er sei am Tag der Auferstehung eine *umma* (Muʿǧam aṭ-Ṭabarānī al-kabīr, in: www.al-muhaddith.org, Version 1.01).

[69] *T. Nagel*, Die Heilsbotschaft des Korans, S. 99, *U. Rubin*, The constitution of Medina, S. 17; *Kh. ʿAthamina*, Al-Nabiyy al-Umiyy, S. 63; *J. A. Morrow*, The covenants, S. 29–35.

[70] *M. W. Hofmann*, Der Islam im 3. Jahrtausend, S. 194.

[71] Dagegen weist *J. van Ess* darauf hin, dass der *umma*-Begriff im frühen Islam wohl kaum eine Rolle gespielt habe. Im 1. Jahrhundert *hiǧra* habe es sehr wohl noch „auf den Mikroorganismus bezogene kommunalistische Haltung, Fortsetzung des altarabischen Stammesdenkens und Kennzeichen einer segmentären Gesellschaft gegeben": jeder Stamm und jede religiös geprägte Gruppe habe ihre je eigene Moschee, da niemand hinter einem Imam beten wollte, mit dem er nicht übereinstimmte. (Theologie und Gesellschaft I, S. 17).

Zivilisation war nie eine arabische, sondern immer nur islamisch. Sie war nie national, sondern ausschließlich auf den Glauben gegründet.[72]

Selbst die als islamistisch eingestufte Islamische Gemeinschaft Milli Görüş (IGMG) führt heute ihren allgemein als „national" übersetzten Namen auf die koranischen *millat-* und *umma-*Begriffe zurück – und deklariert sich als Gruppe in der „Tradition Abrahams".[73] Freilich hat sich in der arabischen Welt, v. a. in ländlichen Gebieten, überall das Stammessystem im Denken und Fühlen der Menschen erhalten, auch wenn es je nach politischer Situation nicht vordergründig praktiziert wird. Schon die frühislamische Gemeinde tat sich schwer mit dem Gedanken der Gleichheit aller Menschen: Bei der Abfassung eines *dīwān*, eines Registers zur Verteilung finanzieller Ressourcen durch ʿUmar b. al-Ḫaṭṭāb war der Streitpunkt, ob die genealogische Nähe zu Muḥammad oder die individuelle Gottesfürchtigkeit höher zu bewerten sei;[74] die selbe Frage führte zum Streit um das Kalifat, die Nachfolgefrage der Führerschaft, die zur Spaltung in Sunniten und Schiiten führte. Am 4.7.2014 rief sich Abū Bakr al-Baġdādī zum Kalifen des „Islamischen Staates" (zuvor Islamischer Staat im Irak und Syrien, ISIS) aus, verlangte von Muslimen weltweit die *baiʿa* und nannte sich „Kalif Ibrāhīm" – in Anknüpfung an den Begründer der *umma*. Welcher Anspruch in dieser Aktion liegt, liegt auf der Hand.

Es scheint, dass die Religion als identitätsstiftender und verbindender Faktor immer dann virulent wird, wenn es gilt, sie gegen – tatsächliche oder vermeintliche – Angriffe und Beleidigungen von außen zu verteidigen. Doch geht es dabei wohl weniger um die *umma* als um die „Ehre" der Religion

In seinem Gehorsam und seiner Hinwendung allein und völlig auf Gott hin ist Ibrāhīm ein Vorbild (*imām*) (2,124; 60,4) für all jene, „die durch den Glauben den Weg zu Gott finden und im Glauben ein Leben vor Gott, in Gottesfreundschaft, führen."[75] Denn:

Sein Herz überließ er dem Allwissenden, seine Zunge für die Argumentation zugunsten Gottes, seinen Leib dem Feuer, seinen Sohn als Brandopfer und sein Geld für seine Gäste.[76]

---

[72] *Sayyid Quṭb*, zit. in: Nasr Hamid Abu Zaid, islam und politik, S. 57.

[73] So der Vorsitzende der IGMG, Oğuz Üçüncü, in einem Interview mit „Muslim Markt": „‚Milli' in unserem Namen stützt sich nicht auf die heutige weitläufige Verwendung des Wortes ‚Millet' als Volk oder Nation im ethnischen Sinne. Das ‚Milli' geht auf den ‚millet'-Begriff im Koran zurück. Dort wird der Begriff nicht an eine Nationalität, sondern mit der Orientierung an bestimmte Werte, nämlich des Islams verknüpft. So wird die Gemeinschaft, die diese Werte und Tradition in ihr Leben umsetzt und sich um den diese verkündenden Propheten schart, als ‚Millet' bezeichnet. Das ‚Milli' in unserem Namen ist eine Bezugnahme auf dieses ‚Volk', auf diese ‚Tradition' Abrahams, dem wir uns zweifellos zugehörig fühlen." (www.muslim-markt.de/interview/2005/uecuencue. htm, 11.6.2010).

[74] *T. Nagel*, Mohammed, S. 522 f.

[75] *A. Th. Khoury*, Einführung in die Grundlagen des Islams, S. 44.

[76] *ar-Rāzī*, at-Tafsīr al-kabīr XIII, S. 29.

Somit ist Ibrāhīm nicht nur *muslim*, auch nicht nur erster Muslim und exklusive Gründergestalt des Islam, sondern als „Prototyp des Gläubigen“ Urbild und Leitbild jedes Muslim. Und so erhält *imām* dann auch seine andere Bedeutung: Ibrāhīm wird zum Imam – „Führer“ der *umma*. In dieser Funktion, als eine Art „Erzvater“ des Islam, wird Ibrāhīm irreversibel nicht nur in den Islam einbezogen, sondern als Gründergestalt unverzichtbar gemacht – als Anfänger dessen, was Muḥammad vollenden würde.

Der Vorläufer und das Siegel der Propheten, die millat Ibrāhīm und der islām, der ḥanīf und der muslim kommen so zusammen. So weit spannt sich der Bogen: Anfang und Ende werden aufeinander bezogen, ja das Ende wird ebenso deutlich im Sinne der Rekonstitution des Anfangs legitimiert, wie der Anfang von der Konstitution des Endes nicht unberührt bleibt![77]

7.3 Ibrāhīm – ḫalīl Allāh

4,125[78] (medin.)

Wie in der jüdischen und christlichen Tradition (2. Chron 20,7; Jes 41,8; Jak 2,23) lautet der Ehrentitel Ibrāhīms im Koran und in der islamischen Tradition *ḫalīl Allāh* – Freund Gottes.[79] Er gehört zu den Termini der Königsideologie des Alten Orient.[80] Und auch in Südarabien, in Maʿīn, hieß der Mondgott *wadd* (Liebe, Freundschaft); analog nannten sich die Könige „Sohn des Wadd“.[81] In dem apokryphen jüdischen Text „Testament des Abraham“, entstanden um 70 n. Chr., spricht Gott zu den Engeln: „Bringt Abraham, meinen Freund, ins Paradies, denn hier sind die Zelte meiner Gerechten und die Bleiben meiner Heiligen.“[82] Jak 2,23 schlägt den Bogen zum Alten Testament und fasst das Wirken Abrahams

---

[77] *F. Eissler*, Gibt es eine abrahamische Ökumene?, S. 273 f.

[78] *Ibn ʿAbbās*, Tafsīr (in: elariss); *aṭ-Ṭabarī*, Tafsīr V, S. 297–298; *al-Qurṭubī*, Tafsīr V, S. 341–343; *Ibn Kaṯīr*, Tafsīr (1983) I, S. 495–499; *Muḥammad b. ʿAlī aš-Šaukānī*, Iršād al-fuḥūl; *Abū s-Suʿūd al-ʿImādī*, Tafsīr Iršād al-ʿaql as-salīm; SKD I, S. 305; *Khoury*, Komm. V, S. 216. *T. Nagel*, ‚Abraham, der Gottesfreund‘, S. 150–164.

[79] Vgl. auch Gen 18,17–19.22 f.; bei manchen Kirchenvätern gab es zu Gen 18,17 die schon bei Philo nachweisbare Lesart „Ich kann es nicht vor meinem Freund Abraham verbergen.“ Siehe in spätjüdischer Literatur „yadid“ im babylonischen Talmud, Menachot 53b, Schabbat 137b (siehe Strack-Billerbeck III, S. 755); in altchristlicher Literatur φίλος θεοῦ u. a. in Ep.Clem. 10,1; 17,2. Vgl. den Begriff des Freundes für Mose Ex 33,11. Zur Beliebtheit des Titels in der patristischen Literatur siehe: *Chr. Reemts*, Abraham in der christlichen Tradition, S. 266–272; Origenes und Ambrosius haben Abraham gar als „Athleten der Gottesliebe“ bezeichnet.

[80] *G. Widengren*, Muhammad, the Apostle of God and his Ascension, S. 90–93. Es ist ein uraltes Legitimations-Epitheton, das den Juden vermutlich durch Kyros und Dareios bekannt war. Siehe die Königsinschrift von Dareios I. (522–486 v. Chr.) am Felsen von Bisotun: „Wenn du diesen Bericht (…) dem Volke mitteilst, möge Auramazda dir freund sein.“ (*Josef Wierehöfer*, Das antike Persien, Düsseldorf / Zürich 1998, S. 34)

[81] *M. Höfner*, Die vorislamischen Religionen Arabiens, S. 289.

[82] BarApk 20,14, zit. in: *G. Gobillot*, „Wie schon geschrieben steht …“, S. 20.

zusammen: „Und so ist die Schrift erfüllt, die da spricht (Gen 15,6): ‚Abraham hat Gott geglaubt, und das ist ihm zur Gerechtigkeit gerechnet', und ward „ein Freund Gottes" geheißen (Jes 41,8)." Dieser Titel, der das Verhältnis Ibrāhīms zu Gott beschreibt, findet sich in überwältigender Häufigkeit in den Hadithen,[83] im Koran erscheint er jedoch nur einmal, in 4,125.

Um die Besonderheit des Ehrentitels erfassen zu können, ist zunächst ein Blick auf das schöpfungsmäßige Verhältnis des Menschen zu Gott zu werfen, die *conditio humana coram Deo*:

51,56 Ich habe die *Ǧinn* und die Menschen einzig erschaffen,
dass sie (mir) dienen [*li-yaʿbudūn*].

An 131 Stellen im Koran wird der Mensch *ʿabd* ([männlicher] Knecht, Sklave, Diener) genannt, an 95 % davon mit religiösem Bezug auf Gott, meist im Plural (*ʿibād, ʿabīd*). Die Betonung liegt auf dem Besitzanspruch des Herrn (*rabb, sayyid*) über ihn, analog zu Besitzer (*mālik*), dem das gehört, „was seine rechte Hand besitzt". In 16,75 werden Sklaven und Freie verglichen; ausschlaggebend ist die Verfügungsgewalt der einen über die anderen, das absolute unilaterale Abhängigkeitsverhältnis. Der Mensch ist *ʿabd Allāh*, einer, der „dienend Gott verehrt". Dies ist die Schöpfungswirklichkeit und der Lebenszweck des Menschen. Als Geschöpfe Gottes sind alle Menschen sein Eigentum und leben nicht nur in totaler Gottbezogenheit, sondern in totaler Gottabhängigkeit; als Schöpfer und Herr des Universums hat Gott einen Anspruch darauf, dass sie ihm dienen. Das gilt nicht nur für alle Menschen, sondern genauso für die Propheten und den Propheten Muḥammad. „Gottesdienst" ist konsequenterweise *ʿibāda*, eigentlich: Sklavenschaft, *ʿibādāt* im Plural bedeutet die gottesdienstlichen Handlungen. So ist es nur folgerichtig, dass der Name der Religion *islām* ist und ihre Anhänger *muslimūn* – die sich ganz Gott unterwerfen.

Der Freund-Gottes-Vers ist eingebettet in eine offensichtliche Wettbewerbssituation, ein Streitgespräch über die beste Religion:

4,125a Und wer hat eine bessere Religion [*wa-man aḥsanu dīnan*]
als der, der sein Gesicht ganz Gott zuwendet, [*aslama waǧhahū li-llāh*]
und zugleich Gutes tut [*muḥsin*]
und der Glaubensrichtung [*millat*] Ibrāhīms, des Hanifen, folgt?

Dieser Kontext des „Freundes Gottes" wird für seine Deutung entscheidend: Es ist zum einen das Urteil Gottes über die bessere Religion – was als Elativ verstanden auch die „beste Religion" bedeuten kann –, und es sind die islamischen

[83] Schon ein flüchtiger Blick zeigt, dass Ibrāhīms Ehrentitel vor allem Sache der kleineren Hadithsammlungen ist. Vorkanonisch bei *Aḥmad b. Ḥanbal*: 15, 892, 1.507, 3.609, 7.588, 7.932, 9.250, 11.710, 13.100, 15.071, 21.580, 21.689, 23.609; bei *ad-Dārimī*: 47, 54, 2.680; kanonisch bei *Muslim*: 284, 286, 287, 288, 827, 2.437, 5.104; bei *Ibn Māǧa*: 138, 413, 3.104, 4.302; bei *at-Tirmiḏī*: 2.684, 3.376, 3.849. In der wichtigsten Sammlung, der von *al-Buḫārī*, dagegen nur in einigen Hadithen, die das Jüngste Gericht schildern: 3.111, 4,116, 4,343, 6.080, 6.861, 6.956.

Kernbegriffe *aslama – millat Ibrāhīm – ḥanīf*, die gebündelt werden und einmünden in *ḫalīl*.

Für die Ausleger stellt sich die Frage nach der Bedeutung von *millat Ibrāhīm* überhaupt nicht, sie wird selbstverständlich mit dem Islam gleichgesetzt – und nie käme hier der Gedanke auf, es könnte sich um eine Art Ur-Glauben jenseits jeder verfassten Religion gehandelt haben. Nach *aṭ-Ṭabarī* ist dies ein Urteil Gottes über den Islam und seine Anhänger, womit er sie bevorzugt vor allen anderen Glaubensrichtungen und deren Anhängern. Gott selbst sagte ja: Wer hat eine bessere Religion, o ihr Menschen, und einen geraderen Weg, und ist rechtgeleiteter als diejenigen, die ihr Angesicht gänzlich Gott zugewandt haben? Die Wendung *man aslama waǧhahū li-llāh* meine denjenigen, der sich von Gott gehorsam führen lässt, indem er seinem Propheten Muhammad und dessen Weisungen Folge leistet.

Nach aḍ-Ḍaḥḥāk:
Gott bevorzugte den Islam vor allen anderen Religionen, indem er sprach: 4,125. Und er nimmt kein anderes Werk an als den Islam, der im Hanifentum besteht.[84]

Az-Zamaḫšarī sieht den Vers an die Muslime und die Schriftbesitzer gerichtet, weil sie einen gemeinsamen Glauben hätten.

Nach *ar-Rāzī* enthält dieser Vers eine Definition der wahren Religion: Sie müsse die vollkommene Unterwerfung unter Gott und seine Leitung beinhalten – die Religion, der Ibrāhīm angehörte. Der Glaube würde am besten mit dem Ausdruck „sein Gesicht ganz Gott zuwenden" beschrieben. Das Gesicht als der edelste Teil des Menschen, ganz Gott zugewandt, so erkenne der Mensch seinen Herrn, dessen Herrschaft und die eigene Stellung als Sklave vor ihm. Der Mensch mit tätigem Glauben (*muḥsin*) suche bei niemandem Hilfe außer bei Gott, während die Polytheisten sich an die Götzen wendeten, die Nihilisten und Materialisten an die Astralkräfte, die Juden sich als Nachkommen von Propheten sicher wähnten, und die Christen Hilfe bei dreien suchten. Auch die Muʿtaziliten werden von ar-Rāzī dafür getadelt, dass sie ihre guten Taten als eigene Hervorbringung deklarierten und sich deshalb nicht ungeteilt Gott zuwendeten. Dann führt er aus, in welchen Punkten die Religion Muḥammads mit der Glaubensrichtung Ibrāhīms übereinstimme – sie sei ihr am ähnlichsten, wenngleich der Islam insofern über sie hinausgehe, als er viele zusätzliche nützliche Elemente habe. Zugleich sei sie Religion aller, obwohl sich Juden und Christen ihrer rühmten und auch die Araber in ihrem Prahlen mit Ibrāhīm übertrieben; logischer- und konsequenterweise müsse der Islam von allen angenommen werden.

Al-Qurṭubī versteht unter *muḥsin* einen Monotheisten. Die *ahl al-kitāb* würden jedoch nicht darunter fallen, da sie den Glauben an Muḥammad verlassen hätten. Auch *an-Nasafī* zufolge richtet sich Gott in seiner Souveränität weder nach den

---

[84] *aṭ-Ṭabarī*, Tafsīr V, S. 298.

Wünschen der Muslime noch derer der Schriftbesitzer. Nur wer aufrichtig sei und sein Leben völlig Gott anheimstelle, so dass er keine anderen Herren oder Götter über seine Seele herrschen lasse, dürfe sich als *muḥsin* bezeichnen.

Nach *Ibn Kaṯīr* kennzeichne einen *muḥsin*, dass seine Werke äußerlich korrekt sind, indem er die *šarīʿa* befolgt, und innerlich seine Aufrichtigkeit. Wenn eine dieser Bedingungen fehle, sei das ganze Werk nichtig. Zudem mache Gott die Argumentation der Muslime über alle anderen Religionen überlegen.

Die Leute der Religionen stritten miteinander. Die Leute der Tora sagten: „Unser Buch ist besser als alle anderen Bücher und unser Prophet ist besser als alle anderen Propheten." Und die Leute des Inǧīl sagten dasselbe. Da sagten die Leute des Islam: „Es gibt gar keine Religion außer dem Islam. Unser Buch hat alle anderen Bücher abrogiert und unser Prophet ist das Siegel der Propheten. Und euch und uns ist befohlen worden, an euer Buch zu glauben, aber nach unserem Buch zu handeln." Und Gott wird zwischen ihnen entscheiden.[85]

So wie die Beduinen das Leben nach dem Tod und die ewige Strafe leugneten, so behaupteten Juden und Christen, keiner komme ins Paradies, der nicht Jude oder Christ sei. *Abū s-Suʿūd al-ʿImādī* sagt, der sei *muḥsin*, der Gott so dient, als ob er ihn sähe.

4,125b Und Gott hat sich ja Ibrāhīm zum Freund[86] genommen.
[*wa-ttaḫaḏa Allāhu Ibrāhīma ḫalīlan*]

Ḫalīl wird üblicherweise hergeleitet von *ḫulla* (Freundschaft, Liebe, Zuneigung; der, an den man sich in Not wendet) und deckt ein weites Wortfeld ab, das alle Nuancen eines Nahestehenden beinhaltet: Helfer, Beistand, Wohltäter, Freund, Verwandter, Schutzherr, Vormund, Herr, Eigentümer, Besitzer;[87] als Synonym wird meist *walī* angegeben.

Sura 4 ist ein medinischer Text, vermutlich knapp zwei Jahre nach Ankunft Muḥammads in Medina verkündigt. In mekkanischer Zeit wird das Verhältnis Ibrāhīms zu Gott noch anders beschrieben. Als in Sura 51 „Gäste" ihn besuchten, hatte er Angst vor ihnen; im direkt anschließenden Text zu Sodom wagte er es nicht, mit Gott zu verhandeln. Er wurde zwar über die Engel von Gottes Handeln informiert, was für „ein gewisses Vertrauensverhältnis zu Gott"[88] spricht, aber nicht im engeren Sinne eingeweiht, „geschweige denn hat er die Möglichkeit, die Absichten Gottes zu beeinflussen." Gottes Handeln ist nicht hinterfragbar, auch nicht von einem Propheten. Wenn man die Formulierung 4,125 damit kontrastiert, wird eine Entwicklung hin zu einem anderen Gottesverhältnis sicht-

---

[85] *Ibn Kaṯīr*, Tafsīr (1983) I, S. 497.
[86] *von Denffer*: inniger Freund; Khoury: Vertrauter.
[87] *M. Matraji*, Sahih Muslim, Beirut 1993, S. 307. – Zur Austauschbarkeit von *ḫalīl*, *ṣadīq*, *ḥabīb* siehe *Th. Nöldeke*, GdQ I, S. 68, Anm. 7. Ein Desiderat ist noch eine Untersuchung, die vom *rasm*-Text ausgeht: Da die Punktierung der Konsonanten erst 60–70 Jahre nach dem Tod Muḥammads erfolgte, sollten die Möglichkeiten von *ḫalīl*, *ḥalil* und *ǧalīl* durchgespielt werden.
[88] *M. Bauschke*, Der Spiegel des Propheten, S. 28.

bar – Spiegelung des Verhältnisses, das Muḥammad in Bezug auf Gott wünscht oder empfindet?

Der Gottesfreund

Ibn ʿAbbās umschreibt die Freundschaft Gottes zu Ibrāhīm als *muṣāfiyan* (sich achten in gegenseitiger Aufrichtigkeit und Liebe). *Aṭ-Ṭabarī* nennt sie *ḫulla*, ein gegenseitiges Freundschaftsverhältnis, das sich im Ausharren Ibrāhīms und in Gottes Hilfe Ibrāhīm gegenüber manifestiert:

Was bedeutet die Freundschaft, die Gott Ibrāhīm gegeben hat? Es bedeutet, dass Ibrāhīm um Gottes willen Feindschaft und Zorn in Kauf nimmt und dass er seine Hilfe und die Liebe bei Gott sucht. Und was Gott betrifft in Bezug auf Ibrāhīm, so unterstützt er ihn gegen diejenigen, die ihm Schaden zufügen wollen, wie es ihm geschah, als Nimrūd ihn mit dem Feuer verbrennen wollte und Gott ihn daraus errettete und ihn dessen Argumente überbieten ließ. Und als der Herrscher von Ägypten ihm seine Angehörigen entreißen wollte, stärkte Gott ihn in dem, was er liebte und machte ihn zum imām für die Geschöpfe nach ihm und zum Vorbild für seine Nachkommenschaft in Gehorsam und Anbetung Gottes. Das ist die Freundschaft Gottes zu Ibrāhīm.

Er gibt noch eine andere Erklärung, die in den Kommentaren häufig wiederholt wird, die jedoch nichts mit dem Verhältnis Ibrāhīms zu Gott zu tun hat, sondern im Grunde auf einem Missverständnis beruht:

In seinem Gebiet gab es eine Dürre, und Ibrāhīm machte sich auf zu einem Freund aus Mosul – andere sagen: aus Ägypten – um dort Vorrat zu besorgen für seine Angehörigen. Als er aber von dort mit leeren Händen zurückkehrte, kam er an einem Sandhügel vorbei und sagte zu sich selbst: „Ich will meine Säcke mit Sand füllen, damit meine Angehörigen nicht von Sorge überwältigt werden, wenn ich zurückkomme. Sie sollen denken, ich käme mit vollen Händen." So tat er. Alles, was er in die Säcke hineinfüllte, verwandelte sich darin in Mehl. Als er nun nach Hause kam, ging er gleich schlafen.

In der Nacht stand seine Frau auf, öffnete die Säcke und fand darin Mehl. Da machte sie Teig und buk Brot daraus. Als Ibrāhīm aufwachte, fragte er nach dem Mehl, woraus das Brot gebacken wurde. Sie sagte: „Es ist das Mehl, das du von deinem Freund gebracht hast." Da erkannte er, was geschehen war, und sagte: „Jawohl, es ist von meinem Freund – von Gott." Und daraufhin nannte Gott ihn auch seinen Freund.[89]

Erstaunlicherweise wird diese im Grunde unspektakuläre Erzählung von sämtlichen Auslegern aufgenommen, teils mit kleinen Varianten, aber doch bis zu den modernen Exegeten. Der Freund erweist sich hier als Versorger in großer Not, die Freundschaft erweist sich in der rettenden Tat.

---

[89] *aṭ-Ṭabarī*, Tafsīr V, S. 298; ebenso bei *Ibn Kaṯīr* (1983) I, S. 498, der diese Erzählung aber hinterfragt, ob sie nicht bloß *ḫabar* (eine Nachricht) sei, die weder geglaubt noch abgelehnt werden sollte. Für *ar-Rāzī* ist es keine Verwechslung, vielmehr sieht er im Schlusssatz eine Korrektur der irrigen Meinung der Frau.

Nach *az-Zamaḫšarī* ist *ḫalīl* allegorisch zu verstehen und bringt lediglich die Auserwählung, Auszeichnung und hohe Stellung Ibrāhīms zum Ausdruck, Gott erweise damit Ibrāhīm dieselben Ehren wie jemand seinem Freund.

Eine umfassende Definition und zugleich Apologetik bringt *ar-Rāzī*. Er definiert *ḫalīl* als den, der Zugang zu den intimsten Angelegenheiten und Geheimnissen erhält und dessen Liebe in die Tiefe des Herzens vordringt. Bei Ibrāhīm zeige es sich darin, dass Gott ihm sein Reich zeigte und das Prophetentum in seine Nachkommenschaft legte, dass Ibrāhīm die Menschen zu diesem Gott aufrief, sein Vermögen den Gästen und seinen Sohn zur Schlachtung hergab und dass er weder offensichtlich noch im geheimen widerspenstig gegen die Entscheidungen Gottes war.

Dann beschreibt ar-Rāzī eindrucksvoll die Hinwendung des Menschen zu Gott: Wenn der leuchtende und scheinende Kern des Geistes allein zum Himmel hin orientiert sei, nicht mehr abhängig vom physischen Körper oder irdischen Zuständen, erhielten seine Taten noch mehr göttliche Klarheit, würden die Gedanken noch mehr mit den heiligen Erkenntnissen bereichert. Ein solcher Mensch wandle in der Welt der Reinheit und Heiligkeit und sage der Welt der physischen Abhängigkeiten und der Sinne ab. In diesem Zustand wachse er immer mehr, bis er nur noch Gott sehe, nur noch Gott höre, sich nur noch in Gott bewege. Das Licht der Majestät Gottes durchdringe ihn völlig – ein solcher würde *ḫalīl Allāh* genannt. Daher habe der Prophet gebetet:

„O Gott, entzünde in meinem Herzen ein Licht, in meinem Gehör ein Licht, in meinem Sehen ein Licht und in meinem Denken ein Licht!“

Dann geht ar-Rāzī apologetisch auf die Argumente der Christen ein: Wenn man einen Menschen *ḫalīl* nennen könne, dann müsse es auch möglich sein, einen anderen Menschen „Sohn“ zu nennen und diese Beziehung zu Gott ähnlich zu verstehen. Ar-Rāzīs Einschränkung: Die reine Tatsache, dass jemand *ḫalīl* genannt würde, bedeute aber nicht, dass damit eine uneingeschränkte und maßlose Liebe ausgedrückt würde, und sie erfordere auch keine Gleichartigkeit der beiden Beteiligten, wie es im Sohn begründet liege. Darüber sei Gott hoch erhaben, weshalb 4,126 folge und die Machtverhältnisse klarstelle. Gott sei in keiner Weise auf die Freundschaft mit einem Menschen angewiesen, denn wie sollte er die schwachen Menschen nötig haben? Vielmehr habe Gott Ibrāhīm aus reiner Güte zum Freund genommen, um ihm dadurch etwas Gutes zu tun und seine Großzügigkeit zu erweisen. Indem Ibrāhīm als Gott völlig unterworfen geschildert wird, werde jeder Verdacht beseitigt, dass er Gott auch nur ähnlich sein könnte.

Nach *al-Qurṭubī* muss Liebe auf Gegenseitigkeit beruhen, d. h. Ibrāhīm liebte Gott und Gott liebte ihn. Zur Freundschaft selbst referiert er jedoch äußerst unterschiedliche Ansichten: Ibrāhīm war bedürftig und brauchte Gott, um seinen

Mangel auszufüllen; dagegen meint *az-Zağğāğ*[90], dass *ḫalīl* nur derjenige sein könne, in dessen Liebe es keinen Mangel gebe. Manche meinen, er sei mit der Freundschaft Gottes geadelt worden, weil er die Oberhäupter der Ungläubigen durch seine Gastfreundschaft zum Islam führte oder weil er seinen Gästen die Basmala beibrachte.

An-Nasafī sagt, *ḫulla* bedeute eine Freundschaft, die bis zu den Geheimnissen des anderen hindurchdringt; er selbst hielte den Begriff der Liebe für zutreffender, weil sie das Innerste des Herzens treffe. Ibrāhīm sei der Freundschaft für würdig befunden worden, weil er anderen gegenüber gastfreundlich war, mehr gab als empfing, den Frieden verbreitete und nachts betete, wenn andere Menschen schliefen.

Ibn Kaṯīr meint, dieser Vers wolle den Menschen die Nachahmung Ibrāhīms „lieb machen". Er habe die Freundschaftsstufe mit Gott erreicht, die Liebe als höchstmöglichen Grad, lediglich aufgrund seines Gehorsams seinem Herrn gegenüber. Viele der Altvorderen sagten, Ibrāhīm habe alles erfüllt, was ihm geboten wurde und in Gehorsam getan, was Gott liebt und sein Wohlgefallen hat, er habe alle Arten der Anbetung verrichtet und sich nicht ablenken lassen von Gott und der Verrichtung edler Taten. Eine Überlieferung besage, der Engel des Todes sei bei Ibrāhīm eingetreten und habe ihn darüber in Kenntnis setzen sollen, dass Gott ihn zum Freund genommen habe.

As-Suyūṭī bezeichnet das Verhältnis Ibrāhīms zu Gott als die reine, tiefste Liebe. Nach *Muḥammad b. ʿAlī aš-Šaukānī*[91] sonderte Gott Ibrāhīm für sich aus, er sei *ḥabīb* und *maḥbūb* (Geliebter).

Moderne Auslegungen betonen, das Verhältnis Gottes zu Ibrāhīm sei keine Freundschaft, die auf Gegenseitigkeit und auf Ergänzung beruhe, und sie enthebe Ibrāhīm keineswegs seiner unterworfenen Stellung als Knecht.[92]

Für den Mystiker *Ibn ʿArabī* sind die rituellen Handlungen der Gottesverehrung ein Mittel, sich Gott zu nähern, „bis er schließlich von dem Einen geliebt wird; und wenn er von dem Einen geliebt wird, dann ist er Gottes Auge, mit welchem der Eine sieht, Gottes Gehör, mit dem der Eine hört."[93] Durch über die Pflichten hinausgehende Handlungen und durch das unentwegte Aussprechen des Namens Gottes könne die Verbundenheit mit dem göttlichen Seinsgrund erlebt werden. In der Hinwendung des Gesichts zu Gott wird das innige Verhältnis von Schöpfer und Geschöpf deutlich. Ibn ʿArabī entfaltet das Gottesverhältnis anhand der homonymen Wurzel *ḫalla*, die die Lückenhaftigkeit bezeichnet, in

[90] az-Zağğāğ, Abū Isḥāq Ibrāhīm b. as-Sārī (230–311/844–923), Bagdad, arabischer Grammatiker.

[91] Richter und *faqīh* in Ṣanʿā', gest. 1255/1836.

[92] *Abū s-Suʿūd al-ʿImādī*, Tafsīr Iršad al-ʿaql as-salīm, z.St.; *F. Rahman*, Major themes in the Qur'ān, S. 12.

[93] *T. Nagel*, Abraham, der Gottesfreund, S. 158. Nagel bezieht sich auf: Ibn ʿArabī, al-Futūḥāt al-Makkīya, ein vollständiges System der mystischen Erkenntnis, und Fuṣūs al-ḥikam.

einer Ableitung auch das, was die Lücke eines anderen ausfüllt. So werde Ibrāhīm *ḫalīl Allāh* genannt, weil er „dazwischen ist" und alles in sich berge, was als Wesen Gottes bezeichnet wird. Der Eine Wahre durchdringe die Person Ibrāhīms und sei mit ihm verwoben, wie die Farbe mit dem Stoff. Bei Ibn ʿArabī ist jedoch niemals die Grenze zwischen Schöpfer und Geschöpf aufgehoben; die Schöpfung verharrt vielmehr unabänderlich in einer Gott dienenden Funktion. Gottesanbetung und Gesetzesbefolgung sind das ihm Würde verleihende Daseinsziel jedes Menschen.

Die Gottesliebe der Mystiker, der Sufis, hat das Ziel, Gott so nahe wie möglich zu kommen. Es geht um die innere Beziehung zwischen dem „Liebenden" (dem *Ṣūfī*) und dem „Geliebten" (Gott). Asketismus soll helfen, die Triebe der niederen Seele und des tyrannischen Ego zu bekämpfen. Über Entwicklungsstufen wird die reine Seele (*an-nafs aṣ-ṣāfīya*) angestrebt, ein Zustand des Einsseins mit Gott, die *unio mystica*.

Der Ehrenname *ḫalīl Allāh* ist im Koran Ibrāhīm vorbehalten. In der Tradition jedoch wird er auch von Muḥammad in Anspruch genommen; in seiner letzten Predigt habe er gesagt:

„Ich bin frei von jedem Verdacht vor Gott, dass irgend jemand von euch mein besonderer Freund gewesen wäre, denn wahrlich, Gott der Erhabene hat mich zum Freund genommen, wie er einst Ibrāhīm zum Freund nahm. Wenn ich aber jemanden aus meiner umma zum Freund hätte nehmen wollen, so hätte ich Abū Bakr genommen."[94]

Und er wird noch überboten, indem Ibrāhīm, der *ḫalīl Allāh* (Freund Gottes), nun Muḥammad, dem *ḥabīb Allāh* (Liebling Gottes) gegenübergestellt wird.[95]

Der Ehrenname *ḫalīl* gab dem Begräbnisort Ibrāhīms nach der Tradition den Namen: Hebron trägt im Arabischen den Namen „*al-ḫalīl*".

4,126 Und Gott gehört, was in den Himmeln und was auf der Erde ist.
Gott umfasst alle Dinge.

Nach *aṭ-Ṭabarī* hat Gott Ibrāhīm zum Freund genommen wegen seines Gehorsams ihm gegenüber, der Aufrichtigkeit seiner Anbetung und seines Eifers, Gottes Wohlgefallen und Liebe zu gewinnen – jedoch nicht, weil Gott ihn oder seine Freundschaft gebraucht hätte. Denn wie hätte Gott selbst einen wie Ibrāhīm brauchen sollen, er, der doch Herrscher über Himmel und Erde ist und ihm alles gehört? Seine Schöpfung braucht ihn – nicht umgekehrt. Da *az-Zamaḫšarī* bereits *ḫalīl* nur allegorisch versteht, sieht er in diesem Vers dafür die Bestätigung. Obwohl ehrenvoll *ḫalīl Allāh* genannt, bleibe Ibrāhīm doch immer Knecht Gottes. Auch für *an-Nasafī* ist dieser Vers ein Hinweis darauf, dass Gott auf

---

[94] *Ibn Kaṯīr*, Tafsīr (1983) I, S. 497; auch: *Muslim* 827 und *Ibn Māǧa* 138.

[95] „*Ḥabīb al-Masīḥ*" (Liebling Christi) wird in der Basilios-Liturgie der jeweilige koptische Papst genannt. (Euchologion, S. 84)

niemanden angewiesen sei, dass Ibrāhīm hingegen Gott brauche; Gott wisse alles und sei von allem abstrahiert.

Die Freundschaft Ibrāhīms wurde in der Frühzeit des Islam dadurch zum Problem, dass sie den Anschein des Anthropomorphismus erweckte, als könnte Gott eine Freundschaft pflegen, wie dies unter Menschen üblich ist. *Ǧahm b. Ṣafwān*, die Leitgestalt der Anthropomorphismusgegner, konstatierte daher, man dürfe auf Gott kein von Menschen auf Menschen angewandtes Attribut anwenden. So wurde daher teils auch 4,125 in Frage gestellt. Von Ǧaʿd b. Dirham, einem Ǧahmiten[96], wird berichtet, dass er unter dem Kalifen Hišām (724–43) verflucht und dann im Jahr 743 hingerichtet wurde, weil er behauptet hatte, Gott habe sich keineswegs Ibrāhīm zum Freund gewählt und ebenso wenig habe er zu Mūsā gesprochen.[97] Das abstrakte Gottesbild der Ǧahmīya führte dazu, dass sie ihn als erhaben über eine solche Tat ansahen. Daher leiteten sie *ḫalīl* von *ḫalla* (Not) ab, so dass sie lasen: „Gott nahm sich Ibrāhīms, eines Bedürftigen, an."[98]

Gleichwohl hat vor allem der mystische Islam die von der sunnitischen Orthodoxie so vehement gezogene Linie zwischen der Liebe Ibrāhīms und Gott als dem Ziel seiner Liebe zu überwinden versucht. Von dem schiitischen Thronanwärter Abū Manṣūr al-ʿIǧlī (gest. 739/1340) wird berichtet, dass er behauptete, selbst ein Prophet zu sein und dass Gott ihn zu seinem Freund gemacht habe.[99] In Anlehnung an Ibrāhīm nannten sich verschiedene Mystiker „Gottesfreunde" (*auliyā'*) und beschritten den Weg zur zeitweiligen Verschmelzung mit Gott. Dabei betonten sie nicht eine Liebe zwischen gleichwertigen Partnern, sondern eine Liebe, in dem einer der Partner, nämlich Gott, sich allmählich ganz an die Stelle des andern setzt. Für den Menschen bedeute das nicht Einswerden, sondern „Entwerden", eine Erfüllung, die auf eine Entpersönlichung hinausläuft. Auch diese Liebe basiert auf der totalen Unterwerfung unter Gott. Gott spielt in der mystischen Poesie immer die Rolle dessen, der die Liebe empfängt, des Geliebten. Der Liebende ist immer der Mensch.[100]

7.4 Das Prophetenamt Ibrāhīms und Muḥammads

Ein weiterer Bereich, der die spezifisch islamische Profilierung Ibrāhīms kennzeichnet, ist das Prophetenamt.

---

[96] Ǧahmīya: frühislamische Sekte, die menschliches Handeln lediglich metaphorisch interpretierte und Gottes ewiges Wissen negierte. Über Gott sagten sie: „Gott hat nie gesprochen und spricht nicht."

[97] *T. Nagel*, Heilsbotschaft des Koran, S. 42.

[98] *Wilferd Madelung*, The origins of the controversy concerning the creation of the Koran, in: *Orientalia Hispanica*, Leiden 1974, i, 504–25, S. 507.

[99] *an-Naubaḫtī*, zit. in: G. Widengren, Muhammad the Apostle of God, S. 33.

[100] *J. van Ess*, in: Küng / van Ess, Islam, 1994, S. 112 ff.

Innerhalb des Prophetenzyklus von Sura 19 aus der 2. mekkanischen Periode wird zunächst Ibrāhīm als Wahrhaftiger und *nabī* (V. 41) bezeichnet, dann sein Sohn Ismāʿīl als *rasūl nabī* (V. 54). Hier wie auch in den darauf folgenden Stellen 43,29 und 29,18 aus der 3. mekkanischen Periode ist er wie alle Propheten vor ihm, in deren Sukzession er sich sieht, als *rasūl* der Mahner an sein Volk angesichts ihres Götzendienstes.

In der medinischen Zeit vollzieht sich eine Verlagerung des Prophetenamtes, weg von Ibrāhīm, hin zu Muḥammad. Direkt an das Weihegebet an der Kaʿba (2,126–128) schließt die Bitte um einen Gesandten an:

2,129 Unser Herr, schicke zu ihnen einen Gesandten aus ihrer Mitte [*rasūlan minhum*].

Nach einhelliger Meinung der konsultierten Kommentatoren, ausgehend von aṭ-Ṭabarī, ist das die Bitte Ibrāhīms und Ismāʿīls um den Propheten Muḥammad. Gott habe dieser Bitte entsprochen (2,151; 43,29) und einen Gesandten geschickt „aus ihrer Mitte, dessen Abstammung sie kennen, dass er sie herausführe aus den Dunkelheiten ins Licht und sie rechtleite zum Weg des Erhabenen und Hochgelobten."[101] Von dieser Bitte pflegte Muḥammad deshalb zu sagen: „Ich bin die Bitte meines Vaters Ibrāhīm und die (Freuden-)Botschaft meines Bruders ʿĪsā."[102]

Nach ʿIrbāḍ b. Sāriya as-Sulamī:
Ich hörte den Gesandten Gottes sagen: „Wahrlich, ich bin das Siegel der Propheten in der umm al-kitāb bei Gott (...) Ich bin die Bitte meines Vaters Ibrāhīm und die Ankündigung ʿĪsās an sein Volk und die Vision meiner Mutter."[103]

Der *rasūl* Ibrāhīm bittet um einen *rasūl* nach ihm, den eigentlichen und letztlich ausschlaggebenden *rasūl* – Muḥammad. Dass er dies während seiner entscheidenden theologischen Auseinandersetzung mit den Juden Medinas tut, gibt der Bitte eine besondere Brisanz. Mit dieser Bitte, die Ibrāhīm (!) in den Mund gelegt wird und deutlich an Dtn 18,15 angelehnt ist, wird „der Bogen endgültig von Abraham zu Muhammad gespannt unter dezidierter Absehung von Judentum und Christentum"[104]: Muḥammad ist der schon von Ibrāhīm erbetene Prophet, der ihnen die Zeichen Gottes rezitiert und sie das Buch und die Weisheit lehrt, die einzig legitime Fortsetzung der biblischen Tradition und einzig wahrer Erbe Ibrāhīms. Die für das Prophetentum erforderliche Ankündigung durch den Vorgänger erfolgt nicht aus dem Mund des unmittelbaren,

---

[101] *aṭ-Ṭabarī*, Tafsīr I, S. 556.
[102] *ʿAbd al-Muʿizz Ḫaṭṭāb*, Qiṣaṣ al-anbiyāʾ, S. 148.
[103] Ähnlich die Hadithe bei *Aḥmad* 16.525 und 16.537, dort ergänzt „desgleichen die Mütter der Propheten". Die Vision seiner Mutter bezieht sich darauf, „als sie aus sich ein Licht herausgehen sah, das das Firmament vom Osten bis zum Westen erhellte." (ʿAbd al-Muʿizz Ḫaṭṭāb, in Anlehnung an die Sīra).
[104] *Fr. Eissler*, Gibt es eine abrahamische Ökumene?, S. 273.

chronologischen Vorgängers – das wären Yaḥyā oder ʿĪsā.[105] Nein, indem sie bereits Ibrāhīm zugeschrieben wird, werden Ibrāhīm und Muḥammad direkt aufeinander bezogen – und Muḥammad auf denkbar solideste und legitimste Weise in die biblische Prophetensukzession aufgenommen.

Folgerichtig handeln die folgenden *rasūl*-Verse innerhalb der Ibrāhīm-Erzählung ausschließlich von Muḥammad. In 2,143 ist er es, der die *qibla* (Gebetsrichtung) der jüdischen Ausrichtung nach Jerusalem ändert, hin zur urarabischen Richtung nach Mekka. In 57,25–28 ist Ibrāhīm nur einer unter vielen; die Prophetenliste kulminiert in dem Aufruf zum Glauben an *Allāh wa-rasūluhū* (V. 28). Auch in der Wallfahrtssure 22 ist zwar von „eurem Vater Ibrāhīm" die Rede, doch der *rasūl,* ihr „Zeuge" beim Jüngsten Gericht ist ganz selbstverständlich Muḥammad. Das Prophetenamt Muḥammads wandelt sich von der Anknüpfung an den bei den *ahl al-kitāb* vorhandenen *rasūl*-Begriff hin zum Anspruch, *ar-rasūl* (*der* Gesandte) zu sein. Auch in der spätmedinischen Sure 60, zur Zeit der Einnahme Mekkas, ist allein Muḥammad der *rasūl*, Ibrāhīm hingegen lediglich das „schöne Beispiel" (V. 1.4). Im kollektiven Gedächtnis ist darum nur einer der *rasūl par excellence* – Muḥammad.

7.4.1 Ibrāhīm als Beter

Zwar wird Ibrāhīm als Begründer des rituellen Gebets (*ṣalāt*) bezeichnet; dies lässt sich koranisch jedoch nicht nachweisen.[106] Die zahlreichen Gebete Ibrāhīms sind vielmehr sehr persönliche individuelle Gebete (*duʿāʾ*). Da sind zunächst seine Bittgebete um einen Sohn (37,100), um Rechtleitung (26,83; 60,5), sein Dankgebet für seine Söhne (14,39) und die zahlreichen Fürbittgebete (für seinen heidnischen Vater 26,86; 19,47; 14,41; 60,4; 9,114 – auch wenn diese Fürbitte schließlich für unzulässig erklärt oder abgewiesen wird; für das Volk von Lūṭ 11,74–76; für seine Nachkommenschaft 14,37; für das gereinigte Mekka 14,35–37; 2,126).

Eine Sonderstellung nimmt sein Weihegebet für Mekka und die Kaʿba ein (2,126–128). Indem Ibrāhīm als erster Beter an der Kaʿba postuliert wird, bereitet er, ohne dass es explizit erwähnt würde, die Änderung der Gebetsrichtung vor, die einige Verse später (2,144 ff.) folgt. Er ist es dann, der suchend sein Gesicht zum Himmel wendet, bis Gott ihm die endgültige *qibla* zeigen wird, die *qiblat Ibrāhīm*. Diese aber ist die Alternativrichtung zu Jerusalem.

Somit gilt hier das in Kap. 5.3.4 Gesagte: Ibrāhīm wandelt gerade nicht in den Spuren von Judentum und Christentum, sondern grenzt sich in fünffacher Weise davon ab: Er errichtet mit eigenen Händen das Alternativ- und Gegenheiligtum

[105] Auch ʿĪsā wird in 61,6 (medin.; zeitlich nach Sura 2) eine Ankündigung Muḥammads zugeschrieben.

[106] Zur Entwicklung des rituellen Gebets (*ṣalāt*), innerhalb des Korans siehe *R. Paret*, Grenzen der Koranforschung, S. 31.

Kaʿba – zusammen mit dem Alternativsohn zum „jüdischen" Stammvater, mit Ismāʿīl; er spricht an diesem Heiligtum ein Weihegebet; er erklärt in diesem Gebet sich und seinen Sohn zu *muslimain*, zu den beiden ersten Muslimen; er bittet um eine neue Gebetsrichtung als Alternative zu Jerusalem, und er betet für das von allen Konkurrenzgottheiten gereinigte Mekka.

7.4.2 Ibrāhīm und Muḥammad in der Prophetensukzession

Muḥammad versteht sich als letztes Glied einer rein formal betrachteten Kette von Propheten,[107] die weder hinsichtlich ihrer Rolle noch ihrer Wertigkeit differenziert werden.

> The apostles and prophets are not, in the Qur'anic presentation, successive links in a chain of historical evolution (…) but merely repeated examples of an eternal truth, idealized models to be emulated.[108]

Erst allmählich wird diese Sukzession aus islamischer Warte gesehen hierarchisch verstanden als „evolution in religion, of which Islam is the final form", denn durch den Islam habe die Menschheit „rational maturity" erreicht, „and there is no need for further revelations."[109]

Der Prophetensukzession entspricht die Sukzession heiliger Schriften, denn jeder Prophet ist zu seinem Volk gesandt mit einer Schrift. Wie der Prophet nicht als individuelle Persönlichkeit gedacht wird, sondern nur als Exempel, als Beispiel in der rechten Lebensführung, so ist er auch stereotyp Träger und Künder der Schrift mit dem immer selben Inhalt. Für diese Schriften, deren völlige Identität in ihrer Originalform behauptet wird, gilt nach 5,48, dass jeweils eine die andere bestätigt (*muṣaddiqan*).

5,48 Wir haben zu dir das Buch mit der Wahrheit [*al-kitāb bi-l-ḥaqq*] hinabgesandt, das zu bestätigen [*muṣaddiqan*], was von dem Buch vor ihm [*baina yadaihī*] ist, und als Wächter darüber [*wa-muhaiminan ʿalaihī*]. So richte zwischen ihnen.

Darüber hinaus wird vom Koran gesagt, er sei *muhaiminan ʿalaihī*,[110] was nicht eindeutig zu übersetzen ist. Es hat zunächst dieselbe Bedeutung wie *amīn* (zuverlässig, treu, fest) und *mu'taman* (anvertraut sein). So überliefert al-Buḫārī den

[107] 42,13; 2,135–148; 3,84; 57,25–28; 4,162–166; 33,7.8.

[108] *Fr. Donner*, Narratives of Islamic Origins, S. 84.

[109] *F. Rahman*, Major themes in the Qur'ān, S. 81. – Aus schiitischer Sicht setze sich die Prophetenreihe gewissermaßen in der genealogischen Linie Muḥammads über ʿAlī und die Imame durch das präexistente „Licht Muḥammads" fort, das erstmals Ādam erfüllt habe, von Prophet zu Prophet weitergegeben wurde und schließlich in der Familie Muḥammads blieb.

[110] *muhaimin*: Nach Lisān al-ʿarab (XV, S. 139 f.) und Lane (I, Sp. 103) sind „h" und „i" um der Form willen in *mu'a'min* zur Glättung eingefügt, da keine zwei Hamza hintereinander stehen können. – Zu den Übersetzungsmöglichkeiten: „dass es alles, was darin steht, fest in der Hand habe" (*Khoury*), „darüber Gewißheit gebe" (*Paret*), „Amen sagend darüber" (*Schreiner*).

Namen des Korans *al-muhaimin al-amīn al-Qur'ān*, denn er sei *amīn ʿalā kulli kitābin qablahū* (treu, zuverlässig in Bezug auf jedes Buch vor ihm). Ibn Kaṯīr bringt als Synonyme für das Nomen *al-ḥifẓ* (Bewahren) und *irtiqāb* (darüber wachen). Als einer der 99 Namen Gottes bedeute *muhaimin* „*aš-šahīd ʿala kulli šay' wa-r-raqīb*"[111] (Zeuge über alles und Bewahrer von allem). Damit wäre der Koran der beste Bewahrer der biblischen Schriften – was sich nicht ganz mit dem *taḥrīf*-Vorwurf gegen die biblischen Schriften in Einklang bringen lässt. Dazu kommt jedoch die Wortbedeutung „als Schiedsrichter" (Lane) und die arabischen Kommentatoren, die aṭ-Ṭabarī zitiert: „die Aufsicht haben über etwas" (ʿIkrima), „verantwortlich sein" (Ibn al-Anbārī), auch „der Zeuge, Beobachter, Aufseher, der über etwas wacht", so dass die Übersetzung „als Wächter darüber" und „Gewissheit gebend und entscheidend"[112] es treffend ausdrückt. Gemeint ist also, dass die letzte Schrift Kontroll-, Wächter- und Vollender-funktion in Bezug auf die Schriften vor ihr hat. Das bedeutet, dass die Schriften der Juden und Christen durch sie relativiert und letztlich obsolet gemacht werden – der Koran ist der Entscheidungsfaktor, das Maß aller Dinge.[113]

Eine philologische Unklarheit in der Wendung *muhaiminan ʿalaihī* bleibt bezüglich des Bezugs des Suffixes *hī*: Es kann sich nicht auf den Propheten beziehen, der in der 2. Person angeredet bleibt; damit bleibt nur die Schrift. Ebenso ist die Übersetzung von *baina yadaihī* als zeitliches „vor ihm" problematisch; wörtlich bedeutet es „zwischen seinen Händen" und ist damit präsentisch und geografisch – es wäre somit „das Buch, das ihm vorliegt", und deutet auf die direkte Auseinandersetzung mit diesen vorigen Offenbarungsschriften.

Seine eigentlich Brisanz erfährt der Vers 5,48, in dem Gott das „Buch mit der Wahrheit" (*al-kitāb bi-l-ḥaqq*) auf Muḥammad herabsendet, wenn er mit 5,46 verglichen wird, in dem Gott das *inǧīl* auf ʿĪsā herabsendet.

5,46 Und Wir ließen auf ihren Spuren ʿĪsā b. Maryam folgen,
das zu bestätigen [*muṣaddiqan*], was von der Tora vor ihm [*baina yadaihī*] ist,
und Wir gaben ihm das Inǧīl, in dem Rechtleitung und Licht sind,
das zu bestätigen [*muṣaddiqan*], was von der Tora vor ihm [*baina yadaihī*] ist,

Beide Propheten sollen die jeweils vorige Schrift bestätigen (*muṣaddiqan*); von ʿĪsā wird in Vers 46 sogar zweimal gesagt, dass er bestätigen solle, was von der Tora vor ihm offenbart wurde. Der Unterschied zwischen beiden ist jedoch, dass beide *muṣaddiq* sind, aber nur Muḥammad *muhaimin*. ʿĪsā bestätigt die Tora nur, aber er ist nicht Wächter und Richter über sie. Somit definiert Muḥammad hier die Aufgabe ʿĪsās – die Autorität des *muhaimin* aber entzieht er ihm, und ʿĪsā

[111] Ibn ʿAbbās, zit. nach: *Ibn Kaṯīr*, Tafsīr (1983) I, S. 17.
[112] Elyas / Bubenheim.
[113] Zu den unterschiedlichen Deutungen der islamischen Wesensbestimmung aus ihrem Verhältnis zu den vorausgegangenen monotheistischen Religionen heraus siehe *K.-W. Tröger*, Mohammed und Abraham, S. 188; *S. Schreiner*, Kalif Gottes auf Erden, S. 26.

bleibt deshalb einer unter vielen in der Kette der Propheten. Der *muhaimin* aber wird zum Schlussstein der Prophetensukzession.

In *muṣaddiqan* liegt ein anderes Verständnis zur Tora vor: Nach Mt 5,17 und Röm 10,4 wiederholt und bestätigt Jesus nicht nur, sondern er erfüllt die Schriften des AT. Wenn Jesus sagt: „Den Alten ist gesagt, ich aber sage euch", dann handelt sich um eine andere Art der Anknüpfung und Überbietung als im Koran.[114]

In 57,28 ist von Muslimen die Rede, denen „zweifacher Anteil an seiner Barmherzigkeit" zuteil wird. Nach aṭ-Ṭabarī[115] sind damit die ehemaligen Christen gemeint, die „Leute der beiden Bücher", da sie an ʿĪsā geglaubt und diesen Glauben weiter bewahrt hätten, um später an Muḥammad zu glauben.[116] Im Sinne der Prophetensukzession bedeutet dies, dass Christen dann die Erfüllung wahren Glaubens finden, wenn sie nicht nur Jesus, sondern auch Muḥammad folgen. Die in dem Koranvers genannte Vorzugsbehandlung für Christen, die zum Islam konvertieren, ändert jedoch nichts an der Stellung ihres Propheten (ʿĪsā), der von Muḥammad als dem „Siegel der Propheten" eindeutig übertroffen wird.

Nach Qatāda:
Uns wurde berichtet, dass der Gesandte Gottes zu sagen pflegte: „Ich war der erste der Propheten bei der Schöpfung und der letzte von ihnen in der Sendung."[117]

So gehört zwar Ibrāhīm wie auch ʿĪsā in die Reihe der Propheten, wird aber nur deshalb aus ihr herausgehoben, um „als Exponent nicht mehr der partikularen Heilsgeschichte Israels, sondern vielmehr des koranischen universalen Heils, wie es in der Glaubenserfahrung Muhammads seinen höchsten Ausdruck findet, auf den letzten Gesandten Gottes hinzuweisen."[118]

Muslime sehen die Weltgeschichte als religiöse Entwicklung der Menschheit in der Sukzession von Propheten und der drei monotheistischen Religionen „unter dem Gleichniss der Aufeinanderfolge des Morgengebets, des Mittagsgebets und des Abendgebetes"[119]: Die Uroffenbarung, die *umm al-kitāb* (ob präexistent oder geschaffen), wird von Gott an die Propheten herabgesandt, die sie

[114] *K.-J. Kuschel* zitiert die Passage 5,44–48, schreibt die Vereinnahmung der Vorgängerschriften und die Fälschungsvorwürfe aber erst der Tradition zu (Juden – Christen – Muslime, S. 87–96).

[115] *aṭ-Ṭabarī*, Tafsīr XXVII, S. 236–245.

[116] Nach *aš-Šaʿbī*: „Am Tag der Auferstehung werden die Menschen in vier Kategorien eingeteilt: Wer an ʿĪsā geglaubt hatte und danach an Muḥammad, bekommt zweifachen Lohn. Wer nicht an ʿĪsā geglaubt hatte, danach aber an Muḥammad, bekommt einfachen Lohn. Wer weder an ʿĪsā noch an Muḥammad glaubte, bekommt Zorn über Zorn. Wer von den arabischen *mušrikīn* nicht an ʿĪsā geglaubt hat und bereits vor Muḥammad starb, erhält dagegen nur einfachen Zorn." (zit. in: aṭ-Ṭabarī, a. a. O.).

[117] *aṭ-Ṭabarī*, Tafsīr XXVII, S. 236.

[118] *Fr. Eissler*, Gibt es eine abrahamische Ökumene? S. 274.

[119] *I. Goldziher*, Muhammedanische Studien I, S. 219.

Schaubild 15: Sukzession der Propheten und Religionen

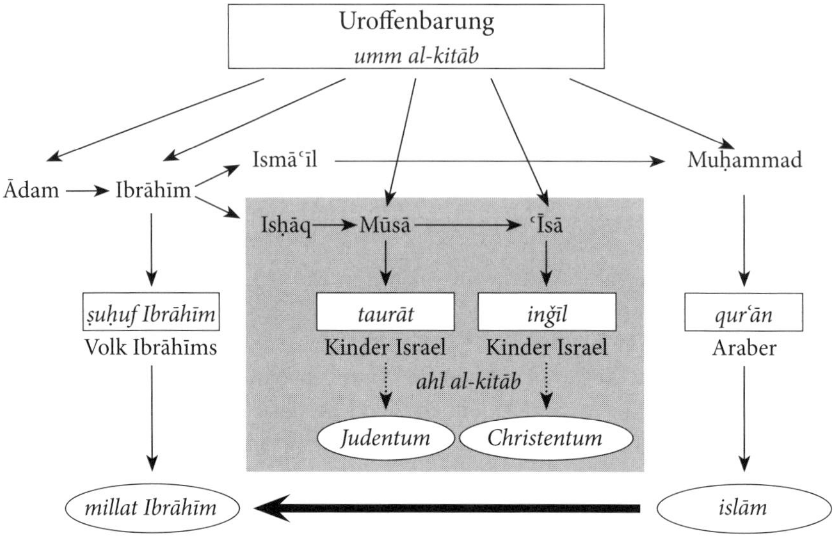

in Form mündlicher Verkündigung und in Gestalt eines Buches ihrem Volk unverändert weitergeben. So gibt Ibrāhīm, der *ḥanīf*, seinem Volk die *ṣuḥuf* weiter und seine „Religion" ist die *millat Ibrāhīm*, er ist daher der erste *muslim*. Aus der Linie seines Sohnes Isḥāq gehen Mūsā und ʿĪsā mit ihren Schriften *taurāt* und *inǧīl* hervor, die sie den Kindern Israels weitergeben. Ihre Anhänger aber verändern diese schriftlich niedergelegte Uroffenbarung, so dass die aus dieser Verkündigung entstandenen Religionen Judentum und Christentum nicht mehr den ursprünglichen Inhalt der Uroffenbarung vorliegen haben. Da die Botschaft Gottes auf Erden nunmehr korrumpiert war, sendet Gott die Uroffenbarung ein weiteres Mal herab, nun an Muḥammad, den Ibrāhīmssohn aus der Ismāʿīl-Linie. Seine Schrift, den Qurʾān, verkündet er seinem Volk, den Arabern, die sie, im Gegensatz zu Juden und Christen, unverfälscht belassen. Die daraus entstandene Religion, der Islam, verkörpert daher als wahrer *islām* (Unterwerfung unter Gott) die volle Wahrheit – die identisch ist mit der *millat Ibrāhīm*. So wird der Bogen zu Ibrāhīm geschlagen, der vor jeder verfassten Religion war – und die chronologisch letzte Religion wird zugleich zur ersten Religion. Juden und Christen sind jedoch als Empfänger der göttlichen Offenbarung, als *ahl al-kitāb*, zwar Teil des Systems, jedoch defizitär und nicht im vollgültigen Sinne Glaubende. Daher stehen sie nicht auf der Stufe der Polytheisten, für die letztlich kein Platz, also auch kein Lebensrecht ist, sondern sind *ḏimmī*, Schutzbürger mit eingeschränkten Bürgerrechten.

Der Islam sieht sich selbst also nicht als neue Religion, sondern als Wiederherstellung der Religion Ibrāhīms, die vor Tora und Evangelium war, der ursprünglichen, reinen Religion. Auf diese Weise schließt sich der Kreis zwischen Ibrāhīm und Muḥammad – unter expliziter Umgehung von Judentum und Christentum, die gleichwohl in dieses „System" eingeschlossen und als Teil desselben wert geachtet, im Ergebnis jedoch marginalisiert und zunehmend enteignet werden.

7.4.3 Muḥammad als Abū Ibrāhīm

An dieser Stelle muss auch wieder Ibrāhīm, Muḥammads Sohn von der koptischen Nebenfrau Mārīya Erwähnung finden. Warum wohl gab Muḥammad ihm den Namen „Ibrāhīm"? Der Überlieferung nach erfolgte die Namengebung auf Geheiß Ǧibrīls, d. h. Gottes, der Muḥammad ausdrücklich mit der entsprechenden *kunya* (Rufname aufgrund seiner Vaterschaft), Abū Ibrāhīm, ansprach. Es ist anzunehmen, dass Geburt und Namensgebung in zeitlichem Kontext mit der christlichen Gesandtschaft aus Naǧrān stehen und jenem entschiedenen „Ibrāhīm war weder Jude noch Christ, sondern er war *ḥanīf* und *muslim*." (3,67) Der – lang ersehnte – Sohn als Verkörperung und Vergewisserung des neuen, nunmehr muslimischen Ibrāhīm?

Oder anders: Muḥammads *kunya* ‚Abū l-Qāsim' aufgrund des (verstorbenen) Ḫadīǧa-Sohnes wird ersetzt durch ‚Abū Ibrāhīm'. Der neue Name wäre zunächst eine Ablösung vom Altarabischen und Vorislamischen, dann aber würde er damit symbolisch zum Vater des geistlichen Vaters von Juden und Christen – ein weiterer Aspekt, die Vaterschaft und Überlegenheit über die Vorgängerreligionen zu demonstrieren; und die Rede von einem wie auch immer verstandenen „Vater Abraham" wäre damit islamischerseits auf den Kopf gestellt.[120] Allerdings müssen solche Überlegungen Spekulation bleiben, da die Quellen hierzu keine Auskunft geben.

7.4.4 Ibrāhīm und Muḥammad als paradigmatische Muslime

Zwar betonen Koran und Tradition beständig, Muḥammad sei ein Mensch wie jeder andere gewesen. Und doch wird auch er zum paradigmatischen Menschen. Er ist zwar nach islamischer Sicht nicht der erste Muslim – das ist Ibrāhīm –, aber er ist der beispielgebende Muslim. Die *sunnat Allāh wa-rasūlihī* umfasst die Lebensweise Muḥammads, d. h. nicht nur seinen Glauben, sondern sein Lebensideal in allen Banalitäten und Notwendigen, von Kleidungs- über Sprech- bis zu

[120] *M. Bauschke* dagegen hält Ibrāhīm für die identitätsstiftende Vaterfigur für den vaterlos aufgewachsenen Propheten (Der Freund Gottes, S. 118).

Essgewohnheiten, in denen der Prophet nachgeahmt wird, so dass uns heute von frommen Muslimen die Kopie eines exemplarischen Lebens des 7. Jahrhunderts in der arabischen Wüste im Deutschland des 21. Jahrhunderts präsentiert wird.

Muḥammad aber ist der Wiedergänger Ibrāhīms, ihm äußerlich und innerlich ähnlich, in Aussehen, Worten, Taten und in seinem Glauben. Sich auf Muḥammad zu berufen, heißt daher immer auch, sich auf Ibrāhīm zu berufen.[121]

7.4.5 Die eschatologische Fürsprache (*šafāʿa*) Ibrāhīms

Nach biblischer Tradition ist Abraham geradezu der Inbegriff des Fürsprechers; in Gen 18 tritt er für die wenigen Gerechten in Sodom ein, in Lk 16,19ff wird er, den armen Lazarus im Schoß, vom reichen Mann angerufen.[122]

Einige Koranverse negieren grundsätzlich die Möglichkeit einer Fürsprache am Jüngsten Tag (2,48.123.223.254.286; 6,94.152; 7,42.53; 60,3 u.a.),[123] doch einige wenige Verse räumen sie jedoch auch ein, „mit der Erlaubnis Gottes" (2,255; 10,3; 20,109; 21,28; 43,86; 53,26). Die Grundfrage ist die der Gerechtigkeit in Verbindung mit dem ethischen Impetus: Wenn durch Fürsprache die Verlorenen doch noch gerettet werden könnten, für die es nach dem Koran keine Rettung gibt, bestünde in diesem Leben keine Notwendigkeit eines gottgefälligen Wandels und der Koran widerspräche sich fundamental. Um dies zu lösen, wird nach Meinung einiger Theologen Fürsprache beschränkt möglich für Menschen, bei denen die guten und schlechten Taten ausgewogen sind und die sich gewissermaßen an der „borderline" zwischen Himmel und Hölle befinden. In diesen Grenzfällen sei Fürsprache eine göttliche Gnade und eine Ehre für den Fürsprechenden.[124]

Im Paradies werden Ibrāhīm die kleinen Kinder zugeordnet, die im Zustand der *fiṭra* gestorben sind, also in ihrer natürlichen Beschaffenheit, was bedeutet: im Islam, bevor ihre Eltern sie zu einer anderen Religion erziehen konnten:

„Und was den großen Mann im Garten anbetrifft, das ist Ibrāhīm. Und was die Kinder anbetrifft, die ihn umgeben, diese alle sind noch im Zustand der fiṭra gestorben." Da fragten

---

[121] Nicht von ungefähr nannte sich der irakische Salafist Abū Bakr al-Baġdādī (eigent-lich: Ibrāhīm b. ʿAwwad b. Ibrāhīm al-Hāšimī al-Ḥusainī al-Quraišī), der sich Ende Juni 2014 in Mosul zum Kalifen aller Muslime ausrief, „Ḫalīfa Ibrāhīm". Seine diesen Anspruch begründende Freitagsansprache an historisch bedeutsamer Stätte: https://www.youtube.com/watch?v=AtK797bw5-0 (13.8.2014).

[122] Die Arbeitshilfe der *Evang. Kirche im Rheinland* setzt unberechtigterweise Ibrāhīms Beauftragung als Imām der Menschen (2,124) analog zur eschatologischen Fürsprache (Abraham und der Glaube an den einen Gott, S. 8).

[123] „On the Last Day, the principle of just recompence will be strictly enforced and one will have to bear full consequences for one's action." *M. Mir*, Dictionary, S. 106f.

[124] *M. Mir*, Dictionary, S. 107.

ihn einige der Muslime: „O Gesandter Gottes, und die Kinder der mušrikīn?" Der Gesandte Gottes sagte: „Ja, auch die Kinder der mušrikīn."[125]

Nachdem der Koran in medinischer Zeit die in Mekka noch erlaubte Fürsprache Ibrāhīms aufgehoben hat, erwähnt nur ein zweifelhaftes Hadith in der nichtkanonischen Sammlung von Aḥmad eine mögliche eschatologische Fürsprache Ibrāhīms:

Abū Huraira berichtete, der Prophet habe gesagt – Mūsā jedoch bezweifelt dies –: Für die Nachkommenschaft der Muslime ist Ibrāhīm der Bürge im Paradies.[126]

Umso zahlreicher sind jedoch die Hadithe, in denen Ibrāhīm gerade keine Fürsprache einlegen kann:

Dann werden sie zu Ibrāhīm gehen und sagen: „O Ibrāhīm, du bist der Prophet Gottes und unter allen Menschen wirst nur du sein Freund genannt. Tritt für uns ein bei deinem Herrn! Siehst du nicht, wohin wir geraten sind?" Dann wird er ihnen sagen: „Wahrlich, mein Herr ist heute erzürnt in einem Maße, wie er es noch nie zuvor gewesen ist und nie wieder sein wird. Ich habe damals bei drei Gelegenheiten gelogen." – In der Überlieferung von Abu Ḥayyān sind diese aufgeführt. – „Meine Seele, meine Seele, meine Seele! Sucht einen anderen! Geht zu Mūsā!"[127]

Doch auch Mūsā wird nicht fürsprechen können, nicht einmal ʿĪsā, obwohl er der einzige ist, auf den der Hinderungsgrund einer Sünde nicht zutrifft:

Dann werden sie zu ʿĪsā gehen und sagen: „O ʿĪsā, du bist der Gesandte Gottes und ein Wort von ihm, das er in Maria hineingelegt hat, und ein Geist von ihm; du hast als Säugling zu den Menschen geredet aus der Wiege heraus. So tritt für uns ein bei deinem Herrn! Siehst du nicht, wie es um uns steht? " Dann wird ʿĪsā zu ihnen sagen: „Wahrlich, mein Herr ist heute erzürnt in einem Maße, wie er es noch nie zuvor gewesen ist und nie wieder sein wird." Und er nannte keine Sünde. „Meine Seele, meine Seele, meine Seele! Sucht einen anderen! Geht zu Muḥammad!"[128]

---

[125] *al-Buḫārī* 6.525; dass die Kinder der *mušrikīn* im Paradies sein werden, ist lediglich eine Illustration der *fiṭra* – denn sie sind ja Muslime. Al-Ġazālī zufolge sollen diese verstorbenen Kinder für ihre Eltern Fürsprache einlegen können, wie auch alle Propheten und Frommen für ihre Verwandten bitten können, wobei die unvergebbaren Sünden Mord, *širk* und *kufr* ausgeschlossen sind. Die Tradition schreibt den Märtyrern Fürsprachemöglichkeit zu: „On this matter, we have proof. It is written in the Koran and in the Sunna. This matter is clear. The shahid receives from Allah six special things, including 70 virgins, no torment in the grave, and the choice of 70 members of his family and his confidents to enter paradise with him." (Sheikh Raid Salah in einem Interview mit der israelischen Tageszeitung Ha'aretz, 25.2.04).

[126] *Aḥmad b. Ḥanbal*, Al-Musnad, in: Mausūʿat al-Ḥadīṯ aš-Šarīf, Nr. 7.974.

[127] *al-Buḫārī* 4.343. Die drei Lügen betreffen seine Vorschützung einer Krankheit (37,89), dass er die Schuld an der Zerstörung der Götzen auf den größten schob (21,63) und seine Lüge betreffs Sārā, die er als seine Schwester deklarierte (nur in der Tradition).

[128] at-Tirmiḏi 2358.

So wird jeder der Propheten die heilsuchenden Menschen zum nächsten Propheten schicken, bis schließlich Muḥammad für seine *umma* eintreten wird.[129]

7.5 Muḥammad als eschatologische Überbietung Ibrāhīms

Was Ibrāhīm nicht (mehr) zugestanden wird, ist nach islamischer Auffassung Aufgabe des „Siegels der Propheten". Zur Fürsprache für seine *umma* ist keiner der Propheten fähig – außer Muḥammad, dem „die Sünden vergeben sind, die früheren und die späteren". So spricht er in einem Hadith von seiner zukünftigen Aufgabe:

„Dann werde ich mich aufmachen und unter den Thron kommen und mich vor meinem Herrn – stark und erhaben ist er – niederwerfen. Dann wird Gott mir Eingebungen zukommen lassen über seine löblichen Taten und die ihm zustehenden höchsten Lobpreisungen, wie er sie noch niemandem vor mir enthüllt hat. Dann wird mir gesagt werden: „O Muḥammad, erhebe dein Haupt! Bitte, und es wird dir gegeben! Lege Fürsprache ein, und es wird ihr entsprochen!" Dann werde ich mein Haupt erheben und sprechen: „Meine Umma, o mein Herr; meine Umma, o mein Herr; meine Umma, o mein Herr!" Dann wird mir gesagt werden: „O Muḥammad, lass diejenigen aus deiner umma, gegen die nichts vorliegt, durch die rechte der Pforten ins Paradies eintreten." Bei dem, in dessen Hand die Seele Muḥammads ist, die Spanne zwischen den beiden geöffneten Türflügeln eines der Paradiesestore ist so groß wie die Entfernung zwischen Mekka und Ḥimyar oder wie zwischen Mekka und Buṣra.[130]

Wegen dieser Fürsprache ist denn auch für aṭ-Ṭabarī Muḥammad die Überbietung aller anderen Propheten.[131]

Die zukünftige eschatologische Rolle Muḥammads bietet Raum für maßlose Spekulationen. Kontext ist wieder die Himmelsreise Muḥammads, die ʿĪsā im 2. Himmel,[132] Mūsā im 6. Himmel und Ibrāhīm im 7. Himmel ansiedelt: Er lehnt dort am *bait al-maʿmūr*, dem im Himmel „erbauten Haus", d. h. der in den Him-

---

[129] Dagegen leugnete der Murǧi'it Ṭalq b. Ḥabīb al-ʿAnazī (gest. 95/714) aus Baṣrā die Fürsprache des Propheten, da er sie als unkoranisch ansah (*J. van Ess*, Theologie und Gesellschaft I, S. 159). Eine Sondermeinung vertreten auch die Schiiten, die zunächst auf die Fürsprache ʿAlīs, dann aber auch aller Imame, sowohl der toten als auch der lebendigen, hoffen; ebenso ist Fürsprache durch Familienmitglieder und Freunde möglich. Wer bei der Befragung durch die Engel im Grab den Namen seinen Imams nicht kenne, sterbe einen *ǧāhilīya*-Tod. Der Imam, der teilweise als „Antlitz Gottes" gilt, vertrete ʿAlī auf Erden, so dass man zu ihm sagen könne „Nimm mich bei der Hand und schütze mich vor dem Höllenfeuer." (*J. van Ess*, Theologie und Gesellschaft I, S. 276). Die schiitische Vorstellung lässt den Imām im Himmel zur Rechten Gottes sitzen, wo er als Gottes Auserwählter und Geliebter proklamiert wird, in einer Art himmlischer Kommunion sogar mit Gott zusammen aus dem Becher der Freundschaft trinkt (*G. Widengren*, Muhammad, the Apostle of God, and his Ascension, S. 91).

[130] *al-Buḫārī* 4.343. In anderen Versionen holt Muḥammad seine Anhänger gruppenweise aus dem Feuer, bis hin zu denen, „in deren Herzen nur Glauben von der Größe eines Staubkorns ist".

[131] *aṭ-Ṭabarī*, Tafsīr zu 3,55.

[132] Hier widerspricht die Tradition der koranischen Aussage, wonach Gott ʿĪsā *rafaʿahū ilaihī* (zu sich emporgehoben) hat (4,158); noch stärker in der direkten Rede Gottes 3,55: *yā*

mel emporgehobenen Kaʿba. Während im Koran die Botschaft des Propheten im Mittelpunkt steht und gerade der Menschenkult der Christen entschieden abgelehnt wird („Sie nehmen sich gegenseitig zu Herren"), hat die Tradition zuerst sein Leben liebevoll und farbig ausgeschmückt, um dann im Volksislam seine Person mit allem auszustatten, was einen veritablen „Heiligen" ausmacht.[133] So hat die Tradition – wie aufgezeigt – die beiden Personen Muḥammad und Ibrāhīm immer weiter angeglichen. Zwar soll nach Abū Huraira der Prophet verboten haben, zwischen den Propheten Gottes irgendwelche Unterschiede zu machen,[134] doch ist Muḥammad *ḫātam an-nabīyīn*[135] (33,40), was zu einer Überbietung Ibrāhīms durch Muḥammad führt.

The devotion with regard to the figure of the Arab Prophet and the necessity to mark the superiority of Islam meant that in the course of the centuries traditions that attributed superiority to Muḥammad in comparison with all the other prophets became prevalent.[136]

Zwar ist Ibrāhīm „der beste der ganzen Schöpfung", doch Muḥammads Stellung wird von der Tradition im Laufe der Zeit geradezu maßlos ausgebaut:

„I have been the Servant of God and the Seal of the Prophets when Adam (still) was lying prostrate in his (original) slime."[137]

Darüber hinaus werden Muḥammad schließlich alle erdenklichen himmlischen Ehren zuteil, die ihn weit über alle anderen Propheten hinausheben. Ausgangssituation ist dabei ein Gespräch der Prophetengefährten über die Auszeichnungen der Propheten:

Nach Ibn ʿAbbās:
Da ging er [Muḥammad] zu ihnen hin, grüßte sie und sagte: „Ich habe eure Rede gehört und eure Verwunderung darüber, dass Ibrāhīm der Freund Gottes sei – ja, so ist es; dass Mūsā sein Vertrauter sei – ja, so ist es; dass ʿĪsā sein Geist und sein Wort sei – ja, so ist es; und dass Ādam von Gott dem Erhabenen erwählt wurde – ja, so ist es.

Ich hingegen bin der Liebling Gottes [ḥabīb Allāh] – das ist keine Prahlerei; und ich trage das Banner des Lobes (Gottes) am Tag der Auferstehung, unter dem Ādam und seine Nachfahren sich sammeln – das ist keine Prahlerei; und ich bin der erste, der am Tag der Auferstehung Fürsprache einlegt (šāfiʿ) und der erste, dessen Fürsprache angenommen wird (mušaffaʿ) – das ist keine Prahlerei; und ich bin der erste, der den Klopfring am Tor des Paradieses bewegt – das ist keine Prahlerei; dann wird Gott selbst mir öffnen und mich eintreten

---

ʿĪsā innī mutawaffīka wa-rāfiʿuka ilayya (O ʿĪsā, ich werde dich abberufen und dich zu mir emporheben.).

[133] Siehe *T. Nagel*, Allahs Liebling: Ursprung und Erscheinungsformen des Mohammedglaubens.

[134] Im Gegensatz dazu 2,253, wonach Gott einige Gesandte vor anderen bevorzugt habe (ebenso 17,55; 27,15).

[135] *ḫātam* (Siegel), ist spätmedinisch; es kann keine Ableitung von ḫ-t-m (siegeln) sein, da die Substantivform keine reguläre arabische Form ist, folglich ist sie hebräischen Ursprungs in der Bedeutung „obsignatio, finis, conclusio" (*A. Jeffery*, Foreign vocabulary, S. 120 f.).

[136] *R. Tottoli*, Biblical prophets, S. 113.

[137] *Ibn Saʿd*, Ṭabaqāt I, S. 1 zit. in: G. Widengren, Muhammad, the Apostle of God, S. 12.

lassen und mit mir die Armen der Gläubigen – das ist keine Prahlerei; und ich bin der Edelste der Ersten und der Letzten bei Gott – das ist keine Prahlerei."[138]

Die Begegnung mit dem syrischen Christentum erweckte wohl in den Muslimen den Wunsch, Muḥammad eine dem eschatologisch thronenden Christus, *maiestas domini*, vergleichbare Stellung zu verschaffen.

Auch ohne die oben erwähnten Hadithe zeigt sich durchgehend die Entpersonifizierung Ibrāhīms und seine Hinordnung und Ausrichtung auf Muḥammad, der an ihn anknüpft, sich durch ihn legitimiert – und ihn vollendet.

So bilden Ibrāhīm und Muḥammad gleichsam die beiden Dreh- und Angelpunkte des Islam, durch die – nicht nur im Heiligtum von Mekka (s. Schaubild 11) – die Hauptachse verläuft. An ihnen und in ihnen wird der Islam lebendig und erhält seine Gestalt. Wenn Muḥammad als *ḫātam an-nabīyīn* der Vollender des Islam ist, so muss man logischerweise Ibrāhīm – als derjenige, der als erster bezeugte: „*aslamtu li rabb al-ʿālamīn*" (ich habe mich dem Herrn der Welten ergeben) – als dessen Anfänger bezeichnen (s. Schaubild 15).

So sieht es auch die islamische Theologie selbst. Für sie ist der Ruf zu Ibrāhīm das „beste, kürzeste und vollkommenste Argument" Gottes, das theologische Auseinandersetzung mit Juden und Christen grundsätzlich überflüssig macht:

Nach Ibn ʿAbbās:
Gott half seinem Propheten Muḥammad mit dem besten, kürzesten und vollkommensten Argument und lehrte es ihn: „O Muḥammad, sag denen von den Juden, den Naṣārā und deinen Gefährten, die sagen: ‚Werdet Juden oder Christen, so seid ihr rechtgeleitet' folgendes: ‚Nein, vielmehr kommt her, lasst uns der Glaubensrichtung Ibrāhīms folgen, die uns alle eint in dem Glaubenszeugnis, dass sie die Religion Gottes ist, die er gewollt, bestimmt und befohlen hat. Denn seine Religion war das muslimische Hanifentum. Und wir wollen alle anderen Richtungen hinter uns lassen, worüber wir uneins sind, weil die einen sie ablehnen und die anderen sie anerkennen. In dem, worüber wir streiten, können wir niemals eins werden, darum ist der einzige Ausweg daraus die Glaubensrichtung Ibrāhīms.'"[139]

Mit Blick auf die Gesprächssituation muss bereits die in der Tradition festgelegte Prophetenhierarchie im Himmel ernüchtern, vor allem Christen. Denn es ist schwer verständlich, warum ʿĪsā, der doch im Koran mit Würdenamen wie „Wort von Gott" (3,45; 4,171) und „Geist von ihm" (21,91; 2,87.253; 66,12; 4,171; 5,110) bedacht und durch seine Taten weit über andere Propheten emporgehoben wird, von der Tradition auf die niedrigen Ränge im 2. Himmel, noch unter dem koranisch völlig unbedeutenden Idrīs, verbannt wird. Die Stellung Ibrāhīms im höchsten, im 7. Himmel[140] illustriert dagegen gut seine Stellung innerhalb

---

[138] ad-Dārimī 47; at-Tirmiḏī 3.549; Ibn Kaṯīr, Tafsīr; *B. Wheeler*, Prophets in the Quran, S. 107. – Dieses Hadith bezeichnen einige Kommentatoren, u. a. Ibn Kaṯīr, als *ġarīb* (seltsam, befremdlich).

[139] *aṭ-Ṭabarī*, Tafsīr I, S. 564.

[140] Der 7. Himmel als der höchste Himmel gilt für die islamische Tradition; die Manichäer jedoch kannten zehn plus den Zodiak, und manche Stellen beschreiben sogar zwölf Himmel (S. *Böhlig*, Die Gnosis der Manichäer, S. 105).

des Islam. Dadurch jedoch, dass letzten Endes ausschließlich Muḥammad in die Gegenwart Gottes treten kann und dort eine soteriologische Funktion übernimmt, wird auch eine Rückkehr zu Ibrāhīm ausgeschlossen – denn auch dessen Fürsprache ist nutzlos.

Somit substituiert der Islam – im Namen Ibrāhīms! – die Heilswege Gottes in Judentum und Christentum. Durch die Rückprojektion der „Heils"-Geschichte auf Ibrāhīm schafft der Islam deren unhinterfragbare Perpetuierung in die Zukunft hinein. Eine Rückkehr zu Ibrāhīm bedeutet folgerichtig daher eine Rückkehr zum Islam – sowohl im Sinne der Unterwerfung unter Gott als auch der Zugehörigkeit zur „Religion der Wahrheit" in ihrer institutionalisierten Gestalt.

Die Glaubensrichtung Ibrāhīms ist hier also nicht das einigende Band, die gemeinsame Basis aller Religionen nach Abraham, sondern als Resultat aller theologischen Auseinandersetzungen ein universeller Glaube, der allein in der von Muḥammad propagierten Form Gültigkeit besitzt und nur von ihm recht bewahrt wird. Das Zurück zu Ibrāhīm beansprucht nach islamischem Verständnis, die Irrtümer, Irrwege und Fälschungen von Judentum und Christentum zu überwinden – der Weg vorwärts ist also ein Weg zurück. Und gerade dadurch stempelt er diejenigen, an die er formal anknüpft, zu „ungetreuen Knechten" – ganz im Gegensatz zu Jesus, der durch sein „Ehe Abraham ward, bin ich" (Joh 8,58) eben kein präjüdisches Christentum begründet.

8. Ibrāhīmische Anfragen und Perspektiven

8.1 Anfragen an die Abrahams-Ökumene

Die Juden haben Mūsā geglaubt und ʿĪsā der Lüge bezichtigt,
die Christen glaubten an ʿĪsā, aber nicht an Muḥammad.
An Ibrāhīm aber glaubten sie alle.[1]

Die Vertreter der Abrahamischen Ökumene und der mittelalterliche Theologe aṭ-Ṭabarī sind sich offensichtlich einig: Ibrāhīm als gemeinsamer Nenner und damit Antwort auf theologische Streitfragen. Auch das „Common Word" als muslimische Dialoginitiative von 2007 rät, die umstrittene Thematik Jesus / ʿĪsā hinter sich zu lassen, da die christologische Auseinandersetzung nicht lösbar sei. Es plädiert daher für den Rückgriff auf Ibrāhīm und das „common word" (*kalima sawāʾ*, 3,64), verbunden mit dem Aufruf, Gott und den Nächsten zu lieben.[2]

Angesichts des Pathos, mit dem immer wieder die Überzeugung vorgetragen worden ist, die sogenannte „Abrahamische Ökumene" müsse „theologisch bejaht" werden, da sie „Gottes Absicht mit der Menschheit entspreche"[3], verweist Friedmann Eißler in seinem Aufsatz „Gibt es eine abrahamische Ökumene?" zu Recht darauf, dass es sich dabei keinesfalls um „ein sachlich unbedingt Gegebenes" handle, sondern um einen „recht jungen Vorschlag zur Bewältigung der anstehenden Fragen" – hier klingt die Verschiebung von theologischen Prämissen hin zur Praxis bereits an. Eißler sieht die angeblich gemeinsame Quelle Abraham als nicht einfach vorhanden in dem Sinne, dass sie „nur entdeckt zu werden" brauche, sie müsse vielmehr konstruiert werden, um leisten zu können, was von ihr gefordert wird.[4]

Es kann in diesem begrenzten Rahmen nicht um einen umfassenden Vergleich zwischen dem alttestamentlichen, jüdischen und neutestamentlichen Abraham gehen,[5] vielmehr gilt es nun, nach der ausführlichen Darstellung des koranischen und islamischen Ibrāhīm, Schwerpunkte der Abrahamrezeption in

---

[1] *aṭ-Ṭabarī*, Tafsīr XIX, S. 86.

[2] *Friedmann Eißler* (Hrsg.), Muslimische Einladung zum Dialog. Dokumentation zum Brief der 138 Gelehrten („A Common Word"), *EZW-Texte* 202, Berlin 2009.

[3] *K.-J. Kuschel*, Streit um Abraham, S. 268.

[4] *F. Eißler*, Gibt es eine abrahamische Ökumene?, S. 268.

[5] Siehe dazu: *Böttrich / Ego / Eißler*, Abraham in Judentum, Christentum und Islam; *K.-J. Kuschel*, Juden – Christen – Muslime. Herkunft und Zukunft.

Judentum und Christentum zu vergegenwärtigen und von daher Perspektiven auf notwendige Akzente im christlich-muslimischen Gespräch zu eröffnen. In diesem Schlusskapitel werden die in Teil I aufgelisteten Abrahamsthemen an den Ergebnissen der Untersuchungen aus Teil III gespiegelt und das Konzept der Abrahamischen Ökumene bewertet. Nach der christlichen Perspektive aus Teil I und der islamischen aus Teil II und III werden beide nun zusammengeführt und untersucht, ob sich im islamischen Bereich und in der Abrahamischen Ökumene dieselbe Sicht der Gestalt Abrahams und der verhandelten Themen findet. So kann sichtbar werden, ob und inwieweit die angestrebte Ökumene dem in der Exegese und der islamischen Theologiegeschichte sichtbar gewordenen Selbstverständnis des Islam gerecht wird. Die Anfragen werden daher dialogisch formuliert: In derselben Reihenfolge wie in Kap. 1.5 werden die einigenden Punkte, dann aber die Divergenzen dargelegt und Anfragen sowohl aus christlicher als auch aus islamischer Sicht formuliert.

Im Judentum wird Abraham ausgezeichnet durch drei Merkmale: Er ist der von Gott Erwählte, in dem zugleich seine Nachkommenschaft, das Volk Israel, mit erwählt ist (Gen 12,1–3) und dadurch zum Inbegriff des erwählten Israel wird als „Kinder Abrahams". Diese Erwählung Gottes korreliert mit dem unbedingten Gehorsam Abrahams, von der Umkehr von der falschen Religion Mesopotamiens bis zur dramatischen Spitze in der Aqedah als äußerste Glaubensprüfung, die zugleich Schluss und Höhepunkt der zehn Prüfungen ist, die nach der jüdischen Tradition den Gehorsam Abrahams bewähren.[6] Der Bund Gottes mit Abraham beruht auf dem Beschneidungsbund (Gen 17) und seiner Toratreue. Der Glaube Abrahams von Gen 15,6 wird rabbinisch von Gen 26,5 her interpretiert; im Gegensatz zur christlichen Interpretation also gerade von der Toratreue her. Nach dem rabbinischen und orthodoxen Judentum hielt Abraham alle halachischen Anforderungen und übte die ganze Tora aus, die schriftliche und die mündliche Lehre.[7]

Für das Christentum ist die Geschichte Jesu und seiner Anhänger via Abraham dezidiert in der Geschichte Israels verankert (Mt 1,1; Röm 4,16). Im Neuen Testament erfolgt die Inanspruchnahme Abrahams als Ur- und Vorbild christlichen Glaubens durch die dem Abraham angerechnete Gerechtigkeit (Gen 15,6) in der paulinischen Auffassung der Glaubensgerechtigkeit, in der Betonung von Verheißung und Erfüllung sowie der heilsgeschichtlichen Stellung Abrahams vor der Gabe der Tora.[8] Innerhalb des Neuen Testaments finden sich je nach Kontext sowohl Kontinuität als auch Diskontinuität in der israelkritischen Distanzierung,

---

[6] Mischna Avot 5,3; vgl. *Hans-Jürgen Becker*, In zehn Prüfungen erprobt … – Abrahams Versuchungen in Talmud und Midrasch, in: T. Nagel (Hrsg.), Abraham unser Vater, 86–97.

[7] Sir 44,20; Jub 12ff; babylonischer Talmud, Traktat Yoma 28b.

[8] Vgl. dazu *Otfried Hofius*, Rechtfertigung des Gottlosen als Thema biblischer Theologie, in: Hofius, Paulusstudien, Bd. 1, Tübingen 1989, 121–147. Zu Röm 4: *Maria Neubrand*, Abraham – Vater von Juden und Nichtjuden, Würzburg 1997.

etwa in der Unterscheidung zwischen „Samen Abrahams" und „Kinder Abrahams". Hier wird das erwählungsgeschichtliche Modell, die Erwählung Israels in Abraham und die Frage der Legitimität der Abstammung als auf Jesus hin angelegt – in ihm kulminierend weitergeführt und damit die Abstammung für die im Glauben an ihn gegründete Gemeinschaft reklamiert. Ihm gegenüber steht das Bewährungsmodell, in dem sich an Verhalten und Handeln eines Menschen entscheidet, ob er ein wahres τέκνον τοῦ Αβρααμ ist. Beide haben jedoch eindeutig ihr Ziel in Christus und der Zugehörigkeit zu ihm. Spätestens am Ende des 1. Jahrhunderts fand sich das Christentum im Gegenüber zum Judentum und musste seine Identität formen, auch und gerade in der Frage nach dem Verhältnis der späteren zur früheren Offenbarung. Hier gibt es verschiedene Entwürfe wie Typologie, Verheißung – Erfüllung, Kontinuität und Diskontinuität, restitutive und überbietende Aspekte, die Anfang und Ende aufeinander beziehen – bis hin zur theologischen Substitution Israels durch die Kirche als das „wahre Israel".[9] Im Unterschied zum Islam, der ebenfalls die Schriften vor ihm einer *relecture* unterzieht, fallen hier die Schriften selbst nicht in fundamentaler Kritik unter das pauschale Urteil der Verfälschtheit und Verderbtheit – vielmehr hält das Christentum an ihnen fest und integriert sie in den neuen biblischen Kanon.

Die bisherige (westliche) Debatte um die „Abrahamische Ökumene" hat nur einen Teil dieser Überlegungen aufgenommen. In Exegese und Rezeption der koranischen Ibrāhīmtexte wurden nicht nur die unterschiedlichen Erzählperspektiven, sondern vor allem die unterschiedlichen Intentionen desselben Stoffes aufgezeigt.

> On the surface level we appear to have two very similar stories that are more or less interchangeable. But the more detailed analysis (…) shows that, in fact, these two texts are quite different and (…) hard to reconcile with each other. The Qur'an's portrayal of the human and divine characters conveys certain theological points that are often radically different from those which can be drawn from Genesis.[10]

Jene unterschiedlichen Intentionen gründen in einem unterschiedlichen Gottesbild, das – als zweite Seite derselben Medaille – auch ein unterschiedliches Menschenbild bedingt.

8.1.1 Der Glaube Abrahams / Ibrāhīms

8.1.1.1 Abraham als dogmatisch einigend im Monotheismus

Abraham ist sowohl für Judentum als auch Christentum der erste, der den einen Gott erkannte, seiner Stimme folgte und seine Familie und damit seine Nach-

---

[9] Vgl. dazu *Martin Tamcke*, ‚Wir sind nicht von Abrahams Samen!' Deutungen Abrahams in der ostsyrischen Literatur, in: Nagel (Hrsg.), Abraham unser Vater, 112–132.

[10] *J. Kaltner*, Ishmael instructs Isaac, S. 103 f.

kommen in die Verehrung dieses einen Gottes hineinnahm und durch die Radikalität seines eigenen Glaubens Vater aller Glaubenden wurde. Im Islam ist er gleichfalls Vater des Glaubens und Vater der Glaubenden; nach dem Verständnis der Prophetensukzession hatte jedoch jeder Prophet vor ihm, also schon Ādam und Nūḥ, denselben monotheistischen Glauben.

Die koranische Betonung des Monotheismus macht den Kern des Glaubens Ibrāhīms aus; dadurch unterscheidet er sich vom Polytheismus seines Vaters und Volkes. (Kap. 4.3; 4.6–4.7) Die Signalwörter in diesem Zusammenhang sind *ḥanīf* und *mā kāna min al-mušrikīn*. Zunächst scheint in diesem Punkt zwischen christlicher und islamischer Sicht grundsätzlich kein Dissens zu bestehen.

Nur: Fragt man nach der islamischen Sichtweise des christlichen Monotheismus, so wirft bereits der Koran den Christen die Vergöttlichung Jesu und vereinzelt den Glauben an drei Götter vor, etwa wenn der Koran in Sura 4,171 einen angeblichen Tritheismus im Christentum tadelt; und der islamischen Theologie ist es bis heute nicht befriedigend gelungen, den Widerspruch zwischen den um der Schrift willen geachteten *ahl al-kitāb* und den um des trinitarischen Gottesbildes wegen abgelehnten Verehrern von angeblich drei Göttern zu klären. (Exkurs 8) Somit ist hier an die islamische Adresse die Frage zu stellen, ob sie – zumindest heute – Christen als „reine" und damit ebenbürtige Monotheisten anerkennen. (Kap. 6.4.2) In der christlich-islamischen Begegnung spielt die Definition des *širk*-Begriffes eine zentrale Rolle. Der *širk*-Vorwurf untergräbt jegliche Gleichwertigkeit nichtmuslimischer Gesprächspartner. Damit es überhaupt eine Gesprächsebene geben kann, müssen jüdische und christliche Gesprächspartner als Gottglaubende und Besitzer einer – gültigen – göttlichen Offenbarungsschrift und als Glaubende auf Augenhöhe anerkannt werden. Eine Rücknahme und deutliche Distanzierung vom *širk*-Vorwurf auf Seiten muslimischer Dialogpartner ist also unverzichtbar. Daher muss der „dogmatisch einigende Glaube" mit Blick auf den muslimischen *širk*-Vorwurf eingeschränkt werden: Nur mit den Muslimen, die sich davon distanzieren und dem Christentum zugestehen, monotheistisch zu sein, kann Ibrāhīms Glaube als einigend im Monotheismus angesehen werden.[11]

8.1.1.2 Abrahams Glaubenseifer gegen die Götzen

In seinem erbitterten Kampf gegen jeglichen *širk* verkörpert Ibrāhīm auch den Glauben, „der die Götzen der Väter entzaubert"[12] und sie als Nichtse entlarvt. Abraham wird von der Abrahamischen Ökumene als „Kronzeuge" gegen Idolatrie angeführt und interreligiös als konsequenter Gegner und Bekämpfer der

[11] Der offene Brief von 138 muslimischen Persönlichkeiten an den Papst und die Weltchristenheit, „A Common Word", ist dafür ein ermutigendes Beispiel. Vgl. dazu die Dokumentation von *F. Eißler* (Hrsg.), Muslimische Einladung zum Dialog, *EZW-Texte* 202, Berlin 2009.

[12] So *K.-J. Kuschel*, vgl. Jos 24,2.

Götzenverehrung angesehen. Dabei werden Materialismus und Hedonismus genannt sowie alles, was anstelle Gottes die Mitte des Menschen einnehmen kann; nach Luthers „Woran du dein Herz hängst, das ist dein Gott." Wenn Kuschel diese Götzenverehrung in der heutigen Zeit auf Rassismus, Sexismus, Diskriminierung etc. bezieht, erfasst er einen Teil der in Abraham begründeten Götzenbekämpfung, beschränkt sich jedoch auf rein immanente Faktoren. Die argumentative Bekämpfung der Götzen bei Ibrāhīm ist vorrangig in deren Machtlosigkeit begründet – angesichts der einen, alleinigen Schöpfergottes (Kap. 4.6.5). Im „Ikonoklasmus" des Pentateuch geht es um die Abgrenzung und Tilgung von falschen Gottheiten, und es wäre vermessen zu behaupten, diese Verehrung falscher Götter oder ihrer Antipoden gäbe es heute nicht mehr; es handelt sich dabei also nach wie vor auch um eine Ablehnung religiöser Trugbilder.

Damit ist dieser Gedanke unter zwei verschiedenen Faktoren zu sehen: (1) die Gegnerschaft immanent verehrter Dinge und (2) die Ablehnung falscher Götter. Untersucht man den ersten Faktor, so erkennt man schnell, dass es sich hierbei um kein abrahamisches Spezifikum handelt. Vielmehr geht es um ein bestimmtes Ethos, ein ethisches Bewusstsein, eine Grundlebenshaltung. Gewiss finden wir derlei bei Abraham, aber genau so bei anderen biblischen Gestalten, ja, bei anderen Religionen und philosophischen Lehrgebäuden. Hierfür brauchen wir keine in Abraham begründete Ökumene – auch wenn selbige einen solchen Ethos verträte –, hierin könnten sich überreligiös deutlich mehr Menschengruppen zusammentun.

Der zweite Faktor hingegen überschneidet sich mit dem Monotheismus des Abraham, welcher schon selbst implizit die falschen Götter ablehnt. Sowohl das Christentum als auch der Islam lehnen andere und damit falsche Götter ab. Allerdings: Der koranische Ibrāhīm lehnt nicht nur alles ab, was dem einen Gott zur Seite gestellt werden könnte, und trennt sich in der *hiǧra* von den Ungläubigen, sondern muss letztlich auch die Fürsprache für sie einstellen (Kap. 4.7 und 4.8), so dass es keine Hoffnung auf Rettung für sie gibt.

Nur: Hier ist an muslimische Gesprächspartner wieder die Monotheismus- und *širk*-Frage zu stellen. Über den oben angesprochenen Vers 4,171 hinaus muss auch das Verständnis von 9,31 geklärt werden: Hier wird den Christen vorgeworfen, sie hätten

> … ihre Gelehrten und ihre Mönche zu Herren neben Gott genommen, sowie al-Masīḥ b. Maryam, wo ihnen doch befohlen worden ist, einem einzigen Gott zu dienen.

Die *širk*-Frage ist daher eine Frage, die bislang in der Abrahamischen Ökumene noch nicht befriedigend und v. a. nicht abschließend verhandelt wurde – die aber unabdingbar dazugehört, wird doch von Ibrāhīm ausdrücklich gesagt: *wa-mā kāna min al-mušrikīn* (und er gehörte nicht zu den *mušrikīn*).

Desgleichen verkennt die Feststellung, Ibrāhīm würde auch theologisch nicht ausgrenzen, „nicht die aggressive Abgrenzung oder gar Vernichtung anderer

Glaubensformen“[13] fordern und kein „monotheistisches Bollwerk gegen nichtabrahamische Religionen“ errichten, das tiefste Anliegen des koranischen Ibrāhīm.

8.1.1.3 Glaube als Vertrauen und Bewährung

„Glaube“ bedeutet schon vom reinen Wortsinn her, sich auf jemanden zu verlassen, jemandem zu vertrauen, sich an jemanden anlehnen, sich von jemandem tragen lassen.[14] Daher beginnt mit Gen 12 nicht nur die Vätergeschichte, sondern mit Abraham als dem Menschen, der sich rückhaltlos dem wegweisenden Gott (Gen 21,4a) anvertraut, ein neues Kapitel der Menschheitsgeschichte. Wurde Adam in den Gottesgarten Eden gesetzt, so geht Abraham freiwillig, allein dem Gotteswort folgend, in das Land der Verheißung. So kann von ihm gesagt werden, er sei der „neue Mensch, zwar nicht von YHWH erschaffen, wie der Mensch am Anfang, aber doch ganz von YHWHs heilvollem Willen geformt“.[15] Er verkörpert den Typus dessen, der sich bedingungslos Gott hingibt. Wer in seinen Spuren geht, wer glaubt wie Abraham, der wird nun teilhaben an der Segenslinie, deren Startpunkt und Initiator Abraham ist, dem wird sein Glaube zur Gerechtigkeit gerechnet. Wer glaubt wie Abraham, der glaubt auch wie er an den Gott Abrahams.

> Schauen Christen auf Abraham, so begreifen sie, was ‚Glauben‘ im Tiefsten bedeutet: Hoffen ‚gegen alle Hoffnung‘, ‚Nichtzweifeln an der Verheißung Gottes‘, Überzeugtsein davon, ‚dass Gott die Macht besitzt, zu tun, was er verheißen hat‘ (Röm 4,18–21).[16]

Abrahams bedingungsloses Vertrauen in Gott ist wohl eines der stärksten und am meisten verbindenden Themen innerhalb der Abrahamsökumene.

Allerdings darf dabei der koranexegetische Befund nicht vernachlässigt werden, der weniger von Vertrauen als von Bewährung spricht – sowohl ein großer jüdischer als auch islamischer Topos. Glaube als Bewährung in Prüfung deckt sich vollständig mit der in den Korankommentaren sichtbar gewordenen Sicht zu 2,124 – in der koranischen Aqedah jedoch primär als Bewährung des Glaubens des Sohnes (Kap. 4.5.3, insbesondere 4.5.3.2). Von daher erschließt sich eine Sicht des Glaubens, die vor allem eine Bewährung im Gehorsam betont. Der „Lohn“ der koranischen Bewährung besteht in dieser Stelle in Reinigung und Bau der Kaʿba als exklusivem geistigem Zentrum des Islam, an dem die anderen,

---

[13] *K.-J. Kuschel*, Streit um Abraham, S. 281.

[14] אמן Niph. fest, sicher, beständig sein; zuverlässig, treu sein; getragen werden; Hiph. trauen; glauben; getrost, vertrauensvoll sein (Gesenius, S. 48).

[15] *Lothar Ruppert*, ‚Zieh fort (…) in das Land, das Ich dir zeigen werde.‘ Der wegweisende und erscheinende Gott in Gn 12 und 13, in: Kuntzmann (Hrsg.), Ce Dieu qui vient. Etudes sur l’Ancien et le Nouveau Testament, Paris 1995, 69–94, hier: S. 86.

[16] *K.-J. Kuschel* in: Kuschel / Micksch, Abrahamische Ökumene, S. 14.

nichtmuslimischen Nachkommen des solcher Art Bewährten nicht nur nicht teilhaben, sondern explizit ausgeschlossen sind (Kap. 5.2.2).

8.1.1.4 Gegenseitige Bewahrung der Religionen

Wenn Kuschel behauptet, in Abraham als dem Vorbild der Gastfreundschaft müssten alle Versuche, unter anderen Religionen zu missionieren, aufgegeben werden, dann nimmt er damit die jeweiligen Schriften und die Glaubenspraxis nicht ernst. Der Kontext der koranischen Erzählung von den drei Gästen Ibrāhīms stellt keinerlei Beziehung zu anderen religiösen Traditionen her, sondern nimmt die völlig selbstverständliche Gastfreundschaft gegenüber Gästen als bloße Erzählfolie für die Sohnesankündigung – die aber gerade nicht in ihrer heilsgeschichtlichen Dimension gesehen wird, sondern als individuelle und paradigmatische Belohnung eines Propheten innerhalb des koranischen Strafe-Lohn-Schemas (Kap. 4.5.2.3).

Indem der Islam die beiden anderen Religionen bezichtigt, die Offenbarung Gottes verdunkelt zu haben, ist es aus islamischer Sicht nicht hinnehmbar, nicht zu versuchen, sie von diesem vermeintlich falschen Weg abzubringen und wieder zur „ursprünglichen" Wahrheit zurückzuführen. Gleichwohl können Protestanten nicht hinter die Erkenntnisse der Reformation zurücktreten und die reformatorischen Prinzipien als nichtig und soteriologisch irrelevant erklären, ebensowenig wie den Missionsbefehl, der den Taufbefehl mit einschließt. Darüberhinaus widerspricht Kuschels Argumentation seiner eigenen These: Die Gastfreundschaft Abrahams, der Menschen unabhängig von jeglichen Umständen aufnahm, impliziere seine Gäste nicht zu missionieren, da man Respekt vor ihrer Religion habe. Hier projiziert Kuschel sein eigenes humanistisches Verständnis von Gastlichkeit auf Abraham, denn um seine These zu beweisen, führt er ein Zitat aus der jüdischen Tradition an, welches besagt, dass Abrahams Haus allen Menschenkindern offen stünde – es endet jedoch damit, dass Abraham seine Gäste von Gott erfahren lässt.

Abraham verkündigt also seinen Gästen den sich ihm offenbarten Gott. Nachfolge Abrahams würde für uns also dasselbe bedeuten. Es wäre wohl kaum im Sinne Abrahams gewesen, seinen Gästen ausgerechnet den Urheber des „Geh aus deinem Vaterland", den sein Leben prägenden, sprechenden und wirkmächtigen Gott vorzuenthalten. Wenn eine Religion ihre eigene Offenbarung ernst nimmt, schließt dies zugleich einen Konsens aus. Außerdem darf der Begriff „missionieren" nicht pauschal mit einer Negativfolie überzogen werden, die sich aus Vorurteilen wie Belästigung, Zwang, Opportunismus und Proselytismus nährt. Denn genau das bedeutet der Begriff nicht, sondern: in einladender Weise im Sinne Abrahams den anderen an der eigenen Gotteserfahrung teilhaben zu lassen. Es geht also um einen Missionsbegriff, der das „Zeugnis", *martyria*, ernstnimmt.

8.1.1.5 Glaube als ethischer Wert

Die ethischen Werte, die auf Ibrāhīm zurückgeführt werden, sind keineswegs spezifisch „abrahamisch", sondern so universal, dass sie vom Leben eines jedes Propheten abgeleitet werden können. Der koranische Ibrāhīm steht dagegen eher für die dogmatischen und institutionalisierten Seiten des Glaubens (Kap. 7.2).

Der Glaube an den einen Gott, der auf Liebe und Vertrauen basiert, führt zu der inneren Bereitschaft, dem Willen Gottes zu folgen, was bei Abraham in vorbildlicher Weise zu moralischen Verhaltensweisen führte – neutestamentlich gesprochen, zu den Früchten des Geistes. Die von ihm verkörperten Werte können als ethischer Konsens zwischen den Religionen dienen, müssen aber sicher zunächst zusammen im Dialog eruiert werden. So wäre zu einen der gerechtmachende Glaube, der Ibrāhīm zugute gerechnet wurde und zum anderen sein daraus folgendes Verhalten einerseits eine soteriologische und andererseits koexistentielle Dialogbasis.

Ausgehend von diesen Überlegungen sieht denn auch Olaf Schumann das oberflächliche Beharren auf dem gemeinsamen Monotheismus, losgelöst von weiteren Definitionsfragen, kritisch:

> Es ist mißlich, wenn man im Namen Abrahams nach Gemeinsamkeiten suchen will, die Judentum, Christentum und Islam verbinden, falls man sich nicht mit der Chiffre eines bloßen Monotheismus zufrieden geben will, hinter der der suchende Blick des Gläubigen nichts als Leere findet (...) [Es] (...) hat sich gezeigt, dass unter Berufung auf Abraham jede der drei Religionen mit dem Anspruch auftritt, allein zum ‚richtigen' Glauben anzuleiten. Auf die Frage nach dem spezifischen Inhalt dessen, was unter ‚Glaube' verstanden wird, waren die Antworten jedoch grundverschieden. In welchem Sinne ist Abraham dann der ‚Vater des Glaubens'?[17]

Aus gutem Grund thematisiert die „Abrahamische Ökumene" den Abrahamsglauben so gut wie nie als rechtfertigenden Glauben, sondern nur als vertrauenden Glauben, der sich ganz auf Gott verlässt und auf ihn geworfen ist.[18] Gerade in diesem Punkt ist daher zu fragen, in welcher Weise Abraham / Ibrāhīm Ur-Bild und Vorbild des Glaubens und „Glaubensvater" ist und wie der Glaubensbegriff inhaltlich gefüllt ist.[19] Wenn in Rö 4,1–25 der Glaube Abrahams dezidiert von der rabbinischen Gesetzeserfüllung abgesetzt wird, so gilt das in selbem Maße auch für die islamische Deutung des Glaubens Ibrāhīms, der sich gerade in seinem *islām* erweist (37,103 und 2,128) und darin der Archetypus des Gehor-

---

[17] *Olaf Schumann*, Abraham – der Vater des Glaubens, in: Schumann, Hinaus aus der Festung. Beiträge zur Begegnung mit Menschen anderen Glaubens und anderer Kultur. Studien zum interreligiösen Dialog, Bd. 1, Hamburg 1997, 13–60, hier: S. 54.

[18] Siehe dazu: *Ulrich Wilckens*, Der Brief an die Römer. EKK IV,1, Neukirchen 1987, 260–283; *Otto Michel*, Der Brief an die Römer, 5. Aufl., Göttingen 1978, S. 163–169.

[19] So zu Recht *F. Eißler*, Gibt es eine abrahamische Ökumene?, S. 268.

samen, Gottergebenen, Ausharrenden wird,[20] als *muslim* im eigentlichen Sinn, vor jeder religiösen Konstituierung. Das „Niedergeworfen auf die Stirn" (37,103) wird zur Illustration des Muslimseins bezüglich der Haltung des Menschen vor Gott. Diese Haltung kann sich nur äußern im Gehorsam und der Befolgung der Riten, die notwendig aus der abrahamischen Gotteserkenntnis folgen.[21]

Ibrāhīm sagte: „Ich habe mich dir durch Gehorsam unterworfen und bin aufrichtig in meiner Anbetung für den Herrscher aller Geschöpfe, die außer ihm keinen Sachwalter haben."[22]

Selbst die Mystik eines Ibn ʿArabī hebt diesen Gesetzesgehorsam und den Ritus nicht auf, sondern betrachtet ihn lediglich als erste – und unverzichtbare! – Stufe, über die es gilt, in tiefere Dimensionen der Gottesverbundenheit vorzudringen.[23] Deshalb werden in 4,125 sämtliche islamischen Kernbegriffe, ausgehend von *aslama*, gebündelt im *ḫalīl Allāh* (Kap. 7.3). Ibrāhīm wird nicht aus freier Gnadenwahl von Gott zum Freund genommen, sondern aufgrund seiner richtigen Gotteserkenntnis[24] und seines vollkommenen und paradigmatischen *islām*.

Ein Glaube aber wie der des koranischen Ibrāhīm, der im Durchstehen und Bestehen einer Prüfung, im Sich-ergeben in den Willen Gottes, besteht, begehrt nicht auf gegen diese Prüfungen, stellt nicht die Theodizee-Frage angesichts der eigenen Kinderlosigkeit, der rechtet nicht mit Gott angesichts des nahenden Zorngerichts über die Ungläubigen von Sodom, das doch nur gerechte Strafe für den Unglauben ist (Kap. 4.5.1.1). Daher können sich in den koranischen Erzählungen auch nicht die Dialoge zwischen Gott und Abraham, das vertraute Zwiegespräch, finden. Nicht von ungefähr sind Gen 12, Gen 18 und Gen 22 als Rede und Antwort, als Dialog konzipiert, der davon lebt, dass der Angesprochene ein Du ist, das antwortet, das fragt, das zu widersprechen wagt[25] – sie sind Ausdruck des dialogischen und freundschaftlichen Verhältnisses Gottes zu Abraham. Der koranische Ibrāhīm wird auch angesprochen, meist jedoch in Form von Befehlen. Und seine Fürsprache für die Ungläubigen, selbst für seinen eigenen Vater, werden letztlich verboten (Kap. 4.8.2).

Nach Gal 3,7–10 gründet die Teilhabe am Segen Abrahams nicht auf dem Kriterium der Abstammung, das *per se* exklusivistisch ist. Der Glaube Ibrāhīms durchbricht tatsächlich den Exklusivismus eines erwählten Volkes und be-

[20] In Sura 37 geht es ja nicht mehr allein um den Glauben Ibrāhīms, sondern um den Gehorsam und das Ausharren des sanftmütigen Jungen, der als eigenständiger, nunmehr typisierter Glaube in den Vordergrund tritt.

[21] *T. Nagel*, Abraham, der Gottesfreund, S. 156.

[22] *aṭ-Ṭabarī*, Tafsīr I, S. 560.

[23] Dazu *T. Nagel*: „Der Sufismus erwächst aus der getreulichen Ritenerfüllung; sie bleibt stets vorausgesetzt (…) Die durch die europäische Literatur irrlichternde Vorstellung, der Islam, zumindest in seiner sufischen Ausprägung, lehre eine kultlose Spiritualität, entspricht nicht den Tatsachen." (Die Heilsbotschaft des Islam, S. 95 f.).

[24] Diesen Zusammenhang zwischen Gotteserkenntnis und Gottesfreundschaft entfaltet T. Nagel anhand dreier Kommentatoren in seinem Aufsatz „Abraham, der Gottesfreund".

[25] Vgl. *Martin Buber*, Das dialogische Prinzip, 4. Aufl., Heidelberg 1979.

gründet für ihn und damit für die, die ihm darin folgen, eine geistig-geistliche Ibrāhīmskindschaft; nun zählt nicht mehr das Blut, sondern der Glaube, und aus der Solidarität von Sippe und Stamm wird die Gemeinschaft der Glaubenden, die *umma*. „Die ‚vertikale' Verbindung mit Gott ist von nun an … wichtiger als die ‚horizontale' Verbundenheit mit der Herkunftsfamilie."[26]

Nur: Bedingung hierfür ist der Verzicht auf Mose und Jesus, wie sie deren eigene Anhänger sehen, desgleichen auf Tora und Evangelium als von Juden und Christen manipulierte Schriften, die demnach kein Anrecht auf Ibrāhīm haben. Dieses Privileg liegt nunmehr ausschließlich bei dem muslimischen Hanifentum – das wiederhergestellt und zur Vollendung gebracht wird durch den Propheten, der sich selbst so intensiv mit Ibrāhīm identifiziert.

In diesem Zusammenhang sei noch Stellung genommen zur These Kuschels, wonach Christi Geist im lebendigen Glauben des Judentums und des Islams wirkt: Wenn Christus tatsächlich als wahrer Gott religionsgeschichtlich wirkt, erschließt sich nicht, warum eine Offenbarung *nach* Christus nicht auch den Glauben *an* ihn einschließt. Ebensowenig erklärt es die abwertende Haltung des Korans gegen ihn, nach der Sendung seines Geistes in die Welt – denn dieser Geist treibt zu Christus hin.

8.1.2 Abrahams / Ibrāhīms Aufbruch ins Unbekannte

Ibrāhīms Glaube ist ein Glaube, der alte Bindungen um Gottes willen hinter sich lässt, der aufbricht. Die modernen Deutungen der *hiğra* als Verlassen des Alten, gerade auch der ungläubigen Umgebung (Kap. 4.7), decken sich weitgehend mit dem Aufbruch Abrahams. Dieser bricht auf aus gottferner Umgebung,[27] sich völlig auf Gott einlassend und sich auf Gott werfend, um fortzuziehen ins Unbekannte („das Land, das ich dir [erst noch] zeigen will", Gen 12,1), in dem ihm nur sein Herr bekannt ist. Auch Ibrāhīm geht „zu meinem Herrn" (37,99), denn überall wohin er sich wendet, ist sein und aller Welt Schöpfer schon da.

Nur: Der Exodus Abrahams wird mit dem Befehl Gottes und seiner Segens- und Landverheißung begründet, während Ibrāhīms Auszug die selbst gewählte Konsequenz der Feindschaft mit Vater und Volk ist, die Flucht aus feindseliger und gottfeindlicher Umgebung. Im Gegensatz zu den Landverheißungen von Gen 12 und 13 erscheint im Koran das neue Land recht profan als „Zufluchtsort, um das Überleben und Weiterleben von Abrahams Sippe zu sichern"[28].

Auch nimmt die Wanderung Ibrāhīms, im Vergleich zu seinem sehr drastisch geschilderten Kampf mit den Götzen seines Vaters, keinen nennenswerten

[26] *M. Bauschke*, Ist der Erzvater ein Segen oder ein Fluch für die Völker?, S. 13.

[27] Deutungen der Kirchenväter darüber, was ein Christ, der den Auszug Abrahams geistig nachvollzieht, zu verlassen hat, in: *Th. Heither*, Abraham in der Schriftauslegung, S. 28 f.

[28] *M. Bauschke*, Ist der Erzvater ein Segen oder ein Fluch für die Völker?, S. 12.

Raum ein, ja, sie wird nicht einmal geographisch fassbar und bleibt darum reichlich vage. In der modernen islamischen Literatur verfügbare Karten der Wege Ibrāhīms sind bloße Spekulation.

Die theologisch notwendige Trennung vom Unglauben und von den Ungläubigen führt jedoch über eine bloße räumliche Trennung durch die *hiǧra* hinaus. Sie mündet ein in Ikonoklasmus und wird zur Feindschaft mit den *mušrikīn*, die sich in dem wenig barmherzigen Verbot der Fürbitte für sie manifestiert und die später auch auf die Juden und teils auf die Christen ausgeweitet wird (Kap. 4.8).

Die koranische Trennung Ibrāhīms ist im Grunde ein Sippenkonflikt und markiert das Ende der Minderheitensituation für den glaubenden Ibrāhīm, dem die Gottlosen nach dem Leben trachten. Zudem ist der Aufbruch Ibrāhīms untrennbar verknüpft mit der *hiǧra* Muḥammads, ein Deutehorizont, der nicht außer acht gelassen werden darf. Darum ist sein Verlassen von Volk und Vaterland nicht der Beginn einer Vätergeschichte als Heils- und Verheißungsgeschichte Gottes mit seinem Volk Israel. Es gibt in der jüdischen Überlieferung auch die Überlegung, was wohl geschehen bzw. aus Israel geworden wäre, wenn Abraham auf den Ruf Gottes, sein Vaterland zu verlassen (Gen 12,1–3), mit Ablehnung reagiert hätte. Dies auch nur in Erwägung zu ziehen, setzt ein Menschenbild voraus, das von Autarkie geprägt ist, desgleichen ein Gottesbild, das zulässt, dass Gott gleichsam in einer dynamischen Bewegung auf den Menschen reagiert und seine Heilsgeschichte gemeinsam mit dem Menschen vollbringt.[29]

Durch die Loslösung aus seinem Vaterland (Gen 12,1–4a) und Wanderschaft selbst noch am Zielort (Gen 12,6–8.10; 13,1) wird Abraham zum Typus des Gläubigen als „Gast auf Erden“ (He 11,8–10.13; 13,14), dessen Herz nicht an Irdischem hängt, sondern dessen eigentliche Heimat bei seinem Schöpfer ist.

---

[29] Auf dieses in Bibel und Koran unterschiedliche Menschenbild weist *S. Schreiner* am Beispiel des Adam im Kontext der biblischen und der koranischen Schöpfungstexte hin: „Zwischen dem Bibeltext und dem koranischen Bericht gibt es einen höchst wichtigen Unterschied: Nach dem Bibeltext beteiligt Gott den von ihm geschaffenen Menschen in geradezu partnerschaftlicher Arbeitsteilung am Schöpfungswerk, indem er ihm eine Aufgabe zuweist, deren Erfüllung nicht nur ein selbständiges Handeln seitens des Menschen verlangt, sondern dessen eigenen Willen ebenso wie die dazu notwendige Freiheit der Entscheidung voraussetzt. Und Gott ermöglicht und respektiert beides: die Freiheit des Willens ebenso wie das Ergebnis der Entscheidung des Menschen (…) Im Gegensatz zum Bibeltext und dem ihn aufnehmenden Midrasch handelt der Mensch nach dem Koran nicht eigenständig. Hier ist er nicht das selbständige Gegenüber, der Partner Gottes, sondern eben dessen *ḫalīfa*, dessen *vicarius*. Denn nach koranischem Menschenbild ist der Mensch nur das zu tun fähig, was Gott ihn zuvor gelehrt hat.“ („Erlösung und Heil – menschliches Verlangen und göttliches Angebot. Intertextuelle Spuren in Bibel und Koran“ in: Schmid / Renz / Sperber (Hrsg.), Heil in Christentum und Islam. Erlösung oder Rechtleitung? Stuttgart 2004, 15–37, hier: S. 27 f.).

8.1.3 Abraham / Ibrāhīm als „Familienvater“ für Juden, Christen und Muslime

Der Vatertitel Abrahams als „Vater vieler Völker“ (vgl. Gen 17,4) ist insofern sehr viel weitreichender, aber auch problematischer als alle anderen Titel und Auszeichnungen, als er nicht nur eine Definition zu seiner Person oder seines Verhältnisses zu Gott darstellt, sondern die Relation zu anderen Menschen beschreibt, deren genealogischer oder geistlicher Vater er tatsächlich oder dem Anspruch nach ist. Hier genau entzündet sich die Kontroverse: Wer sind die legitimen „Kinder Abrahams“? – eine Frage, die für das Selbstverständnis der drei monotheistischen Religionen von entscheidender Bedeutung ist. Die Versuche, die eigene Kindschaft zu beweisen, indem man sie dem jeweils anderen abspricht, führten nicht nur zu Versuchen gegenseitiger Abgrenzung, sondern auch immer wieder zu erbitterter Feindschaft.

Auch ist immer noch die Frage ungeklärt, in welcher Weise sich Muḥammad eben doch als „Abū Ibrāhīm“ verstanden hat (Kap. 7.4.3); in der islamischen Theologie wurde dieser Frage nicht weiter nachgegangen.

In die selbe Richtung weist die eschatologische Überbietung Ibrāhīms durch Muḥammad (Kap. 7.5). An keiner Stelle setzen sich Befürworter einer Abrahamischen Ökumene mit dieser heiklen theologischen Frage auseinander, geschweige denn ziehen sie Schlüsse daraus.

Wie auch immer die genealogische Frage als historisches Problem beantwortet wird – wissenschaftlich ist sie nicht zu klären, und heute letztlich nicht mehr entscheidend. Nach koranischer Überlieferung (vgl. 3,67) setzen sich Juden und Christen gleichermaßen ins Unrecht, wenn sie Abraham ausschließlich für sich beanspruchen, bzw. nur sich als Abrahams Kinder und Erben betrachten. Dieser illegitime Anspruch wird im Koran entschieden zurückgewiesen, stattdessen aber hervorgehoben, dass es die Muslime seien, die „leiblich und geistlich“ von Abraham abstammten[30] – und die Juden und Christen dieser Vaterschaft enteignen (Kap. 6.4.3). Der Anspruch gründet also nicht auf genealogischer Abstammung, sondern auf der richtigen Nachfolge, also einer geistigen und geistlichen Ibrāhīmskindschaft, die darin besteht, dass die Gläubigen „auf seinem Weg gehen, seiner Lebensweise und seinen Geboten folgen, sich zu dem einzigen Gott bekennen und der lauteren Religion angehören, Ḥanīfen für Gott und Muslime sind und ihm nichts beigesellen“.[31]

Es ist nun aber nicht so, als verstünden sich alle genealogischen Nachfahren Ismaels automatisch auch als Anhänger Muḥammads. Dürfen diese einen Anspruch darauf anmelden, selbst exklusiv als die wahren, in Ismael gesegneten Nachfahren zu gelten? Eine reine Benennung hat keine Einwirkung auf die Un-

[30] *S. Schreiner*, ‚Unser Gott und euer Gott ist ein und derselbe', S. 108 f.
[31] *aṭ-Ṭabarī*, Tafsīr III, S. 307–308.

mittelbarkeit des Wesens. Insofern fiele zumindest Kuschels Konstrukt eines alternativen Heilswegs des biblischen Gottes im Islam zusammen.[32] Wir leben heute mit der „Wirklichkeit des Stammvaters Abraham",[33] die auch den heutigen Anspruch umfasst, der selbst wenn eine historische Berechtigung wissenschaftlich widerlegt werden könnte, wohl trotzdem nicht aufgegeben werden würde. Vielmehr ist die koranische Argumentation, ungeachtet der danach zahlreich konstruierten Genealogien, analog zur neutestamentlichen zu sehen, in der es um eine geistliche Kindschaft geht.

Nur: Aus diesen Familienbanden kann nicht automatisch auf gegenseitige Achtung und Verantwortung, auf „Selbstlosigkeit" und Verzicht auf gegenseitige „Enterbungstheologien" geschlossen werden,[34] vielmehr hat sich seit den Ereignissen mit den medinischen Juden immer wieder gezeigt, dass die Rivalitäten wie in einer echten Familie aufgrund der besonderen Nähe besonders intensiv sind, wie Karl-Josef Kuschel selbstkritisch anmerkt.[35] Sagt doch schon ein marokkanisches Sprichwort: „Nur Geschwister streiten." Fremde dagegen würden nicht streiten, weil sie nichts gemeinsam hätten.[36] Die Beschwörung des „Vaters Abraham" versöhnt nicht automatisch Juden, Christen und Muslime, das wäre naiv und illusionär.[37]

Mehr noch: Wie soll man mit Geschwistern umgehen, die sich als überlegen ansehen (Kap. 6.2) und die andern per heiligem Buch enterben und enteignen? (Kap 6.4.3, v.a. 3,65–76).

Und doch enthebt der „Streit im Hause Abraham" nicht der Verpflichtung – und der ungemeinen Chance! –, gerade im Nahen Osten in Gesellschaften, in denen die Familienloyalität eine entscheidende Rolle spielt, immer wieder auf diese gemeinsame Herkunft hinzuweisen. Die Streitenden sollten entdecken, dass sie zu viel gemeinsam haben als ihre Zukunft aufs Spiel zu setzen.

8.1.4 Abrahams / Ibrāhīms Gastfreundschaft

Für den wandernden Aramäer Abraham, der außer einer Grabstätte keinen Grundbesitz hatte, ist das eigene Gast-Sein auf Erden zum Grundtenor seiner Existenz geworden (He 11,8–10.13); er ist das Paradigma dessen, der hier keine bleibende Stadt hat (He 13,14). Weil er selbst weiß, dass er nur ein Gast auf Erden ist, kann er nun seinerseits großzügig auch anderen Gastfreundschaft gewähren. Diese Gastfreundschaft Abrahams wird im selben Maße auch Ibrāhīm

---

32 Vgl. *K.-J. Kuschel*, Juden – Christen – Muslime, S. 619.
33 *K.-J. Kuschel*, Streit um Abraham, S. 277.
34 *Ders.*, Streit um Abraham, S. 216f.
35 *Ders.*, Eins in Abraham?, S. 85; Streit um Abraham, S. 251.
36 *M. al-Ǧābrī*, Madḫal ilā l-Qur'ān, S. 76
37 *K.-J. Kuschel* in: Kuschel / Micksch (Hrsg.), Abrahamische Ökumene, S. 12.

zugeschrieben und in Tradition und *qiṣaṣ* breit ausgebaut. Den Gast völlig ohne Ansehen der Person zu beherbergen, ist ein hohes Kulturgut, aus der Überlebensnotwendigkeit des Wüstenlebens erwachsen, das allen Völkern des Nahen Ostens gemeinsam ist, gleich welcher Religionszugehörigkeit.[38] Diese eigentlich kulturelle Selbstverständlichkeit ist in den Ländern der sog. westlichen Welt immer mehr abhanden gekommen. Diese neu zu entdecken und zu pflegen, nicht nur den Mitgliedern der eigenen Gesellschaft gegenüber, sondern auch und gerade Migranten und Flüchtlingen gegenüber, dazu mag man sich die Impulse bei Abraham holen.[39] Notwendig und einzigartig ist Abraham für eine Begründung der Gastfreundschaft jedoch keineswegs; dass er heutzutage hier als Vorbild dient, sagt weniger über ihn aus als vielmehr über den Zustand einer westlichen Gesellschaft, die im Grunde über genügend finanzielle Mittel verfügt, aber nicht bereit ist zu teilen. Wie weit die heutige westliche Tradition – wenn man von einer solchen sprechen kann –, von dieser Selbstverständlichkeit entfernt ist, zeigt sich daran, in welcher Ausführlichkeit das Thema „Gastfreundschaft" in manchen Abrahamdarstellungen behandelt wird.[40]

Allerdings wäre es nicht nur wünschenswert, sondern überlebensnotwendig, den eigentlichen Erweis der gegenseitigen Gastfreundschaft in mehrheitlich islamischen Ländern in Bezug auf ihre jeweilige nichtislamische Minderheit zu erbringen. Der Status des ehrenvollen Gastes anstelle eines *Ḏimmī*-Status wäre hochwillkommen – wiewohl eine solche Minimalforderung im Grunde gar nicht angebracht ist, da etwa in den Ländern des Nahen Ostens das Christentum um Jahrhunderte ältere Wurzeln hat als der Islam und die meisten arabischen Christen historisch betrachtet keine Gäste im eigentlichen Sinne sind, sondern rechtmäßige Bürger, die ihrerseits die Muslime aufgenommen haben.[41] Doch eine solche Argumentation birgt gleichzeitig das Risiko, von den rechtlichen Seite her genuin-christliche Bewohner zu akzeptieren, während Konvertiten keinerlei Schutz genießen, da sie keine genealogische Verwurzelung durch ihre Väter als Christen in der Region haben, sondern die muslimische *umma* verlassen haben.

Zudem: Eine „spirituelle Gastfreundschaft", die sich etwa „in der Christologie des Korans (…) nährt"[42] und sich in gemeinsamem, „abrahamisch" genannten Gebet praktisch äußert, geht in unstatthafter Weise über eine bloße mitmenschliche Tugend hinaus in den Bereich der Dogmatik. Abgesehen davon, dass dieser

[38] „Die Gastfreundschaft ist bedeutender als der Empfang der Schechina." bSchab 127a, in: *Dirk Rottzoll*, Rabbinischer Kommentar zum Buch Genesis, S. 265.

[39] Siehe auch das Tübinger Abrahamitische Symposium vom 10.12.2009 unter dem Thema „Abraham als Symbol der Gastfreundschaft und der Migration. Zuerst Gast, dann Migrant, wann Bürger?", veranstaltet u. a. von der Stiftung Weltethos.

[40] Vgl. dazu *M. Bauschkes* Abrahambücher, in dessen eurozentrischer Sicht das Thema breitesten Raum einnimmt.

[41] Diese Formulierung sagt nichts dazu aus, ob dies freiwillig oder unfreiwillig geschah.

[42] So die Hoffnung *M. Bauschkes* in: „Ist der Erzvater ein Segen oder ein Fluch für die Völker?", S. 20.

sogenannten „Christologie“ die wesentlichen Elemente des christlichen Credos fehlen und sie deshalb nicht unter diesem Terminus gesehen werden kann, distanziert sich gerade der koranische Ibrāhīm in seinen Gebeten von jedem, der nicht einen Gott allein und nicht in derselben Weise wie er anbetet (Kap. 7.4.1), so dass mehrmals über ihn bezeugt wird, quasi als Charakterisierung seines Glaubens: *wa-mā kāna min al-mušrikīn* – und er gehörte nicht zu den Polytheisten. Ibrāhīm selbst ist also nur Gastgeber auf kultureller Basis, aber keineswegs spiritueller Gastgeber. Wenn wir als Christen ernst machen damit, dass sich der Gott Abrahams in Jesus Christus als seinem Sohn offenbart hat – auch im Hinblick auf Joh 8,56 –, dann werden dadurch gemeinsame Gebete und religiöse Feiern nach christlichem Verständnis eben nicht möglich.[43] Abraham ist daher gerade kein Paradigma glaubensmäßiger Gastfreundschaft.

8.1.5 Abrahams / Ibrāhīms Rettung und Segen

Die Geschichte Abrahams / Ibrāhīms beginnt schon mit der großen vierfachen Segenszusage Gottes: „Ich werde (…) dich segnen (…). Ein Segen sollst du sein. Ich will segnen, die dich segnen … Durch dich sollen alle Geschlechter der Erde Segen erlangen.“ (Gen 12,2 f.) Sie ist in der Tat eine Geschichte wiederholter Rettungstaten Gottes und eine Geschichte von Leben, das sich allein Gott verdankt: im Alten Testament sind es Isaak und Ismael, die Gott beide vom Tode rettet, im Koran analog zur jüdischen Tradition Ibrāhīm aus dem Feuer der Gottlosen. So legt die ganze Familie Abrahams Zeugnis ab von dem Gott, der Leben schafft, Leben erhält und ins Leben zurückbringt. Dieser Aspekt fehlt im Ökumenebegriff.

Abrahams Schoß wird denn zum Inbegriff des eschatologischen Rettungsortes; nach Lk 16,22 f. werden die Seelen der Gläubigen dort verortet.[44] An verschiedenen Orten des Nahen Ostens entstanden in der islamischen Frühzeit Ikonen, in denen Abraham und die anderen Erzväter den Seelen der Geretteten in ihrem Schoß Datteln reichen, nach orthodoxem Verständnis die Frucht der Märtyrer – die damit gerade von nicht gelungener Kommunikation zwischen Christen und Muslimen zeugen. Auf den Wandmalereien jener Zeit in Ägypten (Kloster Dair as-Suryān) und Syrien (Kloster Mār Mūsā al-Ḥabašī) sitzen in Abrahams Schoß die Kinder Isaaks, nicht Ismaels.[45] (Abbildungen 16 und 17)

---

[43] Siehe dazu: *Kirchenamt der EKD*, Klarheit und gute Nachbarschaft, S. 114–118.

[44] In der koptischen Liturgie heißt es dazu: „Geruhe, Herr, all ihren Seelen Ruhe zu geben im Schoße unserer heiligen Väter Abraham, Isaak und Jakob. Labe sie (…) im Paradies der Wonne.“ (Das heilige Euchologion der koptischen Kirche, St. Mina Kloster 2006, S. 17 f.).

[45] *Chr. Baumer*, Frühes Christentum zwischen Euphrat und Jangste, S. 150; *Gawdat Gabra*, The Churches of Egypt, Cairo 2007, S. 77; ebenso Wandmalerei im Antoniuskloster am Roten Meer, S. 215.

Abbildung 16: Ikone: Schoß Abrahams (Deir as-Suryān)

Abbildung 17: Ikone: Schoß Abrahams (Deir Mār Mūsā)

In der islamischen Tradition ist es Ibrāhīm, der in Anlehnung an die Bitte um Sicherheit (14,35) der Stadt Mekka Segen zukommen lässt. In Gen 12,2–3 verheißt Gott dem glaubenden Abraham, der sich nur noch auf ihn verlässt und durch diesen Glauben gerechtfertigt wird, Segen nicht nur für sich selbst, sondern für „alle Geschlechter auf Erden". Doch darüber hinaus beginnt mit der Abrahamserzählung die eigentliche Geschichte des Segens, nachdem Sündenfall- und Sintfluterzählung die Verdorbenheit der Welt illustriert haben.[46] Die enge Verbindung Gottes zu seinem Herausgerufenen, Auserwählten und Gesegneten, die sich auf dessen Nachkommen ausweitet, schlägt sich nieder in seiner Nennung als ‚Gott Abrahams, Isaaks und Jakobs'.

8.1.6 Abrahamische / Ibrāhīmische Spiritualität

Worin abrahamische Spiritualität genau bestehen soll, bleibt nach der koranischen Exegese unbeantwortet. „Brüderlicher Humanismus"[47] war weder zu Lebzeiten Muḥammads greifbar, noch ist er in den Kommentaren zu spüren. Auch die Motivation, widrige Zustände zu ändern und gegen lähmenden Fatalismus anzugehen, kann nur mit Mühe Ibrāhīm zugeschrieben werden. Vielmehr resignierte Ibrāhīm angesichts der geistlichen Verstockung seines Volkes und entzog sich einer aktiven Veränderung der Zustände durch seine Auswanderung.

Genauso rätselhaft ist, was an interreligiösen Feiern mit Gebeten und „Lesungen aus den Heiligen Schriften" spezifisch abrahamisch sein soll.[48] Wenn damit gemeint ist, sich auf einen allgemeinen Gottesbegriff zurückzuziehen, der möglichst für alle drei Religionen kompatibel sein und niemanden ausschließen soll, so würde das – wie es in Bauschkes Buch vom abrahamischen Beten exemplarisch vorgeführt wird – bedeuten, das spezifisch Christliche in den Hintergrund zu stellen, nicht mehr zur Sprache zu bringen. Ein Miteinander kann hier nur stattfinden, wenn von muslimischer Seite her die Anschuldigung der Vielgötterei angesichts der Christusverehrung fallen gelassen sowie anerkannt wird, dass sich das Gebet an den einen Gott auf christlicher Seite auch auf Christus erstreckt.

Wenn die interreligiöse Spiritualität in der Tatsache des Betens an sich besteht, so wäre es, wie in Kap. 7.4.1 dargelegt, oberflächlich und kurzsichtig, den formalen Akt des Betens Ibrāhīms pauschal als Gemeinsamkeit zu konstatieren. Vielmehr müssen neben Subjekt und Objekt des Gebets auch die im Koran erwähnten Gebete inhaltlich näher betrachtet werden: Seine Fürbittgebete für das sündige Volk Lūṭs und für seinen heidnischen Vater, die durchaus „christlichen"

[46] *T. Heither*, Abraham in der Schriftauslegung, S. 20.

[47] So im Manifest der Fraternité d'Abraham (zit. in: *Kuschel*, Streit um Abraham, S. 275).

[48] Etwa in *Bauschke / Homolka / Müller* (Hrsg.), Gemeinsam vor Gott. Gebete aus Judentum, Christentum und Islam; *Jürgen Micksch*, Abrahamische und Interreligiöse Teams, in: www.interkultureller-rat.de/Themen/Abr_Forum/abf-broschuere.pdf (7.9.04).

Charakter haben, werden von Gott abgewiesen (Kap. 4.8.2), und die Gebete um die Sicherheit der Kaʿba (Kap. 4.6.7.1) und um eine neue *qibla* (Kap. 5.3) begründen die Abkehr von den monotheistischen Vorgängerreligionen sowie seine eigene *muslim*-Werdung und festigen die neue, muslimische Identität.

8.1.7 Abraham / Ibrāhīm als Gottesfreund

Nach Sura 4,125 hat Gott sich Ibrāhīm zum Freund genommen (Kap. 7.3). Der koranische Text setzt mit dieser Formulierung eine besondere Beziehung voraus; nach dem allgemeinen Sprachgebrauch denkt man dabei an eine gegenseitige Liebe. Nun aber betonen alle islamischen Ausleger, dass nur Ibrāhīm diese Freundschaft nötig gehabt habe, Gott aber niemanden benötige und auf niemanden angewiesen sei; er als Schöpfer bedarf niemandes, aber die Schöpfung bedarf seiner. Die glühende Gottesliebe der Mystiker, die sich auf Ibrāhīm beruft und die von der islamischen Orthodoxie so oft mit Argwohn betrachtet wurde, trachtet danach, im geliebten göttlichen Gegenüber aufzugehen. Doch selbst bei den Mystikern geht es einseitig um die Liebe eines Menschen zu Gott – nicht jedoch um Gottes Liebe zu dem Menschen. Dass diese Gottesliebe sich über die Werke und Pflichten nicht hinwegsetzt, sondern sie lediglich als ersten Schritt hin zum göttlichen Ziel relativiert, muss sie nicht schmälern.[49]

Nur: Das schöpfungsmäßige Ungleichverhältnis zwischen Liebendem und Geliebtem wird nie aufgehoben, von einer „Verbindung der Seelen" ist nicht die Rede. Zwar orientiert sich der Mensch völlig zu Gott hin, richtet sein Gesicht nach ihm aus – aber Gott? Den Unterschied zwischen dem „Freund Gottes" mit der Liebe zu Gott und der Liebe Gottes zu den Menschen räumt ar-Rāzī selbst in seiner Auslegung zu 4,125 ein: Der Freund Gottes orientiert sich zu Gott hin und wird von dessen Licht durchdrungen; das Sein als Sohn und als Geliebter würde jedoch die Gleichartigkeit beider Beteiligten verlangen, die nur im Sohn gegeben ist – und in dem der Mensch so hoch gewürdigt wird, *imago Dei* zu sein. Im Koran / Islam liebt Ibrāhīm Gott, weil er dessen Größe und Macht erkennt – und anerkennt. Im Gegenzug gewährt Gott ihm seine Huld und Großzügigkeit.

Schelling postuliert auf Basis der beiden Annahmen, Gott sei sowohl liebend als auch frei, dass er als vollkommenstes Wesen kein Gefallen an der perfektesten, auf ihn ausgerichteten Maschine finden könne. Vielmehr könne er die in Gott begründete Liebe nur in Beziehung mit einem freien Gegenüber, das er als

[49] *Ibn Taimīya* etwa erklärt im Streit zwischen der Gottesliebe Ibn ʿArabīs, wonach das Herz des Gläubigen Gott fassen könne und der hanbalitischen Lehre, die rituelle Seite der Heilsbotschaft sei das Wesentliche; der Mensch, der als Knecht vor Gott steht, habe ihn vor allem anzubeten und finde im Vollzug der Glaubenspflichten seine Heilsgewissheit (*T. Nagel*, Heilsbotschaft des Korans, S. 55).

geliebtes Geschöpf und Freund erschafft und welches ihn frei wählt, fruchtbar werden lassen kann.[50]

Die Bibel aber spricht von der Liebe Gottes als innertrinitarischem Verhältnis (Joh 3,35), als Urgrund seines Handelns, als der Liebe, mit der alles beginnt. Die menschliche Liebe dagegen ist sekundär, ist nur Antwort auf diese Liebe Gottes (1. Joh 4,19), die sich in Jesus selbst hingibt, aufgibt, eben die Macht und Herrlichkeit Gottes freiwillig verlässt (Eph 2,4; 1. Joh 4,11). Die Größe Gottes besteht darin, um des Menschen willen auf diese eigene Größe verzichten zu können und Mensch zu werden – das ist der eigentliche seinsmäßige Unterschied im Gottesverständnis beider Religionen. Im *Allāhu akbar* ist eine Solidarisierung Gottes mit seiner Schöpfung nicht vorgesehen. Um es mit Kenneth Cragg zu sagen: „Allahs sends, but doesn't come. In Christianity, this is ultimately a coming."[51]

Der Mensch bleibt in seiner *fiṭra* als Knecht, weil er schon von seiner Schöpfungsmäßigkeit nie *Imago Dei* und darum nie Gegenüber Gottes war und darum auch nicht werden kann.[52] Während Gott im Islam als *ṣamad* (112,2), als absolute Überlegenheit und von seiner Schöpfung jede Grenze übersteigende Größe „abstrahiert" (an-Nasafī) wird, bezeugt der Johannes-Prolog Gott als den, der sich „entäußert", sich aus Liebe freiwillig selbst begrenzt und in Raum und Zeit begibt, der Fleisch wird als kleines hilfloses Kind und unter uns wohnt (Joh 1,9–14) – die sich in Leiden und Tod hingebende Liebe Gottes. Unter den 99 schönsten Namen Gottes findet sich *al-wadūd* (der freundlich Zugeneigte, Gewogene), aber nicht „die Liebe". Christian Troll setzt denn auch dem *Allāhu akbar* (Gott ist größer / der Größte) das christliche *Allāh maḥabba* (Gott ist Liebe) gegenüber, um die Einheit von Gottes- und Menschenliebe auf eine prägnante Formel zu bringen, jene Liebe Gottes, die jedes menschliche Denken unendlich übersteigt.[53]

Darum kann Jesus in Joh 15 innerhalb der Abschiedsrede das Wesen der Liebe auf der Folie des Knechtseins aufzeigen: Die Seinen sind nicht mehr Knechte (*ʿibād Allāh*), im Islam Synonym für „Menschen", (οὐκέτι λέγω ὑμᾶς δούλος) sondern Freunde (φίλους; Joh 15,15). Der Begriff des Freundes aber schließt den des Knechtes aus, oder wie die Kirchenväter sagten: Die Freundschaft führte auf Seiten Abrahams zu einer Vertrautheit, in der er Gott nicht mehr fürchtete, sondern ihm aus Liebe diente:

[50] *Friedrich Wilhelm Joseph Schelling*, Philosophische Untersuchungen über das Wesen der menschlichen Freiheit und die damit zusammenhängenden Gegenstände. Mit Einleitung und Anmerkungen hrsg. von Thomas Buchheim, Hamburg 2011, S. 11–24.

[51] http://www.anglicannifcon.org/cragg3.htm (3.3.2005).

[52] Einschränkend muss jedoch herangezogen werden, dass Gott nach dem Koran mit dem Menschen im Paradies sprach.

[53] *Christian Troll*, Als Christ dem Islam begegnen, Würzburg 2004, S. 75. Bei Troll findet sich eine der besten Gegenüberstellungen von christlichem und islamischem Gottesverständnis (S. 18–26.70–76).

(...) damit Abraham, (...) angelockt durch die überwältigende Süße der göttlichen Liebe lernte, Gott zu lieben, nicht zu fürchten, ihm liebend zu dienen, nicht zitternd vor Furcht.[54]

Jesus enthüllt in seiner Rede weiter das Wesen der Liebe und der Freundschaft: Es gründet nicht auf Gefühlen, sondern auf der Bereitschaft zum Selbstopfer. Nicht der Mensch wird von sich aus Freund Gottes, sondern – und hier stimmt die koranische Aussage in 4,125 mit der biblischen überein – die Initiative muss von Gott selbst ausgehen. Die Freundschaft Gottes zum Menschen aber beruht nicht auf dessen Vorleistung, die Ibrāhīm in Form richtiger Gotteserkenntnis, einer bestandenen Glaubensprüfung und im Kampf für den einen Gott erbringen musste, sondern auf einer von Gott selbst begründeten, vollbrachten und dem Menschen zugeeigneten Tat: „Niemand hat größere Liebe als die, dass er sein Leben lässt für seine Freunde." (ὑπὲρ τῶν φίλων αὐτοῦ; Joh 15,13).

Während der Koran von nur *einem* Freund Gottes spricht, nämlich Ibrāhīm, spricht die Bibel von Freunden im Plural. Es sind mehr als die herausragenden, unerreichbaren Glaubensgestalten Abraham (2. Chron 20,7; Jes 41,8) und Mose (Ex 33,11), die exklusiv von Gott zu Vertrauten gemacht werden. Vielmehr weitet das Neue Testament diese von Gott zugeeignete Beziehung aus, wobei die Jünger in Joh 15 paradigmatisch stehen für alle, die „meine Gebote halten". So sieht Hieronymus in der Exegese von Jes 41,8 in der Abfolge „Israel, mein Knecht", „Jakob, den ich erwählte, Nachkomme meines Freundes Abraham" den Weg des Glaubenden als einen Aufstiegsweg: unter dem Gesetz als Zuchtmeister sei der Mensch zuerst „Knecht", als von Jesus Erwählter und Gewürdigter werde er dann zum „Nachkommen Abrahams, des Freundes Gottes",[55] selbst einer der Freunde Gottes. Wenn sich die Apostel in ihren Briefen selbst als „Knechte Jesu Christi" bezeichnen, dann bedeutet dieses „Knechtsein" eben nicht mehr das Wesen des Menschen; vielmehr nehmen sie aus der Position der Freundschaft heraus ihre Beauftragung durch ihren *kyrios* wahr und machen sich in freiwilliger Hingabe und Liebe zu Knechten des Gottesknechts. Die Innigkeit der Gott-Mensch-Beziehung wird zudem in den Bezeichnungen „Bruder" und „Kinder Gottes" ausgedrückt.

8.1.8 Ibrāhīm / Abraham als Streitschlichter und Friedenspotential

Auf Ibrāhīms / Abrahams Friedenspotential werden große Hoffnungen gesetzt, und zahlreiche Friedensinitiativen nennen und verstehen sich abrahamisch. Die Abrahamic Alliance International im kalifornischen San Jose,[56] in deren Beirat

[54] Petrus Chrysologus, zit. in: *Chr. Reemts*, Abraham in der christlichen Tradition, S. 269; ebenso Novatian, S. 268. Origenes und Ambrosius nennen Abraham gar den „Athleten der Gottesliebe".

[55] *Chr. Reemts*, Abraham in der christlichen Tradition, S. 272.

[56] www.abrahamicalliance.org/aai/about/advisory-board (15.11.2014).

u. a. die in dieser Arbeit erwähnten Mahmoud Ayoub und Rabbi Reuven Firestone sitzen, nennt als ihr Ziel: „The purpose of Abrahamic Alliance International is to unite Jews, Christians, and Muslims for active peacebuilding and relief of extreme poverty (…) [It] exists to unite Jews, Christians, and Muslims everywhere to cooperate and collaborate in building peace. Mentoring peacemakers according to the sacred Scriptures of our respective faith communities."[57] Die Ernsthaftigkeit der Beteiligten steht außer Frage.[58] Nur: Kann sie sich wirklich auf Abraham berufen?

Von einer Streitschlichtertätigkeit Abraham ist nur in Gen 13,5–12 die Rede; vom koranischen Ibrāhīm ist von einer solchen Tätigkeit nichts bekannt. In 11,75 und 9,114 wird er zwar als langmütig und weichherzig beschrieben, doch scheint dies vom Kontext her eher erklären zu wollen, weshalb er Mitleid mit den Bewohnern der sündigen Stadt Lūṭs hatte und sich zur Fürbitte für seinen ungläubigen Vater bereit erklärte – doch gerade diese Aktionen der Vergebung werden im Koran zu unzulässigen Fürbittgebeten erklärt (Kap. 4.8.2).

Als Friedenspotential im Miteinander der Religionen diente Ibrāhīm zumindest zu Muḥammads Zeit nicht: bezüglich der Juden nicht, in denen der Prophet politische Gegner und neidische Brüder sah, die auf ihrem Recht als ältere Religion pochten, und auch bezüglich der Christen nicht, die zusammen mit den Juden als Abrahamskinder in vorbezeichneter Weise enteignet wurden (Kap. 6.4.3).

In Bezug auf die in der Abrahamsökumene genannten Themen lässt sich zusammenfassend sagen: Sieht man von den höchstens religionsvergleichend relevanten und einer anderen Zeit und anderen Umständen geschuldete Einsprengseln ab, sind es nicht nur kleine Details, die den koranischen Ibrāhīm vom biblischen Abraham unterscheiden. Die einer gemeinsamen Basis entspringenden Komponenten ähneln sich zwar auf den ersten Blick, nehmen aber letztlich in einem neuen, nunmehr islamischen Koordinatensystem eine andere Funktion ein. Nur eine oberflächlich vergleichende Betrachtung der koranischen und biblischen Texte vermag es, die tiefgreifenden Unterschiede einzuebnen. Denn nicht nur die Christologie – und die damit wesentliche Soteriologie – trennt Islam und Christentum, sondern auch der in Ibrāhīm sichtbar werdende theozentrische Ansatz, die Abwendung von Jerusalem sowie der Umgang mit den „anderen", denen, die nicht die Wendung zur neuen *qibla* nach Mekka hin vollziehen.

Sowohl die christlich als auch die islamisch wichtigen Themen zu Abraham / Ibrāhīm spielen in den Ökumenethemen nur eine marginale Rolle.

---

[57] www.abrahamicalliance.org/aai/about (15.11.2014).

[58] „Abrahamic Alliance International is a movement of faithful Jews, Christians and Muslims who are deeply committed to loving the God of our father Abraham with all our heart, soul, mind and strength, and loving our neighbor as ourselves." A. a. O.

8.2 Die Abrahams-Ökumene im Licht der rezipientenorientierten Interdependenz

Betrachtet man die Ibrāhīm-Texte unter dem Aspekt der chronologischen Anordnung, ergibt sich ein anderer Eindruck – und damit andere Konsequenzen – als durch die bloß selektive und isolierte Lektüre, wie sie entsteht, wenn die Texte nur in der Reihenfolge ihres Vorkommens im Koran oder thematisch geordnet gelesen werden. Dies betrifft sowohl die Dynamik der Handlung als auch das Verständnis der inneren Entwicklung, auch in Blick auf die Rezipienten. Durch diese Methode kann eine Aussage oder ein Vers in den geschichtlichen Gesamtkontext seiner Verkündigungssituation eingeordnet werden. Es ist auch zu fragen, ob eine jeweilige Darstellung nicht einer Entwicklung unterworfen wurde, die in jedem Falle mit zu berücksichtigen wäre. Abgesehen von der islamischen Lehre der Abrogation (*nāsiḫ wa-mansūḫ*), wonach in Bezug auf die *aḥkām* (rechtsverbindliche Aussagen) das Jüngere stets das jeweils Ältere aufhebt, muss auch in Betrachtung gezogen werden, dass Geschichte nicht zurückgedreht oder ungeschehen gemacht werden kann; hier wäre im Kontext Ibrāhīms insbesondere die Änderung der *qibla* (Gebetsrichtung) zu nennen.

Der Interdependenzansatz verknüpft sie sowohl mit dem Leben Muḥammads – wodurch seine innere Entwicklung angesichts seiner Erfolge und Misserfolge sichtbar wird sowie einige Einzelaussagen in gewissem Maße ihr Eigengewicht einbüßen und relativiert werden – als auch in der Rezipientenorientierung mit der Hörerschaft. Wenn wir sehen wollen, wie und wann Muḥammad Ibrāhīm thematisierte, dann fällt auf, dass die der Bibel und dem Koran „gemeinsamen" Themen ausschließlich in der Begegnung mit den Polytheisten verwendet werden, um jene zum Monotheismus zu rufen. Dies wird auch heute von Muslimen als gemeinsames Anliegen formuliert: der Kampf der „Glaubenden" gegen Materialismus, Gottlosigkeit, Säkularismus und moralischen Verfall.

In der Begegnung des Islams mit Juden und Christen jedoch erhält Ibrāhīm eine völlig andere Funktion: Im Blick auf die Juden wird er zum Instrument der Umdeutung ihrer heiligen Stätten, die nun auch geographisch neu verortet werden. Die in Kap. 5.3.1 erwähnte persische Buchmalerei nimmt das ganz wörtlich in der Ineinssetzung des Oktagons des Felsendoms mit der Kaʿba.[59] In der Begegnung des Islams mit Juden und Christen wird Ibrāhīm schließlich zum Kronzeugen für den richtigen Glauben, der nun seine früheren Nachkommen zur „ursprünglichen" *millat Ibrāhīm* ruft – und sie im Zuge der Entscheidung über diese Frage schließlich enteignet.

Allerdings bedeutet das Sichtbarwerden theologischer Linien und Entwicklungen gerade im Leben Muḥammads – sowohl seiner Person als auch seiner Verkündigung –, eine Infragestellung seiner Funktion als bloßes Sprachrohr,

[59] Abbildung 12.

wobei diese Wertung im islamischen und im nichtislamischen Bereich völlig Unterschiedliches bedeutet: Ist es für Muslime die Garantie der bis ins Kleinste exakten Übermittlung der himmlischen Urschrift, so ist es für Nichtmuslime eine Reduzierung der charismatischen und überaus innovativen Persönlichkeit Muḥammads. Dies mündet zwangsläufig in eine Diskussion über jene von Ewigkeit her feststehende und unveränderbare Urschrift im Himmel und das Wort Gottes, das in lebendige – und damit eben auch sich wandelnde! – Situationen hineinspricht und gerade daraus seine Relevanz gewinnt.

Der Jordanier Sulaimān Muḥammad ad-Daqqūr bezweifelt angesichts des chronologischen Tafsīrs von Muḥammad ʿĀbid al-Ǧābrī den Nutzen der chronologischen Auslegung und fragt, inwieweit sich die Auslegung dadurch von der herkömmlichen unterscheide.[60] Er verneint die Notwendigkeit eines solchen Zugangs, denn er rühre unmittelbar an den „absoluten Stellenwert des Korans" – und mithin an das Offenbarungsverständnis.

Doch gerade in einer Zeit, in der manche den Koran in seinem Stillstand und jeden einzelnen Vers als verabsolutierte und versteinerte, wörtlich zu verstehende Handlungsanweisung für alle Zeiten sehen, gepaart mit politischem Machtstreben, ist ein neuer, lebendiger Zugang zum Koran notwendiger denn je. An erfreulich vielen Stellen ist ein Bewusstsein für den Bezug von Offenbarung und Geschichte zu sehen.

Paragidmatisch soll hier der in Pakistan geborene Islamwissenschaftler Fazlur Rahman (1919–1988) erwähnt werden, der eine Interpretationsmethode entwickelte, um die Botschaft des Korans in die heutige Zeit zu übertragen; er prägte die moderne Koranhermeneutik, u. a. die Schule von Ankara. In einer „double mouvement" müsse man zuerst den Kontext untersuchen, in den hinein der Koran verkündet worden ist, um so die ursprüngliche Botschaft verstehen zu können. Erst nach einer detaillierten sprachlichen und historischen Interpretation im Horizont des Gesamtkontextes ließen sich in einem zweiten Schritt daraus die Prinzipien und Werte gewinnen, die heute als Normen im Sinne des Korans gelten könnten. Rahmans „dissective study approach"[61] steht in der Spannung zum Anspruch des Korans, nämlich Gottes einmalige und universale Botschaft an den Menschen zu sein. Kenneth Cragg und Angelika Neuwirth[62] erkennen genau darin ein Ernstnehmen des Korans, sowohl in seiner Eigenaussage als auch in seiner so oft bestrittenen Eigenschaft als historische Quelle. Auf den Einwand, der historische Zugang unterminiere den göttlichen Charakter des Korans, der sich gerade in seiner Nichthinterfragbarkeit zeige, sagt Nasr Hamid Abu Zaid, der ob seines literarkritischen Zugangs der Apostasie angeklagt wurde:

---

[60] *ad-Daqqūr*, Manhaǧ at-taʿāmul maʿ an-naṣṣ al-Qur'ānī, Kap. 2.
[61] *F. Rahman*, Major themes of the Qur'ān, S. xii-xiii.
[62] *A. Neuwirth*, Zur Archäologie einer Heiligen Schrift, S. 84 f.

Ich verehre den Koran mehr als alle Orthodoxen. Die Orthodoxen beschränken ihn auf die Rolle des Gebietens und Verbietens (...) Ich möchte den Koran aus diesem Gefängnis herausholen, damit er wieder produktiv ist für die Essenz der Kultur und der Künste.[63]

Das gegenwärtige Bemühen, den Korantext als über Raum und Zeit erhaben und ewiggültiges Wort Gottes zu bewahren, führt in konservativen Kreisen sogar dazu, die durch Jahrhunderte hinweg anerkannten *asbāb an-nuzūl* insofern kritisch zu betrachten, als diese den Eindruck erwecken, der irdischen Wirklichkeit könne Priorität vor der göttlichen Offenbarung eingeräumt werden.

Doch nur das Ernstnehmen der historischen Dimension mit ihrer dynamischen Beziehung der islamischen Verkündigung zu ihrer Umwelt als realer arabischer Gesellschaft ermöglicht auch das Eingehen auf moderne Anforderungen. Vielleicht darf zumindest gehofft werden, dass eines Tages Ansätze wie die Abu Zaids auch innerhalb der islamischen Welt akzeptabel werden, wenn er den Korantext als „ein in der Wirklichkeit entstandenes, die Einflüsse dieser Wirklichkeit aufnehmendes sowie auf sie verändernd einwirkendes Dokument"[64] interpretiert – genau das ist das lebendige Wechselspiel zwischen Verkündiger, Verkündigung und Publikum. Dann nämlich, wenn dem Text – und damit auch der Religion – ein lebendiger Entstehungsprozess zugrunde gelegt wird, kann auch ein „dynamischer"[65] Zugang in der Interpretation für die Gegenwart erfolgen. Dann könnten sowohl scheinbar dogmatische, dem Literalsinn geschuldete Abgrenzungen als auch Verkrustungen der Geschichte, das Aufrechnen gegenseitiger Schuld und Versäumnisse – hier Kreuzzüge, dort Terrorismus der Neuzeit – aufgebrochen und vielleicht eines Tages überwunden werden.

Das fruchtbare Ergebnis einer solchen Hermeneutik könnte auch, weil von den Altlasten der traditionellen Exegese befreit, dem christlich-islamischen Dialog sowie der Konvivenz der monotheistischen Religionen einen neuen Aufschwung geben. Insofern eröffnet die hermeneutische Methode der rezipientenorientierten Interdependenz eine für den Dialog relevante Perspektive, indem sie zuerst für den in der Begegnung mit Muslimen stehenden Christen ein Instrumentarium entwickelt, um den Islam aus seiner eigenen Entwicklung und Dynamik heraus besser zu verstehen, an-statt sich mit punktuellen isolierten Aussagen zu beschäftigen. Dieser historische – und durchaus auch historisch-kritisch zu nennende – Zugang zum Koran sucht weder die Konfrontation, noch geht er mit der pessimistischen Haltung der frühen Orientalistik in Bezug auf Authentizität an den Koran heran. Vielmehr nimmt er mit dem Koran als Glaubensdokument und -quelle gleichzeitig auch den islamischen Gesprächspartner ernst – eine elementare Voraussetzung für jede Art der Begegnung und des Gesprächs. Erst

---

[63] Die Befreiung des Korans, Interview mit Navid Kermani, in: *N.H. Abu Zaid*, islam und politik, 191–213, hier: S. 204.

[64] *N. Kermani*, Einleitung zu Abu Zaid, islam und politik, S. 17.

[65] *N.H. Abu Zaid*, islam und politik, S. 24.

wenn die Frage nach dem islamischen Kerygma gestellt und vom islamischen Selbstverständnis her beantwortet ist, kann der Bezug zur christlichen Botschaft hergestellt werden. Am koranischen Ibrāhīm wird dieses Vorgehen vorgestellt und paradigmatisch durchgeführt.

Für die interreligiöse Begegnung schlägt das beschriebene Vorgehen den Bogen von der damaligen Adressatengruppe zum heutigen Dialogpartner. Die aktuelle Dialogsituation ist in mancherlei Hinsicht mit der Situation der islamischen Frühzeit zu vergleichen: Bereits damals wurde die Botschaft Muḥammads in eine Umgebung hineingesprochen, die mehrheitlich durch religiösen Pluralismus gekennzeichnet war – einschließlich der beiden früheren monotheistischen Religionen Judentum und Christentum. Auch wenn sich die zahlenmäßigen Relationen in Europa anders darstellen und eine wachsende Zahl der Religion distanziert gegenüberstehender Menschen mit den Polytheisten Arabiens nicht zu vergleichen sind, so drängen sich doch ähnliche Fragen auf und müssen ähnliche Themen angesprochen werden. Daher ist unbedingt nach den Rezipienten der Botschaft Muḥammads zu fragen.

Ein ernsthafter und ehrlicher Dialog muss nicht nur Entstehungskontext und religiöses Umfeld seiner Grundlagentexte bedenken, sondern auch fragen, wie der Religionsstifter selbst seinen Adressaten begegnet ist, wie er dem jeweiligen Dialogpartner gegenüber argumentiert hat. Eine Betrachtung seines „Dialogs", seines Umgangs mit den ihn umgebenden unterschiedlichen Religionen, ist sowohl für den christlichen Dialogpartner als auch – vielleicht noch mehr – für den muslimischen relevant, für den die *sunna* des Propheten autoritativ maßgebend ist. Dann wäre jedoch auch zu fragen, ob die Antworten, die Muḥammad damals gegeben hat, zeitlos und umfassend sind oder zeit- und situationsbedingt und ob sie dem Selbstverständnis des jeweiligen Partners, d. h. der Juden und Christen, entsprechen. Die Herausarbeitung der ureigenen Intention der koranischen Botschaft, ihre Herausschälung aus historisch bedingten Aussagen heraus, könnte ein wichtiger Schritt sein auf dem Weg zu gemeinsamem Frieden.

Die chronologisch-dynamische Sicht der Ibrāhīmtexte unterstreicht aber auch die Aussage Karl-Josef Kuschels, niemand könne aus der Geschichte seiner Glaubensgemeinschaft springen.[66] So wie es bereits in Medina kein Zurück zum mekkanischen Ibrāhīm gab,[67] so kann es heute noch viel weniger ein Zurück zu einem seiner Wirkungsgeschichte entkleideten Ur-Abraham / Ibrāhīm geben – was immer man sich darunter vorstellen mag, denn niemand kann den „jungfräulichen" Abraham definieren. Somit muss auch eine Abrahams-Ökumene

[66] *K.-J. Kuschel*, Streit um Abraham, S. 241, Anm. 1.

[67] Immer wieder wird die Hoffnung geäußert, ein Zurück zum mekkanischen Ibrāhīm, der als leidender und „sanfter" Prophet gezeichnet wird, der gegen keinen seiner Gegner mit Gewalt vorging, könne eine geeignete Lösung darstellen (So der verdiente Dialogpraktiker K. Cragg; in: www.amperspective.com /html / cm_dialogue.html) – wohingegen nach islamischer Tradition die medinische Zeit konstitutiv ist.

mangels Definition eine Fiktion bleiben – die nun jeder nach Belieben zu füllen versucht. Die neuere Geschichte hat gezeigt, dass vielerorts das vermeintlich gemeinsame Erbe eben gerade nicht zum friedlichen Miteinander führt, sondern zum erbitterten Alleinanspruch, der den andern, wenn nötig mit Waffengewalt, auszuschließen und zu vertreiben versucht.

8.3 Nachruf auf die „Abrahamische Ökumene" und Ausblick

Die Einsicht in die Irreversibilität der Geschichte – auch der Religionsgeschichte – verbietet es, Elemente Ibrāhīms zu ignorieren, die als islamisches „Sondergut" von vornherein außerhalb der gemeinsamen Schnittmenge bleiben. Wie in der Gegenüberstellung von Kap. 1.5 und Kap. 8.1 aufgezeigt, greift die westliche Konzeption der „Abrahamischen Ökumene" nur einen kleinen Teil der wesentlichen Themen auf – die für Abraham / Ibrāhīm aber konstitutiven Elemente, und zwar je aus ihrer spezifischen Perspektive und ihrer spezifischen Intention, spielen entweder eine untergeordnete oder aber trennende Rolle. Eine ehrliche Begegnung darf diese Komponenten nicht ausklammern – ja, vielleicht ist gerade die Frage, ob sie zur Sprache kommen können, von welcher Seite auch immer, ein Prüfstein für die Aufrichtigkeit einer Begegnung. Treffend wird dies von Friedmann Eißler zusammengefasst:

> Die Bezugnahme der drei großen Traditionen auf Abraham ist so unterschiedlich, dass das Postulat einer Gemeinsamkeit entweder nur Hülle ohne Inhalt ist, oder aber eine eigene, neue Konstruktion jenseits dessen bedarf, was in der jeweiligen Glaubensgemeinschaft in Geltung steht.[68]

Wir haben es demnach bei Abraham / Ibrāhīm nicht mit synonymen oder analogen, sondern tendenziell mit homonymen Konzepten zu tun, die oberflächlich gesehen wohl denselben Referenzpunkt anvisieren, inhaltlich aber wesentlich verschiedene Konnotationen aufrufen.

Obwohl Muḥammad von der Einheit der Offenbarung ausgeht, die in der himmlischen Urschrift (*umm al-kitāb*) ihren Ursprung hat, und beteuert, Juden, Christen und Muslime beteten denselben Gott an (29,46), werden in der späteren Zeit doch Juden und Christen autoritativ nicht in die *milla* ihres Vaters Abraham miteinbezogen. Die Legitimität des Korans wird demzufolge nicht nur auf Kosten der Authentizität der heiligen Schriften von Juden und Christen etabliert, sondern zugleich aufgrund der Verneinung der von Juden und Christen vertretenen Glaubensweisen. So wird zwar einerseits die Sukzession der Offenbarungsschriften betont, werden Tora und *Inǧīl* als legitime Offenbarungen Gottes bezeugt, zugleich aber deren Anhänger etwa im Sozialsystem nicht als gleichberechtigte Bürger angesehen, sondern in den *ḏimmī*-Status degradiert.

[68] *F. Eissler*, Gibt es eine abrahamische Ökumene?, S. 277.

Zwar sind Juden und Christen vom Verdikt über die *mušrikīn* ausgenommen; dies ist jedoch primär historisch-praktisch, nicht aber theologisch bedingt. Die theologische Perspektive kollidiert hingegen mit der Tatsache, dass der Islam sich definiert als Glaube versus Unglaube *(īmān* und *kufr)* und Monotheismus versus Polytheismus *(tauḥīd* und *širk)*. Daher wurden Juden und Christen aufgrund der intertextuellen Entwicklung schließlich analog zu den *mušrikīn* betrachtet. Heute betrachten manche muslimische Gelehrte die *ahl al-kitāb* als Gläubige, bei vielen fallen sie jedoch unter diejenigen, „die irregehen" (1,7), die nicht der Rechtleitung folgen, ja, die drei Götter anbeten (5,73), was dann *de facto* keinen Unterschied zu den *mušrikīn* mehr macht. Letztlich zählt dann doch nur der Islam als Religion, die bei Gott gilt (3,19.85; 5,3). Wenn es in neuerer Zeit auch andere Stimmen gibt, so ist das ermutigend.

Es ist nun keineswegs so, wie Kritiker der Abrahamischen Ökumene oft vorwerfen, dass von deren Vertretern nur das Eigene hervorgehoben, Trennendes aber eingeebnet oder verschwiegen werde[69] – lediglich in manchen Fällen scheint der Begriff der Abrahamischen Ökumene nur noch plakativ verwendet zu werden. Gerade von den Vordenkern Hans Küng[70] und Karl-Josef Kuschel wird das Trennende stets zur Sprache gebracht – allerdings wird es zumeist den jeweiligen religiösen Traditionen zugeschrieben, die es nunmehr zu überwinden gelte. Dabei wird vernachlässigt, dass Traditionen bei aller Eigendynamik doch Tendenzen aufgreifen, die in den religiösen Schriften bereits vorhanden sind, diese aber oft in ganz eigener und eigenwilliger Weise verstärken. In diesem Zusammenhang plädiert Navid Kermani geradezu leidenschaftlich für das zielgerichtete Entdecken des Anderen – um der Wahrhaftigkeit in der Begegnung und auch um des tieferen Entdeckens des eigenen Glaubens willen:

> Das ist Dialog: nicht Händchenhalten, nicht Apologien und allgemeine Erklärungen über das Selbstverständliche, sondern konkrete Arbeit an Texten anderer Religionen, Gespräche über spezifische theologische Motive, die Entdeckungsreise in den Glaubenskosmos einer anderen Religion. (…) Der Blick auf das Fremde sollte (…) Teil des Selbstverständnisses einer jeden Theologie werden. (…) Statt die Harmonie zum Programm zu erklären, sollte der interreligiöse Dialog Mut zur Dissonanz haben, zum intellektuellen Streit, zur belebenden Provokation. Wenn alles gleich aussieht, sieht man nur Nebel. Wo alle sich lieb haben, hat die Liebe keinen Platz. Nur die Unterschiede schärfen den eigenen Blick.[71]

---

[69] Der Vorwurf des Synkretismus sei hier zwar der Vollständigkeit halber genannt; er ist jedoch nicht ernst zu nehmen, da er vornehmlich in der Vorstellung der Kritiker existiert.

[70] *H. Küng*, Das Judentum, S. 38: „zwar keine totale Übereinstimmung, aber auch kein totaler Dissens, wohl aber eine Konvergenz". Nur wer wie Küng aus der Begegnung mit den asiatischen Religionen Indiens und Chinas herkommt, wird die – berechtigten! – Gemeinsamkeiten der abrahamischen Religionen in dieser Schärfe wahrzunehmen (vgl. Küng, S. 42).

[71] *N. Kermani*, Brauchen wir den interreligiösen Dialog? Vortrag auf dem Evangelischen Kirchentag in Frankfurt am Main vom 16.6.2001 in: http://www.unesco.de/c_aktuelles/ uh4–2001 _kermani.htm (11.6.2009).

Irrigerweise wird oft unterstellt, die Anerkenntnis von Unterschieden rufe automatisch Feindschaft hervor. Doch das Gegenteil ist der Fall: Der Aufrichtigkeit ist es zuträglicher, mit Bischof Kenneth Cragg, einem der erfahrensten Praktiker im christlich-islamischen Gespräch, einzugestehen:

> We must do so with patience and modesty, with the honest recognition that the degree to which we can be together is partial, and that each faith has distinctive aspects which can't be reconciled. If we agree to agree, we must at the same time agree to disagree. Otherwise, we may be heading only for some kind of gooey sentimentalism.[72]

Von einer „Abrahamischen Familie" kann und darf nur insofern gesprochen werden, als Juden, Christen und Muslime in je eigener Weise ihre Abstammung, ob biologisch oder geistig-geistlich, von dem Patriarchen her begründen. Doch Familienharmonie in dem von dem Konzept suggerierten und von daher zu erwartenden Sinne ist schon den Ursprungsgeschichten fremd. Bereits der Stammvater, obwohl in höchstem Maße idealisiert, vermochte es nicht, seine eigene Familie zusammenzuhalten und ein Zusammenleben in versöhnter Verschiedenheit zu gestalten. Abrahams Familie ist nach biblischem Zeugnis eine gescheiterte Familiengeschichte:[73] Die Nebenfrau, die sich nicht in die Hierarchie fügt, wird mit ihrem Sohn buchstäblich „in die Wüste geschickt" (Gen 21,9–21), und die Söhne der Nebenfrauen mit Geschenken abgefunden und geographisch von seinem Sohn Isaak getrennt (Gen 25,6). Weder die Frauen noch die Söhne waren offensichtlich gewillt, eigene Ansprüche hintanzustellen, sich einzuordnen und auf ein richtungweisendes Wort von Gott zu warten. Und auch Abraham war augenscheinlich nicht in der Lage, den häuslichen Kleinkrieg zu beenden. Eine grandiose Geschichte des Scheiterns, nicht erst heute, sondern schon damals eine „Geschichte von Blut, Tränen und Gewalt".[74] Erst die räumliche Trennung der nicht zu versöhnenden Familienmitglieder brachte zumindest äußeren Frieden.

Die Suche nach einem kleinsten gemeinsamen Nenner *muss* scheitern, da keine Einzelaussage einer Religion isoliert, aus ihrem Kontext gerissen oder gar aus dem Kontext der anderen Religion interpretiert werden darf. Wir haben es also in der Dialogsituation mit authentischen Binnenperspektiven zu tun, die je mit ihrem eigenen Wahrheitsanspruch untereinander konkurrieren. Jede religiöse

---

[72] Aus einem Interview mit Kenneth Cragg, Cross meets Crescent, Interview vom 17.2.1999 in: www.findarticles.com/p/articles/mi_m1058/is_5_116/ai_53985719. – Cragg, ehemals anglikanischer Bischof von Jerusalem, verfügte neben einem enzyklopädischen Wissen über hohen Respekt gegenüber Muslimen; bei einer persönlichen Begegnung des Autors mit ihm kurz nach seinem 90. Geburtstag erwiderte er auf die Frage, was er sich wünsche: „*Rabbī, zidnī ʿilman*" (Mein Herr, mehre mein Wissen, 20,114).

[73] Darauf verweist bereits *H. Küng*, Das Judentum, S. 34, jedoch rein deskriptiv als Auswirkung „menschlicher" Eigenschaften Abrahams, ohne die theologischen Konsequenzen zu bedenken; ebenso *K.-J. Kuschel*, Eins in Abraham?, S. 85.

[74] So charakterisiert *K.-J. Kuschel*, Streit um Abraham, S. 15, die Geschichte und die Gegenwart. Aber nicht erst dadurch wurde „das Erbe der Stammeltern Abraham, Hagar und Sara ruiniert", das war es bereits zu Abrahams Lebzeiten.

Aussage bedarf zu ihrem Verständnis des eigenen Kontextes, wird erst durch das jeweilige Gesamtsystem qualifiziert, so dass jede bloße Nebeneinanderstellung zur inhaltsleeren Floskel wird – eine Gefahr, die sich besonders da auftut, wo nur eine Minderheit der im Dialog Engagierten über eine angemessene Kenntnis der jeweils anderen Religion verfügt.

Jede Begegnung mit dem Andersglaubenden fordert demnach die eigene Identität heraus, die Reflexion des Verwurzeltseins im Eigenen – sie bedeutet *apologia* –, ohne doch beim Eigenen so stehen zu bleiben, dass es Maß und Urteil des Anderen und Fremden wird.

Mit allem bisher Gesagten stehen wir dort, wo Bemühungen jeder Art in der Begegnung mit Muslimen häufig erst ansetzen. Westliche Dialogpartner führen das christlich-muslimische Gespräch allzu häufig aus rein westlicher Perspektive, ohne den muslimischen Rezipienten in seiner eigenen Glaubenstradition und seinem Selbstverständnis wahrzunehmen. Idealerweise erfolgt die Erarbeitung des geschichtlichen und traditionsgeschichtlichen Materials in dieser Hinsicht keineswegs aus rein religionswissenschaftlichem Interesse, sondern bildet vielmehr den entscheidenden ersten Schritt für eine gelingende dialogische Begegnung mit Muslimen. Sie ist unabdingbare Voraussetzung, um Muslimen ein adäquater informierter Gesprächspartner zu sein und das Gespräch nicht in Oberflächlichkeiten und vorschnelle Schlüsse abgleiten zu lassen. Denn,

> Any contemporary Christian response should first demonstrate a clear comprehension of the Islamic conception, (...) begin with an empathetic attempt to see through Muslim eyes.[75]

Wird dieser Schritt berücksichtigt, stellt sich für den christlichen Gesprächspartner zunächst die Frage nach einer erneuten Reflexion des eigenen Standpunktes in verschiedener Hinsicht: Zum einen hat er das Verhältnis der biblischen Theologie zu den nichtchristlichen Religionen – hier des Islam – zu bedenken. Das Gegenüber mit seinem spezifischen Zugang und seinen Fragestellungen zwingt ihn dazu, den eigenen Glauben nicht nur zu reflektieren, sondern darüber hinaus klarer zu formulieren und zu konturieren, um ihn – hörbar und verstehbar! – in die Situation des Rezipienten hineinsagen zu können. Nur auf diese Weise eröffnen sich Wege, im christlichen Zeugnis adäquat auf den Denk- und Erfahrungshorizont des Gegenübers einzugehen und im Gespräch daran anzuknüpfen. Nur wer Unterschiede mit offenen Augen wahrnimmt, kann den Anderen ernstnehmen. Die Rede von Toleranz würde zur hohlen Phrase, wenn es keine Unterschiede auszuhalten, zu „er-tragen" gäbe. Das Gleiche und Eigene zu lieben ist einfach, doch im Lieben gerade des Anderen erweist sich die *agape*, die über die eigenen Möglichkeiten und Kräfte hinausgeht und ihre Kraft aus der Liebe Christi bezieht.

---

[75] *J. D. McAuliffe*, The abrogation of Judaism and Christianity in Islam, S. 116.

Diese Liebe und Wertschätzung des Anderen erweist sich darin, dass eben gerade keine fundamentale Einheit, kein kleinster gemeinsamer Nenner oder eine gemeinsame Integrationsfigur vorhanden – und daher auch nicht krampfhaft konstruiert werden muss! –, um eine tragfähige Basis des Miteinanders zu finden.

Die Botschaft der Bibel will im Zeugnis lebendig werden – das war ihr Anliegen bereits zu Beginn der Propheten, bei Jesus und den Aposteln und zog sich durch die Geschichte der Kirche bis in die Gegenwart. Diese Verpflichtung gegenüber dem Gesprächspartner kann sie aber nur erfüllen, wenn das Gegenüber respektiert, verstanden und in Liebe angenommen wird.

Die Rezeption der Abrahamgestalt ist in den religiösen Traditionen so unterschiedlich, dass eine theologische Basis in einer gemeinsamen Gestalt nicht gegeben ist – wollte man nicht jeden der einzelnen Partner seines identitätsstiftenden „Vaters" berauben. Ein islamischer Ibrāhīm allein, in dem sich, wie aufgezeigt, Leben und Botschaft Muḥammads spiegeln, kann sowohl Juden als auch Christen schwerlich zugemutet werden.

In jener schicksalhaften Begegnung Muḥammads mit der christlichen Delegation von Naǧrān rief er diese zu einem *kalima sawā'* (Wort des Ausgleichs), einem „zwischen uns und euch gleich angenommenen Wort" (3,64) auf. Dies mag zunächst wie das Bemühen um einen kleinsten gemeinsamen Nenner klingen – und so wird es im Dialog heute auch meist verstanden. Dieser Nenner ist, „niemandem zu dienen außer Gott und ihm nichts beizugesellen", der *tauḥīd*, der reine Monotheismus also. Und es ist gerade Ibrāhīm, der in den folgenden Versen eindeutig von Juden und Christen abgegrenzt wird. Vielmehr wird der ibrāhīmische Gedanke verbunden mit der jüdisch-christlichen Enteignung und dem Ruf zur *millat Ibrāhīm*, die eben nicht nur aus dem *tauḥīd* besteht – sonst könnte man geneigt sein, die *millat Ibrāhīm* und die „Abrahamische Ökumene" als gleiche Konzepte zu betrachten. Durch die Parallelisierung Ibrāhīms mit Muḥammad bis hin zur Identifizierung mit ihm und die Projektion sämtlicher islamischer Glaubensinhalte und -riten auf Ibrāhīm, kann er jedoch kein gemeinsames, quasi neutrales Wort in der Mitte mehr sein.

Das entzieht einer theologischen Ökumene auf der Basis von Abraham / Ibrāhīm von beiden Seiten die Grundlage. Vielmehr ist die Idee einer abrahamischen Religion – *millat Ibrāhīm!* – eine genuin islamische Idee, nämlich das Argument, das Juden und Christen eben gerade nicht in ihrem Glauben belassen will, sondern zu dem neuen und zugleich alten ursprünglichen Glauben der Unterwerfung unter den einen Gott ruft – zum Islam. Eine Rückkehr zu Ibrāhīm als dem Ur-Vater und Ur-Propheten ist darum immer auch eine Rückkehr zum Islam als der Ur-Religion, der *fiṭra*.

Als Metapher aber, die den Willen zu Zusammenleben und Zusammenarbeit signalisiert, auch als Umschreibung gemeinsamer ethischer und sozialpolitischer Anliegen, Bemühungen und Aktionen, mag der Terminus der „Abrahamischen

Ökumene" gute Dienste leisten. Was auf der theologischen Ebene zum Scheitern verurteilt ist, kann und soll auf der Handlungsebene gute Dienste leisten – allerdings darf man beide Ebenen nicht vermischen und muss sich der Begrenztheit dieses „Abrahamismus" bewusst sein. Außerdem gilt noch der große Vorbehalt einer interreligiösen Ausweitung des innerchristlichen Gebrauchs des Begriffs der Ökumene, wodurch das so immens wichtige Anliegen der Ökumene leichter diskreditiert wird.

Eine adäquate Form von Abrahamsökumene könnte daher so aussehen: Im Handeln zugunsten einer konstruktiven Gesellschaftsgestaltung und einer gemeinsamen humanen Zukunft vereint – aber klar definiert und ausgerichtet in einer unterschiedlichen Theologie. Denn christliche Identität zeichnet sich dadurch aus, dass Christus die Mitte christlichen Denkens und der Theologie ist und die Perspektive bestimmt. So wie Abraham nach vorne sah – auf Christus hin, so kann unser Blick zurück auf Abraham als Christen nur über Christus gehen, wie Jesus auch den Emmausjüngern den Blick für das Alte Testament öffnete (Lk 24,32.44–46). Ein Zurück hinter die Aussage Jesu über Abraham „Abraham sah meinen Tag und jubelte" (Joh 8,56) ist für das christliche Verständnis nicht mehr möglich.

Der Glaube Abrahams war ein Glaube auf Hoffnung, der nach vorne gerichtet war auf das, was er zwar im Glauben antizipierte, was jedoch noch nicht vollendet war. Dies kann *post Christum* nicht mehr unser Glaube sein. Vielmehr leben wir im und aus dem Rückblick auf das bereits Vollendete, das Heilsgeschehen Gottes in Christus.

In Verpflichtung gegenüber dem Herrn der Kirche konzentriert sich der Blick eines Christen auf Christus hin und kann nicht mehr bei dem stehen bleiben, was vor ihm war. Und das ist dann der eigentliche Unterschied zu all den Überbietungen in einem konstruierten Vorher: Wer Jesus als einen Propheten unter vielen sieht, zwar hoch geehrt, aber doch als Vorletzter in eine Reihe mit anderen gezwängt, für den ist der koranische Rückgriff auf Ibrāhīm als vor Mose und vor Jesus lebender Repräsentant des „reinen Glaubens" tatsächlich „das beste, kürzeste und vollkommenste Argument" – eine genialer Gedanke, dem nichts entgegenzusetzen ist. Darum greift Abraham als Begründung eines notwendigen interreligiösen Dialogs zu kurz.[76] Für Christen liegt darum der Schlüssel im Verständnis Jesu, der von sich sagt: „Ehe Abraham ward, bin ich." (Joh 8,58). Er ist mehr als ein Prophet, dessen Gültigkeit sich an der chronologischen Einordnung seiner Lebenszeit messen ließe. Was bei Abraham in der Bindung seines Sohnes aufscheint, das wird in der vollzogenen Selbstopferung Jesu antitypologisch vollendet. Der präexistente Christus, der ewige Logos des ewigen Vaters, steht daher außerhalb der Prophetenreihe, nämlich über ihr, und umspannt sie als Alpha und Omega.

---

[76] *U. Bechmann*, Dankesrede, in: Viele Väter Abraham, S. 29.

Dies will und muss bezeugt werden in *apologia* und *martyria*, die frei ist sowohl von „imperialem Gestus" als auch „interpretatorischer Vereinnahmung des Anderen" oder der Reduzierung eigener Inhalte. Getragen von der „Autorität der Bitte" des Gekreuzigten (E. Jüngel) geschieht ein Dialog, der sich nicht notwendigerweise auf Abraham berufen muss, „in Dienst, Verantwortung und bezeugender Hingabe".[77]

Wenn Abraham als „Patron des sog. Trialogs der drei monotheistischen Religionen"[78] nicht taugt, wenn Abraham nicht Repräsentant, sondern Vision der Einheit ist, wenn Abraham wie der Felsendom kein Symbol der Einheit,[79] sondern eine Aufforderung zum Dialog ist, dann stellt sich die Frage, ob Dialog überhaupt eine gemeinsame Zentralgestalt braucht? Brauchen wir nicht eine andere Begründung für den Dialog anstelle der vielen Väter Abraham?

Und: Die Differenzerfahrung im Dialog ist nicht das Ende des Dialogs. Aus Pragmatismus wurde allzu oft Differentes und Konträres ausgeblendet, weil es als Hindernis empfunden wurde. Doch wie für die Demokratie gilt für die Theologie, Unterschiede zu benennen und zuzulassen. Die Theologie hat ihren unaufgebbaren Platz im Dialog, der vom Diskurs lebt. Doch die Theologie darf nicht von vornherein zu bestimmten Ergebnissen verpflichtet werden, auch nicht um der Harmonie willen. Theologie darf nicht dazu missbraucht werden, eine „Wunschfigur" Abraham zu schaffen. „Man muss nicht gemeinsam singen, um sich gegenseitig zu respektieren."[80] Ein Abraham dieser Art wäre eine Fata Morgana. Daher trifft das Gegenteil zu: Differenzerfahrung ist der Ort der Bewahrheitung des Dialogs. In der Erkenntnis – und Anerkenntnis! – der Verschiedenheit stellen sich vielmehr theologische Aufgaben: die Begegnung mit dem Anderen in Respekt und Wertschätzung,[81] die Bemühung um eine gemeinsame Weltbewältigung und die Befähigung zur Differenz im gemeinsamen Menschsein vor Gott.

Wir erinnern uns an die drei leblosen Körper auf einer Straße in Beirut. Alle drei trugen denselben Vornamen: Ibrahim. Im Tode gleich, waren sie im Leben doch ganz unterschiedlich gewesen und hatten einer durch die Hand des anderen den Tod gefunden: Der eine Ibrahim war ein Sunnit, der andere ein Schiit und der dritte ein Christ. Vielleicht braucht es manchmal die Schlichtheit eines einfachen Menschen wie meines Vaters, der sagte: „Alle Menschen stammen von einen Schöpfer und werden einst vor dem einen Richter stehen, ungeachtet ihrer ethnischen und religiösen Zugehörigkeit." Die versöhnende Handlung der

[77] *F. Eißler*, Gibt es eine Abrahamische Ökumene?, S. 16.18.

[78] *M. Bauschke*, Der Freund Gottes, S. VIII.

[79] *J. Gnilka*, Die Nazarener und der Koran, S. 148.

[80] Zitat unbekannter Herkunft angesichts der Forderungen in der Adventszeit 2014, zur Förderung der Gemeinsamkeiten unter den abrahamischen Religionen ein muslimisches Lied im Weihnachtsgottesdienst zu singen.

[81] *K.-J. Kuschel* spricht davon, die „Würde der Differenz" zu respektieren (Juden – Christen – Muslime, S. 75).

Bergung der Leichen gründete er nicht auf einen imaginären gemeinsamen Stammvater, sondern auf ihr gemeinsames Menschsein, auf Ursprung und Ziel eines jeden Menschen – seinen Schöpfer. Gerade weil jeder Mensch *imago Dei* ist und von der bedingungslosen Liebe Gottes zu jedem seiner Geschöpfe umfangen ist – darum soll diese Einsicht und die Vernunft zur Toleranz führen.

Ob diese unbedingt eine „streitbare Toleranz"[82] sein muss, mag dahingestellt sein. Eher ist sie eine erstrittene Toleranz, weil sie sich selbst überwindet und weil sie das Ringen um die Wahrheit und um die Liebe nicht aufgegeben hat.

Und sie ist eine versöhnte Toleranz, die auf dem Bewusstsein der einen Menschheitsfamilie gründet – eine Fähigkeit, die von jedem Einzelnen und den Gesellschaften entwickelt und gepflegt werden muss. Die Ehrfurcht vor dem Schöpfer und das Verankertsein im eigenen Glauben bedingt Ehrfurcht, Achtung und Respekt vor dem Leben und vor dem Mitmenschen – Voraussetzung für jede Begegnung.

[82] *Barbara Bürkert-Engel*, Plädoyer für eine Kultur streitbarer Toleranz, in: Dehn / Hock (Hrsg.), Jenseits der Festungsmauern, Erlangen 2003, 113–128.

Ibrāhīmtexte: Chronologisches Verzeichnis

		Kap.	Zeit
Polytheisten			
87,14–19	*ṣuḥuf Ibrāhīm*; Vorrang des Jenseitigen	4.4.1	1. mekk.
53,33–39	Kein stellvertretendes Tragen der Traglast	4.4.2	1. mekk.
51,31–37	Sodom, Strafgericht im Diesseits	4.5.1	1. mekk.
15,57–64.67–77			2. mekk.
11,70–83			3. mekk.
29,31–35			3. mekk.
51,33.36	Die Rettung des Lūṭ	4.5.2.1	1. mekk.
21,74–75			2. mekk.
37,97–98	Die Rettung Ibrāhīms aus dem Feuerofen	4.5.2.2	2. mekk.
21,68–70			2. mekk.
29,24–25			3. mekk.
51,24–30	Ankündigung des Sohnes an Ibrāhīm	4.5.2.3	1. mekk.
37,99–113			1. mekk.
15,51–56			2. mekk.
11,69–73			3. mekk.
	Rettung des gebundenen Sohnes	4.5.3	
14,39	Die beiden Söhne Ibrāhīms	4.5.3.1	3. mekk.
3,33.34	Ibrāhīms Sippe und Nachkommenschaft	4.5.3.1	medin.
19,54–55			2. mekk.
37,99–113	„O mein Vater, tu, was dir befohlen ist!“ – Die Bindungserzählung	4.5.3.2	2. mekk.
19,58	Auserwählung und Rechtleitung der Propheten	4.5.4	2. mekk.
38,45–50			2. mekk.
16,121			3. mekk.
12,6.37–40			3. mekk.
6,87–90			3. mekk.
29,27	Ewiger Lohn der Gläubigen	4.5.5	3. mekk.
37,88–89	Ibrāhīms natürliche Gotteserkenntnis	4.6.1	2. mekk.
19,43			2. mekk.
6,75–79			3. mekk.

		Kap.	Zeit
37,102–105 2,124	Das Reden Gottes mit Ibrāhīm	4.6.2	2. mekk medin.
4,163–166	Ibrāhīm der Warner und Rufer	4.6.3	medin.
2,258–260	Ibrāhīms Gottesbeweis vor Nimrud	4.6.4	medin.
26,69–104 19,41–59 43,26–30 21,51–57.63–67 29,16–25 6,74.79–83	Verbaler Konflikt mit Vater und Zeitgenossen: Appell an die *ratio*	4.6.5	2. mekk. 2. mekk. 2. mekk. 2. mekk. 3. mekk. 3. mekk.
37,91–98 21,57–67	Aktiv gegen die Götzen: Der Bildersturm	4.6.6	2. mekk. 2. mekk.
14,35–41 2,126	Die Säuberung des „Hauses“: Ibrāhīms Gebet um Sicherheit der Kaʿba	4.6.7.1	3. mekk. medin.
2,125 22,26	Befehl zur Säuberung der Kaʿba und ihre Reinigung	4.6.7.2 4.6.7.3	medin. medin.
19,46–49 29,26	Trennung von den Götzendienern – die *hiğra*	4.7	2. mekk. 3. mekk.
60,4	Feindschaft mit den Götzendienern	4.8.1	medin.
11,74–76	Keine Fürbitte für das Volk Lūṭs	4.8.2.1	3. mekk.
26,86 19,4 14,41	Fürbitte für den heidnischen Vater	4.8.2.2	2. mekk. 2. mekk. 3. mekk.
60,4–6 9,113–114	Verbot der Fürsprache für Ungläubige	4.8.2.3	medin. medin.
Juden			
2,124–129	Das „Haus“ – ein Versammlungsort für die Menschen	5.2.1.1	medin.
3,95–97	Das „erste Haus für die Menschen“	5.2.1.2	medin.
2,142–145a	Die Änderung der Gebetsrichtung	5.3	medin.
2,145b–150	Die *qibla* Ibrāhīms	5.3.3	medin.
2,130–134	„*aslim – aslamtu*“ – Die Islamisierung des Patriarchen, Ibrāhīm als erster *muslim*	5.4 5.4.1	medin.
2,132–134	Ibrāhīms Söhne und Nachkommen als *muslimūn*	5.4.2	medin.
Christen			
2,135–141	Ruf zur Rückkehr in die *millat Ibrāhīm* – Das beste Argument	6.2	medin.
2,138–141	Gottes „Färbung“ – *ṣibġa*	6.3	medin.
42,13–16	Das Werben um Einheit unter den Glaubenden	6.3.1	3. mekk.

		Kap.	Zeit
16,120–125 29,46	Ruf zur Rückkehr zu dem einen Gott, Streit nur auf beste Weise	6.4.1 6.4.2	3. mekk. 3. mekk.
6,159–165	Warnung vor Spaltern und Ruf zum Hanifentum	6.4.2.2	3. mekk.
3,64	Vom Wort des Ausgleichs	6.4.2.3	medin.
4,54–55	Die Enteignung der Schriftbesitzer, Relativierung der früheren Schriften	6.4.3.1	medin.
3,65–68.83–85	Ibrāhīm – weder Jude noch Christ	6.3.3.2	medin.
Muslime			
30,30	Die Religion Ibrāhīms als schöpfungsmäßige Anlage	7.1	3. mekk.
6,161	Ibrāhīm und das islamische Bekenntnis	7.2.1	3. mekk.
21,73 22,26–29	Ibrāhīm als Stifter der islamischen Riten, Feste und Traditionen	7.2.2	2. mekk. medin.
22,26–29.78	Ibrāhīm prägt die Grundbegriffe des Islam	7.2.3	medin.
	Ibrāhīm als Begründer der neuen umma	7.2.3	
4,125.126	Ibrāhīm – *ḫalīl Allāh*	7.3	medin.
2,129	Das Prophetenamt Ibrāhīms und Muḥammads	7.4.1	medin.
5,46–48	Ibrāhīm und Muḥammad in der Prophetensukzession	7.4.2	medin.

Synopsen der Ibrāhīmtexte

1. ṣuḥuf		
Sura 87 (1. mekk.) 9 So ermahne, wenn die Ermahnung nützt. 10 Bedenken wird jemand, der gottesfürchtig ist. 11 Meiden aber wird es der Unseligste, 12 der dem größten Feuer ausgesetzt sein wird; 13 darin wird er hierauf weder sterben noch leben. 14 Wohl ergehen wird es ja jemandem, der sich läutert, 15 und des Namens seines Herrn gedenkt; so betet er. 16 Nein, vielmehr zieht ihr das diesseitige Leben vor, 17 während das Jenseits besser und beständiger ist. 18 Das ist wahrlich in den früheren Blättern, 19 den Blättern Ibrāhīms und Mūsās.	Sura 53 (1. mekk.) 33 Was meinst du zu dem, der sich abkehrt 34 und wenig gibt und kargt? 35 Hat er Wissen vom Verborgenen, daß er es erkennt? 36 Oder wurde ihm nicht berichtet, was in den *Blättern Mūsās* steht 37 *und Ibrāhīms*, der getreu war: 38 dass keine Tragende die Traglast einer anderen trägt, 39 und daß dem Menschen nichts zuteil wird, außer worum er sich bemüht, 40 und daß sein Bemühen sichtbar gemacht wird, 41 ihm dann mit angemessenstem Lohn vergolten wird, 42 und daß bei deinem Herrn alles enden wird.	Sura 4 (medin.) 54 Oder beneiden sie die Menschen um das, was ihnen Gott von seiner Huld hat zukommen lassen? Wir ließen ja der Sippe Ibrāhīms die Schrift und die Weisheit zukommen, und Wir ließen ihnen eine gewaltige Königsherrschaft zukommen.

2. Ankündigung Strafgericht			
Sura 51 (1. mekk.) 31 Er sagte: „Was ist euer Anliegen, ihr Gesandten?“ 32 Sie sagten: „Wir sind gesandt zu einem Volk von Übeltätern,	Sura 15 (2. mekk.) 57 Er sagte: „Was ist denn eure Kunde, ihr Gesandten?“ 58 Sie sagten: „Wir sind zu einem Volk gesandt, die Übeltäter sind, 59 ausgenommen die Sippe Lūṭs. Diese werden wir gewiss alle erretten,	Sura 11 (3. mekk.) 70 Und als er sah, daß ihre Hände nicht hinlangten, kamen sie ihm verdächtig vor und er empfand Furcht vor ihnen. Sie sagten: „Fürchte dich nicht! Wir sind zum Volk Lūṭs gesandt.“	Sura 29 (3. mekk.) Über sie wird eine Strafe kommen, die unabwendbar ist. 26 Da glaubte Lūṭ an ihn und sagte: „Wahrlich, ich werde auswandern zu meinem Herrn. Er ist ja der Starke und Allweise.“

33 um Steine aus Lehm auf sie herabzulassen, 34 gekennzeichnet bei deinem Herrn für die Maßlosen."	60 ausgenommen seine Frau. Wir haben es so bestimmt: Sie gehört gewiss zu denen, die dem Verderben anheimfallen."		31 Und als Unsere Gesandten zu Ibrāhīm kamen mit der Kunde, sagten sie: „Wir werden die Bewohner dieser Stadt vernichten, denn ihre Bewohner sind Frevler." 34 „Wir werden auf die Bewohner dieser Stadt ein Strafgericht vom Himmel herabsenden dafür, dass sie gefrevelt haben." 32 Sie sagten: „Wir wissen besser, wer sich darin befindet. Wir werden ihn ganz gewiss erretten, ihn und seine Angehörigen, außer seiner Frau; sie gehört zu denen, die dem Verderben anheimfallen."

3. Fürbitte Ibrahims	
Sura 11 (3. mekk.) 74 Als die Angst von Ibrāhīm gewichen und die Botschaft zu ihm gekommen war, begann er mit Uns über das Volk Lūṭs zu streiten. 75 Ibrāhīm war wahrlich langmütig, weichherzig und sich Gott bußfertig zuwendend. 76 „O Ibrāhīm, laß ab davon! Die Entscheidung deines Herrn ist nun einmal eingetroffen."	Sura 29 (3. mekk.) 32 Er sagte: „Aber Lūṭ befindet sich darin." Sie sagten: „Wir wissen besser, wer sich darin befindet. Wir werden ihn ganz gewiss erretten, ihn und seine Angehörigen, außer seiner Frau; sie gehört zu denen, die dem Verderben anheimfallen."

4. Lūṭ und sein Volk		
Sura 15 (2. mekk.) 61 Als nun die Gesandten zu der Sippe Lūṭs kamen, 62 sagte er: „Ihr seid ja fremde Leute." 63 Sie sagten: „Nein, wir sind zu dir gekommen mit dem, was sie immer in Zweifel gezogen haben. 64 Wir kommen zu dir mit der Wahrheit und sagen, was wahr ist."	Sura 11 (3. mekk.) 77 Und als Unsere Gesandten zu Lūṭ kamen, geriet er ihretwegen in eine böse Lage und war durch ihre Anwesenheit beklommen. Er sagte: „Das ist ein drangsalvoller Tag."	Sura 29 (3. mekk.) 33 Als nun Unsere Gesandte bei Lūṭ ankamen, geriet er ihretwegen in eine böse Lage und war ihretwegen beklommen.
67 Und die Bewohner der Stadt kamen frohlockend. 68 Er sagte: „Dies sind meine Gäste, entehrt mich nun nicht!" 69 Fürchtet Gott und bringt keine Schande über mich!" 70 Sie sagten: „Haben wir dir nicht verboten, mit den Weltenbewohnern Umgang zu pflegen?" 71 Er sagte: „Hier sind meine Töchter, wenn ihr vorhabt, etwas zu tun." 72 Bei deinem Leben, sie schweiften in ihrer Trunkenheit irrend umher.	78 Seine Leute kamen eilend zu ihm getrieben. Zuvor pflegten sie böse Taten zu begehen. Er sagte: „O mein Volk, dies hier sind meine Töchter, sie sind reiner für euch. So fürchtet Gott und stürzt mich nicht um meiner Gäste willen in Schande! Gibt es denn unter euch keinen besonnenen Mann?" 79 Sie sagten: „Du weißt sehr wohl, daß wir kein Recht auf deine Töchter haben, und du weißt fürwahr, was wir wollen." 80 Er sagte: „Hätte ich doch Kraft genug, um euch zu widerstehen, oder könnte ich nur bei einer starken Stütze Zuflucht finden!"	

Botschaft der Engel an Lūṭ		
Sura 15 (2. mekk.) 59 „… werden wir gewiss alle erretten, 60 ausgenommen seine Frau. Wir haben es so bestimmt: Sie gehört gewiss zu denen, die dem Verderben anheimfallen."	Sura 11 (3. mekk.) 81 Sie sagten: „O Lūṭ, wir sind die Gesandten deines Herrn. Sie werden nicht zu dir gelangen.	Sura 29 (3. mekk.) 33 Als nun Unsere Gesandte bei Lūṭ ankamen, geriet er ihretwegen in eine böse Lage und war ihretwegen beklommen.

65 So zieh mit deinen Angehörigen fort zu nächtlicher Stunde, und folge du hintendrein. Und keiner von euch soll sich umwenden. Geht, wohin euch zu gehen befohlen wird.“ 66 Und wir haben ihm die Entscheidung mitgeteilt, dass der letzte Rest dieser Leute am Morgen ausgemerzt werde.	So zieh mit deinen Angehörigen in einem Teil der Nacht fort, und niemand von euch soll sich umwenden – außer deiner Frau! Gewiss, es wird sie treffen, was jene trifft. Der ihnen versprochene Zeitpunkt ist der Tagesanbruch. Ist nicht der Tagesanbruch schon nahe?“	Sie sagten: „Hab keine Angst und sei nicht traurig, wir werden dich und deine Angehörigen retten, außer deiner Frau; sie gehört zu denen, die dem Verderben anheimfallen.“

Rettung Lūṭs	
Sura 51 (1. mekk.) 35 Und da brachten Wir aus ihr die heraus, die gläubig waren. 36 Aber Wir fanden in ihr nur ein einziges Haus von Gottergebenen.	Sura 21 (2. mekk.) 74 Und Lūṭ gaben Wir Urteilskraft und Wissen und erretteten ihn aus der Stadt, die die schlechten Taten zu begehen pflegte. Sie waren ja böse Menschen und Frevler. 75 Und Wir ließen ihn in Unsere Barmherzigkeit eingehen. Er gehört wahrlich zu den Rechtschaffenen.

Vernichtung der Stadt			
Sura 51 (1. mekk.)	Sura 15 (2. mekk.) 73 Da ergriff sie der Schrei bei Sonnenaufgang. 74 Und Wir kehrten das Oberste von ihr zuunterst, und ließen Steine aus gebranntem Ton auf sie regnen.	Sura 11 (3. mekk.) 82 Als nun Unser Befehl kam, kehrten Wir das Oberste von ihr zuunterst und ließen auf sie Steine aus vorbereitetem gebranntem Lehm regnen. 83 bei deinem Herrn gekennzeichnete Steine.	Sura 29 (3. mekk.)
37 In ihr hinterließen wir denjenigen ein Zeichen, die die schmerzhafte Strafe fürchten.	75 Darin sind wahrlich Zeichen für die aufmerksamen Beobachter.	Und sie liegt den Ungerechten nicht fern.	35 Und wir hinterließen von ihr ein klares Zeichen für Leute, die Verstand haben.

	76 Und diese sind wahrlich der Weg, wie stets verfahren wird. 77 Und darin ist wahrlich ein Zeichen für die Gläubigen.		

Ankündigung des Sohnes

Sura 51 (1. mekk.)	Sura 37 (2. mekk.)	Sura 15 (2. mekk.)	Sura 11 (3. mekk.)
	99 Er sagte: „Wahrlich, ich gehe zu meinem Herrn; Er wird mich rechtleiten. 100 „Mein Herr, schenke mir von den Rechtschaffenen.“		
24 Ist dir nicht die Erzählung von den geehrten Gästen zu Ohren gekommen?		51 Und gib ihnen Kunde von den Gästen Ibrāhīms.	69 Unsere Gesandten kamen zu Ibrāhīm mit der Botschaft.
25 Als sie bei ihm eintraten und sagten: „Friede!“ Er sagte: „Friede!“ – Unbekannte Leute. 26 Er wandte sich zu seinen Angehörigen und brachte ein fettes Kalb herbei. 27 Er setzte es ihnen vor und sagte: „Esst ihr etwa nicht?“		52 Als sie bei ihm eintraten und sagten: „Friede!“	Sie sagten: „Frieden!“ Er sagte: „Friede!“ Er verweilte nicht lange, da brachte er ein gebratenes Kalb herbei.
28 Er empfand Furcht vor ihnen.		da sagte er: „Wir haben uns erschreckt vor euch.“	70 Und als er sah, dass ihre Hände nicht hinlangten, kamen sie ihm verdächtig vor und er empfand Furcht vor ihnen.
Sie sagten: „Fürchte dich nicht!“		53 Sie sagten: „Erschrick dich nicht!	Sie sagten: „Fürchte dich nicht! Wir sind zum Volk Lūṭs gesandt.“
Und sie verkündeten ihm einen wissenden Knaben.	101 Da verkündeten Wir ihm einen sanftmütigen Jungen.	Wahrlich, wir verkünden dir einen wissenden Knaben.“	71b Und da verkündeten Wir ihr Isḥāq und nach Isḥāq Yaʿqūb.

	112 Und Wir verkündigten ihm Isḥāq als Propheten von den Rechtschaffenen.		
29 Da kam seine Frau mit großem Geschrei herbei. Sie schlug sich ins Gesicht und sagte: „Alte, unfruchtbare Frau!“		54 Er sagte: „Ihr verkündet mir, obwohl mich bereits das Alter erfaßt hat?“ Was verkündet ihr mir denn da?	71a Und seine Frau, die dabeistand, lachte. 72 Sie sagte: „O wehe mir, soll ich noch gebären, wo ich doch alt bin, und dieser, mein Mann, ein Greis. Das ist gewiss verwunderlich.“
30 Sie sagten: „So hat dein Herr gesprochen.		55 Sie sagten: „Wir verkünden dir die Wahrheit. So sei nicht einer von den Hoffnungslosen.“ 56 Er sagte: „Wer würde die Hoffnung auf die Barmherzigkeit seines Herrn aufgeben außer den Irregehenden?“	73 Sie sagten: „Wunderst du dich über die Bestimmung Gottes? Die Barmherzigkeit Gottes und seine Segnungen seien auf euch, ihr Leute des Hauses! Er ist lobenswürdig und hoch gepriesen.
Wahrlich, Er ist der Allweise und Allwissende.“	113 Und wir ließen Unseren Segen auf ihn und Isḥāq kommen.		

Rettung aus dem Feuerofen		
Sura 37 (2. mekk.) 97 Sie sagten: „Errichtet für ihn einen Bau und werft ihn in den Feuerpfuhl.“	Sura 21 (2. mekk.) 68 Sie sagten: „Verbrennt ihn und unterstützt eure Götter, wenn ihr etwas tun wollt.“ 69 Wir sagten: „O Feuer, sei kühl und unschädlich für Ibrāhīm!“	Sura 29 (3. mekk.) 24 Die Antwort seines Volkes aber war nur die Erwiderung: „Tötet ihn oder verbrennt ihn.“ Da rettete Gott ihn aus dem Feuer. Wahrlich, darin sind Zeichen für Leute, die glauben.
98 Sie wollten ihn überlisten, doch Wir erniedrigten sie aufs tiefste.	70 Sie wollten ihn überlisten, aber Wir machten sie zu den größten Verlierern.	25 Und er sagte: „Ihr habt euch ja anstelle Gottes nur Götzen genommen aus Freundschaft zueinander im diesseitigen Leben. Aber dann, am Tag der Auferstehung, werdet ihr euch gegenseitig verleugnen und einander verfluchen.

		Eure Wohnstätte ist dann das Feuer, und ihr werdet keine Helfer haben.“

Gegen die *mušrikīn* – verbal

Einleitung

Sura 37	Sura 26	Sura 19	Sura 21	Sura 29
(2. mekk.) 83 Und von seiner Gemeinschaft ist wahrlich auch Ibrāhīm. 84 Als er zu seinem Herrn kam mit unversehrtem Herzen.	(2. mekk.) 69 Und verlies ihnen die Kunde von Ibrāhīm.	(2. mekk.) 41 Und gedenke Ibrāhīms im Buch. Er war ein Wahrhaftiger und ein Prophet.	(2. mekk.) 51 Und Wir haben zuvor Ibrāhīm seine richtige Einsicht gegeben. Wir wußten über ihn Bescheid.	(3. mekk.) 16 Und (Wir sandten) Ibrāhīm.

Frage / Vorwurf

Sura 37	Sura 26	Sura 19	Sura 43	Sura 21	Sura 29	Sura 6
(2. mekk.) 85 Als er zu seinem Vater und zu seinem Volk sagte: „Wem dient ihr da?“	(2. mekk.) 70 Als er zu seinem Vater und zu seinem Volk sagte: „Wem dient ihr denn da?“ 71 Sie sagten: „Wir dienen Götzen und geben uns beharrlich hin in deren Andacht.“	(2. mekk.) 42 Als er zu seinem Vater sagte: „O mein Vater, warum dienst du etwas,	(2. mekk.) 26 Und als Ibrāhīm zu seinem Volk und zu seinem Volk sagte:	(2. mekk.) 52 Als er zu seinem Vater und zu seinem Volk sagte: „Was sind das für Bildwerke, vor denen ihr andächtig verweilt?“	(3. mekk.) 16 Als er zu seinem Volk sagte: „Dient Gott und fürchtet Ihn. Das ist besser für euch, wenn ihr Bescheid wißt.	(medin.) 74 Und als Ibrāhīm zu seinem Vater Āzār sagte: „Nimmst du denn Götzenbilder zu Göttern? Gewiss, ich sehe dich und dein Volk in offenkundigem Irrtum.“

Argument 1: Numina

Sura 37 (2. mekk.)	Sura 26 (2. mekk.)	Sura 19 (2. mekk.)	Sura 21 (2. mekk.)	Sura 29 (3. mekk.)
91 „Wollt ihr denn nicht essen? 92 Und warum redet ihr nicht?“	72 Er sagte: „Hören sie euch, wenn ihr sie anruft?	42 was nicht hört und	63 Er sagte: „… Fragt sie doch, wenn sie sprechen können.“ 66 Er sagte: „Wie könnt ihr denn anstelle Gottes dem dienen, was euch weder nützt noch schadet? 67 Pfui über euch und über das, was ihr anstelle Gottes dient! Habt ihr denn keinen Verstand?“	17 Ihr dient anstelle Gottes bloßen Götzen und erschafft damit nur Lüge. Diejenigen, denen ihr anstelle Gottes dient, können euch keinen Lebensunterhalt bescheren.
86 „Wollt ihr wirklich ein Lügengebilde haben: Götter anstelle Gottes? 87 Was ihr denn davon: vom Herrn der Weltenbewohner?“	73 Oder können sie euch nützen oder schaden?“	nicht sieht und dir nichts nützt?		

Argument 2: Tradition

Sura 26 (2. mekk.)	Sura 21 (2. mekk.)
74 Sie sagten: „Nein, aber wir fanden bereits unsere Väter so handeln.“ 75 Er sagte: „Seht ihr denn, wie jene sind, denen ihr zu dienen pflegt, 76 ihr und eure Vorväter?	53 Sie sagten: „Wir haben schon unsere Väter ihnen dienend vorgefunden.“ 54 Er sagte: Dann wart ihr und eure Väter offensichtlich im Irrtum. 55 Sie sagten: Bringst du die Wahrheit, oder gehörst du zu denen, die ein Spiel treiben?“

Absage an die Götzen

Sura 26 (2. mekk.)	Sura 19 (2. mekk.)	Sura 43 (2. mekk.)	Sura 6 (medin.)
77 Gewiss, feind sind sie mir alle,	8 Ich werde mich von euch und von dem, was ihr anstelle Gottes dient, absondern. Ich werde nur meinen Herrn anrufen. Möge ich, wenn ich meinen Herrn anrufe, keinen Mißerfolg dabei haben.“	26 „Gewiss, ich sage mich los von dem, was ihr dient.	79 Ich wende mein Gesicht Dem zu, Der die Himmel und die Erde erschaffen hat, als *ḥanīf*, und ich gehöre nicht zu den *mušrikīn*.“ 80 Sein Volk stritt mit ihm.

Bekenntnis

Sura 26 (2. mekk.)	Sura 43 (2. mekk.)	Sura 21 (2. mekk.)	Sura 29 (3. mekk.)	Sura 6 (medin.)
außer dem Herrn der Weltenbewohner, 78 der mich erschaffen hat, und mich nun rechtleitet, 79 und der mir zu essen und zu trinken gibt und Der, wenn ich krank bin, mich heilt, 81 und der mich sterben lässt und dann wieder lebendig macht, 82 und von Dem ich zu erlangen trachte, dass Er mir am Tag des Gerichts meine Sünde vergebe."	außer dem Herrn der Weltenbewohner, 78 der mich erschaffen hat, und mich nun rechtleitet, 79 und der mir zu essen und zu trinken gibt 80 und der, wenn ich krank bin, mich heilt, 81 und der mich sterben lässt und dann wieder lebendig macht, 82 und von Dem ich zu erlangen trachte, dass Er mir am Tag des Gerichts meine Sünde vergebe."	56 Er sagte: „Nein, sondern euer Herr ist Herr über die Himmel und die Erde, er, der sie erschaffen hat. Und ich gehöre zu denen, die euch davon Zeugnis ablegen.	20 Sag: Geht auf der Erde umher und schaut, wie Er die Schöpfung begonnen hat. Dann läßt Gott die letzte Schöpfung entstehen. Gewiss, Gott hat zu allem die Macht. 21 Er straft, wen Er will, und Er erbarmt sich, wessen Er will. Zu Ihm werdet ihr zurückgebracht.	Er sagte: „Wollt ihr mit mir über Gott streiten, wo Er mich doch schon rechtgeleitet hat? Ich fürchte nicht, was ihr Ihm beigesellt, es sei denn, dass mein Herr etwas will. Mein Herr umfasst alles mit Seinem Wissen. Wollt ihr es denn nicht bedenken? 81 Wie sollte ich fürchten, was ihr Ihm beigesellt, wo ihr euch nicht fürchtet, Gott etwas beizugesellen, wozu Er euch keine Ermächtigung herabgesandt hat? Welche der beiden Gruppen hat also eher ein Anrecht auf Sicherheit, falls ihr es wisst?"

Gebet Ibrāhīms

Sura 26 (2. mekk.)
83 „Mein Herr, schenke mir Urteilskraft, und nimm mich dereinst unter die Rechtschaffenen auf.
84 Und verleih mir einen hohen Ruf an Wahrhaftigkeit unter den späteren Generationen.
85 Und macht mich zu einem der Erben des Gartes der Wonne."

Fürbitte für seinen Vater

Sura 26 (2. mekk.)	Sura 19 (2. mekk.)	Sura 14 (3. mekk.)
	47 Er sagte: „Friede sei über dir!	

<table>
<tr><td colspan="4">86 „Und vergib meinem Vater! Er gehörte ja zu den Irregehenden.“ | Ich werde meinen Herrn für dich um Vergebung bitten, gewiss, Er ist zu mir sehr entgegenkommend.“ | 41 „Unser Herr,
vergib mir und meinen Eltern und den Gläubigen am Tag, da die Abrechnung heraufkommen wird.“</td></tr>
<tr><td colspan="4">Ruf zum Glauben</td></tr>
<tr><td colspan="2">Sura 19 (2. mekk.)
43 „O mein Vater, zu mir ist etwas vom Wissen gekommen, was zu dir nicht gekommen ist. Darum folge mir, auf dass ich dich einen ebenen Weg leite.
44 O mein Vater, diene nicht dem Satan!
Denn der Satan war dem Erbarmer gegenüber widerspenstig.
45 O mein Vater, ich fürchte, dass dich vom Erbarmer eine Pein erfasst, und daß du zu einem Schützling des Satans wirst.“</td><td colspan="2">Sura 29 (3. mekk.)
17b „So sucht den Lebensunterhalt bei Gott und dient Ihm und dankt Ihm.
18 Und wenn ihr für Lüge erklärt, so haben bereits vor euch Gemeinschaften für Lüge erklärt. Und dem Gesandten obliegt nur die deutliche Übermittlung.“
19 Haben sie etwa nicht gesehen, wie Gott die Schöpfung beginnt und sie dann wiederholt? Gewiss, das ist für Gott ein leichtes.</td></tr>
<tr><td colspan="4">Reaktion Vater / Volk</td></tr>
<tr><td>Sura 19
(2. mekk.)
46 Er sagte: „Willst du etwa meine Götter verschmähen, o Ibrāhīm?
Wenn du nicht damit aufhörst,
werde ich dich gewiss steinigen.
Und weiche von mir für lange Zeit.“</td><td>Sura 43
(2. mekk.)
30 Als nun die Wahrheit zu ihnen kam, sagten sie: „Das ist Zauberei, wir glauben nicht daran.“</td><td>Sura 21
(2. mekk.)
4 Da wandten sie sich wieder sich selber zu und sagten: „Ihr seid ja die Frevler.“
65 Hierauf machten sie eine Kehrtwende</td><td>Sura 29
(3. mekk.)
24 Die Antwort seines Volkes aber war nur die Erwiderung:
„Tötet ihn oder verbrennt ihn.“</td></tr>
<tr><td colspan="4">Lohn / Strafe Gottes</td></tr>
<tr><td>Sura 26 (2. mekk.)
87–103 „Und stürze mich nicht in Schande am Tag, da sie auferweckt werden …
außer, wer zu Gott mit unversehrtem Herzen kommt.“</td><td>Sura 19 (2. mekk.)
49 Als er sich nun absonderte von ihnen und dem, was sie anstelle Gottes dienen,
schenkten Wir ihm Isḥāq und Yaʿqūb; und jeden von ihnen machten Wir zu Propheten.</td><td>Sura 43 (2. mekk.)
28 Er machte dies zu einem Wort, das in seiner Nachkommenschaft bleiben würde, auf dass sie zurückkehren mögen.</td><td>Sura 6 (medin.)
82 Diejenigen, die glauben und ihren Glauben nicht mit Frevel verdunkeln,
ihnen gehört die Sicherheit, und sie sind rechtgeleitet.</td></tr>
</table>

Und der Paradiesgarten wird an die Gottesfürchtigen nahe herangebracht. Und zum Erscheinen gebracht wird der Höllenbrand den Verirrten. Und es wird zu ihnen gesagt: „Wo ist denn das, dem ihr zu dienen pflegtet anstelle Gottes? Können sie euch helfen oder sich selbst helfen?“ Dann werden sie kopfüber hineingestürzt … Sie sagen …: „Bei Gott, wir befanden uns wahrlich in deutlichem Irrtum, als wir euch dem Herrn der Weltenbewohner gleichsetzten … So haben wir nun niemanden, der Fürsprache einlegt, Darin ist wahrlich ein Zeichen, doch sind die meisten von ihnen nicht gläubig.“	50 Und Wir schenkten ihnen von unserer Barmherzigkeit, und verliehen ihnen einen hohen Ruf an Wahrhaftigkeit.	29 Nicht nur das, sondern Ich habe diese da und ihre Väter genießen lassen, bis die Wahrheit zu ihnen kam und ein offenkundiger Gesandter.	83 Das ist unser Beweismittel, das Wir Ibrāhīm gegen sein Volk gaben. Wir erhöhen, wen Wir wollen, um Rangstufen.

Eulogie	
Sura 26 (2. mekk.) 104 Und dein Herr ist fürwahr der Allmächtige und Barmherzige.	Sura 6 (medin.) 83 Gewiss, dein Herr ist Allweise und Allwissend.

Bildersturm / Zerstörung der Götzen	
Sura 37 (2. mekk.) 83 Und von seiner Gemeinschaft ist wahrlich auch Ibrāhīm. 84 Als er zu seinem Herrn kam mit unversehrtem Herzen. 85 Als er zu seinem Vater und zu seinem Volk sagte: „Wem dient ihr da? 86 Wollt ihr wirklich ein Lügengebilde haben: Götter anstelle Gottes?	Sura 21 (2. mekk.) 16 Und Wir haben zuvor Ibrāhīm seine richtige Einsicht gegeben. Wir wußten über ihn Bescheid. 52 Als er zu seinem Vater und zu seinem Volk sagte: „Was sind das für Bildwerke, vor denen ihr andächtig verweilt?“

87 Was denkt ihr denn davon: vom Herrn der Weltenbewohner?“	56 Er sagte: „Nein, sondern euer Herr ist Herr über die Himmel und die Erde, er, der sie erschaffen hat. Und ich gehöre zu denen, die euch davon Zeugnis ablegen.
88 Dann warf er einen Blick zu den Sternen 89 und sagte: „Ich bin krank.“ 90 Da wandten sie sich ab und gingen weg. 91 Nun schlich er zu ihren Göttern und sagte: „Wollt ihr denn nicht essen? 92 Und warum redet ihr nicht?“ 93 Und er wandte sich gegen sie und schlug mit der Rechten auf sie ein.	57 Bei Gott, ich werde ganz gewiss eure Götzen überlisten, nachdem ihr den Rücken gekehrt habt.“
94 Da kamen sie eilends zu ihm.	58 Dann schlug er sie in Stücke, außer einem besonders großen unter ihnen, damit sie vielleicht zu diesem zurückkehren würden. 59 Sie sagten: „Wer hat dies mit unseren Göttern getan? Der gehört wahrlich zu den Frevlern.“ 60 Sie sagten: „Wir hörten einen Jüngling, genannt Ibrāhīm, von ihnen sprechen.“ 61 Sie sagten: „So bringt ihn her vor die Augen der Menschen, vielleicht werden sie es bezeugen.“ 62 Sie sagten: „Hast du dies mit unseren Göttern getan, o Ibrāhīm?“ 63 Er sagte: „Nein, sondern dieser da, der Größte unter ihnen, hat es getan. Fragt sie doch, wenn sie sprechen können.“ 64 Da wandten sie sich wieder sich selber zu und sagten: „Ihr seid ja die Frevler.“ 65 Hierauf machten sie eine Kehrtwende und sagten: „Du weißt doch bereits, daß diese nicht sprechen können.“
95 Er sagte: „Wie könnt ihr denn dem dienen, was ihr selbst zurechtmeißelt, 96 wo doch Gott euch und das, was ihr tut, erschaffen hat?“ 97 Sie sagten: „Errichtet für ihn einen Bau und werft ihn in den Feuerpfuhl.“ 98 Sie wollten ihn überlisten, doch Wir erniedrigten sie aufs tiefste.	66 Er sagte: „Wie könnt ihr denn anstelle Gottes dem dienen, was euch weder nützt noch schadet? 67 Pfui über euch und über das, was ihr anstelle Gottes dient! Habt ihr denn keinen Verstand?“ 68 Sie sagten: „Verbrennt ihn und unterstützt eure Götter, wenn ihr etwas tun wollt.“

Bibliographie

Arabische Autoren werden entweder unter ihrem ersten Namen (= Vorname) oder unter dem Namen, unter dem sie allgemein bekannt sind und zitiert werden, aufgelistet; darauf folgt der vollständige Name; dabei wurde der arabische Artikel „al" nicht berücksichtigt, im Gegensatz zu „Ibn" = „Sohn des …" (Ausnahme: wenn „Ibn" in der üblichen Schreibweise zu „b." verkürzt wird) und „Abū" = „Vater des …", die zu einem Namensbestandteil geworden sind. Auch in der Transliteration folgt die alphabetische Reihenfolge dem deutschen Alphabet (G, Ǧ und Ġ werden darum wie G behandelt). Die deutsche Übersetzung von arabischsprachigen Titeln wird in eckigen Klammern hinzugefügt. Für arabische Autoren, die in einer europäischen Sprache schreiben, wird die hier üblich gewordene, populäre Schreibweise verwendet, auch wenn sie so gut wie nie den Regeln der Deutschen Morgenländischen Gesellschaft folgt. Arabische Autoren, die sowohl auf Arabisch als auch in europäischen Sprachen schreiben, erscheinen in der Schreibweise, in der sie im Westen bekannt sind.

Werden von einem Autor mehrere Werke benutzt, so sind sie in der Reihenfolge ihrer Entstehung aufgelistet.

Sind in islamischen Werken im Erscheinungsjahr die islamische und die westliche Zeitrechnung angegeben, so steht die islamische zuerst, nach dem Schrägstrich die westliche.

Abkürzungen

EI	Enzyklopädie des Islam / Encyclopaedia of Islam
EvTh	Evangelische Theologie
EZW	Evangelische Zentralstelle für Weltanschauungsfragen
GdQ	Nöldeke, Geschichte des Qorans
HdI	Handwörterbuch des Islam
JAIS	Journal of Arabic and Islamic Studies
JRAS	Journal of the Royal Asiatic Society
JSAI	Jerusalem Studies in Arabic and Islam
JSS	Journal of Semitic Studies
MECC	Middle East Council of Churches
MW	Muslim World
ZDMG	Zeitschrift der Deutschen Morgenländischen Gesellschaft
ZRLI	Zeitschrift für die Religionslehre des Islam
ZThK	Zeitschrift für Theologie und Kirche

I. Quellen

1. Koranausgaben

Ahmadiyya: Der Heilige Qur-ān. Arabisch und Deutsch, Hrsg. unter der Leitung von Hazrat Mirza Tahir Ahmad, 5. überarb. Aufl., o. O. 1989.
Arberry, Arthur J.: The Koran. Interpreted and translated with an Introduction. First published 1955, Oxford 1988.
Asad, Muhammad: The message of The Qur'ān. Translated and explained, Gibraltar 1980.
Bell, Richard: The Qur'an. Translated with a critical rearrangement of the Surahs, 2 Bde. Edinburgh 1937, 1939.
Blachère, Régis: Le Coran. Traduction nouvelle, 2 Bde., Paris 1949/50.
Denffer, Ahmed von: Der Koran. Die Heilige Schrift des Islam in deutscher Übertragung mit Erläuterungen nach den Kommentaren von Dschalalain, Tabari und anderen hervorragenden klassischen Koranauslegern, 8., verb. Aufl. München 2001.
Elyas, Nadeem Ata und Scheich ʿAbdullāh aṣ-Ṣāmit Frank Bubenheim: Der edle Qur'ān und die Übersetzung seiner Bedeutungen in die deutsche Sprache, Medina 1422/1423 A. H. (2002)
Goldschmidt, Lazarus: El Koran, das heißt Die Lesung. Die Offenbarungen des Mohammed Ibn Abdallah, des Propheten Gottes. Zur Schrift gebracht durch Abdelkaaba Abdallah Abu-Bekr, übertragen durch Lazarus Goldschmidt, im Jahre der Flucht 1334 oder 1916 der Fleischwerdung, Berlin (1920) Nachdruck o. J.
Henning, Max: Der Koran. Aus dem Arabischen übersetzt von Max Henning. Einleitung und Anmerkungen von Annemarie Schimmel, durchgeseh. und verb. Ausg. Stuttgart 1991.
Khoury, Adel Theodor: Der Koran. Übersetzung von Adel Theodor Khoury unter Mitwirkung von Muhammad Salim Abdullah, Gütersloh 1987.
–: Der Koran Arabisch-Deutsch. Übersetzt und kommentiert, Gütersloh 2004.
Paret, Rudi: Der Koran. Übersetzung von Rudi Paret. Überarb. Taschenbuchausgabe Stuttgart 1979.
Rassoul, Abu-r-Riḍā' Muḥammad Ibn Aḥmad: Die ungefähre Bedeutung des Al-Qur'ān al-Karīm in deutscher Sprache, hrsg. von der Muslim-Studenten-Vereinigung in Deutschland e.V., 9. Aufl. Marburg 1997.
Rückert, Friedrich: Der Koran. In der Übersetzung von Friedrich Rückert, hrsg. von Hartmut Bobzin. Mit erklärenden Anm. von Wolfdietrich Fischer, 3., veränd. Aufl. Würzburg 2000.
SKD Bavaria Verlag: Die Bedeutung des Korans. 5 Bände, München 1996 und 1997. Übers. Fatima Grimm u. a. (ab 1983 in Teilübersetzungen erschienen)
Yusuf Ali, Abdullah: The Holy Qur'an. Text, Translation and Commentary. (1. Aufl. Lahore, 1943) Nachdruck Jeddah 1946.
Zaidan, Amir: At-Tafsir. Eine philologisch, islamologisch fundierte Erläuterung des Quran-Textes, Offenbach 1421/2000.
Zirker, Hans: Der Koran. Übersetzt und eingeleitet von Hans Zirker, Darmstadt 2003.

2. Korankommentare

ʿAbdūh, Muḥammad / Rašīd Riḍā: Tafsīr al-Qur'ān al-ḥakīm, bekannt als: Tafsīr al-manār, 12 Bde., 1. Aufl. Beirut, 2. Aufl. Beirut o. J.

al-Ālūsī: Rūḥ al-maʿānī fī tafsīr al-Qur'ān al-aẓīm wa-s-sabʿa l-maṯānī, 9 Bde. Kairo 1301–1310/1883–92.

al-Andalusī al-Ġarnāṭī, Aṯīr ad-Dīn Muḥammad b. Yūsif aš-Šahīr bi-Abī Ḥayyān: Al-baḥr al-muḥīṭ fī t-tafsīr, 11 Bde., Beirut 1412/1992.

al-Baġawī, Abū Muḥammad al-Ḥusain b. Masʿūd b. Muḥammad al-Farrā': Maʿālim at-tanzīl, auch bekannt als: Tafsīr al-Baġawī, Beirut 1414/1993.

al-Baiḍāwī, ʿAbd Allāh b. ʿUmar b. Muḥammad b. ʿAlī aš-Šīrāzī: Anwār at-tanzīl wa-asrār at-ta'wīl [Die Lichter der Herabsendung und die Geheimnisse der Auslegung]. 4 Teile in 2 Bänden, Kairo o. J.

al-Barūsawī, Ismāʿīl Hiṭṭī b. Muṣṭafā al-Islāmbūlī al-Ḥanafī: Rūḥ al-bayān, o. O., o. J. (CD elariss); Beirut o. J.

Faḍl Allāh, Muḥammad Ḥussein: Tafsīr min waḥy al-Qur'ān, Beirut 1419 H.

al-Ǧābrī, Muḥammad ʿĀbid: Fahm al-Qur'ān al-ḥakīm. At-tafsīr al-wāḍiḥ ḥasab tartīb an-nuzūl [Den weisen Koran verstehen. Ein deutlicher Kommentar entsprechend der Anordnung der Herabsendung], Teil 1 und 2, 4. Aufl. Beirut 2012; Teil 3, 3. Aufl., Beirut 2013.

Ǧalāl ad-Dīn Muḥammad b. Aḥmad al-Maḥallī und Ǧalal ad-Dīn ʿAbd ar-Raḥmān b. Abī Bakr as-Suyūṭī: Tafsīr al-Qur'ān al-karīm [Auslegung des edlen Koran], (genannt: Tafsīr al-Ǧalalain), Kairo 1966.

al-Ghazālī, Muhammad: A Thematic Commentary on the Qur'an, Herndon 1421/2000.

Ibn al-Ǧauzī, Abū l-Faraǧ: Tafsīr zād al-mīʿād, o. O., o. J.

Ibn Kaṯīr: Abū l-Fidā' Ismāʿīl Ibn Kaṯīr al-Qurašī ad-Dimašqī: Tafsīr al-Qur'ān al-ʿaẓīm [Auslegung des großartigen Korans]. 4 Bde., korr. und durchges. Nachdruck, Beirūt 1403/1983.

–: Tafsīr al-Qur'ān al-ʿaẓīm, hrsg. und kommentiert von Sāmī b. Muḥammad Salāmah, 8 Bände, 2. Aufl., o. O. 1420/1999.

Khoury, Adel Theodor: Der Koran Arabisch-Deutsch. Übersetzung und wissenschaftlicher Kommentar, 12 Bde, Gütersloh 1990–2001.

al-ʿImādī, Abū s-Suʿūd: Tafsīr Iršād al-ʿaql as-salīm [Auslegung: Die Wegleitung des gesunden Geistes]. (CD elariss)

al-Māwardī: Abū l-Ḥasan ʿAlī b. Muḥammad b. Ḥabīb al-Māwardī al-Baṣrī: An-Nukat wa-l-ʿuyūn – Tafsīr al-Māwardī (ed. und komm. As-Sayyid b. ʿAbd al-Maqṣūd b. ʿAbd ar-Raḥīm), 6 Bde. Beirut 1412/1992.

an-Nasafī, Ḥāfiẓ ad-Dīn Abū l-Barakāt ʿAbd Allāh b. Aḥmad b. Maḥmūd: Madārik at-tanzil, 4 Bde., o. O., o. J.

al-Qurṭubī: Abū ʿAbd Allāh Muḥammad b. Aḥmad b. Abī Bakr b. Faraǧ al-Anṣārī al-Ḫazraǧī al-Andalusī: Al-ǧāmiʿ li-aḥkām al-Qur'ān [Die umfassende Sammlung der Rechtsbestimmungen des Korans], 11 Bde., Beirut 1414/1993. In englischer Übersetzung (gekürzt): Tafsir Al Qurtubi: Classical Commentary of the Holy Qur'an, transl. Aisha Bewley and Abdalhaqq Bewley, 2003.

ar-Rāzī, Faḫr ad-Dīn Abū ʿAbd Allāh Muḥammad b. ʿUmar b. al-Ḥusain al-Qurašī: Mafātīḥ al-ġaib [Die Schlüssel zum Verborgenen], bekannt als: At-Tafsīr al-kabīr [Der große Kommentar], 11 Bde., new edition, Beirut 1415/1995.

as-Samarqandī, Abū l-Laiṯ: Tafsīr as-Samarqandī – Tafsīr baḥr al-ʿulūm, 3 Bde., o. O., o. J. (CD elariss)
aš-Šanqīṭī, Muḥammad al-amīn: Aḍwāʾ al-bayān, o. O., o. J. (CD elariss)
aš-Šaʿrāwī, Muḥammad Mutawallī: Tafsīr aš-Šaʿrāwī, 7 Bde., Kairo 1991.
aš-Šaukānī, Muḥammad b. ʿAlī: Iršād al-fuḥūl – Fatḥ al-qadīr, 5 Bde., o. O., o. J. (CD elariss)
Sayyid Quṭb: Fi ẓilāl al-Qurʾān.
aš-Šīrāzī, Ibrāhīm b. ʿAlī b. Yūsif al-Fairūz-Ābādī: Tafsīr auḍaḥ at-tafāsīr. Beirut o. J.
as-Suyūṭī, Ǧalāl ad-Dīn: Ad-Durr al-manṯūr fī t-tafsīr al-maʾṯūr, 8 Bde., Beirut 1414/1993.
aṭ-Ṭabarī, Abū Ǧaʿfar Muḥammad b. Ǧarīr: Ǧāmiʿ al-bayān ʿan taʾwīl āyi l-Qurʾān [Die umfassende Verdeutlichung über die Deutung der Verse des Koran], Neuausgabe, hrsg. Maḥmūd Šākir und Aḥmad Šākir, 30 Teile in 15 Bänden, Kairo ab 1374/1954.
aṭ-Ṭabarsī, Abū ʿAlī al-Faḍl b. al-Ḥasan: Maǧmaʿ al-bayān fī tafsīr al-Qurʾān, 5 Bde., Qom 1403/1983.
aṭ-Ṭūsī, Abū Ǧaʿfar Muḥammad b. al-Ḥasan: At-Tibyān fī tafsīr al-Qurʾān, Beirūt o. J.
az-Zamaḫšarī, Abū l-Qāsim Maḥmūd b. ʿUmar: Al-kaššāf ʿan ḥaqāʾiq at-tanzīl wa-ʿuyūn al-aqāwīl fī wuǧūh at-taʾwīl, auch unter dem Titel: Al-kaššāf ʿan ḥaqāʾiq (ġawāmiḍ) at-tanzīl [Enthüller der Wahrheiten der Herabsendung], Beirut 1423/2002.

3. Sīra und Historiographie

Guillaume, Alfred (transl. and ed.): The Life of Muḥammad: A Translation of Ibn Isḥāq's Sīrat Rasūl Allāh, Karachi 1967.
al-Ḥalabī, ʿAlī b. Burhān ad-Dīn: as-Sīra al-Ḥalabīya, CD-ROM Maktabat al-Ḥadīṯ aš-šarīf, Version 8 al-ʿArīs, Beirut o. J.
Ibn Hišām. Abū Muḥammad ʿAbd al-Malik b. Hišām b. Ayyūb al-Ḥumairī al-Muārirī al-Baṣrī: As-sīra an-nabawīya, ed. Ṭaha ʿAbd ar-Raʾūf Saʿd, 6 Bde, Beirūt 1411/1991 (= as-Sīra)
Ibn Hischam: Das Leben Mohammeds, Bd I: Der verfolgte Prophet in Mekka. Bd II: Der Herrscher in Medina, übers. Gustav Weil, bearbeitet und ergänzt von Abd al-Masih, Villach 1992 (= Sira Weil / Abd al-Masih)
Ibn Isḥāq: Das Leben des Propheten, übers. Gernot Rotter, Kandern 1999 (= Sīra Rotter)
Ibn Kathīr, Imām Abū al-Fidāʾ Ismāʿīl: The Life of the Prophet Muḥammad. A translation of Al-Sīra al-Nabawiyya. Bd. 1 Reading 1998.
aṭ-Ṭabarī, Abū Ǧaʿfar Muḥammad b. Ǧarīr aṭ-Ṭabarī: Tāʾrīḫ ar-rusul wa-l-mulūk [Geschichte der Gesandten und der Könige] = Tārīḫ aṭ-Ṭabarī, Bd I, 6. Aufl., Kairo 1387/1967. – In Englisch: The History of al-Ṭabarī (Taʾrīkh al-rusul waʾl-mulūk). Bd. II: Prophets and Patriarchs. Translated and annotated by William M.Brinner, Albany 1987.

4. Hadith

Abū Dāʾūd, Sulaimān b. Ašʿaṯ: Sunan. in: Mausūʿat al-Ḥadīṯ aš-Šarīf, Sakhr Software Co., 1995.
Aḥmad b. Ḥanbal, b. Muḥammad: Al-Musnad. in: Mausūʿat al-Ḥadīṯ aš-Šarīf. Sakhr Software Co., 1995.

Ahmad, Mirza B.: Vierzig schöne Edelsteine, Frankfurt 1986.
Ausgewählte Hadith. Aus dem Englischen (sic!) übersetzt von Tariq Habib Guddat (Ahmadiyya-Bewegung), Frankfurt / Main o. J.
al-Buḫārī, Muḥammad b. Ismāʿīl: Ṣaḥīḥ al-Buḫārī. in: Mausūʿat al-ḥadīṯ aš-Šarīf. Sakhr Software Co. 1995. – Deutsche Teilübersetzung: Ibn Rassoul, Abu Rida Muhammad: Auszüge aus dem Sahih al-Buharyy, 8. verb. Aufl., Köln 1996; vollständig: Sahih Al-Buchari u. a. auf: www.kalifat.org/themes/chayr/sunna/buchary/index.htm.
ad-Dārimī, ʿAbdallāh b. ʿAbd ar-Raḥmān: Sunan. in: Mausūʿat al-Ḥadīṯ aš-Šarīf. Sakhr Software Co., 1995.
Khoury, Adel Theodor: So sprach der Prophet. Worte aus der islamischen Überlieferung. Ausgewählt und übersetzt von A.Th. Khoury. Gütersloh 1988.
–: Der Hadith. Quelle der islamischen Tradition, 5 Bde., Gütersloh ab 2008.
Ibn Māǧa, Abū ʿAbd Allāh Muḥammad b. Yazīd al-Qazwīnī: Sunan. in: Mausūʿat al-Ḥadīṯ aš-Šarīf. Sakhr Software Co., 1995.
Mālik b. Anas: Abū ʿAbd Allāh Mālik b. Anas b. Mālik b. Abī ʿĀmir b. ʿAmr b. al-Ḥāriṯ b. Ġaimān b. Ḫuṯail b. ʿAmr b. al-Ḥāriṯ al-Aṣbaḫī: Kitāb al-muwaṭṭa'. in: Mausūʿat al-Ḥadīṯ aš-Šarīf. Sakhr Software Co., 1995.
Muslim: Abū l-Ḥusain al-Qušarī an-Nisābūrī Muslim b. al-Ḥaǧǧāǧ: Ṣaḥīḥ Muslim. in: Mausūʿat al-Ḥadīṯ aš-Šarīf. Sakhr Software Co. 1995.
–: Sahih Muslim, being traditions of the sayings and doings of the Prophet Muhammad as narrated by his companions and compiled unter the title „al-Jamiʿ-us-Sahih" by Imam Muslim, rendered into English by Dr. Mahmoud Matraji, with explanatory notes and brief biographical sketches of major narrators, corrected and revised by F. Amira Zrein Matraji, Beyrouth 1993.
an-Nawawyī: Ḥadīṯ für Schüler. An-Nawawyy's vierzig Ḥadīṯe mit Kommentaren. Aus dem Arabischen von Abdullah As-Samit Frank Bubenheim, Köln 2001.
an-Nasā'ī: in: Mausūʿat al-Ḥadīṯ aš-Šarīf. Sakhr Software Co., 1995.
Sahih al-Buhari, Nachrichten von Taten und Aussprüchen des Propheten Muhammad, hrsg. von D. Ferchl, Stuttgart 1997.
Sahih Al-Buhariyy, Hadithe, Auszüge, arabisch und deutsch von Muhammad Rassoul, Köln 1996.
at-Tirmiḏī, Abū ʿĪsā Muḥammad b. ʿĪsā b. Sawra b. Šaddād: Ǧāmiʿ (oder: Sunan). in: Mausūʿat al-Ḥadīṯ aš-Šarīf. Sakhr Software Co., 1995.
Wensinck, A. J.: A handbook of early Muhammadan tradition, alphabetically arranged, Leiden 1927 (Nachdruck Leiden 1971).
–: Concordance et indices de la tradition musulmane, 8 Bde., Leiden 1936–88.

5. Qiṣaṣ

Adil, Amina: Gaben des Lichts – ḥayāt al-anbiyāʿ. Die wundersamen Geschichten der Gesandten Gottes / Die Lebensgeschichten der Propheten von Adam bis Jesus nach arabischen und türkischen Quellen. Niedergeschrieben und aus dem Türkischen übersetzt von Radhia Shukrullah, Kandern 1999.
ʿAlī, Ṣalāḥ Muḥammad: Aḥsana l-qaṣaṣ qiṣaṣ al-Qur'ān al-karīm, Baġdād 1426/2005.
Bak, Muḥammad Aḥmad Ǧad al-Maulā: Qiṣaṣ al-Qur'ān [Die Erzählungen des Koran], 2. Aufl., Kairo 1939.

Busse, Heribert: Islamische Erzählungen von Propheten und Gottesmännern. Qiṣaṣ al-anbiyāʾ *oder* ʿArāʾis al-maǧālis *von* Abū Isḥāq Aḥmad b. Muḥammad b. Ibrāhīm aṯ-Taʿlabī. Übersetzt und kommentiert von H. Busse, Wiesbaden 2006.

Ḫaṭṭāb, ʿAbd al-Muʿizz: Qiṣaṣ al-anbiyāʾ – ʿibar wa-durūs mustafāda [Die Prophetengeschichten – nützliche Warnungen und Lehren], Kairo 1989.

Ibn Kaṯīr, Abū l-Fidāʾ Ismāʿīl Ibn Kaṯīr al-Qurašī ad-Dimašqī: Qiṣaṣ al-anbiyāʾ wa-aḫbār al-māḍīn, Beirut 1996.

Ibrāhīm, Muḥammad Ismāʿīl: Qiṣaṣ al-anbiyāʾ wa r-rusul kamā ǧāʾat fī l-Qurʾān al-karīm, 2. Aufl. Kairo um 1981.

Institut für islamische Erziehung (Hrsg.): Qurʾanische Geschichten, 3., überarbeitete Aufl., Stuttgart 2002.

Islamisches Zentrum Hamburg, Geschichten der Propheten aus dem Qurʾan. Übersetzung und Überarbeitung Halima Krausen, Hamburg 1403/1982.

al-Kisāʾī, Muḥammad b. ʿAbd Allāh: The tales of the prophets of al-Kisāʾī. Translated from the Arabic with notes by W. M. Thackston jr., Boston 1987.

al-Mūsawī, ʿAbbās ʿAlī: Al-aṣdaq fī qiṣaṣ al-anbiyāʾ, Beirut 1996.

Nadwi, Sayyed Abul Hasan Ali, Stories of the Prophets, Leicester 1990.

Rassoul, Muḥammad (Hrsg): Allāhs Friede auf Ibrāhīm, 3. verb. und erw. Aufl. des Titels: Ibrahim (a.s.) im Qurʾan, Köln 1993.

aṯ-Ṯaʿlabī, Abū Isḥāq Aḥmad b. Muḥammad b. Ibrāhīm an-Naisābūrī: Qiṣaṣ al-anbiyāʾ, al-musammā ʿArāʾis al-maǧālis, Beirut o. J. – Englische Ausgabe: ʾAraʾis al-majalis fi qisas al-anbiyaʾ or „Lives of the prophets", as recounted by Abu Ishaq Ahmad Ibn Muhammad Ibrahim al-Thaʾlabi, transl. and annotated by William M. Brinner, Leiden 2002. – Deutsche Ausgabe: Islamische Erzählungen von Propheten und Gottesmännern. Qiṣaṣ al-anbiyāʾ oder ʿArāʾis al-maǧālis von Abū Isḥāq Aḥmad b. Muḥammad b. Ibrāhīm aṯ-Ṯaʿlabī. Übersetzt und kommentiert von Heribert Busse, Wiesbaden 2006.

6. Bibel und Talmud

Die Bibel, Übers. Martin Luther, revidierte Fassung, Stuttgart 1984.

Der Talmud. Ausgewählt, übersetzt und erklärt von Reinhold Mayer, München 1986 (Nachdruck der 5., durchgesehenen und erweiterten Auflage, 1980).

Der Babylonische Talmud, nach der ersten zensurfreien Ausgabe unter Berücksichtigung der neueren Ausgaben und handschriftlichen Materials ins Deutsche übersetzt von Lazarus Goldschmidt, 12 Bde, Berlin, 1929–1936 (Nachdruck Frankfurt a. M., 1996).

II. Hilfsmittel

Aland, Kurt (Hrsg.), Synopse der vier Evangelien. Griechisch-deutsche Ausgabe der Synopsis Quattuor Evangeliorum, Stuttgart 1989.

Aṭlas al-Qurʾān. Amākin, aqwām, aʿlām, Šauqī Abū Ḫalīl. Beirut 2006.

Aṭlas taʾrīḫ al-Islām [Atlas zur Geschichte des Islam], Ḥusain Muʾnis, Kairo 1407/1987.

Atlas of the Qurʾān. Places. Nations. Landmarks, Shauqi Abu Khalil, Riyadh 2003.

Aṭlas tāʾrīḫ al-anbiyāʾ wa-r-rusul [Atlas zur Geschichte der Propheten und Gesandten], Sāmī b. ʿAbd Allāh b. Aḥmad al-Maġlūṯ, Riyāḍ 1420/2000.

Brockelmann, G.: Geschichte der arabischen Literatur, 2 Bde., Leiden 1938–49.

Concordance et Indices de la Tradition Musulmane, Organisés et commencés par A. J. Wensinck et J. P. Mensing. Continués par J. Brugman, 7 Bde., Leiden 1936–1969. Bd. 8: Indices, Leiden 1985.

EI[1] *The Encyclopaedia of Islam*, 8 Bde. und Supplement. Hrsg. Houtsma, Arnold, Basset und Hartmann (1913–38; reprint, Leiden und Leipzig 1987)

EI[2] *The Encyclopedia of Islam*, New edition. Hrsg. Gibb, Kramers, Lévy-Provencal, Lewis, Pellat und Schacht, Leiden 1954ff

Encyclopedia of the Qur'ān, ed. Jane Dammen McAuliffe, Leiden 2001 ff.

Gesenius, Wilhelm: Hebräisches und aramäisches Handwörterbuch über das Alte Testament, bearb. von Frants Buhl, Berlin 1915, 17. Aufl. Berlin u. a. 1962.

Gemoll, Wilhelm: Griechisch-deutsches Schul- und Handwörterbuch, 9. durchges. und erw. Aufl., München 1954, Nachdruck 1985.

Ibn Rassoul, Abū-r-Riḍā' Muḥammad Ibn Aḥmad: Lexikon der Sīra, Köln 1419/1998.

Jeffery, Arthur: The foreign vocabulary of the Quran, Baroda 1938.

Kaḥḥāla, ʿUmar Riḍā: Muʿǧam qabāʾil al-ʿarab al-qadīma wa-l-ḥadīṯa [Lexikon der arabischen Stämme, der alten und der zeitgenössischen], 5 Bände, Beirut 1414/1994.

Kettermann, Günter: Atlas zur Geschichte des Islam, Darmstadt 2001.

Lane, Edward William: Arabic-English Lexicon in eight parts. London 1863–74. Reprint Beirut 1997.

Lisān al-ʿArab von Ibn Manẓūr [630–711 A. H.], geordnet, kommentiert und mit Index versehen von ʿAlī Šīrī, 18 Bde., Beirut 1412/1992.

al-Maġlūṯ, Sāmī b. ʿAbd Allāh b. Aḥmad: Aṭlas ḥurūb ar-ridda fī ʿahd al-ḫalīfa ar-rāšid Abī Bakr aṣ-ṣiddīq [Atlas der Kriege gegen den Abfall zur Zeit des rechtgeleiteten Kalifen Abu Bakr], Riad 1429/2008.

Mausūʿat al-Ḥadīṯ aš-Šarīf [Enzyklopädie des edlen Ḥadīṯ], Sakhr Software Co. 1995.

Mir, Mustansir: Dictionary of Qur'ānic Terms and Concepts, New York 1987.

al-Muʿǧam al-mufahras li-alfāẓ al-Qur'ān al-karīm bi-ḥāšiat al-muṣḥaf aš-šarīf [Korankonkordanz am Seitenrand der Heiligen Schrift], zusammengestellt von Muḥammad Fu'ād ʿAbd al-Bāqī, 2. Aufl., Kairo 1988/1408.

Osman, Nabil: Kleines Lexikon deutscher Wörter arabischer Herkunft, München [6]2002.

Paret, Rudi: Der Koran. Kommentar und Konkordanz, (1971) unveränd. Nachdruck Stuttgart 1980.

Penrice, John: A Dictionary and Glossary of the Ko-rān, with Copious Grammatical References and Explanations of the Text, Richmond 1993 (Erstauflage 1873)

ur-Rehman, Afzal: Subject Index of the Holy Qur'an, Delhi 1987.

Thyen, Johann-Dietrich: Bibel und Koran. Eine Synopse gemeinsamer Überlieferungen, Köln 1989.

Wehr, Hans: Arabisches Wörterbuch für die Schriftsprache der Gegenwart und Supplement, 4., unveränd. Aufl., Beirut 1976.

Wensinck / Kramers (Hg): Handwörterbuch des Islam, Leiden 1976.

III. Sekundärliteratur

Abrahams Herberge. Ein Haus der Gastfreundschaft und des Gesprächs, (Informationsblatt) Weil der Stadt – Merklingen, o. J.

ʿAbd an-Nūr, Minīs: Ibrāhīm – as-sā'iḥ ar-rūḥī [Ibrāhīm – Der geistliche Pilger], Kairo 1979.
–: Ibrāhīm – ḫalīl Allāh. [Ibrāhīm – der Freund Gottes], Stuttgart o. J.
ʿAbd al-Ġanī al-Qāḍī, ʿAbd al-Fattāḥ: Asbāb an-nuzūl ʿan aṣ-ṣaḥāba wa-l-mufassirīn, bearb. und erg. Aḥmad ʿAbd ar-Rāziq al-Bakrī, Kairo 2005/1426.
ʿAbduh, Muḥammad: Risālat at-tauḥīd, Beirut 1315/1897.
al-ʿAbdūlī, Tuhāmī: An-nabī Ibrāhīm fī-t-ṯaqāfat al-ʿarabīyyat al-islāmīyya [Der Prophet Ibrahim in der islamischen arabischen Kultur], Damaskus 2001.
Abū Šahba, Muḥammad b. Muḥammad: Al-Isrā'īliyāt wa l-mauḍūʿāt fī kutub at-tafsīr [Die Isrā'īliyāt und die „erfundenen" Überlieferungen in den Kommentaren], Beirut 1413/1992.
Abū Zaid, Naṣr Ḥāmid: Mafhūm an-naṣṣ. Dirāsa fī ʿulūm al-Qur'ān, 2. Aufl., Beirut 1992.
–: islam und politik. kritik des religiösen diskurses. Frankfurt / Main 1996.
–: Der Koran – ein geschichtlicher und kultureller Text, Interview mit Muḥammad ʿAlī al-ʿAtasī, Damaskus 2004.
–: Den Koran neu denken. Für eine humanistische Hermeneutik, in: Christoph Burgmer (Hrsg.), Streit um den Koran. Die Luxenberg-Debatte, Berlin 2004, 123–145.
–: Muqāraba ǧadīda lil-Qur'ān: min ‚an-naṣṣ' ilā ‚al-ḫiṭāb' naḥwa ta'wīlīya insānawīya [Eine neue Annäherung an den Koran: vom ‚Text' zur ‚Predigt' hin zu einer humanistischen Hermeneutik], in: At-taǧdīd wa-t-taḥrīm wa-t-ta'wīl bain al-maʿrifa al-ʿilmīya wa-l-ḫauf min at-takfīr [Erneuern, Verbieten und Deuten (des Korans) zwischen wissenschaftlicher Erkenntnis und Furcht vor Abtrünnigkeitsbezichtigung], Casablanca und Beirut 2010. 195–244. (ursprünglich: Rethinking the Qur'an: Towards a Humanistic Hermeneutics, 2004)
–: Gottes Menschenwort. Für ein humanistisches Verständnis des Koran, Freiburg 2008.
–: At-taǧdīd wa-t-taḥrīm wa-t-ta'wīl – baina al-maʿrifa al-ʿilmīya wa-l-ḫauf min at-takfīr, Casablanca und Beirut 2010.
–: Religions: From Phobia to Understanding, in: Human Architecture: Journal of the sociology of self-knowledge, VIII/2 2010.
Abū Zarīq, ʿAlī Rāḍī: Adyān Āl Ibrāhīm, in: www.riifs.org.
Affolderbach, Martin: Ist Kritik am christlich-islamischen Dialog berechtigt? Eine Zwischenbilanz, in: Ulrich Dehn (Hrsg.), Islam in Deutschland – quo vadis? EZW-Texte 180/2005. 47–62.
Ahrens, Karl: Muhammed als Religionsstifter, Leipzig 1935.
al-ʿAlī, Ibrāhīm Muḥammad: Al-aḥādīṯ aṣ-ṣaḥīḥa min aḫbār wa-qiṣaṣ al-anbiyā'. Ṣannafahu wa-ḫarraǧa aḥādīṯahu Ibrāhīm Muḥammad al-ʿAlī. Damaskus 1416/1995.
Amirpur, Katajun: Den Islam neu denken. Der Dschihad für Demokratie, Freiheit und Frauenrechte, München 2013.
Anawati, G. C.: Exkurs zum Konzilstext über die Muslim, in: LThK, Das Zweite Vatikanische Konzil, II, Freiburg 1967. 485–487.
Anees, Munawar Ahmad / Athar, Alia N.: Guide to Sira and Hadith Literature in Western Languages, London and New York 1986.
al-ʿAqqād, ʿAbbās Maḥmūd: Al-Islām daʿwa ʿālamīya, wa-maqālāt uḫrā fī l-ʿaqīda wa-d-diyān, [Kairo] o. J. [circa 1970].
–: Ibrāhīm – Abū l-Anbiyā' [Ibrahim, Vater der Propheten], Kairo 1993.
Aries, Wolf D. Ahmed: Erfahrungen mit dem Dialog, in: Hagemann, Khoury, Wanzura. Auf dem Weg zum Dialog. FS für Muhammad Salim Abdullah zum 65. Geburtstag, Altenberge 1996. 11–25.

–: Konflikt der Gedächtnisse. Der abrahamische Dialog aus muslimischer Sicht, in: Jahrbuch für Religionswissenschaft und Theologie der Religionen 6/1998. 40–53.

al-ʿAsqalānī, al-Imām Ibn Ḥağr: Fatḥ al-bārī šarḥ ṣaḥīḥ al-Buḫārī [Göttliche Erleuchtung zur Auslegung der Hadith-Sammlung von al-Buḫārī], ed. Muḥammad Fu'ād ʿAbd al-Bāqī, Damaskus: o. J. in: www.al-muhaddith.com (Version 2.01).

–: Al-iṣāba fī tamyīz aṣ-ṣaḥāba, 4 Bde., Kairo 1323–25.

Atiya, Aziz Suryal: A History of Eastern Christianity, enlarged and updated by the author, new reprint. Millwood, N. Y. 1991 (1968).

ʿAthamina, Khalil: 'Al-Nabiyy al-Umiyy': An Inquiry into the Meaning of a Qur'anic Verse, in: Der Islam 69, 1992. 61–80.

al-ʿAwwa, Muḥammad Salīm: Al-ḥiwār al-islāmī al-masīḥī, in: al-Ğazīra, 3.10.2004, www.aljazeera.net/NR/exeres/61D91C548-CCAD-4275-932E-9F96876F59A8.htm

Ayoub, Mahmoud: Redemptive Suffering in Islām. A Study of the Devotional Aspects of ʿAshūrā' in Twelver Shīʿism, Den Haag 1978.

–: The Qur'an and its interpreters, Albany, Bd I 1984; Bd II 1992.

Babelli, Mohammed: Mada'in Saleh, Riyadh 2006.

Bakdāš, Sā'id b. Muḥammad Yaḥyā: Faḍl al-ḥağr al-aswad wa-maqām Ibrāhīm – ʿalaihī ṣ-ṣalāt wa-s-salām – wa-ḏikr tā'rīḫihimā wa-aḥkāmihimā l-fiqhīya wa-mā yataʿallaqu bihimā. [Die Vorzüge des schwarzen Steines und des Maqām Ibrāhīm – Gebet und Friede auf ihn – und deren Geschichte und gesetzlichen Bestimmungen und was damit zusammenhängt], Beirut 1416/1996.

Barth, Hans-Martin / Christoph Elsas (Hrsg): Hermeneutik in Islam und Christentum, Beiträge zum interreligiösen Dialog, Hamburg 1996.

Barth, Hans-Martin: Dogmatik – Evangelischer Glaube im Kontext der Weltreligionen, 2. korr. Aufl., Gütersloh 2002.

Basetti-Sani, Giulio: The Koran in the Light of Christ, Chicago 1977.

Bashear, Suliman: Abraham's sacrifice of his son and related issues, in: Der Islam 67 (1990) Heft 2, 243–277.

Bat Ye'or: The Dhimmi: Jews and Christians under Islam, rev. and enlarged English ed. Rutherford 1985.

–: The decline of Eastern Christianity under Islam: from Jihad to Dhimmitude; seventh – twentieth century, Madison, N. J. 1996.

Baumer, Christoph: Frühes Christentum zwischen Euphrat und Jangstse, Stuttgart 2005.

Bauschke, Martin: Jesus – Stein des Anstoßes. Die Christologie des Korans und die deutschsprachige Theologie, Köln 2000.

–: Jesus im Koran, Köln 2001.

–: Der Spiegel des Propheten. Abraham im Koran und im Islam, Frankfurt / Main 2008.

–: Ist der Erzvater ein Segen oder ein Fluch für die Völker? Zur Rolle Abrahams im interreligiösen Dialog, in: Friedmann Eißler (Hrsg.), Im Dialog mit Abraham, EZW-Texte 209, Berlin 2010, 9–22.

–: Der Freund Gottes. Abraham im Islam, Darmstadt 2014.

Bauschke, Martin / Walter Homolka / Rabeya Müller: Gemeinsam vor Gott. Gebete aus Judentum, Christentum und Islam, Gütersloh 2004.

Baykal, Hakan: Durch die Wüste, in: epoc, Spektrum der Wissenschaft, Magazin für Archäoloige und Geschichte 2/2010, 74–79.

Bechmann, Ulrike / Mitri Raheb, Verwurzelt im Heiligen Land. Einführung in das palästinensische Christentum, Frankfurt 1995.

Bechmann, Ulrike: Abraham als Vater der Ökumene? Interview zur akuten Diskussion mit Ulrike Bechmann, in: Welt und Umwelt der Bibel 30 (2003), 44–47.
–: Die vielen Väter Abraham. Chancen und Grenzen einer dialogorientierten Abrahamsrezeption, in: Joachim Kügler (Hrsg.), Impuls oder Hindernis? Mit dem Alten Testament in multireligiöser Gesellschaft. Beiträge des Internationalen Bibel-Symposions Bayreuth 27.–29.9.2002, Münster 2004, 125–150.
–: Abraham – Beschwörungsformel oder Präzisierungsquelle? Bibeltheologische und religionswissenschaftliche Untersuchungen zum Abrahamparadigma im interreligiösen Dialog, in: Rainer Zimmer-Winkel (Hg.), Viele Väter Abraham, Berlin 2006, 33–50.
Beck, Edmund: Die Gestalt des Abraham am Wendepunkt der Entwicklung Mohammeds. Analyse von Sure 2,118–135, in: Le Muséon 55 (1952), 73–94.
Behr, Harry Harun: Die Abrahams-Konstruktion im Koran, in: Behr / Krochmalnik / Schröder (Hrsg.), Der andere Abraham. Theologische und didaktische Reflektionen eines Klassikers, Berlin 2011, 109–145.
–: Islamische Theologie und der Paradigmenwechsel im muslimischen Denken, in: ZRLI (Zeitschrift für die Religionslehre des Islam) 12/6, Erlangen 2012, S. 32–36.
Beisser, Friedrich: Die christliche Trinitätslehre angesichts der Herausforderung durch den Islam, in: Rittner, Reinhard (Hrsg.), Glauben Christen und Muslime an denselben Gott? Hannover 1995, 46–63.
Bell, Richard: The origin of Islam in its Christian Environment, 1926.
–: A Commentary on the Qur'an, 2 Bde., prep. by Richard Bell, ed. C. Edmund Bosworth and M. E. J. Richardson, Manchester 1991.
Berg, Herbert: The development of exegesis in early Islam: the authenticity of Muslim literature from the formative period, Richmond 2000.
Berger, Lutz: Islamische Theologie, Wien 2010.
Biema, David van: The Legacy of Abraham, in: TIME 30.9.2002, 52–61.
Bijlefeld, Willem A.: Controversies around the Qur'anic Ibrāhīm narrative and its 'Orientalist' interpretations, in: The Muslim World LXXII, 2, 1982, 81–94.
Bilabel, Friedrich / Adolf Grohmann: Griechische, koptische und arabische Texte zur Religion und religiösen Literatur in Ägyptens Spätzeit, Heidelberg 1934.
Bilgin, Baki: Mein Leben für den Islam, Bd. 2, Wien 1995.
Blum, Erhard: Die Komposition der Vätergeschichte, Neukirchen-Vluyn 1984.
–: Studien zur Komposition des Pentateuch, Berlin 1990.
Bobzin, Hartmut: Der Koran. Eine Einführung, 5. durchgesehene Aufl., München 2004.
Böhlig, Alexander: Die Gnosis – Der Manichäismus, Düsseldorf u. a. 1997.
Boehm, Omri: The Binding of Isaac. A Religious Model of Disobedience, New York 2007.
Bouman, Johan: Der Koran und die Juden. Die Geschichte einer Tragödie, Darmstadt 1990.
–: Christen und Muslime. Was sie verbindet und was sie trennt, Gießen (1993) ^{2}2001.
Braun, Rüdiger: Mohammed und die Christen, Erlangen 2004.
Bravmann, M. M.: The spiritual background of Early Islam. Studies in ancient Arab concepts, Leiden 1972.
Bsteh, Andreas: Gesprächserfahrungen der Abrahamiten, in: Diakonia 1994, 116–120.
Bsteh, Andreas / Adel Theodor Khoury: Eine wissenschaftliche Konsultation in Teheran (15.–17. Januar 1995), in: Hagemann (Hrsg). Auf dem Weg zum Dialog, Altenberge 1996, 79–102.
Buber, Martin: Der Glaube der Propheten, 2. verb. und erg. Aufl. Heidelberg 1984.
Buchegger, Jürg: Das Wort vom Kreuz in der christlich-muslimischen Begegnung: Leben und Werk von John Bouman, Basel 2013.

Buhl, Frants: Das Leben Muhammads, Heidelberg 1961.
Burgmer, Christoph (Hrsg.): Streit um den Koran. Die Luxenberg-Debatte: Standpunkte und Hintergründe, Berlin 2004.
Burton, John: The Collection of the Qur'an, Cambridge 1977.
–: The sources of Islamic law. Islamic theories of abrogation, Edinburgh 1990.
–: An Introduction to Ḥadīth, Edinburgh 1994.
Busse, Heribert: The Sanctity of Jerusalem in Islam, in: Judaism 17 (1968), 441–468.
–: Die theologischen Beziehungen des Islams zu Judentum und Christentum, Darmstadt 1988.
–: Jerusalem in the Story of Muḥammad's Night Journey and Ascension, in: Jerusalem Studies in Arabic and Islam 14 (1991), 1–40.
al-Būṭī, Muḥammad Saʿīd Ramaḍān: Kalimat faḍīla, Abrahamic Heritage Conference MECC [unveröffentlichtes Redemanuskript], 1998.
Buttler, Paul Gerhard: Reinige mein Haus. Bundeserneuerung, Reich Gottes-Proklamation, Inbeschlagnahme. Gottes Haus für Juden, Christen und Muslime, in: Dehn / Hock (Hrsg.), Jenseits der Festungsmauern. Verstehen und Begegnen, FS für Olaf Schumann, Neuendettelsau 2003, 201–235.
Calder, Norman: From Midrasch to scripture: The sacrifice of Abraham in early Islamic tradition, in: Le Muséon 1988, 375–402.
–: Tafsīr from Ṭabarī to Ibn Kathīr: problems in the description of a genre, illustrated with reference to the story of Abraham, in: Hawting / Shareef (ed), Approaches to the Qur'an, London 1993.
Canan, Ibrahim: The Message of Abraham. His Life, Virtues, and Mission, Somerset 2007.
Caspi, Mishael Maswari / S. B. Cohen: The binding – Aqedah – and its transformation in Judaism and Islam, 1995.
Chiussi, Al Hadsch Abdul Hadi Italo: Das Haus in Mekka. Die Pilgerfahrt nach Mekka, Frankfurt / Main 1993.
Chouraqui, André: La turbulente famille des fils d'Abraham, in: Théologiques Bd. 5/1, 1997, 115–124.
Ciriaci, Francesca: Die Kinder Abrahams in Jordanien, in: *Reformierte Presse* vom 12.2.1999.
Class, Helmut (Hrsg.): Christen im Mittleren Osten, Frankfurt / Main o. J.
Cohen, Mark R.: Unter Kreuz und Halbmond. Die Juden im Mittelalter, München 2005.
Cook, Michael: Muhammad, Oxford 1983.
–: Der Koran. Eine kurze Einführung, Stuttgart 2002.
Cragg, Kenneth: The call of the Minaret, New York 1956.
–: The Arab Christian, London 1992.
–: The Event of the Qur'ān. Islam in Its Scripture, Oxford (1971) 1994.
Crone, Patricia / Cook, Michael: Hagarism. The Making of the Islamic World, Cambridge 1977.
Crüsemann, Frank: Abraham trennt! Abraham vereint? Gütersloh 2002, 332–406.
ad-Daqqūr, Sulaimān Muḥammad: Manhaǧ at-taʿāmul maʿ an-naṣṣ al-Qur'ānī ḥasab tartīb an-nuzūl, qirā'a fī kitāb al-Ǧābrī „Fahm al-Qur'ān al-ḥakīm" [Methodologischer Umgang mit dem koranischen Text nach der chronologischen Herabsendung. Erörterung des Buches von al-Ǧābrī „Den weisen Koran verstehen"], Amman 2008, http://www.riyadhalelm.com/play-6682.html (20.5.2014)
Das erste Abrahamsfest. Juden, Christen & Muslime begegnen einander. Einladungsprospekt und Programmheft, CIG Region Stuttgart 28./29.10.2000.

Dehn, Ulrich: Begegnung mit Muslimen, in: Materialdienst der EZW 5/2001, 169–173.
von Denffer, Ahmad: Der Glaube an den einen Gott. Das abrahamitische Erbe, in: Al-Islam 1/1999, 4–7.
–: Da'wa in der Zeit des Propheten. Der Ruf zum Islam des Propheten Muhammad (s) und seiner Gefährten, München 2001.
Die Kinder Abrahams. Judentum, Christentum, Islam. Wege zueinander. (Programmheft) Verantwortlich: Evang. und Kath. Gesamtkirchengemeinde Geislingen, 2001.
Donner, Fred: Narratives of Islamic Origins. The beginnings of Islamic historical writing, 2. Aufl. Princeton 1999.
Ego, Beate: „Abraham im Judentum" in: Böttrich / Ego / Eißler (Hrsg.), Abraham in Judentum, Christentum und Islam, Göttingen 2009, 11–61.
Eißler, Friedmann: „Gibt es eine abrahamische Ökumene?" in: Ralph Pechmann / Dieter Kamlah (Hrsg.), So weit die Worte tragen. Wie tragfähig ist der Dialog zwischen Christen, Juden und Muslimen? Gießen 2005, 261–287.
–: Rezension zu: Bauschke, Martin / Homolka, Walter / Müller, Rabeya (ed.): Gemeinsam vor Gott. Gebete aus Judentum, Christentum und Islam, Gütersloh 2004, in: Judaica 61/1 (2005), 87–89.
–: Gemeinsam beten? Eine Anfrage an das interreligiöse Gebet unter dem Vorzeichen abrahamischer Ökumene, in: Hansjörg Schmid / A. Renz / J. Sperber (Hrsg.), „Im Namen Gottes …" Theologie und Praxis des Gebets in Christentum und Islam, Theologisches Forum Christentum-Islam, Regensburg 2006, 216–226.
–: „Abraham im Islam" in: Böttrich / Ego / Eißler (Hrsg.), Abraham in Judentum, Christentum und Islam, Göttingen 2009, 116–188.
–: Muslimische Einladung zum Dialog. Dokumentation zum Brief der 138 Gelehrten („A Common Word"), EZW-Texte 202, Berlin 2009.
–: „Gott, Gottesbilder, interreligiöse Ökumene im Namen Abrahams – Wider die Konfessionalisierung der Religionen im Zeichen einer ‚Abrahamischen Ökumene'„ in: Glaube und Lernen 28/1 (2013), 49–67.
Endress, Gerhard: Der Islam. Eine Einführung in seine Geschichte, 3. überarb. Aufl. München 1997.
van Ess, Josef: Zwischen Ḥadīṯ und Theologie. Studien zum Entstehen prädestinatianischer Überlieferung, Berlin 1975.
–: Anfänge der muslimischen Theologie. Zwei antiqadaritische Traktate aus dem ersten Jahrhundert der Hiǧra, Beirut / Wiesbaden 1977.
–: Theologie und Gesellschaft im 2. und 3. Jahrhundert Hidschra. Eine Geschichte des religiösen Denkens im frühen Islam, Bd I. Berlin 1991; Bd IV Berlin 1997.
Evangelische Kirche im Rheinland (Hrsg.): Christen und Muslime nebeneinander vor dem einen Gott. Zur Frage gemeinsamen Betens, Düsseldorf 1998.
–: Abraham und der Glaube an den einen Gott. Zum Gespräch zwischen Christen und Muslimen (Arbeitshilfe), 2009. www.ekir.de/ekir/dokumente/LS2009-B1032.pdf
Falaki, Salam: Erzählungen über Abraham in der Tora, im vorislamischen jüdischen Schrifttum und im Koran, Fellbach 2004.
Faris / Glidden: The development of the meaning of the koranic Hanif, in: Journal of the Palestine Oriental Society 19 (1939), 1–13
Faroqhi, Suraiya: Herrscher über Mekka. Die Geschichte der Pilgerfahrt, München 1990.
Farrugia, Joseph: Vatican II and the Muslims. The Church's Consideration of Islam in Vatican II and its resonance in Subsequent Christian-Muslim Relations. Gozo / Malta 1987 (Exzerpt der Dissertation)

al Faruqi, Isma'il Raji: Judentum, Christentum, Islam. Trialog der Abrahamitischen Religionen, Frankfurt 1986 (Original 1982: Trialogue of the Abrahamic Faiths)
–: Für ein islamisches Deutsch, o. O. (Washington D. C. und Köln) 1988.
Fatḥ al-Bārī = Šihāb ad-Dīn Aḥmad b. Ḥağar al-ʿAsqalānī: Fatḥ al-bārī šarḥ Ṣaḥīḥ al-Buḫārī, Būlāq 1310/1892 (auf CD-ROM al-Muḥaddiṯ).
Fatoum, Aly: Abraham. Vater der Propheten im Judentum, Christentum und Islām. Eine religionshistorische Untersuchung auf dem Gebiet der vergleichenden Religionswissenschaft, in: Muḥammad Rassoul (Hrsg.), Allāhs Friede auf Ibrāhīm, Köln 1993.
Feldtkeller, Andreas: Die ‚Mutter der Kirchen' im ‚Haus des Islam'. Gegenseitige Wahrnehmungen von arabischen Christen und Muslimen im West- und Ostjordanland, Erlangen 1998.
Fierro, Maribel: The treatises against innovations (*kutub al-bidaʿ*), in: Der Islam 69 (1992), 204–246.
Finster, Barbara: Die Mosaiken der Umayyadenmoschee von Damaskus, Wiesbaden 1972.
–: Arabien in der Spätantike. Ein Überblick über die kultische Situation der Halbinsel in der Zeit vor Muhammad, in: Archäologischer Anzeiger 1996, 287–319.
Firestone, Reuven: Journeys in Holy Lands. Evolution of the Abraham-Ishmael-Legends in Islamic Exegesis, 1990.
–: The problem of Sarah's identity in Islamic exegetical tradition, in: The Muslim World, Bd. LXXX, No. 2 (1990), 65–71.
–: Difficulties in keeping a beautiful wife: The legend of Abraham and Sarah in Jewish and Islamic tradition, in: Journal of Jewish Studies 42 (1991), 196–214.
–: Abraham's Association with the Meccan Sanctuary and the Pilgrimage in the pre-Islamic and Early Islamic Period, in: Le Muséon 104 (1991), 359–387.
–: Abraham's journey to Mecca in Islamic exegesis: a form-critical study of a tradition, in: Studia Islamica LXXVI (1992), 5–24.
–: Abraham, The First Jew or the First Muslim? Text, Tradition and 'Truth' in Inter-religious Dialogue, in: Shalom / Salaam: A Resource for Jewish-Muslim Dialogue. New York 1993, 37–51.
–: Merit, Mimesis, and Martyrdom: Aspects of Shiʿite meta-historical exegesis on Abraham's sacrifice in light of Jewish, Christian, and Sunni Muslim tradition, in: Journal of the American Academy of Religion, Bd. 66, No. 1 (1998), 93–115.
–: Art. Abraham, in: Encyclopedia of the Qur'ān, Bd. I, 5–11.
Firzli, Farah: Christians in the Ayyubid Era, in: MECC, Christianity. A History in the Middle East, Beirut 2005, 581–596.
Fischer, Irmtraud: Die Erzeltern Israels, Berlin 1994.
Forster, Regula: Methoden mittelalterlicher arabischer Qur'anexegese am Beispiel Q 53,1–18, Berlin 2001.
Fück, Johann: Die Originalität des arabischen Propheten, in: ZDMG 90 (1936), 509–525.
Futterlieb, Hartmut: Du bist Abraham, in: forum religion 3/96, 3–7.
Gabra, Gawdat: The Churches of Egypt. From the Journey of the Holy Family to the Present Day, Cairo 2007.
al-Ǧābrī, Muḥammad ʿĀbid, Madḫal ilā l-Qur'ān al-ḥakīm fī t-taʿrīf bi-l-Qur'ān, 4. Aufl., Beirut 2013.
Gätje, Helmut: Koran und Koranexegese, Zürich / Stuttgart 1971.
al-Ġazālī, Muḥammad: Über Rechtgläubigkeit und religiöse Toleranz. Eine Übersetzung der Schrift ‚Das Kriterium der Unterscheidung zwischen Islam und Gottlosigkeit' (Fayṣal at-tafriqa bayn al-Islām wa-z-zandaqa), Zürich 1998.

al-Ǧazīrī, ʿAbd ar-Raḥmān: Kitāb al-Fiqh ʿalā l-maḏāhib al-arbaʿa [Buch des Fiqh nach den vier Rechtsschulen], Kairo o. J.
Gaudeul, Jean-Marie: Enounters & Clashes. Islam and Christianity in History, Rome 1990; Bd I: A Survey, Bd II: Texts.
Geiger, Abraham: Was hat Mohammed aus dem Judenthume aufgenommen? 2. rev. Aufl. Leipzig 1902, unveränd. photomechan. Nachdruck Osnabrück 1971.
Geisler, Ralf: Das Eigene als Fremdes. Chancen und Bedingungen des christlich-islamischen Dialogs, Hannover 1997.
Gese, Hartmut: Die Religionen Altsyriens, Stuttgart 1970.
–: Alttestamentliche Studien, Tübingen 1991.
Gil, Moshe: The origin of the Jews of Yathrib, in: JSAI 4 (1984), 203–224.
Gilchrist, John: The Temple, The Ka'aba, and The Christ, Benoni / South Africa 1980.
–: Millat-A-Ibrahim: The True Faith of Abraham, Benoni / South Africa 1986.
Gilliot, Claude: Zur Herkunft der Gewährsmänner des Propheten, in: Ohlig / Puin (Hrsg.), Die dunklen Anfänge. Neue Forschungen zur Entstehung und frühen Geschichte des Islam, Berlin 2005, 148–178.
Gnilka, Joachim: Bibel und Koran. Was sie verbindet, was sie trennt, Freiburg ²2004.
–: Die Nazarener und der Koran. Eine Spurensuche, Freiburg 2007.
Gobillot, Geneviéve: „Wie schon geschrieben steht …", in: Welt und Umwelt der Bibel 1/2012, S. 19–23
Goppelt, Leonhard: Typos. Die typologische Deutung des Alten Testaments im Neuen, Darmstadt 1969.
Görg, Manfred: Abraham als Ausgangspunkt für eine ‚abrahamitische Ökumene'? in: Renz / Leimgruber (Hrsg.), Lernprozess Christen und Muslime. Kontexte – Theologische Grundlagen – Begegnungsfeld, Münster 2002, 142–150.
Goerlach, Alexander: Das Recht ersetzt den Herrn. Über die Differenzen zwischen den monotheistischen Religionen, in: F. A. Z. vom 4.12.2004, S. 38.
Goetze, Andreas: Religion fällt nicht vom Himmel. Die ersten Jahrhunderte des Islams, 2. Aufl., Darmstadt 2012.
Goldziher, Ignaz: Muhammedanische Studien I, (Halle 1880) Nachdruck Hildesheim 1961, S. 219–228.
–: Muhammedanische Studien II, Halle 1889–90.
–: Die Richtungen der islamischen Koranauslegung, (1920) unveränd. Nachdruck Leiden 1952.
Gräbe, Uwe: Kontextuelle palästinensische Theologie. Streitbare und umstrittene Beiträge zum ökumenischen und interreligiösen Gespräch, Erlangen 1999.
–: „Abraham – ein hilfreiches Modell jüdisch-christlich-muslimischer Verständigung?" in: Ökumenische Rundschau 49/2000, S. 337–345.
Graf, Georg: Der Sprachgebrauch der ältesten christlich-arabischen Literatur, Leipzig 1905.
–: Die christlich-arabische Literatur bis zur fränkischen Zeit (Ende des 11. Jahrhunderts). Eine literarhistorische Skizze, in: Ehrhard / Müller (Hrsg), Straßburger Theologische Studien, Bd 7, Freiburg 1905.
–: Geschichte der christlichen arabischen Literatur, 5 Bde., Vatikan 1944–53.
–: Verzeichnis arabischer kirchlicher Termini, 2. verm. Aufl., Louvain 1954.
Griffith, Sidney: Sharing the Faith of Abraham: the ‘Credo' of Louis Massignon, in: Islam and Christian-Muslim Relations, Bd. 8, No. 2 (1997), 193–210.
–: The Gospel in Arabic: An Enquiry into its Appearance in the First Abbasid Century, in: Oriens Christianus 69, 131–132.

–: The beginnings of Christian theology in Arabic: Muslim-Christian encounters in the early Islamic period, Ashgate 2002.
–: The Bible in Arabic. The Scriptures of the „People of the Book" in the Language of Islam, Princeton 2013.
Grill, Severin: Das Trostschreiben an die verfolgten Christen von Najran, Wien 1971.
Grose, George / Benjamin Hubbard (Hrsg), The Abraham Connection. A Jew, Christian and Muslim in Dialogue. An Encounter between Dr. David Gordis, Dr. George Grose and Dr. Muzammil Siddiqi, Moderated by Dr. Benjamin Hubbard, Notre Dame, Indiana 1994.
von Grunebaum, Gustav E.: Studien zum Kulturbild und Selbstverständnis des Islam, Stuttgart 1969.
Grundmann, Christoffer H.: In Wahrheit und Wahrhaftigkeit: für einen kritischen Dialog der Religionen, Hannover 1999.
Güterbock, Carl: Der Islam im Lichte der byzantinischen Polemik, Berlin 1912.
Güzelmansur, Timo (Hrsg.), Das koranische Motiv der Schriftfälschung (taḥrīf) durch Juden und Christen, Regensburg 2014.
Guillaumont, Antoine: An den Wurzeln des christlichen Mönchtums, Beuron 2007.
Guthrie, A.: The Significance of Abraham, in: The Muslim World XLV (1955), 113–120.
Härterich, Hans: Aufbrechen - wandern - segnen. Abraham - ein Thema nicht nur für den Religionsunterricht, in: forum religion 3/96, 8–21.
Hagemann, Ludwig: Propheten – Zeugen des Glaubens. Koranische und biblische Deutungen, 2.Aufl. Altenberge 1993.
–: Auf Distanz zu Christen, in: Hagemann, Ludwig. Christentum contra Islam: eine Geschichte gescheiterter Beziehungen, Darmstadt 1999.
Hagemann, Ludwig / Adel Theodor Khoury / Werner Wanzura (Hrsg): Auf dem Weg zum Dialog. FS für Muhammad Salim Abdullah zum 65. Geburtstag, Altenberge 1996.
Hagemann, Ludwig / Albert Reiner (Hrsg): Dialog in der Sackgasse? Christen und Muslime zwischen Annäherung und Abschottung, Altenberge 1998.
Hajjar, Joseph: Arabische Christen und Muslime im Dialog, in: CIBEDO 2/1989, 33–52.
Ḫālid, Šukrī Aḥmad und *Nazzāl ʿUmrān Ṣāliḥ*, ʿIlm tāʾrīḫ nuzūl āyāt al-Qurʾān al-karīm, Amman o. J.
Hamidullah, Muhammad: Abraham selon le Coran et la tradition islamique, in: Moatti / Rocalve/ Hamidullah, Abraham. Le chêne de Manbré, Paris 1992.
–: Der Islam. Geschichte, Religion, Kultur, 3. verb. und erg. Aufl. Aachen 1415/1995.
al-Ḥasan, Yūsuf: al-ittiğāhāt al-masīḥīya al-mutahawwida [Zionistische Strömungen im Christentum], Beirut Juli 1998 [unveröffentlichtes Manuskript].
al-Hachem, Elias Khalifeh: The Rise of Eastern Churches and their Heritage: The Maronites, in: MECC, Christianity, A History in the Middle East, Beirut 2005, 271–292.
Hassan, Riffat: Eid al-Adha (Feast of Sacrifice) in Islam: Abraham, Hagar and Ishmael, in: La-Cocque, André (Hrsg.), Commitment and Commemoration. Jews, Christians, Muslims in Dialogue, Chicago 1994, 131–150.
Ḫaṭṭāb, ʿAbd al-Muʿizz: Qiṣaṣ al-anbiyāʾ – ʿibar wa-durūs mustafāda, Kairo 1989.
Hawting, Gerald R.: Al-Ḥudaybiyya and the Conquest of Mecca: A reconsideration of the tradition about the Muslim takeover of the sanctuary, in: JSAI 8 (1986), 1–23.
–: The ʿsacred officesʾ of Mecca from Jāhiliyya to Islam, in: JSAI 13 (1990), 62–84.
Hawting, Gerald R. Hawting / Abdul-Kader A. Shareef, Apporaches to the Qurʾān, London 1993.
Hayek, Michel: Le Mystère d'Ismaël, Paris 1964.

Heinen, Eugen: Sephardische Spuren I. Reiseführer durch die Judenviertel in Spanien und Portugal, Kassel 2001.

Heither, Theresia / Christiana Reemts: Biblische Gestalten bei den Kirchenvätern. Abraham, Münster 2005.

Henninger, Josef: Spuren christlicher Glaubenswahrheiten im Koran, Schöneck 1951.

Hirschberg, J. W.: Jüdische und christliche Lehren im vor- und frühislamischen Arabien. Ein Beitrag zur Entstehungsgeschichte des Islams, Krakow 1939.

Hirschberger, Hanna: Abraham – eine Erfolgsstory? in: forum religion 3/96.

Hirschfeld, Hartwig: Jüdische Elemente im Koran, 1878.

Hitti, Philip K.: History of the Arabs, 10. Aufl. London 1974.

Hobohm, Muhammad Aman: Wie stehen wir zum Trialog? Bendorf 1998.

Höfner, Maria: Die vorislamischen Religionen Arabiens, in: Gese / Höfner / Rudolph, Die Religionen Altsyriens, Altarabiens und der Mandäer, Stuttgart 1970, 234–405.

Hoffmann, Murad W.: Der Islam im 3. Jahrtausend. Eine Religion im Aufbruch, Kreuzlingen 2000

Horovitz, Josef: Muhammeds Himmelfahrt, in: Der Islam 9 (1919), 159–183.

–: Koranische Untersuchungen, Berlin 1926.

Hourani, Albert: Die Geschichte der arabischen Völker. Weitererzählt bis zum Arabischen Frühling von M. Ruthven, Franfurt / Main 2014.

Hovannisian, Richard / Georges Sabagh: The Persian presence in the Islamic world, Cambridge 1998.

Hoyland, Robert G.: The earliest Christian writings on Muḥammad: An apraisal, in: Harald Motzky, The biography of Muḥammad, Leiden 2000, 276–297.

–: Arabia and the Arabs. From the bronze age to the coming of Islam, 2. Aufl., London 2003.

–: Art. „Arabian Peninsula“, in: EI^3, 105–118.

Huber, Barbara: VIP – Very Important Persons der christlich-islamischen Begegnung: Johannes von Damaskus, in: CIBEDO 2/1990, 37–41.

–: VIP der christlich-islamischen Begegnung: Mary Kahil (1889–1979), in: CIBEDO 1/1993, 17–21.

Ibn Bāz, ʿAbd ul-ʿAzīz: Fatwa No. 19402 about „Trialogue of the Abrahamic Faiths“, Riāḍ / Saudi Arabien 1418/1998; auch unter: Ibn Baz, Abdul-Aziz u. a.: Unification of Religions, Riyadh; in: http://isgkc.org/interfaith1.htm (19.12.2001)

Ibn Saʿd, Muḥammad b. Saʿd b. Manīʿ al-Hāšimī al-Baṣrī, aṭ-Ṭabaqāt al-kubrā, Bd. 2, Beirūt 1410/1990.

Ibn Ḥazm al-Andalusī, Abū Muḥammad ʿAlī b. Aḥmad b. Saʿīd b. Ḥazm, Al-faṣl fi l-milal wa-l-ahwāʾ wa-n-niḥal, Kairo o. J.

–: An-nāsiḫ wa-l-mansūḫ fī-l-Qurʾān al-karīm [Das Abrogierende und das Abrogierte im edlen Koran], ed. ʿAbd al-Ġuffār Sulaimān al-Bandarī, Beirut 1986.

Ibn Taymiya: Das ist die aufrechte Religion. Brief des Ibn Taymiya an den König von Zypern. Aus dem Arabischen von Sahib Mustaqim Bleher, Würselen 1984.

Ibn Tufail, Abu Bakr: Der Philosoph als Autodidakt. Hayy ibn Yaqzan. Ein philosophischer Inselroman, Hamburg 2004.

Ignatius IV Hazim: Christianity in the Umayyad Era, in: MECC, Christianity. A History in the Middle East, Beirut 2005, 471–493.

Israeli, Raphael: Wenn zwei nicht dasselbe sagen: Muslimische Terminologie, in: Ralph Pechmann / Dieter Kamlah (Hrsg.): So weit die Worte tragen. Wie tragfähig ist der Dialog zwischen Christen, Juden und Muslimen? Gießen 2005, 83–124.

Izutsu, Toshihiko: God and Man in the Koran. Semantics of the Koranic Weltanschauung, Tokyo 1964.

–: The concept of belief in Islamic theology: a semantic analysis of îman and Islâm, (1965) reprint New York 1980.

Jansen, Hans: Mohammed. Eine Biographie, München 2008.

Jarjour, Riad: Eröffnungsrede zur Konferenz des MECC, Zypern 10.7.1998 [unveröffentlichtes Manuskript]

Al-Jibālī, Muḥammad: Ibrahim. A Nation in One Man, Beirut 2003.

Josua, Hanna und Heidi: ‚Sie haben ihn nicht getötet, und sie haben ihn nicht gekreuzigt.' Die Kreuzigung Jesu im Islam, in: Hanna Josua (Hrsg.): Allein der Gekreuzigte. Das Kreuz im Spannungsfeld zwischen Christentum und Islam, Holzgerlingen 2002, 107–160.

Josua, Hanna (Hrsg.): „Ich bin derjenige, der Ibrahim am ähnlichsten ist." Abraham als Spiegelbild Muhammads und die Notwendigkeit einer interdependenten Koranlektüre, in: Friedmann Eißler (Hrsg.), Im Dialog mit Abraham, EZW-Texte 209, Berlin 2010, 58–71.

Josua, Heidi: Menschliche Willensfreiheit und göttliche Vorherbestimmung (qaḍā' waqadar) nach Koran und islamischer Überlieferung [unveröffentlichtes Manuskript], Tübingen 2004.

Josua, Maria / Friedmann Eißler, Das arabische Kindheitsevangelium, in: Markschies / Schröter (Hrsg.), Antike christliche Apokryphen in deutscher Übersetzung, Bd. 1, Teilband 2, Tübingen 2012, 963–982.

Kades, Tharwat: Die arabischen Bibelübersetzungen im 19. Jahrhundert, Frankfurt/ Main 1997.

Kalisch, Sven Muhammad: Islamische Theologie ohne historischen Muḥammad – Anmerkungen zu den Herausforderungen der historisch-kritischen Methode für das islamische Denken. http://www.uni-muenster.de/imperia/md/content/religioesestudien/islam/_v/kalisch_islamische_theologie_ohne_historischen_muhammad.pdf (10.8.2013)

Kaltner, John: Ishmael instructs Isaac. An introduction to the Qur'an for Bible Readers, Collegeville, Minnesota 1999.

Kandil, Fuad: Abrahams Vermächtnis. Gemeinsam die Götzen entzaubern, in: Publik-Forum 4/1999.

Karoui, Said: Die Rezeption der Bibel in der frühen islamischen Literatur am Beispiel der Hauptwerke von Ibn Qutayba (gest. 276/889), Heidelberg 1997.

–: Johannes von Damaskus. Glaubensgespräch zwischen Christen und Muslimen. Monastir / Tunesien und Heidelberg 2003.

Kashouh, Hikmat: The Arabic versions of the Gospels. The manuscripts and their families, Berlin 2012.

Katsh, Abraham I.: Judaism in Islam. Biblical and Talmudic Backgrounds of the Koran and its Commentaries, 3. Aufl. New York 1980.

Kermani, Navid: Offenbarung als Kommunikation. Das Konzept *waḥy* in Naṣr Hāmid Abū Zayds *Mafhūm an-naṣṣ*, Frankfurt / Main 1996.

–: Brauchen wir den interreligiösen Dialog? Vortrag auf dem Evangelischen Kirchentag in Frankfurt vom 16.6.2001 in: http://www.unesco.de/c_aktuelles/uh4-2001_ker-mani.htm (11.6.05).

–: Seine Liebe macht keinen Unterschied, in: Der Spiegel 10/2014, 112–116.

Khodr, Georges: Ibrāhīm – naẓara urṯūḏuksīya [Abraham aus orthodoxer Sicht], Vortrag bei der Abrahamic Heritage Conference des MECC am 10.7.1998 [unveröffentlichtes

Manuskript] 1998; Übersetzung Heidi Josua: „Ibrāhīm – naẓra ūrṯūḏuksīya“, in: FS für Stefan Schreiner, Tübingen 2007.
Khoury, Adel Theodor: Der theologische Streit der Byzantiner mit dem Islam, Paderborn 1969.
–: So sprach der Prophet. Worte aus der islamischen Überlieferung. Ausgewählt und übersetzt von A. T. Khoury. Gütersloh, 1988.
–: Einführung in die Grundlagen des Islams, Altenberge ^{2}1993.
–: Christen unterm Halbmond: religiöse Minderheiten unter der Herrschaft des Islam, Freiburg 1994.
–: Die Kritik des Islam an der christlichen Trinitätslehre, in: Rittner, Reinhard (Hrsg): Glauben Christen und Muslime an denselben Gott? Hannover 1995, 30–45.
–: Abraham – ein Segen für die Völker nach der jüdischen, christlichen und islamischen Tradition, in: Bibel und Kirche 59/2004, 9–17.
–: Der Koran erschlossen und kommentiert, 2. Aufl. Düsseldorf 2006.
Khoury, Adel Theodor / Ludwig Hagemann: Christentum und Christen im Denken zeitgenössischer Muslime, Altenberge 1986.
Khoury, Raif Georges: Les légendes prophétiques dans l'Islam depuis le Ier jusqu'au IIIe siècle de l'Hégire, d'après le manscrit d'Abū Rifā'a 'Umāra b. Waṯīma b. Mūsā b. al-Furāt al-Fasawī, Kitāb bad' al-ḫalq wa-qiṣaṣ al-anbiyā', Wiesbaden 1978.
Kilian, Rudolf: Isaaks Opferung. Zur Überlieferungsgeschichte von Gen 22, Stuttgart 1970.
Kirchenamt der EKD: Klarheit und gute Nachbarschaft. Christen und Muslime in Deutschland, EKD Texte 86, Hannover 2006.
Kirsch, Jonathan: The woman who laughed at God. The untold history of the Jewish people, New York 2001.
Kister, Meir J.: Studies in Jahiliyya and Early Islam, London 1980.
–: Labbayka, Allāhumma, labbayka … On a monotheistic aspect of a Jāhiliyya practice, in: JSAI II, 1980, 33–57.
–: The massacre of the Banu Qurayza: A Re-examination of a Tradition, in: JSAI VIII,1986.
Klappert, Bertold: Abraham eint und unterscheidet. Begründungen und Perspektiven eines nötigen ‚Trialogs' zwischen Juden, Christen und Muslimen, in: Rudolf Weth (Hrsg): Bekenntnis zu dem einen Gott? Christen und Muslime zwischen Mission und Dialog, Neukirchen-Vluyn 2000.
–: Auf dem steinigen Weg Abrahams. Eine Skizze gemeinsamer Aufgaben von Juden, Christen und Muslimen, Materialdienst Evang. Arbeitskreis Kirche und Israel in Hessen und Nassau 01/2000.
Klinke-Rosenberger, Rosa: Das Götzenbuch Kitāb al-Aṣnām des Ibn al-Kalbī, Zürich 1942.
Knauf, Ernst Axel: Ismael. Untersuchungen zur Geschichte Palästinas und Nordarabiens im 1. Jahrtausend v. Chr., 2., erw. Aufl., Wiesbaden 1989.
Körner, Felix: Revisionist Koran Hermeneutics in Contemporary Turkish University Theology. Rethinking Islam, Würzburg 2005.
–: Alter Text – neuer Kontext. Koranhermeneutik in der Türkei heute, Freiburg 2006.
Kohlbrugge, Hanna: Der einsame Gott des Islam. Was uns nach dem Islam fragen läßt, Münster 2003.
Kolb, Dorothea: Abraham – Urbild des Glaubens. Projektskizze, in: forum religion 3/96.
Kratz, Reinhard G.: Die Komposition der erzählenden Bücher des Alten Testaments, Göttingen 2000.
Krone, Susanne: Die altarabische Gottheit al-Lāt, Frankfurt / Main 1992.

Krupp, Michael: Den Sohn opfern? Die Isaak-Überlieferung bei Juden, Christen und Muslimen, Gütersloh 1995.
Kuberski, Jürgen: Mohammed und das Christentum. Das Christentum zur Zeit Mohammeds und die Folgen für die Entstehung des Islam, Bonn 1987.
Küng, Hans: Das Judentum, München 1991.
–: Der Islam. Geschichte, Gegenwart, Zukunft, München 2004.
Küng, Hans / Karl-Josef Kuschel (Hrsg): Erklärung zum Weltethos. Die Deklaration des Parlamentes der Weltreligionen, 2. Aufl. München 1996.
Kundert, Lukas: Die Opferung / Bindung Isaaks. Bd I: Gen 22,1–19 im AT, im Frühjudentum und im NT. Bd II: Gen 22 in frühen rabbinischen Texten, Neukirchen-Vluyn 1998.
Kuschel, Karl-Josef: Eins in Abraham? Zur theologischen Grundlegung einer Friedenskultur zwischen Judentum, Christentum und Islam, in: Zeitschrift für Kulturaustausch 43 (1993), 85–97.
–: Streit um Abraham. Was Juden, Christen und Muslime trennt – und was sie eint, München 1994, 5. Aufl. Düsseldorf 2006.
–: Christentum und nichtchristliche Religionen. Theologische Modelle im 20. Jahrhundert, Darmstadt 1994.
–: Christliche Theologien des Islam. Von der Konfrontation zur Abrahamischen Ökumene, in: Hoogen / Küng / Wils (Hrsg): Die widerspenstige Religion. FS zum sechzigsten Geburtstag von Hermann Häring, Kampen 1997, 347–376.
–: Abrahams Vermächtnis. Gemeinsam die Götzen entzaubern. Juden, Christen und Muslime auf dem Weg zur dreifachen Ökumene, in: Publik-Forum 4/1999
–: Abrahamische Ökumene. Zur weltpolitischen Notwendigkeit eines Miteinander von Christen, Juden und Muslimen, in: Faulhaber / Stillfried (Hrsg): Wenn Gott verloren geht. Die Zukunft des Glaubens in der säkularisierten Gesellschaft, Freiburg 1998. 177–195.
–: Abrahamische Ökumene? Zum Problem einer Theologie des Anderen bei Juden, Christen und Muslimen, in: ZMR 85 (2001), 258–278.
–: Abraham: Aufbrechen – Neues wagen. Zur Spiritualität interreligiöser Praxis, Rede beim Haus-Abraham-Tag 2.6.2003 in Filderstadt. www.cig-stuttgart.de/haus-abraham/Haus20 %abraham%20tag%20-%20rede%20kuschel.htm (31.7.2003)
–: Euro-Islam: Herausforderung oder Chance? in: Concilium 2/2004, 176–185.
–: Juden – Christen – Muslime. Herkunft und Zukunft, Düsseldorf 2007.
Kuschel, Karl-Josef / Jürgen Micksch: Abrahamische Ökumene. Dialog und Kooperation, Frankfurt am Main 2011.
Lane, Andrew: A traditional Mu'tazilite Qur'an commentary: The Kashshaf of Jar Allah al-Zamakhshari (d. 538/1144), Leiden 2006.
Lazarus-Yafeh, Hava: Intertwined Worlds. Medieval Islam and Bible Criticism, Princeton 1992.
Lecker, Michael: Muslims, Jews and Pagans. Studies on Early Islamic Medina, Leiden 1995.
Leemhuis, Fred: Ibrāhīm's Sacrifice of his Son in the Early Post-Koranic Tradition, in: Noort, Ed / Tigchelaar (Hrsg): The Sacrifice of Isaac. The Aqedah (Genesis 22) and its Interpretations, Leiden 2002, 125–151.
Lellek, Oliver: Streitpunkt Dreifaltigkeit. Über die Notwendigkeit verständlicher offenbarungstheologischer Übersetzungen, in: Hagemann (Hrsg): Auf dem Weg zum Dialog, Altenberge 1996, 163–193.
Lerch, David: Isaaks Opferung christlich gedeutet. Eine auslegungsgeschichtliche Untersuchung, Tübingen 1950.

Leszynsky, Rudolf: Die Juden in Arabien zur Zeit Mohammeds, Berlin 1910.
Lewis, Bernard: Die Juden in der islamischen Welt vom frühen Mittelalter bis ins 20. Jahrhundert, München 1987.
Lings, Martin (Abu Bakr Sirajad-Din): Muhammad. His Life based on the earliest Sources, London 1983.
von Loewenich, Walther: Der moderne Katholizismus vor und nach dem Konzil, Witten 1970.
Lowin, Shari L.: The Making of a Forefather. Abraham in Islamic and Jewish Exegetical Narratives, Leiden 2006.
Lüling, Günter: Über den Ur-Qur'ān, Erlangen 1974.
–: Der christliche Kult an der vorislamischen Kaaba als Problem der Islamwissenschaft und christlichen Theologie, (1977) 2. korr. Aufl. Erlangen 1992.
Luxenberg, Christoph: Die syro-aramäische Lesart des Koran. Ein Beitrag zur Entschlüsselung der Koransprache, Berlin 2000.
–: Der Fuchs und die süßen Trauben des Paradieses. Wie viel Philologie verträgt der rechte muslimische Glaube? in: StZ vom 24.2.2004.
Madelung, Wilferd: „The origins of the controversy concerning the creation of the Koran", in: Orientalia Hispanica, Leiden 1974, i, 504–25.
Magonet, Jonathan: Abraham – Jesus – Mohammed: interreligiöser Dialog aus jüdischer Perspektive, Gütersloh 2000.
Makari, Peter E.: MECC News Report on the Abrahamic Heritage Conference, Bd. 10, 2&3, 1998.
Marcus, Nazmy: Die Heilige Familie in Ägypten, Kairo 1999.
Marx, Michael: Eine Berliner Konferenz: 'Was ist eigentlich der Koran?' in: inamo 37 (2004), 53–54.
–: Bahira-Legende, Dante und Luxenberg. Von verschiedenen Koranwahrnehmungen, in: Christoph Burgmer (Hrsg.): Streit um den Koran. Die Luxenberg-Debatte, Berlin 2004, 64–79.
Massignon, Daniel: Le voyage en Mésopotamie et la conversion de Louis Massignon en 1908, in: Islamochristiana 14 (1988), 127–199.
Massignon, Louis: La passion de Husayn Ibn Mansur Hallaj: martyr mystique de l'islam exécuté à Bagdad le 26 mars 922, Paris 1975. – Englische Version: The passion of al-Hallaj: mystic and martyr of Islam, Princeton 1982.
–: Les trois prières d'Abraham, Paris 1997.
Masʿūd, Ǧamāl ʿAbd al-Hādī Muḥammad / Wafāʾ Muḥammad Rifʿat Ǧumʿa: Ḏurrīyat Ibrāhīm ʿalaihī s-salām wa-l-masǧid al-Aqṣā. Naḥwa taʾṣīl islāmī li t-tāʾrīḫ. Al-umma al-muslima qabla baʿṯ Muḥammad, Al-Manṣūra 1407/1986.
Matthes, Karl-Horst: Abraham, Isaak und Jakob geraten in die Geschichte der Väter, Münster 1997.
McAuliffe, Jane Dammen: Qur'ānic Christians: an analysis of classical and modern exegesis, Cambridge 1991.
–: The abrogation of Judaism and Christianity in Islam: A Christian perspective, in: Concilium 1994/3, 116–123.
McCurry, Don: Die Heilung der zerbrochenen Familie Abrahams. Moslems und Christen – ein Handbuch, Wuppertal 1996.
McDowell, Josh / John Gilchrist: Healing the broken family of Abraham: New life for Muslims, 1995.
Merill, John E.: Of the Tractate of John of Damascus on Islam, in: MW 41 (1951).

El-Meskeen, Matta: Der koptische Kalender, Kloster St. Makarius 1992.
Mikhail, Wageeh Yousef: ʿAmmār al-Baṣrī's *Kitāb al-Burhān:* A Topical and Theological Analysis of Arabic Christian Theology in the Ninth Century, Dissertation, Birmingham 2013. http://etheses.bham.ac.uk/4162/1/Mikhail13PhD.pdf
Micksch, Jürgen: Abrahamische Teams, in: Ralph Pechmann / Dieter Kamlah (Hrsg.): So weit die Worte tragen. Wie tragfähig ist der Dialog zwischen Christen, Juden und Muslimen? Gießen 2005, 252–260.
Mildenberger, Michael: Denkpause im Dialog. Perspektiven der Begegnung mit anderen Religionen und Ideologien, Frankfurt / Main 1978.
Mitri, Tāriq: ʿAn al-Ibrāhīmiyyāt al-muʿāṣira wa-iltibāsātihā [Über die modernen Abrahamismen, ihre Mehrdeutigkeit, unveröffentliches Manuskript] Beirūt 10. Juli 1997.
–: The Abrahamic Heritage and Interreligious Dialogue: Ambiguities and Promises, unter: http://www.wcc-coe.org/wcc/what/interreligious/cd36-05.html und http://www.balamand.edu.lb/theology/mitri.htm
–: Who are the Christians in the Arab World? in: International Review of Mission 2000, No. 352, 12–27.
Mohagheghi, Hamideh: Opfer im Islam? Abraham und sein Sohn, in: Ulrich Dehn (Hrsg.), Wo aber ist das Opferlamm? Opfer und Opferkritik in den drei abrahamitischen Religionen, EZW-Texte 168, Berlin 2003, 50–55.
–: Abraham in muslimischer Perspektive. Erfahrungen aus der Praxis in Deutschland, in: Friedmann Eißler (Hrsg.), Im Dialog mit Abraham, EZW-Texte 209, Berlin 2010, 48–57.
Morgenstern, Matthias: Abraham, Ibrahim, in: F. A. Z. vom 24.8.2006, S. 8.
–: Sackgasse Abraham. Sieben Thesen gegen den „abrahamischen Dialog" in: Evangelium und Kirche 1/2006, S. 13–14.
–: Vom „Götzenzerstörer" zum Protagonisten des Dialogs – Der Erzvater Abraham in 1800 Jahren jüdischer Tradition, in: R. Möller (Hrsg.), Interreligiöser Dialog: Chancen abrahamischer Initiativen, Berlin 2006, 101–126.
Morrow, John Andrew: The Covenants of the Prophet Muhammad with the Christians of the World, o. O. 2013
Moubarac, Youakim: Abraham dans le Coran. L'histoire d'Abraham dans le coran et la naissance de l'Islam, Paris 1958.
Nagel, Tilman: Die qiṣaṣ al-anbiyāʾ. Ein Beitrag zur arabischen Literaturgeschichte, Bonn 1967.
–: Staat und Glaubensgemeinschaft im Islam, Bd. 1, München 1981.
–: Medinensische Einschübe in mekkanischen Suren, Göttingen 1995.
–: Islam. Die Heilsbotschaft des Korans und ihre Konsequenzen, Westhofen 2001.
–: Der erste Muslim – Abraham in Mekka, in: Kratz / Nagel (Hrsg.): „Abraham, unser Vater". Die gemeinsamen Wurzeln von Judentum, Christentum und Islam, Göttingen 2003, 133–149.
–: Abraham, der Gottesfreund. Deutungen muslimischer Korankommentatoren, in: Kratz / Nagel (Hrsg.): „Abraham, unser Vater". Die gemeinsamen Wurzeln von Judentum, Christentum und Islam, Göttingen 2003, 150–164.
–: Mohammed. Leben und Legende, München 2008.
–: Allahs Liebling. Ursprung und Erscheinungsformen des Mohammedglaubens, München 2008.
–: Mohammed. Zwanzig Kapitel über den Propheten der Muslime, München 2010.

an-Naisābūrī, Abū l-Ḥasan ʿAlī b. Aḥmad al-Wāḥidī: Asbāb an-nuzūl [Die Anlässe der Herabsendungen / Offenbarungen], Kommentiert und herausgegeben von Muṣṭafā Dīb al-Buġā, 2. Aufl., Damaskus / Beirut 1413/1993.
–: Asbāb nuzūl al-Qur'ān [Die Anlässe der Herabsendungen / Offenbarungen des Korans], Beirūt 1991.
Najm, Antoine: Die Christen im Orient und der Islam, Bonn 1983.
Naumann, Thomas: Ismael. Theologische und erzählanalytische Studien zu einem biblischen Konzept der Selbstwahrnehmung Israels im Kreis der Völker aus der Nachkommenschaft Abrahams, Fribourg / Göttingen 2002.
–: Ismael – Abrahams verlorener Sohn, in: Rudolf Weth (Hrsg). Bekenntnis zu dem einen Gott? Christen und Muslime zwischen Mission und Dialog, Neukirchen-Vluyn 2000, 70–89.
–: Die biblische Verheißung für Ismael als Grundlage einer christlichen Anerkennung des Islam? in: Renz / Leimgruber (Hrsg.): Lernprozess Christen Muslime. Gesellschaftliche Kontexte – Theologische Grundlagen – Begegnungsfelder, Münster 2002, 152–169.
–: Die biblische Hagar-Ismael-Geschichte – Ein Neuer Blick, unter: www.fb1.uni-siegen.de/projekt-abraham/seite/literatur.htm (8.1.2005)
Neef, Heinz-Dieter: Die Prüfung Abrahams. Eine exegetisch-theologische Studie zu Gen 22,1–19, Stuttgart 1998.
Neubrand, Maria: Abraham – Vater von Juden und Nichtjuden: eine exegetische Studie zu Röm 4, Würzburg 1997.
Neuer, Werner: Interreligiöser Dialog als Notwendigkeit, Chance und Gefahr, in: Pechmann / Reppenhagen (Hg.), Zeugnis im Dialog der Religionen und der Postmoderne, Neukirchen-Vluyn 1999, 156–181.
Neuwirth, Angelika: Studien zur Komposition der mekkanischen Suren. Die literarische Form des Koran – ein Zeugnis seiner Historizität? 2. erw. Aufl., Berlin 2007.
–: Rezension zu: A. L. de Premare: Joseph et Muhammad. Le chapitre 12 du (Etude textuelle), Aix-en-provence 1989, in: Der Islam 69 (1992), 368–70.
–: Erste Qibla – fernstes Masgid? Jerusalem im Horizont des historischen Muḥammad, in: Ferdinand Hahn (Hrsg.): Zion – Ort der Begegnung, Tübingen 1993, 227–270.
–: Zur Symbolik des Islam. Neue Überlegungen zur Gebetsrichtung, Vortrag am 20. April 1995 im Orient-Institut Istanbul, Istanbul 1995.
–: Zur Archäologie einer Heiligen Schrift. Überlegungen zum Koran vor seiner Kompilation, in: Christoph Burgmer (Hrsg.), Streit um den Koran. Die Luxenberg-Debatte: Standpunkte und Hintergründe, Berlin [2]2004, 82–97.
–: Was trägt Abraham für den Dialog aus? Abraham im Koran und in der islamischen Tradition, in: Friedmann Eißler (Hrsg.), Im Dialog mit Abraham, EZW-Texte 209, Berlin 2010, 72–86.
–: Ist der Koran vom Himmel gefallen? in: Welt und Umwelt der Bibel 1/2012, 11–17.
–: „Vergleichende Koranphilologie" als Forum des Austausches zwischen Islamwissenschaft und „Islamischen Studien", http://www.wissenschaftsrat.de/download/archiv/neuwirth.pdf (19.5.2014)
–: Der Koran. Band I: Frühmekkanische Suren, Poetische Prophetie. Handkommantar mit Übersetzung, Berlin 2011.
–: Der Koran. Band II: Mittelmekkanische Suren, Ein neues Gottesvolk. Handkommentar mit Übersetzung (Klappentext, noch nicht erschienen)
Newby, Gordon Darnell: A History of the Jews of Arabia. From Ancient Times to their Eclipse Unter Islam, Columbia 1988.

–: The Making of the Last Prophet. A Reconstruction of the Earliest Biography of Muhammad, Columbia 1989.
Newman, N. A. (Hrsg): The Early Christian-Muslim Dialogue. A Collection of Documents from the First Three Islamic Centuries (632–900 A. D.). Translations with Commentary, Hatfield 1993.
Nöldeke, Theodor: Hatte Muḥammad christliche Lehrer? in: ZDMG 12 (1858), 699–708.
–: Geschichte des Qorāns, 2. Aufl.; Bd 1, 2 bearb. von Friedrich Schwally 1909; Bd. 3 von G. Bergsträßer und O. Pretzl 1938. Nachdruck in einem Band, Hildesheim 1981.
Noort, Ed / Eibert Tigchelaar (Hrsg.): The sacrifice of Isaac: the Aqedah and its interpretations, Leiden 2002.
Oberhänsli-Widmer, Gabrielle: Biblische Figuren in der rabbinischen Literatur. Gleichnisse und Bilder zu Adam, Noah und Abraham im Midrasch Bereschit Rabba, Bern 1998.
Özdil, Ali-Özgür: Wenn sich die Moscheen öffnen. Moscheepädagogik in Deutschland – Eine praktische Einführung in den Islam, Münster 2002.
Ohlig, Karl-Heinz: Weltreligion Islam. Eine Einführung, Mainz 2000.
–: Das syrische und arabische Christentum und der Koran, in: Ohlig / Puin (Hrsg.): Die dunklen Anfänge. Neue Forschungen zur Entstehung und frühen Geschichte des Islam, Berlin 2005, 366–404.
Osman, Ghada: Pre-Islamic Arab Converts to Christianity in Mecca and Medina: An Investigation into the Arabic Sources, in: MW 95 (2005), 67–80.
–: Foreign slaves in Mecca and Medina in the Formative Islamic Period, in: Islam and Christian-Muslim Relations 16/4 (2005), 345–359.
Papst Shenouda III.: Vergleichende Theologie, St. Mina Kloster Mariut, 2. Aufl. 2010.
Paret, Rudi: Grenzen der Koranforschung, Stuttgart 1950.
–: Art. Ibrāhīm, EI², Bd. III, Leiden 1971, 980–981.
–: Mohammed und der Koran. Geschichte und Verkündigung des arabischen Propheten, (1957) Stuttgart ⁸2001.
Pavlovitch, Pavel: On the Problem of the pre-Islamic Lord of the Ka'ba, in: JAIS 2 (1998/99), 50–74.
Perthes, Volker: Am leichtesten ist der Dialog, den man nicht führt, in: inamo 37 / 2004, 3.
Peters, Francis E.: The Arabs and Arabia on the Eve of Islam, Aldershot 1999.
–: Alius or Alter: the qur'ānic definition of Christians and Christianity, in: Islam and Christian-Muslim Relations, 8/2 (1997), 165–176.
Popp, Volker: Die frühe Islamgeschichte nach inschriftlichen und numismatischen Zeugnissen, in: Ohlig, Karl-Heinz / Gerd-R. Puin (Hrsg.). Die dunklen Anfänge. Neue Forschungen zur Entstehung und frühen Geschichte des Islam, Berlin 2005, 16–123.
de Premare, A. L.: Joseph et Muhammad. Le chapitre 12 du Coran, Aix-en-Provence 1989.
Prenner, Karl, Muhammad und Musa. Strukturanalytische und theologiegeschichtliche Untersuchungen zu den mekkanischen Musa-Perikopen des Qur'ān, Altenberge 1986.
Projekt „Haus Abraham". Eine Friedensidee bekommt ein Gesicht (Einladungsprospekt zur Preisverleihung im Haus-Abraham-Wettbewerb am 2.6.2002).
de Pury, Albert: Abraham, what kind of an ancestor is he? A new look at Biblical traditions, bei der Konferenz des MECC 1998 in Beirut, [unveröffentlichtes Manuskript].
al-Qaraḍāwī, Yūsuf ʿAbd Allāh: At-taqrīb bain al-adyān: al-ḥukm wa-l-kaifīya, Fatwa vom 19.12.2002 unter: www.islamonline.net/fatwa/arabic/FatwaDisplay.asp?hFatwaID=70221 (31.1.2005)

Rabāba'a, Muḥammad Mğallī Aḥmad: Tafsīr al-Qur'ān 'alā tartīb an-nuzūl, in: Mağallat dirāsat 37/1 (2010), 255–268. (http://journals.ju.edu.jo/DirasatLaw/article/viewFile/104/102)
von Rad, Gerhard: Das erste Buch Mose. Genesis (ATD 2–4), Göttingen u.a. 12 1987
Radscheit, Matthias: Isaak oder Ismail. Das Abrahamsopfer im ‚Aleppozimmer', in: Greiner / Janowski / Lichtenberger (Hrsg.): Opfere deinen Sohn! Das ‚Isaak-Opfer' in Judentum, Christentum und Islam, Tübingen 2007, 290–293.
Raheb, Mitri: Der Islam: Ein gescheitertes oder gelungenes Projekt christlich-arabischer Kontextualisierung? In: Dehn / Hock (Hrsg.), Jenseits der Festungsmauern. Verstehen und Begegnen, FS Olaf Schumann, Neuendettelsau 2003, 281–318.
Rahman, Fazlur: Major Themes of the Qur'an, Minneapolis 1980.
Rahner, Karl / Herbert Vorgrimler: Kleines Konzilskompendium. Alle Konstitutionen, Dekrete und Erklärungen des Zweiten Vaticanums in der bischöflich beauftragten Übersetzung, 2.erg. Aufl. Freiburg 1966.
Raven, Wim: Some early Islamic texts on the Negus of Abyssinia, in: JSS XXXIII/2 (1988), 197–218.
ar-Rāzī, Muḥammad b. 'Umar Faḫr ad-Dīn: Ḫalq al-Qur'ān baina l-mu'tazila wa-ahl as-sunna, al-Qāhira 1989.
Rehfeld, Emmanuel: Muhammad als „Ibrāhīm redivivus". Islamische Perspektiven auf den „Urvater der Monotheisten", in: Glaube und Lernen 1/2013, 68–83.
Reinink, Gerrit J.: The Lamb on the Tree: Syriac Exegesis and Anti-Islamic apologetics, in: Noort, Ed / Eibert Tigchelaar (Hrsg.): The Sacrifice of Isaac. The Aqedah (Genesis 22) and its Interpretations, Leiden 2002, 109–124.
Richter-Bernburg, Lutz: Göttliche gegen menschliche Gerechtigkeit. Abrahams Opferwilligkeit in der islamischen Tradition, in: Greiner / Janowski / Lichtenberger (Hrsg.): Opfere deinen Sohn! Das ‚Isaak-Opfer' in Judentum, Christentum und Islam, Tübingen 2007, 243–255.
Ringgren, Helmer: Studies in Arabian Fatalism, Uppsala 1955.
Rippin, Andrew (Hrsg.): The Qur'an: Style and Contents, Aldershot 2001.
–: RḤMMN and the Ḥanīfs, in: Islamic Studies presented to Charles J. Adams, Leiden 1991, 153–168.
Risse, Günter: 'Gott ist Christus, der Sohn der Maria.' Eine Studie zum Christusbild im Koran, Bonn 1989.
Ritter, Andre: Der Monotheismus als ökumenisches Problem. Eine Studie zum trinitarischen Denken und Reden von Gott im Kontext des christlich-muslimischen Dialogs, Hamburg 1998.
Robinson, Neal: Christ in Islam and Christianity. The Representation of Jesus in the Qur'ān and the Classical Muslim Commentaries, London 1991.
–: Massignon, Vatican II and Islam as an Abrahamic Religion, in: Islam and Christian-Muslim Relations 2 (1991), 182–205.
–: Discovering the Qur'an. A Contemporary Approach to a Veiled Text, London 1996.
Rosenblatt, Samuel: Rabbinic Legends in Ḥadīth, in: MW 35 (1945), 237–252.
ar-Rubā'ī, Fāḍil: al-Masīḥ al-arabī – an-naṣrānīya fī šibh al-ğazīra al-'arabīya wa-ṣ-ṣirā' al-bīzanṭī al-fārisī [Der arabische Christus – Das Christentum auf der arabischen Halbinsel und der byzantisch-persische Machtkampf], ar-Riyāḍ 2009.
Rubin, Uri: The constitution of Medina. Some Notes, in: Studia Islamica 62 (1985), 5–23.
–: The Ka'ba. Aspects of its ritual functions and positions in pre-Islamic and early Islamic times, in: JSAI 8 (1986), 97–131.

–: The eye of the beholder. The life of Muḥammad as viewed by the early Muslims; a textual analysis, Princeton 1995.

Rudolph, Wilhelm: Die Abhängigkeit des Qorans von Judentum und Christentum, Stuttgart 1922 (übersetzt ins Arabische, 2. Aufl. 1974, Beirut)

Ruppert, Lothar: 'Zieh fort ... in das Land, das Ich dir zeigen werde. ' Der wegweisende und erscheinende Gott in Gn 12 und 13, in: Kuntzmann, Raymond (Hrsg.): Ce Dieu qui vient. Etudes sur l'Ancien et le Nouveau Testament, Paris 1995, 69–94.

–: Genesis. Ein kritischer und theologischer Kommentar. 2. Teilband: Gen 11,27–25,18, Würzburg 2002.

Sahas, Daniel J.: John of Damascus on the Islam. The Heresy of the Ishmaelites, Leiden 1972.

aš-Šahrastānī, Muḥammad b. ʿAbd Allāh: Kitāb al-milal wa-n-niḥal. – deutsch: Religionspartheien und Philosophenschulen. Zum ersten Male vollständig aus dem Arabischen übersetzt und mit erklärenden Anmerkungen versehen von Theodor Haarbrücker, 2 Bde. Band I: Die muhammadanischen, jüdischen, christlichen und dualistischen Religionspartheien, 1850.

Salibi, Kamal: Die Bibel kam aus dem Lande Asir: eine neue These über die Ursprünge Israels, Reinbek bei Hamburg 1985.

aṣ-Ṣāliḥ, Subḥī: Mabāḥiṯ fī ʿulūm al-Qur'ān [Studien in den Koranwissenschaften], Istanbul 1385/1958.

Samīr, Samīr Ḫalīl: Dawr al-masīḥiyīn aṯ-ṯaqafī fī-l-ʿālam al-ʿarabī [Die kulturelle Rolle der Christen in der arabischen Welt], Beirut 2004.

Samir, Samir Khalil: The Role of Christians in the Abbasid Renaissance in Iraq and in Syria (750–1050), in: MECC, Christianity. A history in the Middle East, Beirut 2005, 495–529.

as-Sammāk, Muḥammad: Rede bei der Konferenz „Abrahamic Heritage" des MECC, unveröffentlichtes Manuskript, 1998.

Šams ad-Dīn, Muḥammad Mahdī: Al-muḥāḍara al-ūlā (Der 1. Vortrag) [unveröffentlichtes Redemanuskript], 1998.

–: At-turāṯ al-ibrāhīmī wa-l-ḥiwār al-islāmī al-yahūdī, [Das abrahamische Erbe und der islamisch-jüdische Dialog], unveröffentlichtes Manuskript, Beirut 1998.

Sands, Kristin Zahra: Sufi commentaries on the Qur'an in classical Islam, London 2006.

aš-Šāṭibī, Ibrāhīm b. Mūsā b. Muḥammad: al-muwāfaqāt fī uṣūl aš-šarīʿa, Beirut 2004 (Englische Ausgabe unter dem Titel: The Reconciliation of the Fundamentals of Islamic Law).

Schedl, Claus: Muhammad und Jesus. Die christologisch relevanten Texte des Korans neu übersetzt und erklärt, Wien 1978.

Schimmel, Annemarie: Jesus und Maria in der islamischen Mystik, München 1996.

Schlatter, Adolf: Die Entwicklung des jüdischen Christentums zum Islam, in: EMM 1918.

Schmitt, Cäcilia [Demir-Schmitt] / Tubanur Yesilhark: Abraham – aleyhisselam – der Gesandte Gottes, Stuttgart 2000.

Schmitz, Bertram: Der Koran: Sure 2 „Die Kuh". Ein religionshistorischer Kommentar, Stuttgart 2009.

Schöck, Cornelia: Adam im Islam. Ein Beitrag zur Ideengeschichte der Sunna, Berlin 1993.

Schoeler, Gregor: Schreiben und Veröffentlichen. Zu Verwendung und Funktion der Schrift in den ersten islamischen Jahrhunderten, in: Der Islam 69 (1992), 1–43.

Schöller, Marco: Exegetisches Denken und Prophetenbiographie. Eine quellenkritische Analyse der Sira-Überlieferung zu Muhammads Konflikt mit den Juden, Wiesbaden 1998.

–: Sīra und Tafsīr: Muḥammad al-Kalbī on the Jews of Medina, in: Harald Motzky (Hrsg.): The biography of Muḥammad. The issue of the sources, Leiden 2000, 18–48.

–: Mohammed. Leben, Werk, Wirkung, Frankfurt am Main 2008.

Schreiner, Stefan: Die Bedeutung des Todes Jesu nach der Überlieferung des Korans, in: Analecta Cracoviensia IX 1977, 351–360.

–: Die Analogie von Schlaf und Tod im Koran, in: Kairos 19 (1977), 116–123.

–: Unser Gott und euer Gott ist ein und derselbe. Zum Verhältnis des Islam zu Judentum und Christentum, in: Judaica 2/1983, 98–112.

–: al-Quds – Jerusalem, heilige Stadt des Islam, in: Hengel / Mittmann / Schwemer (Hrsg.): La Cité de Dieu. Die Stadt Gottes, Tübingen 2000, 405–435.

–: Die ‚Bindung Isaaks' in islamischem Gewande, in: Judaica 1/2003, 49–55.

–: Kalif Gottes auf Erden. Zur koranischen Deutung der Gottebenbildlichkeit des Menschen; in: Mittmann-Richert / Avemarie / Oegema (Hrsg.): Der Mensch vor Gott, Neukirchen-Vluyn 2003, 25–37.

–: Auf der Suche nach einem ‚Goldenen Zeitalter' – Juden, Christen und Muslime im mittelalterlichen Spanien; in: Concilium 39 (2003), 419–432.

–: Erlösung und Heil – menschliches Verlangen und göttliches Angebot. Intertextuelle Spuren in Bibel und Koran, in: H. Schmid / A. Renz / J. Sperber (Hrsg.): Heil in Christentum und Islam. Erlösung oder Rechtleitung? Stuttgart 2004, 15–37.

–: Die „Häresie der Ismaeliten". Der Islam als politisches und theologisches Problem der Christen und die Anfänge christlich-antiislamischer Polemik; in: H. Schmid / A. Renz / J. Sperber / Terzi (Hg.): Identität durch Differenz? Wechselseitige Abgrenzungen in Christentum und Islam, Regensburg 2009, 119–138.

–: Der Koran als Auslegung der Bibel – die Bibel als Verstehenshilfe des Korans, in: H. Schmid / A. Renz / B. Ucar (Hg.), „Nahe ist dir das Wort …". Schriftauslegung in Christentum und Islam, Regensburg 2010, 167–183.

Schröder, Bernd: Abrahamische Ökumene? Modelle der theologischen Zuordnung von christlich-jüdischem und christlich-islamischem Dialog, in: ZThK 105 (2008), 456–487.

Schuller, Konrad: Auf nach Medina, in: FAZ vom 45.4.2004, 38.

Schützinger, Heinrich: Ursprung und Entwicklung der arabischen Abraham-Nimrud-Legende, Bonn 1961.

Schumann, Olaf: Der Christus der Muslime. Christologische Aspekte in der arabisch-islamischen Literatur, 2. durchges. u. erw. Aufl. Köln 1988.

–: Abraham – der Vater des Glaubens, in: Ders.: Hinaus aus der Festung, Hamburg.

Schweizer, Harald: Fantastische „Opferung Isaaks". Textanalyse in Theorie und Praxis, Lengerich 2006.

Seebass, Horst: Genesis II. Vätergeschichte I (11.27–22,24), Neukirchen 1997.

–: Genesis II. Vätergeschichte II (23,1–36,43), Neukirchen 1999.

Sekretariat der Deutschen Bischofskonferenz (Hrsg.): Verlautbarungen des Apostolischen Stuhls 6: Enzyklika „Redemptor hominis", Bonn 1979.

Serjeant, Robert B.: The ‚Constitution of Medina', in: Islamic Quarterly 8 (1964), 3–16.

–: The Sunnah Jāmi'ah, Pacts with the Yathrib Jews, and the Taḥrīm of Yathrib: Analysis and Translation of the Documents Comprised in the So-Called ‚Constitution of Medina', in: BSOAS 41 (1978), 1–42.

Setiawan, Mohamad Nur Kholis: Die literarische Koraninterpretation: Eine Analyse ihrer frühen Elemente und ihrer Entwicklung, Bonn 2003.
Shahid, Irfan: Pre-Islamic Arabia, in: P.M. Holt (Hrsg): The Cambridge History of Islam, Bd. 1 1970, 3–29.
–: The Martyrs of Najrān: new documents, Bruxelles 1971.
–: Byzantium and the Arabs in the fifth century, Washington 1989.
–: Byzantium and the Arabs in the sixth century, Washington 1995.
–: The Rise of Eastern Churches and their Heritage (5th – 8th century) in: MECC, Christianity. A History in the Middle East, Beirut 2005, 219–233
–: Arab Christianity before the rise of Islam, in: MECC, Christianity. A history in the Middle East, Beirut 2005, 435–451.
Shehadeh, Imad Nicola: Ishmael in relation to the promises to Abraham, Dallas 1986.
Sidersky, D.: Les Origines des Légendes musulmanes dans le Coran et dans les vies des prophètes, Paris 1933.
Sidi Moussa, Soumia: Zamzam. Der wunderbare Brunnen, Köln 1983.
Siegert, Folker: Abrahams Gottesvision im hellenistischen Judentum, in: Kratz / Nagel: Abraham unser Vater. Die gemeinsamen Wurzeln von Judentum, Christentum und Islam, Göttingen 2003, 67–85.
Sinai, Nicolai: Muhammad und die „Satanischen Verse“, in: Welt und Umwelt der Bibel 1/2012, 44–48.
Six, Jean-François: Abenteurer der Liebe Gottes: 80 unveröffentlichte Briefe von Charles de Foucauld an Louis Massignon, Würzburg 1998.
Smythe, Françoise: Vortrag bei der Abrahamic Heritage Conference des MECC [unveröffentlichtes Redemanuskript], 1998.
Speyer, Heinrich: Die biblischen Erzählungen im Qoran, Gräfenhainichen o.J. (1931?), Nachdruck Hildesheim 1961.
Spies, Otto: Beiträge zur arabischen Literaturgeschichte. Juristen, Historiker, Traditionarier, Leipzig 1932.
Spuler-Stegemann, Ursula: Muslime in Deutschland. Nebeneinander oder Miteinander, Freiburg 1998.
–: (Hrsg.) Feindbild Christentum im Islam. Eine Bestandsaufnahme, Freiburg 2004.
Stillman, Norman A.: The Jews of Arab Lands. A history and source book, Philadelphia 1979.
Stöhr, Martin: Vorwort zu: Abrahams Kinder. Juden – Christen – Moslems, Frankfurt/Main 1983.
aṯ-Ṯaʿālabi al-Ǧazāʾirī, ʿAbd ar-Raḥmān b. Muḥammad b. Maḫlūf: al-ǧawāhir al-ḥisān fī tafsīr al-Qurʾān, 4 Bde, Beirūt o.J.
aṭ-Ṭair, Muṣṭafā Muḥammad al-Ḥadīdī: Al-wāḥid aṣ-ṣamaḍ [Der Eine, Undurchdringliche], in: Al-Azhar 57/2 (1984/85), 1272–76.
–: Īmān Ibrāhīm – ʿalaihī s-salām – lā šakka fīhī [Der Glaube Ibrāhīms ist frei von Zweifel] in: Al-Azhar Mai 1984, 1214–1218.
–: Manhaǧ Ibrāhīm – ʿalaihī s-salām – fī d-daʿwa ilā l-ḥaqq [Die Methodik Ibrāhīms in seinem Ruf zur Wahrheit] in: Al-Azhar Juli 1984, 1834–1839.
Talbi, Mohamed: Foi d'Abraham et foi islamique, in: Islamochristiana (5) 1979, 1–5.
–: La foi d'Abraham – Le sens d'un non-sacrifice, in: Islamochristiana (8) 1982, 1–11.
Tamcke, Martin: Christen in der islamischen Welt. Von Mohammed bis zur Gegenwart, München 2008.
Torrey, Charles Cutler: The Jewish Foundation of Islam, New York 1932.

Tottoli, Roberto: Biblical prophets in the Qur'ān and Muslim Literature, Richmond 2002.
Trimingham, J. Spencer: Christianity among the Arabs in Pre-Islamic Times, London/New York 1979.
Tritton. A. S.: The Caliphs and their Non-Muslim Subjects: a critical study of the Govenant of Umar, 2. Aufl. London 1970.
Troeger, Eberhard: Gemeinsames Zeugnis für Gott durch die abrahamitischen Religionen? Arbeitshilfe der Deutschen Evangelischen Allianz Heft 14, Stuttgart 2003.
Tröger, Karl-Wolfgang: Mohammed und Abraham. Der Prozeß der Ablösung des frühen Islam vom Judentum und seine Vorgeschichte, in: Kairos 22 (1980), 188–200.
Troll, Christian W.: Muslime fragen, Christen antworten, Kevelaer 2003.
–: Als Christ dem Islam begegnen, Würzburg 2004.
Troupeau, Gérard: Christianity in the Early Islamic Decades, in: MECC, Christianity. A History in the Middle East, Beirut 2005, 454–470.
„... und der Fremdling, der in deinen Toren ist". Gemeinsames Wort der Kirchen zu den Herausforderungen durch Migration und Flucht, hrsg. vom Kirchenamt der EKD und dem Sekretariat der deutschen Bischofskonferenz in Zusammenarbeit mit der Arbeitsgemeinschaft christlicher Kirchen in Deutschland, Bonn 1997.
Uysal, Asım / Mürşide Uysal: Ich erlerne meine Religion. Das Kindergebetsbuch, Istanbul, o. J.
Voss, Gerhard: Für wen ist Platz in Abrahams Schoß? Vorwort zu Una sancta 51, 1996.
Waardenburg, Jacques: Islam – Historical, Social and Political Perspectives, Berlin 2002.
Wahba, Naǧīb: Šuʿrāʿ al-masīḥīya fī šibh al-ǧazīrat al-ʿarabīya [Die christlichen Dichter auf der Arabischen Halbinsel], o. O. (Ägypten) 2005.
–: Ġurūb šams al-masīḥīya fī šibh al-ǧazīrat al-ʿarabīya [Der Untergang der Sonne des Christentums auf der Arabischen Halbinsel], Bd 3, o. O. (Ägypten) 2011.
Wansbrough, John: Quranic Studies. Sources and methods of scriptural interpretation, Oxford 1977.
–: The Sectarian Milieu. Content and composition of Islamic salvation history, Oxford 1978.
Wasserstrom, Steven M.: Between Muslim and Jew. The Problem of Symbiosis under early Islam, Princeton 1995.
Watt, William Montgomery: Early discussions about the Qur'ān, in: Muslim World 40 (1950), 27–40.96–105.
–: The Condemnation of the Jews of Banū Qurayẓah, in: Muslim World 42 (1952), 160–171.
–: Muhammad at Medina, Oxford 1956, 2. repr. Karachi 1988.
–: The Christianity criticized in the Qur'ān, in: Muslim World 57 (1967), 197–201.
–: Ash-Shahrastānī's Account of Christian Doctrine, in: Islamochristiana 9 (1993), 247–259
Watt, W. Montgomery / Alford T. Welch: Der Islam I. Mohammed und die Frühzeit, Islamisches Recht, Religiöses Leben, Stuttgart 1980.
Weil, Gustav: Historisch-kritische Einleitung in den Koran, Bielefeld 1844.
–: Biblische Legenden der Muselmänner. Aus arabischen Quellen zusammengetragen und mit jüdischen Sagen verglichen, Frankfurt 1845.
Weinrich, Michael: Glauben Juden, Christen und Muslime an denselben Gott? Systematisch-theologische Annäherungen an eine unzugängliche Frage, in: EvTh 4/2007, 246–263.
Wellhausen, Julius: Reste arabischen Heidentums, 1887, Neudruck 1961.

–: Muhammads Gemeindeordnung von Medina, in: Wellhausen: Skizzen und Vorarbeiten, Berlin 1899, 65–83.
Wensinck, Arent Jan: Muhammad and the Jews of Medina. With an excursus: Muhammad's constitution of Medina by Julius Wellhausen, Freiburg 1975 (= Mohammed en de Joden te Medina, Leiden 1928)
–: Art. Kaʿba, in EI², Bd. IV, Leiden 1978, 317–322; revidiert in: HdI 236–245.
Wenzel, Catherina: Abraham – Ibrāhīm. Ähnlichkeit statt Verwandtschaft, in: Evangelische Theologie 62 (2002), 362–384.
–: Und als Ibrāhīm und Ismāʿīl die Fundamente des Hauses (der Kaʿba) legten … (Sure 2,127). Abrahamsrezeption und Legitimität im Koran, in: ZRGG 54,3 (2002), 193–209.
Wheeler, Brannon M.: Moses in the Quran and Islamic exegesis, London 2002.
–: Prophets in the Quran. An Introduction to the Quran and Muslim Exegesis, London 2002.
Widengren, Geo: Muḥammad, the Apostle of God, and his Ascension. (King and Saviour V), Uppsala 1955.
Wieser, Friedrich Emanuel: Die Abrahamvorstellungen im Neuen Testament, Frankfurt / Main 1987.
Wild, Stefan: Mensch, Prophet und Gott im Koran. Muslimische Exegeten des 20. Jahrhunderts und das Menschenbild der Moderne, Münster 2001.
Wilms, Franz-Elmar: Al-Ghazālīs Schrift wider die Gottheit Jesu, Leiden 1966.
Winter, Tim: Abraham from a Muslim perspective, in: Solomon / Harries / Winter (ed), Abraham's children. Jews, Christians and Muslims in conversation, New York 1986, 28–35.
Wöhrle, Jakob: Isaak und Ismael. Zum Verhältnis der beiden Abrahamsöhne nach Genesis 17 und Galater 4,21–31, in: Evang. Theol. 71. Jg, Heft 2, Gütersloh 2011, 115–132.
Wolfensohn, I.: Kaʿb al-Aḥbār und seine Stellung im Ḥadīṯ und in der islamischen Legendenliteratur, Gelnhausen 1933.
Worschech, Udo: „Ich will Ismael segnen". Gemeinsame Wurzeln in Christentum und Islam, Frankfurt am Main 2011.
Wüstenfeld, Ferdinand: Die Chroniken der Stadt Mekka, IV, Leipzig 1861.
Yūsuf, ʿAbd at-Tawwāb: Ḥayāt al-ḫalīl Ibrāhīm – ʿalaihi s-salām [Das Leben des Freundes Ibrahim Friede sei auf ihm], Beirut o. J.
Zaidan, Amir: Al-ʿAqīda. Einführung in die zu verinnerlichenden Inhalte des Islam, Offenbach ²1999.
Zebiri, Kate: Muslims and Christians Face to Face, Oxford 2000.
Zirker, Hans: Christentum und Islam. Theologische Verwandtschaft und Konkurrenz, Düsseldorf 1989.
–: Interdependente Interpretation biblisch-koranischer Motive, in: Hans-Marin Barth / Christoph Elsas (Hrsg): Hermeneutik in Islam und Christentum. Beiträge zum interreligiösen Dialog, Hamburg 1997, 113–126.
–: Der Koran. Zugänge und Lesarten, Darmstadt 1999.
Zusammenleben mit Muslimen in Deutschland. Gestaltung der christlichen Begegnung mit Muslimen. Eine Handreichung des Rates der EKD [hrsg. vom Kirchenamt der EKD] Gütersloh 2000.

Stellenregister

Koran

Sura 1 *al-fātiḥa* (Die Eröffnende)
6 561
7 623

Sura 2 *al-baqara* (Die Kuh) 176–178
48 590
62 125, 489
83 125
87 594
106 122
109 125
111–113 489
115 125
120 489
123 590
124–131 192, 358, 396–412, 560
124 75, 193, 334, 502
125–128 276–277, 364–366, 564
126 193, 358– 366
127 193
128–132 569, 604
129 183, 193, 206, 583
130–134 447–454
130–145 503–518
130 194, 414, 415
131 43
133 276–277, 280
135 2, 414, 415, 489, 511, 569
136 193, 276–277
137 571
138 511–515
140 276–277, 489
142–150 192, 428–442
143 584
144 125, 323, 563
147 440
151 583
159 125
168–173 443
183–187 443, 563
196–200 528, 563
223 590
234 123
240 123
248 403
253 594
254 590
255 444, 590
256 125
258–260 191, 336–341

Sura 3 *Āl ʿImrān* (Die Sippe Imrans) 178–179
19 449, 570, 623
20 125
26–27 240
33–34 280–282, 315–318
33 538
45 180, 594
48 207, 412
49 180
52 488
55 592
59 180
60 440
61 534
64–68 194, 543–546
64 521, 533–540, 597, 626
65–76 49, 137, 609
67 43, 489, 511, 569
68 4, 395, 443
83–85 194, 276–277, 543–549
85 125, 194, 552
95–98 192, 194, 368, 413–419, 571
96 446
97 194, 564
102 125
173 202

Sura 4 *an-nisāʾ* (Die Frauen) 180–181
11 125

43 120, 124
46 140
48 125, 238, 361
54–55 240, 251, 280–282, 541–543
54 193, 206, 634
93 125
107 528
116 125, 361
125 56, 82, 194, 238, 141, 415, 569, 574–578, 614
142–150 425
153–161 458, 462
157 295
158 592
63–166 335
163 276–277
164 332
171 535, 550, 594

Sura 5 *al-māʾida* (Der Tisch)
3 449, 623
13 125, 140
14 489
16 458
18 299, 489
21 469
46–48 382, 585–586
73 623
82 481, 488, 493
90 124
110 207, 594
118 361–362

Sura 6 *al-anʿām* (Das Vieh) 171
25 527
74 191, 343–353, 640
75–79 191, 264, 320–332
79–83 191, 194, 343–353, 641–642
82–83 643–644
84.86 266, 276–277
87–90 315–318
89 240, 250
94 590
103 324
114 440
121 527
125 449
130 209
152–154 124
159–165 125, 194, 521, 529–533
161 414, 560, 561, 570
163 569
164 550
165 380

Sura 7 *al-aʿrāf* (Der Bergkamm)
11 217
42 590
71 527
237 469
156 143
158 211, 215

Sura 8 *al-anfāl* (Die Beute)
5 528
58 178, 537

Sura 9 *at-tauba* (Die Reue) 184–185
5 124, 125, 530
20 125
26 403
29 124, 125, 215, 556, 570
30 489
31 481, 601
34 481
69–70 253, 259
74 449
113 376–380, 454
114 193, 289, 376–380

Sura 10 *Yūnus* (Jona)
3 590
87 429
94 220, 440

Sura 11 *Hūd* 169
27 161
32 526
46 169
69–73 192, 266–273, 335, 638, 639
70 192, 634
71 276–277
74–76 193,289, 372–374, 635
74 522, 525–526
77–83 192, 253–259, 636
81 636, 637
82.83 637

Sura 12 *Yūsuf* (Josef) 170
2 90, 615
6 276–277, 280–282, 315–318
37–40 194, 280, 315–318
38 276–277, 414
100 374

Sura 13 *ar-raʿd* (Der Donner)
33 239
39 122
134 527

Sura 14 *Ibrāhīm* (Abraham) 169
35–41 192, 193, 358–364, 380, 613
39 266, 275–277, 279–282
41 184, 193, 374, 380, 643

Sura 15 *al-ḥiğr* 163
51–56 266–273, 638, 639
51–60 335, 634–635
51–77 192
53 276
57–77 192, 253–259, 636, 651
61–77 192, 636
73–77 637

Sura 16 *an-naḥl* (Die Biene) 168–169
67 124
75 575
82 213
89 209
101 122
103 484, 494
111 526
120–123 510, 560, 571–572
120–125 191, 194, 414, 521–525
121 315–318
122 318
125 125, 526
123 86
128 125

Sura 17 *al-isrāʾ* (Die Nachtreise)
1 38, 198, 261, 469
22–39 124–125
59 264
86 123, 158
93 250
111 238, 533

Sura 18 *al-kahf* (Die Höhle)
20 414
27 123
54 525

Sura 19 *Maryam* (Maria) 163–165
8 641
20.27–30 533
41–50 343–350
41 240, 640, 641
42–48 191
43–46 643
43 320–323
46–49 191, 368–370
47 184, 193, 374–375, 380, 642, 643
49–50 266–273, 276–277, 279, 643–644
52–68 644–645
54–55 276–277, 282–284
58–60 125, 280–282, 315–318
71 238
90 550

Sura 20 *Ṭā Hā*
25–31 564–567
109 590
113 90
133 244

Sura 21 *an-anbiyāʾ* (Die Propheten) 166–168
4 643
51 151, 640
51–67 191, 343–350, 355–357
53–55 641
56 125, 642
60 150
63–67 641
68–70 262–266, 639
68–71 191
71 261
72 266, 276–282
73 564
74–75 260–261, 318, 637
74 255
81 469
85 276–277
91 594
98–101 125
109 537

Sura 22 *al-ḥağğ* (Die Wallfahrt) 181–182
9 528
17 489
25–31 192
26 364–366
27–30 194
28 300
29 367
42–44 223
52 122
68 528

77 571
78 125, 194, 414, 415, 571

Sura 25 *al-furqān* (Die Unterscheidung)
2 533
4 135
5 156
39 252
68 125

Sura 26 *aš-šuʿarāʾ* (Die Dichter) 162–163
69–71 640
69–104 191, 343–350
74–86 641–643
82 380
83–86 193, 642, 643
86 184, 193, 374, 380
87–103 643
221 ff. 211

Sura 27 *an-naml* (Die Ameise)
19 474

Sura 29 *al-ʿankabūt* (Die Spinne) 170
8 379
16–23 191, 343–350, 640
17–19 641, 643
20–21 191, 642
24–25 262–266, 639
24 191, 643
25–32 634–635
26 191, 368–369
27 276–277, 280–282, 318
28–35 192
31–35 253–259
31 192, 335
32 635
33 636–637
35 637
46 125, 521, 256, 257, 622

Sura 30 *ar-Rūm* (Die Byzantiner) 169
2–5 219
30 560

Sura 31 *Luqmān*
13 238
20 527

Sura 33 *al-aḥzāb* (Die Parteien)
20 211
25–27 181
40 209, 593

Sura 34 *sabāʾ* (Die Sabäer)
18 469
28 211

Sura 36 *Yā-Sīn*
49 257

Sura 37 *aṣ-ṣāffāt* (Die sich reihen) 161–162
1 f. 157
83–85 640
83–96 191, 343, 641, 644–645
88–89 320–322
91–98 355–357
97 f. 191, 262–266, 639
99–113 266–273, 285–314, 638–639, 368
99 191, 606
101 192, 276, 335
100 193
102–105 333, 398, 604
102–113 193
112 192, 276–277, 335

Sura 38 *Ṣād* 165–166
15 257
45 276–277
45–50 280–282, 315–318
48 276–277

Sura 39 *az-zumar* (Die Scharen)
4 238
22 449
28 90

Sura 40 *Ġāfir* (Der vergibt)
4–6 526
7 125

Sura 42 *aš-šūrā* (Die Beratung) 171
13–16 193, 519–521
14 28
15 125
35 527
51 212

Sura 43 *az-zuḫruf* (Der Prunk) 166
26–28 191, 343–353, 641–644
29 583
30 643
58 525
63 207
77–83 642

Sura 46 *al-aḥqāf* (Die Dünen)	
9	382
15 f.	145, 374
Sura 48 *al-fatḥ* (Die Eroberung)	
11	211
17	215
Sura 49 *al-ḥuǧarāt* (Die Gemächer)	
14	211
17	449
Sura 51 *aḏ-ḏāriyāt* (Die aufwirbeln)	
1–4	157
24–30	159,192, 266–273, 335, 638, 639
28	276
31–34	192, 253–259, 634–635
31–37	631
35–37	192, 260–261, 637
56	239, 575
Sura 52 *aṭ-ṭūr* (Der Berg)	
22	248
Sura 53 *an-naǧm* (Der Stern)	
1–8	212
9–17	38
19 f.	231, 428
21–23	123
26	590
33–38	158, 193, 240, 246–251, 631
33–42	634
36	244
37	379
38	532
39	125
53–54	253
Sura 54 *al-qamar* (Der Mond)	
33–39	253
Sura 56 *al-wāqiʿa* (Die Hereinbrechende)	
77	244
Sura 57 *al-ḥadīd* (Das Eisen) 179	
25–28	584
27	481
28	380, 587
Sura 58 *al-muǧādala* (Der Streit)	
1	528
Sura 59 *al-ḥašr* (Die Versammlung)	
2	179
11–12	179
Sura 60 *al-mumtaḥina* (Die Prüfung) 183	
1.4	584
4–6	376
4	193, 372, 380, 454, 573
5	193
Sura 61 *aṣ-ṣaff* (Die Reihe)	
7	449
14	488
Sura 64 *at-taġābun* (Die Übervorteilung)	
16	125
Sura 66 at-taḥrīm (Das Verbieten)	
12	594
Sura 69 *al-ḥāqqa* (Die fällig wird)	
41	135, 154
Sura 71 *Nūḥ* (Noah)	
3	215
28	374
Sura 73 *al-muzammil* (Der sich eingehüllt hat)	
2–6	123
20	123
Sura 74 *al-mudaṯṯir* (Der sich zugedeckt hat)	
2	158
52	243
Sura 77 *al-mursalāt* (Die Entsandten)	
1–6	157
Sura 79 *an-nāziʿāt* (Die entreißen)	
1–5	157
Sura 80 *ʿabasa* (Er blickte düster)	
1	197
12	241
13	243
Sura 81 *at-takwīr* (Das Umschlingen)	
10	244
19	212
Sura 85 *al-burūǧ* (Die Türme)	
20 f.	152

Sura 87 *al-aʿlā* (De Höchste)
6 122, 123
9 211
9–19 158, 193, 240, 244–245, 634
12 248
14–19 631

Sura 93 *aḍ-ḍuḥā* (Der Morgen)
6–8 151

Sura 96 *al-ʿalaq* (Der Embryo)
1–5 152

Sura 97 *al-qadr* (Die Bestimmung)
1 155

Sura 98 *al-bayina* (Das deutliche Zeichen)
2 241, 244

Sura 100 *al-ʿādiyāt* (Die Rennenden)
1–5 157

Sura 105 *al-fīl* (Der Elefant)
4 257

Sura 108 *al-kauṯar* (Die Fülle)
3 159

Sura 109 *al-kāfirūn* (Die Ungläubigen) 120
6 521

Sura 112 *al-iḫlāṣ* (Der aufrichtige Glaube)
139
4 238

Hebräische Bibel

Genesis
10,25 f. 285
11,10–31 353
12,1–3 598, 607
12,1–8 76, 314
12,2 611
12,3 56
12,5 254
13,5–12 82, 617
13,10–13 261
15,6 503, 598
15,17 301
16,11 282
17,1–27 568
17,1 275
17,4 75, 608
17,7 79, 266
17,18–20 38
18,1–2 267
18,8 268
18,12–15 271
18,17 574
18,17–19.22 254, 258
18, 22–33 254
18, 23–39 373
18,25 301
19,8 256
19,9 255
19,30–36 261
21,1 291
21,4 602
21,5 275
21,9–21 278, 624
21,30–33 82
22,1–19 274
22,8 301
22,13 295
25,1–4 278
25,6 624
25,9 277
26,5 598

Exodus
3,6 536
12,7 512
20, 5. 6 248
25,9.40 424
26,30 424
31,18 155
32,15 f. 155
33,11 574, 616

Deuteronomium
18,15 583
20,13 f. 181

Richter
11,30–40 291

2. Samuel
12,1–4 542

1. Könige
8,33–48 425
11,18 290
15,11–15 358

2. Könige
3,26–28 291
12,5–17 358
18,3–7 258

2. Chronika
3,1 274, 301
14,1–4 358
20,7 56, 82, 180, 574, 616
23,16–19 358
24,4–14 358

Psalmen
55,18 564
68,23 512
84,7 416
119,164 564

Jesaja
19,1 346
41,8 56, 82, 180, 574, 616

Jeremia
7,1–15 358
26,1–16 358

Daniel
3,24–28 264
6,11 564

Apokryphen und Pseudepigraphen

4 Makk 6,23–30 291
4 Makk 14,20 291
Sir 44,20 598
Jub 12 f. 598
Jub 71,15 567
BarApk 20,14 574

Neues Testament

Matthäus
1,1 598
3,9 502
5,17 587
20,22 f. 512
21,12–16 358

Markus
1,4.9 512
1,24–27 200
10,38 f. 512

Lukas
4,34–41 200
7,33 512
12,50 512
16,19 f. 590
16,22 611
19,45–48 358
24,32.44–46 627

Johannes
1,9–14 615
2,13–16 358
3,35 615
8,39 502
8,56–58 267, 503, 595, 611, 627
9,7 512
15,13ff 616
15,15 615

Apostelgeschichte
2,11 473
8,1 473
9,1.19 473
15,20.29 237, 567
21,25 567
24,5 488

Römer
3,28 502

4,1–25 604
4,3 502
4,16 598
4,10 f. 503
4,18–21 602
10,4 587

1. Korinther
1,14–15 512
1,22–24 235
8,1–13 237

Galater
1,17 473
2,4 488
3,7–10 605
4,21–31 33
6,2 496

Epheser
2,4 615

Hebräer
11,8–10 607, 609
11,17–19 274
13,14 607, 609

1. Johannes
4,11.19 615

Jakobus
2,23 574
2,21–23 56, 82, 180, 274

Rabbinische Literatur

mAvot 5,3 598
bShab 127a 610
bShab 137b 180
bHag 16a 268
bMen 53b 180, 574
BerR 48,14 268
BerR 44,13 321

Namen- und Sachregister

ʿAbbās b. ʿAbd al-Muṭṭalib 151, 310, 357
ʿAbbās, Faḍl Ḥasan 113
Abbasiden 126, 557
ʿabd – ʿibād, ʿabīd (Knecht, Anbeter) 575, 615
ʿAbd Allāh b. ʿAbbās 167
ʿAbd Allāh b. Masʿūd 110, 120
ʿAbd Allāh b. Salām 392, 455
ʿAbd Allāh b. Ubayy 463
ʿAbd Allāh b. az-Zubair 296
ʿAbd al-Ġaffār, Aḥmad 113
ʿAbd al-Malik al-Marwān 31, 236, 446, 469, 492
ʿAbd al-Muṭṭalib 167, 286, 305, 357, 409
ʿAbd ar-Razzāq 311
ʿAbduh, Muḥammad 97, 106, 341
Abgrenzung, theologische 442–444, 458
Abessinien 117, 163, 370, 498, 501, 518
Abraha 150, 257, 481
Abraham
–, Abrahambilder 58
–, Abrahamsrezeptionen 4, 10, 58, 87, 597
–, Entwicklung innerkoranisch
–, Vater, Erzvater, Urvater, Stammvater 19, 21, 27, 78, 383, 471, 552, 608–609, 624–626
–, Glaubensvater, geistlicher Vater 2, 383, 471, 604
–, Abrahamssöhne 37
–, Abrahamsfamilie 18, 78, 608–609, 624
–, Abrahamskindschaft, -kinder 2, 28, 43, 56, 284, 502, 446, 599
–, Abrahamsnachkommen 29
–, Freund Gottes, *ḫalīl Allāh* 6, 28, 42, 59, 614–616
–, sein Glaube 73–74, 599–606, 627
–, Abrahamsinitiativen 1
–, Abrahams Schoß 611–613
–, Abrahamsverheißung 37
–, als Fremder 77
–, als Wanderer 77
abrahamisch
–, beten 57
–, Europa 1
–, Feier 81
–, Forum 55
–, Friedensinitiativen 616–617
–, Friedenspotential 18, 616–617
–, Gastfreundschaft 77, 79–80, 609–611
–, Geschwisterlichkeit 78
–, Ökumene 4, 27, 28, 30, 36, 46, 53, 73–84, 318, 597–629
–, Religionen 51
–, Spiritualität 81
Abrogation (siehe: *nasḫ*)
Abū ʿĀmir ar-Rāhib 485
Abū Bakr aṣ-Ṣiddīq 110, 161, 184
Abū Bakr Ḥassān b. ʿAṭīya 94
Abū Bakr al-Baġdādī 573
Abū Dāwūd as-Siǧistānī 92
Abū Ḍabī 475
Abū Ǧahl 166, 387
Abū Ḥāriṯa b. ʿAlqama 534–537
Abū Ḥayyān al-Andalusī 299, 311, 376, 552
Abū Huraira ad-Dawsī al-Yamīmī 310
Abū Lahab 162, 369
Abū Mālik al-Quraẓī 392
Abū Manṣūr al-ʿIǧlī 582
Abū Qais 485
Abū Sufyān 178, 202, 369, 501
Abū Ṭālib b. ʿAbd al-Muṭṭalib 117, 161, 166, 167, 184, 414
Abū ṭ-Ṭufail ʿĀmir b. Wāṯila 310
Abū Zaid, Naṣr Ḥāmid 101, 115, 121, 126, 130, 619
Ad gentes 40, 45
ʿĀd 207, 258
Ādam 26, 207, 242, 283, 405, 420, 588
ʿAdī b. Zaid 474
Adil, Amina 99
ʿAdnān 279, 283
Ägypten 191–192, 480
Aelia Capitolina (siehe: Jerusalem, al-Quds, Īliya)
Ätiologie 395, 404, 424, 567
ʿahd (Bund) 400, 458, 466

ahl al-bidʿa (Leute der Neuerung) 529
ahl al-kitāb (Leute der Schrift) 5, 86, 312
Aḥmad b. Ḥanbal 92
Ahmadiya 10
ʿĀʾiša bt. Abū Bakr 466, 500
Aksum 164, 387
ʿAlī, Asʿad Aḥmad 112
ʿAlī b. Abī Ṭālib 109, 310, 368, 402, 537
Aleviten 10
Almohaden 142
Almosensteuer (siehe: *zakāt*)
altarabisches Heidentum (siehe: *ǧāhilīya*)
Āmina 167, 173, 184
Amirpur, Katajun 128
ʿAmr b. al-ʿĀṣ 17, 202, 499
Analphabetentum Muhammads 153–154
Anathema 35
Anawati, Georges 44
al-Andalus 106, 468, 492
Ankara-Schule 115, 127, 619
Anordnung der Suren 114, 115
anṣār (Helfer) 174, 435, 457, 488
Anthropomorphismus (siehe: *tašbīh*) 286, 333
Aphrodite 34
Apokalypse 259, 480, 484
Apokalypse Abrahams 243
Apokalyptik 173
Apologetik 34, 535, 623
apologia 62, 625, 628
Apostat 126, 510, 563
ʿAqabah 369, 455
Aqedah 35, 59, 147, 193, 273–275, 285–314, 394, 398, 446, 598
al-ʿAqqād, ʿAbbās Maḥmūd 311
Arabia Petraea 473
Arabischer Frühling 7
ʿArafa 401, 410
Aramäer, aramäisch 275, 390
Arkulf 198
Armenisch-apostolische Kirche 64
Armenisch-katholische Kirche 64
Asad (Stamm) 476, 477
asbāb an-nuzūl (Gründe der Herabsendung) 7, 100, 119–122, 125, 186, 620
Asketen, Asketismus 151, 480, 485, 581
al-ʿAsqalānī 232, 391
Astralkult 321, 328, 352–353, 369, 477
Audition 156, 212
Auferstehung 441
Auserwählung 215–318
auslösen, Auslösung (siehe: *fadā*)
Aws 171, 386, 463
Aws b. ʿĀmir ar-Rāhib 174
āya (Zeichen, Wunder) 224, 418
Ayoub, Mahmoud 67, 99, 617
Ayyūb (Hiob) 208, 283
Āzār 353–354, 378
al-Azhar 10, 71

Babylon 207
badalīya (Stellvertretung) 38
Badr 118, 178, 202, 460–461
al-Baġawī, Abū Muḥammad al-Ḥusain b. Masʿūd b. Muḥammad al-Farrāʾ 311
Bagdad 557
Baḥīra 200, 460, 493–494, 501
Bahrāʾ 477
Baḥrain 475
baiʿa (Treueid) 132, 184, 562
al-Baiḍāwī, ʿAbd Allāh b. ʿUmar b. Muḥammad b. ʿAlī Abū l-Ḫair Nāṣīr 106, 311, 361
al-Baihaqī, Abū Bakr 536
Bakka 406, 415–416
Bakr b. Wāʾil 477
Balī 467–477
Banū Kalb 32, 183, 476, 478
Banū Laḫm, Lakhmiden 235, 476–478
Banū Mustaliq 119, 392, 462
Banū Naḍīr 119, 179, 180, 390, 392, 459–464
Banū Qaila 390, 455
Banū Qainuqāʿ 118, 178, 390, 455, 459–461
Banū Quraiẓa 58, 119, 138, 180, 390, 393, 462–465
Bāqūm al-Bīẓantī 395
Barāʾ b. Maʿrūr 443
Barlas, Asma 128
Barmherzigkeit 361, 436
Bartholomäus 473
al-Barūsawī 351
Basilios-Anaphora 533
Basmala 536
Bauschke, Martin 17, 26, 57–60, 77, 196, 270, 379, 610, 613
Bechmann, Ulrike 60
Beck, Edmund 21
Beduinen 211
Beglaubigungswunder 212, 262–266, 287
Behr, Harry Harun 128, 129, 559
Bell, Richard 111
Berger, Lutz 128
Beschneidung 194, 513, 567
Bibelübersetzung in Arabisch 138, 479, 490–493
biblische Erzählungen 161

biblische Stoffe 388
bid'a (Neuerung) 109, 141
Bilāl 161, 497, 572
Bišr b. al-Barā' 430
Blachère, Régis 111
Bouman, Johan 63, 130, 144, 456
Buchmalerei 426–427
Bund (siehe: *'ahd*)
al-Buḫārī, Muḥammad b. Ismā'īl b. Ibrāhīm 92
Burāq 203, 290, 402
al-Būṭī, Muḥammad Sa'īd Ramaḍān 68, 112
Byzanz, Byzantiner 119, 387

chaldäisch-katholische Kirche 64
Cheikho, Louis 475
Christen 132, 473–558, 610
–, im Koran (siehe: *naṣāra*)
–, in Mekka und Medina 483–486
Christianisierung 476
Christologie 16, 617
–, externe 17, 58
–, islamische 610
–, christologische Frage 482, 486, 487, 534–539, 553
Chronologie der Suren 7, 91, 109–119, 186, 214, 526, 618
chronologische Lektüre 108, 133, 143–149, 619, 621
Codex Arabicus 492
Cook, Michael 388
Corpus Coranicum 139, 144
Cragg, Kenneth 13, 227, 615, 624
Crone, Patricia 94, 388
Crüsemann, Frank 25

ḏabḥ, ḏabīḥ (Opfer) 465
Dall'Oglio, Paolo 82
ad-Dārimī, 'Abd Allāh b. 'Abd ar-Raḥmān b. al-Faḍl b. Bahrām b. 'Abd aṣ-Ṣamad Abū Muḥammad as-Samarqandī 92
Darwaza, Muḥammad 'Izzat 111, 133
ad-Daqqūr, Sulaimān Muḥammad 113, 619
Dāwūd (David) 208, 243, 283
Delegation von Naǧrān (siehe: Naǧrān)
Denffer, Ahmad von 90, 229, 309, 312
diakonia 62
Dialog 62, 82
–, christlich-islamisch 64–73, 620
–, historisch 518–551
–, interreligiös 45, 60, 623
–, und Mission 45
Diatessaron 492
Differenzerfahrung 628
ḏimmī („Schutzbürger") 86, 464, 518, 534, 553, 556–557, 588, 610, 622
dīn (Religion)
–, Ibrāhīm 43, 519, 560–561, 570–571
–, *ad-adyān as-samāwīya* 68
Diskurs 129, 131, 185, 628
Dreieinigkeit (*taṯlīṯ*) 505
du'ā' (Bittgebet) 132
Dualismus 271, 319–320, 526
Ḏū l-Kifl 166, 208
Ḏū Nuwās, Yūsuf Aš'ar 387, 481
ḏurrīya (Nachkommenschaft) 280–282
dynamische Lesung des Korans 109

Ebioniten 488
Edessa 478
Eins-heit Gottes (siehe: *tauḥīd*)
Eißler, Friedmann 25, 60–63, 597, 622
EKD 53–56
Elyas, Nadeem 90, 464
Engel 147, 192, 335
Enteignung (theologische) 458–459, 541–549, 551, 552, 626
Enterbung 48
Entstehungskontext 7, 108, 119, 125, 127, 129, 134, 621
Eremiten 480
Erpenius, Thomas 492
Erwählung 598
Eschatologie 194, 237, 480
Euchologion 533, 611
Eusebius 354
Exklusivismus 47

fadā (auslösen) 298, 305
Fasten (siehe: *ṣawm*)
Fāṭima 160, 532, 537
fatrat al-waḥy (Unterbrechung der Offenbarungen) 158
Felsendom 313, 428, 446, 618
Feuer 248
Feuerofen 166, 191, 262–266, 287
Finster, Barbara 444
fiṭra (schöpfungsmäßiger Urzustand) 51, 175, 316, 327, 329, 513, 560–561, 590, 615, 626
Firestone, Reuven 22, 393, 617
Flavius Josephus 278
Fück, Johann 22
Fürsprache 38, 149, 184, 193–194, 320, 322, 361, 372–383, 591, 605, 613–614, 617

Ǧabr al-Nuṣrānī 484
al-Ǧābrī, Muḥammad ʿĀbid 105, 112, 113, 134, 619
Ǧaʿd b. Dirham 582
Gätje, Helmut 99
ǧāhilīya (Zeit der Unwissenheit) 96, 132, 200, 228–233, 234, 369, 417, 475, 519
Ǧahm b. Ṣafwān 582
ǧahmīya, Gahmiten 582
ġaib (das Verborgene) 45
al-Ǧalālān 311
Ǧarīr 298
Ġassān, Ġassāniden 184, 467, 474, 477
Gastfreundschaft 77, 82, 267
Ġaṭafān 180, 476, 477
al-Ġazālī, Abū Ḥāmid 150, 492
ġazwa – ġazawāt 177
Gebet 358–364, 422
–, christliches 534
–, islamisches (siehe: *ṣalāt*)
–, Gebetsrichtung (siehe: *qibla*)
Geiger, Abraham 23, 391
Gemeindeordnung von Medina 175, 204, 456–458, 460, 572
Genealogie 281–285
Genozid 132, 215
Gericht 213, 237, 251, 399, 529, 532
Gerichtspredigt 160, 173
Ǧibrān, Ǧibrān Ḫalīl 82
Ǧibrīl, Gabriel 151, 152, 212, 267, 272, 321, 403, 433, 496, 589
ǧihād 182
ǧinn 230
ǧizya (Kopfsteuer) 32, 464, 478, 500, 537, 555, 556
Gnilka, Joachim 17, 19
Görg, Manfred 25, 81
Goerlach, Alexander 22
Goetze, Andreas 108
Götzen, Götzendienst 74, 166, 191, 238, 261, 319, 327, 343–357, 364, 600–602
Goldziher, Ignaz 92, 94
Golgatha 274, 297, 424
Gott
–, 99 schönste Namen 411, 586, 615
–, Gottesbeweis 328, 336–341
–, Gotteserkenntnis 171, 316, 320–332
–, Gottesurteil 534, 538–539
Grabenschlacht 164, 180
Graf, Georg 491
Gregor VII. 41
Gründungslegende 301, 358
Ǧuḏām 476–477
Ǧuhaina 476–477
ġūl (Wüstendämon, Kobold) 230
Ǧurhum 192, 278–279
Ǧuwairīya bt. al-Ḥāriṯ 392, 462

Ḥabnakah, ʿAbd ar-Raḥmān Ḥasan 112
Ḫadīǧa bt. Ḫuwailid 117, 151, 156, 159, 167, 182, 285, 314, 359, 377, 484, 495
ḥadīṯ, Hadith 91, 190–194, 198–199, 391
Ḥadramawt 207
Häretiker 137–138
Ḥafṣa bt. ʿUmar 162
Hagemann, Ludwig 24
ḥaǧǧ (Wallfahrt) 149, 182, 194, 231, 401, 418, 564–567
Hāǧar 19, 32, 191–192, 202, 279, 306, 402, 420
Hagarener 37
Ḫaibar 119, 182, 389, 459–466, 476–477
Hajjar, Joseph 17
ḥākimīyat Allāh (Herrschaft Gottes) 239
Ḫālid b. al-Walīd 31, 183, 477, 478, 555
ḫalīfat Allāh (Stellvertreter Gottes) 444
ḫalīl (Freund) 290
–, *ḫalīl Allāh* (Freund Gottes) 194–195, 197, 303, 303, 332, 452, 574–582, 614–616
–, al-Khalil communities 82
Halil-Rahman-Moschee 266
al-Ḥallāǧ, Ḥusain b. Manṣūr 37
ḫalq al-Qurʾān (Erschaffenheit des Korans) 32, 126
Ḥamza 179, 485
ḥanīf – ḥunafāʾ 44, 50, 86, 148, 235–237, 329, 367, 413, 510, 511, 560, 569, 600
–, *al-ḥanīfīya*, Hanifentum 151, 234–238, 413, 483, 529–533
Ḥanīfa 476–477
ḥaram (Heiligtum von Mekka) 401, 422–423, 435, 469
al-ḥaram aš-šarīf 301
Ḫāriǧiten 370
al-Ḥāriṯ 476–477
Ḥarrān 207
Hārūn (Aaron) 208, 283
Hārūn ar-Rašīd 420
Ḥasan b. ʿAlī 160, 537
Ḥasan al-Baṣrī, Abū Saʿīd b. Abī l-Ḥasan Yasār 305, 310, 431
al-Ḥasan, Yūsuf 70
Hassan, Riffat 50, 309, 312
al-Ḫaṭīb, Muḥammad 68
Ḥaurān 473
Hawāzin 476–477

Ḫawlā bt. Huḏail 500
Hayek, Michel 24, 44, 69, 395
Ḫazraǧ 171, 386, 455
Hebron 208
Heilsgeschichte 313, 353, 424, 595, 607
Heilsuniversalismus 211
Henninger, Josef 23
Henoch 207
Henotheismus 234
Herabsendung, -lassung (siehe: *tanzīl*)
Heraklius 183, 219, 467, 499, 539
Hermeneutik 214
–, Koranhermeneutik 89–188
Hesekiel 166
Heuchler 149
Hick, John 16
Hieronymus 616
ḥiǧr Ismāʿīl 282
hiǧra 8, 118, 156, 172, 288, 368–371, 377, 443, 606–607
Hilāl 476–477
Himmelsreise Muḥammads (siehe: *miʿrāǧ*)
Ḥimyar, Himyariten 386, 476–477, 481
Hind bt. Abī Ṭālib 499
Hind bt. al-Ḥāriṯ 491
Hind bt. ʿUtba 179
Hiob (siehe: Ayyūb)
Ḥīra 35, 151, 194, 386, 474–475, 478, 491, 555
Hirschberg, J. W. 23
Höllenschilderung 252, 371, 378
Hofmann, Murad Wilfried 17, 28
Homolka, Walter 17
Hubal 233, 358
Hūd 169, 207, 210, 283
hudā (Rechtleitung) 213, 288, 315–318
Ḥudayl 476–477
Ḥudaibīya 119, 182, 184
ḥukm – aḥkām (Rechtsspruch) 122–123
ḫulla (Freundschaft, Zuneigung) 577
Ḥunain 184
Ḥunain b. Isḥāq 557
ḥurūb ar-ridda (Kriege des Abfalls) 184, 562
Ḥusain b. ʿAlī 160
al-Ḥusain b. Ṭalāl 28, 79
Ḥuwaiš, ʿAbd al-Qādir b. Mulla 112
Ḥuyaiy b. Aḫṭab 462
Ḫuzāʿa 476–478

Ibn Abī Waqqāṣ 493
Ibn ʿAbbās, ʿAbd Allāh 100, 102, 104, 200, 310, 466
Ibn al-ʿArabī, Muḥyi d-Dīn Abū ʿAbd Allāh Muḥammad b. ʿAlī b. ʿArabī al-Ḥātimī aṭ-Ṭāʾī 123, 126, 264, 311, 580, 581, 605, 614
Ibn al-Kalbī, Hišām b. Muḥammad 390
Ibn ʿAsākir, ʿAlī b. al-Ḥasan 469
Ibn Ǧinnī 311
Ibn Ḫaldūn, Walī ad-Dīn ʿAbd ar-Raḥmān 311
Ibn Ḥazm, Abū Muḥammad ʿAlī b. Aḥmad aẓ-Ẓāhirī al-Andalusī 122, 125
Ibn Hišām, ʿAbd al-Malik Ayūb al-Ḥimyarī 94
Ibn Isḥāq, Muḥammad 93
Ibn Kaṯīr, Abū l-Fidāʾ Ismāʿīl b. ʿUmar 97, 103, 110, 141, 142, 308, 311, 552
Ibn Māǧa 92
Ibn Masʿūd 310
Ibn Qammaṭa 484
Ibn Qutaiba 311
Ibn Rassoul 312
Ibn Taimīya, Taqī ad-Dīn Aḥmad 121, 141, 614
Ibn Ṭufail, Abū Bakr b. ʿAbd al-Malik 331
Ibn ʿUmar 310
Ibrāhīm 207, 242, 283
–, vita 189–195
–, als Gottsucher 191
–, Gott Ibrāhīms 303, 519, 536
–, als erster/wahrer Monotheist 194, 562, 571
–, als Vater der Propheten 195–196
–, als Vater des Glaubens 571
–, Söhne 275–280, 451–454
–, Prophetenamt 582–592
–, als Prototyp des Gläubigen 194, 574
–, als erster Muslim, Urmuslim 5, 194, 447–454, 559–574
–, als paradigmatischer Muslim 589–590
–, als Gründergestalt des Islam 574, 593
–, als *imām* 573
–, *dīn Ibrāhīm* 194
–, als Begründer islamischer Riten 194–196, 562–568
–, als Begründer des *ṣalāt* 584–585
–, als Begründer der *umma* 571–574
–, *qibla* Ibrāhīms 439–442
–, als Vorläufer Muḥammads 5, 195–205, 225, 331, 574
–, als „Brudergestalt" Muḥammads 194–205, 559, 626
–, als Identifikationsfigur 136
–, Lügen Ibrāhīms 191, 591

–, der Freund Gottes 194–195, 303, 306, 452, 574–582, 614–616
–, Islamisierung Ibrahims 559–595
–, eschatologische Funktion 590–592
Ibrāhīm (Sohn Muḥammads) 160, 182, 500, 589
ʿīd al-aḍḥā (Opferfest) 287, 302, 566–567
Idrīs 207, 242, 283, 594
iʿǧāz (Unvergleichlichkeit) 154, 334
iǧmāʿ (Konsens) 114, 124
iǧtihād (menschliche Bemühung) 110, 114, 312
ʿIkrima 110, 310
Ikonographie 35
Ikonoklasmus 184, 343, 355–368, 371, 380–383, 601, 607
Īliyāʾ (siehe: Jerusalem)
Ilyās (Elia) 208, 283
ʿilm al-kalām (Theologie) 32
īmān (Glaube) 379, 623
imago Dei 558, 615, 629
Imrū l-Qais 474
inǧīl (Evangelium) 132, 209, 242, 507, 508, 622
Inkarnation 16, 38, 197
Inlibration 197
Interaktion 129–142, 186
Interdependenz 135, 186, 187, 618
interreligiös
–, Feier 613
–, Spiritualität 613–614
intertextuell 53
Inverbation 197
ʿĪsā (Jesus) 145, 164, 198, 199, 209–210, 243, 283, 340, 348, 399, 412, 433, 473, 488, 506–507, 535–537, 544–547, 583–588, 591, 592–597
–, Diener/Knecht Gottes 165
–, Sohn Gottes 535
Isḥāq 208, 270–273, 283, 302–314, 459, 588
islām 408–409, 446, 450, 568–571, 588
Islamische Charta 250
Islamischer Weltkongress 3
ʿiṣma (Sündlosigkeit) 98, 210, 316, 322
Ismaeliten 35
Ismāʿīl 31, 166, 192, 208, 266, 275–284, 302–314, 402–412, 451, 453, 502–503, 568, 588
isnād (Überliefererkette eines Hadith) 92, 114
isrāʾ (Nachtreise) 38, 198, 203, 469
Isrāfīl 267, 433
isrāʾīliyāt 18, 96, 141, 217, 307, 405
iʿtikāf (Rückzug zur Meditation) 151

Jakob Baradäus 477, 486
Jakobiten 478, 486
Jarjour, Riad 66
Jemen 386, 466
Jerusalem (siehe auch: al-Quds, Īliyāʾ, Aelia Capitolina) 174, 199, 301, 366, 424–429, 453, 468–471, 617–618
Jesus 14, 15, 17, 20
Johannes Chrysostomos 69
Johannes der Täufer 502
Johannes Damascenus 30–32, 307, 310, 420, 494, 557
Johannes XXIII. 71
Johannes Paul II. 80
Juden 132, 385–471
–, in Medina 173–174, 178, 180, 389–391
Judenchristliche Gruppen 486
Jüngstes Gericht 136, 146, 157, 183, 194, 341, 350, 548
Justin I. 387

Kaʿb al-Aḥbār 141, 264, 308, 310, 333, 387
Kaʿb b. al-Ašraf 461, 546
Kaʿba 5, 34, 50, 176–177, 182, 201, 231–233, 357–369, 394–447, 483–485, 495, 563, 584–585, 618
Kahil, Mary 38
kāhin (Seher, Wahrsager) 211, 484
al-Kalbī, Hišām b. Muḥammad 229
kalīm Allāh (von Gott angeredet) 332
Kalisch, Sven 129
Kaltner, John 24
Karmaten 420
Kermani, Navid 623
Kerygma 219, 620
Ketura 208, 389
Khodr, George 69
Khorchide, Mouhanad 129
Khosrau II. Parvez 467
Khoury, Adel Theodor 19, 25, 85, 90, 99, 107, 312, 559
Khoury, Raif Georges 24
Kināna 476, 478
Kinda 476, 478
Kindheitsevangelium des Thomas 164
–, arabisches 346, 391
al-Kisāʾī, Muḥammad b. ʿAbd Allāh 95
Klappert, Bertold 25
Kloster
–, ʿAin ʿAtaba 261
–, Antonius 35, 611

–, as-Suryān 35, 611–612
–, Bet Hale 35
–, Katharinenkloster 492
–, Mār Mūsā al-Ḥabašī 35, 611–612
–, Mar Saba 492
Knitter, Paul 16
Kommunikation
–, prozess 137
–, situation 131, 135
–, theorie 130
Konversion / Konvertiten 32, 34, 35, 141, 610
Konvivenz 6, 620
Konzil 197
–, Chalcedon 31, 486
–, Hiereia 32
Kopten, koptisch 64, 611
Koran 89, 211, 242, 588, 619
–, Erschaffenheit/Unerschaffenheit 32, 126
–, hermeneutik 125–129, 557, 619–620
–, kommentare 99–107, 119
–, redaktion 404
–, übersetzung 90
–, versionen 110
Kreuzfahrer, Kreuzzüge 556
Küng, Hans 18, 19, 25, 47, 88, 181, 313, 623
Kūfā 262
Kuschel, Karl-Josef 2, 16, 25, 46–53, 74, 83, 198, 451, 587, 603, 609, 621, 623

al-Lāt 158, 232, 246, 343
al-lauḥ al-maḥfūẓ (verwahrte Tafel) 243–244
Lektionar 479
Lewis, C. S. 74
Liebe zu Gott 295
Lohn 251, 260–275, 285–286, 318–320, 350, 369, 602
Lospfeile 286, 358, 367
Lüling, Günter 483
Lumen gentium 39–43
Lūṭ (Lot) 208, 253–261, 283, 372–374
Luxenberg, Christoph 130, 236

Madā'in Ṣāliḥ 207, 228, 475, 476, 478
Madyan 208, 259
Maimūn b. Yāmīn al-Isrā'īlī 392
Maimūna 182
Maʿīn 574
Mālik b. Anas 92–93
manāsik (Wallfahrtsriten) 410
Manāt 158, 232, 246, 343
Mandäer 488, 490
Manṣūr, Aḥmad Subḥī 128
Manṣūr b. Sarǧūn 31
maqām Ibrāhīm 201, 292, 395, 400–402, 423
Maria (Mutter Jesu) 15, 41, 367
martyria 62, 628
Maryam / Mārīya die Koptin 160, 182, 202, 499–500, 589
masǧid 437
Masǧid al-Aqṣā 198, 415, 467, 469
Masǧid al-Ḥaram (siehe: *ḥaram*)
Maslama b. ʿAbd al-Malik 35
Massignon, Louis 18, 36
al-Masʿūdī 307, 311
matn (Textteil eines Hadith) 114
al-Maudūdī, Abū l-Aʿlā 107
al-Māwardī 311
Mawiya 479
Medina 203–204, 389–391
Mekka 116–119, 168, 172, 183, 192, 279, 284, 308, 366, 394–447, 453
Melkiten 31, 132, 486
Menschenbild (islamisch) 139, 526
Menschenopfer 275, 286, 298, 302
Mesopotamien 190–191, 279, 478
Miaphysiten 486
Micksch, Jürgen 83
Middle East Council of Churches (MECC) 64–73
Midrasch 320
Miḫā'īl as-Suryānī 31
miḥrāb 444
Mika'īl 267, 475
millat Ibrāhīm 5, 44, 86, 148, 169, 281, 414–415, 503–511, 561, 571, 588
Milli Görüş 573
Mina 302
miʿrāǧ (Himmelsreise) 38, 117, 198, 301, 424, 446, 469, 592
Mission 45, 603
Mitri, Tarek 64, 71
Mönchtum / Mönch 151, 236, 480–481, 493–497, 519
Moabiter 275
Monoenergismus 487
Monolatrie 216
Monophysiten 132, 474, 486–487
Monotheismus 73, 84, 194, 216, 251, 280, 327, 380, 387, 533, 599–600
Monotheletismus 487, 623
Montini, Giovanni Battista 39
Morgenstern, Matthias 25
Morija 274, 297, 424, 446
Moubarac, Youakim 21, 24, 232

Muʿāwiya I. b. Abī Sufyān 469, 500
mubāhala (Verfluchung) 434–440, 538
Muǧāhid b. Ǧabr al-Makkī, Abū l-Ḥaǧǧāǧ 310
muhāǧir 172, 177, 203, 457
Muḥammad 283
–, vita 145–185
–, Berufung Muḥammads 145–152
–, als Abū Ibrāhīm 589, 608
–, als *ḥabīb Allāh* 581, 593
–, als *ḫātam an-nabiyīn* (Siegel der Propheten) 197, 517, 583, 587–589, 593, 594
–, als eschatologische Überbietung Ibrāhīms 592–595
munāfiqūn (Heuchler) 174, 434
Muqātil b. Sulaimān b. Bašīr al-Azdī al-Ḫurāsānī al-Balḫī 310
al-Muqauqas (Cyrus von Phasis) 182, 499
mursal 206
murūwwa (Mannestugend) 230
Mūsā (Mose) 26, 196, 198, 208, 212, 283, 332–333, 348, 564, 588, 592–593, 597
muslim 408–409, 447–454, 548, 575
Muslim b. al-Ḥaǧǧāǧ 92
mušrik - *mušrikūn* (Polytheisten) 86, 132, 160–168, 190–191, 227–383, 549–551, 623
Mustaliq 476, 478
Mu'ta 119, 183, 477, 554
mutakallimūn 509
al-Mutawakkil 556
Muʿtazila / Muʿtaziliten 8, 102, 105, 115, 124, 412, 576
Muzaina 476, 478
Muzdalifa 401
Myronsalbung 512
Mystik 19, 36, 106, 581–582, 614

Nabatäer 473
nabī 206–210
nabī ummī 109, 153–154, 212
Nachkommenschaft (siehe: *ḏurrīya*)
Nachtreise (siehe: *isrāʾ*)
Nagel, Tilman 18, 95, 134, 559, 563
Naǧrān 19, 150, 387, 395, 481–482, 485
–, Delegation von Naǧrān 149, 178, 501, 534–540, 544, 626
–, *Naṣāra Naǧrān* 118–119
an-Naḥḥās 311
Nahostkonflikt 7
an-Naisabūrī 121
an-Nasā'ī 92
an-Nasafī 311
naṣāra 488–490
nasḫ (Abrogation) 7, 112, 114, 125, 298, 418, 431, 459, 506, 553, 618
nāsiḫ wa-mansūḫ 122–125
Near East School of Theology 65
Negus 164, 498
Nestorianer 31, 132, 474, 482, 486–487
Neuwirth, Angelika 115, 130, 135, 139, 481, 559, 619
Nicaenum 139
Nimrūd 145, 190–191, 321, 336–342, 578
Ninive 209
Nöldeke, Theodor 91, 111, 115, 143, 145–149, 154, 230, 395
Nostra Aetate 39, 40, 43, 45
Nūḥ (Noah) 162, 207, 258, 283

Offenbarung 42, 156, 250, 290
–, reihenfolge 186, 496
–, verständnis 154
Ohlig, Karl-Heinz 107
Ökumenischer Rat der Kirchen 64
Orientalisch-orthodoxe Kirchen 64
Osmanisches Reich 36, 414
Öszoy, Ömer 115, 128
Opfer, Opferung (siehe: *ḏabḥ*, Aqedah)
Ourghi, Abdel-Hakim 129

Palästinakonflikt 65
Paradies 194, 297, 324, 421, 574, 590, 611–612
Paret, Rudi 21, 130, 143, 154
Paul VI. 39
Paulus 351, 473
Petra 473
Pharan = Wādī Ferān 278, 290
Pharao 208
Polytheismus (siehe: *širk*)
Polytheisten (siehe: *mušrikūn*) 368–383
Präexistenz 298
praefiguratio 221
Predigt 157, 330
Premare, A. L. de 196
Prenner, Karl 26
Prophet 189–225
–, Prophetenamt 320, 582–592
–, Prophetenbiographie (siehe: *sīra*)
–, Prophetengeschichten (siehe: *qiṣaṣ al-anbiyāʾ*)
–, Prophetenerzählungen 160, 167, 216–225, 251
–, Prophetenreihe 209–210, 215, 336
–, Prophetenstammbaum 283

–, Prophetensukzession 48, 148, 197, 431, 583–589, 600
–, Prophetenverständnis 205–216
–, Prophetenvita 143–185
–, Prophetenzyklus 147, 162, 206, 282, 526
Protevangelium des Jakobus 164
Psalmen (siehe: *zabūr*)
Prüfung 296, 397, 398
Pury, Albert de 67

qaḍāʿ 292
qadar 374
al-Qāḍī, ʿAbd al-Ġanī 121
Qaḥṭān 285
Qaila 173
al-Qaraḍāwī, Yūsuf ʿAbd Allāh 524–525, 554
al-Qāsim 159, 182
Qaṣīr, Samīr 127
Qatāda b. Diʿāma b. Qatāda al-Sadūsī, Abū l-Ḫaṭṭāb 310
qibla (Gebetsrichtung) 5, 124, 174, 177, 192, 237, 359, 366, 388, 424–447, 469, 617–618
qiṣaṣ al-anbiyāʾ (Prophetengeschichten) 93–99, 142, 190–194, 216–225
qiyās (Analogieschluss) 124
Quḍāʿa 476, 478
al-Quds (siehe: Jerusalem)
Quraiš 118, 159, 233, 277, 282, 476, 478
Qurʾān (siehe: Koran)
al-Qurʾāniyūn 128
al-Qurṭubī, Abū ʿAbd Allāh Muḥammad b. Aḥmad b. Abī Bakr b. Farağ al-Anṣārī al-Ḫazrağ al-Andalusī 106, 311
al-Qušairī 311

Rabābaʿa, Muḥammad Mğallī Aḥmad 114
Rabb al-Kaʿba (Herr der Kaʿba) 231
Rabīʿa 476, 478
Rahman, Fazlur 127, 619
Rahner, Karl 39
Raiḥāna bt. Zaid 393
Ramaḍān 242, 425, 443, 459
Rašīd ad-Dīn 311
Rassoul, Muhammad 98
rasūl (Gesandter) 206–216
ar-Rāzī, Faḫr ad-Dīn 105, 311, 579, 580, 614
Rechtleitung (siehe: *hudā*)
Reden Gottes 290, 332–335
Reformer 127
Reinigung der Kaʿba 184
re-lecture 220, 599
Rettung 148, 260–266, 273, 287, 296, 601, 611
Reue 411
Rezipienten 131–135, 185–186, 618, 625
–, orientierung 129–142
–, rezipientenorientierte Interdependenz 7, 9, 107 ff., 132, 314, 557, 618–622
Riḍā, Rašīd 97, 106
Rūm (Byzantiner) 169
Rum-orthodoxe Kirche 64
Rūmī, Ğalāl ad-Dīn 150, 335
Ruqayya bt. Nawfal 150, 495

Sabäer, Sabier 490
Saʿd b. Muʿāḏ 463
Saʿd b. Abī Waqqās 486
as-Sādāt, Anwār 28, 79
aš-Šāfiʿī 101–102
Ṣāfiya bt. Ḥuyaiy 392, 462
sağʿ 157
Ṣaġīr, Muḥammad Ḥussain ʿAlī 113
ṣaḥāba (Prophetengefährten) 95, 307, 310, 391
ṣahāda (Glaubensbekenntnis) 214, 238, 295, 530–533, 561–562, 570
aš-Šahrastānī, Muḥammad b. ʿAbd Allāh 549
Saʿīd b. Ğubair 310
Saʿīd, Muḥammad Raʾfat 113
sakīna (Schechina) 403, 406
salafīya, Salafismus 126, 551
ṣalāt (rituelles Gebet) 38, 132, 193, 194, 237, 245, 365, 425, 563, 584–585
Salomo 424
Ṣalībī, Kamāl Sulaimān 388
Ṣāliḥ (Prophet) 160, 207, 210, 252, 283
Ṣāliḥ (Stamm) 476, 478
aṣ-Ṣāliḥ, Ṣubḥī 160
Salmān al-Fārisī 572
aš-Šām 190–191, 307
ṣamadanīyat Allāh (Transzendenz Gottes) 6
as-Sāmarqandī 311
as-Sammāk, Muḥammad 66
Šams ad-Dīn, Muḥammad Mahdī 66
Sanʿāʾ 482
Şanlıurfa 266
Sārā 19, 160, 191–192, 267–272, 293, 402
Sarazenen 33
Šarīfa bt. Ḫalīfa 500
„satanische Verse" 158, 231, 246, 360
aš-Šāṭibī al-Ġarnāṭī, Abū Isḥāq 133
Sauda 498, 500
ṣaum (Fasten) 443

Sayyid Quṭb, Ibrāhīm Ḥusain Šaḏilī 111–114, 312, 551, 572
Schacht, Joseph 94
Schechina (siehe: *sakīna*)
Schelling, Friedrich Wilhelm Joseph 614
Schimmel, Annemarie 15
Schlachtopfer 296, 302–305
Schmitz, Bertram 424
Schöck, Cornelia 26
Schöller, Marco 385, 464
Schreiner, Stefan 390, 416, 607
Schriftverfälschung (siehe: *taḥrīf*)
schwarzer Stein 402, 407–408, 419–422, 425, 438
Sebeos 284
Segen 80, 203–205, 299, 605, 611
Sendschreiben Muḥammads 499
Shabestari, Mohammad 128
Shahid, Irfan 232, 475, 491
Shema Yisrail 139
ṣibġa (Färbung, Taufe) 414, 511–518
Siebenschläferlegende 414, 527
Siegel der Propheten (siehe: *ḫatam an-nabiyīn*)
Simeon Stylites 476
Sinai 301, 405
Sintflut 405
aš-Šinqīṭī, Aḥmad b. al-Amīn 362
Sīr Banī Yās 475–476, 478
sīra
–, *as-sīra an-nabawīya* (Prophetenbiographie) 7, 93, 120, 133, 144, 418
–, *as-sīra al-Ḥalabīya* 93
širk (Polytheismus) 15, 238, 316, 361, 506, 518, 550–551, 600
Ṣirma b. Abī Anas 519
Šīṯ (Seth) 207, 242
Snouck-Hurgronje, C. 20–21
Smythe, Françoise 67
Sodom 147–148, 192, 208, 253–259
Sohnesankündigung 266–273, 291
Sohnschaft (Jesu) 533
Sophronius 467
Soroush, Abdolkarim 128
Soteriologie 595, 617
Speyer, Heinrich 23, 144
Spuler-Stegemann, Ursula 13
Strafe, Strafgericht 251–260, 319–320, 335, 373–374, 417
Straflegende 210, 213, 252–253, 371
Streit, Streitgespräch 522–529, 543–544
Šuʿaib 208, 210, 283, 289
as-Suddī, Ismāʿīl b. ʿAbd ar-Raḥmān 310
Sühne 422
Sünde 405, 411
Sufis 10, 106, 328, 334, 581
ṣuḥuf (Blätter) 208, 588
ṣuḥuf Ibrāhīm 132, 142, 146, 152–156, 159, 193, 207, 240–251, 588
Sukzession
–, der Propheten (siehe Prophetensukzession)
–, der Schriften 622–623
Sulaimān (Salomo) 208, 283
Sulaym 554
as-Suyūṭī, Abū l-Faḍ. ʿAbd ar-Raḥmān b. Abī Bakr b. Muḥammad Ǧalāl ad-Dīn al-Ḫuḍain 102, 121, 126, 580
Swanson, Mark 235
Synkretismus 622
syrisch-orthodoxe Kirche 64

aṭ-Ṭabarī, Abū Ǧaʿfar Muḥammad b. Ǧarīr 102, 104, 112, 121, 311, 457
aṭ-Ṭabarī, Ibrāhīm b. Muḥammad 466
aṭ-Ṭabarsī, al-Faḍl b. al-Ḥasan 110
Ṭabaṭabāyī, Muḥammad Ḥussain 222, 524
Ṯabīr 297, 307
tābiʿūn (2. Generation) 307, 310
Tabūk 184, 208, 476–477, 554
Taġlib 32, 474, 476, 478–480
taǧwīd 112
taḥannuṯ (Andachtsübung) 151, 236
aṭ-Ṭāhir 159
taḥrīf (Verfälschung) 140, 220, 452, 458, 471, 508, 525, 586
Ṭā'if 117, 184, 232, 293, 386, 389, 394
Taimāʾ 386, 466
aṭ-Ṭair, Muṣṭafā Muḥammad al-Hadidi 265
takbīr 245
aṯ-Ṯaʿlabī, Abū Isḥāq Aḥmad b. Muḥammad b. Ibrāhīm an-Naisābūrī 95, 97, 308, 311
ṯāliṯ al-ḥaramain 301, 424, 469
Tamīm 474, 476, 478
Ṯamūd 207, 252, 258
Ṭanṭāwī, Muḥammad as-Sayyid 309, 312
Tanūḫ 476, 479
tanzīh (Transzendenz Gottes) 6
tanzīl (Herablassung) 114, 132, 135, 212
Ṯaqīf 476, 479
taqlīd (Nachahmung) 126
tašbīh (Anthropomorphismus) 505, 582
taṣliya (Segenswunsch) 38
Tatian 492
Taufe (siehe auch: *ṣibġa*) 512–513

tauḥīd (Eins-heit Gottes) 5, 15, 51, 149, 238–240, 329, 332, 343, 348, 377, 506, 515, 529, 547, 550, 562, 626
taurāt (Tora) 132, 138, 208, 242, 507, 587
ṭawāf (Umlauf um die Kaʿba) 151, 404, 416, 419
ta'wīl (Auslegung) 221
aṭ-Ṭayib 159
Tayy 476, 479
Tempel von Jerusalem 161, 446
Terah 353
Testament Abrahams 243
Theodizee 240, 605
Theophanie 267, 269
theozentrisches Weltbild 136
Thomas der Presbyter 30
at-Tirmiḏī, Abū ʿĪsā Muḥammad b. ʿĪsā b. Sawra b. Šaddād 92
Toleranz 629
Tora (siehe: *taurāt*)
Tottoli, Roberto 24
Traum, Traumgesicht 290, 292, 295, 333–335
Trialog 51, 553, 628
Trinität, trinitarisch 15, 41, 57, 267, 353–554
Tritheismus 550, 600
Troeger, Eberhard 60, 63
Tröger, Karl-Wolfgang 25
Troll, Christian 615
Tur Abdin 30
aṭ-Ṭurtušī 444
typologische Auslegung 274
Typologisierung 225

Ubayy b. Kaʿb 110
Überbietung 424, 551, 608
ʿUḏra 476, 479
Uḥud 118, 179, 202, 461, 485
ʿUkāẓ 386, 480
ʿUmān 475–476, 479
ʿUmar b. al-Ḫaṭṭāb 117, 138, 157, 161, 172, 310, 402, 419, 434, 465, 467, 485, 536, 555, 573
ʿUmar II. b. ʿAbd al-ʿAzīz 32, 305
Umar-Vertrag (*aš-šurūṭ al-ʿumarīya*) 467, 513, 555–556
Umayya b. Abī ṣ-Ṣalt 237, 293–294, 310, 394
Umayyaden 31, 307, 370, 557
umm al-kitāb („Mutter des Buches", himmlische Urschrift) 125, 152, 587, 588, 619, 622
Umm Ayman 499
Umm Ḥabība 183, 235, 498, 500
Umm Hānī 499
Umm Rūmān 501
ʿumra (kleine Wallfahrt) 181
Ur 207, 321
ʿUṯmān b. ʿAffān 109–110
ʿUzair 338, 506
al-ʿUzza 34, 151, 158, 230, 232, 246, 343, 477

van Ess, Josef 130, 154
Väterformel 280, 303
Vaticanum II. 3, 16, 19, 39, 42, 54, 71
Verfluchung (siehe: *mubāhala*)
Verfolgung 157
Vergebung 361, 378–380, 411, 422, 424
Verkündigung 45–46, 129–134, 140, 143, 158, 185, 187, 212, 250
Verstockung 458, 527
Visionen 156, 158
vorislamische Stoffe 7

Wādī l-Qurā 461, 466
Wadud, Amina 128
Wahb b. Munabbih 141, 271, 387
Wahba, Naǧīb 475
Wahhabiten 551
al-Wāḥidī, ʿAlī b. Aḥmad 121
waḥy (Offenbarung) 132, 135, 212, 250, 333, 335
al-Walīd I. 444
al-Walīd b. ʿAbd al-Malik 469
al-Walīd b. al-Muġīra 246
Wallfahrt (siehe: *ḥaǧǧ*)
Wansbrough, John 94
al-Wāqidī 457
Waraqa b. Naufal b. Asad b. ʿAbd al-ʿUzza 150, 167, 213, 234, 236, 484, 494–497, 501
Wellhausen, Julius 229
Weltethos 18
Wensinck, Arent Jan 21, 390–391
Wenzel, Catherina 25, 60, 63, 312, 465
Wheeler, Brannon M. 24
Widder 296–297, 304
Willensfreiheit 32

Yaḥyā 164, 198, 209, 283
Yaʿqūb (Jakob) 208, 278, 283, 451
al-Yaʿqūbī 229
al-Yasaʿ 166, 209
Yaṯrib (Medina) 118, 173, 389
Yazīd I. 34
Yazīd III. 368, 370
Yeşilhark, Tubanur 98
Yoktan 285

Yūnus (Jona) 209, 283
Yūsuf (Josef) 170, 208, 283

zabūr (Psalmen) 132, 243, 490
Zafar 386
Zaid b. ʿAmr b. Nufail 234, 236
Zaid b. Ḥāriṯa 484
Zaid b. Ṯābit 110, 390
Zakarīya (Zacharias) 165, 209, 283
zakāt (Almosensteuer) 564
az-Zamaḫšarī, Abū l-Qāsim Maḥmūd b. ʿUmar 105, 112, 311
Zamzam 192, 229, 284, 321, 403, 407, 423
Zeitrechnung 446
Zeugnis 603, 625
Zion 274, 301
Zionismus 66, 69–70, 468
Zirker, Hans 130, 154
Zoroastrier 433, 478, 550
az-Zuhrī, Hārūn b. ʿAbd Allāh 310

Hermeneutische Untersuchungen zur Theologie

Herausgegeben von
Pierre Bühler (Zürich) · Ingolf U. Dalferth (Claremont)
Christof Landmesser (Tübingen) · Margaret M. Mitchell (Chicago)

Hermeneutische Untersuchungen zur Theologie ist eine internationale Monographienreihe, in der theologische Arbeiten zum Gebiet der Hermeneutik veröffentlicht werden. Dabei werden die Grenzen zwischen den einzelnen theologischen Fachgebieten bewusst überschritten, wodurch die hermeneutische Grundlagenreflexion als Leitmotiv aller theologischen Arbeit signalisiert wird. Da Hermeneutik unterschiedliche Disziplinen betrifft, wird in der Reihe auch das interdisziplinäre Gespräch nach außen gepflegt, vornehmlich mit der philosophischen Hermeneutik. Die Reihe umfasst daher ein breites Spektrum systematisch-theologischer, historischer sowie exegetischer Untersuchungen, in denen die hermeneutische Reflexion ausdrücklich gesucht wird.

Seit 2011 an werden in der Reihe neben den in Leinen gebundenen Monographien auch Broschurbände veröffentlicht, in denen Tagungen und Forschungsprojekte zu aktuellen hermeneutischen Themen in Form von Sammelbänden dokumentiert werden. Auf diese Weise soll es ermöglicht werden, Debatten im Bereich der Hermeneutik zu initiieren oder abzubilden und mit Beiträgen verschiedener Autorinnen und Autoren zu laufenden Diskussionen in diesem Forschungsfeld Stellung zu nehmen.

Ein internationales Herausgeberteam, in dem sowohl systematische Theologen als auch Exegeten vertreten sind, verantwortet die Reihe. Voraussetzung für die Aufnahme in die Reihe ist ausdrücklich nicht eine bestimmte hermeneutische Positionierung, sondern die Bereitschaft, sich mit hermeneutischen Problemen auseinanderzusetzen. Veröffentlicht werden einschlägige Fachmonographien erfahrener Wissenschaftlerinnen und Wissenschaftler, sowie herausragende Qualifikationsarbeiten.

ISSN: 0440-7180
Zitiervorschlag: HUTh